Die Strafbarkeit der Verbreitung von Fake News – Regulierungsmechanismen zur Bekämpfung moderner Erscheinungsformen bei der Verbreitung unwahrer Tatsachenbehauptungen

Europäische Hochschulschriften Recht

European University Studies in Law

Publications Universitaires Européennes de Droit

Band/Volume 6717

Marc Philipp Kolpin

Die Strafbarkeit der Verbreitung von Fake News – Regulierungsmechanismen zur Bekämpfung moderner Erscheinungsformen bei der Verbreitung unwahrer Tatsachenbehauptungen

PETER LANG

Bibliografische Information der Deutschen Nationalbibliothek
Die Deutsche Nationalbibliothek verzeichnet diese Publikation in der Deutschen Nationalbibliografie; detaillierte bibliografische Daten sind im Internet über http://dnb.d-nb.de abrufbar.

Zugl.: Konstanz, Univ., Diss., 2023

D 352
ISSN 0531-7312
ISBN 978-3-631-89362-3 (Print)
E-ISBN 978-3-631-88385-3 (E-PDF)
E-ISBN 978-3-631-89377-7 (EPUB)
DOI 10.3726/b20402

Diese Publikation wurde begutachtet.

www.peterlang.com

„Meinungsfreiheit ist eine Farce, wenn Information über die Fakten nicht gewährleistet ist und die Fakten selbst nicht Gegenstand der Debatte sind. Die Manipulation von Informationen ist ein langsam wirkendes Gift, dass unsere Glaubwürdigkeit zerstört und unserem demokratischen Leben schadet."

Die ehemalige französische Ministerin für Kultur und Kommunikation Francoise Nyssen unter Verweis auf die Publizistin Hannah Arendt [zitiert nach Barbière Tagesspiegel v. 11.06.2018, abrufbar unter https://www.tagesspiegel.de/politik/frankreich-fake-news-gesetz-soll-desinformation-bei-der-europawahl-verhindern/22673784.html (17.05.2022)]

Inhaltsübersicht

Inhaltsverzeichnis

§ 1 Einleitung – Fake News als Mittel bewusster politischer, wirtschaftlicher und sozialer Beeinflussung

Das Verbreiten von sog. Fake News und die Verwendung sog. Social Bots besitzt strafrechtliche Relevanz. Ob Strafbarkeitslücken existieren, deren Schließung rechtspolitisch und verfassungsrechtlich geboten erscheint, ist dagegen fraglich. Die vorliegende Darstellung soll einen Beitrag zur Beantwortung folgender Forschungsfrage leisten: Welche rechtlichen Instrumentarien bestehen *de lege lata* und *de lege ferenda*, um die Verbreitung von Fake News und die Verwendung von Social Bots effektiv und verhältnismäßig zu bekämpfen und so einen hiervon unbeeinflussten Meinungsbildungsprozess zu gewährleisten?

A. Problemaufriss

Die Verwendung von Fake News als Mittel politischer, wirtschaftlicher und sozialer Beeinflussung ist nicht erst in jüngerer Vergangenheit entdeckt worden, jedoch infolge der jüngeren Datenschutzskandale und der steten Bedeutungszunahme moderner Massenkommunikationsmittel Gegenstand aktueller gesellschaftlicher Diskussionen. Es handelt sich aber mitnichten um ein neuartiges Phänomen, bedingt durch die Existenz der sog. neuen Medien, vielmehr fand das Verbreiten von Fake News bereits in weiter Vergangenheit vor allem als Handlungsinstrumentarium im politischen Diskurs Verwendung. Es besteht inzwischen lediglich eine einfachere und effizientere Verbreitungsmöglichkeit, die dem digitalisierten Zeitalter immanent ist.[1] Der Wissenschaftliche Dienst des Deutschen Bundestages schreibt den diversen im digitalen Zeitalter geschaffenen modernen Verbreitungsformen virale und sogar destruktive Wirkung zu.[2]

Datenschutz- und Desinformationsskandale wie die Verwicklung des sozialen Netzwerks Facebook und der Marketingfirma Cambridge Analytica in die Auswertung und Analyse des Nutzerverhaltens zur Verwendung von Informationen im US-amerikanischen Wahlkampf erfuhren großes mediales Echo und waren

1 Vgl. *B. Holznagel* MMR 2018, 18, 19, der beispielhaft anführt, dass die vermeintliche Wahlempfehlung durch Papst Franziskus zugunsten Donald Trumps per Facebook über 126 Mio. Nutzer, unter Einbeziehung von Instagram sogar fast 150 Mio. Nutzer, erreichte. Vgl. auch *Kubiciel* FAZ v. 22.03.2017, S. 16.

2 *Wissenschaftlicher Dienst des Deutschen Bundestages* (WD) Fake News, Definition und Rechtslage, Az. WD 10-3000-003/17, S. 5.

Gegenstand von Untersuchungsausschüssen in mehreren Staaten.[3] Die Aussagen des „*Whistleblowers*“ *Wylie*[4] vor einem Untersuchungsausschuss des britischen Parlaments, dass Cambridge Analytica an der Manipulation des Brexit-Referendums mitgewirkt habe, ließen ein weitreichendes Ausmaß politischer Beeinflussung durch Fake News befürchten. Sollten sich die letztgenannten Vorwürfe bewahrheiten, wären damit nicht nur datenschutzrechtliche Verstöße bei deutschen Nutzern sozialer Netzwerke bewiesen, sondern auch erhebliche politische Auswirkungen auf Deutschland durch den Brexit nachgewiesen.

Dies macht Bekämpfung und Prävention von Fake News zum rechtspolitischen Anliegen und deshalb zum Anlass der vorliegenden Untersuchung. Die Europäische Kommission erfragte zuletzt in einer Konsultation Daten zur Verhinderung von Online-Desinformationen[5] und widmet sich auch im Übrigen der Intervention hinsichtlich der Desinformationsproblematik. Doch existieren im deutschen Recht bereits taugliche Instrumente zur Bekämpfung des Einsatzes von Fake News als Mittel politischer Beeinflussung? Genügen die bereits vorhandenen Instrumentarien dem so formulierten Ziel? Sollte dies nicht der Fall sein, könnte Handlungsbedarf seitens der Rechtswissenschaft und des Gesetzgebers bestehen, die Schutzlücken durch die Schaffung und Implementierung geeigneter Regelungsmechanismen zu beseitigen.

B. Zielsetzung

Ziel ist die Erarbeitung einer rechtlich fundierten konkreten Empfehlung an den Gesetzgeber zur Bekämpfung der Verbreitung von Fake News. Für die zu beantwortenden Fragen besteht eine rechtspolitische und rechtspraktische Notwendigkeit, da Rechtsschutzlücken für den Bereich des schlichten Verbreitens von Fake News unabhängig von konkret inkriminierten Inhalten sowie bei der Anwendung von Social Bots bestehen. Diese beiden Phänomene führen nach Auffassung vieler zu einer erheblichen Beeinträchtigung des unbeeinflussten Meinungsbildungsprozesses in der Bevölkerung.[6] Bisherige aus der strafrechtlichen Warte verfasste Arbeiten lassen im Rahmen der Entwicklung rechtsschöpferischer Elemente jedenfalls eine tiefergehende Analyse möglicher neuartiger Rechtsgüter sowie des (straf-)

3 Das *Senate Intelligence Committee* des US-amerikanischen Senats befasst sich mit der Frage, inwieweit russische Organisationen die sozialen Online-Plattformen von Google, Twitter und Facebook für die Manipulation der US-Wahl missbraucht haben, Taz v. 07.09.2019, abrufbar unter http://www.taz.de/!5445883/ (21.03.2022).

4 *Leitel* Handelsblatt v. 27.03.2018, abrufbar unter datenskandal-whistleblower-erhebt-schwere-vorwuerfe-gegen-cambridge-analytica-und-facebook/21119264.html?ticket=ST-51375803-RoogrmvMSEcBU2JzSUe7-ap5 (21.03.2022).

5 Vgl. die Erwähnung bei MMR-Aktuell 2017, 398453.

6 So auch *Maas* ZRP 2017, 130, 131; *ders.* K&R 4 (2017), Editorial.

verfassungsrechtlichen Rahmens zu einer weitergehenden Kriminalisierung vermissen – ausdrückliche Schwerpunkte der vorliegenden Untersuchung.[7]

In Worten des ehemaligen US-Präsidenten Barack Obama: „Wenn es uns nicht ernst ist mit den Tatsachen und damit, was stimmt und was nicht, wenn wir nicht unterscheiden können zwischen ernsthaften Argumenten und Propaganda, dann haben wir ein Problem."[8] Hier Obama zu zitieren, liegt besonders nah, weil dieser als Senator einen Gesetzentwurf gegen Täuschungspraktiken und Wählereinschüchterung (*Deceptive Practices and Voter Intimidation Prevention Act*[9]) eingebracht hatte, der sich mit Desinformation bezogen auf den Wahlablauf und die Wahlregeln beschäftigte und es zu einer Straftat gemacht hätte, die Bevölkerung zu verängstigen oder irrezuführen, um ihr Stimmverhalten zu beeinflussen.[10]

Die Verbreitung von Desinformationen in einer pluralistischen Gesellschaft führt zur Entgrenzung der Kommunikation sowie zu einer Entfremdung zwischen den Vertretern disparater Meinungen[11] und birgt damit sogar die Gefahr einer Extremisierung in sich. Die einmal platzierte Desinformation wird indes selbst bei späterer Korrektur nach kognitionswissenschaftlichen Studien infolge der

---

7 So insbesondere *Lammich* Fake News als Herausforderung des deutschen Strafrechts, S. 227 ff. Diesbezüglich umfassender zuletzt *M. Schreiber* Strafbarkeit politischer Fake News, S. 248 ff.

8 Auszug einer Rede, die *Barack Obama* auf einer Pressekonferenz anlässlich eines Besuchs in Deutschland hielt, zitiert nach *Solon* The Guardian 18.11.2016, abrufbar unter https://www.theguardian.com/media/2016/nov/17/barack-obama-fake-news-facebook-social-media (23.04.2022). Übersetzung nach *Yates* Freitag v. 21.12.2016, abrufbar unter https://www.freitag.de/autoren/netzpiloten/das-wie-und-das-was (12.05.2022).

9 Sen. 453, 110th Cong., 1st session, 31.01.2007, abrufbar unter https://www.congress.gov/bill/110th-congress/senate-bill/453/text (21.03.2022); Sen. 1975, 109th Cong., 1th session, 08.11.2005, abrufbar unter 109th-congress/senate-bill/1975/text (21.03.2022). Der Entwurf wurde im Jahr 2018 erneut eingebracht, Sen. 3279, 115th Cong., 1d session, 26.07.2018, abrufbar unter 115th-congress/senate-bill/3279/text (21.03.2022).

10 *Hasen* Mont. L. Rev. 74 (2013), 52, 71, der freilich aber übersieht, dass ein entsprechender Entwurf erstmals bereits 2005 eingebracht worden ist.

11 So *Gensing* Fakten gegen Fake News, S. 9; vgl. *Golz* K&R 2017 (07–08), Beilage, S. 30 f. und *Schimmele* Staatliche Verantwortung für diskursive Integrität in öffentlichen Räumen, S. 38. *Jaursch* Regulatorische Reaktionen auf Desinformation, Stiftung Neue Verantwortung, 15.10.2019, S. 10 f., abrufbar unter https://www.stiftung-nv.de/sites/default/files/regulatorische_reaktionen_auf_desinformation.pdf (16.03.2022) sieht das Potential, bestehende gesellschaftliche Spaltungen zu vertiefen. *Wefing* Zeit v. 13.11.2019, abrufbar unter https://www.zeit.de/2019/47/facebook-fake-news-netzwerk-gesetz-verantwortung-medien (16.03.2022) spricht von der der Beförderung von Tribanismus.

Wiederholung der falschen Nachricht oftmals als richtig in Erinnerung behalten,[12] sodass Löschungs- und Richtigstellungsmechanismen im Recht zu einem stumpfen Schwert verkommen. Zudem ist das geänderte Konsumverhalten der Bürger bei der Rezeption von Informationen als mitentscheidender Faktor einer Desinformationsökonomik anzusprechen, da Informationen heute mehr denn je nicht unmittelbar mittels der herkömmlichen Presse, sondern in sozialen Netzwerken rezipiert werden. Die Forschung nach innovativen rechtlichen Steuerungsmodellen zur Bekämpfung gezielter Desinformationskampagnen ist deshalb ein gesamtgesellschaftliches Anliegen.

C. Gang der Untersuchung

Die Bestandsaufnahme (**Teil 1**) wird eröffnet von der genauen Begriffsbestimmung von Fake News als Ausgangspunkt einer Konkretisierung der zu untersuchenden Handlungen, im Rahmen derer die historische Entwicklung aufzugreifen und zu anderen Phänomenen abzugrenzen ist. Daneben bedarf es zunächst der empirischen Betrachtung des Informationsmarktes und der von Desinformationen ausgehenden Gefahren, bei deren Untersuchung *kognitive Verzerrungen* von hoher Relevanz sind. Insofern werden die vielzitierten *Echokammern* und *Filterblasen* als Katalysatoren einer Desinformationsökonomie zum Gegenstand der Untersuchung gemacht.

Im Anschluss untersucht die Arbeit die *de lege lata* vorhandenen rechtlichen Regelungsinstrumentarien. Innerhalb der bisherigen Forschung bestehen bereits hinsichtlich der Herangehensweise der Autoren erhebliche Defizite, die der Mehrdimensionalität der zu beachtenden Phänomene nicht gerecht werden: Die rechtswissenschaftlichen Forschungsarbeiten richten ihren Blick zumeist höchst peripher auf ihre eigene Forschungsdisziplin,[13] ohne dabei die erforderliche ganzheitliche Perspektive einzunehmen.[14] Mit einer multidisziplinären Untersuchung unter Einbeziehung geisteswissenschaftlicher Erkenntnisse kann dagegen ein Lösungsansatz entwickelt werden, der die tatsächlichen Dimensionen des in Rede stehenden sozialen Problems sehr viel differenzierter berücksichtigt.

---

12 *B. Holznagel* MMR 2018, 18, 20 ff. m.w.N.

13 *Hoven* ZStW 129 (2017), 718; *Mafi-Gudarzi* ZRP 2019, 65, 65 ff. und *Rostalski* RW 2017, 436, 445 ff. widmen sich so gut wie ausschließlich dem Strafrecht. Erfreulich umfassend dagegen *WD* Fake News, Definition und Rechtslage, Az. WD 10-3000-003/17, S. 4; *M. Schreiber* Strafbarkeit politischer Fake News, S. 94. Interdisziplinäre Ansätze finden sich auch bei *Lammich* Fake News als Herausforderung des deutschen Strafrechts, S. 84 f.

14 Für eine solche ganzheitliche Perspektive *Jaursch* (Fn. 11), S. 24. In diese Richtung auch *P. Müller/Denner* Was tun gegen „Fake News", S. 7, die nur Falschinformationen mit politischen oder gesellschaftlichen Bezügen erfassen.

Hier werden die vorhandenen Regelungen umfassend und bereichsübergreifend hinsichtlich ihres Regelungsgegenstandes und der Effektivität bei der Bekämpfung von Fake News analysiert – um folgend die Voraussetzungen für juristische Regelungen zu bestimmen. Zu bearbeiten sind die zivilrechtlichen Ansprüche auf Unterlassung und auf Gegendarstellung, wobei die Unzulänglichkeit zur Prävention des untersuchten Verhaltens festzustellen sein wird.[15] Auch das Medienrecht bietet hinsichtlich des vorgestellten Untersuchungsgegenstands nur rudimentärem Rechtsschutz.

Schließlich wird die Umsetzung des Schutzes durch das Gesetz zur Verbesserung der Rechtsdurchsetzung in sozialen Netzwerken (Netzwerkdurchsetzungsgesetz – NetzDG) zum Gegenstand der Untersuchung gemacht. Der Verfasser prüft im Anschluss an kritische Stimmen in der Literatur dessen Verfassungsmäßigkeit und Europarechtskonformität.[16] Die Vereinbarkeit mit höherrangigem Recht wird dabei wegen einer von den Gesetzesadressaten zur Vermeidung der empfindlichen Folgen des § 4 NetzDG womöglich praktizierten vorschnellen und extensiven Löschungspraxis unter die Lupe zu nehmen sein.[17] Schließlich wird die rechtspraktische Umsetzung und die Effektivität des zuvor genannten Gesetzes empirisch zu betrachten sein: Diese ist vor dem Hintergrund der primären Folgen des Löschens des entsprechenden Beitrags und (erhöhter) Bußgelder gegen die betreffenden Provider von vornherein mit besonders kritischem Auge zu analysieren.[18] Zuletzt muss die jüngste Überarbeitung des NetzDG durch das Gesetz zur Bekämpfung des Rechtsextremismus und der Hasskriminalität analysiert werden, dessen Ausfertigung der Bundespräsident zunächst verweigert hatte.

Bevor eine Analyse des subsidiären Strafrechts erfolgt, sind neben der neuartigen Steuerung durch das NetzDG – umgesetzt durch eine Inpflichtnahme der Inhaber der Hoheit über die Kommunikationsräume – auch anderweitige Regulierungsoptionen und Änderungen des normativen Umfelds zu eruieren, welche sich als milderes Mittel erweisen könnten. Zu beantworten ist die Frage, ob die Erweiterung bestehender oder die Schaffung neuer rechtlicher Steuerungsmodelle abseits des Strafrechts vorzugswürdig ist. Hinterfragt wird, ob etwa nicht-regulatorische Maßnahmen, wie die Unterstützung von Faktenprüfung („*Factchecking*") oder Medienkompetenzvermittlung, zu genügen vermögen bzw. ob eine ausreichende Selbstregulierung der sozialen Netzwerke erwartet werden kann.

Auch strafrechtlicher Schutz besteht *de lege lata* **(Teil 2)** nur rudimentär. Das Verbreiten von Fake News ist abseits von ehrrührenden, volksverhetzenden oder die innere Sicherheit der Bundesrepublik gefährdenden Inhalten nach derzeit

---

15 *B. Holznagel* MMR 2018, 18, 20 ff.

16 Kritisch zur Verhältnismäßigkeit *Guggenberger* ZRP 2017, 98, 101; *Nolte* ZUM 2017, 552, 555.

17 Diese Gefahr sieht auch *Richter* ZD-Aktuell 2017, 05623.

18 *Hoven* ZStW 129 (2017), 718, 719.

geltendem Recht nicht unter Strafe gestellt. Hier werden zunächst die in Betracht kommenden Delikte bzw. Deliktsbereiche aufgezeigt, primär die Ehrschutzdelikte der §§ 185 ff. StGB, die Volksverhetzung gem. § 130 StGB und das Vortäuschen einer Straftat nach § 145d StGB. Ziel der Erarbeitung soll gerade nicht das Hintereinanderreihen vorhandener Regelungen sein, sondern die empirische Untersuchung ihrer Effektivität bei der Bekämpfung der Verbreitung von Fake News, demnach also eine *Bestandsaufnahme der Rechtswirklichkeit.* Erst dies ermöglicht die daraufhin zu leistende Sytematisierung. In deren Rahmen sind dann resümierend Strafbarkeitslücken bzgl. des Verbreitens von Inhalten festzustellen, die den Wählerwillen nachhaltig beeinflussen können. Die teilweise geforderte Aufstockung der (personellen und sachlichen) Ressourcen der Strafverfolgungsbehörden[19] muss bereits angesichts der bestehenden Gesetzeslücken als unzureichend bewertet werden. Somit wird die rechtsschöpferische Forschung nach neuartigen rechtlichen Instrumentarien zur Bekämpfung einer Beeinflussung des Meinungsbildungsprozesses auf Basis unrichtiger Tatsachen selbst nach dem Inkrafttreten des NetzDG notwendig sein.

In einem weiteren Schritt **(Teil 3)** ist die Strafbarkeit von Fake News *de lege ferenda* zu untersuchen. Zunächst erfolgt durch rechtsvergleichende Methodik eine Bestandsaufnahme in anderen Rechtssystemen. Anhand der so gewonnenen Erkenntnisse werden neue Lösungsvorschläge für das deutsche Recht erarbeitet. Erklärtes Ziel ist dabei, dem Gesetzgeber – der mutmaßlich auf die jüngsten Ereignisse reagieren wird – Anstöße bzgl. einer Gesetzgebung zur möglichst schonenden und effektiven Umsetzung des Schutzes eines möglichst unbeeinflussten Meinungsbildungsprozesses durch rechtliche Regulierungsinstrumentarien zu geben.

Den zuvor erarbeiteten (straf-)rechtlichen Expansionsideen werden anschließend kritische Gedanken unter Einbeziehung rechtspolitischer Überlegungen gegenübergestellt: Namentlich analysiert der Verfasser die rechtspolitische und rechtspraktische Notwendigkeit einer weitergehenden Kriminalisierung des Verbreitens von Desinformationen unter Berücksichtigung interdisziplinärer Erkenntnisse verschiedener geisteswissenschaftlicher Disziplinen. Fraglich ist, ob die jüngst aufgekommene gesellschaftliche Diskussion zur Wahlkampfbeeinflussung schon deswegen nicht zu einer Regulierungsnotwendigkeit führt, weil im Rahmen einer aufgeklärten[20] und mündigen Gesellschaft nicht davon ausgegangen werden kann, dass die mündigen Bürger sich durch Fake News nachhaltig manipulieren lassen – sondern im Gegenteil der Einzelne hinreichend Verantwortung übernimmt. Des Weiteren ist die Frage nach der Kriminalisierung im internationalen Kontext zu betrachten: Gefragt wird hier in einem Ansatz wertvergleichender Rechtsvergleichung, ob jüngste das Untersuchungsvorhaben betreffende Inkriminierungen in

19 In diesem Sinne wohl auch *Nolte* ZUM 2017, 552, 555.
20 *Maas* K&R 4 (2017), Editorial fordert Aufklärung als zentrales Bekämpfungsmittel.

autokratischen Staaten entschieden gegen eine die Pönalisierung in Deutschland sprechen.[21]

Sodann schlägt die Arbeit die Brücke zum deutschen Strafverfassungsrecht und prüft, ob die als rechtspolitisch wünschenswert erarbeitete Inkrimierung unter dessen Anforderungen überhaupt rechtsdogmatisch umsetzbar ist. In diesem Zusammenhang sind die strafverfassungsrechtlichen[22] Implikationen daraufhin zu untersuchen, ob aus diesen eine Kodifizierungs*möglichkeit* oder gar Kodifizierungs*notwendigkeit* im Spannungsfeld zwischen Persönlichkeitsrecht und Meinungs- bzw. Pressefreiheit erwächst. In dieser verfassungsrechtlichen Gemengelage ist der Schutz eines unbeeinflussten Meinungsbildungsprozesses im Lichte einer nicht mehr zu rechtfertigenden (Nach-)Zensur[23] auszutarieren.

Als mögliches strafbarkeitsbegrenzendes Konzept wird das dem deutschen Strafrecht immanente Prinzip des Rechtsgüterschutzes[24] auf die Frage hin geprüft, ob dieses möglicherweise die tatsächlich vorhandenen Strafbarkeitslücken bedingt. Die Arbeit untersucht die Möglichkeit der Konkretisierung eines Rechtsgutes[25], dessen Schutz etwaige Neuregelungen zu dienen vermögen. Hierbei wird auf die historische Entwicklung[26] des Rechtsgüterschutzes sowie den negativ strafbarkeitsbegrenzenden Charakter für die Strafgesetzgebung[27] eingegangen.

Erst vor dem Hintergrund einer – wie vorliegend – rechtsvergleichenden und zugleich rechtsdogmatischen Untersuchung zeigt sich, ob hinsichtlich des untersuchten sozialen Problems die Konkretisierung eines Rechtsguts möglich ist. Mithin gilt es bzgl. des schlichten Verbreitens von Fake News – unabhängig von dem konkreten Inhalt – ein Rechtsgut zu konkretisieren. Darauf aufbauend wird hinterfragt, ob das so gefundene Rechtsgut von derartiger Wichtigkeit ist, dass die reaktionäre Ahndung im Rahmen des regelmäßig erst als „ultima ratio" bemühbaren Strafrechts notwendig ist. Der Verfasser analysiert aufgrund des grundsätzlich

---

21 *Huntington* Kampf der Kulturen, S. 137 f. Seine dort erweiterte Theorie geht zurück auf seinen Aufsatz *„The Clash of Civilisations?"* in der Zeitschrift Foreign Affairs 74 (1993), 22, 22 ff.

22 Zum Begriff *Burchard* in Tiedemann/Sieber/Burchard/Brodowski (Hrsg.), S. 27 ff.; *Jahn/Brodowski* JZ 2016, 969, 973 sowie zu den strafrechtsdogmatischen Anforderungen *Jahn* in Tiedemann/Sieber/Burchard/Brodowski (Hrsg.), S. 63 ff.

23 Das Zensurverbot im Sinne des Art. 5 Abs. 1 S. 3 GG erfasst demgegenüber nur die „Vorzensur", *Richter* ZD-Aktuell 2017, 05623.

24 Nach *Gropp* Strafrecht AT, § 1 Rn. 149 f. ist der Schutz von Rechtsgütern Bedingung der Legitimität des Strafrechts.

25 *von Liszt* Deutsches Strafrecht, § 12 Anm. I.1 begriff ein Rechtsgut als rechtlich geschütztes Interesse.

26 *Birnbaum* Neues Archiv des Criminalrechts 15 (1834), 149 schuf die Begrifflichkeit.

27 *Hohmann* GA 1992, 76, 78. Zum Rechtsgüterschutz auch *Amelung* Rechtsgüterschutz, S. 5 ff.

bloß werteerhaltenden und nur ausnahmsweise wertebildenden Charakters des Strafrechts[28] zudem die konkrete Einsetzbarkeit wertebildenden Strafrechts im Hinblick auf das in Rede stehende soziale Problem.

Stellt man dem gefundenen Rechtsgut die verschiedenen Möglichkeiten einer Kodifizierung gegenüber, ist sowohl die Ergänzung bereits bestehender Tatbestände als auch die Implementierung und Neuschaffung einer eigenständigen Norm möglich. Dies rückt daher im Fortgang der Untersuchung in den Fokus. Es bedarf hierbei der Auseinandersetzung mit einem Entwurf des Bundesrates im Kontext des Einsatzes von Social Bots, dessen Inhalt aufgrund seiner teils unbestimmten Formulierungen und seines weiten Anwendungsbereichs kritisch zu bewerten sein wird.[29] Im Rahmen rechtstheoretischer und rechtsdogmatischer Analyse werden die Vor- und Nachteile der beiden vorgenannten Regulierungsoptionen behandelt. So könnte eine möglichst schonende Umsetzung einer etwaigen Neuregelung ins deutsche Strafrecht durch eine Erweiterung bereits bestehender Normen erreicht werden. Demgegenüber münden das andersartige Rechtsgut und die Besonderheiten eines solchen Kommunikationsdelikts in ein Plädoyer für die Schaffung einer eigenständigen Norm. Welche konkreten Anforderungen an die strafrechtliche Pönalisierung des Verbreitens von Fake News zu stellen sind, ob die strafverfassungsrechtlichen Implikationen eine voraussetzungs- und bedingungslose Kriminalisierung erforderlich machen oder ob eine weitere Begrenzung des strafrechtswürdigen Verhaltens – beispielsweise auf das Verfolgen politischer oder wirtschaftlicher Zwecke – erforderlich ist, gilt es im Detail auszubuchstabieren. Den Abschluss der Arbeit bildet eine rechtspraktisch verwertbare Empfehlung an den Gesetzgeber in Gestalt einer Neuregelung.

D. Methodisches Vorgehen

Die Komplexität der aufgeworfenen Forschungsfrage erfordert den Rückgriff auf verschiedentliche methodische Ansätze der Rechtswissenschaft – wobei die Wahl der jeweiligen Methodik anhand der Inhalte des jeweiligen Untersuchungsgegenstandes und der mit diesem verfolgten Ziele erfolgt. Die Analyse bereits vorhandener Regelungsmechanismen und deren Schwächen im deutschen Recht abseits des Strafrechts **(Teil 1)** sowie die Strafbarkeit von Fake News nach geltendem Recht **(Teil 2)** verfolgt vorrangig einen *rechtsdogmatischen Ansatz.* Soweit **(§ 2)** eine umfassende Analyse der veränderten Kommunikationsbedingungen im Internet sowie die Verbreitung von Desinformationen begünstigender kognitiver Faktoren enthält, bedient sich der Verfasser soziologischer, psychologischer und kommunikationswissenschaftlicher Erkenntnisse unter Einbeziehung der noch jungen Medienwirkungsforschung. Diese Teile der Bearbeitung betreffen also primär den

28 *Gropp* Strafrecht AT § 1 Rn. 150 ff.

29 *Schultze* MMR-Aktuell 2017, 385445.

Inhalt, die Interpretation und die rechtspraktische Anwendung bereits bestehender Rechtsvorschriften bzw. empirische Ansätze.

Der darauffolgende Abschnitt „Die Strafbarkeit der Verbreitung von Fake News de lege ferenda" **(Teil 3)** bezieht ebenso mehrere methodologische Vorgehensweisen in die Bearbeitung ein. Der Auftakt (**§ 10**) widmet sich der rechtsvergleichenden Analyse funktional äquivalenter Regelungen und bedient sich daher primär der ergebnisorientierten Methodik klassischer funktionaler Rechtsvergleichung – nicht jedoch ohne einige kritisch beobachtende Punkte bei der Auslegung und Anwendung der dortigen Vorschriften zu ergänzen.[30] Der darauffolgende Abschnitt betrifft rechtpolitische bzw. rechtsphilosophische Fragestellungen zur Möglichkeit der Pönalisierung des Verbreitens von Desinformationen (**§ 11**), die den Expansionsideen gegenüber gestellt werden. Hierbei greift **§ 11** neben rechtstheoretischen auch rechtspolitische Aspekte auf – etwa als mögliches Argument gegen die Pönalisierung entsprechender Gesetze und Vorhaben in autoritären Staaten. Die Analyse des Rechtsgutsdogmas als verfassungsrechtliche Anforderung einer Kriminalisierung (**§ 12**) sowie die Deduktion eines Rechtsguts (**§ 13**) widmet sich neben (straf-)rechtstheoretischen primär rechtsdogmatischen Aspekten.

Die Untersuchung strafverfassungsrechtlicher Implikationen (**§ 14**) prüft die Vereinbarkeit eines Desinformationsverbreitungsdelikts mit den (straf-)verfassungsrechtlichen Anforderungen und bezieht daher ebenso wie der darauffolgende Abschnitt zu den möglichen Regelungsalternativen (**§ 15**) vor allem rechtsdogmatische und rechtstheoretische Überlegungen in die Bearbeitung ein. Gegentand des Schlussteils mitsamt einer Empfehlung an den Gesetzgeber (**§ 16**) ist die Entwicklung und möglichst schonende Integration neuer Rechtsnormen in das deutsche Strafrecht. Der Schlussteil weist also gesetzgebungstheoretische und rechtspolitische Elemente auf.

E. Ausblick

Wie aufzuzeigen sein wird, bestehen gewichtige Anhaltspunkte dafür, dass hinsichtlich des Handlungsinstrumentariums des Verbreitens von Fake News rechtspolitisch nicht hinnehmbare Strafbarkeitslücken bestehen, für deren Schließung bereits strafverfassungsrechtliche Implikationen sprechen. Zu dem gleichen Resümee werden die in der Arbeit anzustellenden rechtsvergleichenden Untersuchungen aufgrund der in anderen Staaten vorhandenen oder zumindest geplanten Strafgesetze gelangen. Die Frage, ob und wie eine solche Strafbarkeitslücke *de lege ferenda* geschlossen werden kann, ist Gegenstand des dritten und entscheidend

30 Dies entspricht in Kritik und Vorgehen letztlich dem von *Fateh-Moghadam* in Beck/Burchard/Fateh-Moghadam (Hrsg.), S. 43, 43 ff. vertretenen operativen Funktionalismus. Vgl. insoweit auch *Perron* in Beck/Burchard/Fateh-Moghadam (Hrsg.), S. 121, 122 f.

praxisrelevanten Hauptteils der Arbeit, an dessen Ende als Forschungsziel eine rechtspraktisch verwertbare Empfehlung an den Gesetzgeber steht. Diese Empfehlung dient zugleich als Grundlage weiterer Diskussionen. Die Arbeit ist dabei als Beitrag zum noch jungen Medien- bzw. zum in der Entstehung befindlichen Kommunikationsstrafrecht einzuordnen.

Teil 1: Bestandsaufnahme

§ 2 Die Zirkulation von Fake News als soziales Problem

A. Begriffsdefinition Fake News

Die Terminologie *Fake News* kann grundsätzlich zur Bezeichnung verschiedentlicher Gegenstände verwendet werden. Willkürvorwürfen kann nur entgehen, wer zunächst klärt, wie der zu untersuchende Begriff zu verstehen ist.[31] Fake News ist spätestens seit dem Jahr 2016 mit dem Brexit Referendum Großbritanniens und der Wahl Donald Trumps zum US-amerikanischen Präsidenten sowie der späteren inflationären Verwendung des Begriffs allgegenwärtig.[32] Er wird von Trump verwendet, um zum Ausdruck zu bringen, dass er den Wahrheitsgewalt bestimmter Nachrichten anzweifelt und behauptet, gegen ihn werde „Stimmungsmache" betrieben.[33] Vielzitiert ist insoweit der verbale Ausfall Trumps gegenüber Journalisten „You are Fake News."[34]

I. Fallbeispiele von in Deutschland zirkulierten Fake News

1. *Fehlerhafte Zitate*

In Deutschland stieß ein erfundenes *„Sharepic"* der Politikerin Renate Künast auf große Resonanz.[35] Der Beitrag zeigte ein Foto der Politikerin mit einem angeblich von ihr stammenden Text im Zusammenhang mit einem damals unter Mordverdacht stehenden Migranten. Der Text lautete auszugsweise: „(...) der traumatisierte junge Flüchtling hat zwar getötet, man muss ihm aber trotzdem helfen." Als Quelle des Zitats wurde die Süddeutsche Zeitung angegeben. In eine ähnliche Richtung ging ein als Screenshot auf Facebook lancierter, angeblicher Beitrag Jens Spahns

---

31 So *Amelung* Rechtsgüterschutz, S. 2 hinsichtlich des Rechtsgutsbegriffs; vgl. *P. Müller/Denner* Was tun gegen „Fake News"?, S. 6.

32 *P. Müller/Denner* Was tun gegen „Fake News"?, S. 6 sehen das Jahr 2016 als von besonderer Bedeutung für die Phänomenologie an.

33 *B. Holznagel* MMR 2018, 18. Vielfach fällt der Begriff der alternativen Fakten, der auf eine Beraterin Trumps zurückgeht, die Trumps damaligen Sprecher hiermit hinsichtlich des Vorwurfs der Lüge verteidigte. Dazu *Keil* Forschung und Lehre 10 (2019), 894, 895. Umfassend zu den Kommunikationstechniken Trumps unter dem Begriff „demagogische Rhetorik" *Uhlmann* Rhetorik und Wahrheit, S. 289 ff.

34 Vgl. *WD* Fake News, Definition und Rechtslage, Az. WD 10-3000-003/17, S. 4.

35 *Künast* ZRP 2019, 62, 63.

betreffend die Tötung eines jungen Kindes durch einen Migranten: Laut dem Facebook-Post seien Spahns Gedanken bei den Flüchtlingen.[36]

2. *Dekontextualisierung von visuellen Inhalten*

Nicht nur rein textliche Fake News erreichten einen erheblichen Verbreitungsgrad; auch *dekontextualisierte* Bildaufnahmen, wie diejenige des syrischen Flüchtlings Anas Modamani, dessen Selfie mit Angela Merkel im Zusammenhang mit verschiedenen Terroranschlägen gezeigt wurde und so dessen (mögliche) Täterschaft suggerierte, stießen auf erhebliche Resonanz.[37]

3. *Außenpolitisch brisante Fake News*

2015 sorgte eine Meldung über die angeblich entgegen der Darstellung der Strafverfolgungsbehörden von Flüchtlingen verschleppte und vergewaltige 15-jährige Deutschrussin Lisa sogar für außenpolitische Verwicklungen, da die Tat angeblich aus politischen Gründen nicht verfolgt würde.[38] Im Jahr 2022 kam es zu einem

---

36 Presseportal v. 01.07.2019, abrufbar unter https://www.presseportal.de/pm/133833/4337632 (21.03.2022). Weitere Beispiele erfundener Zitate bei *Gensing* Fakten gegen Fake News, S. 109 ff. und *Brodnig* Lügen im Netz, Kap. 15. Unter dem Begriff „Flüchtlinge" im Sinne dieser Arbeit werden nachfolgend alle Geflüchteten verstanden, die in Deutschland Schutz suchen – so im Asylverfahren befindliche *Asylsuchende mit Aufenthaltsgestattung* (§ 55 AsylVfG), *subsidiär Schutzbedürftige* mit gewährtem Abschiebeschutz (Aufenthaltserlaubnis nach § 25 Abs. 3 AufenthG), sog. *Kontigentflüchtlinge* mit einer Aufenthaltserlaubnis nach § 23 Abs. 1 AufentG, *geduldete Personen*, deren Abschiebung gem. § 60a AufenthG ausgesetzt wurde, sowie umfassend alle *Asylberechtigten* im Sinne des Grundgesetzes und nach der Genfer Flüchtlingskonvention anerkannte Flüchtline mit einer Aufenthaltserlaubnis nach § 25 Abs. 1 und 2 AufenthG. Kategorisierung nach *Anderson/Mecheril/Schroeder/Seukwa/Thielen/Weber/Westphal* Kooperatives Graduiertenkolleg in den Bildungs- und Sozialarbeitswissenschaften, Vernachlässigte Themen der Flüchtlingsforschung, abrufbar unter https://www.ew.uni-hamburg.de/forschung/vtdf/files/forschungsprogramm.pdf (21.03.2022).

37 *Reinbold* Spiegel v. 19.01.2017, abrufbar unter http://www.spiegel.de/netzwelt/web/angela-merkel-ein-selfie-mit-folgen-hallo-facebook-dieser-mann-ist-kein-terrorist-a-1130400.html (21.03.2022). Zu diesem Fall und Kontextfälschungen bei Bildmaterial *Stein/Sehic/M. Appel* in M. Appel (Hrsg.), Kap. 16.2.

38 *Pörzgen* ApUZ 67 (2017), 21–22, S. 16 ff. Der russische Außenminister kritisierte in der Folge die deutsche Flüchtlingspolitik. Vgl. *Streinz* in Uhle (Hrsg.), S. 200, 225. Eine ausführliche Darstellung des Fallbeispiels findet sich bei *Lammich* Fake News als Herausforderung des deutschen Strafrechts, S. 50.

vergleichbaren Fall, der nunmehr ein behauptetes Tötungsdelikt mit einem russischen Opfer zum Gegenstand hatte.[39]

4. *Fake News in der Wirtschaft*

Auch die Finanzwelt blieb indes nicht von dem Phänomen verschont. So kursierte 2015 auf einer vermeintlichen Internetseite von Bloomberg – deren Identität durch Imitieren des Domainnamens vorgetäuscht worden war (sog *Web-Spoofing*)[40] – die gefälschte Meldung, dass Twitter ein Kaufangebot über 31 Milliarden USD erhalten habe. Die Seite war optisch wie eine von Bloomberg stammende Internetseite gestaltet.[41] In der Folge stieg die Aktie um 8,5 Prozent und eine einzelne Person erwarb 12.000 Aktienoptionen.[42]

---

39 Im Jahr 2022 kursierte beispielsweise ein Video, in welchem eine Frau in russischer Sprache den ihr zugetragenen Tod eines russischen Helfers in einem Asylbewerberheim in Euskirchen bedauerte, der von ukrainischen Flüchtlingen zu Tode geprügelt worden sei. Die Frau entschuldigte sich in einem späteren Video und stellte klar, dass sich der Sachverhalt als unrichtig herausgestellt habe – und appellierte, ohne Bestätigung nichts zu glauben, dazu *Berger* FAZ v. 21.03.2022, abrufbar unter https://www.faz.net/aktuell/feuilleton/medien/fake-news-mord-an-russen-in-euskirchen-ist-frei-erfunden-17894871.html (23.03.2022).

40 Ausführlich zur Funktionsweise des Web Spoofings und zum geschilderten Fallbeispiel *Lammich* Fake News als Herausforderung des deutschen Strafrechts, S. 62 f., 78 ff.

41 *De la Merced/Goldstein* The New York Times v. 14.07.2015, abrufbar unter https://www.nytimes.com/2015/07/15/business/dealbook/twitter-shares-jump-after-fake-bloomberg-report.html (21.03.2022). Die Internetseite entsprach dem grundsätzlichen Layout der Bloombergseite und enthielt in der Url die Phrase Bloomberg.

42 *Ahmed/Ostermann* Reuters v. 14.07.2015, abrufbar unter https://www.reuters.com/article/us-twitter-bloomberg-hoax-idUSKCN0PO24A20150714 (16.03.2022). Bekannt wurde zudem in Frankreich ein Fall, in dem Bilanzmanipulationen seitens des französischen Baukonzerns Vinci unterstellt wurden, was zu einem erheblichen Kurseinbruch der Aktie führte, *Hanke* Handelsblatt v. 23.11.2016, abrufbar unter https://www.handelsblatt.com/unternehmen/dienstleister/baukonzern-vinci-bilanzmanipulation-finanzchef-gefeuert-alles-nur-ein-fake/14881236.html?ticket=ST-30433350-oKVzsEcmhLiDXeg16Ryp-ap2 (16.03.2022). Diese und weitere Beispiele kapitalmarktbezogener Fake News sowie die Zusammenfassung von 78 Mrd. durch das Phänomen ausgelösten Kosten p.a. benennt *Cavazos* The Economic Cost of Bad Actors on the Internet, 2019, S. 5, 13, abrufbar unter https://s3.amazonaws.com/media.mediapost.com/uploads/EconomicCostOfFakeNews.pdf (16.03.2022). Diese Summe berücksichtigt aber auch die Kosten für das Lancieren von Desinformationen. Zur teilweise mangelnden Vergleichbarkeit der von Cavazos herangezogenen Zahlen und der bisweilen zu beanstandenden Methodik *Lammich* Fake News als

5. Gewalt bewirkende Fake News

Fake News führten in Deutschland teilweise sogar zu körperlichen Auseinandersetzungen: Nach einem mit einem Messer ausgeführten Angriff gegen einen Deutschen in Chemnitz wurden die mutmaßlichen Täter syrischer und irakischer Herkunft eines sexuellen Übergriffs gegenüber einer Frau bezichtigt, was letztlich in der Messerattacke gegen einen der Frau angeblich zur Hilfe eilenden Deutschen gemündet sei. Die Polizei stellte später klar, dass es für den sexuellen Übergriff keine Anhaltspunkte gebe. In Chemnitz kam es in der Folge zu gewaltsamen Ausschreitungen gegen ausländisch aussehende Menschen.[43]

6. Fake Science *bzw. gesundheitsgefährdende Fake News*

Weiterhin kamen anlässlich der COVID-19-Pandemie Fake News über Ursache, Ansteckungswege, Diagnose und Therapie sowie der Versorgungslage der Bevölkerung auf.[44] Insofern wurden sogar Desinformationen hinsichtlich angeblicher

Herausforderung des deutschen Strafrechts, S. 98 ff. Weitere von Interessensgruppen der Wirtschaft lancierte Desinformationen schildert *Gensing* Fakten gegen Fake News, S. 81 ff., der u.a. solche der Tabakindustrie über die Unhaltbarkeit von Berichten über schädlicher Wirkungen des Rauchens in den 1950er Jahren, sowie solche der Autoindustrie betreffend die gesundheitlichen Auswirkungen der Emissionen von Dieselfahrzeugen benennt.

43 *Jaster/Lanius* Die Wahrheit schafft sich ab, Kap. 1. Kritisch hinsichtlich der Frage, ob es überhaupt zu „Hetzjagden" gekommen ist und der Medienberichterstattung in diesem Zusammenhang *Schünemann* GA 2019, 620, 635 sowie neuerdings *M. Schreiber* Strafbarkeit politischer Fake News, S. 39.

44 Vgl. zur Zunahme von Desinformationen aus dem In- und Ausland die *BReg* Antwort auf die Kleine Anfrage von Abgeordneten der FDP-Fraktion, BT-DS. 19/19709, S. 2 f. Vordergründig zur externen Dimension der Desinformationstätigkeit *Europäischer Auswärtiger Dienst* (EAD) Sonderbericht, Kurzbewertung der Narrative und Desinformation zur COVID-19-Pandemie (Aktualisierung Mai bis November 2020), abrufbar unter https://euvsdisinfo.eu/de/ead-sonderbericht-update-kurzbewertung-der-narrative-und-desinformation-zur-covid-19-pandemie-aktualisierung-mai-bis-november/?highlight=corona (21.03.2022). Siehe auch die Untersuchung von *Kompetenznetz Public Health COVID-19* Umgang mit Falschnachrichten in Medien, abrufbar unter https://www.public-health-covid19.de/images/2020/Ergebnisse/2020_05_11_Factsheet_Fake_News-V1.pdf (21.03.2022), die ein mehrheitlich „gutes Wissen und Informationsverhalten" der Nutzer feststellte, gleichwohl aber aufgrund der zunehmenden Rolle in der öffentlichen Diskussion ein Gefährdungspotential sieht. Daneben wurde in dieser Studie ein ungenügendes Löschverhalten sozialer Medien beobachtet. Das *International Fact-Checking Network* entwickelte im Zusammenhang mit der COVID-19-Pandemie einen WhatsApp Chatbot, der

Heilmittel als Problem bekannt, die sich gesundheitsschädigend auswirken könnten.[45] Desinformationen, die Verbindungen zwischen der 5G-Technologie und dem Ausbruch von COVID-19 suggerierten, führten zu diversen Brandanschlägen auf die Telekommunikationsinfrastruktur in Europa.[46] Angesichts der weitreichenden Verbreitung von Fake News mit Bezug zu COVID-19 wurde von einer „Infodemie" gesprochen.[47] Für Desinformationen in der akademischen Welt wird insoweit

---

den Zugriff auf die umfassende Datenbank des Faktenprüfernetzwerks ermöglicht, *Grau* Poynter v. 04.05.2020, abrufbar unter https://www.poynter.org/fact-checking/2020/poynters-international-fact-checking-network-launches-whatsapp-chatbot-to-fight-covid-19-misinformation-leveraging-database-of-more-than-4000-hoaxes/ (21.03.2022). Vgl. auch die Forderung aus der Politik, öffentlich unwahre Behauptungen zu COVID-19 über das Ordnungswidrigkeitenrecht zu verbieten, zitiert nach Spiegel v. 17.03.2020, abrufbar unter https://www.spiegel.de/politik/deutschland/coronavirus-boris-pistorius-fordert-strafen-gegen-fake-news-a-ed5050b5-c194-4890-a4c3-c713290134f3 (21.03.2022).

45 So kursierte die Meldung, dass das Trinken einer Lösung mit Chlordioxid heilende Wirkung entfalte. Das Befolgen dieses Rates könnte zu erheblichen Gesundheitsschäden führen. Dieses und weitere Fallbeispiele finden sich in der Untersuchung von *Avaaz* How Facebook can Flatten the Curve of the Coronavirus Infodemic, 15.04.2020, abrufbar unter https://secure.avaaz.org/campaign/en/facebook_coronavirus_misinformation/ (21.03.2022). Die Studie von *Islam/Sarkar/Khan/Kamal/Hasan/Kabir/Yeasmin/Islam/Chowdhury/Anwar/Chughtai/Seale* im Am. J. Trop. Med. Hyg. 103 (2020), 1621, 1621 ff. über Fake News betreffend die Bekämpfung von COVID-19 stellte potentiell schwerwiegende Auswirkungen solcher Desinformationen auf die Gesundheit zahlreicher Bürger fest – so u.a. etwa 800 weltweit verstorbene Menschen infolge des Konsums hochprozentigen Alkohols zur Bekämpfung des Virus. Vgl. zum nicht letztverbindlich geklärten Ursprung des Virus auch die zu Recht hoch umstrittene Studie von *Wiesendanger* Ursprung der Coronavirus-Pandemie, abrufbar unter https://www.researchgate.net/publication/349302406 (21.03.2022), die allein auf Basis von Indizien einen Laborunfall im virologischen Institut der Stadt Wuhan als Ursache der Pandemie identifiziert hat.

46 *Europäischer Auswärtiger Dienst* (EAD) Sonderbericht, Kurzbewertung der Narrative und Desinformation zur COVID-19-Pandemie (Aktualisierung 23. April–18. Mai 2020), abrufbar unter https://euvsdisinfo.eu/de/ead-sonderbericht-update-kurzbewertung-der-narrative-und-desinformation-zur-covid-19-pandemie-aktualisierung-23-april-bis-18-mai/ (21.03.2022).

47 Statt aller MMR-Aktuell 2020, 428596. Von einer „Pandemie der Fake News" sprach das Ärzteblatt v. 16.03.2020, abrufbar unter https://www.aerzteblatt.de/nachrichten/111092/Die-Pandemie-der-Fake-News (21.03.2022).

bisweilen der Terminus *„Fake Science“* benutzt.[48] Die durch die COVID-19-Pandemie ausgelöste Infodemie zeigt, dass durch erst neu aufgekommene Themen bedingten Wissenslücken als Katalysator für Fake News dienen können.[49]

II. Wortlautinterpretation

Der große Wiederhall die Terminologie betreffend führte letztlich im Jahr 2017 u.a. mit den Worten *postfaktisch* und *Lügenpresse* zur Implementierung in der Neuauflage des Duden.[50] Dort werden Fake News definiert als *„in den Medien und im Internet, besonders in den Social Media, in manipulativer Absicht verbreitete Falschmeldungen.“*[51] Nicht von ungefähr stammt daher die Tatsache, dass zeitgleich die Aufnahme der Begrifflichkeiten *postfaktisch* und *Lügenpresse* in den Duden erfolgte.[52] Zerlegt man den Terminus in seine Wortbestanteile, ist zunächst „Fake“ als englisch für „vortäuschen, nachmachen“ zu übersetzen.[53] Das Wort „News“ umfasst „vor kurzem erhaltene oder beachtenswerte Informationen, insbesondere über die jüngsten Ereignisse.“[54] Die Terminologie erscheint bei unverfänglicher

48 *Jaeger* Telepolis v. 01.03.2020, abrufbar unter https://www.heise.de/tp/features/Fake-Science-4671675.html (21.03.2022) verweist in diesem Zusammenhang auf einen falschen wissenschaftlichen Bericht zum Ursprung des HIV/AIDS-Virus.

49 *Europäische Kommission* Gemeinsame Mitteilung an das Europäische Parlament, den Europäischen Rat, den Rat, den Europäischen Wirtschafts- und Sozialausschuss und den Ausschuss der Regionen Bekämpfung von Desinformation im Zusammenhang mit COVID-19 – Fakten statt Fiktion, 10.06.2020, abrufbar unter https://ec.europa.eu/info/sites/info/files/communication-tackling-covid-19-disinformation-getting-facts-right_de.pdf (21.03.2022). *Brennen/Simon/Nielsen* Beyond (Mis)Representation: The International Journal of Press/Politics 26 (2021), 277, 277 ff. stellten fest, dass ein Großteil der Fehlinformationen zu COVID-19 visuelle Elemente enthalten. Manipulierte Visualisierungen stellten die Forscher ebendort auf S. 18 nur in untergeordneten Umfang fest. Neben visuellen Darstellungen von Desinformationen werden Visualisierungen nach den empirischen Beobachtungen der Forscher als falsche Beweise benutzt.

50 Manager Magazin v. 08.08.2017, abrufbar unter https://www.manager-magazin.de/politik/deutschland/duden-postfaktisch-und-fake-news-landen-in-neuauflage-a-1161696.html (21.03.2022). Kritisch zum Begriff postfaktisch *Brodnig* Lügen im Netz, Kap. 5, die argumentiert, dass das von der Terminologie implizierte vorangegangene faktische Zeitalter aufgrund der seit jeher einseitigen Informationsrezeption eine Utopie sei.

51 Duden, abrufbar unter https://www.duden.de/rechtschreibung/Fake_News (21.03.2022).

52 Tagesschau v. 07.08.2017.

53 Duden, abrufbar unter https://www.duden.de/rechtschreibung/Fake (21.03.2022).

54 Lexico, abrufbar unter https://www.lexico.com/en/definition/news (21.03.2022).

Betrachtung zunächst als Oxymoron, würde man dem Begriff News doch jedenfalls keine bewusst verfälschten Nachrichten zuordnen.[55]

1. *Interpretation* News

Nachfolgend werden die beiden Bestandteile des Begriffs zunächst einzeln ausgehend von ihrer Wortbedeutung beleuchtet, bevor auf Grundlage dieses Verständnisses eine Abgrenzung zu anderen Phänomenen erfolgt.

a) Nur nachrichtlich aufbereitete Informationen?

Teilweise wird als weiteres begriffsnotwendiges Definitionsmerkmal die optische Form eines journalistischen Beitrags gefordert, dem Beitrag müsse im Hinblick auf die Form der Darstellung das Aussehen und der Eindruck („*Look and Feel*") eines journalistischen Beitrags zukommen.[56] Begrifflich würde eine solche Auslegung wohl am Wort Nachrichten („*News*") ansetzen und dies als journalistisch aufbereitete Informationen verstehen, ein Verständnis, dass bei der gesellschaftlichen Kommunikation teilweise durchaus in Ansätzen existiert („Hast du heute die Nachrichten gesehen/gehört?"). Dies dürfte aber ein unrichtiges und von der eigentlichen Wortbedeutung abweichendes Verständnis darstellen: Der Duden begreift eine Nachricht als eine „Mitteilung, die jemandem in Bezug auf jemanden

---

55 *Field* The Conversation v. 25.02.2021, abrufbar unter https://theconversation.com/fake-news-was-a-thing-long-before-donald-trump-just-ask-the-ancient-greeks-155867 (21.03.2022).

56 *M. Appel* Forschung und Lehre 10 (2019), 908; *ders./Doser* in ders. (Hrsg.), Kap. 2.1; *Bader* in Steinebach/ Bader/Rinsdorf/Krämer/Roßnagel (Hrsg.), S. 15, 24; *Koring/Zimmermann* Medien & Kommunikationswissenschaft 66 (2018), 526, 528; *P. Müller/Denner* Was tun gegen „Fake News"?, S. 7; *Rödiger* Identifikation und Klassifikation von Fake News, S. 2. Die beiden erstgenannten Beiträge stellen diese Merkmale dabei als unumstritten begriffsnotwendiges Merkmal dar, obgleich dieses Merkmal von vielen Literaten nicht oder jedenfalls nicht als begriffsnotwendig vertreten wird. So beobachtet *Lammich* Fake News als Herausforderung des deutschen Strafrechts, S. 69 f. eine journalistische Aufbereitung lediglich als typisch zur Generierung von Glaubwürdigkeit – beobachtet diesbezüglich allerdings auch andere Maßnahmen zur Generierung von Glaubwürdigkeit. *Lammich* unterscheidet ebendort auch die in der vorliegenden Arbeit synonym verwendeten Begriffe der Nachricht, der Meldung und des Berichts – wobei er die Nachricht und den Bericht als quantitativ und qualitativ umfassender einordnet. *Mafia-Gudarzi* ZRP 2019, 65, 66 definiert Fake News unter Rückgriff auf die Präambel des EU Code of Practice schlicht als nachweislich falsche oder irreführende Informationen, die einen bestimmten, dort näher ausgeführten Zweck verfolgen. Vgl. auch *Hoven* ZStW 129 (2017), 718, die eine Auseinandersetzung mit der Definition aber insgesamt vermissen lässt.

oder etwas [für ihn persönlich] Wichtiges die Kenntnis des neuesten Sachverhalts vermittelt".[57] Ein Begriffsverständnis als journalistisch bzw. nachrichtlich aufbereitete Informationen ist demnach enger als die Wortbedeutung. Diese Auslegung ist einer Zeit geschuldet, in der Informationen ausschließlich über professionelle Intermediäre in Form der klassischen Medien vermittelt wurden. Infolge des Aufstiegs des Internets und der damit verbundenen privaten Informationsvermittlung dürfte sich ein solches Begriffsverständnis aber verbieten. Die Erläuterung der Terminologie im Duden mittels des Begriffs *Sachverhalt* zeigt, dass es sich nicht um die wertende Schilderung von Informationen handelt. Vielmehr sind mit „Nachrichten" solche Tatsachen gemeint, die zumindest für den Leser *als objektiv erscheinen*.

Mit einem Begriffsverständnis als journalistisch aufbereitete Informationen würde man daneben den Untersuchungsgegenstand erheblich verkürzen, als Desinformationen, die nicht in diesem optischen Gewand erscheinen, bei der Analyse außen vor bleiben würden. Auch solche Informationen bedienen sich aber des Öfteren bewusst unwahrer Tatsachen und erheben damit Neutralitätsanspruch, dies selbst, wenn diese zur Untermauerung davon unabhängiger Meinungen präsentiert werden. Insoweit erschiene die Formulierung eines Definitionsmerkmals der *neutralen Erscheinung* nicht zielführend, weil hiermit Beiträge ausgenommen werden, die nicht lediglich Tatsachenbehauptungen enthalten. Die optische Form eines journalistischen Beitrags dient allein der Erhöhung der (vermeintlichen) Seriosität, sodass vor allem professionelle Akteure Desinformationen in dieser Form verbreiten werden – weniger dagegen private Akteure. Damit würden aber zahlreiche private Akteure außen vor bleiben, zudem könnten Regularien auf einfache Weise durch das Verlassen der geforderten Form umgangen werden. Es erscheint daher aus teleologischen Gesichtspunkten geboten, auf solche optischen Anforderungen zu verzichten.[58] Erfasst werden daher nicht nur journalistisch oder nachrichtlich aufgearbeitete Texte, sondern ebenso von privaten Akteuren nicht in dieser optischen Form aufbereitete Informationen.

b) Selektive Fakten und falsche Implikaturen

Schließlich sind die graduellen Unterschiede hinsichtlich der Unwahrheit der Information zu beleuchten: So kann schon eine bewusst entstellte oder übertrieben formulierte Überschrift trotz richtiger Wiedergabe der Tatsachen im Text dem Leser eine Falschinformation suggerieren.[59] Dies ist beispielsweise der Fall, wenn nur die Überschrift selektiv wahrgenommen wird. Aber auch ohne eine solche selektive Wahrnehmung kann bereits eine geschickt gewählte missleitende

---

57 Duden, abrufbar unter https://www.duden.de/rechtschreibung/Nachricht (21.03.2022).

58 Auch *B. Holznagel* MMR 2018, 18 definiert „Fake News" lediglich als bewusst unwahre Tatsachenbehauptungen, ohne formelle Anforderungen zu postulieren.

59 *Lossau* Analysen & Argumente, Juli 2017, S. 2.

Überschrift einem Beitrag eine starke Prägung verleihen.[60] Das geschickte Hervorheben einzelner Zitate oder Aussagen und/oder die Außenvorlassung einzelner Informationen stellen für sich genommen keine Fehlinformationen dar, es wird eben nur ein Teilaspekt der Realität dargestellt.[61] Die so entäußerte Information kann treffend als selektive Wahrheit[62] oder Halbwahrheit tituliert werden.[63] Durch falsche Implikaturen wird die falsche Information nicht explizit ausgesprochen, gleichwohl aber als Schlussfolgerung impliziert, beispielsweise per geschickter kontextueller Einbindung.[64]

Diese Form der Berichterstattung wird von einigen Journalisten als gefährlicher für die öffentliche Meinungsbildung als Fake News eingestuft, da diese Inhalte seit jeher weit verbreitet und daher allgegenwärtig sind. Darüber hinaus sind von richtigen, aber unvollständigen Fakten gestützte Meinungen schwieriger zu hinterfragen als Fake News. Diese Form der Berichterstattung liegt in der Adressatenorientierung seitens der Journalisten, die nicht nach den für die Meinungsbildung erforderlichen Informationen ihre Berichterstattung ausrichten, sondern sich zur Umsatzoptimierung an den Vorlieben bzw. Wünschen der Leserschaft orientieren. Um diesem Phänomen vorzubeugen wird empfohlen, die vermittelten Informationen im Kontext zu lesen und sich bewusst zu fragen, welche Informationen (bewusst) ausgelassen werden. Daneben wird empfohlen, in den sozialen Netzwerken Personen mit anderen Meinungen und Interessen zu folgen, um multiple Positionen zu vernehmen sowie mehr Informationen bei anderen abzufragen.[65]

Eine solche, tendenziöse Berichterstattung findet jedoch seit jeher Verwendung und bewegt sich oft im Rahmen *journalistischer List*. Sie ist zumindest teilweise verursacht durch den historisch erwachsenen, eigenen politischen Standpunkt eines Mediums, der zu einer tendenziösen Berichterstattung führen kann.[66] Zwar sind selbst solche Erscheinungsformen von List fördernd bei der Verbreitung

---

60 Siehe *Lossau* Analysen & Argumente, Juli 2017, S. 2.

61 Vgl. *Lossau* Analysen & Argumente, Juli 2017, S. 5.

62 *Jaster/Lanius* Die Wahrheit schafft sich ab, Kap. 2 sprechen von selektiver Berichterstattung und einem Mangel an Wahrheit.

63 Vgl. zu diesem Begriff *Bertolaso* Deutschlandfunk v. 01.03.2017, abrufbar unter http://www.deutschlandfunk.de/ueber-fake-news-erster-teil-ein-gespenst-geht-um-nicht-nur.2852.de.html?dram:article_id=380132 (21.03.2022) und *Gensing* Fakten gegen Fake News, S. 23 f.

64 *Koring/Zimmermann* Medien & Kommunikationswissenschaft 66 (2018), 526, 534. Für die begriffliche Erfassung nicht akurater Informationen im Allgemeinen *P. Müller/Denner* Was tun gegen „Fake News“?, S. 7.

65 *Dalal* Quartz v. 16.11.2018, abrufbar unter https://qz.com/1130094/todays-biggest-threat-to-democracy-isnt-fake-news-its-selective-facts/ (21.03.2022).

66 Dazu unter dem Begriff „Medienbias“ und zur historischen Entwicklung journalistischer Objektivität *Jaster/Lanius* Die Wahrheit schafft sich ab, Kap. 1.

unwahrer Tatsachenbehauptungen und der Irreführung der Rezipienten,[67] jedoch unterscheiden sich die angewandten Mittel erheblich von gezielten Desinformationskampagnen, die mittels unwahrer Tatsachenbehauptungen weitere Durchschlagskraft gewinnen und ein weitreichenderes Ausmaß erfahren. Unberührt davon bleibt aber die Qualifikation als Desinformation, wenn der Schluss der einzig mögliche ist und die Information dabei im Ganzen als fehlerhaft zu qualifizieren ist. Dies bleibt allerdings stets eine Frage des Einzelfalls.

c) Interpretation als aktuelle Desinformation

Teilweise werden Fake News derweil als eine Subkategorie von Desinformationen verstanden, da bei diesen die Voraussetzung hinzutrete, sich auf aktuelle Geschehnisse zu beziehen. Insofern könnte man dann von *aktuellen Desinformationen* sprechen.[68] Interpretiert wird dieser Aktualitätsbezug durch einen Neuigkeitswert als zeitliche Komponente sowie die öffentliche Relevanz der Information als soziale Komponente, sodass historische Lügen, wie die Leugnung des Holocaust, nicht erfasst werden.[69] Diese Definition dürfte allerdings schon insofern Bedenken begründen, als ebenso Informationen ohne einen solchen zeitlichen Aktualitätsbezug Einflüsse auf aktuelle öffentliche Diskursthemen haben können und sich insofern hinsichtlich ihrer Effektivität als äquivalent darstellen. Die soziale Komponente des Aktualitätsbezugs dagegen dürfte zwar typischerweise erfüllt sein. Gleichwohl erscheint diese als Definitionsmerkmal nicht empfehlenswert, da sich dann Abgrenzungsschwierigkeiten ergeben könnten, wenn eine Desinformation oder der von ihr betroffene Diskurs erst einige Zeit nach der Veröffentlichung an Dynamik gewinnen. In diesen Fällen würde definitorisch eine Desinformation womöglich erst mit dem Zuwachs an Dynamik vorliegen, obgleich in diesem Moment jede Intervention bereits zu spät wäre. Aus kommunikationstheoretischer Sicht erscheinen die angesprochenen Definitionsmerkmale daher durchaus

67 Vgl. *Koring/Zimmermann* Medien & Kommunikationswissenschaft 66 (2018), 526, 534, die solche falschen Implikationen allerdings dem Desinformationsbegriff zuschlagen.

68 *Koring/Zimmermann* Medien & Kommunikationswissenschaft 66 (2018), 526, 530; *P. Müller/Denner* Was tun gegen „Fake News"?, S. 6. In diese Richtung wohl auch *Lammich* Fake News als Herausforderung des deutschen Strafrechts, S. 66 und *M. Schreiber* Strafbarkeit politischer Fake News, S. 34 – der zudem auf S. 35 f. eine besondere inhaltliche Simplizität als charakteristisch beobachtet, welche diesen den Anschein „absoluter Wahrheit" verleihe. Es handelt sich aber nur um ein typisches Begriffsmerkmal, sodass der Untersuchungsgegenstand und daher auch die Definition nicht hierauf beschränkt werden soll.

69 *Koring/Zimmermann* Medien & Kommunikationswissenschaft 66 (2018), 526, 532. Für einen typischerweise bestehenden Aktualitätsbezug auch *Jaster/Lanius* Die Wahrheit schafft sich ab, Kap. 2.

nachvollziehbar und angemessen, um sich auf die besonders brisanten Informationen und deren Besonderheiten zu fokussieren. Aus der regulatorischen Perspektive dagegen liefe ein solches Verständnis auf eine sachwidrige Verkürzung der Phänomenologie hinaus.

d) Verbreitung im Internet respektive in den sozialen Medien als ratio crescendi*?*

Da die Verbreitung ausweislich der oben genannten Beispiele zumeist im Internet und dort vor allem in sozialen Medien erfolgt stellt sich die Frage, ob diese als Merkmal der Begriffsdefinition zu begreifen sind.[70] Entscheidend hiergegen spricht im Hinblick auf die mögliche weitgehende strafrechtliche Regulierung, dass in dieser Form verbreitete Fake News ihren Charakter nicht dadurch verlieren, dass sie aufgegriffen und beispielsweise im Radio weiterverbreitet werden.[71] Gleichwohl dürften die Gefahren, die von in Massenmedien verbreiteten Desinformationen ausgehen, als weitaus gravierender einzustufen sein als beim Verbreiten in privater Kommunikation.[72] Im Falle eines gutgläubigen Rezipienten besteht aber – selbst bei gegenüber nur einer Person geäußerten Desinformationen – die Gefahr, dass der Gutgläubige die Desinformation in einem Massenmedium weiterverbreitet. Die Definition sollte hier nicht ohne Not zu eng gefasst werden, da nur so alle Facetten der Phänomenologie erfasst werden können. Der unterschiedlichen Gefährlichkeit sowie der höheren Strafrechtswürdigkeit kann gleichwohl bei der konkreten Formulierung von Vorhaben insoweit Rechnung getragen werden, als dass hier weitergehende Anforderungen formuliert werden, die einen potentiell besonders breiten Rezipientenkreis erfordern.

---

70 In diese Richtung wohl *Klein/Wueller* JoIL 20 (2017) 5, 6. Auch *Lammich* Fake News als Herausforderung des deutschen Strafrechts, S. 89 beschränkt die seiner Untersuchung zugrunde gelegte Definition auf soziale Netzwerke.

71 *Gelfert* Informal Logic 38 (2018), 84, 98. Gegen die definitorische Bindung an ein bestimmtes Verbreitungsmedium auch *Koring/Zimmermann* Medien & Kommunikationswissenschaft 66 (2018), 526, 530; *M. Schreiber* Strafbarkeit politischer Fake News, S. 48 ff. und *Schünemann* GA 2019, 620, 624.

72 *Schünemann* GA 2019, 620, 624 geht von einer größeren Gefahr von Fake News in klassischen Medien aus. *M. Schreiber* Strafbarkeit politischer Fake News, S. 49 argumentierte unlängst mit einem höheren Problembewusstsein bei der Nutzung von sozialen Medien, was er mit empirischen Zahlen unterlegte. Diese Argumentation ist um die anzunehmende höhere Glaubwürdigkeit bzw. Autorität klassischer Medien aus Sicht der Rezipienten zu erweitern.

2. *Interpretation* Fake

Wörtlich übersetzen könnte man die zusammengesetzte Begrifflichkeit Fake News zunächst als Falschmeldung.[73] Der Begriff *Zeitungsente*, Synonym zur Falschmeldung, ist in Deutschland jedenfalls seit dem 19. Jahrhundert bekannt.[74] Die Begriffe *Falschmeldung* und *Zeitungsente* werden daher als synonym im Duden aufgeführt.[75] Zum Begriff Fake News findet sich im Duden dagegen kein Synonym. Eine Übersetzung allein als Falschmeldung würde allerdings den Wortsinn des Bestandteils *Fake* als vortäuschen völlig außen vorlassen und insoweit zu kurz greifen.[76] Der Wortsinn ist in der Form begriffsprägend, dass der Handlung eine manipulative Absicht immanent ist, der Handelnde also die Unwahrheit kennt und diese vergleichbar eines Stilmittels einsetzt. Die Übersetzung respektive ein Begriffsverständnis als Falschmeldung erscheint insofern zur wissenschaftstheoretischen Bearbeitung problematisch, als dieses keine Abgrenzung zu anderen Erscheinungsformen in der Berichterstattung wie Parodien, Scherzen („*Hoaxes*"), Gerüchten, Konspirationstheorien, Satire, selektiven Fakten oder einfach schlechter Berichterstattung, ermöglicht.[77]

Zur terminologischen Bestimmung von Fake News muss differenziert werden zwischen dem Begriff ausschließlich unterfallende falsche Tatsachenbehauptungen einerseits und Meinungen andererseits, schon um dem unterschiedlichen verfassungsrechtlichen Schutz gerecht zu werden. Tatsachen sind Umstände oder Zustände, die dem Wahrheitsbeweis zugänglich sind, die objektive Beziehung zwischen der Äußerung und der Realität steht daher bei Tatsachenbehauptungen

---

73 *Rödiger* Identifikation und Klassifikation von „Fake News", S. 3. In diese Richtung auch BT-DS. 18/13013, S. 2.

74 Vgl. auch *WD* Fake News, Definition und Rechtslage, Az. WD 10-3000-003/17, S. 6. Falschmeldungen waren auch unter dem Begriff „Tatarenmeldung" bekannt, vgl. *P. Müller/Denner* Was tun gegen „Fake News"?, S. 7.

75 Duden, abrufbar unter https://www.duden.de/rechtschreibung/Zeitungsente (21.03.2022).

76 So auch *Lammich* Fake News als Herausforderung des deutschen Strafrechts, S. 36. Unrichtigerweise nicht zwischen den Begriffen „Falschmeldungen" und „Fake News" differenzierend dagegen *Hoven* Forschung und Lehre 10 (2019), 906. *Lammich* Fake News als Herausforderung des deutschen Strafrechts, S. 90 hat zuletzt zutreffend darauf hingewiesen, dass eine mittelbare Folge von zirkulierten Fake News durch gutgläubige Journalisten lancierte Zeitungsenten sein können. Fernerhin hat er ebendort auf S. 37 den historischen Ursprung der Begrifflichkeit dargestellt – ebenso wie *M. Schreiber* Strafbarkeit politischer Fake News, S. 31 f.

77 Bis vor kurzem herrschte noch ein Begriffsverständnis von Fake News als Nachrichtensatire bzw. Nachrichtenparodie, *Koring/Zimmermann* Medien & Kommunikationswissenschaft 66 (2018), 526, 527.

im Vordergrund.[78] Prägendes Element einer Meinung ist dagegen die subjektive Beziehung des Kommunikators zum Inhalt seiner Aussage. Sie ist durch Elemente der Stellungnahme und des Dafürhaltens geprägt.[79] Meinungsäußerungen unterfallen daher per se nicht dem zu untersuchenden Gegenstand Fake News.[80] Sofern allerdings die entäußerte Meinung auf einer falschen Tatsachenbehauptung fußt, kann dieser Bestandteil isoliert als Fake News eingestuft werden.[81]

a) Intendierter Verbreitungszweck als Unterscheidungsmerkmal

Fraglich ist indes weiterhin, welche inhaltlichen Anforderungen an die verfolgte Täuschungsabsicht zu stellen sind.[82] Da die meisten bekannt gewordenen Beispiele von Fake News sich im politischen Spektrum ereigneten und daher eine politische Täuschungsabsicht verfolgt wird, könnte zunächst von einem *politischen Desinformationsbegriff* ausgegangen werden.[83] Demgegenüber steht ein von der wohl herrschenden Meinung vertretener *ökonomisch-politischer Desinformationsbegriff*, nach dem ebenso wirtschaftliche Absichten verfolgt werden können.[84] Bereits an

---

78 Statt aller BVerfG Beschl. v. 13.04.1994 – 1 BvR 23/94. Umfassend zum Tatsachenbegriff *Hilgendorf* Tatsachen und Tatsachenaussagen im Strafrecht, S. 113 ff. Ein bereichsspezifischer Tatsachenbegriff wird indes hier nicht vertreten, vgl. dazu auch S. 234 ff. Zur Bestimmung der Unrichtigkeit siehe auch unten § 11 D. I.

79 BVerfG Beschl. v. 13.04.1994 – 1 BvR 23/94.

80 *WD* Fake News, Definition und Rechtslage, Az. WD 10-3000-003/17, S. 6 sowie *ders.* Ansätze zur Regulierung von Wahlwerbung im Internet, Az. WD 10-3000-018/19, S. 5.

81 *WD* Fake News, Definition und Rechtslage, Az. WD 10-3000-003/17, S. 6.

82 Gegen die Verknüpfung mit einer Täuschungsabsicht aber *Koring/Zimmermann* Medien & Kommunikationswissenschaft 66 (2018), 526, 536, die ausführen, dass eine Täuschungsabsicht teilweise nicht vorliege, wenn nur die Schnelligkeit von Korrekturen auf Wikipedia getestet werden solle oder per Clickbaits zahllose Klicks beabsichtigt sind. Allerdings erfordert die formulierte Täuschungsabsicht allenfalls sicheres Wissen hinsichtlich der Unrichtigkeit der Information auf Seiten des Erstellers und Eventualvorsatz weiterverbreitender Dritter hinsichtlich einer möglichen Täuschung der Rezipienten. Daher ist eine Vielzahl dieser Fallgestaltungen gleichwohl inkludiert, da die Täuschung zumindest als notwendiger Zwischenschritt vom Tätervorsatz erfasst sein wird. Gegen eine Täuschungsabsicht auch *Jaster/Lanius* Die Wahrheit schafft sich ab, Kap. 2, die von Fällen von Gleichgültigkeit auf Seiten des Äußernden sprechen („*Bullshitting*") und *M. Schreiber* Strafbarkeit politischer Fake News, S. 53 f.

83 *Jaursch* (Fn. 11), S. 7. In diese Richtung auch *P. Müller/Denner* Was tun gegen „Fake News", S. 7, die nur Falschinformationen bzgl. aktueller politischer oder gesellschaftlicher Themen erfassen.

84 *M. Appel* Forschung und Lehre 10 (2019), 908; *Lammich* Die Strafbarkeit der Verbreitung sogenannter „Fake News", S. 5; *ders.* Fake News als Herausforderung des

diesem unterschiedlichen Begriffsverständnis wird ersichtlich, dass bislang nicht etwa eine allgemeinverbindliche Definition des Begriffs Fake News existiert.[85] Für die letztgenannte extensivere Sichtweise spricht, dass bei der Verbreitung desinformativer Inhalte oftmals kommerzielle Interessen verfolgt werden. So sind etwa im Falle von Fake News-Internetseiten erhöhte Werbeeinnahmen intendiert.[86] Teilweise werden bei ein und derselben Fake News zudem vom Ersteller respektive Erstverbreiter politische, von den zeitlich nachfolgend agierenden Akteuren dagegen wirtschaftliche Motive verfolgt (beispielsweise weil diese von den erstgenannten Akteuren für die Zirkulation der Desinformation bezahlt werden). Ein rein politisch verstandener Begriff würde das Phänomen daher zweckwidrig verkürzt betrachten. Darüber hinaus würde man ansonsten Desinformationen ausklammern, die zwecks Manipulation der Referenzwerte von Finanzinstrumenten zirkuliert werden.[87] Die Gewährleistung von umfassendem Opferschutz spricht zudem für eine extensive Auslegung.[88] Da nicht ausgeschlossen werden kann, dass neben politischen und wirtschaftlichen auch andere Zwecke mit Gefährdungspotential verfolgt werden könnten, sollte zudem keine ausdrückliche Beschränkung auf bestimmte Zwecke erfolgen. Vielmehr sollte schlicht von *rechtlich geschützten Interessen* gesprochen werden. Auf Ebene einer etwaigen Kriminalisierung wären diese Umstände dann allerdings auf solche von wesentlicher Bedeutung zu begrenzen, um nicht eine uferlose strafrechtliche Haftung zu erzielen.

Nunmehr findet der Begriff auch in der Implementierung des Duden nicht allein Verwendung in seiner wörtlichen Übersetzung als bloße Falschmeldung, sondern er setzt begriffsnotwendig eine *weitergehende Zweckbestimmung* voraus, nämlich

---

deutschen Strafrechts, S. 83 f.; *Ullrich/Diefenbach* Es war doch gut gemeint, S. 222; *WD* Fake News, Definition und Rechtslage, Az. WD 10-3000-003/17, S. 6; *Zimmer/Scheibe/Schmoly/Dreisiebner* in Büttner (Hrsg.), S. 211, 214. Gegen die Erforderlichkeit einer Täuschungsabsicht offenbar *Baranowski/von Halen/Kornmeier* BB 2019, 2690, 2695. Vgl. auch *M. Schreiber* Strafbarkeit politischer Fake News, S. 53, der zwar auch wirtschaftliche und ideelle Zwecke für zureichend befindet, seine Untersuchung gleichwohl aber auf politische Desinformationen beschränkt.

85 So auch *WD* Fake News, Definition und Rechtslage, Az. WD 10-3000-003/17, S. 6; *Lossau* Analysen & Argumente, Juli 2017 S. 2; *Ullrich/Diefenbach* Es war doch gut gemeint, S. 222.

86 *Lammich* Fake News als Herausforderung des deutschen Strafrechts, S. 83 f.; *WD* Fake News, Definition und Rechtslage, Az. WD 10-3000-003/17, S. 6. Vgl. zur Unterstützung von Desinformationsportalen seitens Werbetreibender *Fechner* in Uhle (Hrsg.), S. 157, 161.

87 *Lammich* Die Strafbarkeit der Verbreitung sogenannter „Fake News", S. 6.

88 *Lammich* Die Strafbarkeit der Verbreitung sogenannter „Fake News", S. 6. Für ein weiteres Spektrum an Motiven plädierte unlängst noch einmal *ders.* Fake News als Herausforderung des deutschen Strafrechts, S. 83 f.

die *manipulative Verbreitung in den Medien und im Internet. Ratio essendi* des zu untersuchenden Phänomens ist also das Ziel des Entäußerers oder Urhebers, durch die erwartete lauffeuerartige Verbreitung der Falschmeldung politische, wirtschaftliche oder gesellschaftliche Umstände zu beeinflussen.[89] Desinformationen sind also

> *beweisbar unrichtige oder fehlleitende Informationen, die zur Täuschung der Rezipienten verbreitet werden und die einen Schaden für ein rechtlich geschütztes Interesse, das von wesentlicher Bedeutung für die Öffentlichkeit ist, hervorrufen können.*

Bei Fake News handelt es sich demnach um ein im digitalen Zeitalter vielfach ergriffenes und aufgrund der neuartigen Verbreitungswege im derzeitigen Ausmaß neues Propagandainstrument.[90]

Fake News sind also – in Abgrenzung zu Konspirationstheorien – Nachrichten, die dem Empfänger *als wahr suggeriert werden* und die mit der Intention der politischen, wirtschaftlichen oder gesellschaftlichen Beeinflussung zirkuliert werden. Es handelt sich daher letztlich kurz gesagt um gezielte Desinformationen.[91] Das Landgericht Hamburg[92] hat in einem Zivilrechtstreit betreffend Unterlassungsansprüche judiziert, dass Fake News Falschnachrichten sind, die wissentlich falsch verbreiten werden, was die Übersetzung *Fälschung* des Merkmals *Fake* bereits wörtlich enthalte.

---

89 Nach *Hegelich* Die Politische Meinung Nr. 543 (März/April 2017), 32, 33 werden diese durch die böswillige Absicht Instrumente politischer Manipulation. *Drexl* ZUM 2017, 529, 541 begreift dagegen die fehlende Überprüfbarkeit als begriffsprägendes Merkmal. Dies dürfte jedoch in der Sache nicht zutreffen. Auch wenn bei dem beobachteten Phänomen oft der Beweis einer negativen Tatsache erforderlich wäre, könnte dieser doch selbst im Zivilprozess im Rahmen sekundärer Darlegungs- und Beweislast des Äußernden geführt werden. Zur sekundären Darlegungslast BGH Beschl. v. 20.06.2017 – VI ZR 505/16.

90 *Gensing* Forschung und Lehre 10 (2019), S. 901. Vgl. auch *Ullrich/Diefenbach* Es war doch gut gemeint, S. 222. Zur Entwicklung vom negativ konnotierten Begriff der Propaganda hin zum Begriff der *„Public Relations“ Miller/Robinson* in Docan-Morgan (Hrsg.), S. 969.

91 *B. Holznagel* MMR 2018, 18. *Jaster/Lanius* Die Wahrheit schafft sich ab, Kap. 2 zeigen Überschneidungen von Konspirationstheorien und Fake News auf, vernachlässigen allerdings das Kriterium *suggerierter Wahrhaftigkeit.* Gleichwohl können Konspirationstheorien auf Basis gleichzeitig vermittelter Desinformation konstruiert werden. Auch hier ist aber eine scharfe Trennung der Aussagebestandteile möglich und erforderlich.

92 LG Hamburg Urt. v. 03.11.2017 – 324 O 219/17, ZUM-RD 2018, 240, 244.

b) *Abgrenzung zu anderen Phänomenen*

c) *Satire und ähnliche Erscheinungen*

Zunächst ist, notwendigerweise, zur Satire abzugrenzen. Satirische Inhalte erfreuen sich zur Zeit großer Nachfrage.[93] Die Satire charakterisieren Verzerrungen und Übertreibungen, die Verwendung finden, um in aggressiver Form Missstände anzuprangern und Widersprüche zwischen Anspruch und Wirklichkeit aufzudecken.[94] Satirische Inhalte werden im Gegensatz zu der Verwendung von Fake News nicht in der Absicht (verdeckter) politischer oder wirtschaftlicher Beeinflussung, also nicht mit einer im normativen Sinne verwerflichen Absicht, lanciert.[95] In der um Fake News geführten Debatte hat zudem der Begriff *Hoaxes* Eingang gefunden, bei welchen zwar ebenfalls der Empfänger getäuscht werden soll, dies aber, anders als bei Fake News, nur scherzhaft gemeint ist oder anderen infantilen Zwecken dient und insbesondere keine weitergehende böse Absicht verfolgt wird.[96] Bei Hoaxes handelt es sich zwar um Falschmeldungen, diese werden allerdings als „urbane Sagen" per E-Mail oder Instant Messenger Diensten verbreitet und erscheinen nicht als journalistische oder durch anderweitig kredible Quellen untermauerte Nachrichten.[97] Hoaxes sind, im Unterschied zu Fake News, typischerweise darauf angelegt, vom Rezipienten letztlich als unrichtig entlarvt zu werden.[98]

Enthält Satire unrichtige Tatsachenbehauptungen, kommt es nach der Rechtsprechung des Bundesgerichtshofes[99] für die rechtliche Bewertung darauf an,

---

93 *Lossau* Analysen & Argumente, Juli 2017, S. 3. Genannt werden können die Formate „Der Postillon", „Titanic" oder die ZDF Sendung „heute-show".

94 BeckOK InfoMedienR/*Söder* § 823 BGB Rn. 49; *Klass* AfP 2016, 477, 478.

95 Vgl. *Sängerlaub/Meier/Rühl* in Hohlfeld/Harnischmacher/Heinke/Lehner/Sengl (Hrsg.), S. 221, 224 und *BReg* Antwort auf die Kleine Anfrage von Abgeordneten der FDP-Fraktion, BT-DS. 19/20908, S. 2. *Brodnig* Lügen im Netz, Kap. 3, 15 thematisiert daneben aber Internetseiten, die – unter dem Deckmantel der Satire – tatsächlich eine Täuschungsabsicht verfolgen, wobei die Beiträge bisweilen ganz am Ende in sehr kleiner Schrift als Satire gekennzeichnet sind. Solchen Beiträgen dürfte aber im Einzelfall die Einordnung als satirischer Inhalt zu versagen sein. *Jaster/Lanius* Die Wahrheit schafft sich ab, Kap. 5 wollen solchen versteckten Hinweisen gar indizielle Bedeutung für die Täuschungsabsicht beimessen. Zum desinformativen Agieren unter dem Deckmantel der Satire durch rechtspopulistische Akteure *Gensing* Fakten gegen Fake News, S. 119 f.

96 *Rödiger* Identifikation und Klassifikation von „Fake News", S. 3.

97 *Lammich* Die Strafbarkeit der Verbreitung sogenannter „Fake News", S. 7; *ders.* Fake News als Herausforderung des deutschen Strafrechts, S. 89 f.

98 *Gelfert* Informal Logic 38 (2018), 84, 94 f.

99 BGH Urt. v. 10.01.2017 – VI ZR 562/15, Rn. 14.

ob für den Konsumenten erkennbar ist, dass es sich um eine satiretypische Verfremdung oder Übertreibung handelt, er sie demnach für seine Meinungsbildung normativ systematisieren kann oder ob er zu der irrigen Einordnung gelangen kann, es handele sich um eine wahrhaftige Aussage. Die Satire genießt regelmäßig den verfassungsrechtlichen Schutz der Meinungs- und Kunstfreiheit und erfährt daher eine privilegierte rechtliche Behandlung.[100] Doch auch diese Abgrenzung ist allenfalls auf den ersten Blick ohne größere Hürden zu meistern. Jährlich am 1. April verschwimmen hier zwar grundlegend die Grenzen, indem das Verbreiten von Falschnachrichten als Aprilscherz weitgehend folgenlos gesellschaftlich anerkannt und sogar erwartet wird.[101] Gleichwohl erkannte der Aktienmarkt den Aprilscherz von Elon Musk – Chief Executive Officers („*CEO*") des Kraftfahrzeugherstellers Tesla – nicht, sondern reagierte auf die Bankrotterklärung im Netz mit einem empfindlichen Kursabfall.[102] *Brodnig*[103] nennt als Fallbeispiel zudem einen Beitrag des Postillon, nachdem Saudi Arabien das Instant Messaging-Programm „WhatsApp", das seinerseits Facebook gehört, zwinge, Emojis zu verschleiern,[104] wobei nicht alle Nutzer den satirischen Charakter erkannt hatten.

Die große Informationsdichte im Internet und die kurzweilig erfolgende Rezeption verwässert jedoch die Grenzen zwischen Satire und herkömmlichen Nachrichten.[105] Da auch Satire, sofern sie vom Rezipienten nicht als solche erkannt wird, den Meinungsbildungsprozess mittels unwahrer Fakten beeinflussen kann, wird teilweise befürwortet, Satire nicht aus der Begriffsbestimmung herauszunehmen.[106] Dem widerspricht aber entscheidend der Wortsinn *Fake*, wie bereits oben in Ansätzen dargetan.[107] Zudem zeigen auch die dargestellten Desinformationsfälle, dass diese sich um intentionär falsche Informationen drehen und nicht um satirische Inhalte. Auch das in der Gesellschaft vorherrschende Begriffsverständnis ist also ein anderes. Gleichwohl liefert die Erkennbarkeit als bewusste Falschnachricht ein Unterscheidungskriterium zu Fake News, das trotz des Verkennens der Unrichtigkeit im Einzelfall im Rahmen einer wissenschaftstheoretischen Diskussion wie

---

100 BeckOK InfoMedienR/*Söder* § 823 BGB Rn. 49.

101 *Lossau* Analysen & Argumente, Juli 2017, S. 3.

102 Meedia v. 03.04.2018, abrufbar unter http://meedia.de/2018/04/03/der-duemmste-aprilscherz-des-jahres-elon-musk-erklaert-tesla-via-twitter-fuer-pleite-und-die-aktie-bricht-ein/ (21.03.2022).

103 *Brodnig* Lügen im Netz, Kap. 3.

104 Der Postillon v. 30.03.2016, abrufbar unter https://www.der-postillon.com/2016/03/saudi-arabien-zwingt-whatsapp-emojis-zu.html (21.03.2022).

105 So auch *Lossau* Analysen & Argumente, Juli 2017, S. 3. Für das oftmalig nutzerseitige Verkennen als satirische Inhalte *M. Appel/Doser* in M. Appel (Hrsg.), Kap. 2.1.

106 Vgl. *Klein/Wueller* JoIL 20 (2017), 5, 6.

107 *Lammich* Die Strafbarkeit der Verbreitung sogenannter „Fake News", 5; *ders.* Fake News als Herausforderung des deutschen Strafrechts, S. 91 f.

der vorliegenden zur Differenzierung dienlich ist. Dass wie im aufgezeigten Beispiel trotz der theoretischen Erkennbarkeit in der Praxis womöglich der Inhalt im Rahmen einer bloß beiläufigen Rezeption für wahr gehalten wird, vermag hieran nichts zu ändern.[108] Damit ein Beitrag als Fake News qualifiziert werden kann, muss die Wahrscheinlichkeit irrezuführen also nicht nur unbeabsichtigt entstehen, sondern diese muss gerade beabsichtigt sein.[109] Erforderlich ist demnach für die Qualifikation als Fake News ein vorgetäuschter Wahrheitsanspruch hinsichtlich der vermittelten Information, also eine Orientierung an Faktizität.[110]

d) Poor Journalism *und andere Formen vernachlässigter Rechercheobligationen*

Das journalistische Feld von Fehlinformationen, dem auch die klassischen Medien unterliegen, bietet insofern ein breites Spektrum, das im Folgenden noch einmal aufgezeigt werden soll. Zusammengefasst werden die damit adressierten Formen von Falschinformationen mancherorts unter dem Begriff *Poor Journalism.*[111] Gemeinsam ist den darunter zu betrachtenden Formen der Berichterstattung, dass es sich um regelmäßig nicht intendierte Falschnachrichten handelt,[112] wobei die Unrichtigkeit in journalistischen Nachlässigkeiten wie einer nicht hinreichenden Recherche begründet ist.[113] Die fehlende Absicht beim Verbreiten wird zumindest *ex post* oftmals offensichtlich, als nachträgliche Richtigstellungen in Form von Gegendarstellungen oder zumindest sog. Disclaimern erfolgen.[114] Ebenfalls unter der Terminologie *Poor Journalism* können Erscheinungsformen rund um das sog. Klickködern („*Clickbaiting*") verstanden werden. Hierbei werden die Rezipienten durch wissentlich überspitzt formulierte Phrasen in den Überschriften auf

108 Nach *Gensing* Fakten gegen Fake News, S. 125 habe kein Medium Satireinhalten aufsitzen müssen, diese seien durch sorgfältige Recherche aufzudecken gewesen. Letztlich sei Satire – selbst im Falle des Aufsitzens der Medien im Einzelfall – von Nutzen, als dies die Bedeutung einer sorgfältigen Recherche aufzeige.

109 *Gelfert* Informal Logic 38 (2018), 84, 106. Andere sehen in der „künstlericheren Form" satirischer Inhalte eine derart virulente Subjektivierung, sodass insgesamt von einem Werturteil auszugehen sei, dazu *Zaczyk* in Kindhäuser/Neumann/Paeffgen, § 186 StGB Rn. 4.

110 *Koring/Zimmermann* Medien & Kommunikationswissenschaft 66 (2018), 526, 533 sowie zuletzt auch *M. Schreiber* Strafbarkeit politischer Fake News, S. 45 f. Nach *Jaster/Lanius* Die Wahrheit schafft sich ab, Kap. 2 fehlt es für die Qualifizierung als Fake News der mangelnden Faktizität.

111 *Sängerlaub/Meier/Rühl* (Fn. 95), S. 11 f.; *Gensing* Fakten gegen Fake News, S. 16 ff.

112 Nach *Jaster/Lanius* Die Wahrheit schafft sich ab, Kap. 2 fehlt es daher am Wahrhaftigkeitskriterium.

113 *Sängerlaub/Meier/Rühl* (Fn. 95), S. 11 f.

114 *Sängerlaub/Meier/Rühl* (Fn. 95), S. 11 f.

bestimmte Webseiten gelockt, wobei finanzielle Interessen die Vorgehensweise bestimmten.[115] Oftmals erfolgen insofern Verzerrungen von echten Informationen oder Bildern, beispielsweise eine sensationsartig verzerrte Schlagzeile, die durch den Einsatz von Clickbaiting populärer gemacht wird.[116] Selbst wenn auch hier eine Gefahr für die Streuung von Fehlinformationen[117] gesetzt wird, wenn man bedenkt, dass nach Studien in den allermeisten Fällen bloß die Überschriften gelesen werden,[118] so ist das Ausmaß doch weitaus geringer als in Fällen, in denen im Text eine Richtigstellung fehlt.

e) Gonzo Journalism und New Jornalism

Abzugrenzen ist auch von den publizistikwissenschaftlichen Formen des *Gonzo Journalismus* und des *„New Journalism"*. Der Gonzo Journalismus geht zurück auf das dem Slang entstammende Wort *Gonzo* mit der Wortbedeutung „bizarr" oder „extravagant" und wird oft mit dem Autoren Hunter S. Thompson verbunden, der aus Zeitmangel einen größtenteils aus unbearbeiteten Notizen bestehenden Artikel veröffentlichte und damit zu einem Wegbereiter wurde.[119] Beide Erscheinungsformen basieren auf der Annahme, dass der Versuch einer rein objektiven Berichterstattung der Erschaffung eines perpetuum mobile gleicht.[120]

---

115 *Staun FAZ* v. 25.05.2014, abrufbar unter https://www.faz.net/aktuell/feuilleton/medien/schlagzeilenprosa-das-online-magzin-heftig-12955990.html (21.03.2022). Vgl. *Jaster/Lanius* Die Wahrheit schafft sich ab, Kap. 3; die ihren eigenen Titel als Clickbaiting entlarven und damit die Alltäglichkeit des Phänomens aufzeigen. Zur in der Online-Welt geltenden Aufmerksamkeitsökonomie *Kozyreva/Lewandowsky/Hertwig* Psychological Science in the Public Interest 21 (2018), 103, 103 ff.

116 *House of Commons* Digital, Culture, Media and Sport Committee, Disinformation and "fake news", Interim Report, Fifth Report of Session 2017–2019, S. 7, online abrufbar unter https://publications.parliament.uk/pa/cm201719/cmselect/cmcumeds/363/363.pdf (21.03.2022).

117 *Gensing* Fakten gegen Fake News, S. 16 f. befindet ähnliche Auswirkungen für möglich.

118 Statt aller *Gabielkov/Ramachandran/Chaintreau/Legout* Social Clicks, What and Who Gets Read on Twitter?, 13.04.2016, abrufbar unter https://hal.inria.fr/hal-01281190/document (21.03.2022).

119 *Haas* in Bleicher/Pörksen (Hrsg.), S. 43, 68. Nach *Eberwein* Gonzo Journalism, Deutsches Journalisten Kolleg, S. 5, abrufbar unter https://www.journalistenkolleg.de/documents/10157/161315/Gonzo+Journalism.pdf/c2781671-672b-4821-adef-9426f1a0d172 (21.03.2022) soll mit dem Veröffentlichen der unregidierten Texte dagegen Authentizität hergestellt werden.

120 *Schmüser* Correctiv v. 26.03.2018, abrufbar unter https://correctiv.org/echtjetzt/artikel/2018/03/26/die-vom-rheinneckarblog-erfundene-terror-story-ist-kein-gonzo-journalismus/ (21.03.2022).

Die Anhänger des *New Journalism* berichten daher auf Basis eigener Erfahrungen und Emotionen, wobei der Journalist oftmals selbst zum Protagonisten wird.[121] Im Gonzo Journalismus verschmelzen typischerweise die eigene Wahrnehmung, Fiktion und Realität miteinander durch die Verwendung von Überspitzungen und satirischen Elementen.[122] Auch der nahestehende *New Journalism* zeichnet sich durch eine subjektive Vorgehensweise unter Verwendung literarischer Stilmittel aus, wobei die Fakten gleichwohl die Basis des Schreibwerks bilden.[123]

Auch wenn bei diesen Schreibstilen bisweilen Realität und Fiktion miteinander vermischt werden, bildet gleichwohl der Ursprung auf wahrhaftigen Fakten ein erstes Abgrenzungskriterium zu Fake News.[124] Ebenso unterschiedlich ist die Intention, als beim Gonzo Journalismus über die fiktiven und subjektiven Elemente der Berichterstattung Gesellschaftskritik geübt und ermöglicht werden soll, gleichwohl aber die Erkennbarkeit als Fiktion gewährleistet und gerade gewollt, eine bewusste Irreführung dagegen gerade nicht beabsichtigt ist.[125] Fake News dagegen verwenden bewusst den Deckmantel vermeintlicher Objektivität, um so die beabsichtigte Täuschung durch die Durchschlagskraft vermeintlicher Fakten erfolgversprechender zu gestalten.

III. Lügenpresse – Fake News als rhetorisch pervertierter Kampfbegriff

Einige Forscher, die sich dem Phänomen widmen, bemängeln die oftmals ambivalente Verwendung der Begrifflichkeit.[126] So wird er teilweise von Donald Trump

121 *Eberwein* New Journalism, Deutsches Journalisten Kolleg, S. 6 f., abrufbar unter https://www.journalistenkolleg.de/documents/10157/161315/New+Journalism.pdf/6b71bca6-d510-4543-920a-576bc61d4411 (21.03.2022). Vgl. zum Streit um die journalistische Existenzberechtigung des Gonzo-Journalismus die Darstellung bei *Haas* in Bleicher/Pörksen (Hrsg.), S. 43, 69.

122 *Eberwein* (Fn. 121).

123 *Haas* in Bleicher/Pörksen (Hrsg.), S. 43, 46 ff., der auch dezidiert die maßgeblichen Protagonisten des New Journalism aufführt. New Journalism und Gonzo Jornalism dürften derweil eng verwandt mit der erkenntnistheoretischen Idee des „radikalen Konstruktivismus" stehen, nach der Wirklichkeit bloß eine Konstruktion unseres Gehirns ist. So definiert auch *Keil* Forschung und Lehre 10 (2019), 894, 896 den radikalen Konstruktivismus. Zumindest die Idee einer solchen Verwandtschaft scheint auch *Reus* in Bleicher/Pörksen (Hrsg.), S. 249, 256 zu erkennen.

124 Beispielsweise spricht *Haas* in Bleicher/Pörksen (Hrsg.), S. 43, 45 von einer „offenen Subjektivität" des New Journalism.

125 *Schmüser* (Fn. 120).

126 *B. Holznagel* MMR 2018, 18; *Lossau* Analysen & Argumente, Juli 2017, S. 2; *Ullrich/Diefenbach* Es war doch gut gemeint, S. 222; *Jaster/Lanius* Die Wahrheit schafft sich ab, Einleitung. Nach *Koring/Zimmermann* Medien & Kommunikationswissenschaft

nahestehenden Personen „als Berichterstattung der Systempresse" im Sinne eines „politischen Kampfbegriffs" assoziiert, wohingegen er anderenorts zunehmend mit dem Begriff „Hate Speech" verwässert werde.[127] Bei näherem Hinsehen ist dies aber kein wissenschaftstheoretisches Definitionsproblem, sondern schlicht ein Problem korrekter Subsumption und der Tatsache, dass die Gesellschaft das Phänomen einer eigenen normativen Bewertung zuführt. Soweit ein Definitionsproblem bei der Verwendung von politischen Persönlichkeiten gegenüber der Presse zur Herabwürdigung derselben („You are Fake News") erblickt wird, so handelt sich dies um eine weiterentwickelte Instrumentalisierung und nicht etwa um ein anderslautendes Begriffsverständnis, nach dem Fake News vom Leser nicht gemochte oder akzeptierte Informationen sind:[128] Während es sich bei der bewussten Streuung und Verwendung von Fake News um eine Pervertierung der Wahrheit handelt,

---

66 (2018), 526, 527 wird eine inhaltsgleiche Definition von den meisten Arbeiten stillschweigend vorausgesetzt.

127 *Sängerlaub* in einem Interview mit Deutsche Welle v. 29.10.2017, abrufbar unter http://www.dw.com/de/fake-news-die-sorgen-sind-größer-als-die-wirkung/a-41108745 (21.03.2022). Hinsichtlich der Wortbedeutung in der Lesart Trumps auch *P. Müller/Denner* Was tun gegen „Fake News"?, S. 6 und *Uhlmann* Rhetorik und Wahrheit, S. 289 ff. *M. Appel* Forschung und Lehre 10 (2019), 908 vergleicht die Verwendung durch Trump mit derjenigen des Begriffs Lügenpresse im deutschen Sprachraum. Für das letztgenannte Phänomen nennt er das Zweifeln an der Authentizität der Berichterstattung der klassischen Medien seitens der Pegida-Bewegung. Zum historischen Ursprung des Begriffs Lügenpresse *Rödiger* Identifikation und Klassifikation von Fake News, S. 2. *Ullrich/Diefenbach* Es war doch gut gemeint, S. 232 weisen darauf hin, dass sowohl Kritiker der Mainstreammedien den Begriff Fake News gegen diese verwenden – als auch Anhänger der Mainstreammedien gegen alternative Medien. Dahingegen komme es kaum vor, dass alternative Medien als Lügenpresse oder Falschmeldungen der Mainstreammedien als Fake News betitelt werden. Alternative Medien werden im englischen Sprachraum bisweilen als *hyper-parteiische Medien* („*hyper-partisan media*") bezeichnet, ein Begriff, den *Brodnig* Lügen im Netz, Kap. 8 sehr nützlich findet, da dieser aufzeige, dass diese Intermediäre vorwiegend die Verbreitung bestimmter Meinungen beabsichtigen.

128 In die Richtung eines derartigen Begriffsverständnisses bei der Verwendung durch Trump aber *House of Commons* (Fn. 116), S. 8. Nach *Emmer* zitiert nach *Laaf/Hegemann* Zeit v. 05.12.2019, abrufbar unter https://www.zeit.de/digital/internet/2019-12/fake-news-desinformation-facebook-wahlwerbung-martin-emmer (21.03.2022) „immunisiert" Trump so die eigene Anhängerschaft, die sich aufgrund der Diskreditierung der Kritiker nicht mehr mit dem Inhalt der Kritik auseinandersetzen müssen.

erfolgt diese Pervertierung bei dem angesprochenen Verhalten bereits doppelt.[129] Nicht nur wird den klassischen Medien der Wahrheitsgehalt und die wissentliche Verbreitung von Fake News unterstellt und werden diese darüber hinausgehend als „Lügenpresse“ diffamiert. Weiterhin wird darüber hinweg gesehen, dass die eigene Informationspolitik nicht die akribische Erarbeitung und Wiedergabe der Wahrheit zum Gegenstand hat.[130] Darüber hinaus wird nur derjenigen medialen Berichterstattung Legitimität zugesprochen, die dem eigenen Standpunkt entspricht.[131] Da sich in der Gesellschaft weitgehend die Verwendung von Fake News zwecks gezielter Desinformation herumgesprochen hat, wird dieser Begriff nun als Kampfbegriff verwendet, um die Glaubwürdigkeit politischer Gegner herunterzuspielen. Die hierbei eingenommene Opferrolle kann darüber hinaus beim Nachrichtenempfänger Solidaritätsgefühle auslösen, welche diese Instrumentalisierung schwerer zu entlarven machen. Der eigentliche Vorwurf (*„You are Fake News“*) beinhaltet hierbei aber nichts anderes als die Aussage, dass diese von den Gegnern verwendet würden: Es handelt sich hierbei nur um eine erneute politische Instrumentalisierung. Als das Phänomen unter dieser Begrifflichkeit noch weitgehend unbekannt war, war es einfacher, die Meinungsbilder durch die Streuung von Fake News oftmals lange Zeit unbemerkt zu beeinflussen. Dagegen ist es nach dem Bekanntwerden des Phänomens leichter möglich, potentiellen Gegnern die Verwendung von Fake News vorzuwerfen in dem Wissen, dass diese die Wahrheit sagen, um die eigenen Desinformationen aufrecht erhalten zu können. So verstanden würde sich der Terminus Fake News nicht auf die als desinformativ bezeichneten Tatsachen selbst beziehen, sondern einen Appell des behaupteten, irreführenden Charakters einer Behauptung darstellen.[132] Fake News wären nach einem so verstandenen Begriff quasi ein rhetorisches Mittel, um den gesellschaftlichen Nimbus einer spezifischen Behauptung zu untergraben, indem ihnen der Wahrheitswert streitig gemacht wird.[133] Dieses Begriffsverständnis sieht sich dem Vorwurf ausgesetzt, das Pferd von hinten aufzuzäumen, da die Verwendung als rhetorisches Mittel im oben genannten Sinne dem herkömmlichen Verständnis zeitlich nachfolgte und sich insofern als Folgeproblem darstellt.[134] Die politische Instrumentalisierung des Begriffs als eine Art Medienschelte führt also mitnichten zu einer anderweitigen, inhaltlichen Verwendung des Begriffs selbst, diese Verwendung von (Rechts)Populisten zur Abwertung der Presse stellt sich nur als ein

---

129 *Sängerlaub/Meier/Rühl* (Fn. 95), S. 94 f. *Jaster/Lanius* Die Wahrheit schafft sich ab, Kap. 1 beschreiben insoweit anschaulich, dass Trump hiermit hinsichtlich der Bezichtigung des Verbreitens von Desinformationen den „Spieß umdreht“.

130 *Sängerlaub/Meier/Rühl* (Fn. 95), S. 94 f.

131 *Sängerlaub/Meier/Rühl* (Fn. 95), S. 94 f.

132 *Gelfert* Informal Logic 38 (2018), 84, 93.

133 *Gelfert* Informal Logic 38 (2018), 84, 93.

134 So ausdrücklich *Gelfert* Informal Logic 38 (2018), 84, 93.

weitergehendes Ausnutzen des Problembewusstseins der Bevölkerung dar, da die Akteure hiermit versuchen, diese hinsichtlich der Authentizität der Medienberichterstattung zu verunsichern.

IV. Austauschen der Begrifflichkeit zur Umgehung der Abgrenzungsprobleme und Anforderungen an die Falsifität

Eine von der *Europäischen Kommission eingesetzte Expertengruppe* plädiert ebenso wie die *Bundesregierung*[135] und *andere Forscher*[136] dafür, den Begriff Fake News nicht zu verwenden und – auch um eine Abgrenzung zu anderen Erscheinungsformen des öffentlichen Diskurses in sozialen Netzwerken gewährleisten zu können – von Desinformationen zu sprechen.[137] Unter Desinformationen sollen alle Erscheinungsformen falscher, irreführender und sogar ungenauer Informationen

---

135 *Europäische Kommission* A Multi-dimensional approach to desinformation, Report of the independent High level Group on fake news and online desinformation, S. 10, abrufbar unter https://coinform.eu/wp-content/uploads/2019/02/EU-High-Level-Group-on-Disinformation-A-multi-dimensionalapproachtodisinformation.pdf (21.03.2022); *BReg* Antwort auf die Kleine Anfrage von Abgeordneten der FDP Fraktion, BT-DS. 19/20908, S. 2.

136 Nach *Wardle* Medium v. 17.02.2017, abrufbar unter https://medium.com/1st-draft/fake-news-its-complicated-d0f773766c79 (24.03.2022) ist der Begriff wenig hilfreich, da er die Komplexität des Problems nicht zu beschreiben vermag. *P. Müller/Denner* Was tun gegen „Fake News", S. 23 plädieren für eine zurückhaltende Verwendung des Begriffs. Auch *Reporter ohne Grenzen* Regulierung 2.0, Warum soziale Netzwerke, Suchmaschinen & Co. ein Teil der informationellen Grundversorgung geworden sind – und wie sie reguliert werden sollten, um die Meinungs- und Pressefreiheit zu schützen, 12.06.2018, S. 19, abrufbar unter https://www.reporter-ohne-grenzen.de/fileadmin/Redaktion/News/Downloads/Reporter-ohne-Grenzen_Regulierung-2.0-Langfassung.pdf (21.03.2022) lehnen die Terminologie mangels Begriffsschärfe ab.

137 Für die Verwendung der Begriffe „Desinformation" und „Fehlinformation" auch *House of Commons* (Fn. 116), S. 8. Den Begriff Desinformationen verwendet auch *Russ-Mohl* Die informierte Gesellschaft und ihre Feinde, S. 27. Zum historischen Ursprung des Begriffs Desinformationen von einem sowjetischen „speziellen Desinformationsbüro" Stalins *Jaster/Lanius* Die Wahrheit schafft sich ab, Kap. 4. Das Oxford Internet Institute plädiert dagegen für die Verwendung des Begriffs „Junk News" *Neudert/Kollanyi/Howard* Junk News and Bots during the German Parliamentary Election, What are German Voters Sharing over Twitter?, Oxford Internet Institute, Data Memo 2017.7; 19.09.2017, S. 1, abrufbar unter http://blogs.oii.ox.ac.uk/comprop/wp-content/uploads/sites/93/2017/09/ComProp_GermanElections_Sep2017v5.pdf (21.03.2022).

verstanden werden, die mit der Zielrichtung der Schädigung der Öffentlichkeit oder mit Profitabsichten geschaffen, veröffentlicht oder vertrieben werden.[138] In ihrem Verhaltenskodex definiert die Europäische Kommission unter ausdrücklicher Anknüpfung an die Expertengruppe Desinformationen schließlich als „nachweislich falsche oder irreführende Informationen", die kumulativ „zu wirtschaftlichen Zwecken oder zur absichtlichen Täuschung der Öffentlichkeit erstellt, präsentiert und verbreitet" werden und „öffentlichen Schaden anrichten" können. Dieser Schaden wiederum wird verstanden als „Bedrohung demokratischer und politischer Prozesse sowie öffentlicher Güter wie des Schutzes der Gesundheit, der Umwelt oder der Sicherheit der EU-Bürger".[139] Insofern sind Desinformationen nach dieser Lesart nicht nur falsche, sondern ebenso irreführende Informationen,[140] wobei die Irreführung qualitativ der Falschheit nahe kommen muss.

Ausdrücklich hierunter nicht verstehen will die Europäische Kommission Werbung, Berichtsfehler, Satire und Parodie oder eindeutig identifizierte, parteiische Nachrichten und Kommentare.[141] Ferner soll diese Definition verbindliche gesetzliche Verpflichtungen, selbstregulierende Werbekodizes und Normen betreffend irreführende Werbung unberührt lassen.[142] Fehlinformationen („*Misinformation*") hingegen beziehen sich auf „Informationen, die falsch sind, aber nicht mit der Absicht erstellt wurden, Schaden anzurichten".[143]

Sollte sich der Terminus Fake News aber aus wissenschaftlich-theoretischer Sicht unter Gewährleistung einer klaren Abgrenzung zu anderen Formen von Äußerungen definieren lassen, so würden diese Bedenken letztlich nicht durchgreifen. Allein das Problem, dass ein Großteil der Gesellschaft einen Begriff fehlerhaft bestimmt, vermag insofern nicht dessen Abschaffung zu legitimieren. So vermag der oftmals fehlinterpretierte Gehalt einer Urkundenfälschung, die beim Laien primär mit einer inhaltlichen Änderung eines Schriftstücks assoziiert wird, nicht das Austauschen der Begrifflichkeit zu rechtfertigen. Synonym lässt sich allerdings der Begriff *Desinformation* verwenden, der bereits ausweislich des Wortgehalts das begriffsprägende Merkmal der zielgerichteten Irreführung beinhaltet.[144] Der Begriff *Fehlinformation* findet nachfolgend keine Verwendung, da dieser

---

138 *Europäische Kommission* (Fn. 135), S. 11. Vgl. auch *Allcott/Gentzkow* Journal of Economic Perspective 31 (2017), 211, 214, die Fake News als „Nachrichtenartikel, die absichtlich oder nachweislich falsch sind und die Leser in die Irre führen können" definieren.

139 *Europäische Kommission* (Fn. 135), S. 11.

140 So auch *BReg* Antwort auf die Kleine Anfrage von Abgeordneten der FDP Fraktion, BT-DS. 19/20908, S. 2 und *Jaster/Lanius* Die Wahrheit schafft sich ab, Kap. 2.

141 BT-DS. 19/20908, S. 2.

142 BT-DS. 19/20908, S. 2.

143 *C. Reuter/Hartwig/Kirchner/N. Schlegel* in Ludwig/Pipek (Hrsg.), S. 1067, 1070.

144 In der Kommunikationsforschung wird teilweise der Begriff „aktuelle Desinformation" verwendet, der dann weiter in die verschiedenen Varianten der gezielten

begrifflich keine täuschende Absicht beinhaltet und daher ebenso das vorsatzlose Verbreiten von Falschinformationen erfasst, der Untersuchungsgegenstand setzt dagegen zumindest ein bösgläubiges Individuum in der Schaffungs- respektive Verbreitungskette der falschen Information voraus, was die Information letztlich zur Desinformation oder Fake News qualifiziert.[145]

V. *Hate Speech* und andere Begleiterscheinungen

Ebenfalls zum Begriff *Hate Speech* ist aufgrund der vorerwähnten, mancherorts beobachteten Vermischung mit dem Phänomen Fake News abzugrenzen. Die wortwörtliche Übersetzung als „Hassrede" birgt dabei die Gefahr der fehlerhaften Verbrämung mit einer Intention.[146] Die Emotion Hass ist allerdings tatsächlich nicht *ratio essendi* einer Hassrede.[147] Schließlich bedarf es nicht im Sinne des Wortlautes einer Rede – ebenso können schlichte Handlungen wie beispielsweise Gestik und Mimik als rein tatsächliche Form der Kommunikation eine derartige Diffamierung enthalten.[148] *Hate Speech* lässt sich definieren als intendiertes Herabwürdigen einer Gruppe gegenüber einer anderen Gruppe.[149] Der Ausdruck „Hetzrede" käme dem Bedeutungsgehalt daher erheblich näher.[150] Der Begriff „Hassposting" steht hierzu in naher Verwandtschaft: Er erfordert lediglich keinen Gruppenbezug hinsichtlich der Herabwürdigung.[151] Tatsächlich ist mit der behaupteten Vermischung von Hate Speech und Fake News nämlich nicht etwa ein Definitionsproblem angesprochen, sondern eine tatsächliche Schnittmenge, da letztgenannte Erscheinungsform

politischen Manipulation sowie der „Clickbaits" (durch reißerische Aufmachung wird versucht, möglichst viele Endnutzer auf bestimmte Seiten zu locken um so Werbeinnahmen zu generieren) unterschieden wird, *Kohring* anlässlich der 55. Jahrestagung des Instituts für Deutsche Sprache, zitiert nach Badische Zeitung v. 13.03.2019, abrufbar unter https://www.badische-zeitung.de/nachrichten/kultur/grundsaetzliches-misstrauen-ist-die-gefahr (21.03.2022). Mit einer weitergehenden Definition von Desinformationen auch *WD* Ansätze zur Regulierung von Wahlwerbung im Internet, Az. WD 10-3000-018/19, S. 5. Auch *M. Schreiber* Strafbarkeit politischer Fake News, S. 33 hält zur Herstellung von Kongruenz in der wissenschaftlichen Diskussion an der Terminologie Fake News fest.

145 *Koring/Zimmermann* Medien & Kommunikationswissenschaft 66 (2018), 526, 535 beschreiben diese Anforderung mit dem Kriterium der Unaufrichtigkeit, nach der der Kommunikator davon überzeugt sein muss, nicht die Wahrheit zu äußern.

146 *Sponholz* Hate Speech in den Massenmedien, S. 50 f.

147 *Sponholz* Hate Speech in den Massenmedien, S. 50 f.

148 *Sponholz* Hate Speech in den Massenmedien, S. 57.

149 *Maibauer* in Maibauer (Hrsg.), Hassrede, S. 1; *Sponholz* Hate Speech in den Massenmedien, S. 48.

150 *Sponholz* Hate Speech in den Massenmedien, S. 50.

151 *Sponholz* Hate Speech in den Massenmedien, S. 84.

von Rechtspopulisten zum Teil für Stimmungsmache gegen bestimmte Personengruppen bzw. Minderheiten verwandt wird, wobei der unrichtige Tatsachen enthaltende Beitrag entweder bereits selbst darüber hinausgehende für Hate Speech charakteristische Elemente enthält oder gerade darauf abzielt, solche bei Dritten auszulösen. Die Intention der Herabwürdigung einer anderen Gruppe kann hierbei ebenso durch Tatsachenbehauptungen erfolgen und bedarf insbesondere keiner herabwürdigenden Meinungsäußerung.[152]

VI. Kontextuelle Entwicklung – Von Wikileaks, Konspirationstheorien und dem Aufstieg satirischer und alternativer Medien

Die Entwicklung des Begriffs kann freilich nicht ohne den Aufstieg des Whistleblowings im Allgemeinen und der Enthüllungsplattform WikiLeaks im Besonderen gesehen werden. Die Plattform erfuhr durch Enthüllungen betreffend die Wirtschaft und Politik ab dem Jahr 2006 Medienruhm.[153] Im US-Präsidentschaftswahlkampf 2016 existierten demnach zwei Techniken versuchter politischer Einflussnahme: Neben dem bewussten Streuen von Desinformationen veröffentlichten Hacker mehrere tausend gestohlene E-Mails der Demokratischen Partei auf der Plattform.[154] Die gesellschaftliche Zentrierung auf Enthüllungsberichte führte letztlich zu einem Hinterfragen der Wahrhaftigkeit der Politik und der klassischen Pressemedien.[155]

Letztlich dürfte es sich bei dem Handlungsinstrumentarium um den „nächsten Schritt" bzw. die Potenzierung des jüngst im Voranschreiten beobachteten Phänomens von Konspirationstheorien[156] und deren Verbreitung sein. Dabei dienen die

---

152 Vgl. dazu die Ausführungen zu § 130 StGB unten § 5 A.

153 Zur Entstehung *Streinz* in Uhle (Hrsg.), S. 200, 212 ff.

154 *Gensing* Fakten gegen Fake News, S. 136 f.

155 *Schweiger* Der (des-)informierter Bürger im Netz, S. 4.

156 Cicero, abrufbar unter https://www.cicero.de/innenpolitik/die-weltreligion-des-dritten-jahrtausends/48693 (21.03.2022); *Drexl* ZUM 2017, 529, 529 f. *Maas* Zeit v. 17.06.2016, abrufbar unter http://www.zeit.de/2016/26/streitkultur-diskussion-argumente-rechtspopulismus (21.03.2022) beobachtet eine Flut von Verschwörungstheorien. Nach *Quattrociocchi* Spektrum der Wissenschaft 11/2017, 58, 61, „wuchern" diese im Netz. Nach *P. Müller/Denner* Was tun gegen „Fake News"?, S. 20 kommt in gegenwärtig verbreiteten „Fake News" oftmals ein elitekritisches und verschwörungstheoretisches Weltbild zum tragen. *Silberberger* bei n-tv Frühstart, 15.10.2010, abrufbar unter https://www.n-tv.de/politik/Staat-muss-mehr-gegen-Fake-News-tun-article21330071.html (21.03.2022) warnt vor einem „Kreislauf der Verschwörungsideologien". *Gensing* Fakten gegen Fake News, S. 24, 121 ff. hält beide Phänomene für nur schwerlich differenzierbar.

aktuellen Krisen der Demokratie in der westlichen Hemisphäre als Katalysator für die verbreiteten Theorien.[157] Die lauffeuerartige Verbreitung von Konspirationstheorien findet ihre Ursache hierbei im Sensationsinteresse der Bevölkerung: Die fernliegende, empörende Konspirationstheorie ist so viel klangvoller als die öde Wahrheit.[158] Aktuell werden etwa Konspirationstheorien beobachtet, nach denen die kriegerischen Auseinandersetzungen im Nahen Osten dem Zweck dienen, Flüchtlinge nach Europa fortzutreiben und so die hiesigen politischen Systeme zu destabilisieren.[159] Das Streuen von Konspirationstheorien wird insofern teilweise als eine Desinformationstechnik verstanden.[160] Unter dem Begriff Konspirationstheorien können dabei Sachverhalte erfasst werden, die mit Desinformationen belegt werden. Im Unterschied zu Fake News werden sie aber als umstritten dargestellt und wird zugleich eine plausible Erklärung geliefert.[161]

Mit der vermehrten Zirkulation von Desinformationen kann freilich eine Infantilisierung der Gesellschaft befördert werden, die letztlich bis zur vollständigen Nichtrezeption herkömmlicher Informationen führen kann. Der Wahn um Konspirationstheorien[162] stellt sich hierbei als Teufelskreis dar: Jeder Beleg für die Wahrhaftigkeit wird von den Skeptikern gleichsam als Beweis dafür verstanden, dass das Establishment bestrebt ist, die Fehlinformation als Wahrheit darzustellen.[163] Die propagandistische Durchschlagskraft solcher Konspirationstheorien ist dabei Ausweis mehrerer Machtergreifungen totalitärer Regime. Sowohl das Regime der Nationalsoziallisten im „Dritten Reich" als auch die Regentschaft Stalins fußten auf der Verbreitung von Konspirationstheorien im weiteren Sinne.[164]

---

157 Cicero (Fn. 156). Der Autor führt weiterhin aus, dass Verschwörungstheorien zu Zeiten der Weltwirtschaftskrise 1930 ihren Höhepunkt erreichten.

158 Nach *Skudlarek* Wahrheit und Verschwörung, S. 66 ff. begünstigt (neben dem Gefühl von Machtlosigkeit) ein Bedürfnis nach Einzigartigkeit den Glauben an Konspirationstheorien. Auf Sensationalismus fußte insoweit auch die Idee des New Journalism, vgl. die Darstellung bei *Haas* in Bleicher/Pörksen (Hrsg.), S. 43, 43 ff.

159 *Silberberger* (Fn. 156).

160 *Roozenbeek/van der Linden* Palgrave Communications 5 (2019), 1, 5.

161 Von der „Plausibilität" von Verschwörungstheorien spricht auch *Drexl* ZUM 2017, 529, 534 f.

162 Der Bundespräsident Steinmeier sprach diesem altbekannten Phänomen eine heutzutage stärkere Wirkungskraft zu, *Steinmeier* Rede zur Eröffnung der Ausstellung „Verschwörungstheorien," 17.05.2019, abrufbar unter https://www.bundespraesident.de/SharedDocs/Reden/DE/Frank-Walter-Steinmeier/Reden/2019/05/190517-Ausstellung-Verschwoerungstheorien.html (21.03.2022).

163 Cicero (Fn. 156).

164 Mit historischen Beispielen der beiden Regime *Tinline* New Statesmen v. 17.03.2018, abrufbar unter https://www.newstatesman.com/world/2018/03/art-big-lie-history-fake-news (21.03.2022). *Skudlarek* Wahrheit und Verschwörung, S. 127 beschreibt Konspirationstheorien als Bestandteil des politischen Populismus.

Diese Durchschlagskraft von brisanten Fehlinformationen in einer selbstentmündigten Gesellschaft machen sich letztlich die Urheber von Fake News zunutze, sodass diese getrost als zielgerichtete Weiterentwicklung aufgefasst werden können. Der Verschwörungstheoretiker zweifelt den Wahrheitsgehalt der herkömmlich dargestellten Fakten an, ohne jedoch die eigene Aussage als einzig wahrhaftige Aussage unter Verschweigen des Faktums darzustellen. Der nächste Schritt besteht darin, die eigene Aussage als wahr darzustellen und dabei die wahren Tatsachen vollends zu verschweigen. Zudem neigen Internetnutzer, die alternativen Quellen[165] folgen, am ehesten dazu, Posts von Trollen zu liken oder zu teilen und verhelfen so den organisierten Distributoren von Falschnachrichten maßgeblich zum durchgreifenden Erfolg.[166] Zudem verfolgen sie seltener Informationen, die von klassischen Medien oder politischen Gruppen vermittelt werden,[167] sie bedienen sich also bei der Informierung mehrheitlich nicht verschiedentlich orientierter Quellen um eine Verifikation in Eigenregie durchzuführen. Diese empirischen Befunde erweisen sich als disparat zu den von den Anhängern von Konspirationstheorien verfolgten Zwecken: Obgleich sie besonders kritisch vermeintliche Informationsverzerrungen durch die Mainstream-Medien hinterfragen, erweisen sich gerade diese Nutzer im Ergebnis als Akteure bei der Verbreitung absichtlicher Falschinformationen.[168] Verschwörungstheorien erweisen sich jedoch nicht als diskursfeindlich, als sie ohne das Faktum zu verschweigen offizielle Tatsachendarstellungen herausfordern und so bisweilen schon offizielle Tatsachendarstellungen als nicht haltbar beweisen konnten.[169]

VII. Gutgläubiges Weiterverbreiten von Fake News

Gegenstand einer strafrechtlichen Abhandlung können nicht allein Handlungen in Gestalt des zielgerichteten Verbreitens von Falschnachrichten sein. Dies ließe vollständig unbeachtet, dass ebenso derjenige, der die Falschnachricht ohne eine entsprechende Absicht teilt und damit weiter verbreitet, gleichwohl erheblich zur

---

165 Alternative Quellen werden hierbei verstanden als „selbst ernannte Distributoren von Inhalten, welche die Mainstream-Medien den Menschen angeblich vorenthalten", *Quattrociocchi* Spektrum der Wissenschaft 11/2017, 58, 62.

166 *Quattrociocchi* Spektrum der Wissenschaft 11/2017, 58, 63.

167 *Quattrociocchi* Spektrum der Wissenschaft 11/2017, 58, 63.

168 So auch *Quattrociocchi* Spektrum der Wissenschaft 11/2017, 58, 63; der freilich davon spricht, dass diese Nutzer „absichtlichen Falschmeldungen am ehesten Glauben schenken". Dies vernachlässigt aber, dass es sich hierbei zumindest teilweise auch um bösgläubige Akteure handeln kann, die den Falschinformationen gerade nicht Glauben schenken.

169 *Schünemann* GA 2019, 620, 629 qualifiziert Verschwörungstheorien mit dieser Argumentation sogar als Lebenselixier einer funktionierenden Demokratie.

viralen Verbreitung beiträgt.[170] Auch das ungeprüfte Teilen und absichtliche Verbreiten solcher Nachrichten muss also dann, wenn der Urheber der Falschnachricht oder zumindest einer der Verbeiter beim Verbreiten den vorgenannten Zweck verfolgt, Gegenstand der vorliegenden Untersuchung sein. Nur so kann eine allumfassende Analyse der Bekämpfung solcher gezielter Desinformationskampagnen erfolgen. Beispielsweise in § 186 StGB bestätigt der Gesetzgeber eine solche weitreichende Sichtweise, wenn er das Behaupten oder Verbreiten herabwürdigender Tatsachen schon bei Nichterweislichkeit der Wahrheit unter Strafe stellt, um so einen weitreichenden Schutz zu gewähren. Gerade das Weiterverbreiten durch gutgläubige Nutzer ist von den Desinformationsakteuren beabsichtigte Reaktion und Bedingung für den Erfolg der Phänomenologie.

VIII. Typologie von Fake News

Die so gefundene Definition von Fake News als gezielte Desinformationen kann im Folgenden in Anknüpfung an die von *Wardle*[171] gebildeten Kategorien weitergehend differenziert werden: Nicht immer muss es sich um frei erfundene Informationen handeln, vielfach kommen Fake News vor, bei denen an ursprünglich bestehende, korrekte Informationen angeknüpft wird.[172] Bei der ersten Erscheinungsform werden tatsächlich richtige Information bewusst aus dem ursprünglich bestehenden Kontext gerissen und hiermit ein falsches Informationsbild erschaffen oder die Informationen werden bewusst unrichtig interpretiert (*"Misinterpreted Content"*).[173] In diese Kategorie fallen insbesondere bildliche Darstellungen

170 *Lossau* Analysen & Argumente, Juli 2017 S. 2. *Brodnig* Lügen im Netz, Kap. 1 führt unter Nennung eines Beispiels aus, dass gutgläubig weiterverbreitende Dritte – selbst im Falle der Aufklärung über die Unwahrheit – ihre Handlung teilweise für legitim befinden, da die behauptete Handlung im Falle ihrer Einstellungskongruenz *wahr werden könnte.*

171 *Wardle* 6 types of misinformation circulated this election season, Columbia Journalism Review v. 18.11.2016, abrufbar unter https://www.cjr.org/tow_center/6_types_election_fake_news.php (24.03.2022) – deren sechste Kategorie der Satire bzw. Parodie dem hiesigem Desinformationsbegriff aber nicht unterfällt und daher außen vor bleibt. Zu Recht kritisch bzgl. der Trennschärfte der gebildeten Kategorien – insbesondere im Hinblick auf den fließenden Übergang zwischen noch manipulierten und schon erfundenen Inhalten *Lammich* Fake News als Herausforderung des deutschen Strafrechts, S. 64 f. Ebendort auf S. 67 bildet Lammich zudem eigene inhaltlich differenzierte Kategorien, was vorliegend jedoch im Hinblick auf die dynamische Fortentwicklung des Phänomens unterbleiben soll.

172 *Brodnig* Lügen im Netz, Kap. 1 dagegen begreift nur vollständig erfundene Meldungen als Fake News.

173 *Sängerlaub/Meier/Rühl* (Fn. 95), S. 11. Gerade Zahlen können dabei aus dem Kontext gerissen irreführen. *Gensing* Forschung und Lehre 10 (2019), S. 901 nennt insofern

beispielsweise von Opfern von Gewalttaten, die im Kontext gänzlich anderer Gewalttaten Verwendung finden.[174] Die zweite Erscheinungsform dagegen kennzeichnet eine Manipulation ursprünglich korrekter Informationen, beispielsweise kann die Darstellung eines Fotos manipuliert werden (*„Manipulated Content“*).[175] Ein Beispiel wären Fotomontagen, auf denen ein angebliches Zusammentreffen bestimmter Politiker dargestellt wird. Weiterhin kann die Information selbst irreführend Verwendung finden, indem beispielsweise ein Kommentar als Tatsache dargestellt wird (*„Misleading Content“*).[176] In diese Kategorie könnte die bekannt gewordene Desinformation „Merkel hofft auf 12 Mio. Einwanderer“[177] fallen, nach der ein geheimes Papier die Masseneinwanderung in Deutschland positiv thematisierte: Der Beitrag rechnete die aus einem öffentlichen Positionspapier[178] des BMI zur demografischen Entwicklungen stammende (und dort letztlich verworfene) absolute Höchstgrenze von 300.000 Einwanderern pro Jahr willkürlich auf 40 Jahre hoch und stellte die Zahl als im Sinne der Bundesregierung dar.[179] Schließlich kann

---

als oft beobachtetes Beispiel Kriminalstatistiken. Zur Typologie von Misinformationen ebenfalls umfassend *Appel/Doser* in M. Appel (Hrsg.), Kap. 2.1.

174 Ein Beispiel findet sich bei *Brodnig* Lügen im Netz, Kap. 3.

175 *Sängerlaub/Meier/Rühl* (Fn. 95), S. 11.

176 *House of Commons* (Fn. 116), S. 7 beobachtet derartige Interventionen. Vgl. auch *Brodnig* First Draft v. 07.11.2017, abrufbar unter https://firstdraftnews.org/7-types-german-election/ (21.01.2022). *M. Appel/Doser* in M. Appel (Hrsg.), Kap. 2.1 unterscheiden neben irreführenden Inhalten weiterhin in *falsche Beziehungen* (*„False Connection“*) und *falschen Kontext* (*„False Context“*) der Inhalte. Diese weitergehende Unterscheidung erscheint aber zu feinziseliert, sodass diese gebildeten Gruppen hier als Subkategorien verstanden werden.

177 *McFadyen* Express v. 11.02.2017, abrufbar unter https://www.express.co.uk/news/world/765919/Angela-Merkel-Germany-European-Migrant-Crisis-12-million (21.03.2022).

178 *BMI* Jedes Alter zählt, „Für mehr Wohlstand und Lebensqualität aller Generationen“, Eine demografiepolitische Bilanz der Bundesregierung zum Ende der 18. Legislaturperiode, 02/2017, S. 5 f., abrufbar unter https://www.bmi.bund.de/SharedDocs/downloads/DE/publikationen/themen/heimat-integration/demografie/demografiebilanz.pdf;jsessionid=88644B4BE91E5CE33FC409C2B3AE8C2F.2_cid373?__blob=publicationFile&v=4 (21.03.2022).

179 Dieses Fallbeispiel benennt *Brodnig* Lügen im Netz, Kap. 3 für eine Falschmeldung mit einem wahren Tatsachenkern. Brodnig beschreibt gerade solche Manipulationen von wahrhaftigen Tatsachen als besonders häufige Desinformationsform. Ausführlich zu diesem Fall auch *Gensing* Fakten gegen Fake News, S. 10 ff., der als Quellen für den deutschen Sprachraum das österreichische Online-Portal „Wochenblick“ benennt. Dieses zitierte das englische Boulevardmedium „Express“, welches sich auf einen Beitrag der „Rheinischen Post“ bezog.

bzgl. der Inhalte über die Quelle respektive den Ersteller des Beitrags getäuscht werden (*„Imposter Content"*), indem beispielsweise das Branding einer renommierten Nachrichtenagentur verwendet wird oder indem erfundene Inhalte als der Feder bestimmter Behörden oder anderer Hoheitsorgane entstammend dargestellt werden. In Deutschland wurden während der Flüchtlingskrise 2015 vermeintliche Briefe der Gemeinden über die zwangsweise Einquartierung von Flüchtlingen bei Privatpersonen bekannt.[180] Diese Informationen werden oftmals frei erfunden sein und daher gleichzeitig der letztfolgenden Kategorie unterfallen. Einzig bei der letzten möglichen Erscheinungsform handelt es sich um frei erfundene Informationen (*„Fabricated Content"*),[181] die nicht auf einer ursprünglich bestehenden korrekten Information basieren.

Zur zusammenfassenden Veranschaulichung der hier gefundenen Definition von Fake News soll das nachfolgende Schaubild[182] dienen:

Taxonomie Fake News

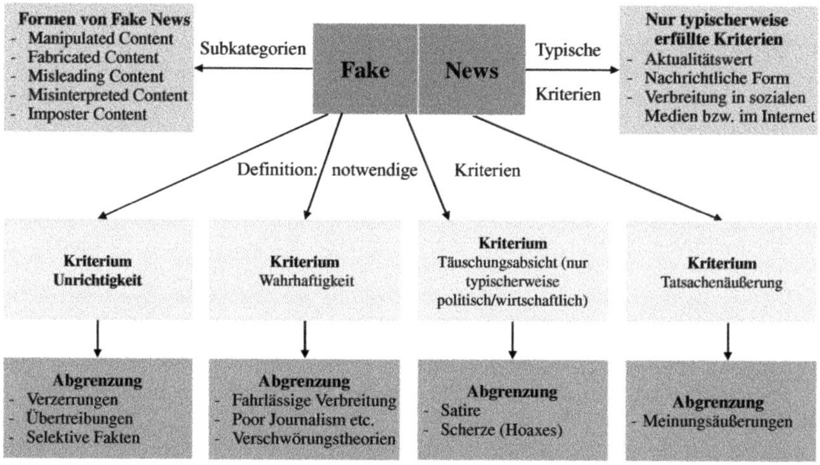

180 Vgl. dazu *Brodnig* (Fn. 176). *M. Appel/Doser* in M. Appel (Hrsg.), Kap. 2.1 bezeichnen Imposter Content als „hochstablerischen Inhalt".

181 *Sängerlaub/Meier/Rühl* (Fn. 95), S. 11.

182 Vgl. auch das Schaubild bei *Koring/Zimmermann* Medien & Kommunikationswissenschaft 66 (2018), 526, 531.

XI. *Deepfakes* – Fake News 2.0

1. *Erläuterung der Funktionsweise*

Ebenso entwickeln sich die Methoden der Intermediäre fortwährend weiter und neben der Digitalisierung der Kommunikation in Form der sozialen Medien wurden unter Verwendung künstlicher Intelligenz[183] („*Artificial Intelligence*" – „*KI*") bereits Technologien entwickelt, mithilfe derer Video- und Audiodateien bearbeitet bzw. generiert werden können, die aussehen und/oder sich anhören wie eine reale Person, aber von dieser niemals getätigte Äußerungen enthalten oder von dieser Person nicht unternommene Handlungen zeigen (sog. „*Deepfakes*").[184] Dieser Technik zugrunde liegt maschinelles Lernen, das durch eine Vielzahl bereits existenter Daten trainiert wird. Physiognomie, Gestik, Mimik und Stimmen werden so zunächst erfasst und später reproduziert.[185] In der deutschen rechtwissenschaftlichen Literatur finden sich bislang kaum Arbeiten, die sich explizit mit Deepfakes auseinandersetzen.[186]

2. *Positive und negative Verwendungsszenarien*

Besonders politisch motivierte Deepfakes werden als bereits präsente und aufgrund des zu erwartenden, weiteren Fortschritts virulenter werdende Gefahr für den Informationsmarkt ausgemacht, wobei die audiovisuelle Innovation Desinformationen zu weitergehender Durchschlagskraft verhelfen kann.[187] Ein schwerwiegenderes Problem von Deepfakes wird ferner teilweise deswegen gesehen, weil die audiovisuelle Darstellung eher geeignet sei, Emotionen beim Empfänger

---

183 Hierunter wird die Fähigkeit von Maschinen verstanden, mittels komplexer Algorithmen menschliches Verhalten zu imitieren, *Staffler/Lany* ZIS 2020, 164, 165.

184 *Lantwin* MMR 2019, 574 definiert diese als „mit Hilfe Künstlicher Intelligenz (Artificial Intelligence, AI) generierte oder modifizierte Foto-, Video- oder Audioaufnahmen". Das *House of Commons* (Fn. 116), S. 7 beobachtet derartige Interventionen.

185 *Lantwin* MMR 2019, 574; *Schwartz* The Guardian v. 12.11.2018, abrufbar unter https://www.theguardian.com/technology/2018/nov/12/deep-fakes-fake-news-truth (21.03.2022).

186 Dezidiert zu Deepfakes *Lantwin* MMR 2019, 574, 574 ff. Am Rande zur Problematik auch *Mafia-Gudarzi* ZRP 2019, 65.

187 *Lantwin* MMR 2019, 574, 575; *Mafia-Gudarzi* ZRP 2019, 65; *Schwartz* (Fn. 185). Vgl. *FDP Fraktion* Kleine Anfrage, BT-DS. 19/15210, S. 2, in der auch Forschungsbemühungen von Facebook zur automatischen Detektion von Fake News thematisiert werden. Auch *BReg* Antwort auf die Kleine Anfrage von Abgeordneten der FDP Fraktion, BT-DS. 19/15657, S. 2 ff. liegt die Annahme einer großen Gefahr durch die Technologie im Falle des Einsatzes zur Beeinflussung der öffentlichen Meinung zu Grunde.

hervorzurufen und diese eher als reine textliche Darstellungen vor dem Konsum nicht überprüft würden.[188] Versucht zu belegen werden diese Befürchtungen durch ein von einer belgischen Partei verwendetes Deepfake Video betreffend Donald Trump, in dem dieser Ratschläge hinsichtlich des Klimawandels an Belgien erteilt, das binnen kürzester Zeit zu erheblicher Resonanz führte.[189] Auch wenn die Möglichkeit von Desinformationskampagnen bereits als real dargestellt wird, wird ein großer Einfluss auf die Meinungsbildung in naher Zukunft bisweilen nicht erwartet, da die Generierung täuschend echter Videos bis dato noch einiges an Expertise und eine große Menge an Daten benötigt, wobei aber für den Fall der Verbreitung der Technologie über das Internet in der Zukunft ein erheblicher Sturm an Desinformationen aufgrund dieser Methode prophezeit wird.[190]

Neben der Verwendung der Technik in Täuschungsabsicht wird der Technologie eine Zukunft in der Film- und Kunstbranche durch die Verwendung bei Post-Produktionen und Spezialeffekten prophezeit – erneut sind neben manipulativen Verwendungsoptionen also durchaus unverfängliche Mehrwerte durch diese Technologie auszumachen.[191] Sozialdienliche Zwecke werden daneben in der Entwicklung von „Speech Engines" basierend auf der Technologie ausgemacht, mittels derer Menschen mit Spracheinschränkungen eine Stimme verliehen werden könnte – mithilfe dieser Technologie könnten beliebige Texte mit der Stimmvorlage einer bestimmten Person „vorgelesen" werden.[192] Ein möglicher negativer Effekt wird dagegen schon ohne die Möglichkeit der täuschend echten Generierung aufgezeigt, als durch die Überschwemmung mit teils auch erkennbaren Desinformationen der Rezipient selbst die richtige Information als Fake einordnet.[193]

3. *Detektionsmöglichkeiten und Regulierungsoptionen*

Gleichzeitig werden Methoden zur Aufdeckung von Deepfakes erarbeitet, die anhand der Analyse biologischer Merkmale wie der Herzfrequenz Fakes von echten Videos erfolgsversprechend unterscheiden können.[194] Als Lösung vorgeschlagen

---

188 Europäisches Parlament Disinformation and propaganda – impact on the functioning of the rule of law in the EU and its Member States, Februar 2019, abrufbar unter http://www.europarl.europa.eu/RegData/etudes/STUD/2019/608864/IPOL_STU(2019)608864_EN.pdf (21.03.2022).

189 *Schwartz* (Fn. 185).

190 *Schwartz* (Fn. 185).

191 *Schwartz* (Fn. 185) sowie *Lantwin* MMR 2019, 574, 574 f.

192 *Lantwin* MMR 2019, 574, 574 f.

193 *Schwartz* (Fn. 185). Auch *Lantwin* MMR 2019, 574, 574 f. sieht eine Gefahr in der Darstellung der Wahrheit als Fake mittels Deepfakes.

194 *Lantwin* MMR 2019, 574, 577; *Schwartz* (Fn. 185); *Lantwin* MMR 2019, 574, 574 f. Letzterer führt das Beispiel an, dass sich durch den Puls die Farben der Haut fortwährend

wird eine Vorabkontrolle hochgeladener Inhalte mittels solcher Detektionsmethoden, die im Falle besonders massiver Eingriffe in das allgemeine Persönlichkeitsrecht zudem Sperrungen legitimieren sollen. Dahingegen sollen hinsichtlich nicht in diese Kategorie fallender politischer Deepfakes aufgrund drohender (mittelbarer) Beschränkungen der Meinungsfreiheit keine Sperrungen aufgrund einer Vorabkontrolle ermöglicht werden.[195] Hinsichtlich dieser Fakes sollen allerdings die nachträgliche Sperrung oder Kennzeichnung als Fake in Betracht kommen.[196] Ferner sollen die Host-Provider mittels einer Bereichsausnahme der von Art. 15 Richtlinie 2000/31/EG[197] geforderten Haftungsprivilegierung für Host-Provider zur Ermöglichung von Sperrungen zur proaktiven Überprüfung verpflichtet werden.[198] Von anderen wird zur effektiven Gegenaufklärung („*Debunking*") vor allem für Personen des politischen Lebens die Möglichkeit der Führung unveränderlicher Lebenslogbücher („*Immutable Life Logs*") eruiert, die unter Verwendung der Blockchain Technologie besonders vertrauenswürdige *digitale Alibis* bereithalten könnten.[199]

4. Fazit

Auch hinsichtlich Deepfakes verschwimmen allerdings die Grenzen der Kategorisierung, als es sich ob der oben gefundenen Beschreibung letztlich um eine *hochtechnisierte Unterform von Imposter Content* handelt. Die neuartige Technologie wirft für den Untersuchungsgegenstand keine neuartigen Fragen auf – allenfalls werden die Faktenprüfer vor größere Schwierigkeiten gestellt, da die Verifikation nur mit zukunftsweisenden Technologien und damit größeren finanziellen Ressourcen möglich ist. Ein eigenständiges gesetzgeberisches Intervenieren gegenüber Deepfakes gleich welcher Art bietet sich dagegen gerade nicht an, da die Technologie in der Filmbranche positiv zu bewertende Aufgaben erfüllen kann und deshalb als Anknüpfungspunkt eines Verbots nur der Inhalt schlechthin in Betracht kommt. Die Möglichkeit von Deepfakes zeigt dagegen auf, dass die Gesellschaft vor immer neue Aufgaben hinsichtlich der Aufdeckung von Falschinformationen

---

ändern, wobei das Fehlen dieser Muster im Rahmen algorithmusbasierter Detektionen erkennbar sein kann.

195 *Lantwin* MMR 2019, 574, 577 f.

196 *Lantwin* MMR 2019, 574, 578. Lantwin verweist dabei aber auf die von anderen Autoren angenommene geringe Praktikabilität von Kennzeichnungen.

197 Richtlinie 2000/31/EG des Europäischen Parlaments und des Rates vom 8. Juni 2000 über bestimmte rechtliche Aspekte der Dienste der Informationsgesellschaft, insbesondere des elektronischen Geschäftsverkehrs, im Binnenmarkt („Richtlinie über den elektronischen Geschäftsverkehr").

198 *Lantwin* MMR 2019, 574, 577 f.

199 *Chesney/Citron* California Law Review 107 (2019), 1753, 1814 ff.

gestellt wird und dass selbst professionelle Faktenprüfung angesichts dieser Fortschritte vor einer Mammutaufgabe steht.

B. Empirische Untersuchung der Auswirkungen desinformativer Diskurstendenzen unter besonderer Berücksichtigung der „neuen Medien"

I. Historische Entwicklung von Falschmeldungen: Alter Wein in neuen Schläuchen

> „Es wird niemals so viel gelogen wie vor der Wahl, während des Krieges und nach der Jagd."
>
> Otto Eduard Leopold Fürst von Bismarck[200]

Die Verbreitung von Fake News ist ein altbewährtes Mittel vor allem im politischen Schlagabtausch.[201] Historisch nachweisbar sind von politischen Machtinhabern eingesetzte Desinformationen bis ins alte Ägypten vor über 3.000 Jahren, als Pharao Ramses II. sein Heer als Sieger gegen die Hetither in der Schlacht um Kadesch auf den Wänden verschiedener ägyptischer Tempel darstellte.[202] Die später als gefälscht entlarvte Konstantinische Urkunde diente Päpsten mehrere Jahrhunderte dazu, ihre hegemoniale weltliche Machtstellung zu festigen und territoriale Ansprüche durchzusetzen.[203] Benjamin Franklin veröffentlichte erfundene Geschichten, nach denen die Briten die amerikanischen Ureinwohner zum

---

200 *von Bismarck* zitiert nach *Sängerlaub* in einem Interview mit *Fritz* web.de v. 04.07.2019, abrufbar unter https://web.de/magazine/politik/fake-news-gezielten-falschinformationen-interessen-verfolgt-33816774 (21.03.2022).

201 Mit umfassenden historischen Beispielen zu Desinformationen in der Politik *Zehnpfennig* Zeit v. 01.12.2017, abrufbar unter https://www.zeit.de/zeit-geschichte/2017/03/luegen-politik-geschichte-fake-news-wahrheit/komplettansicht (21.03.2022). Ausführlich zu historischen Beispielen auch *Jaster/Lanius* Die Wahrheit schafft sich ab, Kap. 1.

202 ZDF Terra X Dokumentation, Die berühmtesten Fake News der Geschichte, ZDF v. 02.03.2017, abrufbar unter https://www.zdf.de/dokumentation/terra-x/videos/fake-news-geschichte-100.html (21.03.2022); mit diesem Beispiel auch *Fechner* in Uhle (Hrsg.), S. 157, 161. Vgl. zu den historischen Beispielen auch den Dokumentarfilm von *Weinstein* Propaganda, The Art of Selling Lies, 2019, gesehen in der deutschen Übersetzung Propaganda, Wie man Lügen verkauft, Arte v. 27.09.2019.

203 ZDF Terra X Dokumentation, Die berühmtesten Fake News der Geschichte, ZDF v. 02.03.2017, abrufbar unter https://www.zdf.de/dokumentation/terra-x/videos/fake-news-geschichte-100.html (21.03.2022).

Skalpieren von Menschen in den rebellierenden Kolonien bezahlten.[204] Bei den US-Wahlen im Jahr 1800 verbreiteten föderalistische Zeitungen vermeintliche Fakten über den Tod Thomas Jeffersons, um dessen Wahl zu verhindern.[205] *Hoven*[206] führt die im Jahr 1870 durch Otto von Bismarck gezielt verfälschten *„Emser Depesche“* an, die Spannungen zwischen Deutschland und Frankreich auslöste und die Nachbarstaaten in den Krieg trieb.

Die „Protokolle der Weisen von Zion“ sollen angebliche Aufzeichnungen eines Geheimtreffens von Führern jüdischer Abstammung Anfang des 19. Jahrhunderts sein, bei dem diese sich über Mittel und Methoden zur Eroberung der Weltherrschaft besprochen haben sollen.[207] Die „Dolchstoßlegende“ etablierte die Mär von dem im Krieg unbesiegten deutschen Heer, das nur den eigenen linken Oppositionellen zum Opfer gefallen sei und verhalf letztlich den Nationalsozialisten zur Machtergreifung.[208] Nach der Machtergreifung versuchten die Nationalsozialisten den Angriff auf Polen mit einem von ihnen selbst vorgetäuschten Angriff auf einen deutschen Rundfunksender durch die Polen zu legitimieren.[209] Im Zweiten Weltkrieg wurde der aus Deutschland immigrierte Journalist *Seckelmann* im Rahmen einer nachrichtendienstlichen Spezialeinheit der britischen Armee mit Kommunikationsguerilla beauftragt: Er gab sich als Offizier der Wehrmacht in einem getarnten britischen Radiosender aus, wetterte über Führungsgrößen des nationalsozialistischen Regimes und suggerierte, Teil einer Untergrundbewegung zu sein,

---

204 *Seidenberg* ABA Journal v. 01.07.2017, abrufbar unter http://www.abajournal.com/magazine/article/history_fake_news (21.03.2022).

205 *Seidenberg* (Fn. 204).

206 *Hoven* ZStW 129 (2017), 718. Kritisch hinsichtlicher der Einordnung als Fake News aufgrund bloßer Weglassungen dagegen *Schünemann* GA 2019, 620, 633 f. v. Bismarck hatte die aufgrund einer Weisung des preußischen Königs Wilhelm I. an die Presse übermittelten Inhalte der Depesche – die den Gesprächsinhalt zwischen Wilhelm I. und einem französischen Botschafter wiedergab – entscheidend verkürzt und so dem vom französischen Botschafter ausgesprochenen Ansinnen, dass die Hohenzollern für alle Zeit auf den spanischen Thron verzichten sollen, ein anderes Timbre verliehen, Deutschlandfunk Nova v. 03.07.2020, abrufbar unter https://www.deutschlandfunknova.de/beitrag/deutsch-franzoesischer-krieg-1870-die-emser-depesche?token=r6cwye4kvqygo0b1d_75-qz52rqxjsir (21.03.2022).

207 *Bronner* Antisemitism for Popular Consumption, S. 95 f. *Gensing* Fakten gegen Fake News, S. 134 bezeichnet Antisemitismus als „Uropa der modernen Fake News“.

208 *Kroener* Militär, Staat und Gesellschaft im 20. Jahrhundert, S. 16 ff.

209 *Kellerhoff* Die Welt v. 31.08.2014, abrufbar unter https://www.welt.de/geschichte/zweiter-weltkrieg/article131733252/Ein-schlechtes-Hoerspiel-eroeffnete-den-Weltkrieg.html (24.03.2022).

die sich nicht den Alliierten anschließen wolle.[210] Dass es sich bei dem zur Legitimation des Irak Krieges herangezogenen vermeintlichen Massenvernichtungswaffen Saddam Husseins um Fake News handelte, wird heute mangels eindeutiger Beweise für deren Existenz vielerorts zumindest vermutet.[211]

Im Vorfeld des Brexit Referendums 2016 prangerte ein Bus der Vote-Leave-Kampagne[212] eine angebliche wöchentliche Zahlung Großbritanniens an die EU in Höhe von 350 Mio. britischer Pfund an und plädierte für eine Investition dieser Geldmittel in das staatliche Gesundheitssystems – nach dem Referendum distanzierten sich selbst bekennende Aktivisten von der Zahl, die sich nach einem Rabatt und nach Verrechnung mit EU Subventionen auf lediglich 170 Mio. britische Pfund belief.[213] Noch heute bedienen sich vor allem rechtspopulistische politische Kräfte dem Mittel Fake News.[214] Sofern die Message stimme, sei selbst der Umstand, dass

---

210 *Tutschek* piqd 27.03.2017, abrufbar unter https://www.piqd.de/zeitgeschichte/fake-news-im-2-weltkrieg-ein-getarnter-britischer-radiosender-verbreitet-nazi-propaganda (21.03.2022); dazu auch *Jaster/Lanius* Die Wahrheit schafft sich ab, Kap. 1.

211 Spiegel v. 10.07.2003, abrufbar unter http://www.spiegel.de/politik/ausland/irak-krieg-amerikanische-regierung-legte-falsche-beweise-vor-a-256539.html (21.03.2022); vgl. auch *Jaster/Lanius* Die Wahrheit schafft sich ab, Kap. 1.

212 Gegenüber der „Vote-Leave-Kampagne" wurde später ein Bußgeld festgelegt, da die zulässigen Werbeausgaben überschritten und dies noch zu verschleiern versucht worden sei. Dazu *WD Bundestages* Ansätze zur Regulierung von Wahlwerbung im Internet, Az. WD 10-3000-018/19, S. 14

213 *Zastiral* Spiegel v. 02.02.2019, abrufbar unter https://www.spiegel.de/wirtschaft/brexit-und-nhs-die-luege-mit-der-der-eu-austritt-begann-a-1251096.html (21.03.2022).

214 *Sängerlaub* Verzerrte Realitäten, Die Wahrnehmung von „Fake News" im Schatten der USA und der Bundestagswahl, Stiftung Neue Verantwortung, S. 3 ff., 10, abrufbar unter https://www.stiftung-nv.de/sites/default/files/fake_news_im_schatten_der_usa_und_der_bundestagswahl.pdf (21.03.2022). Nach *Ullrich/Diefenbach* Es war doch gut gemeint, S. 244 falle die AfD in Deutschland immer wieder durch Meinungsmache mittels unrichtiger Zitate politischer Gegner oder Desinformationen zur Unterstützung der eigenen Politik auf. Zur Nähe der Rechtspopulisten zu alternativen Medien *Brodnig* Lügen in Netz, Kap. 7. *Russ-Mohl* Die informierte Gesellschaft und ihre Feinde, S. 195 ff. beobachtet neben einem „Durchmarsch der Populisten" eine Zunahme an Autokraten. *Gensing* Fakten gegen Fake News, S. 135 sieht Fake News als ein „Machtinstrument von autoritären politischen Kräften". *Brodnig* AfD und FPÖ, Empörungsmaschinen, abrufbar unter https://www.brodnig.org/2018/03/20/afd-und-fpo-emporungsmaschinen/ (21.03.2022) sieht Rechtspopulisten als Profiteure eines Empörungswettbewerbs um Aufmerksamkeit, der – mittels entsprechend negativer Beiträge – auf das Hervorrufen von Wut und Empörung auf Seiten der Rezipienten abzielt. Diese Annahme bestätigt für Deutschland die Untersuchung von *Holnburger* Rechte Wutwelt, Emojis in den Facebookkommentaren deutscher Parteien, 11.08.2017, abrufbar unter https://holnburger.com/post/

es sich um Fehlinformation handele, letztlich irrelevant.[215] Laut Insidern verfolgte die AfD strategisch die Implementierung einer „Gegenöffentlichkeit", indem sich die Mitglieder über Facebook vernetzten und aktiv wurden: Oft würden bewusst fremde Inhalte verwendet, um sich mit der Nichturheberschaft verteidigen zu können. Aus den gleichen Gründen sollten die Beiträge stets mehrere Deutungsebenen haben.[216]

Besonders dem vormaligen US-amerikanischen Präsidenten Donald Trump wird die inflationäre Verbreitung von Falschinformationen nachgesagt und nachzuweisen versucht.[217] Anlässlich der 58. US-Präsidentschaftswahl 2016 wurde ein Fall bekannt, in welchem ein US-amerikanischer Bürger nach der in Onlineforen zirkulierten Desinformation, die Präsidentschaftskandidatin Hillary Clinton würde mit ihrem Wahlkampfleiter einen Kinderpornoring in einer Pizzeria in Washington D.C. betreiben, in besagter Pizzeria um sich schoss.[218] Auch in der Folge erhielten die Anhänger der Theorie diese mit der Begründung aufrecht, der Täter sei von

---

wutwelt/ (21.03.2022), der bei der Untersuchung von Reaktionen auf Parteibeiträge auf Facebook signifikant mehr „Wutemojis" bei der AfD erkannte.

215 So der Pressesprecher der AfD beim ARD-Faktenfinder, zitiert nach *Sängerlaub* (Fn. 214). Zur gezielten Streuung von Fabricated Content als Werbeinstrument der AfD äußerte sich deren ehemalige Pressesprecherin *F. Schreiber* in einem am 28.08.2019 um 22:45 Uhr ausgestrahlten Dokumentarfilm von ZDFzoom, *Koytek/Boye* Die gezielte Manipulation, Fake-News-Macher im Netz – Film von Oliver Koytek und Maren Boje.

216 *F. Schreiber* (Fn. 215).

217 Der „Fact Checker" der Washington Post zählte insofern innerhalb der ersten 828 Tage der Amtszeit 10.111 falsche oder irreführende Aussagen – wobei die Zahl aufgrund zahlreicher Wiederholungen bestimmter Behauptungen derart hoch ausfällt, The Washington Post v. 27.04.2019, abrufbar unter https://www.washingtonpost.com/graphics/politics/trump-claims-database/?utm_term=.361173e52bd0 (21.03.2022). Die mit dem Pulitzer-Preis ausgezeichnete Plattform PolitiFact beschäftigt sich mit den Aussagen Trumps und verzeichnet am 30.04.2019 70 Prozent zumindest mehrheitlich falsche Aussagen, PolitiFact v. 30.04.2019, abrufbar unter https://www.politifact.com/personalities/donald-trump/ (21.03.2022). *Evanega/Lynas/Adams/Smolenyak* Coronavirus misinformation, quatifying sources and themes in the COVID-19 infodemic', S. 3 ff., abrufbar unter https://int.nyt.com/data/documenttools/evanega-et-al-coronavirus-misinformation-submitted-07-23-20-1/080839ac0c22bca8/full.pdf (21.03.2022) untersuchten 38 Mio. englischsprachige Medienberichte aus der ganzen Welt, von denen über 1,1 Mio. Beiträge Fehlinformationen enthielten. *Brodnig* Lügen im Netz, Kap. 5 weist aber zutreffend darauf hin, dass auch Trump des Öfteren zum Gegenstand von Desinformationen gemacht wurde.

218 *Neimann* in Rootselaar (Hrsg.), 56 f. Nach dem Beitrag habe der Wahlkampfleiter in seinen E-Mails besonders oft das Codewort „Käsepizza" verwendet.

progressiven Medien beauftragt worden, um den Glauben in die Theorie zu destabilisieren.[219] Die Aussagen von Trump beschränken sich dabei nicht nur auf innerstaatliche Sachverhalte: Bekannt wurde hierzulande eine umgehend widerlegte Aussage Trumps im Sommer 2018, seit der Flüchtlingskrise seien in Deutschland die Vergewaltigungsfälle gestiegen.[220] Im Vorfeld der US-Präsidentschaftswahl 2020 stellte die Nichtregierungsorganisation Avaaz bei der Analyse bereits von Faktenprüfern entlarvter Fake News auf Facebook vom 01.01.–31.10.2019 158 Mio. Klicks auf politisch relevante Desinformationen fest, wobei die Klickzahl in den letzten drei Monaten erheblich anstieg (96 Mio. Klicks).[221]

Den russischen Staatsmächten und insbesondere dem KGB werden noch heute die Urheberschaft und proaktive Verbreitung von Falschinformationen als Mittel bewusster politischer Beeinflussung nachgesagt.[222] Unlängst erfuhr u.a. ein vom ukrainischen Geheimdienst vorgetäuschter Mord an einem russischen regierungskritischen Journalisten großes mediales Aufsehen. Die ukrainischen Behörden versuchten so, ein tatsächlich geplantes Attentat auf den Protagonisten zu verhindern. Vor diesem Hintergrund darf freilich die in der Gesellschaft grundsätzliche vorhandene negative Konnotation des Begriffs Fake News kritisch hinterfragt werden.[223]

Obgleich die gesellschaftliche Debatte sich zumeist um Desinformation im politischen Bereich dreht, werden mittlerweile ebenso Desinformationen mit Bezug

---

219 *Neimann* in Rootselaar (Hrsg.), 56 f.

220 So *Sängerlaub* (Fn. 200).

221 *Avaaz* US 2020, Another Facebook Disinformation Election, 05.11.2019, S. 4 ff., abrufbar unter https://avaazimages.avaaz.org/US_2020_report_1105_v04.pdf (21.03.2022). 62 Prozent verhielten sich derweil gegen Demokraten bzw. Liberale. Bei den Midterm Elections 2018 waren derweil 153.066.000 Wahlberechtigte registriert, sodass nach den Autoren theoretisch jeder Wahlberechtigte mit zumindest einer Fake News konfrontiert gewesen sein könnte. Gleichwohl dürfte dieses Beispiel aufgrund der in anderen Studien gesehenen starken Exponierung einiger weniger Rezipienten nicht der Realität entsprechen.

222 *Heintz* Die Welt v. 16.03.2018, abrufbar unter https://www.welt.de/geschichte/article174634280/Desinformation-Fake-News-verbreitet-Russland-nicht-erst-seit-Putin.html (21.03.2022); *Miller/Robinson* in Docan-Morgan (Hrsg.), S. 969. Die auch noch heute behaupteten Desinformationen werden dort als „hybride Kriegsführung“ tituliert. Fake News stufte auch Angela Merkel anlässlich einer Rede beim BND als heute verwendetes Mittel hybrider Kriegsführung ein, zitiert nach Spiegel v. 08.02.2019, abrufbar unter https://www.spiegel.de/politik/deutschland/angela-merkel-beim-bnd-kanzlerin-warnt-vor-desinformationskampagnen-a-1252321.html (21.03.2022).

223 *Biermann/Dülffer/Geisler/Polke-Majewski/Kireev/Bateson* Zeit v. 31.05.2018, abrufbar unter https://www.zeit.de/politik/ausland/2018-05/arkadi-babtschenko-mord-vortaeuschung-ukraine-russland-faq (21.03.2022).

zur Wirtschaft als Problem wahrgenommen. So wurden in der Vergangenheit Unternehmen wie Coca-Cola oder Starbucks Opfer von Falschinformationen. Insofern werden Unternehmen gezielt geschädigt.[224] In der Finanzwelt können von böswilligen Akteuren Dritte bezahlt oder anderweitig animiert werden, Gerüchte zu verbreiten oder geschönte Artikel im Internet zu lancieren, um so die Kurse oder Marktbedingungen für die von ihnen beabsichtigten Geschäfte aufgrund der beabsichtigten Folgen zu manipulieren.[225] Bereits die genannten Beispiele zeigen, dass es sich um ein altbekanntes Handlungsinstrumentarium handelt,[226] welches in der Gegenwart infolge der Echtzeitkommunikation erhöhte Relevanz besitzt.

II. Potenzierungsfaktor „Neue Medien"

> „Eine Lüge ist bereits dreimal um die Erde gelaufen, bevor sich die Wahrheit die Schuhe anzieht."[227]

Bei dem Phänomen Fake News ist oftmals von einer *viralen* Verbreitung als begünstigender Umstand die Rede.[228] Falschnachrichten verbreiten sich vor allem in sozialen Netzwerken wie ein Lauffeuer und erreichen binnen kürzester Zeit eine signifikante Zahl an Lesern.[229] Gesprochen wird insoweit von *„Schneeballeffekten"* oder *„Viraleffekten"*.[230] Der Wissenschaftliche Dienst des Bundestages schreibt den diversen, im digitalen Zeitalter geschaffenen modernen Verbreitungsformen virale und sogar destruktive Wirkung zu.[231] Eine Studie zur Verbreitung von Desinformationen anlässlich der US-Präsidentschaftswahlen 2016 analysierte 71 Mio. Tweets[232] in den fünf Monaten vor dem Wahltag, wobei 30 Mio. Tweets von 2,2 Mio. Nutzern

---

224 *Gaulhofer* Die Presse v. 25.08.2017, S. 15, abrufbar unter https://www.genios.de/document/PRE__0800820690830830690952017%2008250400130056 (21.03.2022).

225 *Rödiger* Identifikation und Klassifikation von Fake News, S. 12.

226 *Brodnig* Lügen im Netz, Kap. 3 mahnt die argumentative Verwendung dieser Feststellung im Hinblick auf Hochzeiten „politischer Verblendung" wie der NS-Zeit an. Auch wenn die von ihr angedachte Sensibilisierung im Hinblick auf eine mögliches Verharmlosen der Thematik ein gewichtiges Anliegen ist, muss diese Feststellung doch zur umfassenden Einordnung der Problematik getroffen werden.

227 Auch bei der Zuschreibung dieses Zitats zugunsten von Mark Twain soll es sich womöglich um Fake News handeln, *Russ-Mohl* Die informierte Gesellschaft und ihre Feinde, S. 35.

228 *B. Holznagel* MMR 2018, 18, 19.

229 *Mafia-Gudarzi* ZRP 2019, 65; vgl. auch *Russ-Mohl* Die informierte Gesellschaft und ihre Feinde, S. 103.

230 *Guggenberger* ZRP 2017, 98; *B. Holznagel* MMR 2018, 18, 21; *Mafia-Gudarzi* ZRP 2019, 65.

231 *WD* Fake News, Definition und Rechtslage, Az. WD 10-3000-003/17, S. 5.

232 Hierbei handelt es sich um die über den Microbloggingdienst Twitter versendeten Beiträge in Form von Kurznachrichten von bis zu 280 Zeichen, die aus Text sowie

mit Hyperlinks[233] zu Nachrichtenagenturen identifiziert wurden und 25 Prozent der enthaltenen Tweets falsche oder extrem verzerrte Informationen enthielten.[234] Besonders häufig waren, anknüpfend an Buzzfeed, Angela Merkel und Flüchtlinge Gegenstand der Falschnachrichten.[235] In einer Studie von Buzzfeed betreffend die US-Wahlen 2016 über die 20 erfolgreichsten wahlbezogenen Posts auf Facebook einerseits von ultrakonservativen Gruppierungen sowie „Hoax-Seiten" entstammender Fake News mit den meistbeachteten 20 Posts von Mainstreammedien konnten in den letzten drei Monaten vor der Wahl die Fake News mehr Interaktionen als die Mainstream-Nachrichten erzielen, wobei sich die Zahl bis zum Wahltag insgesamt verdreifachte.[236] Silverman stellte aber klar, dass Interaktionen auf Facebook nicht mit Webseitenbesuchen gleichzustellen seien, dass die Webseiten der Mainstreammedien häufiger besucht wurden bezeichnete er als „wahrscheinlich".[237] Generell wird die große Reichweite von Fake News vor allem „emotionalisierenden oder polarisierenden Inhalten" zugeschrieben.[238] In einer

---

Bild- oder Videomaterial bestehen können, vgl. *Lammich* Fake News als Herausforderung des deutschen Strafrechts, S. 27. Zur Erhöhung der Anzahl der maximal zulässigen Zeichen *Twitter* So twitterst du, abrufbar unter https://help.twitter.com/de/using-twitter/how-to-tweet (21.03.2022).

233 Nachfolgend wird aus Vereinfachungsgründen die gebräuchliche Abkürzung „Links" verwendet.

234 *Bouvet/Makse* Influence of fake news in Twitter during the 2016 US presidential election, Nature Communications 10 (2019), S. 1, 10, abrufbar unter https://www.nature.com/articles/s41467-018-07761-2 (21.03.2022).

235 *Bouvet/Makse* (Fn. 234). *Brodnig* Lügen im Netz, Kap. 2 beobachtet unter den erfolgreichsten Meldungen auf Facebook 2007 mit dem Narrativ „Flüchtlinge" eine überwiegende Zahl an von ihr als kritisch evaluierter Beiträge.

236 *Silverman* Buzzfeed v. 16.11.2016, abrufbar unter https://www.buzzfeednews.com/article/craigsilverman/viral-fake-election-news-outperformed-real-news-on-facebook#.xf2XNnkd1 (21.03.2022). *Brodnig* Lügen im Netz, Kap. 2 führt hinsichtlich eines Referendums über eine Verfassungsänderung in Italien Ende 2016 aus, dass vier der zehn interaktionsstärksten Texte in den sozialen Medien erfunden waren. Ein weiterer Text sei irreführend gewesen. *Russ-Mohl* Die informierte Gesellschaft und ihre Feinde, S. 103 führt in diesem Zusammenhang jedoch zutreffend aus, dass die Boulevardpresse ebenso seit jeher größere Auflagen als die „seriöse" Presse erzielte.

237 *Silverman* (Fn. 236). Als thematische Schwerpunkte deutschsprachiger Fake News werden insoweit Migration und innere Sicherheit ausgemacht, *Bader/Jansen/Rinsdorf* in Steinebach/Bader/Rinsdorf/Krämer/Roßnagel (Hrsg.), S. 33, 49 ff.

238 *Mafia-Gudarzi* ZRP 2019, 65. Nach *Jaster/Lanius* Die Wahrheit schafft sich ab, Kap. 2 bildet Negativität einen Aufmerksamkeitsfaktor. Nach Kap. 3 verteilt sich die Aufmerksamkeit von Menschen eher auf Wut und Empörung hervorrufende Informationen. Insoweit wird von „Negativitätsbias" gesprochen. Zur Aufmerksamkeitserhöhung durch Wut und Ärger *Jaursch* (Fn. 11), S. 11. Zu Wut und Empörung

Untersuchung anlässlich der US-Präsidentschaftswahl 2020, in der der Zeitraum Januar bis Oktober 2019 gegenständlich war, erzielten die 20 reichweitenstärksten Fake News Posts im verglichen mit dem von Buzzfeed analysierten Zeitraum drei respektive sechs Monate vor der Wahl sogar etwa 1,5 Mal so viele Klicks – was die Forscher angesichts der zu erwartenden weiteren Zunahme unmittelbar vor der Wahl 2020 als besorgniserregend betrachteten.[239]

Doch muss sich eine (straf-)rechtliche Untersuchung überhaupt dieser vornehmlich von den Kognitions- und Kommunikationswissenschaften[240] zu beantwortenden Frage der Entstehung einer viralen Verbreitung widmen? Strafrechtsmodernisierungen stellen stets einen Spiegel der Rechtswirklichkeit dar.[241] Nur wenn zunächst das Ausmaß der Gefährdung analysiert wird, so kann die Frage beantwortet werden, ob das Strafrecht als *ultima ratio* im Rechtsstaat Anwendung finden darf.

Die besondere Infrastruktur bei der Kommunikation im Internet wird von den allermeisten strafrechtlichen Literaten, die sich in Forschungsbeiträgen explizit für eine weitergehende strafrechtliche Pönalisierung von Fake News aussprechen, zur strafverfassungsrechtlichen Legitimation derartiger Vorhaben herangezogen, ohne dass die damit angesprochenen Phänomene weitergehend untersucht würden. Vielmehr wird die Existenz derartiger Phänomene schlichtweg für die eigenen Zwecke postuliert.[242] Auch soweit in der nichtstrafrechtlichen, rechtswissenschaftlichen

als Erfolgsfaktoren bei der Zirkulation von Desinformationen *Brodnig* Lügen im Netz, Kap. 4. Vgl. zuletzt auch die erste Studie von *Martel/Pennycook/Rand* Reliance on emotion promotes belief in fake news, Cognitive Science Thesis of Cameron Martel, Advised by Gordon Pennycook and David G. Rand, 21.05.2020, S. 12 ff., abrufbar unter https://cogsci.yale.edu/sites/default/files/files/2020ThesisMARTEL.pdf (24.03.2022), die gesteigerte Emotionalität als Faktor mangelnder Resilienz ausmachten. In einer weiteren Studie (S. 775 ff.) fanden die Forscher heraus, dass bei der Entscheidung zum Teilen von Inhalten soziale Bestätigung wichtiger ist als die Frage, ob die Informationen veritabel sind.

239 *Avaaz* (Fn. 221), S. 9.

240 So *Schweiger* Der (des-)informierter Bürger im Netz, Vorwort IX. Dieser begreift die Kommunikationswissenschaften als empirische Sozialwissenschaft, welche Erkenntnisse aus Nachbardisziplinen (vordergründig der Politikwissenschaft, Soziologie und Sozialpsychologie) in ihre Forschung integriert.

241 So *Su. Beck* in einer Vorlesung zum Strafprozessrecht an der Justus-Liebig-Universität Gießen, welcher der Verfasser beigewohnt hat.

242 *Hoven* ZStW 129 (2017), 718,718, 737 f. zieht allgemein das geänderte Rezeptionsverhalten heran und unterlegt dies mit der gestiegenen Bedeutung sozialer Netzwerke bei der Vermittlung von Informationen. Soweit sie später von negativen Auswirkungen für den öffentlichen Diskurs spricht, wird selbst dies allerdings nicht empirisch belegt. *Lammich* Die Strafbarkeit der Verbreitung sogenannter „Fake News", S. 12 beobachtet eine kommunikative Dynamik des Internets, belegt diese aber

Literatur eine von dem Instrumentarium Fake News ausgehende Gefahr mit der Bildung von Echokammern oder Filterblasen begründet und zum Ausgangspunkt rechtlicher Intervention gemacht wird, bleiben die Autoren eine dezidierte empirische Auseinandersetzung mit diesen Phänomenen zumeist schuldig.[243] Die vorliegende Arbeit soll zunächst diese Desiderata beseitigen, indem unter Rückgriff auf psycho- und kommunikationswissenschaftliche Forschungsarbeiten diese angesprochenen Phänomene analysiert und bewertet werden und so die geänderte Kommunikationsinfrastruktur zutreffend zugrunde gelegt werden kann.

III. Verändertes Rezeptionsverhalten

Die Phänomenologie geht weiterhin einher mit einem veränderten Rezeptionsverhalten der Bürger bei Informationen.[244] Zwar veröffentlichte das Harper's Magazine bereits 1925 einen Artikel mit dem Titel „Fake News and the public", der sich inhaltlich damit befasste, dass das Aufkommen neuartiger Technologien das Trennen zwischen Gerüchten und Fakten ungleich erschwert habe.[245] Jedoch kann die Technologie des Internets und das Aufkommen sozialer Netzwerke als entscheidendste Veränderung in diesem Bereich angesehen werden, da diese das Nachrichtenkonsumverhalten der Bürger und die Bedeutung klassischer Medien von Grund auf verändert haben. Kommunikationswissenschaftler beobachten und prophezeien bereits den zunehmenden Bedeutungsverlust journalistischer

---

allein mit einer Ausarbeitung der wissenschaftlichen Dienste des Bundestags. In seinem späteren Werk geht *Lammich* Fake News als Herausforderung des deutschen Strafrechts, S. 92 ff. und 139 ff. zumindest generisch auf empirische Erkenntnisse zum Nutzerverhalten in sozialen Netzwerken ein – wenn auch seine Betrachtung der spezifischen Informationsverarbeitungsmodi auf S. 84 f. oberflächlich bleibt. Ebenso findet sich bei *M. Schreiber* Strafbarkeit politischer Fake News, S. 87 ff. eine zumindest generische Darstellung der Hintergründe. Auch der Beitrag von *Mafia-Gudarzi* ZRP 2019, 65, 65 ff. lässt eine Analyse kommunikationswissenschaftlicher Gesichtspunkte vermissen. *Schünemann* GA 2019, 620, 623 nimmt bloß rudimentär Bezug auf die Arbeit von Sunstein.

243 *W. Beck* ZRP 2019, 112, 114; *Fechner* in Uhle (Hrsg.), S 157, 162; in Bezug auf das NetzDG *Gersdorf* MMR 2017, 439, 445; *Guggenberger* ZRP 2017, 98, 101; *B. Holznagel* MMR 2018, 18, 19. Auch bei *Lantwin* MMR 2019, 574, 575 findet sich keine dezidierte Auseinandersetzung mit der Thematik, obgleich er Filterblasen ausdrücklich anspricht. Ausführlicher dagegen *Drexl* ZUM 2017, 529, 529 ff.; *Hennemann* ZUM 2017, 544, 544 ff. sowie in Ansätzen auch *Paal/Hennemann* ZRP 2017, 76, 76 ff.

244 *B. Holznagel* MMR 2018, 18, 20.

245 *McKernon* Harper's Magazine 151 (1925), 528 ff. zitiert nach *Grinberg/Joseph/Friedland/Swire-Thompson/ Lazer* Science 363 (2019), 374.

Nachrichten als Folge des Aufstiegs der sozialen Medien.[246] Suchmaschinen und sozialen Netzwerken dagegen wird heutzutage eine meinungsbildungsrelevante Stellung zuerkannt.[247] Das Internet hat sich zu einem weitreichenden Informationsmedium fortentwickelt. Nicht nur die Onlinepräsenzen der herkömmlichen journalistischen Erzeugnisse bieten ein breites Informationsangebot. Darüber hinaus sind zahlreiche soziale Medien präsent, deren Inhalte zumindest teilweise nutzergeneriert sind.[248] Soziale Medien werden definiert als „Klasse von Internetapplikationen, die auf den technischen Möglichkeiten des Web 2.0 aufbauen und sowohl die Generierung als auch das Verbreiten von User Generated Content ermöglichen".[249]

Dies reicht von Nachrichten-Seiten mit Kommentarfunktion über Foren und Bewertungsportale, Upload-Portale, wie beispielsweise Youtube,[250] Blogs und blogähnliche Seiten, wie beispielsweise Twitter, bis hin zu sozialen Netzwerken wie Facebook, LinkedIn und Xing.[251] Wesentliches Strukturelement der

---

246 *Schweiger* Der (des-)informierter Bürger im Netz, Vorwort VIII f. Allgemein zur veränderten Informationsrezeption in sozialen Netzwerken *Pille* Meinungsmacht sozialer Netzwerke, S. 328 ff.

247 Statt aller *Hennemann* ZUM 2017, 544.

248 Für nutzergenerierte Inhalte hat sich der Begriff „Web 2.0" durchgesetzt. Vgl. mit zahlreichen Nachweisen dazu *Hilgendorf* ZIS 2010, 208.

249 *Kaplan/Haenlein* Users of the World, S. 59. Synonym verwendet wird nachfolgend der Begriff soziale Netzwerke, vgl. *Holtz/Kimmerle* in M. Appel (Hrsg.), Kap. 3.2. Im weiteren Fortgang werden die Begriffe soziale Medien, Social Media und soziale Netzwerke synonym für die jeweiligen Plattformen und deren Betreiber verwendet. Dezidiert zu den Begriffen *M. Schreiber* Strafbarkeit politischer Fake News, S. 69 ff.

250 *Geiring* Risiken von Social Media und User Generated Content, S. 33 bezeichnet diese als Multimediaplattformen.

251 Diese Kategorisierung unternimmt *Schweiger* Der (des-)informierter Bürger im Netz, S. 2. Soziale Netzwerke können dabei in solche differenziert werden, die berufliche Zwecke bedienen (z.B. LinkedIn, Xing) und solche, deren Zweckausrichtung *überwiegend* privat ist (z.B. Facebook, Twitter). Dazu *Hilgendorf* ZIS 2010, 208, 209. Nachfolgend konzentriert sich die Untersuchung überwiegend auf Facebook, da diesem sozialen Medium laut Forschungsarbeiten für den Untersuchungsgegenstand die größte Relevanz zukommt, auch wenn die Relevanz anderer sozialer Netzwerke steigt. Vgl. dazu *Bradshaw/Howard* The Global Disinformation Order, 2019 Global Inventory of Organised Social Media Manipulation, Oxford Internet Institute, Working Paper 2019.3, S. 2, 15; abrufbar unter https://comprop.oii.ox.ac.uk/wp-content/uploads/sites/93/2019/09/CyberTroop-Report19.pdf (21.03.2022). Nach *Gensing* Fakten gegen Fake News, S. 42 sinkt die Bedeutung von Facebook bei jüngeren Nutzern. Zur historischen Entwicklung des Internets und sozialer Netzwerke ausführlich *Lammich* Fake News als Herausforderung des deutschen Strafrechts, S. 21 ff.

Informationsrezeption in sozialen Medien ist „User Generated Content“, also nutzergenerierter Inhalt, wie etwa Text, Audio-, Video- und Bildinhalte.[252] User Generated Content sind hierbei vor allem zwei Definitionsmerkmale immanent: Die Inhalte werden ohne eine redaktionelle Vorauswahl erzeugt und über das Internet weiteren Nutzern zugänglich gemacht, ohne dass es sich (notwendigerweise) um berufsbedingt erstellte und zu gewerblichen Zwecken publizierte Inhalte handeln muss.[253]

1. Nachrichtenkonsum in sozialen Netzwerken

Die Zahl der Menschen, die soziale Medien regelmäßig als Informationsquelle in Deutschland nutzen, stieg lange Zeit stetig und hielt sich zuletzt auf relativ gleichbleibendem Niveau.[254] Laut einer im Auftrag des Presse- und Informationsamts der Bundesregierung im Jahr 2019 durchgeführten Studie gaben etwa 48 Prozent der Teilnehmer an, Nachrichten in sozialen Medien zumindest ein- oder mehrmals pro Woche zu konsumieren. Insgesamt gaben 66,5 Prozent der Nutzer an, Nachrichten in sozialen Netzwerken zu rezipieren.[255]

252 *Geiring* Risiken von Social Media und User Generated Content, S. 31.

253 Vgl. *Bauer* User Generated Content, S. 30.

254 *Hölig/Hasebrink* Reuters Institute Digital News Survey 2016, Ergebnisse für Deutschland, Arbeitspapiere des Hans-Bredow-Instituts Nr. 38, Hans-Bredow-Institut für Medienforschung an der Universität Hamburg, Juni 2016, S. 22, abrufbar unter https://www.hans-bredow-institut.de/uploads/media/Publikationen/cms/media/3ea6d4fed04865d10ad27b3f98c326d3a0ae6c29.pdf (21.03.2022); *dies. Reuters* Institute Digital News Report 2018, Ergebnisse für Deutschland, Reuters Institute, Arbeitspapiere des Hans-Bredow-Instituts Nr. 44, Juni 2018, S. 17, abrufbar unter https://www.hans-bredow-institut.de/uploads/media/Publikationen/cms/media/t611qnd_44RDNR18_Deutschland.pdf (21.03.2022).

255 Die Daten sind aus der von der *BReg* Antwort auf die Kleine Anfrage von Abgeordneten der FDP Fraktion, BT-DS. 19/20908, S. 3 f. zitierten Studie der *Info GmbH* Ergebnisbericht, Bevölkerungsbefragung zum politischen Informationsverhalten für Presse- und Informationsamt der Bundesregierung, 09.10.2019, abrufbar unter https://search.gesis.org/research_data/ZA6739 (21.03.2022) ersichtlich. Die in der nachfolgenden Tabelle angegebenen Prozentzahlen sind auf die erste Nachkommastelle gerundet. Die letztgenannte Zahl bildet dabei die Summe aus den nachfolgenden Kategorien der Nutzungshäufigkeit, wobei die angegebene Prozentzahl den Durchschnitt der drei aus den Tabellen ersichtlichen Altersgruppen abbildet: „Täglich“, „ein oder mehrmals pro Woche“, „ein oder mehrmals pro Monat“, „mehrmals pro Jahr“, „seltener“.

Nachrichtenkonsum in sozialen Netzwerken, Angaben in Prozent	16 bis 25 Jahre	26 bis 49 Jahre	50 Jahre und älter	Mittel
täg lich	45	31,1	14,1	30,1
ein- oder mehrmals pro Woche	27,3	18,7	7,7	17,9
mindestens ein- oder mehrfach (Summe)	72,3	49,8	21,8	48

Nachrichten auf Internetnachrichtenseiten bzw. in Nachrichtenapps (auch von klassischen Medien) gaben 56,1 Prozent der Nutzer an, mindestens ein- oder mehrmals pro Woche zu rezipieren. Insgesamt gaben 77,6 Prozent der Nutzer an, dass ihr Nachrichtenkonsum ebenso auf Internetnachrichtenseiten und in Nachrichtenapps stattfindet. Allerdings ist angesichts des häufigeren Konsums von Nachrichten in sozialen Netzwerken seitens der 16 bis 25 Jahre alten Bürger aufgrund des demografischen Wandels von einer steten Bedeutungszunahme auszugehen.

Nachrichtenkonsum auf Internetnachrichtenseiten und in Nachrichtenapps, Angaben in Prozent	16 bis 25 Jahre	26 bis 49 Jahre	50 Jahre und älter	Mittel
täglich	28,5	39,9	30,6	33
ein- oder mehrmals pro Woche	29,5	29,5	13,2	23,1
mindestens ein- oder mehrfach (Summe)	58	66,4	43,8	56,1

In den USA gaben bereits im Jahr 2016 44 Prozent der Erwachsenen an, Informationen und Nachrichten über Facebook zu erhalten (2013 noch 30 Prozent). Sogar 62 Prozent der Erwachsenen gaben an, News über soziale Medien zu konsumieren.[256]

256 *Gottfried/Shearer* Pew Research Center v. 26.05.2016, abrufbar unter https://www.journalism.org/2016/05/26/news-use-across-social-media-platforms-2016/ (21.03.2022). Insofern kann konstatiert werden, dass in sozialen Netzwerken Kommunikation und Nachrichtenkonsum vermischt werden, *Gensing* Fakten gegen Fake News, S. 38. Für Deutschland gaben in einer 2020 veröffentlichten Studie aber nur 4,34 Prozent

2. *Veränderte Machtdynamik am Informationsmarkt*

Vor dem Aufstieg der sozialen Medien als Nachrichtenintermediäre beherrschten einige wenige Medienunternehmen den Informationsfluss, der von diesen politisch zentristisch establisment- und unternehmensfreundlich ausgestaltet wurde und zur Begrenzung auf akzeptable politische Meinungsbilder führte, da sich die Finanzierung durch Werbung am besten in diesem Bereich realisieren ließ. Diese Machtdynamik konterkariert Facebook, indem das Unternehmen den Akteuren die einst nur von Medienvertretern beherrschte Plattform und das Publikum bereitstellt und daneben die vormals nur von politischen Parteien befehligte Organisationsmacht bietet. Bereits die US-Präsidentschaftskampagne von Obama im Jahr 2008 gilt als Beispiel dafür, dass im Internet Befürworter simpler identifiziert, mit diesen leichter kommuniziert und diese außerhalb parteipolitischer Gebilde organisiert werden können. Diese Verschiebung der Machtverhältnisse im Informationsmarkt werden teilweise als ein Déjà-vu betrachtet, da immer dann, wenn ein neuartiges Medium den potentiellen Rezipientenkreis erweitere und neue Plattformen für Äußerungen eröffne, die bislang etablierten, auf den vormaligen strukturellen Voraussetzungen aufbauenden Machtverhältnisse auf den Kopf gestellt würden, als Beispiel werden Radio und Fernsehen genannt.[257]

3. *Beförderung heuristischer Informationsverarbeitungsmodi*

Gleichwohl werden über soziale Netzwerke verbreitete Nachrichten nach Studien, die sich Angaben der Nutzer bedienten, nicht als besonders glaubwürdig und daher nicht als wichtige Informationsquelle und als wenig einflussreich auf die politische Meinungsbildung eingestuft.[258] Allerdings müssen diese Ergebnisse kritisch bewertet und hinterfragt werden, da die wenigsten Nutzer auf sozialen Netzwerken systematisch Inhalte verarbeiten, vielmehr dominiert eine Verarbeitung

---

an, Nachrichten ausschließlich über News Feeds in sozialen Medien zu konsumieren *Sindermann/Elhai/Moshagen/Montag* Heliyon 6 (2020), e03214, S. 9 abrufbar unter https://www.cell.com/heliyon/pdf/S2405-8440(20)30059-1.pdf?_returnURL=https%3A%2F%2Flinkinghub.elsevier.com%2Fretrieve%2Fpii%2FS2405844020300591%3Fshowall%3Dtrue (21.03.2022).

257 *Read* New York Intelligencer v. 09.11.2016, abrufbar unter http://nymag.com/intelligencer/2016/11/donald-trump-won-because-of-facebook.html (21.03.2022).

258 *Bernhard/Dohle/Vowe* Media Perspektiven 3 (2014), 159, 162, die aber von einem stetig steigenden Einfluss ausgehen. Vgl. *Schäfer/Sülflow/Müller* The special taste of snack news, An application of niche theory to understand the appeal of Facebook as a news source, First Monday 22 (2017), abrufbar unter https://doi.org/10.5210/fm.v22i4.7431 (21.03.2022).

der Informationen mit geringem heuristischem Aufwand.[259] Forschungsarbeiten deuten nämlich gerade darauf hin, dass die Informationswahrnehmung und Verarbeitung heuristisch stattfindet,[260] hierzu verleitet schon die Art und Weise der Aufbereitung in sozialen Netzwerken durch sog. „Nachrichtenteaser", bei welchen es sich um Schlagzeilen und Kurzzusammenfassungen der Inhalte handelt, die zum kurzweiligen Erfassen ohne größeren kognitiven Aufwand verleiten.[261]

In einer Studie, in der die Partizipanten mit einem fingierten Social Media News Feed konfrontiert wurden, der entweder korrekte oder falsche Informationen enthielt, beantworteten die Partizipanten die daraufhin gestellten Fragen jeweils orientiert am vorher Gelesenen. Sie waren sogar oftmals der Auffassung, über die jeweilige Information schon seit langem Kenntnisse zu verfügen.[262] Angesichts der speziellen übersichtlichen Form der Informationsaufbereitung durch Nachrichtenteaser (diese und vergleichbare Aufbereitungsformen wie Snack Videos auf YouTube werden als *„Political Snack News"* bezeichnet) wird der News Feed als Übersicht dessen benutzt, was in der Welt (vermeintlich) vonstatten geht. Im besten Fall werden die Teaser dann als Ausgangspunkt für weiteren tiefgehenderen Nachrichtenkonsum wie durch einen etwaig beinhalteten Link gemacht,[263] allerdings geschieht dies nicht in jedem Fall. Der News Feed wird so zum Ausgangs- und oftmals Endpunkt der Informationsrezeption. Bereits die Übersicht der Teaser im News Feed befriedigt Nutzer oftmals in ihrem Informationsbedürfnis. Die Nutzer gehen davon aus, sie seien gut informiert – Desinformationen stoßen in diesem Status eher heuristischer und daher unkritischer Rezeption auf einen

---

259 *P. Müller/Denner* Was tun gegen „Fake News"?, S. 14. Dezidiert zu verschiedenen Formen von Heuristik bei der Informationsverarbeitung *Weber/Knorr* in M. Appel (Hrsg.), Kap. 10.4.

260 *Brosius* Alltagsrationalität in der Nachrichtenrezeption, S. 305 ff. unterscheidet insofern zwischen wissenschaftlicher Rationalität (vollständige und systematische Erfassung) und Alltagsrationalität (heuristische Erfassung und Einpassen in bestehende kognitive Strukturen unter Komplexitätsreduktion) bei der Nachrichtenrezeption, wobei letztere die Regel bilde. In diese Richtung deutet beispielsweise die Aussage eines Zeugen in einem Verfahren betreffend einen Artikel über einen vorgeblichen Terroranschlag, diesem seien die vom Autor bewusst eingebauten Unstimmigkeiten wie entfremdete Orte erst beim zweiten Lesen aufgefallen. Zum Zweiten lesen sei es indes (nur) gekommen, da er zuvor am angeblichen Tatort vorbeigefahren, aber dort nichts Auffälliges gesehen habe; AG Mannheim Urt. v. 07.01.2019 – 20 Cs 806 Js 10181/18, zitiert nach juris Rn. 29.

261 *P. Müller/Denner* Was tun gegen „Fake News"?, S. 14.

262 *Hunt* The Passive Acquisition of Misinformation from Social Media, 15.06.2016, S. 11 ff., abrufbar unter https://jewlscholar.mtsu.edu/bitstream/handle/mtsu/5008/Hunt_mtsu_0170N_10617.pdf?sequence=1&isAllowed=y (21.03.2022).

263 *Schäfer/Sülflow/Müller* (Fn. 246).

reichhaltigen Nährboden bei den Nutzern, die daher leichter Opfer von Desinformationen werden.[264]

Äußerungen im Internet sind dabei im Gegensatz zu solchen in der analogen Welt ubiquitär, ununterbrochen verfügbar und nicht-eliminierbar, was letztlich weitergehende Folgen durch rechtsgutsverletzende Verhaltensweisen als in der analogen Welt bedingt.[265] Aus der Opferperspektive wirken rechtsgutsverletzende Äußerungen umso schwerer, wenn nicht das Opfer die Aussage nur selbst vernimmt, sondern diese von einem von vornherein nicht abschließenden Personenkreis wahrnehmbar ist und sogar ein „virtueller Pranger" droht.[266] Gleichsam trifft der Kommunikator seine Aussage nicht im Angesicht eines Adressaten, wodurch die Tathemmungen des Äußernden reduziert sein dürften, diese werden weiterhin durch die angenommene Anonymität gemindert.[267]

IV. Verbreitungswege von Desinformationen

Eine Arbeit wie die Vorliegende kommt nicht umhin, die Verbreitungsmöglichkeiten aus Sicht der Desinformationsakteure zu betrachten. Diesen stehen im Wesentlichen drei verschiedene Verbreitungswege zur Verfügung, nämlich einmal das sog. „Viral Seeding," bei dem unabhängige Nutzer als Distributoren fungieren, das massenhafte Verbreiten durch sog. Social Bots sowie das direkte Unterminieren authentischer Informationen durch das Stören des öffentlichen Diskurs durch sog. „Troll-Angriffe".

1. Viral Seeding

Zum einen kann eine spezifische Falschnachricht nur in einer geringen Zahl gestreut werden, die aber eine kritische Masse an Rezipienten erreicht und in der

---

264 *P. Müller/Denner* Was tun gegen „Fake News"?, S. 15.

265 *Hilgendorf* ZIS 2010, 208, 213; *Krischker* JA 2013, 488, 489.

266 *Krischker* JA 2013, 488, 490f. Auch *Su. Beck* MMR 2009, 736, 738 nimmt einen höheren Unrechtsgehalt wegen der höheren Reichweite und der stetigen Verfügbarkeit an. *Hoeren* EWE 19 (2008), 524 dagegen stellt schon im Ausgangspunkt eine weite Reichweite in Abrede, da Informationen in dem Überangebot untergehen würden.

267 Zur Reduzierung der tathemmenden Einflüsse eingehend *Hilgendorf* ZIS 2010, 208, 209 f. Diese Einflüsse sollen hier ebenso nicht weiter beleuchtet werden wie die Frage, inwieweit Anonymität durch technische Möglichkeiten tatsächlich herstellbar ist. Zur Enthemmung auch *Holtz/Kimmerle* in M. Appel (Hrsg.), Kap. 3.2. Dagegen beobachteten *Rost/Stahel/Frey* PLoS ONE 11 e0155923(2016), 1, 16 ff., abrufbar unter https://journals.plos.org/plosone/article?id=10.1371/journal.pone.0155923 (24.03.2022) sogar mehr ausgedrückte Aggressionen im Falle fehlender Anonymität. Dies ist mit der Erwartung, dass Konsequenzen unwahrscheinlich seien und der beabsichtigen Glaubwürdigkeitserhöhung erklärt worden.

Folge diese kritische Masse die Desinformation durch Interaktionen weiterverbreitet (sog. „*Viral Seeding*").[268] Die wesentlichen Interaktionen werden hierbei also von nicht innerhalb der Kampagne befindlichen Nutzern erzeugt, sodass es sich um eine nicht nur ökonomisch effiziente Verbreitungsform handelt, die letztlich der Mundpropaganda in der analogen Welt entspricht.[269] Ausweis der Funktionsfähigkeit dieser Marketingstrategie hinsichtlich der Zirkulation von Desinformationen sind Angaben der Nachrichtenplattform Buzzfeed zur Verbreitung von Desinformationen: Hiernach erzielten im Jahr 2018[270] die acht erfolgreichsten Falschmeldungen in Deutschland mehr Interaktionen[271] auf Facebook als fast alle Artikel der größten Nachrichtenseiten in Deutschland.[272]

Die möglichen Interaktionen auf Facebook[273] sind dabei zunächst die Statusmeldung, der durch einfachen Klick betätigbare „Gefällt mir" („*Like*")-Button und

---

268 Vgl. *Sela/Goldenberg/Ben-Gal/Shmueli* Latent Viral Marketing, Concepts and Control Methods, 06.04.2017, arXiv: 1704.01775 [cs.SI], S. 1.

269 *Lammich* Die Strafbarkeit der Verbreitung sogenannter „Fake News", S. 8 f.; *ders.* Fake News als Herausforderung des deutschen Strafrechts, S. 88.

270 Die Datenerhebung erstreckte sich nur bis zum 10.12.2018, vgl. Buzzfeed v. 18.12.2018, abrufbar unter https://www.buzzfeed.com/de/karstenschmehl/falschmeldungen-facebook-2018-fakes-luegen-fake-news (21.03.2022).

271 Hierbei handelt es sich um einen Sammelbegriff für Likes, Shares und Kommentare, vgl. *Marchal/Kollanyi/Neudert/Howard* Junk News During the EU Parliamentary Elections, Lessons from a Seven-Language Study of Twitter and Facebook, Oxford Internet Institute, 03.2019, S. 4; abrufbar unter https://comprop.oii.ox.ac.uk/wp-content/uploads/sites/93/2019/05/EU-Data-Memo.pdf (24.03.2022).

272 BuzzFeed v. 18.12.2018, abrufbar unter https://www.buzzfeed.com/de/karstenschmehl/falschmeldungen-facebook-2018-fakes-luegen-fake-news (24.03.2022). Der Beitrag von BuzzFeed betreffend die US-Wahl sah sich aber teilweise erheblicher Kritik ausgesetzt, da nur die 20 meistbeachteten Geschichten pro Genre betrachtet wurden und unter den Mainstreamseiten als linkslastig geltende Seiten – wie die Hufftington Post – zu finden seien, dagegen vielbeachtete Seiten wie Reuters, BBC, Associated Press und Yahoo News außen vor blieben, *Carney* Washington Examiner v. 16.11.2018, abrufbar unter https://www.washingtonexaminer.com/study-showing-fake-news-beating-real-news-looks-like-garbage (24.03.2022). Jedenfalls für Deutschland verfängt letztgenannte Kritik aber nicht, da nach Angaben von Buzfeed auf die statistisch 50 erfolgreichsten Nachrichtenanbieter der „Informationsgesellschaft zur Feststellung der Verbreitung von Werbeträgern", Stand 2018, zurückgegriffen wurde, abrufbar unter https://meedia.de/2018/11/08/ivw-news-top-50-merkur-de-dank-bayernwahl-mit-neuem-rekord-dumont-laesst-express-mopo-stadtanzeiger-co-nur-noch-gemeinsam-ausweisen/ (24.03.2022).

273 Die Darstellung beschränkt sich im Folgenden auf die Interaktionen auf Facebook. Die äquivalenten Interaktionsformen anderer sozialer Netzwerke bleiben aus Gründen einer generischen Darstellung außer Betracht. Im Rahmen der Untersuchung

das „Teilen" („*Share*") von Beiträgen. Die Statusmeldung kann aus Text und/oder Bild/Video bestehen und wird nach dem Bestätigen auf ausgewählten Newstickern sowie dauerhaft auf der Profilseite des Absenders dargestellt.[274] Sie eröffnet den Rezipienten danach Interaktionsmöglichkeiten wie das nachfolgend dargestellte Gefällt mir, das Teilen oder Kommentieren.[275] Mithilfe des Gefällt mir-Buttons[276] wird durch die Betätigung der Schaltfläche im jeweiligen Inhaltsfeld sowohl die Kommentierung eines Inhaltes als auch seine Weitergabe bewirkt.[277] Unter dem Beitrag erscheint dann dauerhaft die Mitteilung „Nutzer xy gefällt das," die nur durch Löschen seitens des Kommentierenden oder aber des Erstbeitrags durch dessen Ersteller entfernt wird.[278] Daneben erscheint die Gefällt mir Markierung in einer Auswahl im Newsticker mitsamt der insofern kommentierten Inhalte, sodass der Ursprungsbeitrag ebenso Nutzern visibel gemacht wird, welche die Seite des Urhebers nicht abonniert haben.[279] Mithilfe des Teilen-Buttons können Beiträge weitergeleitet respektive übernommen und kommentiert werden: Sofern Dritten die Einsichtnahmemöglichkeit eröffnet wurde, können diese den Kommentar in der Chronik[280] des jeweiligen Benutzers einsehen.[281] Auf der Chronik eines Nutzers können dieser selbst, dessen Freunde und je nach Einstellungen weitere Personen

---

ausgeklammert werden zudem Interaktionen auf Facebook, die entweder bereits in einem kraft Natur der Sache beschränkten Adressatenkreis stattfinden (Facebook-Nachricht, Chat und Gruppen) sowie solche, die üblicherweise nicht für Desinformationen genutzt werden (Profil). Zu diesen Interaktionsformen aus arbeitsrechtlicher Perspektive *Bauer/Günther* NZA 2013, 67, 69 ff. Ausführlich zur Funktionsweise und den Interaktionsmöglichkeiten auf Facebook und Twitter *M. Schreiber* Strafbarkeit politischer Fake News, S. 78 ff.

274 *Schulte/Kanz* ZJS 2013, 24, 25.

275 *Schulte/Kanz* ZJS 2013, 24, 25.

276 Dieser und die diesem zugrundeliegende Handlung werden nachfolgend auch als „*Like*" oder „*Liken*" bezeichnet.

277 *Bauer/Günther* NZA 2003, 67, 70 f. *M. Schreiber* Strafbarkeit politischer Fake News, S. 79.

278 *Schulte/Kanz* ZJS 2013, 24, 25.

279 *Schulte/Kanz* ZJS 2013, 24, 25.

280 Die Chronik kann als eine Art digitales Gästebuch beschrieben werden. Hier können der Profilinhaber sowie die mit ihm verbundenen Personen Inhalte hinterlassen. Sofern ein Nutzer dort Inhalte speichert („Postet"), wird dies sowohl dem Profilinhaber als auch den verbundenen Personen des Verfassers – z.B. über den Newsticker – offenbart, dazu *Krischker* JA 2013, 488, 489. Der Vorgänger der Chronik wurde als Pinnwand bezeichnet, so noch bei *Geiring* Risiken von Social Media und User Generated Content, S. 37.

281 Vgl. *Geiring* Risiken von Social Media und User Generated Content, S. 37; *Krischker* JA 2013, 488, 489; *M. Schreiber* Strafbarkeit politischer Fake News, S. 79.

Textnachrichten, Bilder und Videolinks hinterlassen.[282] Daneben existiert auf der Chronik der Nutzer die Kommentieren-Funktion, mithilfe derer der Kommentierende direkt mit dem Erstveröffentlicher kommuniziert, was ebenso für dessen Freunde visibel wird.[283] Über die Nutzeraktivitäten wird in einem gleichzeitig als Startseite fungierendem Newsticker[284] berichtet, innerhalb der Standardeinstellung „Top Stories" aber nur von einer Auswahl über das Netzwerk verbundener Profile, die nach dem Umfang der Interaktionen der Nutzer ausgewählt werden. Der Newsticker wird stetig mit Mitteilungen aus den abonnierten und regelmäßig frequentierten Kanälen gespeist, wobei sowohl die Kanäle von natürlichen Personen, als auch diejenigen von Institutionen repräsentiert werden. Während ein Abonnement einer natürlichen Person nur durch Zustimmung der anderen Person in eine Freundschaft resultieren kann, können die Profile von Institutionen selbst ohne deren Zustimmung abonniert werden. Die Profilaktivitäten werden sodann im Newsticker dargestellt, nur bei natürlichen Personen erfolgt dies unidirektional. Umfasst sind grundsätzlich alle von der Plattform technisch eröffneten Profilaktivitäten, dies kann allerdings durch die Nutzereinstellungen angepasst werden. Aufgrund der Möglichkeit zum Ausblenden der Meldungen einzelner Nutzer kann für den postenden Nutzer nie sicher sein, wer seine Beiträge angezeigt bekommt.[285]

2. *Von Robotern und Algorithmen* – Social Bots

Weiterhin existiert die Möglichkeit, die Verbreitung der Desinformationen durch automatisierte Technologien, wie Social Bots, zu amplifizieren.[286] Die noch darzustellenden neuen Medien und ihre spezifischen Inhalte werden nämlich noch

---

282 *Geiring* Risiken von Social Media und User Generated Content, S. 36.

283 *Geiring* Risiken von Social Media und User Generated Content, S. 36. Die Kommentare können vom eigenen Newsfeeed ausgeblendet und so vor den eigenen Freunden verborgen werden.

284 *Geiring* Risiken von Social Media und User Generated Content, S. 36.

285 Zum Ganzen *Schulte/Kanz* ZJS 2013, 24.

286 Die Amplifizierung ist problematisch, weil hiermit auch die Überzeugungskraft steigt. *Jaster/Lanius* Die Wahrheit schafft sich ab, Kap. 3 sehen insoweit mögliche *Informationskaskaden*, im Rahmen derer – ausgehend von den für die jeweilige Desinformation empfänglichen Personen – durch die stetig steigende Anhängerzahl auch die unentschlossenen und zuletzt die skeptischen Rezipienten überzeugt werden. Insoweit sprechen die Autoren von einer *Konformitätskaskade*, in der sich selbst Skeptiker der Mehrheitsüberzeugung fügen und die Desinformationen so darstellen, als würden sie diese glauben. Zum Mitläufer-Effekt („*Bandwagon Effect*"), nach dem sich Menschen bei der Meinungsbildung an anderen Personen orientieren, *Weber/Knorr* in M. Appel (Hrsg.), Kap. 10.3. Zur Einordnung von Bots verbreiteter Inhalte als „vorverlagerte" Äußerungen des Programmierers *Schimmele* Staatliche Verantwortung für diskursive Integrität in öffentlichen Räumen, S. 101 f.

durch neuartige Verbreitungsmöglichkeiten und Mechanismen ergänzt. Die noch zu beschreibende Individualisierung der offerierten Informationen funktioniert oft algorithmusbasiert.[287] Mathematische Formeln befinden anhand der vorhandenen Daten darüber, welche dem Weltbild des Nutzers oder aber seiner Empörung dienende Informationen diesem offeriert werden.[288]

Schließlich werden regelrechte Desinformationskampagnen durch den gezielten Einsatz von Social Bots betrieben. Social Bots werden begriffen als „Computerprogramme, die eine menschliche Identität vortäuschen und zu manipulativen Zwecken eingesetzt werden, indem sie wie Menschen im Internet kommunizieren."[289] Solche Computerprogramme verwenden dann die Interaktionsformen einen Profils, wobei ein Algorithmus anhand vordefinierter Kriterien über das Ob und Wie bestimmt.[290] Die Besonderheit auf Seiten der Rezipienten besteht darin, dass diese die Verbreitung auf Basis eines Algorithmus nicht erkennen, sondern fälschlicherweise personifizierte Internetnutzer als Verbreiter ausgemacht werden, sodass die manipulative Absicht sowie die Täuschung über eine reale Person unerkannt bleiben.[291] Im US-amerikanischen Wahlkampf wurden Social Bots zur gezielten Verbreitung tendenziöser Meinungen verbreitet.[292] Im Rahmen der Brexit Kampagne konnten Sozialwissenschaftler feststellen, dass ein Großteil der Tweets mit dem Hashtag[293] „#Brexit" der Feder von Bots

---

287 *Hennemann* ZUM 2017, 544, 544 f.; *Paal/Hennemann* ZRP 2017, 76, 76 ff.; *Pille* Meinungsmacht sozialer Netzwerke, S. 331; *Ullrich/Diefenbach* Es war doch gut gemeint, S. 185. Bei Algorithmen handelt es sich um eine Abfolge von Operationen, die in Kombination mit der (anfänglichen) Eingabe von Informationen ein Ergebnis produzieren, *Staffler/Lany* ZIS 2020, 164, 165.

288 Vgl. *Hennemann* ZUM 2017, 544, 544 f.; *Drexl* ZUM 2017, 530 ff.; vgl. *Pille* Meinungsmacht sozialer Netzwerke, S. 331.

289 *Büro für Technikfolgen-Abschätzung beim Deutschen Bundestag (TAB)* Social Bots, Thesenpapier zum öffentlichen Fachgespräch „Social Bots – Diskussion und Validierung von Zwischenergebnissen" am 26.01.2017 im Deutschen Bundestag, S. 4, abrufbar unter https://www.bundestag.de/resource/blob/488564/4a87d2d5b867b0464ef457831fb8e642/thesenpapier-data.pdf (21.03.2022); *Fechner* in Uhle (Hrsg.), S. 157, 163; *Neis/Mara* in M. Appel (Hrsg.), Kap. 17 verweisen auf das Synonym „Einflussroboter". *Volkmann* MMR 2018, 58, 58 f. definiert Social Bots als Computerprogramme, die bestehende Beiträge wiederholen („*Reposting*") und neue Beiträge generieren („*Generating Synthetic Tweets*").

290 *Schimmele* Staatliche Verantwortung für diskursive Integrität in öffentlichen Räumen, S. 36.

291 *Steinbach* ZRP 2017, 101, 102; vgl. zur schwerlichen Unterscheidbarkeit von realen Nutzern *Neis/Mara* in M. Appel (Hrsg.), Kap. 17.

292 *Steinbach* ZRP 2017, 101, 103.

293 Hierbei handelt es sich um Schlagworte, mithilfe derer gleichdenkende Nutzer adressiert werden sollen, vgl. dazu *Brodnig* Lügen im Netz, Kap. 11.

entstammte.[294]

Die Erkenntnisse zum Einsatz von Social Bots sollen nachfolgend wiedergegeben werden. Im Wege des manipulativen Erzeugens sehr hoher Resonanz von Nachrichten durch vermeintliche natürliche Personen wird eine hohe Anhängerschaft für eine bestimmte Position suggeriert.[295] Letztlich berücksichtigt jeder bei der Gewichtung angewandte Algorithmus schiere Masse, ein sehr häufig gelikter Beitrag wird also letztlich mehr Endnutzern angezeigt.[296] Ferner werden Gegenmeinungen durch das Fluten des Informationsfeldes mit der eigenen Position faktisch unterdrückt, indem deren Wahrnehmung durch das nach unten Wandern in der Anzeige erschwert wird[297] und es wird zielgerichtet Propaganda, Indoktrination und Agitation betrieben.[298] Social Bots werden zur Zeit vor allem dafür eingesetzt, Diskussionen inhaltlich zu verzerren, den gesellschaftlichen Stellenwert von Themen oder die Popularität von Personen und Produkten manipulativ zu vergrößern.[299] Überdies werden mit ihnen Personen in stärkerem Ausmaß diskreditiert und beleidigt sowie zum Kauf von entgeltlichen Diensten über das Internet verleitet.[300] Die Haupteinsatzgebiete umfassen dabei Wahlkämpfe, Proteste sowie Versuche, politische Impedanzen zu beeinflussen.[301] Die hierbei verfolgten Ziele lassen sich im Einzelnen unterteilen in das Ersticken oppositioneller Gegenmeinungen durch das Fluten der sozialen Netzwerke mit sog. „Hashtags", die ablenkende, polarisierende oder schlicht irrelevante banale Meinungen enthalten (1.), das Verbreiten von propagandistischen und tendenziösen Inhalten (2.) sowie das Erzeugen erhöhter Zahlen an Followern auf Twitter, um vermeintliche Befürworterschaft für die eigene Meinung zu erzeugen und die eigene Position so zu stärken

---

294 *Hegelich* Analysen & Argumente September 2017, S. 4; *Howard/Kollanyi* Bots, #StrongerIn, and #Brexit, Computational Propaganda during the UK-EU Referendum, arXiv:1606.06356 [cs.SI], S. 5; vgl. auch *Neis/Mara* in M. Appel (Hrsg.), Kap. 17.2.

295 *TAB* (Fn. 289), S. 7; *Fechner* in Uhle (Hrsg.), S. 157, 163.

296 *Hegelich* Die Politische Meinung Nr. 543 (März/April 2017), 32, 36.

297 *Fechner* in Uhle (Hrsg.), S. 157, 163; vgl. auch *Neis/Mara* in M. Appel (Hrsg.), Kap. 17.2.

298 *Hegelich* Die Politische Meinung Nr. 543 (März/April 2017), 32, 36. Ein begrenztes Wirkpotential von Social Bots sehen dagegen *Muhle/Ackland/Graham* ZParl 49 (2018), 618, 636 f., die kaum Reaktionen auf deren Beeinflussungsversuche beobachteten.

299 *Hegelich* Die Politische Meinung Nr. 543 (März/April 2017), 32, 36.

300 *Hegelich* Die Politische Meinung Nr. 543 (März/April 2017), 32, 36; vgl. auch *Neis/Mara* in M. Appel (Hrsg.), Kap. 17.2.

301 *Hegelich* Die Politische Meinung Nr. 543 (März/April 2017), 32, 36.

(3.).[302] Daneben können Social Bots erfolgversprechend bei wirtschaftlichen Fake News eingesetzt werden, um etwa Aktienkurse zu beeinflussen (beispielsweise wird durch viele Beiträge eine hohe Nachfrage simuliert).[303]

Abzugrenzen sind Social Bots von sog. „DDoS[304]-Attacken" mittels eines „Botnetzes." Bei einer DDoS-Attacke wird ein jeder Internetseite zugrunde liegender Webserver durch mehr Anfragen, als seine Hardware zu verarbeiten vermag, verlangsamt oder vollständig lahm gelegt.[305] „Botnetzwerke" setzen sich aus mehreren einzelnen Rechnern zusammen, die simultan Anfragen an einen Webserver stellen, wobei dies zumeist unbemerkt vom Eigentümer des Rechners geschieht, da der PC oftmals per eingeschleuster „Trojaner" ferngesteuert wird, sodass die Attacke oftmals von nur einer Person ausgeht.[306] Social Bots könnten zukünftig für „DDoS-Attacken" genutzt werden. Im Wege des „Automatic Spear Phishing" können seriös anmutende Nachrichten an bestimmte Nutzergruppen versendet werden, wobei durch das personalisierte Verbreiten erhöhte Klickraten hervorgerufen werden und so Schadsoftware bei einer großen Anzahl von Rechnern versteckt installiert wird.[307]

Kurioserweise könnten Social Bots kurzfristig zwar erheblich zur Bedeutung der sozialen Medien bei der Informationsbildung auf Seiten der Bürger beigetragen haben, langfristig aber sogar deren Untergang bedeuten. Eine signifikante Nutzerzahl könnte sich letztlich wegen eines Vertrauensverlusts in die Echtheit der Beiträge von den sozialen Medien abwenden,[308] sofern nicht Transparenz im Hinblick auf die Botidentität von Accounts gewährleistet wird.

3. Von Trollen und Trollarmeen

Doch nicht nur Programme haben zur Allgegenwärtigkeit des Phänomens beigetragen, ebenso spielten (organisierte) Privatpersonen hierbei eine beachtliche Rolle. Der Begriff Troll hat sich für Personen etabliert, die bei der Internetkommunikation durch Provokationen, Beleidigungen oder eine weit überdurchschnittliche Aktivität auffallen: Hierbei werden oftmals Fake-Accounts benutzt.[309] Der der

---

302 *Hegelich* Die Politische Meinung Nr. 543 (März/April 2017), 32, 36; *Woolley* Automatic Power, Social bot interference in global politics, First Monday 21 (2016), abrufbar unter https://firstmonday.org/article/view/6161/5300 (21.03.2022).

303 *Neis/Mara* in M. Appel (Hrsg.), Kap. 17.3.

304 Distributed Denial of Service.

305 *Hoffmanns* ZIS 2012, 409, 410.

306 *Hoffmanns* ZIS 2012, 409, 410 f.

307 *TAB* (Fn. 289), S. 11.

308 *TAB* (Fn. 289), S. 12.

309 *M. Reuter* Fake News, Bots und Sockenpuppen – eine Begriffsklärung, netzpolitik.org, 29.11.2016, abrufbar unter https://netzpolitik.org/2016/fakenews-social-bots-sockenpuppen-begriffsklaerung/#trolle (21.03.2022).

Fischerei entstammende Begriff – hierbei wird ein Köder hinter dem Heck eines Schiffs in der Hoffnung hergezogen, dass ein Fisch anbeißt – wird im Zusammenhang mit Desinformationen derart verwendet, dass durch die oben beschriebenen Handlungsweisen als Köder Reaktionen anderer Internetteilnehmer bezweckt sind.[310] Trolle wurden bekannt für das Übernehmen von Hashtags, durch Störungen der Kommunikationen in den Kommentarbereichen klassischer Medien sowie das Stellen unnötiger Fragen in den sozialen Netzwerken.[311] Für koordinierte Desinformationskampagnen im Netz findet darüber hinaus der Begriff „Troll-Armeen" Verwendung, die durch die Vernetzung bestimmter Interessengruppen beispielsweise die sozialen Netzwerke mit Beiträgen zu einem bestimmten Thema fluten, um so die Dominanz einer bestimmten Meinung zu suggerieren.[312] Hierbei verwenden die Interessengruppen nicht nur ihre eigenen personellen Ressourcen, teilweise werden Außenstehende zur Beteiligung an derartigen Aktionen rekrutiert und hierbei oft fremdfinanziert.[313] Zumindest stichhaltige Anhaltspunkte für die Existenz und Aktivität solcher russischstämmiger Troll-Armeen, die Desinformationskampagnen betreiben, konnten in der Vergangenheit bereits aufgezeigt werden.[314] Eine russische Journalistin schleuste sich in derartige Troll-Fabriken ein und machte die von ihr verlangten Tätigkeiten publik. Dies umfasste u.a. das Verbreiten von Desinformationen und das Einmischen in Diskussionen im Netz.[315] Die von den Initiatoren vielgesuchten fremdsprachigen Mitarbeiter sollten zudem die Kommentarbereiche westlicher Medien bearbeiten und dort westlichen Journalisten und Politikern vorwerfen, sie würden gegen Russland Stimmungsmache betreiben oder sogar einen Krieg gegen Russland anzetteln wollen.[316] Laut einem russischen Journalisten wurden Trolle in Russland zunächst eingesetzt, um der Konkurrenz zu schaden. Nach der Einsicht des Kreml angesichts der Proteste in der Ukraine 2012, man könne die Informationen nicht kontrollieren, nutzte man Trolle, um eine Flut von falschen Informationen zu streuen, um für den Leser

---

310 *Roozenbeek/van der Linden* Palgrave Communications 5 (2019), 1, 4.

311 *Roozenbeek/van der Linden* Palgrave Communications 5 (2019), 1, 4. Vgl. auch *Gensing* Fakten gegen Fake News, S. 26, der vom Sabotieren und Manipulieren von Diskussionen und der Provokation von Teilnehmern spricht.

312 *Roozenbeek/van der Linden* Palgrave Communications 5 (2019), 1, 4.

313 *Roozenbeek/van der Linden* Palgrave Communications 5 (2019), 1, 4.

314 *S. Spahn* Russische Medien in Deutschland, Unabhängiger Journalismus oder politisches Instrument?, Friedrich-Naumann-Stiftung für die Freiheit, März 2018, S. 5, abrufbar unter https://shop.freiheit.org/download/P2@754/145670/A4_Russische Medien_D_Endfassung.pdf (21.03.2022).

315 *Berger* Deutschlandfunk v. 03.03.2016, abrufbar unter https://www.deutschlandfunk.de/russlands-desinformationspolitik-die-arbeit-eines.795.de.html?dram:article_id=347314 (21.03.2022).

316 *Berger* (Fn. 315).

die Unterscheidung zwischen „Gut und Böse“ faktisch unmöglich zu machen.[317] Bekannt wurden 2016 zahlreiche „amerikanisch“ wirkende Facebook- und Twitterkonten der russischstämmigen „Internet Research Agency“ („*IRA*“), die nahezu ausschließlich Trump unterstützten und eine große Reichweite erzielten. Ausweis dessen ist deren Zitierung seitens großer Massenmedien zur Veranschaulichung der Stimmung von Amerikanern.[318] Diese Reichweite konnte mit vergleichsweise geringen Mitteln von etwa 100.000 Euro erzielt werden.[319]

V. Polarisierung und Extremisierung der Bevölkerung durch das geänderte Rezeptionsverhalten

Aufgrund des geänderten Informationsmarktes und des geänderten Rezeptionsverhaltens vertreten viele Autoren, dass hierdurch letztlich eine Polarisierung und Extremisierung weiter Bevölkerungsteile bewirkt wird.[320] Andere verweigern diese Schlussfolgerung und mahnen, dass es sich lediglich um eine Scheinkorrelation zweier parallel auftretender Phänomene handeln könne, die tatsächlich über keinen gemeinsamen Kausalzusammenhang verfügen.[321] Diese These muss daher

---

317 *Berger* (Fn. 315).

318 *Tworek* Internationale Politik 2, März–April 2019, 122.

319 *Tworek* Internationale Politik 2, März–April 2019, 122. Zur Entwicklung der russischen Informationspolitik seit dem Krieg in Georgien 2008 *Gensing* Fakten gegen Fake News, 147.

320 *Adamic/Glance* in Adibi/Grobelnik/Mladenic/Pantel (Hrsg.), S. 36, 36 ff.; *Sunstein* Republic.com, S. 9. Vgl. auch *Drexl* ZUM 2017, 529, 542. *M. Schreiber* Strafbarkeit politischer Fake News, S. 101 f. spricht von einer Zunahme von „Postfaktikern“. *Bierling* Die Politische Meinung Nr. 543 (März/April 2017), 46, 48 ff. spricht allgemein von einem Siegeszug des Populismus. *Jaursch* (Fn. 11), S. 8 f. sieht ebenfalls eine zunehmende Polarisierung, die er als im Zusammenhang stehend mit dem Aufstieg sozialer Netzwerke betrachtet. *P. Müller/Schemer/Wettstein/Schulz/Wirz/Engesser/Wirth* Journal of Communication 67 (2017), 968, 968 ff. registrieren zunehmende populistische Strömungen, die eine Entzweiung in anti-elitistische oder pro-elitistische Gruppen bewirkt. *P. Müller/Denner* Was tun gegen „Fake News“?, S. 23 sehen Fake News im Kontext zunehmender populistischer Bewegungen, die eine neuartige „affektive Polarisierung“ bewirken. *Russ-Mohl* Die informierte Gesellschaft und ihre Feinde, S. 125 ff. sieht Elitearroganz und Elitekonsens als Faktoren einer Polarisierung an. A.A. dagegen *Barberá* How Social Media Reduces Mass Political Polarization, Evidence from Germany, Spain, and the U.S., Paper prepared for the 2015 APSA Conference, S. 3, abrufbar unter: http://pablobarbera.com/static/barbera_polarization_APSA.pdf (21.03.2022). Zu den Hintergründen des aufkeimenden Populismus *M. Schreiber* Strafbarkeit politischer Fake News, S. 63 ff.

321 *Hegelich* Die Politische Meinung Nr. 543 (März/April 2017), 32, 33 f.

Ausgangspunkt einer empirischen Analyse der Auswirkungen eines derart veränderten Informationsmarktes im Rahmen eines multidisziplinären Ansatzes sein.

Die Partizipationsmöglichkeiten der Rezipienten führen dazu, dass vor allem die stark politisierten Bürger sich dieser Möglichkeiten der aktiven Mitgestaltung bedienen.[322] Die aktive Beteiligung von Nutzern vorwiegend stark ausgeprägter Meinungsbilder liegt vor diesem Hintergrund auf der Hand.[323] Dies führt indes zu einer stark polarisierenden Informationswiedergabe, da diese Nutzer vor allem die eigenen Meinungsbilder verbreiten und so ein Übergewicht an Information zugunsten der eigenen Überzeugung schaffen.[324] Die Überflutung mit stark polarisierenden Meinungsbildern führt nach Meinung vieler Kritiker schließlich zur Verrohung des öffentlichen Diskurses, die einige Bürger zum vollständigen Rückzug aus dem Diskurs bewegen wird und damit eine weitere Verschiebung der Kräfteverhältnisse zu Gunsten extremer Meinungsbilder bewirkt.[325]

Eine Studie[326] zur öffentlichen, internetbasierten Diskussion vor den Wahlen in den USA 2004 ergab, dass in den 40 untersuchten liberalen und konservativen Blogs nur in 15 Prozent der Links auf die politische Gegenpartei verwiesen wurde, was von Wissenschaftlern als empirischer Nachweis dafür interpretiert wurde, dass der öffentlichen Diskurs im Internet zu einer Polarisierung der Meinungsbilder führt.

---

322 *Schweiger* Der (des-)informierter Bürger im Netz, S. 60.

323 Eine Studie zur Flüchtlingsthematik auf Facebook deckte insofern eine wenige Nutzer auf, die in herausragendem Umfang mit Beiträgen interagierten und so den Eindruck eines mehrheitsfähigen Konsenses hinsichtlich asylfeindlicher Beiträge erweckten, *Hegelich/Shahrezaye* Political Data Science v. 09.11.2016, abrufbar unter http://politicaldatascience.blogspot.com/2016/11/datenauswertung-zur-zdfzoom-sendung.html (21.03.2022). Eine bekannte Annahme lautet, dass die Nichtwahl seitens eines Durchschnittswahlberechtigten bei Parlamentswahlen stets zur Verzerrung des Wahlergebnisses zu Gunsten radikaler Parteien führt. Dies wird als eine Erscheinung der sozioökomischen Stratifikation politischer Partizipation angesehen. *Schäfer* Der Verlust politischer Gleichheit, S. 165 konstatiert dagegen im Rahmen einer Analyse von Daten deutscher Großstädte, dass eine geringere Wahlbeteiligung vornehmlich dem Wahlergebnis der linksorientierten Parteien schadet.

324 So auch *Schweiger* Der (des-)informierter Bürger im Netz, S. 7.

325 *Kersting/Mehl* ZParl 49 (2018), 586, 590 sprechen von „latenter Radikalisierung" und „tastender Verrohung". Vgl. auch *Schmitz* Demokratie Dialog 1 (2017), 10, 11 f. *Russ-Mohl* Die informierte Gesellschaft und ihre Feinde, S. 106 verweist auf das oftmals angenommene Verhältnis von 10 Prozent aktiven und 90 Prozent passiven Nutzern. Dies könnte die besonnenen passiven Nutzer zur Fehlannahme verleiten, sie seien mit ihrer Auffassung anzahlmäßig unterlegen. *Schimmele* Staatliche Verantwortung für diskursive Integrität in öffentlichen Räumen, S. 61 ff. weißt dagegen auf eine zunehmende Moralisierung und Sensibilisierung hin.

326 *Adamic/Glance* in Adibi/Grobelnik/Mladenic/Pantel (Hrsg.), S. 36, 40.

Auch wenn hiergegen eingewendet wurde, dass das wenig verbreitete Verlinken der Gegenansichten keinen Beweis für eine politische Polarisierung darstelle und es sich lediglich um eine normale Ausrichtung anhand individueller politischer Aufmerksamkeit bzw. Präferenzen handeln könne[327] zeigt die Studie doch, dass die Verschiebung weg von professionell aufbereiteten Nachrichten hin zu User Generated Content eine einseitige Darstellung von Inhalten befördert. Durch die niedrigeren Zugangshindernisse wird Personen Zugang gewährt, die den demokratischen Wertekonsens nicht teilen und sogar virulent extremistische Positionen in den Diskurs einbringen. Diametral hierzu stehen allerdings die Ergebnisse von Studien, die nahelegen, dass die Nutzer mehr Ansichten und Fakten zu einem spezifischen Thema ausgesetzt werden als dies in einem klassisch massenmedialen Umfeld der Fall war.[328]

Die Studien zeigen auf, dass die geänderten Bedingungen des Informationsmarktes kaum als Ursache für eine etwaige Polarisierung im Rahmen empirischer Untersuchungen nachgewiesen werden können.[329] Weder eine Polarisierung schlechthin ist ohne Weiteres nachweisbar, müsste man hierfür doch subjektive Merkmale im Rahmen multipler Kausalzusammenhänge nachweisen. Noch kann die einseitige Informationswiedergabe allein als unumstößliches Indiz einer *Polarisierung der Kommunikation* gewertet werden. Dann aber müssen, um ein derartiges zumindest latent vorhandenes Risiko aufzuzeigen, die mit den geänderten Rahmenbedingungen einhergehenden kognitiven Mechanismen auf Seiten der rezipierenden Individuen näher beleuchtet werden. Diese werden teilweise von den Informationsintermediären bewusst zur Gewinnoptimierung mittels Werbeeinnahmen mithilfe benutzeroptimierter Inhalte ausgenutzt.

VI. Filter- respektive Informationsblasenbildung

> „Ein Eichhörnchen, das vor deinem Haus stirbt, könnte für dich in diesen Augenblick wichtiger sein als Menschen, die in Afrika sterben."
>
> Mark Zuckerberg, Facebook-Gründer[330]

---

327 *Guerra/Meira Jr./Cardie/Kleinberg* A Measure of Polarization on Social Media Networks Based on Community Boundaries, S. 2; abrufbar unter https://www.cs.cornell.edu/home/cardie/papers/ICWSM13-Polarization.pdf (21.03.2022).

328 *Barberá* (Fn. 320), S. 2 ff.

329 Ein generelles Auseinanderdriften der Gesellschaft und eine Zunahme von Extremen infolge von Angst der Bevölkerung vor Kriminalität beobachtet aber *Feltes* NZ 2019, 3, 9.

330 Zitiert nach *D. Kirkpatrick* Der Facebook-Effekt, S. 324.

1. *Peripherer Informationskosmos durch die (automatisierte) Vorselektion*

Der Einsatz algorithmusbasierter Personalisierung ist längst allgegenwärtig, hierbei werden bei allgemein vereinheitlichten Angeboten individuelle Nutzerpräferenzen herangezogen und personalisierte und vorsortierte Angebote erstellt – so werden auf Nachrichtenseiten bisweilen für den Nutzer interessant erscheinende Angebote weiter oben angezeigt.[331]

a) Kurzzusammenfassung der Kritik

Mag diese Nutzerpräferenzorientierung von vielen Nutzern generell positiv evaluiert werden, sind gleichwohl früh die möglichen Auswirkungen aus wissenschaftlicher Sicht angemahnt worden.[332] Hervorgebracht wird, dass die Personalisierung zur Bildung von Filterblasen und Echokammern führt. Bereits bestehende Präferenzen können sich tendenziell weiter perpetuieren, bereits existente Rezeptionsmuster werden aufrechterhalten und mehrheitsfähige Meinungen amplifiziert.[333] Die Personalisierung von Informationen im Internet kann zu einem verzerrten Informationsbild beitragen.

---

331 *Hennemann* ZUM 2017, 544, 544 f. Datenschutzrechtliche Probleme dieser Personalisierung werden nachfolgend nicht thematisiert. Zur selbstgewählten Personalisierung mit historischen empirischen Daten *Zuiderveen Borgesius/Trilling/Möller/Bodó/de Vreese/Helberger* Should we worry about filter bubbles?, Internet Policy Review 2016, 5(1), S. 6 f., abrufbar unter http://dx.doi.org/10.14763/2016.1.401 (24.03.2022). Im weiteren Fortgang wird für derartige Personalisierungs-, Selektions- und Sortierungsprozesse als Oberbegriff der Begriff der Personalisierung verwandt.

332 *Hennemann* ZUM 2017, 544, 544 f.; *Paal/Hennemann* ZRP 2017, 76, 76 f.; *Pariser* Filter Bubble, S. 10; *Spohr* Business Information Review 34 (2017), 150, 151 ff.; *Sunstein* Infotopia S. 9; *Zuiderveen Borgesius/Trilling/Möller/Bodó/de Vreese/Helberger* (Fn. 331), S. 2 ff.

333 *Hennemann* ZUM 2017, 544, 544 f. *Pille* Meinungsmacht sozialer Netzwerke, S. 331 ff. *Spohr* Business Information Review 34 (2017), 150, 151 ff. sieht dagegen eine auch von ihm beobachtete Polarisierung eher in einer selektiven Exposition („*Selective Exposure*") als in Filterblasen und Echokammern begründet. Zur Definition und Funktionsweise der Personalisierung, insbesondere dem Zusammenspiel nutzergesteuerter und algorithmusgesteuerter Elemente *Schweiger/Weber/Prochazka/Brückner* Algorithmisch personalisierte Nachrichtenkanäle, S. 7 ff.

b) Funktionsweise des Rankings *respektive der Personalisierung*

Die Personalisierung wurde dabei lange Zeit maßgeblich vom sog. „PageRank"-Algorithmus vorgenommen.[334] PageRank, das von Google als Element seiner Suchmaschinentechnologie entwickelt wurde, ist ein Prozess zum Ranking von Internetseiten, bei der die „Wichtigkeit" und in der Folge das Ranking einer Seite entsprechend der Linkstruktur des Webs bestimmt wird.[335] Seit dem 04.12.2009 personalisiert Google allerdings seine Suchergebnisse anhand verschiedener Signale, wie dem Zugriffsort, dem verwendeten Browser sowie bisher verwendeter Suchbegriffe, anhand derer ein Persönlichkeitsprofil erstellt und antizipiert wird, welche Seiten man besuchen würde.[336] Diese Form der Personalisierung findet ebenso auf Facebook, YouTube und Twitter statt.[337] Dadurch erhalten Nutzer nicht immer die gleichen Suchergebnisse, wodurch kein „Standard-Google" mehr existiert.[338]

Bereits kurze Zeit nach dieser Änderung im Algorithmus beobachtete *Pariser* erhebliche Auswirkungen, als er zu Zeiten des Untergangs der Deepwater-Horizon-Bohrplattform zwei politisch ähnlich orientierte Bekannte nach „BP" suchen ließ und eine Probandin Investitionsinformationen, die andere dagegen Nachrichten zur Katastrophe angezeigt bekam.[339] Die Personalisierungsmöglichkeiten werden zudem bei sozialen Netzwerken gegenüber Suchmaschinen noch gesteigert, indem hier die Analyse der „Klicksignale" des Nutzers nicht alleiniger Gegenstand der Informationsschöpfung ist, sondern darüber hinausgehend bereits konzeptionell die Nutzer selbst gefragt werden.[340]

Durch den News Feed auf Facebook werden schließlich die Informationen der Nutzer bereits auf der Startseite algorithmisch selektiert angezeigt und so eine Art

---

334 *Pariser* Filter Bubble, S. 10. Zur Auswahl des Informationsangebots in sozialen Netzwerken auch *Messingschlager/Holtz* in M. Appel (Hrsg.), Kap. 9.1.

335 *Gray/Greif/Lau* An inner, outer stationary iteration for computing PageRank, S. 1.

336 *Pariser* Filter Bubble, S.10 schreibt über insgesamt 57 Signale. Pariser bezeichnet dieses Ereignis auf S. 11 als Beginn der Ära der Personalisierung.

337 *Pariser* Filter Bubble, S. 16. Umfassend zur Personalisierung im Online-Wahlkampf anlässlich der Bundestagswahl 2017 *Kersting/Mehl* ZParl 49 (2018), 586, 593 ff.

338 *Pariser* Filter Bubble, S. 11.

339 *Pariser* Filter Bubble, S. 11. Entgegensetzte empirische Beobachtungen dagegen bei *Krafft/Gamer/Zweig* Wer sieht was?, Personalisierung, Regionalisierung und die Frage nach der Filterblase in Googles Suchmaschine, Abschlussbericht zum Forschungsprojekt #Datenspende: Google und die Bundestagswahl 2017, Juni 2018, S. 3 ff., abrufbar unter https://www.blm.de/files/pdf2/bericht-datenspende---wer-sieht-was-auf-google.pdf (21.03.2022), die für die Suche nach Politikern und Parteien nahezu identische Ergebnisse feststellten. Zum für das Entstehen einer Filterblase nicht ausreichendem Personalisierungsgrad bei Suchmachinen *Nolte* ZUM 2017, 552, 564.

340 *Pariser* Filter Bubble, S. 43.

personalisiertes Informationsforum von und mit Freunden für den einzelnen Nutzer präsentiert.[341] Der Unübersichtlichkeit infolge der Informationsdichte wurde was Facebook anbelangt durch die Integration des „*EdgeRank*"-Algorithmus begegnet, der den News Feed auf der Startseite sortiert, hierbei wird auf die Wichtigkeit des teilenden Nutzers anhand des Zeitaufwands der Interaktion, einer Gewichtung der Inhalte sowie die Aktualität zurückgegriffen (zusammengefasst: **Affinität, Gewichtung und Aktualität**).[342] Während der Algorithmus auf der einen Seite zur Effizienzsteigerung auf einen erhöhten Informationsfluss angewiesen ist, stellt dieser denselben gleichzeitig vor weitere Optimierungsaufgaben.[343]

Im April 2010 kamen weitere Änderungen im Rahmen des Projekts „Facebook Everywhere" dazu, welche die Personalisierung auf Fremdwebseiten erstreckten – ebenso werden Nachrichtenseiten im Internet dadurch personalisiert.[344] Im Jahr 2011 schließlich wurde die Personalisierung auf Google um „Google Instant" erweitert, einem Mechanismus, der schon während des Eingebens Vorschläge über Suchbegriffe initiiert.[345] Der aus drei Faktoren bestehende EdgeRank-Algorithmus wurde schließlich im Jahr 2013 von einem komplexeren, aus etwa 100.000 Faktoren bestehenden Algorithmus abgelöst, der neben weiteren gleichgestellten Faktoren zusätzliche Funktionen einführte. Eine der Funktionen stuft beispielsweise bereits ältere Beiträge bei erst später eingetretener, gehäufter Interaktion wieder als relevant ein.[346]

c) Personalisierung als ökonomisches Ziel der Unternehmen

Angetrieben von finanziellen Interessen ist eine größtmögliche Personalisierung hierbei übergeordnetes Ziel: Dies gilt schon aufgrund des hiermit korrespondierenden Anstiegs der Verkaufszahlen von Werbung, da abstrakt die Wahrscheinlichkeit steigt, dass die offerierten Produkte oder Dienstleistungen letztlich erworben werden.[347] Der hierhinter stehende Datenmarkt treibt diese Personalisierung weiter voran. Durch Mechanismen wie das sog. „*Retargeting*", bei dem eine besuchte Seite beispielsweise die Suchinformationen speichert und diese weiterverkauft, werden Datenbestände angehäuft, um so die Verweildauer auf einer bestimmten Seite zu

---

341 *Pariser* Filter Bubble, S. 45.

342 *Pariser* Filter Bubble, S. 45 f.; *Zimmer/Scheibe/Schmoly/Dreisiebner* in Büttner (Hrsg.), S. 211, 215.

343 *Pariser* Filter Bubble, S. 46.

344 *Pariser* Filter Bubble, S. 47.

345 *Pariser* Filter Bubble, S. 16.

346 Vgl. den erläuternden Beitrag zum EdgeRank im Digitalen Marketing Wiki „Ryte Wiki", abrufbar unter https://de.ryte.com/wiki/EdgeRank (21.03.2022).

347 *Pariser* Filter Bubble, S. 15. Aber auch bei den klassischen Medien gewinnt die Relevanz von Werbeeinnahmen aufgrund der sinkenden Auflagenzahl an Bedeutung. Dazu *Zimmer/Scheibe/Schmoly/Dreisiebner* in Büttner (Hrsg.), S. 211, 213.

maximieren oder die Person wie im Falle des Retargeting zur Rückkehr auf die jeweilige Seite zu bewegen.[348]

d) Maximierung von Werbeeinnahmen durch sogenanntes Microtargeting

Politik und Unternehmen bedienen sich mittlerweile gleichermaßen des sog. „*Microtargetings*", bei dem im Wege der psychometrischen Analyse unter Rückgriff auf Massendaten („*Big Data*") spezifische Personengruppen mit auf sie abgestimmten Nachrichten in sozialen Medien und Internetnachrichtenpräsenzen angesprochen werden.[349] Symbolisch hierfür stehen die Enthüllungen rund um die Gesellschaft Cambridge Analytica, die mithilfe von Facebook-Likes unter Zuhilfenahme weiterer Daten wie u.a. solcher demografischer Natur dezidierte Profile potentieller Wähler erstellte und diese sodann mit personalisierten, politischen Botschaften adressierten.[350] Hierbei verband das Unternehmen diese Analyse mit der Anwendung des Big-Five-Persönlichkeitsmodells, bei dem mittels fünf psychologischer Merkmale Schlussfolgerungen über Verhaltensmuster und Bedürfnisse gezogen werden.[351] Diese inhaltliche Anpassung findet dabei teilweise ohne proaktives Zutun, bisweilen sogar ohne Kenntnis des Nutzers statt.[352] Besonders assoziiert wird das Microtargeting durch die oben genannte Gesellschaft dabei mit dem Brexit Referendum, bei dem das Microtargeting offensichtlich im Auftrag der Vote-Leave-Kampagne eingesetzt wurde.[353]

---

348 *Pariser* Filter Bubble, S. 51 ff.

349 *Büro für Technikfolgen-Abschätzung beim Deutschen Bundestag (TAB)* Microtargeting: psychometrische Analyse mittels Big Data, S. 1, abrufbar unter https://www.tab-beim-bundestag.de/de/pdf/publikationen/themenprofile/Themenkurzprofil-018.pdf (21.03.2022).

350 TAB (Fn. 349), S. 1. Die Firma warb insofern damit, mittels dieser psychometrischen Analyse unentschiedene Wähler („*Swing Voters*") ausfindig gemacht, mit entsprechenden Informationen adressiert und so letztlich entscheidend zum Wahlsieg Trumps beigetragen zu haben, *Prietzel* in M. Appel (Hrsg.), Kap. 8.2. Ebendort finden sich auch Ausführungen zur wissenschaftlichen Entwicklung des Analyseverfahrens sowie in Kap. 8.3 zur möglicherweise überschätzten Wirkkraft des Verfahrens während der US-Präsidentschaftswahl 2016. Hintergrund ist, dass das Unternehmen im Zuge der Ermittlungen behauptete, die Praktiken seien gar nicht zur Anwendung gelangt. Diesbezüglich existierten bereits zuvor entsprechende Indizien für die letzten Wochen unmittelbar vor der Wahl.

351 *TAB* (Fn. 349), S. 3 f.

352 *Schweiger* Der (des-)informierter Bürger im Netz, S. 7.

353 *Bradshaw/Howard* (Fn. 251), S. 9.

e) Auswirkungen einer Filterblasenbildung

Hierdurch entsteht eine sehr periphere Anzeige und mutmaßlich Rezeption von Informationen, gleichsam einer Filterblase (*„Filter Bubble“*), in der nur den eigenen Überzeugungen entsprechende Informationen präsentiert werden und die eine Anthropophobie gegenüber dem eigenen Weltbild nicht entsprechenden Informationen und Meinungsbildern bewirkt.[354] Dies führt beinahe zwangsläufig zu einem zunehmenden Mangel an Toleranz zwischen abweichenden Meinungsbildern.[355] Schließlich könne die durch Filterblasen verringerte Anzahl an rezipierten verschiedenen Nachrichtenquellen die Fähigkeit verschlechtern, Desinformationen als solche zu erkennen.[356]

f) Untersuchungen hinsichtlich der Heterogenität der selektierten Inhalte

aa) Behavoriale Studie von Facebookinhalten

Die Bildung solcher Filterblasen wird teilweise durchaus anhand empirischer Untersuchungen bestritten.[357] Insbesondere gelangte eine von Facebook Mitarbeitern durchgeführte Studie zu gegenteiligen Ergebnissen.[358] Die Studie untersuchte die Frage, welchen Anteil den einzelnen Stagen der Informationsverschaffung, nämlich der Entscheidung eines Nutzers, eine Information zu verbreiten (1.), dem Filtern per Algorithmus (2.) und dem Aufrufen durch einen Nutzer (3.) bei der

---

354 *Schweiger* Der (des-)informierter Bürger im Netz, S. 7, beschreibt dieses Rezeptionsverhalten mit dieser Begrifflichkeit. Der Begriff geht zurück auf *Pariser* Filter Bubble, S. 17. Synonym wird daneben im deutschen Sprachraum der Begriff der „Informationsblase“ verwendet, vgl. dazu *Glöß* Das Informationsverhalten in der Filterblase, S. 1. Vgl. auch *Raue* JZ 2018, 961.

355 *Schweiger* Der (des-)informierter Bürger im Netz, S. 7.

356 *Sindermann/Elhai/Moshagen/Montag* (Fn. 256), S. 7 f.

357 Bezogen auf die Googlesuche *Weisberg* Slate v. 10.06.2011, abrufbar unter https://slate.com/news-and-politics/2011/06/eli-pariser-s-the-filter-bubble-is-web-personalization-turning-us-into-solipsistic-twits.html (21.03.2022), der hinsichtlich der geringen Auswirkungen *Zittrain* in einem persönlichen Gespräch zitiert. *Fischer* Zeit v. 16.08.2017, abrufbar unter https://www.zeit.de/2017/34/algorithmen-filterblase-meinungen-selbstbetrug (21.03.2022) mahnt die oftmals besprochenen vermeintlichen Gefahren durch eine solche Filterblase an, die empirisch jedoch nicht nachweisbar seien. Vgl. die Darstellung bei *Drexl* ZUM 2017, 529, 531 und *Jaster/Lanius* Die Wahrheit schafft sich ab, Kap. 3. Siehe auch die Forschungsarbeit von *Flaxman/Goel/Rao* Public Opinion Quarterly 80 (2016), 298, 318 ff., die sowohl Indikationen für eine stärkere ideologische Segregation in Social Media als auch für eine stärkere Exposition mit glaubensinkongruenten Informationen fanden und die Effekte als relativ gering einschätzten.

358 *Bakshy/Messing/Adamic* Science 348 (2015), 1130, 1130 ff.

Herausbildung von abgegrenzten politischer Clustern zukommt.[359] Die behaviorale Untersuchung von 10,1 Mio. Facebook Nutzern ergab zunächst, dass die Nutzer durchaus Inhalte in ihrem News Feed präsentiert bekamen, die ihrer politischen Grundhaltung nicht entsprechen, was mit den relativ heterogenen Freundeskreisen erklärt wurde.[360]

Gleichwohl stellte die Studie fest, dass die Diversität mit dem Durchlaufen jeder der genannten Stagen abnahm, wobei die größte Auswirkung nicht vom Algorithmus, sondern dem Freundeskreis der Nutzer und den Informationen, welche diese Nutzer teilen, ausging.[361] Würden Individuen Informationen von zufälligen anderen Personen erhalten, wären 45 Prozent der Informationen, denen Liberale ausgesetzt wären, „cross-cutting", während dies bei konservativen Nutzern nur 40 Prozent wären. Allerdings sind Liberale nach der Studie tendenziell mit weniger Freunden verbunden, die Informationen der anderen Seite teilen: Während nur 24 Prozent der von Freunden von Liberalen geteilten Nachrichten cross-cutting waren, lag die Prozentzahl bei den Freunden von konservativen Wählern bei 35 Prozent.[362] Anders als vermutet wurden laut der Studie also liberale Nutzer weniger oft mit ihrem Standpunkt nicht entsprechenden Nachrichten konfrontiert als konservative Nutzer.[363]

Auch wenn das vermutete Ausmaß einer Filterblasenbildung von der Studie tendenziell widerlegt wurde, belegt die Forschungsarbeit doch selbst bei Profilen liberal eingestellter Menschen die grundlegende Filterung hin zu Inhalten, die der Grundeinstellung des Nutzers entsprechen, sodass die beschriebenen Effekte gleichwohl Möglichkeiten verdeckter politische Einflussnahme begünstigen können.[364]

bb) Heterogene Aufmerksamkeitsverteilung im Internet

Argumentiert wird, dass die Verteilung der Aufmerksamkeit nicht starr festgelegt sei und die hegemonialen Cluster bestehend aus 20–30 Prozent aller Internetseiten sich untereinander in Bezug setzen und auch wieder Referenzen nach außen aufweisen – sodass ein kleines Abbild der gesamten Welt entstehe, andere Kommunikationsteilnehmer würden weitere Links zu gegenteiligen Sichtweisen hinzufügen und so einer Fragmentierung vorbeugen.[365] Vorgebracht werden empirische

---

359 Vgl. *Drexl* ZUM 529, 531.

360 *Drexl* ZUM 529, 531.

361 *Bakshy/Messing/Adamic* Science 348 (2015), 1130, vgl. *Drexl* ZUM 529, 531.

362 *Bakshy/Messing/Adamic* Science 348 (2015), 1130; vgl. *Drexl* ZUM 529, 531. Zu einem insoweit diametralen Ergebnis kam dagegen die empirische Untersuchung von Twitter-Interaktionen seitens der Autoren *Barberá/Jost/Nagler/Tucker/Bonneau* Psychological Science 26 (2015), 1531, 1531 ff.

363 *Drexl* ZUM 529, 531.

364 *Drexl* ZUM 529, 531 f.

365 *Hindelang* Freiheit und Kommunikation, S. 89 f.

Daten[366], nach denen sich innerhalb der Cluster aus hunderten oder wenigen tausend Internetseiten die Aufmerksamkeitsverteilung im Internet nach der Normalverteilung, und nicht wie sonst im Internet nach dem Potenzgesetz richtet. Hieraus wird geschlussfolgert, dass sich die verschiedenen Cluster stark gegenseitig identifizieren.[367] Innerhalb dieser kleineren Cluster, in denen die Informationen gefiltert und verdichtet werden, gäbe es wiederum Internetseiten, die im Vergleich höhere Aufmerksamkeit genießen und die dann von den Internetseiten in größeren Clustern wahrgenommen werden. Auf diesen erfolgt dann letztlich die Herausfilterung der dominierenden öffentlichen Meinung.[368]

Diese Sichtweise stützt die Argumentation primär auf die Funktionsweise der Herausbildung einer dominierenden öffentlichen Meinung und die Chancen des Einzelnen, im Diskurs gehört zu werden, ohne dabei den Fokus darauf zu richten, ob der Einzelne sich selbst – gefördert durch die Intermediäre – abschottet. Auch wenn im Internet allgemein das Potenzgesetz gilt und sich die Aufmerksamkeit auf wenige Supersites zentriert,[369] darf nicht vergessen werden, wie brisant schon die Abschottung einzelner Bevölkerungsteile sein kann. Daneben wird vergessen, dass eine Personalisierung auch auf den „Superseiten“ stattfindet und daher auch innerhalb dieser vermeintlich vielfaltgewährenden Räume die Pluralität abgeschwächt wird.

cc) Multiple, thematisch geprägte Filterblasen

Andere sehen nicht eine einzige, sondern mehrere, thematisch definierte Filterblasen, wie etwa zur Flüchtlingsthematik.[370] Sollten Filterblasen in dieser Form thematisch definiert existieren, dürfte sich derweil für das existierende Gefährdungspotential nichts anderes ergeben, da diese Filterblasen – wie seitens der Autoren mit dem Beispiel selbst belegt – gerade für die gesellschaftspolitisch besonders relevanten Inhalte bestünden, bei denen ein heterogenes Informationsumfeld von besonderer Wichtigkeit ist.

---

366 *Chakrabarti/Joshi/Punera/Pennock* The Structure of Broad Topics on the Web, WWW2002, abrufbar unter https://www.cse.iitb.ac.in/~soumen/doc/www2002t/p338-chakrabarti.pdf (21.03.2022).

367 *Hindelang* Freiheit und Kommunikation, S. 90.

368 *Hindelang* Freiheit und Kommunikation, S. 91 ff.

369 *Hindelang* Freiheit und Kommunikation, S. 89.

370 *Hegelich/Shahrezaye* Disruptions to political opinion Political debate in the age of echo chambers and filter bubbles, KAS Facts & Findings, July 2017, Nr. 253, S. 7 f., abrufbar unter http://library.kas.de/GetObject.ashx?GUID=d1086d0d-4683-e711-ace4-005056b96343&IDUSER=NotAllowed (21.03.2022).

dd) Ideologisch segregiertes Informationsangebot existiert seit jeher

Vorgebracht wird schließlich auch, dass seit jeher eine in Ansätzen ebenfalls personalisierte Informationsrezeption stattfindet, als sich die Bürger auch früher bei Zeitungen für eine solche entschieden, die ihrer Weltanschauung am ehesten gerecht wird, gleichwohl aber hierdurch nicht von einer dadurch eingetretenen Verengung der eigenen Perspektive ausgegangen werden könne.[371] Richtig ist, dass solche Mechanismen selektiver Informationsrezeption durch die Auswahl des jeweiligen Intermediäres seit jeher bestehen.[372] Beispielsweise berichten klassische Medien wie Zeitungen auch tendenziell aus einer politisch-weltanschaulichen Perspektive,[373] sodass Personen, die nur eine Zeitung lesen oder auf andere singuläre Informationslieferanten zurückgreifen, sich ebenfalls in einer Filterblase befinden.[374]

Der Unterschied ist allerdings, dass klassische Medien umfassenderen rechtlichen Regelungen unterliegen und daher die von Filterblasen ausgehenden Gefahren ungleich geringer sind. Zudem findet die Entscheidung für einen Intermediär in abstrakterer Form statt, da dem Konsumenten die Funktionsweise der Algorithmen, die bei der Selektierung angewendet werden, zumeist nicht bekannt sein werden. Entscheidender Unterschied ist also der Kontrollverlust bei der Informationsselektion, da nunmehr die Anbieter über das Ob und Wie der Informationsbereitstellung beim Individuum entscheiden,[375] und dass diese Entscheidungsprozesse mangels hinreichender Transparenz[376] für den Nutzer weder nachvollzogen noch aufgrund der fehlenden Kenntnis von der konkreten Funktionssteuerung der Algorithmen signifikant gesteuert werden können.[377]

Auch wenn den Filterblasen doch ein erheblicher Nutzen durch die personalisierte Selektion im Informationsdickicht des Internets nicht abgesprochen werden kann, überwiegen doch die Gefahren des Vorenthaltens essentieller Informationen

---

371 *Weisberg* Slate v. 10.06.2011, abrufbar unter https://slate.com/news-and-politics/2011/06/eli-pariser-s-the-filter-bubble-is-web-personalization-turning-us-into-solipsistic-twits.html (21.03.2022).

372 Statt aller *Brodnig* Lügen im Netz, Kap. 6.

373 *Sunstein* #republic, S. 64; vgl. *Brodnig* Lügen im Netz, Kap. 6.

374 *Ulrich/Diefenbach* Es war doch gut gemeint, S. 185.

375 Vgl. hierzu *Glöß* Das Informationsverhalten in der Filterblase, S. 84.

376 So benennt *Google* Einfach und verständlich erklärt, welche Daten wir erheben und warum, abrufbar unter https://safety.google/privacy/data/ (24.03.2022) nur Kategorien von eventuell erhobenen Daten, zu dem Zweck, die „Dienste noch relevanter werden [zu lassen] und den Bedürfnissen unserer Nutzer noch stärker [zu] entsprechen," ohne dabei Informationen zu der jeweiligen Relation oder anderweitige Konkretisierungen transparent zu machen. Zur fehlenden Transparenz *Messingschlager/Holtz* in M. Appel (Hrsg.), Kap. 9.1.

377 Vgl. *Messingschlager/Holtz* in M. Appel (Hrsg.), Kap. 9.1.

aus demokratischer Perspektive.[378] Auch wenn im Falle der Kenntnis von dem Effekt – dem Bewusstsein, dass womöglich nicht alle essentiellen Informationen bereit gestellt wurden – diesen Gefahren durch eine bewusste Gegenkontrolle begegnet werden könnte, darf nicht außer Acht gelassen werden, dass die Form der kurzfristigen Informationsrezeption in sozialen Netzwerken den Anreiz zu solchen Gegenrecherchen verringert. Zudem existieren auch in der analogen Welt solche Filterblasen durch das auch im Wege ideologischer Segregation selbstgewählte unmittelbare Umfeld.[379] Der heuristische Rezeptionsmodus in Social Media in Verbindung den ideologisch segregierten Inhalten lässt Gegenmaßnahmen als noch unwahrscheinlicher erscheinen.

Daneben wird durch ein zu vermutendes Defizit an selektierten Beiträgen, die Informationslücken des Nutzers betreffen, seltener die Neugierde des Nutzers geweckt[380] und so seine Desinformiertheit gefördert, aufgrund der desinformativen Inhalten eher Glauben geschenkt wird. Dieser Rückgang an Serendipität wiegt dadurch schwer, dass diese bei der Innovation in der Vergangenheit eine entscheidende Rolle gespielt hat, eine Bisoziation[381] mit nur indirekt verwandten Vorstellungen kann durch die Ergebnisse in der digitalen Filterblase nicht geleistet werden.[382]

Weiterhin führt die Personalisierung auch zu nutzerseitiger Passivität, die wiederum zu einem weniger an aktiver Nachforschung seitens der Nutzer führt.[383] Ein eigeninitiierter Austritt aus der Filterblase kann in vollem Umfang letztlich nur durch die vollständige Nichtnutzung des Internets erzielt werden. Andere Maßnahmen, wie die eigeninitiative Justierung der Privatsphäreeinstellungen, das Surfen im privaten Modus und das Löschen der Cookies, führen wohl nicht zum völligen Verlassen der Filterblase, wobei aber auch das stete Bewusstsein potentiell einseitiger Informationen zur Neutralisierung der hauptsächlichen Gefahren führen kann.[384] Dies bei jedem Nutzer zu erreichen ist allerdings angesichts der Art der Informationsrezeption, insbesondere in sozialen Netzwerken, kaum möglich.

---

378 Zu diesen Gefahren *Glöß* Das Informationsverhalten in der Filterblase, S. 84.

379 Vgl. zu diesen Aspekten und der Verschmelzung der Filterblasen online und offline *Glöß* Das Informationsverhalten in der Filterblase, S. 85.

380 *Glöß* Das Informationsverhalten in der Filterblase, S. 15.

381 Bisoziation bezeichnet den kreativen Vorgang der Gedankenkombination mehrerer bislang unverbundener Bezugsrahmen, deren Verbindung zur wissenschaftlichen Erleuchtung führen kann, vgl. *Lohmeier* Bisoziative Ideenfindung, S. 21.

382 *Pariser* Filter Bubble, S. 103 ff. unter Verweis auf eine Studie, nach welcher der Mensch aufgrund seiner assoziierenden Vorgehensweise nicht geneigt ist, offenbar Zusammengehöriges zu trennen.

383 *Pariser* Filter Bubble, S. 112. *Russ-Mohl* Die informierte Gesellschaft und ihre Feinde, S. 53 verweist auf das der Ökonomie entstammende „Paradox der Auswahl“, das den Nutzer in die Passivität hinsichtlich der Selektion bewegt.

384 *Glöß* Das Informationsverhalten in der Filterblase, S. 17.

Durch den inflationären Zuspruch Gleichgesinnter in den sozialen Netzwerken wird die vermeintliche Wahrhaftigkeit und Überlegenheit des eigenen Standpunkts verstärkt, sodass deswegen die Diskussionsbereitschaft mit den Vertretern abweichender Meinungsbilder leidet.[385] Das unterbleibende Ansprechen mit für den Nutzer fremden Themen befördert eine selektive Wahrnehmung und untergräbt den demokratischen Grundgedanken, durch Diskursbereitschaft zwischen verschiedenen Meinungslagern einen mehrheitlich vertretbaren Konsens zu finden.[386] Die Demokratie wird faktisch gefährdet, da Debatten erschwert bzw. unmöglich werden, wenn alle Individuen andere Nachrichten erhalten und auch an andere Nachrichten in ihrer Filterblase glauben.[387]

Auch wenn eine solche Filterfunktion als sog. *Gate-Keeping* selbst den traditionellen Medien seit jeher bekannt ist,[388] ist doch das Ausmaß des beschriebenen Phänomens der selektiven Informationswiedergabe durch die lawinenartigen Verbreitungsmöglichkeiten im Netz neu. Gate-Keeping meint dabei vor allem die Kontrolle durch die Verantwortlichen der Medien: Sie kontrollieren die Eingangs- und Ausgangstore, indem sie entscheiden, welche Nachrichten sie aus einer Vielzahl zugänglicher Informationen publizieren.[389] Durch die neuen Technologien wird hingegen jeder Bürger selbst zum Reporter, indem beispielsweise von miterlebten Ereignissen schnell Fotos gefertigt und diese mit den verknüpften Personen geteilt werden.[390] Hierdurch wird zunächst eine Demokratisierung von Informationen erreicht, da durch das Internet jeder Bürger ein Forum für das Zirkulieren seiner Meinung geliefert bekommt.[391] Gleichwohl wird durch diesen Wandel im Ergebnis nicht etwa die Herstellung von weitergehender Gleichheit, sondern die Steigerung der Ungleichheit der Bevölkerung festgestellt.[392] Gesellschaftliche

---

385 *Schweiger* Der (des-)informierter Bürger im Netz, S. 7.

386 *Heinrich-Böll-Stiftung* Microtargeting, digitales Marketing, 09.02.2017, abrufbar unter https://www.boell.de/de/2017/02/09/microtargeting-digitales-marketing (24.03.2022).

387 *Christl FAZ* v. 21.12.2016, abrufbar unter https://www.faz.net/aktuell/feuilleton/medien/big-data-im-wahlkampf-ist-microtargeting-entscheidend-14582735-p3.html (24.03.2022) fordert Medienwirkungsforschung.

388 *Bruns* in Neuberger/Nuernbergk/Rischke (Hrsg.), S. 107; *Lossau* Analysen & Argumente, Juli 2017 S. 3.

389 *Bruns* in Neuberger/Nuernbergk/Rischke (Hrsg.), S. 107.

390 *Hoven* Forschung und Lehre 10 (2019), 906; *Jaster/Lanius* Die Wahrheit schafft sich ab, Kap. 3; *Russ-Mohl* Die informierte Gesellschaft und ihre Feinde, S. 57; *Schliesky* NVwZ 2019, 693, 697. Gleichwohl kann bei diesen Bürgerjournalisten natürlich nicht mehrheitlich von „dilettierenden, unglaubwürdigen Laien" ausgegangen werden, dazu *Hindelang* Freiheit und Kommunikation, S. 95 ff.

391 *Brodnig* Lügen im Netz, Kap. 8; vgl. *Jaster/Lanius* Die Wahrheit schafft sich ab, Kap. 3; *Jaursch* (Fn. 11), S. 10 und *Schmitz* Demokratie Dialog 1 (2017), 10, 10 f.

392 *Schliesky* NVwZ 2019, 693, 697.

Ungleichheit könnte durch das Nutzerverhalten von den Algorithmen identifiziert und zur Personalisierung eingesetzt werden, sodass bestimmte Inhalte der ungleich behandelten Gruppe gar nicht mehr angezeigt und der Unterschied amplifiziert wird.[393] Die veränderte Informationslandschaft führe daher zur Zirkulation von Halbwahrheiten und alternativen Fakten und biete Populisten einen reichhaltigen Nährboden.[394]

Manche beschwören insofern eine Desintermediation herauf, nämlich den Bedeutungsverlust dieser klassischen Gate-Keeper in ihrer Funktion als Vermittler.[395] Tatsächlich aber hat das Zeitalter des Internets insofern nur neue Mediatoren zu Tage gefördert, deren Tätigkeit nicht derart offensichtlich ist wie die der klassischen Intermediäre[396]: Auch sie entscheiden per Filterfunktion darüber, welche Beiträge die Konsumenten zu sehen bekommen. Es kann also letztlich nur davon gesprochen werden, dass die Vermittler getauscht wurden, nicht aber davon, dass diese entfernt wurden.[397]

Die Filterfunktion wird darüber hinaus immer noch zu einem gewissen Anteil durch die klassischen Medien erfüllt, da deren Beiträge durch Likes ebenfalls in die Filter der Intermediäre integriert werden. Daneben beeinflussen die Redaktionen

---

393 *Brodnig* Lügen im Netz, Kap. 15 nennt das Beispiel der geschlechtsspezifischen Gehälterungleichheit und der geringen Frauenquote in Spitzenpositionen. Dies könnte die Algorithmen dazu veranlassen, bestimmte Inserate für Berufscoaching in Spitzenberufen Frauen gar nicht zu präsentieren. Sie verweist dazu auf die Untersuchung von *Amit Datta/Tschantz/Anupam Datta* Proceedings on Privacy Enhancing Technologies (2015), 92, 102 ff., die eine solche Geschlechterdiskriminierung bei Google entdeckte.

394 *Schmidt-Jortzig* ZParl 49 (2018), 793, 797. Ausführlich *Jaster/Lanius* Die Wahrheit schafft sich ab, Kap. 1. Zum Begriff der alternativen Fakten und der Postfaktizität ausführlich *Hohlfeld* in Hohlfeld/ Harnischmacher/Heinke/Lehner/Sengl (Hrsg.), S. 43, 44 und *M. Schreiber* Strafbarkeit politischer Fake News, S. 54 ff., der den Begriff auf S. 61 mit der Ersetzung von Wahrheiten im Rahmen eines rationalen Diskurses durch emotionsgeladene „anti-intellektualistische Meinungen" assoziiert.

395 *Winer* Dave Winer's Blog v. 07.12.2005, abrufbar unter http://scripting.com/2005/12.html (24.03.2022). Auch *Hoven* Forschung und Lehre 10 (2019), 906 beklagt das Fehlen qualitativer Filter. Für den Verlust der Gate-Keeping Funktion der klassischen Medien *M. Appel* Forschung und Lehre 10 (2019), 908, 909. *Jaursch* (Fn. 11), S. 10 sieht ebenfalls eine zunehmende Polarisierung, die er als im Zusammenhang mit dem Aufstieg sozialer Netzwerke stehend betrachtet.

396 *Pariser* Filter Bubble, S. 68; *Tworek* Internationale Politik 2, März–April 2019, 122, 128 f.

397 *Goldsmith/Wu* Who Controls the Internet, S. 70; *Raue* JZ 2018, 961. M.w.N. zur Wandelung des Gate-Keeping hin zum Monitoring der Informationskanäle *Schimmele* Staatliche Verantwortung für diskursive Integrität in öffentlichen Räumen, S. 70 f.

durch die von ihnen vorgenommene Selektion und Priorisierung aber auch direkt die Algorithmen der neuartigen Gate-Keeper, die u.a. berücksichtigen, worüber die klassischen Medien wann berichten und an welcher Stelle in dem jeweiligen Medium dies erscheint, die neuartigen Gate-Keeper vermitteln derweil die Beiträge an den Adressatenkreis.[398] Die schiere Informationsflut durch die neuartigen Medien sowie der Zeitmangel bringen den Menschen an die Grenzen seiner kognitiven Kapazitäten und führen daher zur Notwendigkeit einer Selektion.[399] Eine solche Selektion vermag aber nur bei einem aufgeklärten und angemessen kritischen Bürger noch zur Gewährleistung einer hinreichenden Informiertheit führen, da ein solcher Nutzer auch eine Vorselektion hinterfragen wird und diese im Wege eigener Recherche teilweise rückgängig machen wird.

2. *Kognitive Verzerrungen[400], welche die Filterblasenbildung begünstigen*

Die Informationsrezeption wird dabei von zielgerichtetem, motiviertem Denken („*Directionally Motivated Reasoning*")[401] geleitet: Hierbei wird unterschieden zwischen verschiedenen Zielen des Individuums bei der Informationsrezeption, nämlich sog. Genauigkeitsmotiven („*Accuracy Goals*" – also dem Ziel, zu einer korrekten Informationsverarbeitung zu gelangen) und sog. direktionale Motive („*Directional Goals*" – also dem Ziel, zu einem bestimmten Ergebnis bei der Informationsverarbeitung zu gelangen).[402] Gerade beim Konsum politischer Informationen wird

---

398 Interview mit *Bharat* anlässlich einer Konferenz an der Universität Stanford, zitiert nach *Gaither* Google News Blog v. 15.06.2010, abrufbar unter https://news.googleblog.com/2010/06/krishna-bharat-discusses-past-and.html (21.03.2022).

399 *Ullrich/Diefenbach* Es war doch gut gemeint, S. 184; vgl. *Brodnig* Lügen im Netz, Kap. 4. Insoweit wird teilweise von „Aufmerksamkeitsökonomie" gesprochen, *Jaster/Lanius* Die Wahrheit schafft sich ab, Kap. 3.

400 Von dieser Oberkategorie sprechen *Weber/Knorr* in M. Appel (Hrsg.), Kap. 10.

401 Die Eigenwahrnehmung der Menschen als objektiv und rational denkende Wesen („*Homo ratio*") erweist sich dagegen – aufgrund dieser kognitiven Verzerrung – oftmals als Fehlannahme. Gesprochen wird insofern von einer Objektivitätsillusion („*Illusion of Objektivity*"), dazu *Weber/Knorr* in M. Appel (Hrsg.), Kap. 10.1. Ebendort in Kap. 10.5 verhalten sich die Autoren auch zu weiteren Formen fehlerhafter Selbsteinschätzung wie dem „*Third-Person-Effect*", nach dem die Auswirkungen von medialer Berichterstattung für Dritte als größer eingeschätzt werden.

402 *Flynn/Nyhan/Reifler* The Nature and Origins of Misperceptions, Understanding False and Unsupported Beliefs about Politics, S. 9 f., abrufbar unter https://www.dartmouth.edu/~nyhan/nature-origins-misperceptions.pdf (21.03.2022). Nach *Weber/Knorr* in M. Appel (Hrsg.), Kap. 10.1 führen Genauigkeitsmotive regelmäßig zur Minimierung kognitiver Verzerrungen.

derweil aber die Verfolgung von *Directional Goals* als dominierender Rezeptionsmodus begriffen, dagegen gelangen bei der Konsumption für den Rezipienten irrelevanter Informationen *Accuracy Goals* zur Anwendung.[403] Dies wird bei politischen Informationen allerdings kaum einmal der Fall sein.

Ein Paradigma des *Directional Motivated Reasoning* ist dabei das der menschlichen Psyche immanente Abwehrverhalten zur Vermeidung *kognitiver Dissonanzen*. Das Auseinanderfallen von eigener Überzeugung und dem eigenen Verhalten führt hiernach zu kognitiven Dissonanzen, die den Menschen in Versuche der Dissonanzreduktion führen.[404] Nach dem Begründer der Theorie *Festinger*[405] suchen die Menschen bei der Informationselektion daher gezielt nach Informationen, welche die empfundene Dissonanz unter gleichzeitiger Vermeidung dissonanzerhöhender Informationen reduzieren.[406] Dieses psychologische Phänomen beschränkt sich aber nicht allein auf die Selektion von Nachrichten oder Informationen. Darüberhinausgehend führt dies dazu, dass die Inhalte gleichwohl nur selektiv wahrgenommen werden: Zu Dissonanzen führende Informationen werden ins gerade Licht gerückt, bis diese mit der eigenen Vorstellung (vollständig) kongruent sind, darüber hinaus werden oftmals nur konsonante Informationen erinnert.[407]

Directional Motivated Reasoning führt daneben in weitere beobachtete Verhaltensmuster bei der Informationsrezeption:[408] Desinformationen gedeihen in viralen Verbreitungsforen durch das in der Sozialpsychologie als Bestätigungstendenz oder Bestätigungsfehler („*Confirmation Bias*") bekannte Phänomen, gemäß dem jeder Mensch dazu tendiert, gerade nach solchen Informationen zu suchen respektive gerade solche Informationen wahrzunehmen, die den eigenen Standpunkt bestätigen und hierbei dem Standpunkt widersprechende Nachrichten zu meiden.[409] Diese Entscheidungstendenz beginnt schon bei der Selektion der

---

403 *Flynn/Nyhan/Reifler* (Fn. 402), S. 9 f. m.w.N. Vgl. zu einem konkreten Beispiel *Brodnig* Lügen im Netz, Kap. 5. In diese Richtung *Weber/Knorr* in M. Appel (Hrsg.), Kap. 10.1, die gesellschaftspolitisch besonders kontroverse Themen insoweit für besonders betroffen erachten.

404 *Ullrich/Diefenbach* Es war doch gut gemeint, S. 184; vgl. *Jaster/Lanius* Die Wahrheit schafft sich ab, Kap. 3.

405 *Festinger* Theorie der kognitiven Dissonanz, S. 15 ff.

406 *Pürer* Kommunikationswissenschaft als Sozialwissenschaft, S. 107; *Bierhoff* Sozialpsychologie, S. 410.

407 *Pürer* Kommunikationswissenschaft als Sozialwissenschaft, S. 107.

408 *Flynn/Nyhan/Reifler* (Fn. 402), S. 10.

409 *Dreger* Diagnose, Confirmation bias, S. 9; *Jaster/Lanius* Die Wahrheit schafft sich ab, Kap. 3; *Quattrociocchi* Spektrum der Wissenschaft 11/2017, 58, 60; *Ullrich/Diefenbach* Es war doch gut gemeint, S. 184; *Weber/Knorr* in M. Appel (Hrsg.), Kap. 10.1. Vgl. auch *M. Appel* Forschung und Lehre 10 (2019), 908, der das beschriebene pyschologische Phänomen allerdings anders bezeichnet. *Sängerlaub* (Fn. 208), S. 2, 8 f. spricht insofern vom „Pippi-Langstrumpf-Prinzip", nach dem Menschen glauben,

Information („*Selective Exposure*"), beeinflusst danach ebenso die Interpretation der Inhalte („*Selective Perception*") sowie zuletzt die Erinnerung an die jeweiligen Inhalte („*Selective Retention*").[410] Dies stellt letztlich eine Vereinfachung des Informationsverarbeitungsprozesses dar und steht daher mit der heuristischen Informationsverarbeitung im Zusammenhang.[411] Auch der Bestätigungsfehler kann den Abbau kognitiver Dissonanzen positiv begünstigen.[412] Hierdurch kann zudem der Blick auf rationale Überprüfungsmechanismen versperrt werden, der Nutzer wählt vielmehr aus dem ohne klassische Gate-Keeper ungefilterten Becken an Informationen gerade diejenigen aus, die seinen eigenen Vorlieben am ehesten entsprechen.[413] Die Prinzipien der kognitiven Dissonanz und des Bestätigungsfehlers sind also ein nicht zu unterschätzender Faktor der viralen Verbreitung von Fake News.

Die Filterblasenbildung hängt dabei nach einer im Jahr 2020 veröffentlichten Studie mit der Persönlichkeit der Rezipienten zusammen: Die aufgrund ihrer Persönlichkeitsstruktur zu exzessivem Internetkonsum neigenden Neurotiker sollen dazu tendieren, Informationen im Internet und besonders in News Feeds zu konsumieren und sich schon deswegen besonders wahrscheinlich in einer Filterblase befinden. Eine charakterliche Offenheit soll dagegen eine besonders diverse Informationsrezeption begünstigen und insofern das Risiko einer Filterblasenbildung minimieren.[414]

3. Dynamik der Filterblasen in der digitalen Welt

Auch die Bildung von Filterblasen ist keineswegs eine Neuheit des digitalen Zeitalters, sondern findet seit jeher dadurch statt, dass Menschen generell die soziale Interaktion mit anderen Individuen vergleichbarer Weltanschauung präferieren und darüber hinausgehend die eigene Informationsrezeption an Inhalten

---

was ins eigene Weltbild passt. *Holzer/Sengl* in Hohlfeld/Harnischmacher/Heinke/Lehner/Sengl (Hrsg.), S. 157, 171 machten in ihrer Studie zuletzt die Heuristik der Einstellunskonsistenz als Glaubwürdigkeitsindikator aus. Zum Hostile-Media-Effekt, gemäß dem Rezipienten Berichterstattungen, die ihren Überzeugungen widersprechen, als unfair empfinden, *Holtz/Kimmerle* in M. Appel (Hrsg.), Kap. 3.1. Dabei werden diese Vorwürfe bisweilen gleichzeitig von Vertretern konträrer Positionen erhoben. Dieser Effekt wird indes teilweise als Subkategorie des Confirmation Bias interpretiert.

410 *P. Müller/Denner* Was tun gegen „Fake News"?, S. 15; *Zillmann/Bryant* Selective exposure to communication, S. 1 ff. Im Falle von Selective Exposure wird teiweise auch von einer selbstauferlegten Filterblase gesprochen, dazu *Messingschlager/Holtz* in M. Appel (Hrsg.), Kap. 9.2.

411 *P. Müller/Denner* Was tun gegen „Fake News"?, S. 15.

412 *Ullrich/Diefenbach* Es war doch gut gemeint, S. 184.

413 *Ullrich/Diefenbach* Es war doch gut gemeint, S. 61.

414 *Sindermann/Elhai/Moshagen/Montag* (Fn. 256), S. 7.

ausrichten, die von ihnen als authentisch empfunden werden. Folglich findet in der digitalen Welt ebenso eine Bildung von Filterblasen statt, wobei die Filtervorgänge hier automatisiert ablaufen. Zudem existieren Untersuchungen, welche die Vermutung nahe legen, dass in der analogen Welt die Menschen mehr Wert darauf legen, mit Gleichgesinnten zu interagieren und die Bildung von Echokammern dort damit sogar noch stärker ist.[415] Jedoch werden in der analogen Welt die Filterblasen durch die (freiwillige) Preisgabe eigener Vorlieben überwiegend selbst gewählt.[416] Die fehlende Transparenz der angewandten Algorithmen lässt jedoch die vermeintliche Freiwilligkeit zu einer leeren Begriffshülse verkommen. Das von Seiten der Wissenschaften und der Presse projizierte Bild des ohnmächtigen, dem selektiven Informationsangebot ausgelieferten Nutzers entspricht allerdings wegen der eigenverantwortlichen Preisgabe der Selektionsfaktoren nur bedingt der Wahrheit, die Mediennutzer stehen daneben selbst in der Verantwortung, die Informationsvielfalt durch den Rückgriff auf verschiedentliche Informationsquellen zu wahren.[417]

Schließlich bestehen aber weitere Unterschiede in Bezug auf die Filterblasen in der analogen Welt, die eine besondere Dynamik der Thematik begründen: Das Individuum ist bei der Filterblase in der digitalen Welt alleiniger Adressat der Filterung, der Grad der Personalisierung ist dadurch ungleich höher, sodass der jeweilige Adressat letztlich alleine in seiner Filterblase sitzt. Ein weiterer, gewichtiger Unterschied besteht in der Visibilität der Filterblase, die in der analogen Welt in Form des jeweilig gewählten Mediums ohne Weiteres ersichtlich ist, wohingegen diese bei dem breiten Meinungsspektrum, das in den jeweiligen Netzwerken vertreten wird, nicht derart offensichtlich ist und nur durch die Summe der preisgegebenen Faktoren passiv gewählt wurde. Da die preisgegebenen Informationen, die letztlich zur Selektion führen, vom Nutzer jedoch nicht proaktiv für diese Zwecke zur Verfügung gestellt wurden und daneben die Kriterien und deren Gewichtung von ihm nicht selbst gewählt wurden kann darüber hinaus der Eindruck von neutralen, objektiven und wahrhaftigen Informationen entstehen, der durch die genannten psychologischen „Wohlfühlfaktoren" bei der Wahrnehmung des eigenen Echos noch verstärkt wird.

Zwar ist in der letzten Zeit zumindest teilweise eine Beeinflussung der Selektionskriterien durch Datenschutzeinstellungen ermöglicht worden, gleichwohl findet diese auf abstrakter Ebene statt und ist angesichts der fehlenden Visibilität des Algorithmus und seiner Gewichtung nicht mit der eigenverantwortlichen Auswahl eines tendenziösen Printmediums vergleichbar.[418] Selbst Experten hielten für die personalisierte Suche die Antizipation der Erfahrungen des einzelnen Nutzers

415 *Retzbach* Spektrum Gehirn und Geist 12 (2018), 20, 24.

416 *Retzbach* Spektrum Gehirn und Geist 12 (2018), 20, 25.

417 *Retzbach* Spektrum Gehirn und Geist 12 (2018), 20, 25.

418 *Pariser* Filter Bubble, S. 17.

für nahezu unmöglich.[419] Schließlich besteht ein Ungleichgewicht schon dadurch, dass der Eintritt in die Filterblase nicht proaktiv durch die eigenverantwortliche Auswahl des Mediums, sondern aufgrund des universellen Gehalts der sozialen Netzwerke erst durch deren Filter und damit passiv erfolgt.[420]

VII. Echokammern – Autopropaganda anhand der eigenen Überzeugungen

> „Lügen erscheinen dem Verstand häufig viel einleuchtender und anziehender als die Wahrheit, weil der Lügner den großen Vorteil hat, im Voraus zu wissen, was das Publikum zu hören wünscht."
>
> Hannah Arendt[421]

1. Von Filterblasen zu Echokammern – Folgen der Priorisierung sozialer Interaktion mit Gleichdenkenden

Diese Phänomenologie – die Informationsrezeption in einer Filterblase – verstärkt die Auswirkungen sog. *Echokammern*, die zur beschriebenen, inflationären Bestätigung des eigenen Welt- und Meinungsbildes führen.[422] Echokammern entstehen dadurch, dass Menschen sich online primär mit Gleichgesinnten umgeben, sodass in den entstehenden, virtuellen Räumen der eigene Standpunkt durch die Anderen bestätigt wird, wohingegen abweichende Standpunkte außen vor bleiben.[423] Dass die Bestätigung durch andere Nutzer dabei nicht Produkt einer unabhängigen Willenskundgabe ist, sondern bloß das Echo des eigenen, zuvor geäußerten Standpunktes innerhalb des anhand der eigenen Vorlieben selbst ausgewählten Personenkreises, wird seitens der Nutzer in aller Regel übersehen, ebenso wie die Tatsache, dass die Bestätigung mangels Unabhängigkeit kein taugliches Indiz für die Richtigkeit darstellen kann.[424] Bei Echokammern handelt es sich also letztlich

---

419 So *McPhie*, Experte für Personalisierung bei Google, zitiert nach *Pariser* Filter Bubble, S. 21.

420 *Pariser* Filter Bubble, S. 17.

421 *Arendt* Wahrheit und Politik, S. 10.

422 *Lossau* Analysen & Argumente, Juli 2017 S. 2; *Pille* Meinungsmacht sozialer Netzwerke, S. 33; vgl. auch *Schmitz* Demokratie Dialog 1 (2017), 10, 12. Während Filterblasen also nur aus dem breiten theoretisch zur Verfügung stehenden Informationsangebot herausfiltern, schränken Echokammern das Informationsangebot unmittelbar ein, *Messingschlager/Holtz* in M. Appel (Hrsg.), Kap. 9.1.

423 *Retzbach* Spektrum Gehirn und Geist 12 (2018), 20, 23; *Sängerlaub* (Fn. 214), S. 8 f.

424 *Ullrich/Diefenbach* Es war doch gut gemeint, S. 187.

um die konsequente Fortführung und Potenzierung der von Filterblasen ausgehenden Effekte.[425]

Die fehlende Meinungsvielfalt führt zu einer Art „Informationsdiät"[426] und kann zudem in eine Art „Autopropaganda" münden, bei der das Individuum immer wieder mit den eigenen Standpunkten und Weltbildern indoktriniert wird.[427] Durch entstehende Echokammern wird die eigene wiederhallende Weltsicht als *Common Sense* wahrgenommen. Damit kann deren tatsächlicher Einfluss erheblich überschätzt werden.[428] Ausgegangen wird insofern davon, dass durch die Begebung in autistisch verschlossene, homogene Gruppierungen von Gleichgesinnten zwangsläufig die Fähigkeit verloren geht, sich auf andere Personen einzustellen.[429]

Die Homogenität solcher Zusammenschlüsse von Personen ist vor dem Hintergrund bedenklich, dass in solchen Gruppierungen zirkulierte Informationen weniger kritisch hinterfragt werden, wodurch Homogenität zu einem Nährboden für Fake News wird.[430] Früh wurde in der wissenschaftlichen Diskussion zudem angemerkt, dass ungeplanter und nicht antizipierbarer Widerstand durch die Vertreter abweichender Meinungsbilder Grundpfeiler des Funktionierens der Demokratie seien, welcher gerade durch die Personalisierung verloren zu gehen drohe.[431] Die Exposition mit anderen Meinungsbildern verbessert nicht nur die Fähigkeit, eigene (politische) Entscheidungen überzeugend zu begründen, sie führt mitunter zu einem besseren Verständnis für die Sichtweisen der Anderen.[432]

---

425 *Ullrich/Diefenbach* Es war doch gut gemeint, S. 187.

426 *Pariser* Filter bubble, S. 22. Vgl. auch die jüngste Studie des *Center for Countering Digital Hate* Malgorithm, How Instagram's algorithm publishes misinformation and hate to millions during a pandemic, S. 8, abrufbar unter https://mediawell.ssrc.org/2021/03/09/malgorithm-how-instagrams-algorithm-publishes-misinformation-and-hate-to-millions-during-a-pandemic-center-for-countering-digital-hate/?pdf=64880 (21.03.2022), nach welcher der Algorithmus auf Instagram Nutzern, die beispielsweise Impfgegnern folgen, aktiv auch anderweitige radikalisierende und extremistische Desinformationen offeriert werden.

427 *Glöß* Das Informationsverhalten in der Filterblase, S. 15, *Pariser* Filter Bubble, S. 22; *Spohr* Business Information Review 34 (2017), 150, 150 ff.; *Sunstein* Infotopia, S. 9. *Pille* Meinungsmacht sozialer Netzwerke, S. 332 beschreibt anschaulich, dass der Nutzer eine Welt präsentiert bekomme, die er zuvor selbst geschaffen habe.

428 *Ullrich/Diefenbach* Es war doch gut gemeint, S. 188.

429 *Ladeur* PhiN Beiheft 12/2017, S. 4, 6.

430 *Retzbach* Spektrum Gehirn und Geist 12 (2018), 20, 25 für Zusammenschlüsse radikal gesinnter Personen.

431 *Sunstein* Republic.com, S. 9.

432 *Zuiderveen Borgesius/Trilling/Möller/Bodó/de Vreese/Helberger* (Fn. 331), S. 8. Allgemein steigende politische Toleranz beobachten *Schkade/Sunstein/*Hastie California L. Rev. 95 (2014), 915, 929 f.

Eine Studie untersuchte in jeweils einer überwiegend liberal und einer überwiegend demokratischen Stadt im US-Bundesstaat Colorado die Auswirkungen der Diskussion von politischen Streitthemen auf die Einstellungen der Gruppenmitglieder, wobei die Diskussion unter Gleichgesinnten zu einer Extremisierung und geringerer Heterogenität führte: Die Forscher sprachen insofern von einer „ideologischen Verstärkung" („*Idealogical Amplification*").[433] Festgestellt wurde eine „reduzierte interne Diversität" („*Reduced Intern Diversity*"), die Diversität an Meinungen innerhalb der Gruppe reduzierte sich durch Zuspruch für die eigene Position in der Gruppe.[434] Laut einer anderen Studie ist das Informationsumfeld einer Person umso homogener, desto extremer diese Person politisch eingestellt ist. Insgesamt gelangten die Forscher aufgrund des mehrheitlich heterogenen Informationsumfeldes der Teilnehmer zu dem Ergebnis, die These, dass sich junge Menschen vermehrt in einer Informationsblase einkapseln, sei nicht haltbar. Vielmehr werde das Internet vorwiegend gerade zur Einholung anderer Ideen und Standpunkte proaktiv genutzt.[435]

2. *Psychologische Reaktionsmuster, welche die Bildung von Echokammern begünstigen*

Die Bildung möglicher Echokammern wird von weiteren psychologischen Prozessen begleitet und verstärkt. So wird beispielsweise ein von vielen Menschen an den Tag gelegtes Verhalten als zweckmäßig erachtet („*Social Proof*"), obgleich diese mehrheitliche Verhaltenstendenz doch bloßem Zufall oder Nachahmereffekten entspringen kann.[436] Weiterhin ist eine Person nach einem verbreiteten psychologischen Denkmechanismus umso glaubwürdiger, je sympathischer diese empfunden wird („*Linking Bias*"), die Glaubhaftigkeit der Aussage anhand rationaler Kriterien wird dann weniger hinterfragt.[437] Schließlich treffen grundsätzlich sachgemäß entscheidende Individuen in einer Gruppe irrationalere und schlechtere

433 *Schkade/Sunstein/Hastie* California L. Rev. 95 (2014), 915, 916 ff. Die Untersuchungsgruppen bestanden allerdings nur aus jeweils sechs Personen, was Zweifel an der Repräsentativität der Studie aufkommen lässt; Vgl. unter dem Begriff der Gruppenpolarisation *Jaster/Lanius* Die Wahrheit schafft sich ab, Kap. 3.

434 *Schkade/Sunstein/Hastie* California L. Rev. 95 (2014), 915, 923 ff. Die Erkenntnisse der Studie beschreibt *Brodnig* Lügen im Netz, Kap. 5 vor dem Hintergrund als besonders gravierend, dass es im Internet ein leichtes sei, Gleichgesinnte zu kontaktieren.

435 *Rothmund* Digital Echo Chambers in Facebook Groups? The Case of the Refugee Crisis, Vortrag auf der Konferenz "Political Communication in Times of Crisis" der European Communication Research Association (ECREA), Zürich, November 2017, zitiert nach *Retzbach* Spektrum Gehirn und Geist 12 (2018), 20, 24.

436 *Ullrich/Diefenbach* Es war doch gut gemeint, S. 187.

437 *Ullrich/Diefenbach* Es war doch gut gemeint, S. 187.

Entscheidungen („*Groupthink*"), da jeder Einzelne die eigene Meinung an diejenige des Kollektivs anpasst und so eigene eventuelle Bedenken ausblendet.[438]

Nach Meinung von Forschern werden Fake News besonders von Menschen geglaubt, welche ihre Zugehörigkeit zu einer politischen Gruppe oder ihre politischen Ideen für wichtiger befinden als das Ziel der Authentizität. Diese These stellten die Forscher auf das Fundament der sich mit Gruppenprozessen befassenden *Theorie von der sozialen Identität*, womit im Ergebnis die Authentizität einer Quelle von geringerer Relevanz ist, wenn der Rezipient glaubt, die Urheber würden einer anderen Gruppierung angehören als er selbst. Die Forscher begründen dies mit der historisch erwachsenen Wichtigkeit der Stammeszugehörigkeit der Menschen, die eine Prädisposition für die von den Menschen empfundene größere Wichtigkeit gegenüber dem Ideal der Wahrheitstreue bewirke. Die eigene Identität werde bedroht, wenn dem Individuum die Unterlegenheit der eigenen Auffassung durch Fakten bedeutet werde.[439]

VIII. Wiederholung von Informationen als Katalysator – *Sleeper Effect* und *Illusory Truth Effect*

Daneben können selbst Nutzer, die zunächst die Desinformation nicht glaubten, weil sie die Quelle nicht für glaubwürdig erachteten, letztlich von diesen beeinflusst werden, da diese Erkenntnis nach Studien mit der Zeit in Vergessenheit gerät.[440]

1. Sleeper Effect

Nutzer tendieren dazu zu vergessen, wo sie eine Information schon einmal gehört sowie ob sie die diesbezügliche Quelle für glaubwürdig erachtet haben, die Information selbst kann demgegenüber in Erinnerung bleiben.[441] Dieser Mechanismus funktioniert dann besonders gut, wenn die Information dem Standpunkt des Rezipienten entspricht: Sie misstrauen der Quelle dann zwar im ersten Moment, vergessen ihr ursprüngliches Misstrauen jedoch später und repetieren nur die zunächst als kritisch evaluierte, aber später doch für wahr erachtete Information.[442] Dieser „*Sleeper Effect*" – den die heuristische Informationsverarbeitung in sozialen Netzwerken aufgrund der Vielzahl der rezipierten Informationen

---

438 *Ullrich/Diefenbach* Es war doch gut gemeint, S. 188 f.

439 *van Bavel/Pereira* Trends in Cognitive Science 22 (2018), 213, 213 ff.; SZ v. 20.02.2018, abrufbar unter https://www.sueddeutsche.de/wissen/wissenschaft-was-anfaellig-fuer-fake-news-macht-dpa.urn-newsml-dpa-com-20090101-180220-99-155658 (24.03.2022).

440 *Kumkale/Albarracín* Psychological Bulletin 130 (2004), 143, 143 ff.

441 *P. Müller/Denner* Was tun gegen „Fake News"?, S. 16.

442 *P. Müller/Denner* Was tun gegen „Fake News"?, S. 16.

begünstigen dürfte – konnte dann auch bei Online-Medien und Nutzerkommentaren nachgewiesen werden.[443]

2. *Illusory Truth Effect*

Ferner kann die schlichte Wiederholung einer Information die Glaubhaftigkeit unterstützen. Werden Nutzer wiederholten mit einer Information – im Optimalfall aus verschiedenen Quellen – konfrontiert, so wird die Information gemäß Forschungsarbeiten eher geglaubt, selbst dann, wenn der einzelne Nutzer diesen zunächst kritisch gegenüber stand (sog. *illusorischer Wahrheitseffekt, „Illusory Truth Effect“* oder schlicht *„Truth Effect“*).[444] In einer der Studien wurden die Teilnehmer im Zeitabstand von fünf Wochen zweimal mit der gleichen Falschmeldung konfrontiert. Hierbei stuften sie die Meldung eher als wahr ein als die Kontrollgruppe, welche mit der Meldung nur exponiert wurde.[445]

---

443 *Heinbach/Ziegele/Quiring* New Media & Society 20 (2018), 15 ff., 20.

444 *Dechêne/Stahl/Hansen/Wänke* Personality and Social Psychology Review 14 (2010), 238, 239 ff.; *Pennycook/Cannon/Rand* Journal of Experimental Psychology: General 147 (2018), 1865, 1866 ff.; *Polage* Europe's Journal of Psychology 8 (2012), 245, 247 ff. Vgl. *M. Appel* Forschung und Lehre 10 (2019), 908, 909. *Weber/Knorr* in M. Appel (Hrsg.), Kap. 10.2; *Wehling* Politisches Framing, S. 35 ff., 57 ff. verweist in ihrer Untersuchung von politischen Framing-Effekten auf die „Hebbsche Lernregel“ (*„Hebbian Learning“*), bei der die synaptischen Verbindungen in neuronalen Netzwerken durch Wiederholungen – unabhängig vom Wahrheitsgehalt der Aussage – verstärkt werden. Framing meint dabei, dass Sprache in Form spezifischer Worte korrelierende Assoziationen hervorruft, die unser Denken und Handeln unmittelbar beeinflussen. Nach *Wehling* a.a.O., S. 18 heben Frames dabei bestimmte Fakten und Realitäten hervor und lassen andere Fakten unberücksichtigt. Die Hebbsche Lernregel kann insofern den Illusory Truth Effect aus der neuropsychologischen Perspektive heraus erläutern, vgl. dazu *Brodnig* Lügen im Netz, Kap. 10. Die Hebbsche Lernregel könnte aber für Aufklärungskampagnen genutzt werden: So könnte man Gegenaufklärungen inflationär verbreiten und dergestalt einen neuen, konkurrierenden Frame schaffen, *Wehling* a.a.O., S. 57 ff. *Wahlheim/Alexander/Peske* Psychological Science 31 (2020), 1325, 1325 ff., 1335 konnten in ihren Experiment dagegen nachweisen, dass Mahnungen über Desinformationen – die zeitlich vor Richtigstellungen erfolgt waren – die Wahrscheinlichkeit falscher Erinnerungen drastisch verringern können: Eine Versuchsgruppe konnte sich an richtige Tatsachen zielsicherer erinnern und zeigte zudem mehr Vertrauen in Faktenprüfungen. Backfire-Effekte konnten so reduziert werden.

445 *Polage* Journal of Psychology 8 (2012), 245, 247 ff. Nach einem jüngeren Experiment kann die Wiederholung einer Desinformation zudem die moralische Ablehnung hinsichtlich der Veröffentlichung verringern und die Neigung zur Verbreitung in sozialen Netzwerken erhöhen, *Effron/Raj* Psychological Science 31 (2020), 75, 75 ff.

3. Reaktanz *durch Wiederholung*

Allerdings kann die Wiederholung einer persuasiven Information auch dazu führen, dass der Rezipient hinterfragt, welche Ziele mit der verbreiteten Botschaft verfolgt werden.[446] Das Bewusstsein des Nutzers hinsichtlich des persuasiven Charakters kann schließlich dazu führen, dass der Nutzer Reaktanz ob des Beeinflussungsversuchs entwickelt und daher der Information erst recht nicht glaubt, sodass das Gegenteil der bezweckten Überzeugung des Adressaten bewirkt wird, dieser Vorgang würde gleichzeitig die Abkehr von heuristischen Verarbeitungsprozess zur systematischen Informationsverarbeitung darstellen.[447] Die einschlägigen Studien begründen die Annahme, dass je häufiger ein Rezipient mit einer Falschnachricht konfrontiert wird, desto wahrscheinlicher er den Wahrheitsgehalt kritisch hinterfragen wird.

4. *Rezipientengruppen der gezeigten Phänomene*

Der *Sleeper Effect* wird dabei vor allem Person betreffen, die einer Information allenfalls aufgrund der Quelle misstrauen, die Information selbst aber grundsätzlich als plausibel erachten.[448] Der *Illusory Truth Effekt* dagegen tritt auch bei Menschen ein, deren Weltbild respektive Standpunkt gerade nicht mit dem Inhalt der Fake News korreliert.[449] Reaktanz durch Wiederholung dürfte dagegen gerade bei denjenigen Nutzern hervorgerufen werden, bei denen die jeweilige Information nicht mit dem eigenen Standpunkt kongruent ist. Zwar erscheint das Potential möglicher Beeinflussung vor diesem Hintergrund als von vornherein begrenzt, aber gleichzeitig als tatsächlich nachweisbar.[450] Die mögliche kurzfristige Beeinflussung dürfte sich also vornehmlich auf die Bestärkung von Standpunkten und die Beeinflussung neutraler Adressaten beziehen. Gleichwohl sollten diese möglichen Effekte nicht unterschätzt werden, da gerade die Mobilisierung von Nichtwählern oder Unentschlossen die Parteienlandschaft nachhaltig beeinflussen wird.

---

446 *Koch/Zerback* Journal of Communication 63 (2013), 993, 996 ff.

447 *P. Müller/Denner* Was tun gegen „Fake News“?, S. 16 f. unter Verweis auf *Brehm* A Theory of Pychological Reactance, bei dem sich unter S. 9 ff. eine Darstellung des Phänomens befindet. Vgl. zum Ganzen die Darstellung bei *Wirth/Kühne* in Schweiger/Fahr (Hrsg.), 313, 322, die ferner ebendort auf S. 322 ff. weitere Grenzen der Persuasion darstellen, die hier nicht weiter vertieft werden sollen. Zum Backfire-Effekt – welche hier als Subkategorie von Reaktanz verstanden wird – sogleich unter § 2 B. XII.

448 *P. Müller/Denner* Was tun gegen „Fake News“?, S. 16 f.

449 *Pennycook/Cannon/Rand* Journal of Experimental Psychology: General 147 (2018), 1865, 1875.

450 *P. Müller/Denner* Was tun gegen „Fake News“?, S. 17.

IX. Desinformationen als Katalysator fehlerhafter Erinnerungen – *Misinformation Effect* und *ideologische Kongruenz*

Darüber hinaus sind für den Untersuchungsgegenstand Forschungsarbeiten[451] relevant, welche die Möglichkeit der Bildung falscher Erinnerungen aufgezeigt haben. Sozialwissenschaftler und Psychologen widmeten ihre Arbeiten teilweise unter kognitionswissenschaftlichen Gesichtspunkten der Frage, inwieweit die Konfrontation mit Fehlinformationen zu Beeinträchtigungen des Gedächtnisses über vergangene Ereignisse führen kann („*Misinformation Effect*"). Hiernach können nicht bloß graduell falsche Erinnerungen von tatsächlich stattgefundenen Ereignissen erzeugt werden, sondern nicht stattgefundene Ereignisse können auch schlechthin als tatsächlich stattgefunden ins Gedächtnis projiziert werden. Mittels suggestiver Techniken können Menschen nicht nur Details als falsche Erinnerung injiziert werden, vielmehr können per Suggestion von Fehlinformationen sogar Fehlerinnerungen an ganze Ereignisse erzeugt werden, deren Existenz von den Betroffenen mit Selbstverständlichkeit bekräftigt wird. Übertragen auf die reale Welt nahm die Forscherin an, dass neben suggestiven Techniken auch Medienberichte oder Gespräche mit Augenzeugen Fehlinformationen in das Gedächtnis von Betroffenen spiegeln können, wobei diese fremden Einflüsse nicht die allein denkbaren Ursachen sein müssen. Denn auch ohne Einflussnahme von außen können beispielsweise aufgrund von schlussfolgerungsbasierten Prozessen Verzerrungen entstehen, die sich zu Fehlinformation verdichten können.[452]

Ausgehend von diesen Erkenntnissen zum Misinformation Effect untersuchten Forscher im Vorfeld eines Referendums zur Legalisierung der Abtreibung in Irland und damit (erstmalig) anhand eines realpolitischen Ereignisses, inwieweit Desinformationen zur Bildung falscher Erinnerungen beitragen können.[453] Die Übertragung der Forschung auf eine aktuelle politische Thematik bot insbesondere die Chance aufzuzeigen, dass falsche Erinnerungen vordergründig über Ereignisse gebildet werden, die mit den eigenen Überzeugungen kongruent sind. Die – (online rekrutierten) über 3000 Versuchsteilnehmer wurden in der Woche vor dem Volksentscheid zunächst dazu befragt, wie sie abstimmen würden, ehe sie dann mit echten und erfundenen Informationen konfrontiert wurden, die sich mit den Kampagnen der politischen Lager beschäftigten. Die kognitiven Fähigkeiten wurden mit einem Intelligenztest („*Wechsler Adult Intelligence Scale*" – „*WAIS*") ermittelt. Die Partizipanten wurden dann mit sechs Artikeln zu politischen Kampagnen anlässlich des anstehenden Referendums konfrontiert, von denen zwei Fake News waren und wurden nach jedem Artikel befragt, ob sie Erinnerungen an die in

---

451 *Loftus* Learning & Memory 12 (2015), 361.

452 *Loftus* Learning & Memory 12 (2015), 361.

453 *Murphy/Loftus/Grady/Levine/Greene* Psychological Science 30 (2019), 1449, 1449 ff.

den Artikeln beschriebenen Vorgänge hätten. Erst danach bekamen die Umfrageteilnehmer die Information, dass manchen Teilnehmern Fake News präsentiert worden waren.

Fast 48 Prozent der Teilnehmer gaben hinsichtlich zumindest einer der Desinformationen an, sich an diese zu erinnern, einige gaben dezidierte Erinnerungen über Details an, die in dem jeweils fabrizierten Artikel gar nicht enthalten waren. Die Befürworter der Legalisierung der Abtreibung erinnerten sich zu einer höheren Prozentzahl an die Desinformationen über die Gegner des Referendums, im Lager der Abtreibungsgegner erinnerte man sich eher an Desinformationen betreffend die Befürworter. Die Forscher fanden zudem heraus, dass höhere kognitive Fähigkeiten die Wahrscheinlichkeit erhöhten, im Einklang mit den eigenen Überzeugungen stehende Fake News als solche zu erkennen. Zwar erlagen die Teilnehmer unabhängig von ihren kognitiven Fähigkeiten Falschnachrichten, Teilnehmer mit niedrigerem Ergebnis im Kognitionstest erwiesen sich allerdings als beeinflussbarer, was falsche Erinnerungen betreffend das andere Lager anbelangt. Nur 31 Prozent der Umfrageteilnehmer, die sich irrtümlich an eine der Fake News zu erinnern glaubten, korrigierten dies nach der Warnung, dass einige der Stories erfunden seien.

Die Wissenschaftler bezogen sich hinsichtlich ihrer Quellen auf Forschung, nach welcher der Mensch bei Erinnerungen nicht die jeweilige Quelle abspeichert, sondern diese vielmehr durch eine rasche Auswertung von Gedächtnisdetails abgeleitet wird.[454] Diese Auswertung umfasste neben heuristischen Wertungen (beispielsweise zeitliche, räumliche und affektive Qualitäten) auch systematische Wertungsvorgänge (beispielsweise den Vergleich des Gedächtnisses mit bereits existierenden Überzeugungen und Erkenntnissen). Die Forscher veranschaulichten diese Vorgänge anhand eines Beispiels zur Konfrontation mit einem politischen Thema: Wenn ein Wähler auf einen politischen Skandal angesprochen werde, stelle dieser einen Bewertungsprozess an, der sowohl heuristische (beispielsweise ob die Erinnerung detailliert und glaubhaft ist) als auch systematische (Übereinstimmung mit anderen Erkenntnissen und Überzeugungen) Prozesse beinhaltet, wobei das Ergebnis dieses Prozesses im Einzelfall mit einer Erinnerung verwechselt werden könne. Als unklar stellten die Forscher dar, ob diese Prozesse durch eine unüberwindbare parteipolitische Ideologisierung bedingt sind oder diese zumindest von Menschen mit höheren kognitiven Fähigkeiten überwunden werden können.

Die Forscher resümierten, dass Warnungen die beobachteten Effekte nicht entscheidend aufwiegen. *Loftus* benannte die wachsenden Möglichkeiten der Fabrizierung überzeugender Falschinformationen durch ausgefeilte Technologien, beispielsweise auch durch Bild- und Videomaterial, als relevanten Faktor,

---

454 *Weber/Knorr* in M. Appel (Hrsg.), Kap. 10.2 beschreiben daneben den „Google Effekt", nachdem Menschen tendenziell nicht die Information selbst, sondern nur deren Quellort erinnern.

der die Schwierigkeit der Überzeugung von falschen Erinnerungen aufsitzenden Menschen von der Unwahrheit der zugrunde liegenden Informationen potenziert.[455] *Murphy* schlussfolgerte angesichts der Untersuchungsergebnisse, dass sich Menschen in emotional geführten, parteipolitischen Wahlkämpfen, wie der seinerzeit bevorstehenden US-Präsidentschaftswahl 2020, an vollständig fabrizierte Desinformationen erinnern können – insbesondere an den Gegner schlecht darstellende, skandalöse Desinformationen.[456] Menschen neigen also nicht nur dazu, ideologisch kongruente Informationen zu glauben: Hinsichtlich dieser Informationen können Menschen sogar falsche Erinnerungen entwickeln, welche die Glaubwürdigkeit von Desinformationen weiter erhöhen.

X. Desinformationen begünstigende politische und gesellschaftliche Prädispositionen

Wendet man den Blick dagegen auf das Kollektiv, so dürfte nach alledem vor allem ein Faktor existieren, der Fake News einen fruchtbaren Nährboden bereitet: Besonders eine allgemeine gesellschaftliche Polarisierung dürfte zum Erfolg von Fake News entscheidend beitragen.[457] Daneben dürfte die Form der politischen Entscheidung respektive die Parteienlandschaft von herausragender Bedeutung sein. Immer dann, wenn lediglich zwei Entscheidungsalternativen existieren, sind die Prädispositionen für Desinformationsakteure besonders vorteilhaft, da so eine Spaltung in divergierende Lager am einfachsten erzielt werden kann. Genannt werden daher als besonders gefährdete Entscheidungen Wahlen in Zweiparteiensystemen (vgl. nur die USA) und Volksabstimmungen.[458]

---

455 *Loftus* anlässlich der oben genannten Veröffentlichung gegenüber der Association for Psychological Science (APS), Fake News Can Lead to False Memories, 21.08.2019, abrufbar unter https://www.psychologicalscience.org/news/releases/fake-news-can-lead-to-false-memories.html (21.03.2022).

456 *Murphy* (Fn. 453).

457 *Brodnig* Lügen im Netz, Kap. 2. Nach der Studie von *Osmundsen/Bor/Vahlstrup/Bechmann/*Petersen Partisan polarization is the primary psychological motivation behind “fake news” sharing on Twitter, 25.03.2020, S. 1 ff., abrufbar unter https://doi.org/10.31234/osf.io/v45bk (21.03.2022) teilen Nutzer, deren Ablehnung der politischen Gegenseite besonders stark ausgeprägt ist, mit einer höheren Wahrscheinlichkeit Fake News. Vgl. *Schweiger/Weber/Prochazka/Brückner* Algorithmisch personalisierte Nachrichtenkanäle, S. 73.

458 *Brodnig* Lügen im Netz, Kap. 2.

XI. Psychowissenschaftlich erklärbare destruktive Tendenzen inflationär gestreuter Desinformationen

Folge der Flut an Desinformationen vor allem zu Wahlzeiten ist zudem unweigerlich, dass die Bürger aufgrund der gestifteten Verwirrung der Wirklichkeit, eigenen Beobachtungen sowie etablierten wissenschaftlichen Erkenntnissen misstrauen – ein Handlungsinstrumentarium, das in der Psychotherapie[459] als „Gaslighting" bezeichnet wird und insofern auf den öffentlichen Diskurs übertragen werden kann.[460] Die destruktive Kraft dieser Vorgehensweise liegt darin, die eigenen Wahrnehmungen und Erfahrungen zu erschüttern und dadurch beispielsweise zum Nichtwählen aufgrund der gestifteten Verwirrung zu bewegen – ein Ziel, das rechts- und linkspopulistischen Akteuren zur Verzerrung der Machtverhältnisse schon genügen könnte.

XII. Auflösen der Filterblasen – Ein Schritt zu mehr Weltoffenheit?

Denkbar erschiene vor dem Hintergrund der beschriebenen Gefahren, die Nutzer gezielt mit den Standpunkten konträr denkender Personen zu konfrontieren.[461] Manche fordern im Zuge der Regulierung sozialer Medien auch, Vorsorge zu betreiben, indem die Meinungsvielfalt analog zu den bestehenden, rundfunkrechtlichen Regelungen auch dort durch entsprechende Regelungen zu sichern versucht wird.[462] Allerdings scheint die Studie des Soziologen *Bail*[463] gerade das Gegenteil zu belegen, nämlich dass sich diese Konfrontation letztlich durch die Radikalisierung des eigenen Standpunktes negativ auswirkt. In der Studie konfrontierten die

---

459 Vgl. *Jochims* Das Dreieck der Verleugnung, S. 144.

460 *Neimann* in Rootselaar (Hrsg.), 56, 57. In eine destruktive Richtung gehen darüber hinaus Fake News über vermeintlichen Stimmbetrug, die *Brodnig* Lügen im Netz, Kap. 2 mit diversen Beispielen für verschiedene Rechtssyteme – darunter auch Deutschland – belegt. Zur Taktik des *„Firehose of Falsehoods"*, bei der massenhaft sich widersprechende Verschwörungstheorien zur Ablenkung von der Wahrheit verbreitet werden, *Schulze* Desinformation, Vom Kalten Krieg zum Informationszeitalter, Bundeszentrale für politische Bildung, Dossier Digitale Desinformation; abrufbar unter http://www.bpb.de/gesellschaft/digitales/digitale-desinformation/290487/desinformation-vom-kalten-krieg-zum-informationszeitalter (21.03.2022).

461 Zu dieser Möglichkeit *Retzbach* Spektrum Gehirn und Geist 12 (2018), 20, 25; vgl. *Kersting/Mehl* ZParl 49 (2018), 586, 591. Für eine Qualitätskontrolle der Algorithmen anhand von Experimenten, die keinen Einblick in den Source Code nehmen müssten, *Brodnig* Lügen im Netz, Kap. 16.

462 *W. Beck* ZRP 2019, 112, 115; *Paal/Hennemann* ZRP 2017, 76,79.

463 *Bail/Argyle/Brown/Bumpus/Chen/Hunzaker/Lee/Mann/Merhout/Volfovsky* PNAS 115 (2018), 9216, 9216 ff.

Forscher einen Monat lang Republikaner und Demokraten über das Folgen eines Accounts auf Twitter, der automatisiert Informationen des politischen Gegners verbreitete, mit gegenteiligen Standpunkten, wobei nach einem Monat die politisch konservativen Studienteilnehmer in ihren Standpunkten noch konservativer geworden waren, eine ähnliche – wenn auch schwächere – Radikalisierung ließ sich auch bei den Demokraten nachweisen.

Auch in anderen empirischen Untersuchungen ließ sich nachweisen, dass Verfechter von Konspirationstheorien zu 30 Prozent eher an verschwörungstheoretischen Inhalten festhielten, sofern sie aufklärenden Inhalten ausgesetzt wurden verglichen mit Probanden, bei denen dies nicht der Fall war. Medienpsychologen beobachten dieses Phänomen unter dem Terminus *„Backfire-Effekt“*. Konfrontiert man Individuen demnach mit konträren Positionen, kann dies das ursprüngliche Meinungsbild noch verstärken, da der Betroffene umgehend nach Gegenargumenten sucht.[464] Die Ergebnisse der Studie werden aber relativiert, da sie nur Gültigkeit für das untersuchte Netzwerk Twitter hätten und zudem aufgrund der unmittelbaren Konfrontation mit prominenten Persönlichkeiten des Gegenlagers die Reaktionen besonders extrem ausgefallen sein könnten, ein ungleich geringerer Effekt dagegen bei der Konfrontation über eigene soziale Kontakte möglich sei.[465] Die naheliegende Schlussfolgerung, dann doch lieber in der eigenen Filterblase zu verharren, wird daher letztlich abgelehnt und für die eigenverantwortliche Nutzung verschiedentlicher Informationsquellen plädiert.[466]

Dennoch erscheint die Regulierung der Personalisierung als ein Schritt, der erheblich in die Rechte der Nutzer eingreift, da ein personalisiertes Benutzungserlebnis von den Allermeisten gerade gewünscht wird.[467] Es obliegt insoweit

---

464 *Retzbach* Spektrum Gehirn und Geist 12 (2018), 20, 25. Den Beweis eines Backfire-Effekts sieht *M. Appel* Forschung und Lehre 10 (2019), 908, 909 als nicht geführt an. Kritisch insoweit *Jaster/Lanius* Die Wahrheit schafft sich ab, Kap. 5, die diesen Effekt bei Personen für wahrscheinlich erachten, die Faktenprüfer als Teil der Lügenpresse betrachten. Gegen einen *„Overkill Backfire Effect“* durch zahlreiche Gegenargumente in Gegenaufklärungen *M. Appel* in M. Appel (Hrsg.), Kap. 18.2.

465 *Retzbach* Spektrum Gehirn und Geist 12 (2018), 20, 25. *Hoven* Forschung und Lehre 10 (2019), 906 argumentiert, dass Rezipienten, deren Standpunkte durch die Falschinformation bestätigt werden, hinter wissenschaftlichen Gegendarstellungen politische Gründe vermuten. Daher lasse sich eine verzerrte Tatsachenbasis nicht mehr entkräften.

466 *Retzbach* Spektrum Gehirn und Geist 12 (2018), 20, 25.

467 61 Prozent der Umfrageteilnehmer gaben an, dass sie die Personalisierung für nützlich hielten, um das überbordende Informationsangebot bewältigen zu können. *TAB* Wie bewerten junge Menschen personalisierte Onlinemedien? Ergebnisse einer Repräsentativbefragung, TAB-Sensor Nr. 1, August 2018, S. 4, abrufbar unter https://www.tab-beim-bundestag.de/de/pdf/publikationen/sensor/TAB-Sensor-001.pdf (21.03.2022). *Paal/Hennemann* ZRP 2017, 76 bezeichnen die Personalisierung

beispielsweise dem Belieben des Einzelnen, ob er sich nur mit profanen Dingen beschäftigt. Zudem ist die Personalisierung allein genommen nicht problematisch, solange die Integrität der hierbei herausdestillierten Informationen im Einzelnen gewährleistet ist. Das genaue Austarieren der Rankingmechanismen ist daher dem freien Markt zu überlassen.

Die Forderung nach der Regulierung der Algorithmen wird zumeist aus datenschutzrechtlicher Perspektive bzw. mit Fokus auf Privatautonomiebestrebungen geführt. Dabei wird zumeist paternalistisch davon ausgegangen, dass die Endnutzer aus Bequemlichkeit oder dem Gefühl, nichts zu verbergen zu haben, mit der Preisgabe und Verwendung ihrer Daten einverstanden seien.[468] Diese Haltung wird insofern auch als „Post Privacy" beschrieben.[469] Der Verlust der Empörung bei der Einnahme der beschriebenen Haltung wird sodann pejorativ seitens des Autors beklagt,[470] ohne den insoweit augenscheinlich veränderten Wertekanon der Gesellschaft zur Kenntnis zu nehmen und die notwendigen Schlussfolgerungen in Bezug auf die Regulierung sozialer Netzwerke zu ziehen, obgleich diese im Vordringen befindliche Grundhaltung schon damals als in absehbarer Zeit mehrheitsfähig[471] erachtet wurde.

In Anbetracht der Haltung der Menschen, die eine solche Personalisierung gerade wünschen, liegen die oftmals rigoros formulierten Forderungen schlicht neben der Sache. Insbesondere ist durch die weiter wachsenden Möglichkeiten der Endnutzer zur Steuerung der Personalisierung eine Entwicklung in Gang gesetzt, die in der Zukunft zur Entschärfung der Problematik beitragen wird. Dies ist auch nicht etwa mit einer Abkehr vom verfassungsrechtlichen Schutzkonzept schlechthin verbunden,[472] sondern mit einer veränderten Gewichtung im Rahmen des Austarierens der Grundrechte. Eine durch die Filterung effizienter genutzte Meinungs- und Informationsfreiheit wird schlichtweg höher gewichtet als der Datenschutz, auf den die Nutzer überdies freiwillig verzichten. Schließlich stehen der Regulierung der Algorithmen auch technische Schwierigkeiten

---

als grundsätzlich erwünscht und sinnvoll. Mit Verweis auf Studien, nach denen Menschen sich ein umfassendes Bild aller Meinungen zu einem spezifischen Thema machen wollen, dagegen *Messingschlager/Holtz* in M. Appel (Hrsg.), Kap. 9.2. *Schweiger/Weber/Prochazka/Brückner* Algorithmisch personalisierte Nachrichtenkanäle, S. 104 machten indes einen Zusammenhang zwischen einer persönlichen Neigung zur Personalisierung und extremeren Meinungen aus.

468 *Westphalen* IWRZ 2019, 61, 63 f.

469 *Hoffmann-Riem* Innovation und Recht, S. 634 ff.

470 *Westphalen* IWRZ 2019, 61, 63 f. *Hoffmann-Riem* Innovation und Recht, S. 635 will dies nicht kritiklos hinnehmen und das Prinzip der Selbstbestimmung nicht abschaffen.

471 *Hoffmann-Riem* Innovation und Recht, S. 635.

472 So aber *Hoffmann-Riem* Innovation und Recht, S. 635.

entgegen, da die auf KI beruhenden Algorithmen als Geschäftsgeheimnisse der Unternehmen zu behandeln sind und mangels vollständiger Transparenz über ihre Funktionsweise kaum eine dezidierte Analyse der effizientesten Regulierungsmethode unternommen werden kann.[473] Als Option bliebe daher allein eine unmittelbar auf die Ergebnisse der algorithmischen Filterung abzielende Regulierung, wie eine Kennzeichnung als unverlässliche Information.[474] Dies würde aber keine Regulierung der Algorithmen, sondern letztlich nur ein *Labelling* von Informationen darstellen.[475]

XIII. Empirische Betrachtung – Beeinflussung des Wählerverhaltens durch automatisierte Informationsselektion

1. *Beeinflussung der Nachrichtenrezeption*

Auch wenn oftmals bezweifelt wird, dass Menschen anhand derartiger Analysen beeinflusst werden können,[476] liegt doch zumindest die Annahme der Bestärkung bereits bestehender Ansichten nahe.[477] Daneben bestehen Indizien dafür, dass

---

473 Vgl. dazu *Drexl* ZUM 2017, 529, 542. Ausführlich zu den Dimensionen von Transparenz hinsichtlich algorithmischer Systeme *Beinig* Wie Algorithmen verständlich werden, Ideen für Nachvollziehbarkeit von algorithmischen Entscheidungsprozessen für Betroffene, Stiftung Neue Verantwortung, S. 11 ff., abrufbar unter https://www.stiftung-nv.de/sites/default/files/wie_algorithmen_verstandlich_werden.pdf (21.03.2022). *Beinig* spricht ebendort auf S. 3 hinsichtlich der Algorithmen von *automatisierten Softwareentscheidungen* („*Automated Decision-Making*" – „*ADM*").

474 Vgl. *Drexl* ZUM 2017, 529, 542. Vgl. zur primären Regulierung der Ergebnisse algorithmischer Prozesse auch die Ethik-Leitlinien für eine vertrauenswürdige KI der von der *Europäischen Kommission* eingesetzten Hochrangigen Expertengruppe für künstliche Intelligenz, abrufbar unter: https://ec.europa.eu/newsroom/dae/document.cfm?doc_id=60425 (21.03.2022). Aus Kreisen der Wirtschaft wird dagegen eine Standardisierung der Systeme angedacht – und zwar unter Beachtung ethischer Standards, vgl. *Bundesministerium für Wirtschaft und Energie/VDE/DIN* Gemeinsame Presseerklärung v. 16.10.2019, abrufbar unter: https://www.din.de/resource/blob/484058/06869b9767f48d889769fcac011f3711/20191016-presseinformation-auftakt-ki-data.pdf (21.03.2022).

475 Dazu unten unter § 3 F. I. 4.

476 *Confessore/Hakim* *The New York Times* v. 06.03.2017, abrufbar unter https://www.nytimes.com/2017/03/06/us/politics/cambridge-analytica.html (21.03.2022).

477 *Beuth* Zeit v. 06.12.2016, abrufbar unter https://www.zeit.de/digital/internet/2016-12/us-wahl-donald-trump-facebook-big-data-cambridge-analytica, (21.03.2022); *ders.* Zeit v. 07.03.2017, abrufbar unter https://www.zeit.de/digital/internet/2017-03/us-wahl-cambridge-analytica-donald-trump-widerspruch, (21.03.2022); *Lapowsky*

durch das Microtargeting die Wahlbeteiligung bestimmter Gruppen systematisch beeinflusst werden kann.[478] Ein von Facebook selbst durchgeführtes Experiment im Jahr 2012 konnte eine Mobilisierung von immerhin drei Prozent zusätzlicher Wählerschaft innerhalb einer bestimmten, adressierten Gruppe nachweisen.[479] Letztlich sind tatsächliche Effekte aber kaum nachweisbar, denn Microtargeting ist immer Bestandteil groß angelegter Kampagnen, bei denen die Auswirkungen eines einzelnen Bestandteils kraft Natur der Sache kaum isoliert analysiert werden können. Gleichwohl können die gesellschaftlichen Folgen der derartigen Veränderungen durch die Technisierung aber nicht verleugnet werden.[480] Denklogisch variiert jedoch das Ausmaß entstehender Filterblasen im Internet je nach verwendeter Funktion:[481] Die Ergebnisse bei einer proaktiven Suche, wie zum Beispiel über Google, werden nur minimal variieren: So offenbarte eine Studie zur Bundestagswahl 2017 eine Übereinstimmung von 15–16 von 20 Suchergebnissen nach Parteien und Politikern.[482] Dagegen steigt die Relevanz des Filterblasenphänomens, wenn seitens der Unternehmen Informationen selektiert und dann angezeigt werden, ohne dass dem eine proaktive Suchanfrage des Nutzers unmittelbar vorausging, wie es beispielsweise bei der Nutzung von Facebook der Fall ist.[483]

2. *Beeinflussung durch Desinformationen*

In anderen Studien – insbesondere derjenigen von *Allcott/Gentzkow* betreffend die US-Präsidentschaftswahl 2016 – konnte festgestellt werden, dass sich Desinformationen zwar durchaus verbreiten, sie aber tatsächlich nur von Wenigen wahrgenommen werden, deren grundsätzliche Standpunkte zudem hiervon nicht verändert werden.[484] Die Verfasser der Studie weisen aber gleichzeitig darauf hin,

---

Wired v. 15.08.2016, abrufbar unter https://www.wired.com/2016/08/trump-cambridge-analytica/ (21.03.2022); *Prietzel* in M. Appel (Hrsg.), Kap. 8.3. Eine prominente Strömung in der Persuasionsforschung geht derweil nur von einer schwachen Persuasionswirkung aus, die eine Änderung von Einstellungen unwahrscheinlich machte, vgl. dazu *Wirth/Kühne* in Schweiger/Fahr (Hrsg.), 313, 316 f., 321 ff.

478 Zum Ganzen m.w.N. *TAB* (Fn. 349), S. 4 und *Prietzel* in M. Appel (Hrsg.), Kap. 8.2 f.

479 Vgl. die Darstellung *TAB* (Fn. 349), S. 3 f.

480 *TAB* (Fn. 349), S. 5.

481 Vgl. hierzu *Retzbach* Spektrum Gehirn und Geist 12 (2018), 20, 23.

482 *Krafft/Gamer/Zweig* Abschlussbericht zum Forschungsprojekt #Datenspende: Google und die Bundestagswahl 2017, Juni 2018, abrufbar unter https://algorithmwatch.org/de/wp-content/uploads/2020/03/Bericht-Datenspende-Wer-sieht-was-auf-Google.pdf (21.03.2022).

483 *Retzbach* Spektrum Gehirn und Geist 12 (2018), 20, 23.

484 *Allcott/Gentzkow* Journal of Economic Perspectives 31 (2017), 211, 232. Kritisch zur Aussagekraft dieser Studie *Russ-Mohl* Die informierte Gesellschaft und ihre Feinde, S. 109, da die Umfrage erst drei Wochen nach der Präsidentschaftswahl

dass die in News Feeds[485] gesehenen aber nicht gelesenen oder aber gegebenenfalls seitens der Probanden nur nicht erinnerten Informationen einen großen Einfluss gehabt haben könnten. Daneben könnten die Einflüsse aber auch überbewertet werden, da die festgestellte Zahl von gelesenen Desinformationen kein Beweis dafür ist, dass die Leser diese auch geglaubt haben.[486] Wieder andere Studien, wie eine solche zur Bundestagswahl 2017, schlussfolgern aus der empirischen Feststellung, dass Menschen, die Fake News lesen, mehrheitlich eher nicht die regierende CDU wählten, dass Fake News die Menschen tendenziell von der Wahl der CDU abgebracht haben.[487] Die explorierten 1.000 Probanden hatten im statistischen Mittel nur zwei der 19 gezeigten Falschnachrichten (bewusst) wahrgenommen. Auch deshalb schlussfolgerten die Forscher, dass Menschen, die Nachrichten vornehmlich in sozialen Medien konsumieren, gerade nicht stärker an Fake News glauben.[488]

3. *Studien, die Zweifel an der Durchschlagskraft begründen*

Schließlich existieren weitere Forschungsergebnisse, die Zweifel an der angenommenen Durchschlagskraft der von Desinformationen ausgehenden Gefahren aufkommen lassen.

a) Studien im US-amerikanischen Raum

aa) Untersuchung auf Twitter (US-Präsidentschaftswahl 2016)

Grinberg/Joseph/Friedland/Swire-Thompson/Lazer[489] untersuchten über 16.000 Twitter-Konten, die mit öffentlichen Wählerregistrierungsaufzeichnungen verknüpft waren, zu der Frage, wie die US-amerikanischen Staatsbürger mit

---

abhalten wurde und nur nach der Erinnerung der Teilnehmer fragte. Zudem sei die Fake News Definition sehr restriktiv gewesen. Zu Recht kritisch zur bisweilen im Schrifttum gezogenen Schlussfolgerung, dass Fake News keinerlei Auswirkung auf das Wahlergebnis der US-Präsidentschaftswahl 2016 gehabt hätten, *Lammich* Fake News als Herausforderung des deutschen Strafrechts, S. 98 Fn. 538.

485 Beim News Feed handelt es sich um einen rückwärtschronologischen Überblick über Nachrichten, der letztlich eine Zusammenfassung der aktuelleren Ereignisse aus der persönlichen Öffentlichkeit darstellt, *Dathe* Privatrechtliche Grenzen kommunikativer Entfaltung in sozialen Netzwerken, S. 44.

486 *Dathe* Privatrechtliche Grenzen kommunikativer Entfaltung in sozialen Netzwerken, S. 44.

487 *Kohring* zitiert nach Welt v. 12.03.2019, abrufbar unter https://www.welt.de/regionales/baden-wuerttemberg/article190158517/Experte-Misstrauen-in-Politik-fuehrt-zu-Glauben-an-Fake-News.html (21.03.2022).

488 *Kohring* (Fn. 487).

489 *Grinberg/Joseph/Friedland/Swire-Thompson/Lazer* Science 363 (2019), 374 ff.

Desinformationen während dem Wahlkampf 2016 interagierten. Die Studie unterschied zwischen drei verschiedenen Arten von Fake News Quellen, beispielsweise Internetseiten, die von Faktenprüfern, Journalisten und Wissen-schaftlern zuvor gelistet wurden, da sie fast ausschließlich erfundene Informationen enthielten. Die Selektion wurde also nicht anhand der konkreten Inhalte vorgenommen, sondern nach bereits auffällig gewordenen Internetseiten. Die Forschungsarbeit deckte auf, dass 0,1 Prozent der Individuen aus der Versuchsgruppe für das Verbreiten von 80 Prozent der Desinformationen verantwortlich waren (dort bezeichnet als *„Supersharer"*), wohingegen 1 Prozent der untersuchten Personen 80 Prozent der Desinformationen konsumierten (*„Superconsumer"*). Aus der gleichzeitig beobachteten großen Aktivität dieser Accounts folgerten die Autoren, dass es sich zumindest teilweise um teilautomatisch agierende Systeme handeln müsse. Festgestellt wurde, dass weniger als 5 Prozent der analysierten Nutzer mit politisch links oder mittig zuzuordnenden Überzeugungen Desinformationen teilten, wohingegen 11 bzw. 21 Prozent aus dem rechten oder extrem rechten Spektrum politische Inhalte mit Desinformationen teilten. Während das Alter und das Verhältnis zwischen Personen, denen der Nutzer folgt und eigenen Followern zwar ebenfalls als Faktoren ausgemacht wurden, waren die Einflüsse dieser Faktoren jedoch weitaus geringer. Die Forscher schlussfolgerten schließlich, dass es sich bei der Verbreitung von Fake News um ein Nischenphänomen handele und dass die große Mehrzahl der rezipierten politischen Nachrichten bei Individuen jeder politischer Überzeugung nach wie vor aus populären und nicht für Desinformationen bekannten Seiten stammt. Angesichts der disproportionalen Beteiligung einiger weniger, mutmaßlich auf automatisierte Systeme zugreifender Akteure unterbreiteten die Forscher den Lösungsvorschlag, die Beiträge von überfrequent aktiven Nutzern zu depriorisieren oder – diametral dazu – die Inhalte weniger aktiver Nutzer zu priorisieren.

bb) Untersuchung auf Facebook (US-Präsidentschaftswahl 2016)

Zu vergleichbaren Ergebnissen kam eine nahezu zeitgleich erschienene Studie, wobei die Autoren betonten, dass selbst kleinere Mengen an Desinformationen einen Einfluss auf den politischen Meinungsbildungsprozess haben könnten und deshalb das Forschungsdesiderat hinsichtlich des Einflusses der Desinformationen angegangen werden müsse.[490]

cc) Untersuchung des Surfverhaltens von Nutzern

Eine Forschungsarbeit zum Surfverhalten von Nutzern förderte zu Tage, dass 44,3 Prozent der Nutzer im Vorfeld der US-Präsidentschaftswahl 2016 nicht vertrauenswürdige Internetseiten besucht hatten. 62 Prozent der Besuche entsprechender

---

490 *Guess/Nagler/Tucker* Sci. Adv. 5, eaau4586 (2019), S. 3, 5.

Internetseiten stammten dabei von 20 Prozent der Nutzer mit den am stärksten konservativen „Informationsdiäten“.[491]

dd) *Studie zu den Auswirkungen sozialer Medien auf die Wahrheitsgenauigkeit*

Ein signifikanter Einfluss der Nutzung sozialer Medien im Hinblick auf die Anfälligkeit, Fake News Glauben zu schenken, konnte dagegen in einer anderen Studie[492] nicht nachgewiesen werden. Hinsichtlich der US-Präsidentschaftswahl 2012 lag die Prozentzahl, was Fake News betreffend Obama anbelangt, wenig, aber doch merklich höher: Bei Fake News betreffend den republikanischen Kandidaten bestanden keine Auswirkungen. Ein solcher Effekt konnte für die 58. US-Präsidentschaftswahl 2016 dagegen nicht nachgewiesen werden, bei Vielnutzern von Facebook lag die Wahrheitsgenauigkeit sogar höher. Während den Forschungsergebnissen ein nur geringer, nachgewiesener Einfluss sozialer Medien entnommen wurde, müssen die Ergebnisse aber vor dem Hintergrund relativiert werden, dass es sich bei den jeweiligen Inhalten teilweise um evident unrichtige Inhalte handelte.[493]

Viele Desinformationen, die aber nicht Teil der Studie waren, erweisen sich allerdings nicht als derart offensichtlich falsch. Daneben kann der Studie nur ein Aussagegehalt für den untersuchten mehrmonatigen Zeitraum entnommen werden: So könnten zum Beispiel doch längerfristige oder äußerst kurzweilige Veränderungen bei den Teilnehmern der Studie erzielt worden sein, die mit den Untersuchungsparametern nicht feststellbar gewesen wären. Des Weiteren sind

---

491 *Guess/Nyhan/Reifler* Exposure to untrustworthy websites in the 2016 U.S. election, S. 7, 10, abrufbar unter http://www.dartmouth.edu/~nyhan/fake-news-2016.pdf (21.03.2022). Tatsächlich machten Fake News-Artikel aber insgesamt nur 6 Prozent der Artikel aus, welche die Teilnehmer gelesen haben. Die Studienergebnisse dürften derweil vor dem Hintergrund zu relativieren sein, dass bei den 2525 Teilnehmern das Konsumverhalten auf mobilen Endgeräten nicht analysiert wurde. Facebook gehörte bei 15 Prozent der Teilnehmer, die fragwürdige Inhalte aufgerufen hatten, zu den letzten drei besuchten Internetseiten. Die Internetseiten klassischer Medienangebote riefen die Probanden dagegen nur zu 6 Prozent als eine der drei letzten Internetseiten auf.

492 *Garrett* PLoS ONE 14: e0213500 (2019), 1, 6 ff., abrufbar unter https://journals.plos.org/plosone/article?id=10.1371/journal.pone.0213500 (21.03.2022).

493 Für das Jahr 2012 *Garrett* (Fn. 492), S. 5 und für 2016 S. 8. Für das Jahr 2012 sei beispielhaft der angebliche muslime Glaube Obamas genannt, für das Jahr 2016 die angeblich mehrheitliche Unterstützung von Gewalt gegen westliche Länder. Andere erwähnen, was Obama anbelangt, die „Birther-Verschwörungstheorie“, nach der Obama kein US-amerikanischer Staatsbürger sei, dazu *Jaster/Lanius* Die Wahrheit schafft sich ab, Kap. 1

die Ergebnisse auch insofern zu relativieren, als die Quantität der zirkulierten Beiträge sich durch die Art der Rezeption – viele, kurze Beiträge im Rahmen eines News Feeds – stetig erheblich erhöht haben dürfte, wodurch eine an sich nur gering erhöhte Wahrscheinlichkeit, Desinformationen Glauben zu schenken, sich letztlich in einem gravierend veränderten Ergebnis niedergeschlagen haben könnte. Die Studie zeigt aber auf, dass das heutige oftmals bewusst irreführende Informationsumfeld nicht allein von sozialen Medien erzeugt wird, sondern die Erforschung weiterer, gesellschaftlicher Wirkungsmechanismen notwendig ist.

ee) Kritik an der Interpretation der Studien

Die Ergebnisse der Studien wurden aus Kreisen der Wissenschaft teilweise relativiert. Manche Autoren sprachen an, dass diese Ergebnisse möglicherweise wegen der dort eigenen Medienökosysteme nicht auf andere Staaten übertragbar seien.[494] Andere Autoren beanstandeten die Studien, da sie sich ausschließlich auf das Teilen von bestimmten Fake News-URLs beziehen, die aber wiederum nur einen Teilausschnitt des Problems darstellen. Durch „Two- (oder auch Multi-) Step-Flow-Effekte" können die Inhalte sich beispielsweise in vagerer Form von Gerüchten über das Forum der ersten Verteiler hinaus verbreiten.[495] Die Idee eines „Zwei-Stufen-Flusses der Medienwirkung" geht davon aus, dass die Massenmedien zunächst vor allem von sog. „Meinungsführern" (verstanden als besonders intensiv am Wahlkampf teilnehmende Personen) als Form der Massenkommunikation rezipiert werden, die dann in Form interpersonaler Kommunikation ebenfalls die weniger aktiven Individuen erreichen, wobei der interpersonalen Kommunikation mehr Bedeutung eingeräumt wird.[496] Die von den Massenmedien verbreiteten Nachrichten erreichen demnach die breite Masse erst durch die Meinungsführer als Mittelsmänner, weshalb nur eine Aktivierung und Verstärkung bereits bestehender politischer Prädispositionen möglich sein soll.[497]

Die Mediennutzung wurde daher schon in einer Mitte des 20. Jahrhunderts unternommenen Studie gegenüber anderweitigen politischen Prädispositionen

494 *Lazer/Baum/Benkler/Berinsky/Greenhill/Menczer/Metzger/Nyhan/Pennycook/Rothschild/Schudson/Sloman/Sunstein/Thorson/Watts/Zittrain* Science 359 (2018), 1094, 1096.

495 *Bruns* Science Media Center v. 24.01.2019, abrufbar unter https://www.sciencemediacenter.de/alle-angebote/research-in-context/details/news/fake-news-auf-twitter-bei-der-us-praesidentschaftswahl-2016/ (21.03.2022).

496 *Lazarsfeld/Berelson/Gaudet* Soziologie des Wahlverhaltens, S. 191 ff.; vgl. *Bonfadelli/Friemel* Medienwirkungsforschung, S. 206 ff.

497 *Lazarsfeld/Berelson/Gaudet* Soziologie des Wahlverhaltens, S. 191 ff.; vgl. *Bonfadelli/Friemel* Medienwirkungsforschung, S. 207. Meinungsführer werden daher bisweilen mit Gate-Keepern gleichgesetzt, vgl. die Darstellung bei *Jäckel* Medienwirkung, S 130.

als subsidiär für die Meinungsbildung bewertet: Dabei wurde die geringe Effektivität mit der Stabilität der Einstellungen als Absicht des Wählers erklärt. Diese lassen den Wähler eine Art Schutzschild aufbauen, das zur Vorbeugung sozialer Interferenzen mit den engen Kontakten dient, da diese oftmals vergleichbare Einstellungen vertreten. Gleichzeitig dient dies der Bestärkung der in der Gruppe vertretenen Auffassungen.[498] Auch wenn diese Auswirkungen im Ergebnis wohl nicht unmittelbar äquivalente Effekte hervorrufen, können doch jedenfalls mittelbare Wirkungen in Gestalt der Erschütterung der Medien- und Informationslandschaft hervorgerufen werden, welche ebenfalls zu gesellschaftlichen Störbildern führen.[499]

Zwar sind im Anschluss an die Diffusionsforschung Veränderungen im Mediensystem festzustellen. Diese verändern die primären Informationsquellen der Rezipienten: Genannt seien an dieser Stelle die technischen Neuerungen ab der zweiten Hälfte des 20. Jahrhunderts, wie das Fernsehen und das Internet Mitte der 90er Jahre. Erste Informationsquelle sind mittlerweile – im Kontrast zur oben genannten Theorie – die nun einfacher zugänglichen Massenmedien.[500] Gleichwohl können die beobachteten bloß marginalen Auswirkungen der Medien bei der Meinungsbildung – gezeigt wurde die primär mögliche Verstärkung bestehender Prädispositionen – sowie die selektive Wahrnehmung für die folgende Untersuchung fruchtbar gemacht werden. Bei der Forschung zu sozialen Netzwerken wurde dagegen wieder ein Meinungsführer im Zentrum einer Gruppierung beobachtet, der allerdings aufgrund des herrschenden Konformitätsdrucks besonders stark von den Meinungen innerhalb der Gruppe abhängig ist. Für die Konformität innerhalb der Gruppe werden nicht nur Beeinflussungsprozesse, sondern daneben übergeordnete Selektionsprozesse ausgemacht, welche zu weitestgehend homogenen Netzwerken führen.[501]

Die Entstehung von Gerüchten aus Falschinformationen sei, nach Ansicht eines weiteren Kritikers, darüber hinaus noch nicht ausreichend erforscht: Die Erkenntnis der Abläufe bei der Entstehung der Gerüchte, wie diese bestehende Überzeugungen verstärken und wie im weiteren Verlauf die entstandenen Gerüchte in weitere Gemeinschaften langsam eindringen, sei aber von großem Interesse. Die Entstehung von Gerüchten aus Fake News sei noch ein „blinder Fleck“ der Wissenschaft, schreibt *Ruths* in einem Kommentar zu dem Artikel. Wie sich eine Fake News in ein Gerücht verwandele und inwiefern dieses dann beispielsweise andere Gemeinschaften infiltriere, dies müsse noch besser verstanden werden. Ruths kritisierte zudem, dass ein Desiderat der Forschung hinsichtlich der tatsächlichen

498 *Bonfadelli/Friemel* Medienwirkungsforschung, S. 207, *Lazarsfeld/Berelson/Gaudet* Soziologie des Wahlverhaltens, S. 110 ff., 124 ff., 176 ff., 199.

499 *Bruns* (Fn. 495).

500 Vgl. *Bonfadelli/Friemel* Medienwirkungsforschung, S. 211 f.

501 *Bonfadelli/Friemel* Medienwirkungsforschung, S. 224 ff.

Auswirkungen von Desinformationen bestünde, ob diese also zum Beispiel Wahlen oder Abstimmungen konkret beeinflussen. Alleine die Verbreitung könne jedenfalls tatsächliche Beeinflussungen nicht nachweisen und tatsächliche Einflüsse wären ohnehin sehr gering und daher nur bei engen Ergebnissen von Relevanz. Während Ruths hinsichtlich der Erkenntnis der Studie, dass Konservative Desinformationen eher teilen als Liberale, Unterschiede bei den Desinformationsaktivitäten annimmt, sodass die Kampagnen von Liberalen lediglich bislang nicht aufgedeckt würden,[502] hält *Bruns* hierfür das zielgerichtete Anvisieren dieser Zielgruppe bei den US-Präsidentschaftswahlen 2016 für naheliegender.[503]

b) Studien im europäischen und im deutschen Raum

aa) COMPROP Studie betreffend Junk News (Europawahlen 2019)

Die Forschungsgruppe *Computational Propaganda Research Project* („*COMPROP*") des Oxford Internet Institute erhob im April 2019 Daten zu Tweets während der Europawahl zum Thema der Verbreitung von „Junk News" im Vergleich zu seriösen Nachrichten.[504] Hierbei wurden über 137.000 Tweets, die mit Hashtags mit Bezug zur Europawahl versehen und in denen Nachrichtenartikel verlinkt worden waren, betrachtet. Zugleich wurden die verlinkten Nachrichtenquellen in seriöse Quellen und Junk News unterteilt. Bei Facebook wählte die Forschergruppe fünf der beliebtesten Junk News-Portale aus und verglich die von diesen hervorgerufenen Interaktionen mit denjenigen der frequentiertesten klassischen Medienseiten.

Herauszustellendes Ergebnis der Analyse ist zunächst, dass weniger als vier Prozent der zirkulierten Quellen auf Twitter im Untersuchungszeitraum Junk News waren, wobei die Nutzer insgesamt einen höheren Anteil an Links zu professionellen Nachrichtenquellen zirkulierten. Auf Facebook dagegen erzeugten Junk News Stories im Ergebnis mehr Interaktionen pro Geschichte.[505] Als seriös eingestufte Quellen erzeugten dagegen insgesamt deutlich mehr Interaktionen. Die viral gewordenen Junk News-Artikel bezogen sich thematisch vor allem auf polarisierende politische Themen wie Einwanderung und Sicherheit, ohne unmittelbar die Politik der Europäischen Union zu betreffen. Indizien für gezielte

502 *Ruths* Science 363 (2019), 348.

503 *Bruns* (Fn. 495).

504 *Marchal/Kollanyi/Neudert/Howard* (Fn. 271).

505 *Edelson/Nguyen/Goldstein/Goga/Lauinger/McCoy* Understanding Engagement with (Mis)Information News Sources on Facebook, 14.09.2021, abrufbar unter https://medium.com/cybersecurity-for-democracy/understanding-engagement-with-mis-information-news-sources-on-facebook-8d39bca38978 (24.03.2022) stellten in ihrer Analyse von Beiträgen auf Facebook zwischen August 2020 und Januar 2021 sechsmal mehr Interaktionen bzgl. solcher Nachrichtenseiten fest, die bekannt für die Verbreitung von Desinformationen sind.

desinformative Aktivitäten russischen Ursprungs wurden nicht gefunden, da nur weniger als 1 Prozent der Interaktionen im deutschen Sprachraum Links zu *rt. com* and *sputniknews.com* enthielten. Deutsche Junk News-Artikel auf Facebook erzielten durchschnittlich sechsmal so viele Interaktionen wie seriöse Nachrichtenartikel, wobei dies durch die quantitativ erheblich höhere Zirkulation seriöser Beiträge relativiert wurde.[506]

bb) COMPROP Studie (Bundestagswahl 2017)

Eine von derselben Forschungsinstitution zuvor durchgeführte Studie zur Bundestagswahl 2017 errechnete eine Quote geteilter Links von seriösen Nachrichtenseiten zu Junk News von 4:1. In Deutschland wurden zwar gegenüber den US-Präsidentschaftswahlen weniger Junk News geteilt, aber vergleichbar viele wie bei der britischen Unterhauswahl 2017 und sogar mehr als bei der französischen Präsidentschaftswahl 2017.[507] Die Ergebnisse der Studie sind allerdings vor dem Hintergrund einzuschränken, dass eine Filterung nach spezifischen Urhebern vorgenommen wurde, die bereits als Akteure bei der Verbreitung von Desinformationen ausgemacht wurden, eine Selektion nach Inhalten dagegen nicht erfolgte. Eine der Mitautorinnen der Studie relativierte die angenommene hohe Gefahr von Desinformationen vor den Ergebnissen der Studie, jedenfalls sei die Europawahl augenscheinlich weder als Ziel noch als Protagonistin von desinformativen Bestrebungen besonders interessant. Auch einzelne virale Geschichten könnten allerdings Wirkungen haben. Schließlich bestünden vor allem auf einem „Meta-Level“ Gefahren, insbesondere in der polarisiert geführten Diskussion um die Wirkkraft von Desinformationen.[508] Auch die EU äußerte in ihrem Kommissionsbericht betreffend die Umsetzung ihres Aktionsplans, dass anlässlich der Europawahlen 2019 eine gezielt auf diese abzielende Kampagne russischer Akteure nicht identifiziert worden sei. Gleichwohl seien aber andauernde Aktivitäten russischer Akteure zu identifizieren gewesen, die Totalsumme der Desinformation, die auf russische Quellen zurückzuführen ist, hat sich nach den Informationen der *East Strategic Communication Task Force* („*East StratCom Task Force*“) des Europäischen

---

506 Englischsprachige Junk News-Artikel erzielten nach der Untersuchung von *Marchal/Kollanyi/Neudert/Howard* (Fn. 271) dagegen „nur“ 4fach so viele und italienischsprachige seriöse Artikel sogar 3fach so viele Interaktionen wie Junk News.

507 *Neudert/Kollanyi/Howard* (Fn. 137), S. 5.

508 So *Neudert* in einem Interview betreffend den oben genannten Bericht der Forschungsgruppe COMPROP, zitiert nach *Beuth Spiegel* v. 21.05.2019, abrufbar unter https://www.spiegel.de/netzwelt/web/oxford-studie-kaum-desinformation-zur-europawahl-in-sozialen-netzwerken-a-1268372.html (21.03.2022).

Auswärtigen Dienstes („*EAD*") in der Zeitspanne seit Januar 2019 verglichen mit dem gleichen Vorjahreszeitraum mehr als verdoppelt.[509]

cc) SNV Studien (Bundestagswahl 2017)

Auf Deutschland bezogene Untersuchungen anlässlich der Bundestagswahl 2017 zeigten keine bedeutungsvollen, im Umlauf befindlichen Fake News, die sich auf den Ausgang der Wahlen ausgewirkt hätten.[510] Aus den Ergebnissen der Forschungsarbeit von *Allcott/Gentzkow* und der hier angesprochenen Studie wurde deshalb geschlussfolgert, dass die Wahrnehmung von Fake News, welche die Standpunkte von Bürgern verzerren, von den tatsächlichen Verzerrungserfolgen abweicht. So gaben 61 Prozent der befragten Bürger an, es seien viele Fake News während des Wahlkampfes präsent gewesen, 30 Prozent gingen von einem großen Einfluss aus. 55 bzw. 12 Prozent gingen von geringen respektive kleinen Einflüssen aus. Insgesamt nahmen also 85 Prozent der Befragten zumindest geringe Einflüsse an – ein Fingerzeig hinsichtlich der latenten Gefahr einer Beeinflussung. Auch von Seiten der deutschen Forscher wurde darauf hingewiesen, dass angesichts der im Vergleich zu derjenigen in den USA andersartigen Medienlandschaft die empirischen Ergebnisse nicht ohne Weiteres übertragbar seien. Insbesondere sei das Medienvertrauen in Deutschland hoch. Nichtsdestotrotz läge es nahe, dass es autonome respektive abgekoppelte Wählergruppen gäbe, deren Vertrauen in die klassischen Medien derart zerrüttet sei, dass diese sich in von alternativen Medienrealitäten gespeisten Echokammern im Internet bewegen.

4. Zusammenfassung: Konfrontation mit Desinformationen

Die Analyse der vorhandenen empirischen Daten zur Konfrontation mit Fake News zeigt, dass eine übermäßige Konfrontation weiter Bevölkerungsteile mit Desinformationen, wie vielfach angenommen, gerade nicht der Fall zu sein scheint.[511] Die Studie von *Neudert/Kollanyi/Howard* zum Kommunikationsverhalten deutscher

---

509 Die Funktion dieser Task Force besteht dabei ausdrücklich im Entgegenwirken russischer Desinformationskampagnen. *Europäische Kommission* Joint Communication to the Europoean Parliament, The European Council, The European Economic and Social Committee and the Committee of the Regions, Report on the implementation of the Action Plan Against Disinformation, 14.06.2019, S. 3, abrufbar unter https://eeas.europa.eu/sites/eeas/files/joint_report_on_disinformation.pdf (21.03.2022). Zu dieser und weiteren Task Forces bzgl. strategischer Kommunikation des EAD *WD* Ansätze zur Regulierung von Wahlwerbung im Internet, Az. WD 10-3000-018/19, S. 8 f. Seit Juli 2017 existiert beim EAD zudem eine „*StratCom Task Force South*" sowie eine „*Western Balkans StratCom Task Force*".

510 *Sängerlaub* (Fn. 208), S. 2 f. Zur insoweit bestehenden Wahrnehmungsverzerrung *C. Reuter* Science Policy Paper 5 (2019), 15.

511 So *P. Müller/Denner* Was tun gegen „Fake News"?, S. 12.

Twitter-Nutzer lässt zudem vermuten, dass in Deutschland weniger Desinformationen über das Vehikel Twitter verbreitet werden als in den USA.[512] Gleichwohl existiert eine gewisse Exposition mit Fake News, die vor allem bei einer kleinen Gruppe von Nutzern besonders stark ausgeprägt ist, was eine hohe Relevanz der beschriebenen, psychologischen Reaktionsmuster bei diesen Nutzern vermuten lässt.

XIV. Soziale Medien als Echtzeitmedien und Anonymitätscluster

Social Media operieren im Gegensatz zu traditionellen Medien ohne feste Fristen – es handelt sich quasi um Echtzeitmedien. Dies begünstigt einen hohen Aktualitätsgrad, der die Gefahr des Verbreitens unverifizierter Nachrichten erheblich erhöht.[513] Schließlich besteht ein wesentlicher Unterschied gegenüber den traditionellen Medien darin, dass im Gegensatz zu Letzteren die Erstquelle der Veröffentlichung im Netz anonym werden kann.[514] Auch wenn Anonymität an sich nicht verwerflich ist und sich sogar positiv animierend für den Kommunikationsprozess darstellen kann, lässt dies doch die Hemmschwelle angesichts der niedrigen Gefahr strafrechtlicher Verfolgung sinken.[515] Damit ist aber auch zu konstatieren, dass es sich zwar um ein altbekanntes Handlungsinstrumentarium handelt, dessen moderne Erscheinungsformen durch die unbegrenzten, digitalen Verbreitungsmöglichkeiten und die weitergehenden Personalisierungsstandards jedoch zu einer bislang ungeahnten Gefährdung des öffentlichen Diskurses führen.

Im Fokus der weiteren Untersuchung muss daher zunächst die Frage stehen, ob die bereits *de lege lata* vorhandenen Regelungen den sozialen Konflikt einer hinreichenden Lösung zuführen oder ob diese vielmehr den sozialen Reaktionsmechanismen in digitalen Kommunikationsformen nicht gerecht werden. Dass die theoretischen Erwägungen und soziopsychologischen Erklärungen teilweise mit der sozialen Wirklichkeit korrelieren, zeigen empirische Studien auf. In einer vom Magazin Science veröffentlichten Studie des *Massachusetts Institute of Technology*[516]

---

512 *Neudert/Kollanyi/Howard* (Fn. 137), S. 1 ff. Mit dieser Schlussfolgerung *P. Müller/Denner* Was tun gegen „Fake News"?, S. 12. Diesen beklagen gleichwohl die wenigen bislang verfügbaren Daten für Deutschland.

513 *Neudert/Kollanyi/Howard* (Fn. 137)

514 Times of India v. 04.04.2018, abrufbar unter https://timesofindia.indiatimes.com/india/why-it-was-right-to-withdraw-new-rules-on-journalist-accreditation-and-fake-news/articleshow/63596532.cms (21.03.2022).

515 *Kolany-Raiser/Werner* ABIDA-Dossier v. Juni 2018, S. 1 f., abrufbar unter http://www.abida.de/sites/default/files/19%20Dossier%20Fake%20News%20und%20Hatespeech.pdf (21.03.2022).

516 *Vosoughi/Roy/Aral* Science 359 (2018), 1146, 1146 ff.

stellten die Forscher bei der Analyse von über 4,5 Mio. Tweets aus über 12 Jahren fest, dass Falschnachrichten auf Twitter fast doppelt so schnell geteilt werden wie korrekte Nachrichten. Überdies erreicht eine Fake News 1.500 Benutzer etwa sechsmal so rapide wie korrekte Inhalte.[517]

XV. Zusammenfassung: Beeinflussungspotential von Fake News

Die vorangegangene umfassende Analyse der tatsächlichen quantitativen Konfrontation der Nutzer mit Fake News sowie der kognitiven Reaktionsmuster, die eine höhere Wahrscheinlichkeit der Überzeugung von der Wahrhaftigkeit von Desinformationen begründen, zeigte auf, dass die medial suggerierte Allgegenwärtigkeit von Fake News sich zumindest teilweise als Mär erweist, da tatsächlich weniger Nutzer als angenommen mit Fake News konfrontiert werden.

Ist das tatsächliche Ausmaß der Exposition mit Fake News demnach möglicherweise auch gering, ist ein davon ausgehendes Beeinflussungspotential jedenfalls existent, da der vorherrschende, heuristische Rezeptionsmodus die Nutzer in besonderer Weise für identitätskongruente Desinformationen anfällig macht. Diese werden daher mit höherer Wahrscheinlichkeit geglaubt, selbst wenn der Rezipient zunächst Zweifel an der Vertrauenswürdigkeit der Quelle hegte. Dennoch enden die denkbaren und aufgezeigten Einflüsse damit nicht etwa in der Bestärkung bereits bestehender Auffassungen: Durch die schlichte Wiederholung kann ebenfalls erreicht werden, dass Rezipienten einer Desinformation mit glaubensinkongruenten Inhalten letztlich Glauben schenken. Diese Effekte würden dann revidiert, wenn der Rezipient den Modus alltagsrationaler Informationsrezeption verlässt und in der Folge die mit einer Information etwaig verfolgte Persuasion kritisch hinterfragt – die Wahrscheinlichkeit hierfür steigt derweil mit zunehmender Exposition.[518] Gleichwohl muss davon ausgegangen werden, dass aufgrund der Vielzahl rezipierter Informationen das Verlassen des aus Nutzersicht höchst effizienten Rezeptionsmodus die Ausnahme bleibt und die negativen Effekte somit überwiegen. Aufgezeigt werden konnte zudem in einer Studie in den USA, dass das Hochhalten des Themas Fake News das Medienvertrauen der Bürger schwächt.[519] Die Studien zur vergleichsweise geringen Exposition mit Fake News sollten nichtsdestotrotz zum Anlass genommen werden, im Rahmen von Medienkompentenzvermittlung auch über die teilweise Überzeichnung des Problems aufzuklären.

---

517 *Laaß* Netzpolitik v. 09.03.2018, abrufbar unter https://netzpolitik.org/2018/studie-ueber-twitter-menschen-neigen-zum-verbreiten-von-fake-news/ (21.03.2022).

518 *P. Müller/Denner* Was tun gegen „Fake News“, S. 17.

519 *van Duyn/Collier* Mass Communication and Society 22 (2019), 29, 29 ff.

Die tatsächliche Beeinflussung des Wählerverhaltens ist letzten Endes im Rahmen von repräsentativen Studien nicht nachweisbar.[520] Am effizientesten nachweisbar könnten noch Effekte auf die Erhöhung der Wahlbeteiligung spezifischer Gruppen und dadurch erfolgende Verzerrungen sein.[521] Nachgewiesen werden konnte eine Festigung bestehender Auffassungen. Tatsächliche Veränderungen – beispielsweise des Wählerverhaltens – konnten zwar nicht nachgewiesen werden. Diese scheinen aber infolge der nachgewiesenen *Illusory Truth Effects* in weiteren Bereichen möglich zu sein, da hierdurch selbst zur eigenen Auffassung konträren Fake News Glauben geschenkt wird. Beeinflussungen des Wählerverhaltens liegen dann im Bereich des Möglichen, wenn ein Wähler zu einem bestimmten Sachbereich ohnedies schon eine zu seiner Stammpartei konträre Auffassung besitzt und mittels falscher Informationen zu diesem Sachbereich die beschriebenen Reaktionsmuster aktiviert werden, die aufgrund der vermeintlichen, aber falschen Faktenbasis seiner Stammpartei zu einem Abwandern führen könnte. Hiermit soll nur ein möglicher Einfluss aufgezeigt werden: Die komplexen Kommunikationsmuster können durch eine subtile Beeinflussung des Diskurses letztlich auf verschiedentliche Art und Weise Wirtschaft, Politik und Gesellschaft prägen.

Während teilweise für Deutschland fehlende Studien zur Exposition mit Fake News kritisiert werden,[522] erscheint die Erarbeitung der Beeinflussung des Wahlverhaltens durch Fake News in Zusammenarbeit von Persuasionsforschung und Politikwissenschaft als prioritäre Forschungsaufgabe.[523] *Hegelich* warnte insoweit zutreffend davor, die Radikalisierung im politischen Bereich allein mit dem Aufstieg von Social Media und Fake News zu erläutern, da es sich nur um eine Scheinkorrelation infolge der zeitgleichen Bedeutungszunahme handeln könne.[524] Um die Korrelation dieser beiden Prozesse zu verstehen gilt es, das Defizit an Untersuchungen zu den Wirkzusammenhängen in Angriff zu nehmen.

Dennoch erübrigt sich trotz der oben dargetanen Erkenntnisse der Einsatz gegen Desinformationen nicht, weil zumindest eine Bestärkung bereits existenter Auffassungen wegen des nachgewiesenen unkritischeren Umgangs mit einstellungskongruenten Informationen auf Seiten der Rezipienten naheliegt.[525] Zudem

---

520 Zu den fehlenden Nachweismöglichkeiten im Hinblick auf politische Beeinflussung *Schimmele* Staatliche Verantwortung für diskursive Integrität in öffentlichen Räumen, S. 126.

521 *Hegelich* Die Politische Meinung Nr. 543 (März/April 2017), 32, 35.

522 *P. Müller/Denner* Was tun gegen „Fake News“, S. 17.

523 *Russ-Mohl* Die informierte Gesellschaft und ihre Feinde, S. 296 ff. schlägt zudem ein Bündnis zwischen Journalismus und Wissenschaft vor.

524 *Hegelich* Die Politische Meinung Nr. 543 (März/April 2017), 32, 33 f.

525 *Grinberg/Joseph/Friedland/Swire-Thompson/Lazer* Science 363 (2019), 374, 377. Vgl. auch *Schimmele* Staatliche Verantwortung für diskursive Integrität in öffentlichen Räumen, S. 88. Für eine Radikalisierung als Ergebnis der fehlenden Vielfalt des Informationsmarktes auch *Drexl* ZUM 2017, 529, 542. *Russ-Mohl* Die informierte

wäre es infantil, allein wegen der teilweise beschränkten empirischen Nachweismöglichkeiten davon auszugehen, dass Desinformationen sowie deren Verbreitung durch Social Bots keinen wie auch immer gearteten Einfluss entfalten können.[526] Ohnedies können aufgrund der Komplexität von Gesellschaften gesellschaftliche Auswirkungen von Desinformationen kaum als isolierter, kausaler Faktor nachgewiesen werden,[527] sodass die fehlenden Belege in Studien schon nicht überraschen.

Gesellschaft und ihre Feinde, S. 41 f. tituliert die Behauptung, Desinformationen seien ohne Einfluss auf das Wahlverhalten gewesen, als abenteuerlich. Diese These wird zudem gestützt durch die Untersuchung von *Marwick* Geo. L. Tech. Rev. 474 (2018), 474, 505 ff., die im Kontext von Fake News die identitätsstiftende Funktion der Mediennutzung betonte. Demnach kann das Teilen von Fake News Ausdruck des eigenen (identitätsprägenden) Standpunkts sein und die Wahrheit der Inhalte als Kriterium bei der Entscheidung zum Verbreiten in den Hintergrund rücken.

526 *Hegelich* Die Politische Meinung Nr. 543 (März/April 2017), 32, 35 f.

527 So auch *Gensing* Fakten gegen Fake News, S. 149.

§ 3. Rechtliche Instrumentarien gegen Fake News de lege lata

Um die Idee einer effektiven Bekämpfung von Fake News und die Notwendigkeit weiterer Regulierungen beurteilen zu können, ist zunächst eine Bestandsaufnahme derjenigen *de lege lata* vorhandenen rechtlichen Handlungsinstrumentarien vorzunehmen, die sich der Gewährleistung von Authentizität im Hinblick auf den öffentlichen Diskurses widmen. Hierbei soll in einem ersten Schritt zunächst die Analyse des zivil- und medienrechtlichen Regelungsregimes im Fokus der Untersuchung stehen. Die Komplexität der Phänomenologie macht es unerlässlich, die Effektivität neu zu schaffender Regelungen in der Gesamtrechtsordnung unter Heranziehung von Gesetzen aus anderen Rechtsbereichen, die sich ebenfalls der Problematik widmen, zu betrachten.

A. Unzulänglichkeit zivilrechtlicher Unterlassungs-, Gegendarstellungs- und Schadensersatzansprüche gegen den Kommunikator

Der vorhandene Schutz im Zivilrecht wird in erster Linie durch den Schutz des Persönlichkeitsrechts gewährleistet. Sofern bei der Verbreitung von Desinformationen gleichzeitig Persönlichkeitsrechte des Einzelnen verletzt werden, hat dieser einen Anspruch auf Unterlassung, Berichtigung (Widerruf, Ergänzung, Richtig- oder Klarstellung) und Löschung analog § 1004 BGB.[528] Neben den unmittelbar durch § 1004 BGB geschützten Rechtspositionen wird im Wege der Gesetzesanalogie der Geltungsbereich der Norm auf alle anderen deliktisch geschützten Rechtsgüter erweitert.[529] Für die rechtliche Bewertung der Verbreitung unwahrer, das allgemeine Persönlichkeitsrecht einer Person verletzender Tatsachenbehauptungen gelten gegenüber solchen in der analogen Welt keine Besonderheiten, die Bewertung erfolgt von Seiten der Rechtsprechung identisch.[530] Alle etwaigen Ansprüche setzen indes eine *rechtswidrige Verletzung des Persönlichkeitsrechts* voraus, sodass diese Voraussetzung zunächst „vor die Klammer" gezogen werden soll und vor der Analyse der einzelnen Ansprüche erörtert wird.

---

528 Statt Aller *B. Holznagel* MMR 2018, 18, 21. Zu den zivilrechtlichen Ansprüchen gegen den Verbreiter von Fake News und den jeweiligen Host-Provider zuletzt umfassend *Flint* Fake News im Wahlkampf, S. 319 ff.

529 *PWW/Englert*, § 1004 BGB Rn. 3.

530 So auch die Analyse von *Solmecke* in Hoeren/Sieber/B. Holznagel (Hrsg.), Teil 21.1, Rn. 20 m.w.N.

I. Geschützte Rechte

Die einschlägigen geschützten Persönlichkeitsrechte sind hierbei vor allem die einzelnen Bestandteile des allgemeinen Persönlichkeitsrechts als Rahmenrecht (beispielsweise Schutz vor Entstellung der Identität sowie vor unbefugter kommerzieller Verwertung, Recht am eigenen Wort, informationelle Selbstbestimmung) sowie die besonderen, spezialgesetzlich geregelten Persönlichkeitsrechte (vor allem das Recht am eigenen Bild gem. § 23 des Gesetzes betreffend das Urheberrecht an Werken der bildenden Künste und der Photographie – „KUG" – sowie das Recht am eigenen Namen gem. § 12 BGB).

1. Ausflüsse des allgemeinen Persönlichkeitsrechts

a) Schutz gegen Entstellungen des Lebensbildes und der Identität

Der Ausfluss des *Schutzes vor Entstellung der Identität* schützt vor einer Verfälschung des Lebensbildes.[531] Bei einer solchen wird die Person „ins falsche Licht gerückt" – durch das Erzeugen einer Personendarstellung, die mit dem Selbstbild des Betroffenen nicht kongruent ist.[532] Das Bundesverfassungsgericht[533] erkennt dahingehend ein Verfügungsrecht über Darstellungen der eigenen Person an, inwieweit das Lebensbild oder bestimmte Abläufe des Lebens publik gemacht werden.[534] Insbesondere liegt eine Beeinträchtigung des allgemeinen Persönlichkeitsrechts schon dann vor, wenn das Bildnis einer Person im Zusammenhang mit deren Überzeugung widersprechenden Aussagen veröffentlicht wird.[535] Die Identitätsverzerrung muss keinen rufschädigenden Charakter aufweisen.[536] Es existieren daher Fälle, in denen der Ehrschutz nicht betroffen ist, gleichwohl aber eine Verletzung des allgemeinen Persönlichkeitsrechts vorliegt.[537] Trotzdem vermittelt diese Ausprägung des Persönlichkeitsrechts *kein Recht auf Anonymität,* also keinen Schutz davor, Gegenstand öffentlicher Berichterstattung zu werden.[538] Überdies wird kein Schutz gewährleistet, nur so dargestellt zu werden, wie es der eigenen

---

531 Erman/*Klass* Anh § 12 BGB Rn. 199; *Stürner* JZ 1994, 865; vgl. auch BeckOK BGB/*Bamberger* § 12 BGB Rn. 217.

532 MüKo-BGB/*Rixecker* § 12 BGB Anh. Allg. PersönlR, Rn. 103.

533 BVerfG Urt. v. 05.06.1973 – 1 BvR 536/72, BVerfGE 35, 202, 219 ff.

534 *Fechner* Medienrecht 4. Kap. Rn. 25.

535 MüKo-BGB/*Rixecker* § 12 BGB Anh. Allg. PersönlR, Rn. 105; BGH Urt. v. 12.10.1965 – VI ZR 95/64.

536 Bamberger/Roth/*Bamberger* § 12 BGB Rn. 156.

537 *Fechner* Medienrecht, 4. Kap. Rn. 26.

538 BVerfG Beschl. v. 14.09.2010 – 1 BvR 1842/08, 1 BvR 6/09, 1 BvR 2538/08, GRUR 2011, 255, 257; *Fechner* Medienrecht, 4. Kap. Rn. 26.

Person beliebt.[539] Diese Ausprägung des Persönlichkeitsrechts – die Anwendbarkeit deutschen Rechts aus wissenschaftlichen Zwecken unterstellt – wäre zum Beispiel im Falle einer Darstellung von Papst Franziskus als Befürworter Trumps im Präsidentschaftswahlkampf verletzt, wenn dieser sich selbst gerade nicht als ein Sympathisant seiner Person und Politik verstünde.

b) Schutz vor fälschlichen Zuschreibungen von Mitgliedschaften

Das Recht gewährt zudem *Schutz vor der Zuschreibung von Mitgliedschaften in bestimmten Gruppen*, soweit die Mitgliedschaft Relevanz für die Persönlichkeit und das in der Öffentlichkeit empfundene Bild hat.[540] Die Rechtsprechung erkennt insoweit Gruppenzugehörigkeiten identitätsprägende Wirkung zu, sodass durch deren fälschliche Zuschreibung das Lebensbild verrückt wird.[541] Wenn die Gruppenzugehörigkeit von Geburt an besteht, kommt ihr regelmäßig identitätsprägende Wirkung zu, besteht sie hingegen durch eigenen, proaktiven Eintritt, so äußert dies eine Identifizierung und Solidarisierung mit den Wertvorstellungen und Zielen einer Gruppe.[542] Die Literaten gehen trotz der engen Anknüpfung dieser Rechtsprechung an den (faktischen) Ehrschutz und den Schutz vor unwahren Tatsachenbehauptungen von einem *Recht auf Selbstdarstellung* und einem Identitätsschutz aus.[543] Das allgemeine Persönlichkeitsrecht vermittelt seinem Träger allerdings nach der Rechtsprechung des Bundesverfassungsgerichts keinen Anspruch darauf, öffentlich nur so dargestellt zu werden, wie es einem selbst genehm ist.[544] In dem dortigen Verfahren ging es um von einer Anwaltskanzlei geltend gemachte Unterlassungsansprüche wegen Zitaten aus anwaltlichen Schriftsätzen und einem Antwortschreiben auf die Bitte der Gegenseite um die Einwilligung in die Veröffentlichung eines Bildes von der Kanzleihomepage.[545] Die Gerichte entschieden, dass Äußerungen aus der Sozialsphäre regelmäßig zulässig seien und nur bei überwiegenden Belangen des Betroffenen untersagt werden könnten, die etwa bei einer Prangerwirkung der Äußerung angenommen werden könnten, welche im dortigen Fall verneint wurde.[546]

---

539 BVerfG Beschl. v. 18.02.2010 – 1 BvR 2477/08, GRUR 2010, 544, 545; vgl auch *Fechner* Medienrecht, 4. Kap. Rn. 26.

540 BVerfG Beschl. vom 10.11.1998 – 1 BvR 1531/96, NJW 1999, 1322, 1324.

541 BVerfG Beschl. v. 10.11.1998 – 1 BvR 1531/96, NJW 1999, 1322, 1324.

542 BVerfG Beschl. v. 10.11.1998 – 1 BvR 1531/96, NJW 1999, 1322, 1324.

543 Erman/*Klass*, Anh § 12 BGB Rn. 197; MüKo-BGB/*Rixecker* § 12 BGB Anh. Allg. PersönlR, Rn. 105.

544 BVerfG Beschl. v. 18.02.2010 – 1 BvR 2477/08; LG Berlin Urt. v. 24.08.2010 – 27 O 184/07.

545 BVerfG Beschl. v. 18.02.2010 – 1 BvR 2477/08.

546 LG Berlin Urt. v. 24.08.2010 – 27 O 184/07.

Beispielhaft sei der Fall einer Politikerin der Jungen Union genannt, deren Foto sie mit einem Stein in der erhobenen Hand zeigte, im Hintergrund ein mit Graffiti und Plakaten versehenes Gebäude sowie der Slogan „Flora bleibt! Besetzte Häuser erkämpfen und verteidigen!" und ein Logo „Antifaschistische Aktion". Ihr mutmaßlich erstmals von Unterstützern einer linksradikalen Organisation verbreitetes Foto zirkulierten schließlich ebenso rechtspopulistische Nutzer zwecks Stimmungsmache gegen die Linken. Tatsächlich stellte das Foto einen Teilausschnitt eines Videos dar, bei dem die fotografisch Abgebildete „Jeder Extremist ist Mist" sagte.[547] Das Dahinstellen als linke Sympathisantin verletzte nach alledem das allgemeine Persönlichkeitsrecht der jungen Politikerin, ohne dass diese jedoch einschritt. Der zivilrechtliche Rechtsschutz verkommt aber dann zu einem stumpfen Schwert im Kampf gegen Fake News, wenn das Postulat eines offenen politischen Diskurses die Verfolgung tatsächlich bestehender Abwehranspruch faktisch untersagt, weil im Falle der Rechtsverfolgung mit Zensurvorwürfen zu rechnen wäre.

c) *Recht am eigenen Wort*

Ferner kann ein inkorrektes Zitieren von Äußerungen einer Person sowie das Zuschreiben nicht getätigter Äußerungen deren Persönlichkeitsrecht verletzen.[548] Eine Verletzung liegt vor, wenn einer Person Äußerungen zugeschrieben werden, die sie tatsächlich nicht getätigt hat und die ihren selbstverstandenen sozialen Geltungsanspruch verletzen.[549] Dies ist beispielsweise der Fall, wenn mehrdeutigen Äußerungen der Charakter einer bestimmten, dem Urheber zuzurechnenden Aussage verliehen wird, denn wer vorgibt zu zitieren, tatsächlich aber interpretiert, verletzt das Persönlichkeitsrecht.[550] Aber auch darüber hinausgehend verbietet das Gebot der Zitattreue unrichtige, entstellte oder verfälschte Zitate.[551] Zwar ist eine Beschränkung auf den Kerngehalt möglich, das Dekontextualisieren überschreitet aber gleichwohl die Schwelle des Zulässigen. Nicht nur an die Wortwahl ist der Berichterstatter dabei Kraft Natur der Sache gebunden, ebenso muss sich an die Gedankenführung des Zitierten gehalten werden.[552] Dieser weitreichende Schutz im Falle falscher Zitate liegt darin begründet, dass die Suggestion einer

547 Vice v. 21.07.2017, abrufbar unter https://www.vice.com/de/article/pad8n8/wie-die-vorsitzende-der-jungen-union-hamburg-auf-twitter-zur-linken-steinewerferin-wurde (21.03.2022).

548 Erman/*Klass* Anh § 12 BGB Rn. 196; *Ludyga* ZUM 2019, 793, 794 ff.

549 BGH Urt. v. 27.01.1998 – VI ZR 72/97, ZUM 1998, 569, 571.

550 BGH Urt. v. 27.01.1998 – VI ZR 72/97, ZUM 1998, 569, 571; *Ludyga* ZUM 2019, 793, 796; MüKo-BGB/*Rixecker* § 12 BGB Anh. Allg. PersönlR, Rn. 104.

551 *Ludyga* ZUM 2019, 793, 796; *Prinz/Peters* Medienrecht, 11. Kap. Rn. 282; vgl. auch *Mann* in Spindler/Schuster (Hrsg.), § 54 RStV Rn. 123.

552 *Ludyga* ZUM 2019, 793, 796; *Prinz/Peters* Medienrecht, 11. Kap. Rn. 282.

spezifischen Äußerung zugleich die Behauptung einer objektiven Tatsache über den Zitierten bedeutet.[553]

2. Unternehmenspersönlichkeitsrecht respektive Persönlichkeitsrecht von Personenvereinigungen

Anerkannt ist von der Rechtsprechung mittlerweile ein *Unternehmenspersönlichkeitsrecht* aus Art. 2 Abs. 1 GG i.V.m. Art. 19 Abs. 3 GG, Art. 8 EMRK, welches nach der Rechtsprechung betroffen ist, wenn die juristische Person und ihre Tätigkeit zu Objekten einer herabwürdigenden Kritik gemacht werden.[554] Der Schutzumfang ist jedoch gegenüber demjenigen von natürlichen Personen durch ihr Wesen, ihre satzungsgemäßen Funktionen und ihren sozialen Geltungsanspruch beschränkt.[555] Der Schutzgehalt soll daher nur soweit reichen, wie Unternehmen als Wesen der Zweckschöpfung des Rechts dieses Rechtsschutzes bedürfen, was insbesondere dann der Fall sein soll, wenn sie in ihrem sozialen Geltungsbereich als Arbeitgeber oder als Wirtschaftsunternehmen betroffen werden.[556] Trotz der vor allem in der Literatur teilweise umstrittenen Herleitung des Schutzes haben die Gerichte verschiedene Ausprägungen eines Persönlichkeitsrechts für Personenvereinigungen anerkannt: Das Recht am gesprochenen Wort, Schutz vor unbefugter Namensnutzung, das Recht am eigenen Bild (zumindest hinsichtlich eines etwaigen Firmenemblems) und vor allen Dingen der Schutz des wirtschaftlichen Rufes.[557] Der letztgenannte Schutzbereich ist dann betroffen, wenn die juristische Person und ihre Tätigkeit zum Gegenstand herabwürdigender Kritik gemacht werden.[558]

3. Recht am eingerichteten und ausgeübten Gewerbebetrieb

Daneben besteht ein von der Rechtsprechung[559] und der Literatur[560] anerkanntes *Recht am eingerichteten und ausgeübten Gewerbebetrieb*, wobei Unternehmer sowohl natürliche als auch juristische Personen, Handels- oder Personengesellschaften[561] sein können. Geschützt ist das Unternehmen hinsichtlich seines

553 *Ludyga* ZUM 2019, 793, 796.
554 BGH Urt. 16.12.2014 – VI ZR 39/14, BeckRS 2015, 00941.
555 Ermann/*Klaas* Anh § 12 BGB Rn. 57.
556 Für die Weitergabe eines Jahresabschlusses BGH Urt. v. 08.02.1994 – VI ZR 286/93, NJW 1994, 1281, 1282.
557 Ermann/*Klaas* Anh § 12 BGB Rn. 62 ff.
558 BGH Urt. v. 16.12.2014 – VI ZR 39/14, BeckRS 2015, 00941; vgl. LG Köln Urt. v. 18.11.2009 – 28 O 123/09, NJOZ 2010, 1233, 1234 ff.
559 BGH Urt. v. 21.06.1966 – VI ZR 261/64, GRUR 1966, 693, 695.
560 *Schmidt* JuS 1993, 985, 986.
561 BGH Beschl. v. 24.04.1990 – VI ZR 358/89, NJW 1992, 41.

Bestandes schlechthin sowie in seiner Funktion.[562] Gegenständlich ist all das geschützt, was den Gewerbebetrieb insgesamt zum Partizipieren in der Wirtschaft befähigt, neben Immobilien daher ebenso Geräte, Einrichtungsgegenstände und Warenvorräte, aber auch Geschäftsverbindungen, Vertriebswege, die Organisationsstruktur und Betriebsgeheimnisse sowie Kundenkreis und Außenstände.[563]

Geschützt sind Unternehmen allerdings nicht vor jedweden Eingriffen in den beschriebenen Schutzbereich, sondern nur vor unmittelbaren, betriebsbezogenen Eingriffen, die gegen den Betrieb als solchen gerichtet sind und nicht bloß vom Unternehmen ohne Weiteres ablösbare Rechte oder Rechtsgüter betreffen.[564] In diesem Sinne ist ein betriebsbezogener Eingriff dann anzunehmen, wenn die objektive Stoßrichtung auf den betrieblichen Organismus oder seine Entscheidungsfreiheit abzielt.[565] Hierfür ist eine Schadensgefahr erforderlich, welche die Schwelle zu einer bloßen Belästigung respektive sozialüblichen Behinderung übersteigt und hierbei die Eignung aufweist, das Unternehmen als Ziel des Angriffs in empfindlicher Art und Weise zu beeinträchtigen.[566] Erforderlich ist, dass der Eingriff zielgerichtet gegen das Unternehmen stattfindet, was zuletzt für den Fall von Ausschreitungen des Anhängers eines Fußballvereins hinsichtlich einer gegen „seinen" Verein verhängten Strafe verneint wurde.[567]

Von den hieraus entwickelten Fallgruppen ist vor allen Dingen der Schutz vor Kritik und Verunglimpfung relevant, sodass das Unternehmen selbst oder seine Produkte betreffende Kritik einen Eingriff in das Recht am eingerichteten und ausgeübten Gewerbebetrieb darstellen kann.[568] Zu beachten ist allerdings, dass das Recht subsidiär gegenüber den in § 823 Abs. 1 BGB ausdrücklich aufgeführten Rechten und spezialgesetzlichen Haftungsnormen ist,[569] weshalb bei dieser Fallgruppe oftmals wettbewerbsrechtliche Sondernormen vorrangig sind.[570]

---

562 *Schmidt* JuS 1993, 985, 988.

563 BGH Urt. v. 09.12.1958 – VI ZR 199/57, zitiert nach juris Rn. 13.

564 BGH Urt. v. 09.12.1958 – VI ZR 199/57, zitiert nach juris Rn. 17; MüKo-BGB/Wagner § 823 BGB Rn. 323; kritisch hinsichtlich des Schutzes des Rechts am eingerichteten und ausgeübten Gewerbebetrieb und dem einschränkenden Merkmal der Betriebsbezogenheit des Eingriffs BeckOK BGB/*Förster* § 823 BGB Rn. 177 f.

565 *J. Lange* in Herberger/Martinek/Rüßmann/Weth/Würdinger (Hrsg.), § 823 Abs. 1 BGB Rn. 39.

566 BGH Urt. v. 21.04.1998 – VI ZR 196/97, zitiert nach juris Rn. 17; vgl. BeckOK BGB/*Förster* § 823 BGB Rn. 184.

567 OLG Köln Urt. v. 17.12.2015 – I-7 U 54/15, zitiert nach juris Rn. 36.

568 BGH v. 11.03.2008 – VI ZR 7/07, NJW 2008, 2110, 2111 ff.

569 *J. Lange* in Herberger/Martinek/Rüßmann/Weth/Würdinger (Hrsg.), § 823 Abs. 1 BGB Rn. 36; BGH Beschl. v. 24.04.1990 – VI ZR 358/89, zitiert nach juris Rn. 6.

570 *J.Lange* in Herberger/Martinek/Rüßmann/Weth/Würdinger (Hrsg.), § 823 Abs. 1 BGB Rn. 41.

Angenommen wurde ein Eingriff etwa im Falle von Boykottaufrufen gegen Unternehmen oder eines seiner Produkte,[571] bei kritischen Berichten über Produkte eines Unternehmens[572] oder bei Warnungen vor Geschäftsbeziehungen mit oder zu einem Unternehmen.[573] Sofern die Kritik jedoch in der Aufstellung unwahrer Tatsachenbehauptungen besteht, liegt kein Eingriff in das Recht am eingerichteten und ausgeübten Gewerbebetrieb vor, da in diesen Fällen ein deliktischer Schutz allein über die Kreditgefährdung gem. § 824 BGB bzw. über § 823 Abs. 2 BGB i.V.m. §§ 186, 187 StGB gewährt wird, die insofern also abschließenden Charakter haben.[574]

Fake News unterfallen daher per se nicht dem Recht am eingerichteten und ausgeübten Gewerbebetrieb. Sie können aber dann relevant werden, wenn in ein und demselben Beitrag eine Meinungsäußerung enthalten ist. Relevant wird dies beispielsweise bei Produkttests, bei denen die tatsächlichen Angaben zum Produkt nicht dem Recht unterfallen, allerdings dagegen die Testergebnisse, sofern diese vermarktungstechnisch im Ergebnis kontraproduktiv sind.[575] Satire betreffend ein Unternehmen kann einen betriebsbezogenen Eingriff darstellen, sofern diese die Eignung aufweist und gerade darauf abzielt, das Unternehmensimage oder die Werbekraft eines Markennamens zu tangieren.[576] Satire ist allerdings nach der obigen Definition von Fake News bereits ausgeschlossen. Weiterhin wird die erstgenannte Möglichkeit nur selten Realität werden, da Fake News selten mit einer Meinungsäußerung kombiniert werden, da der Schein der puren Objektivität der Glaubhaftigkeit zuträglich ist und daher den Interessen der Verwender besser dienlich erscheint. Tatsächlich im Rahmen der hiesigen Untersuchung eben nicht zu Tage geförderte, medial bekannt gewordene Fälle für diesen Bereich vermögen diese Annahme zu erhärten – wenn dies auch keinen letztverbindlichen Beweis zu liefern vermag.

---

571 BVerfG Beschl. v. 27.10.1987 – 1 BvR 385/85, NJW 1989, 381.

572 BGH Urt. v. 20.06.1969 – VI ZR 234/67, BGH NJW 1970, 187, 189 ff.

573 BGH Urt. v. 17.11.1992 – VI ZR 352/91, GRUR 1993, 412, 414 ff.

574 BGH Urt. v. 24.01.2006 – XI ZR 384/03, NJW 2006, 830; BeckOK BGB/*Förster* § 823 BGB Rn. 190; *Schmidt* JuS 1993, 985, 991; *Volkmann* in Spindler/Schuster (Hrsg.), § 1004 BGB Rn. 6; *Reichold* in Herberger/Martinek/Rüßmann/Weth/Würdinger (Hrsg.), § 824 BGB Rn. 2.

575 BGH Urt. v. 21.02.1989 – VI ZR 18/88, GRUR 1989, 539, 539 f.

576 BGH Urt. v. 17.04.1984 – VI ZR 246/82, GRUR 1984, 684, 685 ff.

II. Rechtswidrigkeit

1. *Rechtfertigung von Beeinträchtigungen des allgemeinen Persönlichkeitsrechts*

Allerdings bestehen Abwehransprüche nur im Falle der Rechtswidrigkeit der Beeinträchtigung, die bei einer Verletzung des allgemeinen Persönlichkeitsrechts wegen dessen Charakter als Rahmenrecht jedoch positiver Feststellung bedarf und nicht bereits durch die Beeinträchtigung indiziert wird.[577] Die Rechtswidrigkeit muss im Wege einer Güter- und Interessenabwägung ausdrücklich festgestellt werden.[578]

In die Abwägung einzubeziehen ist zunächst die Art des betroffenen Rechtskreises: Namentlich steht dem absoluten Schutz der Intimsphäre der ebenso prinzipiell vollständige Schutz der Privatsphäre gegenüber. Bei der Individualsphäre führt die selbstgeknüpfte Außenbeziehung zur Umwelt dagegen zur Herabstufung des Schutzgehalts.[579] In die Abwägung einzustellen sind weiterhin die Schwere des Eingriffs sowie das vorherige Verhalten des Verletzten.[580] Auf Seiten des Verletzers sind primär der Zweck und die Motive des Verletzungsverhaltens in die Abwägung einzustellen.[581] Diese können verfassungsrechtlichen Schutz genießen – und zwar in Form der Meinungs-, Presse-, Kunst- oder Wissenschaftsfreiheit sowie der Freiheit von Forschung und Lehre und bedürfen selbst im Falle ihrer vorbehaltslosen Gewährleistung der Abwägung zur Herstellung praktischer Konkordanz.[582]

Die Interessen des Verletzten genießen aufgrund der ideellen Persönlichkeitsrechtsbeeinträchtigung verfassungsrechtlichen Schutz. Allerdings kann die Beeinträchtigung durch die insofern gleichrangige Meinungsfreiheit aus Art. 5 Abs. 1 S. 1 GG legitimiert sein.[583] Die Abgrenzung zwischen Meinung und Tatsache erfolgt dabei nach dem objektiven Sinngehalt: Sofern das tatsächliche Element überwiegt, handelt es sich um eine nicht vom Schutzbereich erfasste Tatsache.[584]

---

577 Palandt-*Sprau* § 823 BGB Rn. 95; vgl. LG Düsseldorf Urt. v. 17.04.2019 – 12 O 168/18, BeckRS 2019, 8491 Rn. 19.

578 LG Düsseldorf Urt. v. 17.04.2019 – 12 O 168/18, BeckRS 2019, 8491 Rn. 19.

579 PWW/*Prütting* § 12 BGB Rn. 37.

580 BGH Urt. v. 25.10.2011 – VI ZR 332/09, NJW 2012, 767, 769 f.

581 PWW/*Prütting* § 12 BGB Rn. 37; LG Köln Urt. v. 06.04.2016 – 28 O 398/15, BeckRS 2016, 117078 spricht von Anlass und Beweggrund des Handelns des Verletzers.

582 BVerfG Beschl. v. 24.02.1971 – 1 BvR 435/68. Bei der praktischen Konkordanz handelt es sich um eine Auslegungsregel bei kollidierenden Grundrechten, innerhalb derer diese im Einzelfall in angemessenen Ausgleich gebracht werden sollen, vgl. dazu schon BVerfG Beschl. v. 03.11.1987 – 1 BvR 1257/84, BVerfGE 77, 240, 253.

583 Bamberger/Roth/*Bamberger* § 12 BGB Rn. 172; vgl. BVerfG Beschl. v. 28.06.2016 – 1 BvR 3388/14, NJW 2016, 3360, 3361.

584 BVerfG Beschl. v. 13.02.1996 – 1 BvR 262/91, BVerfGE 94, 1; MüKo-StGB/*Regge/Pegel* § 186 StGB Rn. 7.

Tatsachenbehauptungen erfahren allerdings doch verfassungsrechtlichen Schutz, wenn sie der Meinungsbildung zumindest dienen und weder bewusst noch erwiesenermaßen unwahr sind.[585] Dies ist namentlich im Falle sog. *Mischäußerungen* der Fall, wenn durch eine Verflechtung von Tatsachen mit einer Meinungsäußerung beide untrennbar miteinander vermischt sind.[586] Im Falle einer solchen Verflechtung darf der Schutz der Meinungsfreiheit nicht dadurch verkürzt werden, dass ein tatsächlicher Umstand aus dieser Vermischung herausgerissen und unabhängig bewertet wird.[587] Eine derartige Trennung scheidet ferner dann aus, wenn dadurch der Sinn einer Äußerung aufgehoben oder erheblich verfälscht werden würde.[588] Bewusst unwahre Tatsachenbehauptungen sind allerdings nicht vom Schutz der Meinungsfreiheit erfasst, da unrichtige Informationen nach dem Sinn und Zweck der Meinungsfreiheit nicht schützenswert erscheinen, weil sie der verfassungsrechtlich zu gewährleistenden Aufgabe *richtiger öffentlicher Meinungsbildung* nicht dienen können.[589] Jegliche Tatsachenbehauptungen, die in Bezug zu einer Meinung wiedergegeben werden und deren Richtigkeit zur Zeit der Äußerung noch ungewiss ist und sich nicht innerhalb kürzester Zeit klären lässt, ist daher vom Schutz der Meinungsfreiheit selbst im Falle der späteren Aufklärung als unrichtig erfasst.[590] Dem liegt der Gedanke zugrunde, dass die Anforderungen an eine Pflicht zur Wahrheit nicht derart bemessen werden dürfen, dass zulässige Äußerungen aus Angst vor Sanktionen unterlassen werden und daher im Ergebnis die Meinungsfreiheit darunter leidet,[591] ein Problem, das freilich im Falle bewusst unrichtiger Informationen nicht bestehen kann. Diese Interpretation der

---

585 Bamberger/Roth/*Bamberger* § 12 BGB Rn. 172; VG Magdeburg Beschl. v. 25.02.2016 – 4 M 222/15, BeckRS 2016, 47679 Rn. 23.

586 BVerfG Beschl. v. 09.10.1991 – 1 BvR 1555/88, NJW 1992, 1439, 1442; vgl. aber für die Trennbarkeit im Falle in den Hintergrund tretender wertender Elemente OLG Hamburg Urt. v. 18.10.2016 – 4 U 139/16, BeckRS 2016, 130108.

587 BGH Urt. v. 22.02.2011 – VI ZR 120/10, MMR 2011, 409 Rn. 11 f.

588 BVerfG Beschl. v. 22.06.1982 – 1 BvR 1376/79, NJW 1983, 1415.

589 BVerfG Beschl. v. 03.06.1980 – 1 BvR 797/78, GRUR 1980, 1087, 1089; vgl. BVerfG, Beschl. v. 25.01.1961 – 1 BvR 9/57 BeckRS 9998, 116401. Vgl. dazu *M. Schreiber* Strafbarkeit politischer Fake News, S. 103 ff., der die Haltbarkeit der Definition des BVerfG unter Berücksichtigung einer abweichenden Literaturmeinung ausführlich analysiert – und schließlich bejaht, weil er Fake News nur in Form einfacher Tatsachen erkennt und weil Fake News keinen schützenswerten Beitrag zum demokratischen Diskurs leisten. Umfassend zu den verschiedenen „grundrechtlichen Dimensionen" *Flint* Fake News im Wahlkampf, S. 133.

590 BVerfG Beschl. v. 13.04.1994 – 1 BvR 23/94, NJW 1994, 1779, 1780; BVerfG Beschl. v. 23.02.2000 – 1 BvR 456/95, NJW-RR 2000, 1209, 1210; *Warg* DÖV 2018, 473, 481.

591 BVerfG Beschl. v. 13.04.1994 – 1 BvR 23/94, NJW 1994, 1779, 1780.

herrschenden Auffassung soll eine nachhaltige Störung des Kommunikationsprozesses vermeiden, die unweigerlich entstehen würde, wenn allein unbezweifelbar wahre Tatsachenbehauptungen Grundrechtsschutz genießen würden.[592]

Ebenso unterfallen Äußerungen im Internet der Meinungsfreiheit. Kritisch wird dies allerdings bei für das „Web 2.0" typischen Handlungen wie dem Verlinken auf fremde Inhalte oder dem Zitieren fremder Äußerungen (beispielsweise in Form eines Re-Tweets) geprüft.[593] Das Bundesverfassungsgericht erkannte zudem dem bloßen Setzen eines Links auf einer Internetpräsenz den Schutz der Meinungsfreiheit zu.[594] Nach den vorgenannten Grundsätzen erschiene es zunächst in vielen Fällen denkbar, dass das Verbreiten von Fake News vom Schutzbereich der Meinungsfreiheit erfasst ist, nämlich dann, wenn diese ohne Vorsatz hinsichtlich ihrer Unrichtigkeit verbreitet werden. Allerdings ist insoweit die Perspektive des Urhebers der Desinformation maßgeblich, aus dessen Sicht diese unwahr und demnach nicht von der Meinungsfreiheit gedeckt ist. Die oben gefundene Definition von Fake News schließt bereits leichte Verzerrungen von der Untersuchung aus. Die nunmehr noch zu untersuchenden Phänomene dienen teilweise schlechthin der Meinungsbildung, indem sie im Gesamtkontext bei objektiver Sichtweise Teil einer Meinungsäußerung sind, die sich (untergeordnet) vermeintlichen Fakten bedient. Fake News, die innerhalb einer Gesamtnachricht zur Untermauerung einer Meinungsäußerung verwendet werden, können daher insgesamt als Meinungsäußerung zu bewerten sein.[595] Gerade bei Fake News betreffend Politiker werden sich diese teilweise erst im Nachhinein als unwahr darstellen, sodass sie nicht erwiesenermaßen unrichtig sind.

Jüngst untersagte ein Gericht[596] dem Netzwerk Facebook die Löschung eines Beitrags und des Accounts. Streitgegenständlich war der nachfolgende Beitrag: „Die Deutschen verblöden immer mehr. Kein Wunder, werden sie doch von linken Systemmedien mit Fake News über ‚Facharbeiter', sinkende Arbeitslosenzahlen oder Trump täglich zugemüllt."[597] Es liegt hier nahe, dass trotz der in dem Beitrag verwendeten vermeintlichen Fakten (linke Systemmedien verbreiten Fake News) eine Einordnung der Gesamtäußerung als Meinung erfolgte. Übertragen auf den geschilderten Fall der jungen Politikerin dient die Bildberichterstattung nicht der Bildung einer Meinung, sondern soll das von der betroffenen Organisation vertretene Meinungsbild nur bestätigen. Es liegt daher im Ergebnis eine rechtswidrige

592 *Grimm* NJW 1995, 1697, 1699.

593 *Luch/Schulz* MMR 2013, 89, 93; *Pieroth/Schlink/Kingreen/Poscher* Grundrechte, Rn. 621; *Schmidt-Bleibtreu/Hofmann/Henneke* Grundgesetz, Art. 5 GG Rn. 5; *Schulze/Fielitz* in Dreier (Hrsg.), Art. 5 I, II Rn. 67.

594 BVerfG Beschl. v. 15.12.2011 – 1 BvR 1248/11, NJW 2012, 1205, 1206.

595 B. *Holznagel MMR* 2018, 18, 19.

596 LG Berlin Beschl. v. 23.03.2018 – 31 O 21/18.

597 LG Berlin Beschl. v. 23.03.2018 – 31 O 21/18.

Beeinträchtigung vor, sodass gegenüber dem passivlegitimierten Störer ein quasinegatorischer Beseitigungsanspruch bestünde. Das Beispiel zeigt zugleich, dass es sich bei den besonders öffentlichkeitswirksamen Fake News oftmals um (vermeintlich) neutrale Tatsachenbehauptungen ohne gleichzeitige Meinungsäußerung handeln wird, sodass die Äußerungen regelmäßig nicht von der Meinungsfreiheit nach Art. 5 GG geschützt sein werden.

2. *Rechtfertigung von Beeinträchtigungen des Rechts am eigenen Bild*

Anders als bei einer Beeinträchtigung des allgemeinen Persönlichkeitsrechts wird die Rechtswidrigkeit der Beeinträchtigung im Falle der Verletzung des Rechts am eigenen Bild durch eine Verbreitung oder Zurschaustellung ohne Einwilligung gem. § 22 KUG indiziert.[598] Eine Rechtfertigung einer ohne Einwilligung erfolgten Verbreitung ist hier insbesondere nach § 23 Abs. 1 Nr. 1 KUG möglich, wenn das Bildnis dem Bereich der Zeitgeschichte angehört, sodass insoweit Abbildungsfreiheit herrscht.[599] Eine Einordnung des Geschädigten als absolute oder relative Person der Zeitgeschichte kann oftmals dahinstehen, vielmehr muss das Bildnis selbst ein Ereignis der Zeitgeschichte darstellen.[600] Ein zeitgeschichtliches Ereignis erfordert einen Vorgang von allgemeinem gesellschaftlichem Interesse.[601] Das Ereignis muss dabei nicht von politischer oder historischer Tragweite sein, ausreichend ist ein gesellschaftliches Informationsinteresse.[602] Unabdingbar ist allerdings das Vorliegen eines berechtigten Informationsbedürfnisses der Allgemeinheit an der Bildveröffentlichung.[603] Dafür muss die konkrete Bildveröffentlichung im Stande sein, „einen Beitrag zu einer öffentlichen Diskussion von allgemeinem Interesse“[604] zu leisten. Die bloße Befriedigung von „Neugier oder Sensationslust“ durch die Veröffentlichung begründet kein legitimes Informationsinteresse.[605]

---

598 *Dreier/Schulze* UrhG, KUG Vorbem. Rn. 5.

599 Wandtke/Ohst/*Renner* Praxishandbuch Medienrecht Bd. 4, Kap. 4 Rn. 69 ff.

600 Wandtke/Ohst/*Renner* Praxishandbuch Medienrecht Bd. 4, Kap. 4 Rn. 80 ff. Anderweitig würde das Schutzniveau von absoluten Personen der Zeitgeschichte, die nicht durch politische Tätigkeit im Blickfeld der Öffentlichkeit stehen, unzulässig verkürzt, EGMR Urt. v. 24.06.2004 – Beschwerde Nr. 59320/00. Zur Typologie der Bekanntheit der Personen nach dem EGMR *Korte* Praxis des Presserechts, § 2 Rn. 36.

601 *Diederichsen* Jura 2008, 1, 5; *Korte* Praxis des Presserechts, § 2 Rn. 33.

602 BGH Urt. v. 06.02.2018 – VI ZR 76/17, GRUR 2018, 549, 550 Rn. 12; *Götting* in Schricker/Loewenheim (Hrsg.), § 60/§ 23 KUG Rn. 7.

603 BGH Urt. v. 10.03.2009 – VI ZR 261/07, NJW 2009, 1499; BGH Urt. v. 03.07.2007 – VI ZR 164/06, NJW 2008, 749; vgl. auch MüKo-BGB/*Rixecker* § 12 BGB Anh. Allg. PersönlR, Rn. 74.

604 EGMR Urt. v. 24.06.2004 – Beschwerde Nr. 59320/00.

605 *Heldrich* NJW 2004, 2634, 2636.

Die Qualifizierung als Bildnis von gesellschaftlichem Interesse ist im Falle politisch motivierter Fake News zwar in vielen Fallgestaltungen denkbar, jedoch besteht für die Verbreitung von falschen Tatsachen selbst nach der Rechtsprechung kein anzuerkennendes Informationsinteresse. Jedenfalls aber wird die Rechtfertigung regelmäßig an der Rückausnahme des § 23 Abs. 2 KUG scheitern, sodass die Verbreitung von Fake News im Falle des Tangierens des Persönlichkeitsrechts des Betroffenen rechtswidrig ist. Die Abbildungsbefugnis besteht nach § 23 Abs. 2 KUG dann nicht, wenn durch die Verbreitung oder Zurschaustellung berechtigte Interessen des Betroffenen verletzt werden. Dies ist insbesondere der Fall, wenn der Aussagegehalt des Bildnisses verfälscht worden ist.[606] Nicht erkennbare Manipulationen an einem Bild und eine damit verbundene Veränderung des Aussagegehaltes sind unzulässig, denn unrichtige Informationen sind nicht schützenswert.[607] *Ratio essendi* einer Verletzung berechtigter Interessen des Abgebildeten ist, dass der Eingriff eine Verfälschung des Lebensbildes des Abgebildeten zur Folge hat.[608] § 23 Abs. 2 KUG greift nach der Rechtsprechung, wenn einem Bildnis zwar ein ausreichender Informationswert zukommt, gleichwohl aber wegen des Inhalts oder der Art und Weise der Darstellung *in concreto* berechtigte Interessen des Betroffenen verletzt werden.[609] Dies ist beispielsweise der Fall, wenn eine Bildunterschrift oder ein Begleittext Verbindungen des Abgebildeten zu Vorgängen suggerieren, die tatsächlich nicht bestehen.[610] Auch die Verbreitung von Fake News mittels bildlicher Darstellungen erfolgt oftmals *contra legem* und daher rechtswidrig, da in der Vielzahl der Fälle von einer Verfälschung des Lebensbildes auszugehen ist – wie das genannte Beispiel der jungen Politikerin zeigt.

III. Die verschiedenen Ansprüche[611] und Rechtsfolgen

Die Frage nach der Wirksamkeit bei der Bekämpfung von Fake News macht das Beleuchten der einzelnen Anspruchsgrundlagen unter systematischer Anordnung nach deren Rechtsfolgen erforderlich.

---

606 Wandtke/Bullinger/*Fricke* KunstUrhG § 23 Rn. 35. Ein Bild von zeitgeschichtlichem Interesse darf daher grundsätzlich nur im jeweiligen Kontext veröffentlicht werden, *Korte* Praxis des Presserechts, § 2 Rn. 38.

607 BVerfG Beschl. v. 10.11.1998 – 1 BvR 1531/96.

608 LG Hamburg Urt. v. 26.09.1997 – 324 O 348/97, ZUM 1998, 579, 583.

609 *Götting* in Schricker/Loewenheim (Hrsg.), § 60/§ 23 KUG Rn. 111. Allerdings wird eine umfassende Abwägung der maßgeblichen Interessen bereits im Rahmen der Einordnung als zeitgeschichtliches Ereignis vorgenommen, sodass der Regelung in der Rechtspraxis nur eine untergeordnete Rolle als Auffangtatbestand zukommt.

610 BGH Urt. v. 05.01.1962 – VI ZR 72/61, GRUR 1962, 324.

611 Auf Ansprüche nach § 823 Abs. 2 BGB i.V.m. §§ 185 ff. StGB wird innerhalb der Darstellung der maßgeblichen zivilrechtlichen Vorschriften nicht eingegangen, da anderweitig die Analyse des strafrechtlichen Schutzes vorweggenommen werden müsste.

§ 1004 Abs. 1 S. 2 BGB gewährt in analoger Anwendung zunächst einen *quasinegatorischen Unterlassungsanspruch*, der sowohl präventiv als vorbeugender Unterlassungsanspruch als auch repressiv nach bereits erfolgter Verletzung geltend gemacht werden kann.[612] Mit diesem kann die Abgabe einer Erklärung begehrt werden, dass derartige Äußerungen in Zukunft unterlassen werden.[613] Die Auslegung von mehrdeutigen Äußerungen folgt hierbei aufgrund des präventiven Anspruchsziels zum Nachteil des Äußernden und damit entgegen der Auslegung bei den repressiven Ansprüchen: Jede naheliegende, das Persönlichkeitsrecht verletzende Deutungsvariante wirkt daher anspruchsbegründend.[614] Im Falle von Tatsachenbehauptungen wird ein Anspruch von einer Mindestidentitätsschwelle abhängig gemacht, sich „nicht in nennenswerter Weise" auf die Persönlichkeit auswirkende Tatsachenbehauptungen wirken nicht anspruchsbegründend.[615] Neben der rechtswidrigen Verletzung des allgemeinen Persönlichkeitsrechts muss im Falle des präventiven Vorgehens eine Erstbegehungs-, anderweitig eine Wiederholungsgefahr vorliegen.[616] Die Erstbegehungsgefahr wird aufgrund der hohen Anforderungen nur selten darzulegen sein, sodass in der Praxis die Anwendung nach bereits erfolgter Rechtsverletzung dominiert, da in diesem Fall eine Wiederholungsgefahr vermutet wird.[617] Anders kann der Fall dann liegen, wenn die Unwahrheit sich erst im Nachhinein herausstellt, sodass die Erstbegehung durch die Wahrnehmung berechtigter Interessen gerechtfertigt war.[618] Die mit hohen Anforderungen versehene Wiederlegung der Vermutung kann durch Abgabe einer strafbewehrten Unterlassungserklärung erfolgen.[619] Der Anspruch umfasst nur die Unterlassung derjenigen Äußerungsbestandteile, die das Persönlichkeitsrecht tangieren, nur im Falle einer aus der Natur der Sache heraus folgenden Untrennbarkeit mit der Gesamtdarstellung umfasst der Anspruch die gesamte Äußerung.[620] Umfasst sind bei Ehrkränkungen selbst „zwischen den Zeilen" stehende Aussagen.[621] Zwar umfasst die Rechtsfolge nur einen bestimmten Sachverhalt, jedoch

---

612 Erman/*Klass* Anh § 12 BGB Rn. 279.

613 *WD* Der Umgang mit Fake News, Rechtslage und Reformansätze, Az. WD 10-3000-067/16, S. 7.

614 Erman/*Klass* Anh § 12 BGB Rn. 112; HH-Ko/MedienR/*Meyer* 40. Abschnitt Rn. 23; *Korte* Praxis des Presserechts, § 5 Rn. 24.

615 BVerfG Beschl. v. 23.10.2007 – 1 BvR 150/06, AfP 2008, 55, 56 f.; *Korte* Praxis des Presserechts, § 5 Rn. 27.

616 MüKo-BGB/*Rixecker* § 12 BGB Anh. Allg. PersönlR, Rn. 251.

617 MüKo-BGB/*Rixecker* § 12 BGB Anh. Allg. PersönlR, Rn. 249.

618 Erman/*Klass* Anh § 12 BGB Rn. 282.

619 MüKo-BGB/*Rixecker* § 12 BGB Anh. Allg. PersönlR, Rn. 250; *Korte* Praxis des Presserechts, § 5 Rn. 34.

620 Erman/*Klass* Anh § 12 BGB Rn. 283; MüKo-BGB/*Rixecker* § 12 BGB Anh. Allg. PersönlR, Rn. 253.

621 HH-Ko/MedienR/*Meyer* 40. Abschnitt Rn. 23; Erman/*Klass* Anh § 12 BGB Rn. 284.

erkennt die Rechtsprechung ein Verbot kerngleicher Berichterstattung an.[622] Darüber hinaus besteht nach der Judikatur in bestimmten Fällen ein Anspruch auf Veröffentlichung der Unterlassungsverpflichtung,[623] bei diesem Anspruch handelt es sich dogmatisch um einen Beseitigungsanspruch, der im Falle der Erforderlichkeit einer (öffentlichkeitswirksamen) Publikation zur Beseitigung der Störung besteht.[624]

Schließlich besteht ein in richterlicher Rechtsfortbildung entwickelter *Beseitigungsanspruch* nach § 1004 Abs. 1 S. 1 BGB analog gerichtet auf Löschung im Internet publizierter, rechtswidriger, falscher ehrrühriger Tatsachenbehauptungen.[625] Von der Rechtsprechung wurde in anderen Bereichen anerkannt, dass sich die Verpflichtung zur Unterlassung nicht im bloßen Nichtstun erschöpft, sondern zur Gewährung effektiven Rechtschutzes darüber hinaus ein Anspruch auf die Vornahme dem Verpflichteten möglicher und zumutbarer Handlungen zur Beseitigung der Störung besteht.[626] Hier ist neben der nachweislichen Unwahrheit der Tatsachenbehauptung ebenso Anspruchsvoraussetzung, dass die begehrte Löschung respektive das Hinwirken auf die Löschung unter Abwägung der Rechtsposition – namentlich insbesondere der Schwere der Persönlichkeitsbeeinträchtigung – zur Störungsbeseitigung geeignet, erforderlich und zumutbar ist.[627]

Daneben besteht unter den nachfolgenden Voraussetzungen ein *Berichtigungs- bzw. Widerrufsanspruch aus* §§ 823 Abs. 1, 1004 Abs. 1 S. 2 BGB analog. Es handelt sich um einen Folgenbeseitigungsanspruch, dessen Anspruchsziel die Beendigung der noch fortwirkenden Ehr- bzw. Rufbeeinträchtigung ist und der durch Publikation einer berichtigenden Erklärung in Form eines Widerrufs, einer Richtigstellung oder einer Distanzierung erfüllt wird.[628] Ein förmlicher Widerruf erfolgt durch eine Erklärung, dass eine bestimmte, aufgestellte Behauptung widerrufen wird – und zwar unter bestimmter Angabe der Stelle der ursprünglichen Publikation.[629] Ein Berichtigungsanspruch besteht bei unwahren Tatsachenbehauptungen, die das Persönlichkeitsrecht verletzen.[630] Die Widerrechtlichkeit erfordert eine noch bestehende Beeinträchtigung.[631] Die Verpflichtung zur Berichtigung stellt eine erhebliche Belastung für den Passivlegitimierten dar, da von ihm abverlangt wird, öffentlichkeitswirksam einzuräumen, dass er unzutreffende

---

622 MüKo-BGB/*Rixecker* § 12 BGB Anh. Allg. PersönlR, Rn. 252.
623 BGH Urt. v. 25.11.1986 – VI ZR 57/86, NJW 1987, 1400.
624 MüKo-BGB/*Rixecker* § 12 BGB Anh. Allg. PersönlR, Rn. 254.
625 BGH Urt. v. 28.07.2015 – VI ZR 340/14, NJW 2016, 56, 57 Rn. 15.
626 BGH Urt. v. 11.11.2014 – VI ZR 18/14, NJW 2015, 1246, 1248 Rn. 16.
627 BGH Urt. v. 28.07.2015 – VI ZR 340/14, NJW 2016, 56, 58 Rn. 16.
628 HH-Ko/MedienR/*Meyer* 41. Abschnitt Rn. 10.
629 HH-Ko/MedienR/*Meyer* 41. Abschnitt Rn. 1.
630 BVerfG Beschl. v. 14.01.1998 – 1 BvR 1861/93 u. a, NJW 1998, 1381, 1383.
631 Erman/*Klass* Anh § 12 BGB Rn. 282; *Korte* Praxis des Presserechts, § 5 Rn. 170.

Tatsachenbehauptungen geäußert hat, sodass die Berichtigung wegen deren weitreichender Folgen erforderlich und angemessen sein muss.[632] Schließlich muss die Rechtsfolge des Widerrufs schlechthin verhältnismäßig, also unter Berücksichtigung der Interessen beider Parteien zumutbar und aus zwingenden Gründen notwendig sein.[633] Die Rechtsfolge des Widerrufs erstreckt sich nur auf die unwahren Bestandteile der Äußerung: Sind nur isolierte abtrennbare Aspekte unwahr oder irreführend, so sind nur ebenjene Teile zu widerrufen.[634] Sind die Aussagen nur zum Teil unwahr, besteht nur ein Anspruch auf entsprechende Richtigstellung.[635] Ist der Störer nicht zugleich Urheber der Verbreitung oder hat er sie nicht zugelassen, umfasst die Rechtsfolge nur das Distanzieren oder Abrücken von der unwahren Aussage.[636]

Schließlich besteht mit dem *Beseitigungsanspruch zum Ersatz materieller Schäden* gem. § 823 Abs. 1 BGB i.V.m. mit dem APR bzw. § 823 Abs. 2 i.V.m. §§ 22 ff. KUG ein verschuldensabhängiger Schadensersatzanspruch, um die materiellen Beeinträchtigungen durch rechtswidrige Persönlichkeitsverletzungen zu beseitigen.

[637]Der Anspruch besitzt in der Rechtspraxis nur unwesentliche Bedeutung, da nur der entgangene Gewinn, nicht aber die Umsatzverluste schlechthin ersatzfähig sind.[638] Darüber hinaus sind Wirtschaftsunternehmen zumeist nicht bereit, im Rahmen eines öffentlichen Prozesses ihre Kalkulationsgrundlagen und Gewinnzahlen aufzudecken.[639] Überdies wiegt die Last des Beweises der haftungsausfüllenden Kausalität schwer, nur selten vermag der Nachweis geführt werden, dass *bestimmte Einbußen gerade auf eine einzige bestimmte Berichterstattung zurückzuführen* sind und nicht etwa weitere Faktoren, wie eine wettbewerbsfähigere Konkurrenz, den entgangenen Gewinn bedingen.[640] Auch wenn hier der Vollbeweis nicht geführt werden muss, sondern dies gem. § 287 ZPO richterlicher Schätzung obliegt, nach der bereits die deutlich überwiegende Wahrscheinlichkeit ausreicht,[641] begründet die Verteilung der Beweislast hier eine praktische Ineffizienz.

---

632 HH-Ko/MedienR/*Meyer* 41. Abschnitt Rn. 5; OLG Hamburg Urt. v. 25.10.2005 – 7 U 52/05, AfP 2006, 77.

633 Erman/*Klass* Anh § 12 BGB Rn. 296. Vgl. *Korte* Praxis des Presserechts, § 5 Rn. 170, der zu Recht ein erhebliches Gewicht der Beeinträchtigung fordert, das größer als beim Unterlassungsanspruch, aber nicht wie beim Geldentschädigungsanspruch in einer „schweren Persönlichkeitsverletzung" bestehen muss.

634 Erman/*Klass* Anh § 12 BGB Rn. 297.

635 HH-Ko/MedienR/*Meyer* 41. Abschnitt Rn. 11.

636 Erman/*Klass* Anh § 12 BGB Rn. 297.

637 HH-Ko/MedienR/*Meyer* 42. Abschnitt Rn. 1.

638 *Prinz/Peters* Medienrecht, 15. Kap. Rn. 713.

639 HH-Ko/MedienR/*Meyer* 42. Abschnitt Rn. 20; *Prinz/Peters/Perten* Medienrecht, 15. Kap. Rn. 713.

640 *Prinz/Peters* Medienrecht, 15. Kap. Rn. 713.

641 OLG Frankfurt Urt. v. 04.07.1991 – 15 U 21/90, ZUM 1992, 361, 365.

Überdies existiert ein über den materiellen Schadensersatz hinausgehender *Anspruch auf Zahlung einer Geldentschädigung* aus § 823 Abs. 1 BGB i.V.m. Art. 2 Abs. 1 i.V.m. Art. 1 Abs. 1 GG.[642] Dieser Geldentschädigungsanspruch wurde ursprünglich bei rechtswidrigen Presseberichterstattungen entwickelt, findet nunmehr aber auch Anwendung auf Verletzungshandlungen im Internet, auch wenn die Verletzung durch Privatpersonen begangen wurde.[643] Er dient der Beseitigung immaterieller Beeinträchtigungen und soll darüber hinaus der Prävention von mit wirtschaftlichen Zwecken getriebenen Verletzungshandlungen, aber auch der Genugtuung des Verletzten dienen.[644] Der Präventionsgedanke wird damit begründet, dass ohne die Anerkennung eines solchen Anspruchs das Persönlichkeitsrecht nur unzureichend geschützt wäre und selbst schwere Eingriffe ohne ein bedeutendes Risiko für den Verletzer aus kommerziellen Interessen unternommen werden könnten.[645] Anspruchsvoraussetzung ist ein schwerer Eingriff in das allgemeine Persönlichkeitsrecht sowie die fehlende anderweitige Ausgleichsmöglichkeit der Beeinträchtigung.[646] Angenommen wurde eine solche beispielsweise bei unwahren bzw. nicht nachweislich wahren Behauptungen schwerwiegender Verfehlungen, wie beispielweise hochriskanter, entgegen den Regeln ärztlicher Kunst durchgeführter Operationen[647] oder Korruptionsvorwürfen[648]. Bei strafrechtlichen Vorwürfen greift zudem die Beweislastregel des § 186 StGB über das Vehikel des § 823 Abs. 2 BGB entsprechend, sodass dem Äußernden der Wahrheitsbeweis obliegt.[649]

Allerdings findet die Möglichkeit der Wahrheit der verbreiteten Äußerung bei der Beurteilung der Schwere des Eingriffs Berücksichtigung.[650] Eine schwere Persönlichkeitsrechtsverletzung kann u.a. dadurch erfolgen, dass eine Person in einen nicht zutreffenden, ehrenrührigen Zusammenhang gerückt wird,[651] wie beispielsweise durch die Darstellung des Fotos einer Person bei einem Bericht über einen Unfall mit Todesopfern, wenn nicht klargestellt wird, dass es sich um einen Helfer und nicht um einen Unfallbeteiligten handelt.[652] Ein schwerer Eingriff kann auch

---

642 BGH Urt. v. 15.11.1994 – VI ZR 56/94, NJW 1995, 861, 865; *Fechner* Medienrecht, 4. Kap. Rn. 145; *Korte* Praxis des Presserechts, § 5 Rn. 150.

643 OLG Koblenz Urt. v. 19.01.2017 – 6 U 135/16, BeckRS 2017, 105693.

644 HH-Ko/MedienR/*Meyer* 43. Abschnitt Rn. 1.

645 HH-Ko/MedienR/*Meyer* 43. Abschnitt Rn. 3; vgl. *Korte* Praxis des Presserechts, § 5 Rn. 158.

646 BGH Urt. v. 15.11.1994 – VI ZR 56/94, NJW 1995, 861, 864; *Korte* Praxis des Presserechts, § 5 Rn. 150.

647 BGH Urt. v. 26.11.1996 – VI ZR 323/95, NJW 1997, 1148, 1149.

648 BGH Urt. v. 17.12.2013 – VI ZR 211/12, NJW 2014, 2029, Rn. 38.

649 HH-Ko/MedienR/*Meyer* 43. Abschnitt Rn. 10.

650 BGH Urt. v. 17.12.2013 – VI ZR 211/12, NJW 2014, 2029, Rn. 38.

651 HH-Ko/MedienR/*Meyer* 43. Abschnitt Rn. 15.

652 OLG Karlsruhe Urt. v. 18.08.1989 – 14 U 105/88, GRUR 1989, 825.

im Zuordnen zu einer bestimmten politischen Gruppe bestehen, wenn die Person dieser tatsächlich nicht angehört und ihr auch darüber hinaus fern ist.[653] Im dort entschieden Fall war eine Person fotografisch in einer Wahlkampfbroschüre abgebildet worden, obgleich sie tatsächlich einer anderen Partei angehörte. Auch das falsche Zitieren kann eine schwere Verletzung in diesem Sinne begründen.[654]

Neben der beschriebenen Bedeutung und Tragweite des Eingriffs spielen der Anlass bzw. Beweggrund, wie zum Beispiel eine rein wirtschaftliche Motivation, und der Grad des Verschuldens eine Rolle bei der Bewertung der Schwere des Eingriffs.[655] Die Geldentschädigung ist *ultima ratio*, ein derartiger Anspruch besteht daher nur im Falle eines anderweitig unmöglichen Ausgleichs der Beeinträchtigung.[656] Hierbei ist zu berücksichtigen, dass von drohenden Kompensationszahlungen Einschüchterungseffekte für zulässige Meinungsäußerungen ausgehen.[657] Der Anspruch ist subsidiär. Zusammenfassend lässt sich sagen, dass von der Geltendmachung der übrigen Ansprüche abgesehen werden kann, wenn diese nur zu einer weiteren Vertiefung der Persönlichkeitsrechtsbeeinträchtigung führen und unter diesem Blickwinkel die Geltendmachung unzumutbar ist.[658]

Im Falle einer *Kreditgefährdung* durch unwahre Behauptungen im geschäftlichen Verkehr bestehen nach § 824 BGB Schadensersatzansprüche sowie in analoger Anwendung von § 1004 BGB verschuldensunabhängige Ansprüche auf Widerruf und Unterlassung, wobei sich die letztgenannten Ansprüche im Falle der nur teilweisen Unrichtigkeit in Richtigstellungsansprüche wandeln.[659] § 824 BGB erfordert tatbestandlich auf objektiver Seite das Verbreiten unwahrer Tatsachen, die geeignet sind, den anderen in seiner Geschäftsehre zu beeinträchtigen, sowie subjektiv zumindest fahrlässige Unkenntnis der Unwahrheit. Nach der Rechtsprechung des Bundesgerichtshofs ist nicht jede auf die außengerichtete Sphäre bezogene Behauptung vom Schutzbereich der Norm erfasst, sondern nur die unmittelbare Beeinträchtigung der Geschäftsehre. Darüber hinaus ist ein *enger Kausalzusammenhang* zwischen Verletzungsverhalten und Schaden unabdingbar, eine mittelbare Schädigung ist daher unzureichend.[660] Anspruchsinhaber können natürliche und juristische Personen, aber auch Handels- und Personengesellschaften sein.[661]

---

653 BGH Urt. v. 27.11.1979 – VI ZR 148/78, NJW 1980, 994, 996.

654 OLG Köln Urt. v. 28.09.2009 – 15 U 37/09, AfP 2009, 603.

655 *Prinz/Peters* Medienrecht, 16. Kap. Rn. 754 f.

656 BGH Urt. v. 12.12.1995 – VI ZR 223/94, NJW 1996, 985, 986; *Korte* Praxis des Presserechts, § 5 Rn. 155 ff.

657 BVerfG Beschl. v. 02.04.2017 – 1 BvR 2194/15, NJW-RR 2017, 879, 880 Rn. 10.

658 *Fechner* Medienrecht, 4. Kap. Rn. 152; *Korte* Praxis des Presserechts, § 5 Rn. 156.

659 *Reichold* in Herberger/Martinek/Rüßmann/Weth/Würdinger (Hrsg.), § 824 BGB Rn. 6.

660 *Reichold* in Herberger/Martinek/Rüßmann/Weth/Würdinger (Hrsg.), § 824 BGB Rn. 4; BGH v. 07.02.1984 – VI ZR 193/82, zitiert nach juris Rn. 53.

661 *Prinz/Peters* Medienrecht, 5. Kap. Rn. 168.

Verbreitet oder behauptet werden müssen unwahre Tatsachenbehauptungen, die lediglich geeignet sein müssen, den wirtschaftlichen Ruf einer natürlichen Person oder eines Unternehmens zu gefährden.[662] § 824 greift allerdings nur im Falle von Äußerungen, welche sich aus Perspektive des Betroffenen bei einem Kreis von Personen auswirken, auf deren Verhalten und Entscheidungen er als Geschäftspartner angewiesen ist.[663] Tatbestandsmäßig soll beispielsweise die Zuschreibung moralisch nicht tadelloser Verhaltensweisen sein, wie die Behauptung, ein Unternehmer habe sich nicht ausreichend um seine Kunden gekümmert.[664] Auch den Vorwurf strafbarer Handlungen wie der Beteiligung an einer Bestechung ordnete die Rechtsprechung als tatbestandsmäßig ein.[665] Verbreitet sind Tatsachen bereits dann, wenn der Anspruchsgegner durch schlüssiges Verhalten eine Billigung der unwahren Tatsache ausdrückt oder sich nicht unverkennbar von ihr distanziert. Das bloße für möglich befinden genügt hingegen nicht.[666] Sofern die *ex post* feststellbare Unwahrheit dem Anspruchsgegner nicht positiv bekannt oder grob fahrlässig unbekannt war, kommt eine Rechtfertigung gem. § 824 Abs. 2 BGB in Betracht, namentlich bei Vorliegen eines berechtigten Interesses – wobei im Unterschied zu § 193 StGB selbst ein berechtigtes Informationsinteresses des Adressaten der Äußerung auszureichen vermag.[667] Ein berechtigtes Interesse kann schlicht im Informationsinteresse der Öffentlichkeit bestehen.[668] Das berechtigte Interesse ist im Rahmen einer umfassenden Interessenabwägung auszutarieren, sofern der mutmaßliche Verletzer die ihm obliegenden Recherchepflichten unter Berücksichtigung der gebotenen Sorgfalt erfüllt hat.[669]

Inhaltsgleiche *Schadensersatzansprüche wegen vorsätzlicher sittenwidriger Schädigung* können nach § 826 BGB bestehen, der Tatsachen- und Meinungsäußerungen

---

662 *Prinz/Peters* Medienrecht, 5. Kap. Rn. 164. Die Norm sanktioniert daher auch schon im Vorfeld der Verletzung, da sich diese oftmals schleichend ereignet, BGH Urt. v. 07.02.1984 – VI ZR 193/82, NJW 1984, 1607, 1609.

663 *Prinz/Peters* Medienrecht, 5. Kap. Rn. 165.

664 BGH Urt. v. 12.02.1985 – VI ZR 225/83, NJW 1985, 1621, 1622.

665 BGH Urt. v. 10.12.1991 – VI ZR 53/91, NJW 1992, 1312. Von großer Aktualität ist die Entscheidung des OLG Düsseldorf Urt. v. 20.10.2017 – I-16 U 87/17, zitiert nach juris Rn. 15 ff. betreffend den sog. „Diesel-Skandal," nach der ein Umwelt- und Verbraucherschutzverein, der nach Durchführung eines Software-Updates an einem der betroffenen Fahrzeuge immer noch erhöhte Stickoxidwerte feststellte und daher konstatierte, diese seien wirkungslos, mit letztgenannter Aussage eine Meinung kundgetan habe, sodass § 824 BGB nicht betroffen sei.

666 *Reichold* in Herberger/Martinek/Rüßmann/Weth/Würdinger (Hrsg.), § 824 BGB Rn. 22.

667 *Prinz/Peters* Medienrecht, 5. Kap. Rn. 167.

668 BGH Urt. v. 20.12.1988 – VI ZR 95/88, GRUR 1989, 222, 224.

669 *Prinz/Peters* Medienrecht, 5. Kap. Rn. 167.

umfasst, wobei die praktische Bedeutung angesichts des notwendigen Nachweises von Schädigungsvorsatz im Medienrecht gering ist.[670] Zwar sind bei der Verbreitung von Fake News ausnahmsweise Fallgestaltungen denkbar, in denen der Nachweis eines Schädigungsvorsatzes gelingen könnte. Jedoch existieren in diesen Fällen ehrenrühriger Tatsachenbehauptungen bereits die vorgenannten Ansprüche, sodass die Norm keiner weitergehenden Erörterung bedarf.[671] Daneben bestehen Auskunftsansprüche als Hilfsansprüche zur Anspruchsdurchsetzung aus Treu und Glauben gem. § 242 BGB, die etwa auf den genauen Inhalt einer Publikation oder den Verbreitungsumfang gerichtet und auf den für die Rechtsdurchsetzung unabdingbaren Umfang beschränkt sind.[672]

IV. Zurechnung des Verhaltens

Die Effektivität der zivilrechtlichen Regelungen steht und fällt mit den Durchgriffsmöglichkeiten auf die Hintermänner der Verbreitung von Fake News, sodass zivilrechtliche Zurechnungsfragen große Bedeutung gewinnen. Der Anspruch besteht zunächst gegenüber dem unmittelbaren Handlungsstörer, also demjenigen, der selbst die Verletzungshandlung willentlich begangen hat, indem er ein Bildnis oder falsche Tatsachen verbreitet oder Fehlinformationen Dritten offeriert, oder dem die Verhinderung des Verletzungserfolges rechtlich möglich ist.[673] Ein kausaler Beitrag zur Rechtsverletzung kann schon durch das ungeprüfte Verbreiten von von Dritten stammenden Informationen geleistet werden, wenn die Herkunft von einem Dritten für den Empfänger unerkannt bleibt und der Störer sich die fremde Information daher zumindest zwischen den Zeilen zu eigen macht.[674] Für die Beurteilung des zu eigen Machens ist nach dem Landgericht Hamburg[675] eine objektive Gesamtbetrachtung aller maßgeblichen Umstände anzustellen. Ein zu eigen machen liegt demnach vor, wenn einem objektiven verständigen Internetnutzer

---

670 *Prinz/Peters* Medienrecht, 6. Kap. Rn. 176.

671 Zur mangelnden praktischen Relevanz und den Rechtsfolgen *Prinz/Peters* Medienrecht, 6. Kap. Rn. 176.

672 Löffler/*Steffen* § 6 LPG, Rn. 346 f. Auf weitere bereicherungsrechtliche Ansprüche sowie Hilfsansprüche auf Herausgabe, Vernichtung- bzw. Unbrauchbarmachung und Rückruf muss mangels tiefergehender Bedeutung für die Bekämpfung von Fake News nicht weiter eingegangen werden.

673 BGH Urt. v. 03.02.1994 – I ZR 321/91, NJW-RR 1994, 872, 873.

674 KG Berlin Urt. v. 29.02.2000 – 9 U 5861/98; *Korte* Praxis des Presserechts, § 4 Rn. 17 ff.

675 LG Hamburg Urt. v. 20.04.2012 – 310 O 461/10, MMR 2012, 404, 405. Ein zu eigen machen wird von der Rechtsprechung regelmäßig schon dann angenommen, wenn eine eindeutige Distanzierung fehlt – so wenn eine fremde Äußerung derart in die eigenen Worte eingebaut wird, dass dadurch die Überzeugungskraft der eigenen Aussage untermauert wird, BVerfG Beschl. v. 30.09.2003 – 1 BvR 865/00, NJW 2004, 590; BGH Urt. v. 26.11.1996 – VI ZR 323/95, GRUR 1997, 233, 235.

der Eindruck erwächst, dass der Betreiber Verantwortung für die hochgeladenen Inhalte übernehmen will. Allerdings schließt für sich genommen die Tatsache, dass der Inhalt nicht vom Webseitenbetreiber herrührt, die Zurechnung nicht notwendigerweise aus. Innerhalb der Gesamtbetrachtung ist zu überprüfen, ob der Betreiber eine redaktionelle Prüfung der hochgeladenen Inhalte übernimmt, ob die Art und Weise der Darstellung auf ein zu eigen machen hindeutet, ob die betreffenden Inhalte zum Kerninhalt der Plattform gehören und ob eine wirtschaftliche Zuordnung zum Betreiber dadurch besteht, dass sich dieser hinsichtlich der Inhalte ein weitreichendes Nutzungsrecht zwecks kommerzieller Nutzung einräumen lässt. Allein eine inhaltliche Kategorisierung respektive Systematisierung führt allerdings nicht zu einer inhaltlichen Verantwortungsübernahme.

Prinzipiell verantwortlich ist ebenso, wer von Äußerungen eines Dritten berichtet und damit die Kenntnisnahmemöglichkeit verschafft, sie also verbreitet.[676] Rechtlich zulässig ist dagegen eine pressemäßige Berichterstattung im Rahmen einer Darstellung des vorhandenen Meinungsspektrums: Sofern der Berichterstatter keine Partei ergreift, muss er sich hierbei nicht einmal von der angegriffenen Äußerung distanzieren.[677] Unabdingbar für eine zulässige Informationsvermittlung in diesem Sinne ist gleichwohl eine nach außen hin erkennbare Neutralität des Publikationsmediums, die sich in der angemessenen Auseinandersetzung mit den verschiedenen Meinungspositionen äußert und unter Distanz zur wiedergegebenen, fremden Kritik erfolgt.[678] Eine unzulässige Parteieinnahme liegt nicht bereits dann vor, wenn mit der Darstellung der Informationen lediglich eine dahingehende Stellungnahme einhergeht, dass der Verfasser eine bestimmte Information für wahrscheinlicher hält, sofern dieser nicht gleichzeitig vermittelt, dass die andere Variante ohnedies nicht in Betracht komme.[679] Ein zu eigen machen liegt bei Plattformen wie Facebook aber regelmäßig gerade nicht vor, da für die Verbreitung der Inhalte allein die Nutzer sorgen.[680] Die zivilrechtlichen Regelungen sind daher zumindest im Falle von Facebook als Gefahrenquelle einem Haftungsdesiderat der Plattformbetreiber ausgesetzt, das eine schnelle Rechtsdurchsetzung erschwert.

---

676 BGH Urt. v. 26.11.1996 – VI ZR 323/95, GRUR 1997, 233, 235; MüKo-BGB/*Rixecker* § 12 BGB Anh. Allg. PersönlR, Rn. 232. Zu der insoweit bestehenden Haftungsprivilegierung im Falle der Wahrnehmung berechtigter Interessen *Korte* Praxis des Presserechts, § 4 Rn. 23 ff. sowie unten unter § 4 E. zu deren Interpretation im strafrechtlichen Kontext.

677 BGH Urt. v. 06.04.1976 – VI ZR 246/74, BGHZ 66, 183, 188 ff.

678 MüKo-BGB/*Rixecker* § 12 BGB Anh. Allg. PersönlR, Rn. 234.

679 OLG Hamburg Urt. v. 26.05.1994 – 3 U 10/94, NJW-RR 1994, 1178.

680 So *WD* Der Umgang mit Fake News, Rechtslage und Reformansätze, Az. WD 10-3000-067/16, S. 8.

Das Zivilrecht bietet aufgrund der extensiven Auslegung der Verbreiterhaftung durch die Rechtsprechung grundsätzlich ein tiefgreifendes Regelungsregime, mit dem der Verbreitung von Fake News begegnet werden kann. Allerdings unterfallen nur bestimmte ehrverletzende und identitätsverzerrende unwahre Tatsachenbehauptungen dem Schutz der Regelungen, sodass vor allem bei Unwahrheiten im politischen Bereich Schutzlücken bestehen. Potenziert wird die Problematik durch die Langwierigkeit des Rechtsschutzes vor deutschen Zivilgerichten, die Last, ein Verfahren selbst betreiben zu müssen und die Darlegungs- und Beweislast des potentiellen Anspruchstellers. Überdies ist der Urheber gerade bei einer Verbreitung über soziale Netzwerke nicht immer ohne Weiteres ausfindig zu machen.[681]

V. Prozessuales

Fraglich ist aber, ob das so beschriebene „Law in the Books" in der Rechtspraxis noch einen effektiven Schutz gewährt. Problematisch erscheint insofern schon der Beweis der Unwahrheit von verbreiteten Tatsachen. Die Darlegungs- und Beweislast liegt insofern beim Rechtschutzsuchenden, dem nur durch gewisse Darlegungs- und Substantiierungslasten diese schwer wiegende Last etwas erleichtert wird, so muss der Anspruchsverpflichtete die Umstände darlegen, denen seine Aussage entstammt.[682] Dem Verletzer obliegt eine erweiterte Darlegungslast, er muss sich zur Berechtigung seiner Aussage erklären und Nachweise für seine Informationen darbieten.[683] Es kann nämlich vom Verletzten nicht verlangt werden, jedwede Verteidigung zu antizipieren und ihm die Widerlegungslast für alle nur denkbaren Begründungen aufzuerlegen, da dies dem Beweis einer negativen Tatsache gleichkäme, der Kraft Natur der Sache faktisch oft unmöglich ist.[684] Vor allem wird die Beweislastregel des materiellen Strafrechts in § 186 StGB, die bereits bei Nichterweislichkeit der Wahrheit der getätigten Aussage zur Haftung führt, neben einem auf dessen Verletzung gestützten Schadensersatzanspruchs aus § 823 Abs. 2 BGB ebenso auf die Unterlassungsansprüche, nicht aber auf die Beseitigungsansprüche angewandt.[685]

---

681 *WD* Der Umgang mit Fake News, Rechtslage und Reformansätze, Az. WD 10-3000-067/16, S. 7.

682 MüKo-BGB/*Rixecker* § 12 BGB Anh. Allg. PersönlR, Rn. 311.

683 BGH Urt. v. 9.07.1974 – VI ZR 112/73, NJW 1974, 1710, 1711; MüKo-BGB/*Rixecker* § 12 BGB Anh. Allg. PersönlR, Rn. 315.

684 BVerfG Beschl. v. 10.11.1998 – 1 BvR 1531/96, NJW 1999, 1322; MüKo-BGB/*Rixecker* § 12 BGB Anh. Allg. PersönlR, Rn. 315. *Hartung* ZStW 71 (1959), 385, 390 verteidigt die Verlagerung der Beweislast für die Wahrheit einer Tatsachenäußerung bei § 186 StGB mit dem Argument, dass anderweitig der Verletzte den (naturgemäß schwerer zu führenden) Beweis einer negativen Tatsache erbringen müsse.

685 *Korte* Praxis des Presserechts, § 5 Rn. 172 ff.; MüKo-BGB/*Rixecker* § 12 BGB Anh. Allg. PersönlR, Rn. 310.

Erweist sich eine verbreitete Information erst *ex post* als unwahr, stand die Unwahrheit im Verbreitungszeitpunkt also noch nicht fest, ist die weitere Verbreitung unzulässig.[686] Gleichwohl kann Unterlassung nicht verlangt werden, wenn eine Wiederholung nicht zu befürchten steht.[687] Zur Vermeidung einer unzulässigen Zensur dürfen nachteilige Rechtsfolgen für eine persönlichkeitsrechtsverletzende Äußerung allerdings nicht vorgesehen werden, sofern der Kommunikator sie in Wahrnehmung berechtigter Interessen unter Abwägung mit den Rechtsgütern des Betroffenen für erforderlich halten durfte, wenn die Wahrhaftigkeit der Tatsachenbehauptung nicht eindeutig feststellbar ist.[688] Eine Untersagung kommt im Falle der Verbreitung von die Öffentlichkeit berührender Belange daher nicht in Betracht, wenn der Äußernde vor der Verbreitung ausreichende Recherchen hinsichtlich des Wahrheitsgehalts unternommen hat.[689] Dies erfordert das Einhalten *pressemäßiger Sorgfalt*, was neben einer sorgfältigen Recherche voraussetzt, dem Betroffenen Gelegenheit zur Stellungnahme zu geben, damit dieser seinem Standpunkt Geltung verschaffen kann.[690] Bei ehrrührigen Äußerungen bestehen überdies erweiterte Recherchepflichten, deren Umfang sich nach der Schwere der Ansehensbeeinträchtigung des Betroffenen bestimmt.[691] Gefordert wird dabei mitnichten die Recherche der Wahrheit, sondern nur ein „Bemühen um die Wahrheit".[692]

Dennoch stellt sich die Durchsetzung von Berichtigungsansprüchen oft als sehr schwierig und zeitaufwendig dar, da trotz der Darlegungslasten des Passivlegitimierten, deren Verletzung die Wahrheitsfiktion des § 138 Abs. 3 ZPO auslöst, häufig trotzdem Beweisschwierigkeiten im Parteienprozess verbleiben und eine Publikation einer Berichtigungserklärung erst nach rechtskräftigem Hauptsacheurteil vollstreckt werden kann.[693] Besonders die schnellen Verbreitungsformen durch die Benutzung der neuen Medien führen aber oftmals dazu, dass zu diesem Zeitpunkt durch die lauffeuerartige Verbreitung dieser Rechtsschutz zu spät kommt. Allein der Unterlassungsanspruch gewährt aufgrund der Möglichkeit der Durchsetzung im einstweiligen Rechtsschutz eine zeitnahe effektive Rechtsschutzmöglichkeit.[694]

---

686 MüKo-BGB/*Rixecker* § 12 BGB Anh. Allg. PersönlR, Rn. 316.

687 OLG Saarbrücken Urt. v. 29.04.2009 – 5 U 465/08, NJW-RR 2010, 346, 347 verneint einen Unterlassungsanspruch bei der Beachtung pressemäßiger Sorgfalt, solange „Wahrheit und Unwahrheit offen verbleiben".

688 BVerfG Beschl. v. 25.10.2005 – 1 BvR 1696/98, NJW 2006, 207, 210; MüKo-BGB/*Rixecker* § 12 BGB Anh. Allg. PersönlR, Rn. 316.

689 BGH Urt. v. 30.01.1996 – VI ZR 386/94, GRUR 1997, 396, 399.

690 BGH Urt. v. 15.12.1987 – VI ZR 35/87, NJW-RR 1988, 733, 734.

691 BGH Urt. v. 03.05.1977 – VI ZR 36/74, NJW 1977, 1288, 1289.

692 *Prinz/Peters* Medienrecht, 11. Kap. Rn. 278.

693 HH-Ko/MedienR/*Meyer* 41. Abschnitt Rn. 1.

694 Vgl. zur Bedeutung des Unterlassungsanspruchs aufgrund der Möglichkeit schnellen und effektiven Rechtsschutzes HH-Ko/MedienR/*Meyer* 40. Abschnitt Rn. 1.

Bei der Geltendmachung von § 824 BGB trägt der Anspruchssteller dagegen die Beweislast für die oftmals nur schwerlich nachweisbare Unrichtigkeit der aufgestellten Tatsachenbehauptung, sodass die konkurrierende Ansprüche durch die dortige Übertragung der Beweislastregel des § 186 StGB häufig erfolgversprechender sind.[695] Auch wenn die Rechtsprechung die Last dieser Regelung etwas minimiert, indem sie die Unrichtigkeit ohne Rücksicht auf die Beweislast unterstellt, sofern der Urheber der Äußerung trotz nach dem eigenen Vortrag möglicher Substantiierung diese gerade unterlässt,[696] wiegt doch die Beweislast gleichwohl schwer.

VI. Evaluation des Schutzgehalts

Der vor allem beim Geldentschädigungsanspruch vorzufindende Präventionsgedanke könnte grundsätzlich zur Bekämpfung wirtschaftlich und politisch motivierter Fake News fruchtbar gemacht werden. Problematisch ist allerdings insoweit, dass der Persönlichkeitsschutz nicht jeden Inhalt von Fake News erfasst. Fake News betreffend tatsächliche Umstände, die nicht unmittelbar Individuen oder den restriktiven Schutzbereich des Persönlichkeitsrechts von Personenvereinigungen betreffen, werden daher vom (allgemeinen) Zivilrecht *de lege lata* nicht reguliert. Gerade Fake News, die eine politische Beeinflussung bezwecken, werden in vielen Fällen keinen Eingriff in vom Zivilrecht geschützte Rechtsgüter bedeuten. Es sind etwa Fälle denkbar, in denen Behauptungen einer tatsächlich gar nicht existenten Person zugeschrieben werden, sodass denknotwendig keinerlei zivilrechtliche Ansprüche bestehen. Bekannt geworden sind insofern Beiträge einer tatsächlich nicht existenten Politikerin, in denen diese letztlich einen von einem Flüchtling begangenen Mord an einer vergewaltigten Studentin verteidigt und zu „Verständnis für die kulturellen Unterschiede" aufruft.[697] Auch Fake News mit wirtschaftlicher Intention wären in noch weitergehenden Bereichen folgenlos möglich, weil Unternehmen nur im seltenen Fall eines Eingriffs in den eingerichteten und ausgeübten Gewerbebetrieb oder in das Unternehmenspersönlichkeitsrecht Ansprüche haben. Überdies bereitet die lange Verfahrensdauer in der Praxis Probleme,[698] da bis zu der Durchsetzung der Ansprüche der Meinungsbildungsvorgang in der Gesellschaft oft vollständig abgeschlossen sein wird. Der Vorgang ist zu diesem

---

695 *Reichold* in Herberger/Martinek/Rüßmann/Weth/Würdinger (Hrsg.), § 824 BGB Rn. 43.

696 BGH Urt. v. 09.07.1974 – VI ZR 112/73, NJW 1974, 1710, 1711.

697 Mimikama.at v. 12.03.2018, abrufbar unter https://www.mimikama.at/allgemein/verstaendnis-mutation-fake/ (24.03.2022). Beispiel nach *Wissenschaftliche Dienste des Landtages Rheinland-Pfalz* Im Fokus Nr. 17/2, S. 2, abrufbar unter https://www.landtag.rlp.de/fileadmin/Landtag/Medien/WID/WID-Im_Fokus/2017/WID-Im_Fokus_17-2_vom_13.02.2017.pdf (24.03.2022).

698 So *Prinz/Peters* Medienrecht, 13. Kap. Rn. 445.

Zeitpunkt nicht selten infolge des Zeitablaufs insgesamt in Vergessenheit geraten,[699] sodass der Gesetzgeber die Notwendigkeit gesehen hat, mit der Implementierung des Gegendarstellungsanspruchs diesem Problem zu begegnen.

Auch die Ansprüche im Einzelnen bereiten im Zeitalter des Internets teilweise Probleme. Persönlichkeitsrechtsverletzungen durch die Verbreitung unwahrer Tatsachenbehauptungen im Internet zeichnen sich besonders durch einen Kontrollverlust über die Verbreitung seitens des Autors aus, der die einmal gestartete Verbreitung nicht mehr verhindern kann.[700] Nun kann aber die letztverbindliche Lösung nicht einfach darin gesucht werden, der Rechtsprechung die ihr im Rahmen richterlicher Schätzung gem. § 287 ZPO obliegende Bestimmung der Höhe der Geldentschädigung für Fälle der Verletzung im Internet zu erhöhen.[701] Zwar deutet die zuerkannte Genugtuungsfunktion des Geldentschädigungsanspruchs auf eine solche indizierte Erhöhung der Entschädigungssumme hin, jedoch ließe dies zumindest zum Teil unberücksichtigt, dass die virale Verbreitung in dem gefundenen Ausmaß nicht immer die Intention des Erstverletzers war. Diesem aber kann die Verbreitung gerade mittels Algorithmen womöglich infolge der Unvorhersehbarkeit nicht, zumindest aber nicht vollumfänglich angelastet werden. Nach hiesiger Rechtsauffassung wäre dies bei der Bemessung problematisch, da dem Erstverletzer allenfalls die abstrakte Gefahr einer viralen Verbreitung anzulasten ist, eine weitergehende konkretisierte Intention aber nur schwerlich beweisbar erscheint. Überdies verkommt der Entschädigungsanspruch zu einem stumpfen Schwert, wenn dieser zwar erforderlich zum Ausgleich der Verletzung ist – dieser aber gegen den Urheber entweder finanziell nicht durchsetzbar ist oder schon der Urheber gar nicht ausfindig gemacht werden kann. Schließlich ist die Höhe der Entschädigung nach ständiger Rechtsprechung auch an der Solvenz des Verletzers zu bemessen,[702] diese wird aber anders als bei Presseinstituten bei Privatpersonen häufig nicht hinreichend quantifizierbar sein. Gerade die Anhänger stark polarisierender Meinungsbilder werden sich daher von derart schwierig messbaren Entschädigungen kaum beeindrucken lassen. Eine effektive Bekämpfung von Fake News steht vor diesen Hintergründen in Frage. Schwer wiegen überdies im Allgemeinen die Aufklärungsschwierigkeiten bei der Rechtsdurchsetzung im Internet, die durch die im Zivilrecht geltende Dispositionsmaxime gesteigert werden sowie die finanziellen Risiken der Betroffenen bei der privatrechtlichen Durchsetzung ihrer Persönlichkeitsrechte.[703]

---

699 BVerfG Beschl. v. 14.01.1998 – 1 BvR 1861/93, NJW 1998, 1381, 1383.

700 *Hofmann/Fries* NJW 2017, 2369, 2372.

701 So aber *Hofmann/Fries* NJW 2017, 2369, 2372.

702 BGH Urt. v. 16.02.1993 – VI ZR 29/92, NJW 1993, 1531.

703 LK-*Valerius* § 210a StGB Rn. 48; BeckOK StGB/*Heuchemer* § 201a StGB Rn. 7; *Kühl* AfP 2004, 190, 193. Im Zusammenhang mit Fake News erblickte eine erschwerte Rechtsdurchsetzung zuletzt auch *M. Schreiber* Strafbarkeit politischer Fake News,

B. Haftung für fremde Beiträge

I. Providerhaftung als rechtsdogmatisches Problem

Die Unvollkommenheit wird noch durch die Komplexität und Grenzen der deutschen Haftung von Host-Providern potenziert.[704] Wie bereits dargestellt, haften Host-Provider regelmäßig nicht gemäß der allgemeinen presserechtlichen Verbreiterhaftung, da sie sich die nutzergenerierten Inhalte regelmäßig nicht zu eigen machen. Die Störerhaftung der Host-Provider gewinnt vor dem Hintergrund des Bedürfnisses an zeitnaher Rechtsdurchsetzung wegen der Anonymität der Nutzer im Internet zunehmend an Bedeutung.[705]

1. *Kurzübersicht der §§ 7 ff. TMG*

Plattformen wie Facebook und andere Social Media sind juristische Personen, die eigene oder fremde Telemedien im Sinne des § 1 Abs. 1 des Telemediengesetzes („TMG“) zur Nutzung bereithalten. Sie sind mithin Diensteanbieter gem. § 2 Nr. 1 TMG.[706] Die §§ 7–10 TMG enthalten Regelungen zur Verantwortlichkeit von Diensteanbietern. Das Telemediengesetz versucht dem Umstand, dass der Verletzer oftmals nicht ausfindig zu machen ist, Rechnung zu tragen und statuiert daher Pflichten für die Diensteanbieter. § 7 TMG regelt in seinem Abs. 1 zunächst, dass Telemedienanbieter für eigene Inhalte nach den allgemeinen Gesetzen verantwortlich sind, während §§ 8 ff. TMG die Haftung für fremde Informationen regeln.[707] Eigene Informationen sind dabei nicht nur solche, deren Urheber der Diensteanbieter selbst ist, sondern auch solche, die sich der Diensteanbeiter zu eigen macht.[708] Ein zu eigen machen in diesem Sinne liegt vor, wenn der Diensteanbieter nach außen hin erkennbar die Verantwortung für die veröffentlichten Inhalte übernimmt.[709] § 7 Abs. 2 Satz 1 TMG stellt jedoch klar, dass Diensteanbieter

S. 136 ff., der insoweit auch die bestehenden Auskunftsansprüche gegen die Plattformbetreiber analysiert hat.

704 *B. Holznagel* MMR 2018, 18, 21. Vgl. zur Haftung der Plattformbetreiber zuletzt auch *M. Schreiber* Strafbarkeit politischer Fake News, S. 142 ff.

705 *Götze* Aktuelle Fragen der strafrechtlichen Providerhaftung, S. 136.

706 *Ceffinato* JuS 2017, 404, 405. Ausführlich zur einheitlichen Einordnung von sozialen Netzwerken als Telemediendienste *Eckel/Rottmeier* NStZ 2021, 1, 10 f., die im Einklang mit dem EuGH argumentieren, dass die Plattformbetreiber den Nutzern gegenüber nicht für die Übertragung des Signals verantwortlich sind – sondern ihre Leistung schwerpunktmäßig in der Aufbereitung von Inhalten besteht.

707 *Kovavs* Die Haftung der Host-Provider, S. 139.

708 *Kovavs* Die Haftung der Host-Provider, S. 139 f.; so auch BGH Urt. v. 12.11.2009 – I ZR 166/07, MMR 2010, 556, 557.

709 BGH. Urt. v. 01.03.2016 – VI ZR 34/15, NJW 2016, 2106, 2107 Rn. 17.

hinsichtlich fremder Inhalte nicht verpflichtet sind, diese proaktiv nach Rechtsverletzungen zu durchforsten.[710]

2. Haftung der Content-Provider

Der dem Beitrag am nächsten stehende Provider ist der Inhalteanbieter, welcher die Informationen auf eigenen Servern, denjenigen von Onlinediensten oder von Host-Providern bereit hält („*Content-Provider*").[711] Als Bereithalten in diesem Sinne wird das Zurverfügungstellen von Informationen zum nutzerseitigen Abruf auf eigenen oder fremden Servern verstanden.[712] Content-Provider haften nach § 7 Abs. 1 TMG als Anbieter eigener Informationen nach den allgemeinen Gesetzen, für sie besteht also keine Privilegierung.[713] Nach einer beachtlichen Auffassung ist der Ersteller von Beiträgen, der die Inhalte nicht auf eigenen Rechnern speichert, als solcher kein Diensteanbieter im Sinne von § 2 Nr. 1 TMG.[714] Content-Provider und Diensteanbieter im Sinne des TMG sollen nämlich nur diejenigen Ersteller sein, welche die selbst erstellten Beiträge auf eigenen Rechnern bereithalten.[715] Infolge des äquivalenten Haftungsregimes soll diese Einteilung vorliegend aber nicht weiter erörtert werden. Besonderheiten in Bezug auf die zivilrechtliche Haftung bestehen für diese Kategorie von Providern ohnehin nicht. Der Nutzer von Social Media ist Content-Provider, soweit er eigene Inhalte auf Servern eines Host-Providers zur Verfügung stellt, für deren Haftung bzgl. eigener Inhalte bestehen deshalb keine Besonderheiten.[716] Plattformen wie Facebook könnten nur dann als Content-Provider eingeordnet werden, wenn die von den Nutzern geteilten Inhalte als eigene Informationen bewertet werden können, was mangels erkennbarer Verantwortungsübernahme fernliegend erscheint.[717]

---

710 *Kovavs* Die Haftung der Host-Provider, S. 143 f.

711 *Geiring* Risiken von Social Media und User Generated Content, S. 160.

712 *Geiring* Risiken von Social Media und User Generated Content, S. 160; *Hilgendorf/Valerius* Computer- und Internetstrafrecht, Rn. 204.

713 *Hoeren* in Hoeren/Sieber/B. Holznagel (Hrsg.), Teil 18.2 Rn. 123.

714 *Hoeren* in Hoeren/Sieber/B. Holznagel (Hrsg.), Teil 18.2 Rn. 123.

715 *Hoeren* in Hoeren/Sieber/B. Holznagel (Hrsg.), Teil 18.2 Rn. 123. Vgl. auch *Wenske* Die Rolle der Internet Service Provider im deutschen und US-amerikanischen Recht, S. 23.

716 *Geiring* Risiken von Social Media und User Generated Content, S. 161.

717 *Ziegler* Urheberrechtsverletzungen durch Social Sharing, S. 207; Vgl. auch *Geiring* Risiken von Social Media und User Generated Content, S. 161, 162. Zum zu eigen machen sogleich.

3. *Haftung der Network- und Access-Provider*

Anbieter von Netzwerkdiensten („*Network-Provider*“) und von Zugangsdiensten („*Access-Provider*“) stellen die Infrastruktur des Internets zur Verfügung, ohne Einfluss auf die bereitgestellten Inhalte zu nehmen: Sie sind nach § 8 TMG grundsätzlich nicht verantwortlich.[718] Durch das Dritte TMG-Änderungsgesetz[719] schloss der Gesetzgeber mit § 8 Abs. 1 Satz 2 TMG die Störerhaftung für solche Provider aus, wobei infolge Europarechtswidrigkeit dieses umfassenden Ausschlusses Auswege zur Aufrechterhaltung der Wirksamkeit dieses Gesetzes gesucht werden, zum Beispiel über eine extensive Anwendung von § 7 Abs. 4 TMG in solchen Fällen.[720] Teilweise wird insofern eine teleologische Reduktion der Vorschrift § 8 Abs. 1 Satz 2 TMG unter Aufrechterhaltung des bislang geltenden Störerhaftungsregimes aufgrund der Regelung des § 7 Abs. 3 TMG befürwortet.[721] Voraussetzung ist in Anknüpfung an die Rechtsprechung zur Haftung der Host-Provider freilich, dass anlassbezogene Prüfpflichten durch die Mitteilung einer klaren Rechtsverletzung durch den Rechteinhaber ausgelöst werden.[722] Nach der vor der Gesetzesänderung ergangenen Rechtsprechung bestanden Unterlassungsansprüche gegen Access-Provider und waren Sperrverfügungen gegen Access-Provider dann möglich, wenn der Rechteinhaber zumutbare Maßnahmen gegen Ersteller und Host-Provider unternommen hat, sofern die Sperrung zumutbar und verhältnismäßig ist.[723] Da aber das Vorgehen gegen den Host-Provider oftmals möglich sein wird, werden die Ansprüche gegen Network- und Access-Provider aufgrund der Subsidiarität für die hiesigen Fälle vielfach nicht von durchschlagender praktischer Relevanz sein.

---

718 MüKo-StGB/*Freund* § 13 StGB Rn. 160. Instruktive Darstellung der Funktionen bei *Hilgendorf/Valerius* Computer- und Internetstrafrecht, Rn. 175 ff. und *Detlefsen* Die strafrechtliche Verantwortlichkeit für das Setzen von Hyperlinks, S. 7 ff.; *Wenske* Die Rolle der Internet Service Provider im deutschen und US-amerikanischen Recht, S. 24 ff. Die h.A. erweitert den Haftungsausschluss zudem in richtlinienkonformer Auslegung auf Network-Provider, *Sieber/Höfinger* in Hoeren/Sieber/B. Holznagel (Hrsg.), Teil 18.1 Rn. 32 f.

719 BGBl. I 2017, 3530 mit Wirkung v. 13.10.2017.

720 *Spindler* GRUR 2018, 1012, 114. Diese Norm setzt freilich Immaterialgüterrechte voraus und hat daher keinen allumfassenden Anwendungsbereich.

721 *Höfinger* ZUM 2018, 382, 385; *W. Müller* MMR 2019, 426, 428.

722 MüKo-BGB/*Wagner* § 823 BGB Rn. 759.

723 BGH Urt. v. 26.11.2015 – I ZR 174/14, MMR 2016, 180 m. Anm. *Finger/Conraths*.

4. *Haftung der Host-Provider*

Die Betreiber von sozialen Netzwerken unterhalten eine Internetseite und speichern die von Nutzern hochgestellten Daten: Sie sind damit Host-Provider.[724] § 10 TMG schafft eine Haftungsprivilegierung für Diensteanbieter, die fremde Informationen speichern („*Host-Provider*") und stellt diese von der Haftung frei, sofern sie keine Kenntnis von den rechtswidrigen Inhalten haben, ihnen keine Umstände bekannt sind, aus denen die Rechtswidrigkeit offensichtlich folgt (Nr. 1) oder sofern sie unverzüglich nach Kenntniserlangung die Inhalte löschen oder den Zugang sperren (Nr. 2).[725]

Nach Ansicht der Rechtsprechung und überwiegender Ansicht in der Literatur ist die Haftungsprivilegierung des § 10 TMG auf die Störerhaftung (Beseitigungs- und Unterlassungsansprüche) in richtlinienkonformer Auslegung nicht anwendbar, wobei dies auch den vorbeugenden Unterlassungsanspruch umfasst.[726] Dies folgt aus § 7 Abs. 2 TMG und einer Gesamtschau der Regelungen, nach der dies nur die strafrechtliche Verantwortlichkeit und die Haftung auf Schadensersatz betreffen soll.[727] Als Störer haftet neben dem unmittelbaren Verletzer ebenso, wer „in irgendeiner Weise willentlich und adäquat kausal zur Verletzung eines geschützten Gutes beiträgt".[728] Um eine ausufernde Haftung von Host-Providern zu vermeiden, erfordert dies jedoch die Verletzung von Kontroll- oder Verhaltenspflichten, insbesondere von Prüfpflichten.[729] Es bestehen aber keine präventiven

---

724 So auch *M. Schreiber* Strafbarkeit politischer Fake News, S. 145. Vgl. Art. 14 – „Hosting" – der RL 2000/31/EG des Europäischen Parlaments und des Rates v. 08.06.2000 über bestimmte rechtliche Aspekte der Dienste der Informationsgesellschaft, insbesondere des elektronischen Geschäftsverkehrs, im Binnenmarkt.

725 *Kovavs* Die Haftung der Host-Provider, S. 144.

726 BGH Urt. v. 19.04.2007 – I ZR 35/04, MMR 2007, 507; *Hoffmann/Volkmann* in Spindler/Schuster (Hrsg.), § 7 TMG Rn. 37; *Kovavs* Die Haftung der Host-Provider, S. 159 ff., 189; *Ziegler* Urheberrechtsverletzungen durch Social Sharing, S. 211. Andere wollen § 7 Abs. 2 Satz 2 TMG auf Unterlassungsansprüche anwenden, so OLG Hamburg Urt. v. 01.07.2015 – 5 U 87/12, MMR 2016, 269, 271 und *Mantz* MMR 2010, 568, 569. *M. Schreiber* Strafbarkeit politischer Fake News, S. 148 f. wies zuletzt darauf hin, dass der für das Wettbewerbsrecht zuständige I. Zivilsenat des BGH dies in seinem Urt. v. 19.03.2015 – I ZR 94/13, NJW 2015, 3443, 3445 zumindest hinsichtlich eines Unterlassungsanspruchs wegen Verletzung von Vorschriften des UWG abweichend bewertet hat – in jedem Fall aber das §§ 7 Abs. 2, 10 TMG vorgesehene Notice-and-Takedown-Verfahren Anwendung findet.

727 BGH Urt. v. 27.03.2007 – VI ZR 101/06, ZUM 2007, 533 m.w.N. Vgl. zum Ausschluss der strafrechtlichen Verantwortlichkeit unten unter § 4 E. II.

728 BGH Urt. v. 17.05.2001 – I ZR 251/99, BGHZ 148, 13, 17.

729 BGH Urt. v. 19.04.2007 – I ZR 35/04, MMR 2007, 510; LG Hamburg Urt. v. 20.04.2012 – 310 O 461/10, MMR 2012, 404, 406.

Prüfpflichten, sondern nur Prüfpflichten im Falle der Kenntniserlangung – welche nach herrschender Auffassung auf die Rechtswidrigkeit umfassen muss.[730] Deren Ausmaß bestimmt sich wiederum nach der nach den Umständen bestehenden Zumutbarkeit von Prüfpflichten.[731] Ein Tätigwerden auf einen Hinweis hin ist dann veranlasst, wenn dieser so konkret verfasst ist, dass die Überprüfung eines Rechtsverstoßes möglich ist. § 7 Abs. 2 Nr. 1 TMG bestimmt insoweit, dass ein proaktives Suchen nach Rechtsverletzungen vom Diensteanbieter nicht gefordert wird. So ist es beispielsweise dem Anbieter Ebay nach der Rechtsprechung nicht zuzumuten, alle auf seiner Plattform inserierten Angebote proaktiv und anlasslos nach etwaigen Rechtsverletzungen zu durchforsten.[732] Aus der Regelung folgert die Jurisprudenz, dass eine Haftung regelmäßig erst nach einer Kenntniserlangung seitens des Host-Providers besteht.[733] Das dem angloamerikanischen Recht entstammende Prinzip des Melde- und Abhilfeverfahrens („*Notice-and-Takedown*")[734] hat sich also hier ebenso durchgesetzt. Hiernach wird der Host-Provider zunächst in Kenntnis gesetzt: Sofern er den rechtswidrigen Inhalt daraufhin nicht unverzüglich löscht, besteht dann ein Unterlassungsanspruch.[735]

Das Verfahren nach entsprechender Kenntniserlangung gestaltet sich gemäß der Rechtsprechung wie folgt: Der Host-Provider muss die Beanstandung an den mutmaßlichen Verletzer zur Stellungnahme weiterleiten. Unterbleibt sodann binnen angemessener Frist eine Stellungnahme, ist von dem Zutreffen der Beanstandung mit der Konsequenz auszugehen, dass der Beitrag zu löschen ist.[736] Erfolgt dagegen eine substantiierte Entgegnung auf die Beanstandung, ist dies dem Beschwerdeführer mitzuteilen und sind ggfs. entsprechende Nachweise zu verlangen, bei deren Ausbleiben binnen angemessener Frist wiederum von der Löschung abgesehen werden kann.[737] Ergibt sich aus der Stellungnahme dagegen eine Rechtsverletzung, ist der Beitrag zu löschen.[738] Die Instanzgerichte haben die Substantiierungserfordernisse einer solchen Stellungnahme des Autors zumindest teilweise konkretisiert. Der Host-Provider darf sich nicht etwa damit begnügen,

---

730 BGH Urt. v. 25.10.2011 – VI ZR 93/10, MMR 2012, 124, 126; *Geiring* Risiken von Social Media und User Generated Content, S. 164 f.; *M. Schreiber* Strafbarkeit politischer Fake News, S. 149.

731 BGH Urt. v. 11.03.2004 – I ZR 304/01, GRUR 2004, 860, 864; *Geiring* Risiken von Social Media und User Generated Content, S. 165 f.

732 BGH Urt. v. 11.03.2004 – I ZR 304/01, GRUR 2004, 860, 864.

733 LG Hamburg Urt. v. 20.04.2012 – 310 O 461/10, MMR 2012, 404.

734 BT-DS. 18/13013, S. 2.

735 *Solmecke* in Hoeren/Sieber/B. Holznagel (Hrsg.), Teil 21.1 Rn. 89.

736 BGH Urt. v. 25.10.2011 – VI ZR 93/10, MMR 2012, 124, 126.

737 BGH Urt. v. 25.10.2011 – VI ZR 93/10, MMR 2012, 124, 126; *Mann* in Spindler/Schuster (Hrsg.), § 823 BGB Rn. 25.

738 BGH Urt. v. 25.10.2011 – VI ZR 93/10, MMR 2012, 124, 126.

die Wahrheit der Stellungnahme vorschnell anzunehmen, sondern er muss selbst dezidierte Maßnahmen zur Ermittlung des Sachverhalts ergreifen, wie das Fordern von Nachweisen für die Berechtigung des Beitrags.[739]

Überdies kann nach den dargestellten Grundsätzen der Betreiber einer Facebook-Seite für von Dritten auf die Chronik hochgeladene Beiträge als Content-Provider haften, sofern er sich diese Inhalte zu eigen macht.[740] Auch hier besteht die Haftung auf Unterlassung jedoch erst ab Kenntniserlangung von der Rechtswidrigkeit.[741] Von dieser Kenntnis kann nicht bereits ab Eingang einer automatisierten Email zu dem Chronikeintrag ausgegangen werden, da diese sich nicht zu den Inhalten des Beitrags verhält – wohl aber mit einem Kommentar zu dem Beitrag vom Verfasser.[742]

In der Praxis stellt sich das von der Rechtsprechung statuierte Verfahren bislang als schwerfällig dar. Der Nutzerstamm von einer Milliarde Nutzern macht ein sofortiges Löschen nahezu unmöglich. Ohnehin scheitert das Löschen in der Rechtswirklichkeit zumeist an den sog. Gemeinschaftsstandards des amerikanischen Unternehmens, die wesentlich von den Regulierungen bzgl. Hate Speech im US-amerikanischen Rechtssystem geprägt sind.[743] Häufig erreicht den Beanstander nach der Meldung rechtswidriger Inhalte nur eine standardisierte Nachricht, dass der Beitrag nicht gegen die Gemeinschaftsstandards verstoße, womit dann weitere Reaktionen seitens Facebook ausbleiben.[744] Nach anderen Stimmen bleiben oftmals bereits die Bearbeitungen solcher Notifizieren aus.[745] Demnach besteht bei der Haftung von Host-Providern eine erhebliche Divergenz zwischen der Haftung nach dem TMG und der praktischen Rechtsdurchsetzung. Die Unternehmen verstecken sich hinter der vorgeblichen Kongruenz rechtswidriger Beiträge mit den Unternehmensstandards, obgleich das Telemedienrecht für sie ohne Vorbehalte anwendbar ist.[746]

---

739 LG Nürnberg-Fürth Urt. v. 08.05.2012 – 11 O 2608/12, ZUM 2013, 70.

740 LG Stuttgart Urt. v. 20.07.2012 – 17 O 303/12; *Ziegler* Urheberrechtsverletzungen durch Social Sharing, S. 226 ff.

741 LG Stuttgart Urt. v. 20.07.2012 – 17 O 303/12; *Ziegler* Urheberrechtsverletzungen durch Social Sharing, S. 226 ff.; *Solmecke* in Hoeren/Sieber/B. Holznagel (Hrsg.), Teil 21.1 Rn. 89.

742 *Solmecke* in Hoeren/Sieber/B. Holznagel (Hrsg.), Teil 21.1 Rn. 89.

743 *WD* Der Umgang mit Fake News, Rechtslage und Reformansätze, Az. WD 10-3000-067/16, S. 8.

744 *WD* Der Umgang mit Fake News, Rechtslage und Reformansätze, Az. WD 10-3000-067/16, S. 8.

745 *B. Holznagel* MMR 2018, 18, 21.

746 So *WD* Der Umgang mit Fake News, Rechtslage und Reformansätze, Az. WD 10-3000-067/16, S. 8.

II. Haftung likender und teilender Nutzer

Schließlich stellt sich neben der Haftung der Provider die Frage, *inwieweit Nutzer für Beiträge anderer Nutzer haften*. Profile in sozialen Medien stellen ein eigenständiges Telemedium dar, sodass sich die Frage der Haftung für von verknüpften Personen auf dem Profil hinterlassenen Informationen unweigerlich stellt.[747] Hierbei ist aber ebenso ein zu eigen machen erforderlich, das den fremden Inhalt als eigenen erscheinen lässt – es bedarf also weitergehender, netzwerktypischer Interaktionsformen.[748] Die Nutzer müssen also mit den auf ihrer Chronik ersichtlichen Beiträgen durch die spezifischen Gefällt mir-[749] oder Teilen-Funktionen oder anderweitig interagieren.[750] Sofern ein diese Interaktionsformen wahrnehmender Teilnehmer mit besonders zahlreichen Personen über das Netzwerk verknüpft ist, besteht mitunter ein Bedürfnis, gerade diesen in Anspruch zu nehmen, da der verwirklichte Schaden durch die größere „soziale Reichweite" bzw. den größeren „sozialen Einfluss" ungleich gesteigert wird.[751] Im Falle der Nutzung der Kommentierungsfunktion wird oftmals ein befürwortender Kommentar aufgenommen werden und somit ein zu eigen machen vorliegen, sodass in diesen Fällen eine Haftung doch bereits an die eigene Verletzungshandlung anknüpft.

Für das bloße Teilen ist seitens der Gerichte bei ehrverletzenden Inhalten vertreten worden, dass diesem keine über die bloße Verbreitung hinausgehende Bedeutung beizumessen sei und eine Haftung auf Unterlassung des teilenden Nutzers daher nicht bestehe.[752] Diese Bewertung dürfte insofern jedoch fehlgehen, als sie die Grundsätze über die Zurechnung von materiellen Persönlichkeitsverletzungen verkennt, nach der eine Haftung selbst im Falle der Verbreitung fremder Erklärungen möglich ist.[753] Nach diesen Grundsätzen soll ebenso verantwortlich sein, wer lediglich andere von einer persönlichkeitsrechtsverletzenden Information berichtet oder anderweitig Kenntnisnahmemöglichkeiten schafft und dergestalt

---

747 *Geiring* Risiken von Social Media und User Generated Content, S. 161.

748 *Geiring* Risiken von Social Media und User Generated Content, S. 161.

749 Auf die Darstellung der zwischenzeitlich eingeführten weiteren Interaktionsformen mittels der Emojis „Love", „Haha", „Wow", „Traurig" und „Wütend" soll im Rahmen der Arbeit verzichtet werden, da in der Praxis weiterhin die Betätigung des Gefällt mir-Buttons dominiert, *Lichtnecker* MMR 2018, 512, 514.

750 In diese Richtung auch *Geiring* Risiken von Social Media und User Generated Content, S. 161 f.

751 *Geiring* Risiken von Social Media und User Generated Content, S. 143.

752 OLG Frankfurt Urt. v. 26.11.2015 – 16 U 64/15, MMR 2016, 489; vgl. auch OLG Dresden Urt. v. 07.02.2017 – 4 U 1419/16, MMR 2017, 542, nach dem ein zu eigen machen erst im Falle positiver Bewertungen vorliegt.

753 MüKo-BGB/*Rixecker* § 12 BGB Anh. Allg. PersönlR, Rn. 251.

die Inhalte verbreitet.[754] Hiernach soll für das Auslösen der Verbreiterhaftung grundsätzlich das Liken und Teilen von Inhalten ausreichend sein.[755] Die Haftung ist aber gleichwohl beschränkt, beispielsweise dann, wenn die verbreiteten Inhalte in eine Darstellung des Meinungsstandes zu einer bestimmten Problematik eingebettet sind, bei der der Verbreiter keinerlei Position bezieht.[756] Die oben genannte Rechtsprechung dürfte die weitreichende Verbreiterhaftung verkennen und insbesondere zu einer nicht hinnehmbaren Verkürzung der Rechte des Betroffenen führen. Jedenfalls Unterlassungsansprüche resultieren daher selbst im Falle kommentarloser Facebook-Interaktionen bezogen auf persönlichkeitsverletzende Beiträge. Das Bestehen der weitergehenden verschuldensabhängigen Ansprüche ist demgegenüber eine Frage des Einzelfalls: Oftmals wird man aber Anknüpfungsmomente für ein fahrlässiges Verkennen der Unrichtigkeit finden.

C. Medienrechtliches Regelungsregime

Das Medienrecht richtet an die Adressaten einige medienzivilrechtliche Sorgfaltspflichten und gewährt unter bestimmten Voraussetzungen einen Gegendarstellungsanspruch. Die medienzivilrechtlichen Pflichten gewinnen dabei Bedeutung bei der Anwendung der allgemeinen bereits dargestellten zivilrechtlichen Haftungstatbestände: So kann bereits die Störereigenschaft wegen der Beachtung zumutbarer Prüfpflichten oder die Rechtswidrigkeit in Wahrnehmung berechtigter Interessen entfallen oder aber es an einem Verschulden fehlen.[757] Die Landespressegesetze knüpfen selbst an die Verletzung journalistischer Sorgfalt daher keine Rechtsfolgen, sondern legen dem Gesetzesadressaten Pflichten auf, im Falle deren Verletzung ein Verschulden im Sinne von § 276 BGB anzunehmen ist.[758]

I. Der Gegendarstellungsanspruch

Der Gegendarstellungsanspruch soll nicht nur den Schutz des Persönlichkeitsrechts des Betroffenen gewährleisten, sondern dient darüber hinaus dem Interesse der Öffentlichkeit an sachlich richtigen Informationen.[759] Er bezweckt hierbei nicht

---

754 MüKo-BGB/*Rixecker* § 12 BGB Anh. Allg. PersönlR, Rn. 252; vgl. auch Erman/*Klass*, Anh § 12 BGB Rn. 86.

755 MüKo-BGB/*Rixecker* § 12 BGB Anh. Allg. PersönlR, Rn. 252.

756 MüKo-BGB/*Rixecker* § 12 BGB Anh. Allg. PersönlR, Rn. 254; vgl. auch BGH Urt.v. 30.01.1996 – VI ZR 386/94, NJW 1996, 1131.

757 HH-Ko/MedienR/*Meyer* 37. Abschnitt Rn. 1.

758 HH-Ko/MedienR/*Meyer* 37. Abschnitt Rn. 171. *M. Schreiber* Strafbarkeit politischer Fake News, S. 160 ff. verweist in diesem Zusammenhang auf den Ordnungswidrigkeitentatbestand in Art. 13 Abs. 1 Nr. 4 BayPrG, der insoweit eine Ausnahme bildet.

759 BVerfG Beschl. v. 14.01.1998 – 1 BvR 1861/93, NJW 1998, 1381, 1382.

etwa die Prävention oder Richtigstellung von Tatsachenbehauptungen, sondern soll dem Betroffenen eine eigene Darstellung unter gleichen Umständen wie bei der Erstveröffentlichung ermöglichen.[760] Der Gegendarstellungsanspruch erfordert deshalb weder eine Ehrverletzung, noch die nachweisliche Unwahrheit der Erstveröffentlichung oder die Wahrheit der Gegendarstellung, da das Persönlichkeitsbild selbst ohne ehrenrührige Darstellungen verletzt sein kann.[761] Der Gegendarstellungsanspruch ist bzgl. der Presse in den einzelnen Landespressegesetzen geregelt. Bzgl. des Rundfunks bestehen ebenfalls Regelungen auf Landesebene, beispielsweise in Rundfunkstaatsverträgen.[762] Nach den meisten Landesgesetzen erfolgt die Durchsetzung in einem speziellen presserechtlichen Verfahren, in dem die Vorschriften des zivilrechtlichen einstweiligen Verfügungsverfahrens entsprechende Anwendung erfahren.[763]

Der Gegendarstellungsanspruch setzt tatbestandlich die eigene Betroffenheit einer Person, Stelle oder in manchen Landesgesetzen einer Gruppe respektive Personenmehrheit sowie ein berechtigtes Interesse voraus.[764] Die individuelle Betroffenheit setzt wiederum voraus, dass der eigene Interessensbereich durch die in der Veröffentlichung publizierte Behauptung tangiert wird und der Anspruchsteller in einer individuellen Beziehung zu der verbreiteten Behauptung steht.[765] Eine individuelle Betroffenheit scheidet jedenfalls dann aus, wenn die Interessen eines größeren Personenkreises durch die Veröffentlichung gleichermaßen verletzt sind.[766] Eine namentliche Nennung ist nicht erforderlich – ausreichend ist, dass die jeweilige Person von einer sachkundigen, größeren Empfängergruppe oder für den interessierten Empfänger infolge der mitgeteilten Gegebenheiten unschwer ermittelbar ist.[767] Maßgeblich ist die Perspektive eines unbefangenen Lesers, sodass ebenso betroffen ist, wen der Verfasser gar nicht meinte, auf den die Berichterstattung aus dieser Perspektive aber abzielt.[768] Das Vorliegen eines

---

760 BVerfG Beschl. v. 19.11.1993 – 1 BvR 1861/93, AfP 1993, 733, 734.

761 BVerfG Beschl. v. 14.01.1998 – 1 BvR 1861/93, NJW 1998, 1381, 1383. Auf eine Programmbeschwerde gegenüber Rundfunk- und Fernsehanstalten wegen der Verletzung der Programmgrundsätze soll mangels praktischer Relevanz nachfolgend nicht eingegangen werden. Vgl. insoweit nur den Erfahrungsbericht von *Schünemann* GA 2019, 620, 628.

762 Siehe die Auflistung bei *Prinz/Peters* Medienrecht, Anhang Rn. 948 ff.

763 HH-Ko/MedienR/*Meyer* 39. Abschnitt Rn. 68.

764 *WD* Der Umgang mit Fake News, Rechtslage und Reformansätze, Az. WD 10-3000-067/16, S. 9; HH-Ko/MedienR/*Meyer* 39. Abschnitt Rn. 4.

765 BVerfG Beschl. v. 14.01.1998 – 1 BvR 1861/93, NJW 1998, 1381, 1383.

766 LG Köln Urt. v. 22.10.1975 – 78 O 256/75, AfP 1976, 191.

767 HH-Ko/MedienR/*Meyer* 39. Abschnitt Rn. 7.

768 OLG Hamburg Urt. v. 19.01.86 – 3 U 86/85, Afp 1986, 137; *Prinz/Peters* Medienrecht 13. Kap. Rn. 469.

berechtigten Interesses bestimmt sich stets nach den Umständen des Einzelfalls, wobei sowohl das Verständnis des unbefangenen Lesers als auch das Selbstverständnis des Betroffenen in diese Bewertung miteinfließen.[769] So kann beispielsweise ein Umstand, der für die meisten Leute belanglos ist, für den Betroffenen bei Vorliegen nachvollziehbarer Gründe von Belang sein und demnach ein berechtigtes Interesse begründen.[770] Sofern bereits eine eigene Stellungnahme des Betroffenen in der Veröffentlichung mit dargestellt wurde, kann ein berechtigtes Interesse fehlen, so zum Beispiel wenn das Bestreiten der persönlichkeitsrechtsverletzenden Aussage seitens des Betroffenen geschildert wird.[771] Auch besteht kein berechtigtes Interesse, wenn bereits eine Berichtigung aller zu beanstandenden Punkte erfolgt ist.[772]

Der Gegendarstellungsanspruch steht bei der Verbreitung von Fake News vor kaum zu bewältigenden Aufgaben.[773] Er versteht sich als Ausdruck des Grundsatzes der Waffengleichheit, welcher verlangt, dass der Gegendarstellung der gleiche Aufmerksamkeitswert zukommt wie der rechtswidrigen Erstveröffentlichung.[774] Dies findet dann bei den Anforderungen an eine Gegenvorstellung Berücksichtigung, denn es soll hinsichtlich Aufmachung und Gestaltung das gleiche Publikum angesprochen und Forum geboten werden wie bei der beanstandeten Veröffentlichung.[775] Dies zu sichern erscheint in sozialen Netzwerken aber nahezu unmöglich. Zeitungen verfügen über ein Stammleserkontigent, dass bei Social Media zwar ebenfalls existiert, aber durch die Personalisierung nicht vergleichbar einfach ansteuerbar ist. Dabei führen Faktoren wie die kognitive Dissonanz womöglich dazu, dass diejenigen, welche die Fehlinformation wegen der Kongruenz zum eigenen Meinungsbild noch engagiert geteilt haben, die Richtigstellung in aller Regel nicht verbreiten werden. Gerade im Falle der Verbreitung von Desinformationen durch Social Bots wird die herkömmlich verbreitete Richtigstellung schon deswegen weniger Menschen erreichen. Eine Richtigstellung könnte daher weniger Klicksignale auslösen als die ursprüngliche Nachricht und daher vom Algorithmus nicht gleich priorisiert werden. Insofern könnten allein die Netzwerke dafür sorgen, dass die Gegenvorstellung allen mit der ursprünglichen Fake News konfrontierten Personen angezeigt wird. Ob dies technisch ohne Weiteres möglich ist, da die Gewichtung des Algorithmus umgangen werden müsste, vermag der Verfasser

---

769 *Prinz/Peters* Medienrecht, 13. Kapitel Rn. 490.

770 *Prinz/Peters* Medienrecht, 13. Kapitel Rn. 490.

771 *Prinz/Peters* Medienrecht, 13. Kapitel Rn. 492; LG Düsseldorf Urt. v. 12.02.1992 – 12 O 12/92, AfP 1992, 315.

772 LG Köln Urt. v. 22.07.1992 – 28 O 269/92, AfP 1992, 389, 390.

773 So im Ergebnis auch *Schünemann* GA 2019, 620, 628.

774 *Prinz/Peters* Medienrecht, 12. Kapitel Rn. 442.

775 BVerfG Beschl. v. 14.01.1998 – 1 BvR 1861/93, NJW 1998, 1381, 1384.

nicht zu beantworten. Aufgrund der psychologischen Reaktionsmechanismen erscheint eine Gegenvorstellung aber ohnehin unzureichend.

II. Telemedien mit journalistisch-redaktionell gestalteten Angeboten

Auch Telemedien mit journalistisch-redaktionell gestalteten Angeboten haben gem. § 54 Abs. 2 Satz 1 des Rundfunkstaatsvertrages (RStV) den anerkannten journalistischen Grundsätzen zu entsprechen. Gem. S. 2 der Vorschrift bestehen daher für solche Anbieter Prüfpflichten hinsichtlich Inhalt, Herkunft und Wahrheit. Die Qualifizierung eines Telemediums als journalistisch-redaktionell setzt dabei eine gewisse *Kontinuität und Dauerhaftigkeit, Universalität der Angebote, Aktualität, Selektivität und Strukturierung, redaktionelle Gestaltung und publizistische Ausrichtung des Angebots* voraus.[776] Diese Kriterien können zum Beispiel Online-Foren, aber beispielsweise auch Microblogs wie Twitter erfüllen, wobei es bei letzteren daran scheitern kann, dass es sich nicht um selbstverfasste Inhalte, sondern nur um einen eigenverfassten Hinweis auf Drittinhalte handelt.[777] Per Social Bots aktualisierte Profile unterfallen mangels redaktioneller Gestaltung – diese setzt von einer natürlichen Person verfasste bzw. ausgewählte Inhalte voraus – ebenfalls nicht dem Begriff.[778] Private und kommerzielle Kommunikation unterfällt ebenso nicht der Definition, es sei denn, es werden publizistische Zwecke und nicht bloß Eigenpräsentation und Meinungsäußerung respektive werbende Zwecke verfolgt.[779] Sofern mit einer Seite in einem sozialen Netzwerk publizistische Arbeit wie die strukturelle Aufarbeitung von Informationen verbunden ist, können diese also den oben genannten Regulierungen unterfallen.[780] Allerdings enthält der RStV keine Ermächtigungsgrundlage, aufgrund der etwa Aufsichtsmaßnahmen oder anderweitige Sanktionen verhängt werden könnten.[781] Einzig § 56 RStV regelt einen Gegendarstellungsanspruch, der weitgehend unter den gleichen Voraussetzungen wie derjenige nach § 11 LPG besteht.[782] Damit verbleibt als Kontrollelement nur die Selbstkontrolle, bei welcher der Deutsche Presserat mittlerweile ebenso für die Kontrolle von Telemedien im Sinne des § 54 RStV zuständig ist.[783] Jedoch verbleibt

---

776 OLG Bremen Urt. v. 14.01.2011 – 2 U 115/10, ZUM 2011, 416; BeckOK InfoMedienR/*Lent* RStV § 54 Rn. 5.

777 *Held* in Binder/Vesting (Hrsg.), Rundfunkrecht, § 54 Rn. 58a; BeckOK InfoMedienR/*Lent* RStV § 54 Rn. 5.

778 BeckOK InfoMedienR/*Lent* RStV § 54 Rn. 5.

779 BeckOK InfoMedienR/*Lent* RStV § 54 Rn. 5.

780 BeckOK InfoMedienR/*Lent* RStV § 54 Rn. 5.

781 *Held* in Binder/Vesting (Hrsg.), Rundfunkrecht, § 54 Rn. 70.

782 Vgl. *Mann* in Spindler/Schuster (Hrsg.), § 56 RStV Rn. 2 f.

783 *Held* in Binder/Vesting (Hrsg.), Rundfunkrecht, § 54 Rn. 70.

diesem als repressive Maßnahme nur eine öffentliche Rüge, deren Abschreckungswirkung nicht weit reicht.[784] Von nachhaltigen Wirkungen bei Personen, die Fake News bewusst zu politischen und wirtschaftlichen Zwecken instrumentalisieren, kann vor diesem Hintergrund nicht ausgegangen werden.

III. Kritik der Schutztauglichkeit

Die Informationsflut über das Internet und die sozialen Netzwerke führt bei gleichbleibenden Ressourcen seitens der Medien zu einem erweiterten Selektionsbedürfnis, das wiederum zumindest faktisch beinahe zwangsläufig zu einer Herabstufung der journalistischen Sorgfaltsanforderungen führt. Vereinfacht gesprochen müssen die Journalisten nicht nur die Nachrichtenagenturen und ähnliche Quellen durchforsten, sondern daneben die sozialen Medien beobachten. Dies muss zwangsläufig dazu führen, dass hinsichtlich der eigentlichen Recherche und dem Bemühen um die Wahrheit nicht der gleiche Aufwand betrieben werden kann. Überdies führen die sozialen Medien zu einem gesteigerten Bedürfnis an Aktualität selbst bei tradierten Medien, sodass dies denklogisch zu Lasten tiefgreifender Recherche gehen muss.

D. Das NetzDG auf dem Prüfstand: Unzulässiges Zensurmittel oder adäquates Handlungsinstrumentarium gegen Fake News?

Trotz der weitreichenden Haftung von Diensteanbietern im Sinne des TMG für rechtswidrige Inhalte wurden im Zuge der Hate-Speech Diskussionen im Jahr 2015 Bestrebungen laut, die eine schnellere Löschungspraxis zum Ziel hatten.[785] Da die Erstellung eines vom damaligen Justizminister Heiko Maas angedachten, mit den Unternehmen zu erarbeitenden Maßnahmenkatalogs scheiterte, mündeten die Bestrebungen in weiteren Regulierungen.[786] Das NetzDG trat zum 01.01.2018 in Kraft. Es hat ausdrücklich die Bekämpfung von Fake News in sozialen Netzwerken auch per Einsatz von Social Bots zum Ziel.[787] Entgegen dem in der öffentlichen Diskussion herrschendem Anschein schafft es keine weitergehenden Löschpflichten, sondern soll das Notice-and-Takedown-Verfahren durch die Selbstüberwachung der Unternehmen und Berichtspflichten optimieren, wobei die Nichtbeachtung dieser Pflichten mit Sanktionen geahndet werden kann.[788] Das Gesetz verfolgt

784 So *B. Holznagel* MMR 2018, 18, 21.

785 *Kühl* Zeit v. 04.01.2018, abrufbar unter https://www.zeit.de/digital/internet/2018-01/netzwerkdurchsetzungsgesetz-netzdg-maas-meinungsfreiheit-faq (24.03.2022).

786 *Kühl* (Fn. 785).

787 BT-DS. 18/13013, S. 2. Auch *B. Holznagel* MMR 2018, 18, 21 und *M. Schreiber* Strafbarkeit politischer Fake News, S. 152 weisen ausdrücklich darauf hin.

788 *B. Holznagel* MMR 2018, 18, 21.

letztlich einen Ansatz der regulierten Selbstregulierung.[789] Das NetzDG setzt auf der zivilrechtlichen Störerhaftung auf und richtet bußgeldbewehrte Prüf- und Entfernungspflichten an die Anbieter von sozialen Netzwerken.

I. Regelungsgegenstand des NetzDG

§ 1 Abs. 1 Satz 1 NetzDG bestimmt, dass das Gesetz für Telemediendiensteanbieter gilt, „die mit Gewinnerzielungsabsicht Plattformen im Internet betreiben, die dazu bestimmt sind, dass Nutzer beliebige Inhalte mit anderen Nutzern teilen oder der Öffentlichkeit zugänglich machen (soziale Netzwerke)". Nach § 1 Abs. 1 Satz 2 NetzDG gelten Plattformen mit journalistisch-redaktionell gestalteten Angeboten, die vom Diensteanbieter selbst verantwortet werden, nicht als soziale Netzwerke im Sinne dieses Gesetzes. Die mutmaßliche, unausgesprochene Absicht des Gesetzgebers, hiermit die Diskussionen bei Kommentarfunktionen von Online-Auftritten herkömmlicher Zeitungen auszunehmen, wurde bereits im Gesetzesentwurf kritisiert.[790] Die vom Rundfunkstaatsvertrag angesprochenen Plattformen sind also gerade nicht erfasst. S. 3 nimmt Plattformen vom Anwendungsbereich aus, die zur Individualkommunikation oder zur Verbreitung spezifischer Inhalte bestimmt sind. Trotz der Ausführungen des Gesetzgebers – dieser wollte darunter berufliche Netzwerke, Fachportale, Online-Spiele und Verkaufsplattformen verstanden wissen[791] – bleibt die Terminologie „spezifische Inhalte" unbestimmt, sodass beispielsweise Datensynchronisierungsplattformen wie Dropbox erfasst werden könnten.[792]

1. Rechtswidrige Inhalte

§ 1 Abs. 3 NetzDG bestimmt Inhalte im Sinne des Abs. 1 dann als rechtswidrig, wenn sie einen Tatbestand der §§ 86, 86a, 89a, 91, 100a, 111, 126, 129 bis 129b, 130, 131, 140, 166, 184b in Verbindung mit 184d, 185 bis 187, 201a, 241 oder 269 des StGB erfüllen und nicht gerechtfertigt sind. Das Gesetz eröffnet seinen Anwendungsbereich demnach nicht für jedweden denkbaren rechtswidrigen Post, sondern nur für bestimmte, strafrechtlich inkriminierte Inhalte.[793] Zu befürchten steht deshalb, dass es strafrechtswürdige Fake News geben kann, die *de lege lata* nicht strafbar nach den benannten Vorschriften sind, sodass das Gesetz ungeachtet seiner rechtspraktischen Anwendung schon deshalb nicht geeignet sein könnte, Fake News effektiv zu bekämpfen.[794] Umfasst sind demnach Delikte, die dem Schutz

---

789 *Ladeur/Gostomzyk* K&R 2017, 390, 393.

790 *Richter* ZD-Aktuell 2017, 05623.

791 BT-DS. 18/13013, S. 18.

792 *Fechner* in Uhle (Hrsg.), S. 157, 165.

793 *Fechner* in Uhle (Hrsg.), S. 166.

794 Zu den Schutzlücken der in § 1 Abs. 3 NetzDG genannten Straftatbestände vgl. unten unter § 4 ff. *M. Schreiber* Strafbarkeit politischer Fake News, S. 156 sprach

von privaten Persönlichkeitsrechten des Einzelnen dienen, aber auch solche zum Schutz des Ansehens des Staats und solche, die der Terrorismusabwehr dienen.[795] Auch wenn die potentiell rechtswidrigen Inhalte somit von durchaus ganz unterschiedlichen Strafrahmen bedroht und daher nach Meinung des Gesetzgebers von unterschiedlichem Unwert geprägt sind, statuiert das NetzDG identische Pflichten hinsichtlich der Fristen für die Sperrung bzw. Löschung.[796] Allein über das Vehikel der offensichtlichen Rechtswidrigkeit von Inhalten – solche sind, wie noch darzustellen sein wird, schneller zu löschen – kann letztlich eine gewisse Priorisierung beispielsweise über das Kriterium der Deliktsschwere stattfinden.

2. Berichtspflichten

§ 2 NetzDG schafft Berichtspflichten für größere soziale Netzwerke mit mindestens zwei Mio. registrierten Nutzern, sofern bei ihnen jährlich mehr als 100 Beschwerden über rechtswidrige Inhalte eingehen.[797] Die Berichte sind zu veröffentlichen und müssen u.a. Informationen dazu enthalten, welche Anstrengungen auf Beschwerden hin unternommen werden (§ 2 Abs. 2 Nr. 1 NetzDG), welche Mechanismen bei der Beschwerdemeldung bestehen und nach welchen Kriterien eine Löschungspraxis vollzogen wird (§ 2 Abs. 2 Nr. 2 NetzDG), über die Organisation und personelle Ausstattung sowie die Befähigung der zuständigen Arbeitseinheiten und deren Schulung und Betreuung (§ 2 Abs. 2 Nr. 4 NetzDG). Weiterhin sind Zahlen zu eingegangen Beschwerden (§ 2 Abs. 2 Nr. 3, 6 NetzDG) und zu Beschwerden, die zur Löschung geführt haben (§ 2 Abs. 2 Nr. 7 NetzDG), ebenso zu veröffentlichen wie die Dauer der Bearbeitung einer erfolgreichen Beschwerde (§ 2 Abs. 2 Nr. 8 NetzDG).

3. Verfahren bei Beschwerden

Schließlich regelt § 3 NetzDG die Pflichten der sozialen Netzwerke im Umgang mit Beschwerden. Dabei verpflichtet Abs. 1 zur Vorhaltung eines für den Nutzer

---

in Anknüpfung an *Nolte* ZUM 2017, 552, 555 von einem Etikettenschwindel im Hinblick auf die vom Gesetzgeber mit dem Gesetz ebenfalls ausdrücklich avisierte Unterminierung von Fake News.

795 *Richter* ZD-Aktuell 2017, 05623.

796 Vgl. auch *Richter* ZD-Aktuell 2017, 05623. Das NetzDG lässt es den Gesetzadressaten offen, ob sie ihren Pflichten durch Sperrungen oder Entfernungen (also Löschungen) entsprechen. In der Praxis dürfte sich durchgesetzt haben, dass die Anbieter bei Verstößen gegen die Gemeinschaftsstandards die Inhalte löschen, Netz-DG Inhalte dagegen nur im Inland gesperrt werden.

797 Kritisch zur systematischen Stellung der Berichtspflichten vor den Löschpflichten im Gesetz *Fechner* in Uhle (Hrsg.), S. 157, 168, der insoweit die größere Wichtigkeit von Löschungen betont.

transparenten Meldeverfahrens und eines wirksamen Beschwerdebearbeitungssystems. Abs. 2 konkretisiert die an das Beschwerdebearbeitungsverfahren zu stellenden Anforderungen, wie beispielsweise die Gewährleistung einer unverzüglichen Kenntnisnahme von der Beschwerde (§ 3 Abs. 2 Nr. 1 NetzDG) sowie die Löschung offensichtlich rechtswidriger Inhalte binnen 24 Stunden, falls keine längere Frist mit den Strafverfolgungsbehörden vereinbart wurde (§ 3 Abs. 2 Nr. 2 NetzDG). Andere rechtswidrige Inhalt sind unverzüglich – in der Regel binnen sieben Tagen nach Eingang der Beschwerde – zu löschen, wobei die Frist überschritten werden kann, wenn die Rechtswidrigkeit von der Wahrheit einer Tatsachenbehauptung oder anderen tatsächlichen Umständen abhängt (§ 3 Abs. 2 Nr. 3a NetzDG) oder das soziale Netzwerk binnen sieben Tagen nach Eingang der Beschwerde die Entscheidung über die Rechtswidrigkeit einer Einrichtung zu Regulierten Selbstregulierung überträgt und sich deren Entscheidung unterwirft (§ 3 Abs. 2 Nr. 3b NetzDG). Das Risiko hinsichtlich der korrekten rechtlichen Bewertung verbleibt also mangels Übertragungsmöglichkeit der Entscheidung zumindest bzgl. offensichtlich rechtswidriger Inhalte beim Plattformbetreiber.[798] Nach Auffassung des Gesetzgebers soll ein Inhalt dann nicht offensichtlich rechtswidrig sein, wenn entsprechend den Vorgaben geschulte Mitarbeiter bei zumutbarem Aufwand nicht binnen 24 Stunden darüber zu entscheiden vermögen, ob ein Inhalt offensichtlich rechtswidrig ist.[799] Der Umgang mit unsubstantiierten Beschwerden ist demgegenüber nicht geregelt, sodass unklar bleibt, ob der Gesetzesadressat insoweit zur Substantiierung auffordern muss oder die Beschwerde als unbeachtlich außer Acht lassen darf.[800]

Die Löschungspflicht beschränkte sich hierbei zunächst in den Entwürfen nicht auf den rechtswidrigen Ursprungsbeitrag, vielmehr umfasste sie nach § 3 Abs. 2 Nr. 6, 7 NetzDG-E weitere Vervielfältigungen durch Bezugnahmen seitens weiterer Nutzungen. Daneben verlangte der Entwurf effektive Maßnahmen, welche die erneute Speicherung des rechtswidrigen Beitrags verhindern. Gemäß der Begründung des Gesetzesentwurfs könne dies beispielsweise durch automatisierte Filter beim Hochladen geschehen.[801] In der Beschlussempfehlung des Ausschusses für Recht und Verbraucherschutz wie auch in der verabschiedeten Fassung wurde diese Nummer aufgrund berechtigter Bedenken gestrichen.[802]

---

798 Vgl. *Spindler* GRUR 2018, 365, 369.

799 BT-DS. 18/13013, S. 22.

800 *Fechner* in Uhle (Hrsg.), S. 157, 169.

801 *BMJ* Entwurf eines Gesetzes zur Verbesserung der Rechtsdurchsetzung in sozialen Netzwerken, abrufbar unter https://netzpolitik.org/wp-upload/2017/03/1703014_NetzwerkDurchsetzungsG.pdf (24.03.2022).

802 BT-DS. 18/13013, S. 8.

4. *Bußgeldvorschriften*

Nach § 4 NetzDG handeln die sozialen Netzwerke ordnungswidrig, wenn sie gegen die ihnen in § 3 NetzDG auferlegten Pflichten verstoßen. Bei einer Verletzung drohen gem. § 4 Abs. 2 NetzDG Geldbußen von bis zu fünf Mio. Euro gegen die handelnde Person bzw. bis zu 50 Mio. Euro gegen die das soziale Netzwerk betreibende juristische Person oder Personenvereinigung (§ 4 Abs. 2 Satz 2 Netz DG i.V.m. § 50 Abs. 2 Satz 3 OWiG).[803] Ordnungswidrig handelt demnach nicht nur, wer die auferlegten Verfahren gar nicht implementiert (§ 4 Abs. 1 Nr. 2 Alt. 1, Nr. 3 Alt. 1 NetzDG), sondern nach der jeweiligen Alt. 2 auch, wer sie *nicht richtig* zur Verfügung stellt. Bereits vor Verabschiedung des Gesetzes wurden Stimmen laut, nach denen der Wortlaut, der die inhaltlichen Vorgaben der einzelnen Nummern von § 3 Abs. 2 NetzDG umfasst, bereits ein Bußgeld bei einem nur einmaligen Verstoß vorsieht.[804] Die Begründung des Gesetzesentwurfs erklärte Verstöße gegen die einzelnen Nummern demnach für grundsätzlich umfasst, gleichwohl solle ein Bußgeld noch nicht bei einem einmaligen Verstoß verhängt werden können, da ein einzelner Verstoß kein Beweis für die unrichtige Implementierung des Beschwerdesystems sei.[805] Hinsichtlich einzelner Verstöße, die nicht Ausdruck der Fehlerhaftigkeit des angewandten Systems seien, verweist die Entwurfsbegründung auf das Opportunitätsprinzip des § 47 Abs. 1 OWiG.[806] Eine Änderung dieser Bestimmung erfolgte letztlich nicht, sodass der Wortlaut immer noch eine weitreichende Anwendungsmöglichkeit eröffnet. Einzig Fristlockerungen für den Bereich von Beschwerden betreffend Äußerungen, deren Rechtswidrigkeit von der Wahrheit einer Tatsachenbehauptung oder anderen tatsächlichen Umständen abhängt, wurden auf die Kritik hin im Gesetz implementiert.

5. *Regelungen zur Zuständigkeit und zum Verfahrensablauf*

Zuständig für ein Bußgeldverfahren ist das Bundesamt für Justiz („BfJ“) gem. § 4 Abs. 4 NetzDG. Wenn dieses eine Entscheidung auf die Rechtswidrigkeit nicht gelöschter Inhalte stützen will, soll das BfJ vorher eine gerichtliche Entscheidung des ebenso für den Einspruch bei Nichtabhilfe der Behörde zuständigen Amtsgerichts Bonn herbeiführen, § 4 Abs. 5 NetzDG. § 5 NetzDG verpflichtet zur Bestellung und transparenten Benennung eines Zustellungsbevollmächtigten, an den Zustellungen sowohl im Bußgeldverfahren als auch in Verfahren wegen rechtswidriger Inhalte gerichtet werden können.

---

803 Nomos-BR NetzDG/*Liesching* § 4 Rn. 22.
804 *Richter* ZD-Aktuell 2017, 05623.
805 BR-DS. 315/17 S. 22.
806 BR-DS. 315/17 S. 22.

6. *Defizitärer Straftatenkatalog hinsichtlich der Verbreitung von Desinformationen*

So umfassend der 22 Straftatbestände enthaltende Katalog rechtswidriger Inhalte auch ist, so wenige der aufgelisteten Tatbestände dienen dem Schutz vor unwahren Tatsachenbehauptungen.[807] Einzig §§ 100a, 126 Abs. 2, 130 StGB sowie die §§ 185 ff. StGB aus dem Bereich der Ehrschutzdelikte sanktionieren unwahre Tatsachenbehauptungen und besitzen für Fake News größere Relevanz. Das Gesetz gewährt daher vordergründig Schutz gegen Hate Speech. Weniger Schutz wird jedoch gegen unwahre Tatsachenbehauptungen gewährleistet.[808]

7. *Änderungen im TMG*

Weiterhin wurde mit dem Gesetz eine Änderung von § 14 TMG bewirkt, mit der das Defizit an Möglichkeiten zur Identitätsfeststellung von Verletzern seitens der von Persönlichkeitsverletzungen Betroffenen beseitigt werden soll.[809] Insofern bestand nämlich vor dem Inkrafttreten des Gesetzes eine Ungleichbehandlung gegenüber von Verletzungen des geistigen Eigentums Betroffener, die gem. § 101 UrhG Auskunftsansprüche gegen Provider haben.[810] § 14 Abs. 3–5 TMG berechtigt nunmehr die Telemediendiensteanbieter zur Auskunft über Bestands- und Nutzungsdaten[811] im Sinne von § 15 TMG im Falle von Persönlichkeitsverletzungen in Bezug auf die in § 1 Abs. 3 NetzDG genannten Delikte, sodass bei nur fahrlässigen Persönlichkeitsrechtsverletzungen Auskunftsansprüche nicht bestehen.[812] Dies korreliert mit der am 25.05.2018 in Kraft getreten Regelung des § 24 Abs. 1 Nr. 2 Bundesdatenschutzgesetz („BDSG"), nach der die Verarbeitung personenbezogener Daten auch für die Zwecke der Rechtsverfolgung und Rechtsverteidigung erlaubt ist. Weiterhin beschränkt bleibt der implementierte Auskunftsanspruch aber auf die Auskunft in Einzelfällen, sodass „großflächige" Auskunftsersuchen, wie beispielsweise bei Abmahnanwälten, qua Definition ausgeschlossen sind.[813] Eine Verpflichtung der

807 *B. Holznagel* MMR 2018, 18, 21; vgl. *Baranowski/von Halen/Kornmeier* BB 2019, 2690, 2695.

808 *B. Holznagel* MMR 2018, 18, 21.

809 *Spindler* GRUR 2018, 365, 372.

810 *Spindler* GRUR 2018, 365, 372.

811 Bei Verkehrs- bzw. Nutzungsdaten handelt es sich um die bei Inanspruchnahme eines Telekommunikations- oder Telemediendienstes anfallenden Daten – wie Datum und Uhrzeit der ausgeführten Kommunikationsvorgänge, der Nutzerstandort oder die im Nutzungszeitpunkt zugewiesene dynamische IP-Adresse, *Eckel/Rottmeier* NStZ 2021, 1, 7.

812 *Fechner* in Uhle (Hrsg.), S. 157, 175.

813 *Spindler* GRUR 2018, 365, 372.

Provider zur Identitätsfeststellung wird damit aber nicht statuiert.[814] Die Datenherausgabe ist in verfahrensrechtlicher Hinsicht in § 14 Abs. 4 TMG durch eine richterliche Gestattung bedingt.[815] § 14 Abs. 3–5 TMG betreffen Konstellationen, in denen der Betroffene unmittelbar gegen den Kommunikator vorgehen will und zur Identitätsfeststellung Auskunft auf die Bestandsdaten[816] des Netzwerkanbieters begehrt.

II. Europarechtswidrigkeit und Verfassungswidrigkeit: Das NetzDG als rechtswidriger Schnellschuss?

Bereits der Gesetzesentwurf des NetzDG stieß auf erhebliche Kritik.[817] Die kurze Zeitspanne der Beratung bot Anlass für die Beurteilung als gesetzgeberischer Schnellschuss.[818] Gewichtige Bedenken bestanden insbesondere hinsichtlich der Verfassungs- und Europarechtsmäßigkeit des Gesetzes, was sowohl in der Sachverständigenanhörung im Bundestag[819] wie

---

814 *Spindler* GRUR 2018, 365, 372; *Fechner* in Uhle (Hrsg.), S. 157, 175.

815 Ausführlich dazu *Fechner* in Uhle (Hrsg.), S. 157, 176 f. insbesondere zur Frage, ob die Meinungsfreiheit auch ein Recht zur Anonymität gewährt.

816 Hierbei handelt es sich um die das Vertragsverhältnis zwischen Nutzer und Plattformbetreiber betreffenden Daten – also Registrierungsdaten wie Name, Anschrift und E-Mailadresse, *Eckel/Rottmeier* NStZ 2021, 1, 7.

817 Vgl. nur *Gersdorf* MMR 2017, 439; *Koreng* GRUR-Prax 2017, 203, 204 ff.; *Ladeur/Gostomzyk* K&R 2017, 390, 391; *Nolte* ZUM 2017, 552, 565 ff.; *Paal/Hennemann* JZ 2017, 641, 650 f.; *Wimmers/Heymann* AfP 2017, 93, 94 ff. Kritisch äußerten sich nach der Verabschiedung bzw. nach dem Inkrafttreten auch *Fechner* in Uhle (Hrsg.), S. 157, 176 f.; *Guggenberger* ZRP 2017, 98, 99 ff.; *ders.* NJW 2017, 2577, 2581 f. sowie stellvertretend für die klassischen Medien *Lobo* Spiegel v. 03.01.2018, abrufbar unter https://www.spiegel.de/netzwelt/web/netzdg-berechtigtes-getoese-um-ein-daemliches-gesetz-a-1185973.html (24.03.2022).

818 So der Entwurf eines Gesetzes zur Teilaufhebung des Netzwerkdurchsetzungsgesetzes, BT-DS. 19/218, S. 1; vgl. auch *Deutscher Anwaltverein* Stellungnahme des Deutschen Anwaltvereins durch die Ausschüsse Informationsrecht und Strafrecht, Regierungsentwurf des Bundesministeriums der Justiz und für Verbraucherschutz – Entwurf eines Gesetzes zur Verbesserung der Rechtsdurchsetzung in sozialen Netzwerken (Netzwerkdurchsetzungsgesetz – NetzDG), Stellungnahme Nr. 41/2017 von Mai 2017, S. 5, abrufbar unter https://www.cr-online.de/DAV_SN_41-2017.pdf (24.03.2022).

819 Vgl. nur die Schilderung des Ablaufs der Anhörung bei *Deutscher Bundestag* Online-Dienste v. 19.06.2017, abrufbar unter https://www.bundestag.de/dokumente/textarchiv/2017/kw25-pa-recht-rechtsdurchsetzung-510328 (24.03.2022).

auch in einer Arbeit der Wissenschaftlichen Dienste des Deutschen Bundestages[820] vorgeworfen wurde.

1. *Formelle Verfassungsmäßigkeit:*

a) (Fehlende) Gesetzgebungskompetenz des Bundes

Bereits die Gesetzgebungskompetenz des Bundes wird angezweifelt, da Telemediendienste nur bei Gesetzen betreffend die Wirtschaftsregulierung (Art. 72 Abs. 1 Nr. 11 GG) in die Kompetenz des Bundes fallen. Die Medienkompetenz der Länder (Auffangkompetenz aus Art. 70 GG) umfasse dagegen den vom NetzDG *de facto* geregelten Umgang mit Meinungsäußerungen in sozialen Netzwerken: Die Inanspruchnahme der Anbieter erweise sich insofern lediglich als Mittel zum Zweck.[821] Diese für das Rundfunkrecht vom Bundesverfassungsgericht[822] anerkannte Kompetenzverteilung soll nach einer weit verbreiteten Meinung bei Regulierungen betreffend Telemedien einschlägig sein.[823] Bestätigen würde diese Auffassung zudem § 54 Abs. 1 S. 3 RStV, der eine Bindung von Telemediendiensteanbieter an die allgemeinen Gesetze vorsieht und demnach eine inhaltliche Regulierung durch die Länder darstellt.[824] Die Durchsetzung der von § 59 RStV eröffneten Sanktionsmöglichkeiten obliege dabei in der Mehrheit der Bundesländer den Landesmedienanstalten, die ihrerseits eine staatsferne Organisation aufweisen.[825]

Schiff[826] argumentiert, dass es primärer Gesetzesgegenstand sei, den sozialen Netzwerken Vorgaben für das von ihnen praktizierte Geschäftsmodell zu machen, sodass – wie vom Gesetzgeber proklamiert – der Kompetenztitel des Rechts der Wirtschaft (Art. 74 Abs. 1 Nr. 11 GG) einschlägig und jene Bedenken daher letztlich nicht begründet seien. Für die originär kompetenzrechtliche Prüfung sei das Tangieren von Art. 5 GG ohne Belang. Da das Gesetz vielmehr in seinem § 1 Abs. 2 ausdrücklich auf gewerblich tätige Netzwerke mit wirtschaftlicher Relevanz

---

820 *WD* Entwurf eines Netzwerkdurchsetzungsgesetzes, Vereinbarkeit mit der Meinungsfreiheit, Az. WD 10-3000-037/17, S. 11 ff.

821 *Deutscher Anwaltverein* (Fn. 818), S. 8; ausführlich *Gersdorf* MMR 2017, 439, 441; kritisch auch *Fechner* in Uhle (Hrsg.), S. 157, 180 f.; *Schiff* MMR 2018, 366 sowie *Wimmers/Heymann* AfP 2017, 93, 97.

822 BVerfG Urt. v. 28.02.1961 – 2 BvG 1 u. 2/60, NJW 1961, 547, 550.

823 *Ferreu* JuWiss v. 29.03.2017, abrufbar unter http://www.juwiss.de/36-2017/ (24.03.2022); *Brings-Wiesen* JuWiss v. 04.04.2017, abrufbar unter http://www.juwiss.de/40-2017/ (24.03.2022).

824 *Deutscher Anwaltverein* (Fn. 818), S. 9.

825 BeckOK InfoMedienR/*Fiedler* § 59 RStV Rn. 5; vgl. auch *Deutscher Anwaltverein* (Fn. 818), S. 9.

826 *Schiff* MMR 2018, 366.

abzielt, bezwecke der Gesetzgeber mit den Regelungen letztlich, diesen Netzwerken gewisse Minimalziele für die Umsetzung ihrer Geschäftsmodelle zu machen.[827]

Jedoch lässt die zuletzt dargestellte Argumentation den primären Gesetzeszweck – die Verbreitung bestimmter strafrechtlich relevanter Inhalte zu verhindern – außer Acht, dem die Berichtspflichten und die Verpflichtung zur Einrichtung eines Beschwerdemanagementsystems dienen. Insofern ist es die Argumentation wenig überzeugend, dass dem Gewerberecht ebenfalls ordnungsrechtliche Zwecke eigen seien,[828] weil das primäre Regelungsziel ordnungsrechtlicher Natur ist. Daher bezwecken die Regelungen doch die Einhaltung der allgemeinen Gesetze, was nach Art. 70 Abs. 1 GG in die Kompetenz der Länder fällt.[829] Insbesondere fällt das jeweilige Ordnungsrecht unter den jeweiligen Sachbereich,[830] sodass auch das Medienordnungsrecht von dieser Kompetenzzuordnung erfasst ist.[831] Die Kompetenz zur Gewährleistung der verfassungsmäßigen Ordnung muss aber ebenso bei den Ländern liegen: Die sozialen Netzwerken können sich letztlich auf den Schutz der Kommunikationsgrundrechte nach Art. 5 Abs. 1 Satz 2 GG berufen, weil sie nicht nur inhaltsneutrale Tätigkeiten in Gestalt der Bereitstellung eines Forums für die nutzerseitige Ausübung der Kommunikationsgrundrechts ausüben, sondern eine „inhaltsbezogene Selektions- und Steuerungsposition" wahrnehmen, indem sie beispielsweise durch einen Algorithmus den News Feed gestalten. Die Zuhilfenahme von Automatisierungsmechanismen führt nur zu einer vorgelagerten Entscheidung der Unternehmen anhand der Such-Algorithmen, da die Auswahl- und Selektionsprozesse durch das Aufsetzen des Algorithmus seitens der Netzwerke auf einer Metaebene gesteuert und damit nicht vollständig der Technologie überlassen werden.[832] Für diese fehlerhafte rechtliche Bewertung wird das Missverständnis ausgemacht, dass das NetzDG die Verantwortlichkeitsregelungen aus § 10 TMG konkretisiere: Hierbei werde dann übersehen, dass von dieser Regelung nur die Telemedien erfasst seien, die sich in der Kompetenz des Bundes befänden.[833] Zudem stelle das Bundesverfassungsgericht bei der Bestimmung der Kompetenzen auf den unmittelbaren Regelungsgegenstand, den Regelungsadressaten, den Normzweck und die Normwirkung ab. In Zweifelsfällen sei allerdings der Schwerpunkt der Regelung maßgeblich, der – ebenso wie der Normzweck – das Fehlen eines Bundeskompentenztitels begründe.[834]

---

827 *Schiff* MMR 2018, 366; vgl. *Buchheim* JuS 2018, 548, 552.

828 So ausdrücklich *Buchheim* JuS 2018, 548, 552.

829 *Gersdorf* MMR 2017, 439, 441.

830 BVerfG Urt. v. 10.02.2004 – 2 BvR 834/02 u. 1588/02, NJW 2004, 750, 751.

831 *Gersdorf* MMR 2017, 439, 441 f.

832 *Gersdorf* MMR 2017, 439, 443 f.

833 *Gersdorf* MMR 2017, 439, 445.

834 *Ferreu* (Fn. 823) unter Verweis auf die eindeutigen Ausführungen des Gesetzgebers, welcher neben der Gefahrenabwehr die Sicherung des öffentlichen Meinungsbildungsprozesses bezwecke.

Soweit daneben hilfsweise mit der mangelnden Erforderlichkeit einer bundeseinheitlichen Regelung gem. Art. 72 Abs. 2 GG argumentiert wird, da die erforderliche Gleichmäßigkeit im Wege der Selbstkoordination der Länder vorgenommen werden könne und die Rahmenbedingungen bereits durch die bundeseinheitliche Geltung des Telemedienrechts §§ 54 ff. RStV, die Bindung der Telemediendiensteanbieter an die verfassungsmäßige Ordnung und an die allgemeinen Gesetze (§ 54 Abs. 1 Satz 2 und 3 RStV) sowie die bundeseinheitliche Telemediendienstanbieteraufsicht (§ 59 Abs. 2–4 RStV) vorgegeben seien,[835] verkennt dies allerdings den Stellenwert sozialer Medien bei der alltäglichen Informationsversorgung der Bürger. Der Relevanz sozialer Medien macht trotz dieses Grundgerüsts eine vollends kongruente Regelung unabdingbar, die auch durch eine mögliche Selbstkoordination nicht unbedarft sichergestellt werden kann.

Auf den Kompetenztitel des Art. 74 Abs. 1 Nr. 7 GG als Form einer Regelung zu Zwecken des Jugendmedienschutzes kann schließlich ebenfalls nicht abgestellt werden, da ebenso Erwachsene von drohenden Sperrungen betroffen sind.[836] Zudem können die Regelungen nicht auf den Kompetenztitel des Art. 74 Abs. 1 Nr. 16 GG gestützt werden, da die erfassten Inhalte unabhängig von der Ausübung einer wirtschaftlichen Machtstellung der Intermediäre aggregiert sind.[837] Die Bekämpfung reiner Meinungsmacht kann indes nicht auf den Titel gestützt werden.[838] Zuletzt erschiene eine ungeschriebene Zuständigkeit kraft Sachzusammenhangs als Element privater Strafverfolgung gekünstelt.

Nach alledem muss bereits an einem Kompetenztitel gezweifelt und insofern ein Erweiterungsbedarf der Kompetenztitel in Art. 74 GG festgestellt werden, da die gesellschaftliche Relevanz der Thematik für das Erfordernis einer bundeseinheitlichen Regelung spricht. Alternativ erscheint die Herstellung einer bundeseinheitlichen Regelung durch einen Staatsvertrag wie im Rundfunkrecht möglich.

b) Bestimmtheitsbedenken

Bedenken werden hinsichtlich des ebenso im Ordnungswidrigkeitenrecht geltenden Bestimmtheitsgebots („*nulla poena sine lege certa*") aus Art. 103 Abs. 2 GG erhoben, da die von den Bußgeldandrohungen betroffenen Plattformbetreiber nicht ohne Weiteres erkennen könnten, welches Verhalten pönalisiert ist.[839] Der Bestimmtheitsgrundsatz fordert, dass sich Anwendungsbereich und Tragweite von Straf- oder Ordnungswidrigkeitentatbeständen unmittelbar aus dem Wortlaut

835 *Gersdorf* MMR 2017, 439, 445 f.

836 *Liesching* NK-NetzDG, Einl. Rn. 5.

837 Vgl. BeckOK GG/*Seiler* Art. 74 GG Rn. 57.1.

838 Vgl. BeckOK GG/*Seiler* Art. 74 GG Rn. 57.1.

839 *Wimmers/Heymann* AfP 2017, 93, 101. Mit allgemeinen Bestimmtheitsbedenken gegenüber den verwendeten unbestimmten Rechtsbegriffen zudem *Fechner* in Uhle (Hrsg.), S. 157, 182 f.

ergeben oder zumindest durch Auslegung ermittelbar sind.[840] Eine tatbestandliche Unbestimmtheit wird hinsichtlich des Begriffs *offensichtlich* rechtswidrige Inhalte in § 3 Abs. 1 Nr. 2 NetzDG vertreten.[841] Auch aus der Anknüpfung an systemische Defizite könnten Bestimmtheitsbedenken resultieren, da nicht klar sein könnte, ab welcher Anzahl von „Underblocking"-Sachverhalten ein entsprechendes Bußgeld droht. Jedoch ist mit dem Begriff des Systems bestimmbar, dass erst ein systemisches Versagen des Beschwerdemanagements den Bußgeldtatbestand erfüllt, Einzelfälle demnach also nicht ausreichen. Die Schwelle kommt dagegen – weil sie an das System selbst und nicht einzelne Beschwerdevorgänge anknüpft – konsequenterweise „ohne Zahlen" aus, da entsprechende Defizite sowohl in Konstellationen mit nur wenigen Fällen als auch in solchen mit zahlreichen Fällen offenbar werden können. Gerade bei virulent strafrechtswidrigen Inhalten können bereits einige wenige Fälle Ausweis eines defizitären Systems sein.

2. Materielle Verfassungsmäßigkeit

a) Eingriff in den Schutzbereich der Meinungsfreiheit der Plattformnutzer

Zunächst müsste zur Verfassungswidrigkeit des Gesetzes überhaupt ein Eingriff in den Schutzbereich der Meinungsfreiheit der sich in den sozialen Netzwerken äußernden Personen vorliegen.

aa) Eröffnung des Schutzbereichs

Das NetzDG erfasst über einige der in seinem § 1 Abs. 3 aufgelisteten Tatbestände (vgl. nur § 185 StGB) Meinungsäußerungen, sodass der Schutzbereich der Meinungsfreiheit durchaus eröffnet ist. Auch Tatsachenbehauptungen sind aber vom Schutzbereich der Meinungsfreiheit erfasst, sofern sie Voraussetzung für die Bildung einer Meinung und weder bewusst noch erwiesenermaßen bzw. offensichtlich unwahr sind.[842] Selbst meinungsbezogene Tatsachen sind daher erfasst, auch wenn sie sich später als unwahr darstellen.[843] Der Schutz endet erst, wenn die Tatsachen zur Meinungsbildung nichts beitragen können,[844] wie rein statistische Angaben.[845] Fake News erweisen sich aber nicht erst später als unwahr, sondern werden in Kenntnis ihrer Unrichtigkeit verbreitet, unterfallen daher per se nicht

840 BVerfG Beschl. v. 10.01.1995 – 1 BvR 718, 719, 722, 723/89; BVerfGE 92, 1, 12, BVerfG Beschl. v. 07.03.1990 – 1 BvR 1215/87, BVerfGE 81, 298, 309. Hinsichtlich der Bestimmheitsanforderungen an einen Ordnungswidrigkeitentatbestand BVerfG Beschl. v. 21.06.1977 – 2 BvR 70/75, 2 BvR 361/75, BVerfGE 45, 272, 288 f.

841 *Ladeur/Gostomzyk* K&R 2017, 390, 391.

842 BVerfG Beschl. v. 25.06.2009 – 1 BvR 134/03, NJW-RR 470, 47.

843 BVerfG Beschl. v. 13.04.2000 – 1 BvR 589/95, ZUM-RD 2000, 316, 317.

844 BVerfG Beschl. v. 03.06.1980 – 1 BvR 797/78, GRUR 1980, 1087.

845 BVerfG Urt. v. 15.12.1983 – 1 BvR 209/83, NJW 1984, 419, 421.

dem Grundrecht der Meinungsfreiheit.[846] Sie können also nur dann dem Schutzbereich unterfallen, wenn sie sich im Gesamtkontext als Meinungsäußerung darstellen. Gleichwohl ist der Schutzbereich der Meinungsfreiheit eröffnet, da das NetzDG fernab vom Untersuchungsgegenstand Fake News Löschpflichten für Beiträge statuiert, die sich als Meinungsäußerung darstellen.

bb) Eingriff

Ein Eingriff in diesen Schutzbereich könnte insbesondere durch die statuierten Löschpflichten erfolgen. Da es mangels gesetzgeberischer Intention zur Beschränkung der Meinungsfreiheit an der Finalität[847] des Eingriffs mangelt, kann allenfalls ein Eingriff im Sinne des modernen Eingriffsbegriffs vorliegen. Demnach liegt ein Eingriff in jedem zurechenbaren staatlichen Verhalten, das ein vom Schutzbereich des Grundrechts erfasstes Verhalten ganz oder teilweise unmöglich macht.[848]

(1) Chilling Effects *als mittelbarer Eingriff*

Ein solcher mittelbarer Eingriff könnte durch die mit kurzen Fristen versehenen und mit hohen Bußgeldern bedrohten Löschpflichten der Unternehmen bestehen. Eine wesentliche Gefahr der Umsetzung des Gesetzes verbleibt nämlich das Risiko sog. Abschreckungseffekte („*Chilling Effects*"), die letztlich eine überschießende generalpräventive Wirkung erzielen können.[849] Hierbei handelt es sich um die „latente Verunsicherung" der Grundrechtsträger, die im Bereich der Kommunikationsgrundrechte durch die Verursachung von Abschreckungseffekten besonders empfindlich ist. Diese latente Verunsicherung bewegt den Nutzer dazu, „Sicherheitsabstand" zum strafbaren Bereich zu wahren und daher auch (noch) zulässige Äußerungen zu unterlassen.[850] Mögliche Abschreckungseffekte werden teilweise

---

846 Vgl. BeckOK GG/*Epping/Hillgruber* Art. 5 GG Rn. 6.

847 *Papier* in Maunz/Dürig, Art. 14 GG Rn. 31 m.w.N.

848 BVerfG Beschl. v. 26.06.2002 -1 BvR 670/91, BVerfGE 105, 279, 300.

849 Vgl. auch *Guggenberger* NJW 2017, 2577, 2581 f.; *Koreng* GRUR-Prax 2017, 203, 204. Den Begriff der überschießenden generalpräventiven Wirkung verwendet in diesem Zusammenhang auch *Friehe* NJW 2020, 1697, 1698, der insoweit aber einen staatlichen Grundrechtseingriff verneint. Daneben stellt *Friehe* ebendort in tatsächlicher Hinsicht Abschreckungseffekte in Abrede. Hiergegen spreche schon die im Internet zu beobachtende rohe Diskussionskultur.

850 *Kälin/Lienhard/Tschannen/Tschentscher* ZBJV 2009, 719, 752 beschreiben diese als „*latente Verunsicherung*" der Grundrechtsträger, die im Bereich der Kommunikationsgrundrechte durch die Verursachung von Abschreckungseffekten besonders weitreichend ist. Vgl. zur Begriffserläuterung *Friehe* NJW 2020, 1697, 1698. Der dem Common Law-Rechtskreis entstammende Terminus wird noch heute in den USA von Seiten der Gerichte bei der verfassungsrechtlichen Überprüfung von die freie Rede beschränkenden Gesetzen verwendet, um von Gesetzen für Formen zulässiger

mit dem drohenden Anonymitätsverlust infolge der von § 14 TMG ausgehenden Informationspflichten begründet.[851]

(2) Beförderung von Overblocking *als mittelbarer Eingriff*

Aus Angst vor den weitreichenden Geldbußen und aufgrund des aufoktroyierten Zeitdrucks könnten die Gesetzesadressaten zudem eine Löschungspraxis implementieren, die vorschnell in größerem Ausmaß selbst rechtmäßige Inhalte löscht (sog „*Overblocking*").[852]

[i] Overblocking als naheliegende Folge

Eine solche ausufernde Löschungspraxis ist nahezu zwingende Folge, wenn man berücksichtigt, dass hinsichtlich der Zulässigkeit einer Meinungsäußerung keine kontextlose Betrachtung zu erfolgen hat, sondern die Begleitumstände zu berücksichtigen sind.[853] Daher kann eine ohne Berücksichtigung des Kontexts rechtswidrige Äußerung im Kontext bewertet aufgrund des zuerkannten Rechts auf Gegenschlag letztlich zulässig sein.[854] Nicht unberücksichtigt bleiben darf, dass nicht selten von den beanzeigten Sachverhalten Politiker betroffen sein werden, bzgl. derer qua Status als politische Funktionsträger weitreichendere Kritik zugelassen wird als hinsichtlich Privatpersonen.[855] Der Gesetzgeber versuchte dieser Gefahr durch die Aufweichung der Fristen bei nicht offensichtlich rechtswidrigen Inhalten zu begegnen.[856] Zusätzlich verstärkt wird diese Gefahr durch die fehlenden Möglichkeiten zur Tatsachenermittlung seitens der sozialen Netzwerke.[857]

Rede ausgehende mittelbare Beeinträchtigungen durch eine Form von Selbstzensur zu thematisieren, vgl. nur United States v. Alvarez, 132 S. Ct. 2537, 2552 f. (2012). Auch in der Judikatur von EuGH und BGH findet sich der Begriff wieder, EuGH Urt. v. 08.09.2016 – C-160/15, GRUR 2016, 1152, 1157; BGH Urt. v. 20.02.2018 – VI ZR 30/17; GRUR 2018, 636, 641. Das BVerfG dagegen verwendet zur Bezeichnung der Problematik den Begriff „Selbstzensur" oder „Einschüchterungseffekt", BVerfG Urt. v. 22.02.1994 – 1 BvL 30/88, NJW 1994, 1942, 1944; BVerfG Beschl. v. 10.03.2016 – 1 BvR 2844/13, NVwZ 2016, 761, 764.

851 *Fechner* in Uhle (Hrsg.), S. 157, 191 f.

852 *Schiff* MMR 2018, 366, 368; *Schünemann* GA 2019, 620, 628 f.; *Spindler* GRUR 2018, 365; vgl. die Stellungnahme der MdB *Sitte* bei der 2./3. Lesung, abrufbar unter https://www.bundestag.de/dokumente/textarchiv/2017/kw26-de-netzwerkdurchsetzungsgesetz/513398 (23.03.2022).

853 BVerfG Beschl. v. 28.03.2017 – 1 BvR 1384/16.

854 BVerfG Beschl. v. 13.05.1980 – 1 BvR 103/77, BVerfGE 54, 129, 138.

855 *Grabenwarter* in Maunz/Dürig, Art. 5 GG Rn. 167.

856 BR-DS. 315/17, S. 20.

857 *Spindler* GRUR 2018, 365, 366.

Schließlich ist die Abwägung der koexistierenden Grundrechte für die Plattformbetreiber nicht immer realisierbar, kommen doch selbst die Gerichte teilweise zu unterschiedlichen Ergebnissen.[858] Allerdings darf nicht vergessen werden, dass ein solches „*Over-Enforcement*" als unerwünschte Folge zumindest nicht in jedem Fall verhindert werden kann.[859]

[ii] Argumente gegen einen Eingriff

Einige Stimmen verneinen allerdings eine dem Staat zurechenbare Beeinträchtigung der Meinungsfreiheit, da diesem das Verhalten der Unternehmen nicht zugerechnet werden könne. Anderweitig könnten Private durch eine spezifische Ausübung ihnen auferlegter Compliance-Pflichten über die Verfassungswidrigkeit eines Gesetzes entscheiden.[860] Auch die Verfasser des Gesetzesentwurfes verneinten ebendort bereits einen Eingriff, da das NetzDG nur eine verbesserte Durchsetzung bereits bestehender Löschpflichten vorsehe.[861] Bereits dies wird aber zu Recht angezweifelt. Insofern wird neben den in Einzelfällen bestehenden, zivilrechtlichen Löschpflichten wegen der Verletzung absolut geschützter Rechte bzw. den auf behördlichen Anordnungen nach § 59 RStV gestützten öffentlich-rechtlichen Löschpflichten eine darüber hinausgehende allgemeine Löschpflicht statuiert.[862] Der Entwurf verneint sodann einen eigenständigen Eingriff, da eben die Löschpflichten bereits bestünden, obgleich nach der Rechtsprechung des Bundesverfassungsgerichts[863] weitere Durchsetzungsakte einen eigenständigen Grundrechtseingriff begründen.[864]

[iii] Fehlende Rechtsschutzmöglichkeiten der Kommunikatoren erhöhen Overblocking-Risiken

Vor allen Dingen der nicht hinreichend geregelte Rechtschutz der von Löschungen Betroffenen sowie die kurzen Fristen lassen vor diesem Hintergrund einen mittelbaren Eingriff annehmen.[865] Besonders die nicht geregelten Folgen unberechtigter Löschungen und die nicht geregelten Verfahrensrechte der Betroffenen verleiten die Unternehmen als Gesetzesadressaten förmlich dazu, eine vorschnelle Löschungspraxis zu implementieren, sodass diese Beeinträchtigung

858 *Spindler* GRUR 2018, 365, 366 f.
859 Vgl. insoweit *Raue* JZ 2018, 961, 963.
860 *Kubiciel* jurisPR-StrafR 7/2017 Anm. 1, unter III. 3.
861 BT-DS. 18/12356, S. 21.
862 *Deutscher Anwaltverein* (Fn. 818), S. 12.
863 BVerwG Urt. v. 22.05.1958 – BVerwG I C 27/57, BVerwGE 22, 21, 26.
864 *Deutscher Anwaltverein* (Fn. 818), S. 13.
865 Für einen mittelbaren Eingriff auch *Gersdorf* MMR 2017, 439, 446.

des grundrechtlich geschützten Verhaltens in einer Gesamtschau dem Staat durchaus zurechenbar erscheint.[866]

b) Eingriff in die Berufs- respektive Dienstleistungsfreiheit der Plattformbetreiber

Gleichwohl gehen einige Literaten wegen der Nichtberücksichtigung von Zumutbarkeitserwägungen durch das Gesetz von einem Eingriff in die Berufsfreiheit der sozialen Netzwerke nach Art. 12 GG sowie wegen der Ungleichbehandlung von sozialen Netzwerken mit über zwei Mio. Nutzern mit kleineren Netzwerken sowie Ersteren und herkömmlichen Medien von einem Verstoß gegen Art. 3 GG aus.[867] Dies vernachlässigt jedoch den Charakter von Art. 12 GG als „Deutschengrundrecht", sodass gem. Art. 19 Abs. 3 GG das Grundrecht nur Anbieter mit Sitz in Deutschland schützt, was nur bei sehr wenigen Anbietern der Fall sein dürfte.[868]

Seitens der Literaten wird daneben teilweise eine Verletzung der Dienstleistungsfreiheit der im Ausland ansässigen sozialen Netzwerken nach Art. 56 AEUV angenommen, da an den nach dem Europäischen Gerichtshof erforderlichen „zwingenden Gründen des Allgemeinwohls"[869] angesichts nicht festgestellter Defizite in der Löschungspraxis der Unternehmen gezweifelt werden müsse. Die Durchsetzung des Strafrechts obliege zudem den Strafbehörden, deren Durchsetzungspraxis sich tendenziell als ungenügend erwiesen habe, sodass vielmehr insoweit Optimierungsbedarf bestünde.[870] Dies dürfte jedoch kaum durchgreifen, da selbst eine effiziente Strafverfolgungspraxis die Weiterverbreitung nicht hindern würde.

c) Verletzung des Justizgewährungsanspruchs aus Art. 20 Abs. 3 GG

Kritisch hinterfragt wurde zudem der Rechtsschutz der Verfasser von Beiträgen, deren Inhalte in dem vom NetzDG implementierten Verfahren auf eine Beschwerde

---

866 *WD* Entwurf eines Netzwerkdurchsetzungsgesetzes, Vereinbarkeit mit der Meinungsfreiheit, Az. WD 10-3000-037/17, S. 9. Die fehlenden Rechtsschutzmöglichkeiten kritisiert auch *Jaursch* (Fn. 11), S. 18.

867 *Nolte* ZUM 2017, 552, 560. Der Gleichheitssatz wird teilweise auch im Hinblick auf die Ungleichbehandlung sozialer Netzwerke und Hosting-Provider als verletzt angesehen, *Fechner* in Uhle (Hrsg.), S. 157, 186 f. Zur Unverhältnismäßigkeit infolge des Fehlens eines für den Bereich der Störerhaftung geltenden Zumutbarkeitsvorbehalts *Gersdorf* MMR 2017, 439, 446. Dieser weist zudem zutreffend darauf hin, dass dies vor allem auch hinsichtlich einer Verletzung der Meinungsfreiheit der Nutzer relevant wird.

868 *Fechner* in Uhle (Hrsg.), S. 157, 184.

869 EuGH Urt. v. 08.09.2009 – C-42/07, NJW 2009, 3221, 3223.

870 *Liesching* MMR 2018, 26, 29 f.

hin gelöscht wurden.[871] Durch die im Verfahren vorgesehene Benachrichtigung des von einer Löschung betroffenen Nutzers soll diesem zwar die Möglichkeit eröffnet werden, Rechtsschutzmaßnahmen zu ergreifen.[872] Insofern wird aber die Frage aufgeworfen, welche Rechtsschutzmöglichkeiten das sein sollen, da ein zivilrechtlich durchsetzbarer Anspruch des Betroffenen gegen den Plattformbetreiber, im Rahmen der bestehenden gesetzlichen Vorschriften beliebig posten zu können, in Zweifel gezogen wird.[873] Zumeist wird sich der Plattformbetreiber für eine Vielzahl der Fälle vertraglich gegenüber dem Kommunikator ein Recht zur Löschung vorbehalten haben, sodass für den Netzwerkbetreiber die Löschung oft folgenlos bleiben wird.[874] Selbst wenn Ansprüche bestünden, würden die Äußernden wegen des Prozess- und Kostenrisikos und der langen Verfahrensdauer von der Inanspruchnahme gerichtlichen Rechtsschutzes absehen.[875]

Letztlich wird zum Gegenstand der Kritik gemacht, dass Fehlentscheidungen, die zum Löschen rechtmäßiger Inhalte führen, im Gegensatz zu unterlassenen Löschungen rechtswidriger Beiträge nicht bußgeldbewährt sind und privatrechtlicher Rechtsschutz kein hinreichender Ersatz für Abwehransprüche gegenüber dem Staat sei.[876] Die so geartete Gefahr einer ungerechtfertigten Beeinträchtigung der verfassungsrechtlich verbürgten Meinungsfreiheit werde durch die verschärften Löschpflichten noch verstärkt.[877] Das Landgericht Berlin erließ zuletzt eine einstweilige Verfügung, nach der dem Netzwerk Facebook die Löschung eines Beitrags und die Sperrung des Accounts verboten wird.[878] Dies könnte indiziell auf eine zu weitreichende Löschpraxis hinweisen. Auch wenn es an eingerichteten Beschwerdestellen über unberechtigte Löschungen bei dem Netzwerk fehlt, besteht also grundsätzlich Rechtsschutz gegen unberechtigte Sperrungen. Überdies wird die mit den Regelungen einhergehende Privatisierung der Justiz kritisiert.[879] Kritisiert

871 *Peukert* Cicero v. 27.03.2017, abrufbar unter https://www.cicero.de/innenpolitik/netzwerkdurchsetzungsgesetz-kurzer-prozess-mit-der-meinungsfreiheit (24.03.2022); *Wimmers/Heymann* AfP 2017, 93, 98.

872 BT-DS. 18/12356, S. 23.

873 *Peukert* (Fn. 871). Kritisch zu den fehlenden Rechtsschutzmöglichkeiten auch *Schünemann* GA 2019, 620, 629.

874 *Nolte* ZUM 2017, 552, 558 f. Generell besteht ohnehin ein Anreiz zum Overblocking, da fälschlicherweise gelöschte Inhalte wohl nur durch den Kommunikator bekannt werden dürften, während auf fälschlicherweise nicht gelöschte Inhalte jeder Empfänger – damit also ein weitaus größerer Personenkreis – aufmerksam machen kann. Vgl. dazu *D. Holznagel* CR 2019, 518, 524.

875 *Nolte* ZUM 2017, 552, 558.

876 *Deutscher Anwaltverein* (Fn. 818), S. 16 f.

877 *Nolte* ZUM 2017, 552, 558.

878 LG Berlin Beschl. v. 23.03.2018 – 31 O 21/18.

879 *Guggenberger* ZRP 2017, 98, 100; vgl. auch *Fechner* in Uhle (Hrsg.), S. 157, 185 f.

wird insoweit die Legitimation privater Spruchkörper und die damit verbundene geringere demokratische Legitimation.[880]

Problematisch wird ferner die weitere Regelung des Bußgeldverfahrens gesehen. Die Sollvorschrift, nach der die Verwaltungsbehörde vor Einleitung eines Verfahrens wegen unterlassenen Löschens aus ihrer Sicht rechtswidriger Inhalte zuerst eine Entscheidung eines Gerichts einholen soll, lässt die Durchführung eines Einspruchsverfahrens aus Sicht der Unternehmen als wenig rechtsschutzintensiv erscheinen: Das für den Einspruch zuständige Gericht hat schließlich regelmäßig bereits vor der behördlichen Entschließung seine Meinung geäußert.[881] Dies wird wegen der in der Folge unterbleibenden öffentlichkeitswirksamen Aufarbeitung der Rechtswidrigkeit bestimmter Inhalte kritisiert.[882] Mag dies für den einzelnen betroffenen Nutzer wegen der aus seiner Sicht höheren Prozessrisiken noch von niedrigerem Wert sein, sei das für die Gesellschaft hinsichtlich der Auswirkungen weitaus folgenreicher, als diese weniger gehaltreich werde.[883]

Soweit gegen das Gesetz die Privatisierung der Rechtsdurchsetzung eingewendet wird, steht dem die nur marginale und ebenso in anderen Bereichen vorgesehene Beteiligung an Rechtsdurchsetzungsmechanismen entgegen. Auch bei Presseveröffentlichungen ist es für den Betroffenen zunächst möglich, sich mit entsprechenden Anspruchsbegehren neben dem Autor an das Presseorgan zu wenden, das sodann autonom entscheidet.[884] Die Kritik einer vermeintlichen Privatisierung der Rechtsdurchsetzung ist zudem nur teilweise nachvollziehbar, da anderweitig eine Freizeichnung der Informationsintermediäre von ihrer Verantwortung für die von ihnen eröffnete Gefahrenquelle unweigerliche Folge wäre[885] – eine Konsequenz, die angesichts ihrer Bedeutung bei der Informationsvermittlung nicht tragbar wäre. Vernachlässigt wird daneben, dass die Freizeichnung der sozialen Netzwerke vor dem Hintergrund einer gegenüber den klassischen Medien veränderten Interessensstruktur gravierend wäre, da die Intermediäre nur fremde Meinungsäußerungen vermitteln und insofern, anders als klassische Medien, kein ureigenes Interesse an der Wahrung spezifischer Kommunikationsgrundrechte besitzen.[886]

880 *Spindler* GRUR 2018, 365, 367.

881 *Peukert* (Fn. 871).

882 *Peukert* (Fn. 871).

883 *Guggenberger* ZRP 2017, 98, 100.

884 *Schiff* MMR 2018, 366, 368.

885 *Raue* JZ 2018, 961, 962, vgl. auch *Eifert* NJW 2017, 1450, 1451, der angesichts der üblicherweise unverhältnismäßigen Kostenrisiken der Betroffenen die „faktische Wirkung" dieser ersten Entscheidung als kaum zu überschätzen bezeichnet.

886 *Raue* JZ 2018, 961, 963.

d) Verletzung des Zensurverbots

Ferner wird eine Verletzung des Zensurverbots angenommen, weil sich Overblocking-Risiken durch die Unternehmen niederschlagen können. Zwar erfasst das Zensurverbot in Art. 5 Abs. 1 S. 3 GG nur die sog. Vorzensur und somit die Vorschaltung eines präventiven Verfahrens zur Verhinderung der Veröffentlichung: Jedoch können nach der Rechtsprechung des Bundesverfassungsgerichts rein faktische Auswirkungen einer Zensur im Ergebnis gleichkommen.[887] Das Argument möglicher Overblocking-Risiken erscheint angesichts des eng umgrenzten Katalogs rechtswidriger Taten sowie der an systemischen Mängeln orientierten Bußgeldbewehrung jedoch nicht als durchgreifend.[888] Auch die Verwendung des Merkmals *offensichtlich* ist zumindest einer Interpretation zugänglich. Insbesondere als es sich bei denjenigen, die hierüber befinden müssen, um Verantwortliche der Beschwerdemanagementsysteme der sozialen Netzwerke handelt, ist eine derartige Bewertung möglich und zumutbar. Sofern die Entscheidungsträger nicht einmal einer dezidierten Prüfung hinsichtlich der strafrechtlichen Relevanz bedürfen, sondern sich diese bereits bei summarischer Prüfung aufdrängt, dürfte das Merkmal offensichtlich erfüllt sein.

e) Verletzung des Gleichheitssatzes

Teilweise wird in der Differenzierung nach der Größe von Netzwerken ein Verstoß gegen den Gleichheitssatz angenommen, da nicht davon ausgegangen werden könne, dass Inhalte in Netzwerken mit weniger Nutzern weniger Breitenwirkung erzeugen würden.[889] Gleiches wird für die Herausnahme thematisch begrenzter Netzwerke sowie von Telemediendiensteanbietern mit journalistisch-redaktionell gestalteten Angeboten angenommen.[890] Zwar ist zuzugestehen, dass eine höhere Anzahl registrierter Nutzer nicht automatisch zu einer größeren Wahrnehmung führen muss, da hierbei andere Faktoren wie der durchschnittliche Grad aktiver Nutzung eine signifikante Rolle spielen. Allerdings handelt es sich dabei durchaus um ein taugliches Indiz, mit dem der Gesetzgeber in nachvollziehbarer Art und Weise von seiner Einschätzungsprärogative Gebrauch gemacht hat. Vor dem Hintergrund der weitreichenden Pflichten zur Vorhaltung eines komplexen Beschwerdesystems erschiene die Verpflichtung kleinerer Netzwerke darüber hinaus aufgrund der erheblichen notwendigen finanziellen und personellen Mittel als ungleich schwerer wiegenderer Eingriff, der sich letztlich nicht mit dem Mehrgewinn an zu prognostizierender Rechtsdurchsetzung verfassungsrechtlich

887 BVerfG Beschl. v. 20.10.1992 – 1 BvR 698/89, NJW 1993, 1457, 1459 f.; *Richter* ZD-Aktuell 2017, 05623.

888 *Schiff* MMR 2018, 366, 369.

889 *Wimmers/Heymann* AfP 2017, 93, 101.

890 *Wimmers/Heymann* AfP 2017, 93, 101.

rechtfertigen ließe. Ein Verstoß gegen Art. 3 GG dürfte aufgrund der fehlenden Vergleichbarkeit angesichts der marktbeherrschenden Stellung der verpflichteten Unternehmen als Informationsintermediäre fehlen bzw. aber für einen Eingriff jedenfalls ein sachlicher Grund bestehen, zumal bereits das Geschäftssystem sozialer Netzwerke ohnedies auf eine Mono- respektive Oligopolbildung hinausläuft.[891] Auch die weiteren Ausnahmen vermögen zu überzeugen, da die von diesen ausgehenden Gefährdungen der Verbreitung strafrechtswidriger Inhalte wegen des geringeren Einflusskreises nicht ein vergleichbares Ausmaß erreicht haben.

f) Kritik aus europarechtlicher Perspektive

Andere Autoren sehen das NetzDG als unvereinbar mit dem Europarecht an, insbesondere stehe es in unauflösbarem Widerspruch zu den in der E-Commerce-Richtlinie („ECRL") 2000/31/EG (Art. 14 und 15) getroffenen Regelungen zu Host-Providern.[892] Art. 14 Abs. 1 lit. b) ECRL sieht eine Verpflichtung zur Löschung oder Sperrung nur vor, wenn die Host-Provider nach Kenntniserlangung nicht unverzüglich tätig werden. Der unbestimmte Rechtsbegriff unverzüglich sei hierbei entsprechend § 121 BGB als „ohne schuldhaftes Zögern" zu verstehen, was wiederum aber keine starre, sondern eine den Umständen nach zu bestimmende Frist bedeute.[893] Vorgebracht wird, dass es sich bei dem Begriff – zur Vermeidung einer Rechtszersplitterung in den Mitgliedstaaten – um einen europarechtsautonomen Terminus handeln müsse, der vom Europäischen Gerichtshof autonom aus dem Europarecht heraus ausgelegt werden müsse und einer Konkretisierung durch die Mitgliedstaaten gerade nicht zugänglich sein dürfe.[894] Ein Verstoß liege ferner in der Anknüpfung der Verpflichtung an den Eingang der Beschwerde, wohingegen im Anwendungsbereich der Richtlinie auf die Kenntnis von der Rechtswidrigkeit der Handlung und der enthaltenen Information abgestellt wird.[895]

Schließlich verstoße das Gesetz gegen das in Art. 3 ECRL statuierte Herkunftslandprinzip, nach dem ein Diensteanbieter im Sinne der Richtlinie in deren koordinierten Bereich allein den Regularien des Staates unterliege, in dem er niedergelassen sei.[896] Hiergegen werde verstoßen, da die Löschpflichten des NetzDG den koordinierten Bereich betreffen würden und selbst Auslandsanbieter erfasst

891 Vgl. dazu *Reporter ohne Grenzen* (Fn. 136), S. 28 ff.

892 *Feldmann* K&R 2017, 292, 296 f.; *Spindler* ZUM 2017, 473; *Nolte* ZUM 2017, 552, 561. Anders dagegen zuletzt *Nölscher* ZUM 2020, 301, 301 ff., der die Kritik teilweise relativiert und allein die Vereinbarkeit mit dem Herkunftslandprinzip problematisiert.

893 *Deutscher Anwaltverein* (Fn. 818), S. 24; *Fechner* in Uhle (Hrsg.), S. 157, 169 f. Anders hingegen *Nölscher* ZUM 2020, 301, 303 ff., der die Frist des NetzDG durch das Abstellen auf den Eingang der Beschwerde beim zuständigen Sachbearbeiter ausdehnt.

894 *Spindler* ZUM 2017, 473, 480.

895 *Spindler* ZUM 2017, 473, 480.

896 *Deutscher Anwaltverein* (Fn. 818), S. 25; *Fechner* in Uhle (Hrsg.), S. 157, 178 f.

seien.[897] Auch die Ausnahmeregelungen der Art. 3, 4 seien nicht erfüllt, da mit dem Abstellen auf soziale Netzwerke ab einer bestimmten Größe nicht nur einzelne Diensteanbieter im Sinne von Art. 3 ECRL adressiert seien und kein besonders dringender Fall im Sinne des Art. 3 Abs. 5 ECRL vorliege. Indem von einer vorherigen Konsultation des Mitgliedstaates der Niederlassung gem. Art. 3 Abs. 4 lit. b ECRL abgewichen werden könne, handele es sich doch um ein altbekanntes Problem. Überdies werde jedenfalls gegen die unstreitig bestehende alsbaldige Nachholungspflicht verstoßen.[898]

g) Verfassungsrechtliche Rechtfertigung am Beispiel der Meinungsfreiheit

aa) Schranken der Meinungsfreiheit – Allgemeines Gesetz

Der Schutz der Meinungsfreiheit wird eingeschränkt durch die Schranken des Art. 5 Abs. 2 GG, nach denen ein Eingriff vor allem auf Grundlage eines allgemeinen Gesetzes vorgenommen werden kann. Die weiteren Schranken der gesetzlichen Bestimmungen zum Schutze der Jugend und des Rechts der persönlichen Ehre sind weitgehend bedeutungslos, da diese nach der Rechtsprechung selbst allgemeine Gesetze sein müssen.[899] Eine Rückausnahme besteht nach der Rechtsprechung wiederum für Regelungen, die propagandistische Befürwortungen des nationalsozialistischen Regimes von 1933–1945 untersagen – in diesem Fall muss das Gesetz gerade nicht als allgemein zu bewerten sein.[900] Ein Gesetz ist wiederum allgemein, wenn es nicht dem Verbot einer spezifischen Äußerung als solcher, sondern dem Schutz jeweils spezifischer Gemeinschaftswerte dient, die gegenüber der Meinungsfreiheit Vorrang genießen.[901] Die vom NetzDG in Bezug genommenen Straftatbestände dienen ihrerseits nicht dem Verbot einer Äußerung als solcher, sondern dem Schutz spezifischer Gemeinschaftswerte, die gegenüber der Meinungsfreiheit Vorrang genießen.[902] Dies gilt auch für den in Bezug genommenen Tatbestand der Volksverhetzung, der aufgrund einer Ausnahme vom Erforderniss eines allgemeinen Gesetzes von der Schranke erfasst ist.[903] Die Schranken sind ihrerseits im Lichte der Grundrechtsverbürgungen verfassungskonform auszulegen (sog. Wechselwirkungslehre).[904]

---

897 *Deutscher Anwaltverein* (Fn. 818), S. 25 f.

898 *Deutscher Anwaltverein* (Fn. 818), S. 27.

899 BVerfG Beschl. v. 04.11.2009 – 1 BvR 2150/08, NJW 2010, 47, 50 Rn. 63.

900 BVerfG Beschl. v. 04.11.2009 – 1 BvR 2150/08, NJW 2010, 47, 50 Rn. 65.

901 BVerfG Urt. v. 15.01.1958 – 1 BvR 400/57, NJW 1958, 257, 258.

902 Anders dagegen *Fechner* in Uhle (Hrsg.), S. 157, 192, aus dessen Sicht Kritik an der Flüchtlingspolitik unterminiert werden sollte. Hierfür spreche bereits der Zeitpunkt des Erlasses.

903 BVerfG Beschl. v. 04.11.2009 – 1 BvR 2150/08, NJW 2010, 47, 51 Rn. 65.

904 BVerfG Beschl. v. 04.11.2009 – 1 BvR 2150/08, NJW 2010, 47, 52 Rn. 71.

Zu untersuchen ist, ob das NetzDG mit dem in Bezug genommen Katalog bestehend aus Straftatbeständen spezifische Meinungsbilder verbietet. Das Gesetz bezweckt grundsätzlich den Schutz von Gemeinschaftsgütern wie des (allgemeinen) Persönlichkeitsrechts durch die Erfassung der Straftatbestände der §§ 185 ff. StGB sowie der öffentlichen Sicherheit und Ordnung. Problematisch erscheint das durch das Erfordernis der Allgemeinheit der Schranke statuierte strikte Neutralitätsgebot – und zwar angesichts der Bezugnahme auf Staatsschutzdelikte wie beispielsweise die Verunglimpfung des Staates und seiner Symbole gem. § 90a StGB, da hierbei sehr spezifische Meinungsbilder untersagt werden. Überdies erscheint die Allgemeinheit des NetzDG schlechthin vor dem Hintergrund problembehaftet, dass das NetzDG über dessen § 1 Abs. 3 nur bestimmte Straftatbestände erfasst, sodass letztlich eine Disparität hinsichtlich der Bekämpfung von Inhalten und entsprechend auch der Rechtsdurchsetzung geschaffen wird.[905] Der Deutsche Anwaltverein stellt in seiner Stellungnahme[906] bzgl. des Gesetzesentwurfs insofern gegenüber, dass etwa die Verunglimpfung des Bundespräsidenten (§ 90 StGB) und Verunglimpfungen der deutschen Flagge (§ 90a StGB), jedoch nicht die Verunglimpfung Verstorbener (§ 189 StGB) und die Verletzung von Flaggen und Hoheitszeichen ausländischer Staaten (§ 104 StGB) erfasst seien. Die beiden erstgenannten Delikte sind im letztlich verabschiedeten Gesetz jedoch nicht mehr erhalten. Dennoch besteht ein Ungleichgewicht dergestalt, dass von den 22 umfassten Straftatbeständen gleich vier dem Abschnitt „Gefährdung des demokratischen Rechtsstaates“, sieben den „Straftaten gegen die öffentliche Ordnung“ und jeweils einer den Abschnitten „Landesverrat und Gefährdung der äußeren Sicherheit“ bzw. „Straftaten gegen die Landesverteidigung“ entstammen. Offensichtlich wird bei dieser Auflistung, dass vor allem Meinungen adressiert werden, die sich auf den Staat selbst beziehen oder die zumindest der Erhaltung seines „Status Quo“ dienen: Besonders betroffen sind also Beiträge staatskritischen Inhalts.[907] Vor diesem Hintergrund kann bezweifelt werden, ob das Gesetz die erforderliche Meinungsneutralität noch wahrt, da eine starke Zentrierung auf staatskritische Meinungsbilder nicht von der Hand zu weisen ist.[908] Vor diesem Hintergrund erschiene eine teilweise Novellierung des Straftatenkatalogs des NetzDG unter Streichung einiger den Staat selbst betreffender Strafnormen empfehlenswert.

Aber auch im Übrigen wird die vom Gesetzgeber vorgenommene Selektierung der Straftatbestände kritisch hinterfragt: So sei nicht nachvollziehbar, weshalb eine derartige Zentrierung auf Straftatbestände betreffend Hate Speech erfolgt sei,

---

905 *Deutscher Anwaltverein* (Fn. 818), S. 14; *WD* Entwurf eines Netzwerkdurchsetzungsgesetzes, Vereinbarkeit mit der Meinungsfreiheit, Az. WD 10-3000-037/17, S. 10.
906 *Deutscher Anwaltverein* (Fn. 818), S. 14 f.
907 *Deutscher Anwaltverein* (Fn. 818), S. 15.
908 Vgl. *WD* Entwurf eines Netzwerkdurchsetzungsgesetzes, Vereinbarkeit mit der Meinungsfreiheit, Az. WD 10-3000-037/17, S. 10.

dahingegen Straftatbestände des Datenschutzstrafstrafrechts wie beispielsweise § 44 Bundesdatenschutzgesetz („BDSG"), Straftatbestände des Arbeitsstrafrechts wie die Verletzung von Betriebs- und Geschäftsgeheimnissen nach § 18 des Gesetzes gegen den unlauteren Wettbewerb („UWG") oder Tatbestände des Urheberstrafrechts wie die unerlaubte Verwendung urheberrechtlich geschützter Werke gem. § 106 Urhebergesetz („UrhG") dagegen völlig unbeachtet blieben.[909] Die Erheblichkeit der derart geäußerten Kritik wird weiter verstärkt wenn man berücksichtigt, dass Verstöße gegen die vorgenannten Tatbestände gerade auch durch Beiträge in sozialen Netzwerken denkbar sind und demnach die Erfassung durch ein Gesetz, das an die Plattformbetreiber gerichtet ist, sich aufgedrängt hätte.

bb) Schranken-Schranken: Insbesondere Verhältnismäßigkeit

Aus verfassungsrechtlicher Sicht bestehen zuvorderst Bedenken aus Verhältnismäßigkeitsgesichtspunkten. Das Verhältnismäßigkeitsprinzip erfordert, dass das staatliche Verhalten zur Erreichung eines legitimen Zwecks geeignet, erforderlich und angemessen ist.[910] Geeignet ist eine Maßnahme, wenn sie der Zweckerreichung förderlich ist. Erforderlich ist sie, wenn dem Gesetzgeber ein das betreffende Grundrecht weniger einschneidendes Mittel nicht zur Verfügung stand.[911] Angemessen ist der gesetzgeberische Eingriff dann, wenn er nicht außer Verhältnis zur Bedeutung der Sache ist.[912]

(1) Legitimer Zweck

Das für einen legitimen Zweck erforderliche öffentliche Interesse, welches verfassungsrechtlich nicht ausgeschlossen ist,[913] kann in der Bekämpfung von Hasskriminalität und der Bewahrung vor anderen rechtswidrigen Inhalten auf sozialen Netzwerken zur Gewährleistung des friedlichen Zusammenlebens in der Gesellschaft gesehen werden.[914] Daneben verfolgte der Gesetzgeber auch das Ziel der Bekämpfung von Fake News. Bezweckt ist insofern, das allgemeine Persönlichkeitsrecht von Individuen und die öffentliche Ordnung schlechthin zu schützen, was im öffentlichen Interesse liegt. Beleg für dieses erhebliche Interesse sind die lebhaft geführten Diskussionen über Hate Speech.

---

909 *Deutscher Anwaltverein* (Fn. 818), S. 15.

910 *Grzezick* in Maunz/Dürig, Art. 20 GG Rn. 110; BVerfG Beschl. v. 08.10.1985 – 1 BvL 17/83, 1 BvL 19/83, NJW 1986, 1603.

911 BVerfG Beschl. v. 08.10.1985 – 1 BvL 17/83, 1 BvL 19/83, NJW 1986, 1603.

912 BVerfG Beschl. v. 15.01.1970 – 1 BvR 13/68, NJW 1970, 555.

913 BVerfG Beschl. v. 04.11.2009 – 1 BvR 2150/08, NJW 2010, 47, 52 Rn. 70.

914 *WD* Entwurf eines Netzwerkdurchsetzungsgesetzes, Vereinbarkeit mit der Meinungsfreiheit, Az. WD 10-3000-037/17, S. 10.

(2) Geeignetheit

Das Gesetz ist zur Zweckerreichung auch geeignet, da es mit den empfindlichen Geldbußen und dem geforderten Beschwerdeverfahren diesem Zweck zumindest förderlich erscheint.[915] Anders wird dies teilweise im Hinblick auf Fake News gesehen, da die entsprechenden Handlungen nur von wenigen, erfassten Tatbeständen mit Strafe bedroht würden.[916] Diese Kritik greift aufgrund der zahlreichen, bei der Verbreitung von Fake News in Betracht kommenden Tatbestände nicht durch, auch wenn diese Tatbestände – wie unten unter §§ 4 ff. noch aufzuzeigen ist – nur bei besonders weitreichenden Äußerungen überhaupt erfüllt sind.

(3) Erforderlichkeit

Das Gesetz wäre erforderlich, wenn unter mehreren Mitteln gleicher Erfolgseignung dasjenige Gesetz gewählt worden wäre, das die geringste Eingriffsintensität aufweist.[917] Insoweit wird dem Gesetzgeber jedoch vom Bundesverfassungsgericht ein weiter Einschätzungs- und Prognosespielraum zuerkannt.[918] Sowohl hinsichtlich der Einschätzung der Gefahren, deren Verhütung ein Gesetz dient, als auch hinsichtlich der aus diesen Gründen ergriffenen Maßnahmen ist der eingeräumte Beurteilungsspielraum erst dann verlassen, wenn die vom Gesetzgeber angestellten Überlegungen sich als derart fehlerhaft darstellen, dass sie unter Beachtung von Vernunftsgesichtspunkten derartige Maßnahmen nicht zu begründen vermögen.[919]

Angesichts der nur beschränkt überprüfbaren, gesetzgeberischen Erwägungen sind alternative Regelungsmodelle anzudenken. Die Verlagerung der Problembekämpfung in den zivilrechtlichen einstweiligen Rechtsschutz oder ins Hauptsacheverfahren erscheint kaum als gleichermaßen erfolgsgeeignet, da eine Beschleunigung des Löschungsprozesses hierdurch wohl nicht erreichbar ist.[920]

---

915 *WD* Entwurf eines Netzwerkdurchsetzungsgesetzes, Vereinbarkeit mit der Meinungsfreiheit, Az. WD 10-3000-037/17, S. 11.

916 *Fechner* in Uhle (Hrsg.), S. 157, 193. Vgl. *Ladeur/Gostomzyk* K&R 2017, 390, 393, die wegen der nur wenigen erfassten sozialen Netzwerke und des begrenzten Straftatenkatalogs das Gesetz für nicht geeignet erachten. Dies ist schon insofern unrichtig, als die relevantesten Netzwerke erfasst und zudem die Anforderungen an die Eignung ersichtlich überspannt werden.

917 *Epping* Grundrechte, Kap. 2 Rn. 55.

918 BVerfG Beschl. v. 12.12.2006 – 1 BvR 2576/04, DStRE 2007, 800, 805, Rn. 83.

919 BVerfG Beschl. v. 12.12.2006 – 1 BvR 2576/04, DStRE 2007, 800, 805, Rn. 83.

920 Siehe *WD* Entwurf eines Netzwerkdurchsetzungsgesetzes, Vereinbarkeit mit der Meinungsfreiheit, Az. WD 10-3000-037/17, S. 11; vgl. *Fechner* in Uhle (Hrsg.), S. 157, 194, der das Verfahren des einstweiligen Rechtsschutzes für milder erachtet. Er schlägt zudem vor, die Rechtsdurchsetzung im Zivil- und Strafrecht zu stärken – und

Auch das Vorsehen eines beanstandenden Verwaltungsaktes vor der Begründung einer Ordnungswidrigkeit[921] erscheint nicht gleichermaßen erfolgsgeeignet, da dies die marktmächtigen sozialen Netzwerke wenig beeindrucken und zur Rechtseinhaltung bewegen würde. Jedenfalls aber bewegt sich der Gesetzgeber mit dieser Einschätzung innerhalb der ihm zuerkannten Einschätzungsprärogative.

Ein weiteres Regelungsmodell bestünde in der regulierten Selbstregulierung, indem beispielsweise die Plattformbetreiber Verhaltenskodizes entwickeln und sich Selbstkontrolleinrichtungen wie beispielswiese der Freiwilligen Selbstkontrolle Multimedia-Diensteanbieter (FSM) und unabhängigen Meldestellen, wie etwa der eco-Beschwerdestelle, unterwerfen, wobei dies unter staatlicher Aufsicht stehen und der Gesetzgeber dezidierte Rahmenregelungen statuieren könnte.[922] Solche Modelle könnten ein milderes, gleich effektives Mittel darstellen, da in diesen Fällen die Gefahr des Overblockings durch das implementierte Compliance-System weniger weitreichend wäre.[923]

Schon an der Erforderlichkeit des Gesetzes bestanden mangels Zahlen zu defizitären Löschpraktiken der Unternehmen vor der Veröffentlichung erster Berichte der Unternehmen zunächst Bedenken. Die Grenze der Erforderlichkeit könnte allerdings letztlich durch den zuerkannten Spielraum des Gesetzgebers noch eingehalten worden sein. Angesichts der unternehmerischen Interessen zur Einsparung personeller Ressourcen dürften auch Maßnahmen freiwilliger Selbstregulierung ohne entsprechende Sanktionsmöglichkeiten bei Verstößen kaum als gleich erfolgsgeeignet bewertet werden. Möglichkeiten zivilrechtlichen einstweiligen Rechtsschutzes wären entweder nicht gleich effektiv, weil einige der genannten Delikte keine Privatinteressen verletzen und insofern denklogische Lücken bestünden, oder weil die Justiz mit der Einführung eines Popularantrages mit Verfahren in nicht mehr zu bewältigender Anzahl überlastet würde. Auch die später veröffentlichten Zahlen sprechen eher gegen als für ein Over- oder Underblocking, sodass aus diesem Grund die Erforderlichkeit nicht zu verneinen sein dürfte.[924]

(4) Angemessenheit

Zweifel hinsichtlich der Verhältnismäßigkeit bereitet schließlich die Angemessenheit des Gesetzes. Die Schwere des Grundrechtseingriffs in die Meinungsfreiheit könnte nämlich außer Verhältnis zum bezweckten Schutz des allgemeinen Persönlichkeitsrechts und der öffentlichen Ordnung stehen. Insofern wurde bereits mit

---

zwar durch ein Rechtsdurchsetzungsportal im Internet in Anknüpfung an den Vorschlag von *Köbler* AfP 2017, 282, 283.

921 *Fechner* in Uhle (Hrsg.), S. 157, 194; *Ladeur/Gostomzyk* K&R 2017, 390, 393.

922 *Deutscher Anwaltverein* (Fn. 818), S. 14.

923 *WD* Entwurf eines Netzwerkdurchsetzungsgesetzes, Vereinbarkeit mit der Meinungsfreiheit, Az. WD 10-3000-037/17, S. 11.

924 *Löber/Roßnagel* MMR 2019, 71, 74.

dem Fehlen einer allgemeingültigen Definition von Fake News argumentiert. Auch werde der schmale Grad zwischen noch zulässiger Meinungsäußerung und rechtswidrigem Inhalt durch das Gesetz nicht hinreichend berücksichtigt.[925] Schließlich würden keine belastbaren Studien zur realen Gefährdung durch das Phänomen existieren.[926]

Des Weiteren seien im Zuge des Gesetzgebungsverfahrens keine Zahlen zu Fake News und Hate Speech in sozialen Netzwerken benannt worden, sodass vor diesem Hintergrund die Bedeutung der davon ausgehenden Gefährdung letztlich nicht eingeschätzt werden könne.[927] Zu großer Kritik am Gesetzgebungsverfahren führte daher ein Bericht einer Nachrichtenagentur im Internet, gemäß dem die Bundesregierung auf Nachfrage hin nicht einen einzigen Fall einer strafbaren Falschnachricht benennen konnte.[928] Zudem führen die kurzen Fristen und das gegenüber dem Entwurf nunmehr schon bei einmaligen Verstößen anwendbare Bußgeld zu einem Löschungsdruck, der eine mittelbare und erhebliche Beeinträchtigung der Meinungsfreiheit zu bewirken vermag.

Gegenstand der Kritik ist weiterhin, dass dem von der Beschwerde Betroffenen im gerichtlichen Vorabentscheidungsverfahren nicht ausdrücklich (etwa im Rahmen einer Anhörung) Gehör verschafft wird, was zu einer Vernachlässigung der Begleitumstände führen müsse und das rechtliche Gehör verletze.[929] Bedenklich sei auch die faktische Bindungswirkung einer derartigen, summarischen Entscheidung, die alle Verbreiter der Äußerung als potentielle Straftäter betreffe, deren Anhörung aber nicht vorgesehen ist, was der ratio von Art. 6 Abs. 3 lit. c EMRK zuwiderlaufe.[930] Dies lässt jedoch unberücksichtigt, dass eine Anhörung bereits im Beschwerdeverfahren des Unternehmens vorgesehen ist, sodass für den

925 *WD* Entwurf eines Netzwerkdurchsetzungsgesetzes, Vereinbarkeit mit der Meinungsfreiheit, Az. WD 10-3000-037/17, S. 12 f.

926 Vgl. *A. Hammer/B. Hammer* Telepolis v. 07.02.2017, abrufbar unter https://www.heise.de/tp/features/Fuer-die-beschworene-Gefahr-durch-Fake-News-fehlt-es-selbst-an-Fakten-3618585.html?seite=all (24.03.2022) sowie *WD* Fake News, Definition und Rechtslage, Az. WD 10-3000-003/17, S. 4.

927 *WD* Entwurf eines Netzwerkdurchsetzungsgesetzes, Vereinbarkeit mit der Meinungsfreiheit, Az. WD 10-3000-037/17, S. 14.

928 *Ullrich/Diefenbach* Es war doch gut gemeint, S. 231.

929 *Ullrich/Diefenbach* Es war doch gut gemeint, S. 19 f.; *Schiff* MMR 2018, 366, 368. *Eifert/v. Landenberg-Roberg/Theß/Wienfort* Evaluation des NetzDG Im Auftrag des BMJV, S. 54 ff., abrufbar unter https://www.bmjv.de/SharedDocs/Downloads/DE/News/PM/090920_Juristisches_Gutachten_Netz.pdf?__blob=publicationFile&v=3 (23.03.2022), S. 54 f. erörtern eine mögliche Pflicht zur Weiterleitung der Beschwerde im Falle streitiger Konstellationen, die schon aus der der allgemeinen Störerhaftung entstammenden Pflicht zur Sachverhaltsermittlung folgen könne.

930 *Deutscher Anwaltverein* (Fn. 818), S. 20.

Betroffenen dort die Gelegenheit der Stellungnahme und damit zum Offenlegen der Begleitumstände besteht, womit eine Entscheidung auf Basis ausreichender tatsächlicher Grundlage gesichert erscheint.

Gegenüber dem Gesetz in seiner konkreten Ausgestaltung bestehen also aus Angemessenheitsgesichtspunkten nicht unerhebliche Bedenken. Insbesondere die *nicht geregelten Rechtsschutzmöglichkeiten der von Overblocking Betroffenen führen zu einer Beeinträchtigung über Gebühr*, selbst wenn aus den AGB der Unternehmen schon jetzt Wiederherstellungsansprüche (gegebenenfalls neben solchen aus den allgemeinen zivilrechtlichen Anspruchsgrundlagen) resultieren.[931] Abschreckungseffekte sind angesichts des engen Katalogs an Straftatbestanden nicht als durchgreifendes Argument anzuerkennen. Daneben erscheint eine weitere obligatorische Beteiligung des Kommunikators zwingend geboten, um diesem so die Gelegenheit zur Stellungnahme zu eröffnen,[932] was insbesondere angesichts der angedachten Weiterleitungspflicht zur ressourcenschonenden Strafverfolgung nötig ist.

h) Verletzung sonstiger verfassungsrechtlicher Anforderungen: Rechtsstaatsgebot

Überdies könnte gegen das für die Medienregulierung geltende und für den Bereich des Rundfunks entwickelte Gebot der Staatsferne[933] verstoßen werden, indem das BfJ die Entscheidungshoheit der Aufsicht ausübt und daher letztlich Weisungen aus dem politisch besetzten Justizministerium erfolgen könnten.[934] Darüber hinaus besteht durch die Möglichkeit des Erlasses von Verwaltungsrichtlinien durch das Bundesministerium der Justiz gem. § 4 Abs. 4 Satz 2 NetzDG die Gefahr politisch motivierter Intervention bzw. der einseitigen Durchsetzung der Bußgeldverfahren zur Verhinderung unliebsamer Meinungsbilder, sodass eine *tendenziöse Löschpraxis* entstehen könnte.[935] Auch könne das Ministerium respektive das BfJ durch die Auswahl der dem Vorabkontrollverfahren zugeleiteten Inhalte die Löschungspraxis an bestimmten Meinungsbildern ausrichten. Diese Einschätzungsprärogative könne sich überdies im Falle des Wechsels der politischen Besetzung ändern.[936]

Die Verletzung des Gebots der Staatsferne könne schließlich nicht durch die gerichtliche Vorabentscheidung vermieden werden: Die Möglichkeit politischer Einflussnahme setze nämlich bereits weiter vorne im Prozess an – etwa bei der Kommunikation mit den Gesetzesadressaten über die Ausgestaltung des Beschwerdesystems sowie bei der Festlegung der Bußgeldrichtlinien. Hierbei bestehe eine

---

931 In diese Richtung auch *Schiff* MMR 2018, 366, 368.

932 *Schiff* MMR 2018, 366, 368.

933 BVerfG Urt. v. 28.02.1961 – 2 BvG 1 u. 2/60, BVerfGE 12, 205.

934 *Deutscher Anwaltverein* (Fn. 818), S. 18; *Fechner* in Uhle (Hrsg.), S. 157, 183 f.

935 *Deutscher Anwaltverein* (Fn. 818), S. 18 f.

936 *Nolte* ZUM 2017, 552, 561.

gerichtliche Vorabkontrolle gerade nicht. Zudem bleibe die Festlegung der Höhe eines etwaigen Bußgelds der Behörde vorbehalten. Soweit kritisiert wird, dass ein Amtsgericht über eine Rechtsfrage betreffend ein öffentlich-rechtliches Rechtsverhältnis entscheide,[937] kann dem im Ergebnis in teleologisch-genetischer Hinsicht nicht gefolgt werden. Gerade die Zivilgerichte sind mit der Zulässigkeit von Meinungsäußerungen umfassend betraut. Während die Verwaltungsgerichte mit derartigen Rechtsfragen zumeist nicht in Berührung kommen und deren Zuständigkeit deshalb ausscheidet, scheidet die Zuständigkeit des Bundesverfassungsgerichts aus praktischen Erwägungen aus, da die zu befürchteten Fallzahlen dessen (personale) Ressourcen bei Weitem übersteigen würden. Der Ansatz der regulierten Selbstregulierung des NetzDG erscheint demgegenüber begrüßenswert, sodass insoweit eine restriktive Auslegung des Gebots der Staatsferne angemessen erscheint.

3. *Zusammenfassung*

Gleichwohl bestehen aus verfassungsrechtlicher Sicht die aufgezeigten, teilweise erheblichen Bedenken gegenüber dem NetzDG. Die Mehrheit der Literaten geht daher von der Verfassungswidrigkeit infolge der unzulässigen Beeinträchtigung der Kommunikationsgrundrechte aus.[938] Insbesondere die fehlenden Rechtsschutzmöglichkeiten des Kommunikators begründen derzeit wegen der Overblocking-Anreize für die Netzwerke nicht angemessene Grundrechtsbeeinträchtigen. Schließlich kritisierte der damalige EU-Vizekommissionspräsident Ansip den Erlass des NetzDG als gesetzgeberischen Alleingang bei einer alle

---

937 Zu diesen Kritikpunkten *Deutscher Anwaltverein* (Fn. 818), S. 19.

938 *Fechner* in Uhle (Hrsg.), S. 157, 197; *Guggenberger* ZRP 2017, 98, 99 ff.; *ders.* NJW 2017, 2577, 2581 f.; *Koreng* GRUR-Prax 2017, 203, 204; *Ladeur/Gostomzyk* K&R 2017, 390 ff.; *Liesching* in Spindler/Schmitz (Hrsg.) NetzDG § 1 NetzDG Rn. 22 ff.; *ders.* MMR 2018, 26, 26 ff.; *Nolte* ZUM 2017, 552, 555 ff.; *Papier* NJW 2017, 3025, 3030; *Wimmers/Heymann* AfP 2017, 93, 98; so *de lege lata Schiff* MMR 2018, 366, 371, der das Gesetz aber in Verbindung mit vorgeschlagenen Änderungen *de lege ferenda* als zweckmäßig erachtet. *W. Beck* ZRP 2019, 112, 114 begrüßt dagegen den vom Gesetzgeber beschrittenen Weg der regulierten Selbstregulierung. *Löber/Roßnagel* MMR 2019, 71, 74 optieren aufgrund der erkannten Wirksamkeit wohl gegen eine Verfassungswidrigkeit. Aus der internationalen Perspektive *Mchangama/Fiss* The Digital Berlin Wall, How Germany (Accidentally) Created a Prototype for Global Online Censorship, Justitia, November 2019, S. 3 ff., abrufbar unter http://justitia-int.org/wp-content/uploads/2019/11/Analyse_The-Digital-Berlin-Wall-How-Germany-Accidentally-Created-a-Prototype-for-Global-Online-Censorship.pdf (24.03.2022), die das Gesetz zudem als Prototyp hegemonialer Zensurbestrebungen im Internet betrachten.

Mitgliedstaaten betreffenden Materie.[939] Zwar sähe er in Bezug auf die Durchsetzung in Deutschland keine Gefährdung der Meinungsfreiheit, doch könne die Adaption eines solchen Gesetzes in einem anderen Mitgliedstaat dort eine solche Gefährdung bewirken. Zudem bürge der gesetzgeberische Alleingang eines Mitgliedstaates die Gefahr eines Flickenteppichs unterschiedlicher Regelungen in den Mitgliedstaaten.

III. Das NetzDG in der Rechtswirklichkeit

1. Daten zu eingegangenen Beschwerden

Innerhalb der ersten zwei Monate nach dem Inkrafttreten des Gesetzes am 01.10.2017 ist die erwartete große Beschwerdeflut von Beschwerdeführern, die eine nicht erfolgte oder nicht hinreichende Löschung der Plattformbetreiber beim BfJ anzeigten, ausgeblieben. Statt erwarteter 25.000 Beschwerden gingen in dieser Zeitspanne lediglich 205 Anzeigen ein.[940] Im April 2019 – bis zu diesem Zeitpunkt waren etwa 1.000 Beschwerden beim BfJ eingegangen – wurde bekannt, dass das BfJ ein Verfahren gegen ein vorerst noch nicht genanntes Netzwerk wegen nicht gelöschter Beiträge vorbereitete und sich hierbei bereits vor Erlass des Bußgeldbescheides durch die Einschaltung des Amtsgerichts Bonn abzusichern versucht hatte, wohl auch angesichts des zu erwartenden erheblichen Widerstands seitens des Unternehmens.[941] Der Präsident des BfJ kritisierte zudem die Schwelle von zwei Mio. registrierter Nutzer für die Berichtspflichten. Er rechnete aber damit, dass insofern noch eine Erweiterung durch den Gesetzgeber erfolgen würde.[942]

Letztlich verhängte das BfJ gegen die Facebook Ireland Ltd. ein Bußgeld in Höhe von zwei Mio. Euro aufgrund des unzureichenden Berichts für das 1. Quartal 2018. Dieser Bericht enthalte unvollständige Zahlen zu den Nutzerbeschwerden, da das NetzDG Formular versteckt sei und insofern eine beträchtliche Zahl von Nutzerbeschwerden, die Inhalte im Sinne des NetzDG betreffen, über das normale

939 Heise v. 27.10.2017, abrufbar unter https://www.heise.de/newsticker/meldung/Schlechtes-Vorbild-Kritik-aus-EU-Kommission-am-Netzwerkdurchsetzungsgesetz-3874586.html (24.03.2022).

940 *Holland* Heise v. 03.03.2018, abrufbar unter https://www.heise.de/newsticker/meldung/Netzwerkdurchsetzungsgesetz-Viel-weniger-Beschwerden-als-erwartet-3985763.html (23.03.2022).

941 Interview mit dem Präsidenten des BfJ und Verbraucherschutz *Friehe*, zitiert nach Media v. 05.04.2019, abrufbar unter https://meedia.de/2019/04/05/angeblich-verstoss-gegen-netzdg-in-100-faellen-justizamt-bereit-erstmals-klage-gegen-soziales-netzwerk-vor/ (23.03.2022).

942 *Friehe* (Fn. 941).

Flagging[943] beanzeigt würden, was die Anzahl der aufgeführten Beschwerden im *Community Standard Enforcement Report* vermuten lasse.[944] Daneben sei aus den Berichten nicht ersichtlich, ob die meldenden Nutzer eine Begründung für unternommene oder unterlassene Maßnahmen erhielten (entgegen § 2 Abs. 1 Satz 1, Abs. 2 Nr. 9 NetzDG)[945] Hiergegen legte das Unternehmen Einspruch ein, wobei das Unternehmen ausdrücklich anerkannte, dass der Bescheid „einige neue und hilfreiche Klarstellungen" zur Umsetzung des Gesetzes enthalte und man entsprechende Anpassungen der Berichtspraxis prüfe. Sobald es zu einer Lösung mit dem BfJ komme, wolle man den Einspruch zurücknehmen.[946] Der Einspruch wurde sodann im Juni 2021 zurückgenommen.[947]

Die seit dem Inkrafttreten ausgebliebenen Berichte über Overblocking-Sachverhalte in signifikanter Anzahl wertete das BfJ als Indiz, dass diese Gefahr überbewertet wurde.[948] Bis zum 23.07.2018 gingen schließlich 558 Beschwerden

---

943 Normales *Flagging* meint insofern die Meldung von Inhalten wegen anderer Gründe als einem Verstoß gegen das NetzDG, insbesondere wegen eines Verstoßes gegen die Gemeinschaftsstandards.

944 Pressemitteilung des BfJ v. 03.07.2019, abrufbar unter https://www.bundesjustizamt.de/DE/Presse/Archiv/2019/20190702.html?nn=3449818 (23.03.2022). Letztlich entscheidend ist insofern die Auslegung des Tatbestandsmerkmals der „Beschwerde über rechtswidrige Inhalte" im NetzDG. Die sozialen Netzwerke unternehmen erkennbar eine formale Auslegung, gemäß der nur über das NetzDG-Beschwerdeformular beanzeigte Nutzerbeschwerden dem NetzDG unterfallen. Demgegenüber erscheint aber eine inhaltliche Anknüpfung vorzugswürdig, weil die gesetzlichen Verpflichtungen ansonsten durch gezieltes Verstecken der Meldeformulare planmäßig umgangen werden könnten. Zum Ganzen ausführlich *Eifert/v. Landenberg-Roberg/Theß/Wienfort* (Fn. 929), S. 24 ff., die allerdings a.a.O auf S. 26 eine formale Anknüpfung für vorzugswürdig befinden, sofern die Nutzer hinreichend über die Unterschiede zwischen den beiden Meldewegen aufgeklärt würden. Entscheidend für eine inhaltliche Anknüpfung spricht allerdings, dass die Gemeinschaftsstandards zwar teilweise – weitergehend als das einfache Recht – die zulässigen Inhalte beschränken, teilweise aber auch die Rechtsordnung engere Grenzen (vgl. § 1 Abs. 3 NetzDG i.V.m. § 86a StGB) zieht, sodass anderweitig das NetzDG ausgehebelt würde.

945 *BfJ* (Fn. 944).

946 Zeit v. 19.07.2019, abrufbar unter https://www.zeit.de/news/2019-07/19/facebook-wehrt-sich-gegen-netzdg-bussgeld (23.03.2022).

947 FinanzNachrichten v. 03.09.2021, abrufbar unter https://www.finanznachrichten.de/nachrichten-2021-09/53848997-pressespiegel-unternehmen-facebook-bussgeld-berlin-hyp-bank-of-china-015.htm (23.03.2022).

948 *Holland* (Fn. 940). Auch *Flint* Fake News im Wahlkampf, S. 375 und *Schubert* ZUM-RD 2019, 431 sehen die Befürchtungen nicht als bewahrheitet an. *Flint* Fake News im Wahlkampf, S. 330 ff.

beim BfJ ein, die allerdings größtenteils begründet waren, was ebenso wie die ausgebliebene Beschwerdeflut nicht den Erwartungen entsprach.[949] Unbeachtet bleibt hierbei, dass ein Formular auf der Internetseite des BfJ[950] nur hinsichtlich Beschwerden betreffend eine unterbliebene Löschung, nicht jedoch bzgl. einer unberechtigten Löschung im Sinne eines Overblockings vorhanden ist.

2. Untersuchungen der klassischen Medien

In einem Versuch des NDR[951] kurz nach dem Inkrafttreten des Gesetzes führte die Meldung von 44 strafbaren Inhalten nur bei einem Teil zur Löschung, ein großer Teil der Beiträge blieb bestehen, was das Netzwerk mit der nicht ersichtlichen Rechtswidrigkeit der Beiträge begründete. Die erfolgten sechs Löschungen wurden dabei auf eine Verletzung der Gemeinschaftsstandards und nicht etwa die Verpflichtungen des NetzDG gestützt, wobei dies auf Nachfrage hin mit der Benutzerfreundlichkeit begründet wurde. Löschungen von beleidigenden Inhalten wurden in 19 Fällen unter Verweis auf die fehlende Aktivlegitimation abgelehnt.

3. Infrastruktur des Beschwerdeverfahrens

Auch die Ausgestaltung des Beschwerdeformulars von Facebook betreffend das NetzDG sorgte für Kritik, da dies zunächst das für den rechtsunkundigen Laien kaum zu leistende Auswählen des konkret erfüllten Tatbestandes vorsieht und in einem weiteren Schritt noch der genaue Grund der Meldung beschrieben werden soll. Das Netzwerk versuchte aber den ersten Anschein zu entkräften und versicherte, dass unabhängig von der Angabe eine Prüfung hinsichtlich aller zu beachtenden Straftatbestände erfolge.[952] Das von Facebook eigens für Meldungen nach dem NetzDG vorgesehene Formular befand sich zudem nicht auf dem schnellsten für Meldungen vorgesehenen Weg direkt neben den jeweiligen Inhalten, wie es

949 BT-DS. 19/5389, S. 6 ff.; BT-DS. 18/12356, S. 4.

950 Abrufbar unter https://www.bundesjustizamt.de/DE/Themen/Buergerdienste/NetzDG/Service/Formulare/Meldung/Formular_node.html (23.03.2022).

951 *Drehkopf/Milatz* NDR v. 17.01.2018, abrufbar unter https://www.ndr.de/fernsehen/sendungen/zapp/medienpolitik/NetzDG-Beschwerden-Facebook-faellt-im-Test-durch,netzdg108.html (23.03.2022).

952 *Drehkopf/Milatz* (Fn. 951). *Eifert/v. Landenberg-Roberg/Theß/Wienfort* (Fn. 929), S. 36 weisen zu Recht darauf hin, dass die Unternehmen wegen der nach § 2 Abs. 2 Nr. 3 NetzDG bestehenden Verpflichtung, Beschwerden nach Beschwerdegrund anzugeben, entsprechende Informationen einholen müssten, sodass ihnen die beanstandete Ausgestaltung des Meldeformulars nicht vorgeworfen werden könne.

für Meldungen nach den Gemeinschaftsstandards vorgesehen ist.[953] Bei YouTube und Twitter dagegen sind die Meldemöglichkeiten direkt neben den Inhalten integriert.[954] Das erst nach mehreren Aktionen erreichbare Formular von Facebook wurde als Verstoß gegen die Vorgabe eines leicht erkennbaren und unmittelbar erreichbaren Verfahrens zur Meldungsübermittlung nach § 3 Abs. 1 NetzDG gewertet.[955] Hinter der nicht unmittelbaren Erreichbarkeit wurde zuweilen taktisches Kalkül vermutet, da so das Bußgeldrisiko und die personellen Ressourcen minimiert werden.[956]

4. *Publik gewordene Overblocking-Sachverhalte*

Für große Aufregung sorgte die kurzzeitige Sperrung des Twitter-Accounts des Satiremagazins „Titanic" wegen eines Tweets bzgl. der AfD-Politikerin von Storch, die ihrerseits einen Beitrag der Kölner Polizei, den diese gleichzeitig multilingual in mehreren Sprachen, darunter auch Arabisch, veröffentlicht hatte, kritisierte.[957]

---

953 *Facebook* NetzDG-Transparenzbericht, Juli 2018, S. 2, abrufbar unter https://about.fb.com/wp-content/uploads/2018/07/facebook_netzdg_juli_2018_deutsch-1.pdf (24.03.2022).

954 *Twitter* Netzwerkdurchsetzungsgesetzbericht, Januar–Juni 2018, S. 2, abrufbar unter https://cdn.cms-twdigitalassets.com/content/dam/transparency-twitter/data/download-netzdg-report/netzdg-jan-jun-2018.pdf; *YouTube* Transparenzbericht, S. 9 https://transparencyreport.google.com/netzdg/youtube (24.03.2022).

955 *Löber/Roßnagel* MMR 2019, 71, 72. Zu verschiedenen Auslegungsmöglichkeiten des Begriffs der leichten Erkennbarkeit *Eifert/v. Landenberg-Roberg/Theß/Wienfort* (Fn. 929), S. 31 f. Insbesondere wird dort die Frage aufgeworfen, ob der Begriff NetzDG verwendet werden müsse. Dies wird letztlich verneint, da dies für in Bezug auf das NetzDG rechtsunkundige Bürger den Rechtsschutz erschweren würde. Auch müsse der Meldeweg nicht leichter erkennbar als derjenige nach den Gemeinschaftsstandards sein. A.a.O., S. 38 f. erörtern die Autoren zudem weitere in den Formularen der Anbieter (überobligatorisch) vorgesehene Angaben sowie teilweise vor dem Absenden vorgesehene Belehrungen (beispielsweise, dass falsche Bezichtigungen strafbar sein können bzw. zum Ausschluss aus der Community führen können).

956 *Löber/Roßnagel* MMR 2019, 71, 72 sowie *Spindler* GRUR 2018, 365, 373.

957 Zeit v. 03.01.2018, abrufbar unter https://www.zeit.de/digital/internet/2018-01/beatrix-von-storch-twitter-titanic-gesperrt-netzdg-afd (24.03.2022). Der Originalbeitrag der Politikerin lautete: „Was zur Hölle ist in diesem Land los? Wieso twittert eine offizielle Polizeiseite aus NRW auf Arabisch. Meinen Sie, die barbarischen, muslimischen, gruppenvergewaltigenden Männerhorden so zu besänftigen?", der Beitrag des Satiremagazins lautete nach eigenen Angaben des Magazins „Wisst Ihr, was Twitter auf Arabisch heisst, liebe @polizei_nrw_k? Ja? Pfui! Ich weiß es

Die Sperrung führte vielerorts, vor allem beim Deutschen Journalisten-Verband, zu Zensurvorwürfen und zum Vorwurf eines nicht zu rechtfertigenden Eingriffs in die Pressefreiheit.[958] Der damalige Vorsitzende des Verbandes sprach angesichts des nur kurz nach dem Inkrafttreten des Gesetzes aufgetretenen Zwischenfalls von einem „Ausverkauf von Grundrechten", ein privates Unternehmen bestimme nun über Inhalt und Reichweite der Kommunikationsgrundrechte.[959] Angesichts des Vorfalls sprechen die Kritiker davon, dass sich die Overblocking-Risiken bereits realisiert hätten.[960] Dem ist zuzugestehen, dass es sich bei dem publizierenden Medium um ein anerkanntes Magazin handelte, dass sich üblicherweise im Rahmen der Presse- und Kunstfreiheit bewegt und dessen betreffender Beitrag sich ebenfalls innerhalb dieses Spektrums bewegte. Auch kann dieses Argument nicht dadurch von der Hand gewiesen werden, dass die mutmaßlich angewandten Filter selbst ohne das NetzDG beispielsweise im Rahmen der Selbstregulierung zur Löschung geführt hätten, da die zeitliche Kongruenz zum Inkrafttreten des Gesetzes kurz vor dem Vorfall kaum als Zufall abgetan werden kann. Es muss vielmehr davon ausgegangen werden, dass die selbst in der Justiz nicht immer einheitlich beantwortete Frage der Zulässigkeit provokanter Meinungsäußerungen mit den vorhandenen und bereitstellbaren, sachlichen wie personalen Ressourcen kaum mehr leistbar ist. Dies verlagert die Beantwortung dieser Frage allem Anschein nach regelmäßig in die Hände von Algorithmen, die allein mit einzelnen Wörtern als Identifikationsmöglichkeiten diese Abgrenzung aber ebenso kaum zu leisten vermögen.

5. *Transparenzberichte*

Die veröffentlichten Transparenzberichte[961] gewährten Einblick in das Anzeigeverhalten der Nutzer und Beschwerdestellen sowie das Lösch- und Sperrverhalten der sozialen Netzwerke. Während Facebook und YouTube Zahlen zu den insgesamt beanstandeten Inhalten angaben, benennen die Berichte von Twitter lediglich

---

nicht – denn das letzte, was ich haben will, sind besänftigte barbarische, muslimische, gruppenvergewaltigende Männerhorden! (bvs)".

958 *Deutscher Journalisten-Verband (DJV)* Pressemitteilung vom 03.01.2018, abrufbar unter https://www.djv.de/startseite/profil/der-djv/pressebereich-download/pressemitteilungen/detail/article/zensur-gegen-titanic-beenden.html (24.03.2022).

959 *Deutscher Journalisten-Verband* (Fn. 958).

960 Vgl. *Heckmann/Paschke* DRiZ 2018, 144, 145. Zu Recht ist jedoch darauf hingewiesen worden, dass die Entfernungen in den publik gewordenen Overblocking-Sachverhalten zumeist auf Verstößen gegen die Gemeinschaftsstandards basierten. So *D. Holznagel* CR 2019, 518, 519, 523.

961 Die Transparenzberichte sind im Bundesanzeiger, abrufbar unter https://www.bundesanzeiger.de/pub/de/start?9 (23.03.2022) einsehbar. Die nachfolgende Betrachtung beschränkt sich auf die sozialen Netzwerke Facebook, YouTube und Twitter.

die Anzahl der Beschwerden. Die maßgeblichen Zahlen der bisher veröffentlichten Berichte werden zunächst tabellarisch dargestellt:[962]

Angezeigte Inhalte/ Beschwerden (ergriffene Maßnahmen)	**1. Halbjah 2018**	**2. Halbjahr 2018**	**1. Halbjahr 2019**	**2. Halbjahr 2019**	**1. Halbjahr 2020**	**2. Halbjahr 2020**
Fac ebook	1.704 (362)	1.048 (369)	1.050 (349)	4.274 (1.043)	4.292 (2.308)	3.366 (884)
YouTube	214.827 (58.297)	250.957 (54.644)	304.425 (71.168)	277.478 (71.907)	388.824 (90.814)	323.792 (73.477)
Twitter	264.818 (28.645)	256.462 (23.165)	503.464 (46.702)	843.527 (137.171)	765.715 (122.302)	811.469 (118.797)

Löschquote im Berichtszeitraum, Angaben in Prozent	**1. Halbjahr 2018**	**2. Halbjahr 2018**	**1. Halbjahr 2019**	**2. Halbjahr 2019**	**1. Halbjahr 2020**	**2. Halbjahr 2020**
Facebo ok	21,2	35,2	33,2	24,4	53,7	26,3
YouTube	27,1	21,8	23,4	25,9	23,4	22,7
Twitter	10,1	9,0	9,3	16,3	16,0	14,6

Hinsichtlich der Eingangszahlen von Beschwerden über Inhalte ist auffällig, dass diese sich bei Twitter mehr als verdreifacht haben, wobei die Zahlen sich in beiden Berichtszeiträumen des Jahres 2019 jeweils nahezu verdoppelten. Besonders im Jahr 2019 war der Anstieg der Beschwerdeeingänge also signifikant. Als einziges Netzwerk nahmen die Beschwerdeeingänge im 1. Halbjahr 2020 trotz der COVID-19-Pandemie und der hierdurch bedingten Auswirkungen sogar ab, obgleich der Netzwerkanbieter ausführlich von Anpassungen der hausinternen Richtlinien in Bezug auf die Gewährleistung authentischer Informationen hinsichtlich COVID-19 berichtete. Die Löschquote blieb bis einschließlich des 1. Halbjahres 2019 relativ konstant bei um die 10 Prozent. Die Löschquote stieg allerdings

962 Die in der nachfolgenden Tabelle angegebenen Prozentzahlen sind auf die erste Nachkommastelle gerundet.

im letzten Halbjahr 2019 erheblich auf etwa 16 Prozent, wo sie auch im 1. Halbjahr 2020 lag – ehe im 2. Halbjahr 2020 ein latenter Rückgang zu verzeichnen war. Ferner gab das Unternehmen bereits für den Berichtszeitraum des 1. Halbjahres 2019 an, dass angesichts der stark erhöhten Beschwerdeeingänge die Zahl der binnen 24 Stunden erfolgten Bearbeitungen zurückgegangen sei.[963]

Auch bei *Facebook* stieg die Zahl der beanzeigten Inhalte um das etwa 2,5fache, wenn man die Zahlen des 1. Halbjahres 2018 mit denen aus dem 2. Halbjahr 2019 vergleicht. Zwischen dem 01.07.2018 und dem 30.06.2019 waren die Beschwerdezahlen dagegen geringer als im 1. Halbjahr 2018: Vom ersten zum zweiten Bericht fiel die Anzahl der beanstandeten Inhalte nämlich um nahezu 40 Prozent. Die Löschquote stieg zugleich auf über ein Drittel an, bevor sie im 2. Halbjahr 2019 wieder etwas abfiel. Vom 2. Halbjahr 2019 zum 1. Halbjahr 2020 blieb die Zahl der eingegangenen Beschwerden zwar nahezu gleich, allerdings stieg die Löschquote drastisch auf über 50 Prozent an. Im 2. Halbjahr 2020 nahm die Anzahl der Beschwerden entgegen den Befürchtungen aufgrund einer anhaltenden Infodemie dann ebenso ab wie die Löschquote, die etwa 26 Prozent betrug. Die zum 2. Halbjahr 2018 gestiegene Löschquote bei Facebook dürfte angesichts der bereits im 1. Halbjahr 2018 mehrheitlich zügigen Bearbeitung der Beschwerden vor allem mit im 1. Halbjahr 2018 noch in großen Umfang eingegangenen querulatorischen und zu Testzwecken eingereichten unbegründeten Beschwerden zu erklären sein, mit denen ein vermeintliches Overblocking überprüft werden sollte.

Der drastische Anstieg der Löschquote zum 1. Halbjahr 2020 ist vor allem im Zusammenhang mit der COVID-19 Krise und der im November 2020 abgehaltenen US-Präsidentschaftswahl zu sehen, die zur vermehrten Verbreitung von rechtswidrigen Inhalten geführt haben dürften. Der Anstieg der Löschquote im Vergleich zu den anderen Netzwerken im 1. Halbjahr 2020 deutet darauf hin, dass Facebook im politischen Kontext und im Kontext zur COVID-19-Pandemie besonders häufig als Forum für die Verbreitung rechtswidriger Inhalte genutzt wird.[964]

963 *Twitter* Netzwerkdurchsetzungsgesetzbericht, Januar–Juni 2019, S. 12.

964 So stellten *Knuutila/Herasimenka/Au/Howard* COVID-Related Misinformation on YouTube, The Spread of Misinformation Videos on Social Media and the Effectiveness of Platform Policies, Oxford Internet Institute, Data Memo 2020.6, 21.09.2020, S. 1 ff. abrufbar unter https://comprop.oii.ox.ac.uk/wp-content/uploads/sites/93/2020/09/Knuutila-YouTube-misinfo-memo-v1.pdf (23.03.2022) in einer Studie fest, dass Facebook die Plattform ist, auf der audiovisuelle Misinformationen zu Corona am stärksten weiterverbreitet wurden. Die untersuchten, misinformativen YouTube-Videos erreichten so erst durch Interaktionen auf Facebook ein deutlich weitreichendes Publikum. Dabei waren weniger als 1 Prozent der identifizierten, misinformativen Videos seitens Facebook mit Warnungen versehen worden. Die Videos wurden im untersuchten Zeitraum zwischen Oktober 2019 und Juni 2020 ca. 20 Mio. mal geteilt, damit öfter als die gesamten Inhalte der fünf größten englischsprachigen Newsquellen auf YouTube (CNN, ABC News, BBC, Fox News und

Trotz des zwischenzeitlich ergangenen Bußgeldbescheides passte Facebook ausweislich der im Vergleich zu den anderen Netzwerkanbietern äußerst geringen Beschwerdeeingänge seine Berichtstransparenz also nicht an und fällt weiterhin durch unrealistisch geringe Zahlen auf, die wohl auf den immer noch unzureichend ausgestalteten NetzDG-Meldewegen beruhen. Diese Zahlen dürften zudem bereits aufgrund der zuletzt nur bei Facebook drastisch gestiegenen Löschquote unrealistisch sein. Vielmehr dürften tatsächlich auch die Beschwerdeeingänge bei Facebook zugenommen haben, diese zugleich aber als Verstöße gegen die Gemeinschaftsstandards gewertet und nicht berichtet worden sein.

Bei *YouTube* dagegen blieb die Anzahl der eingegangenen Beschwerden über Inhalte zunächst relativ stabil, bis sie sich im 1. Halbjahr 2020 wohl auch aufgrund der COVID-19 bedingten sozialen Veränderungen drastisch steigerte, ehe sie im 2. Halbjahr 2020 wieder etwas absank. Während sich die Löschquote bei *YouTube* und *Facebook* im arithmetischen Mittel auf etwa ein Drittel (32,3 Prozent bei Facebook) bzw. ein Viertel (24,1 Prozent bei YouTube) belief, lag die Löschquote auf *Twitter* durchschnittlich bei gerade einmal 12,6 Prozent.

Die Berichte lassen bislang plattformübergreifend offen, ob die bereits auf Grundlage der 1. Stufe der Prüfung wegen Verstoßes gegen die Gemeinschaftsstandards gelöschten Beiträge gleichzeitig auf Ebene der dann entbehrlichen 2. Stufe rechtswidrige Inhalte im Sinne des NetzDG waren. Angaben dazu sind allerdings nach den Regelungen des NetzDG auch nicht verpflichtend.[965] Gleichwohl bleiben der Öffentlichkeit und der Wissenschaft so wertvolle Erkenntnisse verwehrt, da beispielsweise nach Angaben von YouTube im Bericht über das erste Halbjahr 2018 deutlich mehr Beiträge bereits aufgrund eines Verstoßes gegen die Gemeinschaftsstandards gelöscht wurden.[966] Der Anteil der Sperrungen auf der zweiten Stufe steigt demgegenüber bei der Kategorie „Hassreden und politischer Extremismus“ auf etwa ein Drittel. Bei der Kategorie der „terroristischen oder verfassungswidrigen Inhalte“ ist der Anteil der Entfernungen auf der 2. Stufe sogar höher als derjenige auf der 1. Stufe, was bisweilen mit national besonderen Straftatbeständen wie § 130 Abs. 3 StGB begründet wird.[967] Der Bericht von Twitter im Berichtszeitraum Januar bis Juni 2018 legt immerhin offen, dass von 28.645 insgesamt zur Ergreifung von Maßnahmen führenden Beschwerden in der Summe 782 (etwa 3 Prozent) von der „Unwahrheit einer Tatsachenbehauptung oder erkennbar von anderen tatsächlichen Umständen“ abhingen und somit wohl Fake News betrafen.[968]

Al Jazeera). Dabei waren nur etwa 250 Gruppen für etwa die Hälfte der Visibilität der Desinformationen verantwortlich.

965 *Löber/Roßnagel* MMR 2019, 71, 72.

966 *YouTube* Entfernungen von Inhalten nach dem Netzwerkdurchsetzungsgesetz 01. Januar 2018–30. Juni 2018, abrufbar unter https://storage.googleapis.com/transparencyreport/legal/netzdg/YT-NetzDG-TR-Bundesanzeiger-2018-06.pdf (24.03.2022).

967 *Löber/Roßnagel* MMR 2019, 71, 73.

968 Vgl. insoweit auch *P. Müller/Denner* Was tun gegen „Fake News“, S. 22.

Facebook beschränkte seine Berichte zudem auf die Angabe, wie häufig Beschwerden zu Löschungen wegen Verstoßes gegen das StGB geführt haben, die vom Beschwerdeführer angeführt wurden, wohingegen YouTube und Twitter den gesetzlichen Vorgaben entsprechend zudem Löschungen auf Grund der eigenen AGB angaben. Die gegenüber den anderen beiden Plattformen weitaus geringeren Beschwerdezahlen werden mit dem nicht effektiv implementierten Beschwerdeformular begründet, ebenso wie die gegenüber den anderen Plattformen erheblich häufiger erhobenen Beschwerden wegen Ehrschutzdelikten, bei denen seitens der Verletzten ein ungleich höheres Interesse zur Verfolgung bestehe.[969] Schon aus den Angaben der Plattformen im ersten Berichtszeitraum Januar bis Juni 2018 ergibt sich, dass der Großteil der Entscheidungen innerhalb von 24 Stunden nach dem jeweiligen Eingang der Beschwerden getroffen wurde, so beispielsweise im Falle von Youtube in über 90 Prozent der Fälle. Während bei Twitter und YouTube die frequentierteste Gruppe der Löschungen und Sperrungen aus Volksverhetzung respektive Hassrede gefolgt von der Gruppe von Ehr- und Persönlichkeitsrechtsverletzungen bestand, tauschten diese Gruppe bei Facebook gerade ihre Stellung. Hier dominierten Maßnahmen aufgrund von §§ 185, 186 StGB (über 50 Prozent). Auch in den späteren Berichten blieben auf Facebook die Ehrschutzdelikte die frequentierteste Deliktsgruppe. Dass ausgerechnet die Berichte von Facebook Defizite aufweisen, wird vor dem Hintergrund kritisiert, dass Facebook gerade dasjenige Netzwerk sei, über das die meisten Fake News verbreitet würden.[970] Generell wird zwar die fehlende Vergleichbarkeit der Berichte aufgrund divergierender Berichtsangaben festgestellt: Gleichwohl werden diese Defizite seitens des Schrifttums aber auf die fehlenden Regelungen zu den Berichteinhalten im NetzDG zurückgeführt.[971]

IV. Zweckmäßigkeit und Effektivität zur Prävention von Fake News

Eine Prüfung kommt nicht umhin, die Effektivität der Bekämpfung von Fake News im Speziellen zu hinterfragen. Da das Gesetz bereits ausweislich des Namens das Ziel der verbesserten Durchsetzung bereits bestehender Pflichten verfolgt, kann das NetzDG in der Rechtspraxis den bislang oftmals nicht inkriminierten (vielfach politischen) Inhalten keinen Einhalt gebieten. Überdies scheint es, als könnte sich die angemahnte, mittelbare Verletzung der Kommunikationsgrundrechte durch Overblocking seitens der Gesetzesadressaten letztlich bewahrheiten: Der bereits wenige Tage nach dem Inkrafttreten des Gesetzes gelöschte, satirische Beitrag des Magazins Titanic deutet jedenfalls in diese Richtung, selbst wenn die

969 *Löber/Roßnagel* MMR 2019, 71, 72.
970 *P. Müller/Denner* Was tun gegen „Fake News“, S. 22.
971 *Jaursch* (Fn. 11), S. 18.

verhältnismäßig geringe Löschquote der sozialen Netzwerke eher die gegenteilige Annahme stützt. Auch die gesellschaftliche Kritik an der Löschung des Titanic-Beitrags verleitet zur Annahme, dass ein Rede- und Gegenredemodell – wie im amerikanischen Rechtssystem für Persönlichkeitsverletzungen vorgesehen – von größerer gesamtgesellschaftlicher Akzeptanz getragen wäre.

Die dargestellte Löschpraxis der Unternehmen offenbarte hingegen erhebliche Lücken, als eine Vielzahl inkriminierter und beanzeigter Sachverhalte seitens der Unternehmen nicht gelöscht wurde. Hier zeigen sich auch Verunsicherung und die ablehnende Haltung der Unternehmen, wenn diese Löschungen nach wie vor mit den Gemeinschaftsstandards und nicht mit dem NetzDG begründen. Wenn aber ein Großteil der verfahrensgegenständlichen Beiträge ohnedies mit den Gemeinschaftsstandards inkongruent sind und demnach von vornherein der Löschung unterliegen, kann dem NetzDG womöglich nicht das Prädikat der Erforderlichkeit attestiert werden. Die verfassungsrechtlichen Bedenken finden insoweit in der Rechtspraxis Anknüpfungspunkte. Die implementierten Meldeverfahren fordern den Nutzern weitreichende Sachverhaltsschilderungen und sogar die Beantwortung ohne juristischer Vorbildung kaum zu beantwortender Fragen ab, die auf potentielle Beschwerdeführer abschreckende Wirkung entfalten. Allein deswegen muss ein transparentes Meldeverfahren angezweifelt werden.

Auch wenn sich die Realisierung einer Overblocking-Tendenz aus den Transparenzberichten der Unternehmen ohne stichprobenhafte Analyse einzelner Beispiele kaum überprüfen lässt, lassen die relativ niedrigen Prozentzahlen von Sperrungen und Löschungen deren Realisierung eher nicht vermuten.[972] Hinter den geringen Quoten werden bisweilen querulatorische Beschwerden vermutet,[973] die dann teilweise mit von Google genannten Beispielen belegt werden: So erhielt der Konzern mehrere Beschwerden wegen vermeintlicher Persönlichkeitsverletzungen infolge der Titulierung als „frech," „arrogant" oder „aufdringlich".[974] Ob die plattformübergreifend recht niedrige Löschquote mit einem Underblocking seitens der verpflichteten Netzwerke zu erklären ist, erscheint letztlich aber zweifelhaft. Dies deutet nicht zwingend auf systematischen Missbrauch der NetzDG-Meldesysteme durch querulatorische Beschwerden hin. Vielmehr dürfte die geringe Löschquote zuvorderst damit zu erklären sein, dass die Nutzer die Grenzen zulässiger Äußerungen rechtsirrig zu eng spannen.[975]

Ebenso wurden die kurzen Fristen angesichts der größtenteils erfolgreich eingehaltenen 24-stündigen Frist entgegen erster Einschätzungen aufgrund

---

972 *Löber/Roßnagel* MMR 2019, 71, 73. Nach *M. Schreiber* Strafbarkeit politischer Fake News, S. 155 sei ein Overblocking ausgeblieben, wobei er insofern nur an die Transparenzberichte anknüpft.

973 *Löber/Roßnagel* MMR 2019, 71, 73.

974 *YouTube* (Fn. 966), S. 27.

975 Vgl. *Eifert/v. Landenberg-Roberg/Theß/Wienfort* (Fn. 929), S. 51.

zwischenzeitlicher Personalaufstockungen als realisierbar evaluiert, was insbesondere wegen des geringen Mehraufwands belegbar durch die höheren Löschungsquoten allein aufgrund der Gemeinschaftsstandarts der Fall sei.[976]

Ob tatsächlich mehr rechtswidrige Inhalte i.S.d. NetzDG gelöscht werden als vor dem Inkrafttreten des Gesetzes, kann mangels vorheriger Zahlen nicht gesagt werden. Gleichwohl ist dies angesichts der aufgestockten Ressourcen zu vermuten. Ferner wird davon ausgegangen, dass im Bereich der Volksverhetzung und Beleidigung verbesserte Sperrungspraktiken umgesetzt werden konnten, da hier, anknüpfend an die Berichte, ein signifikanter Teil der Beiträge erst an der Prüfung auf der 2. Stufe scheiterte. Gegen ein realisiertes Underblocking werden die geringen Beschwerdezahlen vorgebracht, die allerdings nicht, wie vom Gesetzgeber angenommen, größtenteils unbegründet seien. Des Weiteren wird argumentiert, dass die Beschwerdemöglichkeit den meisten Bürgern wohl ohnehin nicht bekannt sei. Hinsichtlich Fake News sei der Anwendungsbereich von vornherein sehr begrenzt, was natürlich die Effektivität minimiere. Allerdings könne die unter Umständen zeitaufwändige Verifizierung der Wahrheit ein Problem darstellen. Von der Möglichkeit der Einholung der Stellungnahme des Inhalteerstellers gem. § 3 Abs. 2 Nr. 3 lit. a NetzDG wurde seitens der Unternehmen nahezu kein Gebrauch gemacht. Ob darüberhinausgehend eine Faktenprüfung, gegebenenfalls mit Drittanbietern, unternommen wurde, ist in den Berichten nicht ersichtlich. Dies ist allerdings *de lege lata* auch nicht berichtspflichtig.[977]

Auch die Unternehmen selbst standen und stehen der Regelung durch das NetzDG kritisch gegenüber.[978] Sie lehnen die ihnen vom Gesetz zuerkannte Rolle als *Wächter* über zulässige Meinungsäußerungen bereits im Grundsatz ab.[979] Es darf angesichts dieser offen kommunizierten Haltung bezweifelt werden, dass die Unternehmen anhand ideologischer Gesichtspunkte wirklich die Grenze

---

976 *Löber/Roßnagel* MMR 2019, 71, 74.

977 *Löber/Roßnagel* MMR 2019, 71, 74 f.

978 Ausweis der ablehnenden Haltung der Unternehmen ist der publik gewordene angebliche Druck gegenüber Mitgliedern der EU-Expertenkommission seitens Facebook. Insoweit habe Facebook für den Fall weiterer Regulierung die Einstellung der Unterstützung für journalistische und akademische Projekte in den Raum gestellt. Dazu *Schmidt/Dupont-Nivet* BuzzFeed v. 21.05.2019, abrufbar unter https://www.buzzfeed.com/de/nicoschmidt/eu-europawahl-desinformation-facebook-google-social-media (23.03.2022).

979 Allgemein kritisch zur Regulierung von Inhalten äußerte sich *Zuckerberg* in einer Rede an der Georgetown Universität, zitiert nach Facebook Newsroom v. 17.10.2019, abrufbar unter https://about.fb.com/news/2019/10/mark-zuckerberg-stands-for-voice-and-free-expression/ (24.03.2022). Vgl. daneben die Ausführungen des bei der Google Germany GmbH angestellten Juristen *Nolte* ZUM 2017, 552, 552 ff., auch wenn dieser in Fn. 1 dartut, nur seine persönliche Meinung wiederzugeben.

zulässiger Äußerungen austarieren werden. Vielmehr werden die Unternehmen das Verfahren aus Compliance-Aspekten alleine so umsetzen, dass die empfindlichen Geldbußen umgangen werden. Dies begründet die Gefahr, die Kommunikationsgrundrechte der von Beschwerden Betroffenen zu konterkartieren, als diesen selbst kein weitgehender Rechtsschutz gegenüber unberechtigten Löschungen zukommt. Gleichwohl haben die Unternehmen die gem. Art. 93 Abs. 3 GG einjährige Frist zur Erhebung einer Verfassungsbeschwerde verstreichen lassen, wohl um von den großen Spielräumen des Gesetzes für das vorgesehene Beschwerdemanagement zu profitieren sowie um weitere Regulierungsbestrebungen nicht selbst anzustoßen. Die Plattformbetreiber haben sich stattdessen darauf fokussiert, die Gesetzesvorgaben im geringstmöglichen Umfang umzusetzen.[980]

Schon vor Ablauf der Frist argumentierten Literaten teilweise, dass das Gesetz ohnedies sogar für die Unternehmen ökonomisch vorteilhaft sei, da statt der müßigen Einzelfallprüfung nun systematisch auf Beschwerden hin ressourcenschonend eine Vielzahl von Beiträgen gesetzlich legitimiert gelöscht werden könne.[981] Daneben kann im Falle zu extensiver Löschpraktiken hierfür der Gesetzgeber verantwortlich gemacht werden.[982] Die Klagen mehrerer FDP-Politiker gegen das BfJ gerichtet auf die Feststellung, dass das BfJ nicht berechtigt ist, dass NetzDG gegenüber Facebook durch Maßnahmen nach § 4 NetzDG zu vollziehen und dadurch eine Löschung von Inhalten der Kläger durch Facebook zu bewirken, wies das Verwaltungsgericht Köln mangels eines hinreichend konkreten Rechtsverhältnisses zwischen den Klägern und Facebook sowie aufgrund des fehlenden qualifizierten Feststellungsinteresses ab: Bei den Klägern war es nämlich nicht zur unberechtigten Sperrung eines Beitrages gekommen.[983] Eine Verfassungsbeschwerde hinsichtlich des NetzDG wegen einer behaupteten Verletzung der Meinungsfreiheit aus Art. 5 Abs. 1 Satz 1, 1. Hs. GG nahm das Bundesverfassungsgericht nicht an, da es an der unmittelbaren Betroffenheit fehle, weil die jeweiligen Vollzugsakte angegriffen werden könnten.[984] Diese Entscheidung hat – ebenso wie die anderen zum NetzDG ergangenen Entscheidungen – bereits erfolgte Löschungen bzw.

---

980 *Löber/Roßnagel* MMR 2019, 71; vgl. auch *Liesching* MMR 2018, 26, 30. Andere vermuten daneben, dass die Unternehmen aus Imagegründen nicht den Rechtsweg beschritten hätten. Man habe nicht den Eindruck erwecken wollen, die Pflichten nicht akzeptieren zu wollen, *R. Müller FAZ* v. 10.06.2018, abrufbar unter https://www.faz.net/aktuell/politik/inland/zwei-fdp-politiker-klagen-gegen-netzdg-15632476.html (23.03.2022).

981 *Liesching* MMR 2018, 26, 30.

982 *Liesching* MMR 2018, 26, 30.

983 VG Köln Urt. v. 14.02.2019 – 6 K 4318/18.

984 BVerfG Nichtannahmebeschl. v. 23.04.2019 – 1 BvR 2314/18, zitiert nach juris Rn. 6.

Sperrungen zum Gegenstand, nicht dagegen das Wiedereinstellen bereits gelöschter Beiträge.[985]

Angesichts des engen Anwendungsbereichs der erfassten Inhalte kann allenfalls davon ausgegangen werden, dass sich die Zirkulation der wenigen evident strafbaren Äußerungen infolge des Gesetzes verringert hat. Zudem wird aber beobachtet, dass sich die Inhalte letztlich kaum verändert hätten, sondern vorwiegend nur die Sprache der Inhalte: Rechtsextreme würden ihre Inhalte nunmehr etwa so anpassen, dass die vorhandenen Grenzen eingehalten werden.[986] Letztlich muss dann aber im Falle von Desinformationen von einem weitgehenden Leerlauf des Gesetzes ausgegangen werden, wenn die Schwelle zur Strafbarkeit schon durch eine entsprechende Anpassung des Wortlauts der Äußerung unterschritten werden kann.[987]

V. Vorschläge zur Anpassung des NetzDG

1. *Vorschläge aus der Literatur*

In der Literatur sind daher verschiedene Auffassungen zur Anpassung des NetzDG geäußert worden. Neben technischen Regelungsvorschlägen, wie einer Klarstellung, dass die Meldemöglichkeiten sich direkt neben den jeweiligen Inhalten finden lassen müssen,[988] wurde vor allem die Verankerung eines „Putback-Verfahrens" zur Wiederherstellung unrechtmäßig gelöschter Beiträge vorgeschlagen: Über diese Vorgänge solle gleichzeitig im Rahmen der Berichte bei bestimmten Mindestbeschwerdezahlen (beispielsweise 100 Beschwerden p.a.) Transparenz hergestellt werden. Fernerhin soll die Sanktionsmöglichkeit auf unberechtigte Löschungen bei systematischen Verstößen erstreckt werden.[989] Schließlich sollen die Transparenzpflichten auch auf Löschungen aufgrund der eigenen Standards und auf anonymisierte Beispielsfälle mit der Begründung der Löschung respektive Sperrung

---

985 LG Bonn Beschl. v. 30.08.2018 – 10 O 291/18, zitiert nach juris; OLG Dresden Beschl. v. 11.06.2019 – 4 U 760/19, zitiert nach juris. Diese Feststellung treffen *Eifert/v. Landenberg-Roberg/Theß/Wienfort* (Fn. 929), S. 62 f. A.a.O., S. 63 eruierten die Autoren zudem, ob dies den Schluss rechtfertige, dass die Beschwerdeführer überwiegend mit dem Umgang der sozialen Netzwerke mit Beschwerden zufrieden seien. Zutreffend wurde diese Erwägung aufgrund der höheren Prozesskostenrisiken verneint.

986 *Hoppenstedt* Spiegel v. 31.01.2019, abrufbar unter http://www.spiegel.de/netzwelt/netzpolitik/netzdg-neue-zahlen-von-facebook-youtube-twitter-a-1250875.html (23.03.2022).

987 Vgl. insofern *Hoppenstedt* (Fn. 986).

988 *Löber/Roßnagel* MMR 2019, 71, 75.

989 *Peukert* MMR 2018, 572, 573 ff. macht konkrete Normvorschläge; *Schiff* MMR 2018, 366, 368.

erweitert werden, da nur so eine dezidierte Evaluation eines Over- und Underblockings möglich ist.[990] Ein weiterer Vorschlag geht dahin, das Gesetz um Bußgeldtatbestände für Over- und Underblocking zu ergänzen, sofern diese Sachverhalte offensichtlich sind, um so die drohenden grundrechtlichen Gefährdungen entscheidend abzuschwächen.[991] Schließlich wird noch eine gesetzliche Verankerung der Kooperation der Netzwerke mit den Strafverfolgungsbehörden für wünschenswert erachtet, die beispielsweise in Weiterleitungspflichten im Falle von solchen Veröffentlichungen bestehen könnte, die Straftaten nach § 1 Abs. 3 NetzDG enthalten, wobei wiederum eine Beschränkung auf Nichtantragsdelikte denkbar wäre.[992] Aus strafrechtlicher Perspektive wird zudem vorgebracht, zur Bekämpfung von Fake News die Tatbestände § 145d und § 164 StGB in den Straftatenkatalog mitaufzunehmen, welche im Falle von Fake News verwirklicht sein können.[993] Letztlich wird auch die Aufnahme von Rechtsgrundlagen für Accountsperrungen in den Gesetzestext befürwortet.[994]

2. *Vorschläge der Fraktionen anlässlich der Ausschussanhörung 2019*

Die Oppositionsparteien stellten zudem anlässlich einer Anhörung im Bundestagsausschuss für Recht und Verbraucherschutz im Mai 2019 verschiedene Änderungsvorschläge vor. Während einige Fraktionen die vollständige Aufhebung des Gesetzes vorschlugen,[995] votierten andere für die vollumfängliche Aufrechterhaltung[996] oder für die Vornahme verschiedener Anpassungen[997]. Ein Vorschlag sah die Erweiterung der Transparenzpflichten auf Bemühungen zur Reduktion von Social Bots, die Implementierung eines bußgeldbewehrten Wiedereinstellungsverfahrens, das Steigern der Benutzerfreundlichkeit der Meldewege sowie die Einrichtung einer Clearingstelle für unter den Nutzungsbedingungen unberechtigt

---

990 *Löber/Roßnagel* MMR 2019, 71, 75. Zur notwendigen Transparenz bei den Einzelentscheidungen bereits anlässlich des Gesetzgebungsverfahrens *Eifert* NJW 2017, 1450, 1453.

991 *Schiff* MMR 2018, 366, 370.

992 *Schiff* MMR 2018, 366, 370. Auch *Jaursch* (Fn. 11), S. 18 merkt an, dass das NetzDG in seinem Anwendungsbereich nicht zwangsläufig Strafverfolgung nach sich zieht. *Sahl/Bielzer* ZRP 2020, 2, 3 f. befürworten eine Anzeigepflicht der Plattformbetreiber an die Strafverfolgungsbehörden.

993 BeckOK InfoMedienR/*Hoven/Gersdorf* § 1 NetzDG Rn. 38.

994 *Sahl/Bielzer* ZRP 2020, 2, 5.

995 AfD-Fraktion (BT-DS. 19/81); Die Linke (BT-DS. 19/218); FDP-Fraktion (BT-DS. 19/204).

996 Insbesondere *Eifert* zitiert nach *Deutscher Bundestag* Parlamentsnachrichten v. 16.05.2019, abrufbar unter https://www.bundestag.de/presse/hib/642926-642926 (24.03.2022).

997 Bündnis 90/Die Grünen (BT-DS. 19/5950).

unterlassene Löschungen vor.[998] Weiterhin wurde der Bundestag aufgefordert, „die Schaffung eines zusätzlichen besonderen Gerichtsstandes in der Strafprozessordnung und in der Zivilprozessordnung zu prüfen, um schnellen Rechtsschutz mit hoher Expertise zu gewährleisten."[999] Auch wurde eine Änderung der RiStBV gefordert, um so für die Fälle des Verdachts strafbarer Äußerungen im Netz wegen der Schnelligkeit und Reichweite der Verbreitung das öffentliche Interesse annehmen zu können und trotz Verweisung auf den Privatklageweg sicherzustellen, dass zuvor jedenfalls die Herkunft einer anonymen Äußerung ermittelt wird.[1000] Weiterhin solle die Forschung und die Faktenprüfung unterstützt und eine Selbstverpflichtung der Werbetreibenden im Netz erzielt werden, auf Werbeschaltungen von Webseiten zu verzichten, deren Geschäftsmodell ganz überwiegend auf der Verbreitung von Desinformationen fußt.[1001]

3. Evaluierungsbericht des Bundesministeriums für Justiz und für Verbraucherschutz

Das BfJ erstatte schließlich, wie schon in der Gesetzesbegründung vorgesehen, noch vor dem dreijährigen Bestehen des Gesetzes einen Evaluierungsbericht.[1002] Der Evaluierungsbericht zieht ein positives Resümee: Insbesondere habe das Gesetz das Beschwerdemanagement ebenso wie die öffentliche Rechenschaft der Netzwerkanbieter im Umgang mit den vom Gesetz aufgelisteten rechtswidrigen Inhalten deutlich verbessert, wobei die Netzwerkanbieter die vom NetzDG aufgestellten zentralen Anforderungen weitgehend realisiert hätten.[1003] Anzeichen für systematisches Over- oder Underblocking seien nicht ausgemacht worden.[1004]

Verbesserungspotential machte der Bericht in Form der weitergehenden Konkretisierung untergesetzlicher Pflichten (beispielsweise hinsichtlich des Zustellungsbevollmächtigten), der Weiterentwicklung der bereits bestehenden Regelungen zu benutzerfreundlichen Meldewegen sowie der Klarstellung des Verhältnisses

---

998 BT-DS. 19/5950, S. 3 f.

999 BT-DS. 19/5950, S. 4.

1000 BT-DS. 19/5950, S. 4.

1001 BT-DS. 19/5950, S. 5. Laut Schätzungen des *Global Disinformation Index (GDI)* Ad-funded COVID-10 Misinformation, Money, Brands and Tech, 08.07.2020, https://disinformationindex.org/wp-content/uploads/2020/07/GDI_Ad-funded-COVID-19-Disinformation-1.pdf (24.03.2022) werden Google, Amazon und andere Anbieter von Online-Werbeanzeigen für Verbreiter von Desinformationen zur COVID-19-Pandemie im Jahr 2020 ein Minimum von 25 Mio. USD an Werbeeinnahmen generieren (allein 19 Mio. USD entfallen dabei auf Google).

1002 *Eifert/v. Landenberg-Roberg/Theß/Wienfort* (Fn. 929), S. 1 ff.

1003 *Eifert/v. Landenberg-Roberg/Theß/Wienfort* (Fn. 929), S. 151.

1004 *Eifert/v. Landenberg-Roberg/Theß/Wienfort* (Fn. 929), S. 52 ff.

zwischen Meldungen aufgrund des NetzDG und der Gemeinschaftsstandards aus.[1005] Schließlich sei die Ausgestaltung weiterer Rechte im Beschwerdeverfahren zu prüfen, so u.a. gesetzliche Anhörungspflichten betreffend die Kommunikatoren, Überprüfungspflichten von Sperrungen bzw. Löschungen auf Beschwerden hin und gesetzliche Wiederherstellungsansprüche.[1006] Daneben sei die Rolle des BfJ über die bislang vorgesehene Rolle als Bußgeldbehörde hinaus zu erweitern, damit ein Austausch zwischen dem BfJ und den Netzwerkanbieter veranlasst wird, der sich hinsichtlich der Auslegung des komplexen Regelungsgefüges und des Verständnisses für spezifisch deutsche Strafrechtsnormen als förderlich erweisen könne.[1007] Des Weiteren sei auch die Rechtsdurchsetzung für Betroffene gegenüber Kommunikatoren zu stärken, indem die (finanziellen) Zugangshürden zu den Gerichten gesenkt bzw. Streitschlichtungen implementiert werden.[1008]

4. *Anpassung des NetzDG durch den Gesetzgeber im Jahr 2021*

a) Neuregelungen

Im Jahr 2020 beschloss der Gesetzgeber zudem ein ***Gesetz zur Bekämpfung des Rechtsextremismus und der Hasskriminalität vom 30. März 2021***,[1009] das mit

1005 *Eifert/v. Landenberg-Roberg/Theß/Wienfort* (Fn. 929), S. 151 f.

1006 *Eifert/v. Landenberg-Roberg/Theß/Wienfort* (Fn. 929), S. 152 f. Solche Wiederherstellungsansprüche könnten derzeit nur auf § 242 BGB gestützt werden und müssten mit erheblichen Kostenrisiken außerhalb der NetzDG-Verfahren vor den Zivilgerichten geltend gemacht werden. Hinsichtlich etwaiger Wiederherstellungsansprüche sei zudem zu prüfen, ob deren Einführung auch für Entfernungen aufgrund Verstoßes gegen die Gemeinschaftsstandards geboten sei.

1007 *Eifert/v. Landenberg-Roberg/Theß/Wienfort* (Fn. 929), S. 136 ff.

1008 *Eifert/v. Landenberg-Roberg/Theß/Wienfort* (Fn. 929), S. 146 ff., 153 f.

1009 BGBl I 2021, 441. Zu den Entwürfen BR-DS. 87/20 sowie BT-DS. 19/18470. Teilweise kritisch zu den Erweiterungen des materiellen Strafrechts durch das Gesetz – insbesondere im Hinblick auf § 140 und § 241 StGB – *Schiemann* KriPoZ 5 (2020), 269, 269 ff. Im Verlauf der parlamentarischen Diskussionen hatte die Fraktion Bündnis 90/Die Grünen ein zweistufiges Meldeverfahren gefordert (erste Stufe: Übermittlung anonymisierter Inhalte an das BKA, zweite Stufe: nach Prüfung eines Anfangsverdachts Übermittlung personenbezogener Daten), vgl. BT-DS. 19/20168, S. 1, was aber mangels Praktikabilität zu Recht nicht aufgegriffen worden ist. Ausführlich zum Regierungsentwurf auch *Kubiciel* jurisPR-StrafR 5/2020 Anm. 1 sowie zu einem Bayerischen Diskussionsentwurf zur Modernisierung des Beleidigungsstrafrechts – inkl. eines Qualifikationstatbestands zum Cybermobbing in § 188 StGB – *ders.* jurisPR-StrafR 6/2020 Anm. 1. Die durch das Gesetz bewirkten Verschärfungen befürworten *Wandtke/Ostendorff* ZUM 2021, 26, 35. *Eckel/Rottmeier* NStZ 2021, 1, 7 ff. begrüßen die Änderungen ebenfalls.

einem neuen § 3a NetzDG eine *Meldepflicht (gem. Abs. 4 sind der Inhalt des Postings und die IP-Adresse umfasst) der sozialen Netzwerke an eine eigens eingeführte Stelle beim BKA* in Fällen vorsah, in denen der Anbieter aufgrund von Beschwerden mit Entfernungen reagiert und in denen konkrete Anhaltspunkte bestehen, dass bestimmte strafrechtlich relevante Inhalte (beispielsweise § 126 und § 130 StGB) gegenständlich sind. Das BKA soll insofern als Zentralstelle im Falle von Anhaltspunkten für eine Straftat zur Identifikation des Nutzers die Bestandsdaten beim Telemedien- bzw. Telekommunikationsanbieter abfragen und auf Basis der ermittelten Daten den Vorgang der zuständigen Strafverfolgungsbehörde übergeben.[1010] Die Nichteinführung des Verfahrens ist zudem ebenso bußgeldbewährt (§ 4 Abs. 1 Nr. 6a NetzDG).

Der Straftatenkatalog in § 1 Abs. 3 NetzDG wurde im Nachgang der Vorgänge um die Ermordung des Kasseler Regierungspräsidenten Lübcke im Jahr 2019 um § 189 StGB erweitert. Des Weiteren werden im Entwurf § 188 StGB (Üble Nachrede und Verleumdung gegen Personen des politischen Lebens) auf kommunale Politiker und § 185 StGB um einen Qualifikationstatbestand für die öffentliche Begehung oder das Verbreiten von Schriften erweitert (im Rahmen eines späteren Gesetzes wurde der Schriftenbegriff hierbei durch den Inhaltsbegriff ersetzt). § 126 StGB wird zudem um die Androhung einer gefährlichen Körperverletzung erweitert. Diese just dargestellten Regelungen des Entwurfs entsprechen denjenigen des im April 2021 im Bundesgesetzblatt verkündeten Gesetzes, wobei die weitere Gesetzgebungshistorie aufgrund der Besonderheiten noch darzustellen sein wird.

§ 15a TMG soll nunmehr das Auskunftsverfahren von Behörden (nach Abs. 3 insbesondere Strafverfolgungs- und Gefahrenabwehrbehörden, nicht aber Nachrichtendienste) gegenüber Telemediendiensteanbietern hinsichtlich der Bestands- und Nutzungsdaten (wie IP-Adressen) neu regeln. § 15b TMG regelt das Auskunftsverfahren hinsichtlich der Passwörter und weiterer den Zugriff ermöglichender Daten.[1011] Diese just dargestellten Regelungen des Entwurfs wurden letztlich durch ein *Gesetz zur Anpassung des Bestandsdatenauskunftsregimes* eingeführt, welches sogleich noch Gegenstand der Erörterung sein wird.

Der Entwurf des Gesetzes zur Bekämpfung des Rechtsextremismus und der Hasskriminalität sah flankierend hierzu im Bundeskriminalamtgesetz („BKA-Gesetz") und in der StPO (§ 100j Abs. 1 Satz 1 Nr. 2 StPO die Einführung entsprechender Auskunftsrechte vor, die bei Verabschiedung des NetzDG noch gefehlt hatten. Während die neuen § 15a TMG (Bestands- und Nutzerdaten) und § 15b

1010 *Eckel/Rottmeier* NStZ 2021, 1, 7.

1011 Kritisch zu den extensiv formulierten Auskunftsrechten bzw. der Auskunftsberechtigung der sozialen Netzwerke in der Entwurfsfassung *Härting* CR-online.de Blog v. 19.02.2020, abrufbar unter https://www.cr-online.de/blog/2020/02/19/verschaerfung-des-netzdg-warum-sogar-datingportale-zur-herausgabe-von-passwoerten-verpflichtet-waeren/ (24.03.2022).

TMG (Passwörter und andere Zugangsdaten) *die Provider zur Verwendung der Daten gegenüber Auskunft verlangenden Stellen, die eine gesetzlichen Bestimmung für die Datenerhebung angeben müssen, im Rahmen einer Auskunftspflicht berechtigen* und damit das *rechtliche Dürfen der Provider ausgestalten (datenschutzrechtliche Erlaubnis der Anbieter zur Datenübermittlung)*, betreffen die geänderten Vorschriften der StPO und des BKA-Gesetzes *die Auskunftsrechte der Behörden*. Sie enthalten also die Ermächtigungsgrundlage für die staatliche Stelle. Diese Auskunftsrechte finden sich im letztlich in Kraft getretenen Gesetz nicht wieder, vielmehr wurden diese Auskunftsrechte durch ein noch darzustellendes *Gesetz zur Anpassung des Bestandsdatenauskunftsregimes* eingeführt. Diese Differenzierung beruht auf der Rechtsprechung des Bundesverfassungsgerichts, nach der beim staatlichen Zugriff auf bei privaten Dritten befindlichen Bestandsdaten streng zwischen einer den privaten Dritten zur Übermittlung berechtigenden datenschutzrechtlichen Öffnungsklausel und der Ermächtigungsgrundlage für die Datenabfrage seitens der staatliche Stelle zu unterscheiden ist (sog. „Doppeltürmodell").[1012]

Schließlich erfuhr das Regelungsregime eine weitere Änderung durch das ***Gesetz zur Änderung des Netzwerkdurchsetzungesetzes vom 03. Juni 2021***,[1013] welches vor allem ein *bußgeldbewährtes Gegenvorstellungsverfahren in einem neuen § 3b NetzDG* eingeführt hat. Hiernach sind soziale Netzwerke dazu verpflichtet, auf Antrag eines Nutzers Entscheidungen über die Entfernung oder Beibehaltung eines Inhalts zu überprüfen. Die diesbezügliche Entscheidung ist hierbei gegenüber dem Antragssteller zu begründen. § 3 Abs. 1 Satz 2 NetzDG wurde dergestalt geändert, dass Meldewege leicht auffindbar und simpel zu bedienen sein müssen – man könnte insofern polemisch von einer „*Clausula Facebook*" sprechen.

Zugleich wurde die Berichtspflichten auf die Übermittlungswege von Beschwerden (§ 2 Abs. 2 Nr. 3 NetzDG n.F.), die genaue Prüfungsreihenfolge der Gemeinschaftsstandards und des NetzDG (§ 2 Abs. 2 Nr. 3 NetzDG n.F.) sowie auf die Angabe, ob die Entfernungen aufgrund der Qualifikation als rechtswidriger Inhalt i.S.d. NetzDG oder bereits aufgrund der Gemeinschaftsstandards erfolgt sind (§ 2 Abs. 2 Nr. 8 NetzDG n.F.), erweitert. Schließlich sind nunmehr Angaben zu den Gegenvorstellungsverfahren (z.B. die Summe der gelöschten Inhalte, die nach erneuter Prüfung wiedereingestellt wurden, sog. „Putbacks" – § 2 Abs. 2 Nr. 11 NetzDG n.F.) erforderlich. Die Berichtspflicht ist zudem auf die Funktionsweise etwaig angewandter automatisierter Detektionsmechanismen zur Identifikation rechtswidriger Inhalte erstreckt worden (§ 2 Abs. 2 Nr. 2 NetzDG n.F.).

1012 BVerfG, Beschl. v. 24.01.2012 – 1 BvR 1299/05, zitiert nach juris Rn. 123 sowie Beschl. v. 06.03.2014 – 1 BvR 3541/13. Dazu und zum Rückgriff auf die allgemeinen Generalermittlungsklauseln der §§ 161 Abs. 1, 163 Abs. 1 StPO im Anwendungsbereich des NetzDG mangels spezialgesetzlich normierter Ermächtigungsgrundlage *Eifert/v. Landenberg-Roberg/Theß/Wienfort* (Fn. 929), S. 107.

1013 BGBl. I 2021, 1436, siehe auch den Gesetzesentwurf unter BT-DS. 19/18792.

§ 3c NetzDG n.F. ermöglicht privatrechtlich organisierte Schlichtungsverfahren zwischen den sozialen Netzwerken und Nutzern im Anschluss an das Gegenvorstellungsverfahren. § 3d–f NetzDG n.F. stellen Sonderbestimmungen für Videosharingplattformen und setzen insoweit die Vorgaben der AVMD-RL[1014] um, deren Art. 28a und 28b Vorgaben für Videosharingplattform-Dienste zum Schutz vor unzulässigen Inhalten auf solchen Plattformen formulieren. Trotz zahlreicher Anmerkungen des Bundesrats[1015] ist das Gesetz – im Kerngehalt im Vergleich zum Entwurf unverändert – beschlossen und verkündet worden. Der Bundesrat hatte insbesondere angedeutet, dass er es für ratsam hielt, hinsichtlich der über die Vorgaben der AVMD-RL hinausgehenden Pflichten für Plattformbetreiber zunächst die in Arbeit befindliche „europäische Lösung" seitens der Kommission abzuwarten.

b) *Verfassungswidrigkeit der Regelungen zur Bestandsdatenauskunft und diesbezügliches Änderungsgesetz*

Noch vor der Ausfertigung des Gesetzes zur Bekämpfung des Rechtsextremismus und der Hasskriminalität durch den Bundespräsidenten wurde Kritik laut, dass das Gesetz in Teilen verfassungswidrig sein könnte.[1016] Das Bundesverfassungsgericht hatte nämlich in der Zwischenzeit in einem vielbeachteten Beschluss (Bestands datenauskunft II) zum wiederholten Mal entschieden, dass die Regelungen zur Bestandsdatenauskunft teilweise mit dem Grundgesetz unvereinbar seien.[1017] Nach dem Gericht seien die Regelungen zum Abruf von Bestandsdaten, welche anhand einer dynamischen IP-Adresse bestimmt werden (u.a. § 10 Abs. 2 BKA-Gesetz), überwiegend nicht hinreichend bestimmt und daher verfassungswidrig.[1018] Für den von der Norm erfassten Fall herabgesetzter Eingriffsschwellen sei „unter Berücksichtigung des spezifischen Eingriffsgewichts der Zuordnung dynamischer IP-Adressen jedenfalls eine Beschränkung auf besonders gewichtige Rechtsgüter

1014 Richtlinie (EU) 2018/1808 des Europäischen Parlaments und des Rates vom 14. November 2018 zur Änderung der Richtlinie 2010/13/EU zur Koordinierung bestimmter Rechts- und Verwaltungsvorschriften der Mitgliedstaaten über die Bereitstellung audiovisueller Mediendienste (Richtlinie über audiovisuelle Mediendienste) im Hinblick auf sich verändernde Marktgegebenheiten.

1015 BT-DS 19/19367, S. 1 ff.

1016 Vgl. zum damaligen Diskussionsstand *An. Kaufmann* LTO v. 18.09.2020, abrufbar unter https://www.lto.de/recht/hintergruende/h/gesetz-hasskriminalitaet-netzdg-meldepflicht-verfassungswidrig-gutachten-bmjv-bundespraesident/ (24.03.2022).

1017 BVerfG, Beschl. v. 27.05.2020, 1 BvR 1873/13, 1 BvR 2618/13, NJW 2020, 2699, 2699 ff.

1018 BVerfG, Beschl. v. 27.05.2020, 1 BvR 1873/13, 1 BvR 2618/13, NJW 2020, 2699, 2720 ff., Rn. 237 ff.

geboten". Diesen Anforderungen würden die Regelungen nicht entsprechen.[1019] Das Bundesverfassungsgericht erklärte die Regelungen [u.a. § 113 TKG (regelt die Übermittlungsbefugnis hinsichtlich anhand einer dynamischen IP-Adresse ermittelter Bestandsdaten für die Anbieter von Telekommunikationsdienstleistungen) und § 10 Abs. 1 S. 1, Abs. 2 BKA-Gesetz (regelt die korrespondierende Abfragebefugnis des BKA)] für unvereinbar mit dem Grundgesetz (Art. 2 Abs. 1 i.V.m. Art. 1 Abs. 1 GG sowie Art. 10 Abs. 1 GG). Zwar könne ein Datenabruf durch das BKA zur Feststellung der örtlich zuständigen Strafverfolgungsbehörde als Koordinierungsaufgabe nach den Regelungen des BKA-Gesetzes und nicht nach der StPO erfolgen, jedoch mangele es an einer Regelung, wann § 10 Abs. 1 S. 1 Nr. 1 BKA-Gesetz für diese Fälle anwendbar sei.[1020] Die Vorschriften bleiben aber bis zur Neuregelung, längstens falls jedoch bis zum 31.12.2021, anwendbar.[1021]

Probleme bereiten die im Gesetz zur Bekämpfung des Rechtsextremismus und der Hasskriminalität vorgesehene Meldepflicht (§ 3a NetzDG n.F.), die dafür eingeführten Übermittlungsbefugnisse für Telemedienanbieter und die im BKA-Gesetz vorgesehene Abfragebefugnis. Der neu eingefügte, für Telemediendiensteanbieter geltende § 15a Abs. 1 S. 3 TMG entspricht § 113 Abs. 1 Satz 3 TKG (dortiger Adressat sind Telekommunikationsdienste) und dürfte daher ebenfalls nicht verfassungskonform sein. Auch die Mängel von § 10 Abs. 2 TMG wurden mit dem Gesetz nicht behoben. Daher bestünde grundsätzlich keine (verfassungskonforme) Befugnisnorm von Telekommunikationsdienste- und Telemedienanbietern, anhand von IP-Adressen ermittelte Bestandsdaten zu übermitteln. In dem Übergangszeitraum haben die Anbieter von Telekommunikationsdienstleistungen hierzu allerdings zunächst weiterhin die Befugnis. Zudem besteht eine korrespondierende Abfragebefugnis des BKA.[1022]

1019 BVerfG, Beschl. v. 27.05.2020, 1 BvR 1873/13, 1 BvR 2618/13, NJW 2020, 2699, 2721, Rn. 238.

1020 BVerfG, Beschl. v. 27.05.2020, 1 BvR 1873/13, 1 BvR 2618/13, NJW 2020, 2699, 2718, Rn. 212.

1021 BVerfG, Beschl. v. 27.05.2020, 1 BvR 1873/13, 1 BvR 2618/13, NJW 2020, 2699 Tenor Nr. 1 und Nr. 2.

1022 *WD* Mögliche Auswirkungen des Beschlusses des Bundesverfassungsgerichts vom 27. Mai 2020, 1 BvR 1873/13 – Bestandsdatenauskunft II – auf das Gesetz zur Bekämpfung des Rechtsextremismus und der Hasskriminalität (BT-Drs. 19/17741 und 19/20163) und das Netzwerkdurchsetzungsgesetzänderungsgesetz Az. WD 10-3000-037/20; vgl. auch *Bäcker* Rechtsgutachten im Auftrag der Bundestagsfraktion Bündnis 90/Die Grünen, Folgerungen aus dem zweiten Bestandsdatenbeschluss des BVerfG für die durch das Gesetz zur Bekämpfung des Rechtsextremismus und der Hasskriminalität geschaffenen Datenverarbeitungsregelungen, abrufbar unter https://www.gruene-bundestag.de/fileadmin/media/gruenebundestag_de/themen_az/rechtspolitik/PDF/200917-Baecker-Gutachten-Gesetz_zur_Bekaempfung_des_Rechtsextremismus_und_der_Hasskriminalitaet.pdf (23.03.2022).

Ausweislich einer Antwort auf eine Kleine Anfrage hatte das Bundespräsidialamt die Bundesregierung im Nachgang des Bestandsdatenauskunft II-Beschlusses informiert, dass der Bundespräsident das Ausfertigungsverfahren im Hinblick auf die genannte Entscheidung des Bundesverfassungsgerichts aussetze, um die Verabschiedung eines von der Bundesregierung angekündigten Änderungsgesetzes abzuwarten.[1023]

Daraufhin erarbeiteten die Regierungsfraktionen zeitnah den *Entwurf eines Gesetzes zur Anpassung der Regelungen über die Bestandsdatenauskunft an die Vorgaben aus der Entscheidung des Bundesverfassungsgerichts vom 27. Mai 2020.*[1024] Zusammengefasst wurden in diesem Entwurf die Datenabrufrechte von Sicherheitsbehörden besonders im Präventivbereich auf besonders schwere Straftaten und hinreichend konkrete Gefahren beschränkt. Hierbei wurden die Zweckbestimmungen und Eingriffsschwellen dezidiert und für die jeweils abrufende Sicherheitsbehörde gesondert geregelt. Soweit die Datenabfrage zur Verarbeitung dynamischer IP-Adressen führt, wurden die Grenzen entsprechend der Forderung des Bundesverfassungsgerichts noch enger gezogen (vgl. § 15 Abs. 4 TMG-E). § 113 Abs. 1 S. 3, Abs. 5 Nr. 1 TKG-E lässt allerdings für den Bereich der Strafverfolgung – ohne dies auf besonders schwerwiegende Deliktsbereiche zu begrenzen – für Zwecke der Auskunftsgewährung sogar die Analyse von dynamischen IP-Adressen zu, wobei § 15a Abs. 1 TMG-E diese Befugnis noch auf die bei Telemedien befindlichen Bestandsdaten erweitert. Auch der vom Bundesverfassungsgericht noch beanstandete § 10 Abs. 1 TMG wurde weiter ausdifferenziert, sodass die im Gesetz zur Bekämpfung des Rechtsextremismus und der Hasskriminalität vorgesehene Meldepflicht über den 31.12.2021 hinaus umsetzbar wäre. Resümieren lässt sich bei aller berechtigten Kritik im Hinblick auf datenschutzrechtliche Gesichtspunkte, dass die Befugnisse der einzelnen Sicherheitsbehörden nunmehr derart verklausuliert sind, dass die Anwendung in der Rechtspraxis nur schwerlich händelbar sein dürfte.

Der Gesetzesentwurf wurde vom Bundestag schließlich in der weitgehend identischen Ausschussfassung am 29.01.2021 beschlossen.[1025] Im Nachgang fand das

---

1023 *BReg* Antwort auf die Kleine Anfrage von Abgeordneten der Fraktion Bündnis 90/ Die Grünen, BT-DS. 19/23867, S. 10.

1024 BT-DS. 19/25294, S. 1 ff. Erste Kritik bei *Löffelmann* Schriftliche Stellungnahme zur öffentlichen Anhörung am 25. Januar 2021 zu BT-Drs. 19/25294, abrufbar unter https://www.bundestag.de/resource/blob/818498/796335d32c4706b2640f7c2095bb2bc6/A-Drs-19-4-696-B-data.pdf (24.03.2022). Kritik hinsichtlich fehlender Kontrollmechanismen für die Datenverarbeitung und mit der Forderung von Informationspflichten gegenüber dem Datenschutzbeauftragten *BRAK* Stellungnahme Nr. 75/ 2020, Dezember 2020, abrufbar unter https://brak.de/zur-rechtspolitik/stellungnahmen-pdf/stellungnahmen-deutschland/2020/dezember/stellungnahme-der-brak-2020-75.pdf (24.03.2022).

1025 BT-PlPr 19/206, S. 25998D.

Gesetz aber trotz befürwortender Ausschussempfehlung zunächst keine Zustimmung im Bundesrat.[1026] Das *Gesetz zur Anpassung der Regelungen über die Bestandsdatenauskunft an die Vorgaben aus der Entscheidung des Bundesverfassungsgerichts vom 27. Mai 2020*[1027] wurde letztlich in Form der Beschlussempfehlung des Vermittlungsausschusses[1028] beschlossen und trat Anfang April 2021 in Kraft. U.a. wurde die Passwortherausgabe auf besonders schwere Straftaten beschränkt (vgl. § 100j Abs. 1 Satz 3 StPO). Fernerhin wurden die Möglichkeiten zum Abruf von Nutzungsdaten im repressiven Bericht auf Straftaten beschränkt (vgl. § 100k Abs. 1 StPO). Der durch das Gesetz eingeführte § 15a Abs. 5 Satz 3 TMG begründet eine Schweigeverpflichtung der Auskunftsverpflichteten, sodass die Datenverwendung im Falle der Auskunftserteilung heimlich erfolgen wird. Im Falle eines richterlichen Beschlusses erfolgt dagegen gem. § 100j Abs. 4 StPO eine Benachrichtigung über die Beauskunftung, es sei denn der Zweck der Auskunft würde hierdurch vereitelt oder überwiegende schutzwürdige Belange Dritter oder der betroffenen Person selbst stehen dem entgegen.

Fernerhin konnte im Rahmen der im März 2021 abgehaltenen Verhandlungen im Vermittlungsausschuss eine Einigung in Bezug auf das Gesetz gegen Hate Speech erzielt werden: Das *Gesetz zur Bekämpfung des Rechtsextremismus und der Hasskriminalität vom 30. März 2021*[1029] trat daher am 01.07.2021 in Kraft. Die Meldepflicht des § 3a NetzDG n.F. ist dagegen erst zum 01.02.2022 in Kraft getreten. Eine empirische Bewertung der Frage, ob die Meldepflicht einen Mehrwert innerhalb der Rechtsdurchsetzung besitzt, konnte daher im Rahmen der hiesigen Untersuchung nicht mehr erfolgen.

Da die auf Veranlassung des Bundesverfassungsgerichts vorgenommenen Anpassungen des Bestandsdatenauskunftsregimes für die vorliegende Forschungsfrage nur auf der Ebene der effektiven Rechtsdurchsetzung von Relevanz sind, unterbleibt eine noch weitergehende Analyse der einzelnen Auskunfts- und Abfragebefugnisse. Zu erwarten stehen dürfte ohnehin die erneute Anfechtung des Gesetzes vor dem Bundesverfassungsgericht. Die „Mammutaufgabe“ des Gesetzgebers bestand ohnehin zuvorderst in der Regelung der Befugnisse für den Bereich der Gefahrenabwehr und der für diesen Bereich vorzusehenden verschiedentlichen Eingriffsschwellen – gerade dies ist aber nicht von unmittelbarer Relevanz für die vorliegende Ausarbeitung, die allein auf den repressiven Bereich fokussiert ist.

5. Evaluation der Verbesserungsvorschläge

Die aufgeführten Anpassungsvorschläge in der Literatur erwiesen sich allesamt als zielführend, um die durchgreifenden Bedenken wie die fehlenden

1026 BR-PlPr 1000, S. 17 sowie BR-Beschlussds. 84/21.
1027 BGBl I, S. 448.
1028 BT-DS. 19/27900.
1029 BGBl I, S. 441.

Schutzmechanismen auf Seiten des Kommunikators auszuräumen. Der Gesetzgeber hat indes zwischenzeitlich reagiert und einige von Seiten der Literatur aufgezeigte Defizite behoben. Die vom Gesetzgeber implementierte Meldepflicht ermöglicht eine effektivere Rechtsverfolgung und ist daher zu befürworten, auch wenn die Meldepflicht nach Auffassung mancher *Overreportingrisiken* begründet.[1030] Da die Meldepflicht jedoch ebenso Druck auf Seiten der sozialen Netzwerke dergestalt erzeugt, dass ein Overblocking durch das Reporting offenbart werden könnte, sind diese Risiken nach diesseitiger Auffassung als gering einzuschätzen. Nach hiesiger Auffassung führen die Anpassungen daher letztlich zur Verringerung etwaiger Overblocking-Risiken. Das neue Gegendarstellungsverfahren berücksichtigt die Interessen der Kommunikatoren und verschafft diesen in dem neuartigen Verfahren Gehör. Die Begründungspflicht der sozialen Netzwerke sichert indes, dass die zuerkannten Verfahrensrechte der Betroffenen nicht bloß ein stumpfes Schwert bleiben, indem die Plattformbetreiber etwa ohne jegliche Begründung die Begehren ablehnen könnten.

Die erweiterten Transparenzpflichten ermöglichen es Öffentlichkeit und Wissenschaft, den Mehrertrag des NetzDG genauer denn je zu bewerten – insbesondere im Hinblick auf für die Netzwerke obligatorische Angaben dazu, ob Beiträge schon wegen Verstoßes gegen die AGB der Unternehmen gelöscht wurden. Die Effektivität des Gesetzes konnte zudem ohne die weitergehenden Transparenzpflichten nur schwer beurteilt werden, wodurch die Überwachungspflicht des Gesetzgebers kaum wahrgenommen und eine mögliche Pflicht zur Aufhebung mangels Effektivität nicht evaluiert werden konnte. Schließlich erweist sich die erweiterte Transparenz hinsichtlich der mittelbaren Drittwirkung der Grundrechte als zweckmäßig, da die Unternehmen im Rahmen ihrer Richtlinien zwar eine extensivere Löschungspraxis als unter der Ägide des NetzDG durchsetzen können, dem aber aufgrund ihres starken Einflusses wiederum Beschränkungen aufgrund ihrer Dominanz in den gesellschaftlichen Kommunikationsforen zu setzen sind.[1031]

1030 *Ceffinato* ZStW 132 (2020), 544, 562 ff. unter dem Gesichtspunkt eines Sanktionsdrucks und *M. Nolde* LinkedIn v. 19.02.2020, abrufbar unter https://www.linkedin.com/pulse/dem-stgb-vor-das-schienbein-treten-netzdg-und-malaika-nolde-ll-m-/?trackingId=YvIkzMWCQLOGT1YmldkjQg%3D%3D (24.03.2022). Anpassungsbedarf sehen *Eckel/Rottmeier* NStZ 2021, 1, 11 zur Problematik, dass die für die Identifizierung der Kommunikatoren benötigten Daten bisher nur wenige Tage gespeichert werden, sodass die Auskunftsbegehren zumeist ins Leere gehen. Insoweit bringen die Autoren eine verpflichtende Verkehrsdatenspeicherung ins Gespräch.

1031 OLG Dresden Beschl. v. 08.08.2018 – 4 W 577/18, MMR 2018, 756, 758; *Löber/Roßnagel* MMR 2019, 71, 75. Nach dem BVerfG kann die mittelbare Drittwirkung von Grundrechten qualitativ der unmittelbaren Bindung des Staates gleichkommen, wenn ein privates Unternehmen einen Ort öffentlicher Kommunikation zur Verfügung stellt und hierdurch faktisch Daseinsvorsorge betreibt, BVerfG

Zudem nimmt die Ausgestaltung von § 188 StGB als (beschränktes) Offizialdelikt Politikern die Last, die Strafverfolgung mit womöglich negativen medialen Konsequenzen zu initiieren.

Trotzdem besteht weiterhin ein zentrales Defizit: Zwar sind die jeweils fakultativen Verfahren zur Meldung von Inhalten an das BKA und die Einrichtung des Gegenvorstellungsverfahrens bußgeldbewährt. Jedoch sind unberechtigte Löschungen ohne das Durchlaufen dieser Verfahren nicht bußgeldbewährt. Denkbar sind insofern Fälle, in denen Beiträge ungerechtfertigt gelöscht und gemeldet werden, in denen der Betroffene aber kein Gegenvorstellungsverfahren einleitet. Erst die vorgeschlagenen, aber nicht eingeführten Sanktionstatbestände für unberechtigte Löschungen würden die Gefahr der Entscheidungsfindung der Unternehmen anhand ökonomischer Erwägungen entscheidend minimieren und wären angesichts der drohenden Beschneidungen der Meinungsfreiheit einer Vielzahl von Nutzer trotz des erheblichen Eingriffs in die Dienstleistungsfreiheit der Betreiber sozialer Netzwerke verfassungsrechtlich zu rechtfertigen. Die Gefahr eines Over-Enforcements würde durch entsprechende Sanktionsvorschriften entscheidend gesenkt, da in den ohnehin nur verbleibenden wenigen Grenzfällen die Rechtschutzmöglichkeiten der von unberechtigten Löschungen Betroffenen die noch bestehende mittelbare Beeinträchtigung entscheidend qualitativ abschwächen würde. Durch die vorgenannten Änderungen könnte die Verfassungsmäßigkeit des Gesetzes hergestellt werden.

Jedenfalls durch die letztgenannte Anpassung könnte das NetzDG einen entscheidenden Beitrag zu einer gesetzeskonformen Debattenkultur leisten und wäre vor diesem Hintergrund nicht nur verfassungskonform, sondern sogar

---

Beschl. v. 18.07.2015 – 1 BvQ 25/15, NJW 2015, 2485, vgl. zuletzt auch BVerfG Beschl. v. 22.05.2019 – 1 BvQ 42/19, ZUM-RD 2019, 429, 430. Kritisch zu diesem Verständnis *Lüdemann* MMR 2019, 2079, 2080. Zu einer möglichen unmittelbaren Grundrechtsbindung in Anknüpfung an ein *obiter dictum* in der Fraport-Entscheidung des BVerfG *Schubert* ZUM-RD 2019, 431, 432 f., der Löschungen bzgl. von der Meinungsfreiheit gedeckter Beiträge aufgrund der Nutzungsbedingungen für zulässig hält, aber beim Ausschluss des Teilnehmers von der Plattform hohe Anforderungen infolge der hohen Marktanteile fordert. Für die Zulässigkeit von Löschungen aufgrund von Verstößen gegen die AGB der Plattformbetreiber *M. Schreiber* Strafbarkeit politischer Fake News, S. 129 f. und *Flint* Fake News im Wahlkampf, S. 330 ff. Praktisch wurden Löschungen satirischer Beiträge aufgrund angeblicher Verstöße gegen Twitters Richtlinie zur Verhinderung von Wahlbeeinflussung relevant, vgl. nur LG München Beschl. v. 17.06.2019 – 10 O 7388/19, zitiert nach LTO v. 05.07.2019, abrufbar unter https://www.lto.de/recht/nachrichten/n/lg-muenchen-i-10o7388-19-twitter-sperre-loeschung-wahlbeeinflussung-rechtswidrig/ (25.03.2022). Kritisch zur mittelbaren Grundrechtsbindung sozialer Netzwerke zuletzt auch *Tschorr* MMR 2021, 204, 206 ff.

rechtspolitisch wünschenswert.[1032] Das Gesetz – mit dem der Staat zumindest teilweise auf sein Entscheidungsrecht und das staatliche Gewaltmonopol verzichtet – wird insoweit der tatsächlichen Entwicklung der sozialen Medien und Suchmaschinen hin zu Inhabern Digitaler Souveränität gerecht.[1033] Die zeitlich vorgelagert initiierte Ergreifung der digitalen Hoheit seitens der sozialen Medien und Suchmaschinen ist infolge der oligopolaren Strukturen des Marktes nicht mehr zu revidieren – sodass die symbolische Übergabe der Souveränität sowie die Inverantwortungnahme der Netzwerke durch das NetzDG der grundsätzlich empfehlenswerte Schritt ist. Ausweis des durch das Gesetz geschaffenen, modernen Kommunikationsforen gerecht werdenden regulatorischen Rahmens ist die noch aufzuzeigende Orientierung anderer Staaten und der Europäischen Union am deutschen NetzDG.

VI. Unzulänglichkeit von Löschungsmechanismen

Damit ist allerdings noch nicht gesagt, dass das NetzDG als alleiniges Instrument im Kampf gegen Fake News auszureichen vermag. Das durch das NetzDG vorgesehene Löschen derartiger Beiträge kann auf Seiten elitekritischer Nutzer Reaktanz hervorrufen und diese in alternative Kommunikationsräume im Internet treiben. Dies gilt schon deshalb, weil sie dort weiterhin mit den ihrem Standpunkt entsprechenden Informationen versorgt werden – auch weil solche alternativen virtuellen Räume mangels hinreichender Nutzerzahl den Regularien des NetzDG nicht unterliegen. Hierdurch verstärken sich die Filterblasen- und Echokammereffekte und geraten zudem die demokratiebildenden Elemente eines Miteinanders verschiedener Gruppen in Mitleidenschaft.[1034] Hiermit wird die gesellschaftliche Polarisierung weiter unterstützt,[1035] ohne dabei gegen die gegenständlichen Inhalte effektiv vorzugehen. Die staatlich aufoktroyierten Löschungen spielen dagegen zum Teil

---

1032 *Schiff* MMR 2018, 366, 371. Den Ansatz des Gesetzes befürworten auch *Jaursch* (Fn. 11), S. 17 f. und *M. Schreiber* Strafbarkeit politischer Fake News, S. 157.

1033 *Schliesky* NVwZ 2019, 693, 694.

1034 *P. Müller/Denner* Was tun gegen „Fake News"?, S. 21. Der Rückzug in alternative Kommunikationsräume konnte zuletzt vor allem in den USA beobachtet werden, wo ultrakonservative Nutzer von Twitter hin zum Kurznachrichtendienst „Parler" abwanderten, der jede Form von Faktenprüfung ablehnt. Vgl. *Roth* Zeit v. 12.11.2020, abrufbar unter https://www.zeit.de/politik/ausland/2020-11/parler-donald-trump-unterstuetzer-plattform-facebook-twitter-fake-news?utm_referrer=https%3A%2F%2Fwww.google.com%2F (23.03.2022). Ein Abwandern von Nutzern auf solche Plattformen, die nicht Unterzeichner des Verhaltenskodex sind, stellte auch die *Europäische Kommission* (Fn. 1077), S. 17 fest.

1035 *P. Müller/Denner* Was tun gegen „Fake News"?, S. 21. Vgl. auch *Schweiger/Weber/Prochazka/Brückner* Algorithmisch personalisierte Nachrichtenkanäle, S. 73 ff.

den Populisten in die Hand – diese können diese Vorgehensweise für ihre Elitekritik verwenden.[1036]

Weiterhin bleibt es problematisch, dass das NetzDG gerade nur Löschpflichten verbessert durchzusetzen versucht, damit aber die erstmalige Veröffentlichung nicht unterbinden kann. Selbst ein offensichtlich rechtswidriger Beitrag kann insgesamt weit mehr als 24 Stunden online verfügbar sein, da das Gesetz für den Beginn der Löschpflicht an den Eingang der Beschwerde anknüpft. Dieser kann aber zeitlich weit nach der Veröffentlichung liegen. Gerade die kaum bekannten Muster der Echokammern werden oft dazu führen, dass dem Inhalt einer spezifischen Desinformation zugeneigte Nutzer zunächst von dieser erreicht werden – Beschwerden glaubensinkongruenter Nutzer werden dagegen erst mit erheblichem Zeitverlust nachfolgen. Ein Post verbreitet sich dabei nach den Feststellungen von Faktenprüfern am schnellsten in den ersten Stunden und Tagen nach der Veröffentlichung.[1037]

In einer Studie in den USA gaben immerhin 23 Prozent der Teilnehmer an, wissentlich oder unwissentlich Fake News geteilt zu haben.[1038] Überdies kann nach einer anderen *Studie von Forschern der Universität Yale* die Einstufung eines Beitrags als Falschmeldung auf Facebook sogar zu einer größeren Resonanz in Gestalt von Aufrufen infolge der Wiederholung führen und somit letztlich noch die Häufigkeit falscher Überzeugungen erhöhen.[1039] Auch wenn die Warnung danach die Rezipienten sensibilisierte, wurden diese positiven Effekte letztendlich wieder vollständig annihiliert durch die Wiederholung.[1040] Dem zugrunde liegt der

1036 *P. Müller/Denner* Was tun gegen „Fake News"?, S. 21.

1037 *Dörrer* Correctiv v. 12.10.2017, abrufbar unter https://correctiv.org/echtjetzt/artikel/2017/10/12/facebook-fact-checking-reduziert-reichweite-von-fake-news-um-80-prozent/ (25.03.2022).

1038 *Barthel/Mitchell/Holcomb* Jornalism & Media v. 15.12.2018, abrufbar unter http://www.journalism.org/2016/12/15/many-americans-believe-fake-news-is-sowing-confusion/ (25.03.2022).

1039 *Pennycook/Cannon/Rand* Journal of Experimental Psychology: General 147 (2018), 1865, 1874 ff. Für einen Amplifizierungseffekt durch Richtigstellungsbemühungen *Russ-Mohl* Die informierte Gesellschaft und ihre Feinde, S. 268 und *Weber/Knorr* in M. Appel (Hrsg.), Kap. 10.2. Hinsichtlich der Form der Richtigstellung machten Forscher zudem einen größeren Effekt von bildlichen gegenüber textlichen Darstellungen bei der Rezeptionsreduktion falscher Informationen aus, *Nyhan/Reifler* The roles of information deficits and identity threat in the prevalence of misperceptions, 21.12.2017, S. 9 ff., abrufbar unter https://www.dartmouth.edu/~nyhan/opening-political-mind.pdf (25.03.2022); *Jaster/Lanius* Die Wahrheit schafft sich ab, Kap. 5.

1040 *Pennycook/Cannon/Rand* Journal of Experimental Psychology: General 147 (2018), 1865, 1874 ff.

sog. „*Mereexposure Effect*“: Der Mensch neigt dazu, bereits bekannten Aussagen einen höheren Grad an Authentizität beizumessen.[1041] Gehäufte Interaktionen zu bestimmten Fake News führen also bei vielen Rezipienten zur Annahme höherer Glaubhaftigkeit.[1042]

Eine andere Studie gelangte dagegen zu gegenteiligen Ergebnissen: Hier erhöhte die Wiederholung der Desinformation im Rahmen der Aufklärung deren Effektivität, was die Forscher mit einem infolge der Wiederholung aktivierten Bewusstsein für die Richtigstellung erläuterten.[1043] Hinsichtlich der zeitlichen Wirkungsdauer wird daher von einem nachhaltigen Einfluss auf Wahrnehmung und Verhalten selbst nach Gegenaufklärungsmaßnahmen ausgegangen („*Continued Influence Effect of Misinformation*“).[1044] Facebook selbst dagegen wird nicht müde, hinsichtlich der Faktenprüfungs-Initiativen von einem großen Erfolg zu sprechen, ohne dies jedoch mit empirischen Zahlen zu untermauern.[1045]

Überdies dürfte das Gesetz aber kaum Prävention im Hinblick auf Urheber von gezielt eingesetzten Desinformationen erreichen, da das NetzDG nur die Betreiber sozialer Netzwerke in ihrer Rolle als Informationsintermediäre anspricht. Auch mittelbare Effekte durch eine stärkere Verfolgung der Urheber infolge der Inanspruchnahmen der Netzwerke dürften nur in geringem Ausmaß bestehen. Mit der Entlarvung der Nachricht als Fake News werden die Verfolgungsbehörden in vielen Fällen gerade ein geringeres öffentliches Interesse an der Strafverfolgung sehen. Darüber hinaus werden Schadensersatzansprüche in Zivilverfahren infolge der Löschung sogar in der Summe geringer ausfallen, sodass hier keine durchgreifenden mittelbaren Effekte zu erwarten stehen.

Weiterhin erscheinen bloße Löschungsmechanismen deshalb problematisch, weil das Internet bekanntlich nicht vergisst.[1046] Selbst gelöschte Inhalte können

---

1041 *Pennycook/Cannon/Rand* Journal of Experimental Psychology: General 147 (2018), 1865, 1874 ff.

1042 Vgl. zum Ganzen sowie zum „Sleeper Effect“ schon oben unter § 3 H. Diese Annahmen bestätigten sich in der Studie von *Hohlfeld* in Hohlfeld/Harnischmacher/Heinke/Lehner/Sengl (Hrsg.), S. 179, 190 f.

1043 *Ecker/Hogan/Lewandowsky* Journal of Applied Research in Memory and Cognition 6 (2017), 185, 190.

1044 *M. Appel* in M. Appel (Hrsg.), Kap. 18.2. *Högden/Krämer/Meiner/Schaewitz* in Steinebach/Bader/Rinsdorf/ Krämer/Roßnagel (Hrsg.), S. 77, 82 f. sprechen insoweit schlicht von einem *Falschinformationseffekt.*

1045 Vgl. die Darstellung bei *Dörrer* Correctiv v. 12.10.2017, abrufbar unter https://correctiv.org/echtjetzt/artikel/2017/10/12/facebook-fact-checking-reduziert-reichweite-von-fake-news-um-80-prozent/ (25.03.2022).

1046 *Spindler* GRUR-Beilage 2014, 101, 103; *Schimmele* Staatliche Verantwortung für diskursive Integrität in öffentlichen Räumen, S. 77 f.; vgl. *M. Schreiber* Strafbarkeit politischer Fake News, S. 156 f.

so oftmals noch ausfindig gemacht werden.[1047] So werden etwa in den Kurzzeitspeichern der Suchmaschine Google gelöschte Internetseiten zeitweise weiterhin gespeichert.[1048] Darüber hinaus widmen sich verschiedene Initiativen der Archivierung gelöschter Internetseiten[1049] respektive gelöschter Politiker-Tweets.[1050] Wenn das Internet aber nichts vergisst, erscheint die Implementierung von schlichten Löschungsmechanismen von vornherein zu kurzgreifend. Es ist daher notwendig, bereits zeitlich weiter vorne in der Verbreitungskette – nämlich bereits vor der Erstveröffentlichung – zu intervenieren und entsprechende Verhinderungsmechanismen in das Recht zu adaptieren.[1051]

E. Maßnahmen auf der Ebene der Europäischen Union

Auch die Europäische Kommission sah Handlungsbedarf angesichts der Europawahl 2019 und präsentierte so ab Ende 2018 verschiedene Maßnahmen. Zunächst publizierte die EU ein Maßnahmenpaket, das u.a. neue Vorschriften zur Entfernung terroristischer Inhalte im Internet beinhaltete: Die Mitgliedstaaten müssen hiernach verhältnismäßige Sanktionen für Verstöße von Diensteanbietern gegen die vorgesehenen in einer Stundenfrist wahrzunehmenden Entfernungsanordnungen vorsehen (bis zu 4 Prozent des Jahresumsatzes). Auch müssen die Internetintermediäre eigene Maßnahmen zum Beispiel zur automatischen Erkennung terroristischer Inhalte ergreifen.[1052] Überdies soll mit dem Maßnahmenpaket auch

---

1047 ARD-Faktenfinder v. 11.08.2017, abrufbar unter http://faktenfinder.tagesschau.de/tutorials/geloeschtesfinden-101.html (23.03.2022).

1048 ARD-Faktenfinder (Fn. 1047).

1049 Beispielhaft sei die Initiative „Internet Archive“ aus San Francisco genannt, abrufbar unter https://archive.org (25.03.2022).

1050 Namentlich die Initiative „Politwoops“, abrufbar unter https://www.politwoops.de (23.03.2022).

1051 Nach *Holsten* Stellungnahme zur öffentlichen Anhörung zum Netzwerkdurchsetzungsgesetz im Ausschuss für Recht und Verbraucherschutz des Deutschen Bundestages am 15. Mai 2019, S. 3, abrufbar unter https://kripoz.de/wp-content/uploads/2019/05/stellungnahme-holsten-netzdg.pdf (23.03.2022) ist vor allem eine effektive Rechtsdurchsetzung seitens der Medienaufsicht und der Staatsanwaltschaften und damit ein Ansetzen beim Verfasser der Desinformation erforderlich. Auch *Lammich* Fake News als Herausforderung des deutschen Strafrechts, S. 117 sieht die Erforderlichkeit einer frühzeitigeren Intervention – da Löschungsmaßnahmen letztlich als Schadensbegrenzung zu begreifen seien.

1052 *Europäische Kommission* Factsheet, Lage der Union 2018, Kommission ergreift Maßnahmen zur Entfernung terroristischer Inhalte aus dem Web – Fragen und Antworten, abrufbar unter https://ec.europa.eu/commission/presscorner/detail/de/MEMO_18_5711 (23.03.2022).

gegen Desinformationen im Netz vorgegangen werden.[1053] Ein Leitfaden, der sich an europäische politische Parteien, Stiftungen, nationale Wahlbehörden, aber auch soziale Medien richtet, soll praktische Hinweise zur Einhaltung der neuen Europäischen Datenschutz-Grundverordnung liefern. Ferner richtete die EU Empfehlungen an Online-Plattformen und die Werbewirtschaft: So soll Transparenz gewährleistet werden und die Möglichkeiten zur Verwendung von Zielgruppenprofilen für politische Werbung sollen beschränkt bzw. transparent gemacht werden. Von noch größerer Relevanz sind indes der Aktionsplan und der Leitfaden gegen Desinformationen, die nachfolgend vorgestellt werden.

I. Verhaltenskodex gegen Desinformationen

Bereits mit Mitteilung vom 26.04.2018[1054] – dort im Rahmen der Vorstellung eines europäischen Konzepts zur Bekämpfung von Desinformationen im Internet – wurde ein entsprechender Verhaltenskodex für die Selbstregulierung von Online-Plattformen und der Werbeindustrie angekündigt, der transparente und vertrauensvolle Online-Kampagnen im Vorfeld der Wahlen gewährleisten sollte.[1055] Ein entsprechender Leitfaden gegen Desinformationen („*EU Code of Practice on Disinformation*")[1056] wurde schließlich von mehreren Konzernen (u.a. Facebook und Google) und der Europäischen Kommission im Oktober 2018 unterzeichnet.[1057] Der Verhaltenskodex sieht u.a. folgende Maßnahmen vor:

1053 *Europäische Kommission* Lage der Union 2018, Freie und faire Europawahlen, 12.09.2018, abrufbar unter https://ec.europa.eu/info/sites/default/files/soteu2018-factsheet-free-fair-elections_de_0.pdf (23.03.2022).

1054 *Europäische Kommission* Pressemitteilung v. 26.04.2018, abrufbar unter http://europa.eu/rapid/press-release_IP-18-3370_de.htm (25.03.2022). Anlass für die Kommissare war jedenfalls die Erkenntnis, dass jedwede in Europa stattgefundene Attacke mit terroristischem Hintergrund zugleich eine Internetdimension gehabt habe, wobei 75 Prozent von IS-propagandistischen Links innerhalb von 4 Stunden verbreitet würden.

1055 *Europäische Kommission* Pressemitteilung v. 12.09.2018, abrufbar unter http://europa.eu/rapid/press-release_IP-18-5681_de.htm (25.03.2022). Siehe auch die Darstellung bei *Flint* Fake News im Wahlkampf, S. 383 ff.

1056 *Europäische Kommission* Code of Practice on Disinformation, 26.09.2018, abrufbar unter https://ec.europa.eu/newsroom/dae/document.cfm?doc_id=54454 (25.03.2022); vgl. zum Entwurf aus Anfang 2018 *Etteldorf* MMR-Aktuell 2018, 408323.

1057 *Europäische Kommission* News Article v. 26.09.2018, abrufbar unter https://digital-strategy.ec.europa.eu/en/news/code-practice-disinformation (25.03.2022).

Die Anwendung von Richtlinien und Prozessen zum Verhindern von Werbe- und Monetarisierungsansätzen, zum Beispiel unter Einschaltung von Verifikationstools und Faktenprüfern,
die Gewährleistung von Transparenz und Unterscheidbarkeit bei politischer und themenbezogener Werbung,
die Sicherung der Integrität der Dienste von Plattformen durch die Aufstellung klarer Richtlinien hinsichtlich der Identität und des Einsatzes von Social Bots und eine klare Definition hinsichtlich der unzulässigen Nutzung automatisierter Systeme,
Investitionen der unterzeichnenden Gesellschaften in Produkte und Technologien zur effizienteren und erleichterten Entdeckung von Falschinformationen,
die Priorisierung von authentischen Nachrichten in News Feeds und anderen automatisierten Distributionskanälen,
die Verstärkung der Medienkompetenz sowie einen vereinfachten Zugang zu Informationen anderer Quellen und leicht zugängliche Werkzeuge zur Meldung von Desinformationen für die Nutzer.

Während die Intention der Europäischen Kommission zur Lösung des Problems der Aufdeckung und Löschung von Fake-Profilen hinsichtlich der Sicherung der Integrität der Dienste von Plattformen offen angesprochen wird, beschränken sich die Verpflichtungen hinsichtlich dieses Punktes auf Maßnahmen zu automatisierten Systemen bzw. Bots. Darüber hinaus ist die Unterstützung von Faktenprüfern und der Forschung auf den Gebieten der Desinformationen und politischen Werbung vorgesehen, Forschungseinrichtungen und privaten Institutionen soll insoweit Zugang zu Plattformdaten zur fortwährenden Kontrollermöglichung von Fake News im Netz gewährt werden. Schließlich verpflichten sich die Unterzeichner, einen Jahresbericht über ihre Tätigkeiten zur Bekämpfung von Desinformationen in Form eines öffentlich zugänglichen Berichts zu erstellen, der von einem Dritten geprüft werden kann. Vorgeschlagen werden hinsichtlich des Inhalts Einzelheiten zu getroffenen Maßnahmen und den erzielten Fortschritten bei der Verbesserung der Transparenz hinsichtlich Desinformationen.

II. Aktionsplan gegen Desinformationen – Dezember 2018

Im Dezember 2018 legte die Europäische Kommission zudem einen Aktionsplan gegen Desinformationen[1058] vor. Neben der Überwachung der Umsetzung des Verhaltenskodex (**Säule 3**) beabsichtigte dieser den Ressourcenausbau zur Aufdeckung von Desinformationen (**Säule 1**), die Koordinierung von Abwehrmaßnahmen gegen Desinformationskampagnen (**Säule 2**) sowie die Sensibilisierung der Gesellschaft (**Säule 4**). U.a. sollte bis März 2019 ein Frühwarnsystem zwischen

---

1058 *Europäische Kommission* Aktionsplan gegen Desinformationen, 05.12.2018, abrufbar unter https://eeas.europa.eu/sites/eeas/files/aktionsplan_gegen_desinformat ion.pdf (23.03.2022).

den EU-Institutionen und den Mitgliedstaaten eingerichtet werden, um den Datenaustausch und die Evaluation von Desinformationskampagnen zu erleichtern und Warnmeldungen über entsprechende Bedrohungen in Echtzeit bereitzustellen. Daneben wurden die Mittel für die Task Force für strategische Kommunikation im *EAD* auf insgesamt 5 Mio. Euro pro Jahr aufgestockt. Zudem ist mittelfristig eine Verstärkung der EU-Delegationen in den Nachbarstaaten durch Fachkräfte und Datenanalyseinstrumentarien intendiert. Vorgesehen ist weiterhin, dass die Mitgliedstaaten ihre eigenen Mittel zur Bekämpfung von Desinformationen ausweiten. Darüber hinaus setzt die Kommission auf unabhängige Faktenprüfer, Bildungsmaßnahmen zur Stärkung der Medienkompetenz und die Unterstützung des Qualitätsjournalismus.

III. Berichtsergebnisse der Unterzeichner des Verhaltenskodex

1. Berichtszeitraum bis zum 31.12.2018

Erste Ergebnisse hinsichtlich ergriffener Maßnahmen in Berichtsform für die Zeit bis zum 31.12.2018 legten die Unterzeichner Google, Facebook, Twitter, Mozilla und die Berufsverbände der Werbebranche Ende Januar 2019 vor.[1059] Erfolge wurden nach Bewertung der Europäischen Kommission hinsichtlich der „Entfernung von Scheinkonten und der Begrenzung der Sichtbarkeit von Internetseiten, die Desinformation verbreiten“ sowie dabei, den Akteuren bei der Verbreitung von Falschinformationen die Einnahmequellen zu entziehen, erzielt.[1060] Quintessenz der Einschätzung der Europäischen Kommission war, dass weitere Maßnahmen erforderlich seien, um bis zum Anlauf der Kampagnen für die Europawahl 2019 in allen Mitgliedstaaten größtmögliche Transparenz bei politischer Werbung zu gewährleisten und einen ausreichenden Zugang zu den Plattformdaten für Forschungszwecke zu ermöglichen sowie durch Kontaktstellen im eingeführten Frühwarnsystem eine nahtlose Zusammenarbeit zwischen den Plattformen und den Mitgliedstaaten zu garantieren.

Bzgl. Facebook erkannte die Kommission an, dass Maßnahmen zur Wahrnehmung aller Verpflichtungen ergriffen wurden: Gleichwohl müsse Transparenz darüber hergestellt werden, wie Facebook die eigenen Instrumente zur Verbesserung der Handlungskompetenz der Verbraucher einsetzt und wie es die Kooperation mit Faktenprüfern lancieren wird. Facebook leitete u.a. Maßnahmen ein, um die Einrichtung von Fake-Accounts zu verhindern und um die Verwendung

---

1059 *Europäische Kommission* News Article v. 29.01.2019, abrufbar unter https://digital-strategy.ec.europa.eu/en/news/first-results-eu-code-practice-against-disinformation (23.03.2022).

1060 *Europäische Kommission* Press release v. 29.01.2019, abrufbar unter https://ec.europa.eu/commission/presscorner/detail/en/IP_19_746 (23.03.2022).

von automatisierten Systemen zur Erkennung, Blockierung und Löschung von Fake Accounts zu ermöglichen. Daneben implementierte Facebook Maßnahmen, um den Benutzern Informationen, Werkzeuge und Unterstützung zu eröffnen und ihnen so die Möglichkeit zu geben, ihr Erlebnis mitzugestalten sowie Maßnahmen zur Herstellung von Transparenz bei politischer Werbung.[1061] Benannt werden von Facebook darüber hinaus verschiedene Instrumente, die Nutzern als Hilfen bei der Entscheidung dienen sollen, welche Inhalte sie kommunizieren, teilen und welchen Inhalten sie vertrauen. Weiterhin sollen Werkzeuge wie die Kontext-Schaltfläche den Zugang zu Kontextinformationen vereinfachen. Des Weiteren gibt es bei allen Werbeanzeigen über eine Schaltfläche die Möglichkeit, die Hauptgründe für die Anzeige beim jeweiligen Nutzer einzusehen und ihre Werbeerfahrung proaktiv zu steuern. Weitere Maßnahmen bestehen in der Priorisierung vertrauenswürdiger Quellen und der Reduzierung der Verbreitung irreführender Inhalte, wozu beim Ranking-Prozess auf repräsentative Daten von Nutzern hinsichtlich von diesen als vertrauensvoll eingeschätzter Nachrichtenquellen zurückgegriffen wird. In diesem Zusammenhang werden als nicht authentisch empfundene Quellen erkannt und im News Feed herabgestuft.

Auch Google attestierte die Europäische Kommission, bzgl. aller Punkte Maßnahmen ergriffen zu haben, wobei Maßnahmen zur effektiveren Kontrolle von geschalteten Werbungen, Instrumente zur Herstellung von Transparenz bei politischer Werbung und Maßnahmen zur Steigerung der Handlungsfähigkeit der Nutzer besonders betont wurden.[1062] Ein Kontrollsystem bzgl. der Anzeigenschaltung überwacht Werbetreibende und Publizisten zur Einhaltung der in Bezug auf Desinformationen und missleitende Informationen[1063] restriktiven Richtlinien. Andere Maßnahmen versuchen sicherzustellen, dass die Ranking-Algorithmen vertrauensvolle und authentische Informationen priorisieren, diese werden darüber hinaus

---

1061 *Facebook* Baseline Report on Implementation of the Code of Practice on Disinformation, abrufbar unter http://ec.europa.eu/information_society/newsroom/image/document/2019-5/facebook_baseline_report_on_implementation_of_the_code_of_practice_on_disinformation_CF161D11-9A54-3E27-65D58168CAC40050_56991.pdf (23.03.2022).

1062 *Europäische Kommission* (Fn. 1060).

1063 *Google* EU Code of Practice on Disinformation, Google Report, abrufbar unter https://ec.europa.eu/information_society/newsroom/image/document/2019-5/google_-_ec_action_plan_reporting_CF162236-E8FB-725E-C0A3D2D6CCFE678A_56994.pdf (23.03.2022) verwendet in seinem Bericht den Begriff der irreführenden Information („*Misleading Information*") und der vollständig falschen Information („*Outright False Information*"). Beide Begriffe sind jedoch nicht synonym zur Terminologie der Desinformation zu verstehen, da sie einerseits im Falle der irreführenden Information weiter bzw. im Falle vollständig falscher Information enger zu verstehen sind.

mit einem „*Fact-Check-Label*" versehen.[1064] Kritisiert wurde aber von Seiten der Kommission, dass einige Instrumente zur Verbesserung des Online-Erlebnisses wie „*Top News*" und „*Breaking News*" nur in wenigen Mitgliedstaaten verfügbar sind. Die Kommission forderte Google daneben zur weitergehenden Unterstützung der Forschung auf.[1065]

Bei Twitter beobachtete die Kommission eine Priorisierung von Maßnahmen gegen böswillige Akteure durch die Schließung gefälschter und verdächtiger Profile sowie automatisierter Systeme und Bots, welche Desinformationen inflationär verbreiten und so deren Gewicht im Internet erhöhen, wobei die diesbezüglich gelieferten Daten als Ausweis für erreichte Fortschritte gewertet wurden. Die Kommission sprach gleichwohl an, dass weitere Informationen erforderlich seien, inwieweit dies die mit den Maßnahmen adressierten Akteure letztlich effektiv an der Verbreitung von Desinformationen hindert.[1066] Im Falle von Mozilla thematisierte die Kommission die Einführung einer neuen Browserversion, die seitenübergreifendes Tracking standartmäßig blockiert und so das großflächige Offenlegen von Daten verhindern soll, die in zielgerichteten Desinformationskampagnen fruchtbar gemacht werden können. Unterdessen wird auch hier Informationsbedarf für die Frage gesehen, inwieweit dies die Verbreitung von etwaigen Desinformationen über den Weg der Surftätigkeit begrenzen soll.[1067]

Die Kommission stellte hinsichtlich der Berichte anheim, dass die Unternehmen einen systematischeren Ansatz einführen sollen, der angemessene und fortwährende Überwachungs- und Bewertungsmöglichkeiten auf Grundlage hinreichender Daten zur Leistungsfähigkeit ausgestaltet. Hingewiesen wird hinsichtlich der Werbebranche darauf, dass sich kein Werbeunternehmen von großer Marktrelevanz den Verpflichtungen unterworfen habe und dass die Inhaber von Marken und die Werbetreibenden das entscheidende Vehikel seien, um Akteuren bei der Verbreitung von Desinformation die Einnahmequellen zu entziehen. Für Ende 2019 kündigte die Kommission eine umfassende Bewertung an, die im Falle unbefriedigender Ergebnisse zum Vorschlag weiterer – gegebenenfalls auch rechtlicher – Maßnahmen führen könne.[1068]

1064 *Google* (Fn. 1063).

1065 *Europäische Kommission* Factsheet, Fragen und Antworten, Verhaltenskodex gegen Desinformation, Kommission fordert Unterzeichner auf, ihre Anstrengungen zu verstärken, 29.01.2019, abrufbar unter http://europa.eu/rapid/press-release_MEMO-19-752_de.htm (23.03.2022).

1066 *Europäische Kommission* (Fn. 1060).

1067 *Europäische Kommission* (Fn. 1060).

1068 *Europäische Kommission* (Fn. 1060).

2. Berichtszeitraum bis einschließlich April 2019

Mitte Mai 2019 evaluierte die Europäische Kommission schließlich die Fortschritte der Unternehmen im Berichtszeitraum 2019, wobei insbesondere Fortschritte bei der Herstellung gesteigerter Transparenz und dem Schutz der Integrität der anstehenden Europawahlen anerkannt wurden.[1069] Positiv hob die Kommission zudem hervor, dass die Unternehmen adäquate Maßnahmen gegen Manipulationen ihrer Dienste – wie insbesondere gegen koordinierte Desinformationen – unternommen und Daten über ergriffene Maßnahmen zur Verbesserung der Kontrolle von Werbeplatzierungen zur Verfügung gestellt haben. Gleichwohl müsse zur Stärkung der Integrität der Dienste noch mehr unternommen werden. Darüber hinaus bestehe weiterhin eine mangelnde Detailgenauigkeit der zur Verfügung gestellten Daten im Hinblick darauf, inwieweit die jeweiligen Richtlinien der Plattformen bei der Verbreitung von Desinformation in der EU effektiv waren.[1070]

Positiv zu bewerten sei daneben die Einrichtung öffentlich zugänglicher Bibliotheken für politische Werbung, im Rahmen derer die Suche mittels Anwendungsprogrammierschnittstellen („*API*") möglich ist. Gerügt wurden Google und Twitter insoweit, als sie nicht in der Lage waren, Richtlinien für die Erkennung und Offenlegung themenbezogener Werbung und deren Umsetzung zu gewährleisten, da besonders solche Werbeanzeigen polarisieren könnten und daher entsprechend anfällig für Desinformationen seien. Unabhängig von den Europawahlen sollten alle Unternehmen nunmehr den Fokus darauf richten, die Kooperation mit Faktenprüfern auszubauen sowie die Stellung der Nutzer und der Forschungsgemeinschaft zu verbessern. Des Weiteren wurden die Unternehmen dazu angehalten, im Rahmen einer Zusammenarbeit mit den traditionellen Medien Indizien für Transparenz und Authentizität herauszuarbeiten, um den Benutzer bei seinem Erlebnis mit einer fairen Varianz an verifizierten Informationen zu versorgen. Die erweiterte Zusammenarbeit mit der Forschung soll maßgebliche Datensätze bereitstellen, „die eine bessere Erkennung und Analyse von Desinformationskampagnen, eine ordnungsgemäße Beobachtung der Einhaltung und der Auswirkungen des Verhaltenskodex sowie eine unabhängige Überwachung der Funktionsweise von Algorithmen zum Nutzen aller Bürger ermöglichen würden."[1071] Die Kommission rief zudem nach einer entsprechenden Absichtserklärung von Microsoft dazu auf, dass andere Plattformen sowie Werbetreibende und die Betreiber von Werbenetzwerken sich ebenfalls freiwillig dem Kodex unterwerfen.[1072]

1069 *Europäische Kommission* Pressemitteilung v. 17.05.2019, abrufbar unter https://germany.representation.ec.europa.eu/news/verhaltenskodex-gegen-desinformation-kommission-wurdigt-die-bemuhungen-der-online-plattformen-vor-2019-05-17_de (23.03.2022).

1070 *Europäische Kommission* (Fn. 1069).

1071 *Europäische Kommission* (Fn. 1069).

1072 *Europäische Kommission* (Fn. 1069).

a) *Maßnahmen von Facebook im Berichtszeitraum*

Facebook führte laut seinem Bericht[1073] eine Prüfung von Werbetreibenden und einen „Paid for by“ Disclaimer für Werbungen ein, die politische Persönlichkeiten, politische Parteien oder Wahlen referenzieren oder die Themen betreffen, die für die EU wichtig sind. Hinsichtlich der Kooperationen mit Faktenprüfern gestand das Netzwerk ein, dass es schlicht zu wenige professionelle Dienstleister in diesem Bereich gäbe und man daher seit 2017 die Möglichkeit untersuche, dass private Gruppen von Nutzern zur Bestätigung oder Widerlegung von Inhalten auf journalistische Quellen verweisen. Weiterhin müsse man Wege finden, authentische Berichterstattung zu unterstützen und die Aufmerksamkeit für vertrauensvolle Informationen zu erhöhen – ohne hierbei selbst zum Richter über die Wahrheit zu werden.

Mittels der Implementierung des „Click-Gaps“ als Rankingsignal, bei welchem die Ergebnisse eines Webgraphs – bei dem Domains mit vielen eingehenden und ausgehenden Links in der Mitte stehen – mit einer überproportionalen Anzahl von ausgehenden Facebook-Klicks im Vergleich zur Stellung im oben beschriebenen Webgraph verglichen werden, sollen Beiträge, die außerhalb nur eine geringere Autorität erreicht haben, herabgestuft werden. Zudem sollen bereits entlarvte Fehlformationen leichter identifiziert und potentielle Verbreiter auf die Unwahrheit aufmerksam gemacht werden. Eine Werbeanzeigenbibliothek enthält Informationen über Anzeigen mit den oben genannten Inhalten u.a. zur Reichweite und den Ausgaben der jeweiligen Werbetreibenden (zum Beispiel die Gesamtausgaben der Werbetreibenden, die Ausgaben der Werbetreibenden pro Woche und die am häufigsten gesuchten Suchwörter pro Woche). Vertrauensindikatoren, die Aufschluss über die Vertrauenswürdigkeit von Quellen von Nachrichtenorganisationen herstellen sollen, reichern den Kontext-Button weiterhin an.

b) *Maßnahmen von Twitter im Berichtszeitraum*

Twitter lieferte u.a. Daten zur Durchsetzung seiner Werberichtlinien und zu Kampagnenanzeigen zur EU-Politik. Zudem wurde ein neuer Wahlkampfleitfaden für Werbetreibende hinsichtlich politischer Kampagnen aufgestellt.[1074] Des Weiteren wurden Maßnahmen hinsichtlich der Transparenz bei politischer Werbung ergriffen, wie die Fortentwicklung des *„Ads Transparency Center“* und die *„Political Advertiser Certification“* sowie der erleichterte Zugang zu Details bei politischen Kampagnen. Werbeinhalte werden als finanziell unterstützt und politisch

---

1073 *Facebook* Reports on Implementation of the Code of Practice on Disinformation, April report, abrufbar unter https://ec.europa.eu/newsroom/dae/document.cfm?doc_id=59225 (25.03.2022).

1074 *Twitter* April update, Code of Practice on Disinformation, abrufbar unter https://ec.europa.eu/newsroom/dae/document.cfm?doc_id=59227 (25.03.2022).

deklariert. Fernerhin wurde eine Richtlinie zur Wahlintegrität entwickelt, welche die Politik des Unternehmens zur Bekämpfung des Missbrauchs der Twitterdienste für Manipulationszwecke und die Einmischung in Wahlen betrifft. Twitter berichtet des Weiteren über Inhalte, die darauf abzielen, Nutzer über abstimmungsrelevante Themen irrezuführen, wobei der Bericht freilich nur wenig Detailangaben zur konkreten Wirkungsweise der getroffenen Maßnahmen trifft. Schließlich aktualisierte Twitter die Durchsetzungsmechanismen zur Bekämpfung bösartiger Automatisierung und gefälschter Konten und realisierte weitere Unterstützungen im Bereich der Faktenprüfer und der Forschung.

3. *Berichtszeitraum bis September 2019*

Im Oktober 2019 veröffentlichte die Europäische Kommission schließlich die Jahresberichte der Selbstverpflichteten, wobei sie erneut umfassende Bemühungen erkannte, die Transparenz hinsichtlich der Unternehmenspolitik gegen Desinformationen hergestellt hätten.[1075] Nach den Ausführungen der Europäischen Kommission hinken Maßnahmen zur Stärkung der Verbraucher und der Forschung den anderen Verpflichtungen aber hinterher. Schließlich fehle es der Berichterstattung an kontextueller Darstellung (beispielsweise Trends) und der Darstellung von Wirkindikatoren. Die Datenbereitstellung für Forschungszwecke erfolge lediglich episodisch und willkürlich. Eine flächendeckende Zusammenarbeit mit Faktenprüfern in der gesamten EU sei ebenfalls noch nicht zu verzeichnen. Aus dem Bericht von Facebook gehen vor allem Aktivitäten in Form von Löschungen von Fake-Accounts, Werbungstransparenz und dem Runterstufen von Falschinformationen im News Feed hervor.[1076] Daneben sind für die hiesige Untersuchung aus dem Bericht von Facebook die Benachrichtigung der Nutzer beim Teilen als solcher

---

1075 *Europäische Kommission* Annual self-assessment reports of signatories to the Code of Practice on Disinformation 2019, 29.10.2019, abrufbar unter https://ec.europa.eu/digital-single-market/en/news/annual-self-assessment-reports-signatories-code-practice-disinformation-2019 (23.03.2022). Ebendort sind auch die Berichte der Unternehmen abrufbar.

1076 *Facebook* Report on the implementation of the Code of Practice for Disinformation, September 2019, abrufbar unter https://digital-strategy.ec.europa.eu/en/news/annual-self-assessment-reports-signatories-code-practice-disinformation-2019 (23.03.2022). Auf den Jahresbericht von Twitter und der weiteren Unternehmen soll dagegen nicht mehr eingegangen werden, da diesen ebenso keine durchgreifenden Neuerungen zu entnehmen sind. Twitter kündigte indes später an, politische Werbung sowie Werbung zu Inhalten oder Gesetzesvorhaben von nationaler Bedeutung auf seiner Plattform nicht mehr zuzulassen, *Dittmer* Deutschlandfunk v. 31.10.2019, abrufbar unter https://www.deutschlandfunkkultur.de/twitter-verbietet-politische-werbung-ein-tweet-auf-den.1008.de.html?dram:article_id=462379 (23.03.2022).

identifizierter Fake News sowie die Anzeige verwandter Artikel und der Kontext-Button besonders hervorzuheben.

4. *Berichtszeitraum bis September 2020*

Im Oktober 2020 veröffentlichte die Europäische Kommission sodann den schon im Aktionsplan gegen Desinformationen vorgesehenen Bewertungsbericht zum Verhaltenskodex.[1077] Insgesamt wurde der Kodex als wertvolles Instrumentarium qualifiziert, wobei vor allem Fortschritte hinsichtlich der (Werbe-)Transparenz sowie der Rechenschaftspflicht der Intermediäre hervorgehoben wurden.[1078] Allerdings wird weiterhin Nachbesserungsbedarf hinsichtlich des Verhaltenskodex gesehen – so hinsichtlich gemeinsamer Definitionen, klarerer und umfassenderer Pflichten, einem gemeinsamen Überwachungsprogramm und dem bisweilen fehlenden Zugang zu Daten, die eine Bewertung aktueller Trends ermöglichen.[1079]

5. *Weitere Maßnahmen anlässlich der COVID-19-Pandemie*

Im Rahmen einer gemeinsamen Erklärung forderten die Europäische Kommission und der Hohe Vertreter der Union für Außen- und Sicherheitspolitik[1080] die sozialen Medien schließlich anlässlich der COVID-19-Pandemie auf, *monatliche Berichte über ihre Regeln und Maßnahmen bzgl. Desinformationen im Zusammenhang mit COVID-19* zur Verfügung zu stellen, in denen auf bestimmte Aspekte (Maßnahmen zur Förderung authentischer Inhalte sowie zur Sensibilisierung der Nutzer, Benennung der aufgetretenen Fälle von manipulativem Verhalten, Daten zur Begrenzung von Werbeplatzierungen im Zusammenhang mit Desinformationen) eingegangen werden soll. Zwar hätten die Plattformen die Verbreitung zutreffender Inhalte über COVID-19 gefördert und nach Faktenprüfungen als unrichtig deklarierte Inhalte herabgestuft. Allerdings seien Faktenprüfer, Wissenschaftler und Organisationen der Zivilgesellschaft nicht ausreichend unterstützt worden – beispielsweise

---

1077 *Europäische Kommission* Assessment of the Code of Practice on Disinformation – Achievements and areas for further improvement, 10.09.2020, abrufbar unter https://digital-strategy.ec.europa.eu/en/library/assessment-code-practice-disinformation-achievements-and-areas-further-improvement (23.03.2022).

1078 *Europäische Kommission* (Fn. 1077), S. 4 ff.

1079 *Europäische Kommission* (Fn. 1077), S. 19 ff.

1080 *Europäische Kommission/Hoher Vertreter der Union für Außen- und Sicherheitspolitik* Gemeinsame Mitteilung, Bekämpfung von Desinformation im Zusammenhang mit COVID-19 – Fakten statt Fiktion, 10.06.2020, S. 10 f., abrufbar unter https://eur-lex.europa.eu/legal-content/DE/TXT/PDF/?uri=CELEX:52020JC0008&from=DE (23.03.2022).

durch die Zurverfügungstellung von Daten.[1081] Das ebenfalls am Kodex beteiligte, u.a. aus der Europäischen Journalisten-Föderation und dem Europäischen Verlegerrat bestehende Gremium namens *„Sounding Board“* sah die Maßnahmen als unzureichend an und forderte die Einführung von Strafvorschriften innerhalb des Verhaltenskodex.[1082]

Aus den Berichten zum Januar 2021[1083] geht beispielsweise die Aktualisierung der AGB der Plattformen hinsichtlich der Kennzeichnung oder Entfernung von Misinformationen über COVID-19 Impfstoffe sowie die Priorisierung authentischer Informationen zu den Wirkstoffen hervor.[1084] Die Europäische Kommission beanstandete aber u.a. ein Desiderat an den Daten zu den Auswirkungen der von den Intermediären getroffenen Maßnahmen,[1085] was durchgreifende Zweifel an der Berichterstattung und den Erfolgen des Verhaltenskodex aufkommen lässt.

6. Bewertung der Ergebnisse der Selbstregulierung

Den oben genannten Maßnahmen des Leitfadens bescheinigte schon eine Expertengruppe der EU ihre fehlende Wirkungskraft.[1086] Sie argumentierte mit der Anknüpfung der Maßnahmen an die bereits bestehenden Praktiken der Verpflichteten zur

1081 *Europäische Kommission/Hoher Vertreter der Union für Außen- und Sicherheitspolitik* (Fn. 1080), S. 9.

1082 *Zörner* DJV Blog v. 15.06.2020, abrufbar unter https://www.djv.de/startseite/service/blogs-und-intranet/djv-blog/detail/article/bei-hass-strafe.html (23.03.2022).

1083 Veröffentlicht auf dem Online-Auftritt der *Europäischen Kommission*, abrufbar unter https://digital-strategy.ec.europa.eu/en/library/latest-set-reports-and-way-forward-fighting-covid-19-disinformation-monitoring-programme (25.03.2022).

1084 So auch die Bewertung der *Europäischen Kommission* Reports on January actions – Fighting COVID-19 Disinformation Monitoring Programme, 25.02.2021, abrufbar unter https://ec.europa.eu/digital-single-market/en/news/reports-january-actions-fighting-covid-19-disinformation-monitoring-programme (25.03.2022).

1085 *Europäische Kommission* Latest set of reports and the way forward – Fighting COVID-19 Disinformation Monitoring Programme, 28.01.2021, abrufbar unter https://ec.europa.eu/digital-single-market/en/news/latest-set-reports-and-way-forward-fighting-covid-19-disinformation-monitoring-programme (25.03.2022). Vgl. zu weiterem Anpassungsbedarf in Gestalt der Demonetarisierung von Desinformation und der Sicherstellung der Integrität der Leitfaden zur Stärkung des Verhaltenskodexes *European Commission* Guidance on Strengthening the Code of Practice on Disinformation, 26.05.2021, abrufbar unter https://digital-strategy.ec.europa.eu/en/library/guidance-strengthening-code-practice-disinformation (25.03.2022).

1086 The Sounding Board's unanimous final opinion on the so-called Code of Practice, 24.09.2018, abrufbar unter https://www.ebu.ch/files/live/sites/ebu/files/News/2018/09/Opinion%20of%20the%20Sounding%20Board.pdf (25.03.2022).

Bewältigung des sozialen Problems, die jegliche Innovationskraft von vornherein limitiere.[1087] Insbesondere seien entsprechende Verbote irreführender Verhaltensweisen ohnedies bereits in den Nutzungsbedingungen von Facebook enthalten. Daneben gehe Facebook in weitreichendem Ausmaß gegen Fake-Accounts durch Kontendeaktivierungen vor. Letztlich sei deswegen nur die bereits bestehende Praxis der Unternehmen festgehalten worden.[1088] Begründet wird dieses vergleichbare Schutzniveau mit den teilweise übereinstimmenden Interessen der Unternehmen mit denen der EU – auch wenn diese Interessen bei den Unternehmen auf der Angst vor Reputationsschäden beruhen würden.[1089]

Zusammengefasst werden kann, dass die Transparenzberichte Erfolge besonders in Bereichen belegen, in denen die Unternehmen bereits vor der Selbstverpflichtung aktiv wurden (etwa die Löschung automatisierter Konten). Den durch den Kodex angestrebten Neuerungen – wie einer Zusammenarbeit mit der Forschung – werden die Unternehmen derweil nicht hinreichend gerecht. Gegenüber den von den Unternehmen zur Verfügung gestellten Datenbanken über die Finanzierung von politischen Kampagnen wenden Teile der Literatur deren Unvollständigkeit und Indifferenz ein. Zudem bezweifelten sie die Effektivität angesichts der vagen Bestimmungen sowie der fehlenden Sanktionsvorschriften respektive Durchsetzungsinstrumente – ohne eine (sanktionsbewehrte) umfassende Pflicht zur Datenbereitstellung wird die Selbstverpflichtung nicht mehr als ein Lippenbekenntnis bleiben.[1090] Fernerhin ist der Fokus auf russische Desinformationskampagnen auch vor dem Hintergrund fraglich, dass bei der Bundestagswahl 2017 vorwiegend innerstaatliche rechtspopulistische Kräfte als relevanteste Urheber von Desinformationen ausgemacht worden sind.[1091] Diese Akteure werden des Öfteren auch nicht unter Fake Accounts agieren, sodass Sperrungsbemühungen bzgl. Fake Accounts allein kein effektives Mittel darstellen.

1087 *Mafi-Gudarzi* ZRP 2019, 65, 66.

1088 *Mafi-Gudarzi* ZRP 2019, 65, 66.

1089 *Mafi-Gudarzi* ZRP 2019, 65, 67.

1090 Vgl. *Jaursch* (Fn. 11), S. 15 f.

1091 Vgl. *Jaursch* (Fn. 11), S. 15 f. Insoweit stellten Forscher ein großes aktives Netzwerk von verdächtigen Konten fest, die aktiv die AfD-Seiten auf Facebook im Vorfeld der Europawahlen bewarben, *Davis/Livingston/Hindman* Suspicious Election Campaign Activity on Facebook, How a Large Network of Suspicious Accounts Promoted Alternative Für Deutschland in the 2019 EU Parliamentary Elections, S. 19, abrufbar unter https://iddp.gwu.edu/sites/g/files/zaxdzs3576/f/downloads/Suspicious%20Election%20Campaign%20Activity%3B%20Livingston%2C%20Davis%2C%20Hindman.pdf (25.03.2022).

IV. Aktualiserter Verhaltenskodex gegen Desinformationen

Im Juni 2022 trat sodann ein aktualisierter Verhaltenskodex[1092] gegen Desinformationen in Erscheinung, der insbesondere auch erstmalig nicht nur Desinformationen, sondern auch Misinformationen (vgl. Kapitel I des akualisierten Verhaltenskodex) – also versehentlich lancierte Desinformationen – adressiert. Für den vorliegenden Untersuchungsgegenstand von Interesse sind dabei insbesondere folgende Maßnahmen[1093]:

- Demonetarisierung von Desinformationen (Kapitel II),
- Transparenz bei politischer und themenbezogener Werbung und hinsichtlich der Algorithmen (Kapitel III und IV),
- Befähigung der Nutzer zur Erkennung und Meldung von falschen oder irreführenden Inhalten sowie Priorisierung vertrauenswürdiger Quellen (Kapitel V),
- Unterstützung von Faktenprüfern und Ermittlern (Kapitel VII),
- Vorgehen gegen bösartige Deepfakes (Kapitel IV).

Erstmalig handelt es sich – in Verbindung mit dem avisierten Gesetz über digitale Dienste (zu diesem sogleich unter § 3 E. VI.) – um eine Form von Ko-Regulierung.[1094] Da der Kodex zukünftig als Risikominderungsmaßnahme im Sinne des Gesetzes über digitale Dienste eingeordnet werden könnte, erscheinen im Falle systemischer Verstoße sogar Sanktionen unter diesem dem Gesetz denkbar.[1095] Gleichwohl bleibt aber festzuhalten, dass der Kodex auch weiterhin keinen nennenswerten Präventiveffekt im Hinblick auf die Erstveröffentlichung von Desinformationen erzielen kann, richtet sich der Kodex doch nur an die Plattformbetreiber – und nicht an die Nutzer.

V. Selbstverpflichtung im Rahmen einer transatlantischen Initiative

Die Transatlantische Kommission für Integrität der Wahlen („*Transatlantic Commission on Election Integrity*“) widmete sich anlässlich der Europawahlen der

1092 The Strengthened Code of Practice Disinformation 2022, abrufbar unter https://digital-strategy.ec.europa.eu/en/library/2022-strengthened-code-practice-disinformation (31.07.2022).

1093 Vgl. auch die Übersicht in der Pressemitteilung der *Europäischen Kommission* Ein strengerer EU-Verhaltenskodex zur Bekämpfung von Desinformation, abrufbar unter https://ec.europa.eu/info/strategy/priorities-2019-2024/new-push-european-democracy/european-democracy-action-plan/strengthened-eu-code-practice-disinformation_de (31.07.2022).

1094 *Setz* MMR-Aktuell 2022, 449701.

1095 *Setz* MMR-Aktuell 2022, 449701 verweist zu Recht darauf, dass es insoweit auf die endgültige Ausgestaltung des Gesetzes ankommt.

Thematik ebenfalls mit der Idee einer freiwilligen Selbstverpflichtung, adressierte hierbei aber im Rahmen einer Erklärung die Kandidaten und Parteien.[1096] Die Unterzeichner verpflichten sich in dieser Erklärung u.a., keine Daten oder Materialien zu zirkulieren, die für Desinformationszwecke gefälscht oder fabriziert wurden, auf die Verbreitung von Deepfakes zu verzichten sowie Transparenz hinsichtlich der Quellen der Wahlkampffinanzierung und der Verwendung von Botnetzen zu gewährleisten. Die auf der Münchener Sicherheitskonferenz diskutierte Erklärung solle durch die Publizität der Unterzeichner – trotz ihrem Dasein als stumpfes Schwert aufgrund der fehlenden Sanktionsmöglichkeiten – auch dann für die Öffentlichkeit aufschlussreich sein, wenn ein Kandidat diese gerade nicht unterzeichne.[1097] Allein mit der Herstellung von Transparenz für die Wähler ist im Ergebnis jedoch wenig gewonnen. Die Initiative kann daher allenfalls als Fingerzeig für die Bürger bei der Selektion der von ihnen rezipierten Informationen dienen und diese bei Nichtunterzeichnern zur erweiterten Verifikation anregen, erneut aber kaum die Zirkulation von Desinformationen schlechthin wirksam unterbinden.

VI. Digital Services Act und Digital Markets Act

Im Dezember 2020 präsentierte die Europäische Kommission Entwürfe zweier Verordnungen, welche die ECRL beerben sollen – nämlich den Vorschlag eines Gesetzes über digitale Dienste („*Proposal for a Digital Services Act*“[1098] – „DSA-E“) und

---

1096 *Transatlantic Commission on Election Integrity* The Pledge for Election Integrity, abrufbar unter https://www.electionpledge.org (23.03.2022).

1097 *Ermert* heise v. 17.02.2019, abrufbar unter https://www.heise.de/newsticker/meldung/Vor-der-Europa-Wahl-Ein-Eid-auf-Fake-News-Verzicht-4311201.html (25.03.2022).

1098 Proposal for a Regulation of the European Parliament and of the Council on a Single Market For Digital Services (Digital Services Act) and amending Directive 2000/31/EC, 15.12.2020, abrufbar unter https://eur-lex.europa.eu/legal-content/de/TXT/?uri=COM:2020:825:FIN (23.03.2022). Vgl. zum Ganzen ausführlich *Spindler* GRUR 2021, 545, 545 ff. und *Holm-Hadulla/Bug/Winkelmann* Gleiss Lutz, Know How v. 23.12.2020, abrufbar unter https://www.gleisslutz.com/de/node/20338/pdf (23.03.2022). Erste kritische Bewertung bei *Berberich/Seip* GRUR-Prax 2021, 4, 4 ff. Befürwortend dagegen insbesondere hinsichtlich des vom Europäischen Parlament vorgeschlagenen Art. 13a DSA-E, der sich die (irreführende) Gestaltung der Plattformen adressiert *Jaursch* Strengthening EU Proposals on Deceptive Platform Design, Stiftung Neue Verantwortung, März 2022, S. 8 ff., abrufbar unter https://www.stiftung-nv.de/sites/default/files/snv_strengthening_eu_proposals_on_deceptive_platform_design.pdf (24.05.2022), der auch auf die Änderungsvorschläge des Europäischen Parlaments und des Europäischen Rats eingeht. Zu beabsichtigten Änderungen von TMG und NetzDG aufgrund des DSA siehe den Koalitionsvertrag

den Vorschlag eines Gesetzes über digitale Märke („*Proposal for a Digital Markets Act*“[1099]). Sowohl der Digital Services Act („DSA“)[1100] als auch der Digital Markets Act („DMA“)[1101] traten indes im November 2022 in Kraft – wobei die meisten Verpflichtungen erst ab dem 02.05.2023 (DMA) bzw. ab dem 17.02.2024 (DSA) gelten.

---

zwischen SPD, Bündnis 90/Die Grünen und FDP, 20. Legislaturperiode, S. 17 f., abrufbar unter https://www.bundesregierung.de/resource/blob/974430/1990812/04221173eef9a6720059cc353d759a2b/2021-12-10-koav2021-data.pdf?download=1 (24.03.2022). Der Entwurf eines europäischen Medienfreiheitsgesetzes (ausgestaltet als Verordnung), der auch Schutzvorkehrungen gegen politische Einflussnahme vorsieht, konnte in zeitlicher Hinsicht nicht mehr im Rahmen der hiesigen Analyse berücksichtigt werden. Sie den Entwurf Proposal of the European Parliament and of the Council establishing a common framework for media services in the internal market (European Media Freedom Act) and amending Directive 2010/13/EU, abrufbar unter https://digital-strategy.ec.europa.eu/en/library/european-media-freedom-act-proposal-regulation-and-recommendation (02.10.2022).

1099 Proposal for a Regulation of the European Parliament and of the Council on contestable and fair markets in the digital sector, 15.12.2020 https://eur-lex.europa.eu/legal-content/en/TXT/?uri=COM:2020:842:FIN (23.03.2022). Dieser Entwurf der Europäischen Kommission befand sich ab Januar 2022 in der textlichen Endabstimmung mit dem Europäischen Parlament und dem Europäischen Rat, die bereits Ende 2021 in der hiesigen Analyse unberücksichtigte textliche Änderungen vorgeschlagen hatten, vgl. *European Parliament* Briefing, EU Legislation in Progress Digital Markets Act https://www.europarl.europa.eu/RegData/etudes/BRIE/2021/690589/EPRS_BRI(2021)690589_EN.pdf (24.03.2022).

1100 Verordnung (EU) 2022/2065 des Europäischen Parlaments und des Rates vom 19. Oktober 2022 über einen Binnenmarkt für digitale Dienste und zur Änderung der Richtlinie 2000/31/EG (Gesetz über digitale Dienste). Eine Darstellung der Inhalte der finalen Verordnung findet sich bei *Raue/Heesen* NJW 2022, 3537, 3537 ff. sowie bei *Gerdemann/Spindler* GRUR 2023, 3, 3 ff., die in der Folge große Teile des NetzDG für obsolet erachten. Zu vorangegangenen Änderungsanträgen zum DSA-E, die bei der hiesigen Analyse ebenfalls nicht berücksichtigt wurden *Bertuzzi* Euractiv v. 21.03.2022, abrufbar unter https://www.euractiv.de/section/innovation/news/einigung-beim-digital-markets-act-rueckt-in-sicht/ (23.03.2022). Vgl. auch *BReg* Mitteilung v. 06.07.2022, abrufbar https://www.bundesregierung.de/breg-de/themen/europa/eu-regeln-online-plattformen-1829232.

1101 Verordnung (EU) 2022/1925 des Europäischen Parlaments und des Rates vom 14. September 2022 über bestreitbare und faire Märkte im digitalen Sektor und zur Änderung der Richtlinien (EU) 2019/1937 und (EU) 2020/1828 (Gesetz über digitale Märkte). Eine instruktive Übersicht zu den Regelungen findet sich bei *Podszun/Bongartz/Kirk* NJW 2022, 3249, 3249 ff.

1. *Digital Services Act*

Der DSA schafft einen einheitlichen Haftungsrahmen für Online-Plattformen und Transparenz hinsichtlich der angewandten Priorisierungsalgorithmen sowie der geschalteten Werbung. Der Entwurf der Verordnung vom 15.12.2020 richtet sich vor allem auch gegen besonders große Online-Plattformen (vgl. Art. 33 Abs. 1 DSA, gemäß dem hiervon solche Plattformen erfasst sind, die über mindestens 45 Mio. monatlich aktive Nutzer in der EU verfügen).

Provider von Hosting-Diensten müssen nach Art. 16 DSA Meldemechanismen bzgl. illegaler Inhalte vorhalten. Deren Definition obliegt nach Art. 3 lit. h) DSA aber weiterhin zumindest auch den Mitgliedstaaten, sodass sich in Bezug auf die Bekämpfung von Fake News keine wesentliche „inhaltliche Erweiterung" ergibt. Die Meldungen der Nutzer sowie die Entscheidungen in Bezug auf die Information müssen dabei rechtzeitig getroffen werden. Insoweit stand also offenbar das NetzDG Modell für den DSA. Schließlich müssen die Kommunikatoren nach Art. 17 DSA über Entscheidungen und deren Gründe informiert werden. Nutzer, die wiederholt illegale Inhalte verbreiten, sind für einen angemessenen Zeitraum von der Nutzung der Dienste auszuschließen (vgl. Art. 23 DSA). Zudem müssen die Anbieter gem. Art. 20 DSA ein Beschwerdesystem für die Nutzer vorhalten, mithilfe dessen die Nutzer sechs Monate nach der jeweils ergriffenen Maßnahme (u.a. auch Sperrungen oder Löschungen von Inhalten, aber auch Einschränkungen des Benutzerkontos des Kommunikators) dieser widersprechen können.

Hinsichtlich terroristischer Inhalte sieht Art. 3 der *Verordnung zur Bekämpfung der Verbreitung terroristischer Online-Inhalte*[1102] eine Löschfrist von einer Stunde vor, sofern zuvor entsprechende Entfernungs- bzw. Sperrungsanordnungen der zuständigen Behörde gegenüber dem Hostingdiensteanbieter erfolgt sind. Bzgl. der *Haftung der Plattformen* enthalten die Art. 4–6 DSA auch weiterhin Providerprivilegien – wobei die für die vorliegende Untersuchung primär relevanten Host-Provider gem. Art. 6 DSA nach Kenntniserlangung zügig mit Löschungen oder Sperrungen reagieren müssen. Nutzermeldungen mit bestimmten, weiter spezifizierten Mindestinhalten begründen nach Art. 16 Abs. 3 DSA eine Kenntnis im Sinne von Art. 6 DSA und lösen damit Löschpflichten aus. Der DSA stellt insoweit aber keine Reform des von der ECR vorgesehenen Haftungsregimes dar. Insbesondere stellt Art. 8 DSA weiterhin klar, dass Providern keine allgemeine Überwachungspflichten obliegen. Art. 7 DSA führt zudem ein sog. „Guter-Samariter-Privileg" ein, gemäß welchem auch ein Provider, der eigeninitiativ freiwillige Untersuchungs- und Überwachungsmaßnahmen durchführt, in den Genuss der vorgenannten

---

1102 Verordnung (EU) 2021/784 des Europäischen Parlaments und des Rates vom 29. April 2021 zur Bekämpfung der Verbreitung terroristischer Online-Inhalte.

Haftungsprivilegien kommen kann.[1103] Art. 15 DSA begründet Berichtspflichten der Provider – vergleichbar mit denjenigen des NetzDG.

Art. 26 DSA verpflichtet die Anbieter zur Transparenz bei Werbeanzeigen: Insoweit ist offenzulegen, dass es sich um Werbung handelt, wer diese geschaltet hat und welche Faktoren dazu geführt haben, dass der Nutzer die Werbung angezeigt bekommen hat. Art. 34 DSA sieht eine obligatorische Bewertung *„wesentlicher systemischer Risiken“* durch die sehr großen Online-Plattformen vor – angesprochen werden ausdrücklich Risiken in Gestalt der Verbreitung illegaler Inhalte sowie die Berücksichtigung von Systemen zur Moderation und Auswahl von Inhalten. Art. 35 DSA verpflichtet die vorgenannten Plattformen hieran anknüpfend zu Risikominderungsmaßnahmen.

Hinsichtlich der Durchsetzung der Verordnung sieht Art. 49 DSA die Ernennung von *Koordinatoren für digitale* Dienste (*„Digital Services Coordinators“*) vor, welche die Durchsetzung der Verordnung überwachen und in einem gemeinsamen Ausschuss die einheitliche Anwendung in den Mitgliedstaaten beobachten. Der Entwurf erlaubt Geldbußen von bis zu 6 Prozent des gesamten, weltweit erzielten Konzernvorjahresumsatzes (vgl. Art. 52 DSA).

2. Digital Markets Act

Der DMA adressiert die *Wettbewerbsbedingungen in den digitalen Märkten* und *soll der Europäischen Kommission frühzeitige Eingriffsbefugnisse für Fälle wettbewerbsschädigenden Verhaltens verleihen.* Der Verordnungsentwurf richtet sich primär an Marktteilnehmer (wie u.a. Anbieter von sozialen Netzwerken), die bereits eine dominante Marktstellung erreicht haben (legaldefiniert in Art. 3 DMA als *„Gatekeeper“*). Der DMA statuiert eine Ex-ante-Regulierung im Wege der Formulierung eines Verbotskatalogs. Dieser Katalog umfasst eine Vielzahl von durchaus gängigen Verhaltensweisen der Gate-Keeper – wie sie beispielsweise schon aus von den Wettbewerbsbehörden eingeleiteten Verfahren bekannt sind: Beispielsweise dürfen Anbieter gem. Art. 5 Abs. 2 lit b) DMA die Nutzerdaten verschiedener, von ihnen betriebener Dienste nur mit Einverständnis der Nutzer kombinieren – dies war Gegenstand einer Entscheidung des Bundesgerichtshofs in einem Kartellverfahren gegen Facebook.[1104] Weiterhin sieht Art. 5 Abs. 7, 8 DMA ein Verbot der Bevorzugung eigener Produkte und Dienste vor. Art. 30 DMA lässt Geldbußen von bis zu 20 Prozent des gesamten, weltweit erzielten Konzernvorjahresumsatzes zu. Im Falle von systematischen Verstößen ermöglicht Art. 18 DMA der Europäischen Kommission aber sogar die Ergreifung struktureller Maßnahmen – beispielsweise die Anordnung der Veräußerung bestimmter Geschäftsbereiche.

1103 Nach *Spindler* GRUR 2021, 545, 549 f. soll dem „Guten Samariter“ unter dieser Regelung aber nur etwas mehr Zeit nach Kenntniserlangung zugebilligt werden, um die weiterhin geforderten Löschungen bzw. Sperrungen umzusetzen.

1104 BGH Beschl. v. 23.06.2020 – KVR 69/19.

3. *Bewertung des Verordnungspakets*

Zu konstatieren bleibt für den hiesigen Untersuchungsgegenstand, dass sich unmittelbar wirksame Änderungen im Hinblick auf die Verhinderung der Verbreitung von Fake News nicht ergeben. Dies schon deshalb, weil die Definition illegaler Inhalte weiterhin zumindest auch den Mitgliedstaaten obliegt und sich der DSA letztlich am NetzDG orientiert. Gleichwohl kann festgehalten werden, dass vor allem der Ansatz der Transparenzherstellung im Hinblick auf die Priorisierung bzw. Anzeige von Inhalten eine effektive flankierende Maßnahme sein kann, um die dargestellten psychologischen Faktoren bei glaubenskongruenten Informationen zumindest abzuschwächen.

VII. Bewertung der europäischen Lösung

Die Europäische Kommission verfolgt nach alledem einem dem deutschen Vorgehen mithilfe des NetzDG vergleichbaren Ansatz, nämlich vornehmlich die weitergehende Verpflichtung der Informationsintermediäre. Der zusätzliche Ressourceneinsatz und die Sensibilisierung der Bevölkerung für die Thematik sind indes fraglos als Fortschritte einzuordnen, ebenfalls die supranationale Behandlung der Thematik.[1105] Jedoch sind an die ohnehin unbestimmt formulierten, einzelnen Leitlinien, wie gesehen, keinerlei Durchsetzungs- oder Sanktionsmechanismen geknüpft. Zudem haben die Selbstverpflichteten bei Inhalten, die *de lege lata* nicht mit Strafe bedroht sind, weitergehende Handlungsspielräume. Ferner erweisen sich Selbstregulierungsmaßnahmen schon insofern als ineffektiv, als die Nutzer nicht Verpflichtete solcher, für die Intermediäre geltender Standards sind – gerade die Nutzer haben aber den überwiegenden Teil der Inhalte auf den Plattformen zu verantworten.[1106]

Die Kommission ist also bei dem selbsterklärten Ziel, gegen Desinformationen vorzugehen, auf halbem Weg stehen geblieben. Sie hat sich darüber hinaus wohl nicht allein aufgrund altruistischer Motive auf die Gewährleistung fairer Wahlen beschränkt, wohl auch um das Vertrauen der Bürger in die Integrität der an Wahlen teilnehmenden Parteien und Individuen zu stärken. Dagegen hat sie ebenso relevante wirtschaftsrelevante Sachverhalte vollkommen außer Acht gelassen. Ein nachvollziehbarer Grund, hier zwischen rein politischen und wirtschaftlich motivierten Desinformationen zu unterscheiden, ist indes nicht ersichtlich. Aufgrund der Ähnlichkeit des Vorgehens im Vergleich zum NetzDG darf zudem auf die dort geäußerte Kritik Bezug genommen werden.

1105 *Jaursch* (Fn. 11), S. 15.

1106 *Schimmele* Staatliche Verantwortung für diskursive Integrität in öffentlichen Räumen, S. 269.

Ebenso wurde gegenüber dem Verhaltenskodex *in concreto* Kritik laut,[1107] so wurden u.a. die geplanten Investitionen in Technologien zur automatisierten Priorisierung authentischer Informationen in Suchfeeds und anderen automatisch geordneten Kanälen kritisch betrachtet, da Algorithmen und vergleichbare Instrumente hinsichtlich der Erkennung von Fake News nicht unfehlbar seien und ohne menschliche Kontrolle die Gefahr der ungerechtfertigten Einordnung als Desinformation bestünde.[1108] Des Weiteren wurde mangelnde Transparenz und Verantwortlichkeit insofern kritisiert, als Mechanismen zur Anzeige unberechtigter Löschungen für die hiervon Betroffenen und diesbezügliche Rechtsschutzmöglichkeiten nicht bestünden.[1109]

Schließlich wird der vorgesehene Bewertungs- und Evaluierungsprozess kritisiert, der letztlich auf eine dem Vorhaben der Gewährleistung der Meinungsfreiheit womöglich nicht gerecht werdende Selbstbewertung durch die Unterzeichner hinausläuft.[1110] Selbst wenn hinsichtlich des Kodizes einige positive Aspekte beobachtet wurden, werden seine Maßnahmen als begrenzt und daher womöglich zu kurz greifend erachtet.[1111] Auch die an der Erarbeitung des Entwurfs beteiligten Mitglieder der Medien, Zivilgesellschaft, Faktenprüfer und Forschung evaluierten den Inhalt überaus kritisch. Sie nannten insofern einen fehlenden gemeinsamen Ansatz, hinsichtlich Klarheit und Sinnhaftigkeit ungenügend geregelte Verpflichtungen, ein Defizit an messbaren Zielen, die daher fehlenden Möglichkeiten zur Prozessüberwachung sowie ein fehlendes Compliance- oder Durchsetzungsinstrument.[1112]

1107 The Sounding Board's unanimous final opinion in the so-called Code of Practice (Fn. 1086).

1108 Global Partners Digital v. 27.09.2018, abrufbar unter https://www.gp-digital.org/news/the-eus-code-of-practice-on-disinformation-first-thoughts/ (25.03.2022).

1109 Global Partners Digital (Fn. 1109).

1110 Global Partners Digital (Fn. 1109).

1111 Global Partners Digital (Fn. 1109).

1112 The Sounding Board's unanimous final opinion on the so-called Code of Practice (Fn. 1086). Später erwog die Vizepräsidentin der Europäischen Kommission *Jourová* strafrechtliche Verbote von Nachrichten, die Panik schüren können, in denjenigen Mitgliedstaaten, in denen insofern noch keine strafrechtlichen Verbote bestehen. Insoweit prüfe die Europäische Kommission, ob eine entsprechende Regelung in Tschechien Vorbild sein könne. *Jourová* zitiert nach Spiegel v. 21.02.2020, abrufbar unter https://www.spiegel.de/netzwelt/netzpolitik/eu-kommissarin-vera-jourova-will-desinformation-bestrafen-a-00000000-0002-0001-0000-000169587486 (23.03.2022). Eine jüngst von der Europäischen Kommission in Auftrag gegebene Studie kritisierte trotz grundsätzlich zuerkannter Fortschritte ebenfalls die fehlenden Durchsetzungsmechanismen und stellte anheim, eine Ko-Regulierung in Betracht zu ziehen, im Rahmen der Durchsetzungsmechanismen und Sanktionen implementiert werden. *Plasilova/Hill/Carlberg/Goubet/Procee* Study for the "Assessment of the implementation of the Code of Practice on Disinformation",

Aus der Erkenntnis, dass der *Code of Practice on Disinformation* aufgrund seines freiwilligen Charakters alleine nicht auszureichen vermag, fasste die *Europäische Kommission* die Idee des im Dezember 2020 veröffentlichten Europäischen Aktionsplans für Demokratie.[1113] Dieser betrifft u.a. die Themenbereiche der *Integrität von Wahlen und politischer Werbung*, der *Stärkung von Medienfreiheit und Medienpluralismus* sowie ein *kohärentes Vorgehen gegen Desinformation*.[1114] Thematisiert wurde im Aktionsplan das geplante Gesetz über digitale Dienste, das „eine größere Rechenschaftspflicht der Plattformen hinsichtlich der Moderation ihrer Inhalte, der Werbung und von Algorithmen" gewährleisten soll. Über die Aufstellung von Leitlinien soll auf die Überarbeitung des Verhaltenskodex hingewirkt werden. Angesprochen wird insofern u.a. die Förderung der Sichtbarkeit authentischer Informationen, die Verringerung der Monetarisierung von Desinformationen bei gesponserten Inhalten, die Intensivierung der Faktenprüfung durch die Implementierung von Standards und die Gewährleistung der Offenlegung von Daten für Forschungszwecke. Des Weiteren sind Kampagnen zwecks Medienkompetenzvermittlung angedacht. Neues bringt der Aktionsplan damit aber nicht, sodass der europäischen Lösung insoweit mangelnde Wirkungskraft attestiert werden muss. Der Aktionsplan mündete sodann in den bereits dargestellten aktualisierten Verhaltenskodex, dem es aber unter Präventionsgesichtspunkten ebenso an Durchschlagskraft fehlt.

F. Strafrecht als *ultima ratio*

Ist nunmehr festgestellt, dass die derzeit bestehenden rechtlichen Steuerungsmechanismen als denkbar kurzgreifend zu erachten sind, ist nachfolgend zu untersuchen, ob außerstrafrechtliche und rechtliche Steuerungsmodelle abseits des Strafrechts das soziale Problem hinreichend einzudämmen vermögen.

Final Report, 05.2020, S. 5, abrufbar unter https://ec.europa.eu/digital-single-market/en/news/study-assessment-implementation-code-practice-disinformation (23.03.2022).

1113 *Europäische Kommission* Europäischer Aktionsplan für Demokratie, 03.12.2020, abrufbar unter https://ec.europa.eu/commission/presscorner/detail/de/IP_20_2250 (23.03.2022).

1114 Vgl. auch zu den avisierten Inhalten Europäische Kommission Pressemitteilung v. 15.07.2020, abrufbar unter https://ec.europa.eu/commission/presscorner/detail/de/ip_20_1352 (23.03.2022).

I. Außerstrafrechtliche Steuerungsmodelle

1. Eigeninitiative Selbstregulierungsbestrebungen der sozialen Medien am Beispiel von Facebook

Einige Wissenschaftler sind indes weiterhin der Ansicht, dass der richtige Weg, Fake News und Hate Speech zu stoppen, in der Selbstregulierung der Betreiber der Kommunikationskanäle zu finden ist.[1115] Ein prominenter Vorschlag ist insoweit die freiwillige Verpflichtung zu Verhaltenskodizes.[1116] Bereits 2016 erarbeitete die Europäische Kommission mit den Betreibern großer sozialer Netzwerke einen Verhaltenskodex zur Bekämpfung illegaler Hassrede im Internet („*EU Code of Conduct on counteracting illegal hate speech online*"),[1117] dessen rechtspraktische Auswirkungen von Seiten einiger Kommissionsmitgliedern als überaus erfolgreich eingeschätzt werden.[1118]

a) Automatische Detektionsmechanismen unter Rückgriff auf maschinelles Lernen und künstliche Intelligenz

Von Seiten der Betreiber der sozialen Netzwerke wird im Hinblick auf Selbstregulierungsbestrebungen betont, dass das automatische Erkennen von Fake News eine effektive und erstrebenswerte Vision sei.[1119] Mitunter wandte Facebook bereits in

1115 *Nolte* ZUM 2017, 552, 565.

1116 *W. Beck* ZRP 2019, 112, 114 ff. Darüber hinausgehend für eine Selbstverpflichtung der im Netz werbenden Wirtschaft sowie der politischen Parteien *Künast* ZRP 2019, 62, 64 f. Vgl. *Mündges* Strategien der Europäischen Union gegen Desinformation, Dossier Digitale Desinformation, abrufbar unter https://www.bpb.de/gesellschaft/digitales/digitale-desinformation/290565/strategien-der-europaeischen-union-gegen-desinformation (25.03.2022).

1117 Code of Conduct on counteracting illegal hate speech online, 30.06.2016, abrufbar unter https://ec.europa.eu/newsroom/just/document.cfm?doc_id=42985 (23.03.2022).

1118 *Europäische Kommission* Pressemitteilung v. 19.01.2018, abrufbar unter https://ec.europa.eu/commission/presscorner/detail/de/ip_18_261 (24.03.2022). Beispielsweise würden 70 Prozent der Beiträge gelöscht, die Inhalt von Beschwerden waren. Weiterhin habe die Löschgeschwindigkeit signifikant zugenommen.

1119 So *Zuckerberg* in einem Facebook-Post v. 18.11.2016, zitiert nach NPW v. 19.11.2016, abrufbar unter https://www.npr.org/sections/thetwo-way/2016/11/19/502692075/misinformation-on-facebook-zuckerberg-lists-ways-of-fighting-fake-news?t=1648073883488 (23.03.2022). Ausführlich zur automatischen Detektion von Desinformationen *Halvani/v. Zuydtwyck/Herfert/Kreutzer/Liu/Simo Fhom/Steinebach/Vogel/Wolf/Yannikos/Zmudzinsk* in Steinebach/Bader/Rinsdorf/Krämer/Roßnagel (Hrsg.), S. 101, 101 ff.

Mexiko ein System zur Identifizierung von Fake News an, das mit Blick auf die Wahlen in Indien im Jahr 2019 auch dort angewendet werden sollte.[1120] Bereits im Jahr 2016 meldete Facebook zudem in den USA ein Patent betreffend eines Systems zur Erkennung und Löschung unangemessener Inhalte an. Dieses soll allerdings vorwiegend im Hinblick auf Hassrede und Pornografie vielversprechend sein: Die Erkennung von Fake News gestalte sich dagegen schwieriger.[1121] Die Analyse präsenter Selbstregulierungsbestrebungen zeigt also, dass die Betreiber sozialer Netzwerke insbesondere auf die automatische Erkennung von Fake News als ressourcenschonenden Mechanismus bauen.[1122]

1120 *Ananth/Vishnoi The Economic Times* v. 20.07.2018, abrufbar unter https://economictimes.indiatimes.com/tech/internet/whatsapps-message-will-be-on-election-duty/articleshow/65062452.cms (23.03.2022). Das angewandte Model „Verificado 18" wurde von Google und Facebook finanziert und bestand aus Journalisten und Datenanalysten, die hauptberuflich tätig waren und deren primäre Aufgabe darin bestand, verbreitete Falschnachrichten auf Facebook, WhatsApp und anderen Plattformen ausfindig zu machen sowie die weitreichenden Forderungen der Kandidaten hinsichtlich ihres Faktengehaltes zu überprüfen. Die Institution war angeblich maßgeblich daran beteiligt, die drohende Verbreitung von Falschinformationen zu Zeiten der mexikanischen Wahlen zu verhindern. Weiterhin angewendet werden soll in Zukunft eine sogenannte „Upstream Detection", bei welcher verdächtige Nutzer schon bei der Registrierung erkannt und diesen der Zugang verweigert werden soll. Schließlich soll maschinelles Lernen zur Erkennung von Sequenznummern bei der Erstellung von Gruppen verwendet werden. Zum Ganzen *Sawan* Firstpost v. 20.07.2018, abrufbar unter https://www.firstpost.com/tech/news-analysis/whatsapp-and-ec-to-join-hands-to-stop-fake-news-spread-but-easier-said-than-done-4782311.html (23.03.2023).

1121 *Newton* The Verge v. 07.12.2016, abrufbar unter https://www.theverge.com/2016/12/7/13868650/facebook-fake-news-patent-tool-machine-learning-content (23.03.2022). Die Skizze des Patents mit der Nummer 0350675 ist abrufbar auf der Internetseite des US-amerikanischen Patentamts http://pdfaiw.uspto.gov/.aiw?PageNum=0&docid=20160350675&IDKey=B0738725A3CA&HomeUrl=http%3A%2F%2Fappft.uspto.gov%2Fnetacgi%2Fnph-Parser%3FSect1%3DPTO1%2526Sect2%3DHITOFF%2526d%3DPG01%2526p%3D1%2526u%3D%2Fnetahtml%2FPTO%2Fsrchnum.html%2526r%3D1%2526f%3DG%2526l%3D50%2526s1%3D20160350675.PGNR.%2526OS%3D%2526RS%3D (23.03.2022).

1122 Insoweit darf auf die für den Fall von Urheberrechtsverletzungen bereits vorgesehenen Upload-Filter verwiesen werden, auf deren Verwendung Art. 17 der Richtlinie 2019/790 vom 17. April 2019 über das Urheberrecht und die verwandten Schutzrechte im digitalen Binnenmarkt („DSM-RL") abzielt. Unlängst wies der EuGH eine auf die Nichtigerklärung dieser Norm abzielende Klage Polens ab, EuGH Urt. v. 26.04.2022, Rs. C-401/19.

Auch staatliche Akteure widmen sich derweil der Erforschung automatischer Detektionsmechanismen zur Erkennung von Fake News. So widmet sich das vom Bundesministerium für Bildung und Forschung entwickelte *Projekt DORIAN*[1123] der Aufdeckung und Bekämpfung von Desinformationen und erforscht und entwickelt hierbei automatisierte Mechanismen zur Aufdeckung und Bekämpfung von Fake News.[1124]

Allerdings erscheint es zweifelhaft, ob automatische Detektionsmöglichkeiten bereits in näherer Zukunft hinreichend leistungsfähig sind. Im Rahmen einer von einer US-amerikanischen Universität initiierten *„Fake News Challenge"* entwickelten Forscher-Gruppen Algorithmen zur Erkennung von Falschnachrichten, wobei selbst der Urheber – ein Experte für maschinelles Lernen[1125] – hinsichtlich der Funktionsfähigkeit Bedenken äußerte, da dies bedeuten müsste, dass KI den Standard menschlicher Intelligenz erreicht hätte.[1126] Problematisch erweist sich bei der Gestaltung der Programme bereits das Erreichen einer hohen Trefferwahrscheinlichkeit. Die Programme versagen nämlich bei der Berücksichtigung des Kontexts.[1127] Im Ergebnis wird daher lediglich eine Art Vorselektion potentieller

---

1123 Abrufbar unter https://www.sit.fraunhofer.de/dorian/ (23.03.2022). Vgl. daneben auch die weiteren Forschungsprojekte, die das BMBF derzeit fördert. Diese widmen sich ebenfalls der Erforschung von Gegenmaßnahmen – teilweise in Form der automatischen Detektion mittels KI – so z.B. die Projekte FakeBlock, HybriD und noFake *BMBF* Meldung v. 08.02.2022, abrufbar unter https://www.bmbf.de/bmbf/shareddocs/kurzmeldungen/de/2022/02/fake-news-bekaempfen.html (31.07.2022).

1124 *Fraunhofer-Institut für Sichere Informationstechnologie* (Fn. 1124).

1125 Bei maschinellem Lernen handelt es sich letztlich um die Fortentwicklungs- bzw. Leistungssteigerungsfähigkeit von Systemen KI, *Staffler/Lany* ZIS 2020, 164, 166.

1126 *Heller FAZ* v. 31.05.2017, abrufbar unter http://www.faz.net/aktuell/wissen/geist-soziales/kuenstliche-intelligenz-warum-algorithmen-gegen-fake-news-scheitern-15035496-p3.html (23.03.2022). *Alizadeh/Shapiro/Buntain/Tucker* Science Advances 6 (2020), eabb5824, 1, 1 ff. entwickelten zuletzt eine Methode zum Einsatz von maschinellem Lernen, um bösartige Internetkonten oder Trolle auf der Grundlage ihres früheren Verhaltens zu identifizieren. Hierzu analysierten die Forscher verschiedene ausländische Desinformationskampagnen anlässlich der US-Präsidentschaftswahl 2016. Neben Besonderheiten des Beitrags (beispielsweise der Zeitpunkt oder die Wortzahl) berücksichtigte die Methodik auch Metadaten, um Anomalien zu erkennen. Allerdings griff die Methode auf umfangreiche Daten bzgl. bereits als solcher identifizierter Trollkampagnen zurück, sodass neue Ansätze der Desinformationsakteure mit dieser Methodik kaum identifiziert werden können. Die Forscher versprechen gleichwohl, mittels des Algorithmus Fake News-Kampagnen in Echtzeit verfolgen zu können.

1127 *Wolfangel* Spektrum Die Woche 03 (2017), 35, 39.

Falschmeldungen durch die KI für realistisch befunden, auf Basis derer der Mensch weiterhin die tatsächliche Verifikation der Beiträge vornimmt.[1128]

Mithilfe einer jüngst von der *University of Michigan entwickelten Software* wurde dagegen mittels Sprachanalyse eine Aufdeckungsquote von 76 Prozent erreicht, wohingegen Menschen nur 70 Prozent erreicht hatten. Bei dieser Software findet eine linguistische Sprachanalyse durch hierfür entwickelte Algorithmen statt. Die Analyse arbeite überdies deutlich schneller als Menschen und lasse sich auf verschiedene Formen von Nachrichten anwenden.[1129]

Aus Kreisen der Wissenschaft und selbst von der Bundesregierung wurde eine zeitnahe effektive Umsetzung solcher automatisierter Erkennungstechniken ebenfalls bezweifelt.[1130] Als Indiz hierfür wird die fortwährende Praxis von Facebook

---

1128 *Wolfangel* Spektrum Die Woche 03 (2017), 35, 39.

1129 *Pérez-Rosas/Kleinberg/Lefevre/Mihalcea* Automatic Detection of Fake News, 23.08.2017, arXiv:1708.07104 [cs.CL], S. 1 ff.; vgl. auch *Cherry* Michigan News v. 22.08.2018, abrufbar unter https://news.engin.umich.edu/2018/08/fake-news-detector-algorithm-works-better-than-a-human/ (23.12.2022). Die Software wird zunächst mit von Menschenhand erkannten Fake News gefüttert. Der Algorithmus wertet dann das Ergebnis mittels linguistischer Gesichtspunkte aus. Daneben wird die Software auf diesem Wege trainiert.

1130 Zum Ganzen nachfolgend *Grimme* Zukunftsvision, Die automatische Erkennung von „Fake News“, WWU Münster, 27.02.2018, abrufbar unter https://www.uni-muenster.de/news/view.php?cmdid=9396 (23.03.2022). Mit diesem Fazit auch *Lammich* Fake News als Herausforderung des deutschen Strafrechts, S. 108. Die *BReg* Antwort auf die Kleine Anfrage von Abgeordneten der FDP Fraktion, BT-DS. 19/20908, S. 10 hält den Ansatz zwar für vielversprechend, sieht aber noch erheblichen Forschungsbedarf sowie das Problem, ausreichende Datensätze zu Trainingszwecken bereitzustellen. Auch *Halvani/v. Zuydtwyck/Herfert/Kreutzer/Liu/Simo Fhom/Steinebach/Vogel/Wolf/Yannikos/Zmudzinsk* in Steinebach/Bader/Rinsdorf/Krämer/Roßnagel (Hrsg.), S. 101, 141 sehen diese nur als Unterstützung im Rahmen der auch weiterhin von Menschenhand geführten Verifikationsprozesse. Ein bei Facebook mit der Entwicklung von KI beschäftigter Experte sprach unlängst davon, dass 99 Prozent der Löschungen von automatisierten Profilen bereits mithilfe KI erfolgen würden. Hinsichtlich der Verwendung in Bezug auf Fake News sprach er indes lediglich von der Möglichkeit einer Vorselektion, *Candela* in einem *Interview* mit *Krauter* Deutschlandfunk v. 25.11.2019, abrufbar unter https://www.deutschlandfunk.de/ki-experte-zu-facebooks-algorithmen-kuenstliche-intelligenz.676.de.html?dram:article_id=464233 (23.03.2022). Eine vielversprechende Methodik zur automatischen Erkennung von Fake News – insbesondere unter Rückgriff auf neuronale Netzwerkmodelle aus dem Bereich der KI sowie Natural Language Processing – entwickelte zuletzt *Kirchknopf* Automated Identification of Information Disorder in Social Media from Multimodal Data, abrufbar unter https://www.netidee.at/sites/default/files/2020-09/InformationDisorder.pdf (25.03.2022).

angeführt, erhebliche personelle Ressourcen bei der Suche nach Falschmeldungen einzusetzen. Die Entwicklung derartiger technischer Möglichkeiten zur automatisierten Validierung wird als diffizil bewertet. Derzeit bestünden jedenfalls keinerlei derartige Verfahren, die dies zuverlässig zu leisten im Stande seien. Insgesamt wird der Bekämpfung von Fake News mittels automatisierter Lösungen mit Skepsis entgegengesehen. Gefürchtet wird schon, dass durch die Zuerkennung des Labels Fake mittels Algorithmen die öffentliche Diskussion nachhaltig beeinflusst werden könnte.[1131]

Weiterhin wird prognostiziert, dass die Urheber von Desinformationskampagnen die Funktionsweise der angewandten Algorithmen analysieren und so Umgehungsstrategien entwickeln würden. Generelle Kritik wird zudem deswegen geäußert, weil solche Algorithmen immer anhand retroperspektiver Muster – z.B. der Verbreitungswege oder bereits in der Vergangenheit dekontextualisierter Fotos – programmiert würden, sodass durch entsprechende Veränderungen Desinformationen weiterhin unentdeckt bleiben könnten. Selbst wenn die Programme zur Widerlegung bestimmter Inhalte nach den Untersuchungsgegenstand bestätigender weiterer Berichte suchen würden, könnten die Urheber das Internet mit solchen Berichten fluten und so die Detektion aushebeln.

b) Aufdeckung von Desinformationskampagnen und von Social Bots, die desinformative Inhalte zirkulieren

Als universeller Ansatz für die Aufdeckung von Social Bots und Fake News wird aus Wissenschaftskreisen die Aufdeckung der Kampagnen selbst vorgeschlagen, da im Falle von deren Aufdeckung die zugrunde liegenden Inhalte und Urheber leicht ausgemacht werden könnten. Da jedoch dieser Ansatz – der leicht als Selbstregulierungsbestrebung der Netzwerke aufgegriffen werden könnte – bislang nahezu vollständig unerforscht ist und erst zuletzt auf die Agenda der Forschung gerückt ist, kann auch dieser Ansatz nicht als zeitnahe und effektive Lösung des Problems herangezogen werden.

c) Keine hinreichende eigeninitiative Verantwortungsübernahme seitens der Netzwerke im politischen Bereich

Indes verfolgt Facebook im primär relevanten politischen Bereich offensichtlich ohnehin einen liberalen Ansatz.[1132] Im Vorfeld der US-Präsidentschaftswahl 2020

1131 *Heller* (Fn. 1127).

1132 *Schimmele* Staatliche Verantwortung für diskursive Integrität in öffentlichen Räumen, S. 259 beobachtet eine Scheu vor deutlicher Positionierung hinsichtlich der Gewährleistung diskursiver Integrität – sowohl von staatlicher Seite als auch von Seiten der Intermediäre. *M. Schreiber* Strafbarkeit politischer Fake News, S. 131 ff. verwies unlängst auf die Unzulänglichkeit der Gemeinschaftsstandards

kündigte der Kommunikationschef von Facebook an, Inhalte von Politikern nicht wie andere Inhalte an Faktenprüfer zwecks Überprüfung weiterzureichen, sondern diese nur dann zu degradieren, wenn darin enthaltener Inhalt bereits zuvor entkräftet wurde. In diesem Fall sollen verwandte Inhalte von Faktenprüfern angezeigt und die Einbindung der Inhalte in Werbeanzeigen abgelehnt werden. Diese Maßnahme begründete Facebook mit der Bedeutung der Meinungsfreiheit, die eine Zensur des politischen Diskurses verbiete. Anknüpfungspunkt der Regelung ist eine bereits 2016 eingeführte Ausnahme für „Äußerungen mit Nachrichtenwert", wonach eine Löschung von gegen die Gemeinschaftsstandarts verstoßenden Äußerungen im Falle eines besonderen öffentlichen Interesses unterbleibt, sofern dieses Interesse gegenüber den drohenden Gefahren überwiegt.[1133]

Gegen die eigeninitiative Faktenprüfung der sozialen Netzwerke selbst bestehen zudem deshalb Bedenken, weil diese aufgrund ihrer Größe unweigerlich Zensurvorwürfen ausgesetzt würden.[1134] Diese lassen Zweifel am Interesse der Netzwerke an solchen Eigeninitiativen aufkommen. Auch wenn sicherlich aus Gründen der Publicity die Unternehmen immer wieder Anstrengungen unternehmen werden, um die fortwährende Kritik zu besänftigen, kann die Bekämpfung von Fake News nicht allein den Unternehmen überlassen werden, die diese Verantwortung bislang nicht hinreichend übernehmen.[1135]

---

von Facebook, die in Ziffer 21 ausdrücklich eine Löschung ablehnen, sondern schlicht Deranking und Medienaufklärung vorsehen. Anlässlich der jüngsten Pandemie befürwortete er aber die in diesem Zusammenhang geschaffene Ziffer 22 der Gemeinschaftsstandards, welche die Entfernung manipulierter Medien ermöglicht.

1133 *Clegg* Facebook Newsroom v. 24.09.2019, abrufbar unter https://newsroom.fb.com/news/2019/09/elections-and-political-speech/ (23.03.2022). Die demokratische US-Präsidentschaftskandidatin *Warren* persiflierte diese Unternehmenspolitik bereits kurze Zeit später, indem sie einen Beitrag über die angebliche Unterstützung Trumps durch Facebook angesichts der US-Präsidentschaftswahlen 2020 veröffentlichte, dazu *J. C. Wong* The Guardian v. 12.10.2019, abrufbar unter https://www.theguardian.com/technology/2019/oct/11/elizabeth-warren-facebook-zuckerberg-trump-troll (23.03.2022).

1134 *Russ-Mohl* Die informierte Gesellschaft und ihre Feinde, S. 272.

1135 Aus Kreisen der sozialer Organisationen wurden zuletzt Stimmen laut, nach denen Facebooks Anstrengungen derzeit unzulänglich seien und das Unternehmen sich vielmehr der Idee „Correct the Record" verpflichten und hiermit sicherstellen sollen, dass alle eine bestimmte Fake News rezipierenden Nutzer ab einer bestimmten Visibilität (beispielsweise 10.000 Rezipienten) eine Notifikation und Korrektur von unabhängigen Faktenprüfern erhalten. *Avaaz* v. 05.11.2019, S. 9, abrufbar unter https://avaazimages.avaaz.org/US_2020_report_1105_v04.pdf (23.03.2022). Aber auch diesbezüglich bestehen die im Nachfolgenden darzustellenden Probleme von Faktenprüfungen.

2. Faktenprüfung *als Problemlösung im Rahmen der Selbstregulierung*

Oftmals wird die (wirtschaftliche) Unterstützung von Faktenprüfungen als erfolgversprechen des Steuerungsmodell begriffen.[1136]

a) Effektivität von Faktenprüfung

Allerdings stellte eine bereits erwähnte Studie von *Guess/Nyhan/Reifler*[1137] nahezu keinerlei Wirkungen solcher Faktenprüfer-Initiativen fest. Die Autoren schlussfolgerten, dass Faktenprüfer nicht die richtigen Adressaten erreichen, um so im Kampf gegen Fake News einen wichtigen Beitrag leisten zu können.[1138] So gut wie keiner der Teilnehmer der Studie, die einen von einem Faktenprüfer widerlegten Beitrag rezipiert hatten, haben die dazugehörige Faktenprüfung gelesen.[1139] Einzig in einem Fall, in dem die Behörden die vermeintliche aus der Feder des Ministeriums stammende Vertuschung von durch Asylsuchende, Flüchtlinge oder anderen Personen mit Migrationshintergrund begangenen Straftaten durch eine Dienstanweisung umgehend korrigierten, erreichte die Richtigstellung ein größeres Forum als die ursprüngliche Desinformation.[1140]

1136 Auch die klassischen Medien selbst verschreiben sich teilweise der Aufdeckung von Fake News und beteiligen sich an unterschiedlichen Projekten. Beispielsweise wurden „Debunker" gegründet, hierbei handelt es sich um Instrumente, die Fakten überprüfen, *Gavrilis* Deutschlandfunk v. 09.03.2018, abrufbar unter http://www.deutschlandfunk.de/neue-studie-fakten-statt-fakes-wie-fake-news-verbreitet.1148.de.html?dram:article_id=414401 (23.03.2022). Umfassend zum derzeitigen Angebot an Faktenprüfungen *Russ-Mohl* Die informierte Gesellschaft und ihre Feinde, S. 258 ff. Das ZDF integrierte 2017 ein Faktenprüfungsprojekt anlässlich der Bundestagswahl, um der erwarteten inflationären Streuung von Fake News entgegenwirken zu können. Gewährleistet werden sollte so die freie Entscheidung der Bürgerinnen und Bürger bei der Wahl, *Frey* ZDF Pressemitteilung v. 13.02.2017, abrufbar unter https://presseportal.zdf.de/pressemitteilung/mitteilung/zdf-startet-crossmedialen-zdfcheck17-zur-bundestagswahl/ (23.12.2022).

1137 *Guess/Nyhan/Reifler* (Fn. 491), S. 5 ff. Auch *Högden/Krämer/Meiner/Schaewitz* in Steinebach/Bader/ Rinsdorf/Krämer/Roßnagel (Hrsg.), S. 77, 93 stellten fest, „dass eine detailliertere Gegendarstellung nicht dafür sorgt, dass diese Korrektur häufiger geglaubt wird als die hierdurch widerlegte Falschnachricht".

1138 *Guess/Nyhan/Reifler* (Fn. 491), S. 5. Vgl. für das Nichterreichen besonders aktiver Akteure *Jaster/Lanius* Die Wahrheit schafft sich ab, Kap. 5.

1139 *Guess/Nyhan/Reifler* (Fn. 491), S. 16. Nach den Ergebnissen der Studie haben nur etwa 25 Prozent der Nutzer, die eine Fake News-Internetseite aufgerufen hatten, Faktenprüfer-Internetseiten besucht. Nur 2,7 Prozent der Nutzer haben schließlich eine Faktenprüfung zu einem vorher rezipierten Artikel gelesen.

1140 *Sängerlaub/Meier/Rühl* (Fn. 95), S. 41 f.

Nach einer *von Facebook selbst durchgeführten Datenanalyse*[1141] reduzierte sich die zukünftige Reichweite durch die Einstufung als Fake seitens eines Partnerunternehmens um 8 Prozent. Allerdings dauere die Faktenprüfung zumeist mehr als drei Tage, was angesichts der stärksten Verbreitung des Artikels in der Zeit davor nicht effektiv ist. In einem Fall wurden durch eine erfolgte Kennzeichnung seitens Facebook sogar erhöhte Zahlen bzgl. des Aufrufs und des Teilens des Beitrags beobachtet.

Eine andere Studie von *Pennycook/Cannon/Rand*[1142] ergab dagegen, dass explizite Hinweise auf die Unrichtigkeit – selbst im Falle der Erkennbarkeit als unrichtige Nachrichten – deren Verbreitung nicht verhindern können. Die Wiederholung von Informationen, gerade von auf Facebook ersichtlichen Schlagzeilen, erhöht nach den Ergebnissen der Forscher die Glaubwürdigkeit für die Rezipienten. Diese erhöhte Glaubwürdigkeit konnte dann nicht von der Kenntlichmachung als von Faktenprüfern umstritten entkräftet werden. Dies galt auch für der politischen Überzeugung der Rezipienten widersprechende Informationen. Dieses von den Forschern als illusorischer Wahrheitseffekt bezeichnete Phänomen führt dazu, dass die Kennzeichnung von Informationen als umstritten respektive unwahr keine effektive Lösung des Problems ist. Die Forscher schlussfolgerten ob ihrer Beobachtungen, dass bereits die erstmalige Konfrontation verhindert werden müsse.

Die Forschungsergebnisse zeigen zusammenfassend, dass *allein Warnungen vor erstmaliger Konfrontation zielführend sind.* Nachträgliche Warnungen hingegen sind nicht effektiv.[1143] Für Gegenaufklärung durch Faktenprüfer wird unter Verweis auf die notwendige Vermeidung der beschriebenen kognitiven Mechanismen vertreten, dass der Fokus der Gegenmaßnahme auf den korrekten Informationen und weniger auf den Desinformationen liegen müsse.[1144] Demnach müssten man vor allem mittels korrekter Gegeninformationen die Fake News entkräften, dürfte allerdings hierbei nicht die Analyse der Unrichtigkeit der Fake News in den Vordergrund rücken. Diese Gesichtspunkte zeigen, dass in den Echokammern und Filterblasen eine Faktenprüfung als alleiniges Mittel nicht ausreichend ist, die Symptomatik effektiv einzudämmen.

Auch seitens der Lehre wird die *zeitliche Intervention von Faktenprüfung erst nach der Verbreitung für unzureichend befunden*, da es zu diesem Zeitpunkt oftmals bereits zu spät sei.[1145] Ebenso stellt die von Verbreitern von Fake News oftmals

---

1141 *Dörrer* Correctiv v. 12.10.2017, abrufbar unter https://correctiv.org/faktencheck/artikel-faktencheck/2017/10/12/facebook-fact-checking-reduziert-reichweite-von-fake-news-um-80-prozent (23.03.2022).

1142 *Pennycook/Cannon/Rand* Journal of Experimental Psychology: General 147 (2018), 1865, 1874 ff.

1143 *Loftus* Learning & Memory 12 (2015), 361, 362.

1144 *M. Appel* Forschung und Lehre 10 (2019), 908, 909.

1145 Diese Schlussfolgerung ziehen insbesondere auch *Allemano*, zitiert nach *Henley* The Guardian v. 24.04.2018, abrufbar unter https://www.theguardian.com/media/2018/

adressierte Emotionalität der Nutzer – die Inhalte zielen oftmals auf Wut oder Empörung seitens der Rezipienten ab – ein Problem für sachliche und neutrale Faktenprüfungen dar, die mangels derartiger derartiger Reize kaum vergleichbare Wirkung erzielen können.[1146]

Aber nicht nur die von der Richtigstellung ausgehenden Wirkungen werden oftmals als gering evaluiert, teilweise wird selbst der vorangegangene Prozess des Erkennens der Akteure von Desinformationsverbreitungskampagnen schon als ineffektiv dargestellt: So wurde noch im Januar 2019 bekannt, dass Fake News-Inhalte einer Seite, die 80 mal von Faktenprüfungs-Partnern von Facebook entlarvt worden war, nach einer Namens- und Domainänderung zum Zeitpunkt der Veröffentlichung nicht als falsch auf Facebook markiert wurden, sodass die Nutzer die Beiträge teilen konnten, ohne dass eine vorgesehene Warnung über die Unechtheit erschien.[1147]

b) Faktenprüfung 2.0: Blockchain-Technologie

Die wichtigste Forschungsfrage dürfte aber vor allem sein, inwiefern unter Einsatz von Technologie zukünftig Faktenprüfungen in Echtzeit möglich sein werden. Gegenüber dem beschriebenen Desiderat an effektiven Faktenprüfern und korrespondierenden Mechanismen wollen bestimmte Akteure unter Zuhilfenahme der sog. „*Blockchain*"-Technologie[1148] Abhilfe schaffen. Bei auf dieser

---

apr/24/global-crackdown-on-fake-news-raises-censorship-concerns (23.03.2022) *Lammich* Fake News als Herausforderung des deutschen Strafrechts, S. 107.

1146 So auch *Brodnig* im Rahmen der am 30.06.2020 an der Universität Würzburg abgehaltenen Podiumsdiskussion „*Fake News – Desinformation und digitale Aufklärung in der Corona-Krise*". Laut einer jügeren neurokognitiven Studie von *Baum/Rahman* Emotional news affects social judgments independent of perceived media credibility, Social Cognitive and Affective Neuroscience, 04.12.2020, S. 5 ff., abrufbar unter https://doi.org/10.1093/scan/nsaa164 (23.03.2022) beeinflussten emotionale Inhalte selbst dann das Urteil von Rezipienten, wenn diese die Quelle für nur wenig vertrauenswürdig erachteten.

1147 *Funke* Poynter v. 30.01.2019, abrufbar unter https://www.poynter.org/fact-checking/2019/want-to-get-away-with-posting-fake-news-on-facebook-just-change-your-website-domain/ (23.03.2022).

1148 *Berezovskyi/Schmitz* Cloudcomputing Insider v. 15.05.2020, abrufbar unter https://www.cloudcomputing-insider.de/blockchain-vs-fake-news-a-931312/ (23.03.2022). Im Rahmen einer Blockchain („Blockkette") werden von einem Computer viele Datenblöcke wie eine Art digitales Logbuch aneinandergehängt. Ein grundlegend chaotisch systematisierter Datensatz erhält eine klare Struktur, welche für alle Verwender gleich ist. Aus den vorherigen Blöcken werden Fingerabdrücke berechnet und in die neuen Blöcke übertragen, was die Möglichkeit nachträglicher Veränderung verhindert, *Klebsch/Hallensleben/Kosslers* VDE Verband der Elektrotechnik Elektronik Informationstechnik e.V., Roter Faden durch das Thema

Technologie basierenden Systemen soll durch die Speicherung relevanter Angaben in der Blockchain ohne diesbezügliche Änderungsmöglichkeit die Autoren- und Verbreitereigenschaft bzgl. jeden Artikels, bei allen Fotos und Videos genau festgestellt werden können, wodurch die Glaubwürdigkeit von Quellen verifiziert werden soll. Die letztgenannte Frage soll von Experten beurteilt werden, deren Entscheidungen daneben fortlaufend taxiert werden sollen. Hierdurch soll Dezentralisierung erreicht werden. Der Technologie bedienen sich bereits erste große Medienunternehmen.[1149]

Obgleich diese Technologie vielversprechend ist, steht ihre flächendeckende Implementierung doch nicht bereits unmittelbar bevor. Bei reinen Artikeln ohne verzerrende oder bearbeitete Bebilderung könnte die Technologie demgegenüber nur über die Autoreneigenschaft den Verifikationsprozess betreiben, was bei ersten Veröffentlichungen eines Autors kaum erfolgversprechend ist. Mit der Technologie können zwar die Verbreitungswege nachvollzogen werden, dagegen kann der Inhalt einer Information selbst nicht verifiziert werden.[1150] Darüber hinaus kann die Technik das Problem noch verstärken, da ihr bewusster Einsatz ebenso Desinformationen als unveränderbar erhalten würde.[1151] Schließlich würde – verbunden mit Verifikationsprozessen unter Einschaltung einer Benutzer-Cloud[1152] – die Mehrheitsmeinung unabänderlich konserviert, was grundlegend gegen Faktenprüfung durch Benutzer-Clouds spricht.[1153]

Blockchain, März 2019, S. 2, abrufbar unter https://www.vde.com/resource/blob/1885856/1c616e33e550c2f387202e7b8b8ad53a/roter-faden-blockchain-download-data.pdf (23.03.2022).

1149 So kündigte das Wirtschaftsmagazin *Forbes* v. 09.10.2018, abrufbar unter https://www.forbes.com/sites/forbespr/2018/10/09/forbes-becomes-first-major-media-brand-to-experiment-with-publishing-on-civil-platform/#737a21de77c1 (23.03.2022) bereits für das Jahr 2019 an, in einigen Fällen Artikel auf einer Blockchain-Plattform zu veröffentlichen. Eine ähnliche Idee verfolgt auch das Project Origin der *Trusted News Initiative (TNI)*, der neben Facebook, YouTube und Twitter auch einige renommierte Zeitungen angehören. Nachrichten sollen hierbei mit einem digitalen Wasserzeichen versehen werden, sodass nachträgliche Manipulationen am Wasserzeichen erkennbar wären. Änderungen *Bünte* heise v. 15.07.2020, abrufbar unter https://www.heise.de/news/Project-Origin-Digitale-Wasserzeichen-sollen-vor-Fake-News-schuetzen-4844162.html (23.03.2022).

1150 *Kropsch* dpa v. 25.10.2018, abrufbar unter https://innovation.dpa.com/2018/10/25/fake-news-blockchain-medientagen-muenchen/ (23.03.2022).

1151 *Kropsch* (Fn. 1151).

1152 Mit dem Begriff der „Benutzer-Cloud" ist die Verifikation durch die breite Masse in Form privater Nutzer gemeint.

1153 *Kropsch* (Fn. 1151).

c) *Technologiegestützte Faktenprüfung*

Unlängst entwickelte eine Forschungseinrichtung eine Software, die große Mengen an Informationen aus Social Media-Beiträgen automatisiert auswertet und sich dabei nicht auf Texte beschränkt, sondern ebenso Metadaten[1154] in den Prozess einbezieht. Die Software wird zunächst mit Lernsets bestehend aus seriösen und gefälschten Beiträgen versorgt. Das Herausfiltern der Desinformationen funktioniert dann mithilfe eines Machine-Learning-Verfahrens: Dieses sucht automatisiert nach bestimmten Merkmalen in den Texten und Metadaten – im politischen Kontext beispielsweise nach semantischen Gesichtspunkte wie Formulierungen und Wortkombinationen, die im Alltag und in journalistischen Texten nicht gebräuchlich sind, sowie nach sprachlichen Fehlern.[1155]

Im Rahmen eines anderen Projekts fanden Forscher der *Lancaster Universität* heraus, dass sich Artikel, die Aprilscherze beinhalten und Fake News in einigen Punkten linguistisch gleichen: Beide Inhalte sind im Vergleich zu seriösen Nachrichten oft kürzer, verwenden eine simplere Sprache und weisen sich durch ein Defizit an Detailangaben aus. Dahingegen ist die grammatikalische Struktur oftmals komplexer und verwenden sie besonders oft Eigennamen sowie das Personalpronomen *wir*.[1156] Zwar war die Genauigkeit der automatischen Erkennung bei der Anlernung eines automatischen Erkennungssystems mit echten Fake News besser (72 Prozent gegenüber 65 Prozent). Jedoch seien diese oft kaum von korrekten Nachrichten zu unterscheiden und daher schwieriger als Datenbestand zur

1154 Metadaten sind „Daten über Daten." Dabei bestehen pro Kontext spezielle Sets an Daten, die – ähnlich einer Wegekarte – eine richtungsweisende Funktion durch ein komplexes Informationsgefilde weisen und die letztlich eine Kategorisierung ermöglichen, *Steiner* Synergie Fachmagazin für Digitalisierung in der Lehre 4 (2017), S. 51 f.

1155 Bei der Institution handelt es sich um das Fraunhofer-Institut für Kommunikation, Informationsverarbeitung und Ergonomie FKIE. *Fraunhofer-Gesellschaft* Forschung Kompakt v. 01.02.2019, abrufbar unter https://www.fraunhofer.de/content/dam/zv/de/presse-medien/2019/Februar/ForschungKompakt/fk02-2019-fkie-software-fuer-die-automatisierte-erkennung-von-fake-news.pdf (23.03.2022). Die Software sucht sich die funktionsfähigen Merkmale heraus. Metadaten wie die Häufigkeit von Posts, deren Herkunftsland und Zeitzone liefern für die Einschätzung relevante Gesichtspunkte. Metadaten wie Sendedaten und deren Anzahl sowie Followernetze lassen sich durch Graphen und Heatmaps visualisieren, wobei so der für die Erstverbreitung verantwortliche Knoten ableitbar sein soll.

1156 *Lancaster University* April Fools hoax stories could offer clues to help identify "fake news", 01.04.2014, abrufbar unter https://www.lancaster.ac.uk/scc/about-us/news/april-fools-hoax-stories-could-offer-clues-to-help-identify-fake-news (23.03.2022).

Anlernung der Systeme ausfindig zu machen. Daher könne die Verwendung von Aprilscherzen bei der Anlernung die Effizienz steigern.[1157]

Weiterhin entwickelten Forscher der *Harvard Universität* ein Tool, das mithilfe von KI Sprachmuster analysiert und dadurch mithilfe von KI generierte Texte erkennt, bei denen selten nach dem arithmetischen Mittel am wenigsten wahrscheinlich auf ein bestimmtes Wort folgende oder diesem vorangehende Wörter Verwendung finden.[1158] Auch die Europäische Kommission unterstützt den Einsatz von KI für die Überprüfung, Erkennung und Kennzeichnung von Desinformationen ebenso wie den Einsatz von Blockchain zur Quellenüberprüfung und Verifikation von Informationen. Allerdings geht die Europäische Kommission erst von nennenswerten Langzeiterfolgen aus, wobei sie offenbar ebenso wie der Verfasser das Erfolgspotential von Blockchain nicht in der Verifikation mithilfe der Inhalte der Artikel ausmacht.[1159]

d) Bösgläubige Akteure profitieren zugleich vom technischen Fortschritt

Zugleich darf bei der Bewertung der Effektivität automatisierter Erkennungsmechanismen nicht vergessen werden, dass die Fortentwicklung von KI zugleich die

---

1157 *Lancaster University* (Fn. 1157).

1158 *Gehrmann/Strobelt/Rush* Proceedings of the 57th Annual Meeting of the Association for Computational Linguistics: System Demonstrations (2019), 111, 111 f. Das Tool heißt „*Giant Language Model Test Room*“ („*GLTR*“). Ein weiteres Unternehmen kündigte im März 2019 die Entwicklung eines Unternehmensservice für globale Medienunternehmen, soziale Medien und andere Drittanbieter an, welche die Verbreitung von Falschinformationen im Internet bekämpfen. Hierbei handelt es sich nach eigenen Angaben um die erste Datenmanagement-Plattform („*DMP*“) ihrer Art zwecks Bekämpfung von Desinformationen. Das Unternehmen nutzt für die fortwährende Analyse der Nachrichtenproduktion KI und natürliche Sprachverarbeitung („*Natural Language Processing*“), wobei dieser proprietäre Prozess eine weitreichende und einzigartige Datenquelle zu Tage fördert, die zur Identifikation von Falschinformationen verwendet werden kann. AP v. 27.03.2019, abrufbar unter https://apnews.com/press-release/accesswire/technology-media-data-management-fake-news-artificial-intelligence-afd4624de740b706c8cf890d76cd86eb (23.03.2022). Mit einem „Frühwarnsystem“ für Fake News auf Basis von KI zuletzt *Doshi/Raghavan/Schmidt* Real-Time Prediction of Online False Information Purveyors and their Characteristics, 12.01.2021, abrufbar unter https://papers.ssrn.com/sol3/papers.cfm?abstract_id=3725919 (23.03.2022), die zur Identifikation primär auf Domainregistrierungsdaten zurückgreifen und damit bereits eine frühzeitige Interventionsmöglichkeit eröffnen.

1159 *Europäische Kommission* Factsheet, Bekämpfung von Desinformation im Internet, 26.04.2018, abrufbar unter https://ec.europa.eu/commission/presscorner/detail/de/MEMO_18_3371 (23.03.2022).

Möglichkeiten auf Seiten der Desinformationsakteure erweitert und ihnen zusätzliche Werkzeuge gibt, die den Zugewinn der Technologien erheblich relativieren. So entdeckte ein Forschungsteam von OpenAI im Zuge der Entwicklung eines universell einsetzbaren Sprachalgorithmus zwecks Übersetzung und Beantwortung von Fragen unter Rückgriff auf KI, dass mit dem Algorithmus und der mit 45 Mio. Webseiten gefütterten KI per Eingabe eines Satzteils zur Vorgabe eines desinformativen Leitthemas ein vollständiger, grammatikalisch und strukturell realistisch erscheinender Text erstellt werden kann.

Nach Ansicht der Forscher sei in absehbarer Zeit mit dieser Technologie die Erstellung glaubhaft erscheinender Desinformationen in Gestalt von Artikeln und Tweets möglich. Angesichts des Missbrauchspotentials stellten die Forscher daher zunächst nur eine technisch reduzierte Version des entwickelten Algorithmus zur Verfügung.[1160] Später entschied die Firma, das Programm („*GPT-2*") doch in mehreren Schritten zu veröffentlichen und untersuchte parallel die Auswirkungen, wobei man viele positive Verwendungsszenarien (automatische Textvervollständigung, Chatbots für verschiedene Bereiche wie Gesundheit und Unterhaltung) und nur wenig Missbrauchspotential sah. Seit der stufenweisen Veröffentlichung seien keine direkten missbräuchlichen Nutzungen, sondern nur Diskussionen hierüber aufgedeckt worden. Die Befürchtung einer hohen Missbrauchsgefahr durch die Senkung der Kosten für Desinformationskampagnen scheinen sich nach alledem nicht bestätigt zu haben. Allerdings sei ein Missbrauch auch nicht auszuschließen, da bestimmte Akteure wie solche auf nationalstaatlicher Ebene kaum bewertet werden könnten.[1161] Forscher einer Universität stellten beim Vergleich von seitens des Programms erstellten Artikeln (72 Prozent) und solchen der New York Times (83 Prozent) eine vergleichbare Glaubwürdigkeit fest.[1162]

Trotz dieser nicht wahrgenommenen missbräuchlichen Aktivitäten, verdeutlicht doch die nur zögerliche Veröffentlichung des Produkts, dass auch die

---

1160 *Knight* MIT Technology Review v. 14.02.2019, abrufbar unter https://www.technologyreview.com/s/612960/an-ai-tool-auto-generates-fake-news-bogus-tweets-and-plenty-of-gibberish/ (23.03.2022). Zu Rechtsfragen im Zusammenhang mit der automatischen Texterstellung auf Grundlage KI-basierter Systeme *Gräfe/Kehl* MMR 2021, 121, 121 ff.

1161 *Solaiman/Brundage/Clark/Askell/Herbert/Voss/Wu/Radford/Krueger/Kim/Kreps/McCain/Newhouse/Blazakis/McGuffie/Wang* Release Strategies and the Social Impacts of Language Models, OpenAI Report, 13.11.2019, S. 4 ff., abrufbar unter: https://arxiv.org/pdf/1908.09203.pdf (23.03.2022). In den entdeckten Diskussionen hätten die Akteure zudem wenig Verständnis für die technische Funktionsweise des Programms gezeigt, sodass nur wenig Gefahr durch nicht-triviale Aktionen zu vermuten sei.

1162 *Kreps/McCain* foreign affairs v. 02.08.2019, abrufbar unter https://www.foreignaffairs.com/articles/2019-08-02/not-your-fathers-bots (23.03.2022).

Desinformationsakteure von neuartigen Technologien begünstigt werden können, indem der Aufwand und damit auch die Kosten für die Aktivitäten erheblich gesenkt werden. Es muss daher davon ausgegangen werden, dass diese ebenso an der Entwicklung automatisierter Erstellungsmechanismen arbeiten. Dies lässt schon der frühere Rückgriff auf automatisierte Verbreitungssysteme wie Bots vermuten. Angesichts der kurzen Halbwertszeit von Technologien kann selbst im Falle einer Vorreiterstellung bei der Erkennung von Desinformationen die Notwendigkeit von Regulierung nicht verneint werden, da jederzeit ein entscheidender Fortschritt von Erstellungstechnologien möglich wäre.

e) Faktenprüfung zeitlich nachgelagert

Dass Faktenprüfung nicht als alleiniges Instrument zur Bekämpfung von Fake News dienen kann, drängt sich auf, wenn man den Zeitpunkt der Intervention in der Verbreitungskette betrachtet. Sie dient *allein der Bekämpfung der Symptome, ohne die Gründe für die Verbreitung oder der Entstehung von Fake News zu beleuchten.* Faktenprüfung kann daher treffend als *Warnsystem* beschrieben werden, *das nicht den Brand selbst verhindert, sondern erst dann greift, wenn die Gefährdung des öffentlichen Meinungsbildungsprozesses bereits eingetreten ist.*[1163] Faktenprüfungen und Gegenaufklärung allein reichen auch deswegen nicht aus, weil die Debunker selbst nicht einmal in die bestehenden Echokammern vordringen. Diejenigen, die propagandistischen Fake News des rechten Spektrums erliegen, werden nur selten die Seiten seriöser Faktenprüfer aufsuchen bzw. diesen jedenfalls keinen Glauben schenken.[1164]

f) Faktenprüfung als Kampfbegriff

Überdies wurde auch bereits im französischen Präsidentschaftswahlkampf 2017 von den politischen Parteien der Begriff Factchecking instrumentalisiert und letztlich *ad absurdum* geführt, indem eigene Entgegnungen zu unliebsamen Berichten unter diesem Label veröffentlicht wurden, um die Überzeugungskraft des eigenen Berichts zu erhöhen, obgleich tatsächlich eine Faktenprüfung gar nicht stattgefunden hatte.[1165] Das Vorgehen mittels Faktenprüfung bannt also keineswegs die

---

1163 *Sängerlaub* in Hohlfeld/Harnischmacher/Heinke/Lehner/Sengl (Hrsg.), S. 311, 314. Indem Faktenprüfung sich allein auf das Entlarven der Desinformationen konzentriert, wird zudem noch kein diskursbefördernder positiver Beitrag erbracht, dazu *Haberkorn* Zeit v. 16.01.2018, abrufbar unter https://www.zeit.de/kultur/2018-01/alternative-fakten-unwort-des-jahres-donald-trump (23.03.2022). Eine Überbetonung reiner Faktenprüfung mag daher sogar als Ressourcenverschwendung bewertet werden.

1164 *Sängerlaub/Meier/Rühl* (Fn. 95), S. 4.

1165 *Pezet* Correctiv v. 05.05.2017, abrufbar unter https://correctiv.org/recherchen/stories/2017/05/05/fake-news-frankreich-macron/ (23.03.2022).

Gefahr, dass auch Berichte unter diesem Label ungefragt für wahrgenommen werden. Dann aber ist ein Vorgehen mittels Faktenprüfung viel zu kurzgreifend, da sie ihrerseits instrumentalisiert werden kann um Fake News zu verbreiten.

g) *Zusammenfassung*

Faktenprüfung vermag einen nicht zu unterschätzenden Beitrag in der Medienaufklärung der Bevölkerung leisten, indem Falschnachrichten sowie deren Verbreitungswege aufgedeckt und darüber informiert wird, wie die von der Digitalisierung hervorgebrachten Schwächen in der gesellschaftlichen Interaktion und die Errungenschaften des digitalen Zeitalters zwecks Täuschung instrumentalisiert werden.[1166] Eine transparente Informationspolitik seitens der Faktenprüfer kann zudem den Bürgern einen auf dem aktuellen Stand der Technik befindlichen Leitfaden zur eigenen Überprüfung von Nachrichten liefern. Die effektive Bekämpfung des Phänomens macht es aber unumgänglich, die Ursachen weiter zu ergründen und die sanktionslose Verbreitung zu erschweren.[1167]

3. Prebunking*: Medienaufklärung und Medienbildung*

Von vielen wird als effektivste Entgegnung auf das Phänomen Fake News die Stärkung des Bildungssystems bzw. Medienaufklärung und Medienbildung gesehen.[1168]

1166 Pezet (Fn. 1166).

1167 Für die Unzulänglichkeit von Faktenprüfung als isolierter Maßnahme *Jaster/Lanius* Die Wahrheit schafft sich ab, Kap. 5 sowie *Sängerlaub* in Hohlfeld/Harnischmacher/Heinke/Lehner/Sengl (Hrsg.), S. 311, 321.

1168 Siehe nur *M. Appel* Forschung und Lehre 10 (2019), 908, 909; *Drexl* ZUM 2017, 529, 543; *Gensing* Fakten gegen Fake News, S. 8 ff., 164; *Jansen/Johannes/Krämer/Kreutzer/ Löber/Rinsdorf/Roßnagel*/Schaewitz in Steinebach/Bader/Rinsdorf/Krämer/Roßnagel (Hrsg.), S. 195, 206; *Kozyreva/Lewandowsky/Hertwig* Psychological Science in the Public Interest 21 (2018), 103, 105; *Lossau* Analysen & Argumente, Juli 2017 S. 8; *Russ-Mohl* Die informierte Gesellschaft und ihre Feinde, S. 251 f.; *Uhlmann* Rhetorik und Wahrheit, S. 311 ff. So auch der Philosoph *Hübl* in einem Interview mit NTV v. 14.12.2019, abrufbar unter https://www.n-tv.de/politik/Fake-News-im-Alltag-Selten-ist-alles-frei-erfunden-article21450676.html (23.03.2022). Vgl. *United Nations ("UN") Organization for Security and Co-operation in Europe ("OSCE") the Organization of American States ("OAS"), African Commission on Human and Peoples'Rights ("ACHPR")* Joint Declaration on "Fake News", Disinformation and Propaganda, S. 4 Nr. 3 lit. e, abrufbar unter https://www.ohchr.org/EN/NewsEvents/Pages/DisplayNews.aspx?NewsID=21287&LangID=E (23.03.2022). In diese Richtung hinsichtlich der Bekämpfung von Verschwörungstheorien auch die damalige Bundesministerin der Justiz und für Verbraucherschutz *Lambrecht* mit der Idee eines Demokratiefördergesetzes in ihrer Rede im Bundestag am 10.10.2020, BT-Plenarprotokoll 19/173, 21690. Vgl. zum durchaus vorhandenen Potential

Dem liegt der Gedanke zu Grunde, dass dieser Ansatz bereits vor der Verbreitung der Fakten („*Prebunking*") ansetzt und der Ansatz so ein tatsächliches Verhinderungspotential besitzen könnte.[1169] Auch der Bericht einer von der Europäischen Kommission eingesetzten Expertenkommission schlägt zur Bekämpfung von Desinformationen in sozialen Netzwerken vor allem stärkende Maßnahmen für den Qualitätsjournalismus und die Unterstützung der Medienbildung vor.[1170]

Das Strafrecht kann insofern zudem dann rechtspolitisch nicht eingesetzt werden, wenn bereits die Steigerung der Allgemeinbildung und eine verbesserte Medienkompetenz hinreichenden Schutz gewähren würden.[1171] Weiterhin soll Transparenz seitens der sozialen Netzwerke hergestellt werden, inwieweit Algorithmen Inhalte auswählen und verstärken.[1172] Dies soll so weit gehen, dass vor einer Änderung der maßgeblichen Algorithmen die Öffentlichkeit informiert werden soll.[1173] Mit den Worten von *Pariser*[1174], dem Erfinder des Begriffs der Filterblase:

> „*Wenn wir wissen wollen, wie die Welt wirklich aussieht, müssen wir begreifen, wie Filter unsere Sicht auf die Welt formen und verzerren.*" [Hervorhebungen durch den Verfasser].

a) Problemlösungskompetenz *der Bürger: Debunking durch private Nutzer als realistisches Ziel der Medienaufklärung?*

Fraglich ist angesichts der festgestellten geringen Möglichkeiten selbst professioneller Akteure unter Einschaltung von Faktenprüfern sowie der beschriebenen langen Dauer bei der Überprüfung, ob das Aufdecken von Fake News für den normalen Bürger ohne Weiteres möglich ist – ob die Bürger also *problemlösungskompetent* sind.[1175] Zwar beruht die lange Dauer bis zur Entdeckung von

spielerischer Medienkompetenzvermittlung die Studie von *Maertens/Roozenbeek/Basol/ van der Linden* Long-term effectiveness of inoculation against misinformation, Three longitudinal experiments, Journal of Experimental Psychology, Applied, Advance online publication, abrufbar unter https://doi.org/10.1037/xap0000315 (23.03.2022).

1169 *Roozenbeek/van der Linden* Palgrave Communications 5 (2019), 1, 2 ff.

1170 *Europäische Kommission* (Fn. 126), S. 25 ff., 37. Für die Stärkung des Journalismus *Russ-Mohl* Die informierte Gesellschaft und ihre Feinde, S. 246 f., der jedoch eine staatliche Subventionierung im Hinblick auf die Wahrung journalistischer Unabhängigkeit nicht für empfehlenswert erachtet.

1171 *Lossau* Analysen & Argumente, Juli 2017 S. 8.

1172 *Lossau* Analysen & Argumente, Juli 2017 S. 8.

1173 *Europäische Kommission* (Fn. 126), S. 24.

1174 *Pariser* Filter Bubble, S. 90.

1175 *Hohlfeld* in Hohlfeld/Harnischmacher/Heinke/Lehner/Sengl (Hrsg.), S. 179, 179 ff. verwendete hinsichtlich der Fähigkeit der Nutzer, Fake News zu erkennen, den

Falschinformationen durch Faktenprüfer wohl maßgeblich auf den nur geringen personellen Ressourcen bei einer großen Masse an durchzusehendem Material. Dies ist bei privaten Nutzern insofern nicht der Fall, als diese nur die (eigeninitiativ) ausgewählten Beiträge gedanklich überprüfen müssen. Trotzdem fehlt privaten Nutzern die professionelle Expertise. Darüber hinaus werden Privatpersonen oftmals eine Vielzahl von Informationen rezipieren, wodurch die Verweildauer pro Nachricht – ebenso wie die Sorgfältigkeit bei der Überprüfung – unweigerlich zu sinken vermag.

Allerdings existiert eine Vielzahl von Tipps, wie der private Rezipient Nachrichten verifizieren können soll.[1176] Diese sollen nachfolgend hinsichtlich ihrer Praktikabilität betrachtet werden. Oft soll bereits eine einfache Suchmaschinenrecherche unter Verwendung des Titels des Beitrags und dem Begriff „*Fake*" zutreffende Ergebnisse liefern.[1177] Auch fehlende oder fehlerhafte sowie genannte, aber tatsächlich nicht existierende Quellen könnten der Aufdeckung dienen.[1178] Weiterhin können im Internet verfügbare Faktenprüfungsseiten auf Treffer durchsucht werden.[1179]

Begriff der Problemlösungskompetenz. Zu vermeintlich eindeutigen Ergebnissen kam eine in den USA durchgeführte Studie: Hier waren 82 Prozent der Studienteilnehmer von ihrer Problemlösungskompetenz überzeugt, *Barthel/Mitchell/Holcomb* (Fn. 1038). In einer im Jahr 2019 in Deutschland durchgeführten Befragung gab dagegen nur etwa jeder 10. Teilnehmer an, sich „sicher" bei der Identifikation von Fake News zu sein. „Eher" gelingt die Identifikation nach eigener Einschätzung jedem zweiten Nutzer. Mehr als jeder dritte Nutzer glaubte aber, Fake News „weniger gut" bzw. „gar nicht" identifizieren zu können, *BReg* Antwort auf die Kleine Anfrage von Abgeordneten der FDP Fraktion, BT-DS. 19/20908, S. 7 unter Zitierung der Originalstudie der *Info GmbH* (Fn. 255). xyz

1176 Vgl. *Bundeszentrale für politische Bildung* #StopFakeNews, Fake News erkennen, abrufbar unter https://www.bpb.de/themen/medien-journalismus/stopfakenews/ (24.03.2022) sowie *Lüdemann/Hegemann* Zeit v. 12.03.2021, abrufbar unter https://www.zeit.de/digital/internet/2022-03/desinformation-russland-ukraine-fotos-fake-news-falschinformation-echtheit (24.03.2022).

1177 *M. Reuter* von netzpolitik.org in einer Stellungnahme Ausschuss Digitale Agenda, Ausschuss DS. 18(24)126, S. 3.

1178 *Jaster/Lanius* Die Wahrheit schafft sich ab, Kap. 5; *Simon/Strathmann* SZ v. 03.07.2019, abrufbar unter: https://www.sueddeutsche.de/digital/bundestagswahl-so-behalten-sie-den-durchblick-im-informationskrieg-1.3435411 (23.03.2022).

1179 Beispielhaft seien für den deutschen Sprachraum die Plattformen „Mimikama", „Emergent" und „Übermedien" genannt.

Ebenfalls einfach zu entlarven sei oftmals die Bot-Eigenschaft eines Accounts.[1180] Eine sehr hohe Zahl von Beiträgen – oft auch kurz aufeinander folgend abgegeben – sowie eine sehr hohe Zahl an Likes seien ab einer bestimmten Anzahl nur noch von einem Bot möglich. Ebenso können sehr schnelle Reaktionsgeschwindigkeiten sowie der Sprachstil zur Aufdeckung dienen.[1181] Des Weiteren können Plattformen, die sich der Aufdeckung von Bot-Accounts widmen, zu Rate gezogen werden.[1182]

Allerdings ist allein mit der Erkennung automatisierter Profile wenig gewonnen, weil damit eben noch nicht klar ist, ob diese Teil einer gezielten Desinformationskampagne sind oder lediglich als Dienstprogramme Verwendung finden.[1183] Überdies wird nicht jede so geartete Kampagne unter Verwendung von Social Bots durchgeführt,[1184] sodass mit dem Erkennen von Social Bots wenig gewonnen ist. Zudem kann das suggerierte Übergewicht bestimmter Meinungsbilder dazu führen, dass Vertreter anderer Meinungsinhalte diese übergewichteten Inhalte nicht mehr hinterfragen, sondern aufgrund des hohen Anklangs bei tausenden Personen dieser Quantität einen erheblichen Authentizitätswert beimessen. Vor diesem Hintergrund wird allein die Möglichkeit einer Aufdeckung aufgrund der beschriebenen Abschreckungseffekte nicht weiterführen.

An breite Bevölkerungsgruppen gerichtete Prebunkingstrategien können darüber hinaus ihren Zweck verfehlen, wenn die Nutzer ihre Erkennungsfähigkeit überschätzen und daher weniger Aufmerksamkeit in das Hinterfragen des Wahrheitsgehaltes stecken – sodass ihre Problemsensibilität sinkt.[1185] *Hohlfeld* konnte in zwei von ihm geleiteten Studien aufzeigen, dass die Probanden durchschnittlich gerade einmal etwa die Hälfte der präsentierten Fake News erkannt hatten.[1186] Dies

1180 *Sickert* Spiegel v. 19.01.2017, abrufbar unter https://www.spiegel.de/netzwelt/web/social-bots-entlarven-so-erkennen-sie-meinungsroboter-a-1129539.html (23.03.2022).

1181 Sickert (Fn. 1181).

1182 Als Beispiel kann die Internetseite „Botometer“ genannt werden, abrufbar unter https://botometer.iuni.iu.edu/#!/faq (23.03.2022).

1183 *Grimme* Zukunftsvision, Die automatische Erkennung von „Fake News“, WWU Münster, 27.02.2018, abrufbar unter https://www.uni-muenster.de/news/view.php?cmdid=9396 (23.03.2022).

1184 Grimme (Fn. 1184).

1185 *Russ-Mohl* Die informierte Gesellschaft und ihre Feinde, S. 252. Den Begriff der Problemsensibilität verwendete zuletzt *Hohlfeld* in Hohlfeld/Harnischmacher/Heinke /Lehner/Sengl (Hrsg.), S. 179, 179 ff.

1186 *Hohlfeld* in Hohlfeld/Harnischmacher/Heinke/Lehner/Sengl (Hrsg.), S. 188 ff. Die Probanden der Studie entstammten dabei mehrheitlich dem akademischen Milieu, sodass die Zahlen bevölkerungsübergreifend sogar noch dramatischer ausfallen dürften.

lässt erheblich an der Problemlösungskompetenz privater Nutzer zweifeln. Auch konnten eine unlängst veröffentlichte Studie zur Medienkompetenz der deutschen Bevölkerung nur mittelmäßige bis schlechte Fähigkeiten der Bürger sowie unzureichende Unterstützung seitens der Plattformen und der Politik feststellen, was gegen eine hinreichende Problemlösungskompetenz der Bürger spricht. So wurden beispielsweise Desinformationen nur unzureichend erkannt.[1187]

b) *Eigene Aufklärungsarbeit der sozialen Medien*

Bereits heute bestehen private Initiativen zur Vermittlung von (digitaler) Medienkompetenz.[1188] Auch die Informationsintermediäre unterstützen vergleichbare Maßnahmen.[1189] Facebook führte in letzter Zeit verstärkt an den Endnutzer gerichtete Aufklärungskampagnen zur Erkennung von Fake News durch, wobei

---

1187 *Meßmer/Sängerlaub/Schulz* „Quelle: Internet"?, Digitale Nachrichten- und Informationskompetenzen der deutschen Bevölkerung im Test, Stiftung Neue Verantwortung, S. 4 ff., abrufbar unter https://www.stiftung-nv.de/sites/default/files/studie_quelleinternet.pdf (23.03.2022). Eine unlängst vom europäischen Statistikamt *Eurostat* Digital economy and society statistics – households and individuals, Dezember 2021, abrufbar unter https://ec.europa.eu/eurostat/statistics-explained/index.php?title=Digital_economy_and_society_statistics_-_households_and_indi viduals (24.03.2022) durchgeführte Studie ergab, dass nur 19 Prozent der deutschen Befragten zwischen 16 und 74 Jahren drei Monaten vor der Umfrage konsumierte Informationen überhaupt einmal kritisch geprüft hatten – womit sich Deutschland deutlich unter dem „EU-Durchschnitt" von 23 Prozent einordnete.

1188 Beispielhaft sei die belgische Initiative „Lie Detectors" erwähnt, bei der speziell geschulte Journalisten in Schulen gehen und dort im Rahmen einer 90-minütigen Einheit mit optionalem Material und Hausaufgaben den Versuch unternehmen, die Medienkompetenz der Schüler zu stärken. Die Veranstaltungen, die in Belgien und Deutschland abgehalten wurden und auf ganz Europa ausgeweitet werden sollen, wurden von den Lehrern zu 100 Prozent als „sehr hilfreich" evaluiert, die Schüler bewerteten sie zu 95 Prozent als „hilfreich und angemessen." Dazu *Berges* Good Impact v. 10.09.2018, abrufbar unter https://goodimpact.eu/channels/eduaction-channel/fruhe-aufklarung-gegen-fake-news/ (23.03.2022). Daneben werden in dem Artikel als Initiativen für die frühe Vermittlung von Medienkompetenz das Projekt „Klickwinkel" der Vodafone Stiftung, sowie die Projekte „Digitale Helden" und „DigiBitS – Digitale Bildung trifft Schule" genannt.

1189 So kooperiert Google mit der Organisation „Poynter", einer renommierten Journalistenschule aus den USA, bei dem Projekt „Mediawise", das den bewussten Umgang mit Onlinemedien wie Google im Rahmen spezifischer Unterrichtseinheiten in Schulen vermitteln soll. Dazu *Werner* Netzpiloten v. 17.01.2019, abrufbar unter https://www.netzpiloten.de/google-gegen-fake-news/ (23.03.2022).

die Hinweise nicht etwa über Facebook selbst, sondern vor allem über herkömmliche Zeitungen verbreitet wurden.[1190]

Interessant ist, dass die Qualitätsmedien oftmals selbst argumentieren, dass für den Einzelnen nicht mehr erkennbar sei, was in den sozialen Medien Fakt und was manipuliert worden sei.[1191] Kritisiert wird weiterhin, dass die Visibilitätssteuerung der Inhalte von Algorithmen vorgenommen werde, deren Kontrolle allein in der Hand von US-amerikanischen Unternehmen liege.[1192] Gefordert wird daher auch eine gemeinsame Plattform von Verlagen und Sendern in der EU, um dem US-amerikanischen Übergewicht entgegenzuwirken und gemeinsam den Zugang zu Qualitätsinformationen zu gewährleisten.[1193]

Teilweise wird das Ziel der Medienaufklärung noch von der bisher primär vermittelten Quellenkunde hin zur Vermittlung von Informationskompetenz erweitert, die auch die Aufklärung über die menschlichen Informationsverarbeitungsmechanismen und die daraus resultierenden Wirkungen und Gefahren beinhalten soll.[1194] Diese Form der Aufklärung kann Entscheidendes leisten, indem die Nutzer die heuristische Informationsrezeption aufgrund ihres Bewusstseins um die daraus erwachsenden Gefahren verlassen. Durch die Hinwendung zu systematischer Informationsverarbeitung auf höherer Kognitionsstufe schenken die Nutzer weniger wahrscheinlich Desinformationen Glauben.

c) *Beschränkter Adressatenkreis von Medienaufklärung*

Jedoch kann die Medienaufklärung und Medienbildung nach alledem wohl gerade in einer kurzen Zeit kaum adäquate Ergebnisse hinsichtlich der Verhinderung von Fake News liefern.[1195] Solche zumeist früh in der Sozialisation angelegten

1190 *Mangaldas* Forbes v. 26.09.2017, abrufbar unter https://www.forbes.com/sites/leezamangaldas/2017/09/26/why-facebook-is-taking-indias-fake-news-problem-to-its-newspapers/#576bf13237cc (23.03.2022). Solche Kampagnen verfolgte das Unternehmen anlässlich der anhaltenden Diskussionen in Indien, aber auch in Großbritannien oder Kenia anlässlich dort stattfindender Wahlen.

1191 Meedia v. 12.06.2018, abrufbar unter https://meedia.de/2018/06/12/kontrolle-ueber-die-algorithmen-verloren-ard-chef-ulrich-wilhelm-fordert-gemeinsame-plattform-fuer-verlage-und-sender-in-europa/ (23.03.2022).

1192 So eine Forderung eines ARD-Intendanten, zitiert nach Meedia (Fn. 1192).

1193 So eine Forderung eines ARD-Intendanten, zitiert nach Meedia (Fn. 1192).

1194 *P. Müller/Denner* Was tun gegen „Fake News“?, S. 23.

1195 Vgl. *Weberling* NJ 2017, 407, 408. Generell und nicht nur hinsichtlich der Erfolge in naher Zukunft kritisch *Marwick* Geo. L. Tech. Rev. 474 (2018), 474, 509. Forscher der *Oxford Universität* wiesen allerdings mithilfe eines Online-Spiels die Möglichkeiten von Medienkompetenzvermittlung für das Untersuchungsfeld nach. Die Nutzer konnten nach dem Spiel, bei dem sie in die Rolle eines Desinformationsakteures schlüpften, Falschinformationen zu 21 Prozent treffsicherer erkennen.

Aufklärungs- und Bildungsprogramme mögen einen signifikanten Langzeiterfolg erzielen können. Ohne weitere Maßnahmen fehlt ihnen aber in den nächsten Jahren die Wirksamkeit. Ebenfalls gegen die Effektivität der Vermittlung von Medienkompetenz als alleinige Gegenmaßnahme spricht der primäre Adressatenkreis solcher Versuche: Medienkompetenz wird zumeist gegenüber sich noch in der Sozialisationsphase befindlichen Menschen – beispielsweise durch Unterrichtsbesuche in Schulen – zu vermitteln versucht, wohingegen die Versuche kaum einmal zielgerichtet ältere Bevölkerungsgruppen ansprechen.[1196]

Eine bereits zitierte Studie zu geteilten Fake News-Inhalten zur Zeit der US-Präsidentschaftswahl 2016 ergab aber, dass – neben der grundsätzlich geringen Prozentzahl von Teilnehmern, die überhaupt Beiträge von Fake News Domains geteilt hatten (unter 10 Prozent) – Personen ab 65 Jahren etwa siebenmal soviel Beiträge von Fake News-Domains geteilt hatten wie die jüngste Gruppe der 18–29 Jährigen. Daneben ergab die Studie eine höhere Prozentzahl bei Menschen mit konservativer politischer Überzeugung.[1197] Soweit in der Studie festgestellt wird, dass Republikaner (18,1 Prozent) häufiger Desinformationen teilten als Demokraten (3,5 Prozent), bringen die Forscher selbst vor, dass dies auch schlichtweg daran liegen könne, dass im Wahlkampf deutlich mehr der sich in Umlauf befindlichen Desinformationen pro Trump ausfielen.[1198]

Auch andere Studien belegen, dass jüngere Kinder mehr anfällig für Fehlinformationen sind als ältere Kinder und Erwachsene. Ältere Erwachsene sind aber wiederum anfälliger als junge Erwachsene.[1199] Ebenso ergab eine Studie der TU Darmstadt einen höheren Medienaufklärungsstandard bei jüngeren Menschen mit einem relativ hohen Bildungsgrad.[1200] Ein Großteil der Versuche zur Stärkung der Medienkompetenz erreicht demnach also nicht eine der für die Verbreitung zumindest nicht unmaßgebliche Personengruppe. Neben dem Faktor

---

Am stärksten waren die Effekte bei den zuvor besonders anfälligen Akteuren. *Roozenbeek/van der Linden* Palgrave Communications 5 (2019), 1.

1196 Beispielsweise die von Facebook und dem Bundesinnenministerium unterstützte Nichtregierungsorganisation *DigiBitS*, abrufbar unter https://www.digibits.de (23.03.2022) richtet sich ausdrücklich an Schulen, vgl. *Facebook* (Fn. 1061). Zuletzt erwägte die CDU-Bürgerschaftsfraktion in Hamburg die Erarbeitung spezifischer auf Menschen im erwerbsfähigen Alter abzielender Konzepte zur Förderung der politischen Bildung, die der Verbreitung von Desinformationen vorbeugen könnten, zitiert nach SZ v. 09.02.2020, abrufbar unter https://www.sueddeutsche.de/politik/buergerschaft-hamburg-cdu-fuer-spezielle-erwachsenenbildung-gegen-fake-news-im-netz-dpa.urn-newsml-dpa-com-20090101-200209-99-835372 (23.03.2022).

1197 *Guess/Nagler/Tucker* Sci. Adv. 5, eaau4586 (2019), 09.01.2019, S. 1.

1198 *Guess/Nagler/Tucker* Sci. Adv. 5, eaau4586 (2019), S. 5.

1199 *Loftus* Learning & Memory 12 (2015), 361, 363 m.w.N.

1200 *C. Reuter/Hartwig/Kirchner/N. Schlegel* in Ludwig/Pipek (Hrsg.), S. 1067, 1079.

einer geringeren Medienkompetenz der älteren Personengruppe wurden teilweise auch geringere kognitive Fähigkeiten als Gründe für die höhere Anfälligkeit ausgemacht. Hierfür wurde das Beispiel von höheren erfolgreichen Betrügereien gegenüber dieser Altersgruppe angeführt.[1201] Auch wenn nicht davon ausgegangen werden kann, dass sich proaktive Desinformationsakteure an der Umfrage beteiligten, müssen diese empirischen Befunde doch zumindest als Fingerzeig der Präsenz auch dieser Altersgruppe bei der Problematik berücksichtigt werden.[1202]

Es bestehen ferner kaum Möglichkeiten, zielgerichtet Medienaufklärung gegenüber dieser Personengruppe zu betreiben, da diese sich an freiwilligen Maßnahmen nicht beteiligen müsste. Eine verpflichtende Teilnahme wäre demgegenüber angesichts der Vielzahl der Betroffenen womöglich sogar ein stärkerer Grundrechtseingriff als die Kriminalisierung.

d) Der Fall Relotius – Faktische Grenzen von Gegenaufklärungsmaßnahmen

Dass sich die Verifikation teilweise selbst für professionelle Akteure als nicht mehr leistbare Mammutaufgabe entpuppt, zeigt der Fall eines für den Spiegel und andere Medienformate tätigen Reporters, dessen teilweise mit renommierten Journalismuspreisen ausgezeichnete Beiträge zu einem nicht unerheblichen Teil von ihm selbst erfunden waren.[1203] Erst die dezidierte Recherche des Co-Autors eines seiner Beiträge überführte schließlich den Journalisten.[1204] Die

---

1201 *Potor* BASIC thinking v. 09.04.2019, abrufbar unter https://www.basicthinking.de/blog/2019/04/09/studie-fake-news-senioren/ (23.03.2022).

1202 *Gensing* Fakten gegen Fake News, S. 34 ff. sieht Medienbildung bei älteren Nutzern als wichtiges Ziel.

1203 *Fichtner Spiegel* v. 19.12.2018, abrufbar unter http://www.spiegel.de/kultur/gesellschaft/fall-claas-relotius-spiegel-legt-betrug-im-eigenen-haus-offen-a-1244579.html (23.03.2022). Zum Fall *Kummer* Anfang der 2000er Jahre *Reus* in Bleicher/Pörksen (Hrsg.), S. 249, 249 ff. Mit weiteren Beispielsfällen *Russ-Mohl* Die informierte Gesellschaft und ihre Feinde, S. 27 ff. sowie auf S. 138 ff. zum Fall „Jimmygate" der Washington Post, in dem einer der erfundenen Beiträge sogar zur Verleihung des renommierten Pulitzer-Preises führte. Nach *Gensing* Fakten gegen Fake News, S. 8 kann der Journalismus das Phänomen nicht alleine bekämpfen.

1204 Der Co-Autor hatte Treffen mit Protagonisten der Beiträge arrangiert, die jeweils bestätigten, den betreffenden Journalisten nie getroffen zu haben. Die Geschichten reichten von einer Amerikanerin, die sich als Zeugin von Hinrichtungen anbot, einem vermeintlich zu Unrecht in Guantanamo eingesperrten Jemeniten, über die Gehirnwäsche zweier junger Männer durch den Islamischen Staat und eine amerikanische Bürgerwehr und boten damit immer Zündstoff für aktuelle politische Debatten. Die Beiträge waren daher geeignet, als vermeintlich unabhängige Darstellungen das öffentliche Meinungsspektrum nachhaltig zu beeinflussen.

in Teilen erfundenen Beiträge passierten dabei ungehindert alle internen Kontrollmechanismen.[1205]

Angesichts der Affäre betonte der Spiegel, dass dieser Verifikationsprozess Grenzen habe und naturgemäß dort enden müsse, wo der Redakteur mit den Protagonisten allein interagiere wie etwa bei einem Vieraugengespräch mit einem Informanten vor Ort.[1206] Überdies seien Geschichten betreffend Protagonisten im Ausland ebenso wie geschilderte persönliche Erlebnisse generell schwer zu verifizieren.[1207] Auch wenn die Darstellung des Spiegels Schwächen der internen Verifikationsprozesse bei auslandsbezogenen Sachverhalten vermuten lässt, da zumindest eine Plausibilitätskontrolle bzgl. der Informanten nahe gelegen hätte, zeigt der Fall die trotz des angewandten Mehraugenprinzips bestehenden Schwierigkeiten bei Authentizitätsprüfungen innerhalb professioneller Medienunternehmen. Wenn schon mit dem dort praktizierten Aufwand Unwahrheiten teilweise nicht herausgefiltert werden, muss dies erst recht Schwierigkeiten bei der auf Schnelligkeit angelegten Kommunikation privater Nutzer in sozialen Netzwerken bereiten.[1208]

Ausführliche Darstellung der betroffenen Artikel im Abschlussbericht der Aufklärungskommission, abrufbar unter https://cdn.prod.www.spiegel.de/media/67c2c416-0001-0014-0000-000000044564/media-44564.pdf (23.03.2022).

1205 Spiegel v. 19.12.2018, abrufbar unter http://www.spiegel.de/kultur/gesellschaft/der-fall-claas-relotius-wie-das-spiegel-sicherungssystem-an-grenzen-stiess-a-1244593.html (23.03.2022). Namentlich passierten die Artikel nicht nur das Gegenlesen durch den Ressortleiter und einen Chefredakteur, von Mitarbeitern in Lektorat und der Rechtsabteilung, sondern auch die dem Spiegel eigene „Dokumentation", eine mehr als 60 Leute umfassende Abteilung verschiedener Wissenschaftsdisziplinen, die Namen, Daten und Fakten verifizieren sollen.

1206 Spiegel (1206).

1207 *Fichtner* (Fn. 1204).

1208 *Sängerlaub* Katz-und-Maus-Spiel mit Desinformation, Die Möglichkeiten und Grenzen von Faktenchecks, Dossier Digitale Desinformation, abrufbar unter https://www.bpb.de/gesellschaft/digitales/digitale-desinformation/290570/moeglichkeiten-und-grenzen-von-faktenchecks (23.03.2022). In einer Ende 2019 veröffentlichten Studie, in der Studenten Fake News-Schlagzeilen entlarven sollten, erreichten 77 Prozent der Teilnehmer hinsichtlich der Identifikation von Fake News lediglich eine Trefferwahrscheinlichkeit von maximal 50 Prozent. *Kim/Dennis/Moravec/Minas* The Conversation v. 02.12.2019, abrufbar unter https://theconversation.com/rating-news-sources-can-help-limit-the-spread-of-misinformation-126083 (23.03.2022).

e) *Subtile Desinformationen als Problemfeld*

Hinzu kommt, dass bewusst im Hintergrund vollzogene Desinformationskampagnen – zum Beispiel von (ausländischen) Geheimdiensten[1209] – von (privaten) Aufklärungsaktivitäten kaum identifiziert werden könnten. Schließlich können politische Kampagnen, die oftmals in Verbindung mit professionellen Unternehmen verdeckt durchgeführt werden, so wohl auch nicht transparent gemacht werden. Gerade solche Fake News erscheinen aber als besonders gefährlich für eine parlamentarische Demokratie, wenn die Volksvertreter durch eigene gezielte Manipulationsversuche bei den Wahlen die Mehrheitsverhältnisse verschieben, sodass die demokratische Legitimation faktisch schwindet.

f) *Medienaufklärung wegen der Reaktionsmuster kaum erfolgversprechend*

Wird auf *Medienaufklärung als alleiniges Steuerungsmodell gesetzt, lässt man zudem die von Konformitätsdruck geprägten Reaktionsmuster der liberalen Massenmedien auf potentielle Falschmeldungen außer Betracht.*[1210] Sofern dort ein Individuum einem Beitrag inhaltlich widerspricht und diesen als Falschmeldung ausmacht, entsteht zwischen den verschiedenen Meinungslagern ein „*Kampf um die Wahrheit*." Die Entschiedenheit, mit der dieser Kampf geführt wird, wird verstärkt durch die bestehenden Filterblasen und Echokammern, die eine punktuelle Radikalisierung von Bevölkerungsteilen und eine Entfremdung in gegensätzliche bis zu sogar verfeindete Gruppen fördert, die in der Folge die Interaktion miteinander vollkommen einstellen.[1211] Vor diesen Hintergründen erscheint Medienbildung und Aufklärung nicht hinreichend wirksam zur Durchbrechung dieses Teufelskreises zu sein. Medienaufklärung vermag womöglich mangels nachweisbarer Wirkungszusammenhänge nicht auszureichen, da gegebenenfalls schlicht kognitive Defizite die primäre Ursache für die Anfälligkeit der Nutzer sein mögen. Dies lässt Medienaufklärungsversuche jedenfalls als weniger wirksam erscheinen.

g) *Studie zu den Auswirkungen der Hinweise von Facebook zur Identifikation von Falschinformationen*

Eine im Jahr 2020 veröffentlichte Forschungsarbeit beschäftigte sich mit den Auswirkungen von Aufklärungskampagnen für die Identifikationsgenauigkeit von

---

1209 Eine generelle Zunahme geheimdienstlicher Aktivitäten beobachtet *Schünemann* GA 2019, 620, 637.

1210 So *Jackob* in einem Interview mit *Dummer* Wirtschaftswoche v. 22.11.2016, abrufbar unter https://www.wiwo.de/unternehmen/dienstleister/falsche-nachrichten-bei-facebook-diese-menschen-sind-keine-trottel/14876146.html (24.03.2022).

1211 Jackob (Fn. 1211). Nach *Schmitz* Demokratie Dialog 1 (2017), 10, 12 ist eine Radikalisierung und Extremisierung durch die Sortierungs- und Identifikationsprozesse in sozialen Medien wahrscheinlich.

Falschmeldungen. Ein Teil der Probanden bekam zuvor von Facebook veröffentlichte Tipps zur Identifikation von Fake News vorgelegt. In diesen wurden als Indizien für Fake News ungewöhnliche Formulierungen, reißerische Überschriften und gefälschten URLs genannt. Die Testgruppe, die zuvor die Hinweise gelesen hatte, konnte zu 26 Prozent (Nutzer in den USA) bzw. 17 Prozent (Nutzer in Indien) effizienter Fake News identifizieren als die Kontrollgruppe. Als die Probanden eine Woche nach dem ersten Test ohne die erneute Vorlage der Hinweise zur Identifikation von Falschmeldungen erneut geprüft wurden, zeigte sich allerdings, dass der Aufklärungseffekt abnahm. Die Forscher resümierten angesichts des mit der Zeit abnehmenden Lerneffekts, dass jedenfalls fortwährend Medienaufklärung betrieben werden müsse.[1212] Fraglich bleibt, ob es sich nicht um einen vor allem bei der ersten Konfrontation mit Aufklärungsinhalten virulenten Effekt handelt, der ebenfalls mit der Zeit abnimmt. Vieles dürfte dafürsprechen, dass der Warneffekt einer solchen Aufklärung nach der wiederholten Exposition abnimmt.

h) *Zusammenfassung*

Entscheidend gegen eine Bewältigung des Problems durch die Maßnahmen zur Verstärkung von Medienkompetenz spricht, dass es sich hierbei lediglich um eine vage Hoffnung handelt: Es gibt nämlich keine aussagekräftigen Zahlen, inwieweit hierdurch eine effektive und nachhaltige Eindämmung des Phänomens erreicht werden kann.[1213] Daneben bleibt unklar, ob Medienaufklärung bei subtilen Desinformationen – bei welchen einfache Verifikationsindizien wie reißerische Überschriften versagen – auszureichen vermag. Sobald professionelle Faktenprüfer zur Verifikation benötigt werden, dürfte Medienaufklärung keine nennenswerten Erfolge versprechen. Überdies handelt es sich bei Aufklärungsmaßnahmen um eine Lösung, die primär Langzeiterfolge verspricht, sodass es aufgrund der Aktualität und des Gefährdungspotentials des Phänomens zeitnäherer Reaktionen bedarf.[1214]

4. *Kennzeichnung von Desinformationen bzw. der Vertrauenswürdigkeit der Inhalte*

Ein weiterer Vorschlag zur Eindämmung von Fake News ist die Kennzeichnung von Nachrichtenseiten bzw. von einzelnen Artikeln: Ähnlich den Nährwerttabellen bei Lebensmitteln müssten dann dort Angaben über den Wahrheitsgehalt gemacht werden.[1215]

1212 *Guess/Lerner/Lyons/Montgomery/Nyhan/Reifler/Sircar* PNAS 117 (2020), 15536, 15536 ff.

1213 *Weberling* NJ 2017, 407, 408. Für die Unzulänglichkeit von Medienaufklärung als alleiniges Instrument *Bündnis 90/Die Grünen* BT-DS. 19/5950.

1214 So wohl *Weberling* NJ 2017, 407, 408.

1215 *Garrett/Poulsen* Journal of Computer-Mediated Communication 24 (2019), 240, 247 ff.

a) Kennzeichnung als Disputed

aa) Kennzeichnung bei der passiven Rezeption

Untersucht wurde – neben der textlichen Kennzeichnung – sowohl die Kennzeichnung mit einem einfachen Warndreieck als auch mit einer prozentualen Warnskala, wobei die Kennzeichnung mit einem einfachen Warndreieck als effektiver ausgemacht wurde.[1216] Facebook führte im Jahr 2017 eine Kennzeichnung ein, die umstrittene Artikel als solche markierte, sofern zuvor zumindest zwei unabhängige Organisationen den jeweiligen Beitrag als Falschmeldung eingestuft haben. Die Kennzeichnung erfolgte dabei sowohl bei der Anzeige der Information im News Feed als auch beim Teilen der Information durch eine Warnung.[1217] Dieser Prozess

---

1216 *Högden/Krämer/Meiner/Schaewitz* in Steinebach/Bader/Rinsdorf/Krämer/Roßnagel (Hrsg.), S. 77, 91 f. Daneben wurde lediglich negative Warnungen (= rot) gegenüber positiven und negativen Warnungen (= grün und rot) als effektiver ausgemacht. In einer neueren von *Brashier/Pennycook/Berinsky/Rand* PNAS 118 (2021), e2020043118; abrufbar unter https://doi.org/10.1073/pnas.2020043118 (25.03.2022) durchgeführten Studie erhöhte sich die Fähigkeit der Probanden zur Wahrheitsunterscheidung signikant mehr, wenn ihnen Faktenprüfungen nach den jeweiligen Schlagzeilen angezeigt wurden, im Vergleich zur Bereitstellung von Faktenprüfungen innerhalb (von den Forschern als *„Labelling“* bezeichnet) oder vor der Schlagzeile (von den Forschern als *„Prebunking“* bezeichnet). Dies könnte darauf hindeuten, dass klassische Faktenprüfungen gegenüber Labelling-Ansätzen vielversprechender sind.

1217 *Lyons* Facebook Newsroom v. 20.12.2017, abrufbar unter https://newsroom.fb.com/news/2017/12/news-feed-fyi-updates-in-our-fight-against-misinformation/ (24.03.2022). Hinsichtlich der über die Maßnahmen von Facebook hinausgehenden Bestrebungen zur Kennzeichnung der Vertrauenswürdigkeit von Inhalten ist die Browser-Erweiterung *„Newsguard“* zu benennen, welche die Vertrauenswürdigkeit von Nachrichtenseiten mit grünen Häkchen bzw. roten Warnzeichen versieht. Dazu *S. Hoffmann* Deutschlandfunk v. 27.05.2019, abrufbar unter https://www.deutschlandfunk.de/newsguard-warnschilder-gegen-gefaelschte-nachrichten.2907.de.html?dram:article_id=449817 (24.03.2022). Unklar bleibt jedoch, ob die Nutzer solche Erweiterungen installieren werden. Im Zuge der COVID-19-Krise führte Facebook zudem Warnhinweise in der Timeline von Accounts ein, die schädliche Falschinformationen in Bezug auf das Virus verbreiten, *Görz/Kolvenbach* Tagesschau v. 16.04.2020, abrufbar unter https://www.tagesschau.de/investigativ/swr/facebook-corona-103.html (24.03.2022). Eine Studie von *Avaaz* (Fn. 45) stellte indes fest, dass es bis zu 22 Tagen dauerte, bis Inhalte abgestuft und mit Warnungen versehen wurden. 51 Prozent der nicht-englischsprachigen Desinformationen waren nicht mit Warnhinweisen versehen. Bei englischsprachigen Desinformationen waren es 29 Prozent.

dauerte allerdings oft mehrere Tage und erwies sich daher in der Praxis als zeitlich zu sehr verzögert. Des Weiteren war durch die simple Kennzeichnung für die Nutzer nicht ersichtlich, welchen Teil des jeweiligen Beitrages die Warnung betraf. Diese Informationen wurden erst nach mehreren weiteren Klicks ersichtlich.[1218]

Facebook ging daher dazu über, verwandte Artikel („*Related Articles*") aus vertrauenswürdigen Quellen anzuzeigen, mithilfe derer die Nutzer mit authentischen Informationen versorgt werden sollen, um ihnen selbst die Verifikation zu ermöglichen.[1219] Nach den empirischen Erkenntnissen von Facebook wurden die jeweiligen Artikel durch Anzeige verwandter Artikel weniger oft als bei der Kennzeichnung als umstritten geteilt.[1220] Das Unternehmen nahm weiterhin Bezug zu Untersuchungen, nach denen starke Verbalisierungen oder Visualisierungen – wie dies bei der Markierung als bestritten erfolgt war – gerade gegenteilige Effekte erzielen und bestehende Überzeugungen verstärken können.[1221] Zu

1218 *Smith/Jackson/Raj* Medium v. 18.03.2019 abrufbar unter https://medium.com/facebook-design/designing-against-misinformation-e5846b3aa1e2 (24.03.2022).

1219 *Smith/Jackson/Raj* (Fn. 1219). Vgl. auch *Garrett/Poulsen* Journal of Computer-Mediated Communication 24 (2019), 240, 241 f., 252, nach denen diese Umstellung auf Studienergebnissen beruhte, laut denen aus Effizienzgesichtspunkten zugleich alternative Nachrichten offeriert werden müssen. WhatsApp testete später – anlässlich von Fake News zum COVID-19-Virus – eine Funktionalität, mithilfe der der Inhalt einer Textnachricht direkt in eine Google-Suche übertragen werden kann, siehe dazu auch *Spiess* mimikama.at v. 31.03.2020, abrufbar unter https://www.mimikama.at/allgemein/whatsapp-neue-funktion-gegen-fake-news-zu-corona/ (24.04.2022). Daneben veränderte Facebook 2020 seinen Ranking-Algorithmus dergestalt, das Primärquellen priorisiert werden. Als Primärquelle angesehen wird diejenige Quelle, die in Nachrichten zur Thematik am häufigsten als Primärquelle referenziert wird. Beiträge, bei denen die Person des bzw. der Autoren unklar ist, werden zudem depriorisiert. *Brown/Levin* Facebook Newsroom v. 30.06.2020, abrufbar unter https://about.fb.com/news/2020/06/prioritizing-original-news-reporting-on-facebook/ (24.03.2022). Dass dieser Identifikationsmechanismus bei aktuellen Themen jedenfalls durch organisierte Desinformationstätigkeit getäuscht werden kann, liegt auf der Hand.

1220 *Garrett/Poulsen* Journal of Computer-Mediated Communication 24 (2019), 240, 252. In einer jüngeren Untersuchung konnte mithilfe der Konfrontation mit Korrekturen von Faktenprüfern die Wahrscheinlichkeit, dass die zuvor den Fake News ausgesetzten Nutzer an diese glaubten, um durchschnittlich etwa 50 Prozent reduziert werden, *Avaaz* White Paper, Correcting the Record, Corrections as an antidote to disinformation, 16.04.2020, abrufbar unter https://secure.avaaz.org/campaign/en/correct_the_record_study/ (24.04.2022).

1221 *Garrett/Poulsen* Journal of Computer-Mediated Communication 24 (2019), 240, 241 f., 252 unter Verweis auf die Studie von *Lewandowsky/Ecker/Seifert/Schwarz/Cook* Psychological Science in the Public Interest 13 (2012), 106.

berücksichtigen ist hinsichtlich solcher Warnmeldungen jedenfalls im News Feed der bereits oben unter § 2 B. VIII. 1. aufgezeigte Sleeper Effect. Weiterhin geraten die Warnhinweise als Teil der Quelleninformationen in Vergessenheit. Ebenfalls können diese Hinweise beim Lager derjenigen, in deren Weltbild die Information sich nicht nahtlos einfügt, die bekannten Backfire-Effekte und Reaktanz bewirken und daher im Ergebnis sogar kontraproduktiv sein.[1222]

Zuletzt erwog WhatsApp die Einführung eines Zweifel-Buttons, mithilfe dem die Nutzer Inhalte im Rahmen eines „*Peer-Review-Verfahrens*“ anonym als zweifelhaft kennzeichnen können.[1223] Die Idee beruht auf einer in Indien durchgeführten Studie, nach der die Exposition mit einer anonymen die Wahrheit eines Inhalts anzweifelnden Nachricht die Wahrscheinlichkeit, einer falschen Behauptung Glauben zu schenken, deutlich verringern kann.[1224] Allerdings wiegen die bereits genannten möglichen negativen Effekte die positiven Effekte im Ergebnis womöglich auf, da die in der Studie nur in geringem Umfang festgestellte Reaktanz Ausweis von Besonderheiten der politischen Landschaft in Indien sein könnte: Insbesondere die relative Schwäche politischer Parteilichkeit könnte insoweit ein entscheidender Unterschied zur Landschaft in den USA und in Deutschland sein.[1225]

bb) Warnhinweise vor *dem Zirkulieren*

Andererseits werden bisweilen Warnhinweise, die vor dem Zirkulieren von Falschinformationen angezeigt werden, trotz möglicherweise hervorgerufener Reaktanz befürwortet, da dies – abseits starker Anhänger der jeweiligen Information – das Verbreiten der Information in vielen Fällen verhindern könne. Für das Teilen und den bei diesem Vorgang angezeigten Hinweis wird angenommenen, dass Nutzer

1222 *P. Müller/Denner* Was tun gegen „Fake News“?, S. 18 f.; vgl. auch *Garrett/Poulsen* Journal of Computer-Mediated Communication 24 (2009), 240, 242 ff.

1223 Mimikama.at v. 03.03.2020, abrufbar unter https://www.mimikama.at/allgemein/whatsapp-nutzer-als-faktenchecker-der-zweifel-button-wird-erwaegt/ (24.03.2022).

1224 *Badrinathan/Chauchard/Flynn* “I Don’t Think That’s True, Bro!”, An Experiment on Fact-checking WhatsApp Rumors in India, 22.01.2020, S. 1 ff., abrufbar unter http://www.simonchauchard.com/wp-content/uploads/2020/05/Paper_WhatsApp_May20.pdf (24.03.2022). Die Studie finanzierte ausweislich der Fußnote auf S. 1 der Arbeit Facebook. Allerdings stellten *Högden/Krämer/Meiner/Schaewitz* in Steinebach/Bader/Rinsdorf/Krämer/Roßnagel (Hrsg.), S. 77, 94 in einer Studie kaum Auswirkungen negativer Nutzerkommentare und Rankings fest. In einer anderen Studie waren Expertenbewertungen effektiver als Bewertungen nicht fachkundiger Nutzer. *Kim/Dennis/Moravec/Minas* (Fn. 1209). Diese Studie dürfte entscheidend gegen ein Peer-Review-Verfahren sprechen.

1225 Auf diese Möglichkeit weisen auch *Badrinathan/Chauchard/Flynn* (Fn. 1225), S. 30 in Bezug auf die Parteilandschaft in den USA hin.

hierbei eher geneigt sind, diese Handlung bewusst zu reflektieren. Daher bestünden bei diesem nicht lediglich passiven Rezipieren von Informationen die genannten von Warnhinweisen ausgehenden Probleme nicht im gleichen Umfang zu bedenken.[1226] Da Plattformen wie Facebook nun aber einen liberalen Weg beschreiten, erschiene dies ebenfalls nur zukunftsgerichtet im Rahmen einer gesetzlichen Verpflichtung der Unternehmen realisierbar. Gleichwohl wäre hierdurch im Ergebnis mangels hinreichender Abschreckungswirkung bzgl. der Verbreitung desinformativer Inhalte wenig gewonnen.

b) Kennzeichnung von Desinformationen als Satire

Forscher fanden zudem heraus, dass das Labelling von Falschinformationen als Satire effektiver ist als dasjenige als von Faktenprüfern bestritten: Die Forscher stellten fest, dass die Informationen bei der erstgenannten Markierung weniger oft geteilt und die Quellen als weniger glaubhaft empfunden werden. Schließlich machte es keinen Unterschied, ob das Labelling als Satire vom Ersteller des Beitrags oder Faktenprüfern herrührte. Die Beobachtungen erklärten die Forscher damit, dass die Darstellung als *bestritten* anders als diejenige als *satirischer Inhalt* Reaktanz begünstige. Die letztgenannte Markierung werde womöglich weniger wahrscheinlich in Frage gestellt, da die Einstufung als Satire weniger als von politischen Motiven verzerrt empfunden wird.[1227]

Aufgrund dieser Ergebnisse Falschinformationen generell – damit also auch damit Fake News – als Satire zu markieren, erschiene schon nicht als eine dem Rechtsstaat würdige Maßnahme, da es sich bei Fake News definitionsgemäß nicht um Satire handelt, sodass ein solches Markieren selbst Desinformationen verbreiten würde. Dies wäre letztlich nicht zu rechtfertigen, weil hiermit das Ziel, Bürgern einen vollumfänglich informierten und unbeeinflussten Meinungsbildungsprozess zu ermöglichen, gerade verfehlt würde. Das Markieren würde zudem den Charakter als bewusste Desinformation verharmlosen, der für den Bürger bei der Meinungsbildung entscheidend sein kann, da mit der Feststellung als Fake News zugleich die Böswilligkeit bestimmter Akteure offenbart werden könnte.

c) Zusammenfassung

Ein solches Labelling von Informationen würde wohl primär davor bewahren, dass satirische Beiträge von Gutgläubigen versehentlich für wahr gehalten werden und in der Folge ein Diskurs auf Basis missverstandener Tatsachen geführt wird. Weitergehende Einflüsse sind nur schwerlich vorstellbar, da die bösgläubigen Akteure mögliche Kennzeichnungspflichten selbst nicht umsetzen würden. Dagegen würde

---

1226 *P. Müller/Denner* Was tun gegen „Fake News"?, S. 18.

1227 *Garrett/Poulsen* Journal of Computer-Mediated Communication 24 (2019), 240, 247 ff.

sich eine Kennzeichnung durch Dritte – beispielsweise durch die Betreiber sozialer Netzwerke – vermutlich als zu langwierig erweisen. Zudem ist mit solchen Hinweisen gewiss Paternalismus verbunden – weshalb der Fokus in einer liberalen Gesellschaft insoweit von vornherein auf die Stärkung der Medienkompetenz zu richten ist.[1228]

II. Rechtliche Steuerungsmodelle

1. Neuregelungen im zivilrechtlichen einstweiligen Rechtsschutz

Um eine effektive Bekämpfung von Fake News zu gewährleisten, wird teilweise eine effektivere Ausgestaltung des zivilrechtlichen einstweiligen Rechtsschutzes vorgeschlagen.[1229] Die Vorgaben des NetzDG für das Compliance-System der Plattformbetreiber könnten dabei als Vorbild für die Implementierung von Verfahrensvorgaben dienen. Beispielsweise könnte für den einstweiligen Rechtsschutz ebenfalls eine Frist für eine Entscheidung binnen 24 Stunden bzw. sieben Tagen implementiert werden.[1230] Die Verfahren könnten überdies durch einen einfacheren Zugang zu den Gerichten erleichtert werden – beispielsweise durch standardisierte und zentralisierte elektronische Gerichtsverfahren.[1231] Diese Rechtsschutzmöglichkeiten könnten durch Hinweise von Facebook an Nutzer auf der Seite dargestellt werden. Des Weiteren könnte die Strafantragsstellung online über Schnittstellen erfolgen.[1232]

Bisweilen wird gegen die Steuerung durch Zivilverfahren vorgebracht, dass für eine regulierte Selbstregulierung respektive für die rechtspolitische Notwendigkeit der Heranziehung der Unternehmen bereits die Kostenfrage streite. Es könne nicht angehen, dass der Steuerzahler für die von den Plattformbetreibern geschaffene Gefahr herangezogen werde.[1233] Dies lässt jedoch außer Betracht, dass die Unabdingbarkeit der Internalisierung von Kosten zu Lasten der Plattformbetreiber keineswegs allein die Selbstregulierung mit denklogischer Kostenfolge gebietet.[1234] Auch bei anderen Regulierungsmöglichkeiten könnte nämlich eine Kostenbeteiligung der Betreiber sozialer Medien erfolgen.[1235]

1228 *Ullrich/Diefenbach* Es war doch gut gemeint, S. 235.

1229 *Guggenberger* ZRP 2017, 98, 101; *Köbler* AfP 2017, 282, 282 ff.; vgl. *Fechner* in Uhle (Hrsg.), S. 157, 197.

1230 *Guggenberger* ZRP 2017, 98, 101.

1231 *Guggenberger* ZRP 2017, 98, 101.

1232 *Guggenberger* ZRP 2017, 98, 101.

1233 *Jun* Spiegel v. 12.04.2017, abrufbar unter http://www.spiegel.de/netzwelt/netzpolitik/heiko-maas-und-facebook-wir-brauchen-dieses-gesetz-nur-in-besser-kommentar-a-1142843.html (24.03.2022).

1234 *Guggenberger* ZRP 2017, 98, 101.

1235 *Guggenberger* ZRP 2017, 98, 101.

Gegen die Steuerung mittels zivilrechtlicher Verfahren spricht aber entscheidend,[1236] dass selbst nach der im seinerzeitigen Koalitionsvertrag[1237] zwischen CDU, CSU und SPD (19. Legislaturperiode) vorgesehenen personellen Verstärkung der Justiz das durch das NetzDG teilprivatisierte Rechtsdurchsetzungsverfahren nicht effizient bereitzustellen ist, sofern man es der Justiz überträgt: Schon die nach der Rechtsprechung notwendige kontextuelle Betrachtung der Inhalte würde nämlich unweigerlich zu einem von der Justiz kaum mehr zu bewältigendem Zeitaufwand führen. Gleichsam erscheint es problematisch, staatlichen Autoritäten das eigeninitiative Intervenieren mangels Geltung des Offizialprinzips von vornherein abzuschneiden, die Informationswahrheit in den sozialen Netzwerken allein Privaten zu überlassen und sich insofern als Staat fernab des sozialen Konflikts zu positionieren.

Zudem betreffen beispielsweise die von § 1 NetzDG definierten rechtswidrigen Inhalte nicht immer Privatrechtssubjekte, sodass in bestimmten Teilbereichen ein zivilrechtliches Verfahren nicht in Betracht kommt. Schließlich sind die privaten Unternehmen deutlich besser in der Lage, neuartige Technologien wie automatisierte Mechanismen zur Identifikation von Fake News umgehend in das Beschwerdeverfahren zu integrieren, als dies auf Seiten der hinter Fortschritten weitgehend zeitlich zurückbleibenden Justiz der Fall ist.

Ferner kann die Rechtspraxis hinsichtlich der Entscheidungsdauer im zivilrechtlichen einstweiligen Rechtsschutz gegen eine solche Lösung vorgebracht werden. Bekannt wurde der Fall eines Flüchtlings, dessen Selfie mit Angela Merkel zur Hetze zweckentfremdet wurde. Das Gericht brauchte im Verfahren zehn Wochen bis zu einer Entscheidung, wobei die Verweigerung einer einstweiligen Verfügung dann auf die fehlende Eilbedürftigkeit sowie die Tatsache, dass das Foto im terroristischen Kontext zum Entscheidungszeitpunkt ohnehin schon weit verbreitet war, gestützt wurde.[1238]

2. Implementierung von Schiedsgerichten

Andere Literaten wollen im Rahmen eines hybriden Ansatzes die sozialen Netzwerke regulatorisch anregen, die Grenzen des Persönlichkeitsschutzes durch das Einsetzen privater Schiedsgerichte festlegen zu lassen – wovon deren Haftungsprivilegierung abhängig gemacht werden könnte.[1239] Demnach sollen die sozialen Netzwerken Schiedsgerichte einrichten, deren Entscheidung sie selbst und die jeweiligen Nutzer sich unterwerfen und die dann die Grenzen der Befugnisse in

1236 *Kubiciel* jurisPR-StrafR 7/2017 Anm. 1.

1237 Koalitionsvertrag zwischen CDU, CSU und SPD, 19. Legislaturperiode, 12.03.2018, S. 123, abrufbar unter https://archiv.cdu.de/system/tdf/media/dokumente/koalitionsvertrag_2018.pdf?file=1&type=field_collection_item&id=15997 (24.03.2022)

1238 *Reinhold* (Fn. 37).

1239 *Ladeur* PhiN Beiheft 12/2017, S. 10 f.

prozedural vereinfachten und elektronischen Verfahren zwischen Kommunikator und betroffenem Dritten abstecken.[1240] Als Vorteil einer derartigen Lösung wird insbesondere die Bildung völlig neuer sozialer Normen im Wege der Verständigung genannt.[1241] Hiermit soll offenbar vermieden werden, die für die klassische Medienlandschaft entwickelten, aber in der Internetkommunikation nicht passenden Regeln unverändert zu übertragen. Zu eruieren seien daneben eine rechtskrafterstreckungsähnliche Wirkung der Unterlassungsverfügungen des Schiedsgerichts auf Dritte sowie Beteiligungsmöglichkeiten Dritter (wie zum Beispiel Bürgerrechtsgruppen).[1242] Dahinter soll faktisch als zweite Instanz die Rechtsprechung stehen. Trotzdem wird die Nichtanerkennung eines Schiedsspruchs als im Bereich des Möglichen gesehen. Ein solcher Ansatz läuft in diesem grundrechtssensiblen Bereich Gefahr, eine völlig eigene Grundrechtsdogmatik zu befördern und so zu einem disparaten Grundrechtschutz für digitale und analoge Sachverhalte führen. Schließlich blieben nicht hinnehmbare Wertungswidersprüche naheliegend, so wenn eine schriftlich und digital verbreitete Äußerung ambivalent bewertet würde. Das Rechtsdurchsetzungsverfahren wird zudem erheblich verkompliziert und präsentiert sich für den Bürger als noch langwierigeres, womöglich ineffizienteres Verfahren.

3. Rechtliche Verankerung eines Bewertungssystems

Als weitere Interventionsmöglichkeit wurde teilweise die Einführung eines Bewertungssystems der Nutzer hinsichtlich deren Vertrauenswürdigkeit angedacht und bisweilen umgesetzt, um so die Qualität von Beiträgen leichter einschätzen zu können. Auch wenn diese Idee von den sozialen Netzwerken aufgegriffen wurde, lag dies doch vor allem darin begründet, dass diese hiermit bewusste falsche Meldungen von Inhalten von Nutzern, die lediglich mit den gemeldeten Inhalten nicht einverstanden sind, leichter identifizieren können – wodurch letztlich ein Overblocking vermieden werden kann.[1243] Allerdings sagt ein solches Bewertungssystem in Bezug auf einen spezifischen Beitrag wenig aus. Zudem drohen hierdurch zahllose Zivilrechtsstreitigkeiten bezogen auf falsche Einstufungen der Vertrauenswürdigkeit, weil die Bewertungen für auf den Plattformen aktive Nutzer – insbesondere auch Personen des öffentlichen Lebens – von besonderer Bedeutung wären. Dem Nutzer mögen solche Bewertungen in Einzelfällen als Warnung für die eigeninitiative Anwendung von Verifikationstechniken dienen. Darüber hinaus

---

1240 *Ladeur* PhiN Beiheft 12/2017, S. 10 f.

1241 *Ladeur* PhiN Beiheft 12/2017, S. 10 f.

1242 *Ladeur* PhiN Beiheft 12/2017, S. 12.

1243 Die Facebookmanagerin *Lyons* zitiert nach *Dwoskin* The Washington Post v. 21.08.2018, abrufbar unter https://www.washingtonpost.com/technology/2018/08/21/facebook-is-rating-trustworthiness-its-users-scale-zero-one/?utm_term=.63cb5a370c44 (24.03.2022).

bleibt fraglich, ob die breite Masse der Nutzer auf die Warnungen hin erweiterte Verifikationstechniken ergreifen würde. Gerade die oben beschriebenen psychologisch determinierten Abwehrmechanismen schmälern dabei die Warnfunktion eines solchen Systems entscheidend.

4. *Verpflichtung der Informationsintermediäre zur Anwendung eines* Gemeinwohl-Algorithmus

Verschiedentlich wird vorgeschlagen, die Algorithmen zum Ziel gesetzgeberischer Intervention durch die Schaffung eines „Gemeinwohl-Algorithmus" zu machen und so das Problem der Filterblasenbildung effektiv zu umgehen.[1244] Damit könnte aber die Verbreitung von Desinformationen, denen außerhalb der Filterblasen aufgrund der allgemeinen Wichtigkeit des zugrunde liegenden Themas große Aufmerksamkeit zu Teil wurde, nicht verhindert werden. Allenfalls lägen ein gewisser Toleranzgewinn und Gewinn an kritischer Würdigung der Beiträge seitens der nicht mehr autopropagierten Nutzer nahe. Dies bietet allerdings keinen umfassenden Schutz. Zudem würden hiermit die Fortschritte der von den Bürgern im Ausgangspunkt gewünschten automatisierten Informationsselektion revidiert und paternalistisch die Wichtigkeit spezifischer Informationen diktiert. Die gleichen Kritikpunkte sind gegen die gelegentlich vorgeschlagene Transparenzerhöhung bei der algorithmischen Selektion[1245] vorzubringen. Diese ist zwar als Voraussetzung für den kritischen Umgang mit Onlinemedien ein essentieller Gesichtspunkt, gleichwohl aber aufgrund des spezifischen Informationsrezeptionsverhaltens nicht von durchschlagender Wirkkraft.

5. *Umfassende medienrechtliche Gleichstellung*

Vereinzelt wurde eine rechtliche Gleichstellung der Betreiber von sozialen Medien mit Presseverlagen vorgeschlagen, sodass beispielsweise Facebook genau wie eine Redaktion verpflichtet werden würde, dafür zu sorgen, dass solche Beiträge gar nicht erst auf der Plattform publiziert werden.[1246] Schließlich würden die journalistischen Sorgfaltspflichten dann ebenso für sie gelten.[1247] Die Befürworter

---

1244 In diese Richtung *Applebaum* in einem Interview mit *Sarovic* Spiegel v. 23.05.2019, abrufbar unter https://www.spiegel.de/politik/ausland/europawahl-2019-anne-applebaum-ueber-fake-news-und-desinformationskampagnen-a-1267521.html (24.03.2022).

1245 Statt aller *Brodnig* Lügen im Netz, Kap. 5.

1246 Focus Money v. 16.12.2016, abrufbar unter https://www.focus.de/finanzen/news/gegendarstellung-und-unterlassung-mehr-rechte-fuer-user-politiker-wollen-facebook-dem-presserecht-unterwerfen_id_6367303.html (24.03.2022); vgl. *Lossau* Analysen & Argumente, Juli 2017 S. 8 und *Wefing* (Fn. 11).

1247 Vgl. *WD* Fake News Definition und Rechtslage, Az. WD 10-3000-003/17, S. 17.

bringen zuvorderst das veränderte Konsumverhalten der Bevölkerung vor, die sich für die kostenfreien Nachrichten auf sozialen Netzwerken entscheiden. Die Betreiber sozialer Netzwerke – aber auch zum Beispiel Blogger mit einer sehr großen Anzahl von Followern – würden daher als „Quasi-Massenmedium" fungieren.[1248] Aufgrund dieser faktischen Aufgabenwahrnehmung läge eine rechtliche Gleichstellung aus (rechts-)politischen Erwägungen nahe.[1249] Die Genese medienrechtlicher Regelungen liegt durchaus nah, weil das Medienrecht vordergründig dem *Schutz der freien Meinungsbildung des Rezipienten* dient.[1250]

a) Kritik an einer umfassenden Gleichstellung

Hiergegen wird – unter Rückgriff auf die besondere Stellung der Presse – eingewendet, den sozialen Medien solle keine presseähnliche Verantwortung vom Recht zugewiesen werden, da ihnen im Gegenzug auch nicht die wichtigen Funktionen und Privilegien zugesprochen werden sollen.[1251] Aus der von Art. 5 Abs. 1 S. 2 GG garantierten Pressefreiheit lassen sich nämlich bestimmte Rechte herleiten: Der Presse kommt beispielsweise ein Anspruch auf ungehinderten Zugang zu Informationen zu, damit sie ihrer immens wichtigen Funktion der Informationsversorgung in der freiheitlichen Gesellschaft adäquat nachkommen kann.[1252]

Gegen eine derartige Gleichstellung sprechen aber zudem praktische Erwägungen. Eine Vergleichbarkeit ist bereits deswegen anzuzweifeln, weil die Betreiber sozialer Netzwerke lediglich die Plattform bereitstellen, auf der Privatpersonen und Unternehmen Beiträge zirkulieren, was nicht mit der Produktion von Presseerzeugnissen verglichen werden kann.[1253] Der geschäftliche Modus Operandi der Betreiber sozialer Netzwerke besteht vielmehr *a priori* darin, die von den Nutzern erhaltenen Informationen zu vermarkten und hieran zu partizipieren.[1254] Dies ist

1248 *Lossau* Analysen & Argumente, Juli 2017 S. 8.

1249 Vgl. *Lossau* Analysen & Argumente, Juli 2017 S. 8. Zu aufsichtsregulatorischen Bestrebungen sozialer Netzwerke und Suchmaschinen *Jaursch* (Fn. 11), S. 19 f.

1250 *Klickermann* MMR 2020, 150, 154.

1251 Focus Money (Fn. 1247).

1252 *WD* Fake News, Definition und Rechtslage, Az. WD 10-3000-003/17, S. 1; BVerfG Urt. v. 06.02.1979 – 2 BvR 154/78, BVerfGE 50, 234, 240.

1253 *M. Reuter* von netzpolitik.org in einer Stellungnahme Ausschuss Digitale Agenda, AusschussDS. 18(24)126, S. 8.

1254 *W. Beck* ZRP 2019, 112, 115; *Westphalen* IWRZ 2019, 61. Zum mangelnden Interesse der sozialen Medien, Fake News entgegenzuwirken, da diese an den Werbetreibenden verdienen, *Jaster/Lanius* Die Wahrheit schafft sich ab, Kap. 3. Aufgrund der mit Fake News erzielbaren Aufmerksamkeit dürfte dieser Annahme grundsätzlich zuzustimmen sein. In diese Richtung auch *Wefing* (Fn. 11).

zwar teilweise bei den klassischen Medien ebenso der Fall, jedoch jedenfalls (bislang) nicht prägendes Merkmal ihres Geschäftsmodells.[1255]

Überdies können aufgrund des hohen Aktualitätsgrades von Nachrichten in den sozialen Medien und der gegenüber den regulierten Medien höheren Informationsflut im Ergebnis nicht die gleichen journalistischen bzw. medialen Pflichten an die Betreiber sozialer Netzwerke gestellt werden. Der Begriff der *journalistischen Sorgfalt* müsste insofern hinsichtlich der sozialen Netzwerke autonom ausgelegt werden. Insbesondere die Recherchepflichten wären auf die Betreiber sozialer Netzwerke nicht unverändert anwendbar, da die Veröffentlichungen auf ihren Plattformen nicht ihrer eigenen Feder entstammen. Ebenso könnten die Prüfpflichten nur zurückhaltend formuliert werden, da bei einem derartigen Informationsstrom getreu dem bereits dem römischen Recht immanenten Grundsatz *impossibilium nulla est obligatio*[1256] das Ausmaß der Überprüfung je Einzelbeitrag denklogisch geringer ausfallen muss.

Eine Anwendung des identischen Maßstabes bezogen auf die Betreiber sozialer Netzwerke würde dagegen zu einem verfassungsrechtlich nicht zu rechtfertigenden Eingriff in ihre Berufsfreiheit führen. Vor diesem Hintergrund erscheint die umfassende medienrechtliche Gleichstellung als unzweckmäßig, da das presserechtliche Regelungsregime jedenfalls nur mit erheblichen Modifizierungen anwendbar wäre. Die Pflichten könnten nur unter virulenter Anpassung der vorhandenen Regularien verfassungsgemäß umgesetzt werden, sodass es sich bei der Wirkungserstreckung nicht um eine effektive rechtsschöpferische Maßnahme handeln würde. Da insbesondere eine vollständige Gleichstellung vor dem Hintergrund der Zuerkennung der presserechtlichen Privilegien als fragwürdig erscheint, liegt eine eigenständige Regelung weitaus näher, um so den tatsächlichen Unterschieden ausreichend Rechnung zu tragen.

b) Medienstaatsvertrag

Nachfolgend sollen die Regelungen des jüngst in Kraft getretenen Medienstaatsvertrages dargestellt werden, der besondere Regelungen für Medienintermediäre vorhält.

aa) Übersicht über die relevanten Regelungen

(1) Regelungen betreffend Medienintermediäre

Der nach der Ratifizierung durch die Bundesländer am 07.11.2020 in Kraft getretene Staatsvertrag zur Modernisierung der Medienordnung in Deutschland

1255 *M. Reuter* (Fn. 1254).

1256 Ausführliche Auseinandersetzung mit diesem Grundsatz schon bei *Fuchs* Archiv für die civilistische Praxis 34 (1851), 106, 107 ff.

(*„Medienstaatsvertrag“* – kurz *„MStV“*)[1257] – der eine Reform der deutschen Medienaufsicht bewirkt und gleichzeitig die 23. Änderung des Rundfunkstaatsvertrages (*„RStV“*) darstellt – versucht der just dargestellten Kritik gerecht zu werden und beschreitet insofern einen Mittelweg, indem zwar keine vollkommene Gleichstellung erzielt wird, gleichwohl aber im 3. Unterabschnitt des V. Abschnitts Regelungen für Medienintermediäre mit mehr als einer Mio. Nutzer im Monat[1258] aufgestellt werden.[1259] Diese müssen nach § 92 MStV einen inländischen Zustellungsbevollmächtigten benennen. § 93 MStV verpflichtet sie schließlich zur Transparenz hinsichtlich der verwendeten Algorithmen (auch Änderungen daran sind bekanntzugeben). § 94 MStV verbietet Diskriminierungen von journalistisch-redaktionellen Angeboten und gestattet daneben dem betroffenen Anbieter die Beschwerde.

Anbieter von Telemedien in sozialen Netzwerken müssen nach § 18 Abs. 3 MStV automatisiert erstellte Inhalte kenntlich machen, „sofern das hierfür verwandte Nutzerkonto seinem äußeren Erscheinungsbild nach für die Nutzung durch natürliche Personen bereitgestellt wurde.“ Durch einen gut lesbaren Hinweis ist kenntlich zu machen, dass der Inhalt „unter Einsatz eines das Nutzerkonto

---

1257 Medienstaatsvertrag, Beschlussfassung der Konferenz der Regierungschefinnen und Regierungschefs der Länder vom 5. Dezember 2019, abrufbar unter https://www.rlp.de/fileadmin/rlp-stk/pdf-Dateien/Medienpolitik/ModStV_MStV_und_JMStV_2019-12-05_MPK.pdf (24.03.2022). Dieser setzt dabei Vorgaben der Richtlinie (EU) 2018/1808 des Europäischen Parlaments und des Rates vom 14. November 2018 zur Änderung der Richtlinie 2010/13/EU zur Koordinierung bestimmter Rechts- und Verwaltungsvorschriften der Mitgliedstaaten über die Bereitstellung audiovisueller Mediendienste (Richtlinie über audiovisuelle Mediendienste) im Hinblick auf sich verändernde Marktgegebenheiten um. Vgl. auch schon die vorangegangenen Entwürfe, *Rundfunkkommission der Länder* Diskussionsentwurf für einen „Medienstaatsvertrag“, Juli 2019, abrufbar unter https://www.rlp.de/fileadmin/rlp-stk/pdf-Dateien/Medienpolitik/MStV-E_Synopse_2019-07_Online_.pdf (24.03.2022).

1258 Nach § 92 Abs. 2 sind solche Medienintermediäre nicht erfasst, die „im Durchschnitt von sechs Monaten in der Bundesrepublik Deutschland weniger als eine Million Nutzer pro Monat erreichen oder in ihrer prognostizierten Entwicklung erreichen werden“ (Nr. 1), die „auf die Aggregation, Selektion und Präsentation von Inhalten mit Bezug zu Waren oder Dienstleistungen spezialisiert sind“ (Nr. 2) oder die „ausschließlich privaten oder familiären Zwecken dienen.“ Nr. 2 schließt insofern Anbieter wie Amazon aus.

1259 *Jaursch* (Fn. 11), S. 19 ff. Dort auf S. 21 verhält sich Jaursch auch zu weiteren im damaligen Diskussionsentwurf unklar adressierten Regelungen durch die Verwendung der Begriffe „Medienplattformen“ (wohl Netflix), „Video-Sharing-Dienste“ (z.B. YouTube) und „rundfunkähnliche Telemedien“ (z.B. die ARD-Mediathek).

steuernden Computerprogrammes automatisiert erstellt und versandt wurde." Für die Kennzeichnung haben wiederum ebenso die Medienintermediäre gem. § 94 Abs. 4 MStV Sorge zu tragen. Inhalte von Social Bots sind demnach also zu kennzeichnen. Zuständig für die Aufsicht der Medienintermediäre ist die Kommission für Zulassung und Aufsicht (ZAK) der Medienanstalt, § 107 Abs. 1 Nr. 10 MStV. Über seinen § 1 Abs. 8 gilt der MStV auch für Medienintermediäre, deren Sitz außerhalb Deutschlands ist, sofern die Dienste zur Nutzung in Deutschland bestimmt sind.

(2) Telemedien mit journalistisch-redaktionell gestalteten Angeboten

Gem. § 19 Abs. 1 Satz 1 MStV haben „Telemedien mit journalistisch-redaktionell gestalteten Angeboten, in denen insbesondere vollständig oder teilweise Inhalte periodischer Druckerzeugnisse in Text oder Bild wiedergegeben werden, [...] den anerkannten journalistischen Grundsätzen zu entsprechen." Nach § 19 Abs. 2 Satz 1 MStV gilt dies ebenso für andere nicht bereits von Satz 1 erfasste „geschäftsmäßig angebotene, journalistisch-redaktionell gestaltete Telemedien, in denen regelmäßig Nachrichten oder politische Informationen enthalten sind." Insofern sind Nachrichtenwebsites, möglicherweise aber auch Blogs, zur Einhaltung journalistischer Standards verpflichtet.[1260]

§ 19 Abs. 3 Satz 1 MStV verpflichtet Telemedien i.S.v. § 19 Abs. 1 Satz 2, sich einer Einrichtung zur Freiwilligen Selbstkontrolle anzuschließen. Unterlassen sie dies, sind die Voraussetzungen von § 111 Abs. 1 Satz 2 lit. c MStV nicht erfüllt und kann demnach die jeweilige Landesmedienanstalt die erforderlichen Maßnahmen (z.B. Beanstandung und Untersagung) bei etwaigen Rechtsverstößen treffen.[1261] Insofern kann gegen Internetseiten, die im Gewand seriöser Nachrichtenseiten Desinformationen verbreiten, vorgegangen werden. Transparenz von den Telemedien hinsichtlich der Werbetreibenden verlangt § 22 Abs. 1 Satz 2 MStV bei Werbung politischer, weltanschaulicher oder religiöser Art.

bb) Kritik in der Literatur und eigene Bewertung

Gerade die Algorithmentransparenz stieß mehrheitlich auf Befürwortung. Allerdings wird die diesbezügliche Regelung gleichzeitig als zu unbestimmt bezeichnet, da bereits rudimentäre Angaben der Intermediäre der Verpflichtung genügen

---

1260 *Laufer* Netzpolitik v. 06.12.2019, abrufbar unter https://netzpolitik.org/2019/neue-spielregeln-fuer-streamer-google-und-falschmeldungen/ (24.03.2022).

1261 *Schmid/Braam/Mischke* MMR 2020, 19, 21 kritisieren hinsichtlich des Diskussionsentwurfs, dass die Pflicht von Telemedien mit journalistisch-redaktionell gestalteten Angeboten, den anerkannten journalistischen Grundsätzen zu entsprechen, gem. § 59 Abs. 3 RStV von der Aufsichtsbefugnis der Medienanstalten ausgenommen war.

könnten.[1262] Ferner lassen auch die weiteren Bestimmungen – wie diejenige zur Transparenz bei Werbung – Substanz hinsichtlich des Umfangs der Verpflichtung vermissen,[1263] sodass die notwendigen Angaben im Argen bleiben. Die Algorithmentransparenz könnte letztlich sogar zur Verschärfung des Problems führen: Nicht nur die Medienkompetenz der Nutzer würde gestärkt. Gleichzeitig würde Desinformationsakteuren (im Falle detaillierter Angaben) eine Anleitung an die Hand gereicht, wie sie ihre Aktivitäten besonders visibel machen können.[1264] Gleichzeitig ist mit solchen Transparenzregelungen noch *keine Vielfalt gesichert, allenfalls wird mangelnde Vielfalt offenbart.*[1265] Die Pflicht zur Kennzeichnung von Bots könnte von den Medienintermediären zudem etwas Unmögliches verlangen, weil diese für die Medienintermediäre oftmals nicht identifizierbar sind.[1266] Ferner wird gegen das Diskriminierungsverbot vorgebracht, dass den Filterungs- und Sortierungsmechanismen gerade eine solche Diskriminierung immanent ist, sodass die Freiheit der Unternehmen unzulässig beschnitten würde.[1267]

Letztgenanntes Argument verfängt angesichts der Bedeutung der großen sozialen Netzwerke nicht, da zumindest eine aus wirtschaftlichen Motiven (mehr Werbeeinnahmen durch Werbende) erfolgende Aufmerksamkeitssteuerung unter bewusster psychologischer Effekthascherei zu verhindern ist. Gleichzeitig dürfen die Plattformen aber selbstverständlich nicht bestimmte qualitativ als wertiger empfundene Beiträge künstlich priorisieren und so Medienerziehung betreiben.

1262 *Schmid/Braam/Mischke* MMR 2020, 19, 20 f. *Kottmann* ZUM 2019, 119, 119 f. mahnt dagegen an, dass zuviel Transparenz wiederum zu Instransparenz führe, da die Nutzer dann im Informationsdickicht die relevanten Informationen erst einmal identifizieren müssen. Besonders die Pflicht zur Bekanntgabe von Änderungen bereite vor diesem Hintergrund Bedenken.

1263 *Jaursch* (Fn. 11), S. 21 f.

1264 *Kottmann* ZUM 2019, 119, 120 führt an, dass nach der Veröffentlichung von Informationen zum PageRank Algorithmus bei Google solche Manipulationsversuche eintraten. Unreflektiert uneingeschränkt befürwortend dagegen *M. Schreiber* Strafbarkeit politischer Fake News, S. 159. Mit diesem Argument generell auch *Flint* Fake News im Wahlkampf, S. 404.

1265 *Schwartmann/Hermann/Mühlenbeck* MMR 2019, 498, 500.

1266 *Klein* Spiegel v. 24.10.2019, abrufbar unter https://www.spiegel.de/netzwelt/netzpolitik/medienstaatsvertrag-fuer-youtube-und-co-die-geplanten-aenderungen-a-1292530.html (24.03.2022).

1267 *Kottmann* ZUM 2019, 119, 120 f. argumentiert, dass die Intermediäre gerade diskriminieren müssen, um ihre Funktion zu erfüllen. Daneben würden die Intermediäre nicht (wie der Verantwortliche redaktioneller Angebote) eine einzige Entscheidung über die Relevanz von Inhalten treffen. Vielmehr würden die Rankingentscheidungen fortwährend einer Qualitätskontrolle unter Zuhilfenahme des Klickverhaltens der Nutzer unterzogen. *Schwartmann/Hermann/Mühlenbeck* MMR 2019, 498, 500.

Das Verlangen des Publikums muss vielmehr selbst dann entscheidend sein, wenn es sich hierbei um profane Beiträge handelt.[1268] Insofern wären die Diskriminierungsverbote dezidierter als im Entwurf geschehen zu formulieren. Andere interpretieren den Regelungsinhalt ohnehin dergestalt, dass eine Diskriminierung erst bei einer systematischen Veränderung der Suchergebnisse aus sachfremden Gründen vorliege,[1269] weshalb der legitime Bereich von vornherein weiter abgesteckt wird. Ergebnisse der Personalisierung blieben damit weitestgehend außen vor, womit jedoch zugleich das Potential der Regelung verkürzt würde.

Hinsichtlich der Transparenz der Algorithmen könnte womöglich ein Mittelweg beschritten werden: Es könnte öffentlich Aufklärung über generelle Faktoren des Rankings betrieben werden. Details könnten dabei (unter Wahrung der Geheimhaltung) zwecks Evidenzkontrolle den Landesmedienanstalten zur Kenntnis gebracht werden.[1270] Insgesamt sind die Ideen grundsätzlich zu befürworten. Gleichzeitig können diese aber keine umfassende Lösung des Problems der Zirkulation von Desinformationen erzielen. Zu erwarten sind vor allem Erfolge bei der Vermittlung von Medienkompetenz und damit ein gesteigertes Bewusstsein für mögliche kognitive Verzerrungen aufgrund der Algorithmen.

6. Datenschutz- und Wettbewerbsrecht sowie Regulierung des digitalen Wahlkampfs

Bislang wird aber auch der Versuch angedacht, durch eine Verzahnung der Wettbewerbs- und Datenschutzbehörden und eine Durchsetzung bzw. Erweiterung des Datenschutz- und Wettbewerbsrechts gegen die stetig zunehmenden Datenkontroll- und Marktmacht der großen sozialen Netzwerke und Suchmaschinen zu intervenieren. So soll auf einer abstrakteren Ebene dem Problem Desinformationen begegnet werden, indem der dezidierten Personalisierung durch die Regulierung des Datenbestands Einhalt geboten wird.[1271] Insofern wird die Lösung des Problems also in *Vielfaltsicherungsinstrumenten* gesucht.

Als Beispiel wird von den Vertretern dieser Strömungen das Kartellverfahren gegen Facebook angeführt, in dem das Bundeskartellamt („BKartA“) in seiner Entscheidung[1272] Facebook eine marktbeherrschende Stellung i.S.v. § 18 Abs. 1 i.V.m.

1268 In diese Richtung auch *Kottmann* ZUM 2019, 119, 120 f., der Medienanbieter insofern als Profiteure eines solchen Diskriminierungsverbots ausmacht.

1269 So *Schmid/Braam/Mischke* MMR 2020, 19, 21. Für die Anzeige vielfältigerer Inhalte *Flint* Fake News im Wahlkampf, S. 416 ff.

1270 Für weitgehende Transparenz zuletzt *Flint* Fake News im Wahlkampf, S. 421 f.

1271 *Jaursch* (Fn. 11), S. 22 ff.

1272 BKartA Beschl. v. 06.02.2019 – B6-22/16, BeckRS 2019, 4895. Die vormalige demokratische US-Präsidentschaftskandidatin *Warren* erwog eine umfassende wettbewerbsrechtliche Regulierung von Social Media, im Rahmen der u.a. Fusionen – wie diejenige von Facebook mit WhatsApp – rückgängig gemacht werden sollten. Dazu

Abs. 3 und Abs. 3a GWB bescheinigte, die das Unternehmen durch den in den Nutzungsbedingungen geregelten Umfang der Sammlung, Verwertung und Nutzung der Daten der Benutzerkonten und deren Zusammenführung über weitere Dienste wie WhatsApp und Instagram im Sinne von § 19 Abs. 1 GWB missbrauche.[1273] Das BKartA stützte seine Entscheidung maßgeblich auf fehlende Instrumente zur Kontrolle der diensteübergreifenden Datennutzung und des groben Missverhältnisses zwischen der ohne ausdrückliche Einwilligung[1274] erfolgten Datenverarbeitung und den damit verfolgten Zwecken der effektiven Generierung personalisierter Werbung und Dienste [keine Rechtfertigung nach Art. 6 Abs. 1 Satz 1 lit. f) DS-GVO], auch wenn kein (wirtschaftlicher) Schaden entstehe.[1275]

Das Oberlandesgericht Düsseldorf ordnete aber auf die Beschwerde hin deren aufschiebende Wirkung gegen die auf § 32 Abs. 1 GWB gestützte Abstellungsverfügung an und äußerte in seinem Beschluss, dass das BKartA die von ihm nachzuweisende Fremdbestimmtheit der Einwilligung nicht habe nachweisen können. Selbst wenn tatsächlich ein Verstoß gegen Datenschutzbestimmungen anzunehmen sei, bedeute dies noch keinen (kausalen) Verstoß gegen das Wettbewerbsrecht.[1276] Der Bundesgerichtshof hob die Entscheidung des Oberlandesgerichts schließlich mit Beschluss vom 23.06.2020 auf, wobei er dies mit einer „aufgedrängten Leistungserweiterung" begründete, die im Ergebnis wettbewerbsschädlich sei.[1277] Nach entsprechender Zurückverweisung legte das Oberlandesgericht Düsseldorf die Rechtsfragen sodann mit Beschluss vom 24.03.2021 dem Europäischen Gerichtshof vor. Hierbei kritisierte es die Begründung des Bundesgerichtshofs zu einer aufgedrängten Leistungserweiterung, weil hiermit eine wesensändernde und damit unzulässige Auswechslung der Begründung des BKartA vorliege. Fernerhin könne eine aufgedrängte Leistungserweiterung womöglich durch die Eröffnung von Wahlmöglichkeiten für die Nutzer verhindert werden.[1278]

Bereits die divergierenden Auslegungen seitens BKartA und Bundesgerichtshof auf der einen und dem Oberlandesgericht Düsseldorf auf der anderen Seite zeigen, dass die Vernetzung von Datenschutz- und Wettbewerbsrecht sich rechtsdogmatisch als schwierig erweist, da ein schlichter Verstoß gegen Datenschutzrecht nicht

Warren Medium v. 08.03.2019, abrufbar unter https://medium.com/@teamwarren/heres-how-we-can-break-up-big-tech-9ad9e0da324c (24.03.2022).

1273 *Jaursch* (Fn. 11), S. 22 f.

1274 Das BKartA verneinte überdies die Freiwilligkeit der Einwilligung: Da die Einwilligung Registrierungsvoraussetzung sei, könne angesichts der marktbeherrschenden Stellung nicht von einer nutzerseitigen Freiwilligkeit ausgegangen werden, BKartA Beschl. v. 06.02.2019 – B6-22/16, BeckRS 2019, 4895, Rn. 643.

1275 BKartA Beschl. v. 06.02.2019 – B6-22/16, BeckRS 2019, 4895, Rn. 764 ff., 795.

1276 OLG Düsseldorf Beschl. v. 26.08.2019 – VI-Kart 1/19, NZKart 2019, 495, 495 ff.

1277 BGH Beschl. v. 23.06.2020 – KVR 69/19.

1278 OLG Düsseldorf Beschl. v. 24.03.2021 – Kart 2/19 (V), WRP 2021, 784 ff.

zwangsläufig mit einer Ausnutzung der Machtstellung im Sinne des Wettbewerbsrechts gleichzusetzen ist. Gleichwohl wird der DS-GVO eine gewisse Problemlösungskompetenz hinsichtlich der Datenminimierung (Art. 25 Abs. 1 DS-GVO) zugesprochen. Beispielsweise soll durch die datenschutzfreundliche Ausgestaltung der Voreinstellungen der sozialen Netzwerke (Art. 25 Abs. 2 S. 1 DS-GVO) in den News Feeds die Prominenz von Beiträgen verringert werden. Diese sind durch negative Emotionen geeignet, besonders viele Reaktionen hervorzurufen.[1279]

Bemängelt wird jedoch die (ressourcenbedingt) nur rudimentäre Durchsetzung des Datenschutzrechts. Dagegen werde das Wettbewerbsrecht zwar generell umfassend durchgesetzt, es mangele aber insofern an einem dem digitalen Zeitalter gerecht werdenden Rechtsrahmen.[1280] Insgesamt bleibt festzuhalten, dass mit den Regelungen vor allem des Datenschutzrechts zwar eine gewisse Korrektur rein emotionalisierter Personalisierung der News Feeds erreicht werden kann, gleichwohl aber die vollumfängliche Unsichtbarkeit von Desinformationen nicht dem Schutzzweck des Datenschutz- und Wettbewerbsrechts entspricht. Gerade das Wettbewerbsrecht scheint durch diese Phänomenologie und die Praxis der Anbieter nicht tangiert zu sein, sodass die Forderung nach einer Verzahnung dieser Rechtsgebiete keine nennenswerten Verbesserungen verspricht.

Soweit andere im Rahmen des Medienkonzentrationsrechts eine Konzentrationsrolle durch ein Gesamtmarktmodell bzw. ein Vielfaltsicherungsmodell avisieren,[1281] erscheint dies aus verschiedenen Gründen nicht erfolgsgeeignet zur Lösung des sozialen Konflikts: Das Medienkonzentrationsrecht erscheint kaum systematisch naheliegend, um gegen Medienintermediäre vorzugehen, die allein die Infrastruktur bereithalten.[1282] Ein Vielfaltsicherungsmodell dagegen vermag nur einen sehr weiten Rahmen durch das Aufstellen von Antidiskriminierungsregeln abzustecken, da bei einer weitergehenden Regulierung in nicht mehr zu rechtfertigender Art und Weise in die Meinungs- und Informationsfreiheit eingegriffen würde. Das Bemühen des Wettbewerbsrecht scheint fernerhin deswegen unzureichend, weil dieses lediglich erfordert, dass Rezipienten die mit Angeboten verfolgten kommerziellen Interessen klar erkennen können,[1283] sodass durch psychologische Faktoren prädeterminierte Akteure nicht bestmöglich aufgeklärt werden müssten. Zudem dienen die Modelle allesamt allein die Vielfaltsicherung,

---

1279 *Jaursch* (Fn. 11), S. 23. Zu datenschutzfreundlichen Voreinstellungen („*Privacy by Default*") *Hackenberg* in Hoeren/Sieber/B. Holznagel (Hrsg.), Teil 15.2, Rn. 44.

1280 *Jaursch* (Fn. 11), S. 24 auch unter Verweis auf Reformbestrebungen des Wettbewerbsrechts.

1281 *Schmid/Braam/Mischke* MMR 2020, 19, 20 f.

1282 So im Ansatz aber auch *Schmid/Braam/Mischke* MMR 2020, 19, 21.

1283 Vgl. zu diesen Schutzzweck des Wettbewerbsrechts *Klickermann* MMR 2020, 150, 154.

sodass der Gesetzestelos nicht für die beabsichtigte Unsichtbarkeit von schädlichen Inhalten bemüht werden kann.

Ebenso greift die Regulierung des politischen Wahlkampfs durch Transparenzpflichten oder Höchstgrenzen für Werbemaßnahmen[1284] zu kurz, weil hiermit unmittelbar nur die politischen Akteure adressiert würden. Somit bliebe ein Großteil des Problems unreguliert. Zudem würde alleine die Herstellung von Transparenz die Inhalte nicht authentischer gestalten.

7. Verpflichtung der Plattformen zum Zugänglichmachen von Informationen zu Forschungszwecken

Gefordert wird von mancher Seite zudem, dass der deutsche Gesetzgeber die Plattformen zum Zugänglichmachen von Informationen zwecks Forschung über Desinformationskampagnen vor Wahlen verpflichten müsse.[1285] Diese Forderung einer Oppositionspartei beantwortete die damalige Bundesregierung in ihrer Antwort auf eine Kleine Anfrage damit, dass man den Zugang von Forschern auf die Daten von Desinformationskampagnen gewährleisten wolle. Diesbezüglich wird dann jedoch die Selbstverpflichtung der Unternehmen hervorgehoben: Werde diese nicht erfüllt, behalte sich die Europäische Kommission weitere Schritte vor – weitere Maßnahmen des deutschen Gesetzgebers werden dann aber nicht angesprochen.[1286]

Kaum abzusehen ist allerdings, in welchem Zeitraum die Ergebnisse solcher Forschungsarbeiten bei der Untersuchung eines repräsentativen und daher äußerst umfassenden Datensatzes zu erwarten sind. Gleichsam zu berücksichtigen ist die Dynamik gesellschaftlicher Informationsprozesse in der Politik, sodass jedwede zeitliche Verzögerung zu einer erneuten Abweichung verglichen mit der sich stetig fortentwickelnden gesellschaftlichen Realität führen muss. Zudem müssen vergangenheitsgerichtete Untersuchungen nicht notwendigerweise eine taugliche Prognose für die Zukunft ermöglichen. Aufgrund der oftmals unbewussten Entscheidungsprozesse beim Einzelnen werden die tatsächlichen Auswirkungen darüber hinaus kaum aufzeigbar sein. Derer wird sich oftmals nicht einmal der Einzelne bewusst sein, was weiterhin den möglichen Ertrag der Forschungsberichte schmälert. Zudem werden die Unternehmen bestrebt sein, die Daten zurückzuhalten, da

---

1284 Vgl. nur die Analyse bei *WD* Ansätze zur Regulierung von Wahlwerbung im Internet, Az. WD 10-3000-018/19, S. 9 ff.

1285 *Klöckner* Focus v. 07.06.2019, abrufbar unter https://www.focus.de/digital/dldaily/nach-europawahl-gruene-werfen-bundesregierung-fahrlaessigen-umgang-mit-fake-news-vor_id_10799766.html (24.03.2022).

1286 *BReg* Antwort auf die Kleine Anfrage von Abgeordneten der Fraktion *Bündnis 90/Die Grünen*, BT-DS. 19/10595, S. 3; *Fraktion Bündnis 90/Die Grünen* Kleine Anfrage, BT-Ds. 19/10177.

sie Gefahr laufen, eigene Geschäftsgeheimnisse preiszugeben bzw. Prestige zu verlieren, sofern weitere mögliche Schwachstellen bei den Datenverwendungsschnittstellen offenbart werden.

Die zu erwartende erhebliche zeitliche Verzögerung kann derweil zu einer weitergehenden Spaltung der Gesellschaft führen, sollten sich die zu erwartenden negativen Einflüsse von Desinformationen letztlich bestätigen. Bis zur Erkenntnis, dass Desinformationskampagnen politische Wahlen beeinflussen, kann das Kind also sprichwörtlich bereits in den Brunnen gefallen sein und die Stärkung des Diskurses demnach ungleich schwerer geworden sein. Auch der verbesserte Zugang zu Plattformdaten für die Wissenschaft ist deshalb eine Maßnahme, die zwar flankierend angewandt werden, angesichts der schwerwiegenden drohenden Gefahren aber nicht als alleiniges Instrumentarium ergriffen werden sollte. Neben solchen reinen Analysemethoden bedarf es weitergehender Maßnahmen zur Erzielung weitreichenderer Präventionswirkung.

Teil 2: Die Strafbarkeit von Fake News *de lege lata*

Nachdem gesehen wurde, dass außerstrafrechtliche Lösungsmodelle durchgreifenden Bedenken hinsichtlich ihrer Präventionswirkung ausgesetzt sind, ist die Perspektive auf die Strafbarkeit der Verbreitung von Fake News *de lege lata* zu richten. Aufgrund der in sozialen Netzwerken publik gewordenen ehrtangierenden Beiträge gegen Politiker rücken dabei zunächst die Ehrschutzdelikte in den Fokus.

§ 4 Die Ehrschutzdelikte als Instrument gegen ehrenrührige Inhalte

Die Ehrschutzdelikte inkriminieren Verletzungen der Ehre.[1287] Während § 185 StGB unmittelbar das „Anerkennungsverhältnis zwischen Täter und dem Opfer betrifft" und auch mittels herabsetzender Äußerungen gegenüber Dritten begangen werden kann, betreffen die §§ 186, 187 und 188 StGB Fälle, in denen dem Opfer „etwas angedichtet wird", mithin gerade fremde Missachtung ermöglicht wird.[1288] Vereinfacht kann davon gesprochen werden, dass die Beleidigung die „innere Ehre", die §§ 186, 187 und 188 StGB dagegen die „äußere Ehre" schützen.[1289] Während § 185 StGB Werturteile erfasst, beschränken sich die §§ 186, 187 und 188 StGB auf Tatsachenbehauptungen. Die Äußerung wahrer, ehrenrühriger Tatsachen ist im deutschen Recht mit Ausnahme der Vorschrift des § 186 StGB nicht unter Strafe gestellt.[1290] Die Gesamtschau der Vorschriften der §§ 186, 187 StGB und §§ 190, 192 StGB bezeugt aber, dass der Gesetzgeber Ehrschutz jedenfalls auch als Wahrheitsschutz interpretiert.[1291] Nach anderer Auffassung soll zudem das öffentliche Interesse am Unterbleiben von unrichtigen Zuschreibungen zu Lasten eines Individuums geschützt werden.[1292]

Die Beleidigung erfasst nur nach einer der drei Begehungsformen überhaupt Tatsachenbehauptungen – nämlich bei der nach herrschender Auffassung möglichen Äußerung ehrenrühriger unwahrer Tatsachen gegenüber dem Betroffenen.[1293] Im Falle von ehrenrührigen Tatsachenbehauptungen gegenüber Dritten, der wohl häufigste Fall der zu untersuchenden Phänomenologie, tritt im Falle der Verwirklichung eines der §§ 186, 187 und 188 StGB die Beleidigung dahinter zurück.[1294] Fake News werden aber typischerweise durch elektronische Massenmedien an

---

1287 *Zaczyk* in Kindhäuser/Neumann/Paeffgen, Vorbem. zu 185 ff. Rn. 1.

1288 *Zaczyk* in Kindhäuser/Neumann/Paeffgen, Vorbem. zu 185 ff. Rn. 44.

1289 Lackner/Kühl/*Kühl* Vor § 185 StGB Rn. 1. Vgl. *Hartung* ZStW 71 (1959), 385, 387.

1290 Vgl. *Hartung* ZStW 71 (1959), 385, 388; *Zaczyk* in Kindhäuser/Neumann/Paeffgen, § 185 StGB Rn. 11.

1291 Fischer Vor §§ 185 ff. StGB Rn. 5a; MüKo-StGB/*Regge/Pegel* § 185 StGB Rn. 14.

1292 *Jakobs* in Herrmann/Krümpelmann/Moos/Triffterer/Leibinger/Schaffmeister/Meyer/Hünerfeld/Behrendt (Hrsg.), S. 627, 636 f.

1293 Lackner/Kühl/*Kühl* § 185 StGB Rn. 2; *Zaczyk* in Kindhäuser/Neumann/Paeffgen, § 185 StGB Rn. 12.

1294 Statt aller *Zaczyk* in Kindhäuser/Neumann/Paeffgen, Vorbem. zu §§ 185 ff. StGB Rn. 45; vgl. *Geiring* Risiken von Social Media und User Generated Content, S. 110.

die Öffentlichkeit adressiert und demzufolge gegenüber Dritten geäußert, sodass diese nicht vom Tatbestand erfasst sind bzw. jedenfalls auf Konkurrenzebene unter dem Gesichtspunkt der Spezialität verdrängt würden.[1295] Sofern Bestandteile einer Nachricht als Meinungsäußerungen zu qualifizieren sein sollten, würden diese Bestandteile nicht mehr der Desinformationsdefinition der herrschenden Auffassung und der hiesigen Arbeit entsprechen. Die übrigen Begehungsalternativen der Entäußerung von Werturteilen gegenüber dem Betroffenen oder Dritten sind daher für den hiesigen Untersuchungsgegenstand nicht von Bedeutung. Gleichwohl können abgrenzbare desinformative Teile, die zum Beleg für Meinungen vorgebracht werden, als Tatsachen in diesem Sinne begriffen werden. Daneben kann eine bewusst unvollständige einer bewusst unrichtigen Berichterstattung gleichgestellt werden, da hiermit gegen den Grundsatz vollständiger Berichterstattung verstoßen wird.[1296]

Entscheidende Voraussetzung der daher zu betrachtenden Straftatbestände der §§ 186 ff. StGB ist die Eignung zur Verächtlichmachung oder alternativ die Herabwürdigung in der öffentlichen Meinung. Erforderlich ist jeweils, dass die Tatsache geeignet ist, die Ehre des Opfers in der Ansicht von Dritten zu vermindern.[1297] Erfasst sind umfassend die Aspekte des Ehrschutzes, namentlich der sittliche, personale und soziale Geltungsanspruch einer Person.[1298] Erforderlich ist lediglich die Eignung der in Frage stehenden Tatsache, eine Person in der Meinung Dritter herabzuwürdigen. Es bedarf also nicht des Eintritts eines Erfolges, sodass § 186 StGB von der herrschenden Auffassung als abstraktes Gefährdungsdelikt klassifiziert wird.[1299] Letztlich führt dies dazu, dass die Umstände der getroffenen Äußerung nicht zu betrachten sind, da es lediglich auf die generelle Eignung in Bezug auf den Betroffenen ankommt.[1300]

1295 *Lammich* Die Strafbarkeit der Verbreitung sogenannter „Fake News", S. 12; *ders.* Fake News als Herausforderung des deutschen Strafrechts, S. 148 f.; *M. Schreiber* Strafbarkeit politischer Fake News, S. 167 f. Argumentiert werden kann, dass *kumulativ* § 185 StGB dann einschlägig ist, wenn die gegenständliche Äußerung nach dem Willen des Kommunikators auch an den Betroffenen adressiert ist. In diesem Falle erschiene ein Zurücktreten von § 185 StGB gegenüber den §§ 186 ff. StGB auf konkurrenzrechtlicher Ebene vertretbar.

1296 BGH Urt. v. 22.11.2005 – VI ZR 204/04.

1297 *Fischer* § 186 Rn. 4; *Zaczyk* in Kindhäuser/Neumann/Paeffgen, § 186 StGB Rn. 5 f.

1298 *Eisele/Schittenhelm* in Schönke/Schröder, § 186 StGB Rn. 5.

1299 MüKo-StGB/*Regge/Pegel* § 186 StGB Rn. 15.

1300 *Fischer* § 186 StGB Rn. 5; *Zaczyk* in Kindhäuser/Neumann/Paeffgen, § 185 StGB Rn. 6 will dagegen die Eignung verneinen, sofern die konkreten Umstände eine solche ausschließen.

A. Leitfälle

I. Künast's angebliches Gutmenschentum (Leitfall 1)

Als Leitfall 1 der hier zu untersuchenden Tatbestände mag zunächst das vorerwähnte falsche Zitat Künasts dienen, „der traumatisierte junge Flüchtling hat zwar getötet, man muss ihm aber trotzdem helfen".[1301]

II. Spahn's Beschwichtigung (Leitfall 2)

Daneben soll das angebliche Zitat Spahns herangezogen werden, nach welchem dieser anlässlich der Tötung eines Kindes durch einen Migranten geäußert habe, dass seine Gedanken bei den Flüchtlingen seien.[1302]

III. Obama's Konfessionszugehörigkeit (Leitfall 3)

Schließlich soll die während der US-Präsidentschaftswahl 2012 zirkulierte Desinformation thematisiert werden, nach der Barack Obama muslimen Glaubens sei.[1303]

B. Personenmehrheiten als Verletzte

Da Fake News oftmals keinen Individualbezug aufweisen, sondern beispielsweise Desinformationen über Personengruppen wie Flüchtlinge zirkuliert werden, ist nachfolgend zu untersuchen, ob die Ehrschutzdelikte in diesen Fällen gleichwohl erfüllt sein können. Zu unterscheiden ist daher zwischen der Beleidigung von Individuen unter einer Kollektivbezeichnung und derjenigen von Personenmehrheiten.

I. Kollektivbeleidigung von Personengemeinschaften

Betroffene können neben Individuen auch Personengemeinschaften sein, sofern diese eine „soziale Funktion erfüllen, einen einheitlichen Willen bilden können

1301 Vgl. dazu oben unter § 2 A. I. 1. Mit diesem Leitfall bei seiner Analyse der §§ 186 ff. StGB unlängst auch *M. Schreiber* Strafbarkeit politischer Fake News, S. 170.

1302 *Gensing* Tagesschau v. 01.08.2019, abrufbar unter http://www.tagesschau.de/faktenfinder/spahn-frankfurt-fake-101.html (24.03.2022).

1303 *Brodnig* Lügen im Netz, Kap. 17 zeigt indes auf, dass die Zahl der US-amerikanischen Staatsbürger, die der Desinformation erlagen, von 11 Prozent (2009) bis auf 31 Prozent (2017) anstieg, obgleich zahlreiche Gegenaufklärung seitens verschiedener Medien erfolgte. Um strafanwendungsrechtliche Probleme auszublenden, kann der Fall auf einen fiktiven deutschen Politiker abgewandelt werden, der ein Kandidat für die Bundestagswahl 2025 ist.

und nicht vom Wechsel ihrer Mitglieder abhängen."[1304] Dies ist indes bei Personengruppen wie allen in Deutschland befindlichen oder einreisenden Asylbewerbern nicht der Fall, da diese Mehrheit von Personen nicht die Fähigkeit besitzt, einen einheitlichen Willen zu bilden.

II. Individualbeleidigung unter einer Kollektivbezeichnung

Daneben können die einzelnen Mitglieder einer Personenmehrheit unter einer Kollektivbezeichnung betroffen werden.[1305] Eine Kollektivbezeichnung erfordert, dass die von dem Täter verwendete Sammelbezeichnung den Kreis der gemeinten Personen scharf umgrenzt, sodass er sich deutlich von der Allgemeinheit abhebt und die zugehörigen Personen klar beschreibt. Verneint wurde dies beispielsweise für die Polizei oder die Christen.[1306] Denkbar ist die Erfüllung dieser Voraussetzungen vor allem in Fällen, in denen Personenmehrheiten wie Flüchtlinge durch einen Ortsbezug (die Flüchtlinge im Flüchtlingsheim xy) weiter spezifiziert werden. Tatsachenäußerungen betreffend Flüchtlinge respektive alle einreisenden Asylbewerber dürften demgegenüber zu abstrakt formuliert sein.[1307] Die zugleich mögliche Verletzung einzelner Mitglieder einer Gruppe durch eine Gruppenbezeichnung[1308] dürfte für Fake News im Internet nicht relevant werden, da hierbei üblicherweise alle Mitglieder der Personenmehrheit adressiert werden.

1304 BGH Urt. v. 18.05.1971 – VI ZR 220/69, NJW 1971, 1655, 1656 ff.; OLG Frankfurt Beschl. v. 23.11.1976 – 2 Ss 549/76, NJW 1977, 1353; Lackner/Kühl/*Kühl* Vorbem. zu §§ 185 ff. Rn. 3 ff.; LK-*Hilgendorf* Vor § 185 StGB Rn. 27; gegen die Beleidigungsfähigkeit von Kollektiven *Zaczyk* in Kindhäuser/Neumann/Paeffgen, Vorbem. zu §§ 185 ff. Rn. 12.

1305 *Maurach/Schroeder/Maiwald* Strafrecht BT 1, § 24 Rn. 15; SK-StGB/*Rogall* Vor § 185 StGB Rn. 40.

1306 BGH Urt. v. 19.01.1989 – 1 StR 641/88, BGHSt 36, 83, 85 ff.; SK-StGB/*Rogall* Vor § 185 StGB Rn. 40. Kritisch zur Ausdehnung seitens der Rechtsprechung LK-*Hilgendorf* Vor § 185 StGB Rn. 30, da der Täter sich in vielen Fällen nur auf ein Abstraktum beziehe.

1307 *Löber/Roßnagel* in Steinebach/Bader/Rinsdorf/Krämer/Roßnagel (Hrsg.), S. 149, 162 f. Vgl. die Vortragsfolien von *Lauber-Rönsberg/Sternberg-Lieben* Rechtlicher Schutz vor Persönlichkeitsrechtverletzungen und Volksverhetzung im Internet, eine Bestandsaufnahme am Beispiel der aktuellen Flüchtlingskrise, 26.06.2016, abrufbar unter https://tu-dresden.de/gsw/jura/jfstraf4/ressourcen/dateien/aktuelles-dateien/PPP-Schlussfassung_28-06-2016-002.pdf?lang=de (24.03.2022). Auch *Brodnig* Lügen im Netz, Kap. 15 erkennt die oftmalige Straflosigkeit infolge des fehlenden Individualbezugs.

1308 Diese Möglichkeit thematisiert SK-StGB/*Rogall* Vor § 185 StGB Rn. 39.

C. Öffentliche Meinung

Der Wortlaut des Tatbestandsmerkmals „öffentliche Meinung" stellt klar, dass es hinsichtlich der Eignung zur Verächtlichmachung nicht auf das Empfinden einzelner Gruppen oder Kreise, sondern auf eine generalisierte Perspektive ankommt.[1309] Eine frühere Ansicht definierte die öffentliche Meinung insofern als Meinung eines „größeren, nicht geschlossenen Personenkreises."[1310] Es bedarf also nicht etwa der Feststellung einer gesellschaftlich vorherrschenden Meinung, die ohnedies in einer pluralistisch geprägten Gesellschaft kaum ermittelt werden kann. Eine solche als vorherrschend empfundene Ansicht ist ohnehin oftmals von spezifisch an der Kommunikation der öffentlichen Meinung beteiligten Akteuren – wie beispielsweise Lobbyisten, der Presse und der Politik – geprägt.[1311] Sofern das Ansehen des Opfers in einer hinreichend großen Gruppe verletzt sei, sollen nach Ansicht mancher keine weiteren qualitativen Anforderungen dergestalt formuliert werden, dass in vereinzelten Gruppen bestehende Ressentiments vom Tatbestand ausgeschlossen werden.[1312]

Gleichwohl unabdingbar ist allerdings, dass aus der Perspektive eines diesen Anforderungen genügenden hinreichend großen Personenkreises die Grenze der Ehrenrührigkeit überschritten und demnach der Achtungsanspruch des Betroffenen verletzt wurde.[1313] Dies dürfte allerdings im Falle der Zuschreibung bestimmter politischer Positionen oft gerade nicht der Fall sein, da Rezipienten das Vertreten bestimmter politischer Positionen zwar verstimmen kann, damit jedoch nur selten ein Verächtlichmachen bei den Rezipienten – mag die behauptete Position noch so polarisierend und kontrovers diskutiert sein – verbunden sein wird, was aber für die Tatbestandsverwirklichung unabdingbar ist.[1314] *Hoven* führt insofern die in Leitfall 1 aufgegriffene Desinformation betreffend Künast an, hinsichtlich derer man bzgl. einer etwaigen Verletzung des personalen Achtungsanspruchs geteilter Meinung sein könne. Die empörenden und von Hass geprägten Reaktionen in den sozialen Netzwerken sprechen ihrer Ansicht nach für die Subsumtion unter den Tatbestand.[1315]

Diese Ansicht wird bestätigt durch die erstinstanzliche Verurteilung des Äußernden wegen Verleumdung gegen Personen des öffentlichen Lebens gem. 188

1309 *Eisele/Schittenhelm* in Schönke/Schröder, § 186 Rn. 5.

1310 *Tröndle/Fischer* § 186 StGB Rn. 4 (52. Aufl.).

1311 *Hoven* ZStW 129 (2017), 718, 724 f.

1312 *Hoven* ZStW 129 (2017), 718, 724 f.

1313 *Hoven* ZStW 129 (2017), 718, 725.

1314 *Hoven* ZStW 129 (2017), 718, 725.

1315 *Hoven* ZStW 129 (2017), 718, 725. *Brodnig* Lügen im Netz, Kap. 2 führt aus, dass Unterstellungen wie im Falle Künast in der Absicht, den Politiker in ein schlechtes Licht zu rücken, Normalität angenommen hätten.

Abs. 2 StGB durch das Amtsgericht Tiergarten.[1316] Ebenso dürfte das in Leitfall 2 geschilderte falsche Zitat aufgrund des vergleichbaren Inhalts der Norm unterfallen. Daneben sind jedoch Fälle denkbar, in denen falsche Zitate spezifische politische Ziele oder Vorhaben von Politikern behaupten, die aber nicht den Grad einer Ehrverletzung im Sinne der Norm erreichen: *Hoven*[1317] nennt insofern die Behauptung geplanter Steuererhöhungen oder eines Tempolimits auf Autobahnen. Denkbar wären zudem Behauptungen über beabsichtigte Gesetze wie solche zur Vorratsdatenspeicherung. Zitate sind aber eine „scharfe Waffe im Meinungskampf."[1318] Durch die Suggestion falscher Annahmen droht eine „Ausschließung aus der Öffentlichkeit." Weiterhin droht eine „Prangerwirkung", die bis zum Ausschluss von der öffentlichen Meinungsbildung im politischen Kontext führen kann.[1319] Zitaten kommen zudem – wie Desinformationen im Allgemeinen – eine besondere Überzeugungskraft des Faktischen zu, die das Gewicht einer Verletzung empfindlich erhöht.[1320] Während die Äußerung einer Meinung dem Rezipienten die Anerkennung als richtig oder unrichtig als eigene Entscheidung überlässt, verlangt eine Tatsachenbehauptung die Anerkennung als wahr und eröffnet insoweit keine äquivalente Entscheidungsmöglichkeit.[1321] Fake News sind selbst dann, wenn sie Einzelpersonen betreffen, nur in seltenen Fällen ehrverletzend: Sie sollen vielmehr vordergründig das Bild des Betroffenen in der Öffentlichkeit verzerren.[1322]

1316 AG Tiergarten Urt. v. 09.04.2019 – 265 Cs 340/18; vgl. auch *Huesman* Watson v. 09.04.2019, abrufbar unter https://www.watson.de/deutschland/rechtsextremismus/958477681-zitat-von-renate-kuenast-gefaelscht-rechtsextremist-in-berlin-verurteilt (24.03.2022).

1317 *Hoven* Forschung und Lehre 10 (2019), 906, 906 f. Die Beispiele könnten beliebig fortgeführt werden. In Frage kommen nahezu alle verfassungskonformen Gesetze oder Maßnahmen der Exekutive, die allerdings von weiten Teilen der Bevölkerung abgelehnt werden. Aktuell wäre an die Einführung einer Finanztransaktionssteuer oder die Vorratsdatenspeicherung zu denken.

1318 BVerfG Beschl. v. 03.06.1980 – 1 BvR 797/78, NJW 1980, 2072.

1319 *Ladeur* ZUM 2019, 359, 359 f.; *Ludyga* ZUM 2019, 793, 794.

1320 BVerfG Urt. v. 21.06.2011 – VI ZR 262/09, ZUM 2011, 908, 909; *Ludyga* ZUM 2019, 793, 796. Kritisch dagegen zum Ergebnis, dass die überspitzte Wiedergabe eines Sachverhalts grundrechtlich geschützt wird, wohingegen zurückhaltendere Darstellungen nur unter den zusätzlichen, für Tatsachendarstellungen formulierten Voraussetzungen (weder bewusst noch erwiesen unwahr und Voraussetzung für die Bildung einer Meinung) geschützt sind, *Heselhaus* NVwZ 1992, 740, 742.

1321 *Rowbottom* Oxford Journal of Legal Studies 32 (2012), 507, 513.

1322 *Hoven* Forschung und Lehre 10 (2019), 906, 906 f.; *dies.* ZStW 129 (2017), 718, 720 f.

D. Die Eignung zum Verächtlichmachen

Bei der Zuschreibung politischer Stellungnahmen kann die Auslegung dieses Begriffes erhebliche Probleme bereiten, so wenn polarisierende Äußerungen im Einklang mit der Rechtsordnung stehen, gleichwohl aber in der Öffentlichkeit von erheblicher Empörung getragen werden und dadurch Politiker in der Gunst der Öffentlichkeit zu sinken vermögen. *Hoven*[1323] führt insoweit erneut das falsche Zitat von Künast an, dessen Inhalt zwar grundsätzlich im Einklang mit der Rechtsordnung stehe, dass gleichwohl aber zu gesellschaftlicher Empörung führte. Dies leitet zur Problematik, dass die Eignung zur Minderung der Ehre sowohl faktisch – also am Gesellschaftsempfinden der maßgeblichen Zeit – als auch normativ unter Berücksichtigung der Wertungen der Rechtsordnung ausgelegt werden kann. Während erstere Auslegungsvariante dynamisch erfolgen könnte, handelt es sich bei der letztgenannten Auslegungsvariante um eine solche statischer Natur. Da der Angeklagte im Fall Künast verurteilt wurde, interpretierte das Gericht die Eignung zur Minderung der Ehre offenbar zumindest teilweise faktisch. Nach *Hoven*[1324] wirft das Phänomen Fake News bei den Ehrschutzdelikten insofern neue Fragen auf. Tatsächlich handelt es sich bei dieser Auslegungsfrage aber um eine seit langem geführte Diskussion,[1325] die Hoven anlässlich der Diskussion um Fake News nur neu belebt hat.

I. *Streng faktischer* Ehrbegriff

Ein heute kaum noch vertretener streng faktischer Ehrbegriff[1326] begreift Ehre als das *subjektive Ehrgefühl* respektive den *real existierenden guten Ruf* einer bestimmten Person.[1327] Eine rein faktische Auslegung würde jedoch zu einer zu weitreichenden strafrechtlichen Haftung führen, da das subjektive Ehrgefühl minder oder übertrieben stark ausgeprägt sein kann und damit eine Haftung für Prädispositionen des Opfers geschaffen würde. Darüber hinaus kann der bestehende

1323 *Hoven* ZStW 129 (2017), 718, 721.

1324 *Hoven* ZStW 129 (2017), 718, 721 ff. unterscheidet zwischen einer faktischen und einer normativen Interpretation.

1325 Anlässlich des Entwurfs eines Strafgesetzbuches 1959/1962 schon *Gallas* ZStW 75 (1963), 16, 25 f.; *Kaufmann* ZStW 72 (1960), 418, 430; vgl. auch *Hartung* ZStW 71 (1959), 385, 388.

1326 So schon *Hirsch* in Zaczyk/Köhler/Kahlo (Hrsg.), 125, 131.

1327 Statt aller *Maurach* Deutsches Strafrecht BT, S. 119; in diese Richtung auch noch *Knittel* Ansehen und Geltungsbewusstsein, S. 15 f., der Ehre als den guten Ruf und das auf diesem basierende Geltungsbewusstsein begreift; vgl. auch die Darstellung bei *Kaufmann* ZStW 72 (1960), 418, 428 f. sowie bei LK-*Hilgendorf* Vor § 185 StGB Rn. 6 m.w.N.

Ruf einer Person unverdientermaßen gut oder schlecht ausfallen.[1328] Wie bereits *Kaufmann*[1329] ausführte, kann jedoch das Entlarven eines beliebten Schurken nicht strafbar sein. Gleichermaßenverdient der unberechtigtermaßen Unbeliebte Schutz. Darüber hinausgehend können in der breiten Gesellschaft vorhandene Vorurteile nicht die umfassende strafrechtliche Pönalisierung solcher gesellschaftlicher Vorurteile bewirken.[1330] Überdies vermag eine rein faktische Auslegung, die als Ehre den guten Ruf begreift, nicht einen für alle Beleidigungsdelikte verbindlichen Ehrbegriff zu definieren, denn nur die §§ 186, 187 StGB können als Angriff auf den Ruf im engeren Sinne verstanden werden.[1331] Es bedürfte daher der Hinzunahme des subjektiven Ehrgefühls. Letztlich sind subjektives Ehrgefühl und der gute Ruf aber nur Darstellungen des inneren Wertes eines Menschen, der seinerseits unverletzbar und daher *a priori* bereits nicht taugliches Angriffsobjekt ist.[1332] Taugliches Angriffsobjekt ist dagegen der Achtungsanspruch, der dem Individuum aufgrund seiner inneren Ehre, verstanden als der Wert einer Person, der ihm kraft seiner Personenwürde und durch die Erfüllung sozialer und ethischer Verpflichtungen zukommt.[1333]

II. *Normativer* Ehrbegriff

Einer normativen Auslegung nach unterfällt dagegen den §§ 185 ff. StGB der auf der Personenwürde basierende, dem Individuum berechtigterweise zustehende Geltungswert und der hiermit korrelierende Anspruch, nicht unverdient in diesem zugesprochenen Geltungswert diskreditiert zu werden.[1334] Auch an anderer Stelle der Gesamtrechtsordnung erfolgt eine derartige normative Auslegung: Die Auslegung des verfassungsrechtlichen Begriffs der öffentlichen Ordnung erfolgt seit langer Zeit nach der herrschenden Meinung nicht etwa durch Volksumfragen

---

1328 *Eisele/Schittenhelm* in Schönke/Schröder, Vorbem. zu den §§ 185 ff., Rn. 1; vgl. schon *Kaufmann* ZStW 72 (1960), 418, 429 f.

1329 *Kaufmann* ZStW 72 (1960), 418, 429 f.

1330 So *Hoven* ZStW 129 (2017), 718, 722, die für ihre Aussage BGH Urt. v. 29.11.1955 – 5 StR 322/55, St 8, 325, 326 bemüht.

1331 *Kaufmann* ZStW 72 (1960), 418, 428.

1332 *Kaufmann* ZStW 72 (1960), 418, 429.

1333 *Kaufmann* ZStW 72 (1960), 418, 430.

1334 BGH Urt. v. 29.05.1951 – 2 StR 153/51, St 1, 288; BGH Beschl. v. 18.11.1957 – GSSt 2/57, BGHSt 11, 67; *Eisele/Schittenhelm* in Schönke/Schröder, § 186 StGB Rn. 5; *Engisch* in Warda/Waider/von Hippel/Meurer (Hrsg.), 401, 412 ff., *Fischer* Vor §§ 185 ff. StGB Rn. 5a Rn. 5; *Hirsch* Grundfragen von Ehre und Beleidigung, S. 3, 29 f., 50; *Maurach/Schroeder/Maiwald* Strafrecht BT 1, § 24 Rn. 5; MüKo-StGB/*Regge/Pegel* § 186 StGB Rn. 14; *Otto* in Evers/Friauf/Hanack/Reinhard (Hrsg.), S. 71, 73, 76; SK-StGB/*Rogall* Vor § 185 StGB Rn. 22; vgl. auch schon *Gallas* ZStW 75 (1963), 16, 25 f.; *Kaufmann* ZStW 72 (1960), 418, 429 f.

hinsichtlich des öffentlichen Meinungsbildes betreffend „die Gesamtheit der ungeschriebenen Regeln, deren Befolgung nach den jeweils herrschenden sozialen und ethischen Anschauungen als unerlässliche Voraussetzung eines geordneten menschlichen Zusammenlebens innerhalb eines bestimmten Gebiets angesehen"[1335] werden, sondern anhand der Wertmaßstäbe des Grundgesetzes.[1336]

Gleichwohl bereitet ein normatives Ehrverständnis aus viktimologischen Gesichtspunkten sowie angesichts der notwendigen Rückständigkeit des Rechts gegenüber gesellschaftlichen Entwicklungen erhebliche Bedenken. Gerade der Ehrbegriff unterliegt wegen seiner Interdependenz mit Moral, Sitte und Ethik einem fortwährenden gesellschaftlichen Wandel,[1337] dem eine normative Interpretation nicht immer gerecht werden kann. Beispielsweise würde das Vorführen des Films „Die Sünderin"[1338] in der heutigen Zeit nicht mehr als ordnungsrechtliches Problem diskutiert werden.[1339] Eine streng normative Auslegung wird ferner dem Problem nicht gerecht, dass es durchaus Bereiche menschlichen Verhaltens gibt, die rechtlich nicht geregelt, gleichwohl aber geeignet sind, in den moralisch-sittlichen Anschauungen der Gesellschaft einen Menschen nachhaltig zu diskreditieren.[1340] Eine solche Auslegung würde sich daher gleichsam eine Utopie als Grundlage zu eigen machen: Eine Gesellschaft von Menschen mit idealtypischen Vorstellungen in ethischer und moralischer Hinsicht.[1341] Um so die Augen nicht vor der gesellschaftlichen Wirklichkeit zu verschließen und einen hinreichenden Individualschutz zu gewährleisten, kann eine derartige Auslegung daher im liberalen Rechtsstaat nicht letztverbindlich gelten: Auch faktische Umstände bedürfen der Berücksichtigung.[1342]

III. *Dualistischer* Ehrbegriff

Ein dualistischer Ehrbegriff im Sinne einer (gemischt) faktisch-normativen Auslegung schützt deshalb die innere Ehre des Menschen schlechthin sowie den über §§ 186, 187 StGB gewährten Schutz des guten Rufes insoweit, als dieser selbst vom Betroffenen verdient ist.[1343] Geschützt ist sowohl der innere Wert eines Menschen

---

1335 *Depenheuer* in Maunz/Dürig, Art. 8 GG Rn. 155.

1336 BVerfG Beschl. v. 05.09.2003 – 1 BvQ 32/03, DVBl 2004, 237; BGH Beschl. v. 23.08.1995 – 1 B 46/95, NJW 1996, 1423, 1424.

1337 BeckOK PolR Hessen/*Mühl* HSOG § 1 Rn. 41 f.

1338 BVerwG Urt. v. 21.12.1954 – BVerwG I C 14/53, NJW 1955, 1203.

1339 So BeckOK PolR Hessen/*Mühl* HSOG § 1 Rn. 42.

1340 *Hoven* ZStW 129 (2017), 718, 722.

1341 *Hoven* ZStW 129 (2017), 718, 722.

1342 *Hoven* ZStW 129 (2017), 718, 722.

1343 Die Rechtsprechung folgt zumindest einer dualistischen Einteilung des Ehrbegriffs, auch wenn sie sich inhaltlich einem normativen Verständnis annähert, vgl. BGH Urt. v. 19.12.1950 – 2 StR 30/50, BGHSt 1, 67, 70; vgl. dazu auch LK-*Hilgendorf* Vor § 185 StGB Rn. 7 f., der selbst a.a.O. in Rn. 21 eine dualistische Konzeption

als auch sein Ruf, wobei der innere Wert nicht verletzbar ist, der Äußere nur, sofern dieser tatsächlich verdient ist.[1344] Letztlich dominiert unter dieser Prämisse die normative Auslegung, sodass sich diese Ansicht einer primär normativen Auslegung annähert und tatsächlich nicht unterscheidbar ist.[1345]

IV. Notwendigkeit einer dualistischen Betrachtung

Aufgrund der dargestellten Defizite der monistischen Ehrbegriffe wurde schon früh in der Diskussion hervorgehoben, dass weder eine rein normative noch eine rein faktische Interpretation zu zutreffenden Ergebnissen gelangt.[1346] Es wurde ferner herausgearbeitet, dass die in der Literatur vertretenen Ehrbegriffe jeweils normative und faktische Gesichtspunkte berücksichtigen.[1347] Bereits *Hirsch*[1348] führte aus, dass kein Vertreter einer der beiden Grundmodelle jemals einen gänzlichen Verzicht normativer bzw. faktischer Gesichtspunkte vor Augen gehabt habe. *Küpper*[1349] betont diesbezüglich, dass die Verwendung der Begriffe lediglich die grundsätzliche Orientierung aufzeigen soll. *Engisch*[1350] plädierte in der Folge – zur Vermeidung eines Etikettenschwindels – auf die Begriffe normativer und faktischer Ehrbegriff zu verzichten und knüpfte selbst an die zentralen Merkmale der jeweiligen Definitionen von Ehre bei den einzelnen Literaten an, so beispielsweise als der innere Wert eines Menschen (1.), der äußerliche gute Ruf (2.), das „Ehrgefühl" bzw. „Ehrempfinden" (3.), als Achtungsanspruch (4.) oder als „das die Selbstständigkeit ermöglichende Anerkennungsverhältnis" (5.). Neuerdings existiert noch ein Verständnis als die einer Person zugestandene Zurechnung ihres Verhaltens als verdienstlich[1351] (6.) sowie als die spezifisch normativen Bedingungen gerecht werdende Eigenschaft eines Individuums, das ihre Kommunikationsfähigkeit sichert (7.).[1352] Letztgenanntes von *Amelung*[1353] stammendes Begriffsverständnis

---

präferiert. Schon *Gallas* ZStW 75 (1963), 16, 25 f. und *Kaufmann* ZStW 72, 418, 429 f. berücksichtigten normative Gesichtspunkte.

1344 BGH Beschl. v. 18.11.1957 – GSSt 2/5, NJW 1958, 228.

1345 *Eisele/Schittenhelm* in Schönke/Schröder, Vorbem. zu den §§ 185 ff. Rn. 1.

1346 *Wolff* ZStW 81 (1969), 886, 887.

1347 *Engisch* in Warda/Waider/von Hippel/Meurer (Hrsg.), 401, 417.

1348 *Hirsch* in Zaczyk/Köhler/Kahlo (Hrsg.), 125, 130.

1349 *Küpper* JA 1985, 453, 454.

1350 *Engisch* in Warda/Waider/von Hippel/Meurer (Hrsg.), 401, 402; a.A. dagegen *Hirsch* in Zaczyk/Köhler/Kahlo (Hrsg.), 125, 131, der die Verwendung der Begriffe für berechtigt erachtet.

1351 So *Jakobs* in Vogler/Herrmann/Krümpelmann/Moos/Triffterer/Leibinger/Schaffmeister/Meyer/Hünerfeld/Behrendt (Hrsg.), S. 627, 639.

1352 Vgl. zum Ganzen die Darstellung SK-StGB/*Rogall* Vor § 185 StGB Rn. 11.

1353 *Amelung* Die Ehre als Kommunikationsvoraussetzung, S. 18 ff., 36 ff., 56 ff.; vgl. die Darstellung bei SK-StGB/*Rogall* Vor § 185 StGB Rn. 26.

sieht die Ehre als Kommunikationsvoraussetzung, wobei im Falle der Herabsetzung der äußeren Ehre die Mitmenschen die Kommunikation mit dem betroffenen Menschen meiden (Fremdschädigung durch Dritte). Im Falle der Herabsetzung der inneren Ehre meidet der Betroffene aus angedichteten Selbstzweifeln selbst die kommunikative Auseinandersetzung mit den Mitmenschen (Selbstschädigung durch das Opfer).[1354] Die Beleidigungstatbestände wollen nicht nur Gefährdungen der Persönlichkeitsentfaltung entgegenwirken und damit ein persönliches Rechtsgut schützen, sondern bezwecken darüber hinausgehend die Verhinderung unrichtiger Zurechnungsurteile und dienen damit ebenso einem öffentlichen Interesse.[1355] Auch nach *Jakobs*[1356] dient der Schutz vor Beleidigung daneben den „Bestandsbedingungen der Gesellschaft."

V. Substantiierung eines dualistischen Verständnisses: Normativierung des Faktischen durch die Widerspruchsfreiheit mit Verfassungswerten

Die Normativierung einer faktischen Interpretation kann nun dergestalt erfolgen, dass die Wertungen der Rechtsordnung die äußerste Grenze der Berücksichtigung von Diskreditierung nach der gesellschaftlichen Auffassung bilden, nämlich dann, wenn die faktische Ehrenrührigkeit Verfassungswerte nicht auflösbar konterkariert.[1357] *Hoven*[1358] führt insoweit zur Konturierung dieser Grenzziehung durch rechtliche Maßstäbe eine viel diskutierte und von ihr im Ergebnis befürwortete Entscheidung des Bundesgerichtshofs[1359] an, nach der die Titulierung eines Menschen als „Jude" nicht nach §§ 186, 187 StGB strafbar ist. Sie führt aus, dass die Subsumption des Begriffs als Verächtlichmachen zum Unterlaufen des Gleichheitssatz aus Art. 3 GG führe und daher nicht erfolgen dürfe, da ein Verächtlichmachen nicht aufgrund der Zuschreibung einer Glaubensrichtung oder einer ethnischen Zugehörigkeit erfolgen könne.[1360] Der Bundesgerichtshof führte aus, dass es aus Rechtsgründen unerheblich sein müsse, wenn Teile der Bevölkerung die bloße Tatsache eines bestimmten Glaubens oder einer bestimmten Rassenzugehörigkeit zum Anlass persönlicher Geringschätzung nehmen könnten.[1361] Schade ist hierbei,

---

1354 Nach SK-StGB/*Rogall* Vor § 185 StGB Rn. 27 ist so allerdings § 189 StGB nicht als Ehrdelikt klassifizierbar, sodass eine Beschränkung auf eine „Gemeinschaftsfähigkeit" in diesem Sinne schon von Gesetzes wegen ausgeschlossen ist.

1355 SK-StGB/*Rogall* Vor § 185 StGB Rn. 31.

1356 *Jakobs* in Vogler/Herrmann/Krümpelmann/Moos/Triffterer/Leibinger/Schaffmeister/Meyer/Hünerfeld/Behrendt (Hrsg.), S. 627, 637.

1357 *Hoven* ZStW 129 (2017), 718, 722.

1358 *Hoven* ZStW 129 (2017), 718, 722.

1359 BGH Urt. v. 29.11.1955 – 5 StR 322/55, NJW 1956, 312.

1360 *Hoven* ZStW 129 (2017), 718, 722 f.

1361 BGH Urt. v. 29.11.1955 – 5 StR 322/55, NJW 1956, 312.

dass sich Hoven im Weiteren nicht mit der konkreten Rechtsanwendung des Bundesgerichtshofes[1362] befasst, der § 186 StGB wegen der Eignung zum Verächtlichmachen bei Dritten verneinte, allerdings darauf hinwies, dass in der Äußerung eine Beleidigung aufgrund des Zusammenhangs und der Umstände der Äußerung liegen könne, da es bei dieser der Eignung zum Verächtlichmachen nicht bedürfe, sondern es maßgeblich auf den konkreten Sinn der Äußerung ankomme. Nach diesen Grundsätzen könnte beispielsweise die Verbreitung der Behauptung, eine bestimmte Person sei homosexuell, nicht als ehrverletzend eingeordnet werden.[1363] Das Landgericht Berlin[1364] wies daher die sofortige Beschwerde gegen die Ablehnung der Eröffnung des Hauptverfahrens in einem Fall zurück, in dem Homosexualität in Bezug auf den vormaligen Berliner Oberbürgermeister Wowereit eine Rolle spielte. Diese von Rechts wegen unabdingbare Grenze bedingt für Desinformationen erhebliche Strafbarkeitslücken: Man möge nur an die in Leitfall 3 geschilderte Behauptung während des US-Präsidentschaftswahlkampfes denken, dass Obama muslimen Glaubens sei. Diese dürfte ebenfalls zu erheblichen Ressentiments seitens erheblicher Teile der Bevölkerung geführt haben.

1. Grenzen dieser Differenzierung am Beispielsfall des OLG Karlsruhe zum Schwangerschaftsabbruch

Hoven kritisiert dagegen die Entscheidung des Oberlandesgerichts Karlsruhe[1365], nach der die Behauptung, ein Arzt führe rechtswidrige, wenn auch nicht strafbare Abtreibungen durch, nicht gem. § 186 StGB als üble Nachrede strafbar sei.[1366] Gegenständlich war ein öffentlich verbreitetes Flugblatt, in dem einem praktizierenden Arzt wahrheitswidrig unter Nennung seiner Personalien die Durchführung rechtswidriger Abtreibungen in seinen Praxisräumen unter Titulierung als Mord und unter Bezugnahme auf den NS-Staat angedichtet wurde. Das Gericht führte aus, dass durch die Verwendung der Terminologie „rechtswidrig“ nicht etwa suggeriert werde, der Arzt führe illegale Abtreibungen durch, da auf dem betreffenden Flugblatt erwähnt wurde, diese Abtreibungen seien nach deutschem Recht gerade nicht strafbar. *Hoven*[1367] kritisiert aber, dass, obgleich das Gericht die „Prangerwirkung“ des Flugblattes sowie die drohenden beruflichen und privaten Folgen erkenne, es letztlich eine Strafbarkeit verneinte, obgleich im Unterschied zur vorgenannten Entscheidung nicht etwa unveränderliche Verfassungsprinzipien

1362 BGH Urt. v. 29.11.1955 – 5 StR 322/55, NJW 1956, 312.

1363 Offen gelassen von LG Köln Urt. v. 05.06.2002 – 28 O 12/02, ZUM 2003, 326 f., da es auf die zeitgleich in dem Beitrag eingespielte Titulierung „schwule Sau“ abstellte.

1364 LG Berlin Beschl. v. 04.03.2014 – 512 Qs 69/13, ZUM 2015, 903.

1365 OLG Karlsruhe Urt. v. 25.11.2004 – 3 Ss 81/04, NStZ 2005, 575.

1366 *Hoven* ZStW 129 (2017), 718, 723.

1367 *Hoven* ZStW 129 (2017), 718, 723.

betroffen seien, sondern die Aussage lediglich nach den Vorschriften des einfachen Rechts strafbar sei. Damit würden die Wertungen der Ethik respektive die realen gesellschaftlichen Anschauungen vernachlässigt.

2. Kritik an der Ansicht von Hoven

Hoven ist insoweit zuzugestehen, dass die feinziselierten Unterscheidungen des Rechts gerade im Bereich des rechtswidrigen, jedoch unter gewissen Voraussetzungen straflosen Schwangerschaftsabbruchs nicht immer für den Laien nachvollziehbar sind, sodass die Schockwirkung des Begriffes „rechtswidrig" auf den Adressaten bewusstseinsdominant sein und daher hängen bleiben könnte. Gleichwohl setzt das Recht voraus, dass die Gesetzesadressaten diese feinen dogmatischen Unterschiede bei einer Parallelwertung in der Laiensphäre zutreffend zu unterscheiden vermögen. Schließlich ist die Straffreiheit in weiten Teilen der Bevölkerung bekannt, selbst wenn die Moralvorstellungen der Bevölkerung in diesen Bereichen weit auseinanderklaffen. Bei näherem Hinsehen besitzt die Unterscheidung von Hoven allerdings nur unscharfe Konturen: Auch im Falle des Schwangerschaftsabbruchs würde im Falle der strafrechtlichen Pönalisierung der Äußerung Verfassungsrecht berührt: So würde die Meinungsfreiheit des Kommunikators verkürzt. Die als offensichtlich suggerierte Unterscheidung zwischen den zu beachtenden Wertungen der unabänderlichen Verfassungsgrundsätze sowie den unbeachtlichen Wertungen des einfachen Rechts verschwimmt vor diesen Hintergründen: Auch die Meinungsfreiheit stellt einen elementaren Kernsatz der Verfassung dar. Die Differenzierung der beiden Fälle scheint vielmehr auf einer unterschwelligen Ebene stattzufinden: So wird die erstgenannte Entscheidung von Hoven aus ethisch-moralischen Gründen anders beurteilt als die zweitgenannte, bei welcher der Arzt vor der beabsichtigten Prangerwirkung geschützt werden soll. Ohne die rechtspolitische Legitimität der von Hoven vorgenommenen Bewertung der beiden Fälle zu evaluieren – und die Legitimität der vorgenommenen Bewertung dahingestellt – muss sich die vorgenommene Differenzierung gleichwohl Willkürvorwürfen stellen, da es an wissenschaftlich fassbaren Unterscheidungskriterien fehlt.

3. Kritik anderer Autoren an der Entscheidung

Auch *Mosbacher*[1368] hatte die Entscheidung bereits erheblich kritisiert, da man nach der Entscheidung in letzter Konsequenz jeden öffentlichkeitswirksam durch die Verbreitung unwahrer Tatsachenbehauptungen anprangern könne, um eine spezifische Meinung zu verbreiten, sofern letztgenannte Meinung selbst nicht schlechthin unter Strafe gestellt ist. Er führt weiterhin aus, dass nach diesen Grundsätzen ebenso der wahrheitswidrige öffentliche Vorwurf vorsätzlicher

---

1368 *Mosbacher* NStZ 2005, 575, 577.

Rechtsbeugung zu Lasten der erkennenden Richter nicht als üble Nachrede strafbar sein könne, obgleich diese Anschuldigung sicher unbegründet sei. Gerade aber die vom Autor postulierte „Inkonnexität" zwischen der aufgestellten wahrheitswidrigen Behauptung zum Nachteil eines bis dato völlig Unbeteiligten und der damit verfolgten „politischen" Intention sprechen allerdings für eine Inkriminierung nach den §§ 186, 187 StGB: Es müsse schließlich Niemand mit seinem guten Namen dafür herhalten, dass Dritte ohne jegliches eigenes Zutun rechtswidrige Handlungen begehen. Unnachvollziehbar bleibt hier, worin Mosbacher genau eine Inkonnexität zu erblicken vermag. Es hat den Anschein, dass er eine Inkonnexität in der fehlenden Verbindung zwischen Abtreibungen und dem Arzt als Subjekt der Äußerung sieht, also eine solche zwischen dem Inhalt der Äußerung und dem Subjekt, auf das sich die Behauptung bezieht. Die besondere Verwerflichkeit liegt nach seiner Ansicht wohl in der erstmaligen Verknüpfung der Durchführung von Abtreibungen mit der Person. Dies lässt allerdings unberücksichtigt, dass ein solcher Zusammenhang bei unwahren Behauptungen gerade in den allermeisten Fällen fehlen wird, die Person also zumeist erstmalig mit den unwahren Tatsachen in Verbindung gebracht wird.

Auch von anderer Stelle erfährt die Entscheidung Kritik, da die moralische Ablehnung von Abtreibung regionsspezifisch zu einer Herabwürdigung in größeren Bevölkerungsteilen führen könne, ohne dass diese moralischen Vorstellungen im Widerspruch zum Recht stünden: Daher müssten normative Betrachtungen zulässig sein.[1369] Nach anderen Autoren wiederum fehlt es an der Eignung zur Verächtlichmachung, sofern die Unrichtigkeit der aufgestellten Tatsachenbehauptung offenkundig ist[1370] oder sofern der Täter sie nur irrig annimmt, sodass die Entscheidung im Ergebnis richtig sei.[1371] Sofern der Äußerungsadressat nämlich die Äußerung nicht verstehe, ihr keinen Glauben schenke oder er sogar ihre Unwahrheit kenne, sei § 186 StGB nicht erfüllt und liege noch nicht einmal eine abstrakte Gefährdung, sondern nur ein strafloser Versuch vor.[1372] Da aber die Durchführung von Abtreibungen regional stigmatisierend wirke und damit im Ergebnis ehrverletzend sei, könnten nach anderer Ansicht derartige Annahmen nicht zur Straffreiheit führen.[1373]

Obgleich es daher an zur Differenzierung der beiden von Hoven angeführten Fälle tauglichen Unterscheidungskriterien zu mangeln scheint, ist doch anerkannt, dass das Berufen auf bei Teilen der Bevölkerung bestehenden Ressentiments nicht dazu führen darf, dass eindeutig neutrale Tatsachen wie beispielsweise die

---

1369 MüKo-StGB/*Regge/Pegel* § 186 StGB Rn. 14.

1370 SK-StGB/*Rogall* § 186 StGB Rn. 11; *Zaczyk* in Kindhäuser/Neumann/Paeffgen, § 186 StGB Rn. 6.

1371 *Fischer* § 186 StGB Rn. 5.

1372 *Zaczyk* in Kindhäuser/Neumann/Paeffgen, § 186 StGB Rn. 6.

1373 *Zaczyk* in Kindhäuser/Neumann/Paeffgen, § 186 StGB Rn. 6.

Homosexualität von der Rechtsordnung als ehrverletzend behandelt und damit letztlich diese abwegigen Wertungen gar bestätigt werden.[1374] Dies gilt beispielsweise zugleich für die wahrheitswidrige Behauptung spezifischer körperlicher Gebrechen (wie die Zuschreibung einer Behinderung oder einer Krankheit), aber auch religiöser Überzeugungen (wie die Zugehörigkeit zum Judentum) oder politischer Überzeugungen (wie die Behauptung, ein Widerstandskämpfer sei Landesverräter).[1375] Letztgenanntes Urteil wurde damit begründet, dass die Behauptung, ein Widerstandskämpfer sei ein Landesverräter, nicht als Tatsachenbehauptung, sondern als Werturteil und gleichsam als Beleidigung aufzufassen sei und damit der Anwendungsbereich von § 186 StGB nicht eröffnet sei.[1376]

4. *Skizze einer Differenzierung: Plädoyer für eine Austarierung der kollidierenden Grundrechtspositionen im Einzelfall*

Gleichwohl führt auch *Hoven*[1377] zutreffenderweise an, dass die Normativierung faktisch bestehender Anschauungen nicht so weit gehen könne, dass jedwede Behauptung rechtlich zulässiger Umstände nicht als ehrverletzend betrachtet werden könne, die letztlich im Einklang mit Wertungen der Rechtsordnung steht. Dies ist nach ihrer Auffassung beispielsweise im Falle politischer oder religiöser Behauptungen polarisierender Natur der Fall, wie bei der Behauptung, ein Konkurrent sei NPD-Mitglied. Auch wenn die Partei nach wie vor erlaubt sei, würde diese Behauptung doch das Ansehen des Betroffenen in weiten Teilen der Bevölkerung vermindern, wobei es sich möglicherweise um für den Betroffenen besonders essentielle Bevölkerungsteile handeln könne. Daher sei eine Beschränkung im Wege normativer Interpretation mit einem intendierten effektiven Ehrschutz nicht vereinbar, sodass sich eine derartig restriktive Auslegung aufgrund rechtlicher Wertungen auf eine Korrektur durch strenge verfassungsrechtliche Prinzipien beschränken müsse. Vor diesem Hintergrund kritisiert Hoven zugleich die oben zitierte Landesverräter-Entscheidung, da in diesem Fall umfassender Ehrschutz keine einschränkende Auslegung gebiete.

Auch wenn eine Korrektur mittels „strenger verfassungsrechtlicher Prinzipien" erheblich an Substanz vermissen lässt, ist eine Entscheidung im Einzelfall anhand eines Vergleichs des faktischen Verständnisses mit den Verfassungswerten der einzig gangbare Weg, der im Falle der *inadäquaten Inkongruenz aufgrund eines*

1374 BGH Urt. v. 29.11.1955 – 5 StR 322/55, BGHSt 8, 325, 326, NJW 1956, 312; *Fischer* § 186 StGB Rn. 6.

1375 BGH Urt. v. 06.05.1958 – 5 StR 14/58, NJW 1958, 1004.

1376 BGH Urt. v. 06.05.1958 – 5 StR 14/58, NJW 1958, 1004.

1377 *Hoven* ZStW 129 (2017), 718, 723 f. In diese Richtung unlängst auch *M. Schreiber* Strafbarkeit politischer Fake News, S. 174 ff., der für eine zunehmend faktische Interpretation plädiert.

erheblichen und unauflösbaren Widerspruchs das faktische Verständnis im Rahmen einer normativen Begrenzung als unerheblich erscheinen lässt. Insoweit kann ein *offensichtlicher Widerspruch der faktischen Überzeugung mit Verfassungswerten* als Gradmesser dienen. Verstößt das Verständnis schon bei summarischer Prüfung gegen Verfassungswerte (wie im Falle negativ konnotierter Konfessionszugehörigkeit), ist eine normative Begrenzung vorzunehmen. Anderweitig gilt es, im Rahmen einer Einzelfallabwägung Vorsicht walten zu lassen, um den Ehrschutz nicht über Gebühr zu verkürzen.[1378] Auf Basis dieser Unterscheidung kann im Leitfall 1 von der Ehrenrührigkeit ausgegangen werden – insbesondere wegen der virulenten Reaktionen auf den Beitrag.[1379]

Für ein strikter normativ interpretiertes Ehrverständnis argumentierte zuletzt *Lammich*[1380], der ein faktisches Verständnis aufgrund von „Beeinträchtigungen des sozialen Miteinanders" nur dort zureichen lassen will, wo die faktische Herabwürdigung prognostisch zu „spürbarer, ausgelebter Feindschaft von Teilen der Öffentlichkeit führt". Ein faktisches Verständnis sollte allerdings nach hiesiger Rechtsauffassung zur Gewährleistung eines umfassenden Ehrschutzes nur dort prinzipiell ausgeschlossen werden, wo ein solches Verständnis in unauflösbarem Widerspruch zu Verfassungswerten stünde. Lammich lässt dagegen umgekehrt nur höchst ausnahmsweise faktische Interpretationen zu und knüpft dies an prognostische Bewertungen, die in der Rechtsanwendung kaum praktikabel erscheinen – was das Desiderat eines von ihm angeführten Fallbeispiels belegt. Das von ihm für eine normative Begriffsbestimmung vorgebrachte Argument einer klaren Bestimmtheit muss daher gegen seinen eigenen gemäßigt dualistischen Vorschlag ins Feld geführt werden.

VI. Zusammenfassung: Dualistischer Ehrbegriff und Desinformationen

Die oftmals unterschiedliche Bewertung einer derartigen normativen Beschränkung im Einzelfall zeigt ein gerade im Bereich politischer Fake News grundlegendes Problem auf: Diese stehen zumeist im Einklang mit den Wertungen des einfachen Rechts und sind daher – trotz gesellschaftlich abweichender Beurteilung – nicht als üble Nachrede strafbar. Beispielsweise kann die Behauptung der

---

1378 Der aufgezeigte Maßstab ist insoweit an die Beurteilung der Offensichtlichkeit eines Fehlers bei den Nichtigkeitsvoraussetzungen eines Verwaltungsakts angelehnt, nach der ein schwerwiegender Fehler dann offensichtlich ist, wenn er unvoreingenommenen verständigen Beobachtern ohne Weiteres ersichtlich ist, sich also für einen unvoreingenommenen Beobachter aufdrängt, zu diesem Maßstab OVG Bautzen Urt. v. 30.04.2002 – 5 B 107/01, BeckRS 2002, 23750.

1379 So zuletzt auch *M. Schreiber* Strafbarkeit politischer Fake News, S. 178.

1380 *Lammich* Fake News als Herausforderung des deutschen Strafrechts, S. 159 f.

Unterstützung nationalkonservativer Politiker aufgrund der rechtlichen Zulässigkeit solcher Parteien von der Rechtsprechung nicht als üble Nachrede geahndet werden. Als Beispiel mag erneut die bekannt gewordene Fake News, der Papst unterstütze Donald Trump bei dessen Wahlkampf, dienen: Es ist nur schwer vorstellbar, dass deutsche Gerichte an diese Behauptung ein rechtliches Unwerturteil im Sinne von § 186 StGB knüpfen würden.[1381] Zusammenfassend ist festzustellen, dass die Strafvorschrift des § 186 StGB nach derzeitiger Normauslegung durch die deutschen Gerichte im Falle politischer Fake News nur äußerst selten verwirklicht sein wird.

E. Behaupten oder Verbreiten als Tathandlung – Täterschaft und Teilnahme bei modernen Internet-Interaktionen

Die Tathandlung kann im Behaupten oder Verbreiten bestehen. Ein Behaupten in diesem Sinne liegt vor, wenn Tatsachen als nach eigener Überzeugung wahr wiedergegeben werden, wobei diese gleichwohl von einer dritten Quelle stammen können.[1382] Verbreiten ist in Abgrenzung dazu das Weitergeben fremder Äußerungen.[1383] Konträr zum Behaupten macht der Täter sich die Aussagen also nicht zu eigen und steht nicht für ihre Richtigkeit ein.[1384] Umstritten ist insoweit, ob das Bereitstellen eines Links zu einer Seite, auf der sich entsprechende Äußerungen befinden, ein Verbreiten darstellt.[1385] Ausreichend ist aber, wenn der Äußerungsinhalt als (unbestätigtes) Gerücht wiedergegeben wird, der Täter muss also weder für die Richtigkeit des Gerüchts einstehen noch dartun, dass er dieses für wahr halte.[1386] Umstritten ist allerdings der Fall, in dem der Betroffene selbst die Tatsachen behauptet hat und der Täter diese nur weiterträgt: Hier sieht eine Auffassung mangels Tangierens des Schutzzwecks den Tatbestand als nicht erfüllt

---

1381 Mit diesem Ergebnis auch *Rostalski* RW 2017, 436, 441.

1382 Lackner/Kühl/*Kühl* § 186 StGB Rn. 5; *Zaczyk* in Kindhäuser/Neumann/Paeffgen, Vorbem. zu § 186 StGB Rn. 8.

1383 Lackner/Kühl/*Kühl* § 186 StGB Rn. 5; *Zaczyk* in Kindhäuser/Neumann/Paeffgen, Vorbem. zu § 186 StGB Rn. 9.

1384 MüKo-StGB/*Regge/Pegel* § 186 StGB Rn. 16.

1385 Dafür LG Hamburg Urt. v. 12.05.1998 – 312 O 85/98, ZUM-RD 1998, 389, 390; MüKo-StGB/*Regge/Pegel* § 186 StGB Rn. 18; dagegen *Zaczyk* in Kindhäuser/Neumann/Paeffgen, Vorbem. zu § 186 StGB Rn. 9.

1386 BGH Urt. v. 03.05.1977 – VI ZR 36/74; NJW 1977, 1288, 1289 ff.; *Geiring* Risiken von Social Media und User Generated Content, S. 112; *Zaczyk* in Kindhäuser/Neumann/Paeffgen, Vorbem. zu § 186 StGB Rn. 9; vgl. auch *Eisele/Schittenhelm* in Schönke/Schröder, § 186 StGB Rn. 8.

an,[1387] während eine andere Auffassung den Tatbestand nur verneint, wenn die Selbstbezichtigung in einer vor dem Weiterverbreiten nicht geschützten Weise erfolgt.[1388] Während der Erstverfasser einer Desinformation die Tathandlung des Behauptens durch das Publizieren der Nachricht begeht, ist die Bewertung beim weiterverbreitenden Dritten diffiziler: Wenn er die Tatsachen zusätzlich mit einem Kommentar versieht, der ein eigenes Behaupten erkennen lässt oder er den Fremdbezug nicht offenkundig macht, sondern den Text schlichtweg kopiert, begeht er selbst die Handlung des Behauptens. Teilt er den Erstbeitrag dagegen, ist er gegebenenfalls eines Verbreitens schuldig. Auch die Darstellung als Gerücht ließe die Tatbestandsmäßigkeit nicht entfallen. Schließlich dürfte das Betätigen des Gefällt mir-Buttons ebenfalls als Verbreiten zu bewerten sein, da hiermit eine Weitergabe der Äußerung an die verknüpften Personen verbunden ist (zur beteiligungsrechtlichen Bewertung sogleich unter dem nächsten Gliederungspunkt).[1389] Komplexer wäre hingegen die Lage, wenn ein politisches Lager unter Erstbehauptung durch den Betroffenen bewusst Desinformationen über sich selbst verbreitet. Hier wäre für die Kampagnenbetreiber Straffreiheit zu vermuten, die Betroffenen könnten sich also als Opfer darstellen oder von den eigentlich ehrenrührigen Tatsachen profitieren, beispielsweise im Falle umstrittener politischer Positionen.

Die neuartigen Interaktionsformen in der digitalen Welt und insbesondere in den sozialen Netzwerken werfen aber unweigerlich die Frage auf, wie diese modernen Kommunikationsformen nach der Beteiligungslehre zu bewerten sind. Täter ist nach der vom Bundesgerichtshof vertretenen *gemäßigt-subjektiven Theorie*, wer nach der Gesamtheit der Umstände Täterwillen hat und die Tat als eigene will.[1390] Hierfür werden objektive Umstände herangezogen, namentlich der Grad des eigenen Interesses am Taterfolg, der Umfang der Tatbeteiligung sowie die Tatherrschaft oder wenigstens der Wille zur Tatherrschaft, sodass der Vollzug der Tat prinzipiell von seinem Willen abhängt.[1391] Die herrschende Auffassung in der Wissenschaft vertritt demgegenüber weiterhin die *Tatherrschaftslehre*, nach der ein Täter „den tatbestandlichen Geschehensablauf kraft seines planvoll lenkenden Willens in den Händen hält und damit als zentrale Figur des Tatgeschehens auftritt."[1392] Der Teilnehmer ist bloße Randfigur, indem er die Tat nur veranlasst oder fördert.[1393] Durch

---

1387 Lackner/Kühl/*Kühl* § 186 StGB Rn. 5; MüKo-StGB/*Regge/Pegel* § 186 StGB Rn. 19.

1388 *Zaczyk* in Kindhäuser/Neumann/Paeffgen, Vorbem. zu § 186 StGB Rn. 11.

1389 So auch *Geiring* Risiken von Social Media und User Generated Content, S. 144.

1390 BGH Urt. v. 24.06.2004 – 5 StR 306/03, NJW 2004, 3051, 3053.

1391 BGH Urt. v. 17.10.2002 – 3 StR 153/02, NStZ 2003, 253, 254.

1392 *Heine/Weißer* in Schönke/Schröder, Vorbem. zu den §§ 25 ff. StGB Rn. 57 ff.; *B. Heinrich* Strafrecht AT, Rn. 1206; *Hilgendorf/Valerius* Computer- und Internetstrafrecht, Rn. 243; *dies.* Strafrecht AT, § 9 Rn. 12; *Schild* in Kindhäuser/Neumann/Paeffgen, § 25 StGB Rn. 26; *Wessels/Beulke/Satzger* Strafrecht AT, Rn. 751.

1393 *Hilgendorf* Computer- und Internetstrafrecht, Rn. 243 sowie *Krischker* JA 2013, 488, 490.

die Berücksichtigung objektiver Kriterien zur Ermittlung des Täterwillens seitens der Rechtsprechung haben sich beide Theorien angenähert und unterscheiden sie sich in der praktischen Anwendung kaum noch.[1394]

I. Beteiligungsrechtliche Bewertung von Facebook-Interaktionen

Fraglos wäre die Erstbehauptung eigener rechtswidriger Inhalte durch die unmittelbare Verbreitung oder Verlinkung auf den eigenen Inhalt als Ersteller – ohne die spezifischen durch Shortcuts ermöglichten Interaktionsmöglichkeiten „Teilen" oder „Gefällt mir" – als täterschaftlicher Tatbeitrag zu bewerten.[1395] Fraglich ist aber die Bewertung der für das Geschäftsmodell der sozialen Netzwerke essentiellen spezifischen Interaktionsformen. Als unproblematisch zu evaluieren sind hierbei zunächst Posts, bei denen der Nutzer den Ursprungsbeitrag mit Worten oder Bildern/Videos kommentiert, die selbst den Tatbestand verwirklichen.[1396] Dies ist insbesondere der Fall, wenn der Nutzer sich unmissverständlich mit dem dem Ursprungsbeitrag zugrunde liegenden Inhalt solidarisiert („Endlich spricht es jemand aus" oder ähnliche Aussagen), da er sich den Inhalt vollends zu eigen macht. Problematisch sind aber Fälle, in denen der Täter die ursprüngliche Nachricht mit seinem Netzwerk teilt, ohne diese weitergehend zu kommentieren oder er den Ursprungsbeitrag mit dem Gefällt mir-Button versieht und so in sein Netzwerk zirkuliert.

1. *Betätigen des Teilen-Buttons*

Die Verwendung des Teilen-Buttons könnte als ein zu eigen machen des vergeistigten Inhalts und in der Folge als ein eigenständiger tatherrschaftlicher Beitrag zu bewerten sein. Von der Rechtsprechung[1397] und Teilen der Literatur[1398] wird ein zu

1394 *Bock* Strafrecht AT, S. 264; *Hilgendorf/Valerius* Computer- und Internetstrafrecht, Rn. 244l.

1395 Vgl. *Hilgendorf/Valerius* Computer- und Internetstrafrecht, Rn. 246.

1396 *Dittl* LTO v. 10.06.2017, abrufbar unter https://www.lto.de/persistent/a_id/23154/ (24.03.2022).

1397 OLG Dresden Urt. v. 01.06.2018 – 4 U 217/18, NJW-RR 2018, 1196, 1197 f.; vgl. OLG Dresden Urt. v. 07.02.2017 – 4 U 1419/16, MMR 2017, 542, 543; OLG Frankfurt Urt. v. 26.11.2015 – 16 U 64/15, MMR 2016, 489. Nach dem LG Hamburg Urt. v. 10.01.2013 – 327 O 438/11, MMR 2013, 250, 251 handelt es sich beim Teilen um eine unverbindliche Gefallensäußerung, die – ohne gleichzeitiges Gebrauchmachen von der Mitteilungsfunktion – keinen Rückschluss auf weitergehende Motive zulasse.

1398 *Eckel/Rottmeier* NStZ 2021, 1, 4; *Eisele/Schittenhelm* in Schönke/Schröder, § 185 StGB Rn. 1; *Krischker* JA 2013, 488, 490; *Schulte/Kanz* ZJS 2013, 24, 26 f.

eigen machen beim bloßen Teilen ohne einen zusätzlichen dahin interpretierbaren Kommentar (im entschiedenen Fall: „wichtige und richtige Aktion“) allerdings regelmäßig nicht angenommen: Anders als beim Betätigen des Gefällt mir-Buttons sei dem Teilen keine über die bloße Verbreitung des Beitrages hinausgehende Bedeutung beizumessen.[1399]

Für einen täterschaftlichen Tatbeitrag spricht aber, dass im Falle des Teilens der Text in abstrakter Form unter Hinweis auf den Ausgangsbeitrag vollständig übernommen wird.[1400] Stellt man auf die Darstellung des geteilten Beitrages für die Empfänger ab – der Beitrag erscheint als eigene wiederholte Aussage und suggeriert daher eine Identifikation mit dem Inhalt – spricht vieles dafür, das Teilen als täterschaftlichen Tatbeitrag einzuordnen.[1401] Zudem erscheint der Beitrag dauerhaft im Profil des Betroffenen, was dem durchschnittlichen Nutzer bekannt sein dürfte.[1402] Dazu befindet sich neben dem geteilten Beitrag ein Link zum Ausgangsbeitrag, bei dem wiederum das Teilen des Beitrags mitsamt des teilenden Nutzers vermerkt wird.[1403]

Ebenso spricht das Tatinteresse für eine Täterschaft, da sich der Täter zumeist durch den reißerischen Beitrag vor seiner Zuhörerschaft profilieren und so das eigene Profil stärken will. Im Unterschied zur Gefällt mir-Funktion können die Rezipienten den geteilten Beitrag zudem selbst teilen, liken und kommentieren und so die Resonanz des Beitrages potentiell weiter erhöhen.[1404] Indem der Teilende den Beitrag bewusst in sein Profil einbindet, wird die fehlende explizite Zustimmung des Kommunikators überwunden und jedenfalls konkludent die Zustimmung zu den jeweiligen Inhalten zum Ausdruck gebracht.[1405] Durch die Eröffnung dieser weitergehenden Interaktionsformen für die mit dem Teilenden verknüpften Personen existieren zudem weitere objektive Anhaltspunkte, die für einen Täterwillen auf Seiten des Teilenden sprechen. Eine Interpretation des Teilens als neutrales

1399 OLG Dresden Urt. v. 01.06.2018 – 4 U 217/18, NJW-RR 2018, 1196, 1197 f.; vgl. OLG Dresden Urt. v. 07.02.2017 – 4 U 1419/16, MMR 2017, 542, 543; OLG Frankfurt Urt. v. 26.11.2015 – 16 U 64/15, MMR 2016, 489; in diese Richtung auch *Krischker* JA 2013, 488, 490.

1400 *Krischker* JA 2013, 488, 493; *Tschorr* MMR 2021, 204, 207.

1401 *Volkmann* MMR 2018, 58, 62; *Zaczyk* in Kindhäuser/Neumann/Paeffgen, Vorbem. zu §§ 185ff Rn. 22 sowie die Darstellung der Argumente bei *Krischker* JA 2013, 488, 493. Für eine Täterschaft sowohl beim Liken als auch beim Teilen *Bauer/Günther* NZA 2013, 67, 70.

1402 Vgl. *Geiring* Risiken von Social Media und User Generated Content, S. 146 f.; *Krischker* JA 2013, 488, 493.

1403 *Krischker* JA 2013, 488, 490.

1404 *Geiring* Risiken von Social Media und User Generated Content, S. 146 f.; *Krischker* JA 2013, 488, 493.

1405 *Geiring* Risiken von Social Media und User Generated Content, S. 147.

aufmerksam machen auf einen Inhalt entspräche demnach nicht der faktischen Interpretation der Handlung aus dem (objektiven) Empfängerhorizont.

Jedoch könnte am Beherrschen des Geschehensablaufs aus dem Grund gezweifelt werden, dass der geteilte Beitrag sich insofern als derivativ zum Ausgangsbeitrag darstellt, als er bei dessen Löschung ebenfalls erlischt.[1406] Innerhalb dieses unter der Bedingung der Nichtlöschung des Ausgangsposts stehenden Rahmens hält der Täter jedoch die Herrschaft über den durch seinen Beitrag geschaffenen Mikroblog in den Händen, sodass die Gesamtschau der objektiven Tatumstände eine Täterschaft begründet.[1407] Überdies ist die Tat durch die erstmalige Kenntnisnahme durch einen Dritten bereits vollendet, sodass eine nach dem Teilen erfolgende Löschung des Erstbeitrags erst nach Beendigung der Tat erfolgen würde und somit für die Tatherrschaft irrelevant ist. Des Weiteren verliert ebenso der Ersteller des ersten Posts mit der Entäußerung die Möglichkeit, die Weiterverbreitung zu kontrollieren, da allein mit dem Löschen das Teilen des Beitrages durch ein Kopieren des Inhalts nicht verhindert werden kann. Nach alledem ist der teilende Nutzer von üble Nachrede enthaltenden Inhalten als Täter zu qualifizieren.[1408] Dies dürfte indes deliktsübergreifend und nicht nur für reine Verbreitungsdelikte gelten, da mit der bewussten Einbindung ebenso ein zu eigen machen der Äußerung vorliegt wie auch von einem Bestehen von Tatherrschaft ausgegangen werden muss.[1409]

2. *Betätigen des Gefällt mir-Buttons*

Bei der Nutzung des Gefällt mir-Buttons gestaltet sich diese Bewertung eines eigenen täterschaftlichen Tatbeitrages sogar noch schwieriger, da zunächst der objektive Erklärungsgehalt dieses Verhaltens bestimmt werden muss.

a) Ermittlung des Aussagegehalts nach dem Empfängerhorizont

Zwar existieren keine „Gefällt mir nicht“-Buttons auf Facebook, sodass man zunächst hiermit für einen wertungsfreien Aussagegehalt und für die alleinige Intention des Likenden argumentieren könnte, auf den Beitrag aufmerksam zu machen.[1410] Argumentiert werden könnte ferner, dass die Interaktion lediglich

1406 *Krischker* JA 2013, 488, 493.

1407 *Krischker* JA 2013, 488, 493.

1408 *Geiring* Risiken von Social Media und User Generated Content, S. 146 f. hinsichtlich der Täterschaft bei § 185 StGB, S. 147 f. zu § 186 StGB. Für die Einordnung des Teilens als täterschaftlicher Beitrag bei § 185 StGB *Krischker* JA 2013, 488, 493. Ein zu eigen machen nimmt auch *Tschorr* MMR 2021, 204, 207 an.

1409 In die Richtung einer deliktsunabhängigen Einordnung als Täter *Geiring* Risiken von Social Media und User Generated Content, S. 146 f.

1410 Dies eruiert zunächst *Geiring* Risiken von Social Media und User Generated Content, S. 141.

als eine Art Lesebestätigung zu verstehen ist, was empirisch durch die zahllosen Likes als Reaktion auf infantile Beiträge gestützt werden könnte.[1411] Durch Nutzung dieser Schaltfläche wird gegenüber dem Freundeskreis die Ursprungsnachricht repliziert. Die entsprechende Kennzeichnung drückt zudem schon optisch in umfassender Form das Wohlwollen des Gefallensäußernden aus.[1412] Gleichzeitig wird die Visibilität und der Rezipientenkreis durch die Verbreitung an das eigene Netzwerk regelmäßig gesteigert.[1413]

Wie *Geiring*[1414] zu Recht anmerkt, kann ein Like daher aus dem Empfängerhorizont nicht als „wertneutral" oder lediglich als ein Ausdruck „sozialer Anerkennung" gegenüber dem Äußernden interpretiert werden, selbst wenn auf sozialen Netzwerken in der Tat eine Vielzahl belangloser Beiträge mit dieser Markierung versehen werden. Der Aussagegehalt des Likes bemisst sich insoweit zusammengesetzt aus demjenigen des gelikten Beitrages und der durch den Like allgemein ausgedrückten Zustimmung: Diese beiden Äußerungen werden verknüpft und ergeben in ihrem Zusammenspiel den Aussagegehalt des Tatbeitrags des Likenden.[1415] In gewisser Weise erscheint der Tatbeitrag durch das Liken eines üble Nachrede enthaltenden Beitrags größer als derjenige beim Teilen, da das bloße Teilen ohne die Markierung Gefällt mir nach dem Empfängerhorizont auch nur so aufgefasst werden könnte, dass der Interagierende auf diesen Beitrag wertneutral aufmerksam machen möchte.[1416] Für den Gefällt mir-Button entschied ein Gericht in der Schweiz, dass das Anklicken des Buttons eine klare Befürwortung bzgl. der enthaltenen Inhalte zum Ausdruck bringe und verurteilte den Angeklagten wegen mehrfacher übler Nachrede zu einer Geldstrafe.[1417]

b) Beteiligungsstrafrechtliche Bewertung

Fraglich ist aber, wie es sich auswirkt, dass dem alleinigen Betätigen des Gefällt mir-Buttons nicht der eindeutig befürwortende Bedeutungsgehalt wie im Falle der Weitergabe einer Information mit expliziter Befürwortung zu entnehmen ist.[1418]

1411 *Geiring* Risiken von Social Media und User Generated Content, S. 141.

1412 *Geiring* Risiken von Social Media und User Generated Content, S. 141. Vgl. *Krischker* JA 2013, 488, 490.

1413 Vgl. *Krischker* JA 2013, 488, 490.

1414 *Geiring* Risiken von Social Media und User Generated Content, S. 142.

1415 *Geiring* Risiken von Social Media und User Generated Content, S. 142.

1416 Diese Unterscheidung trifft auch *Geiring* Risiken von Social Media und User Generated Content, S. 142.

1417 BG Zürich Urt. v. 29.05.2017 – Geschäfts-Nr. GG160246.

1418 *Schulte/Kanz* ZJS 2013, 24, 26.

aa) *Auffassungen zu § 185 StGB (insbesondere Erfordernis der Kundgabe eigener Missachtung)*

Dazu wird teilweise vorgebracht, dass aufgrund der Visibilität des Ausgangsbeitrages der Liker nicht wolle, dass die Aussage als seine eigene verstanden wird.[1419] Das Liken von Beiträgen erfolge inflationär und bisweilen in neutralen oder belanglosen Zusammenhängen und könne daher nicht als ein zu eigen machen des Ursprungsinhalts gedeutet werden.[1420] Zudem sei ein zu eigen machen schon deswegen abzulehnen, weil die Darstellung des Ursprungsbeitrages im Internet unabdingbar sei, da der Ursprungsbeitrag den Rezipienten anderweitig nicht bekannt sei und es somit am Bezugsgegenstand des ausgedrückten Wohlwollens fehlen würde.[1421] Der Tatbeitrag entspreche eher einer Zustimmung und Verbreitung einer bereits erfolgten Ehrverletzung als einem eigenständigen Tatbeitrag.[1422]

Insofern hat sich hinsichtlich der Internetbeleidigung in Anwendung von § 185 StGB die Auffassung durchgesetzt, dass ein solcher Ausdruck eigener Missachtung mangels eines zu eigen Machens der Äußerung ausscheide.[1423] Allerdings wird dies nur dort relevant, wo die tatbestandliche Handlung das schlichte Verbreiten nicht ausreichen lässt, sondern ein darüber hinausgehendes spezifisches Verhalten (wie ein solches von appellativem Charakter bei § 130 Abs. 1 StGB oder die Kundgabe eigener Missachtung bei § 185 StGB) zumindest durch ein zu eigen machen der Äußerung[1424] erforderlich ist.[1425] Genügt demgegenüber schlichtes Verbreiten, ist für die Bewertung als Tathandlung – und auch für diejenige als eigenständiger Tatbeitrag – bereits ausreichend, dass durch den replizierten Beitrag dieser (mutmaßlich) erstmals dem eigenen Netzwerk als Rezipientenkreis visibel wird und dergestalt ein als eigenständiger strafrechtlicher Unwert zu qualifizierender Rechtsgutsangriff unternommen wird.[1426]

Sofern demnach lediglich an die Verbreitung bestimmter Informationen Sanktionen geknüpft werden, ist es nach alledem auch irrelevant, ob der Handelnde

---

1419 *Dittl* (Fn. 1397).

1420 *Dittl* (Fn. 1397).

1421 *Schulte/Kanz* ZJS 2013, 24, 27.

1422 *Krischker* JA 2013, 488, 491.

1423 *Geiring* Risiken von Social Media und User Generated Content, S. 142 ff.; *Krischker* JA 2013, 488, 490 f.

1424 OLG Frankfurt Beschl. v. 13.10.2016 – 16 W 57/16, MMR 2016, 850.

1425 *Schulte/Kanz* ZJS 2013, 24, 35. Dies übersieht offensichtlich *Lammich* Die Strafbarkeit der Verbreitung sogenannter „Fake News", S. 13 f., der zur Täterschaft bei einer Beleidigung dann auch *Krischker* JA 2013, 488, 490 f. zitiert, der sich dort aber eben nur zur Beleidigung verhält und die Täterschaft nur mangels eigener Herabwürdigung ablehnt.

1426 *Schulte/Kanz* ZJS 2013, 24, 35. Für eine täterschaftliche Qualifikation des Likens im Rahmen der Ehrschutzdelikte zuletzt auch *Eckel/Rottmeier* NStZ 2021, 1, 4.

lediglich auf Inhalte aufmerksam machen wollte. Ein Weitergeben der Informationen ist in solchen Fällen erst dann als erlaubtes Risiko zu begreifen und damit nicht mehr strafbar, wenn der Handelnde den unrichtigen Inhalten unter Mitteilung entsprechender Tatsachen oder anderweitig wirksam entgegentritt.[1427] Dem Likenden ist also die Last aufzubürden, von der Verwendung der Like-Funktion Abstand zu nehmen und der Aussage substantiiert entgegen zu treten, wenn er nur auf diese aufmerksam machen will.

bb) Bewertung bei § 186 StGB

Ist ein Ausdruck eigener Missachtung für eine täterschaftliche Begehung bei § 186 StGB nicht erforderlich, stellt sich gleichwohl die Frage, ob nach der herkömmlichen Abgrenzung zwischen den Beteiligungsformen ein täterschaftlicher Tatbeitrag durch das Liken angenommen werden kann. Der Beitrag des „Likers" ist nämlich mehr verflüchtigt als im Falle des Teilens, da der Beitrag nur im Newsticker erscheint und auf den Erstverbreiter sowie den Erstbeitrag verweist. Eine permanente Einbindung in Chronik und Profil erfolgt aber gerade nicht.[1428] Verbreitet werden die Inhalte neben dem Newsticker über die Startseite des Likers sowie seine verknüpften Kontakte.[1429]

Auf den Inhalt der Erstveröffentlichung hat der Handelnde ebenso wenig Einfluss wie auf das Fortbestehen seines Likes, der mit dem Löschen des Erstbeitrages ebenso gelöscht wird.[1430] Für reine Verbreitungsdelikte kann man argumentieren, dass für ein Verbreiten sogar das Publizieren von Gerüchten auszureichen vermag[1431] und das Betätigen des Gefällt mir-Buttons insofern aufgrund des neu

---

1427 Für Straffreiheit *Zaczyk* in Kindhäuser/Neumann/Paeffgen, § 186 StGB Rn. 10. SK/*Rogall* § 186 Rn. 15 verneint in diesen Fällen den Schutzzweck der Norm. LK-*Hilgendorf* § 186 StGB Rn. 8 verneint die Rechtswidrigkeit in Anwendung von § 193 StGB nur dann, wenn der Handelnde die Aussage unter Angabe von Tatsachen „wirksam wiederlegt." Unter dem Gesichtspunkt der Risikoverringerung dürfte indes auch bereits das wirksame Vorbringen von Zweifeln zur Straffreiheit führen. Für eine Lösung über § 193 StGB auch BGH Urt. v. 15.01.1963 – 1 StR 478/62; NJW 1963, 665, 666 f. Für die Annahme einer mutmaßlichen Einwilligung in engen Grenzen *Eisele/Schittenhelm* in Schönke/Schröder, § 186 StGB Rn. 8.

1428 *Krischker* JA 2013, 488, 489 ff.

1429 *Krischker* JA 2013, 488, 489 ff. Der Liker kann aber in den Privatssphäreeinstellungen den Adressatenkreis weiter festlegen, siehe dazu den Hilfebereich von *Facebook*, abrufbar unter https://de-de.facebook.com/help/100522066706974 (24.03.2022).

1430 *Geiring* Risiken von Social Media und User Generated Content, S. 144.

1431 Anders aber *Lammich* Die Strafbarkeit der Verbreitung sogenannter „Fake News", S. 13 f. Anders auch in Bezug auf § 185 StGB *Krischker* JA 2013, 488, 490f. StGB, der freilich die Kundgabe eigener Missachtung erfordert. Anders in Bezug auf § 111 StGB *Schulte/Kanz* ZJS 2013, 24, 33.

eröffneten Rezipientenkreises in Gestalt des eigenen Netzwerks als eigenständiger täterschaftlicher Beitrag zu bewerten ist. *Schulte/Kanz* unterscheiden insoweit in ihrem Beitrag nach Delikten mit Appellcharakter (wie dem Aufrufen zu Straftaten nach § 111 StGB), die nicht täterschaftlich seitens eines Likenden begangen werden und reinen Verbreitungsdelikten, welche die bloße Inhaltswiedergabe inkriminieren, wobei letztere zugleich der Likende als Täter begeht.[1432]

Das Gesamtbild der Tat, das als derivativ zum Ausgangsbeitrag erscheint und sich mehr als Förderung des fremden Beitrags durch die Amplifizierung des Empfängerkreises darstellt, ist indes bei Delikten entscheidend, die einen eigenen Ausdruck der Missachtung erfordern und demnach ein zu eigen machen der Äußerung erfordern, da mehr ein Amplifizieren der Reichweite einer fremden Äußerung als das Tätigen einer eigenen Äußerung im Vordergrund steht.[1433] Nicht ohne Weiteres übertragbar erscheint zudem die Rechtsprechung zur Beteiligung beim Setzen eines Links zu einer rechtsverletzenden Seite,[1434] da mit dem Verlinken signifikant mehr Aufwand verbunden ist als mit dem bloßen Betätigen dieses Interaktionsfeldes.[1435] Das Betätigen des Gefällt mir-Buttons kann daher im Kontext übler Nachrede als täterschaftlicher Beitrag gewertet werden.[1436] Verfehlt erscheint es zudem, aufgrund der Qualität des Tatbeitrags bei Likenden mit besonderem sozialen Einfluss eine Täterschaft im Einzelfall für möglich zu halten,[1437] da die mangelnde Tatbeherrschung insoweit nicht von der Hand zu weisen ist.

c) *Zusammenfassung: Täterschaftliche Bewertung eines Likes*

Nach alledem kann deliktsübergreifend festgestellt werden, dass das Nutzen der Gefällt mir-Funktion bei Verbreitungsdelikten wie § 186 StGB als täterschaftlicher Tatbeitrag bewertet werden kann. Dagegen ist bei Delikten, die eine eigene

---

1432 *Schulte/Kanz* ZJS 2013, 24, 29 ff. Vgl. auch den Beitrag von *Eckel/Rottmeier* NStZ 2021, 1, 5, deren am Beispiel von § 130 StGB getroffene Unterscheidung in eine ähnliche Richtung geht.

1433 *Krischker* JA 2013, 488, 491; vgl. auch *Geiring* Risiken von Social Media und User Generated Content, S. 143 f.

1434 Für Täterschaft OLG Stuttgart Urt. v. 24.04.2006 – 1 Ss 449/05, MMR 2006, 387. Dagegen für Beihilfe mangels Einflussmöglichkeit des verlinkenden Nutzers auf die verlinkten Inhalte *Liesching* MMR 2006, 387, 391; *Hörnle* NJW 2002, 1008, 1010.

1435 Anders *Lammich* Die Strafbarkeit der Verbreitung sogenannter „Fake News“, S. 13, der aber zu übersehen scheint, dass der von ihm zitierte *Krischker* JA 2013, 488, 490 f. sich allein zu § 185 StGB verhält, der im Gegensatz zu §§ 186, 187 StGB die Kundgabe eigener Missachtung erfordert.

1436 In diese Richtung vor allem *Geiring* Risiken von Social Media und User Generated Content, S. 147 f.

1437 So angedeutet bei *Geiring* Risiken von Social Media und User Generated Content, S. 144.

Kundgabe erfordern, dieses Verhalten lediglich als Beihilfe zu qualifizieren – sofern deren weitere Voraussetzungen vorliegen.[1438]

II. Strafrechtliche Providerhaftung

1. Taugliche Tathandlung

Daneben kommt eine Haftung der Provider i.S.d. §§ 8–10 TMG als Beihilfeleistende in Betracht. Network und Access-Providern stehen bei Beachtung des Fernmeldegeheimnisses faktisch keine Einwirkungsmöglichkeiten zur Verfügung, sodass deren Verantwortlichkeit in Anbetracht von Art. 7 Abs. 2 TMG teilweise abgelehnt wird.[1439] § 8 Abs. 1 S. 1 Nr. 1–3 TMG enthalten Gegenbeispiele, die eine besondere Nähe der oben genannten Provider begründen und die daher die Privilegierung ebenso ausschließen wie ein kollusives Zusammenwirken mit dem Inhalteanbieter. Aber auch die Kenntnis von der Rechtswidrigkeit der Inhalte kann eine solche besondere Nähe begründen, wobei gegen eine Strafbarkeit gleichwohl die mangelnden Einwirkungsmöglichkeiten vorgebracht werden.[1440] Trotzdem wird für Zugangsprovider von einer beachtlichen Auffassung eine Strafbarkeit als Beihilfeleistende angenommen, sofern diese trotz vermittelter Kenntnis der rechtsverletzenden Inhalte die Sperrung unterlassen.[1441]

Begründet wird dies mit § 7 Abs. 3 Satz 1 TMG, nach dem die Verpflichtung aufgrund von gerichtlichen oder behördlichen Anordnungen zur Entfernung oder Sperrung der Nutzung rechtswidriger Inhalte nach den allgemeinen Gesetzen unberührt bleibt. Hierzu zählen insbesondere die Strafgesetze. Dieses Ergebnis wird zudem dem Sinn und Zweck der Haftungsprivilegierung gerecht, die im Falle

---

1438 Namentlich bei den §§ 126, 130 Abs. 1, 3, 145d, 164 StGB kommt daher nur Beihilfe des Likers in Betracht, wohingegen dieser bei den reinen Verbreitungsdelikten der §§ 86, 100a, 130 Abs. 2, Abs. 5 i.V.m Abs. 2 und 3, 186 ff., 201a Abs. 2 StGB, §§ 119 Abs. 1, 120 Abs. 2 Nr. 3, Abs. 15 Nr. 2 WpHG i.V.m. Art. 15, 12 Abs. 1 lit. c, d MAR und § 33 KUG täterschaftlich handelt. Für die Bewertung als täterschaftlicher Tatbeitrag auch bei § 186 StGB dagegen ohne nähere Begründung *Zaczyk* in Kindhäuser/Neumann/Paeffgen, Vorbem. zu §§ 185ff Rn. 22a.

1439 MüKo-StGB/*Freund* § 13 StGB Rn. 160.

1440 *Geiring* Risiken von Social Media und User Generated Content, S. 166 f.; *Hilgendorf/Valerius* Computer- und Internetstrafrecht, Rn. 175 ff. Gegen eine Haftung der Access-Provider *Lammich* Die Strafbarkeit der Verbreitung sogenannter „Fake News", S. 28.

1441 BeckOK StGB/*Valerius* § 185 StGB Rn. 66; *Hilgendorf/Valerius* Computer- und Internetstrafrecht, Rn. 217 ff.; vgl. *Zaczyk* in Kindhäuser/Neumann/Paeffgen, § 185 StGB Rn. 19. Ablehnend mangels Garantenstellung dagegen *Marberth-Kubicki* Computer und Internetstrafrecht, Rn. 366 sowie *Geiring* Risiken von Social Media und User Generated Content, S. 167.

positiver Kenntnis und damit bestehender subjektiver Nähe zur Rechtsverletzung gegen eine Privilegierung spricht.[1442] Soweit hiergegen eine fehlende Garantenpflicht des Zugangsproviders eingewendet wird,[1443] überzeugt diese generalisierende Argumentation kaum, weil hoheitliche Befehle eine solche gleichwohl zu begründen vermögen. Im Übrigen beweist die Existenz der Privilegierung von § 8 TMG, dass eine Strafbarkeit nicht in jedem Fall ausscheidet.[1444]

Auch das Postulat einer umfassenden Privilegierung nach dem Willen des Europäischen Richtliniengebers[1445] seitens der Kritiker überzeugt nicht, da den Ausführungen des Richtliniengebers[1446] die Annahme zugrunde lag, dass die Zugangsprovider keine Kenntnis von den Inhalten haben.[1447] Schließlich kann aus der Vorschrift des § 8 Abs. 1 S. 3 TMG im Umkehrschluss nicht abgeleitet werden, dass die bloße Kenntnis der rechtswidrigen Inhalte nicht auszureichen vermag,[1448] da § 7 Abs. 3 S. 1 TMG als *lex specialis* die strafrechtliche Haftung unberührt lässt. Nach alledem haften die für Network- bzw. Access-Provider handelnden natürlichen Personen im Falle positiver Kenntnis von strafbaren Handlungen dann, wenn sie die Sperrung gleichwohl unterlassen. Ebenso haften die Host-Provider dann für die auf ihren Speicherplätzen veröffentlichten Informationen, wenn sie eine solche Kenntnis aufweisen, da schon § 10 S. 1 Nr. 2 TMG voraussetzt, dass der Host-Provider unmittelbar nach Kenntniserlangung tätig wird.[1449]

Die für eine Beteiligung durch Unterlassen unabdingbare *Garantenstellung* wird mangels pflichtwidrigem Vorverhalten[1450] *aus der Eröffnung einer Gefahrenquelle begründet.*[1451] Auch dürfte die aus der Garantenstellung folgende Garantenpflicht

---

1442 *Hilgendorf/Valerius* Computer- und Internetstrafrecht, Rn. 217 ff.; vgl. auch *Zaczyk* in Kindhäuser/Neumann/Paeffgen, § 185 StGB Rn. 19.

1443 *Satzger* in Herrmann/Ohly (Hrsg.), 161, 171 f.

1444 *Hilgendorf/Valerius* Computer- und Internetstrafrecht, Rn. 220.

1445 So *Kudlich* JA 2002, 798, 802.

1446 ABl. EG 2000 L 178, S. 1, 6.

1447 *Hilgendorf/Valerius* Computer- und Internetstrafrecht, Rn. 221 f.

1448 So aber *Eisele* in Schönke/Schröder, § 184 StGB Rn. 89; *Satzger* CR 2001, 109, 113 ff.; vgl. auch MüKo-StGB/*Hörnle* § 184d Rn. 20, die aber eine Bestrafung nach Erlass einer Sperrverfügung aufgrund von § 8 Abs. 1 S. 2 TMG für möglich befindet.

1449 *Hilgendorf/Valerius* Computer- und Internetstrafrecht, Rn. 206 ff. Nach *Hoeren* EWE 19 (2008), 524, 525 scheitert eine Haftung der Provider regelmäßig am Kriterium der Zumutbarkeit.

1450 So im Ergebnis auch *M. Schreiber* Strafbarkeit politischer Fake News, S. 234 ff., der eine Garantenpflicht aus Ingerenz ausführlich prüft.

1451 *Geiring* Risiken von Social Media und User Generated Content, S. 163 f.; *Hilgendorf/Valerius* Computer- und Internetstrafrecht, Rn. 242; *Zaczyk* in Kindhäuser/Neumann/Paeffgen, § 185 StGB Rn. 19 sowie zuletzt *M. Schreiber* Strafbarkeit politischer Fake News, S. 237 ff., der argumentiert, dass aufgrund der Informationsfülle nur die Plattformbetreiber selbst effektiv gegen Inhalte einschreiten können – wohingegen

noch nach der Veröffentlichung fortbestehen. Zwar hat sich zum Zeitpunkt der Äußerung die Rechtsgutsverletzung bereits realisiert und ist die ehrverletzende Äußerung bereits unkontrollierbar in der Welt,[1452] jedoch kann durch die umgehende Löschung der Inhalte eine weitergehende Amplifizierung des Empfängerkreises noch verhindert werden. Schlichtweg unrichtig ist daher der Vergleich mit einem Hundebesitzer, der nach einem durch seinen freilaufenden Hund verursachten Biss die Wunden nicht versorgt. Das Beispiel im Hinblick auf den hiesigen Fall wäre vielmehr als ein iterativer Biss in die gleiche Wund zu bilden – wobei hiermit nicht bloß das Unterlassen eines schadensrestituierenden Verhaltens Anknüpfungspunkt wäre, da das Schadensausmaß noch nicht abschließend feststeht.[1453] Ferner kann durch das wiederholte Zirkulieren des Beitrags der Schaden für das Rechtsgut noch erheblich gesteigert werden.[1454]

2. *Bewertung als täterschaftlicher Tatbeitrag?*

Host-Provider beherrschen zudem den von ihnen gehosteten Speicher, sodass deren Unterlassen grundsätzlich als täterschaftlich zu betrachten sein könnte.[1455] Hingegen fehlen Access- und Network-Providern diese weitgehenden tatsächlichen Einflussmöglichkeiten, sodass deren Verhalten nur als Beihilfe gewertet werden kann. Tatsächlich bestehen also hinsichtlich der Haftung von Zugangsprovidern und Host-Providern insoweit Unterschiede, als Host-Provider im Falle von bestehender Kenntnis Täter sein können, die anderen Provider dagegen fördern nur eine fremde Tat und sind daher allenfalls als Gehilfen in Erscheinung. Bei Network- und Access-Providern kann das Kriterium der Zumutbarkeit im Einzelfall noch die Haftung ausschließen, da im Rahmen der dort vorzunehmenden

staatliche Rechtsdurchsetzung nicht erfolgversprechend sei. Ebendort auf S. 241 verweist *M. Schreiber* zudem trefflich darauf, dass die Plattformbetreiber bei nicht eindeutig rechtlich einzuordnenden Inhalten nicht zur Löschung verpflichtet sind – wobei für diese Einordnung nach hiesiger Auffassung aber strenge Maßstäbe anzulegen sind. Vgl. auch *Ceffinato* ZStW 132 (2020), 544, 555 ff. Gegen die Annahme einer Garantenpflicht der Betreiber sozialer Netzwerke – auch mangels Bedürfnisses einer Strafbarkeit wegen der möglichen Verfolgung als Ordnungswidrigkeiten nach dem NetzDG *Eckel/Rottmeier* NStZ 2021, 1, 6.

1452 *Ceffinato* Vollendungsumkehr und Wiedergutmachung, S. 236 ff.

1453 Mit diesem Beispiel eine Garantenpflicht ablehnend *Ceffinato* JuS 2017, 403, 406.

1454 *Geiring* Risiken von Social Media und User Generated Content, S. 144.

1455 MüKo-StGB/*Hörnle* § 184d Rn. 21, vgl. auch *Spindler* MMR 1998, 639, 640. Für Beihilfe dagegen KG Beschl. v. 25.08.2014 – 4 Ws 71/14 – 141 AR 363/14, NJW 2014, 3798, 3799; Satzger/Schluckebier/Widmaier/*Lohse* § 130 StGB Rn. 30; *Vassilaki* MMR 1998, 630, 634 sowie *M. Schreiber* Strafbarkeit politischer Fake News, S. 227 f., der darauf abstellt, dass der Host-Provider keinen Einfluss auf das „Ob und Wie" der Beiträge habe.

Abwägung der Interessen der Anbieter, der Verletzten und der Allgemeinheit an der Löschung einzelner Beiträge die Interessen der Anbieter, den Zugang nicht insgesamt zu sperren wegen einer drohenden Verletzung eines Rechtsguts, das nicht von allerhöchstem Wert ist, im Einzelfall überwiegen können.[1456]

Da nur auf Seiten der der Host-Provider ein täterschaftlicher Beitrag abstrakt möglich ist, stellt sich die Frage, ob deren Tatbeitrag im rechtlichen Sinne als Handeln oder Unterlassen zu qualifizieren ist, da sich im Falle eines Unterlassens die Frage stellt, ob diese neben einem für positives Tun haftenden Content-Provider als unterlassender Tatbeteiligter überhaupt noch Täter sein können. Ein proaktives Tun wäre nur dann denkbar, wenn der Host-Provider von vornherein wüsste, dass der Nutzer beabsichtigt, strafbare Inhalte zu veröffentlichen, was allerdings in den meisten Fällen nicht der Fall sein wird.[1457] Ohnehin dürfte zum Zeitpunkt der Zugangsgewährung das Rechtsgut noch nicht unmittelbar gefährdet[1458] sein, sodass allein ein Unterlassen Anknüpfungspunkt der Strafbarkeit sein kann.[1459] Daher ist die Möglichkeit einer Unterlassungstäterschaft neben einem Begehungstäter näher zu beleuchten.

Kaum überzeugend erscheint es zunächst, mangels Tatherrschaft in jedem dieser Fälle von einer Teilnahme des Unterlassenden auszugehen,[1460] da das Kriterium der Tatherrschaft bei einem Unterlassen nur in der Möglichkeit zur Erfolgsabwendung begründet sein könnte, die aber ohnedies im Rahmen von § 13 StGB bereits vorausgesetzt ist und die Theorie daneben eine Differenzierung von vornherein nicht leisten kann.[1461] Auch die rigorose Annahme von Täterschaft beim Zusammentreffen mit einem Begehungstäter[1462] ist durchgreifenden Bedenken ausgesetzt, da der Unterlassende mangels Strafmilderungsmöglichkeit de facto schlechter stünde als der Begehungstäter.[1463] Diese Theorie würde zur Täterschaft der Host-Provider führen.

1456 *Hilgendorf/Valerius* Computer- und Internetstrafrecht, Rn. 210.

1457 *Hilgendorf/Valerius* Computer- und Internetstrafrecht, Rn. 239.

1458 Zur abweichenden Bewertung allein kriminelle Bestrebungen verfolgender Foren („*Underground Economy Forums*") *Ceffinato* JuS 2017, 403, 407.

1459 Für die alleinige Maßgeblichkeit eines Unterlassens auch *Ceffinato* JuS 2017, 403, 404; *Eckel/Rottmeier* NStZ 2021, 1, 5; *Geiring* Risiken von Social Media und User Generated Content, S. 169 und *M. Schreiber* Strafbarkeit politischer Fake News, S. 227.

1460 Lackner/Kühl/*Kühl* § 13 StGB Rn. 5.

1461 *Gaede* in Kindhäuser/Neumann/Paeffgen, § 13 StGB Rn. 26.

1462 *Gaede* in Kindhäuser/Neumann/Paeffgen, § 13 StGB Rn. 26; *Roxin* Strafrecht AT II, § 31 Rn. 140 ff.

1463 *B. Heinrich* Strafrecht AT, Rn. 1215.

Befindet man dagegen in dieser Fallkonstruktion das Kriterium der Tatherrschaft entscheidend,[1464] könnte man erwägen, die Host-Provider als Beherrscher des Speicherraums aufgrund der noch fortdauernden Rechtsgutbeeinträchtigung bei Verbreitungsdelikten (dazu sogleich unter § 4 E. IV. unten) nach Kenntniserlangung stets als Täter einzuordnen, weil diese die Rechtsverletzung unterbinden können – was im Falle der unmittelbaren Intervention gar den überwiegenden Teil des Schadens abwenden könnte.[1465] Aus strafrechtsdogmatischen Gründen erscheint es allerdings naheliegender, diese lediglich als Teilnehmer zu qualifizieren – weil ihre pflichtenbegründende Kenntnis immer erst eine „logische Sekunde" nach der Veröffentlichung ausgelöst werden kann und sie daher auf die erstmalige Veröffentlichung nicht einwirken können. Eine Ausnahme mag in Fällen eruiert werden, in denen die Veröffentlichung eines inkrimierten Inhalts über einen bestimmten Account angekündigt wird und gleichwohl die Sperrung bzw. Löschung des Accounts unterbleibt – sowie Beiträge auf Accounts, die bereits mehrfach durch die Verbreitung inkrimierter Inhalte aufgefallen sind und die trotz entsprechender Kenntnis des Hosts nicht gesperrt bzw. gelöscht worden sind.

Wollte man nach der Art der Garantenpflicht unterscheiden und Beschützergaranten regelmäßig als Täter, Überwachergaranten dagegen nur als Teilnehmer einordnen,[1466] wären Host-Provider aufgrund ihrer Überwachungspflichten nur Teilnehmer. Dieser Ansatz ist allerdings dogmatischen Bedenken ausgesetzt, weil Personen durchaus beide Garantenstellungen zugleich innehaben können und diese Unterscheidung von den Vertretern selbst nicht rigoros durchgehalten wird.[1467] Die Rechtsprechung dagegen reanimiert für diese Fallgruppe ihre strenge animus-Theorie und differenziert nach Täter- und Teilnahmewillen, die freilich um objektive Kriterien zur indiziellen Feststellung angereichert wird.[1468] Objektive Indizien für das Bestehen eines Täterwillens sind allerdings bei schlichtem Unterlassen ungleich schwieriger als bei einer Begehungstat nachweisbar,[1469] sodass die Theorie den Rechtsanwender in eine Gefühlsentscheidung zwingt. In den hier untersuchten Fallgestaltungen müsste in dubio pro reo wohl regelmäßig von bloßem Teilnehmerwillen ausgegangen werden. Die praktische Untauglichkeit dieses Abgrenzungskriteriums zeigt sich gerade bei Pflichten von Host-Providern im Internet: Das schlichte Unterlassen ist herbei aufgrund der körperlichen Nichtanwesenheit faktisch unverwertbar. Nach dieser generischen Darstellung führt also die

---

1464 LK-*Weigend* § 13 StGB Rn. 94; *Heine/Weißer* in Schönke/Schröder, Vorbem. zu den §§ 25 ff. Rn. 102; *B. Heinrich* Strafrecht AT, Rn. 1214.

1465 Anders dagegen *M. Schreiber* Strafbarkeit politischer Fake News, S. 227 f.

1466 *Gropp* Strafrecht AT, § 11 Rn. 43.

1467 *Heine/Weißer* in Schönke/Schröder, Vorbem. zu den §§ 25 ff. Rn. 102; *B. Heinrich* Strafrecht AT, Rn. 1217.

1468 BGH Urt. v. 25.09.1991 – 3 StR 95/91, NStZ 1992, 31, 32.

1469 *B. Heinrich* Strafrecht AT, Rn. 1213.

vorzugswürdige Tatherrschaftslehre nur in Ausnahmefällen zur Annahme einer Nebentäterschaft des Host-Providers neben dem Begehungstäter.

III. Beteiligungsrechtliche Bewertung von externen[1470] Verlinkungen

Interaktionen in sozialen Netzwerken werden vielfach Sachverhalte beinhalten, bei denen eine Desinformation ausschließlich in einem Link befindlich ist, der Bestandteil der Interaktion ist.[1471] Konsens besteht insoweit, dass die Regelungen des TMG auf Verlinkungen nicht anwendbar sind – und zwar unabhängig von der Frage, ob der Linksetzende sich die derart verknüpften Inhalte durch seine Interaktion zu eigen macht.[1472] Daraus folgt, dass sich die Haftung nach den allgemeinen Regeln bestimmt.[1473] Sofern der Verlinkende sich den Inhalt nicht zu eigen macht – im anderen Falle haftet der Verlinkende ohnedies wie für einen eigenen Beitrag – wird eine Verlinkung wie eine Quellenangabe zu einem weiteren Inhalt in einer wissenschaftlichen Publikation betrachtet und eine Haftung nur dann angenommen, wenn die rechtswidrigen Inhalte am Zielort des Verweises deutlich erkennbar sind oder der Verlinkende von der Rechtswidrigkeit des Beitrags in Kenntnis gesetzt wird.[1474] In diesem Fall besteht eine Garantenstellung infolge der Verantwortlichkeit für eine Gefahrenquelle.

Das (erstmalige) Posten eines einen Link enthaltenden Beitrages in sozialen Netzwerken ist nach alledem bei Vorliegen der übrigen Voraussetzungen dann eine täterschaftliche üble Nachrede, wenn der Handelnde sich den Beitrag (zum Beispiel durch erklärten Zuspruch) erkennbar zu eigen macht. Sofern ein Nutzer mittels Facebook-Interaktionen vorher von anderen Nutzern gepostete Links verbreitet, dürfte hinsichtlich der Täterschaft zu differenzieren sein: Durch das Teilen macht der Handelnde sich den Beitrag erneut zu eigen und schafft einen neuen, unabhängigen Ausgangsbeitrag, was für ein täterschaftliches Handeln sprechen

1470 Bei einem internen Link auf eigene Inhalte knüpft die Haftung demgegenüber bereits an den dort befindlichen Inhalt an, vgl. MüKo-StGB/*Hörnle* § 184d Rn. 33.

1471 Umfassend zu den technischen Hintergründen *Detlefsen* Die strafrechtliche Verantwortlichkeit für das Setzen von Hyperlinks, S. 10 ff. Diese Hintergründe werden vorliegend zwecks generischer Aufarbeitung der Providerproblematik nicht darstellt.

1472 *Hilgendorf/Valerius* Computer- und Internetstrafrecht, Rn. 232; *Redeker* IT-Recht, Rn. 1339; BGH Urt. v. 18.06.2015 – I ZR 74/14, GRUR 2016, 209, 211 Rn. 12; zum durch das TMG abgelösten Telekommunikationsgesetz BGH Urt. v. 01.04.2004 – I ZR 317/01, MMR 2004, 529, 530.

1473 *Redeker* IT-Recht, Rn. 1339.

1474 BGH Urt. v. 18.06.2015 – I ZR 74/14, GRUR 2016, 209, 211 Rn. 12 ff, 212 Rn. 25; vgl. auch *Redeker* IT-Recht, Rn. 1339.

könnte. Allerdings ließe sich argumentieren, dass der Handelnde keinerlei Einfluss auf das Fortbestehen des Beitrages auf der Seite hat, auf die der Link verweist, sodass – vergleichbar der Argumentation beim bloßen Liken von Beiträgen – mangels Tatherrschaft nur von Beihilfe auszugehen ist.[1475] Demgegenüber könnte man für Täterschaft aus der Überlegung heraus argumentieren, dass die Verbreitung durch das Verlinken wesentlich beeinflusst werden kann.[1476]

Dem ließe sich zudem nicht entgegen, dass eine wesentliche Beeinflussung einer Tat auch bei der Beihilfe möglich ist, denn der erheblichen Unrechtssteigerung durch die Amplifizierung des Empfängerkreises wird man nur durch die Würdigung als eigenständiger täterschaftlicher Tatbeitrag gerecht. Zwar ist neben diesen Gesichtspunkten hinsichtlich des Fortbestehens der Quelle sogar das Fortbestehen des Links selbst für den lediglich Likenden nicht steuerbar und sein Beitrag zum Ausgangsbeitrag derivativ, was ebenfalls für die Bewertung als Gehilfe sprechen würde.[1477] Jedoch ist dies für die täterschaftliche Verwirklichung der Verbreitungshandlung irrelevant, sofern der Link nur zumindest kurze Zeit mit dem spezifischen Inhalt abrufbar war.[1478] Auch insofern kommt es daher auf eine tatbestandsbezogene Beurteilung der Tatherrschaft anhand der jeweils aufgestellten Voraussetzungen an, da diese Bewertung dann anders ausfallen muss, wenn die Tathandlung die Kundgabe eigener Missachtung erfordert.[1479]

IV. Möglichkeit sukzessiver Beihilfe – Beendigungszeitpunkt moderner Kommunikationsformen am Beispiel von Ehrverletzungen

Da für Provider nach alledem regelmäßig lediglich eine Beihilfestrafbarkeit in Betracht kommt,[1480] ist die Möglichkeit sukzessiver Beihilfe von Relevanz, die

---

1475 Für Beihilfe auch *Hilgendorf/Valerius* Computer- und Internetstrafrecht, Rn. 246. Für Beihilfe zum Verbreiten pornografischer Schriften durch das Verbreiten von Links MüKo-StGB/*Hörnle* § 184d Rn. 33; vgl. OLG Stuttgart Urt. v. 14.03.2013 – 2 U 161/12, BeckRS 2014,8584.

1476 OLG Stuttgart Urt. v. 24.04.2006 – 1 Ss 449/05, MMR 2006, 387,388.

1477 Eine Unterscheidung in ein positives Tun oder ein Unterlassen im Falle des Verlinkens ist daher für die hiesige Untersuchung obsolet. Vgl. dazu aber *Hilgendorf/Valerius* Computer- und Internetstrafrecht, Rn. 238.

1478 Für eine Täterschaft bei den § 86 Abs. 1 Nr. 4 StGB und § 130 Abs. 1 Nr. 1 StGB durch Verlinkungen LG Frankfurt Urt. v. 27.09.2016 – 5/27 KLs-8/16-6111 Js 226915/15, ZD 2017,82.

1479 So aber *Eisele* in Schönke/Schröder, § 184 StGB Rn. 83, der allerdings gleichwohl im Regelfall eine Täterschaft mangels Tatherrschaft verneint.

1480 Daneben kommt eine sukzessive Beihilfe von Likenden mangels eines zu eigen machens bei den §§ 130 Abs. 1 und Abs. 3, 164, 145d, 126 StGB in Betracht. Die

aufgrund der Vollendung der Tat mit der Wahrnehmung des Beitrags[1481] allein noch möglich ist.[1482]

1. Taugliche Beihilfehandlung

Zunächst müsste eine taugliche Beihilfehandlung vorliegen, die in jeder die Haupttat erst ermöglichenden oder ihren rechtsgutsverletzenden Erfolg erhöhenden Handlung bestehen kann. Erfasst sind also nicht nur die Rechtsverletzung erst ermöglichende, sondern zugleich deren Umfang erst ausmachende Handlungen.[1483] Die Unterlassungen von Providern können grundsätzlich als taugliches Beihilfeverhalten qualifiziert werden, da die Garanten es bei Inkenntnissetzung über den rechtsverletzenden Inhalt jeweils unterließen, durch Vollziehung der von Rechts wegen gebotenen Handlung die Ausführung der Tat zu verhindern, zu erschweren oder abzuschwächen.[1484]

2. Teilnahmefähigkeit der Haupttat – sukzessive Beihilfe

Entscheidend für die Teilnahmemöglichkeit ist aber, ob die Tat noch nicht beendet und daher weiterhin teilnahmefähig ist, der Angriff auf das Rechtsgut also noch andauert und infolgedessen gefördert, gestützt oder intensiviert werden kann und die Rechtsgutsverletzung noch nicht endgültig eingetreten ist.[1485] Sukzessive Beihilfe soll nach herrschender Auffassung aber nur noch dann möglich sein, wenn „der Angriff auf das betroffene Rechtsgut durch den Gehilfenbeitrag aufrechterhalten wird oder ein tatbestandlich erfasstes Unrecht hinzutritt, " beispielsweise beim Verstärken eines Feuer an einem bereits in Brand gesetzten Objekt.[1486] Die Rechtsprechung tendiert zu einer weitgehenden Interpretation des Beendigungszeitpunkts und hielt das Handeltreiben mit unerlaubten Betäubungsmitteln sogar

---

nachfolgende Darstellung gilt indes auch für diese mögliche Strafbarkeit und wird nicht noch einmal gesondert dargestellt.

1481 *Eisele/Schittenhelm* in Schönke/Schröder, § 186 StGB Rn. 17. Für die Vollendung erst mit dem Verstehen als ehrenrührig *Zaczyk* in Kindhäuser/Neumann/Paeffgen, § 186 StGB Rn. 20.

1482 *Lammich* Die Strafbarkeit der Verbreitung sogenannter „Fake News", S. 14.

1483 *Heine/Weißer* in Schönke/Schröder, § 27 StGB Rn. 6.

1484 Vgl. zu dieser Definition eines Beihilfeverhaltens durch Unterlassen BGH Urt. v. 19.12.1997 – 5 StR 569/96, NJW 1998, 1568, 1574. Sofern bei einer Verlinkung dagegen die Inhalte bereits im Zeitpunkt der Referenzierung vorhanden waren, dürfte es sich um eine aktive Handlung handeln.

1485 Vgl. für die Möglichkeit sukzessiver Beihilfe BGH Urt. v. 26.04.1994 – 1 StR 87/94, NStZ 1994, 441 sowie *Heine/Weißer* in Schönke/Schröder, § 27 StGB Rn. 20.

1486 *Heine/Weißer* in Schönke/Schröder, § 27 StGB Rn. 20.

noch nach deren Sicherstellung für beihilfefähig.[1487] Bei Dauerdelikten ist die Tat indes so lange teilnahmefähig, wie der Angriff noch fortdauert.[1488]

Die Tat könnte hier als nicht beendet und daher noch teilnahmefähig zu bewerten sein, da eine weitere Unrechtssteigerung trotz materieller Vollendung durch die Verbreitung weiterhin möglich ist und deshalb die Tat nicht beendet sein könnte.[1489] Allerdings handelt es sich bei Äußerungen in der „analogen Welt" nach bisheriger Auffassung nicht um ein Dauerdelikt. Eine Unterscheidung zwischen Vollendung und Beendigung erfolgte daher nicht.[1490] Die Vermittlung des Delikts über das Internet perpetuiert den Zustand jedoch dauerhaft – der Zustand findet nicht wie bei der „analogen Begehung" bereits mit der Entäußerung seinen Abschluss und kann nicht etwa nicht mehr weiter wahrgenommen werden. Vielmehr ist die Äußerung weiterhin einem beachtlichen Personenkreis zugänglich.[1491] Die Möglichkeit des erneuten Aufgreifens besteht zudem ohne ein erneutes Entäußern des Inhalts: Erst mit dem endgültigen Entfernen der Äußerung von der jeweiligen Plattform wird diese Möglichkeit beendet.[1492] Auch der Wortlaut der Norm verbietet nicht etwa eine Unterscheidung zwischen Vollendung und Beendigung, da ebenso dem Wortlaut des Diebstahls das von der herrschenden Auffassung vertretene zeitliche Auseinanderfallen zwischen Beendigung und Vollendung nicht zu entnehmen ist.[1493]

Ferner sind keine durchgreifenden Bedenken im Hinblick auf den Bestimmtheitsgrundsatz und den Grundsatz *„nullum crimen sine lege"* anzumelden, da die oben genannten Besonderheiten bei durch das Internet vermittelten Ehrschutzdelikten – der große Empfängerkreis, die Interventionsmöglichkeit Dritter sowie die jahrelange Speicherung – nicht auf einer vom Gesetzgeber nicht beabsichtigten Tatbestandsausdehnung, sondern schlicht auf der technischen Funktionsweise des Internets beruhen. Ebenso ist der zeitlich verzögerte Verjährungsbeginn allein

---

1487 BGH Urt. v. 26.04.1994 – 1 StR 87/94, NStZ 1994, 441.

1488 BGH Urt. v. 31.07.2003 – 5 StR 251/03, NStZ 2004, 44; *Heine/Weißer* in Schönke/Schröder, § 27 StGB Rn. 20.

1489 *Krischker* JA 2013, 488, 491; *M. Schreiber* Strafbarkeit politischer Fake News, S. 231 f. Anders *Ceffinato* JuS 2017, 403, 407, der von einem Zusammenfallen von Vollendung und materieller Beendigung ausgeht, sowie *Dittl* (Fn. 1397), der aber wohl die Möglichkeit sukzessiver Beihilfe verkennt und nicht zwischen Beendigung und Vollendung zu unterscheiden scheint.

1490 *Krischker* JA 2013, 488, 492.

1491 *Krischker* JA 2013, 488, 491 f.; *Eckel/Rottmeier* NStZ 2021, 1, 4 f. Vgl. auch *Schulte/Kanz* ZJS 2013, 24, 32 sowie *Geiring* Risiken von Social Media und User Generated Content, S. 146.

1492 *Krischker* JA 2013, 488, 492; *Eckel/Rottmeier* NStZ 2021, 1, 4 f. Vgl. auch *Geiring* Risiken von Social Media und User Generated Content, S. 144.

1493 *Krischker* JA 2013, 488, 492.

auf diese technischen Gegebenheiten zurückzuführen – sodass auch insofern kein durchgreifendes Argument gegen die obige Auslegung besteht.[1494] Der fortdauernden Ehrverletzung durch die noch abrufbare Erstäußerung könnte man anderweitig nur durch die Konstruktion einer üblen Nachrede durch Unterlassen begegnen, die allerdings aufgrund der einmaligen, fortdauernden Handlung gekünstelt erschiene.[1495]

Ein Verbreiten oder Behaupten ist dabei schon nach der Wortbedeutung nicht auf eine einmalige Handlung beschränkt, die unmittelbar in einen diese Handlung beendenden Erfolg einmündet: Vielmehr können beide Alternativen über einen längeren Zeitraum begangen werden.[1496] Was Kommentare und Likes anbelangt, hat es der Erstveröffentlicher in der Hand, durch das Löschen seines Ausgangspostings zugleich die Folgekommentare verschwinden zu lassen. Es erscheint daher sachgerecht, die Beendigung erst mit dem Löschen anzunehmen, da die Rechtsbeeinträchtigung bis dahin fortdauert.[1497] Auch wenn dies den Vollendungszeitpunkt und damit auch den Beginn der Verjährung erheblich nach hinten verlagert, dürfte diese rechtliche Bewertung zur Erhaltung der Teilnahmemöglichkeit unabdingbar sein. Es sind Szenarien denkbar, in denen der überwiegende Teil der Rechtsverletzung in qualitativer Hinsicht erst nach der materiellen Beendigung durch das Aufgreifen seitens eines besonders frequentierten Nutzers und dessen Weiterverbreiten entsteht.[1498] Als täterschaftliches Verbreiten im Rahmen von § 186 StGB reicht es dabei insbesondere aus, den fremden Beitrag nur aufzugreifen und diesen über das Liken zu befürworten.[1499] Die Tat dürfte also als noch nicht beendet und daher teilnahmefähig zu bewerten sein. Der Liker intensiviert nach alledem die Rechtsgutsverletzung und macht sich bei Vorliegen der übrigen Voraussetzungen wegen Beihilfe zur üblen Nachrede strafbar.[1500]

3. *Keine neutrale Beihilfe*

Der Liker könnte sich was Delikte anbelangt, die über die bloße Verbreitung hinausgehen,[1501] wohl auch nicht unter dem Gesichtspunkt der neutralen

---

1494 *Krischker* JA 2013, 488, 492.

1495 *Krischker* JA 2013, 488, 492.

1496 *Schulte/Kanz* ZJS 2013, 24, 32.

1497 *Schulte/Kanz* ZJS 2013, 24, 32.

1498 Mit diesem Argument in Ansätzen auch *Schulte/Kanz* ZJS 2013, 24, 33.

1499 Anders für § 185 StGB *Krischker* JA 2013, 488, 490.

1500 Vgl. *Geiring* Risiken von Social Media und User Generated Content, S. 144 ff.; *Krishker* JA 2013, 488, 491. *Eckel/Rottmeier* NStZ 2021, 1, 5 verweisen hinsichtlich einer sukzessiven Beihilfe durch das Teilen darauf, dass der Unterstützungsvorsatz oftmals nicht nachweisbar sein werde.

1501 Auch wenn der Likende bei § 186 StGB als Täter zu behandeln ist, wird für Delikte, die über das bloße Verbreiten hinausgehen, das Vorliegen einer neutralen Beihilfe bereits hier geprüft.

Beihilfe[1502] erfolgreich entlasten, da mit der durch seine Handlung ausgedrückten Zustimmung der Boden sozialadäquater Verhaltensweisen verlassen und ein unmissverständlicher Förderungswillen zum Ausdruck gebracht wird.[1503] Anknüpfungspunkt einer Bewertung als neutrale Handlung könnte die Überlegung sein, dass der Likende durch seine Interaktion primär Freundschaft und soziale Anerkennung gegenüber der verknüpften Person auszudrücken beabsichtigt, ohne dass der Inhalt der Äußerung dabei von primär handlungsleitender Bedeutung ist.[1504]

Allerdings vernachlässigt diese Bewertung, dass im Falle von Inhalten i.S.d. § 186 StGB dem Likenden der deliktische Charakter der Äußerung bekannt sein und zudem ersichtlich sein dürfte, dass der Like die inkriminierte Handlung unterstützt und damit nicht mehr sozialadäquat erscheint.[1505] Da die Unwahrheit nicht vom Vorsatz umfasst sein muss, könnte man – wie für Fälle von Facebook-Interaktionen mit beleidigenden Inhalten vertreten – annehmen, dass die Interagierenden sicheres Wissen hinsichtlich des ehrverletzenden und damit deliktischen Charakters haben. Bei anderen Delikten, bei denen die Unwahrheit vom Vorsatz umfasst sein muss, dürfte dagegen nicht per se von einem sicheren Wissen seitens des Interagierenden auszugehen sein, da die Unwahrheit, gerade aufgrund der aufgezeigten kognitiven Effekte, oftmals nur in Kauf genommen sein wird.[1506]

Zunächst ist aufzuzeigen, welche Handlungen unter den Begriff neutrale Beihilfe subsumiert werden und ob die hierzu vertretenen Auffassungen überhaupt die Straffreiheit des Interagierenden zur Folge hätte. Unter den Begriff neutrale Handlungen werden hierbei Handlungen gefasst, bei denen der Handelnde herkömmlichen, alltäglichen oder „professionell adäquaten" Tätigkeiten nachgeht, hierbei jedoch zumindest billigend in Kauf nimmt, dass eine andere Person sein Verhalten für sein strafrechtswidriges Handeln fruchtbar machen könnte. Insbesondere berufsbedingte Verhaltensweisen werden hierunter subsumiert.[1507]

a) Subjektive Ansätze

Die unterschiedlichen Restriktionsansätze für Fälle neutraler Beihilfe dürften, soweit diesen nicht durchgreifende Bedenken entgegenstehen, nicht zum

1502 Übersicht zum Meinungsstand in Rechtsprechung und Schrifttum bei *Heine/Weißer* in Schönke/Schröder, § 27 StGB Rn. 12 sowie *Rönnau/Wegner* JuS 2019, 527, 527 ff.

1503 Vgl. *Geiring* Risiken von Social Media und User Generated Content, S. 145; *Krischker* JA 2013, 488, 492.

1504 Dieser Anknüpfungspunkt findet sich bei *Geiring* Risiken von Social Media und User Generated Content, S. 145.

1505 *Geiring* Risiken von Social Media und User Generated Content, S. 145.

1506 *Geiring* Risiken von Social Media und User Generated Content, S. 145.

1507 BeckOK StGB/*Kudlich* § 27 StGB Rn. 11.

Ausschluss der Strafbarkeit führen.[1508] Wenn man im Falle neutraler Handlungen eine Absicht des Teilnehmers verlangt, dass es zumindest zum Versuch der Haupttat kommt und somit Eventualvorsatz ausschließt, dürfte die Strafbarkeit zu verneinen sein.[1509] Da eine solche Restriktion aber in § 27 StGB keine Stütze findet, da bei der täterschaftlichen Begehung höhere Vorsatzanforderungen im Einzelfall ausdrücklich im Gesetz geregelt sind und damit zumindest grundsätzlich dolus eventualis im Anwendungsbereich liegen muss[1510] und zudem die eigentliche Abgrenzung auf Ebene des noch erlaubten Risikos stattfindet,[1511] sind allein im subjektiven Bereich vorgenommene Abgrenzungen systemwidrig.

b) Objektive Ansätze

Vertreten wird weiterhin, dass es hinsichtlich einer möglichen Restriktion allein auf die objektive Qualität der Handlung ankomme, die zur Einordnung der geleisteten Unterstützungshandlung als mittelbarer Angriff auf das Rechtsgut führen müsse.[1512] Vorliegend dürften sich die Handlungen als mittelbarer Angriff auf das Rechtsgut darstellen, da die Inhalte einem weiteren Empfängerkreis zugänglich gemacht werden. Geringere objektive Anforderungen im Rahmen eines Restriktionsversuchs – wie das Erfordernis einer wesentlichen Förderung der Haupttat über den herkömmlichen Bestand allgemein zugänglicher Ressourcen hinaus[1513] – dürften ohnehin erfüllt sein, da der Schaden durch den erweiterten Empfängerkreis erheblich verstärkt wird. Wenn man für die Restriktion einen ubiquitär verfügbaren Beitrag fordert, den der Täter ohne Mühen von anderer Seite hätte erlangen können,[1514] dürften die Beiträge hierunter nicht fallen, da jedes Netzwerk in sozialen Netzwerken individuell ist und der Zugang zum persönlichen Netzwerk nur von dem jeweiligen Nutzer eröffnet werden kann. Auch eine rein objektive Restriktion unter Ausschluss sozialadäquater Beiträge unter dem Gesichtspunkt erlaubten Risikos als Element der objektiven Zurechnung[1515] dürfte indes nicht zu einer Straflosigkeit der untersuchten Handlungen führen, weil eben das Teilen ehrverletzender, unwahrer Beiträge nicht mehr sozialadäquat ist. Wollte man in

---

1508 Gegen eine Restriktion für die Fälle neutraler Beihilfe *Beckemper* Jura 2001, 163, 163 ff.; in diese Richtung zudem *Bock* Strafrecht AT, S. 626 f.

1509 SK-StGB/*Hoyer* § 27 Rn. 30; vgl. auch BeckOK StGB/*Kudlich* § 27 StGB Rn. 11 f.

1510 Vgl. die Darstellung bei SK-StGB/*Hoyer* § 27 Rn. 31 sowie *Lesch* in Lüderssen/Volk/Wahle (Hrsg.), S. 458, 458 ff.

1511 *Bock* Strafrecht AT S. 626 f.

1512 *Heine/Weißer* in Schönke/Schröder, § 27 StGB Rn. 13.

1513 *Weigend* in Eser (Hrsg.), 1998, 197, 208, 212.

1514 *Puppe* in Kindhäuser/Neumann/Paeffgen, Vorbem. zu §§ 13ff Rn. 173.

1515 *Wessels/Beulke/Satzger* Strafrecht AT, Rn. 582a; vgl. auch *Gropp* Strafrecht AT, § 10 Rn. 318, der danach differenziert, ob der Täter bereits ein rechtlich relevantes Risiko gesetzt hat und der zudem dolus eventualis nicht für zureichend erachtet.

objektiver Hinsicht dagegen fordern, dass der Täter auf den Beitrag des Gehilfen angewiesen sein muss,[1516] wäre auch dieses Kriterium nicht erfüllt, da der Interagierende nur die Reichweite des Beitrages verstärkt. Eine derart weitreichende Einschränkung der Teilnehmerstrafbarkeit lässt sich allerdings der Regelung des § 27 StGB nicht entnehmen.

c) Gemischt objektiv-subjektiver Ansatz bei Roxin und in der Rechtsprechung

Selbst wenn man mit *Roxin* in Anknüpfung an den Vertrauensgrundsatz im Falle von direktem Vorsatz hinsichtlich der Haupttat eine Restriktion verneint und bei Eventualvorsatz darauf abstellt, ob ein deliktischer Sinnbezug vorliegt, nämlich aus den konkreten Umständen heraus die Tatgeneigtheit des Täters offen hervortrat und in der Folge im Regelfall eine Beihilfe ablehnt,[1517] würden einige Fälle aus dem Anwendungsbereich ausscheiden. Ein „verdächtiger" Beitrag oder ein verdächtiger Autor dürfte nur allgemeine Befürchtungen begründen, allerdings keine erkennbare Tatgeneigtheit ohne das Hinzutreten weiterer eindeutiger Umstände.[1518] Auch dies ist aber im Ergebnis kaum praktikabel und daher abzulehnen, da die Distinktion zwischen dem Erkennen der deliktischen Pläne und der erkennbaren Tatgeneigtheit auf die Ergründung kleinster gradueller Unterschiede hinausläuft, was unweigerlich zu kaum lösbaren Abgrenzungsschwierigkeiten führt.[1519] Zudem ist die Anknüpfung an den Vertrauensgrundsatz schwerlich begründbar, als ein Dritter im Falle von Eventualvorsatz schon begrifflich nicht mehr auf das Ausbleiben von Straftaten des Täters vertrauen konnte. Das postulierte Erfordernis liefe daher in Wahrheit auf Fälle lediglich bewusster Fahrlässigkeit hinaus.[1520] *Kudlichs* Topos dürfte dagegen treffsicherer formuliert sein: Nach ihm bedarf es bei bedingtem Vorsatz substantieller Anhaltspunkte, dass gerade der erbrachte Beitrag deliktisch verwendet wird.[1521] An dem Vorliegen dieser Voraussetzungen dürfte

---

1516 *Harzer/Vogt* StraFo 2000, 39, 44.

1517 *Roxin* Strafrecht AT II, § 26 Rn. 218 ff., 241; *Rengier* Strafrecht AT, § 46 Rn. 109; in diese Richtung auch BGH Urt. v. 01.08.2000 – 5 StR 624/99, NJW 2000, 3010, 3011; vgl. auch die Darstellung bei *Rönnau/Wegner* JuS 2019, 527, 529. Nach *Heine/Weißer* in Schönke/Schröder, § 27 StGB Rn. 13 und BeckOK StGB/*Kudlich* § 27 StGB Rn. 16 f. darf der Berufsträger sein Verhalten nicht mehr als üblich den Plänen des Kunden anpassen. Nach SK-StGB/*Rogall* § 27 StGB Rn. 33 bedarf es bei Eventualvorsatz und dolus directus zweiten Grades zusätzlich einer Sonderverhaltenspflicht.

1518 *Roxin* Strafrecht AT II, § 26 Rn. 244 wirft seinen Kritikern insoweit vor, dass sein Ansatz danach differenziert, ob der Unterstützende nur allgemeine Befürchtungen hege, ohne dass aber die Tatgeneigtheit erkennbar hervortritt.

1519 BeckOK StGB/*Rackow* Neutrale Handlungen im Strafrecht Rn. 6.

1520 *Beckemper* Jura 2001, 163, 168.

1521 *Kudlich* Die Unterstützung fremder Straftaten durch berufsbedingtes Verhalten, S. 534; *Kühl* Strafrecht AT, § 20 Rn. 222c.

bei der Verbreitung des ehrverletzenden Inhalts unabhängig von der Wahrheitsfrage kein Zweifel bestehen.

d) Vorliegen einer neutralen Handlung

Bedenken bestehen aber schon generell hinsichtlich der Frage, ob es sich um eine neutrale Handlung im vorgenannten Sinn handelt: Facebook-Interaktionen werden zwar von vielen Nutzern tagtäglich ausgeführt. Allerdings gilt dies nur bedingt für das Verbreiten ehrtangierender Beiträge. Solchen Handlungen dürfte die Qualifikation als „normal“ mangels Sozialadäquanz des Verhaltens versagt bleiben, selbst wenn dieses Verhalten sich in sozialen Netzwerken häufen dürfte.[1522] Ein Unterschied besteht zu den üblichen Fällen schon darin, dass der Tatbeitrag des Dritten unmittelbar an das Täterverhalten anknüpft, in dem er dessen Inhalt vollumfänglich wiederspiegelt. Abstufungen des noch normalen Umgangstons[1523] zwischen der Offline- und der Onlinewelt sind zudem aus Gründen der Einheit der Rechtsordnung abzulehnen. Auch wenn für die Interaktionen oftmals nur heuristische Überlegungen handlungsleitend sein werden, ändert dies doch nichts daran, dass die Verhaltensweisen sich infolge des ehrverletzenden Charakters objektiv nicht als neutrale Handlungen darstellen. Ungewiss ist aufgrund des erst sukzessiv erbrachten Beitrages gerade nicht, ob der Beitrag Teil des deliktischen Vorgangs wird. Allein über die strafrechtliche Relevanz des Artikels könnte Unsicherheit auf Seiten des Beitragenden bestehen. Vorliegend unterscheiden sich die Interkationen von den herkömmlich unter den Begriff neutraler Beihilfe gefasster Handlungen zudem dadurch, dass der Interagierende durch seine Handlung die Desinformation in den Mikrokosmos seines Netzwerkes zirkuliert und so den Adressatenkreis und die Reichweite verstärkt, sodass die Rechtsgutsverletzung qualitativ erheblich verstärkt wird. Der für eine neutrale Beihilfe oft angeführte Taxifahrer, der den Räuber zum Tatort fährt,[1524] ist dagegen in höchstem Maße fungibel und bewirkt gewiss keine qualitative Vertiefung der Rechtsgutsverletzung: Das Ausmaß der Tat ist von dessen Beitrag unabhängig. Da Provider erst ab der Kenntniserlangung von den Inhalten haften, kommt für sie eine neutrale Beihilfe schon tatbestandlich nicht in Betracht, ihr Unterlassen ist insoweit nicht sozialadäquat.

1522 *Krischker* JA 2013, 488, 492.

1523 *Hoeren* EWE 19 (2008), 524 beobachtet online einen solchen „härteren“ Umgangston, den er letztlich zu legitimieren versucht. Auch *Holtz/Kimmerle* in M. Appel (Hrsg.), Kap. 3.2 beobachten einen härteren Ton.

1524 *Heine/Weißer* in Schönke/Schröder, § 27 StGB Rn. 13.

F. Weitere Restriktionsmöglichkeiten: Verneinung des Kundgabevorsatzes, teleologische Reduktion und Verbotsirrtum[1525]

Die beschriebenen Besonderheiten der Internetkommunikation[1526] sind Ausgangspunkt weiterer Restriktionsbestrebungen für durch das Internet vermittelte Ehrschutzdelikte.[1527] Angedacht wird insofern in dogmatischer Hinsicht das Verneinen des Kundgabevorsatzes, eine teleologische Reduktion auf tatbestandlicher Ebene und die Rechtfertigung in Wahrnehmung berechtigter Interessen bzw. die Verneinung des Unrechtsbewusstseins.[1528] Für die Internetbeleidigung hat *Hilgendorf* die Möglichkeit der Verneinung des Kundgabevorsatzes erörtert, im Ergebnis aber zu Recht abgelehnt.[1529] Der im Rahmen von §§ 185, 186 StGB erforderliche Vorsatz muss sich darauf erstrecken, dass die Äußerungen zur Kenntnisnahme durch einen anderen bestimmt sind.[1530] Gegenstand der Überlegungen von Hilgendorf war, dass das Äußern nur in einer „abgeschiedenen Situation des häuslichen Bereichs" innerhalb der persönlichen Nutzergruppe erfolgte, was die Äußerung – übertragen auf die analoge Welt – als eine Äußerung am Stammtisch erscheinen lasse, weswegen dem Täter die nach außen gerichtete *Kundgabe* unklar sein könne.[1531] Jedoch sind bei Äußerungen im Internet die Informationen gerade dazu bestimmt, den vernetzten Personen zur Kenntnis gebracht zu werden, sodass ein Verneinen des Vorsatzes anhand dieser Argumentation ausgeschlossen erscheint.[1532]

Hilgendorf erwog ferner eine Privilegierung in Anlehnung an die Fallgruppe von Äußerungen im engsten Familienkreis.[1533] Für Äußerungen über Dritte in diesem Personenkreis wird eine teleologische Reduktion unter Anerkennung eines „beleidigungsfreien Raumes" zuerkannt.[1534] Andere vertreten dagegen eine

1525 Da diese Restriktionsüberlegungen alle auf *Hilgendorf* ZIS 2010, 208 zurückgehen, sollen diese Punkte nachfolgend unabhängig von deren dogmatischer Verortung im Deliktsaufbau unter einem Gliederungspunkt erörtert werden.

1526 Vgl. schon oben unter § 2 B. III. ff.

1527 *Hilgendorf* ZIS 2010, 208, 210 ff.

1528 *Hilgendorf* ZIS 2010, 208, 210 ff.

1529 *Hilgendorf* ZIS 2010, 208, 210.

1530 MüKo-StGB/*Regge/Pegel* § 185 StGB Rn. 37, § 186 StGB Rn. 31; vgl. auch *Zaczyk* in Kindhäuser/ Neumann/Paeffgen, § 186 StGB Rn. 21.

1531 *Hilgendorf* ZIS 2010, 208, 210.

1532 *Hilgendorf* ZIS 2010, 208, 210; vgl. auch MüKo-StGB/*Regge/Pegel* § 185 StGB Rn. 37. Anders mag dies bei Äußerungen in kleineren Nutzergruppen auf Facebook sein.

1533 *Hilgendorf* ZIS 2010, 208, 210.

1534 OLG Frankfurt Urt. v. 17.01.2019 – 16 W 54/18, MMR 2019, 381, 382; *Heine/Weißer* in Schönke/Schröder, Vorbem. zu den §§ 185 ff. Rn. 9a. *Geiring* Risiken von Social Media und User Generated Content, S. 109 weist zutreffend darauf hin, dass diese teleologische Reduktion entsprechend auf das Internet zu übertragen ist. Dies

Rechtfertigung in Wahrnehmung berechtigter Interessen.[1535] Indes dürfte es auf eine dogmatische Begründung einer solchen Restriktion letztlich nicht ankommen, da die Intention bei der Annahme eines beleidigungsfreien Raumes im engsten Kreis, dass das Internum der Äußerung über Außenstehende nicht nach außen gelangen soll,[1536] bei dem Verbreiten von Desinformationen gegenüber den verbundenen Personen in sozialen Netzwerken nicht erfüllt sein dürfte. Zudem beruht die Privilegierung primär auf dem verfassungsrechtlichen Schutz der Familie durch Art. 6 Abs. 1 GG,[1537] weshalb weder ein Gespräch am Stammtisch, noch Interaktionen im Internet hiermit vergleichbar sind.[1538] *Hilgendorf* verneint daher *de lege lata* eine Privilegierung in „Usergruppen im Internet," stellt aber die von ihm unbeantwortet gelassene Frage in den Raum, ob eine solche Privilegierung bei einer noch weiteren Verbreitung sozialer Netzwerke womöglich angebracht sein könnte.[1539] Dem Autor ist hinsichtlich seines Resümees zuzustimmen. Die Überlegungen zu einer Privilegierung *de lege ferenda* widersprechen aber der empirischen Beobachtung, dass die Folgen bei durch das Internet vermittelten Ehrschutzdelikten weitaus gravierender sind. Ein Beleg hierfür ist die bereits angestoßene Diskussion zu einer Qualifikation bei durch das Internet vermittelten Ehrschutzdelikten.[1540]

Des Weiteren wird zur Vermeidung der Strafbarkeit das Verneinen des Unrechtsbewusstseins erwogen, was angesichts der besonderen psychischen Faktoren bei der Interaktion im Internet in einigen Fällen denkbar erscheine.[1541] Neben der geringeren Hemmschwelle würden die spezifischen Facebook-Interaktionen nicht als „große Sache" empfunden und verkenne der Interagierende den Bezug seiner Handlung zur Realität und den deliktischen Gehalt seiner Interaktion.[1542] *Hilgendorf*

---

kann beispielsweise private Nachrichten über die sozialen Netzwerke betreffen, die allerdings nicht hiesiger Untersuchungsgegenstand sind. Bei diesen sind nämlich die genannten besonderen Auswirkungen der Begehung im Internet wie die Ubiquität nicht gegeben, weil keine weitreichende Abrufbarkeit seitens einer großen Anzahl von Menschen gegeben ist.

1535 LK-*Hilgendorf* § 185 Rn. 14.

1536 Zu diesem Zweck LK-*Hilgendorf* § 185 StGB Rn. 11.

1537 OLG Frankfurt Urt. v. 17.01.2019 – 16 W 54/18, MMR 2019, 381, 382.

1538 *Hilgendorf* ZIS 2010, 208, 210.

1539 *Hilgendorf* ZIS 2010, 208, 210.

1540 So schon *Su. Beck* MMR 2009, 736, 738 ff.; *Sahl/Bielzer* ZRP 2020, 2, 4. Vgl. *Krischker* JA 2013, 488, 493, der sich insoweit für die Normierung besonders schwerer Fälle im Hinblick auf die Gewährleistung von Einzelfallgerechtigkeit ausspricht. Für die Einführung eines Cybermobbingtatbestandes *Heckmann/Paschke* DRiZ 2018, 144, 145 ff.

1541 *Hilgendorf* ZIS 2010, 208, 210 f.; vgl. *Krischker* JA 2013, 488, 493 und *Geiring* Risiken von Social Media und User Generated Content, S. 151 ff.

1542 *Geiring* Risiken von Social Media und User Generated Content, S. 151.

resümiert jedoch schließlich, dass der Irrtum kaum einmal unvermeidbar im Sinne von § 17 Abs. 1 StGB sein und damit der Täter oftmals strafbar bleiben wird, mithin zumiest lediglich eine (fakultative) Strafmilderung nach § 17 S. 2 StGB die Folge sein wird.[1543] In der Tat sind Fälle denkbar, in denen der Täter den Widerspruch seines Handelns zur Strafrechtsordnung nicht positiv kennt[1544] und ihm insofern das so definierte Unrechtsbewusstsein fehlt. Im Falle fehlenden Unrechtsbewusstseins ist der Irrtum nur unvermeidbar, wenn der Täter selbst bei der ihm nach seinen persönlichen Fähigkeiten und seinem Lebens- und Berufskreis im konkreten Fall zumutbarer Gewissensanspannung nicht zur Unrechtseinsicht gelangte, wobei der Betroffene im Zweifelsfall zur Einholung von sachkundigem Rat angehalten ist.[1545] Der Täter hat sein Verhalten an den Vorstellungen seiner Umwelt auszurichten und muss demzufolge seine eigenen Überzeugungen notwendigenfalls hintanstellen, was insbesondere im Falle politischer Überzeugungstäter relevant wird.[1546] Bei fehlendem Unrechtsbewusstsein ist die ohnehin restriktiv interpretierte[1547] Unvermeidbarkeit jedoch kaum denkbar. Auch wenn es sich um einen politischen Überzeugungstäter handelt, ist dieser verpflichtet, aus seinen heuristischen Rezeptions- und Onlinekommunikationsmustern auszubrechen und notfalls unter Zuhilfenahme von Rechtsrat sein beabsichtigtes Interagieren in rechtlicher Hinsicht zu überdenken. Dies wird er freilich praktisch nur selten getan haben. Er kann bei Beachtung der Vorgaben erkennen, dass er nicht in einem rechtsfreien Raum agiert und seine Handlung deliktischer Natur ist.[1548]

Geiring[1549] zeigte in Anknüpfung an *Valerius*[1550] auf, dass gerade bei Ehrschutzdelikten im grenzüberschreitenden Bereich aufgrund des möglichen Taterfolgs in einem anderen Staat[1551] ein Irrtum im Einzelfall als unvermeidbar qualifiziert werden könnte.[1552] Sie bildet insoweit den Fall, dass ein US-amerikanischer Staatsbürger

---

1543 *Hilgendorf* ZIS 2010, 208, 210 f.; vgl. *Krischker* JA 2013, 488, 493; vgl. *Geiring* Risiken von Social Media und User Generated Content, S. 153.

1544 BeckOK StGB/*Heuchemer* § 17 StGB Rn. 6.

1545 BGH Urt. v. 10.07.2018 – VI ZR 263/17, NJW-RR 2018, 1250, 1253 Rn. 28; BGH Urt. v. 23.04.1953 – 3 StR 219/52, LMRR 1953, 7.

1546 *Sternberg-Lieben/Schuster* in Schönke/Schröder, § 17 StGB Rn. 16.

1547 OLG Frankfurt Urt. v. 14.07.2003 – 3 Ss 114/03, NStZ-RR 2003, 263; Lackner/Kühl/*Kühl* § 17 StGB Rn. 7; *Valerius* NStZ 2003, 341, 344. Diese Anforderungen werden als höher beschrieben als diejenigen zur Vermeidung eines Fahrlässigkeitsschuldvorwurfes.

1548 *Geiring* Risiken von Social Media und User Generated Content, S. 152, die für eine Berücksichtigung der Umstände des Einzelfalls, insbesondere einen etwaig „besonders ehrverletzenden Charakter" der Äußerung, plädiert.

1549 *Geiring* Risiken von Social Media und User Generated Content, S. 154 f.

1550 *Valerius* NStZ 2003, 341.

1551 Vgl. dazu unten unter § 9.

1552 *Geiring* Risiken von Social Media und User Generated Content, S. 154 f.

aus Amerika heraus – dort wird die Meinungsfreiheit, wie noch aufgezeigt werden wird, sehr weitgehend interpretiert[1553] – eine Äußerung begeht, deren Erfolg in Deutschland eintritt. Hierbei könne der Handelnde aufgrund der weitgehenden Äußerungsbefugnisse davon ausgehen, die Aussage ohne Bedenken tätigen zu dürfen.[1554] Anknüpfungspunkte des möglicherweise unvermeidbaren Fehlens des Unrechtsbewusstseins sind zweierlei: Zum einen kann der Täter schon das generelle Unrecht verkennen, indem er entsprechend dem obigen Beispiel infolge der Existenz eines höherwertigen Rechtsguts seinen Eingriff für rechtmäßig erachtet oder der Täter „keine Verbindung zu der spezifischen Rechtsordnung herzustellen weiß." Im letztgenannten Fall ist der Irrtum sogar regelmäßig unvermeidbar.[1555]

G. Gutgläubiges Verbreiten von Fake News als Sonderproblem von § 186 StGB – Erforderlichkeit eines Sorgfaltsverstoßes auf Tatbestandsebene?

Obgleich also die Fassung der Norm nur selten tatbestandlich die Verbreitung von Fake News erfassen wird und der Tatbestand insofern zur Bekämpfung von Fake News als zu eng bewertet werden kann, bleibt dies doch bei wenigen Fällen möglich, weshalb es auf die weiteren Voraussetzungen der Norm ankommt. Hierbei ist die rechtsdogmatische Ausgestaltung der „Nichterweislichkeit der Wahrheit" als objektive Bedingung der Strafbarkeit von besonderem Interesse. Die systematische Einordnung dieses Merkmals ist in jüngerer Vergangenheit Gegenstand rechtswissenschaftlicher Diskussion.[1556] Die Rechtsprechung ordnet dieses Merkmal seit geraumer Zeit als vom Vorsatz nicht umfasste objektive Bedingung der Strafbarkeit bzw. die Erweislichkeit der Wahrheit als Strafausschließungsgrund ein.[1557] Dies führt zu einer weitreichenden Abwälzung des Wahrheitsrisikos auf den Äußerer,[1558] dem zwar nicht die Beweislast obliegt, zu dessen Gunsten jedoch der Grundsatz *in dubio pro reo* nicht greift.[1559] Die Gründe für das Misslingen des

---

1553 *Wörner* ZIS 2012, 458, 462 merkt insofern zutreffend an, dass hinsichtlich der Äußerungsdelikte kein „grenzüberschreitender Konsens" besteht und nennt als Beispiel die weitgehende Interpretation des „Free Speech" Grundsatzes im angloamerikanischen Rechtskreis.

1554 *Wörner* ZIS 2012, 458, 462.

1555 *Valerius* NStZ 2003, 341, 343 ff., 346.

1556 Vgl. dazu MüKo-StGB/*Regge/Pegel* § 186 StGB Rn. 24 ff.

1557 BGH Beschl. v. 12.02.1958 – 4 StR 189/57, NJW 1958, 797; im Ergebnis zustimmend *Eisele/Schittenhelm* in Schönke/Schröder, § 186 StGB Rn. 10; SK-StGB/*Rogall* § 186 StGB Rn. 20 ff.

1558 MüKo-StGB/*Regge/Pegel* § 186 StGB Rn. 25.

1559 *Fischer* § 186 StGB Rn. 11; *Lammich* Fake News als Herausforderung des deutschen Strafrechts, S. 165; *M. Schreiber* Strafbarkeit politischer Fake News, S. 180.

Wahrheitsbeweises sind dabei selbst im Todes- oder Aussageverweigerungsfall eines Zeugen irrelevant.[1560] Da die Nichterweislichkeit der Wahrheit nicht vom Vorsatz umfasst sein muss, besteht eine weitreichende Haftung, die selbst dann besteht, wenn der Kommunikator bei einer allen Sorgfaltsanforderungen genügenden Recherche von der Wahrheit der Aussage ausgehen durfte.[1561] Gerade dies gestaltet sich aber in Fällen von Fake News problematisch, da so selbst sorgfältig agierende Internetnutzer in regelrechte Haftungsfallen geraten können, die geeignet sind, ihr Kommunikationsverhalten in den sozialen Netzwerken infolge einer Selbstzensur zu beschränken.[1562] Die Interaktion gutgläubiger Nutzer könnte selbst dann in den Fokus der Ermittlungsbehörden geraten, wenn Akteure Desinformationen so lancieren, dass auch bei einer Recherche deren Unwahrheit nicht ohne Weiteres aufzudecken ist.

Gerade an der systematischen Einordnung der Nichterweislichkeit der Wahrheit stößt sich vor dem Hintergrund der aufgezeigten Haftungsrisiken eine Strömung in der rechtswissenschaftlichen Literatur, die den so von der wohl herrschenden Meinung aufgebauten Tatbestand für unrechtsindifferent ansieht, da an das verkörperte Unrecht nicht hinreichende Anforderungen gestellt würden.[1563] Überdies laufe die Loslösung der Nichterweislichkeit der Wahrheit vom Vorsatz sogar auf eine Verletzung des Schuldprinzips hinaus.[1564] Frühe Versuche der Literatur[1565] begriffen daher die Nichterweislichkeit der Wahrheit als Tatbestandsmerkmal, wodurch allerdings der Vollendungszeitpunkt des Delikts auf das Ende der Beweisaufnahme hinausgeschoben wird.[1566] Eine weitere Strömung in der Literatur knüpfte augenscheinlich an diese Idee an und versuchte die Unwahrheit der Tatsache zum Tatbestandsmerkmal zu erheben.[1567] Auch wenn damit im Gegensatz zu § 187 StGB Fälle eines mit dolus eventualis handelnden Täters erfasst

---

1560 Lackner/Kühl/*Kühl* § 186 StGB Rn. 7a.

1561 MüKo-StGB/*Regge/Pegel* § 186 StGB Rn. 25; SK-StGB/*Rogall* § 186 StGB Rn. 19.

1562 Zur Gefahr von Selbstzensur infolge großflächiger unrechtmäßiger Löschungen *Rostalski* RW 2017, 436, 459.

1563 MüKo-StGB/*Regge/Pegel* § 186 StGB Rn. 28; *Wessels/Hettinger/Engländer* Strafrecht BT 1, Rn. 501; explizit im Kontext von Fake News jüngst *Hoven* ZStW 129 (2017), 718, 726 und *Lammich* Fake News als Herausforderung des deutschen Strafrechts, S. 165, der hinsichtlich der inhaltlichen Anforderung an die anzuwendende Sorgfalt sodann aber allein auf die zu § 193 StGB entwickelten Kriterien abstellt. Siehe im Kontext von Fake News auch *M. Schreiber* Strafbarkeit politischer Fake News, S. 180.

1564 *Wessels/Hettinger/Engländer* Strafrecht BT 1, Rn. 501; *M. Schreiber* Strafbarkeit politischer Fake News, S. 180; vgl. *Fischer* § 186 StGB Rn. 13a.

1565 *Binding* BT/1 S. 158; neuerdings in diesem Sinne auch *Klesczewski* BT § 4 Rn. 22.

1566 Vgl. die Darstellung bei MüKo-StGB/*Regge/Pegel* § 186 StGB Rn. 26.

1567 *Bemmann* MDR 1956, 387.

werden könnten,[1568] findet dies vielerorts Kritik, da damit ein leichtfertiges Verbreiten unwahrer Tatsachenbehauptungen straffrei verbleiben müsste und folglich ein wirksamer Ehrschutz bezweifelt werden könne.[1569]

Hirsch[1570] begründete dagegen eine heute anderenorts[1571] vertretene Auffassung, nach der der Tatbestand nur dann bejaht werden könne, wenn der Delinquent hinsichtlich der Unwahrheit der Tatsache zumindest sorgfaltswidrig handelte. Die Vertreter dieser Auffassung beanspruchen für sich, einen fairen Interessensausgleich zwischen dem Schutz des Geltungswertes des Verletzten bis zum Beweis der ehrenrührigen Tatsache auf der einen Seite und dem Interesse an freier Rede seitens des Äußernden auf der anderen Seite herzustellen.[1572] Wer keine tragfähigen Gründe für seine ehrbeeinträchtigenden Äußerungen in Gestalt sorgfältiger Recherche vorbringen könne, trage zu Recht das Risiko des prozessualen Scheitern des Wahrheitsbeweises.[1573]

Nach der herrschenden Meinung werde hiermit der Ehrschutz allerdings unzulässig verkürzt. Die Straflosigkeit dürfe nicht bereits im Falle der sorgfältigen Recherche bzw. des hinreichenden Einholens von Erkundigungen eintreten, sondern erst dann, wenn dieser hierbei in Wahrnehmung berechtigter Interessen handele. Anderweitig würde die Anwendung von § 193 StGB bei der üblen Nachrede weitgehend überflüssig.[1574] Strafbar bleiben müssten ehrenrührige Behauptungen, mit denen allein die Intention verfolgt wird, „auszupacken". Gleichgültig ist hierbei, ob die Information aus der Perspektive des Kommunikators im Zeitpunkt der Äußerung zuverlässig erschien.[1575] Zutreffend wird zudem entgegnet, dass das Fordern einer Sorgfaltspflichtverletzung im Ergebnis das Handlungsunrecht einer Vorsatz-Fahrlässigkeits-Kombination implementiere, welches aber nicht auf einen tatbestandlich verankerten Erfolgsunwert bezogen werden könne.[1576] Dem halten die Hirsch folgenden Literaten entgegen, dass dies im Ergebnis gleichwohl bei

1568 Vgl. MüKo-StGB/*Regge/Pegel* § 186 StGB Rn. 26.

1569 *Zaczyk* in Kindhäuser/Neumann/Paeffgen, § 186 StGB Rn. 18.

1570 *Hirsch* Ehre und Beleidigung, S. 168

1571 *Fischer* § 186 StGB Rn. 13a; LK-*Hilgendorf* § 186 Rn. 4; *Küpper* JA 1985, 453, 459; Matt/Renzikowski/ *Gaede* § 186 StGB Rn. 13; MüKo-StGB/*Regge/Pegel* § 186 StGB Rn. 29; *Streng* GA 1985, 214, 226; *Roxin* Strafrecht AT I § 23 Rn. 18f.; *Zaczyk* in Kindhäuser/Neumann/Paeffgen, § 186 StGB Rn. 19. Im Kontext von Fake News zuletzt *Lammich* Fake News als Herausforderung des deutschen Strafrechts, S. 165.

1572 *Eppner/Hahn* JA 2006, 860, 862.

1573 MüKo-StGB/*Regge/Pegel* § 186 StGB Rn. 28; *Zaczyk* in Kindhäuser/Neumann/Paeffgen, § 186 StGB Rn. 19; zuletzt so auch *Lammich* Fake News als Herausforderung des deutschen Strafrechts, S. 165.

1574 *Eisele/Schittenhelm* in Schönke/Schröder, § 186 StGB Rn. 10.

1575 *Eisele/Schittenhelm* in Schönke/Schröder, § 186 StGB Rn. 10.

1576 Vgl. die Darstellung der Kritik bei MüKo-StGB/*Regge/Pegel* § 186 StGB Rn. 29.

erfolgskupierten Delikten geschehe, sodass der Gesetzgeber derartige Strukturen anerkannt habe.[1577]

Für die herrschende Auffassung spreche weiterhin, dass die Existenz von § 193 StGB eine derartige Auslegung verbiete und durch die Rechtfertigungsmöglichkeit ein weitgehender Gleichlauf beider Ansichten bestehe.[1578] Hierauf erwidern die Verfechter der zunehmend vertretenen Meinung, dass der Rückgriff auf einen Rechtfertigungsgrund erst nach der Feststellung von Handlungsunrecht erfolge, welches in diesen Fällen unter Wahrung des Schuldgrundsatzes nicht begründbar sei.[1579] Die weitergehende Kritik seitens der herrschenden Auffassung, dass im Falle der erweislichen Unwahrheit trotz erfolgter sorgfältiger Recherche der dem Betroffenen zugesprochene Ehrmangel ignoriert werde, wohingegen bei einer Lösung über § 193 StGB ein dahingehender Interessensausgleich vorgenommen werde,[1580] versuchen die Vertreter mit dem Einwand zu entkräften, dass ein derartiger Interessensausgleich nach ihrer Konzeption auf vorgelagerter Ebene in Gestalt des Erfordernisses eines Sorgfaltsverstoßes bereits erfolgt sei.[1581] Gleichwohl können damit die durchgreifenden rechtsdogmatischen Bedenken hinsichtlich des Erfordernisses eines Sorgfaltsverstoßes auf Ebene des Tatbestands nicht ausgeräumt werden.[1582]

Die mit wenig Aufwand verbundenen Zirkulationsmöglichkeiten in sozialen Netzwerken führen das Problem des unvorsätzlichen Verbreitens vor bislang ungeahnte Ausmaße. Das veränderte Rezeptions- und Konsumverhalten bei Informationen und die hohe Aktualitätsnachfrage der Rezipienten führt zu einer sekundenschnellen Praxis vom Teilen und Liken von Beiträgen, was als Verbreiten qualifiziert werden kann und zudem oftmals ohne weitergehende Recherche erfolgt.[1583] Viele werden den Wahrheitsgehalt der von ihnen oftmals „zwischen den Stühlen“ konsumierten und dann weiterverbreiteten Nachrichten nicht hinterfragen, sondern heuristisch (und gutgläubig) hinsichtlich des Wahrheitsgehaltes handeln. *Hoven*[1584] geht so weit, dass sie eine Überprüfung des Wahrheitsgehaltes

1577 MüKo-StGB/*Regge/Pegel* § 186 StGB Rn. 29.

1578 Dazu *Amelung* Die Ehre als Kommunikationsvoraussetzung, S. 63; *Geppert* Jura 1983, 580, 583.

1579 MüKo-StGB/*Regge/Pegel* § 186 StGB Rn. 29.

1580 AWHH/*Hilgendorf* § 7 Rn. 18.

1581 MüKo-StGB/*Regge/Pegel* § 186 StGB Rn. 29.

1582 SK-StGB/*Rogall* § 186 StGB Rn. 20 ff. wies insoweit zutreffend auf das Verständnis des historischen Gesetzgebers und die Einhaltung des Schuldgrundsatzes auch seitens der herrschenden Meinung hin.

1583 In diesem Sinne *Hoven* ZStW 129 (2017), 718, 726 und *M. Schreiber* Strafbarkeit politischer Fake News, S. 181.

1584 *Hoven* ZStW 129 (2017), 718, 726. In diese Richtung auch *Lammich* Fake News als Herausforderung des deutschen Strafrechts, S. 166.

von Informationen in diesem Informationsverarbeitungsmodus nicht nur als nicht angelegt betrachtet, sondern darüberhinausgehend eine Überprüfung für nicht möglich befindet, da beispielsweise bei Informationen zu Personen des öffentlichen Lebens oftmals kein Zugang zu Quellen und Informationen bestünde, mithilfe derer überhaupt erst eine Verifikation geleistet werden könne. Auch wenn die postulierte Unmöglichkeit einer Verifikation nach diesseitiger Auffassung kritisch zu betrachten ist, weil zumindest ein solcher Versuch mit online zugänglichen Quellen unternommen werden kann, wobei im Falle des Nichtauffindens von Zweitquellen bereits der Wahrheitsgehalt in Frage zu ziehen sein könnte, trifft Hoven doch letztlich den Nagel auf den Kopf: Das veränderte Konsumverhalten lässt eine derartige (dezidierte) Verifikation als geradezu systemfremd erscheinen. Die beschriebene heuristische Vorgehensweise führt zu einem weitaus geringeren Sorgfaltsmaßstab, der zum Teil mit der Informationsflut durch Jedermann-Reporter und der damit erschwerten Verifikation zusammenhängt. Die weite Fassung der Strafnorm beinhaltet daher erhebliche Strafbarkeitsrisiken für Nutzer sozialer Netzwerke.[1585]

Insofern kann eine einschränkende Anwendung des Tatbestandes auf Fälle des gutgläubigen Verbreitens von Fake News womöglich nur unter Anerkennung der von *Hirsch* begründeten Auffassung gewährleistet werden. Es besteht ein Defizit an Entscheidungen zur Strafbarkeit der Verbreitung von Fake News in den neuen Medien, sodass aus wissenschaftstheoretischer Sicht mögliche Auslegungen zu betrachten sind. Das mehrheitliche Nachrichtenkonsumverhalten in sozialen Netzwerken beinhaltet letztlich aufgrund der „Schnelllebigkeit“ tatsächlich verringerte Sorgfalt hinsichtlich der Verifikation von Inhalten, die vom Recht nicht gänzlich außer Acht gelassen werden kann. Die Informationsflut allein führt zu faktisch herabgesetzten Sorgfaltsanforderungen, welche im Hinblick auf die Sorgfaltswidrigkeit des Täters graduell berücksichtigt werden müssen.[1586] *Hoven*[1587] will so weit gehen, dass eine selbstständige Überprüfung vom Nutzer nicht abverlangt werden könne: Sorgfaltswidrig in diesem Sinne handele vielmehr nur der, der offensichtliche Hinweise auf eine Falschmeldung bzw. offensichtliche Ungereimtheiten oder Hinweise für die Unseriösität einer Quelle (wie sprachlich falsche Zitate) missachte. Jedenfalls überzeugend ist daran, dass im Falle sich aufdrängender Unseriösität der Quelle bzw. im Falle von Hinweisen auf die Unwahrheit der Meldung die Schwelle zur Strafbarkeit überschritten sein muss. Diese Fälle sind im Sinne besonders intensiver Sorgfaltspflichtverletzungen zu verstehen. Ob allerdings dem Nutzer eine Verifikationsobliegenheit derart weitreichend abgenommen werden kann, ist durchaus in Zweifel zu ziehen. Ein ausreichender Schutz der

---

1585 *Hoven* ZStW 129 (2017), 718, 720.

1586 So auch *Hoven* ZStW 129 (2017), 718, 726 f. und *M. Schreiber* Strafbarkeit politischer Fake News, S. 181.

1587 *Hoven* ZStW 129 (2017), 718, 727.

Redefreiheit könnte schon in niedrigeren Recherchepflichten gesucht werden. Das Nichtpraktizieren einer Recherche seitens weiter Teile der Bevölkerung kann nicht als Argument für eine vollständige Befreiung von dieser Obliegenheit sprechen. Anderweitig könnten einige weniger schwerwiegende Tatbestände abgeschafft werden, da die Bevölkerung bestimmtes weit verbreitetes, aber *de lege lata* strafbares Verhalten nicht als inkriminierungswürdig betrachtet.

Diese Bewertung gilt zugleich für die jüngst von *Lammich*[1588] eingenommene Rechtsauffassung, gemäß welcher in Fälle der Nachahmung fremder Autoritäten und bloßer Imitation seriöser Nachrichtenkanäle zu differenzieren sei. Auch er bemisst hierbei jedenfalls bzgl. der Nachahmung fremder Autoritäten die Sorgfaltsanforderungen weitaus zu gering. Er entfernt sich bei seiner abstrakten Differenzierung zu sehr von dem jeweiligen Einzelfall, der gerade bei vermeintlich von Autoritäten – als welche er führende Nachrichtenkanäle einordnet – herrührenden Informationen zu einer Rechercheobliegenheit führen kann. Die Spezifika von Fake News lassen eine fallgruppenartige Einordnung daher als unmöglich bzw. jedenfalls kontraproduktiv erscheinen.

Den angesprochenen faktisch herabgesetzten Rechercheobliegenheiten kann aber auf Ebene der Rechtfertigung überzeugend begegnet werden, ohne dass an der Einordnung des Merkmals als objektive Bedingung der Strafbarkeit gerüttelt werden müsste. Hierdurch schließt die Einhaltung der Sorgfalt infolge der bestehenden weiteren Voraussetzungen nur in denjenigen Fällen, in denen ein legitimes Interesse besteht, die Strafbarkeit aus und wird dergestalt reines Sensationsinteresse ausgeschlossen.[1589] Das wissentliche Verbreiten ehrenrühriger falscher Tatsachen impliziert im Übrigen sowohl ein Handlungsunrecht als auch regelmäßig einen Sorgfaltsverstoß im Hinblick auf die Prüfpflicht. Die andere Auffassung fordert ein Handlungsunrecht, das der historische Gesetzgeber nicht vor Augen hatte. Die Besonderheiten der Internetkommunikation können hinreichend im Rahmen der Rechtfertigung nach § 193 StGB herangezogen werden. Auf dieser Ebene liegt die Berücksichtigung individueller und situationsbedingter Anforderungen ohnehin näher als auf der Tatbestandsebene. Der erforderlichen Sorgfaltspflichtverstoß kann insofern demjenigen von Leichtfertigkeit angenähert werden.

H. § 193 StGB – Rechtfertigung in Wahrnehmung berechtigter Interessen

Daneben besteht die Möglichkeit der straffreien Verbreitung von Fake News, sofern eine der Alternativen von § 193 StGB vorliegt. Es handelt sich nach dem Verständnis

1588 *Lammich* Fake News als Herausforderung des deutschen Strafrechts, S. 166.

1589 Anders dagegen unlängst auch *M. Schreiber* Strafbarkeit politischer Fake News, S. 184 ff., der insoweit allerdings für die hier eingenommene Auffassung zu Recht auch eine potentielle Sensibilisierung der Bürger anspricht.

der ganz herrschenden Auffassung um einen Rechtfertigungsgrund.[1590] Anders als es der Wortlaut vermuten lässt, reicht zur Straffreiheit nicht bereits das Vorliegen berechtigter Interessen aus, vielmehr bedarf es eines subjektiven Rechtfertigungselements sowie der Prüfung der Berechtigung der Äußerung.[1591] Der häufigste Anwendungsfall ist die Wahrnehmung berechtigter Interessen, bei der im Rahmen einer Interessensabwägung das Interesse des Täters als höher[1592] bzw. zumindest als gleichrangig[1593] eingestuft werden muss. Nach Anderen[1594] ist eine Rechtfertigung von Taten nach § 187 StGB dagegen nicht möglich. Dies überzeugt aufgrund der weitreichenden Nichterfassung bewusst unwahrer Tatsachenbehauptungen durch Art. 5 GG. Damit scheidet also die Rechtfertigung eines bösgläubigen Täters aus, wohingegen die Tatbestandsverwirklichung gutgläubig weiterverbreitender Nutzer gem. 186 StGB gerechtfertigt werden könnte. Namentlich sind vier Voraussetzungen erforderlich: Das Vorliegen berechtigter Interessen (1.), die Ehrverletzung muss zur Wahrnehmung dieser Interessen geeignet und erforderlich sein (2.), das Mittel muss sich nach einer Interessenabwägung als angemessen darstellen (3.) und der Täter muss in der Intention der Wahrnehmung dieser Interessen handeln (4.).[1595]

I. Voraussetzungen im Einzelnen

Als Interesse kommen jegliche von der Rechtsordnung anerkannte private, ideelle oder vermögensrechtliche Interessen in Betracht,[1596] sofern sie nicht gegen das Recht verstoßen und keinen Verstoß gegen die guten Sitten bedeuten.[1597] Angenommen wurde ein solches berechtigtes Interesse beispielsweise im Falle einer politischen Auseinandersetzung[1598] sowie im Informationsinteresse der Öffentlichkeit.[1599] Wahrnehmungsberechtigt ist derjenige, der mit dem Interesse in

---

1590 Statt aller BVerfG Beschl. v. 25.01.1961 – 1 BvR 9/57, BVerfGE 12, 113, 125; MüKo-StGB/ *Joecks/Regge/Pegel* § 193 StGB Rn. 1; *Eisele/Schittenhelm* in Schönke/Schröder, § 193 StGB Rn. 1.

1591 MüKo-StGB/*Joecks/Regge/Pegel* § 193 StGB Rn. 11.

1592 BGH Urt. v. 15.01.1963 – 1 StR 478/62, BGHSt 18, 182, 184; BeckOK StGB/*Valerius* Rn. 11; *Fischer* Rn. 9; LK-*Hilgendorf* § 193 StGB Rn. 17; SK-StGB/*Rogall* § 193 StGB Rn. 11.

1593 Lackner/Kühl/*Kühl* § 193 StGB Rn. 10; Matt/Renzikowski/*Gaede* § 193 StGB Rn. 12.

1594 SK-StGB/*Rogall* § 193 StGB Rn. 3.

1595 MüKo-StGB/*Joecks/Regge/Pegel* § 193 StGB Rn. 24.

1596 Lackner/Kühl/*Kühl* § 193 StGB Rn. 5; *Zaczyk* in Kindhäuser/Neumann/Paeffgen, § 193 StGB Rn. 18.

1597 RG Urt. v. 06.11.1903 – 4020/03, RGSt 36, 422, 423; *Fischer* § 193 StGB Rn. 10.

1598 *Otto* JR 1983, 1.

1599 BGH Urt. v. 11.01.1966 – VI ZR 221/63, NJW 1966, 647, 648. Im Fall ging es um die behauptete Beteiligung am Reichstagsbrand, wobei eine Rechtfertigung in der

Verbindung steht, bei Privatinteressen also zunächst der Inhaber sowie ihm tatsächlich oder rechtlich nahestehende Personen.[1600] Umstritten ist darüber hinaus, ob im Falle lediglich privater Interessen jeder wahrnehmungsbefugt ist.[1601] Dies wird allerdings für Fälle von Fake News weniger von Relevanz sein, da hierbei eher öffentliche Interessen verfolgt werden. Geeignet ist der Angriff auf die Ehre, wenn er den intendierten Interessen dient und insofern erfolgsgeeignet ist.[1602] Bisweilen kann es bereits hieran fehlen, wenn der Adressatenkreis der Äußerung beliebig ausgewählt ist und weder ein eigenes Informationsinteresse aufweist noch geeignet ist, den verfolgten Zweck in jedweder anderen Form zu fördern.[1603] Umstritten ist zudem, ob es darüber hinaus der Erforderlichkeit bedarf, die dann bestehen soll, wenn sie zur Erreichung des Zwecks geradezu notwendig war.[1604] *Zaczyk*[1605] bringt dagegen vor, dass sich eine Äußerung stets so abändern ließe, dass eine Ehrbeeinträchtigung in Gänze unterbleibe, sodass dies zu einer zu weitreichenden Regulierung von Äußerungen führe. Andere bringen dagegen vor, dass sich die Erforderlichkeit nicht auf den konkreten Inhalt der Äußerung, sondern auf den Gang an die Öffentlichkeit schlechthin beziehe, wobei beispielsweise eine Namensnennung die Grenze zur Erforderlichkeit sprenge.[1606] Die getätigte Äußerung muss außerdem hinsichtlich Inhalt, Form und den konkreten Umständen angemessen sein, die Ehrverletzung also in ihrer konkreten Form durch das berechtigte Interesse kompensiert bzw. aufgewogen werden.[1607] Hieran könne es beispielsweise fehlen, wenn die Presse als Verbreitungsmedium gewählt wird, obgleich insoweit ein öffentliches Informationsinteresse nicht besteht und der Betroffene hierdurch besonders stark beeinträchtigt wird.[1608]

---

weiteren Folge der Interessenabwägung wegen der Schwere der Ehrbeeinträchtigung abgelehnt wurde.

1600 *Zaczyk* in Kindhäuser/Neumann/Paeffgen, § 193 StGB Rn. 20.

1601 So wohl *Eisele/Schittenhelm* in Schönke/Schröder, § 186 StGB Rn. 13, ablehnend SK-StGB/*Rogall* § 193 StGB Rn. 15; *Zaczyk* Kindhäuser/Neumann/Paeffgen, § 193 StGB Rn. 20.

1602 SK-StGB/*Rogall* § 193 StGB Rn. 22.

1603 RG Urt. v. 21.04.1925 – I 159/25, RGSt 59, 172, 173.

1604 SK-StGB/*Rogall* § 193 StGB Rn. 23.

1605 *Zaczyk* in Kindhäuser/Neumann/Paeffgen, § 193 StGB Rn. 21.

1606 BGH Urt. v. 26.01.1965 – VI ZR 204/63, JZ 1965, 411, 413. In anderen Fallgestaltungen könne dann konsequenterweise das Unterbleiben des Ganges an die Öffentlichkeit zur Aberkennung der Rechtfertigungsmöglichkeit aus § 193 StGB führen, wenn dies zur Wahrnehmung des Interesses gerade erforderlich erschiene, dazu BGH Urt. v. 18.02.1964 – 1 StR 572/63, BGHSt 19, 235, 238 f. Vgl. zum Ganzen auch MüKo-StGB/*Joecks/Regge/Pegel* § 193 StGB Rn. 31.

1607 MüKo-StGB/*Joecks/Regge/Pegel* § 193 StGB Rn. 33; SK-StGB/*Rogall* § 193 StGB Rn. 26.

1608 SK-StGB/*Rogall* § 193 StGB Rn. 26.

Das Wahrnehmen allgemeiner Interessen stellt für jedermann ein berechtigtes Interesse dar, sodass die Rechtfertigungsmöglichkeit nach § 193 StGB ebenso im Falle von zur öffentlichen Meinungsbildung beitragenden Behauptungen gesellschaftlicher oder politischer Natur wie bei deren Veröffentlichung in der Presse oder in anderen Medien anwendbar ist.[1609] In diesem Bereich kommt der Meinungsfreiheit weitreichende Bedeutung zu, sodass die von der Rechtsprechung entwickelte Wechselwirkungslehre auf das Verhältnis zwischen der Äußerung und dem Recht der persönlichen Ehre anwendbar ist und im Kollisionsfalle das Recht auf persönliche Ehre wieder im Lichte der Meinungsfreiheit auszulegen ist.[1610] Der Ausgleich der Verfassungsgüter ist daher im Ergebnis in einer umfassenden Interessenabwägung im Einzelfall zu suchen.[1611] Im Rahmen der vorzunehmenden Interessenabwägung als wesentlich zu berücksichtigen sind – neben dem Inhalt und der qualitativen und quantitativen Auswirkungen – der Anlass und der mit der Äußerung verfolgte Zweck sowie die Art und das Gewicht des mit ihr verfolgten Interesses.[1612] Zu berücksichtigen kann sein, dass die Adressaten in bestimmten Bereichen an eine rohe Sprache sowie an Übertreibungen und Verzerrungen gewöhnt sind und deshalb regelmäßig selbst Abstriche machen – wie beispielsweise in politischen Auseinandersetzungen und im geschäftlichen Wettbewerb, anders als beispielsweise hinsichtlich wissenschaftlicher Publikationen.[1613] Das Bundesverfassungsgericht[1614] hat sogar anerkannt, dass infolge der heutigen Reizüberflutung aller Art selbst einprägsame, starke Formulierungen hinzunehmen seien, da es gerade der Sinn von zur Meinungsbildung beitragenden öffentlichen Äußerungen sei, Aufmerksamkeit zu erregen.

Allerdings bestehen nach der Rechtsprechung Prüf- und Informationspflichten, sodass die Rechtfertigung versagt wird, „wenn der Täter bei gewissenhafter, ihm möglicher und zumutbarer Prüfung hätte erkennen müssen, daß die Unterlagen

---

1609 OLG Frankfurt Beschl. v. 23.11.1976 – 2 Ss 549/76; NJW 1977, 1353, 1354; BVerfG Beschl. v. 25.01.1961 – 1 BvR 9/57, NJW 1961, 819.

1610 BVerfG Beschl. v. 16.10.1998 – 1 BvR 590/96, NJW 1999, 2262, 2263; SK-StGB/*Rogall* § 193 StGB Rn. 27. Die vom Bundesverfassungsgericht angewandte „Vermutung für die Zulässigkeit der freien Rede" bei die Öffentlichkeit berührenden Fragen soll nach einer Ansicht nicht anwendbar sein, da der Ehrschutz ein gleichgewichtiges Verfassungsgut sei und anderweitig unterwandert werde, dazu *Eisele/Schittenhelm* in Schönke/Schröder, § 193 StGB Rn. 15; *Schmitt Glaeser* JZ 1983, 95, 98 ff. Zur Vermutung der Zulässigkeit der freien Rede dagegen BGH Urt. v. 12.10.1993 – VI ZR 23/93, NJW 1994, 124, 126.

1611 *Eisele/Schittenhelm* in Schönke/Schröder, § 193 StGB Rn. 15.

1612 *Grimm* NJW 1997, 1697, 1703.

1613 OLG Karlsruhe Urt. v. 10.08.1988 – 1 U 49/88, NJW 1989, 1360; *Ladeur* AfP 1993, 531, 533 ff.

1614 BVerfG Beschl. v. 06.11.1968 – 1 BvR 501/62, zitiert nach juris Rn. 23.

für seine Behauptungen unzuverlässig oder unzulänglich sind, oder daß er nur auf haltlose Vermutungen hin die Ehre eines anderen gröblich antastet."[1615] Sorgfaltswidrig handelt insofern derjenige, der getätigte ehrenrührige Äußerungen allein auf haltlose Vermutungen stützt oder der Tatsachen in der Erregung entstellt.[1616] Ein Sorgfaltsverstoß wird u.a. dann angenommen, wenn durch ein Urteil oder anderweitige amtliche Feststellungen widerlegte Behauptungen ohne das Vorliegen neuer Beweismittel erneut aufgestellt werden.[1617] Im Falle ehrenrühriger, nicht dem eigenen Wahrnehmungs- und Kontrollbereich entstammender Tatsachenbehauptungen, die zudem die Verifizierungsmöglichkeiten des Täters übersteigen, soll der Prüfpflicht genügen, wer sich auf unangefochtene Pressemitteilungen oder andere öffentlich zugängliche Quellen bezieht, sofern die Tatsache nach dem Kenntnisstand des Täters auch im Übrigen nicht angefochten wird.[1618] Zu Recht wird hieran kritisiert, dass diese Implikatur der Vertrauenswürdigkeit öffentlich zugänglicher Quellen nicht sachgerecht sei. Angesichts der heutigen Informationslage im Netz muss das Postulat besonderer Vertrauenswürdigkeit öffentlich zugänglicher Quellen erheblich eingeschränkt werden: Die Erfüllung von Prüfpflichten kann vielmehr nur im Einzelfall inspiziert werden.[1619]

1615 OLG Celle Urt. v. 12.05.1987 – 1 Ss 94/87, NJW 1988, 353, 354; zu weitgehend dagegen BVerfG Beschl. v. 16.03.1999 – 1 BvR 734/98, NJW 2000, 199, das bei leichtfertigen Äußerungen noch nicht den Schutz von Art. 5 Abs. 1 GG versagen will. Dazu und zur Gebräuchlichkeit des Begriffs der Leichtfertigkeit im Zusammenhang mit den Prüfpflichten, die nicht im rechtstechnischen Sinne als grobe Fahrlässigkeit verstanden werden *Eisele/Schittenhelm* in Schönke/Schröder, § 193 StGB Rn. 11. Maßgebend für die Prüfpflicht seien die zeitlich, beruflich und persönlich bestehenden Aufklärungsmöglichkeiten, die Qualität der für die Wahrheit sprechende Umstände, die Schwere des geäußerten Vorwurfs sowie naheliegende bzw. mögliche Auswirkungen für den Betroffenen, BGH Urt. v. 09.07.1985 – VI ZR 214/83, NJW 1985, 2644, 2647, BGH Urt. v. 16.06.1998 – VI ZR 205/97, NJW 1998, 3047, 3049; *Eisele/Schittenhelm* in Schönke/Schröder, § 193 StGB Rn. 11.

1616 *Eisele/Schittenhelm* in Schönke/Schröder, § 193 StGB Rn. 11 m.w.N.; BGH Urt. v. 31.03.1954 – 6 StR 1/54, MDR 1954, 335.

1617 *Eisele/Schittenhelm* in Schönke/Schröder, § 193 StGB Rn. 11; RG Beschl. v. 11.11.1932 – 1 D 1292/32, JW 1933, 961.

1618 So ein obiter dictum des BVerfG Beschl. v. 09.10.1991 – 1 BvR 1555/88, NJW 1992, 1439, 1441 ff., wobei als öffentlich zugängliche Quelle insoweit öffentliche Äußerungen eines Abgeordneten qualifiziert wurden, *Heselhaus* NVwZ 1992, 740, 743.

1619 Kritisch insoweit *Kiesel* NVwZ 1992, 1129, 1135, der das den Medien insoweit entgegengebrachte Vertrauen für unangebracht erachtet. In diese Richtung auch *Kriele* NJW 1994, 1897, 1902 f. Bei äußeren Tatsachen kann selbst dann, wenn diese nicht überprüft werden müssen, ein Sorgfaltsverstoß bei Schlussfolgerungen bzgl. innerer Tatsachen liegen, dazu OLG Hamburg Urt. v. 13.05.1980 – 1 Ss 43/80, MDR 1980, 953.

II. Abgrenzung zwischen Tatsachen und Werturteilen

Von herausragender Bedeutung[1620] ist schließlich vor allem die Qualifizierung als Werturteil oder Tatsachenbehauptung. Letztere genießen nämlich nur dann den Schutz von Art. 5 Abs. 1 GG, wenn sie Voraussetzung für die Bildung von Meinungen sind. Aus dem Schutzbereich heraus fallen nach der Rechtsprechung des Bundesverfassungsgerichts bewusst unwahre Tatsachenbehauptungen ebenso wie solche, deren Unwahrheit bereits im Zeitpunkt der Äußerung unzweifelhaft feststand.[1621] Lediglich nicht erweislich wahre Tatsachenbehauptungen müssen selbst dann, wenn sie sich später als falsch herausstellen, vom Schutzbereich erfasst sein, da ansonsten ein freier Kommunikationsprozess gestört würde, wenn ohne Strafbarkeitsrisiken lediglich unumstößliche Wahrheiten geäußert werden dürften.[1622] Andererseits reicht der Schutz von Art. 5 Abs. 1 GG bei Meinungsäußerungen aber weiter als bei bloßen Tatsachenbehauptungen.[1623]

Manche Stimmen in der Literatur stehen dieser Begrenzung auf Ebene des Schutzbereichs kritisch gegenüber, da zum einen die korrespondierenden Vorschriften des Europäischen Rechts in Art. 10 EMRK und Art. 11 GRC mit dem Wortlaut „Informationen und Ideen“ eine solche Einschränkung nicht vorsehen. Zudem sei eine „wertfreie Schilderung“ faktisch nicht möglich, da mit der Äußerung einer Tatsachenbehauptung ein geistiges Wirken verbunden sei. Daneben sollen „grundrechtsfreie Räume“ von vornherein ebenso vermieden werden wie eine Differenzierung anhand der Inhalte von Äußerungen.[1624] Allerdings wollen die Vertreter dieser Ansicht nicht etwa die bewusste Lüge belohnen, sondern sie begegnen der geringeren Schutzwürdigkeit im Rahmen der Abwägung und berücksichtigen hierbei insbesondere die Frage der Einhaltung von Sorgfaltspflichten, sodass dem Äußernden im Falle von deren Einhaltung nur präventive Verpflichtungen auferlegt werden können.[1625]

Auch wenn die Literatenmeinung aufgrund der dogmatischen Stringenz und der Vereinbarkeit mit höherrangigem Recht überzeugt, so könnte es sich letztlich um einen akademisches Glasperlenspiel handeln, da selbst die Vertreter der letztgenannten Auffassung die geringere Schutzwürdigkeit auf Ebene der verfassungsrechtlichen Rechtfertigung berücksichtigen. Die letztgenannte Auffassung könnte aber für den hiesigen Untersuchungsgegenstand vor einem anderen Hintergrund

---

1620 So auch *Eisele/Schittenhelm* in Schönke/Schröder, § 193 StGB Rn. 15.

1621 BVerfG Beschl. v. 22.06.1982 – 1 BvR 1376/79, NJW 1983, 1415, 1416; BVerfG Beschl. v. 11.04.1991 – 2 BvR 963/90, NJW 1991, 2074, 2075. Vgl. auch BeckOK GG/*Epping/Hillgruber* Art. 5 GG Rn. 6 sowie *Epping* Grundrechte Kap. 5 Rn. 215.

1622 Vgl. *Eisele/Schittenhelm* in Schönke/Schröder, § 193 StGB Rn. 15; BVerfG Beschl. v. 11.04.1991 – 2 BvR 963/90, NJW 1991, 2074, 2075.

1623 *Eisele/Schittenhelm* in Schönke/Schröder, § 193 StGB Rn. 15.

1624 *Grabenwarter* in Maunz/Dürig, Art. 5 GG Rn. 50.

1625 *Grabenwarter* in Maunz/Dürig, Art. 5 GG Rn. 51, 169 f.

überzeugen: Im Falle der Verbreitung unwissentlicher Desinformationen erschiene fraglich, wie man das Kriterium „erwiesen unwahr“ als Ausschluss des Schutzbereichs interpretieren soll. Aufgrund des Internets als Echtzeitmedium könnte man gewillt sein, unmittelbar nach der Veröffentlichung entlarvte Desinformation so einzuordnen und dadurch den Schutzbereich ungebührlich zu verkürzen. Indem jedoch Tatsachenbehauptungen, deren Wahrheit nicht festgestellt werden kann, dem Schutzbereich unterstellt werden,[1626] können die Bedingungen moderner Massenkommunikation im Rahmen der Differenzierung des Bundesverfassungsgerichts ausreichend berücksichtigt werden. Demgegenüber erscheint die Lösung des Bundesverfassungsgerichts konsequent, bewusst unwahren Tatsachenbehauptungen den grundrechtlichen Schutz von vornherein zu versagen. Anderweitig würde die Problematik nur auf die Ebene der Abwägung verlagert und so eine zu Lasten kollidierender Verfassungsgüter gehende Interpretation der Äußerungsbefugnisse begünstigt.

Gleichwohl verschwimmen die beschriebenen Grenzen vor allem durch die Rechtsprechung des Bundesverfassungsgerichts, das bei der Unterscheidung zwischen Tatsachenbehauptungen und Werturteilen einen großzügigen Maßstab anlegt und Tatsachenbehauptungen weitgehend dem Schutz von Art. 5 Abs. 1 GG unterstellt.[1627] Oftmals enthalten Aussagen ineinander greifende tatsächliche und wertende Gesichtspunkte oder aber solche Elemente stehen in einem inneren Zusammenhang und ergänzen sich gegenseitig, sodass sich die Abgrenzungsfrage stellt.[1628] Maßgebend für die Abgrenzung in diesen Problemkonstellationen ist, ob im Vordergrund der Äußerung der tatsächliche oder der wertende Teil steht.[1629]

Vorgebracht wird zur Abgrenzung, dass beispielsweise Fallgruppen existieren, in denen eine formal als Werturteil zu klassifizierende Aussage lediglich verkürzt eine Tatsache vermitteln soll und zugleich für den Adressaten erkennbar darauf bezogen ist. Solche Aussagen seien daher als Tatsachenäußerungen zu behandeln – so zum Beispiel die Bezeichnung „Dieb.“[1630] Gleiches soll gelten, wenn eine Äußerung ein tatsächliches Geschehen so konkret beschreibt, dass ein unbefangener Adressat die gezogene Schlussfolgerung nachvollziehen und die dieser

1626 BVerfG Beschl. v. 28.06.2016 – 1 BvR 3388/14, NJW 2016, 3360, 3361; *Epping* Grundrechte Kap. 5 Rn. 215.

1627 *Grabenwarter* in Maunz/Dürig, Art. 5 GG Rn. 51, 169 f.

1628 *Eisele/Schittenhelm* in Schönke/Schröder, § 186 StGB Rn. 4.

1629 BVerfG Beschl. v. 09.10.1991 – 1 BvR 1555/88, zitiert nach juris Rn. 5.

1630 *Eisele/Schittenhelm* in Schönke/Schröder, § 186 StGB Rn. 4. *Hilgendorf* Tatsachen und Tatsachenaussagen im Strafrecht, S. 141 ff., 188 ff. macht daneben Abgrenzungsprobleme bei „parasitären Tatsachen“ aus (Ich glaube, Person X ist ein Dummkopf) und unterscheidet diesbezüglich danach, ob der Äußernde durch eine Subjektivierung den Geltungsanspruch so weit abschwächt, dass die Rezipienten die Äußerung nicht mehr wörtlich nehmen.

Wertung zu Grunde liegenden Tatsachen erkennen kann, da in diesem Fall das in der verkürzten Wiedergabe der Tatsache enthaltene Werturteil für den Adressaten in den Hintergrund rückt.[1631]

Eine Meinungsäußerung soll aber dann vorliegen, wenn tatsächliche Umstände bei der Äußerung in einen gesamten Kontext gesetzt wurden, dessen Prägung von wertenden Elementen dominiert wird. So wurde zum Beispiel die Äußerung, jemand wisse, wie man pleite geht, im Gesamtkontext als Meinung eingeordnet. Dagegen wurde die bloße Äußerung, jemand sei zweimal Pleite gegangen, im Rahmen desselben Beitrags trotz kontextueller Bewertung als (selbstständige) Tatsache klassifiziert.[1632] Ein Werturteil liegt aber zugleich dann vor, wenn in einer umfassenden argumentativen Auseinandersetzung eine Tatsache lediglich zur Untermauerung benutzt wird und die tatsächlichen Umstände also in den Hintergrund treten.[1633] Vor allem im politischen Bereich ist es möglich, dass Äußerungen, die zunächst den Anschein einer Tatsachenbehauptung erwecken, bei näherer Analyse als politisches Werturteil zu betrachten sind.[1634] Diese weite Auslegung wird noch durch

---

1631 BayObLG Beschl. v. 22.08.1994 – 4 St RR 81/94, NJW 1995, 2501, 2502; *Eisele/Schittenhelm* in Schönke/Schröder, § 186 StGB Rn. 4. Auch die Verwendung negativ konnotierter Begriffe zur Wiedergabe tatsächlicher Umstände soll insoweit als Tatsache behandelt werden – so die aufgestellte Behauptung, bestimmte Skeptiker eines Unternehmens würden dieses „bespitzeln", dazu BVerfG Beschl. v. 09.10.1991 – 1 BvR 1555/88, zitiert nach juris Rn. 5. Dies ist für die Untersuchung jedoch von untergeordneter Bedeutung, da die Besonderheit gerade in der vermeintlichen Neutralität besteht.

1632 BGH Urt. v. 28.06.1994 – VI ZR 252/93, NJW 1994, 2614, 2616.

1633 BGH Urt. v. 08.12.1954 – 6 StR 231/54, NJW 1955, 311. Gleiches gilt, wenn einem Betroffenen aufgrund dargelegter Verhaltensweisen bestimmte Handlungen zugetraut werden, *Eisele/Schittenhelm* in Schönke/Schröder, § 186 StGB Rn. 4 m.w.N. Dies gilt auch dann, wenn der Tatsachenkern so spärlich ist, dass er in der Gesamtaussage vollends in den Hintergrund tritt wie bei der Bezeichnung einer Religionsgemeinschaft als „Nazi-Sekte" trotz der zugleich geäußerten Tatsache der Beteiligung mehrerer im Dritten Reich aktiver Nationalsozialisten, dazu OLG Hamburg Urt. v. 31.10.1991 – 3 U 22/91, NJW 1992, 2035.

1634 *Eisele/Schittenhelm* in Schönke/Schröder, § 186 StGB Rn. 4. So wurde die Äußerung „die Bundeswehr sei eines der wichtigsten Mittel zu dieser Politik des Ausbaus der Absatzmärkte" als Werturteil qualifiziert, BGH Urt. v. 31.03.1976 – 3 StR 6/76 (S), zitiert nach juris Rn. 6 f. Nach *Hilgendorf* Tatsachen und Tatsachenaussagen im Strafrecht, S. 191 können auch unsubstantiierte Fakten als Meinungsäußerung eingeordnet werden, namentlich lediglich allgemeine Bewertungen darstellende Äußerungen (X ist schon einmal in einen Diebstahl verwickelt gewesen). Im Einzelfall können solch abstrakte Fakten zwar durch das in den Vordergrundtreten der wertenden Aussageelemente als Meinungen klassifiziert werden. Die Rigorisität Hilgendorfs erscheint jedoch fehlerhaft. So bleibt die Desinformation, Flüchtlinge

das Postulat gesteigert, dass eine Aussage dann als Meinungsäußerung bewertet werden müsse, wenn enthaltene tatsächliche und wertende Elemente nicht ohne eine Sinnverfälschung der Gesamtäußerung getrennt werden könnten.[1635] Eine innerhalb der Gruppe der Werturteile einschränkende Auslegung erfährt zugleich die Schmähkritik, die bei Äußerungen über die Öffentlichkeit berührende Fragen nur im Ausnahmefall vorliegen soll.[1636]

Sogar noch weitergehende Äußerungsbefugnisse werden in Anerkennung eines Rechts auf Gegenschlag anerkannt,[1637] wobei sich der Gegenschlag auch hier als eine adäquate Reaktion darstellen muss.[1638] Teilweise wird ferner vertreten, dass im Falle von Äußerungen im Internet der angenommenen geringeren Hemmschwelle für ehrverletzende Äußerungen Rechnung getragen werden müsse, indem weitergehende Äußerungsbefugnisse zuerkannt werden.[1639] Hiernach soll derjenige, der selbst proaktiv Inhalte im Internet verbreitet, es aushalten müssen, dass er im „Kampf der Meinungen" besonders angegangen werde.[1640] Die Rechtsprechung des Bundesverfassungsgerichts zum Ehrschutz wird vor diesem Hintergrund von weiten Teilen des Schrifttums[1641] sowie selbst vom vormaligen Präsidenten des Bundesverwaltungsgerichts[1642] kritisiert: Manche sprechen von einer „Lockerung des

---

würden prozentual häufiger straffällig als deutsche Staatsbürger, doch notwendigerweise eine Tatsachenbehauptung, da mit dem Äußern reiner (unrichtiger) Tatsachen der Boden der Meinungsfreiheit verlassen wird, sodass geringere Äußerungsbefugnisse infolge der Beweisbarkeit angebracht erscheinen.

1635 BGH Beschl. v. 28.03.2000 – 2 BvR 1392/96, NJW 2000, 3196, 3197.

1636 BVerfG Beschl. v. 10.10.1995 – 1 BvR 1476/91, zitiert nach juris Rn. 7b f. Für eine restriktive Auslegung im Falle des Vergleichs der Verhandlungsführung eines Richters mit „nationalsozialistischen Sondergerichten und Hexenprozessen" auch BVerfG Beschl. v. 14.06.2019 – 1 BvR 2433/17, NJW 2019, 2600.

1637 BVerfG Beschl. v. 25.01.1961 – 1 BvR 9/57, NJW 1961, 819, 821 ff.; SK-StGB/*Rogall* § 193 StGB Rn. 31.

1638 BVerfG Beschl. v. 06.11.1968 – 1 BvR 501/62, NJW 1969, 227 ff.; vgl. SK-StGB/*Rogall* § 193 StGB Rn. 31.

1639 *Hoeren* EWE 19 (2008), 524.

1640 *Hoeren* EWE 19 (2008), 524; LG Berlin Urt. v. 25.10.2007 – 27 O 602/07, MMR 2008, 353; im Ergebnis auch OLG Koblenz Beschl. v. 12.07.2007 – 2 U 862/06, MMR 2008, 54, 55.

1641 *I. Appel* Verfassung und Strafe, S. 166; *Decken* NJW 1983, 1400, 1402 ff.; *Otto* NJW 2006, 575, 576; *Kriele* NJW 1994, 1897, 1898 ff.; *Schmitt Glaeser* NJW 1996, 873, 878 f.; *Tettinger* Die Ehre – ein ungeschütztes Rechtsgut?, S. 42; *Tiedemann* Verfassungsrecht und Strafrecht, S. 37; anders *Grimm* NJW 1995, 1704; differenzierend *Kübler* NJW 1999, 1281, 1287. Zum Ganzen ausführlich *Eisele/Schittenhelm* in Schönke/Schröder, § 193 StGB Rn. 15.

1642 *Sendler* NJW 1993, 2157.

Ehrschutzes",[1643] andere gar von seiner „Liquidierung."[1644]

Beobachtet wird für den politischen und öffentlichen Bereich insgesamt eine latente Ausweitung der Einordnung als Werturteile und die Zielrichtung der Privilegierung der freien Rede, die – neben der Anerkennung des Rechts zum Gegenschlag – zu einer starken Eingrenzung des Ehrschutzes führt, sodass letztlich nur noch bewusst unrichtige Tatsachenbehauptungen und falsche Zitate gem. §§ 185, 186 StGB strafbar seien können.[1645] Vor dem Hintergrund dieser Entwicklung in der Rechtsprechung darf bezweifelt werden, ob in jedem Fall von Fake News im Sinne der hiesigen Definition seitens der Gerichte von einer Tatsachenbehauptung ausgegangen würde, wenn beispielsweise geschickt erfundene oder beschönigte Zahlen zur Untermauerung bestimmter Aussagen dargetan werden. Eine solche weitreichende Interpretation der Rechtsprechung würde es zudem den Akteuren ermöglichen, Desinformationen mit Meinungsäußerungen zu vermengen und so straffrei zu bleiben, obgleich derartige Äußerungen gleichartige Gefahren heraufbeschwören. Gleichwohl erscheinen desinformative Beitrage zumeist als vorgeblich neutral, sodass üblicherweise von einer Tatsachenbehauptung auszugehen ist, auch wenn bestimmte Schlüsse seitens des Rezipienten gerade beabsichtigt sind.

Für die Rechtfertigung nach § 193 StGB gilt allgemein, dass im Rahmen der Abwägung ein gegenüber dem Ehrschutzinteresse des Betroffenen überwiegendes Interesse je eher anzunehmen ist, desto mehr Gewicht die Angelegenheit für die Öffentlichkeit hat.[1646] Überdies ist bei der Frage nach der Rechtfertigung die besondere Belastung durch Tatsachenbehauptungen zu berücksichtigen, sodass die Grenzen der Rechtfertigung umso enger zu setzen sind, je höher das Risiko lag, dass die gegenständlichen Tatsachenbehauptungen unwahr waren.[1647] Allein die Tatsache, dass der Äußernde wusste, dass er den Wahrheitsbeweis womöglich nicht zu führen im Stande gewesen wäre, macht sie nicht bereits unzulässig.[1648] Sofern der Täter selbst die Richtigkeit der von ihm aufgestellten Tatsachenbehauptung in Zweifel zog oder ziehen musste, kann eine gleichwohl getätigte Aussage

1643 *Buscher* NVwZ 1997, 1057, 1061.

1644 Siehe nur den Titel des Beitrags von *Kiesel* NVwZ 1992, 1129.

1645 *I. Appel* Verfassung und Strafe, S. 166.

1646 *Eisele/Schittenhelm* in Schönke/Schröder, § 193 StGB Rn. 17. Allein im Falle fehlenden jeglichen Informationsinteresses ist der Gang an die Öffentlichkeit niemals gerechtfertigt, SK-StGB/*Rogall* § 193 StGB Rn. 24. Das öffentliche Informationsinteresse wird dabei großzügig bestimmt, es besteht auch bei skandal- und sensationsträchtigen Berichten, solange es sich nicht nur um bloße Sensationsmache ohne jedweden Nachrichtenwert handelt, *Eisele/Schittenhelm* in Schönke/Schröder, § 193 StGB Rn. 17; LK-*Hilgendorf* § 193 StGB Rn. 18; *Schneider* NJW 1963, 666, 667.

1647 BGH Urt. v. 03.05.1977 – VI ZR 36/74, NJW 1977, 1288, 1289.

1648 *Eisele/Schittenhelm* in Schönke/Schröder, § 193 StGB Rn. 17; *Tettinger* JZ 1983, 317, 323; vgl. auch *Maurach/Schroeder/Maiwald* Strafrecht BT 1 § 26 Rn. 35.

aber nur dann gerechtfertigt werden, wenn die verfolgten Interessen von besonders hohem Rang sind.[1649]

III. Relevanz für das Verbreiten von Fake News

Eine Rechtfertigung des Verbreitens von Fake News in sozialen Netzwerken wird in den allermeisten Fällen zumindest an der Schranke der Angemessenheit scheitern, da die Verwendungsform wegen der potentiell lawinenartigen Verbreitung eine besonders starke Beeinträchtigung darstellt. Im Übrigen käme ohnedies nur in Fällen bloß in Kauf genommener Unrichtigkeit, nicht aber absichtlich und wissentlich verbreiteter falscher Informationen eine Rechtfertigung in Betracht, da anderenfalls bereits berechtigte Interessen im Zweifel sind, jedenfalls aber die besondersstarke Beeinträchtigung in der Interessenabwägung zum Überwiegen der Interessen des Betroffenen führen wird. Im Falle der wissentlichen Verbreitung von Fake News handelt es sich um bewusst unwahre Tatsachen, die kaum zu rechtfertigen sind.

Gleichwohl würde sich das Problem des Beweises der Intention des Verbreiters stellen, wobei im Falle des Misslingens zumindest abstrakt die Möglichkeit der Rechtfertigung bestünde. Auch in diesen Fällen wird die erhebliche Gefahr für das Rechtsgut regelmäßig zum Überwiegen des Ehrschutzes führen. Zu berücksichtigen sind nämlich auch die schutzwürdigen Interessen des Betroffenen, die auch von der Schwere des Eingriffs bestimmt werden. Hierbei ist zwar von der Rechtsprechung anerkannt, dass eine Veröffentlichung in der breiten Öffentlichkeit nicht notwendigerweise schwerer wiegt, da Äußerungen im privaten Kreis teilweise sogar schwerer ins Gewicht fallen können, weil der Betroffene beim öffentlichen Verbreiten zeitnaher Kenntnis erlange und daher auch schneller entgegentreten könne.[1650]

Von dieser Rechtsprechung dürfte jedoch nur die Ausrichtung des Interesses an der Schwere der Beeinträchtigung übertragbar sein. Denn hinsichtlich des Untersuchungsgegenstands sprechen empirische Erwägungen und tatsächliche Umstände dagegen, dass durch das größere Publikum eine schnellere Verhinderungsmöglichkeit gegeben ist. Wie bereits dargelegt, wird aufgrund der immensen Verbreitungsgeschwindigkeit, auch durch das Entstehen von Filterblasen, eine derart schnelle Verbreitung erfolgt sein, dass der Betroffene im Zeitpunkt seiner Kenntnis die weitere Zirkulation kaum mehr verhindern kann. Selbst die Prämisse, dass der Betroffene schneller von der Fehlinformation erfahre, kann nicht aufrechterhalten werden, da entstehende *Filterblasen* und *Echokammern* die Desinformation besonders Personen visibel machen wird, die gegenüber denjenigen des Betroffenen konträre Meinungsbilder vertreten.

1649 *Erhardt* Kunstfreiheit und Strafrecht, S. 195.

1650 BGH Urt. v. 20.12.1983 – VI ZR 94/82, zitiert nach juris Rn. 21.

Jedenfalls aber wird das eigeninitiative Entgegentreten nur selten von Erfolg gekrönt sein, da das Bestreiten der verbreiteten Information von den energischen Vertretern bestimmter Meinungsbilder gerade als Versuch der Entstellung der Realität aufgefasst werden wird und ebenso gutgläubige Nutzer die Desinformation durch hervorgerufene Reaktanz weiter verbreiten könnten. Daher muss bei der Verbreitung im Internet und in sozialen Netzwerken eine besondere Schwere der Beeinträchtigung gesehen werden, die zumeist zum Überwiegen des Ehrschutzes führen wird.

Abschließend muss zudem daran erinnert werden, dass Desinformation mit ehrenrührigen Inhalten aufgrund der zunehmenden Bekanntheit der Desinformationsproblematik sorgfältigen Nutzern schon grundlegend Anlass zur weitergehenden Recherche geben[1651] – sodass eine Rechtfertigung auch deshalb oftmals ausscheiden wird. Handelt es sich bei den gutgläubigen Zweitkommunikatoren gar um professionelle Medien, erscheint eine Rechtfertigung aufgrund der besonderen Rechercheobliegenheiten im Falle ehrenrühriger Inhalte kaum einmal möglich.[1652]

I. § 187 StGB – Verleumdung und Kreditgefährdung

§ 187 StGB enthält neben der Verleumdung im engeren Sinne als Ehrschutzdelikt den Tatbestand der Kreditgefährdung, bei dem es sich um einen Vermögensgefährdungstatbestand handelt.[1653] Bei der *Verleumdung* handelt es sich um eine qualifizierte üble Nachrede, da die Unwahrheit der Tatsache Bestandteil des objektiven Tatbestands ist und damit vom Vorsatz des Täters umfasst sein muss.[1654] Jedenfalls bei per Gefällt mir- und Teilen-Button interagierenden Nutzern dürften diese Voraussetzungen regelmäßig nicht gegeben[1655] bzw. jedenfalls nicht nachweisbar sein, da hinsichtlich der Wahrheitsfrage positive Kenntnis[1656] erforderlich ist. Sofern aufgrund besonders überraschenden oder sensationellen Inhalts die Vornahme von Verifizierungstechniken besonders naheliegt und daher dolus eventualis vorliegt, reicht dies zur Verwirklichung des Tatbestands noch nicht aus. Die Verleumdung gewinnt daher nur im Hinblick auf die täterschaftliche Begehung seitens des Erstellers des Beitrags Bedeutung, der zumeist bösgläubig sein wird.[1657] Hinsichtlich der

---

1651 *Lammich* Fake News als Herausforderung des deutschen Strafrechts, S. 167 spricht insofern plakativ von einem „Makel der potentiellen Glaubwürdigkeit".

1652 Gesteigerte Sorgfaltsanforderungen fordert insoweit auch *Lammich* Fake News als Herausforderung des deutschen Strafrechts, S. 167.

1653 MüKo-StGB/*Joecks/Regge/Pegel* § 187 StGB Rn. 1 f., zur Diskussion um das geschützte Rechtsgut *Maurach/Schroeder/Maiwald* Strafrecht BT 1 § 25 Rn. 34 f.

1654 MüKo-StGB/*Joecks/Regge/Pegel* § 187 StGB Rn. 2.

1655 *Geiring* Risiken von Social Media und User Generated Content, S. 148.

1656 LK-*Hilgendorf* § 188 StGB Rn. 4.

1657 *Lammich* Die Strafbarkeit der Verbreitung sogenannter „Fake News", S. 17.

Qualifikationen kann auf die Ausführungen zu den inhaltsgleichen Regelungen in § 186 StGB verwiesen werden.

Die *Kreditgefährdung* sanktioniert unwahre Tatsachenbehauptungen, soweit diese geeignet sind, dass Vertrauen Dritter in Bezug auf die Erfüllung vermögensrechtlicher Verbindlichkeiten zu gefährden.[1658] *Lammich*[1659] hat insofern jüngst anhand eines Beispielsfalls, in welchem eine Infektion mit dem COVID-19 auslösenden Virus in einer Spinnerei behauptet worden war, aufgezeigt, dass aufgrund des Charakters als abstraktes Gefährdungsdelikt durch „fortgedachte Kausalketten" zu antizipierende Wirkungen eine Kreditgefährdung darstellen können.

Neben der tatsächlichen Gefährdung der Kreditfähigkeit oder Bereitschaft zur Erfüllung der eigenen Verbindlichkeiten ist nicht erforderlich, dass die Tatsachen ehrverletzend sind, sodass selbst unwahre ehrneutrale Aussagen – wie die Behauptung des Eintritts unverschuldeter Insolvenz – tatbestandsmäßig sind.[1660] Da es nicht auf eine Ehrfähigkeit ankommt, können Personenmehrheiten (wie beispielsweise Handelsgesellschaften oder juristische Personen) Betroffene sein.[1661] Daneben muss die Unrichtigkeit der Äußerung für den Täter feststehen, anders als bzgl. der Gefährdung reicht Eventualvorsatz also gerade nicht aus.[1662] Hinsichtlich über Facebook weiterverbreitender Nutzer scheint ein solches sicheres Wissen fernliegend, sodass allein eine Strafbarkeit des bösgläubigen Erstellers im Raum stehen dürfte.[1663] Eine Kreditgefährdung erscheint aber im Falle von Fake News betreffend juristische Personen denkbar. Man mag nur an die Meldung von *Elon Musk* denken, die eine Insolvenznähe von Tesla suggerierte.[1664] Jedenfalls wenn

1658 MüKo-StGB/*Joecks/Regge/Pegel* § 187 StGB Rn. 11 f.

1659 *Lammich* Fake News als Herausforderung des deutschen Strafrechts, S. 182 ff. Soweit er insoweit auch spezifisches Fachwissen über wirtschaftliche Konsequenzen für berücksichtigungsfähig hält, ist dies aufgrund der Normwortlauts „Kredit" in der Tat auf der Hand liegend, im gebildeten Beispielsfall angesichts der nur in äußerst generischer Form erforderlichen Kenntnisse betriebswirtschaftlicher Zusammenhänge allerdings kaum entscheidend.

1660 MüKo-StGB/*Joecks/Regge/Pegel* § 187 StGB Rn 12.

1661 *Fischer* § 187 StGB Rn. 3a. So auch *Lammich* Fake News als Herausforderung des deutschen Strafrechts, S. 181, der insoweit diskutiert, ob es sich um ein Vermögens- oder um ein Ehrschutzdelikt handelt.

1662 MüKo-StGB/*Joecks/Regge/Pegel* § 187 StGB Rn. 16; *Zaczyk* in Kindhäuser/Neumann/Paeffgen, § 187 StGB Rn. 3.

1663 *Lammich* Die Strafbarkeit der Verbreitung sogenannter „Fake News", S. 16.

1664 Zu Desinformationsangriffen gegenüber Unternehmen mit anonymisierten Beispielen *Wolter/Grothe/Heim* #Desinformation, Lage, Prognose und Abwehr, Sicherheitsstudie zu Desinformationsangriffen auf Unternehmen v. 09.2019, S. 2ff., 36 f., abrufbar unter https://asw-bundesverband.de/fileadmin/user_upload/dokumente/Studien_etc/studie_desinformation.pdf (24.03.2022).

diese von einem Dritten aufgestellt wäre, wäre diese tatbestandsmäßig.[1665] Auch wenn die Anwendbarkeit der Rechtfertigungsmöglichkeit bei § 187 StGB umstritten[1666] ist, wird dies wohl für Fake News letztlich nicht relevant. Die Rechtfertigung käme nur selten in Betracht, wie beispielsweise wenn die Verleumdung der Verteidigung eigener Rechte dient: So zum Beispiel, wenn ein Angeklagter im Prozess die Glaubwürdigkeit eines Zeugen zerstören will und daher eine Verleumdung begeht.[1667] Derartige Ausnahmefälle sind bei der Verbreitung von Fake News kaum denkbar. Darüber hinaus ist die Rechtfertigungsmöglichkeit jedenfalls auf die Kreditgefährdung nicht anwendbar.[1668]

J. Qualifikationen

I. Öffentliche Begehung oder Begehung durch das Verbreiten von Schriften

§ 186 StGB und § 187 S. 2 StGB enthalten zudem identische Qualifikationstatbestände, die eine erhöhte Strafandrohung für die öffentliche Begehung oder das Verbreiten von Schriften (§ 11 Abs. 3 StGB) vorsehen.[1669] *Öffentlich* wird die Tat dann begangen, wenn die Äußerung von anzahlmäßig unbestimmten und individuell nicht feststehenden Personen wahrgenommen werden kann. Das zufällige Gelangen an ein derartiges Forum vermag das Fehlen dieser Voraussetzung in der Äußerungssituation nicht zu kompensieren.[1670] Für Äußerungen im Internet werden diese Voraussetzungen bejaht, sofern die Inhalte für die Benutzer ohne Weiteres abrufbar sind.[1671] Bei Interaktionen in sozialen Netzwerken werden diese

---

1665 Da es sich bei Musk um den CEO handelt, wäre indes an eine mögliche rechtfertigende Einwilligung bzw. ein tatbestandsausschließendes Einverständnis zu denken. Zur dogmatischen Einordung der Einwilligung des Opfers MüKo-StGB/*Joecks/Regge/Pegel* § 187 StGB Rn. 22 m.w.N. Da Musk allerdings nicht einwilligungskompetentes Organ ist, dürfte auch in dem genannten Beispiel an einer wirksamen Einwilligung gezweifelt werden.

1666 Vgl. die Darstellung bei MüKo-StGB/*Joecks/Regge/Pegel* § 187 StGB Rn. 18 f.

1667 BGH Urt. v. 03.08.1994 – 2 StR 161/94, NStZ 1995, 78.

1668 MüKo-StGB/*Joecks/Regge/Pegel* § 187 StGB Rn. 21.

1669 Auf die Qualifikation der Begehung in einer Versammlung nach § 187 S. 2 StGB soll nicht eingegangen werden – insbesondere nicht darauf, ob Onlineversammlungen hierunter subsumiert werden könnten.

1670 *Eisele/Schittenhelm* in Schönke/Schröder, § 186 StGB Rn. 19; MüKo-StGB/*Regge/Pegel* § 186 StGB Rn. 34; *Zaczyk* in Kindhäuser/Neumann/Paeffgen, § 186 StGB Rn. 27.

1671 *Eisele/Schittenhelm* in Schönke/Schröder, § 186 StGB Rn. 19; MüKo-StGB/*Regge/Pegel* § 186 StGB Rn. 34.

Voraussetzungen mutmaßlich nur seitens des Erstellers erfüllt werden, dessen Ziel bei der Nutzung sozialer Netzwerke gerade ein Viral Seeding ist und der daher ein breites Publikum anzusprechen bezweckt.[1672] Während der Ersteller des Beitrags also oftmals bewusst den Beitrag für die Öffentlichkeit sichtbar machen wird, werden die Profileinstellungen teilender und likender Nutzer diese Interaktionen regelmäßig nur für eigene Kontakte – und damit nicht öffentlich – erkennbar machen.[1673] Sofern allerdings beim Teilen von Inhalten das Facebook-Profil des Handelnden nicht auf verknüpfte Kontakte beschränkt ist, liegt ein öffentliches Verbreiten vor.[1674] Das gleiche gilt für das Liken.

Das *Verbreiten von Schriften* erforderte indes nach wohl herrschender Auffassung zur bis zum 31.12.2020 geltenden Fassung, dass die körperliche Schrift einem größeren Personenkreis zugänglich gemacht wird. Das Zugänglichmachen des Inhalts soll nicht ausreichen.[1675] Datenträger sind infolge des Verweises von § 186 StGB auf § 11 Abs. 3 StGB ebenfalls erfasst, sodass bei wortlautorientierter Auslegung die Weitergabe des die Daten enthaltenden Datenträgers erforderlich wäre.[1676] Der Personenkreis muss – wenn er auch inhaltlich bestimmbar sein darf – so groß sein, dass er für den Täter nicht mehr zu kontrollieren ist.[1677] Problematisch erscheint aber, dass nicht nur die Weitergabe der Substanz selbst den Zweck der erhöhten Strafandrohung – die nicht mehr kontrollierbare Reichweite der Äußerung[1678] – erfüllt, sodass manches dafür spricht, das Weiterverbreiten des Inhalts der Schrift zu erfassen, wenn diese optisch unverändert beibehalten wird. Auch der Gesetzgeber beabsichtigte mit der Erweiterung von § 11 Abs. 3 StGB, das Verbreiten durch das Internet ohne Weitergabe des Datenträgers zu erfassen.[1679]

1672 Vgl. *Lammich* Die Strafbarkeit der Verbreitung sogenannter „Fake News", S. 13 sowie *ders.* Fake News als Herausforderung des deutschen Strafrechts, S. 150.

1673 Nicht überzeugend insoweit *Lammich* Die Strafbarkeit der Verbreitung sogenannter „Fake News", S. 5 sowie *ders.* Fake News als Herausforderung des deutschen Strafrechts, S. 150 ff., der hinsichtlich Facebook-Gruppen zwischen de facto öffentlichen und projektbezogenen Gruppen unterscheidet, ohne klar auf die eingestellten Privatssphäreeinstellungen bzw. die Eintrittsvoraussetzungen bzgl. der jeweiligen Gruppe als allein maßgebliche Kriterien abzustellen.

1674 *Geiring* Risiken von Social Media und User Generated Content, S. 148.

1675 *Eisele/Schittenhelm* in Schönke/Schröder, § 186 StGB Rn. 20; MüKo-StGB/*Regge/Pegel* § 186 StGB Rn. 37; *Schumann* in Kuhli/Asholt (Hrsg.), 59, 67 ff.; anders dagegen im Hinblick auf den mit der Qualifikation verfolgten Zweck *Zaczyk* in Kindhäuser/Neumann/Paeffgen, § 186 StGB Rn. 32; anders auch der BGH Urt. v. 27.06.2001 – 1 StR 66/01, BGHSt 47, 55, 55 ff.

1676 MüKo-StGB/*Radtke* § 11 Rn. 173.

1677 *Eisele/Schittenhelm* in Schönke/Schröder, § 186 StGB Rn. 20; MüKo-StGB/*Regge/Pegel* § 186 StGB Rn. 37.

1678 MüKo-StGB/*Regge/Pegel* § 186 StGB Rn. 37, § 185 StGB Rn. 26.

1679 BT-DS. 13/7385, S. 36.

Damit dürfte aber – was die bis zum 31.12.2020 geltende Fassung von § 11 Abs. 3 SGB anbelangt – der Boden der Auslegung verlassen werden, da vom eindeutigen Wortlaut nur die Weitergabe des Schriften gleichgestellten Objekts erfasst ist und im Rahmen der teleologischen Auslegung zwar der geäußerte Wille des Gesetzgebers heranzuziehen ist, allerdings der eindeutige Wortlaut der Vorschrift die körperlose Verbreitung nicht erfasst.[1680] Hieran vermochte auch nichts zu ändern, dass der Gesetzgeber die fehlende Verkörperung bei der vergleichbaren Weitergabe in der digitalen Welt, jedenfalls was soziale Netzwerke anbelangt, nicht bedacht hatte und somit eine vom Gesetzgeber nicht beabsichtigte Regelungslücke vorläge. Deren Schließung gebot zwar der Normtelos – belegt durch die Ausführungen des Gesetzgebers –, die Schließung wies aber rechtsschöpferische Elemente auf und war mithin Aufgabe des Gesetzgebers. Die Vorschrift wurde damit in dieser Fassung zwar modernen Kommunikationsformen und deren spezifischem Unwert nicht mehr gerecht. Gleichwohl war die Beseitigung dieses Defizits Aufgabe des demokratisch legitimierten Gesetzgebers. Das unveränderte Verbreiten des Inhalts durch Liken oder Teilen war daher bis zum 31.12.2021 nicht als ein demjenigen von Schriften gleichgestelltes Verbreiten von Datenträgern nach § 186 Halbs. 2 StGB anzusehen.

Der Gesetzgeber ist seiner Aufgabe indes zwischenzeitlich mit dem am 01.01.2021 in Kraft getretenen *sechzigsten Gesetz zur Änderung des Strafgesetzbuches – Modernisierung des Schriftenbegriffs und anderer Begriffe sowie Erweiterung der Strafbarkeit nach den §§ 86, 86a, 111 und 130 des Strafgesetzbuches bei Handlungen im Ausland*[1681] („60. StRÄndG") nachgekommen. Der Schriftenbegriff wurde nunmehr in § 11 Abs. 3 StGB zu einem Inhaltebegriff modifiziert – der das Übertragen von Inhalten mittels Informations- oder Kommunikationstechnik unabhängig von einer Speicherung erfasst. Die Schriftendelikte wurden entsprechend zu Inhaltsdelikten umgestaltet, sodass nunmehr in sozialen Netzwerken zirkulierte Beiträge unproblematisch erfasst werden[1682] Weiterhin wurde das Strafanwendungsrecht mit dem neu eingefügten § 5 Nr. 5a StGB in Bezug auf die §§ 86, 86a und 130 StGB angepasst, um solche aus dem Ausland heraus begangenen Handlungen erfassen zu können, die im Inland wahrnehmbar sind, sofern der Täter Deutscher ist oder seine Lebensgrundlage im Inland hat.

1680 *Schumann* in Kuhli/Asholt (Hrsg.), 59, 67 ff. Kritisch auch *Popp* ZIS 2013, 193, 196.

1681 BGBl. I 2020, S. 2600.

1682 Vgl. auch *Lammich* Fake News als Herausforderung des deutschen Strafrechts, S. 153 f. Zum Gesetzgebungsverfahren und den erfolgten rechtlichen Änderungen KriPoZ, Modernisierung Schriftenbegriff – Gesetzentwürfe, abrufbar unter https://kripoz.de/Kategorie/gesetzentwuerfe/modernisierung-schriftenbegriff-gesetzentwuerfe/ (25.03.2022).

II. § 188 StGB – Üble Nachrede und Verleumdung gegen Personen des politischen Lebens

Die üble Nachrede (§ 188 Abs. 1 StGB) und die Verleumdung (§ 188 Abs. 2, 1 StGB) können zudem dadurch qualifiziert sein, dass sich die Tat gegen Personen des öffentlichen Lebens richtet und die Tat öffentlich oder durch das Verbreiten von Schriften begangen wird. Erfasst werden Personen mit herausgehobener Stellung im politischen Bereich – wie Bundes- und Bundes¬tagspräsident, Bundes- und Landesabgeordnete, Ministerpräsidenten und Regierungsmitglieder, Parteivorsitzende aber auch Beamte der öffentlichen Verwaltung von gehobener Stellung und Kommunalpolitiker.[1683] Wie bereits eingangs der Untersuchung anhand von Fallbeispielen aufgezeigt wurde, werden besonders oft Bundestagsabgeordnete und damit Personen im Sinne der Norm Ziel von Desinformationskampagnen, sodass der Qualifikationstatbestand für den Untersuchungsgegenstand von großer Bedeutung ist.[1684] Es bedarf aber weiterhin der ebenso in § 187 StGB benannten Voraussetzungen, was hinsichtlich der Verbreitung in sozialen Medien zu einer erheblichen Begrenzung führt. Die Tat ist darüber hinaus geeignet, das politische Wirken des Opfers zu erschweren, sofern diese den Betroffenen unwürdig hinsichtlich des für sein öffentliches Agieren erforderlichen Vertrauens darstellt. Ein tatsächlicher Vertrauensverlust ist nicht erforderlich.[1685] Die subjektive Tatseite erfordert neben Eventualvorsatz hinsichtlich der qualifizierenden Merkmale zudem, dass die Stellung des Betroffenen als Person von herausragendem politischem Wert gerade handlungsleitender Beweggrund für die Tat war.[1686] Politische Motive sind hierfür nicht erforderlich: Bereits eine bezweckte Umsatzsteigerung durch einen vergrößerten Adressatenkreis infolge prominenter Betroffener ist ausreichend.[1687] Diese Anforderungen hat bis zur Implementierung des Inhaltebegriffs typischerweise nur der bösgläubige Ersteller und Erstverbreiter erfüllt, der die Desinformation bewusst an einen offenen Rezipientenkreis zirkuliert. Weiterverbreitende Nutzer haben diese Anforderungen mangels eines öffentlichen Verbreitens oder Verbreitens von Schriften oft nicht erfüllt.[1688] Nach der neuen

---

1683 *Zaczyk* in Kindhäuser/Neumann/Paeffgen, § 188 StGB Rn. 3 f.; vgl. auch MüKo-StGB/*Regge/Pegel* § 188 StGB Rn. 5 f.

1684 *Lammich* Die Strafbarkeit der Verbreitung sogenannter „Fake News", S. 15.

1685 *Eisele/Schittenhelm* in Schönke/Schröder, § 188 StGB Rn. 6; MüKo-StGB/*Regge/Pegel* § 186 StGB Rn. 37, § 188 StGB Rn. 11.

1686 *Eisele/Schittenhelm* in Schönke/Schröder, § 188 StGB Rn. 7.

1687 BGH Urt. v. 19.03.1953 – 3 StR 42/53, NJW 1953, 869; BGH Urt. v. 28.03.1956 – 5 StR 592/55, NJW 1956, 1207; *Lammich* Fake News als Herausforderung des deutschen Strafrechts, S. 155.

1688 Anders für weiterverbreitende Nutzer seinerzeit zur alten Rechtslage noch *Lammich* Die Strafbarkeit der Verbreitung sogenannter „Fake News", S. 15 der

Rechtslage werden nunmehr weiterverbreitende Nutzer im Falle des Tangierens einer geschützten Person die Qualifikation erfüllen.

K. Prozessuales

Bei Pressedelikten gilt eine in den Landespressegesetzen festgelegte von § 78 StGB abweichende Verjährungsfrist von 6 Monaten.[1689] Ferner bedarf es gem. § 194 StGB eines Strafantrags, sofern der Verletzte nicht als Angehöriger einer Gruppe unter der nationalsozialistischen oder einer anderen Gewalt- und Willkürherrschaft verfolgt wurde und deshalb gem. § 194 Abs. 1 S. 2 StGB ein Antrag nicht erforderlich ist – vorausgesetzt, dass der Verletzte nicht nach Abs. 1 S. 3 widerspricht. Auf die Möglichkeit des Verletzten bzw. sonstigen Strafantragsberechtigten, auf die öffentliche Bekanntmachung der Verurteilung zu pochen und auf diesbezügliche Fragestellungen bei der Art der Bekanntgabe (insbesondere über das verwendete Benutzerkonto) hat *Lammich*[1690] ausführlich hingewiesen – sodass an dieser Stelle auf eine weitergehende Analyse verzichtet werden soll.

L. Zusammenfassung des Schutzniveaus der Ehrschutzdelikte

Eine Strafbarkeit der Ersteller von Fake News-Artikeln, die diese in sozialen Medien verbreiten, kann sich bei ehrverletzendem Charakter der Äußerung als (qualifizierte) Verleumdung aus § 187 StGB ergeben. Im Falle nicht nachweisbaren besseren Wissens hinsichtlich der Wahrheitsfrage ergibt sich eine Strafbarkeit mit geringerem Strafrahmen aus § 186 StGB. Dieses Delikt dürfte das für den Untersuchungsgegenstand relevanteste Delikt sein. Die über Facebook-Interaktionen weiterverbreitenden Nutzer machen sich regelmäßig allenfalls wegen täterschaftlich begangener übler Nachrede gem. § 186 StGB strafbar, da diesen ein Handeln wider besseres Wissen, wie für § 187 StGB erforderlich, kaum nachgewiesen werden kann. Da es sich um ein reines Verbreitungsdelikt handelt, sind sowohl das Teilen, als auch das Betätigen des Gefällt mir-Buttons als täterschaftliche Tatbeiträge zu bewerten. Ab dem Zeitpunkt der Kenntnis von rechtswidrigen Inhalten kommt zudem eine Strafbarkeit von Access-, Network- und Host-Providern in Betracht, sofern diese es trotz bestehender Kenntnis unterlassen, die Inhalte zu löschen oder den Zugang zu sperren. Dabei haften selbst Host-Provider als Beherrscher

---

allerdings insoweit weder das öffentliche Verbreiten noch das Verbreiten von Schriften reflektiert hat.

1689 *Bosch* in Schönke/Schröder, § 78 StGB Rn. 9. Statt aller § 12 HPresseG.

1690 *Lammich* Fake News als Herausforderung des deutschen Strafrechts, S. 171 ff. Ebendort auf S. 176 weist *Lammich* zudem auch die Veröffentlichungsmöglichkeit nach § 165 StGB betreffend die falsche Verdächtigung hin.

des virtuellen Raums regelmäßig nicht täterschaftlich, weil sie keine Einwirkungsmöglichkeit auf die Erstveröffentlichung haben. Network- und Access-Provider sind ebenfalls lediglich als Beihilfeleistende zu qualifizieren, da ihnen nur die generelle Möglichkeit umfassender Zugangssperrung verbleibt. Überdies wird gerade die Haftung der Network- und Access-Provider im Einzelfall mangels Zumutbarkeit ausscheiden.

Zusammenfassend existieren durchaus Desinformationen, die Tatbestände der Ehrschutzdelikte erfüllen können. Ein Großteil der verbreiteten Desinformationen ist allerdings unter Ehrschutzgesichtspunkten als neutral zu bewerten oder es fehlt bereits ein unmittelbarer Bezug zu einem anderen Individuum, sodass eine Vielzahl von Desinformationen nicht unter diesen Tatbeständen inkriminiert sind.[1691] Ehrverletzende Desinformationen treten besonders häufig durch falsche Zitate[1692] von Politikern auf, denen beispielsweise im Kontext von schweren Straftaten von Asylbewerbern beschwichtigende Worte unterstellt werden. Doch nicht jedes der zirkulierten falschen Zitate erreicht ein solches Ausmaß. Fake News stellen sich letztlich selten als ehrschädigend dar, vielmehr werden beispielsweise im Wahlkampf Politikern bestimmte Standpunkte oder Vorhaben unterstellt, welche zwar nicht als ehrverletzend zu qualifizieren sind, die aber gleichwohl den Ausgang der Wahlen beeinflussen können.[1693]

1691 *Mafi-Gudarzi* ZRP 2019, 65, 67. Aufgrund der Bewertung als neutral scheidet zudem eine Beleidigung trotz Wahrheitsbeweises nach § 192 StGB aus, als diese zwar auch mittels unwahrer Tatsachenbehauptungen begangen werden kann, dies gleichwohl aber den Ausdruck einer beleidigenden Wertung erfordert. Zu diesen letztgenannten Voraussetzungen *Geiring* Risiken von Social Media und User Generated Content, S. 114.

1692 Vgl. *Ludyga* ZUM 2019, 793.

1693 *Hoven* Forschung und Lehre 10 (2019), 906, 907.

§ 5 Staatsschutzdelikte

A. § 130 StGB – Volksverhetzung als Teilausschnitt hetzerischer Inhalte

Aufgrund der engen Verzahnung von Fake News mit Hate Speech kommt weiterhin eine Strafbarkeit wegen Volksverhetzung gem. § 130 StGB in Betracht. Besonders relevant sind jedenfalls seit 2014 verbreitete falsche Informationen über durch Asylsuchende begangene Kriminalität. Möglich ist zum Beispiel die Verbreitung falscher kriminalstatistischer Daten über die Kriminalität von Asylsuchenden. Beispielhaft angeführt sei die Behauptung, dass diese mit überdurchschnittlicher Häufigkeit delinquent würden.[1694] Zudem liegt die Behauptung einer schweren, von Asylsuchenden begangenen Straftat im Bereich des Möglichen.[1695] Sowohl Abs. 1 als auch Abs. 2 schützen nach herrschender Auffassung das Rechtsgut des öffentlichen Friedens[1696], wobei dies im Unterschied zu § 126 StGB in einem weitgehenden Sinn zu verstehen und nicht etwa auf die Erfüllung reiner Sicherheitsinteressen zu beschränken ist.[1697] Darüber hinaus sehen einige die Menschenwürde als Schutzgut an.[1698] Trotz der Formulierung gewährleisten die Regelungen nicht nur Schutz vor „unliebsamen oder auch beunruhigenden Meinungen", sondern die Norm gewährleistet eine Friedlichkeit im Zusammenleben schlechthin: Damit sind auch Äußerungen erfasst, durch die einerseits Aggressionen in Bezug auf einzelne Gruppen der Bevölkerung Vorschub geleistet wird und andererseits Ängste und Unsicherheiten auf Seiten der Betroffenen hervorgerufen werden, die daher ihren Status als vollwertige Mitglieder der Gesellschaft hinterfragt sehen.[1699] Während Abs. 1 ein persönliches Äußerungsdelikt beinhaltet, welches das Äußern einer eigenen Auffassung erfordert, wird bei Abs. 2 das Verbreiten von Schriften auch bereits im Vorfeld unter Strafe gestellt, sofern es sich bei diesen um einschlägige Propaganda handelt.[1700] Die täterschaftliche Begehung von § 130 Abs. 1 StGB setzt

---

1694 *Hoven* ZStW 129 (2017), 718, 727 f.

1695 *Hoven* ZStW 129 (2017), 718, 727.

1696 Kritisch zur Rechtsgutsqualität *Schroeder* Die Straftaten gegen das Strafrecht, S. 12; vgl. *Fischer* NStZ 1988, 163 und *Jakobs* ZStW 97 (1985), 751.

1697 Statt aller *Sternberg-Lieben/Schittenhelm* in Schönke/Schröder, § 130 StGB Rn. 1a; *M. Heinrich* ZJS 2017, 625, 625 f.

1698 *Foerstner* Kollektivbeleidigung, Volksverhetzung und „lex Tocholsky", S. 169 ff.; *M. Heinrich* ZJS 2017, 625, 626.

1699 *Foerstner* Kollektivbeleidigung, Volksverhetzung und „lex Tocholsky", S. 169 ff.

1700 *Foerstner* Kollektivbeleidigung, Volksverhetzung und „lex Tocholsky", S. 169 ff. Vgl. hinsichtlich der Einordnung auch *M. Heinrich* ZJS 2017, 625, 626.

also bei der Verbreitung fremder Äußerungen voraus, dass der Handelnde sich die Inhalte zu eigen macht, was im Rahmen einer alle Umstände des Einzelfalls berücksichtigenden Gesamtwürdigung zu ermitteln ist.[1701] Die Tat kann insbesondere durch Veröffentlichungen im Internet begangen werden.[1702]

I. Leitfälle

1. Die vergewaltigenden Flüchtlinge (Leitfall 1)

Das Amtsgericht Duisburg[1703] hatte über den Sachverhalt zu entscheiden, dass der Delinquent bewusst der Wahrheit zuwider behauptete, Flüchtlinge hätten fünf Mädchen zwischen acht und zehn Jahren brutal entführt und vergewaltigt, so dass die Mädchen schwere Verletzungen erlitten hätten.

2. Asylbewerber als Drogenhändler (Leitfall 2)

Des Weiteren wird der fiktive Fall gebildet, dass ein Nutzer über Facebook einen Beitrag verbreitet, gemäß dem besonders viele Asylbewerber als Drogenhändler tätig werden.[1704]

II. Taugliche Angriffsobjekte

Taugliche Angriffsobjekte bei § 130 Abs. 1, 2 StGB sind nationale, rassische, religiöse oder durch ihre ethnische Herkunft bestimmte Gruppen, Teile der Bevölkerung oder ein Einzelner, sofern er wegen seiner Zugehörigkeit zu einer der vorgenannten Gruppen bzw. als Teil der Bevölkerung betroffen wird. Teile der Bevölkerung sind dabei von der übrigen Bevölkerung durch gemeinsame äußere oder innere Merkmale „politischer, nationaler, ethnischer, rassischer, religiöser, weltanschaulicher, sozialer, wirtschaftlicher, beruflicher oder sonstiger Art unterscheidbare Gruppen, die zahlenmäßig von einiger Erheblichkeit und somit individuell nicht mehr überschaubar sind."[1705] Der Bevölkerungsteil muss gewissen nicht ganz

---

1701 *Sternberg-Lieben/Schittenhelm* in Schönke/Schröder, § 130 StGB Rn. 5, 5d; anders was § 130 Abs. 1 Nr. 2 StGB anbelangt aber MüKo-StGB/*Schäfer* § 130 StGB Rn. 21.

1702 MüKo-StGB/*Schäfer* § 130 StGB Rn. 20.

1703 AG Duisburg Urt. v. 10.06.2016 – 81 Ds 78/16, BeckRS 2016, 13270. Das Gericht ordnete den veröffentlichen Text bei der Frage nach dem Schutz durch das Grundrecht der Meinungsfreiheit ausschließlich als Tatsachenbehauptung ein, die aufgrund ihrer bewussten Unwahrheit keinen Schutz genieße. Mit diesem Fallbeispiel zuletzt auch *M. Schreiber* Strafbarkeit politischer Fake News, S. 191.

1704 Frei nach *Hoven* ZStW 129 (2017), 718,728.

1705 MüKo-StGB/*Schäfer* § 130 StGB Rn. 30; *M. Heinrich* ZJS 2017, 625,626 f.

untergeordneten Umfang aufweisen und eine bestimmte Bedeutung[1706] im Zusammenleben des Volkes innehaben.[1707] Aus der Perspektive des Verletzers gedacht, muss die gegenständliche Gruppe ein „umrandetes Feindbild“[1708] abgeben, da die Gruppe anderweitig für Dritte nicht konkretisierbar ist und demnach das gezielte Schüren von Hass nicht möglich wäre.[1709] Die Personenmehrheit muss dabei in einem derartigen Maß durch gemeinsame individuelle Merkmale geprägt sein, welches „sie nach außen als Einheit erscheinen lässt und eine hinreichend sichere Unterscheidung von der übrigen Bevölkerung ermöglicht.“[1710]

In Frage kommt die Tatbestandsverwirklichung vor allem in Fällen von Fake News mit der Intention der Stimmungsmache gegen bestimmte Bevölkerungsgruppen, so bzgl. der seit der Flüchtlingskrise vermehrt aufgetretenen Falschmeldungen betreffend Flüchtlinge bzw. Asylbewerber. Diese stellen per se nicht etwa eine ethnologisch, rassisch oder hinsichtlich ihrer Nationalität unterscheidbare Gruppe dar, da sich unter diesen die verschiedensten Nationalitäten sowie Ethnien und Rassen befinden.[1711] Allerdings handelt es sich durchaus um einen Teil der Bevölkerung, da eine ausreichende Konkretisierung im Sinne eines „umrandeten Feindbildes“ vorliegt, zumal sich die Flüchtlinge *a priori* bereits über ihren rechtlichen Status von den übrigen Teilen der Bevölkerung differenzieren.[1712] Auch im Falle von Falschmeldungen bzgl. vermeintlich begangener Straftaten betreffend einzelner Mitglieder dieses Bevölkerungsteils ist der tatsächliche Adressat der Äußerung der Bevölkerungsteil in seiner Gesamtheit, da die behauptete Straftat zur Stimmungsmache gegen die Gesamtheit dieser Personen verwendet wird.[1713]

1706 Kritisch hinsichtlich dieses Merkmals *Ostendorf* in AK-StGB, § 130 StGB Rn. 19 sowie *Foerstner* Kollektivbeleidigung, Volksverhetzung und „lex Tocholsky“, S. 172, der das Merkmal der *Bedeutung* angesichts der bereits durch das Merkmal des *Umfangs* erfolgenden Begrenzung für entbehrlich hält.

1707 Verneinend für die damals 200 Personen umfassende Grenzschutzgruppe 9 („*GSG 9*“) des Bundesgrenzschutzes OLG Hamm Urt. v. 24.09.1980 – 4 Ss 1410/80, MDR 1981, 336; vgl. auch *Ostendorf* in Kindhäuser/Neumann/Paeffgen, § 130 StGB Rn. 19; *Geilen* NJW 1976, 279; *Schafheutle* JZ 1960, 470, 472.

1708 OLG Düsseldorf Beschl. v. 24.09.2018 – 5 Ss 83/16, NStZ 2019, 347, 348; KG Urt. v. 26.11.1997 – (5) 1 Ss 145/94 (30/94); *Ostendorf* in Kindhäuser/Neumann/Paeffgen, § 130 StGB Rn. 18.

1709 *Hoven* ZStW 129 (2017), 718, 730.

1710 BGH Urt. v. 03.04.2008 – 3 StR 394/07, BeckRS 2008, 06865, Rn. 11.

1711 *Hoven* ZStW 129 (2017), 718, 730.

1712 *Hoven* ZStW 129 (2017), 718, 730. Die Rechtsprechung hat Asylbewerber daher als taugliche Angriffsobjekte qualifiziert, OLG Frankfurt Urt. v. 11.05.1994 – 2 Ss 413/93, NJW 1995, 143, 144; das AG Duisburg Urt. v. 10.06.2016 – 81 Ds 78/16 begründete dies für den Flüchtlingsbegriff mit der Definition in Art. 1 der Genfer Flüchtlingskonvention.

1713 *Hoven* ZStW 129 (2017), 718, 730.

Schon in der Gesetzesbegründung bzgl. der Umsetzung eines Rahmenbeschlusses, mit dem die tauglichen Tatobjekte auf Einzelpersonen erweitert wurden, werden daher Angriffe gegen Einzelne wegen ihrer Homosexualität genannt, da in diesen Fällen die Intention der Äußerung tatsächlich in der Stimmungsmache gegen Homosexuelle per se liege.[1714] Schon zuvor konnten jedoch derartige Fallgestaltungen nach der höchstrichterlichen Rechtsprechung als Angriffe gegen die Gruppe als solche gewertet und daher geahndet werden, da zumindest indirekt ein Angriff gegen die Gruppe vorliegt.[1715]

Hinsichtlich politisch motivierter Fake News, bei denen Protagonisten durch die Zuschreibung von Inhalten oder Äußerungen diskreditiert werden sollen, sei noch auf eine von *Hoven*[1716] angesprochene Entscheidung eingegangen: Hiernach soll sogar die verkürzt als „Politpack" titulierte parlamentarisch-bürgerliche „Partei-Prominenz" ein abgrenzbarer Teil der Bevölkerung sein.[1717] Hoven führt vor dem Hintergrund dieser Entscheidung aus, dass damit im Falle von Fake News möglicherweise eine pauschalierte Verunglimpfung der Politiker erfasst werden könne. Allein das Gefühl das Ausgeliefertseins des Normalbürgers gegenüber der Macht der politischen Entscheidungsträger könne die Inkriminierung im Falle nicht individualisierter Politiker wohl nicht rechtfertigen.[1718] Zuzugestehen ist dieser Kritik, dass jedenfalls die Summe der Politiker mangels konformer weltanschaulicher Überzeugungen nicht insgesamt als individualisierter Teil der Bevölkerung subsumiert werden kann. Das Amtsgericht judizierte allerdings nicht etwa, dass mit der getätigten Äußerung die Gesamtheit der Politiker gemeint sei, sondern entschied ausdrücklich, dass mit der Äußerung gerade die damals geltende politische Tagesordnung und damit die Politelite adressiert sei. Gerade diese ist durch einen Koalitionsvertrag und ihre soziale sowie berufliche Stellung individualisiert, selbst wenn es sich nicht nur um eine Gruppe bestehend aus einer Partei handeln mag. Die Personengruppe ist hierbei entsprechend den Anforderungen der Rechtsprechung in einem Maße durch gemeinsame individuelle Merkmale konkretisiert, sodass sie nach außen als Einheit wahrgenommen wird und eine hinreichend sichere Unterscheidung von der übrigen Bevölkerung möglich ist. Der Kern der Kritik ist also im Ergebnis verfehlt. Deshalb könnten vor allem die aktuelle Regierung sowie einzelne Fraktionen im Bundestag als Teil der Bevölkerung angesehen werden.

1714 BT-DS. 17/3124, S. 10.

1715 BGH Urt. v. 15.11.1967 – 3 StR 4/67, NJW 1968, 309, 310.

1716 *Hoven* ZStW 129 (2017), 718, 730 f.

1717 AG Kassel Urt. v. 18.08.2016 – 240 Cs – 1603 Js 42888/14.

1718 *Hoven* ZStW 129 (2017), 718, 731. Kritisch hinsichtlich der Argumentation aber *M. Schreiber* Strafbarkeit politischer Fake News, S. 199, der auf die auch in solchen Fällen mögliche Gefährdung des öffentlichen Friedens abstellt.

III. § 130 Abs. 1 StGB

1. Tathandlung im Sinne von Abs. 1

a) Agitationstatbestand[1719] des Abs. 1 Nr. 1

aa) Auffordern zu Gewalt oder Willkürmaßnahmen

Diese Tathandlung setzt voraus, dass der Täter über bloße Befürwortung hinausgehend auf einen anderen ausdrücklich oder konkludent mit dem Ziel einwirkt, in diesem einen Entschluss zu bestimmten Handlungen hervorzurufen.[1720] Fake News stellen sich als vermeintlich neutrale Tatsachenschilderungen dar und können daher mangels Appellcharakters diese Handlungsvoraussetzungen nicht erfüllen.

bb) Aufstacheln zum Hass

Diese Begehungsalternative setzt voraus, „eine gesteigerte, über die bloße Ablehnung und Verachtung hinausgehende feindselige Haltung gegen die betreffenden Bevölkerungsteile zu erzeugen oder zu steigern."[1721] Die Tathandlung ist durch unwahre Tatsachenbehauptungen begehbar: So entschieden für einen Fall, in dem das Opfer öffentlich der Lüge und Erpressung mittels offenkundig unwahrer Tatsachenbehauptungen bezichtigt wurde.[1722]

(1) Fake News als neutrale Tatsachendarstellung

Fraglich ist aber, ob die häufig zu beobachtende Praxis von Falschmeldungen, die auf den ersten Blick bloß eine neutrale Berichterstattung verkörpern und die nicht etwa explizit ein Unwerturteil ausdrücken oder eine Wertung des Publizisten erkennen lassen, gleichwohl aber das vom Verfasser gewünschte und beabsichtigte Ergebnis erreichen, unter einer derartig feindlichen Haltung subsumiert werden können.[1723] Die Beantwortung dieser Frage ist entscheidend für die Bewertung des strafrechtlichen Schutzes, da gerade solche Beiträge häufig von Rechtspopulisten angewandt werden. Fraglich ist insofern also, ob die Handlung selbst feindselige

---

1719 Nachfolgende Klassifikation folgt derjenigen von *M. Heinrich* ZJS 2017, 625, 627 ff.

1720 *Fischer* § 130 StGB Rn. 10; *M. Heinrich* ZJS 2017, 625, 627; MüKo-StGB/*Schäfer* § 130 StGB Rn. 46; *Sternberg-Lieben/Schittenhelm* in Schönke/Schröder, § 130 StGB Rn. 5b.

1721 BGH Urt. v. 15.03.1994 – 1 StR 179/93, NJW 1994, 1421, 1422; *Fischer* § 130 StGB Rn. 8; *M. Heinrich* ZJS 2017, 625, 627; MüKo-StGB/*Schäfer* § 130 StGB Rn. 40.

1722 BGH Beschl. v. 16.11.1993 – 1 StR 193/93, NStZ 1994, 140. Auf diese Entscheidung verweist auch *Lammich* Die Strafbarkeit der Verbreitung sogenannter „Fake News", S. 20; vgl. MüKo-StGB/*Schäfer* § 130 StGB Rn. 42.

1723 *Hoven* ZStW 129 (2017), 718, 731. Kritisch insoweit auch *Lammich* Fake News als Herausforderung des deutschen Strafrechts, S. 198.

Elemente enthalten muss oder ob es ausreicht, dass eine solche Haltung beim Rezipienten bewirkt wird.

(2) Restriktionsansatz des BGH

Ausgangspunkt ist die Forderung von Literaten und einem überwiegenden Teil der Rechtsprechung, dass ein besonders qualifizierter Eingriff zu fordern ist, der sich in einer gesteigerten und Feindseligkeit beinhaltenden Einwirkung auf den unabdingbaren Persönlichkeitskern der Adressaten oder in einer virulenten Missachtung, die in hohem Maße von Gehässigkeit oder Rohheit geprägt wird, äußert.[1724] In Anknüpfung hieran soll nach der Rechtsprechung das Anbringen von Schildern vor Gaststätten, mit denen bestimmten Teilen der Bevölkerung wie Ausländern oder Asylanten der Zutritt verweigert wird, ohne das Hinzutreten weiterer Umstände nicht tatbestandsmäßig sein.[1725] Der Bundesgerichtshof entschied, dass die Tatbestandsmerkmale sich aus der Schrift selbst ergeben müssten. Demgegenüber bleiben Umstände, die in dieser selbst keinen Niederschlag gefunden haben, außer Betracht, sodass Motivationen, verfolgte Ziele sowie Vorstellungen zumindest „zwischen den Zeilen" erkennbar sein müssten.[1726] Diese vom Bundesgerichtshof postulierten Anforderungen könnten also für eine Restriktion dergestalt bemüht werden, dass das vorgefundene Beispiel im Leitfall 2 mangels einer solchen klaren zwischen den Zeilen stehenden Botschaft dem Straftatbestand gerade nicht unterfällt.

(3) Schutzgutorientierte Auslegung als Kritik an diesem Ansatz

Eine derartige Normauslegung verkennt jedoch, dass das Schutzgut des öffentlichen Friedens in gleichem Maße wie durch Werturteile im Wege der Verbreitung unwahrer Tatsachen mit einer entsprechenden Intention angegriffen und beeinträchtigt werden kann: Gerade solche Äußerungen können die Eignung aufweisen, eine feindselige Haltung gegen die betroffene Bevölkerungsgruppe zu schüren.[1727]

1724 OLG Celle Beschl. v. 27.10.2017 – 1 Ss 49/17, BeckRS 2017, 133130; KG Urt. v. 08.10.2012 – (4) 121 Ss 161/12 (193/12); MüKo-StGB/*Schäfer* § 130 StGB Rn. 40; vgl. für § 130 Abs. 1 Nr. 2 StGB BVerfG Beschl. v. 25.03.2008 – 1 BvR 1753/03, NJW 2008, 2907, 2908.

1725 OLG Frankfurt Urt. v. 08.01.1985 – 5 Ss 286/84, NJW 1985, 1720; MüKo-StGB/*Schäfer* § 130 StGB Rn. 40; SK-StGB/*Stein* § 130 StGB Rn. 17; *Sternberg-Lieben/Schittenhelm* in Schönke/Schröder, § 130 StGB Rn. 5a.

1726 BGH Urt. v. 03.04.2008 – 3 StR 394/07, BeckRS 2008, 06865. *Hoven* ZStW 129 (2017), 718, 732 merkt zu Recht an, dass die Entscheidung BGH Urt. v. 21.04.1961 – 3 StR 56/60, NJW 1961, 1364, 1365 nur vermeintlich im Widerspruch hierzu steht, als dort Tatsachen zur Untermauerung zugleich geäußerter pejorativer Meinungen dienten.

1727 So zuletzt *M. Schreiber* Strafbarkeit politischer Fake News, S. 201.

Die Normanwendung bzgl. derartiger Fälle liegt sogar im Wege eines Erst-Recht-Schlusses nah:[1728] Werturteile beschränken sich auf die Wiedergabe subjektiver Empfindungen und sind daher für den Adressaten als Empfindung des Äußernden – ohne einen Anspruch auf objektive Geltung – erkennbar.[1729] Demgegenüber gibt der Urheber bei der Verbreitung unwahrer Tatsachenbehauptungen vermeintliche Fakten wieder, welche auch für den Adressaten als objektiviert erkennbar sind und Anspruch auf Richtigkeit erheben.[1730] Letztgenannte Äußerungen stellen sich daher für den (unbedarften) Adressaten als unumstößlich dar und dulden Kraft ihres „Anspruchs auf Objektivität" keinen Widerspruch.[1731] Ihre Durchschlagskraft für das Hervorrufen eines feindseligen Klimas auf Seiten empfänglicher Adressaten – kraft Suggestion der Bewahrheitung bestehender Vorurteile durch vermeintlich neutrale wissenschaftliche Erkenntnisse – übertrifft daher im Ergebnis noch die Wirkkraft von zweifellos tatbestandsmäßigen herabwürdigenden Werturteilen.[1732]

In diesem Sinne entschied das Amtsgericht Duisburg[1733] daher im Leitfall 1. Nach Auffassung des Gerichts lag trotz Einordnung als Tatsachenbehauptung ein Aufstacheln zum Hass vor, „weil die Verunglimpfung der Flüchtlinge als Täter von gemeinhin von der deutschen Bevölkerung als besonders schlimm empfundenen Verbrechen, wie dem sexuellen Missbrauch von Kindern und deren Entführung, geeignet ist, bei unkritisch eingestellten Menschen Vorurteile und Fremdenfeindlichkeit hervorzurufen." Dies müsse aufgrund der zur Zeit der Tat herrschenden Verunsicherung der Bevölkerung infolge der Flüchtlingskrise gelten. Die schriftlichen Äußerungen würden über die Darstellung von negativen Tatsachen hinausgehen.

1728 Im Ergebnis ebenso *Hoven* ZStW 129 (2017), 718, 732.

1729 *Hoven* ZStW 129 (2017), 718, 732.

1730 *Hoven* ZStW 129 (2017), 718, 732.

1731 *Hoven* ZStW 129 (2017), 718, 732. Insoweit erweisen sich Desinformationen als per se geeignet, die von *Noelle-Neumann* Die Schweigespirale, S. 85 heraufbeschworene Schweigespirale tatsächlich zu begründen, indem die als Tribunal fungierende, in den digitalen Räumen (vermeintlich) repräsentierte Öffentlichkeit zu Anpassungsdruck führt. *Schünemann* GA 2019, 620, 631 zitiert *dies.* im Zusammenhang mit einer gesteigerten Gefahr im Falle des Zusammenwirkens verschiedener Garanten. Nach *Hilgendorf* Tatsachen und Tatsachenaussagen im Strafrecht, S. 235 sprechen Tatsachen für sich. A.a.O., S. 188 spricht er schließlich von einem (gegenüber Tatsachen) verminderten Geltungsanspruch von Meinungsäußerungen.

1732 *Hoven* ZStW 129 (2017), 718, 732 sowie *M. Schreiber* Strafbarkeit politischer Fake News, S. 201.

1733 AG Duisburg Urt. v. 10.06.2016 – 81 Ds 78/16, BeckRS 2016, 13270. Das Gericht ordnete den veröffentlichen Text bei der Frage nach dem Schutz durch das Grundrecht der Meinungsfreiheit ausschließlich als Tatsachenbehauptung ein, die aufgrund ihrer bewussten Unwahrheit keinen Schutz genieße.

Auch die Ausführungen des Gerichts bedeuten also eine weitgehende Auslegung, die teleologischen Gesichtspunkten gerecht wird. Im fiktiven Leitfall 2 fällt die Subsumption dagegen schon schwerer: Zwar sind mit gewerbsmäßiger Betäubungsmittelkriminalität ebenfalls schwere Deliktsbereiche gegenständlich. Diese sich jedoch nicht gleich geeignet, Fremdenfeindlichkeit hervorzurufen – wie dies der Fall ist bei der Behauptung besonders tabuisierter Sexual- und Gewaltdelikte gegenüber Kindern. Gleichwohl dürften die Anforderungen noch erfüllt sein, da mit der Drogenkriminalität besonders jugendgefährdende Handlungen behauptet werden, die ebenfalls Fremdenfeindlichkeit befördern.

(4) Wortlautorientierte Auslegung

Diese Auslegung müsste allerdings mit dem Wortlaut des betreffenden Tatbestandsmerkmals konform sein, da der eindeutige Wortlaut einer Norm die äußerste Grenze einer Auslegung durch den Rechtsanwender begründet.[1734] Im allgemeinen Sprachgebrauch erfährt der Begriff „Aufstacheln" die Bedeutung „durch aufhetzende Reden o. Ä. zu bestimmtem Tun veranlassen".[1735] Bereits der übliche Sprachgebrauch fordert daher ein intellektuelles Einwirken auf einen Anderen, ohne dass es einer für den Äußerungsadressaten ersichtlichen offenen Feindseligkeit oder der Erkennbarkeit des Aufstachelns begriffsnotwendig bedürfte.[1736] Schon der Wortsinn knüpft entscheidend an die Auswirkungen der intellektuellen Einwirkung dergestalt an, dass die Adressaten sich aufgrund der Einwirkung zu einem bestimmten Verhalten veranlasst sehen müssen. Plakativ formuliert *Hoven* insoweit, dass die mutmaßliche Wortherkunft eines eindringenden Giftstachels bloß die Giftigkeit des Stachels und die daraus resultierende Gefährdung des öffentlichen Friedens als Ergebnis des *angestachelten* Prozesses voraussetzt, nicht aber, dass der Äußerungsadressat die toxikologische Wirkung erkennt.[1737] Der Zusatz durch „Reden oder Ähnliches" in der oben zitierten Begriffserklärung zeugt allein davon, dass das Aufstacheln regelmäßig durch die offene Kommunikation unter ausdrücklicher Preisgabe des beabsichtigten Handlungserfolges geschieht, lässt aber Raum für andere vom allgemeinen Sprachverständnis gedeckte Begehungsformen.

1734 Vgl. dazu statt aller *Puppe* Kleine Schule des juristischen Denkens, S. 122.

1735 Duden, abrufbar unter https://www.duden.de/rechtschreibung/aufstacheln#Bedeutung1 (24.03.2022).

1736 *M. Schreiber* Strafbarkeit politischer Fake News, S. 201 f. Mit einer am Wortlaut orientierten Auslegung wartete zuletzt auch *Lammich* Fake News als Herausforderung des deutschen Strafrechts, S. 198 ff. auf und forderte im Rahmen einer restriktiven Auslegung eine „objektivierte Hassintention", die klar zu Tage treten müsse. Dies könne seiner Auffassung nach dann der Fall sein, wenn die Äußerung „an gängige Verschwörungen anknüpft und auch erkennbar an diese anknüpfen soll." Als Beispiel führt er antisemitische Narrative an.

1737 *Hoven* ZStW 129 (2017), 718, 733.

(5) Intention des Äußernden als Restriktionsansatz

Schließt der Wortlaut eine weitergehende Auslegung nicht aus, so ist damit noch nicht gesagt, dass jedwede Desinformation abseits ausdrücklich enthaltender Hassprägungen mit dem Ziel der Beeinflussung bereits dann tatbestandsmäßig ist, wenn sie im Ergebnis fremden Hass begünstigt und damit rein faktisch einen potentiellen Beitrag zur öffentlichen Friedensstörung leistet. Nicht jede Desinformation, die sich gegen einen Teil der Bevölkerung im Sinne der Norm richtet, kann aus Verhältnismäßigkeitsgesichtspunkten und im Hinblick auf das geschützte Rechtsgut pönalisiert werden. Erforderlich ist die Intention des Äußernden, durch unwahre Behauptungen fremden Hass bei Teilen der Bevölkerung zu schüren. Diese Intention muss zudem aus dem Inhalt der Äußerung erkennbar sein. Die zitierte Instanzrechtsprechung[1738] bemühte offensichtlich für die Einordung die Frage, ob die schriftlichen Äußerungen über die bloße Schilderung negativer Tatsachen hinausgehen. Für diese Frage reüssierte das Gericht vor allem auf die Empfänglichkeit der Bevölkerung für derartige potentielle Beeinflussungen, die es aufgrund einer empfundenen allgemeinen Verunsicherung als hoch einschätzte. Ebenso berücksichtigte das Gericht das von der Falschmeldung ausgehende Potential für die Verstärkung oder Entstehung signifikanter Missgunst gegenüber dem betroffenen Bevölkerungsteil. Dieses Potential wurde – aufgrund der Behauptung von Sexualdelikten und Entführungen zum Nachteil von Kindern – als erheblich eingestuft. Die dafür erforderliche prognostische Bewertung beim Adressatenkreis ist auch sonst für die Einordnung eines „Aufstachelns zum Hass" erforderlich, sodass die damit einhergehenden Schwierigkeiten und Unwägbarkeiten die Notwendigkeit der Berücksichtigung dieses Gesichtspunktes revidieren.[1739]

Hoven will bei dieser Abgrenzung ebenfalls das gesamtgesellschaftliche Klima berücksichtigen und schlägt weiterhin vor, den graduellen Verzerrungsgrad der Desinformation heranzuziehen.[1740] Die Berücksichtigung des letztgenannten Gesichtspunkts ist insofern zweifelhaft, als bei nur geringen graduellen Verzerrungen bereits die Einordnung als Fake News in Frage steht, also der Grad der Verzerrung nicht notwendigerweise dominierender Faktor bei der Beeinflussung des Adressatenkreises ist. Vielmehr wird der Grad der Wahrheitsverzerrung prozessual zum Nachweis der Intention des Täters heranzuziehen sein. Soweit nach einer Ansicht in der Literatur die reine Darstellung negativ zu bewertender Tatsachen nicht erfasst sein soll,[1741] ist dem zu entgegen, dass auch scheinbar neutrale bzw. sachliche „Enthüllungen" gerade bezwecken können, entsprechende Feindschaft

1738 Fn. 1726.
1739 So auch *Hoven* ZStW 129 (2017), 718, 734.
1740 *Hoven* ZStW 129 (2017), 718, 734.
1741 *Fischer* § 130 StGB Rn. 8.

bei Rezipienten hervorzurufen.[1742] Der Schutzzweck der Norm gebietet daher in diesen Fällen des geschickten Lancierens vermeintlich neutraler Fakten die Pönalisierung, sofern der erforderliche Hass naheliegende Folge der Äußerung sein kann. Zu Recht verwiesen wird insofern darauf, dass im Falle bereits existierender Feindseligkeiten das Aufstacheln von geringerer Intensität sein kann.[1743] Gleichwohl ist mit der Frage nach der Intention zum Hervorrufen negativer Emotionen bei einem signifikanten Teil der Rezipienten eine prognostische Entscheidung über individuell variierende Gefühlsregungen verbunden, die aufgrund der bei Tatsachen schwieriger bestimmbaren Intention ungleich diffiziler als bei einem ausdrücklichen Aufstacheln nachzuweisen ist.[1744]

b) Herabwürdigungstatbestand des Abs. 1 Nr. 2 StGB

Die zweite näher zu behandelnde Tathandlungsalternative ist diejenige in § 130 Abs. 1 Nr. 2 StGB. Hiernach macht sich strafbar, wer die Menschenwürde von in Nr. 1 genannten Personen oder Personenmehrheiten dadurch angreift, dass er diese beschimpft, böswillig verächtlich macht oder verleumdet.

aa) Var. 3 – Verleumden

Da die Begrifflichkeit im Grundsatz wie bei § 187 StGB ausgelegt werden soll,[1745] scheint der Gesetzgeber von der Möglichkeit der Begehung im Wege der Verbreitung unwahrer Tatsachenbehauptungen ausgegangen zu sein.[1746] Das Verleumden kommt hiernach für Fälle der bewusst wahrheitswidrigen Behauptung von Tatsachen in Betracht, welche die Eignung besitzen müssen, „die betroffene Gruppe in ihrer Geltung und in ihrem Wert herabzuwürdigen“. Dies betrifft also im Unterschied zu § 187 StGB keine Einzelpersonen, sondern Personengruppen.[1747] Obgleich die Subsumption von Fake News daher nicht bereits an der Qualität als Tatsache scheitert, wird eine Strafbarkeit in den allermeisten Fällen an den von einer breiten Strömung innerhalb der Rechtsprechung aufgestellten hohen

---

1742 Hinsichtlich der Verfolgung jüdischer Bevölkerung durch das NS-Regime ebenso *Sternberg-Lieben/Schittenhelm* in Schönke/Schröder § 130 StGB Rn. 5a; BGH Urt. v. 15.11.1967 – 3 StR 4/67, BGHSt 21, 371.

1743 *Ostendorf* in Kindhäuser/Neumann/Paeffgen, § 130, Rn. 11.

1744 Dazu *Hoven* ZStW 129 (2017), 718, 734, die allerdings darauf verweist, dass auch die anderen Begehungsalternativen eine derartige Prognose voraussetzen. Gleichwohl thematisiert Hoven nicht, dass die Prognose noch mehr im „luftleerenden Raum“ stattfinden muss, wenn es an einer offen zu Tage tretenden Einwirkung fehlt.

1745 *Stegbauer* Rechtsextremistische Propaganda im Lichte des Strafrechts, S. 205.

1746 *Hoven* ZStW 129 (2017), 718, 734.

1747 LK-*Krauß* § 130 StGB Rn. 50; *Sternberg-Lieben/Schittenhelm* in Schönke/Schröder, § 130 StGB Rn. 5d.

Anforderungen scheitern.[1748] Die Vorschrift soll nämlich schon nach dem Willen des Gesetzgebers auf massive Schmähungen, Diffamierungen und Diskriminierungen beschränkt werden.[1749]

(1) Inhaltliche Anforderungen

Trotz der verwendeten Terminologie sind nicht bereits alle der Gewährleistung von Art. 1 GG zuwiderlaufenden Handlungen erfasst, der Begriff erfährt vielmehr eine engere Auslegung.[1750] Auszureichen vermag insofern nicht bereits eine Verletzung des Achtungsanspruchs, die dem Betroffenen eine unvoreingenommene gesellschaftliche Interaktion ermöglicht.[1751] Vorausgesetzt ist vielmehr, dass sich die in feindseliger Willensrichtung vorgenommene Handlung nicht auf einzelne Persönlichkeitsrechte wie beispielsweise Ehrbestandteile beschränkt, sondern dass der Mensch im Kern seiner Persönlichkeit dadurch verletzt wird, dass er den Gewährleistungen von Art. 3 GG zuwider als von minderem Wert dargestellt und ihm seine gesellschaftliche Daseinsberechtigung schlechthin streitig gemacht wird.[1752] Neben der Verletzung des Persönlichkeitskerns wird bisweilen verlangt, dass der Bevölkerungsgruppe vom Äußernden das Lebensrecht im biologischen Sinne schlechthin abgesprochen werden muss.[1753] Auch der Gesetzgeber hatte jedoch lediglich vor Augen, dass den Angegriffenen ihr Lebensrecht als gleichwertige Persönlichkeit in der staatlichen Gemeinschaft bestritten und diese als unterwertiges Wesen behandelt werden müssen.[1754] Die Tat muss daher unmenschlich sein, weil das Menschentum des Angegriffenen bestreitet oder relativiert wird.[1755] Demnach soll die Titulierung von Bevölkerungsgruppen als „Untermenschen" dem Tatbestand ebenso unterfallen wie befürwortende Äußerungen hinsichtlich der Euthanasie im Dritten Reich. Dagegen soll die Bezichtigung eines Meineids zwecks Machterhaltung bzgl. einer Partei nur eine grobe Beleidigung darstellen.[1756] Das Oberlandesgericht Frankfurt[1757] entschied, dass die Bezeichnung von Asylbewerbern als „Schmarotzer, Drogenhändler und Betrüger" diesen nicht das Lebensrecht absprechе und daher keinen Angriff auf die Menschenwürde bedeute.

1748 So auch LK-*Krauß* § 130 StGB Rn. 50.

1749 BGH Urt. v. 15.03.1994 – 1 StR 179/93, NJW 1994, 1421; BT-DS. 12/6853, S. 24 sowie BT-DS. 12/7960, 6; BT-DS. 12/8411, 6.

1750 *Lohse* NJW 1985, 1677, 1678 f.

1751 MüKo-StGB/*Schäfer* § 130 StGB Rn. 55.

1752 Vgl. BT-DS. 12/6853, S. 24; BT-DS. 12/7960, S. 6; BT-DS. 12/8411.

1753 OLG Frankfurt Urt. v. 11.05.1994 – 2 Ss 413/93, NJW 1995, 143, 144.

1754 Schriftlicher Bericht des Rechtsausschusses des Bundestages BT-DS. 3/1746, S. 2 f.

1755 BT-DS. 3/1746, S. 2 f.

1756 BT-DS. 3/1746, S. 2 f.

1757 OLG Frankfurt Urt. v. 11.05.1994 – 2 Ss 413/93, NJW 1995, 143, 145.

(2) Extensive Auffassungen in Literatur und Rechtsprechung

Nach anderen Autoren und der überwiegenden Rechtsprechung[1758] sollen jedoch bereits Äußerungen, die Bevölkerungsgruppen als „unterwertig" darstellen, tatbestandsmäßig sein.[1759] Tatsächlich scheint das Oberlandesgericht Frankfurt, das sich seinerseits ausdrücklich an den Ausführungen des Rechtsausschusses des deutschen Bundestages orientierte, der die Titulierung als „Untermensch" ausdrücklich als tatbestandsmäßig ansah, die dortigen Ausführungen fehlerhaft wiedergegeben zu haben und so eine vom Gesetzgeber nicht vorgesehene und dessen eindeutigen Ausführungen zuwiderlaufende Restriktion angenommen zu haben. Indem das Oberlandesgericht Frankfurt nämlich in Bezug auf das Lebensrecht die vom Rechtsauschuss vorgenommene Erweiterung „in der Gesellschaft" wegließ, ist es letztlich zu einer fehlerhaften Auslegung gelangt.[1760] Die Ausführungen des Rechtsausschusses forderten nämlich nur, dass den Angegriffenen das Lebensrecht als gleichwertiges Mitglied der Gesellschaft abgestritten werden müsse, demnach also die Gleichwertigkeit im Sinne von Art. 3 GG verneint werden muss, nicht aber, dass ein Lebensrecht schlechthin – im Sinne eines Befürwortens von Vernichtung – abgestritten werden müsse. Das biologische Lebensrecht muss also nicht schlechthin abgestritten werden, es genügt bereits, dass eine Art soziales Lebensrecht im Sinne eines gleichberechtigten Lebens in der Gesellschaft abgesprochen wird.[1761]

Das Bayerische Oberste Landesgericht[1762] thematisierte in seinem Urteil die Rechtsprechung des Oberlandesgerichts Frankfurt zum gleichen Flugblatt und argumentierte gegen dessen vermeintliche Forderung des Absprechens des biologischen Lebensrechts schlechthin. Soweit *Hoven* dann den Vergleich farbiger Menschen mit Affen[1763] als nach ihrer Unterwertigkeitsformel für strafbar befindet, liegt sie schon deswegen richtig, weil dies im Einklang mit der Begründung des Gesetzgebers steht, der die Titulierung als Untermensch ausdrücklich bedacht hatte. Auch das über das gleiche Flugblatt befindende Oberlandesgericht Stuttgart definierte dann in den schriftlichen Urteilsgründen, dass der Angriff sich gegen den „unverzichtbaren und unableitbaren Persönlichkeitskern des anderen, gegen dessen Menschsein als solches richtet und ihm – auf Grund seiner Unterwertigkeit – das Lebensrecht in der Gemeinschaft abspricht."[1764]

1758 BGH Urt. v. 19.01.1989 – 1 StR 641/88, NJW 1989, 1365, 1366.

1759 *Hoven* ZStW 129 (2017), 718, 734.

1760 So auch BayObLG Urt. v. 17.08.1994 – 4 St RR 105/94, NStZ 1994, 588.

1761 BayObLG Urt. v. 17.08.1994 – 4 St RR 105/94, NStZ 1994, 588.

1762 BayObLG Urt. v. 17.08.1994 – 4 St RR 105/94, NStZ 1994, 588.

1763 So auch das OLG Stuttgart Urt. v. 19.05.2009 – 2 Ss 1014/09, NStZ 2010, 453.

1764 OLG Stuttgart Urt. v. 19.05.2009 – 2 Ss 1014/09, NStZ 2010, 453, 455.

(3) Fake News als Angriff gegen die Menschenwürde

[i] Denkbare Fallkonstellationen

Fake News könnten also nach alledem beispielsweise dann einen Angriff gegen die Menschenwürde darstellen, wenn bestimmten Bevölkerungsgruppen mit der Desinformation eine Minder- oder Unterwertigkeit zugeschrieben werden soll. Dies ist beispielsweise der Fall, wenn eine behauptete höhere Kriminalitätsrate von Flüchtlingen bestimmter Ethnien mit fingierten Studien betreffend geringer ausgeprägter Hirnareale erläutert wird – und so zwischen den Zeilen deren Unterwertigkeit suggeriert wird. *Hoven*[1765] nennt den hypothetischen Fall, dass unter Verweis auf gefälschte Studien eine geringere Intelligenz als personale Minderwertigkeit behauptet wird. Fernab solcher Extremfälle, die im Rahmen der anhaltenden gesellschaftlichen Diskussion über Desinformationen und der derzeitigen Informationslandschaft eine eher untergeordnete Rolle spielen, werden die gegenständlichen unwahren Tatsachenbehauptungen oftmals keinen Angriff auf die Menschenwürde darstellen, da sie lediglich charakterliche Mängel thematisieren, aber nicht eine Unterwertigkeit postulieren. Sie weisen daher allenfalls ehrverletzenden Charakter auf.[1766] Herabwürdigende und diskriminierende Beiträge über berufliche Tätigkeiten oder soziale Funktionen oder das Zuschreiben ehrenrühriger Handlungen sind als solche noch kein Angriff auf die Menschenwürde, sondern nur dann, wenn der Beitrag die Angegriffenen gleichsam als „unterwertige" Menschen erscheinen lassen soll.[1767] Die letztgenannte Interpretation eines Beitrags wird oftmals ausbleiben müssen, da dies, wie gesehen, eindeutiger Anhaltspunkte im Text bedürfte. Beispielsweise bei einem Lokalverbot zum Nachteil von Asylanten[1768] müsste gleichzeitig in dem Beitrag selbst zum Ausdruck gebracht werden, dass die Betroffenen es als Menschen zweiter Klasse nicht wert sind, von anderen bedient zu werden.[1769] Auch bei Parolen mit dem Inhalt „Ausländer raus" wurde eine Strafbarkeit vor allem im Kontext von rechtsradikalen Versammlungen angenommen.[1770] Fernab des Skandierens oder Plakatierens solcher Parolen bei rechtsradikalen Versammlungen oder Aufmärschen wurden derartige Parolen oftmals nicht als Volksverhetzung eingeordnet.[1771]

1765 *Hoven* ZStW 129 (2017), 718, 734 f.

1766 Mit diesem Resümee auch *M. Schreiber* Strafbarkeit politischer Fake News, S. 203 f.

1767 *Sternberg-Lieben/Schittenhelm* in Schönke/Schröder, § 130 StGB Rn. 7.

1768 Vgl. schon oben Fn. 1726.

1769 OLG Frankfurt Urt. v. 08.01.1985 – 5 Ss 286/84, NJW 1985, 1720; *Sternberg-Lieben/Schittenhelm* in Schönke/Schröder, § 130 StGB Rn. 7.

1770 OLG Hamm Urt. v. 02.11.1994 – 4 Ss 491/94, NStZ 1995, 136 ff. bejahte einen Angriff auf die Menschenwürde; OLG Brandenburg Urt. v. 28.11.2001 – 1 Ss 52/01, NJW 2002, 1440 ff. nahm ein Aufstacheln zum Hass an.

1771 Vgl. auch *Jacobi* Das Ziel des Rechtsgüterschutzes bei der Volksverhetzung, S. 144.

[ii] Einzelfälle in der Rechtsprechung

Dass diese Interpretation angesichts des in prozessualer Hinsicht geltenden Grundsatzes *in dubio pro reo* nur selten erfolgen wird, liegt auf der Hand. Auch die Ausrufe „Ausländer raus" und „diese Scheißkanacken" eines Zuschauers einer Demonstration von Ausländern ohne derartig szenetypischen Kontext stellen nach Auffassung einiger Gerichte für sich gesehen noch keinen Angriff auf die Menschenwürde dar.[1772] Einzig das Amtsgericht Linz am Rhein[1773] fand eine weitreichende Auslegung, als es bereits das Verwenden eines Plakats mit der Aufschrift „Ausländer sind als zahlende Gäste willkommen" als Aufstacheln zum Hass subsumierte und zugleich einen Angriff auf die Menschenwürde trotz der Unerheblichkeit ausweislich der Annahme der vorerwähnten Variante ausdrücklich nicht ausschloss. Das Oberlandesgericht Frankfurt[1774] nahm demgegenüber eine Strafbarkeit unter dem Gesichtspunkt des Verächtlichmachens für die Bezeichnung von in Deutschland Sozialleistungen annehmenden Ausländern als „Sozialparasiten" an, da durch diese Formulierung die betroffene Bevölkerungsgruppe in ihrer Menschenwürde angegriffen, ihnen das Lebensrecht als gleichwertige Wesen in der Sozialgemeinschaft abgesprochen werde und sie als von minderem Wert dargestellt würde. Der Bundesgerichtshof[1775] entschied für einen Fall der Internetveröffentlichung eines Programms, demzufolge alle Ausländer in Deutschland von einer Beschäftigung ausgeschlossen und dann ausgewiesen werden sollen, dass es sich hierbei um ein Aufstacheln zum Hass handele.

[iii] Relevante Begleitumstände in der Rechtsprechung

Die Berücksichtigung szenetypischer Begleitumstände einer Demonstration[1776] fällt bei Beiträgen im Internet ungleich schwerer. Denkbar wären Beiträge, die auf einem zugehörigen Foto derartige szenentypische Erscheinungsbilder abbilden, sodass hierüber eine Strafbarkeit angenommen werden kann. Weiterhin vorstellbar bleiben Beiträge, die auf Facebook-Seiten oder abseits der sozialen Netzwerke

---

1772 KG Beschl. v. 27.12.2001 – (4) 1 Ss 297/01 (166/01), BeckRS 2014, 09953.

1773 AG Linz am Rhein Urt. v 26.08.1996 – 2101 Js 17375/95 3 Ds, NStZ-RR 1996, 358.

1774 OLG Frankfurt Urt. v. 15.08.2000 – 2 Ss 147/00, zitiert nach juris Rn. 4.

1775 BGH Urt. v. 08.08.2006 – 5 StR 405/05, NStZ 2007, 216, 217, Rn. 11. Das VG Regensberg Urt. v. 03.02.1994 – 12 K 93/2170, NJW 1994, 2040, 2040 f. verneinte ein Aufstacheln zum Hass in einem anderen Fall nur, weil es für die Verweigerung der Beförderung von Postwurfsendungen eines offensichtlichen Verstoßes gegen strafrechtliche Vorschriften bedurfte, Zwar könne mit der Verbreitung des Flugblatts und der dortigen Forderung zur „sofortigen Ausweisung krimineller Ausländer und Asylbetrüger" eine entsprechende Intention verfolgt worden sein. Dies sei aber nicht offensichtlich.

1776 OLG Brandenburg Urt. v. 28.11.2001 – 1 Ss 52/01, NJW 2002, 1440.

auf herkömmlichen Internetseiten mit entsprechenden szenetypischen Elementen darstellen und so die Strafbarkeitsschwelle überschreiten. Bloße Stimmungsmache gegenüber Ausländern durch Verwendung unrichtiger Tatsachen wird dagegen bezogen auf Ausländer nicht ohne Weiteres nach den genannten Anforderungen der Rechtsprechung dem Tatbestand unterfallen.

[iv] Auslegung mehrdeutiger Äußerungen

Ebenfalls erschwert ist bei jeglicher Verbreitung im Internet die von der Rechtsprechung vertretene Berücksichtigung der Intention des Äußernden: So wurde im Fall des Leiters einer Polizeireviers, der in einer Stadtteilzeitschrift mit den Worten „Gangster, Gauner und Ganoven, Heiratsschwindler, Zigeuner und verkrachte Existenzen“ vor Kriminalität zu warnen suchte, der subjektive Tatbestand verneint, da der verwendete Begriff „Zigeuner“ nicht in Bezug auf eine bestimmte Bevölkerungsgruppe, sondern im umgangssprachlichen Sinne auf Personen mit unstetem Lebenswandel angewandt werde. Dies habe auch im Duden seinen Niederschlag gefunden.[1777] Bei einer derartigen Sachlage könne eine zu Lasten des Äußernden gehende Auslegung unter Wahrung der geltenden Grundsätze nur dann erfolgen, wenn sich aus dem Gesamtzusammenhang ergebe, dass der Äußernde die auslegbare ethnische Gruppe als solche diskriminieren wollte.[1778] Eine solche Intention liegt bei falschen Tatsachenbehauptungen im Internet aber nicht offensichtlich auf der Hand.

[v] Subsumption ausländerfeindlicher Fake News

Auch bei den zuletzt häufig vorgekommenen Beiträgen zur Verunglimpfung von Flüchtlingen liegt demnach – fernab extremer Diktion – bei der Forderung der Asylverwehrung und Ausreise kein Angriff auf die Menschenwürde vor, da lediglich das Asylrecht bestritten wird,[1779] was nach den eindeutigen Ausführungen des Gesetzgebers nicht auszureichen vermag. Generell kann dem Straftatbestand eine weitgehende Schutzlücke für Diffamierungen gegen Gruppen attestiert werden, die nur in Teilbereichen u.a. durch das etwaige Eingreifen der §§ 185 ff. StGB kompensiert wird.[1780] Schließlich wurde der Slogan „Ausweisung aller kulturfremder Ausländer“ in einem Wahlwerbespot vom Hessischen Verwaltungsgerichtshof[1781] bei der Frage der Zulässigkeit der Ausstrahlung letztlich freigegeben, da jedenfalls die erforderliche evidente und nicht leicht wiegende Volksverhetzung mit der

---

1777 OLG Karlsruhe Beschl. v. 10.02.1986 – 1 Ws 7/86, NJW 1986, 1276, 1277.

1778 OLG Karlsruhe Beschl. v. 10.02.1986 – 1 Ws 7/86, NJW 1986, 1276, 1277.

1779 AG Rathenow Beschl. v. 13.04.2006 – 2 Ds 496 Js 37539/05 (301/05), NStZ-RR 2007, 341, 342.

1780 *Foerstner* Kollektivbeleidigung, Volksverhetzung und „lex Tocholsky“, S. 191.

1781 HessVGH Beschl. v. 04.01.2008 – 8 B 17/08, DÖV 2008, 340.

Ausstrahlung nicht verbunden sei. Gerade die vorgefundenen Beispiele bzgl. der Kriminalität durch Flüchtlinge würden deshalb keinen Angriff auf die Menschenwürde darstellen, da der Gesetzgeber hierin nach seinen Termini allenfalls grobe Beleidigungen erblickt hätte. Ein solches böswilliges Verächtlichmachen im Wege des Angriffs auf einzelne Persönlichkeitsrechte stelle noch keinen Angriff auf den Persönlichkeitskern und damit die Menschenwürde dar.[1782] Möglich verbleibt insofern allein ein Aufstacheln zum Hass.

bb) Var. 1 und 2 – Beschimpfen und böswilliges Verächtlichmachen

Von den in Abs. 1 Nr. 2 erfassten Tathandlungen des Angriffs auf die Menschenwürde sind auch die beiden weiteren Varianten des Beschimpfens durch besonders schimpfliche Tatsachen sowie das böswillige Verächtlichmachen durch das Opfer als Staatsbürger unwürdig darstellende Tatsachenbehauptungen begehbar.[1783] Allerdings dürften diese anderen Varianten aufgrund der hohen Anforderungen bei sich als neutral darstellenden Tatsachenäußerungen ebenfalls regelmäßig nicht erfüllt sein.

1. Konkrete Eignung zur Störung des öffentlichen Friedens

Die Verwirklichung von § 130 Abs. 1 StGB setzt – ebenso wie diejenige von Abs. 3 – eine konkrete Eignung zur Störung des öffentlichen Friedens voraus. Hierfür muss die Äußerung nach Inhalt, Art und den Umständen des konkreten Falles eine derartige Beschaffenheit aufweisen, sodass sie im Rahmen der vorzunehmenden Gesamtwürdigung die Befürchtung begründet, dass eine Störung des öffentlichen Friedens eintreten wird.[1784] Aufgrund dieses Erfordernisses wird die Volksverhetzung nach § 130 Abs. 1 und Abs. 3 StGB als *abstrakt konkretes* bzw. *potentielles* Gefährdungsdelikt qualifiziert.[1785]

a) Empfänglichkeit der Öffentlichkeit für die Angriffe

In die Gesamtwürdigung ist die Empfänglichkeit der Öffentlichkeit für die betreffenden Angriffe einzustellen.[1786] Nach den Gerichten kann daher zu beachten sein,

---

1782 Auch das OLG Frankfurt Urt. v. 11.05.1994 – 2 Ss 413/93, NJW 1995, 143, 144 nimmt diese Abgrenzung unter der Terminologie „böswilliges Verächtlichmachen" vor.

1783 MüKo-StGB/*Schäfer* § 130 StGB Rn. 51 f.; LK-*Krauß* § 130 StGB Rn. 47 ff. Anders für das Beschimpfen ohne nähere Begründung *Lammich* Die Strafbarkeit der Verbreitung sogenannter „Fake News", S. 23.

1784 BGH Urt. v. 20.06.1979 – 3 StR 131/79 (S); *Fischer* § 130 StGB Rn. 13a; *Sternberg-Lieben/Schittenhelm* in Schönke/Schröder, § 130 StGB Rn. 22 ff.

1785 BGH Urt. v. 12.12.2000 – 1 StR 184/00, NJW 2001, 624, 626.

1786 LK-Krauß § 130 StGB Rn. 66; MüKo-StGB/*Schäfer* § 130 StGB Rn. 24; Satzger/Schluckebier/Widmaier/ *Lohse*, § 130 StGB Rn. 9; *Sternberg-Lieben/Schittenhelm* in Schönke/Schröder, § 130 StGB Rn. 11.

dass Jugendliche an Schulen für bestimmte Parolen besonders empfänglich sind, welche beispielsweise durch Aufkleber zur Schau gestellt werden.[1787] Ungeachtet verbleiben darf nicht das Vorhandensein offener oder latenter Gewaltpotentiale.[1788] Zu berücksichtigen ist überdies, ob der von dem Angriff betroffene Teil der Bevölkerung eine gefestigte oder aber eine gefährdete Position bekleidet.[1789] Die Sensibilität der Adressatengruppe für derartige Angriffe muss ebenfalls beachtet werden.[1790] Sofern die Publikation von Druckschriften gegenständlich ist, soll es bei der Bewertung zudem auf anderweitige begleitende Äußerungen des Autors ankommen.[1791] Die Gesamtabwägung unter Berücksichtigung dieser normativen Gesichtspunkte soll im Falle von Hetze gegen Juden, Ausländer oder Asylanten die konkrete Eignung zur Störung des öffentlichen Friedens geradezu aufdrängen.[1792] Die Eignung zur Störung des öffentlichen Friedens ist jedenfalls dann gegeben, wenn berechtigte Gründe befürchten lassen, der Angriff werde das Vertrauen in die öffentliche Rechtssicherheit erschüttern, gleichgültig ob diese Befürchtung nur bei der angegriffenen Bevölkerungsgruppe besteht.[1793] Während Abs. 2 auch Handlungen gegenüber Gruppen erfasst, die gerade nicht Teil der deutschen Bevölkerung sind, ist Abs. 1 auf solche Gruppen beschränkt.[1794]

b) Kein Erfordernis öffentlicher Tatbegehung

Abdingbar ist trotz des Erfordernisses der Gefährdung des öffentlichen Friedens allerdings die öffentliche Tatbegehung.[1795] Der von dem Angriff adressierte

---

1787 OLG Zweibrücken Urt. v. 24.06.1994 – 1 Ss 80/94, NStZ 1994, 490, 491; die Empfänglichkeit von Jugendlichen thematisieren auch Satzger/Schluckebier/Widmaier/*Lohse*, § 130 StGB Rn. 9 sowie *Sternberg-Lieben/ Schittenhelm* in Schönke/Schröder, § 130 StGB Rn. 11.

1788 OVG Greifswald Beschl. v. 19.09.2009 – 3 M 155/09; Satzger/Schluckebier/Widmaier/*Lohse*, § 130 StGB Rn. 9; *Sternberg-Lieben/Schittenhelm* in Schönke/Schröder, § 130 StGB Rn. 11.

1789 LK-*Krauß* § 130 StGB Rn. 66; *Sternberg-Lieben/Schittenhelm* in Schönke/Schröder, § 130 StGB Rn. 11; in diese Richtung auch Satzger/Schluckebier/Widmaier/*Lohse*, § 130 StGB Rn. 9.

1790 LK-*Krauß* § 130 StGB Rn. 66; MüKo-StGB/*Schäfer* § 130 StGB Rn. 24.

1791 BGH Urt. v. 11.11.1976 – 2 StR 508/76.

1792 BayObLG Beschl. v, 31.01.1994 – 4 St RR 209/93, NJW 1994, 952, 953; OLG Frankfurt Urt. v. 11.05.1994 – 2 Ss 413/93, NJW 1995, 143.

1793 BVerfG Beschl. v. 24.09.2009 – 2 BvR 2179/09, NJW 2009, 3503, 3504.

1794 *Geilen* NJW 1976, 279; *Hörnle* NStZ 2002, 113, 116; Lackner/Kühl/*Kühl* § 130, Rn. 2; MüKo-StGB/*Schäfer* § 130 StGB Rn. 31; *Sternberg-Lieben/Schittenhelm* in Schönke/Schröder, § 130 StGB Rn. 3.

1795 BGH Urt. v. 20.06.1979 – 3 StR 131/79 (S), NJW 1979, 1992.

Bevölkerungsteil muss von diesem nicht einmal erfahren.[1796] Unabdingbar ist nur, dass nach den konkreten Umständen des Falles damit zu rechnen ist, dass der Angriff einer breiteren Öffentlichkeit bekannt wird.[1797] Erfasst sind daher neben Äußerungen gegenüber Einzelnen sogar solche gegenüber einem Betroffenen,[1798] wenn davon auszugehen ist, dass dieser sich echauffieren und deshalb an die Öffentlichkeit wenden wird.[1799] Aufgrund der lediglich erforderlichen konkreten Eignung ist es unerheblich, ob letztlich ein Erfolg im Sinne einer Störung des öffentlichen Friedens ausgeblieben ist, etwa weil die erwartete publizistische Verwertung ebenso unterblieben ist wie eine anderweitige Bekanntmachung gegenüber einem größeren Bevölkerungskreis.[1800]

c) Verbreiten im Internet – Indikation der Wahrnehmung seitens einer breiten Öffentlichkeit

Bei der Verbreitung von Schriften im Internet wurde zunächst generell angenommen, dass diese geeignet ist, von einer breiten Öffentlichkeit wahrgenommen zu werden.[1801] Diese Bewertung revidierte der Bundesgerichtshof in späteren Entscheidungen, um dem strafbarkeitsbegrenzenden Merkmal der Eignung zur Störung des öffentlichen Friedens in Fällen der Verbreitung im Internet nicht jede eigenständige Bedeutung zu berauben.[1802] Der Bundesgerichtshof versuchte so einer ausufernden Strafbarkeit Einhalt zu gebieten und der Tatsache Rechnung zu tragen, dass Texte im Internet regelmäßig von jedermann abrufbar sind.[1803] *Hoven*[1804] kritisiert diese Auffassung bereits im Ansatz mit der Begründung, dass die bloß technische Erleichterung der potentiellen Erreichung größerer Bevölkerungsgruppen einem äquivalenten Verhalten nicht die Strafwürdigkeit nehme. Auch die durch solche technischen Erleichterungen ansteigende Häufigkeit der Tatbestandsverwirklichung sei kein tauglicher Anlass, die Strafbarkeitsvoraussetzungen

---

1796 OLG Koblenz 11.11.1976 – 1 Ss 524/76, MDR 1977, 334; *Fischer* § 130 StGB Rn. 13a; Satzger/Schluckebier/Widmaier/*Lohse*, § 130 StGB Rn. 9; *Sternberg-Lieben/Schittenhelm* in Schönke/Schröder, § 130 StGB Rn. 11.

1797 BGH Urt. v. 20.06.1979 – 3 StR 131/79 (S), NJW 1979, 1992; *Sternberg-Lieben/Schittenhelm* in Schönke/Schröder, § 130 StGB Rn. 11.

1798 BGH Urt. v. 20.06.1979 – 3 StR 131/79 (S), NJW 1979, 1992.

1799 OLG Hamburg Urt. v. 18.06.1980 – 1 Ss 37/80, MDR 1981, 71.

1800 MüKo-StGB/*Schäfer* § 130 StGB Rn. 25.

1801 BGH Urt. v. 12.12.2000 – 1 StR 184/00, NJW 2001, 624, 626; nach *M. Heinrich* ZJS 2017, 625, 629; Satzger/Schluckebier/Widmaier/*Lohse*, § 130 StGB Rn. 9 und *Sternberg-Lieben/Schittenhelm* in Schönke/Schröder, § 130 StGB Rn. 11 sind im Internet verbreitete Texte regelmäßig einer größeren Öffentlichkeit zugänglich.

1802 BGH Urt. v. 08.08.2006 – 5 StR 405/05, NStZ 2007, 216.

1803 BGH Urt. v. 08.08.2006 – 5 StR 405/05, NStZ 2007, 216.

1804 *Hoven* ZStW 129 (2017), 718, 727 f.

anzuheben: Ganz im Gegenteil spreche dies sogar für ein (kriminalpolitisches) Bedürfnis zur strafrechtlichen Ahndung.[1805]

Hoven relativiert ihre Kritik in der Folge allerdings zumindest teilweise, da sie anerkennt, dass einzelne Äußerungen in der schieren Informationsflut des Internets untergehen können[1806] und es daher bei der Verbreitung von Fake News im Internet auf den konkreten Wirkungskreis des Beitrags ankommen müsse.[1807] Insoweit könne dem Teilen eines Beitrags auf Facebook nicht per se die konkrete Eignung zur Gefährdung des öffentlichen Friedens attestiert werden: Die Normverwirklichung hänge nämlich von der Anzahl der Kontakte des Benutzers und davon ab, ob der Delinquent den Beitrag öffentlich oder nur mit seinen Freunden geteilt habe.[1808] Hoven kritisiert daher letztlich die Normanwendung durch ein Instanzgericht,[1809] das sich der Frage der Öffentlichkeitswirksamkeit von Postings auf einem privaten Profil auf Facebook erst auf der Strafzumessungsebene im Rahmen mildernder Umstände widmete. Hoven gelangt zur Schlussfolgerung, dass sich hinsichtlich der Eignung zur Friedensstörung keine pauschalen Aussagen treffen ließen, sondern diese Frage stets eine Erörterung und Prüfung anhand der Umstände des Einzelfalls bedürfe. Die Gerichte hätten dabei zu prüfen, ob der Kontext der Publikation ein öffentliches Publikwerden erwarten lässt.[1810]

Hoven ist insoweit beizupflichten, als der restriktive Wandel der Rechtsprechung zumindest Gefahr läuft, den Deliktscharakter unberücksichtigt zu lassen und zur Uminterpretation eines lediglich abstrakt-konkreten in ein konkretes Gefährdungsdelikt zu führen. Gleichwohl bereitet eine pauschalisierte Annahme der Eignung aufgrund eines in einzelnen Fällen beschränkten Adressatenkreises Bedenken. Diese Vorbehalte gelten jedoch vorwiegend in Konstellationen, in denen die durch die technischen Möglichkeiten des Internets eröffnete quasi einschränkungslose Abrufbarkeit durch technische Vorkehrungen wieder aufgehoben wird: So beim Teilen von Beiträgen auf Facebook ausschließlich an private Kontakte, deren Anzahl sich in einem niedrigen Rahmen hält und auf deren Diskretion der Absender berechtigterweise vertrauen darf. Auch für den Versand von E-Mails und SMS wird nämlich vertreten, dass bereits der Versand an Einzelne tatbestandsmäßig sein kann, wenn der Versender nicht berechtigterweise auf

---

1805 *Hoven* ZStW 129 (2017), 718, 727 f.

1806 *Hoven* ZStW 129 (2017), 718, 727 f. Vgl. *Ostendorf* in Kindhäuser/Neumann/Paeffgen, § 130 StGB Rn. 16 und *M. Schreiber* Strafbarkeit politischer Fake News, S. 194.

1807 *Hoven* ZStW 129 (2017), 718, 727 f. Für eine Einzelfallbetrachtung unter Berücksichtigung der etwaigen Nutzung von Social Bots sowie einer etwaig hohen Anzahl an Followern aufgrund der „Gemengelage an Internetinhalten" auch *Lammich* Fake News als Herausforderung des deutschen Strafrechts, S. 204.

1808 *Hoven* ZStW 129 (2017), 718, 727 f.

1809 AG Kassel Urt. v. 18.08.2016 – 240 Cs – 1603 Js 42888/14.

1810 *Hoven* ZStW 129 (2017), 718, 729.

deren Diskretion vertrauen durfte und deshalb mit einem Bekanntwerden gegenüber einer breiteren Öffentlichkeit gerechnet werden musste.[1811] In Fallkonstellationen, in denen der Adressatenkreis für den Handelnden von vornherein nicht mehr absehbar ist, scheint das Merkmal demgegenüber ohne Weiteres erfüllt zu sein. Aufgrund der fehlenden Beherrschbarkeit für den Handelnden sollten zudem keine zu hohen Anforderungen an das Merkmal gestellt werden.

d) Mittelbare Angriffe auf im Inland befindliche Gruppen

Während in der Vorgängerfassung der Norm in Abs. 1 nur Teile der *inländischen* Bevölkerung erfasst waren und erst in Abs. 2 eine Erweiterung auf „nationale, rassistische, religiöse oder durch ihr Volkstum bestimmte Gruppen" vorgesehen war, wurden die geschützten Personengruppen mit Wirkung zum 22.03.2011[1812] angeglichen. Nunmehr sind neben Teilen der inländischen Bevölkerung in gleichem Maße auch Gruppen erfasst, welche sich ausschließlich im Ausland aufhalten.[1813] Aber auch heute erfordert § 130 Abs. 1 StGB mit dem Merkmal der Friedensstörung eine solche gerade in inländischen Bevölkerungsteilen,[1814] sodass bei im Ausland befindlichen Gruppen als Angriffsobjekt die Eignung zur Gefährdung der öffentlichen Sicherheit innerstaatlich zu beurteilen ist. Nach alter wie auch neuer Rechtslage vermag deshalb eine allein nach außen gerichtete, „foreigner-feindliche Stimmungsmache" für die Erfüllung von Abs. 1 nicht auszureichen,[1815] sofern die hieraus entstehenden Gefahren nicht inländischer Natur sind.[1816]

Insofern werden selbst nach Inkrafttreten des erweiterten Anwendungsbereichs weiterhin vermeintliche Schutzlücken zum Gegenstand von Kritik an der Regelung gemacht. Es existieren Sachverhaltskonstellationen, in denen sich der vom Ausland vermittelte Angriff unmittelbar gegen ausschließlich im Ausland befindliche Gruppen ereignet, gleichwohl diese unmittelbare Schlagrichtung des Angriffs aber mittelbare Auswirkungen auf das Sicherheitsempfinden in Deutschland als Teil der Bevölkerung existenter Menschengruppen vermuten lässt. Beispielhaft seien hierbei die antisemitischen Beiträge betreffend die Brände des Karmel-Gebirges

---

1811 Satzger/Schluckebier/Widmaier/*Lohse*, § 130 StGB Rn. 9.

1812 BGBl. I 2011, 418.

1813 BT-DS. 17/3124, S. 10; *Kindhäuser* Strafrecht BT I, § 40 Rn. 13; *Sternberg-Lieben/Schittenhelm* in Schönke/Schröder, § 130 StGB Rn. 1a. A.A. dagegen *Fischer* NStZ 2019, 348, 349, der nur inländische Bevölkerungsteile erfasst sieht.

1814 BT-DS. 17/3124, S. 11; *Kindhäuser* Strafrecht BT I, § 40 Rn. 13.

1815 *Geilen* NJW 1976, 279.

1816 Im Übrigen sanktioniert § 130 Abs. 2 StGB nach der Rechtsprechung eine abstrakte Gefahr für den öffentlichen Frieden, OLG Celle Urt. v. 14.01.1997 – 1 Ss 271/96, NStZ 1997, 495. Daher dürfte auch bzgl. des Verbreitungstatbestands allein nach außen gerichtete Stimmungsmache nicht erfasst sein.

in Israel genannt.[1817] Im Ergebnis war trotz der Tatsache, dass Jüdinnen und Juden der Tod gewünscht wurde, der Tatbestand des § 130 StGB nicht erfüllt, da Adressaten der Äußerungen ausschließlich die dort von der Bedrohung Betroffenen im Ausland waren.[1818] Zum gleichen Ergebnis kam die Staatsanwaltschaft Berlin in einem Verfahren betreffend Hetze gegen ausländische Jugendliche. Es sei nämlich nicht auszuschließen, dass von den Urhebern entsprechender Beiträge ausschließlich solche Adressaten gemeint waren, die im Ausland ansässig waren.[1819] Diese gegenwärtige Rechtslage wird von einigen als unzureichend eingestuft, da in den genannten Fällen zumindest mittelbar das Sicherheitsgefühl betroffener Teile der Bevölkerung Deutschlands beeinträchtigt werde.[1820] Globalisierung und Digitalisierung würden die Pönalisierung von Gefährdungen des „grenzüberschreitenden, internationalen Zusammenlebens" durch gruppenadressierte menschenfeindliche Äußerungen unabdingbar machen.[1821]

So berechtigt diese Kritik aus humanistischer Perspektive auch sein mag, würde eine anderslautende Auslegung doch eine dem Bestimmtheitsgrundsatz zuwiderlaufende und daher unzulässige Analogie bedeuten, deren Voraussetzungen im Hinblick auf die eindeutigen Ausführungen des Gesetzgebers ohnedies nicht vorliegen.[1822] Man kann sich daher immer noch streiten, ob die weitergehende Ausdehnung des Tatbestands legitim wäre, da sich ein inländisches Rechtsgut im Falle der nicht einmal mittelbaren Beeinträchtigung einer inländischen Personengruppe nur schwerlich formulieren ließe. Sofern eine solche mittelbare Beeinträchtigung einer inländischen Personengruppe allerdings auch im Rahmen einer (aus Sicht des Verfassers an dieser Stelle gebotenen) weitreichenden Auslegung nicht anzunehmen ist, so erscheint die Kriminalisierung *de lege ferenda* wohl nicht legitimierbar.[1823] Beispielsweise differenziert § 166 StGB in seinen Absätzen insofern auch zwischen dem religiösen Bekenntnis in Absatz 1, das selbst im Falle einer ausschließlich ausländischen Verankerung geschützt ist, wohingegen die Schutzobjekte des Abs. 2 Kirchen, andere Religionsgesellschaften und Weltanschauungsvereinigungen ausweislich des Normwortlauts im Inland bestehen müssen.[1824] Auch anwendungsrechtlich und völkerrechtlich würde die weitergehende

---

1817 *Leubecher* Welt v. 25.11.2016, abrufbar unter www.welt.de/politik/deutschland/article159762941/Deutsche-Islamisten-bejubeln-das-brennende-Israel.html (08.05.2022).

1818 *Beck/Tometten* ZRP 2017, 244.

1819 Einstellungsbescheid der Staatsanwaltschaft Berlin v. 07.07.2017 – 231 Js 1141/17, zitiert nach *Beck/Tometten* ZRP 2017, 244.

1820 *Beck/Tometten* ZRP 2017, 244.

1821 *Beck/Tometten* ZRP 2017, 244.

1822 BT-DS. 17/3124, S. 11.

1823 Ablehnend daher auch *M. Heinrich* ZJS 2017, 625, 629.

1824 Vgl. dazu *Lenckner/Bosch* in Schönke/Schröder, § 166 StGB Rn. 20.

strafrechtliche Pönalisierung Konflikte provozieren. Sie wäre daher rechtspraktisch problematisch.

IV. § 130 Abs. 2 StGB[1825]

Während für die „mediale Vermittlung" von Inhalten zuvorderst die Verwirklichung von Abs. 1 in Frage kommt, besitzt der Verbreitungstatbestand des Abs. 2 für das Weiterverbreiten von Fake News besondere Relevanz.[1826] Da für das zu untersuchende Phänomen vor allem das Verbreiten von Desinformationen in sozialen Netzwerken von Bedeutung ist, soll zuvorderst das Verbreiten von Schriften und deren öffentliches Zugänglichmachen gem. § 130 Abs. 2 Nr. 1 lit. a und c StGB besprochen werden. Fake News in sozialen Medien können dabei am ehesten deshalb relevant werden, weil ihr Inhalt als ein Aufstacheln zum Hass im vorgenannten Sinne qualifiziert werden kann.[1827] Mit der Einstellung des Textes im Internet liegt bereits ein Verbreiten im Sinne von § 130 Abs. 2 Nr. 1 lit. a StGB vor.[1828] Die Tathandlungen von Abs. 2 stellen sich dabei – anders als diejenigen des Abs. 1 – nicht als persönliche Äußerungsdelikte dar, sodass sich selbst derjenige strafbar machen kann, der sich die Inhalte nicht zu eigen macht.[1829] Da bei § 130 Abs. 2 StGB eine konkrete Eignung zur Störung des öffentlichen Friedens – anders als in Abs. 1 – nicht erforderlich ist, ergibt sich im Gegensatz zu Abs. 1 ein Schutz ausländischer Bevölkerungsgruppen[1830] sowie eine Vorverlagerung der Strafbarkeit. Zudem erfasst § 130 Abs. 2 Nr. 2 StGB mittels des der Öffentlichkeit über Telemedien Zugänglichmachens von Schriften i.S.v. Abs. 1 die Ermöglichung des

---

1825 Auf die für die nachfolgenden Absätze geltende Sozialadäquanzklausel des § 130 Abs. 7 soll nachfolgend nicht eingegangen werden. Diese kann insbesondere für Aufklärungsbemühungen über Desinformationen von Bedeutung sein und wird daneben noch im rechtsschöpferischen Teil der Ausarbeitung relevant. Vgl. zur generellen Relevanz für Aufklärung und Strafverteidigung MüKo-StGB/*Schäfer* § 130 StGB Rn. 107.

1826 Dies scheint *Hoven* ZStW 129 (2017), 718, 731 zu verkennen, die direkt auf den Verbreitungstatbestand eingeht.

1827 Daneben kommt § 130 Abs. 2 Nr. 1 lit. b StGB in Betracht, der das Verbreiten von Schriften erfasst, die Inhalte im Sinne von § 130 Abs. 1 Nr. 2 StGB beinhalten. Dies soll nachfolgend nicht umfassend erörtert werden, da die Anforderungen an die eigentliche Handlung identisch sind.

1828 BGH Urt. v. 08.08.2006 – 5 StR 405/05, NStZ 2007, 216, 217 Rn. 4; Satzger/Schluckebier/Widmaier/*Lohse*, § 130 StGB Rn. 26.

1829 LK-*Krauß* § 130 StGB Rn. 86.

1830 Vgl. OLG Düsseldorf Beschl. v. 24.09.2018 – 5 Ss 83/16, NStZ 2019, 347, 348; Satzger/Schluckebier/ Widmaier/*Lohse* § 130 StGB Rn. 24; *Sternberg-Lieben/Schittenhelm* in Schönke/Schröder, § 130 StGB Rn. 12/13.

Lesezugriffs im Netz sowohl mit als auch ohne Speicherungsmöglichkeit.[1831] Allerdings ist im Falle der Verbreitung von Schriften mit entsprechendem Inhalt schon § 130 Abs. 2 Nr. 1 StGB erfüllt,[1832] sodass sich die praktische Bedeutung von Abs. 2 für die hier betrachteten Fallgestaltungen auf dessen Nr. 1 beschränkt. Der Vorschrift kommt primär unter dem Gesichtspunkt Bedeutung zu, dass Täter auch derjenige sein kann, der lediglich fremde Inhalte verbreitet – ohne sich diese zu eigen zu machen. Allerdings dürfte eine Strafbarkeit in einigen dieser Fälle ausscheiden: Die Norm setzt bei der Begehung durch Tatsachenbehauptungen objektiv tatbestandlich deren Unwahrheit voraus,[1833] sodass die weiterverbreitenden Nutzer hinsichtlich der Unwahrheit Vorsatz haben müssen. Ein Eventualvorsatz wird bei den ohnehin qualitativ hohen Anforderungen in vielen Fällen ausscheiden, da der Nutzer unwiderlegbar auf die Richtigkeit vertraut haben dürfte.

V. § 130 Abs. 3 StGB

Die Tatmodalitäten des Verharmlosens und diejenige des Billigens stellen beide Werturteile dar, welche durch Fake News nicht verwirklicht werden können.[1834] Infolge der Tatsachenqualität von Fake News kommt daher von den Begehungsalternativen von Abs. 3 nur das Leugnen in Betracht, also das „Bestreiten, Inabredestellen oder Verneinen der historischen Tatsache einer unter der NS-Herrschaft begangenen Katalogtat iSd § 6 VStGB."[1835] Zudem erfordert ein öffentliches Leugnen im Falle fremder Äußerungen ein zu eigen machen der Inhalte.[1836] Liegt dies nicht vor, kommt insoweit nur eine Beihilfestrafbarkeit in Betracht. Daneben erweitert aber Abs. 5 die Handlungen des Abs. 2 auf Inhalte i.S.d. der Abs. 3 und 4,[1837] sodass insoweit eine täterschaftliche Begehung durch das Weiterverbreiten möglich ist. Die erforderliche Eignung zur Störung des öffentlichen Friedens liegt im Falle einer Verunsicherung der Opfer und der Nachfahren über die Anerkennung des Verfolgungsschicksals vor, wobei das Belegen mit vermeintlichen Fakten hierfür sprechen kann.[1838] Schließlich erfordert die Norm auf der subjektiven

---

1831 MüKo-StGB/*Schäfer* § 130 StGB Rn. 73; SK-StGB/*Stein* § 130 Rn. 38.

1832 *Lammich* Die Strafbarkeit der Verbreitung sogenannter „Fake News", S. 21.

1833 Zur Tatvariante des Beschimpfens insoweit *Sternberg-Lieben/Schittenhelm* in Schönke/Schröder, § 130 StGB Rn. 5a.

1834 *Lammich* Die Strafbarkeit der Verbreitung sogenannter „Fake News", S. 21.

1835 *Sternberg-Lieben/Schittenhelm* in Schönke/Schröder, § 130 StGB Rn. 19; vgl. auch *M. Heinrich* ZJS 2017, 625, 631.

1836 Satzger/Schluckebier/Widmaier/*Lohse* § 130 StGB Rn. 38; *Sternberg-Lieben/Schittenhelm* in Schönke/ Schröder, § 130 StGB Rn. 17.

1837 BeckOK StGB/*Rackow* § 130 StGB Rn. 43.

1838 *Sternberg-Lieben/Schittenhelm* in Schönke/Schröder, § 130 StGB Rn. 22. Teilweise wird die Eignung infolge der Art der Äußerung als „regelmäßig indiziert" angesehen, Satzger/Schluckebier/Widmaier/*Lohse* § 130 StGB Rn. 38.

Tatseite, dass der Täter die Unwahrheit dessen, was er in Abrede stellt, kennt oder zumindest deren Möglichkeit erkennt und das Behaupten tatsächlich unwahrer Tatsachen gleichwohl billigend in Kauf nimmt.[1839] Sofern ein weiterverbreitender Nutzer also tatsächlich von der Nichtexistenz der geleugneten Handlung ausgeht, fehlt der Tatvorsatz.[1840] Dies wird teilweise für Nutzer von sozialen Medien mit der Begründung angenommen, dass diese infolge ihrer Rolle als Getäuschte tatsächlich an die Nichtexistenz der geleugneten Tatsachen glauben würden.[1841] Diese Annahme erscheint jedoch zu pauschaliert, besonders wenn man sich das Lehrbuchbeispiel für von diesem Tatbestand pönalisierte Handlungen in Gestalt der sog. „Auschwitzlüge“[1842] vor Augen führt: Hierbei wird es sich bei den weiterverbreitenden Nutzern häufig um Überzeugungstäter handeln, denen die Kontroversität der Thematik sowie die unumstößliche Faktenlage bekannt sein dürfte. Die Verneinung von Eventualvorsatz erscheint in diesen Fällen inkorrekt.[1843]

VI. § 130 Abs. 4 StGB

Da die Tathandlungen von Abs. 4 mit dem Verherrlichen, Billigen und Rechtfertigen bereits begriffsnotwendig wertende Elemente beinhalten, stellen die inkriminierten Handlungen ausnahmslos Werturteile dar, sodass eine Begehung durch die Verbreitung von Fake News ausscheidet.[1844]

VII. Zusammenfassung

Das reine Verbreiten in sozialen Netzwerken über die Like-Funktion dürfte – was Abs. 1 und 3 der Vorschrift anbelangt – lediglich als Beihilfe zu bewerten sein, wohingegen mit dem Teilen ein zu eigen machen und damit ein täterschaftlicher Tatbeitrag auch bei diesen Handlungen vorläge. Der Ersteller und Erstverbreiter von Desinformationen kann sich daher – ebenso wie der teilende Nutzer, der die

---

1839 *Sternberg-Lieben/Schittenhelm* in Schönke/Schröder, § 130 StGB Rn. 20.

1840 *Lammich* Die Strafbarkeit der Verbreitung sogenannter „Fake News“, S. 21.

1841 *Lammich* Die Strafbarkeit der Verbreitung sogenannter „Fake News“, S. 21.

1842 Mit dieser Bezeichnung *Huster* NJW 1996, 487.

1843 Im Falle des Leugnens des historisch allgemein anerkannten Holocausts durch den „Unbelehrbaren“ geht die Kommentarliteratur dann auch von Eventualvorsatz aus, *Fischer* § 130 StGB Rn. 48; MüKo-StGB/*Schäfer* § 130 StGB Rn. 103; Satzger/Schluckebier/Widmaier/*Lohse* § 130 StGB Rn. 39. *M. Heinrich* ZJS 2017, 625, 633 und *Sternberg-Lieben/Schittenhelm* in Schönke/Schröder, § 130 StGB Rn. 20 fordern dagegen aufgrund des Wortsinns des „Leugnens“ sicheres Wissen und belassen den Unbelehrbaren insoweit straffrei.

1844 Vgl. *Lammich* Die Strafbarkeit der Verbreitung sogenannter „Fake News“, S. 21. Nach BT-DS. 15/5051 S. 5; Satzger/Schluckebier/Widmaier/*Lohse* § 130 StGB Rn. 41; *Sternberg-Lieben/Schittenhelm* in Schönke/ Schröder, § 130 StGB Rn. 22b.

Unrichtigkeit in Betracht zieht – nach § 130 Abs. 1 Nr. 1 und 2, nach Abs. 2 Nr. 1 lit. a, c und nach Abs. 3 StGB strafbar machen. Für den Likenden kommt hingegen nur Abs. 2 in täterschaftlicher Begehungsform in Betracht. Bei Abs. 1 und 2 kann er nur Hilfe leisten.

IX. Bewertung des Schutzniveaus

Nach der vorangegangenen Untersuchung können Fake News also durchaus als Volksverhetzung strafbar sein. Die Vorschrift weist allerdings auch erhebliche Strafbarkeitslücken für das Phänomen Desinformationen auf, da in der überwiegenden Anzahl der Fälle nicht von dem Vorliegen einer Tathandlung im Sinne von § 130 StGB ausgegangen werden kann. Besonders im Bereich politischer Fake News werden die graduellen Ausmaße nur selten erfüllt sein. Gerade in Fällen der Instrumentalisierung durch politische Mandatsträger zur Verunglimpfung der Gegner werden diese zudem gewillt sein, die ohnehin hohen Anforderungen durch geschicktes Formulieren und Lancieren ihrer Beiträge zu unterwandern. Zusammenfassend resultiert die nur fragmentarische Erfassung aus dem oftmals fehlenden Gruppenbezug im Sinne der Norm oder den graduell hohen Anforderungen an die Tathandlung, welche die oftmals subtil formulierten Desinformationen zumeist nicht erreichen werden.[1845] Nach der höchstrichterlichen Rechtsprechung müssen die Intentionen im Sinne der Norm gerade aus der Schrift selbst hervortreten. Zwar können die hieraus resultierenden Schutzlücken durch eine zutreffende teleologische Auslegung minimiert werden, allerdings ist eine solche Entwicklung in der Rechtsprechung bislang nicht angestoßen. Die Rechtslage ist bereits insofern defizitär, als Tatsachen sogar weitgehender als pejorativ formulierte Werturteile geeignet sind, Feindseligkeiten gegen von der Norm erfasste Bevölkerungsgruppen auszulösen, da die präsentierten Fakten als unumstößlich dargestellt werden und sich daher kraft Natur der Sache jede Gegenargumentation verbietet.[1846] Die Präsentation von Fakten, die aus Sicht des Behauptenden wohlweislich von der entsprechenden Zielgruppe als Munition für populistische Beiträge genutzt werden wird, ist dabei sogar noch effektiver als eine einzelne fremdenfeindliche Äußerung,

1845 *Hoven* Forschung und Lehre 10 (2019), 906, 906 f.; *Mafi-Gudarzi* ZRP 2019, 65, 67. *Brodnig* Lügen im Netz, Kap. 2 beobachtet oftmals „gruppenbezogene Menschenfeindlichkeit" stützende Desinformationen. *Lammich* Fake News als Herausforderung des deutschen Strafrechts, S. 207 verneint dagegen Regulierungsbedarf – weil dieser auf den nicht angezeigten Wahrheitsschutz gestützt werden könne. Vgl. insoweit auch *M. Schreiber* Strafbarkeit politischer Fake News, S. 223, der insofern von Defiziten des Strafrechts de lege lata spricht.

1846 *Hoven* Forschung und Lehre 10 (2019), 906, 907.

Ängste der Bevölkerung zu schüren und das öffentliche Stimmungsbild im Sinne der Akteure zu beeinflussen.[1847]

B. § 126 StGB – Störung des öffentlichen Friedens durch Androhung von Straftaten

Fake News können weiterhin, sofern über bevorstehende Straftaten getäuscht wird, als Störung des öffentlichen Friedens durch Androhung von Straftaten gem. § 126 StGB strafrechtlich relevant werden. Nach Abs. 1 der Vorschrift wird bestraft, wer in einer zur Störung des öffentlichen Friedens geeigneten Weise bestimmte in einem Katalog genannte Straftaten androht. Von den relevanten Straftaten sind nach § 126 Abs. 1 StGB beispielweise die Regelbeispiele des besonders schweren Falls des Landfriedensbruchs gem. § 125a S. 2 Nr. 1–4 StGB (Nr. 1), Mord und Totschlag gem. §§ 211, 212 StGB (Nr. 2), die gefährliche Körperverletzung gem. § 224 StGB sowie die schwere Körperverletzung gem. § 226 StGB (Nr. 3), der Menschenraub gem. § 234 StGB sowie der erpresserische Menschenraub und die Geiselnahme gem. § 239a StGB bzw. § 239b StGB (Nr. 4), aber auch Raub und räuberische Erpressung gem. § 249 StGB bzw. §§ 253, 255 StGB (Nr. 5), das Herbeiführen einer Sprengstoffexplosion nach § 308 StGB (Nr. 6) und andere gemeingefährliche Straftaten (Nr. 7) erfasst.

I. § 126 Abs. 2 als für Fake News relevante Regelung

Die Verbreitung von Desinformationen kann vor allem bei § 126 Abs. 2 StGB relevant werden: Hiernach wird bestraft, „wer in einer Weise, die geeignet ist, den öffentlichen Frieden zu stören, wider besseres Wissen vortäuscht, die Verwirklichung einer der in Abs. 1 genannten rechtswidrigen Taten stehe bevor." Die Straftat braucht jedenfalls in der Variante des Abs. 2 ausweislich des Normwortlauts nicht schuldhaft verwirklicht zu werden. Allerdings muss das gegenständliche Geschehen so spezifisch umschrieben werden, dass eine Subsumption unter den Straftatenkatalog möglich ist, auch wenn Angaben zu Ort, Zeit und Opfer nicht erforderlich sind.[1848] Beschränkt sich die Erklärung beispielsweise darauf, dass es am nächsten Tag kein Wasser geben werde, so vermag dies hinsichtlich § 126 Abs. 1 Nr. 7 StGB nicht auszureichen, da eine näher spezifizierte Tathandlung hiermit nicht angedroht wird.[1849] Ausreichen soll demgegenüber die Androhung des

---

1847 *Hoven* Forschung und Lehre 10 (2019), 906, 907 nennt insoweit das Beispiel gefälschter Kriminalstatistiken.

1848 LK-*Krauß* § 126 StGB Rn. 24; *Sternberg-Lieben* in Schönke/Schröder, § 126 StGB Rn. 4; *Laufhütte* MDR 1976, 441, 442.

1849 LK-*Krauß* § 126 StGB Rn. 24; *Sternberg-Lieben* in Schönke/Schröder; § 126 StGB Rn. 4.

Unterbrechens der Elektrizität infolge eines Sprengstoffanschlags auf ein Elektrizitätswerk bzgl. § 316b Abs. 1 Nr. 2 StGB als Katalogtat.[1850] Hinsichtlich der § 315 Abs. 3 StGB und § 315b Abs. 3 StGB ist erforderlich, dass aus der Ankündigung das Eintreten eines Unglücksfalls ersichtlich wird.[1851]

II. Leitfälle

1. Die Warnung vor bevorstehenden Terroranschlägen (Leitfall 1)

Kurze Zeit nach dem Anschlag auf den Berliner Breitscheidplatz[1852] warnte ein Mann über eine Audionachricht auf WhatsApp vor einer vermeintlichen Terrorzelle, welche Anschläge auf Einkaufszentren in Berlin plane und dabei insbesondere eine bestimmte Passage ausgewählt habe. Gegen den mutmaßlichen Urheber wurde wegen des Verdachts der Verwirklichung von § 126 StGB ermittelt.[1853]

2. Der erfundene Terroranschlag in Mannheim (Leitfall 2)

Im März 2018 verbreitete ein Redakteur eines privaten Blogs einen erfundenen Beitrag über den angeblich noch anhaltenden „bisher größten Terroranschlag in Westeuropa“ mit 136 Toten und 237 Verletzten in Mannheim, der zu einigen besorgten Telefonanrufen bei der Polizei führte.[1854] Der Text war rein äußerlich nicht als Fake kenntlich gemacht, ein ausdrücklicher Hinweis befand sich erst nach einer Bezahlschranke.[1855] Im Artikel wurden aber mehrere Namen entfremdet, um die

---

1850 LK-*Krauß* § 126 StGB Rn. 24.

1851 LK-*Krauß* § 126 StGB Rn. 24.

1852 Am 19.12.2018 hatte sich in Berlin der bislang größte Terroranschlag mit islamistischem Hintergrund in Deutschland ereignet, bei dem ein Terrorist den Führer eines LKWs erschoss und mit dem LKW in eine „Budengasse“ des örtlichen Weihnachtsmarktes am Breitscheidplatz fuhr, wo 12 Menschen getötet und zahllose weitere Menschen verletzt wurden, dazu tz v. 25.02.2020, abrufbar unter https://www.tz.de/politik/anschlag-auf-weihnachtsmarkt-in-berlin-am-breitscheidplatz-lkw-rast-in-menge-12-tote-zr-7139510.html (24.03.2022).

1853 Spiegel v. 28.12.2016, abrufbar unter: https://www.spiegel.de/netzwelt/web/berlin-polizei-ermittelt-urheber-von-fake-news-a-1127820.html (21.03.2022).

1854 AG Mannheim Urt. v. 07.01.2019 – 20 Cs 806 Js 10181/18, zitiert nach juris Rn. 3 ff. Mit diesem Fallbeispiel unlängst auch *M. Schreiber* Strafbarkeit politischer Fake News, S. 204.

1855 AG Mannheim Urt. v. 07.01.2019 – 20 Cs 806 Js 10181/18, zitiert nach juris Rn. 7. Allerdings befand sich laut Medienberichten schon vor der Bezahlschranke eine entsprechende Andeutung: „Wenn Sie bis hierhin gelesen haben, hatten Sie den Eindruck, dass Sie gut informiert worden sind. Das sind Sie. Über mögliche Entwicklungen.“ Dazu Taz v. 30.03.2018, abrufbar unter http://www.taz.de/!5495110/ (21.03.2022). Dieser Sachverhalt lässt sich dem Urteil dagegen nicht entnehmen.

Fiktion anzudeuten.[1856] Der verantwortliche Redakteur des Blogs wurde zu einer Geldstrafe von 12.000 Euro wegen Störung des öffentlichen Friedens durch die Vortäuschung, die Verwirklichung eines Mordes, Totschlags oder einer schweren Körperverletzung stehe bevor, gem. § 126 Abs. 2 i.V.m. Abs. 1 StGB verurteilt.[1857] Die Richterin führte in der mündlichen Urteilsbegründung aus, dass eine Störung des öffentlichen Friedens bereits in dem Moment eintrete, in dem der durchschnittliche Leser beginne zu googeln.[1858]

III. Die Tathandlung des Vortäuschens

Vortäuschen im Sinne der Norm verlangt ein – auch konkludent mögliches – Verhalten, „das auf das wahrheitswidrige Erwecken des Anscheins einer einschlägigen Gewalttat, auf die Erregung oder Unterhaltung eines Irrtums oder auf das Hervorrufen einer Fehlvorstellung über eine mögliche, in naher Zukunft zu erwartende Gewalttat gerichtet ist."[1859] Erfasst sind dabei Fallkonstellationen, in denen der Täter wahrheitswidrig eine fremde Tat ankündigt und dabeo das behauptete Ereignis als von seinem Willen unabhängig darstellt.[1860] Da daher im Gegensatz zu Abs. 1 nicht erforderlich ist, dass der Täter zumindest konkludent dartut, dass er Einfluss auf die behauptete Tat haben könne, fallen unter Abs. 2 insbesondere auch falsche Mitteilungen oder Warnungen.[1861] Erfasst sind selbst eigene Tatbeteiligungen am behaupteten Ereignisses, wenn der Täter hierbei bereits begonnene aber noch bevorstehende Straftaten zum Gegenstand macht – bzgl. derer er vorgibt,

---

1856 So wurde u.a. der damalige Ministerpräsident Baden-Württenbergs „Winfried Kretschmann" „Siegried" benannt und der angebliche Ort des Geschehens „Paradiesplatz" statt „Paradeplatz" bezeichnet. Der Autor hatte den Artikel in der Nacht veröffentlicht und 15 Minuten nach seiner Veröffentlichung die Polizei informiert, AG Mannheim Urt. v. 07.01.2019 – 20 Cs 806 Js 10181/18, zitiert nach juris Rn. 13, 16.

1857 AG Mannheim Urt. v. 07.01.2019 – 20 Cs 806 Js 10181/18, zitiert nach juris.

1858 FAZ v. 08.01.2019, abrufbar unter: https://www.faz.net/aktuell/feuilleton/medien/fake-news-strafe-fuer-hardy-prothmann-vom-rheinneckarblog-15978392.html (21.03.2022). Der Verurteilte selbst kritisierte nach der Urteilsverkündung, dass es ein Unding sei, dass alle Beiträge bis zu ihrem Ende kostenlos sein müssten, nur damit nicht bezahlende Nutzer sich nicht erschrecken, dazu *Mayr* SZ v. 07.01.2019, abrufbar unter https://www.sueddeutsche.de/medien/journalismus-fake-news-rheinneckarblog-1.4277650 (21.03.2022).

1859 MüKo-StGB/*Schäfer* § 126 StGB Rn. 17.

1860 *Fischer* § 126 StGB Rn. 8; *Laufhütte* MDR 1976, 441, 443; Satzger/Schluckebier/Widmaier/*Fahl* § 126 StGB Rn. 3; *Sternberg-Lieben* in Schönke/Schröder, § 126 StGB Rn. 6.

1861 MüKo-StGB/*Schäfer* § 126 StGB Rn. 18.

nunmehr keinen Einfluss mehr auf die Tat zu haben.[1862] Tatbestandlich sind daher unrichtige Mitteilungen an die Polizei, Medien wie den Rundfunk oder eine Tageszeitung über das Bevorstehen einer Sprengstoffexplosion.[1863]

IV. Anforderungen an die bevorstehende Tat

Das Merkmal der bevorstehenden Straftat fordert das Erwecken des Eindrucks, die gegenständliche Straftat befinde sich bereits im Ausführungsstadium oder sie sei zumindest unmittelbar oder in naher Zukunft zu erwarten. Das Vortäuschen der Planung allein ist nicht ausreichend.[1864] Äußerungen des Täters, die nicht eine solche zeitliche Nähe zur Verwirklichung suggerieren, scheiden insofern aus,[1865] wenngleich das Erreichen des Versuchsstadiums seitens der gegenständlichen Tat nicht vorausgesetzt ist.[1866] Ausreichend soll dagegen – insoweit anknüpfend an die Voraussetzungen einer qualifizierten Drohung – das Vortäuschen einer Dauergefahr sein.[1867]

V. Eignung zur Störung des öffentlichen Friedens

Die Eignung zur Störung des öffentlichen Friedens erfordert, dass einzelne Teile der Bevölkerung, zumindest aber eine nicht unerhebliche Mehrzahl von Personen derart verunsichert werden, dass sie an der Rechtsgemeinschaft nicht mehr ohne Angst vor besonders gefährlichen Straftaten teilnehmen können – einschließlich potentieller Täter, welche durch das Hervorrufen eines entsprechenden Klimas zu vergleichbaren Taten gebracht werden.[1868] Nicht ausreichend ist die Verängstigung ohnehin verängstigter Gemüter. Erforderlich ist eine ernsthafte allgemeine Beunruhigung nicht unerheblicher Bevölkerungsteile.[1869]

1862 BGH Beschl. v. 20.03.2014 – 3 StR 353/13, NStZ 2014, 415, 416.

1863 *Weidemann* JA 2002, 43, 44.

1864 *Stree* NJW 1976, 1177, 1180; vgl. auch BeckOK StGB/*Rackow* § 126 StGB Rn. 11. Nach *Sturm* JZ 1976, 347, 350 reicht bereits eine gewisse zeitliche Nähe. Anders dagegen BT-DS. 7/3030, S. 7, nach dem die Tat bereits begonnen haben muss.

1865 *Sturm* JZ 1976, 347, 350.

1866 *Laufhütte* MDR 1976, 441, 443; vgl. auch *Sturm* JZ 1976, 347, 350.

1867 BGH Urt. v. 27.08.1998 – 4 StR 332/98, NStZ-RR 1999, 266, 267; *Fischer* § 126 StGB Rn. 8; MüKo-StGB/*Schäfer* § 126 StGB Rn. 20.

1868 *Sternberg-Lieben* in Schönke/Schröder, § 126 StGB Rn. 7/8; vgl. auch *Fischer* § 126 StGB Rn. 9 und Satzger/Schluckebier/Widmaier/*Fahl* § 126 StGB Rn. 4.

1869 *Laufhuette* MDR 1976, 441, 442.

1. Berücksichtigungsfähige Umstände

Unabdingbar ist lediglich eine konkrete Eignung, bei der unter Berücksichtigung aller gegenwärtigen, gegebenenfalls erst *ex post* feststellbaren Umstände aus der Perspektive eines objektiven Betrachters die begründete Befürchtung bestehen muss, dass es nach dem zu erwartenden Ablauf des Geschehens zu einer derartigen Störung kommen kann.[1870] Die Tathandlung muss nicht öffentlich begangen werden: Bereits das Ausführen der Handlung gegenüber einem Einzelnen vermag dann auszureichen, wenn aufgrund der Umstände – beispielsweise weil sich die Äußerungsadressaten aus Sorge um die vermeintlichen zukünftigen Opfer oder lediglich aus Empörung an die Öffentlichkeit wenden – mit einem Bekanntwerden in der Bevölkerung gerechnet werden muss.[1871] Nicht anzunehmen ist dies bei Meldungen gegenüber staatlichen Organen, bei denen trotz zu erwartender präventiver Maßnahmen (schon um diese nicht zu gefährden) mit Geheimhaltung gerechnet werden kann.[1872]

2. Mögliche zu Friedensstörungen führende Maßnahmen

Hinsichtlich der zu einer Friedensstörung führenden Maßnahmen muss zwischen solchen innerer und äußerer Art unterschieden werden: Letztere können im Aufhetzen zu Deliktsvorbereitungen, Deliktsverwirklichungen oder in Gegenreaktionen bestehen.[1873] Auch Präventivmaßnahmen wie Absperrungen oder Stilllegungen des Bahnverkehrs können im Falle ihres Publikwerdens friedensstörende Wirkung entfalten.[1874] Die äußeren Maßnahmen müssen lediglich konkret drohen und nicht etwa bereits umgesetzt sein, so beispielsweise, wenn potentielle Straftäter durch das Hervorrufen eines „psychischen Klimas“ aufgehetzt werden.[1875] Innere Maßnahmen können dagegen beispielsweise in einer Erschütterung des Vertrauens in den öffentlichen Frieden bestehen, entweder durch das Schüren von Angst (beispielsweise durch das Behaupten von bevorstehenden Bombenanschlägen) oder durch das Aufgeben eigener Rechtstreue vor dem Hintergrund der Ankündigung.[1876]

1870 *Sternberg-Lieben* in Schönke/Schröder, § 126 StGB Rn. 9.

1871 BGH Beschl. v. 20.09.2010 – 4 StR 395/10, NStZ-RR 2011, 78; *Fischer* § 126 StGB Rn. 10; *Sternberg-Lieben* in Schönke/Schröder, § 126 StGB Rn. 11.

1872 BGH Beschl. v. 19.05.2010 – 1 StR 148/10, NStZ 2010, 570; BeckOK StGB/*Rackow* § 126 StGB Rn. 12.2; Satzger/Schluckebier/Widmaier/*Fahl* § 126 StGB Rn. 4; SK-StGB/*Stein* § 126 StGB Rn. 16.

1873 *Ostendorf* in Kindhäuser/Neumann/Paeffgen, § 126 StGB Rn. 16.

1874 BGH Urt. v. 02.04.1987 – 4 StR 55/87, NJW 1987, 1898.

1875 BGH Beschl. v. 19.05.2010 – 1 StR 148/10, NStZ 2010, 570.

1876 *Ostendorf* in Kindhäuser/Neumann/Paeffgen, § 126 StGB Rn. 16.

Regelmäßig ist eine Gefährdung des öffentlichen Friedens nur bei gemeingefährlichen Delikten anzunehmen. Werden dagegen lediglich Individualrechtsgüter bedroht, ist „eine Repräsentanz für die Bevölkerung oder für Bevölkerungskreise" erforderlich, welche u.a. in der Beliebigkeit der Bedrohung liegen kann.[1877] Wurde also ein Angriffsziel allein wegen seiner Zugehörigkeit zu einer spezifischen Gruppe ausgewählt und wird dadurch letztlich die Gruppe betroffen, liegt eine Eignung zur Friedensstörung vor.[1878] Zwiegespalten ist demgegenüber die Meinung der Literaten, ob bei der Ankündigung von Anschlägen gegen Politiker, Führungspersönlichkeiten der Wirtschaft oder Repräsentanten des Staates unter diesem Gesichtspunkt die konkrete Eignung zur Friedensstörung angenommen werden kann.[1879] Richtigerweise dürfte dies nach den Umständen des Einzelfalls zu bewerten sein: Ist die betroffene Person tatsächlich fungibel und dient der Anschlag daher vor allem der Schädigung einer Gruppe als solcher, so wird man die Friedensstörung annehmen können. Dies wird oftmals, keineswegs aber ohne Weiteres immer anzunehmen sein.

3. *Rechtsprechung zur allgemeinen Beunruhigung*

Relevant für die zu untersuchenden Phänomene ist weiterhin, dass z.B. das Amtsgericht Wolfratshausen eine allgemeine Beunruhigung in der Bevölkerung bei einem Leserkreis von 25–35 Menschen für einen Facebook-Account gerade verneint hat.[1880] Zugrunde lag die Ankündigung eines Amok-Laufs durch den Inhaber des Accounts, was letztlich zur Benachrichtigung der Polizei seitens ängstlich gewordener Nutzer führte. Der Angeklagte ließ sich jedoch unwiderlegt dahin ein, er sei davon ausgegangen, dass den Beitrag nur 25–35 seiner engsten Freunde lesen würden. Das Gericht führte aus, dass die Ankündigung zwar grundsätzlich geeignet sei, den öffentlichen Frieden zu stören, dass aber letztlich kein Tatvorsatz hinsichtlich der Beunruhigung einer nicht unerheblichen Personenzahl nachzuweisen sei. Insofern bestehen Einlassungsgeschick begünstigende Schutzlücken in vergleichbaren Sachverhaltskonstellationen, wenn der Täter eine Nachricht zunächst nur im engen Freundeskreis lanciert.

1877 *Ostendorf* in Kindhäuser/Neumann/Paeffgen, § 126 StGB Rn. 16.

1878 MüKo-StGB/*Schäfer* § 126 StGB Rn. 28; *Sternberg-Lieben* in Schönke/Schröder, § 126 StGB Rn. 7/8.

1879 Dafür MüKo-StGB/*Schäfer* § 126 StGB Rn. 28; vgl. hinsichtlich einer von einer Stadt beauftragten Abrissfirma OLG Karlsruhe Urt. v. 26.04.1979 – 2 Ss 40/79, NJW 1979, 2415, 2416; dagegen *Ostendorf* in Kindhäuser/Neumann/Paeffgen, § 126 StGB Rn. 7/8.

1880 AG Wolfratshausen Urt. v. 25.03.2013 – 22 Cs 11 Js 27699/12, StV 2013, 709.

VI. Subjektive Tatseite

Letztlich muss das Vortäuschen wider besseres Wissen erfolgen. Der Täter muss bei seiner Tathandlung sichere Kenntnis haben, dass die gegenständliche Straftat tatsächlich nicht bevorsteht.[1881] Sofern der Täter also fremde Straftaten bei seiner Ankündigung *lediglich für möglich* hielt, ist dies nicht tatbestandsmäßig.[1882]

VII. Subsumption der Leitfälle

1. Die Warnung vor bevorstehenden Terroranschlägen (Leitfall 1)

Die bei der aufgeführten Nachricht bzgl. des Vortäuschens geplanter Anschläge auf Einkaufszentren in Berlin vorgenommene Verbreitung via WhatsApp erfüllt die handlungstechnischen Voraussetzungen an eine Friedensstörung, da selbst im Falle der Benachrichtigung nur einer Einzelperson angesichts der Schwere der behaupteten bevorstehenden Straftat sowie der konkreten Umstände, wie des zeitlich kurz zuvor stattgefundenen Terroranschlags in Berlin, damit gerechnet werden musste, die Adressaten würden sich empören und sich – um Prävention seitens der Behörden zu ermöglichen – an weitere Personen wenden, sodass die Behauptung der Öffentlichkeit bekannt würde. Angesichts des vorangegangenen Terroranschlags musste damit gerechnet werden, die Einzelpersonen würden sich an eine nicht unerhebliche Personenmenge wenden, sodass von einer Friedensstörung trotz einer Äußerung gegenüber Einzelpersonen ausgegangen werden muss. Als friedensstörende Maßnahmen musste vor allem mit solchen innerer Art wie einem Vertrauensverlust gerechnet werden. Mit dem Übersenden der Nachricht liegt zudem das Erwecken des Anscheins einer bevorstehenden Straftat vor.

Bei den gegenständlichen Taten müsste es sich überdies um Katalogtaten im Sinne der Norm handeln. Die gegenständliche Nachricht berichtete jedoch nur pauschal über bestimmte Anschlagsziele, ohne dass weitere Informationen hinsichtlich der konkreten Anschlagsart mitgeteilt wurden.

a) Fehlende Deliktsspezifizierung in der Äußerung

Als Katalogtaten kommen zunächst Mord, schwere Körperverletzung und eine Sprengstoffexplosion gem. § 308 StGB in Betracht. Allerdings ermöglicht die dargebotene Desinformation keine Subsumption unter diese Delikte. Die Desinformation enthielt nicht ausdrücklich die Aussage, dass Terroristen durch Sprengstoff

1881 *Sternberg-Lieben* in Schönke/Schröder, § 126 StGB Rn. 12.

1882 LK-*Krauß* § 126 StGB Rn. 36. Stand dagegen eine vergleichbare Straftat tatsächlich bevor, bleibt die aus Täterperspektive fälschliche Ankündigung aber dann strafbar, wenn der Täter für die Tat keinerlei Anhaltspunkte hatte, dazu auch *Stree* NJW 1976, 1177, 1180. Bei diesem Fall dürfte man jedoch schon an der Qualifikation als Fake News zweifeln.

eine Explosion herbeiführen und dadurch Leib oder Leben eines anderen Menschen oder fremde Sachen von bedeutendem Wert gefährden würden. Auch waren keine Details zu konkret geplanten Gewalttätigkeiten gegen Individuen enthalten. Trotz des unmittelbar vorangegangen realen Terroranschlags kann überdies wohl nicht davon ausgegangen werden, dass eine dem vorangegangenen Anschlag äquivalente Begehungsart gemeint war und so eine konkludente Konkretisierung erfolgte. Insofern muss schon das Vorliegen einer Katalogtat in Zweifel gezogen werden.

Weiterhin dürfte ein Vortäuschen eines bevorstehenden besonders schweren Fall des Landfriedensbruchs gem. § 125a S. 2 Nr. 1–4 StGB ausscheiden.[1883] Alle Tathandlungen des in Bezug genommenen § 125 Abs. 1 StGB setzen das Vorhandensein einer gewalttätigen Menschenmenge voraus.[1884] Eine Menschenmenge besteht in einer nicht unmittelbar überschaubaren, räumlich vereinigten Personenvielheit.[1885] Hierzu bedarf es des räumlichen Zusammenkommens von mindestens 15–20 Personen.[1886] Unter besonderen Umständen soll bereits das Zusammenkommen von zehn Leuten ausreichen.[1887] Die Gewalttätigkeiten müssen aus ebenjener Menge begangen werden, also von Mitgliedern dieser Menge gegen außerhalb dieser stehende Personen oder Sachen. Gewalttätigkeiten innerhalb der Menge sind demgegenüber nicht ausreichend.[1888] Die Gewalttätigkeiten müssen „mit vereinten Kräften“ begangen werden. Dafür darf die Menge nicht nur die Kulisse, sondern sie muss wegen ihrer feindseligen Haltung Basis für die Ausschreitungen sein.[1889]

Jedenfalls die Subsumption unter dieses Merkmal dürfte bei den nur unspezifiziert vorhergesagten Anschlägen der Terrorzelle nicht möglich sein. Es fand sich keinerlei Hinweis, dass eine annähernd zehn Menschen umfassende Menge ebenjene terroristischen Aktivitäten entfalten sollte.[1890] Auch in Verbindung mit

1883 Bei den von der Norm in Bezug genommen Regelbeispielen muss die Tat nur die dort genannten Merkmale aufweisen, ohne dass sie notwendigerweise als besonders schwerer Fall gem. § 125 StGBa S. 1 StGB zu qualifizieren sein muss, *Sternberg-Lieben* in Schönke/Schröder, § 126 StGB Rn. 4.

1884 Statt aller *Fischer* § 125 Rn. 3.

1885 BGH Beschl. v. 13.05.1993 – 4 StR 187/93, NStZ 1993, 538.

1886 BGH Urt. v. 29.08.1985 – 4 StR 397/85, NJW 1986, 1116.

1887 Namentlich soll dies dann der Fall sein, wenn besondere Umstände es für den Außenstehenden nicht zulassen, die Größe der Menge und die von ihr ausgehende Gefahr zu erfassen, BGH Urt. v. 31.05.1994 – 5 StR 154/94, NStZ 1994, 483.

1888 BGH Urt. v. 29.08.1985 – 4 StR 397/85, BGHSt 33, 306.

1889 OLG Köln Urt. v. 12.11.1996 – Ss 491/96, NStZ-RR 1997, 234, 235; *Fischer* § 125 StGB Rn. 8; Satzger/Schluckebier/Widmaier/*Fahl* § 125 Rn. 5.

1890 Zwar soll hinsichtlich einer Einwirkung i.S.d. Abs. 1 Var. 3 StGB eine solche auf eine derartige Menschenmenge ausreichen, wenn später nur Einzelne nicht individuell bestimmbare Mitglieder aus dieser Menge Gewalttätigkeiten begehen, *Sternberg-Lieben* in Schönke/Schröder, § 125 StGB Rn. 20. Auch dies ist allerdings

dem unmittelbar vorangegangenen Anschlag auf den Berliner Breitscheidplatz kann nicht etwa auf einen anderweitigen konkludenten Aussagegehalt geschlossen werden, da dieser Anschlag unmittelbar nur von einer einzigen Person begangen wurde. Menschenraub § 234 StGB, erpresserischer Menschenraub gem. § 239a StGB oder Geiselnahme nach § 239b StGB setzen eine Entführung oder aber voraus, dass sich der Täter anderer Personen bemächtigt. Selbst solche Verhaltensweisen können aufgrund der Nachricht nicht eindeutig subsumiert werden. Nicht einmal konkludent ist der Nachricht der Gehalt zu entnehmen, die vermeintlichen Terroristen würden sich einzelner Personen bemächtigen oder diese entführen.

Zwar ist die ausreichende Konkretisierung einer Katalogtat neben einer ausschließlich deskriptiven Geschehensschilderung durch das Verwenden juristischer oder laienhafter Begriffe erzielbar, sofern diese Begriffe damit ein bestimmtes tatsächliches Geschehen unverwechselbar beschreiben, wie dies etwa durch die Verwendung der Terminologie Mord erfolgen kann.[1891] Solche vielsagenden Begrifflichkeiten fanden aber im Hinblick auf § 126 StGB keine Verwendung. Die Bildung terroristischer Vereinigungen nach § 129a StGB dürfte – trotz eines Anknüpfungspunkts im Wortlaut der Äußerung – ebenso ausscheiden, da schon das erforderliche Zusammenkommen mindestens zweier Personen (vgl. § 129 Abs. 2 StGB[1892]) nicht ersichtlich ist.

Eine Strafbarkeit gem. § 126 StGB vermag einem ersten Anschein nach daher insgesamt auszuscheiden, da mangels ausreichender Spezifikation des vorgetäuschten Verhaltens keine klare Subsumption unter die Katalogstraftaten möglich ist. Ausreichend ist es aber weiterhin, wenn das Geschehen in bestimmten, bei spezifischen Katalogtatbeständen relevanten Punkten unklar bleibt, das Geschehen aber letztlich *zumindest alternativ* unter mindestens einen Katalogtatbestand subsumierbar ist oder wenn im Ganzen alternative Geschehensabläufe geschildert werden, welche unterschiedliche der aufgelisteten Tatbestände verwirklichen würden.[1893] So aber dürfte der analysierte Fall liegen: Die Behauptung eines bevorstehenden Terroranschlags könnte alternativ einen Mord, eine Sprengstoffexplosion, einen Landfriedensbruch oder aber Delikte der §§ 234, 239a, b StGB als bevorstehend suggerieren. Dagegen können andere Handlungsalternativen ausgeschlossen sein. Das Landgericht Aachen[1894] hat für den Fall der pauschalen Androhung eines Terroranschlags den objektiven Tatbestand für gegeben erachtet und eine Strafbarkeit erst mangels Tatvorsatzes zur Störung des öffentlichen Friedens angenommen.

---

der Ankündigung nicht zu entnehmen, da nicht behauptet wurde, Terroristen würde eine derartige Menschenmenge anstiften.

1891 SK-StGB/*Stein* § 126 StGB Rn. 14.

1892 Diese Legaldefinition gilt auch für die terroristische Vereinigung nach § 129a StGB Satzger/Schluckebier/Widmaier § 129a StGB Rn. 14.

1893 Satzger/Schluckebier/Widmaier § 129a StGB Rn. 14.

1894 LG Aachen Urt. v. 05.09.2012 – 94 Ns 27/12, BeckRS 2012, 24704.

Welche der aufgelisteten Katalogtaten das Gericht für angedroht hielt, geht aus den Urteilsgründen allerdings nicht hervor. Das Gericht führt demgegenüber lediglich aus, dass die Androhung eines unbestimmt beschriebenen Amoklaufs in Facebook grundsätzlich geeignet sei, i. S. v. § 126 StGB den öffentlichen Frieden zu stören.[1895] Auch Stimmen in der Wissenschaft äußern in Anknüpfung hieran die Auffassung, dass die Umschreibung einer Tat als „Amoklauf“ genügen könne, wenn hierdurch mit hinreichender Deutlichkeit zum Ausdruck kommt, dass von dem angekündigten Geschehen Katalogtaten im Sinne der Norm umfasst sind.[1896]

Eine derartige Sichtweise könnte zu einer zu weitreichenden Haftung führen, da konkrete Umstände nicht einmal genannt werden müssten. Man könnte daher zur Auffassung gelangen, eine alternative Verwirklichung von Tatbeständen könne nur dann angenommen werden, wenn der Täter alternative, aber in den einzelnen ungewissen Handlungssträngen für sich konkretisierte, einen Katalogtatbestand verwirklichende Geschehen beschreibt. Möglicherweise ließe sich jedoch hiergegen die Gesetzgebungsgeschichte anführen: Die vorhergehende Fassung der Norm enthielt nicht etwa einen abschließenden Straftatenkatalog, sondern die auslegungsbedürftige Formulierung „gemeingefährliche Straftaten“,[1897] worunter sich möglicherweise Amok- und Terrortaten in einem nicht gesetzestechnischen Sinn verstehen ließen. Der Gesetzesnovellierung lag damals die Intention zugrunde, die Propagierung von Gewalt und die fälschliche Ankündigung von Straftaten umfassend unter Strafe zu stellen.[1898] Allerdings war die Terminologie *gemeingefährliche Straftaten* damals im gesetzestechnischen Sinne verstanden worden, sodass Mord und Totschlag sowie andere Gewaltverbrechen hierunter nicht fielen.[1899] Aus der Gesetzeshistorie lässt sich also kein weiteres Argument gewinnen.

Argumentiert man mit dem Telos der Norm, so muss ein weitreichender Schutz vor Ankündigungen von schwerwiegenden, von der Norm in Bezug genommenen Gewalttaten geleistet werden, sofern die durch die genannten Katalogtaten statuierte Erheblichkeitsschwelle überschritten wird. Zuzustimmen ist insofern, dass mit einer Amoktat und einem Terroranschlag derartige Taten regelmäßig einhergehen. Die Begrifflichkeiten *Amoklauf* und *Terroranschlag* sind aufgrund vergangener Ereignisse zu Angst schürenden Synonymen für erhebliche Gewalttaten geworden, deren Ablauf üblicherweise mit Katalogtaten einhergeht. Da es zu den Taten *ex post* tatsächlich nicht gekommen sein muss[1900] und die Begrifflichkeiten durch die Ausfüllung im Wege der vergangenen Geschehen einen hinreichend konkretisierten Inhalt ausdrücken, sind derart pauschale Ankündigungen im

1895 LG Aachen Urt. v. 05.09.2012 – 94 Ns 27/12, BeckRS 2012, 24704.

1896 MüKo-StGB/*Schäfer* § 126 StGB Rn. 24.

1897 Zur Gesetzgebungsgeschichte instruktiv MüKo-StGB/*Schäfer* § 126 StGB Rn. 21.

1898 BT-DS. 7/3030, S. 5.

1899 BT-DS. 7/3030, S. 1 ff.

1900 *Ostendorf* in Kindhäuser/Neumann/Paeffgen, § 126 StGB Rn. 14.

Ergebnis von der Norm erfasst. Da die Eignung zur Beunruhigung größerer Bevölkerungsteile anzunehmen und von einem wider besseres Wissen erfolgten Vortäuschen auszugehen ist, dürfte eine Strafbarkeit im Ergebnis anzunehmen sein. Zuletzt darf drauf hingewiesen werden, dass durch die Aufnahme der gefährlichen Körperverletzung in den Straftatenkatalog des § 126 StGB mittels des Gesetzes zur Bekämpfung des Rechtsextremismus und der Hasskriminalität die dargestellte Problematik der Bestimmung des von einer abstrakten Androhung erfassten Tatbestands gewiss entschärft wird – ebenso wird der Rechtsgüterschutz durch die Erweiterung von § 140 StGB um zukünftige Straftaten verbessert.

b) Zeitliche Tatnähe nicht erkennbar

Schwierig zu beurteilen ist ebenfalls die zeitliche Komponente der bevorstehenden Straftat, ob aus der Nachricht also hervorging, dass die Straftaten zumindest unmittelbar oder in naher Zukunft zu erwarten sind. Hier wird man *in dubio pro reo* davon ausgehen müssen, dass der Täter lediglich auf das Planungsstadium Bezug nahm. Jedenfalls das Vorliegen einer Täuschung über eine Katalogtat dürfte daher – wie in vielen anderen denkbaren Fallgestaltungen – ausscheiden.

2. Der erfundene Terroranschlag in Mannheim (Leitfall 2)

Auch der geschilderte Fall des behaupteten Terroranschlags in Mannheim könnte von Relevanz sein. Tatbestandsmäßig im Sinne von Abs. 2 ist aber nur das Vortäuschen bevorstehender Straftaten, sodass Vortäuschungen über Straftaten, die als bereits begangen dargestellt werden, aus dem Anwendungsbereich herausfallen.[1901] Allerdings stellte der Täter den Terroranschlag in seinem Beitrag laut den Urteilsfeststellungen als noch stattfindend und damit gegenwärtig dar. Der Täter suggerierte eine Art Dauergefahr und stellte zudem den begangenen Terroranschlag nicht als schon abgeschlossen, sondern die Gefahr als fortwirkend dar, sodass es sich nicht lediglich um bereits abgeschlossene Straftat handelte. Das Gericht ging von einem Vortäuschen über bevorstehenden Mord, Totschlag und schwere Körperverletzung an einer unbestimmten Anzahl von Personen und damit von tauglichen Katalogtaten aus.[1902] Die Entscheidung bestätigt allerdings nicht vollumfänglich die obige Auslegung der pauschalen Ankündigung eines Terrorakts, da in dem der Entscheidung zugrunde liegenden Fall die behaupteten Tathandlungen konkretisiert[1903] wurden. Fake News, die über derartige Taten vortäuschen, können durchaus bereits begangene und abgeschlossene Taten zum Gegenstand haben, da dies dem verfolgten Zweck noch besser dienen kann. Tatsächlich begangene Taten

---

1901 *Fischer* § 126 StGB Rn. 8.

1902 AG Mannheim Urt. v. 07.01.2019 – 20 Cs 806 Js 10181/18, zitiert nach juris Rn. 33.

1903 Zur Konkretisierung der Tathandlugen AG Mannheim Urt. v. 07.01.2019 – 20 Cs 806 Js 10181/18, zitiert nach juris Rn. 32.

empören die Bevölkerung noch um ein Vielfaches mehr als Bevorstehende. Diese Sachverhalte sind nach § 126 StGB nicht pönalisiert.

Andere wollen in Leitfall 2 – aufgrund der Tageszeit der Verbreitung sowie der Benachrichtigung der Polizei – eine Eignung zur Störung des öffentlichen Friedens verneinen.[1904] Tatsächlich aber konnte in dem angesprochenen Fall nicht davon ausgegangen werden, dass die Äußerungen etwa nur gegenüber einem beschränkten Personenkreis erfolgten und daher nicht an die Öffentlichkeit gelangen würden.[1905] Vielmehr erfolgte das Vortäuschen unter Verwendung des Internets als Verbreitungsmedium und damit öffentlich. Tatsächlich hatten den Beitrag sogar insgesamt 20.000 Leute aufgerufen und riefen in der Folge einige besorgte Bürger bei der Polizei an.[1906] Da lediglich die konkrete Eignung zur Friedensstörung erforderlich ist, ändert sich an dieser Beurteilung nichts dadurch, dass die Polizei seitens des Täters eingeschaltet wurde, um aufgebrachte Bürger beruhigen zu können und so eine tatsächliche Friedensstörung zu verhindern,[1907] da es zu einer Störung im Ergebnis tatsächlich nicht gekommen sein muss. Unerheblich ist für die Strafbarkeit überdies, ob der Erfolg der Vortäuschung in Gestalt eines Irrtums im Ergebnis eintritt. Ausreichend ist bereits das Hervorrufen von Verunsicherung beim Opfer durch den gegenständlichen Beitrag, das an die Möglichkeit der Tatbegehung glaubt,[1908] sodass vereinzelt zweifelnde Rezipienten irrelevant sind.

Der Beitrag zeigt instruktiv auf, wie sehr die oben herausgearbeiteten Grenzen in der Praxis verschwimmen können. Der Betreiber des Blogs baute nämlich einen Tweet der Polizei, gem. welchem es sich um einen erfundenen Beitrag handele, in seinen Blog ein und schrieb: „Polizei Mannheim reagiert sofort auf unseren Hinweis – die Story ist Gonzo, also Fakenews."[1909] Der Verfasser des Blogs wollte sich also (vermeintlich) des aufgezeigten Genres des Gonzo-Journalismus bedienen – bzw. sich durch seinen Tweet eine Verteidigungslinie für etwaige strafrechtliche Verfahren aufbauen. Doch wird dann, wenn eine Erkennbarkeit als Fake nicht mehr zweifelsfrei gegeben ist, die Schwelle zur Strafbarkeit überschritten. Auch wenn Einige[1910] derartige Beiträge nicht für inkriminierungswürdig erachten und den Beitrag daher wohl einer zulässigen Form von Gonzo-Journalismus zuschreiben wollen, übersteigt dieser doch die vom Gesetz gezogene Zulässigkeitsschranke.

1904 *Rath* Taz v. 30.03.2018, abrufbar unter http://www.taz.de/!5495110/ (21.03.2022).

1905 Zu diesem Erfordernis *Laufhuette* MDR 1976, 441, 442.

1906 AG Mannheim Urt. v. 07.01.2019 – 20 Cs 806 Js 10181/18, zitiert nach juris Rn. 5, 15.

1907 Zur Unmaßgeblichkeit der Verhinderung einer Friedensstörung durch die Polizei *Laufhuette* MDR 1976, 441, 442.

1908 MüKo-StGB/*Schäfer* § 126 StGB Rn. 17; BGH Urt. v. 27.08.1998 – 4 StR 332/98, NStZ-RR 1999, 266, 267, *Fischer* § 126 StGB Rn. 8.

1909 AG Mannheim Urt. v. 07.01.2019 – 20 Cs 806 Js 10181/18, zitiert nach juris Rn. 5, 15.

1910 Zitiert nach Taz v. 30.03.2018, abrufbar unter http://www.taz.de/!5495110/ (24.03.2022).

Richtigerweise dürfte der Autor mit seinem Handeln auch begrifflich den Boden des Gonzo-Journalismus verlassen haben. Ausgangspunkt des Beitrags war – anders als bei dieser Journalismusform – nämlich nicht etwa ein reales Ereignis, das bewusst aus subjektiver Perspektive erzählt wurde, sondern eine frei erfundene Hintergrundgeschichte, die zudem für den Adressaten als objektiv dargestellt wurde.[1911] Die Faktenprüfer von Correctiv beschreiben das Vorgehen des Bloggers daher zutreffend als „Reverse-Gonzo-Journalismus."[1912] Auch die (versuchte) Verantwortungsentledigung des Betreibers des Blogs über die Kritik an der fehlenden Medienkompetenz der Leserschaft und der Verweis auf deren heuristischen Konsum des Artikels vermag die Legitimität des Beitrages nicht zu begründen, da ein direkter und unmissverständlicher Hinweis auf die Fiktion des Beitrages nicht angebracht wurde.[1913] Schließlich misslingt der Verweis auf das im Radio abgespielte Hörspiel „Der Krieg der Welten" im Jahr 1938, welches eine Alien-Invasion simulierte und zu Panik führte, da ebendort schon in der Einleitung ein unmissverständlicher Hinweis auf die Fiktion erfolgt war.[1914]

VIII. Zusammenfassung des Schutzniveaus

Auch wenn Desinformationen bei § 126 Abs. 2 StGB Relevanz besitzen können, dürften die dargestellten hohen Anforderungen selten erfüllt sein. Relevanz kann die Norm für Behauptungen über das Bevorstehen von terroristischen Taten besitzen: Handlungen, die von Rechtspopulisten zum Schüren von Xenophobie denkbar sind. Es handelt sich hierbei aber um sehr extreme Taten, welche weder alltäglich, noch Musterbeispiel des Phänomens sind, die gleichwohl aber hinsichtlich der innewohnenden Gefahr für das Steigern extremistischen Gedankenguts ein besonderes Ausmaß besitzen. Selten werden Beiträge eine ausreichende Konkretisierung aufweisen, die eine Subsumption unter den Straftatenkatalog ermöglicht. Zudem wird oftmals die zeitliche Komponente nicht erfüllt sein, da zumeist lediglich die Planungsstadien von Taten gegenständlich sein werden. Prozessuale Nachweisschwierigkeiten birgt außerdem das Erfordernis des Vortäuschens wider besseres Wissen, denn je weniger Informationen hier mitgeteilt wurden, desto schwerer lässt sich unweigerlich die Unwahrheit feststellen.[1915] Zudem wird man den Vorsatz zu Friedensstörung relevanter Bevölkerungsteile kaum nachweisen können, wenn Täter Beiträge zunächst nur an den engen Freundeskreis zirkulieren, dieser aber letztlich weitaus mehr Rezipienten erreicht. § 126 Abs. 2 StGB und § 145d Abs. 1 Nr. 2 StGB können idealkonkurrierend verwirklicht werden,[1916] was für

1911 *Schmüser* (Fn. 120).
1912 *Schmüser* (Fn. 120).
1913 Vgl. auch *Schmüser* (Fn. 120).
1914 *Schmüser* (Fn. 120).
1915 Vgl. dazu auch SK-StGB/*Stein* § 126 StGB Rn. 15.
1916 *Fischer* § 126 StGB Rn. 13.

Fake News relevant werden kann. Da ein Handeln wider besseres Wissen hinsichtlich des Vortäuschens erforderlich ist, kommt zudem nur eine Strafbarkeit bösgläubiger Verbreiter in Betracht, sodass die Facebook-Interaktionen Dritter insoweit strafrechtlich irrelevant sein dürften.

C. § 86 StGB – Verbreiten von Propagandamitteln verfassungswidriger Organisationen

Zudem kommt von den Staatsschutzdelikten das Verbreiten von Propagandamitteln verfassungswidriger Organisationen gem. § 86 StGB in Betracht, weil Desinformationskampagnen besonders der rechtspopulistischen Szene zugerechnet werden.[1917] Ein Verbreiten i.S.d. der Norm liegt insbesondere vor, wenn der Täter den Inhalt des Propagandamittels ohne körperliche Übertragung des Speichermediums in elektronischer Form (zum Beispiel über das Internet) zum Abruf bereit hält,[1918] sodass dann auch Liker und Teilende täterschaftlich handeln können. Die Tathandlungen von § 86 Abs. 1 StGB knüpfen zunächst an Propagandaschriften an: Diese werden in Abs. 2 legaldefiniert als Schriften i.S.v. § 11 Abs. 3 StGB, „deren Inhalt gegen die freiheitliche demokratische Grundordnung oder den Gedanken der Völkerverständigung gerichtet ist." Der Gesetzgeber will dabei – was Schriften anbelangt – Sachverhalte erfasst wissen, in denen Propangadatexte über das Internet anderen Personen zur Kenntnis gebracht werden, sofern einem aus Sicht des Handelnden unbestimmten Personenkreis die Möglichkeit der Kenntnisnahme eröffnet wird.[1919] Demnach reicht die Eröffnung des Zugangs über elektronische Datenspeicher aus.[1920] Nach der Rechtsprechung ist Propaganda im Sinne dieser Norm allerdings nur eine solche, aus der eine „aktiv kämpferische, aggressive Tendenz" hervorgeht.[1921] Allein allgemein rassistisches Gedankengut wie das Ablehnen einer Vermischung von Rassen, welches ohne die Herabwürdigung einer anderen Rasse mit dem drohenden Verlust nationaler Identität begründet wird, ist dagegen nicht tatbestandsmäßig.[1922]

Selbst zielgerichtet agierende, dem rechten Spektrum zuzuordnende Desinformationsakteure werden Desinformationen dem Rezipienten aber als vermeintlich

---

1917 Ausführliche statistische Analyse und Betrachtung relevanter Wertprädispositionen für diesen empirischen Befund bei *Jaster/Lanius* Die Wahrheit schafft sich ab, Kap. 4.

1918 BT-DS. 13/7385, S. 36; *Sternberg-Lieben* in Schönke/Schröder, § 86 StGB Rn. 14.

1919 BT-DS. 13/7385, S. 36. Auch hier wird man, was lediglich weiterverbreitende Nutzer anbelangt, bereits an einem unbestimmten Adressatenkreis zweifeln dürfen.

1920 Lackner/Kühl/*Kühl* § 86 StGB Rn. 6; *Sternberg-Lieben* in Schönke/Schröder, § 86 StGB Rn. 14.

1921 BGH Beschl. v. 14.04.2015 – 3 StR 602/14, NStZ 2015, 512.

1922 BGH Urt. 25.07.1979 – 3 StR 182/79, MDR 1979, 946.

wahr darstellen und enthalten deshalb schon qua Definition keine derartig kämpferische und aggressive Tendenz.[1923] Nur in Einzelfällen erscheint es möglich, dass im Rahmen einer solchen Propagandaschrift unwahre Tatsachen – beispielsweise falsche kriminalstatistische Daten zur Delinquenz von Flüchtlingen – verwendet werden, mit denen die Überzeugungskraft für die Zielgruppe erhöht werden soll. In diesen Fällen stellt sich die Desinformation aber lediglich als ein Nebenbestandteil einer Propagandaschrift dar, die aufgrund ihres anderweitigen Inhalts – unabhängig von der in ihr enthaltenen Desinformation – als solche qualifiziert wird. Verwiesen worden ist insofern darauf, dass Fake News Handlungen i.S.v. § 86 StGB lediglich bestärken, da sie die potentiellen Täter in ihren kruden Auffassungen ermutigen. Eine psychische Beihilfe scheide aber gleichwohl regelmäßig aus, da der Handelnde die konkrete deliktische Verwendung nicht kenne bzw. bloß in abstrakter Form für möglich halte, womit es ohnedies am Gehilfenvorsatz mangele.[1924] Dem ist für den Fall zuzustimmen, dass erst zeitlich nachfolgend Propagandaschriften anlässlich der Desinformation verbreitet werden. Ist diese jedoch Teil ein und derselben Veröffentlichung, kommt eine Beihilfe im Falle einer Co-Autorenschaft dann in Betracht, wenn beispielsweise ein Autor sich nur für die Fakten und nicht für die Propagandaschrift verantwortlich zeigt und es aus anderen Gründen an einer Mittäterschaft fehlt.

D. § 100a StGB – Landesverräterische Fälschung

Schließlich kann die hiesige Ausarbeitung nicht ohne eine Analyse von § 100a StGB auskommen, einer Vorschrift, die sich gerade gegen *gezielte Falschmeldungen* richtet, welche „die äußere Sicherheit und die außenpolitischen Beziehungen der Bundesrepublik nicht minder erheblich gefährden können wie wahre Meldungen über etwa bündnisunfreundliche Staatsvorhaben und -akte."[1925] Als Beispiel werden in der Kommentarliteratur falsche Informationen zum US-Präventivkrieg im Irak genannt, nach denen laut einem geheimen Sonderabkommen mit dem Irak im Kriegsfalle die BRD US-Überflugsrechte im Gegenzug gegen Erdöllieferungen verweigern würde.[1926] Während die Norm historisch betrachtet als im Dornröschenschlaf befindlich gesehen wurde, wird im Internetzeitalter ein erheblicher Bedeutungszuwachs beobachtet, da gezielte Falschmeldungen kaum mehr einzufangen bzw. klarzustellen seien und hierdurch ein im Ausmaß kaum antizipierbarer außenpolitischer Schaden möglich sei.[1927] Das von der Vorschrift sanktionierte

---

1923 *Lammich* Die Strafbarkeit der Verbreitung sogenannter „Fake News", S. 17.

1924 *Lammich* Die Strafbarkeit der Verbreitung sogenannter „Fake News", S. 18.

1925 *Paeffgen* in Kindhäuser/Neumann/Paeffgen, § 100a StGB Rn. 2; vgl. MüKo-StGB/*Lampe/Hegmann* § 100a StGB Rn. 1.

1926 *Paeffgen* in Kindhäuser/Neumann/Paeffgen, § 100a StGB Rn. 2.

1927 MüKo-StGB/*Lampe/Hegmann* § 100a StGB Rn. 1; zur Ineffektivität des schlichten Dementierens *Paeffgen* in Kindhäuser/Neumann/Paeffgen, § 100a StGB Rn. 2.

Verhalten stellt sich weniger als Landesverrat im eigentlichen Sinne, sondern vielmehr als eine Art politische Verleumdung dar und schützt damit die Außenpolitik Deutschlands.[1928]

I. Taugliches Tatobjekt und taugliche Tathandlung

Erfasste Tatobjektive sind gefälschte oder verfälschte Informationen in Gestalt von Gegenständen, Nachrichten hierüber oder Behauptungen tatsächlicher Art, die im Falle der Wahrunterstellung Relevanz für die äußere Sicherheit oder die außenpolitischen Beziehungen der Bundesrepublik besäßen.[1929] Gefälschte oder verfälschte Gegenstände in diesem Sinne sind bewegliche oder unbewegliche Sachen, welche durch ihre Herstellung oder die erst später erfolgte Veränderung über Herkunft, Sinn oder Verwendungsmöglichkeiten täuschen, Nachrichten über verfälschte oder gefälschte Gegenstände sind dagegen richtige Informationen über diese.[1930] Unwahre Behauptungen tatsächlicher Art sind nicht verkörperte, unrichtige Informationen, die inexistente Tatsachen vorgeben oder sonst unzutreffende Tatsachen enthalten, wobei diese nicht als eigene Wahrnehmung dargestellt werden müssen – unzutreffende Schlussfolgerungen sind dabei erfasst.[1931] Fake News als unwahre Tatsachenbehauptungen sind nicht verkörpert und stellen daher unwahre Behauptungen tatsächlicher Art dar.[1932] Damit ist zudem eine Verwirklichung von § 100a Abs. 2 StGB ausgeschlossen, da dieser nur die Vorbereitungshandlung des Erstellens oder sich Verschaffens von Gegenständen[1933] im oben genannten Sinn erfasst.[1934] Die Relevanz der Tatobjekte für die äußere Sicherheit oder die außenpolitischen Beziehungen erfordert indes nicht, dass die falsche Information die Qualität eines Staatsgeheimnisses erreichen muss, auch Fake News über vermeintliche Waffenlieferungen an Diktaturen wie an Nordkorea oder den Iran können daher Relevanz besitzen.[1935] Die Tathandlung ist das Gelangenlassen

1928 LK-*W. Schmidt* § 100a StGB Rn. 2; § *Sternberg-Lieben* in Schönke/Schröder, § 100a StGB Rn. 1, 4; vgl. *Paeffgen* in Kindhäuser/Neumann/Paeffgen, § 100a StGB Rn. 2.

1929 *Paeffgen* in Kindhäuser/Neumann/Paeffgen, § 100a StGB Rn. 3.

1930 BeckOK StGB/*Ellbogen* § 100a StGB Rn. 2, 3; LK-*W.Schmidt* § 100a StGB Rn. 2.

1931 *Paeffgen* in Kindhäuser/Neumann/Paeffgen, § 100a StGB Rn. 3.

1932 *Lammich* Die Strafbarkeit der Verbreitung sogenannter „Fake News", S. 18; *ders.* Fake News als Herausforderung des deutschen Strafrechts, S. 205.

1933 Statt aller *Sternberg-Lieben* in Schönke/Schröder, § 100a StGB Rn. 10.

1934 So auch *Lammich* Die Strafbarkeit der Verbreitung sogenannter „Fake News", S. 18.

1935 *Sternberg-Lieben* in Schönke/Schröder, § 100a StGB Rn. 4. Mit dem Beispiel vermeintlich bestehender geheimer Verträge mit dritten Staaten sowie dem Vortäuschen militärischer Akte oder Planungen auch schon der RegE (dort zu § 100b) BT-DS. V/898, S. 36, der zudem ebenfalls nicht geheimhaltungsbedürftigte Tatsachen bei Erfüllung der weiteren Voraussetzungen erfasst wissen wollte. Dafür, dass

an einen anderen oder das öffentliche Bekanntmachen, sodass lediglich die Ermöglichung der Kenntnisnahme erforderlich ist.[1936] Demnach handeln die Facebook-Interaktionen Ausführenden täterschaftlich.

II. Taterfolg

Der hinsichtlich der letztgenannten Schutzgegenstände erforderliche Eintritt einer konkreten Gefahr erfordert kein tatsächliches Gelingen der beabsichtigten Täuschung gegenüber der ausländischen Macht. Ein tatbestandlicher Erfolg liegt auch im Hervorrufen von Zweifeln über die gegenständlichen Vorgänge sowie dann vor, wenn die ausländische Macht die Unwahrheit zwar durchschaut, allerdings die geschaffene Lage zu Verhaltensweisen ausnutzen könnte, die sich auf die Bundesrepublik nachteilig auswirken.[1937] Schließlich muss der drohende Nachteil schwerwiegend sein, wobei für diese Beurteilung die jeweils aktuelle politische Lage zur Beurteilung heranzuziehen ist, in bereits spannungsbeladenen zwischenstaatlichen Beziehungen können die Befugnisse also weitreichender sein.[1938] Zwischen Geheimdiensten üblicher „Nachrichtenschwindel" soll mangels schwerwiegenden Nachteils ausscheiden.[1939]

Diese hohen Anforderungen lassen es als zweifelhaft erscheinen, dass die Norm für Fake News größere Bedeutung besitzt. Bekannt gewordene Vorgänge wie der Fall „Lisa" führten zwar bisweilen zu außenpolitischen Spannungen, dürften aber regelmäßig nicht das Ausmaß eines schwerwiegenden Nachteils erreichen.[1940] Größere praktische Relevanz dürfte der Tatbestand demgegenüber im Falle bereits angespannter außenpolitischer Beziehungen gewinnen, da in diesem Fall die Schwelle schwerwiegender Nachteile weitaus schneller erreicht werden

---

die Qualifikation als Staatsgeheimnis obsolet ist, auch *Vogler* in Satzger/Schluckebier/Widmaier § 130 StGB Rn. 3.

1936 *Paeffgen* in Kindhäuser/Neumann/Paeffgen, § 100a StGB Rn. 6 ff. Ein öffentliches Verbreiten liegt derweil beim schlichten Weiterverbreiten im eigenen Netzwerk wohl nicht vor. *Lammich* Fake News als Herausforderung des deutschen Strafrechts, S. 205 ff. widmet sich zudem der Frage, ob Vorveröffentlichungen einer tauglichen Tathandlung entgegenstehen – verneint dies aber zu Recht nur für den Fall, dass durch die Weiterveröffentlichung keine signifikante Gefahrerhöhung mehr eintritt.

1937 *Paeffgen* in Kindhäuser/Neumann/Paeffgen, § 100a StGB Rn. 8; *Sternberg-Lieben* in Schönke/Schröder, § 100a StGB Rn. 6; *Vogler* in Satzger/Schluckebier/ Widmaier § 130 StGB Rn. 5. So auch schon RegE (dort zu § 100b) BT-DS. V/898, S. 36.

1938 *Paeffgen* in Kindhäuser/Neumann/Paeffgen, § 100a StGB Rn. 8; LK-*W.Schmidt* § 100a StGB Rn. 6.

1939 *Paeffgen* in Kindhäuser/Neumann/Paeffgen, § 100a StGB Rn. 8; LK-*W.Schmidt* § 100a StGB Rn. 6.

1940 *Lammich* Die Strafbarkeit der Verbreitung sogenannter „Fake News", S. 19.

dürfte. Sollten sich zum Beispiel infolge des Brexits, einer erneuten Verdichtung des Flüchtlingsthemas oder der politischen Entfremdung durch einen „Rechtsruck“ einzelner Staaten innerhalb der EU Spannungen verdichten, könnten Fake News zur Verschiebung der Machtverhältnisse in der EU angewandt werden. Denkbar wäre die Schaffung von Kontroversen im Bereich bi- oder multistaatlicher Bündnisse.[1941] Vorgebracht werden insofern Unstimmigkeiten im zwischenstaatlichen Bereich über den US-Präventivkrieg gegen den Irak ohne ein UN-Mandat.[1942]

III. Subjektive Tatseite

Die subjektive Tatseite erfordert neben sicherem Wissen bzgl. der Fälschung bzw. Unwahrheit die Absicht, der fremden Macht die Echtheit des Gegenstandes oder aber die Wahrheit der Behauptung vorzutäuschen.[1943] Im Ergebnis beschränkt sich eine mögliche Strafbarkeit deswegen auf den bösgläubigen Ersteller. Weiterverbreitende Nutzer des sozialen Mediums werden in der Regel keine sichere Kenntnis von der Unwahrheit der Behauptung haben.[1944]

IV. Zusammenfassung des Schutzniveaus

Im Ergebnis kommt daher nur eine Strafbarkeit des Erstellers von Fake News nach § 100a Abs. 1 StGB in Betracht, sofern im Einzelfall die Gefahr schwerwiegender Nachteile für die äußere Sicherheit oder die außenpolitischen Beziehungen der Bundesrepublik besteht. Dies ist zwar nur Einzelfällen denkbar, gewinnt aber im Falle eines Zuwachses an politischen Spannungen erheblich an Bedeutung.

1941 Die Verschiebung der Machtverhältnisse in bi- und multilateralen Systemen, denen die Bundesrepublik zugehörig ist, nennen MüKo-StGB/*Lampe/Hegmann* § 100a StGB Rn. 7 als einen denkbaren schwerwiegenden Nachteil.

1942 *Lammich* Die Strafbarkeit der Verbreitung sogenannter „Fake News“, S. 19; *Paeffgen* in Kindhäuser/ Neumann/Paeffgen, § 100a StGB Rn. 8, § 93 Rn. 26.

1943 LK-*W.Schmidt* § 100a StGB Rn. 7; *Paeffgen* in Kindhäuser/Neumann/Paeffgen, § 100a StGB Rn. 9 f.

1944 *Lammich* Die Strafbarkeit der Verbreitung sogenannter „Fake News“, S. 19.

§ 6 Straftaten gegen die Rechtspflege

A. § 145d StGB – Vortäuschen einer Straftat

Die Verbreitung von Fake News kann zudem im Falle des Vortäuschens inkriminierter Handlungen als Vortäuschen einer Straftat gem. § 145d StGB strafbar sein.

I. Leitfälle für die §§ 145d, 164 StGB

1. Der erfundene Terroranschlag (Leitfall 1)

Als Beispiel mag zunächst der bereits oben unter § 5 B. II. 2. dargestellte Beitrag eines Bloggers betreffend einen frei erfundenen Terroranschlag mit dreistelligen Todesopfern dienen (1.).

2. Die behauptete Vergewaltigung (Leitfall 2)

Weiterhin bekannt wurde ein Beitrag auf Facebook, in dem behauptetet wurde, ein Flüchtling habe ein 17-jähriges weibliches Opfer vergewaltigt und diese habe in der Folge derart schwerwiegende Verletzungen erlitten, dass eine Notoperation notwendig wurde (2.).[1945] In der Folge wurde gegen eine mutmaßliche Täterin wegen des Verdachts der Volksverhetzung und des Vortäuschens einer Straftat ermittelt.[1946]

3. Der erfrorene Flüchtling (Leitfall 3)

Ebenfalls für großes Aufsehen sorgte der Fall eines vermeintlich nach tagelangem Anstehen vor dem Berliner Landesamt für Gesundheit und Soziales („*LAGeSo*") an den Folgen einer Unterkühlung verstorbenen Flüchtlings, die von einem freiwilligen Helfer über Facebook verbreitet wurde (3.).[1947] Senatsverwaltung, Feuerwehr und Polizei suchten daraufhin die Krankenhäuser nach dem Leichnam ab, die

---

1945 Welt v. 09.01.2017, abrufbar unter https://www.welt.de/regionales/bayern/article161013796/Vergewaltigung-einer-17-Jaehrigen-durch-Fluechtling-war-erfunden.html (24.03.2022).

1946 Welt (Fn. 1946).

1947 Taz v. 27.01.2016, abrufbar unter http://www.taz.de/!5273003/ (24.03.2022). Ausführliche Darstellung bei *Fahl* Jura 2016, 735, 735 ff. *Lammich* Fake News als Herausforderung des deutschen Strafrechts, S. 178 f. machte unlängst deutlich, dass der Urheber des Beitrags anders als von Fahl angenommen vom eigentlichen Erfinder der Desinformation getäuscht worden war. Den Fall führt zudem auch *M. Schreiber* Strafbarkeit politischer Fake News, S. 207 ff. an.

Helfer-Organisation „Moabit hilft“, welcher der Ersteller des Beitrags angehörte, bestätigte indes die Nachricht.[1948] Die Desinformation führte zudem zur Anprangerung der Zustände in den deutschen Sozialämtern[1949] und zu Forderungen nach der Verbesserung der Situation der Flüchtlinge in Deutschland.[1950] Anders als im vorher genannten Fall wurde kein Ermittlungsverfahren gegen den Verfasser eingeleitet, da das Verhalten – unabhängig von den tatsächlichen Motiven – nicht strafbar sei: Die Polizei teilte auf Nachfrage mit, der Verfasser der Nachricht sei zeugenschaftlich vernommen worden.[1951] Berlins damaliger Innensenator forderte dagegen die Überprüfung rechtlicher Konsequenzen, da die Behörden und freiwillige Helfer stundenlang nach dem Betroffenen gesucht hatten.[1952] Der Verfasser ließ sich in einer ebenfalls auf Facebook veröffentlichen Entschuldigung dahingehend ein, das er sich nach dem Konsum erheblicher Mengen Alkohol so sehr in die Geschichte hineingesteigert habe, dass er sie zuletzt selbst geglaubt habe.[1953] Der Fall zeigt zudem auf, dass Fake News nicht nur vom politisch rechten Spektrum und für xenophobe Zwecke instrumentalisiert werden, vielmehr bedienen sich gelegentlich sogar soziale Zwecke verfolgende Akteure dieses Instrumentariums.

4. Die Silvesterfeuerwerk in der Reinoldikirche (Leitfall 4)

Zuletzt soll ein Beitrag angesprochen werden, in dem der Autor auf der rechtspopulistischen US-Plattform Breitbart[1954] behauptete, ein Mob von 1000 Flüchtlingen habe in Dortmund Deutschlands älteste Kirche angezündet (4.), wobei sich

---

1948 *Fahl* Jura 2016, 735.

1949 Vgl. nur den Titel des Beitrags in der Taz sowie die darunter befindlichen Nutzerkommentare, Taz (Fn. 1948).

1950 *Matheis/Etzold* Wirtschaftswoche v. 11.02.2017, S. 1, abrufbar unter https://www.wiwo.de/politik/deutschland/fake-news-die-jaeger-der-falschen-nachrichten/19335814.html (24.04.2022). Selbst das deutsche Faktenprüfungs-Portal „Mimikama“ veröffentlichte den Beitrag, da es ihn für wahr hielt, wobei es in der Konsequenz ankündigte, nur noch zuvor von Behörden bestätige Beiträge zu veröffentlichen.

1951 FAZ v. 28.01.2016, abrufbar unter http://www.faz.net/aktuell/politik/fluechtlingskrise/geschichte-vom-toten-fluechtling-vor-lageso-war-eine-luege-14038277.html (24.03.2022).

1952 FAZ (Fn. 1952).

1953 *Fahl* Jura 2016, 735.

1954 Zur parteilichen Beeinflussung im Vorfeld der US-Präsidentschaftswahl 2016 durch ein rechtsgerichtetes Mediennetzwerk mit Breitbart als Hegemonialfigur *Benkler/Faris/Roberts/Zuckerman* Columbia Journalism Review v. 03.03.2017, abrufbar unter https://www.cjr.org/analysis/breitbart-media-trump-harvard-study.php (24.03.2022).

der Wahrheitsgehalt auf die tatsächlichen eingetretenen Schäden beschränkte, die von einer Silvesterrakete ausgelöst worden waren.[1955]

II. Schutzzweck

Die Vorschrift des § 145d StGB dient dem Schutz der inländischen Rechtspflege und der Präventivorgane und soll eine ungerechtfertigte Inanspruchnahme des Behördenapparates verhindern.[1956] Nach einer am Zweck der Vorschrift ausgerichteten Auslegung ist erforderlich, dass die Täuschungshandlung darauf ausgelegt ist, die Ermittlungstätigkeit in eine bestimmte Richtung zu lenken. Nicht ausreichend ist es demgegenüber, die Behörde daran zu hindern, die richtige Richtung einzuschlagen.[1957]

III. Rechtswidrige Tat und tauglicher Adressat der Tathandlung

Relevant für die vorgenannten Beispiele ist vor allem die Tatbestandsvariante des Abs. 1 Nr. 1 der Vorschrift, nach der sich strafbar macht, wer einem bestimmten Täuschungsadressaten wider besseres Wissen vortäuscht, dass eine rechtswidrige Tat begangen worden sei. Die rechtswidrige Tat ist legaldefiniert in § 11 Abs. 1 Nr. 5 StGB, diese muss den Tatbestand eines Strafgesetzes verwirklichen, sodass bloße Ordnungswidrigkeiten nicht erfasst sind.[1958] Tauglicher Adressat der Vortäuschungshandlung sind vor allem die Dienststellen der Staatsanwaltschaft und der Polizei.[1959] Ausreichend ist also als Anknüpfungspunkt nicht bereits eine im Internet verbreitete öffentliche Verdächtigung, vielmehr muss der Täter die Straftat einem der vorgenannten Äußerungsadressaten vortäuschen.[1960] Zudem kann der Straftatbestand nach seinem Abs. 1 Nr. 2 durch das Vortäuschen der bevorstehenden

---

1955 *Matheis/Etzold* (Fn. 1951), S. 3. Mit dem Beispiel auch *Jaster/Lanius* Die Wahrheit schafft sich ab, Kap. 2, die die Meldung lediglich als irreführend einordnen, solche Informationen aber in ihre Definition von Fake News einschließen. Ausführliche Darstellung und Analyse des Falls auch bei *Lammich* Fake News als Herausforderung des deutschen Strafrechts, S. 59 ff.; 176 ff.

1956 LK-*Ruß* § 145d StGB Rn. 1; Satzger/Schluckebier/Widmaier/*Jeßberger* § 145d StGB Rn. 3; *Sternberg-Lieben* in Schönke/Schröder, § 145d StGB Rn. 1. Kritisch dagegen *Hefendehl* Kollektive Rechtsgüter, S. 331 ff.

1957 *Sternberg-Lieben* in Schönke/Schröder, § 145d StGB Rn. 1, 14.

1958 Vgl. OLG Frankfurt Beschl. v. 29.07.1975 – 2 Ss 311/75, NJW 1975, 1895, 1896; *Sternberg-Lieben* in Schönke/Schröder, § 145d StGB Rn. 7.

1959 LK-*Ruß* § 145d StGB Rn. 5; *Saal* Das Vortäuschen einer Straftat (145 StGB) als abstraktes Gefährdungsdelikt, S. 126; Satzger/Schluckebier/Widmaier/*Jeßberger* § 145d StGB Rn. 5; *Sternberg-Lieben* in Schönke/Schröder, § 145d StGB Rn. 4.

1960 *Fahl* Jura 2016, 735, 736.

Verwirklichung einer bestimmten rechtswidrigen Tat, nämlich einer der in § 126 Abs. 1 aufgezählten rechtswidrigen Taten, begangen werden.[1961] Diese Beschränkung wurde bisweilen als systemwidrig kritisiert, da dies den Eindruck befördere, die Verfolgungsbehörden müssten nur zur Verhinderung besonders schwerer Straftaten tätig werden.[1962]

IV. Mittelbare Kenntnisverschaffung

In den zu besprechenden Fallkonstellationen stellt sich die Frage, ob es ausreicht, dass der vorgetäuschte Sachverhalt, beispielsweise durch unbeteiligte Rezipienten, zur Kenntnis der Polizei oder Staatsanwaltschaft gelangt bzw. welche Anforderungen an eine solche mittelbare Kenntnisverschaffung zu stellen sind. All die zu untersuchenden Konstellationen sind nämlich insofern vergleichbar, als der Äußernde die betreffende Behauptung nicht unmittelbar vor einer entsprechenden Stelle aufstellt, sondern diese – um ein möglichst großes Forum zu erreichen – im Internet (beispielsweise in sozialen Netzwerken) aufstellt und die Behörden erst durch Dritte und somit mittelbar auf die fragliche Äußerung aufmerksam werden.[1963]

V. Mittelbare Weitergabe nach herrschender Auffassung ausreichend

Auch wenn der Wortlaut das Erfordernis einer unmittelbaren Äußerung gegenüber den Adressaten vermuten lässt,[1964] ist dies nach der herrschenden Auffassung nicht erforderlich. Ausreichen soll die Äußerung gegenüber einer Stelle, welche zwar selbst nicht tauglicher Adressat ist, die aber die täuschenden Angaben plan- bzw. erwartungsgemäß an die taugliche Stelle weitergibt. Dies wird mit der möglichen Begehung in mittelbarer Täterschaft begründet.[1965] Demnach sollen Aussagen gegenüber Dritten oder in der Öffentlichkeit tatbestandsmäßig sein, wenn sie der zuständigen Stelle zugetragen werden,[1966] was in Fällen der Verbreitung von

---

1961 *B. Kretschmer* in Kindhäuser/Neumann/Paeffgen, § 145d StGB Rn. 23. Ein mögliches Fallbeispiel findet sich in der Darstellung von § 126 StGB oben unter § 5 B. II. 2.

1962 *Maurach/Schroeder/Maiwald* Strafrecht BT 2 § 99 Rn. 28. A.A. dagegen *B. Kretschmer* in Kindhäuser/ Neumann/Paeffgen, § 145d StGB Rn. 23.

1963 *Hoven* ZStW 129 (2017), 718, 736.

1964 *Hoven* ZStW 129 (2017), 718, 736.

1965 BGH Urt. v. 09.07.1954 – 1 StR 677/53, BGHSt 6, 251, 255; *B. Kretschmer* in Kindhäuser/Neumann/Paeffgen, § 145d StGB Rn. 14; vgl. auch *Hoven* ZStW 129 (2017), 718, 737 und LK-Ruß § 145d StGB Rn. 5.

1966 *Fischer* § 145d StGB Rn. 3; *B. Kretschmer* in Kindhäuser/Neumann/Paeffgen, § 145d StGB Rn. 14; SK/*Rogall* § 145d StGB Rn. 11. So zuletzt explizit für die Verbreitung von Fake News auch *M. Schreiber* Strafbarkeit politischer Fake News, S. 218 ff., der auch die Verantwortlichkeit für mittelbar veranlasste Fremd- und

Beiträgen in digitalen Räumen häufig passieren wird und daher zu einer weitreichenden Haftung führen könnte. Vollendet ist das Delikt allerdings in diesen Fällen lediglich mittelbarer Vortäuschungen erst mit der Kenntniserlangung des tauglichen Äußerungsadressaten.[1967]

1. Strafrechtsdogmatische Lösung des OLG Braunschweig

Auf eine andere strafrechtsdogmatische Begründung stellte dagegen das Oberlandesgericht Braunschweig[1968] seine Verurteilung in einem Fall, in dem in der Öffentlichkeit ein Menschenraub vorgetäuscht worden war: Das Gericht argumentierte vom Schutzzweck her: Danach müsse der Tatbestand auch bei nur mittelbarer Kenntnisnahme durch die Behörde verwirklicht sein – insofern müsse bereits eine Ursächlichkeit für die Kenntnisnahme genügen.[1969] Eine mittelbare Täterschaft liege nicht vor, da der Tatmittler zwar in eigener Person Tatbestandsmerkmale verwirkliche, er sei aber weder an der Ausführung der angeblichen Straftat beteiligt gewesen noch enthielten seine Angaben gegenüber der Polizei eine Täuschung.

2. Kritik an der Lösung des OLG Braunschweig

Diese Argumentation des Gerichts könnte allerdings dem Deliktscharakter zuwiderlaufen: Dass die Benachrichtigung der Polizei durch einen gutgläubigen Beobachter keine Täuschung darstellt, ergibt sich nur aus der Perspektive des gutgläubigen Beobachters. Für die Beurteilung der Tatbestandsqualität der Handlung ist allerdings die Perspektive eines allwissenden Rechtsanwenders einzunehmen: Aus dieser Perspektive ergibt sich ein Täuschungscharakter. Dass es dem mitteilenden Beobachter an einem diesbezüglichen Vorsatz mangelt, wird hingegen auf der Ebene des objektiven Tatbestandes schlichtweg nicht relevant. Die Argumentation des Gerichts würde die Deliktsbegehung in mittelbarer Täterschaft per undolosem Tatmittler trotz der allgemeinen Anerkennung durch den Gesetzgeber in § 25 Abs. 1 Alt. 1 StGB für weitreichende Teile des Strafgesetzbuches unmöglich machen – ein Prozessbetrug durch einen Richter als Tatmittler wäre damit im Falle seiner Gutgläubigkeit ausgeschlossen.[1970] Ferner handelt es sich gerade nicht um ein verhaltensgebundenes Delikt, das notwendig nur vom unmittelbar Handelnden begangen werden könnte.

Selbstschädigungen unter Zurechnungsgesichtspunkten prüft – so z.B. für das Anpreisen vermeintlich gegen COVID-19 wirksamer tatsächlich aber hochgiftiger Substanzen.

1967 *B. Kretschmer* in Kindhäuser/Neumann/Paeffgen, § 145d StGB Rn. 14.

1968 OLG Braunschweig Urt. v. 23.09.1955 – Ss 155/55, NJW 1955, 1935, 1936.

1969 OLG Braunschweig Urt. v. 23.09.1955 – Ss 155/55, NJW 1955, 1935, 1936.

1970 Auch *Hoven* ZStW 129 (2017), 718, 737 nennt das Beispiel des Betruges in mittelbarer Täterschaft.

3. Gemeisame Schnittmenge der Ansichten

Obgleich sich die dogmatischen Begründungen der beiden Ansätze unterscheiden, kommen doch beide Auffassungen zu ähnlichen Ergebnissen, weil sich auch in Fällen nur mittelbarer Kenntnisverschaffung eine Strafbarkeit des Urhebers ergibt, wenn der Täter zumindest dolus eventualis hinsichtlich des Bekanntwerdens bei einer zuständigen Stelle hatte.[1971] Will der Verfasser eines Beitrages eine große Zahl von Nutzern erreichen, muss er davon ausgehen, dass der Beitrag auch den Strafverfolgungsbehörden zur Kenntnis gebracht wird und handelt demnach mit dolus eventualis.[1972] Die von der herrschenden Auffassung postulierten Anforderungen dürften daher im Falle der Verbreitung im Internet jedenfalls bei einem öffentlichen Empfängerkreis regelmäßig zur Annahme von Eventualvorsatz hinsichtlich des Bekanntwerdens gegenüber einem tauglichen Adressaten i.S.v. § 145d StGB führen, sodass die zusätzlichen Anforderungen bei der Verbreitung im Internet, anders als bei der analogen Verbreitung, kaum mehr strafbarkeitsbegrenzend wirken. Gleichwohl dürften die Ergebnisse der beiden verschiedenen dogmatischen Ansätze dann nicht völlig kongruent sein, wenn ein aus Sicht des Urhebers undoloser, tatsächlich aber die Ereignisse durchschauender Dritter handelt, da sich dann aufgrund des Verantwortungsprinzips eine (täterschaftliche) Strafbarkeit des Hintermanns nicht begründen ließe. Ob die Bestrafung als Anstifter oder als (psychisch) Beihilfeleistender im Falle eines omnimodo facturus vor dem Hintergrund der hohen kriminellen Energie dem tatsächlich begangenen Unrecht ausreichend Rechnung trägt, darf bezweifelt werden.

VI. Subsumption der Leitfälle

Nach alledem ergibt sich sowohl für den behaupteten Terroranschlag (1.) als auch für die behauptete Vergewaltigung (2.) ohne Weiteres eine Strafbarkeit wegen falscher Verdächtigung, da die behaupteten Sachverhalte eine rechtswidrige Tat darstellen: Insbesondere muss sich der Verdacht gegen keine bestimmte Person richten[1973]. Ein tauglicher Adressat i.S.v. § 145d StGB wird jeweils die Vortäuschung mittelbar zur Kenntnis genommen haben – sofern dieser in der Folge untätig blieb, ist dies für die Vollendung irrelevant.[1974] Selbst im Falle des vermeintlich verstorbenen Flüchtlings erscheint, entgegen des Ermittlungsergebnisses der Polizei, die Verwirklichung eines Strafgesetzes keineswegs ausgeschlossen. Tatsächlich dürften die Mitarbeiter des Amtes nämlich der unterlassenen Hilfeleistung

1971 So auch *Hoven* ZStW 129 (2017), 718, 737. Auch *Fahl* Jura 2016, 735, 736 weist darauf hin, dass hinsichtlich des Vortäuschens Eventualvorsatz genügt.

1972 *Hoven* ZStW 129 (2017), 718, 737.

1973 *Fahl* Jura 2016, 735, 737.

1974 Vgl. MüKo-StGB/*Zopfs* § 145d StGB Rn. 44; *B. Kretschmer* in Kindhäuser/Neumann/Paeffgen, § 145d StGB Rn. 14.

gem. § 323c StGB sowie einer fahrlässigen Tötung durch Unterlassen gem. §§ 222, 13 StGB bezichtigt worden sein, sodass das Vortäuschen einer Straftat durchaus in Betracht kommt.[1975] Da die Polizei tatsächlich Kenntnis erlangt hat und eine nur mittelbare Kenntniserlangung auszureichen vermag, ist der objektive Tatbestand verwirklicht. Hierfür hätten nicht einmal konkrete Ermittlungstätigkeiten verursacht werden müssen, da nur die Kenntniserlangung für die Vollendung nötig ist. Unerheblich ist dagegen, ob weitere Folgen ausbleiben.[1976] Sofern der Täter die Geschichte durch ein Hineinsteigern (begünstigt durch eine Alkoholisierung) für wahr gehalten hätte, käme zwar eine Straffreiheit infolge eines Tatbestandsirrtums nach § 16 StGB in Betracht.[1977] Angesichts der unterlassenen weiteren Ermittlungen dürfte nicht mit Sicherheit zu prognostizieren sein, dass diese Einlassung als Schutzbehauptung zu widerlegen gewesen wäre. Jedenfalls dürfte die Begründung der Polizei für unterlassene Ermittlungen gegen den Verfasser des Beitrags als Beschuldigtem fehlerhaft sein. Das Legalitätsprinzip des § 152 StPO wurde deshalb seitens der Ermittlungsbehörden verletzt. Auch die behauptete Inbrandsetzung (4.) dürfte sich letztlich als Vortäuschen einer Straftat als strafbar erweisen, da infolge der viralen Verbreitung von der vom Tätervorsatz umfassten Kenntnisnahme seitens der Verfolgungsbehörden ausgegangen werden muss.

VII Subjektive Tatseite

Auf der subjektiven Tatseite erfordert § 145d StGB sowohl für Täter als auch für Teilnehmer ein Handeln wider besseres Wissen hinsichtlich der tatsächlichen Nichtbegehung der Tat,[1978] sodass in Fällen der Weiterverbreitung per Facebook-Interaktionen regelmäßig eine Strafbarkeit der handelnden Nutzer ausscheiden wird. Die Norm betrifft daher nur den Ersteller und Erstverbreiter. § 145d StGB ist zudem zur falschen Verdächtigung formell subsidiär.[1979]

1975 Vgl. auch *Fahl* Jura 2016, 735, 737.

1976 *Fahl* Jura 2016, 735, 737; *Sternberg-Lieben* in Schönke/Schröder, § 145d StGB Rn. 11.

1977 *Fahl* Jura 2016, 735, 738.

1978 LK-*Ruß* § 145d StGB; MüKo-StGB/*Zopfs* § 145d StGB Rn. 39; Satzger/Schluckebier/Widmaier/*Jeßberger* § 145d StGB Rn. 22; *Sternberg-Lieben* in Schönke/Schröder, § 145d StGB Rn. 21. *M. Schreiber* Strafbarkeit politischer Fake News, S. 217 verwies unlängst zutreffend darauf, dass eine Strafbarkeit an der subjektiven Tatseite scheitern kann, wenn Berichte für die behauptete Tat existieren.

1979 Statt aller *B. Kretschmer* in Kindhäuser/Neumann/Paeffgen, § 145d StGB Rn. 33. Gleichwohl soll § 145d StGB hier vor § 164 StGB erörtert werden, da dieser im Hinblick auf Ordnungswidrigkeiten als taugliche Gegenstände der Behauptung weitreichender ist.

VII. Evaluation des von § 145d StGB ausgehenden Schutzes

Eine Vielzahl von Fake News, die besonders zur Beeinflussung des politischen und gesamtgesellschaftlichen Klimas Verwendung finden, können daher als Vortäuschen einer Straftat strafbar sein. Gleichwohl ist die Schwelle zur Strafbarkeit hoch, da die Beeinflussung im politischen Bereich und insbesondere die Begünstigung von Ethnozentrismus und Xenophobie auch durch unrichtige Behauptungen erfolgen kann, die im Falle ihrer Wahrunterstellung keinen Straftatbestand erfüllen. Beispielsweise könnten Flüchtlinge bestimmter Ordnungswidrigkeiten bezichtigt werden, sodass sich das gesellschaftliche Klima dadurch ebenfalls zum Nachteil der Betroffenen verschieben würde. Aber selbst unterhalb der Schwelle zur Ordnungswidrigkeit im Falle von Verstößen gegen mehrheitsfähige Moralvorstellungen der Gesellschaft können solche nachteiligen Auswirkungen begünstigt werden. Der in diesen Fällen möglicherweise bestehende Schutz des Einzelnen wegen der Verletzung seiner Persönlichkeitsrechte greift faktisch zu kurz, da die Betroffenen nur selten die Rechtsdurchsetzungsmechanismen ergreifen werden. Oftmals wird dies schon an der fehlenden Kenntnis der deutschen Rechtslage scheitern. Dass das deutsche Recht stets die Kenntnis seines Inhalts auf Seiten der ihm unterworfenen Individuen voraussetzt, vermag angesichts der drohenden weitreichenden gesellschaftlichen Konsequenzen nicht entscheidend gegen die aufgezeigten Argumente sprechen, da dies die realen Konsequenzen und die tatsächlichen Durchsetzung des Rechts in der Gesellschaft außer acht lassen würde. Darüber hinaus richtet sich der Angriff zugleich gegen die Gesellschaft als solche, da vor allem deren Gesamtklima beeinflusst wird, sodass ausschließlicher Individualschutz die faktische Betroffenheit aller Bürger außer Acht ließe. Angesichts drohender verheerender Folgen erscheint die Geltung des Amtsaufklärungsgrundsatzes infolge des Vorhandenseins entsprechender strafrechtlicher Normen zur konsequenten Verfolgung und Ahndung unabdingbar.

B. § 164 StGB – Falsche Verdächtigung

Der zuletzt als Leitfall 3 genannte Sachverhalt des angeblich verstorbenen Flüchtlings schlägt zudem die Brücke zu einer weiteren in Betracht kommenden Strafnorm, nämlich der falschen Verdächtigung gem. § 164 StGB.[1980]

1980 *Rostalski* RW 2017, 436, 443 und im Anschluss auch *M. Schreiber* Strafbarkeit politischer Fake News, S. 209 Fn. 249 haben zudem auf eine mögliche Relevanz von Fake News als Politische Verdächtigung nach § 241a StGB hingewiesen – wobei *M. Schreiber* trefflich unter Verweis auf die instruktiven Ausführungen zur Norm von *Koch* NJW 2005, 943, 944 f. klarstellte, dass nach dessen Abs. 1 zwar auch wahre Anzeigen und Verdächtigungen erfasst werden, allerdings nur im Falle drohender Sanktionen eines nicht rechtsstaatlichen Drittstaates.

I. Schutzgut

Geschützt sind neben der Rechtspflege vor unnützer Inanspruchnahme oder ansehensschädigenden Ermittlungen ohne tragenden Grund die von der Behauptung Betroffenen vor der Konfrontation mit überbordenden behördlichen Verfahren oder Maßnahmen.[1981] Diese Schutzzwecke sollen dabei in einem Alternativverhältnis stehen, sodass bereits die Verletzung eines Schutzguts zur Tatbestandserfüllung genügt.[1982]

II. Objektive Voraussetzungen im Einzelnen

Abs. 1 der Vorschrift knüpft seine Strafandrohung an das öffentliche Verdächtigen eines Anderen bzgl. einer rechtswidrigen Tat oder Dienstpflichtverletzung wider besseres Wissen bei einer Behörde in der Absicht, ein behördliches Verfahren gegen ihn einzuleiten. Abs. 2 der Vorschrift erstreckt die tauglichen Tathandlungen auf das Aufstellen sonstiger Behauptungen, die ebenfalls geeignet sind, ein behördliches Verfahren gegen ihn herbeizuführen. Der Täter muss hierbei eine erkenn- und verfolgbare Person verdächtigen,[1983] wobei diese entweder ausweislich der Äußerung bereits feststehen oder aus den behaupteten Umständen als objektive Schlussfolgerung zu entnehmen sein muss.[1984] Behauptungen von Straftaten ohne hinreichende Bestimmung des Täters können allenfalls § 145d StGB unterfallen.[1985] *Geilen*[1986] bemüht insoweit das Beispiel der Verdächtigung eines in einer bestimmten Gegend wohnenden Afrikaners, wenn in dieser Gegend nur ein Afrikaner wohnhaft ist, der sich zudem in traditionell nigerianischer Landestracht zeigt. § 164 Abs. 2 StGB fordert des Weiteren als Gegenstand der Verdächtigung nicht wie Abs. 1 eine rechtswidrige Tat, sondern lässt bereits Tatsachen genügen, die geeignet sind, ein behördliches Verfahren oder andere behördliche

1981 BGH Urt. v. 03.05.1956 – 3 StR 77/56, NJW 1956, 1448; *Bosch/Schittenhelm* in Schönke/Schröder, § 164 StGB Rn. 1a; *Fischer* § 164 StGB Rn. 2; Lackner/Kühl/*Kühl* § 164 StGB Rn. 1; a.A. *Vormbaum* in Kindhäuser/Neumann/Paeffgen, § 164 StGB Rn. 7 ff., der nur einen Individualgüterschutz anerkennt. A.A. wiederum MüKo-StGB/*Zopfs* § 164 StGB Rn. 4, der ausschleißlich die Rechtspflege als geschützt betrachtet.

1982 *Bosch/Schittenhelm* in Schönke/Schröder, § 164 StGB Rn. 1a; *Fischer* § 164 StGB Rn. 2; Lackner/Kühl/ *Kühl* § 164 StGB Rn. 1.

1983 BGH Urt. v. 01.07.1959 – 2 StR 220/59, NJW 1959, 2172; Fischer § 164 StGB Rn. 7; *Geilen* Jura 1984, 253, 304; Lackner/Kühl/Kühl § 164 StGB Rn. 4; MüKo-StGB/Zopfs § 164 StGB Rn. 16.

1984 So ausdrücklich *Vormbaum* in Kindhäuser/Neumann/Paeffgen, § 164 StGB Rn. 40.

1985 *Fischer* § 164 StGB Rn. 7.

1986 *Geilen* Jura 1984, 253, 253 f. Dieses Beispiel greift auch *Vormbaum* in Kindhäuser/Neumann/Paeffgen, § 164 StGB Rn. 40 auf.

Maßnahmen herbeizuführen oder fortdauern zu lassen.[1987] Mit Verfahren in diesem Sinne sind nur solche gemeint, in denen – vergleichbar denjenigen in Abs. 1 – staatliche oder zumindest vom Staat abgeleitete Stellen dem Bürger in Ausübung hoheitlicher Gewalt entgegentreten, wozu beispielsweise das Verfahren nach dem Ordnungswidrigkeitengesetz zählt.[1988]

1. *Öffentliches Verdächtigen*

Die Verdächtigung ist dann öffentlich, wenn sie von einer nach Zahl und Individualität unbestimmten Menschenmenge wahrnehmbar ist.[1989] Eine Veröffentlichung im Internet – insbesondere auf Facebook – soll nach Meinung mancher Autoren diese Anforderungen ohne Weiteres erfüllen.[1990] Hinsichtlich des Kriteriums „öffentlich" im Falle des Weiterverbreitens per Facebook-Interaktionen dürfte aber erneut nach den Privatsphäreeinstellungen und dem davon abhängigen Empfängerkreis zu differenzieren sein: Sofern nur die eigene Freundesliste Rezipienten sind, dürfte es an einer *unbestimmbaren* Menschenmenge fehlen.[1991] Es kann daher wohl nicht in jedem Fall von einem öffentlichen Verbreiten ausgegangen werden, auch wenn der bösgläubige Erstverbreiter zumeist den Beitrag bewusst nicht nur an die eigenen Kontakte streuen wird. Die Verdächtigung gegenüber dem weiter spezifizierten Adressatenkreis besitzt daher für die hiesige Untersuchung Relevanz.

2. *Kein unmittelbares Verdächtigen vor der zuständigen Behörde notwendig*

Ähnlich wie bei § 145d StGB setzt hier die Tathandlung nicht ein unmittelbares Verdächtigen gegenüber der zuständigen Behörde voraus, es reicht vielmehr aus, dass dies mittelbar durch einen Dritten passiert.[1992] Die indirekte Bezichtigung der Mitarbeiter des Amtes im Leitfall 3 dürfte daher eine taugliche Handlung sein, da

---

1987 *Bosch/Schittenhelm* in Schönke/Schröder, § 164 StGB Rn. 12 f.; vgl. auch Satzger/Schluckebier/Widmaier/*Jeßberger* § 164 StGB Rn. 17.

1988 *Bosch/Schittenhelm* in Schönke/Schröder, § 164 StGB Rn. 13; LK-Ruß § 164 StGB Rn. 21.

1989 LK-*Ruß* § 164 StGB Rn. 26; *Vormbaum* in Kindhäuser/Neumann/Paeffgen, § 164 StGB Rn. 37.

1990 *Fahl* Jura 2016, 735, 736. So für § 111 StGB *Heinze* ZSt 126 (2014), 866, 898; Satzger/Schluckebier/ Widmaier/*Fahl* § 111 StGB Rn. 4.

1991 So für § 111 StGB auch *Bosch* Jura 2016, 381, 386 f.

1992 *Vormbaum* in Kindhäuser/Neumann/Paeffgen, § 164 StGB Rn. 36. *M. Schreiber* Strafbarkeit politischer Fake News, S. 212 f. verneint zutreffend die Position der Rechtsprechung, gem. welcher nur die Verdächtigung eines der rechtswidrigen Tat Unschuldigen tatbestandsmäßig ist. Dies dürfte aber rein tatsächlich kaum einmal für das Phänomen entscheidungserheblich werden.

mit einer entsprechenden Weiterleitung durch Dritte an die Behörden zu rechnen war und dies schließlich auch tatsächlich erfolgte. Allerdings dürfte eine sonstige Behauptung tatsächlicher Art im Sinne des Abs. 2 anzunehmen sein – die jedoch nur dann relevant wird, wenn man Abs. 2 im Anwendungsbereich von Abs. 1 nicht für subsidiär hält.[1993]

3. Weitergabe fremder Informationen

Im Falle der Weitergabe fremder Verdächtigungen kommt es erneut darauf an, ob der Täter sich die Erklärungen zu eigen macht: Dies soll angesichts einer ansonsten drohenden ambivalenten Auslegung und des Normzwecks allerdings extensiv interpretiert werden: Nur der erkennbare Bote soll sich eine Äußerung nicht in diesem Sinne zu eigen machen.[1994] Jedenfalls der teilende Nutzer macht sich, wie oben gesehen, Äußerungen zu eigen und dürfte daher täterschaftlich haften. Ein zu eigen machen auf Seiten des Likers dürfte demgegenüber tendenziell abzulehnen sein. Dies kann jedoch ohnedies dahinstehen, wenn eine Strafbarkeit des Likers aus anderen Gründen ausscheidet. Die gleichen Grundsätze dürfte indes bei § 145d StGB[1995] und bei § 126 Abs. 2 StGB gelten.

III. Subjektive Voraussetzungen

1. Verdächtigung wider besseres Wissen

Der Tatbestand erfordert sicheres Wissen des Täters und Teilnehmers hinsichtlich der Unrichtigkeit der Behauptung.[1996] Da über Facebook-Interaktionen weiterverbreitende Dritte aber zumeist keine sichere Kenntnis der Unwahrheit haben werden, scheidet deren Strafbarkeit mitunter aus.

1993 Vgl. *Wessels/Hettinger/Engländer* Strafrecht BT 1, Rn. 690.

1994 *Vormbaum* in Kindhäuser/Neumann/Paeffgen, § 164 StGB Rn. 36. *Bosch/Schittenhelm* in Schönke/Schröder, § 164 StGB Rn. 19 sieht ein zu eigen machen jedenfalls im Falle der Kenntnis der Unwahrheit und dem eigenen Verfälschen der fremden Äußerung. A.A. dagegen MüKo-StGB/*Zopfs*, § 164 StGB Rn. 43, der im Falle der Weitergabe fremder Äußerungen ein zu eigen machen regelmäßig nicht annimmt. Ein zu eigen machen liege demgegenüber nur im Falle der Verfälschung in anfänglicher Kenntnis der Unwahrheit und der Unterstützung mit einer eigenen Tatsachenbehauptung vor.

1995 *B. Kretschmer* in Kindhäuser/Neumann/Paeffgen, § 145d StGB Rn. 13 verweist insofern auf die Geltung der allgemeinen Kriterien des Verdächtigens bei § 164 StGB.

1996 Vgl. Lackner/Kühl/*Kühl* § 164 StGB Rn. 8; LK-*Ruß* § 164 StGB Rn. 28; *Vormbaum* in Kindhäuser/ Neumann/Paeffgen, § 164 StGB Rn. 36.

2. Zusätzliche Voraussetzung im Falle mittelbarer Verdächtigung

In Fällen der lediglich mittelbaren Verdächtigung ist hinsichtlich des subjektiven Tatbestandes weiterhin erforderlich, dass sich der Tätervorsatz darauf erstreckt, dass die von ihm geäußerte Bezichtigung tatsächlich einem tauglichen Adressaten zur Kenntnis gelangt. Aufgrund des großen Forums, das das Internet im Allgemeinen und soziale Netzwerke im Besonderen bieten, muss ein Täter davon ausgehen, dass die Behörden die Behauptungen durch das Zuleiten seitens Dritter erfahren werden.[1997]

3. Verstrickungsabsicht

Zudem erfordert die Strafbarkeit die Absicht, gegen den Verdächtigten ein Verfahren oder eine sonstige behördliche Maßnahme herbeizuführen oder fortdauern zu lassen, wobei hierfür sicheres Wissen ausreicht.[1998] Hinsichtlich der qualitativen Anforderungen scheinen die Rechtsprechung[1999] und die meisten Autoren[2000] sicheres Wissen genügen zu lassen, wohingegen Andere[2001] eine Absicht im rechtstechnischen Sinne voraussetzen. Vorgebracht wird für das Ausreichen direkten Vorsatzes zutreffend, dass ein kriminalpolitisches Bedürfnis bestehe, die Fälle zu erfassen, in denen die Spur zur eigenen Entlastung auf einen anderen gelenkt wird. In diesen Fällen sei die Einleitung eines Verfahrens gegen den Anderen nicht willentlich angestrebt.[2002]

a) Kritik am behaupteten kriminalpolitischen Bedürfnis für die Tatbestandsmäßigkeit von sicherem Wissen

Tatsächlich aber wird man in den angesprochenen Fällen nicht immer eine Absicht zur Verfahrensherbeiführung im rechtstechnischen Sinne verneinen können. Dies kann jedenfalls nicht für alle Fälle ohne Berücksichtigung der Gegebenheiten des Einzelfalls angenommen werden,[2003] sodass das Argument nur in Ansätzen

---

1997 Mit einer vergleichbaren Argumentation ließe sich auch das öffentliche Verbreiten auf diese Sachverhalte erstrecken. Gleichwohl wäre die derartige Interpretation aufgrund der Definition des öffentlichen Verbreitens seitens der h.M. Bedenken ausgesetzt.

1998 *Vormbaum* in Kindhäuser/Neumann/Paeffgen, § 164 StGB Rn. 62; *Bosch/Schittenhelm* in Schönke/Schröder, § 164 StGB Rn. 32.

1999 In diese Richtung BGH Urt. v. 01.07.1959 – 2 StR 220/59, NJW 1959, 2172, 2172 f.

2000 *Bosch/Schittenhelm* in Schönke/Schröder, § 164 StGB Rn. 32; Lackner/Kühl/*Kühl* § 164 StGB Rn. 9; LK-*Ruß* § 164 StGB Rn. 31; MüKo-StGB/*Zopfs* § 164 StGB Rn. 43.

2001 *Langer* GA 1987, 289, 302 und *Vormbaum* in Kindhäuser/Neumann/Paeffgen, § 164 StGB Rn. 63 f.

2002 *Miehe* JuS 1996, 1000, 1007; MüKo-StGB/*Zopfs*, § 164 StGB Rn. 43.

2003 *Langer* GA 1987, 289, 306.

überzeugt. Auch wenn die Einleitung oder Fortdauer eines entsprechenden Verfahrens nicht der alleinige handlungsleitende Beweggrund sein muss, muss diese doch zumindest notwendiges Zwischenziel etwaiger weiterer Motive sein.[2004]

b) Subsumtion relevanter Fallgestaltungen

aa) Oftmals keine Verstrickungsabsicht

Zwar muss die Verfahrenseinleitung also nicht das Hauptziel sein, jedoch zumindest als sichere Folge seitens des Äußernden eingeschätzt werden. Tatsächlich aber wird die Intention der Delinquenten in vielen Fällen nicht die Herbeiführung behördlicher Verfahren sein. Wie im geschilderten Fall des angeblich erfroren Flüchtlings wird es dem Kommunikator vielmehr um das Lenken gesellschaftlicher Aufmerksamkeit auf in seinen Augen bestehende Missstände ankommen[2005] oder in Fällen propagandistischer Fake News, wie der Bezichtigung der Vergewaltigung durch Asylsuchende, um Stimmungsmache gegen bestimmte Bevölkerungsgruppen und/oder bestimmte regierende Parteien. Dann aber wird die Herbeiführung entsprechender Verfahren nicht einmal ein von sicherem Wissen getragenes notwendiges Zwischenziel sein.

bb) Zumeist keine bestimmte Person verdächtigt

Zumeist sind in den Beiträgen – beispielsweise im Falle xenophober Verdächtigungen – die oder der vermeintliche Täter weder ausdrücklich benannt noch aufgrund der Angaben bestimmbar.[2006] Die allgemeine Verdächtigung von Flüchtlingen vermag insoweit jedenfalls nicht auszureichen. Anders ist die Sachlage dagegen dann, wenn die Behauptungen mit Fotos realer Personen untermalt werden: Zu denken wäre insoweit an den Fall des syrischen Flüchtlings, dessen Foto im Rahmen von Fotomontagen u.a. mit tödlichen Terroranschlägen in Verbindung gebracht wurde. Fraglich erscheint die Bestimmbarkeit auch in dem Fall des angeblich erfrorenen Flüchtlings, da spezifische Helfer weder unmittelbar aus dem Beitrag hervorgehen noch anhand seines Inhalts bestimmt werden können.[2007] Man könnte zwar argumentieren, dass alle der zu dem Zeitpunkt anwesenden Mitarbeiter adressiert sind. Allerdings erscheint dies kaum überzeugend. Um das oben genannte Beispiel von *Geilen* als Vergleichsfall zu bemühen: Es gibt eben nicht nur einen oder eine bestimmbare Anzahl von Tätern in Gestalt spezifischer Mitarbeiter des Amtes.

2004 BGH Urt. v. 01.07.1959 – 2 StR 220/59, NJW 1959, 2172, 2172f.

2005 *Fahl* Jura 2016, 735, 736 und *M. Schreiber* Strafbarkeit politischer Fake News, S. 216.

2006 Auch *Lammich* Fake News als Herausforderung des deutschen Strafrechts, S. 176 stellte unlängst zutreffend fest, dass bei politischen Fake News zum Nachteil bestimmter Personengruppen die Intentionen der Akteure bereits ohne eine Individualisierung erreicht werden.

2007 Dies verkennt *Fahl* Jura 2016, 735, 736, der erst den subjektiven Tatbestand negiert.

Die Annahme einer konkludenten Bezichtigung aller anwesenden Mitarbeiter erscheint zudem fernliegend, weil man in Anknüpfung an die Rechtsprechung des Bundesverfassungsgerichts zu mehrdeutigen Äußerungen günstigere Deutungsmöglichkeiten – dass nämlich nicht alle anwesenden Mitarbeiter angesprochen sind – nicht mit hinreichender Begründung ablehnen.[2008] Inhaltsgleiche Bedenken bestehen, soweit man die Äußerung als eine Bezichtigung von Mitarbeitern mit leitender Funktion oder gar des Behördenleiters verstehen will: Ein Vorsatz im Sinne einer Unterlassungsstrafbarkeit erscheint auf Seiten dieser Personen als kaum konstruierbar. Zwar erscheint bei einem dualen Verständnis der Schutzrichtung der Norm die Rechtspflege durch derartige Fallgestaltungen berührt. Gleichwohl würde eine anderweitige Auslegung aber den eindeutigen Wortlaut verlassen.

c) Schutzlücken begünstigen Einlassungsgeschick

Vor diesem Hintergrund wären sogar besonders dreiste Einlassungen denkbar: Delinquenten könnten sich dahingehend einlassen, aufgrund der Absurdität der von ihnen verbreiteten Falschnachrichten seien sie davon ausgegangen, dass die Meldungen von den Rezipienten nicht ernst genommen und daher nicht von Dritten den Behörden zur Kenntnis gebracht würden. Zu berücksichtigen sein wird in vielen Fällen wie dem des behauptetermaßen erfroren Flüchtlings, dass tatsächlich gegen keine der möglicherweise bezichtigten Personen ein behördliches Verfahren eingeleitet wurde,[2009] sodass den Delinquenten schwerlich zu widerlegen sein wird, dass sie damit sicher rechneten. Eine entsprechende Absicht des Täters wird daher bei entsprechendem Einlassungsgeschick schwerlich nachweisbar sein.

IV. Zusammenfassung

§ 164 StGB besitzt zwar für Fake News gegenüber § 145d StGB zusätzliche Bedeutung, da in dessen Abs. 2 Ordnungswidrigkeitenverfahren tauglicher Bezugsgegenstand der Verdächtigung sind. Dennoch ist der Schutz lückenhaft, da weiterverbreitende und lediglich mit dolus eventualis handelnde Nutzer von Social Media regelmäßig nicht strafbar sein werden. Zudem bedarf es der Verdächtigung bestimmter oder zumindest objektiv bestimmbarer Personen, sodass im Falle der Behauptung ohne weitergehende Spezifikation delinquenter Personen kein Schutz besteht. Ebenso von § 164 StGB nicht erfasst sind Handlungen unterhalb der Schwelle der Strafbarkeit oder Ordnungswidrigkeit, die nach alledem weder von § 145d StGB noch von § 164 StGB erfasst werden. Für solche Äußerungen verbleibt vorwiegend der Ehrschutz, dessen Schutzlücken im Falle unspezifizierter Protagonisten bereits oben unter § 4 L. aufgezeigt wurden.

2008 Vgl. zur genannten ständigen Rechtsprechung BVerfG Beschl. v. 24.05.2006 – 1 BvR 49/00, NJW 2006, 3769, 3772 f.

2009 *Fahl* Jura 2016, 735, 736.

§ 7 Delikte betreffend die unerlaubte Bildnisherstellung bzw. Verbreitung

A. § 201a StGB – Verletzung des höchstpersönlichen Lebensbereichs durch Bildaufnahmen

Weiterhin kann die Verbreitung von Fake News, sofern sie Bilder enthalten, als Verletzung des höchstpersönlichen Lebensbereichs durch Bildaufnahmen gem. § 201a StGB strafrechtlich relevant werden. Zu unterscheiden ist insoweit hinsichtlich der audiovisuellen Untermalung falscher textlicher Informationen mit unverfälschtem Bildmaterial und dem Verbreiten von erstelltem bzw. verändertem Bildmaterial (u.a. Deepfakes).

I. Unverfälschtes Bildmaterial

Nach § 201a Abs. 2 StGB macht sich strafbar, wer unbefugt von einer anderen Person eine Bildaufnahme, die geeignet ist, dem Ansehen der abgebildeten Person erheblich zu schaden, einer dritten Person zugänglich macht. Die Vorschrift wurde im Zuge des 49. Strafrechtsreformgesetzes eingefügt und erweiterte den Schutz von § 201a Abs. 1 Nr. 2–4, Abs. 2, 3 StGB über den räumlichen Bereich der Wohnung oder gegen Einblick besonders geschützter Räume hinaus.[2010] Die Norm soll nach dem Willen des Gesetzgebers einen Beitrag zur Bekämpfung von Cyber-Mobbing leisten. Hierunter versteht der Gesetzgeber „verschiedene Formen der Diffamierung, Belästigung, Bedrängung und Nötigung mit Hilfe elektronischer Kommunikationsmittel insbesondere über das Internet und in Chatrooms."[2011] Für das Zugänglichmachen in Abs. 2 reicht schon die unkörperliche Weitergabe von Dateien im Internet,[2012] sodass selbst Weiterverbreiter täterschaftlich handeln können. Die nachfolgende Darstellung widmet sich daher den Anforderungen an die erfassten Aufnahmen.

1. Erfasste Aufnahmen

Erfasst sind Aufnahmen, welche die abgebildete Person in einer peinlichen, würdeverletzenden Situation oder aber in einem Zustand zeigen, bei dem sich nach allgemeiner sozial-gesellschaftlicher Bewertung die Annahme aufdrängt, dass auf

---

2010 *Busch* NJW 2015, 977; BT-DS. 18/2601, S. 36.

2011 BT-DS. 18/2601, S. 37.

2012 *Fischer* § 201a StGB Rn. 24; LK-*Valerius* § 201a StGB Rn. 25.

Seiten des Abgebildeten ein Interesse besteht, die gegenständlichen Aufnahmen gerade nicht Dritten zugänglich zu machen. Für die Beurteilung der Eignung zur Ansehensschädigung soll die Sichtweise eines durchschnittlichen Betrachters entscheidend sein.[2013] Durch die weitreichende Formulierung entsprechend dem vom Gesetzgeber beigemessenen Zweck sollen von der Norm nicht nur bloßstellende „Paparazzi"-Fotos von prominenten Persönlichkeiten erfasst werden, sondern beispielsweise auch Bilder von Verkehrsteilnehmern, die suggerieren, der Betroffene sei Verursacher eines Unfalls und habe dabei Personen in Lebensgefahr gebracht, denn solche Bilder können dem Ansehen der Abgebildeten ebenso schaden.[2014] Hieraus wird geschlussfolgert, dass die Eignung zur Schädigung des Ansehens umso einfacher festzustellen sei, je minderwertiger, peinlicher, ekliger oder abstoßender die Aufnahme erscheint.[2015]

Hinsichtlich des unbestimmten Rechtsbegriffs soll nach einer beachtlichen Auffassung auf die zu den §§ 186, 187 StGB entwickelten Grundsätze zurückgegriffen werden: Hier kommt es entscheidend auf die Eignung der behaupteten Tatsache an, das Opfer verächtlich zu machen oder in der öffentlichen Meinung herabzuwürdigen.[2016] Im Unterschied zu den vorgenannten Paragraphen handelt es sich aber um wahre Tatsachen, die bei diesen Normen nur unter engen Voraussetzungen relevant werden können, sodass § 201a StGB grundsätzlich den Geltungsanspruch schützt, selbst wenn dieser im konkret Fall gar nicht verdient ist.[2017] Unter diesem Blickwinkel ergibt sich ein Unterschied zur normativen Prägung des Ehrbegriffs bei §§ 185 ff. StGB. Im Rahmen einer objektiven Beurteilung soll der Sinngehalt des Bildes unter Berücksichtigung aller relevanten Umstände des konkreten Falles wie des sprachlichen Kontexts, des sachlichen Zusammenhangs, der persönlichen Verhältnisse, der sozialen Stellung und des Alters aus Sicht eines durchschnittlichen Rezipienten entscheidend sein.[2018]

2013 BT-DS. 18/2601, S. 37; *Geiring* Risiken von Social Media und User Generated Content, S. 127.

2014 *Kargl* in Kindhäuser/Neumann/Paeffgen, § 201a StGB Rn. 10.

2015 MüKo-StGB/*Graf* § 201a StGB Rn. 72. Kritisch zum Bestehen eines gesellschaftlichen Konsenses *Fischer* § 201a StGB Rn. 23 sowie Satzger/Schluckebier/Widmaier/*Bosch* § 201a StGB Rn. 16.

2016 *Busch* NJW 2015, 977, 978; *Eisele* in Schönke/Schröder, § 201a StGB Rn. 39; *Geiring* Risiken von Social Media und User Generated Content, S. 129 f.; ablehnend insoweit *Mavany* AfP 2017, 478, 481 f., der aufgrund der Erheblichkeit einen höheren Maßstab ansetzt. Zur Prüfung der Erfüllung dieser Voraussetzung soll man nach *Eisele* in Schönke/Schröder, § 201a StGB Rn. 39 die abgebildeten Inhalte verbalisieren und überprüfen, ob der so ermittelte Aussagegehalt hinsichtlich der §§ 186, 187 StGB von strafrechtlicher Relevanz wäre.

2017 *Eisele* in Schönke/Schröder, § 201a StGB Rn. 39.

2018 *Eisele* in Schönke/Schröder, § 201a StGB Rn. 40.

2. *Eignung zur Schädigung und Erheblichkeitserfordernis*

Mit dem Tatbestandsmerkmal der Eignung zur Schädigung geht – wie auch bei § 186 StGB – keine weitergehende Einschränkung einher, da es zu einer Verletzung tatsächlich nicht gekommen sein muss.[2019] Eine solche Einschränkung vermag demgegenüber das Erheblichkeitserfordernis hinsichtlich der Ansehensschädigung zu liefern, das so interpretiert werden kann, dass Bagatellen hierunter nicht fallen und vielmehr „eine sozial nicht mehr hinnehmbare Beeinträchtigung des tatbestandlich geschützten Rechtsguts" in Anlehnung an § 184h StGB vorliegen muss.[2020] Nicht auszureichen vermögen daher Bilder eines Betroffenen, die bloß eine grobe Taktlosigkeit oder Geschmacklosigkeit zum Inhalt haben, da die Beeinträchtigung nach Art, Intensität und Dauer unter Berücksichtigung der Begleitumstände des Falles gravierend sein muss.[2021] Auch wenn der Tatbestand keine Verletzung des höchstpersönlichen Lebensbereichs verlangt, wird ein entsprechender Schweregrad der Ansehensgefährdung gefordert.[2022] Ausreichend wären insoweit nicht bereits Nacktaufnahmen: Es müssten darüber hinaus Umstände hinzukommen, die bei der vorzunehmenden Gesamtbetrachtung zur Annahme führen, dass das Ansehen erheblich beeinträchtigt werde.[2023] Als Beispiel wird das Verbreiten von Videoaufnahmen zweier Mitarbeiter eines Unternehmens, die jeweils verheiratet sind, und die bei sexuellen Handlungen in frei zugänglichen Räumen abgebildet werden, angeführt.[2024] Ebenfalls nicht ausreichen soll aber, dass die Eignung zur Schädigung erst aus den Begleitumständen der Verbreitung, wie beispielsweise gleichzeitig getätigter hämischer Kommentare, folgt, sie muss unmittelbar aus dem Bildnis selbst folgen.[2025] Aufnahmen von Opfern von

---

2019 *Eisele* in Schönke/Schröder, § 201a StGB Rn. 40.

2020 *Eisele* in Schönke/Schröder, § 201a StGB Rn. 41.

2021 *Eisele* in Schönke/Schröder, § 201a StGB Rn. 41. Nicht ausreichen soll beispielsweise das Foto eines Professors am Schreibtisch in ungeziehmlicher Kleidung, dazu *Kühl* AfP 2004, 190, 196. Zustimmend insoweit *Hoyer* ZIS 2006, 1, 5. LK-*Valerius* § 201a StGB Rn. 32 nennt daneben „neutrale Handlungen" wie die Anwesenheit von Gästen bei einer Abendgesellschaft.

2022 *Eisele* in Schönke/Schröder, § 201a StGB Rn. 41; *Eisele/Sieber* StV 2015, 315 f.; kritisch zum Rückgriff auf § 184h Nr. 1 StGB dagegen *Mavany* AfP 2017, 478, 482.

2023 *Eisele* in Schönke/Schröder, § 201a StGB Rn. 41; *Eisele/Sieber* StV 2015, 316. *Hoyer* ZIS 2006, 1, 5, sieht eine entsprechende Beeinträchtigung durch Nacktaufnahmen jedenfalls bei Personen des öffentlichen Lebens als gegeben an. Weitergehende Auffassungen zur Tatbestandsmäßigkeit von Nacktaufnahmen auch bei *Kargl* in Kindhäuser/Neumann/Paeffgen, § 201a StGB Rn. 12; LK-*Valerius* § 201a StGB Rn. 32.

2024 *Eisele/Sieber* StV 2015, 316.

2025 *Eisele* in Schönke/Schröder, § 201a StGB Rn. 40; *Eisele/Sieber* StV 2015, 316; LK-*Valerius* § 201a StGB Rn. 34.

Straftaten sollen insofern nicht ausreichen, da hierbei das Ansehen nicht herabgesetzt werde, sofern das Opfer unverschuldet in die Situation geriet.[2026] Anderes soll demnach konsequenterweise dann gelten, wenn der Umstand der Opferwerdung nicht ersichtlich ist und insofern eine freiverantwortliche Entscheidung des Abgebildeten suggeriert wird.[2027] Denkbar ist schließlich das Abbilden von Personen als schwer krank, da das dadurch zerstörte Vertrauen in die Fähigkeiten des Abgebildeten diesen als unfähig für soziale Stellungen erscheinen lässt und so deren Verlust droht.[2028] Nach *Hoyer*[2029] kommt es, zusammengefasst, darauf an, ob die Abbildung zumindest zu Interferenzen mit dem bisher nach außen entwickelten Persönlichkeitsentwurf führt und dergestalt das Ausüben sozialer Funktionen erschwert.

3. Subsumption denkbarer Fallgestaltungen

Das unbefugte Verwenden von Aufnahmen in Fake News wird nur selten graduell die Schwelle einer entwürdigenden bzw. peinlichen Situation erreichen. Das Verwenden von Fotos zwecks Stimmungsmache gegenüber bestimmten Bevölkerungsgruppen erfolgt oft unter Rückgriff auf unverfängliche Fotos, die also keinen entwürdigenden Inhalt aufweisen: Verwiesen werden muss insoweit u.a. auf den Fall Modamani, dessen Selfie mit Angela Merkel zwar instrumentalisiert wurde – wobei das Selfie aber per se keinen entwürdigenden Inhalt bildlich darstellt. Die Intention des Gesetzgebers zur Schaffung von § 201a Abs. 2 StGB war die Bekämpfung des Cyber-Mobbings, sodass nicht in diesem Sinne kompromittierende Fotos schon tatbestandlich nicht erfasst sind. Weitere Fälle sind beispielsweise denkbar, wenn Flüchtlinge in Extremsituationen nicht anonymisiert gezeigt werden: Zum Beispiel bei körperlichen Auseinandersetzungen in Flüchtlingsunterkünften, die durch (angebliche) dortige Missstände ausgelöst wurden. Auch bei solchen fotografisch festgehaltenen Situationen wird es aber besonders entwürdigender Inhalte bedürfen, die selten vorliegen werden. Denkbar wären sexualbezogene abgenötigte Verhaltensweisen, die sich bildlich als freiverantwortlich darstellen. Auch dann, wenn Politiker vor Wahlen als vermeintlich schwer krank dargestellt würden, käme eine Strafbarkeit in Betracht. An der Sozialadäquanzklausel des § 201a Abs. 4 StGB dürfte die Ahndung der verbliebenen Fälle nicht scheitern, da

2026 BT-Drs. 18/3202, S. 28. *Eisele* in Schönke/Schröder, § 201a StGB Rn. 40 verweisen darauf, dass insofern § 201a Abs. 1 Nr. 2 StGB greifen kann.

2027 *Eisele* in Schönke/Schröder, § 201a StGB Rn. 40 unter Verweis auf den vom BGH Beschl. v. 25.04.2017 – 4 StR 244/16, NStZ 2017, 408 entschiedenen Fall der abgenötigten rektalen Einführung eines Gegenstands durch das Opfer.

2028 *Hoyer* ZIS 2006, 1, 4.

2029 *Hoyer* ZIS 2006, 1, 5 f.

diese primär für die Presse Relevanz besitzt.[2030] Im Übrigen kann auf die Ausführungen zu § 193 StGB verwiesen werden.[2031]

II. Deepfakes

Die Vorschrift könnte daneben hinsichtlich der Verbreitung von Deepfakes erheblich an Bedeutung gewinnen. Fotomontagen können nämlich bzgl. der verwendeten Einzelbilder ebenfalls tatbestandsmäßig sein.[2032] § 201a StGB setzt allerdings schon tatbestandlich die Darstellung zumindest eines veritablen Teils einer Aufnahme voraus. Deepfakes zeichnen sich zwar begriffsnotwendig als falsch aus, allerdings bilden diese in Teilen weiterhin reales Bildvorlagematerial ab und können daher der Norm unterfallen. Deepfakes sind daher tatbestandsmäßig, sofern sie die erforderliche Eignung zur Ansehensschädigung besitzen.[2033] Allerdings ist diesbezüglich anzumerken, dass solche audiovisuelle Montagen zumeist Darstellungen betreffend das unverfängliche Zusammenkommen von Personen zum Gegenstand haben werden, beispielsweise von tatsächlich einander nicht zuträglicher Personen, deren vermeintliches Zusammenkommen in wohlwollender Haltung eine bestimmte gemeinsame Politik oder Ähnliches suggerieren soll. Auch wenn dies unter den §§ 185 ff. StGB relevant sein kann, sofern hierdurch kompromittierende Absprachen oder Ähnliches suggeriert werden, ist nur schwerlich vorstellbar, dass hierbei gleichzeitig ein entwürdigender Inhalt dargestellt wird.

Deepfakes können nach alledem zwar diskreditierend sein und damit dem Tatbestand unterfallen, dies wird allerdings vorwiegend abseits des politischen Spektrums der Fall sein, wenn zum Beispiel künstlich pornografisches Material mit dem Aussehen einer Person hergestellt wird.[2034] Nicht erfasst sein werden dagegen die im Rahmen der Ausarbeitung interessanten Deepfakes, in denen ein Politiker beispielsweise mit dem Amtsträger eines anderen Staates gezeigt wird, was zu nationaler oder internationaler Empörung führen kann, aber noch nicht die

---

2030 *Eisele* in Schönke/Schröder, § 201a StGB Rn. 53; *Geiring* Risiken von Social Media und User Generated Content, S. 129 f.

2031 Vgl. schon oben unter § 4 H.

2032 Zur Tauglichkeit von Fotomontagen *Fischer* § 201a StGB Rn. 5; LK-*Valerius* § 201a StGB Rn. 9; MüKo-StGB/*Graf* § 201a StGB Rn. 25.

2033 *Lantwin* MMR 2019, 574, 576; in diese Richtung zuletzt auch *Golla* Verfassungsblog v. 07.09.2021, abrufbar unter https://verfassungsblog.de/fake-strafrecht-in-wahlkampfzeiten/ (21.03.2022).

2034 Vgl. für die Strafbarkeit im pornografischen Kontext *Lantwin* MMR 2019, 574, 576. In diesem Zusammenhang könnten zudem die Ehrschutzdelikte verwirklicht sein, da in der suggerierten Darstellung ein Ausdruck der Geringschätzung im Sinne eines Ehrbestandteils zum Ausdruck kommen dürfte, sich für solche Aufzeichnungen herzugeben, vgl. zu den Anforderungen der „Sexualbeleidigung“ BGH Urt. v. 15.03.1989 – 2 StR 662/88.

Schwelle zur Diskreditierung im Sinne der Norm erreicht. Vielfach wird es sich also um nach § 201a StGB straffreie neutrale Handlungen wie das Zusammenkommen bestimmter politischer Entscheidungsträger handeln. Insofern besteht ein Gleichlauf der Ehrschutzdelikte mit § 201a StGB, weil das Bild, wie gesehen, als Äußerung gedacht diese Tatbestände verwirklichen müsste. Da die Technologie hinter Deepfakes noch nicht den Grad allgemeiner Zugänglichkeit erreicht haben dürfte, ist ein Defizit daneben darin auszumachen, dass es sich um ein reines Verbreitungsdelikt handelt. Die erstmalige Herstellung ohne Verbreitung sowie der Besitz sind in der Begehungsalternative des Abs. 2 gerade nicht erfasst.[2035] Ein umfassender Schutz darf aus diesem Grund bezweifelt werden, sodass manche angesichts des höheren Schädigungspotentials im Falle der Deliktsbegehung mittels audio-visueller Fälschungen vorschlagen, § 201a Abs. 2 StGB um eine Herstellungsvariante zu erweitern.[2036]

III. Strafprozessuales

Bei der Strafnorm handelt es sich seit der letzten Novellierung nicht mehr um ein absolutes, sondern bloß um ein relatives Antragsdelikt gem. § 205 Abs. 1 Satz 2 StGB, sodass die Strafverfolgungsbehörden im Falle eines besonderen öffentlichen Interesses an der Strafverfolgung ohne Strafantrag tätig werden können, dagegen handelt es sich nicht um ein Privatklagedelikt. Gleichwohl fristet die Strafnorm ein Schattendasein im Lichte der zivilrechtlichen Verfahren, was vor allem an den wirkungsvolleren Rechtsfolgen der zivilrechtlichen Verfahren, aber auch an dem gegenüber dem Recht am eigenen Bild engeren Anwendungsbereich liegen dürfte.[2037]

B. § 33 KUG – Bildverbreitung entgegen §§ 22 ff. KUG

§ 33 KUG stellt das Verbreiten oder öffentliche Zurschaustellen eines Bildnisses ohne die Einwilligung der betreffenden Person unter Strafe. Ein Verbreiten liegt vor, sofern einem Dritten – nicht notwendigerweise dauerhaft – die tatsächliche Verfügungsgewalt über Original oder Vervielfältigungsstück in körperlicher oder digitaler Form überlassen wird.[2038] Das öffentliche Zurschaustellen meint jede Art

---

2035 MüKo-StGB/*Graf* § 201a StGB Rn. 70.

2036 So ausdrücklich *Lantwin* MMR 2019, 574, 576 ff.

2037 LK-*Valerius* § 201a StGB Rn. 48; vgl. auch *Koch* GA 2005, 589, 594. Bei der Herstellung von Deepfakes kann man daneben noch an die Datenveränderung nach § 303a StGB in der Veränderungsvariante denken. Diese dürfte aber letztlich nicht erfüllt sein, da das unerlaubte Kopieren und darauffolgende Bearbeiten der Kopien nicht tatbestandsmäßig ist. Dazu *Malek/Popp* Strafsachen im Internet, Rn. 190.

2038 BeckOK UrhR/*Engels* § 22 KUG Rdn. 53; Erbs/Kohlhaas/*Kaiser* § 33 KUG Rn. 10; *Esser* in Esser/Rübenstahl/Saliger/Tsambikakis (Hrsg.), § 33 KUG Rn. 27. Nach

von Sichtbarmachung für die Öffentlichkeit, insbesondere das Hochladen im Internet und in sozialen Netzwerken.[2039] Geschützt werden von den §§ 22, 33 KUG nur „Bildnisse", dies sind Abbildungen, welche die äußere Erscheinung einer Person erkennbar wiedergeben, wobei die Erkennbarkeit aber erst aus einem Namenszusatz resultieren kann.[2040] Im Unterschied zu § 201a StGB werden also beispielsweise Abbildungen von Körperteilen wie Geschlechtsmerkmalen tatbestandlich nicht erfasst.[2041] Weiter ist dagegen der Anwendungsbereich insofern gegenüber § 201a StGB, als nicht nur Aufnahmen (Fotos und Video), sondern auch Gemälde oder Karikaturen erfasst sind.[2042] Denkbar wäre insofern, dass ein politischer Kandidat im Wahlkampf Opfer mit dem Ziel wird, diesen zu diskreditieren.

Beispielsweise der bereits zitierte Fall des syrischen Flüchtlings Anas Modamani, dessen Selfie mit Angela Merkel im Zusammenhang mit verschiedenen Terroranschlägen gezeigt worden war, könnte für eine strafrechtliche Untersuchung relevant werden. Hierbei ist die eigentliche Fake News jedoch nicht das Foto, sondern die vorgenommene Dekontextualisierung in der begleitenden Wortberichterstattung. Fraglich erscheint die Tatbestandsverwirklichung daher vor dem Hintergrund, dass die entwürdigende Situation nicht bildlich dargestellt ist, sondern erst durch die begleitende Berichterstattung erfolgt, sodass womöglich strafrechtlicher Schutz nur über die §§ 185 ff. StGB bestehen könnte. Jedoch ist auch die bildliche Untermalung unzulässiger Tatsachenbehauptungen oder Werturteile unzulässig, sodass auf die oben beschriebenen Grundsätze hinsichtlich der Zulässigkeit einer Bildberichterstattung verwiesen werden kann.[2043] Unzulässig ist daher die Publikation eines Bildes, wenn der Aussagegehalt des Bildes verfälscht wird, sei es durch eine vorgenommene (technische) Manipulation oder den dazugehörenden Begleittext.[2044] Beispielsweise ist daher die Berichterstattung über

---

Leffler Der strafrechtliche Schutz des Rechts am eigenen Bild, S. 210 ff. bedarf es dagegen der körperlichen Verbreitung.

2039 *Esser* in Esser/Rübenstahl/Saliger/Tsambikakis (Hrsg.), § 33 KUG Rn. 27; vgl. auch Erbs/Kohlhaas/*Kaiser* § 33 KUG Rn. 10.

2040 *Su. Beck* MMR 2008, 77, 79; *Esser* in Esser/Rübenstahl/Saliger/Tsambikakis (Hrsg.), § 33 KUG Rn. 8; *Wieduwilt* K&R 2014, 627, 629.

2041 *Su. Beck* MMR 2008, 77, 79. Nach *Wieduwilt* K&R 2014, 627, 629 soll es daher nicht ausreichen, wenn aufgrund schlechter Auflösung nur wenige Personen den Abgebildeten aufgrund einer besonderen Situation erkennen können. Nach *Esser* in Esser/Rübenstahl/Saliger/Tsambikakis (Hrsg.), § 33 KUG Rn. 8 muss der Abgebildete die begründete Annahme haben, dass er erkannt würde.

2042 *Su. Beck* MMR 2008, 77, 79; vgl. auch *Esser* in Esser/Rübenstahl/Saliger/Tsambikakis (Hrsg.), § 33 KUG Rn. 10.

2043 Erbs/Kohlhaas/Kaiser § 33 KUG Rn. 78.

2044 BGH Urt. v. 05.01.1962 – VI ZR 72/61, GRUR 1962, 324, 325; Erbs/Kohlhaas/*Kaiser* § 33 KUG Rn. 80; vgl. im Falle der Verzerrung des Sinngehalts auch *Esser* in Esser/

schwere Straftaten in Verbindung mit dem Foto eines gänzlich Unbeteiligten unzulässig.[2045] Daneben kann die Norm im Falle bewusst unvollständiger und daher als unwahrer Tatsachenbehauptung zu qualifizierender bebilderter Berichterstattung sowie im Falle der „Bebilderung mit einem den Sinngehalt des Textes verfälschenden Foto" relevant werden[2046] – ebenfalls Fälle, die im Kontext politischer Desinformationen denkbar sind. Sollte in diesen Fällen die abgebildete Person jedoch nicht erkennbar sein, schiede eine Strafbarkeit aus, so wenn Fremdenfeindlichkeit durch verzerrte Bildberichterstattung befördert wird, die Abgebildeten aber durch Balken anonymisiert werden.

§ 33 KUG spielt ausweislich der polizeilichen Kriminalstatistiken der letzten Jahre eine nur untergeordnete Rolle, als es lediglich zu einer zweistelligen Zahl an Verurteilungen kam, zumeist zu Geldstrafen.[2047] Es handelt sich um ein absolutes Antragsdelikt gem. § 33 Abs. 2 KUG und ein Privatklagedelikt gem. § 374 Abs. 1 Nr. 8 stopp. Hierher scheint die rechtspraktische Bedeutungslosigkeit zu rühren, dem Betroffenen wird nämlich oftmals vielmehr an der Durchsetzung seiner zivilrechtlichen Ansprüche gelegen sein.[2048] Des Weiteren wiegt das Kostenrisiko des Privatklageweges für die Betroffenen oft schwer.[2049] Hinzu kommt auch hier, dass zugezogene Betroffene zumeist schon mangels selbst laienhafter Rechtskenntnisse erschwerten Zugang zur Durchsetzung ihrer Rechte haben. Der Tatbestand steht konkurrenzrechtlich zu den §§ 185 ff. StGB und § 201a StGB in Realkonkurrenz.[2050]

Rübenstahl/Saliger/Tsambikakis (Hrsg.), § 33 KUG Rn. 23, zuletzt für Deepfakes so auch *Golla* (Fn. 2034).

2045 BGH Urt. v. 05.01.1962 – VI ZR 72/61, GRUR 1962, 324, 325; Erbs/Kohlhaas/*Kaiser* § 33 KUG Rn. 80.

2046 Erbs/Kohlhaas/*Kaiser* § 33 KUG Rn. 79b.

2047 Erbs/Kohlhaas/*Kaiser* § 33 KUG Rn. Rn. 3. Auch BeckOK StGB/*Heuchemer* Der strafrechtliche Schutz des Persönlichkeitsrechts, Rn. 7 und *Esser* in Esser/Rübenstahl/Saliger/Tsambikakis (Hrsg.), § 33 KUG Rn. 4 halten die Strafnorm für praktisch von geringer Bedeutung.

2048 Erbs/Kohlhaas/*Kaiser* § 33 KUG Rn. 3.

2049 LK-*Valerius* § 201a StGB Rn. 3; *Koch* GA 2005, 589; *Kühl* AfP 2004, 190, 193.

2050 BeckOK StGB/*Heuchemer* § 201a StGB Rn. 31; Erbs/Kohlhaas/*Kaiser* § 33 KUG Rn. 115; *Maurach/ Schroeder/Maiwald* Strafrecht BT 1 § 29 Rn. 90. Für Tatmehrheit dagegen Lackner/Kühl/*Kühl* § 201a StGB Rn. 11.

§ 8 Tatbestände bzgl. finanz- bzw. kapitalmarktrelevanter Desinformationen

A. §§ 119 Abs. 1, 120 Abs. 2 Nr. 3, Abs. 15 Nr. 2 WpHG i.V.m. Art. 15, 12 Abs. 1 lit. c, d MAR[2051]

Wie eingangs bereits erwähnt, existieren Möglichkeiten, die Finanzmärkte durch das Lancieren von Desinformationen zu beeinflussen. Strafbar sind insoweit bereits de lege lata nach §§ 119 Abs. 1, 120 Abs. 2 Nr. 3, Abs. 15 Nr. 2 WpHG vorsätzliche Marktmanipulationen, die von Art. 12 Abs. 1 lit. c, d, 15 MAR legaldefiniert werden – welche von einigen Autoren allerdings als für Fake News relevante Delikte übersehen werden.[2052] §§ 119 Abs. 1, 4; 120 Abs. 2 Nr. 3, Abs. 15 Nr. 2 WpHG leisten dabei einen überindividuellen Funktionsschutz der Kapitalmärkte, indem sie die Zuverlässigkeit und Wahrheit der Preisbildung an den Börsen und Märkten schützen.[2053] Von der Regelungssystematik baut der Straftatbestand des § 119 Abs. 1 WpHG auf die Bußgeldtatbestände des § 120 Abs. 2 Nr. 3, Abs. 15 Nr. 2 WpHG auf, die wiederum auf das in Art. 15 MAR geregelte Verbot der Marktmanipulation und deren Definition in Art. 12 MAR Bezug nehmen.[2054] Art. 12 Abs. 1 lit. c MAR[2055] untersagt Manipulationen durch die Verbreitung von Informationen

---

2051 Verordnung (EU) Nr. 596/2014 des Europäischen Parlaments und des Rates vom 16. April 2014 über Marktmissbrauch (Marktmissbrauchsverordnung) und zur Aufhebung der Richtlinie 2003/6/EG des Europäischen Parlaments und des Rates und der Richtlinien 2003/124/EG, 2003/125/EG und 2004/72/EG der Kommission.

2052 *Hoven* ZStW 129 (2017), 718, 720 ff.; *Mafia-Gudarzi* ZRP 2019, 65, 65 ff. *Lammich* Die Strafbarkeit der Verbreitung sogenannter „Fake News“, S. 22 erörtert dagegen die mögliche strafrechtliche Relevanz als Marktmanipulation zur Vorgängervorschrift des §§ 38 Abs. 1, 39 Abs. 2 Nr. 3 WpHG i.V.m. Art. 12 MAR.

2053 Park/*Saliger* Kapitalmarktstrafrecht Kap. 6.1, Kommentierung zu §§ 119 Abs. 1, Abs. 4, 120 Abs. 2 Nr. 3, Abs. 15 Nr. 2 WpHG (vormals: §§ 38 Abs. 1, Abs. 4, 39 Abs. 2 Nr. 3, Abs. 3 c, 3d Nr. 2 WpHG) iVm Art. 15, 12 MAR Verbot der Marktmanipulation, Rn. 23. Zu § 38 WpHG BT-DS. 14/8017, 98.

2054 Zur Systematik insoweit Park/*Saliger* Kapitalmarktstrafrecht Kap. 6.1, Kommentierung zu §§ 119 Abs. 1, Abs. 4, 120 Abs. 2 Nr. 3, Abs. 15 Nr. 2 WpHG (vormals: §§ 38 Abs. 1, Abs. 4, 39 Abs. 2 Nr. 3, Abs. 3 c, 3 d Nr. 2 WpHG) iVm Art. 15, 12 MAR Verbot der Marktmanipulation, Rn. 45.

2055 Es kann im Falle der Weitergabe unrichtiger oder irreführender Informationen zu Überscheidungen mit Art. 12 Abs. 1 lit. b MAR kommen, dazu Park/*Saliger* Kapitalmarktstrafrecht Kap. 6.1, Kommentierung zu §§ 119 Abs. 1, Abs. 4, 120 Abs. 2

(einschließlich Gerüchten), die falsche oder irreführende Signale hinsichtlich des Angebots oder des Kurses eines Finanzinstruments[2056] senden oder bei denen dies wahrscheinlich ist, wenn die Person, welche die Information verbreitet, wusste oder wissen musste, dass sie falsch oder irreführend waren. Hier zählt das Verbreiten unrichtiger Tatsachen, selbst von Gerüchten, über das Internet.[2057] Unvollständige Informationen werden dann als unrichtig qualifiziert, wenn positive Angaben unter Weglassung erheblicher Teile gemacht werden und hierdurch ein unrichtiges Gesamtbild projiziert wird.[2058] Als Beispiel wird die Verbreitung des Vorwurfs einer möglicherweise begangenen Bilanzfälschung in einem Anlegermagazin genannt,[2059] ein Vorgang, der ohne Weiteres auch in sozialen Netzwerken Realität werden kann.[2060] Denkbar wäre das Verbreiten von Links, die solche Inhalte enthalten, ebenso wie das unmittelbare Platzieren eines solchen Inhalts in entsprechenden Gruppen in sozialen Netzwerken. Dass die Norm durchaus Relevanz für den Untersuchungsgegenstand besitzt, beweist der bereits zitierte Fall betreffend die Übernahme von Twitter.[2061] Da das Verbreiten von Informationen maßgebliche Tathandlung ist, handelt es sich um ein Verbreitungsdelikt, welches auch von dem bloß fremde Inhalte weitergebenden Dritten täterschaftlich verwirklicht werden kann, ohne dass dieser sich die Inhalte zu eigen machen muss.[2062]

Nr. 3, Abs. 15 Nr. 2 WpHG (vormals: §§ 38 Abs. 1, Abs. 4, 39 Abs. 2 Nr. 3, Abs. 3 c, 3 d Nr. 2 WpHG) iVm Art. 15, 12 MAR Verbot der Marktmanipulation, Rn. 185 ff.

2056 Weitere Gegenstände der Kursmanipulation werden hier zwecks generischer Wiedergabe ausgeblendet. Auch *Lammich* Fake News als Herausforderung des deutschen Strafrechts, S. 213 hält primär Art. 12 Abs. 1 lit. c MAR für relevant.

2057 Park/*Saliger* Kapitalmarktstrafrecht Kap. 6.1, Kommentierung zu §§ 119 Abs. 1, Abs. 4, 120 Abs. 2 Nr. 3, Abs. 15 Nr. 2 WpHG (vormals: §§ 38 Abs. 1, Abs. 4, 39 Abs. 2 Nr. 3, Abs. 3 c, 3 d Nr. 2 WpHG) iVm Art. 15, 12 MAR Verbot der Marktmanipulation, Rn. 194 ff.

2058 Park/*Saliger* Kapitalmarktstrafrecht Kap. 6.1, Kommentierung zu §§ 119 Abs. 1, Abs. 4, 120 Abs. 2 Nr. 3, Abs. 15 Nr. 2 WpHG (vormals: §§ 38 Abs. 1, Abs. 4, 39 Abs. 2 Nr. 3, Abs. 3 c, 3 d Nr. 2 WpHG) iVm Art. 15, 12 MAR Verbot der Marktmanipulation, Rn. 194 ff. Vgl. auch *Lammich* Fake News als Herausforderung des deutschen Strafrechts, S. 214.

2059 Park/*Saliger* Kapitalmarktstrafrecht Kap. 6.1, Kommentierung zu §§ 119 Abs. 1, Abs. 4, 120 Abs. 2 Nr. 3, Abs. 15 Nr. 2 WpHG (vormals: §§ 38 Abs. 1, Abs. 4, 39 Abs. 2 Nr. 3, Abs. 3 c, 3 d Nr. 2 WpHG) iVm Art. 15, 12 MAR Verbot der Marktmanipulation, Rn. 201, der auch weitere Praxisbeispiele anführt.

2060 *Lammich* Fake News als Herausforderung des deutschen Strafrechts, S. 214 führt zudem zutreffend Erwägungsgrund 48 MAR dafür an, dass soziale Netzwerke als Verbreitungsmedium erfasst sind.

2061 Vgl. *Lammich* Fake News als Herausforderung des deutschen Strafrechts, S. 78 f.

2062 So im Ergebnis auch Park/*Saliger* Kapitalmarktstrafrecht Kap. 6.1, Kommentierung zu §§ 119 Abs. 1, Abs. 4, 120 Abs. 2 Nr. 3, Abs. 15 Nr. 2 WpHG (vormals: §§ 38 Abs. 1,

Eine Schutzlücke ergibt sich indes insoweit, als Produkte des grauen Kapitalmarkts nicht erfasst werden.[2063]

Art. 12 Abs. 1 lit. d MAR verbietet schließlich die Übermittlung falscher oder irreführender Angaben oder die Bereitstellung falscher oder irreführender Ausgangsdaten bezüglich eines Referenzwerts sowie sonstige Handlungen, durch welche die Berechnung bestimmter publizierter Referenzwerte manipuliert wird, unter den gleichen subjektiven Voraussetzungen. Diese Form der Marktmanipulation erfasst Manipulationen von Angebotszinssätzen im Interbankenverkehr wie diejenige des LIBOR und EURIBOR durch Absprachen zwischen verschiedenen Banken[2064] – Handlungen, die über soziale Netzwerke wohl nicht begangen werden können, weil beispielsweise Zinsmeldungen an die zuständigen Komitees (dieses agierend als undoloses Werkzeug) durch professionelle Akteure wie bankenzugehörigen Derivatehändler notwendig wären.

Während die MAR insofern – ebenso wie der hieran anknüpfende Bußgeldtatbestand des § 120 WpHG – ein abstraktes Gefährdungsdelikt statuiert, ergibt sich aus der deutschen Strafvorschrift des § 119 Abs. 1 WpHG das Erfordernis eines Erfolgseintritts in Gestalt einer tatsächlichen Kurs- bzw. Marktpreisbeeinflussung.[2065] Diese kann sowohl nach unten, als auch nach oben oder seitwärts erfolgen.[2066] Kursentwicklungen sind allerdings auf eine Vielzahl von Faktoren zurückzuführen, sodass prozessuale Nachweisprobleme unweigerliche Folge sind.[2067] Hier sind zumindest Fälle denkbar, in denen dies aufgrund einer Konsolidierungsphase des

---

Abs. 4, 39 Abs. 2 Nr. 3, Abs. 3 c, 3 d Nr. 2 WpHG) iVm Art. 15, 12 MAR Verbot der Marktmanipulation, Rn. 194 ff.

2063 So sind insbesondere geschlossene Immobilienfonds und Anteile an Abschreibungsgesellschaften nicht erfasst. Dazu Park/*Saliger* Kapitalmarktstrafrecht Kap. 6.1, Kommentierung zu §§ 119 Abs. 1, Abs. 4, 120 Abs. 2 Nr. 3, Abs. 15 Nr. 2 WpHG (vormals: §§ 38 Abs. 1, Abs. 4, 39 Abs. 2 Nr. 3, Abs. 3 c, 3 d Nr. 2 WpHG) iVm Art. 15, 12 MAR Verbot der Marktmanipulation, Rn. 64 m.w.N.

2064 *Fleischer/Bueren* DB 2012, 2561, 2561 ff.

2065 Vgl. dazu und zur Unionrechtskonformität der Umsetzung *Birkner* Beiträge zum Transnationalen Wirtschaftsrecht 155 (2018), 1, 29. Auch an dieser Stelle werden aus Vereinfachungsgründen weitere Objekte des Beeinflussungserfolges, insbesondere i.S.v. § 119 Nr. 4 WpHG, außen vorgelassen.

2066 MüKo-StGB/*Pananis* § 119 WpHG Rn. 149; Park/*Saliger* Kapitalmarktstrafrecht Kap. 6.1, Kommentierung zu §§ 119 Abs. 1, Abs. 4, 120 Abs. 2 Nr. 3, Abs. 15 Nr. 2 WpHG (vormals: §§ 38 Abs. 1, Abs. 4, 39 Abs. 2 Nr. 3, Abs. 3 c, 3 d Nr. 2 WpHG) iVm Art. 15, 12 MAR Verbot der Marktmanipulation, Rn. 255.

2067 MüKo-StGB/*Pananis* § 119 WpHG Rn. 149. Der BGH setzt für den Nachweis keinen überspannten Anforderungen voraus, BGH Beschl. v. 04.12.2013 – 1 StR 106/13, NJW 2014, 1896, 1899 f. und fordert keine dezidierte Analyse der Kursentwicklung bei hypothetisch rechtmäßigem Alternativverhalten.

Gesamtmarktes oder des Finanzprodukts nicht nachweisbar ist. Vorsatz ist erforderlich hinsichtlich aller Merkmale der zusammenzulesenden Normen, sodass der Täter neben der Preisbeeinflussung ebenso hinsichtlich der Unrichtigkeit der Informationen – entgegen der Fahrlässigkeit umfassenden Definition in Art. 12 Abs. 1 lit. c MAR – zumindest Eventualvorsatz besitzen muss,[2068] im Falle der leichtfertigen Begehung kommt nur eine Ordnungswidrigkeit nach § 120 Abs. 2 Nr. 3, Abs. 15 Nr. 2 WpHG in Betracht.[2069] Durch die Versuchsstrafbarkeit § 119 Abs. 4 WpHG sind jedoch Fälle strafrechtlich pönalisiert, in denen der Erfolg nicht eintritt.[2070] Aufgrund der Anforderungen der §§ 22, 23 StGB muss die Manipulation aber zumindest vom Tatentschluss umfasst sein: Sofern keines der genannten Finanzinstrumente oder keine Schädigung des guten Rufs in der Öffentlichkeit oder der Handelsbeziehungen vom Tatentschluss erfasst ist, scheidet eine Strafbarkeit aus. In diesen Fällen verbleibt gegebenenfalls eine Ordnungswidrigkeit nach § 120 Abs. 2 Nr. 3, Abs. 15 Nr. 2 WpHG i.V.m. Art. 15, 12 Abs. 1 lit. c, d MAR.

Lammich[2071] hat zuletzt im Hinblick auf das Medienprivileg des Art. 21 lit. b MAR herausgearbeitet, dass der bösgläubige aber im Hinblick auf die Marktbeeinflussung absichtslose Journalist wegen einer Verletzung der journalistischen Standesregeln keine Straffreiheit zu erwarten habe – was auch im Hinblick auf etwaig vom persönlichen Anwendungsbereich erfasste Fake News-Internetseiten gelte und von hiesiger Seite im Ergebnis nicht zu bezweifeln ist. Die Bezeichnung als Medienprivileg ist dabei allerdings wegen der von der Norm eröffneten Anwendung der journalistischen Berufs- und Standesregeln beinahe zynisch.

B. § 331 HGB, § 400 AktG und § 399 AktG, § 16 UWG und §§ 263 ff. StGB

Die beschriebenen Handlungsweisen können gleichwohl weiteren Strafnormen unterfallen, so den § 331 HGB, § 400 AktG und § 399 AktG und § 16 UWG. Aus dem Kernstrafrecht kommen daneben § 264a StGB sowie in einigen Fällen auch § 263 Abs. 1 StGB in Betracht, wobei der Schutz insoweit nur fragmentarischer Natur ist.[2072]

2068 *Lammich* Die Strafbarkeit der Verbreitung sogenannter „Fake News", S. 22 hält dagegen für die Vorgängervorschrift offensichtlich Leichtfertigkeit für ausreichend.

2069 Park/*Saliger* Kapitalmarktstrafrecht Kap. 6.1, Kommentierung zu §§ 119 Abs. 1, Abs. 4, 120 Abs. 2 Nr. 3, Abs. 15 Nr. 2 WpHG (vormals: §§ 38 Abs. 1, Abs. 4, 39 Abs. 2 Nr. 3, Abs. 3 c, 3d Nr. 2 WpHG) iVm Art. 15, 12 MAR Verbot der Marktmanipulation, Rn. 261 f.

2070 *Birkner* Beiträge zum Transnationalen Wirtschaftsrecht 155 (2018), 1; 31 ff.

2071 Vgl. *Lammich* Fake News als Herausforderung des deutschen Strafrechts, S. 216 ff.

2072 *Birkner* Beiträge zum Transnationalen Wirtschaftsrecht 155 (2018), 1, 31. Diese nennt weiterhin § 119 Abs. 3 WpHG i.V.m. Art. 14 MAR, welche allerdings Insidergeschäfte betreffen und daher für Fake News nicht relevant sind. Der ebenso

§ 331 HGB bezweckt als Norm des Rechnungslegungsstrafrechts den Schutz des Vertrauens in die Richtigkeit und Vollständigkeit bestimmter Informationen, die für die betreffende Gesellschaft bei der Rechnungslegung abgegeben werden – geschützt werden hierbei aber nur Personen, die mit der Gesellschaft in geschäftlicher oder persönlicher Beziehung stehen, sodass die Norm einen sehr engen Anwendungsbereich aufweist.[2073] Aufgrund des begrenzten Täterkreises und des Bezugs zur Rechnungslegung ist der Tatbestand für Desinformationen im Internet – insbesondere über Social Media massenhaft verbreitete Desinformationen – von äußerst geringer Bedeutung. Ähnliches gilt für die ebenfalls mit Bilanzierungen in Zusammenhang stehenden Tatbestände der § 399 AktG und § 400 AktG, die ebenfalls einen nur engen Kreis tauglicher Täter aufweisen und die als Tatbestände, die oftmals im Vorfeld von Insolvenzstraftaten und Betrugstaten verwirklicht werden, in der Praxis von geringer Bedeutung sind. Dahingegen gewinnen diese Tatbestände aufgrund ihres Charakters als Schutzgesetze als Ausgangspunkt von Schadensersatzansprüchen Relevanz.[2074]

§ 16 UWG schützt Verbraucher vor einer Gefährdung ihrer Vermögensinteressen durch irreführende Werbung und gewinnt vor allem im Vorfeld des Betrugs Bedeutung.[2075] Absicht hinter der in dem Tatbestand beschriebenen Handelsweise ist die eigene Bevorteilung im Wettbewerb durch die Generierung von Geschäftsabschlüssen aufgrund vermeintlich besonders vorteilhaften Angebots. Die Benachteiligung der anderen Wettbewerber steht nicht derart im Fokus, wie die Benachteiligung anderer bei den hier untersuchten Desinformationen handlungsleitendes Motiv sein dürfte. Bildlich gesprochen werden bei § 16 UWG regelmäßig *„Good News“* propagiert, wohingegen bei Fake News üblicherweise negativ konnotierte Nachrichten über Andere im Fokus stehen (*„Bad News“*). Auch die irreführende Werbung nach § 16 Abs. 1 UWG und die progressive Kundenwerbung nach § 16 Abs. 2 UWG bleiben daher in der weiteren Analyse außen vor. Gleichwohl soll hier daran erinnert werden, dass es sich auch hier um Desinformationen im Sinne der gefundenen Definition handelt, diese jedoch zumeist eine abweichende Zielsetzung verfolgen. Aus inhaltsgleichen Erwägungen ergibt sich die Irrelevanz von §§ 263, 264 264a StGB: Hier werden unrichtige Informationen kundgetan, wobei

---

angesprochene § 26 BörsG erfordert ein Ausnutzen der Unerfahrenheit des Anlegers, was bei einem Verbreiten im Internet gegenüber unbekannten Adressaten nicht vom Vorsatz umfasst bzw. in der Praxis nicht nachweisbar sein wird.

2073 MüKo-StGB/*Sorgenfrei* § 331 HGB Rn. 1 f.

2074 Für § 339 AktG MüKo-StGB/*Kiethe* § 339 AktG Rn. 18 f. Auch § 440 StGB hat geringe praktische Relevanz für die Strafrechtspflege, als die Ermittlungsverfahren oftmals auf die ebenfalls im Raum stehenden §§ 263, 266 StGB gem § 154a StPO beschränkt oder von der Verfolgung gem. § 154 StPO abgesehen wird, vgl. dazu Park/*Eidam* Kapitalmarktstrafrecht, Kap. 9.2, § 400 AktG Rn. 6.

2075 Ohly/Sosnitza/*Sosnitza* § 16 UWG Rn. 4.

der entstehende Schaden – entsprechend einer vorgefassten Absicht – unmittelbar die eigene Sache bevorteilt. Desinformationen dagegen streuen bisweilen lediglich Verunsicherung, die sich erst mittelbar in einem beabsichtigten Vorteil niederschlägt. §§ 264, 264a StGB weisen zudem im objektiven Tatbestand Voraussetzungen auf, die ein virales Verbreiten kaum als Anwendungsfall erscheinen lassen.[2076]

2076 So das Tätigen der Angaben in Prospekten oder in Darstellungen oder Übersichten über den Vermögensstand bei § 264a StGB sowie das Verhalten gegenüber dem Subventionsgeber oder die zweckwidrige Mittelverwendung bei § 264 StGB. So zuletzt auch *Lammich* Fake News als Herausforderung des deutschen Strafrechts, S. 209 ff., der zudem ebenfalls den Vergleich zum „tatbestandsüblichen Fall" anstellt, bei welchem die Täuschung durch eine Person erfolgt, die zumindest der Sphäre des Emittenten zuzurechnen ist.

§ 9 Strafanwendungsrechtliche Implikationen bei der Begehung im Internet

A. Ubiquitätsprinzip als Anknüpfungspunkt

Das Strafanwendungsrecht macht zunächst gem. § 3 StGB das Territorialitätsprinzip zum Anknüpfungspunkt, nach dem das deutsche Strafrecht auf im Inland begangene Straftaten anwendbar ist.[2077] Unabhängig von der Nationalität des Täters ist deutsches Strafrecht daher auf alle Inlandstaten anwendbar.[2078] Das in § 9 StGB niedergelegte Ubiquitätsprinzip bestimmt in seinem Abs. 1 dann als Begehungsort der Tat sowohl den Ort der begangenen oder unterlassenen Handlung (Handlungsort) als auch den Ort, an dem Erfolg eingetreten ist oder nach der Vorstellung des Täters eintreten sollte.[2079] Diese Unterscheidung zeigt auf, dass Handlungs- und Erfolgsort durchaus über Staatsgrenzen hinaus auseinanderfallen können (sog. Distanzdelikte).[2080] Für die Anwendung deutschen Strafrechts reicht indes bereits ein inländischer Tathandlungs- oder Erfolgsort aus.[2081] Darüber hinaus ist es bei Internetdelikten sogar möglich, dass Handlungs- und Erfolgsort im Ausland liegen und nur ein Teil der Datenübermittlung im Inland stattfand (vergleichbar einem sog. Transitdelikt), wobei hier deutsches Recht im Falle der Strafbarkeit der Transithandlung in Betracht kommt.[2082]

2077 *Geiring* Risiken von Social Media und User Generated Content, S. 57; *Gropp* Strafrecht AT § 1 Rn. 109; *Hilgendorf/Valerius* Computer- und Internetstrafrecht, Rn. 130; *Kienle* Internationales Strafrecht und Straftaten im Internet, S. 28.

2078 *Geiring* Risiken von Social Media und User Generated Content, S. 58; *Kienle* Internationales Strafrecht und Straftaten im Internet, S. 28.

2079 *Böse* in Kindhäuser/Neumann/Paeffgen, § 9 StGB Rn. 2; *Eser/Weißer* in Schönke/Schröder, § 9 StGB Rn. 3; *Gropp* Strafrecht AT § 1 Rn. 109; Lackner/Kühl/*Heger* § 9 StGB Rn. 2.

2080 *Böse* in Kindhäuser/Neumann/Paeffgen, § 9 StGB Rn. 2; *Eser/Weißer* in Schönke/Schröder, § 9 StGB Rn. 3.

2081 *Böse* in Kindhäuser/Neumann/Paeffgen, § 9 StGB Rn. 2; *Eser/Weißer* in Schönke/Schröder, § 9 StGB Rn. 3; *Gropp* Strafrecht AT § 1 Rn. 109; *Hilgendorf/Valerius* Computer- und Internetstrafrecht, Rn. 134; Lackner/Kühl/*Heger* § 9 StGB Rn. 2.

2082 *Hilgendorf/Valerius* Computer- und Internetstrafrecht, Rn. 137; vgl. auch *Eser/Weißer* in Schönke/Schröder, § 9 StGB Rn. 6d sowie *Kienle* Internationales Strafrecht und Straftaten im Internet, S. 56 f.

B. Verbreitungsdelikte im Internet als strafanwendungsrechtliche Problemgestaltungen

Unproblematisch ist eine Anwendung deutschen Strafrechts zunächst in Fällen, in denen der Handelnde die Handlung von deutschem Hoheitsgebiet aus tätigt: In diesem Fall ist zudem der Standort des Servers irrelevant.[2083] Da die meisten im Rahmen der Untersuchung betrachteten Delikte als Äußerungsdelikte abstrakte Gefährdungsdelikte sind,[2084] stellt sich das Problem, dass diese dogmatisch keinen zum Tatbestand gehörenden Erfolg aufweisen, sodass bei einer Begehung vom Ausland heraus deutsches Strafrecht nicht anwendbar wäre.[2085] Dies wird zuvorderst hinsichtlich der existierenden ausländischen Desinformationskampagnen relevant, bei denen die Handlung regelmäßig aus dem Ausland heraus begangen wird, die abstrakte Gefährdung aber vorwiegend droht, sich in dem in den Blick genommenen Staat zu verwirklichen.

I. Restriktive Auslegungsvariante: Von den *erfolglosen* abstrakten Gefährdungsdelikten

Teilweise verneinen daher Literaten das Vorliegen eines Erfolges i.S.v. § 9 Abs. 1 Var. 3 StGB bei abstrakten Gefährdungsdelikten und stellen als tauglichen Anknüpfungspunkt des Ubiquitätsprinzips insoweit allein auf die Handlung ab.[2086] Freilich hätte dies zur Konsequenz, dass deutsches Strafrecht bei abstrakten Gefährdungsdelikten regelmäßig unanwendbar wäre.[2087] Andere verneinen zwar ebenfalls einen Erfolgsort, wollen aber im Falle der finalen Zuleitung auf deutsche Server einen Handlungsort infolge einer „virtuellen Anwesenheit" bejahen.[2088] Dies

---

2083 *Lammich* Die Strafbarkeit der Verbreitung sogenannter „Fake News", S. 23; *Popp* in Duttge/Ünver (Hrsg.), S. 49, 55.

2084 Zur oftmaligen Konstruktion von Äußerungsdelikten als abstrakte Gefährdungsdelikte *Kienle* Internationales Strafrecht und Straftaten im Internet, S. 83.

2085 *Geiring* Risiken von Social Media und User Generated Content, S. 60. Vgl. für Ansätze der Ausweitung hinsichtlich des Handlungsbegriffs die Darstellung bei *Hilgendorf/Valerius* Computer- und Internetstrafrecht, Rn. 148 ff. Bei konkreten und abstrakt-konkreten Gefährdungsdelikten kann dagegen auf den Ort der im Einzelfall begründeten (konkreten) Gefahr abgestellt werden, so *Sieber* NJW 1999, 2065, 2066 f. Diese Einschätzung ist aber umstritten, was auf für den Fall abstrakt-konkreter Gefährdungsdelikte gilt, dazu *Eser/Weißer* in Schönke/Schröder, § 9 StGB Rn. 7b.

2086 Statt aller Vertreter dieser Auffassung *Böse* in Kindhäuser/Neumann/Paeffgen, § 9 StGB Rn. 11; *Eser/Weißer* in Schönke/Schröder, § 9 StGB Rn. 6a; *Satzger* NStZ 1998, 112, 114 ff.; Satzger/Schluckebier/Widmaier/*Satzger* § 9 StGB Rn. 7.

2087 *Lammich* Die Strafbarkeit der Verbreitung sogenannter „Fake News", S. 24.

2088 *Cornils* JZ 1999, 394, 396.

dürfte allerdings gegen den Wortsinn verstoßen, da das Wort „Anwesenheit“ einen körperlichen Bezug voraussetzt.[2089]

II. Extensive Auslegungsansätze

Ein Ausweg aus dem drohenden Flickenteppichdasein deutschen Strafanwendungsrecht wird zumeist über eine extensive Interpretation des Erfolgsorts i.S.v. § 9 Abs. 1 Var. 3 StGB gesucht,[2090] was argumentativ mit der weiten Interpretation des Erfolgsbegriffs im strafrechtlichen Verjährungsrecht und der notwendigen Schaffung des Risikos des Erfolgseintritts bei abstrakten Gefährdungsdelikten gestützt wird.[2091]

1. *Reine Abrufbarkeit untauglicher Anknüpfungspunkt*

Bei Äußerungstaten im Internet stellt sich dann aber unweigerlich die Problematik der Ubiquität, da im Falle des Bereitstellens inkriminierter Inhalte – sofern man allein auf die Abrufbarkeit im Inland abstellt – jedwede Tat eine Inlandstat wäre.[2092] Der Ansatz, auf die bloße Abrufbarkeit abzustellen, ist zu Recht als verkappte Erweiterung des Weltrechtsprinzips entlarvt und aufgrund der drohenden zwischenstaatlichen Konflikte abgelehnt worden.[2093]

2. *Abstellen auf einen* Tathandlungserfolg *im Sinne Siebers*

a) Inhalt des Ansatzes

Der prominenteste Ansatz zur Vermeidung einer ubiquitären Anwendung deutschen Strafrechts dürfte von *Sieber* stammen, der den Erfolg bei § 9 StGB als einen *Tathandlungserfolg* versteht und einen inländischen Tathandlungserfolg dann annimmt, wenn der aus dem Ausland heraus operierende Täter die Daten gezielt in inländische Datensysteme einbringt.[2094] Sieber unterscheidet in der Folge

2089 Allein den Aufenthaltsort für maßgeblich hält daher *Busching* MMR 2015, 296, 298.

2090 Vgl. die Darstellung bei *Hilgendorf/Valerius* Computer- und Internetstrafrecht, Rn. 151 ff. sowie *Safferling* Internationales Strafrecht § 3 Rn. 27.

2091 *Hecker/Zöller* Fallsammlung zum internationalen Strafrecht, S. 5.

2092 Zur Problematik instruktiv *Gropp* Strafrecht AT § 1 Rn. 110. Vgl. nur *Conradi/Schlömer* NStZ 1996, 366, 368, 369. Die ubiquitäre Abrufbarkeit wird als Ursache für eine Entgrenzung des World Wide Web interpretiert, dazu *Wörner* ZIS 2012, 458, 461.

2093 *Hilgendorf* NJW 1997, 1873, 1878.

2094 *Sieber* NJW 1999, 2065, 2068 f. Zur restriktiven Auslegung des Erfolgsbegriffs auch *Kienle* Internationales Strafrecht und Straftaten im Internet, 173 ff. sowie *Hilgendorf/Valerius* Computer- und Internetstrafrecht, Rn. 162, die in Analogie zu § 7 StGB das Vorliegen einer identischen Norm im Inland fordern.

zwischen Push- und Pull-Technologien, wobei im Falle von Push-Technologien die Informationen proaktiv vom Ausland in deutsche Datensysteme eingespielt werden, bei Pull-Technologien dagegen erst der Rezipient die auf ausländischen Systemen befindlichen Daten abruft. Beim Einsatz von Push-Technologien übertrage der Täter die Daten proaktiv und gezielt auf deutsches Hoheitsgebiet und stelle hierdurch einen Bezug zum deutschen Strafrecht her, sodass in diesem Fall ein inländischer Erfolgsort anzunehmen sei. Für Sieber ist bei der Bestimmung des Erfolgsorts entscheidend, wo der Täter die Möglichkeit der Kenntnisnahme eröffnet: Eigenverantwortliches Datenabrufen durch den Rezipienten soll dem Handelnden hinsichtlich der Bestimmung des Erfolgsorts dagegen nicht zugerechnet werden.[2095]

b) Kritik

Für den Autor scheint vor allem der faktische Vorgang des *Pushens* der Beiträge entscheidend zu sein, bei dem die Inhalte *ohne das proaktive Suchen* des Nutzers angezeigt werden. Auch wenn die Server von Facebook nicht in Deutschland stehen, müsste man, dem Gedankengang folgend, bei Facebook-Interaktionen im Falle eines rein faktischen Verständnis von einem proaktiven Pushen der Informationen an die Rezipienten und damit einer Anwendung deutschen Strafrechts ausgehen.[2096] Trotzdem verbleiben die Inhalte aber zunächst auf ausländischen Servern von Facebook und werden letztlich erst durch ein eigenverantwortliches Aufrufen von Facebook für den Empfänger ersichtlich, womit technisch gesehen die Inhalte nicht auf inländische Server gepusht werden. Dies würde aber für die von Sieber formulierten Anforderungen an einen inländischen Erfolgsort wohl nicht genügen.

Andere Autoren begreifen den Ansatz von Sieber mehr faktisch als eine Unterscheidung der zielgerichteten Übermittlung der Inhalte an inländische Empfänger (Push) und deren eigeninitiativem Abruf durch die Rezipienten (Pull).[2097] Eine rein technische Interpretation nach dem Standort der jeweiligen Server dürfte sich indes ob der Besonderheiten sozialer Netzwerke verbieten, bei denen die Inhalte bereits mit dem Anmelden dem jeweiligen Nutzer angezeigt werden.[2098] Diese Bewertung müsste dann aber unabhängig davon Geltung beanspruchen, ob der Handelnde die Beiträge nur an die eigene Kontaktliste adressiert oder gar öffentlich teilt. Eine strafanwendungsrechtlich zielführende Lösung wäre daher wohl

---

2095 *Sieber* NJW 1999, 2065, 2071 f.

2096 *Lammich* Die Strafbarkeit der Verbreitung sogenannter „Fake News", S. 27 spricht insoweit von der gezielten Übermittlung ins Inland – beispielsweise durch Viral Seeding.

2097 C. *Becker* NStZ 2015, 83, 84.

2098 Gegen die Bestimmung anhand des Standorts der Server auch *Cornils* JZ 1999, 394, 396 f.

nicht für den Ersteller eines Beitrages gefunden, da dieser oftmals Inhalte an alle Nutzer verbreiten wird. Deshalb wäre bei Desinformationen, die beispielsweise aus einem autoritären Drittstaat heraus geteilt werden und nur diesen betreffen, demnach also keinen Einfluss auf die öffentliche Meinungsbildung in Deutschland haben können, deutsches Strafrecht anwendbar: Die Entscheidung über das Anzeigen der Inhalte bei Nutzern in Deutschland würde insofern dem Algorithmus überlassen. Die Abgrenzung von *Sieber* gelangt in diesen Fällen daher an ihre tatsächlichen Grenzen, da ein Pushen an die Nutzer gerade in Deutschland keinen in der Sache nachvollziehbaren Bezug zu Deutschland herstellen würde. *Hilgendorf*[2099] merkte in der Diskussion zur Internetkriminalität zu Recht an, dass dogmatische Lösungen, die technische Details in den Blick nehmen, angesichts der stetigen Aktualisierung der technischen Hintergründe kaum überzeugen.

3. *Kein Offenlassen der strafanwendungsrechtlichen Problematik im Falle eines neuen, auf Konkurrenzebene vorgehenden Tatbestandes*

Diese Frage kann zudem nicht etwa deswegen offen gelassen werden, weil in einem neu zu schaffenden Delikt, welches die Verbreitung von Desinformationen pönalisiert, etwaige Tatbestandsvoraussetzungen den Eintritt eines Risikos im Inland fordern könnten, da selbst bei einem konkurrenzrechtlichen Zurücktreten der soeben betrachteten Delikte infolge der Spezialität[2100] ein aufgrund des zurücktretenden Straftatbestands begründeter Tatort nicht wegfällt.[2101] Die Differenzierung von Sieber dürfte sich daher letztlich als untauglich erweisen, da das Anknüpfen an die jeweiligen Inhalte bei der Bestimmung des Erfolgsorts zur Gewährleistung sachgerechter Lösungen unter Beachtung der Souveränität anderer Staaten und zur Vermeidung kollidierender Zuständigkeiten unumgänglich erscheint.

4. *Subjektive Abgrenzungsansätze*

Weitere Begrenzungsansätze wollen subjektive Kriterien heranziehen, wie die Erkennbarkeit des Erfolgseintritts im Ausland[2102] oder ein finales Interesse des

2099 *Hilgendorf* ZStW 113 (2001), 650, 653.

2100 Auch wenn ein zu schaffender Tatbestand vordergründig der Erfassung bislang nicht inkriminierter Sachverhalte dient, sind doch gemeinsame Schnittmengen formulierungstechnisch kaum zu vermeiden. Um dem spezifischen Unrechtsgehalt gerecht zu werden, erscheint eine Verurteilung aufgrund des Desinformationsdelikts in diesen Fällen jedoch sachgerechter.

2101 BeckOK StGB/*von Heintschel-Heinegg* § 9 StGB Rn. 25; MüKo-StGB/*Ambos* § 9 StGB Rn. 47; LK-*Werle/Jeßberger* § 9 StGB Rn. 107.

2102 *Oehler* Internationales Strafrecht, Rn. 253 f.

Täters an der Wirkung über das Internet in Deutschland.[2103] Gegen die Heranziehung subjektiver Kriterien ist vorgebracht worden, dass sich der Vorsatz gem. § 16 StGB nicht auf strafanwendungsrechtliche Voraussetzungen beziehen müsse[2104] und daneben die Strafgewalt zur Disposition des Delinquenten gestellt werde.[2105] Dies überzeugt im Ergebnis, weil die Vorstellung paradox ist, dass der Täter über die Strafgewalt disponiert. Nicht in Abrede gestellt werden soll aber, dass die Fokussierung auf den vom Täter gewollten Wirkungsbereich in vielen Fällen zu einer sachgerechten Bestimmung des Erfolgsorts gelangen wird, die gerade für Desinformationskampagnen aufgrund des vom Täter beabsichtigten Wirkens in bestimmten Staaten grundsätzlich zur Problemlösung geeignet wäre. Strafanwendungsrechtlich problematische Fallgestaltungen werden – was die Verbreitung von Desinformationen anbelangt – nämlich vorwiegend dort entstehen, wo ausländische Akteure versuchen, die öffentliche Meinung in Deutschland zu verzerren. In diesen Fällen dürfte ein subjektives Abzielen auf Deutschland praktisch nachweisbar sein. Sofern ausländische Einmischungsversuche zudem von der dortigen öffentlichen Gewalt unterstützt werden, werden Jurisdiktionskonflikte allein aufgrund abweichenden Handlungsorts kaum entstehen, da der Heimatstaat in solchen Fällen die Tat mutmaßlich nicht strafrechtlich verfolgen wird. Schließlich verbleiben aber subtiler ausgeführte Desinformationsstrategien, in denen die Ausrichtung anhand subjektiver Gesichtspunkte droht, praktisch unverwertbar zu sein.

5. *Inlandsbezug der Tat als tauglicher Anknüpfungspunkt*

Diese Probleme würden umgangen, sofern man in völkerrechtskonformer Auslegung einen anhand des Inhalts der Äußerung bestimmbaren Inlandsbezug der gegenständlichen Verbreitung fordert.[2106] Ein (objektiver) Inlandsbezug liegt nach Auffassung des Verfassers jedenfalls dann vor, wenn politische oder wirtschaftliche Themen gegenständlich sind, die sich auf deutschem Boden abspielen oder die *cum grano salis* von unmittelbarer Relevanz für ein auch inländische Interessen berührendes Thema sind. Unter diesen Gesichtspunkten wird man schließlich

2103 *Collardin* CR 1995, 621.

2104 *Kienle* Internationales Strafrecht und Straftaten im Internet, 165 f.

2105 *Hilgendorf/Valerius* Computer- und Internetstrafrecht, Rn. 160.

2106 LK-*Werle/Jeßberger* § 9 StGB Rn. 101 ff., vgl. auch *B. Heinrich* GA 1999, 72, 82, der einen territorialen Anknüpfungspunkt fordert. *Hilgendorf* ZStW 113 (2001), 650, 670, spricht von „territorialer Spezifizierung" der Tat. In diese Richtung auch BGH Urt. v. 12.12.2000 – 1 StR 184/00, BGHSt 46, 212, 224. Kritisch dagegen gegenüber jeglichen Begründungsansätzen für einen Erfolgsort im Falle über das Internet vermittelter Taten *Popp* in Duttge/Ünver (Hrsg.), S. 49, 60 f., der so eine „Wiederkehr der Grenze" zu erreichen versucht.

die „Toeben"-Entscheidung des Bundesgerichtshofs[2107] zum Volksverhetzungstatbestand durch einen Australier von Australien aus legitimieren können, da im Unterschied zu allgemeinen, den Tatbestand abstrakt erfüllenden Äußerungen eines Ausländers aus dem Ausland heraus durch das Leugnen des Genozids an europäischen Juden ein Inlandsbezug hergestellt worden sein dürfte.[2108] Der Bundesgerichtshof entschied insofern, dass bei abstrakten Gefährdungsdelikte eigentlich kein „zum Tatbestand gehörender Erfolg" im Sinne von § 9 Abs. 1 Var. 3 StGB existiere. Allerdings erfolge die Auslegung nicht anhand der allgemeinen Tatbestandslehre: Ein Erfolgsort sei deshalb auch dort auszumachen, wo die Tat ihre Gefährlichkeit im Hinblick auf das geschützte Rechtsgut entfalte (im entschiedenen Fall: die konkrete Eignung zur Friedensstörung).

6. Rechtsprechungswandel des BGH und gesetzgeberische Klarstellung

Der Bundesgerichtshof revidierte diese extensive Linie aber später beginnend mit einer Entscheidung aus dem Jahr 2014: In dieser ersten, die neue Linie des Bundesgerichtshofs markierenden Entscheidung lehnte das Gericht für die Verwendung von Kennzeichen verfassungswidriger Organisationen als abstraktes Gefährdungsdelikt einen inländischen Erfolgsort in Deutschland ab.[2109] Der Bundesgerichtshof erteilte in dieser Entscheidung auch einer extensiven Auslegung des Handlungsortes eine Absage, sei doch der „Radius der Wahrnehmbarkeit einer Handlung nicht Teil ihrer selbst".

Anknüpfend hieran lehnte der Bundesgerichtshof in einer weiteren Entscheidung aus dem Jahr 2016 erneut einen Erfolgsort in einem Fall ab, in welchem der Täter von der Schweiz aus den Holocaust geleugnet hatte.[2110] Der Bundesgerichtshof entschied, dass es für einen „zum Tatbestand gehörenden Erfolg" einer „von der tatbestandsmäßigen Handlung räumlich und/oder zeitlich abtrennbare Außenweltsveränderung" bedürfe. Eine solche liege indes nicht vor an dem Ort, an welchem sich die hervorgerufene abstrakte Gefahr zu einer konkreten Gefahr verdichte. Mit anderen Worten: Abstrakte Gefährdungsdelikte sind nach dem Bundesgerichtshof auch strafanwendungsrechtlich „erfolglos". Der Vollständigkeit halber sei aber erwähnt, dass der Bundesgerichtshof in der letztgenannten Entscheidung gleichwohl über § 7 Abs. 2 Nr. 1 StGB zur Anwendung deutschen

---

2107 BGH Urt. v. 12.12.2000 – 1 StR 184/00, BGHSt 46, 212, 224 ordnet den Volksverhetzungstatbestand als abstrakt-konkretes Gefährdungsdelikt ein und nahm für diesen einen inländischen Erfolgsort an.

2108 LK-*Werle/Jeßberger* § 9 StGB Rn. 102.

2109 BGH Urt. v. 19.08.2014 – 3 StR 88/14, NStZ 2015, 81, 82.

2110 BGH Beschl. v. 03.05.2016 – 3 StR 449/15, NStZ 2017, 146. Vgl. auch OLG Hamm Beschl. v. 01.03.2ß18 – 1 RVs v. 19.08.2014 – 3 StR 449/15, NStZ 2015, 81.

Strafrechts gelangte – weil es sich bei dem Täter um einen Deutschen handelte und das Verhalten auch in der Schweiz mit Strafe bedroht war.

Auch wenn schon die Entscheidung aus dem Jahr 2014 durchaus auf berechtigte Kritik von Seiten der Literatur[2111] gestoßen ist, wird damit doch letztlich einem „Propagandatourismus" der Weg bereitet,[2112] verbietet sich jedenfalls aufgrund der jüngsten gesetzgeberischen Intervention die Annahme eines inländischen Erfolgsorts bei aus dem Ausland vermittelten abstrakten Gefährdungsdelikten, selbst wenn sich aus der Tat ein objektiver Inlandsbezug ergibt: Der Gesetzgeber hat nämlich mit dem bereits erwähnten 60. StRÄndG[2113] bestimmte Kommunikationsdelikte mit den neuen § 5 Nr. 3 a, b und 5a StGB in den Straftatenkatalog der *Auslandstaten mit besonderem Inlandsbezug* aufgenommen und deutsches Strafrecht für anwendbar erklärt, wenn der Täter Deutscher ist oder seine Lebensgrundlage im Inland hat (sodass im Ergebnis jedenfalls keine Tatortstrafbarkeit erforderlich ist). Erfasst sind insbesondere die §§ 86 Abs. 1, 86a Abs. 1, 130 Abs. 2, 111 StGB). Damit hat der Gesetzgeber letztlich die Auslegung des Bundesgerichtshofs bestätigt, sodass eine anderweitige Auslegung nunmehr dem eindeutigen Willen des Gesetzgebers zuwiderliefe und sich daher in letzter Konsequenz verbietet.

7. Restriktion durch Kompetenzregelungen – Die Zukunftsvision von Wörner

Der Verdienst von *Wörner*[2114] ist, eine erstrebenswerte Zukunftsvision skizziert zu haben, die ein Hinwenden weg von nationalen Strafanwendungsrechten zwecks Sicherung eigener Souveränität hin zum Solidaritätsgedanke der internationalen Staatengemeinschaft bei der Strafrechtspflege beinhaltet. Dieses Konzept vermeidet wohl als einziger Ansatz bei konsequenter Durchsetzung jeglichen Jurisdiktionskonflikt infolge der Perspektivverschiebung. Wörner zeigt auf, dass man – um der Entgrenzung infolge der Verbreitung über das World Wide Web noch effektiver gerecht zu werden – zwar zunächst bei jeglicher Zugriffsmöglichkeit im Inland einen Erfolg und die Anwendung deutschen Strafrechts bejahen, aber in der Folge eine Restriktion über (zwischenstaatliche) Kompetenzverteilungsregelungen erzielen könnte.[2115] Sie plädiert insoweit für eine Neuausrichtung der staatlichen

---

2111 Siehe nur *Valerius* HRRS 2016, 186, 186 ff. und *C. Becker* NStZ 2015, 83, 84, der einen inländischen Erfolgsort für nationalsozialistische Propaganda, die in Deutschland abgerufen werden kann, grundsätzlich annehmen will, da er infolge des speziellen Rechtsguts einen „Genuine Link" annimmt.

2112 Mit diesem Argument ausdrücklich *Valerius* HRRS 2016, 186, 186 ff.

2113 Fn. 1682. Vgl. noch zu einem vorangegangenen Gesetzesentwurf (BR-DS. 27/16) *Valerius* HRRS 2016, 186, 186 ff. und *Schiemann* KriPoZ 3 (2018), 152, 153 ff.

2114 *Wörner* ZIS 2012, 458, 462 ff.

2115 *Wörner* ZIS 2012, 458, 462 ff.

Strafanwendungsrechte weg vom Souveränitätsgedanken hin zum Gesichtspunkts der Solidarität gegenüber den eigenen Staatsbürgern und den anderen Staaten durch die Aufstellung von Kompetenzregelungen, im Rahmen derer sie das Prinzip stellvertretender Strafrechtspflege bemühen will.[2116]

So erstrebenswert die Idee im Hinblick auf die Internationalisierung des Rechts und die effektivere Ermöglichung grenzüberschreitender Strafverfolgung ist, dürfte dieser Ansatz aufgrund fehlender Rahmenbedingungen seiner Zeit gleichwohl voraus sein. Während diese Neuausrichtung auf lange Sicht wünschenswert und ohnehin unvermeidbar sein dürfte, würde dies allerdings ein Umdenken nicht nur in den Grenzen des eigenen Rechtssystems, sondern bei allen Beteiligten der internationalen Gemeinschaft erfordern – gewiss eine Mammutaufgabe, die nur durch internationale Kooperationen von Strafrechtsgelehrten über viele Jahre im Wege gegenseitigen Austauschs erreicht werden kann.[2117] Bis dato verbleibt dem deutschen Strafrechtsanwender nur, als einsamer Fischer auf hoher See sein Netz eben gerade noch so dicht zu knüpfen, dass diejenigen Fische, die deutsche Gewässer bestimmungsgemäß berühren, darin erfasst werden.[2118] Zur Vermeidung von zwischenstaatlichen Konflikten ist aber sicherzustellen, dass die anderen Fische von vornherein nicht darin gefangen werden. Auch wenn diese Aufgabe ein Ausrichten an den Inhalten der Verbreitung am treffendsten lösen würde, so verbietet sich aufgrund des jüngsten gesetzgeberischen Handelns bei transnationalen Delikten im Bereich der Kommunikationsdelikte die Annahme eines inländischen Erfolgsorts, sofern es sich um abstrakte Gefährdungsdelikte handelt.

III. Ergebnis der strafanwendungsrechtlichen Untersuchung

Desinformationen, bei deren Verbreitung der Handelnde sich im Inland aufhält, unterliegen ohne Weiteres gem. § 9 Abs. 1 Var. 1 StGB deutschem Strafrecht. Bei einem Handeln von außerhalb der Landesgrenzen kann die Anwendung deutschen

2116 *Wörner* ZIS 2012, 458, 462 ff. Die Erforderlichkeit der Einbettung der nationalen Strafanwendungsvorschriften in internationale Absprachen sehen auch *Busching* MMR 2015, 295, 299 und LK-*Werle/Jeßberger* § 9 StGB Rn. 104. In diese Richtung auch schon *Hilgendorf* ZStW 113 (2001), 650, 670. Anders dagegen *Popp* in Duttge/Ünver (Hrsg.), S. 49, 62, der eine völkervertragliche Einigung auf spezifische Mindeststandards vor allem auch im Bereich des materiellen Strafrechts als Lösungsansatz in den Raum stellt und insoweit auf die Convention on Cybercrime des Europarates verweist.

2117 Dies sieht grundsätzlich auch *Wörner* ZIS 2012, 458, 465, wenn sie von einem „auf Dauer" angelegten Umdenken spricht. Vgl. insoweit auch *Gropp* Strafrecht AT, § 1 Rn. 111.

2118 Wortspiel in Anknüpfung an *Wörner* ZIS 2012, 458, 463 f.

Strafrechts nicht über die Annahme eines Erfolgsorts aufgrund eines inländischen Bezugspunkts erfolgen, weil der Gesetzgeber einer solchen Interpretation eine unmissverständliche Absage erteilt hat. Da der Bundesgerichtshof daneben aufgrund eines Verstoßes gegen den Wortsinn einer extensiven Auslegung des Handlungsorts zu Recht einen Riegel vorgeschoben hat, wäre ein Desinformationsverbreitungsstraftatbestand daher im Falle der transnationalen Begehung weitgehend unanwendbar. Auch wird sich die Anwendbarkeit deutschen Strafrechrechts selten aufgrund des Personalitätsprinzips aus § 7 StGB ergeben, wird es doch oftmals an einer Tatortstrafbarkeit fehlen. Der Gesetzgeber könnte selbstredend aber erwägen, einen entsprechenden Desinformationsverbreitungsstraftatbestand ebenfalls in § 5 StGB aufzunehmen und deutsches Strafrecht dann für anwendbar zu erklären, wenn der Täter Deutscher ist oder seine Lebensgrundlage in Deutschland hat.

Gleichwohl soll an dieser Stelle verdeutlicht werden, dass hiervon nur ein untergeordneter Teil des Untersuchungsgegenstands betroffen wäre: Die Untersuchung hat gezeigt, dass ein Großteil der sozialen Problematik gerade aus dem Inland heraus gesteuerte Desinformationen darstellen. Ausweis dieser Bewertung sind auch die eingangs der Arbeit referierten Beispielsfälle, von denen nur der Fall Lisa und der Beispielsfall zu Fake News im wirtschaftlichen Kontext transnationale Bezüge aufweist. Sobald entsprechende, zunächst nur transnational verbreitete Beiträge weiterzirkuliert werden, werden zudem öfter auch böswillige Desinformationsakteure aus dem Inland auf diese reagieren, sodass für solche Tathandlungen wiederum deutsches Strafrecht anwendbar wäre. Das Desinformationen in deutsche Kommunikationskanäle wandern, allerdings kein böswilliger aus dem Inland operierender Akteur beteiligt ist, ist dagegen nur schwerlich vorstellbar. Wenn die Beiträge schon nicht in deutsche Kommunikationskanäle gelangen, besteht indes auch kein Bedürfnis für die Anwendung deutschen Strafrechts.

Letztlich zeigen diese Überlegungen – insofern soll vorgegriffen werden auf die im letzten Teil der Arbeit angestellten Ideen der Strafrechtsgenese – aber auch, dass ein ausschließliches Intervenieren gegen Social Bots bzw. reichweitesteigernde Programme kaum erfolgsversprechend erscheint, weil für einen Großteil dieser Fälle deutsches Strafrecht schon nicht anwendbar wäre. Gerade in diesem Bereich werden nämlich vielfach die Tathandlungen aus dem Ausland heraus vollzogen – so z.B. im Bereich politischer Fake News seitens im russischen[2119] bzw. osteuropäischen[2120] Raum betriebener „Trollfarmen", was empirische Untersuchungen vermuten lassen. Gleiches gilt im Hinblick auf Delinquenz durch ein abgestimmtes

2119 Vgl. die Nachweise oben unter Fn. 314 sowie unten unter Fn. 2677.

2120 Insoweit sei darauf hingewiesen, dass *Facebook* (Fn. 1061) in seinen Berichten unter gelöschten Accounts aufgrund koordiniertem unauthentischen Verhalten neben russischen Akteure auch Akteure aus Mazedonien und dem Kosovo gesondert aufführt, näher dazu Fn. 2677.

Verhalten von einer Vielzahl von Nutzern – was ebenfalls oftmals unmittelbar durch entsprechende Dienstleister im Ausland erfolgen wird. Den teilweise inländischen Auftraggebern ihre Verantwortlichkeit für das Handeln der „gekauften" ausländischen Dienstleister im Einzelfall nachzuweisen, wird wohl nur selten gelingen. Die strafverfassungsrechtliche Schutzfähigkeit der von *Schünemann*[2121] und *Schreiber*[2122] vorgeschlagenen Straftatbestände muss daher bezweifelt werden.

C. Zusammenfassende Analyse der de lege lata existenten strafrechtlichen Interventionsmöglichkeiten

I. Rechtsschutzlücken für den Bereich des Verbreitens nicht inkriminierter Inhalte

Abseits der aufgezeigten inkriminierten Inhalte besteht also keine Strafbarkeit für das Verbreiten von Fake News – selbst dann nicht, wenn diese zu einem desinformierten und unzulänglichen Meinungsbildungsprozess betreffend wesentliche Fragen beitragen und so im Ergebnis zu politischer oder wirtschaftlicher Beeinflussung führen.[2123] Fake News sind demnach nur im Falle spezifischer Inhalte strafbar, ohne dass hierfür die tatsächlichen von ihnen ausgehenden Gefahren für den öffentlichen Diskurs entscheidend wären.[2124] Dies bereitet vor dem Hintergrund erhebliche Bedenken, dass damit den Rechtspopulisten Tür und Tor für Manipulationen von Wahlen und plebiszitären Entscheidungen geöffnet wird, da die seriösen politischen Akteure sich derartiger Handlungsinstrumentarien nicht bedienen und damit sprichwörtlich den Kürzeren ziehen werden.[2125] Auch ohne das Erreichen der zuvor aufgezeigten Schwelle zur Strafbarkeit können Desinformationen aber wesentliche Auswirkungen auf die öffentliche Willensbildung haben.[2126] Der Schutz des Strafrechts ist einerseits weniger weitreichend, andererseits weitreichender als der des Zivilrechts: Weniger weitreichend insoweit, als vom Zivilrecht

2121 Siehe die ausführliche Darstellung unten in Fn. 3213.

2122 Siehe die ausführliche Darstellung unten in Fn. 3211.

2123 *Hoven* Forschung und Lehre 10 (2019), 906, 906 f.

2124 *Hoven* ZStW 129 (2017), 718, 719, 729, 738.

2125 Während die etablierten Parteien in Deutschland beim Bundestagswahlkampf 2017 den Einsatz von Social Bots ablehnten, erklärte die AfD zunächst, diese „selbstverständlich" einsetzen zu wollen, vgl. Zeit v. 21.10.2016, abrufbar unter https://www.zeit.de/digital/internet/2016-10/bundestagswahlkampf-2017-afd-social-bots (24.03.2022). Wohl aufgrund der entstandenen Empörung versicherte die AfD später, auf den Einsatz von Social Bots verzichten zu wollen, vgl. dazu *Brodnig* Lügen im Netz, Kap. 12.

2126 Vgl. *Drexl* MMR ZUM 2017, 529, 530.

jegliche Zuschreibung falscher Zitate ohne Ehrbeeinträchtigung geschützt wird, andererseits geht der strafrechtliche Schutz bei nicht auf eine bestimmte Person oder Gruppe bezogenen Informationen weiter (vgl. nur § 100a StGB).

Die nicht erfassten Desinformationen dürften sich allerdings sogar als effektiver erweisen, da sie subtiler sind, indem sie die Wirklichkeit kaum merklich verändern und nicht – wie die bereits *de lege lata* inkriminierten Inhalte – aufgrund ihrer plumpen Auffälligkeit unmittelbar entlarvt werden.[2127] Schließlich wird der Qualitätsjournalismus unter dieser womöglich defizitären Rechtslage leiden, da die inflationäre Verbreitung solcher Desinformationen zu immensem Vertrauensverlust führen wird und sich ein Teil der Konsumenten daher immer weiter alternativen Medien zuwenden wird. Die bereits nach derzeitiger Rechtslage inkriminierten Inhalte zeichnen sich vor allem durch ehrverletzende oder volksverhetzende Bestandteile bzw. durch das Behaupten tatsächlich nicht begangener Straf- oder Ordnungswidrigkeiten aus. Die Personen, die diesen Desinformationen aufliegen, werden mutmaßlich quantitativ weniger sein als diejenigen bei politisch motivierten, aber nicht inkriminierten und noch neutraler erscheinenden Inhalten. Die Erkennbarkeit der nicht unter Strafe gestellten Inhalte ist also noch unweit größer und daher eine weitaus größere Bedrohung für den öffentlichen Meinungsbildungsprozess der Gesellschaft.

Zur Veranschaulichung der aufgezeigten Rechtsschutzdefizite soll das nachfolgende Schaubild dienen:

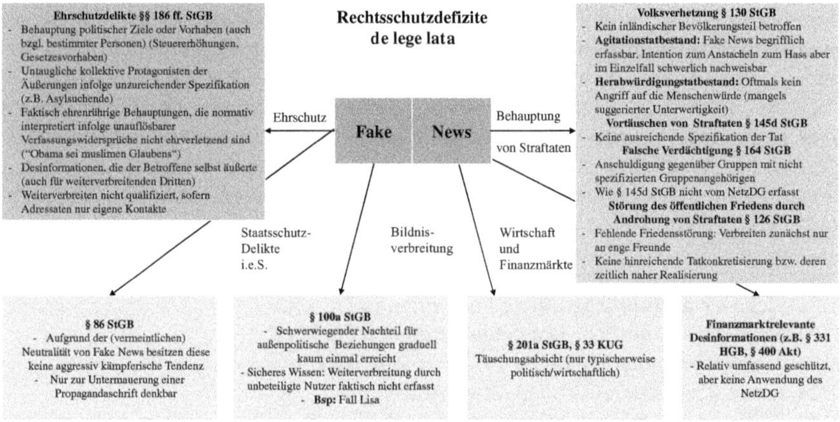

2127 *Fechner* in Uhle (Hrsg.), S. 157, 162.

II. Aufstockung der personellen und sachlichen Ressourcen der Strafverfolgungsbehörden aufgrund des defizitären strafrechtlichen Schutzniveaus unzureichend

Bereits in der Evaluationsphase des Gesetzesentwurfs zum NetzDG wurden Stimmen laut, dass bereits ein ausreichender strafrechtlicher Schutz bestünde, es nur an der effektiven Strafverfolgung entsprechender Kriminalität im Netz fehle.[2128] Gefordert wurde insoweit nicht nur die personale Aufstockung der Strafverfolgungsbehörden, sondern daneben auch Strukturveränderungen in organisatorischer Hinsicht wie beispielsweise die Bildung zentralisierter Zuständigkeiten wie Schwerpunktstaatsanwaltschaften.[2129] Hiermit allein wäre jedoch im Ergebnis nur wenig Fortschritt erzielt, da wegen der aufgezeigten Strafbarkeitslücken den Verfolgungsbehörden in vielen Fällen die Hände gebunden sind. Dies allein würde daher nur zur Verfolgung einiger weniger Fake News bestimmten besonders extremen Inhalts führen, die nur den Bodensatz in den sozialen Netzwerken bedeuten.

2128 *Guggenberger* ZRP 2017, 98, 101; *Nolte* ZUM 2017, 552, 555. Zu den strafprozessualen Zugriffsmöglichkeiten auf Telekommunikationsdaten in sozialen Netwerken dezidiert *Geiring* Risiken von Social Media und User Generated Content, S. 31. Strafprozessuale Gesichtspunkte sollen in der vorliegenden Bearbeitung allerdings weitestgehend außer Betracht bleiben.

2129 *Guggenberger* ZRP 2017, 98, 101; *Sahl/Bielzer* ZRP 2020, 2, 4.

Teil 3: Die Strafbarkeit von Fake News *de lege ferenda*

Die in Teil A analysierte *de lege lata* nur fragmentarische strafrechtliche Pönalisierung der Verbreitung von Desinformation und deren tatsächliche Auswirkungen richtet zwangsläufig den Blick auf strafrechtsgenetische Möglichkeiten des Gesetzgebers. Die Untersuchung soll daher die Strafbarkeit der Verbreitung von Fake News *de lege ferenda* in den Blick nehmen. Hierzu ist zunächst die Skizzierung der strafverfassungsrechtlichen Anforderungen an eine solche Strafrechtsgenese erforderlich, die sodann das Herauskristallisieren der verfassungsmäßigen Regulierungsmöglichkeiten für den aufgezeigten sozialen Konflikt ermöglicht.

Hierbei ist zunächst mithilfe rechtsvergleichender Methodik das Vorhandensein funktional äquivalenter Regulierung in anderen Rechtssystemen zu beleuchten, um so mögliche Regulierungstechniken und strafverfassungsrechtliche Implikationen durch die dortige Durchsetzungspraxis zu identifizieren **(§ 10)**. Sodann ist die rechtspolitische und rechtspraktische Notwendigkeit der weiteren Inkriminierung unabhängig der tatsächlichen Inhalte unter Berücksichtigung interdisziplinärer Erkenntnisse der Geisteswissenschaften zu analysieren **(§ 11)**. Es ist ferner zu hinterfragen, ob die jüngst aufgekommene gesellschaftliche Diskussion zur Wahlkampfbeeinflussung schon deswegen nicht zu einer Regulierungsnotwendigkeit führt, weil im Rahmen einer aufgeklärten[2130] und mündigen Gesellschaft nicht davon auszugehen ist, die Bürger würden sich durch Fake News manipulieren lassen. Die Regulierungsnotwendigkeit ist zudem auch im internationalen Kontext zu betrachten – so u.a. im Rahmen eines Ansatzes wertvergleichender Rechtsvergleichung in Gestalt der Frage, ob jüngst in autokratischen Staaten zu beobachtende Regulierungen bzgl. des sozialen Problems einer Pönalisierung in einer liberalen Demokratie entgegenstehen. Ferner ist auch die Regulierungsnotwendigkeit Hinblick auf Beeinflussungen durch aus anderen Rechtssystemen herrührende Fake News in den Blick zu nehmen, auch vor dem Hintergrund der Gefahr eines auch von den Soziologen prophezeiten „Clash of Cultures."[2131]

In der Folge sind abstrakt die Anforderungen an ein Rechtsgut zu erarbeiten **(§ 12)**, was in den Deduktionsversuch eines Rechtsguts in Bezug auf ein solches Inkriminierungsvorhaben einmünden soll **(§ 13)**. Diese Methodik ermöglicht die verfassungsrechtliche Überprüfung der Implementierung einer entsprechenden

---

2130 *Maas* K&R 4 (2017), Editorial fordert Aufklärung als zentrales Bekämpfungsmittel.

2131 *Huntington* Kampf der Kulturen, S. 137 f. Seine dort erweiterte Theorie geht zurück auf seinen Aufsatz „*The Clash of Civilisations?*" in der Zeitschrift Foreign Affairs 74 (1993), 22, 22 ff.
Huntington (Fn. 21).

strafbewehrten Verhaltensnorm – nach dem Aufzeigen der konkreten verfassungsrechtlichen Anforderungen **(§ 14)**. Weiterhin werden die strafverfassungsrechtlichen Implikationen[2132] daraufhin untersucht werden, ob aus diesen eine Kodifizierungsnotwendigkeit im Spannungsfeld zwischen Persönlichkeitsrecht und Meinungs- bzw. Pressefreiheit erwächst. In diesem Spannungsfeld muss der Schutz eines unbeeinflussten Meinungsbildungsprozesses im Lichte einer verfassungsrechtlich nicht mehr zu rechtfertigenden (Nach-)Zensur[2133] austariert werden. Zuletzt werden dann die einzelnen zu formulierenden Tatbestandsmerkmale eines solchen Delikts unter Beachtung strafverfassungsrechtlicher Anforderungen herausgearbeitet **(§ 15)** – gefolgt von einer resümierenden Schlussbetrachtung **(§ 16)**.

2132 Zum Begriff *Burchard* in Tiedemann/Sieber/Burchard/Brodowski (Hrsg.), S. 27 ff.; zu den strafrechtsdogmatischen Anforderungen *Jahn* in Tiedemann/Sieber/Burchard/Brodowski (Hrsg.), S. 63 ff.

2133 Das Zensurverbot im Sinne des Art. 5 Abs. 1 S. 3 GG erfasst demgegenüber nur die „Vorzensur," *Richter* ZD-Aktuell 2017, 05623.

§ 10 Rechtsvergleichender Ansatz: Die Strafbarkeit von Fake News in anderen Rechtsordnungen

Im Rahmen eines rechtsvergleichenden Ansatzes ist die Regulierung in anderen Rechtssystemen zu beleuchten. Zurückgegriffen wird hierbei auf eine tradiert funktionale Rechtsvergleichung, die ergebnisorientiert einen Vergleich derjenigen Rechtsnormen bzw. Rechtsinstitute unternimmt, welche die gleiche Funktion (nämlich die Unterbindung der Verbreitung von Fake News) erfüllen.[2134] Der rechtsvergleichende Teil der Dissertationsarbeit soll namentlich drei klassische Ziele einer rechtsvergleichenden Untersuchung verfolgen: In einem ersten Schritt soll durch den Vergleich zwischen Gemeinsamkeiten und Unterschieden der zu vergleichenden Rechtsordnungen basierend auf den Länderberichten **(Abschnitt A.–D.)** ein Erkenntnisgewinn über die derzeit vorhandenen Regelungen zur Bekämpfung der Verbreitung von Fake News gewonnen werden.[2135] Der Vergleich ist mangels einer Regulierung betreffend die Verbreitung von Desinformationen im deutschen Recht naturgemäß auf die Unterschiede fokussiert, die in einer Zusammenfassung **(Abschnitt E.)** der im Rechtsvergleich erkannten Regulierungsmöglichkeiten besteht. Daraufhin sollen anhand dieses Erkenntnisgewinns im Wege *evaluativ-kompetitiver*[2136] Analyse in Anknüpfung an die Lehre von Eser neue Lösungsmöglichkeiten zur Verfolgung des Forschungszieles entwickelt werden.[2137] Das bedeutet, dass den Vergleichsrechtsordnungen Lösungswege für das deutsche Recht entnommen werden sollen.[2138] Letztlich soll die „deutsche

---

2134 *Zweigert/Kötz* Einführung in die Rechtsvergleichung, § 3 II, S. 34; *Rheinstein* Einführung in die Rechtsvergleichung, S. 25 ff.; vgl. auch *Hilgendorf* in Beck/Burchard/Fateh-Moghadam (Hrsg.), S. 11, 24; *Kischel* Rechtsvergleichung § 1 Rn. 14 ff.; *Michaels* in Reimann/Zimmermann (Hrsg.), S. 339 ff.

2135 *Brand* JuS 2003, 1082, 1084; *Kischel* Rechtsvergleichung, § 3 Rn. 263.

2136 Diese Methode geht zurück auf *Eser* in Freund/Murmann/Bloy/Perron (Hrsg.), S. 1441 ff. Bemüht wird dabei nachfolgend insbesondere auch die von Eser ebendort auf S. 1458 angesprochene „Optimierungs- und Modifizierungsfunktion“. Dabei sollen – auch in Anknüpfung an die Bestrebungen „operativ-funktionalistischer Rechtsvergleichung“ – rechtstechnische Konstruktions- und Formulierungsideen abgeleitet werden, vgl. dazu *Fateh-Moghadam* in Beck/Burchard/Fateh-Moghadam (Hrsg.), 43, 43 ff.; *Perron* in Beck/Burchard/Fateh-Moghadam (Hrsg.), S. 121, 122 f.

2137 *Jayme* Rechtsvergleichung, S. 12; *Sacco* Einführung in die Rechtsvergleichung, § 1 Rn. 21 ff.; *Rusch* Jusletter 13. Februar 2006, Rn. 6.

2138 Die Eruierung von Rechtsimporten bzw. Anleihen aus den Länderberichten soll der verfassungsrechtlichen Prüfung der Strafbewehrung eines Verhaltensgebots

Lösung" des Problems in den supranationalen bzw. internationalen Kontext eingeordnet und die Reichweite des unterschiedlich ausgestalteten Schutzes im internationalen Vergleich evaluiert werden **(Abschnitt F)**.[2139]

Bei der Ermittlung der einzubeziehenden Vergleichsrechtsordnungen sind aufgrund (supranationaler) Bestrebungen zur Rechtsvereinheitlichung innerhalb der Europäischen Union und der teilweisen „Verwandtschaft" Rechtssysteme von anderen Mitgliedstaaten der europäischen Union einzubeziehen (in rechtsvergleichendem Duktus: von anderen Mitgliedern des kontinentaleuropäischen Rechtskreises). Hierbei werden andere Rechte der germanischen und der romanischen Rechtsfamilie einbezogen, vor allem solche, in denen Gesetzesvorhaben bestehen oder bereits gesetzliche Regelungen existieren – wie beispielweise in Österreich, Italien, und Frankreich.[2140]

Daneben sollen Rechte des Common Law-Rechtskreises einbezogen werden, so beispielsweise ein irischer Gesetzesentwurf, ein kanadischer Straftatbestand, das Recht Großbritanniens und das von englischer Rechtstradition geprägte und jüngst erweiterte Recht Singapurs. Als von Fake News zuletzt in den Präsidentschaftswahlen beeinflusstes Rechtssystem ist auch das anglo-amerikanische Recht unter die Lupe zu nehmen, auch weil es sich um das Ursprungsland sozialer Netzwerke handelt. Zudem soll ein russisches Gesetz als Repräsentant von Rechten in sozialistischer Tradition aufgrund der behaupteten grenzüberschreitenden Desinformationstätigkeit Russlands in den Vergleich mit einbezogen werden. Hierbei soll durch die Systematisierung von Rechtsordnungen anhand der Analyse einzelner Repräsentanten der jeweiligen Rechtskreise und Rechtsfamilien eine möglichst breite und durch die vorwiegende Einbeziehung der Mutterrechtsordnungen repräsentative Selektion der Vergleichsrechtsordnungen erzielt werden. Daneben führen pragmatische Gründe zur Einbeziehung von Rechtsordnungen, in denen aktuell Gesetzesvorhaben oder zum deutschen Recht besonders prägnante Unterschiede bestehen.[2141]

---

unter C. V. 2. (dort insbesondere diejenige nichtstrafrechtlicher Lösungen im Rahmen der Erforderlichkeit) sowie der Ausarbeitung eines ins deutsche Strafrecht implementierbaren Desinformationsdelikts in C. VI. vorbehalten bleiben.

2139 Auch *Jeschek* S. 28 f. postulierte bereits eine vergleichende Verknüpfung und rechtspolitische Bewertung. *Sieber* in Sieber/Albrecht (Hrsg.), S. 129 spricht von wertvergleichender oder wertender Rechtsvergleichung.

2140 Die Auswahl dieser Vergleichsrechtsordnungen berücksichtigt insoweit die von *Eser* in Freund/Murmann/Bloy/Perron (Hrsg.), S. 1441, 1456 f. aufgezeigte Legitimierungsfunktion wertender Rechtsvergleichung, da im Falle des Vorhandenseins von Strafgesetzen in den europäischen Nachbarländern eine „akzeptanzsteigernde Toleranz" im Inland zu erwarten stünde.

2141 Zu diesen Selektionsargumenten *Kischel* Rechtsvergleichung, § 4 Rn. 11 f. Zusammenfassend zur Kritik an den Rechtskreislehren *Siems* Comparative Law, S. 80. Die Grundzüge der jeweiligen Vergleichsrechtsordnung werden nicht geschildert,

Bei der Analyse außen vor gelassen werden demgegenüber Rechtssysteme, in denen sich Gesetze oder Gesetzesentwürfe zwar ausweislich des Wortlauts mit Desinformationen beschäftigen, die aber hinsichtlich ihres Regelungsgehalt nicht über denjenigen der deutschen Ehrschutzstraftatbestände oder anderer in Betracht kommender Straftatbestände hinausgehen.[2142] Weitgehend außer Betracht bleiben zudem Gesetze wie das österreichische Bundesgesetz über Maßnahmen zum Schutz der Nutzer auf Kommunikationsplattformen[2143], die letztlich einen dem NetzDG vergleichbaren Regelungsgehalt aufweisen und deren Analyse daher keinen durchgreifenden Erkenntnisgewinn verspricht.

---

vielmehr wird aus Praktikabilitätsgründen eine heimatliche Perspektive eingenommen. Zur anderweitig eintretenden Ressourcenverschwendung *Kischel* Rechtsvergleichung, § 3 Rn. 247.

2142 Vgl. insoweit Art. 19 Abs. 2 des litauischen Gesetzes über die Bereitstellung von Informationen für die Öffentlichkeit („*Law on the Provision of Information to the Public*"), der die Veröffentlichung oder Verbreitung von verleumderischen, ehrverletzenden oder beleidigenden Informationen oder Desinformationen verbietet, abrufbar unter https://e-seimas.lrs.lt/portal/legalAct/lt/TAD/2865241206f511e687e0fbad81d55a7c?jfwid=1clcwosx33 (24.03.2022). Vgl. dazu *WD* Regulierung von Hate Speech und Fake News in sozialen Netzwerken durch EU-Mitgliedstaaten, Az. WD 10-3000-032/18.

2143 Österreichisches Bundesgesetz über Maßnahmen zum Schutz der Nutzer auf Kommunikationsplattformen, abrufbar unter https://www.parlament.gv.at/PAKT/VHG/XXVII/ME/ME_00049/index.shtml (24.03.2022).

2144 Die nachfolgend innerhalb der Überschriften vorgenommene Taxonomie der Vergleichsrechtsordnungen orientiert sich an der auf *Zweigert* zurückgehenden Systematisierung anhand stilprägender Merkmale, dazu *Kötz* ZEuP 1998, 493; vgl. auch die Darstellung bei *Kischel* Rechtsvergleichung, § 4 Rn. 3. Weitere Anleihen hinsichtlich der Unterteilung finden sich hinsichtlich eines afrikanischen und sozialistischen Rechtskreises bei *David/Jauffret-Spinosi* Les grands systèmes de droit contemporains, S. 19 ff., die auf *rechtstechnische* und *ideologische* Merkmale zur Klassifizierung zurückgriffen. Eine mit der vorliegenden weitestgehend identische Klassifizierung findet sich zudem in den Vorlesungsmaterialien zur Vorlesung Rechtsvergleichung von *Winkler v. Mohrenfels* aus dem WS 2004/2005, abrufbar unter http://www.jura.uni-rostock.de/Winkler/Lehre/WS2004/WS2004_Rvgl(2).pdf (24.03.2022). Rechtsfamilien werden vorliegend als Subkategorien innerhalb

A. Kontinentaleuropäischer Rechtskreis: Weitere Rechte der germanischen Rechtsfamilie am Beispiel Österreichs[2144]

Zunächst soll zur Berücksichtigung anderer mit dem deutschen Rechtssystem verwandter Rechtsordnungen ein anderes Rechtssystem aus dem römisch-germanischen Rechtskreis in den Blick genommen werden. Während in den meisten europäischen Ländern erst die Debatte um die Präsidentschaftswahl in den USA und die dortige Verwendung von Fake News zu Regulierungsbestrebungen geführt hat, existierte in Österreich seit 1975 ein Straftatbestand betreffend die Verbreitung falscher, beunruhigender Gerüchte,[2145] auf den auch *Hoven*[2146] zuletzt rekurriert hat. § 276 Abs. 1 a.F. des österreichischen Strafgesetzbuches („*öStGB*") sanktionierte das absichtliche Verbreiten von Gerüchten, von denen der Verbreiter weiß, dass sie falsch sind, sofern diese geeignet sind, einen großen Personenkreis zu beunruhigen und dadurch die öffentliche Ordnung zu gefährden.[2147] Abs. 2 der Vorschrift sah eine qualifizierte Strafandrohung für Fälle vor, in denen beispielsweise eine schwere oder lang anhaltende Störung des öffentlichen Lebens oder eine schwere Schädigung des Wirtschaftslebens Folge der Tat ist.[2148] Kurioserweise wurde ebenjener Tatbestand unmittelbar vor der im Jahr 2016 entbrennenden Debatte zum Jahreswechsel außer Kraft gesetzt.[2149] Dem Sektionschef im Justizministerium nach ging dies zurück auf den Vorschlag einer Expertenkommission, da der Paragraph in den vorigen 20 Jahren zu keiner einzigen Verurteilung geführt habe.[2150]

Gleichwohl existiert mit § 264 öStGB noch ein Tatbestand betreffend die Verbreitung falscher Nachrichten bei einer Wahl oder Volksabstimmung. Sanktioniert wird nach dessen Abs. 1, wer „öffentlich eine falsche Nachricht über einen Umstand, der geeignet ist, Wahl- oder Stimmberechtigte von der Stimmabgabe

---

der Rechtskreise verstanden und mithilfe dieser eine weitergehende Hierarchisierung unternommen, vgl. dazu *Constantinesco* ZVglRWiss 78 (1979), 154, 162.

2145 *Schmid* Der Standard v. 20.12.2016, abrufbar unter https://derstandard.at/2000049437140/Abgeschafft-Oesterreich-hatte-bis-2016-Gesetz-gegen-Fake-News?ref=article (23.03.2022)

2146 *Hoven* ZStW 129 (2017), 718, 741. Siehe auch die Darstellung bei *M. Schreiber* Strafbarkeit politischer Fake News, S. 290 ff.

2147 Rechtsinformationssystem des Bundes Österreich, abrufbar unter https://www.ris.bka.gv.at/NormDokument.wxe?Abfrage=Bundesnormen&Gesetzesnummer=10002296&FassungVom=2015-09-25&Artikel=&Paragraf=276&Anlage=&Uebergangsrecht (23.03.2022).

2148 Rechtsinformationssystem des Bundes Österreich (Fn. 2148).

2149 *Schmid* (Fn. 2146).

2150 *Schmid* (Fn. 2146).

abzuhalten oder zur Ausübung des Wahl- oder Stimmrechts in einem bestimmten Sinn zu veranlassen, zu einer Zeit verbreitet, zu der eine Gegenäußerung nicht mehr wirksam verbreitet werden kann."[2151] Wer sich hierbei im Sinne von Abs. 2 einer falschen oder verfälschten Urkunde bedient, um die falsche Nachricht glaubwürdig erscheinen zu lassen, wird mit Freiheitsstrafe bis zu drei Jahren bestraft. Das Höchstmaß bei Abs. 1 beträgt dagegen nur sechs Monate. Von Seiten deutscher Literaten wird hierbei – ebenso wie bei einem noch darzustellenden französischen Gesetz – teilweise von einem Schutz des staatlichen Willensbildungsprozesses als solchem ausgegangen, der sich andersartig verhält als der Schutz der öffentlichen Meinungsbildung.[2152] Doch auch dieser Straftatbestand erfährt angesichts der Debatte ein hohes Maß an Kritik, als vor allem die Maßgeblichkeit des Zeitpunkts, zu dem eine Gegenäußerung nicht mehr wirksam verbreitet werden könne, bei der Verbreitung via sozialer Netzwerke antiquiert und faktisch unmöglich zu bestimmen sei. Dies sei vielmehr auf herkömmliche Richtigstellungen durch klassische Medien wie die Zeitungen zugeschnitten. Immerhin gab es in den Jahren vor 2016 insgesamt 54 Fälle, die zu vier Anklagen führten, wobei zumindest in den prominenteren Fällen jeweils Freisprüche erfolgten.[2153]

B. Kontinentaleuropäischer Rechtskreis: Romanische Rechtsfamilie

I. Italienischer Gesetzesentwurf zur Strafbarkeit von Fake News

Auch in Italien bereiten gefakte Ergebnisse zu Wahlumfragen und falsche Berichte über lokale Zwischenfälle Probleme, wobei diese oftmals Immigranten und andere Minderheiten betreffen.[2154] Ein von

2151 Rechtsinformationssystem des Bundes (Fn. 2148).

2152 *Mafi-Gudarzi* ZRP 2019, 65, 68.

2153 *Mafi-Gudarzi* ZRP 2019, 65, 68.

2154 *Mawad/Fouquet/Follain* Bloomberg v. 07.06.2018, abrufbar unter https://www.bloomberg.com/news/articles/2018-06-07/who-you-gonna-call-postal-police-is-italy-s-fake-news-fix (23.03.2022). Zur zwischenzeitlichen Ermächtigung der italienischen „Postal Police" zur Faktenprüfung aufgrund eines vom italienischen Innenministerium verabschiedeten Protokolls *Verza* Tackling fake news, the Italian way, Resource Centre on Medie Freedom in Europe, 22.05.2018, abrufbar unter https://www.rcmediafreedom.eu/Tools/Legal-Resources/Tackling-fake-news-the-Italian-way#:~:text=As%20to%20the%20Italian%20legal%20system%2C%20there%20is,public%20order.%20It%20provides%20detention%20penalties%20as%20well. (23.03.2022).

Hoven[2155] angesprochener italienischer Entwurf mit dem Titel Vorschriften zur Webtransparenz („*Disposizioni per la trasparenza sul web*“) sieht repressive und präventive Maßnahmen gegen Fake News im italienischen Strafgesetzbuch (iStGB) vor.[2156]

1. *Straftatbestände im Einzelnen*

Der Entwurf macht die Einführung eines neuen Straftatbestands in Art. 656-bis Abs. 1 des italienischen Strafgesetzbuches („*iStGB*“) zum Gegenstand der Gesetzesvorlage. Hiernach wird mit Geldstrafe bis zu 5.000 Euro bestraft, wer falsche, übertriebene oder tendenziöse Nachrichten über offenkundig haltlose oder unwahre Daten bzw. Fakten über die sozialen Medien oder andere Webseiten, die nicht zum sog. Online-Journalismus gehören, veröffentlicht oder verbreitet, sofern der Sachverhalt keine schwere Straftat darstellt.[2157] Abs. 2 der Vorschrift verleiht den von Fake News Betroffenen ein Recht auf Wiedergutmachung, sofern durch die Fake News eine Verleumdung nach Art. 595 iStGB stattfand. Der Anspruch beschränkt sich also nicht auf Schadensersatz, vielmehr kann darüberhinausgehend Wiedergutmachung verlangt werden. Die Höhe bemisst sich nicht allein an der quantitativen Schwere der begangenen Verletzung, vielmehr wird ebenso das erreichte Verbreitungsforum berücksichtigt.[2158] Der letzte Absatz des Entwurfs nimmt den professionellen Journalismus vom Straftatbestand aus, um eine Einschränkung der Pressefreiheit zu verhindern.

Darüber hinaus werden zwei Tatbestände betreffend Straftaten gegen den Staat ergänzt: Die Straftatbestände betreffen jeweils „falsche, übertriebene oder tendenziöse Nachrichten, welche die Öffentlichkeit beunruhigen, Bereiche der öffentlichen Meinung irreleiten oder Kampagnen darstellen, die der demokratischen Willensbildung schaden sollen.“ Art. 265-bis iStGB sanktioniert mit Freiheitsstrafe nicht unter 12 Monaten bzw. Geldstrafe bis zu 5.000 Euro, „wer falsche, übertriebene oder tendenziöse Gerüchte oder Nachrichten verbreitet oder veröffentlicht, welche die Öffentlichkeit beunruhigen können.“ Inhaltsgleich bestraft wird, „wer eine Tätigkeit durchführt, welche die öffentlichen Interessen schädigt, auch mittels Kampagnen, die über die Medien oder andere Online-Medien durchgeführt werden und nicht zum Online-Journalismus gehören, oder mit dem Ziel getätigt werden, Bereiche der öffentlichen Meinung irrezuleiten.“

2155 *Hoven* ZStW 129 (2017), 718, 739 f. Siehe auch die Darstellung bei *Flint* Fake News im Wahlkampf, S. 394 f. und *Lammich* Fake News als Herausforderung des deutschen Strafrechts, S. 228 f.

2156 Gesetzesentwurf Nr. 2688 v. 07.02.2017, abrufbar unter https://parlamento17.openpolis.it/atto/documento/id/354351 (23.03.2022). Vgl. auch *Staffler* MMR-Aktuell 2017, 387090.

2157 Gesetzesentwurf Nr. 2688 (Fn. 2157).

2158 Nachfolgend Darstellung nach *Staffler* MMR-Aktuell 2017, 387090.

Art. 265-ter iStGB bietet die Grundlage für Freiheitsstrafen von nicht unter zwei Jahren sowie Geldbußen bis zu 10.000 Euro für den bzw. die Verantwortlichen u.a. über Computerplattformen verbreiteter Hetzkampagnen, die sich gegen Individuen richten oder Hetzkampagnen, welche die demokratische Willensbildung, auch aus politischen Gründen, schädigen wollen. Resümierend sollen Informationskampagnen erfasst werden, welche die Intention oder zumindest die Eignung besitzen, die korrekte Ausübung demokratischer Willensbildung zu beeinträchtigen. Die Tatbestände sind zudem als sog. „Gesetzesübertretungen" ausgestaltet, sodass nach Art. 42 Abs. 4 iStGB sowohl Vorsatz als auch Fahrlässigkeit erfasst ist.

2. *Flankierende regulatorische Maßnahmen*

Das Vorhaben beabsichtigt darüber hinaus die Stärkung der Opferrechte, indem ein Recht auf Gegendarstellung des Opfers mit der Verpflichtung des Webseitenbetreibers eingeführt würde, Erklärungen bzw. Richtigstellungen aller Personen zu veröffentlichen, deren Bild publiziert wird oder der Tatsachen, Handlungen, Gedanken oder Behauptungen zugeschrieben wurden, die von ihnen als rufschädigend oder wahrheitswidrig aufgefasst wurden. Begrenzt ist das Recht aber insoweit, als die Richtigstellung selbst keinen strafbaren Inhalt haben darf. Die Richtigstellung ist binnen zwei Tagen ab Zustellung des Antrags zu veröffentlichen – und zwar in einer Form, welche die gleiche Visibilität gewährleistet. Umgesetzt werden weiter die Grundsätze des Google Spain-Urteils[2159], wonach Webseitenbetreiber zur Löschung verleumderischer Inhalte oder *contra legem* veröffentlichter persönlicher Informationen oder Daten verpflichtet sind, soweit sie keine aktuelle Relevanz oder kein öffentliches Interesse aufweisen. Im Weigerungsfalle ist eine gerichtliche Durchsetzung des vererblichen Rechts möglich.

Zur effizienteren Rechtsdurchsetzung wurden Meldepflichten der Betreiber von Webseiten beim örtlichen Landgericht aufgenommen. Webseitenbetreiber sollen darüber hinaus für die Veröffentlichung von Fake News haftbar gemacht werden – insoweit soll eine Pflicht zur ständigen Überwachung der eigenen Internetseite einschließlich der Nutzerkommentare hinsichtlich strafbarer Inhalte und unwahrer Nachrichten aufgenommen werden. Sofern solche Inhalte festgestellt werden, müssen sie umgehend entfernt werden: Anderweitig droht gem. Art. 656-bis iStGB eine Geldstrafe von bis zu 5.000 Euro. Für Meldungsmöglichkeiten der Nutzer ist ein Benachrichtigungssystem bereitzustellen, das die direkte Anzeige von Inhalten oder Sachverhalten gegenüber den Webseitenbetreibern ermöglicht.

Schließlich würde neben der repressiven Ebene auch auf präventiver Ebene interveniert: Auf zwei Ebenen sollen Maßnahmen ergriffen werden, zunächst soll „mediale Alphabetisierung" und Sensibilisierung im notwendigen kritischen Umgang mit Online-Medien als Bildungsziel verankert werden. Zweitens soll die Ausbildung der Journalisten zur verbesserten Erreichung dieser Gesichtspunkte

---

2159 EuGH Urt. v. 13.05.2014 – C-131/12.

angepasst werden. Schließlich wird die parlamentarische Kommission zur Überwachung der Rundfunkdienstleistungen aufgefordert, die öffentlich-rechtlichen Medien zur Nutzung der technischen Möglichkeiten im Bereich des Internets anzuhalten.

3. *Kritik an dem Entwurf*

Der Gesetzesentwurf wurde zumeist als zu weitgehend erachtet.[2160] Die gegenständlichen Straftatbestände wurden als nur schwerlich im Einklang mit dem Bestimmtheitsgrundsatz zu bringen angesehen, was insbesondere an Formulierungen wie „Hetzkampagne" oder „falsche, übertriebene oder tendenziöse Nachricht" festgemacht wurde. Darüber hinaus greife der Vorschlag auch inhaltlich zu weit, als aufgrund der Ausgestaltung als „Gesetzesübertretungen" bereits das fahrlässige Verbreiten von Falschnachrichten tatbestandsmäßig sei. Schließlich wurden auch Bedenken hinsichtlich der Überwachungspflicht der Netzbetreiber geäußert, welche auch hinsichtlich ihrer weitreichenden Kontrollpflichten in der Praxis kaum umsetzbar sei. Die Bekämpfung von Fake News mit den Mitteln des Strafrechts wurde überdies angesichts einer drohenden Überlastung der Gerichte im Bereich des Internetstrafrechts abgelehnt und demgegenüber die Intervention anhand von (angeblich) effizienten Gegendarstellungs- und Löschungsansprüchen bevorzugt. Aber auch gegen die Ausgestaltung des Rechts auf Gegendarstellung und Löschung werden Einwände erhoben, als diese keine Abwägung der schutzwürdigen Interessen vorsehe und damit der Entwurf zumindest Gefahr laufe, in nicht gerechtfertigter Art und Weise in die Meinungs- und Pressefreiheit einzugreifen. Zuletzt sei die umgehende Löschungspflicht kritisch zu sehen, hier seien angemessene Fristenregelungen wie diejenige des Datenschutzrechts in Österreich von acht Wochen erforderlich.[2161]

Der italienische Gesetzesentwurf verbindet die Gedanken, die den deutschen Gesetzgeber zur Verabschiedung des NetzDG veranlasst haben, mit einer Intervention mit den Mitteln des Strafrechts, wobei auch die Regelungen der Verantwortlichkeit der Webseitenbetreiber durch den weitreichenden Anwendungsbereich der betroffenen Inhalte noch weiter ausgedehnt werden. Dies überrascht zunächst vor dem Hintergrund der Kritik gegenüber dem NetzDG in Deutschland. Immerhin werden aber dadurch die gegenüber dem Katalog des NetzDG bestehenden Willkürvorwürfe vermieden. Der ebenso entstehende Löschungsdruck ist qualitativ weitreichender, da die umfassende aktive Recherchepflicht bei den weit gefassten Inhalten selbst für riesige Unternehmen kaum zu stemmen sein dürfte. Auch die geäußerten Bestimmtheitsbedenken gegenüber dem Entwurf sind nicht von der Hand zu weisen. Besonders die verwendeten Begriffe der übertriebenen oder

2160 Statt aller *Staffler* MMR-Aktuell 2017, 387090.

2161 *Staffler* MMR-Aktuell 2017, 387090. Kritisch auch *Flint* Fake News im Wahlkampf, S. 395, 398.

tendenziösen Nachricht sind kaum einer Konkretisierung zuträglich, die sich an greifbaren Anhaltspunkten orientiert und sich daher nicht Willkürvorwürfen ausgesetzt sehen würde. Darüber hinaus ist aber auch die rigorose Inkriminierung jedweder Falschnachricht aus verfassungsrechtlichen Geschichtspunkten überaus kritisch zu betrachten, als hiervon auch gänzlich belanglose und damit nicht für eine Schadensverursachung geeignete Fälle erfasst würden. Die umfassende Pönalisierung von Fahrlässigkeit ist schließlich ebenfalls zu weitgehend, als gerade bei Informationen mit Neuigkeitswert eine Faktenprüfung aufgrund des Defizits an Gegeninformationen erschwert ist und somit in der Folge ein Zuwarten auf Faktenprüfungen und damit eine Verlangsamung des Informationsmarktes unweigerliche Folge wäre. Diese Verzögerung würde indes beispielsweise im Finanzmarkt zu nicht praktikablen Verhaltensanforderungen führen, die aufgrund des Zeitdrucks ohnehin niemand erfüllen könnte.

Angesichts der nach der Einbringung des Entwurfs 2017 mehrfach geänderten personellen Parlamentszusammensetzung und den Desinformationsvorwürfen gegen eine der regierenden Parteien[2162] darf mit Spannung das weitere parlamentarische Handeln beobachtet werden. Infolge der geringen Halbwertszeit gebildeter Regierungen in Italien und vor allem der Fake News-Vorwürfe gegenüber einer der regierenden Parteien dürfte ein parlamentarischer Konsens in absehbarer Zeit allerdings kaum zu erwarten sein.

II. Rechtslage in Frankreich

1. *De lege lata existierende Gesetze*

a) *Straftatbestand im Pressefreiheitsgesetz*

In Frankreich existiert bereits seit 1881 ein Straftatbestand, der das Verbreiten von Fake News unter Strafe stellt. Art. 27 des Pressefreiheitsgesetzes[2163] bedroht die Veröffentlichung, Verbreitung oder Vervielfältigung falscher Nachrichten, gefälschter, verfälschter oder falscher Dokumente, die Dritten zugeschrieben werden, wenn sie

---

2162 Zur Partizipation der Fünf-Sterne-Bewegung auf unabhängigen Nachrichtenseiten, die Fake News verbreiteten *Merelli* Quartz v. 15.08.2010, abrufbar unter https://qz.com/1686214/fake-news-is-a-fascist-invention/ (23.02.2022). Zur Instrumentalisierung der Medien in politischen Kampagnen seitens Berlusconi *Mastroianni* Southwestern Journal of International Law 25 (2019), 42, 49 ff. Auf Regularien zur politischen Unabhängigkeit von Medienunternehmen soll aufgrund der in Deutschland geringeren Gefahr politischer Einmischung seitens Medienunternehmen nicht eingegangen werden.

2163 Gesetz vom 29.07.1881 über die Pressefreiheit („*Loi du 29 juillet 1881 sur la liberté de la presse*“), abrufbar unter https://www.legifrance.gouv.fr/affichTexte.do?cidTexte=LEGITEXT000006070722 (24.03.2022).

den öffentlichen Frieden in böswilliger Absicht gestört haben oder stören könnten, mit bis zu 45.000 Euro Geldstrafe. Das Gesetz steht im Abschnitt „Straftaten und Ordnungswidrigkeiten, die durch die Presse oder andere Veröffentlichungsformen begangen werden", ist also ausweislich des Wortlauts nicht auf die Presse beschränkt. Daneben bestraft das Wahlgesetz[2164] denjenigen mit Geldstrafe bis zu 15.000 Euro, der „mithilfe von falschen Nachrichten, verleumderischen Gerüchten oder anderen betrügerischen Manövern, Wahlergebnisse durcheinanderbringt oder verfälscht, oder einen oder mehrere Wähler davon abhält zu wählen." Beide Regelungen wurden in der Vergangenheit nicht nennenswert durchgesetzt.[2165] Hinsichtlich des zweitgenannten Gesetzes mag dies vor allem an fehlenden Nachweismöglichkeiten im Hinblick auf eine tatsächliche Beeinflussung liegen.

b) Gesetzespaket gegen gezielt gestreute Falschinformationen

aa) Regelungsgehalt

Zudem beschloss Frankreichs Nationalversammlung am 20.11.2018 ein Gesetzespaket[2166] gegen gezielt gestreute Falschinformationen zu Wahlkampfzeiten, wobei das Paket zunächst noch im Senat gescheitert war.[2167] Die verabschiedeten Gesetze sehen u.a. ein Eilrechtsschutzverfahren mitsamt richterlicher Entscheidung innerhalb von 48 Stunden nach der Befassung vor. Mithilfe dieses Verfahrens kann sich ein Kandidat gegen die Verbreitung von Falschnachrichten im Internet wehren.[2168] Fehlinformationen als Anknüpfungspunkt der Gesetzgebung werden dort legaldefiniert als jede Behauptung oder Unterstellung einer unzutreffenden Tatsache.[2169] Das Gesetz statuiert zunächst Informationspflichten der Plattformbetreiber gegenüber den Nutzern innerhalb eines Zeitraums von drei Monaten vor Wahlen hinsichtlich der Verwendung personenbezogener Nutzerdaten und Veröffentlichungspflichten bzgl. der Identität von Werbetreibenden, die für die Verbreitung von Inhalten zahlen, sowie über die Beträge, die sie zahlen, welche dann in einem Register zusammengefasst und öffentlich zugänglich gemacht werden.[2170]

2164 Art. 97 du code électoral.

2165 *Heldt* JuWissBlog Nr. 71/2018 v. 26.07.2018, abrufbar unter https://www.juwiss.de/71-2018/ (24.03.2022).

2166 Gesetz Nr. 2018-1202 v. 22.12.2018 über die Bekämpfung der Manipulation von Informationen („*Loi n°2018-1202 du 22 décembre 2018 relative à la lutte contre la manipulation de l'information*"), abrufbar unter https://www.legifrance.gouv.fr/affichTexte.do?cidTexte=JORFTEXT000037847559&categorieLien=id (24.03.2022). Ausführliche Darstellung auch bei *Flint* Fake News im Wahlkampf, S. 395 ff.

2167 becklink 2011529.

2168 becklink 2011529.

2169 Art. 163-1 des französischen Wahlgesetzes.

2170 Art. 163-1 des französischen Wahlgesetzes.

Eine Verletzung der Regelungen kann mit einem Bußgeld bis zu 75.000 Euro oder mit bis zu einem Jahr Freiheitsstrafe geahndet werden.[2171]

Weiterhin kann das Gericht in dem bereits erwähnten Eilverfahren im Falle der bewussten, nicht-menschlichen oder automatisierten Verbreitung von Fehlinformationen in massiver Art und Weise über einen digitalen Kommunikationsdienst, wenn die Fehlinformationen die Integrität der Wahlen beeinträchtigen können, alle angemessenen und notwendigen Maßnahmen zur Verhinderung der Verbreitung vorschreiben.[2172] Den Antrag auf Erlass einer einstweiligen Anordnung einreichen kann jeder Kandidat, jede politische Gruppe oder jede Person, die ein Interesse am Handeln hat.[2173] Dem Richter stünde es dann beispielsweise offen, den Internetanbieter zur Zugangssperrung bzgl. der betreffenden Inhalte zu verpflichten.[2174] Voraussetzung wäre gem. dem Normwortlaut, dass die Desinformationen vorsätzlich und inflationär verbreitet wurden und zur Wahlbeeinflussung führen können.[2175] Adressiert wird aber nur die massive, nicht-menschliche oder automatisierte Verbreitung von Falschinformationen. Das Kriterium des Bewusstseins soll daneben eine bestimmte Intention erfassen. Der Verfasser von Falschinformationen ist per se nicht Gesetzesadressat des Eilverfahrens, sondern nur der Strafvorschriften.[2176] Eine Herausnahme der von Journalisten produzierten Informationen aus dem Anwendungsbereich des Eilverfahrens konnte sich letztlich nicht durchsetzen.[2177]

Das Gesetz ermächtigt zudem den Medienaufsichtsrat („*Conseil supérieur de l'audiovisuel*“) zur befristeten Aussetzung der Lizenz der von ausländischen Staaten kontrollierten oder unter dem Einfluss ausländischer Staaten stehender Medienorganisationen während nationaler Wahlkampagnen im Falle möglicher Wahlbeeinflussungen durch die Verbreitung falscher Informationen und zur Aussetzung des betreffenden Dienstes bis zum Ende der Abstimmung.[2178] Weiterhin umgesetzt wurden Pflichten zur Zusammenarbeit der Plattformbetreiber bei der Bekämpfung von Falschinformationen – so die Einrichtung eines Meldesystems für die Nutzer, Transparenz hinsichtlich der verwendeten Algorithmen herzustellen, seriöse Inhalte zu fördern und die Konten, die Fehlinformationen verbreiten, zu bekämpfen, wobei die ergriffenen Maßnahmen und aufgewendeten Mittel veröffentlicht werden müssen.[2179] Schließlich wird auch die Medienbildung angegangen,

---

2171 Art. 112 des französischen Wahlgesetzes.

2172 Art. 163-2 französischen Wahlgesetzes.

2173 Art. 163-2 französischen Wahlgesetzes.

2174 becklink 2011529.

2175 Vgl. auch becklink 2011529.

2176 So die damalige Kulturministerin *Nyssen* Assemblée nationale, XVe legislature, Première session extraordinaire de 2017–2018, Compte rendu, integral, Première séance du mardi 3 juillet 2018.

2177 Vgl. *Nyssen* (Fn. 2177).

2178 Art. 33-1-1; 42-6 des Gesetzes Nr.°86-1067 vom 30.12.1986.

2179 Art. 11 des Gesetzes Nr. 2018-1202 vom 22.12.2018.

indem die Ausbildung in der kritischen Analyse der verfügbaren Informationen im Bildungsgesetz geregelt wird.[2180] Die Plattformbetreiber müssen zudem einen Bevollmächtigten als Ansprechpartner für die Anwendung der Bestimmungen des Gesetzes benennen.[2181]

bb) Hintergründe der jüngeren Gesetzgebung sowie diesbezügliches Echo in Politik und Wissenschaft

Hintergrund der Gesetzgebung betreffend die ausländischen Medien war wohl, dass der zur Zeit der Verabschiedung des Gesetzes amtierende Staatspräsident Macron selbst noch als Kandidat Opfer einer Desinformationskampagne geworden war. Insofern zirkulierte – mutmaßlich angestoßen durch russische Akteure – ein gefälschtes Dokument betreffend ein vermeintliches Offshore-Konto im Internet. Die Desinformation griff dabei auch die Gegenkandidatin als wahr auf.[2182] Mithilfe von Faktenprüfern konnte nachhaltigen Auswirkungen aber rechtzeitig Einhalt geboten werden.[2183]

Von internationalen Medien wurde kritisiert, dass Frankreich dementsprechend in letzter Konsequenz jeden ausländischen Fernsehsender aussetzen könne, der Desinformationskampagnen verdächtigt wird.[2184] Die Nationale Journalistengewerkschaft kritisierte die potentielle Erschwerung journalistischer Arbeit durch das Gesetz sowie die nicht ausreichende Definition des Begriffes Fake News.[2185] Kritik erfuhr die Regelung seitens der Opposition aufgrund des schon bestehenden Gesetzes betreffend Fake News.[2186]

Von Vertretern der Justiz wurde vor allem der Implementierung des Eilrechtsschutzverfahrens ein beträchtliches Gefährdungspotential aufgrund möglicher Kontraproduktivität für die Integrität der Wahlen bescheinigt. Die richterliche Feststellung der Richtigkeit von Informationen könne binnen 48 Stunden kaum geleistet werden, sodass im Falle nicht eindeutiger Feststellung durch den Richter ein besorgniserregender Gegeneffekt eintreten könne: Die Desinformationsakteure könnten sich in diesem Falle nämlich sogar noch auf richterliche Feststellungen

---

2180 Art. 16 ff. des Gesetzes Nr. 2018-1202 vom 22.12.2018.

2181 Art. 13 des Gesetz Nr. 2018-1202 vom 22.12.2018.

2182 Vgl. die Darstellung bei *Pantel* SZ v. 21.11.2018, abrufbar unter https://www.sueddeutsche.de/medien/fake-news-macron-frankreich-1.4220945 (22.03.2022).

2183 *Brodnig* Lügen im Netz, Kap. 2.

2184 Siehe *Brodnig* Lügen im Netz, Kap. 2. Zum späteren Plan Frankreichs, eine Behörde zur Bekämpfung ausländischer Desinformationskampagnen zu gründen *Pollet/Noyan* Euractiv v. 16.06.2021, abrufbar unter https://www.euractiv.com/section/digital/news/germany-and-france-gear-up-to-fight-foreign-interference-ahead-of-elections/ (27.03.2022).

2185 *Brodnig* Lügen im Netz, Kap. 2.

2186 *Brodnig* Lügen im Netz, Kap. 2.

berufen.[2187] Erneute Kritik kam im April 2019 auf, als Twitter sich weigerte, eine vom Innenministerium finanzierte Kampagne zur EU-Wahl zu verbreiten.[2188] Die vom Informationsdienst der Regierung konzipierte Kampagne sollte Bürger dazu animieren, sich für eine Abstimmung einzutragen, wofür die Regierung auf bezahlte Werbung zurückgreifen wollte. Da Twitter aber – anders als Google und Facebook – zur Wahrung der Transparenzpflichten bislang nicht in der Lage sei, habe man von Unternehmensseite beschlossen, jegliche politischen Werbekampagnen abzulehnen.[2189]

c) Gesetz zur Bekämpfung von Hassinhalten im Internet

Im Jahr 2020 beschloss die Nationalversammlung Frankreichs zudem ein Gesetz[2190], dass sich gegen die Verbreitung von Hate Speech richtete und dass deutliche Anleihen vom deutschen NetzDG aufwies. Das Gesetz verpflichtete Plattformbetreiber ab einer bestimmten Größe in seinem Art. 1, eindeutig gegen bestimmte in Bezug genommene Straftatbestände (vor allem terroristische und kinderpornografische Inhalte sowie Hate Speech) verstoßende Kommentare binnen 24 Stunden nach einem Hinweis zu löschen und diese gegen eine Mitteilung über die Entfernung zu ersetzen. Im Falle von unterlassenen Entfernungen drohten empfindliche Geldbußen von bis zu 250.000 EUR. Das Gesetz forcierte die Plattformen zudem in Art. 4, ein einheitliches Meldesystem vorzuhalten und den Kommunikator über ergriffene Maßnahmen zu informieren. Entschied sich das Netzwerk gegen Löschungen bzw. Sperrungen, war dem Nutzer ein Anfechtungsrecht einzuräumen. Für die Verfolgung und Verhandlung von Hate Speech im Netz waren schließlich nach Art. 10 zentralisierte Zuständigkeiten vorgesehen.

Der Verfassungsrat („*Conseil Constitutionel*") erklärte dieses in der Presse „*Loi Avia*" betitelte Gesetz mit Entscheidung vom 18.06.2020 in weiten Teilen für verfassungswidrig.[2191] Der Verfassungsrat begründete seine Entscheidung im

---

2187 So der damalige Vizepräsident der französichen Anwaltskammer *Adler* in einem Interview gegenüber dem Radiosender „France Info," zitiert nach *Pantel* (Fn. 2183).

2188 Welt v. 02.04.2019, abrufbar unter https://www.welt.de/politik/article191273899/Twitter-blockiert-Video-Macrons-Anti-Fake-News-Gesetz-faellt-eigener-Regierung-auf-die-Fuesse.html (22.03.2022).

2189 Welt (2189).

2190 Gesetzentwurf Nr. 2020-419 vom 13.05.2020 zur Bekämpfung von Hassinhalten im Internet („*Proposition de Loi n°2020-419 du 13 Mai 2020 contre les contenus haineux sur Internet*"), abrufbar unter https://www.assemblee-nationale.fr/dyn/15/textes/l15t0419_texte-adopte-seance (21.03.2022).

2191 *Conseil Constitutionnel* Décision n° 2020-801 DC du 18 juin 2020, abrufbar unter https://www.legifrance.gouv.fr/download/pdf?id=CP05NSqcPl5lPNu3MsP2PWtc_Fh71x9KoG_z3damffY= (21.03.2022). Zum Ganzen *Heldt* JuWissBlog Nr. 96/2020 v. 23.06.2020, https://www.juwiss.de/96-2020/ (21.03.2022).

Wesentlichen mit dem Risiko von Overblocking aufgrund der knapp bemessenen Frist und der (bereits ab dem ersten Verstoß) vorgesehenen empfindlichen Geldbußen.

1. *Eigene Bewertung*

a) *Gesetzespaket gegen gezielt gestreute Falschinformationen*

Mit der Kriminalisierung der Verletzung von Informationspflichten und der Einführung des Eilverfahrens zur Vermeidung der Verbreitung massiver Desinformationskampagnen ging der Gesetzgeber in Frankreich zunächst einen dem des Gesetzgebers in Deutschland mit der Implementierung des NetzDG vergleichbaren Weg, der jedoch Desinformationen gezielt adressiert und so den Etikettenschwindel des deutschen Gesetzes vermeidet. Gleichwohl scheint der französische Gesetzgeber auf halbem Weg stehen geblieben zu sein, weil das Gesetz erst drei Monate vor einer Wahl greift und dieses daher hinsichtlich des zeitlichen Anwendungsbereichs drastisch eingeschränkt ist. Zwar erscheint diese Begrenzung aufgrund des zu vermutenden größeren Aufkommens und antizipierter größerer Auswirkungen in unmittelbarer Wahlnähe nachvollziehbar, jedoch liegt angesichts des nur kurzen vorgesehenen Zeitraums eine nachhaltige Beeinflussung der Meinungsbildung bereits zuvor nahe, sodass es im Moment richterlicher Interventionsmöglichkeiten sprichwörtlich bereits zu spät sein könnte. Der Zeitraum von drei Monaten vor der Wahl erscheint überdies aus der Luft gegriffen. Vergessen werden darf zudem nicht, dass das Internet bekanntlich nicht vergisst, die einmal verbreitete Falschnachricht insofern bereits nicht mehr „einfangbar" sein kann.[2192]

Jedenfalls das Argument fehlender Erforderlichkeit greift nicht durch, weil das bereits zuvor bestehende Gesetz eine zumindest mögliche Störung des öffentlichen Friedens fordert und daher vergleichbare im deutschen Recht aufgezeigte Gesetzeslücken bedingt. Insofern geht das neue Gesetz über den Tatbestand des Pressefreiheitsgesetzes hinaus. Zudem sind die angesprochenen Gefahren eines Overblockings nicht derart virulent wie im deutschen Recht, da im französischen Gesetz stets Richter als Entscheidungsträger vorgesehen sind.[2193] Relativiert wird zudem die Kritik an der Zurverfügungstellung des Eilrechtsschutzes, für den im Presserecht ein allgemeines Bedürfnis bestehe und der generell nicht unüblich sei.[2194] Ungleich schwerer soll der Nachweis der „nicht-menschlichen oder automatisierten Verbreitung in massiver Art und Weise über einen digitalen Kommunikationsdienst" sein: Bzgl. dieses Merkmals sei die Sachverhaltsermittlung binnen

2192 Zur fehlenden Entfernungsmöglichkeit einer im Internet veröffentlichten Äußerung *Hilgendorf* ZIS 2010, 208, 213, 215. Vgl. dazu *Krischker* JA 2013, 488, 489.

2193 *Heldt* JuWissBlog Nr. 71/2018, abrufbar unter https://www.juwiss.de/71-2018/ (22.03.2022).

2194 Heldt (Fn. 2194).

der kurzen vorgesehenen Zeit kaum möglich, sodass faktisch eine Absenkung des Maßstabs auf diesbezügliche Verdachtsmomente drohe.[2195] Dies sei eigentlich nur bei offensichtlichen Falschinformationen wie Spam-Mails oder im Falle einer massiven Verbreitung über Social Bots einfach zu erkennen, komplexere Desinformationskampagnen, die sich diffiziler Technologien wie Deepfakes bedienen, seien in der kurzen zur Verfügung stehenden Zeit kaum eindeutig identifizierbar.[2196]

Die vermeintlichen Abschreckungseffekte stellen ebenfalls kein durchgreifendes Argument dar: Mit der Begrenzung auf massive Verbreitungsformen kann kaum eine mittelbare Einschränkung bei gutgläubig Äußernden – namentlich durch Einschüchterungseffekte – stattfinden. Mit dem Merkmal der *massiven Verbreitung*[2197] wurde ein selbst für Rechtsunkundige eindeutig bestimmbares Merkmal gewählt, bei welchem selbst mainstreamkritisch äußernde Privatpersonen keine Strafverfolgung unter dem Tatbestand fürchten müssen. Die Aussetzungsmöglichkeiten des Medienaufsichtsrates erscheinen allerdings in der Tat äußerst weitreichend, da ausländisch beherrschte Informationsquellen hierdurch umfassend ausgesetzt werden können.

Das parlamentarische Vorgehen Frankreichs stellt eine im Rechtsvergleich besonders hervorstechende Gesetzgebungsmöglichkeit dar, die womöglich für die (Straf-)Rechtsgenese in Deutschland fruchtbar gemacht werden: Der französische Gesetzgeber beschränkte seine Intervention zunächst auf Maßnahmen gegen die nicht-menschliche und automatisierte massive Verbreitung von Desinformation, die zur Wahlbeeinflussung führen können und schuf durch die derart vorgenommene Eingrenzung sehr eng gezogene Beschränkungen. Durch diese materielle Beschränkung könnte ein solches Gesetz verfassungsrechtlich eher Bestand halten. Daneben ist mit der Beschränkung auf eine potentielle Wahlbeeinflussung eine Art Erheblichkeitsschwelle determiniert, welche Bagatellfälle ausschließt und einen Wahlbezug fordert, ohne jedoch eine derart enge Eingrenzung vorzunehmen, dass nur Aussagen mit unmittelbarem Bezug zu Kandidaten oder Themen von Referenden erfasst würden. Dies würde wiederum für eine Ineffektivität des Gesetzes und eine mögliche Verletzung des Untermaßverbotes sprechen.

b) Gesetz zur Bekämpfung von Hassinhalten im Internet

Das Gesetz zur Bekämpfung von Hassinhalten im Internet dürfte demgegenüber in der Tat verfassungsrechtlich noch schwieriger zu legitimieren sein als das NetzDG, insbesondere aufgrund der möglichen Bebußung einzelner und nicht systematischer Verstöße gegen die Löschpflichten. Ebenso wie bzgl. des NetzDG erscheint

---

2195 Heldt (Fn. 2194).

2196 Heldt (Fn. 2194).

2197 Diese Einschränkung der *massiven Verbreitung* wird in der medialen Berichterstattung nicht immer wiedergegeben. Siehe hierzu die insoweit defizitäre Wiedergabe bei *Panthel* (Fn. 2183).

zudem die Einführung einer Ordnungswidrigkeit für systematisches Overblocking aus verfassungsrechtlichen Gründen wünschenswert. Da der Verfassungsrat aber zumindest einen legitimen Zweck anerkannte, bleibt abzuwarten, ob der französische Gesetzgeber die Desiderata im weiteren Fortgang noch nachbessert.

C. Sozialistische Rechte: Russische Anti-Fake-Gesetze

Viel beachtet wurden zudem am 18.03.2019 erlassene russische Gesetze[2198], die das Sperren von Materialien ermöglichen, sofern diese unzuverlässigen Informationen bzw. eine Missachtung von Gesellschaft, Staat, Machtbehörden und staatlichen Symbolen beinhalten.[2199]

Mit dem „Gesetz über Staatsdelikte“[2200] wird im „Gesetz über Information, Informationstechnologien und Informationsschutz“ ein neuer Art. 15 ergänzt, der das Verfahren zur Beschränkung des Zugangs zu Informationen festlegt, die eine ungebührliche Verletzung der „Menschenwürde und der gesellschaftlichen Moral, eine offensichtliche Missachtung der Gesellschaft, des Staates, der offiziellen staatlichen Symbole der Russischen Föderation, der Verfassung oder der Organe, welche die Staatsgewalt in der Russischen Föderation ausüben,“ darstellen. Die Staatsanwaltschaft ist befugt, einen Löschungsantrag bzgl. der Information bei der zuständigen Aufsichtsbehörde zu stellen. Im Falle nicht rechtzeitiger Löschung wird der Host-Provider über die Notwendigkeit entsprechender Maßnahmen informiert. Sofern der Inhaber der Internetseite die jeweiligen Informationen nicht binnen 24 Stunden löscht, muss er die Internetseite sperren. Flankiert wird die Änderung von der Einfügung einer Ordnungswidrigkeit für die Verbreitung von Beleidigungen der Staatsmacht.[2201]

Mit dem „Gesetz über gefälschte Nachrichten“[2202] werden „unzuverlässige Informationen“ angesprochen, die legaldefiniert werden als „unzuverlässige, sozial bedeutsame Informationen, die unter dem Deckmantel zuverlässiger Nachrichten verbreitet werden, die eine Bedrohung für das Leben und (oder) die Gesundheit der Bürger oder des Eigentums, die Gefahr einer Massenstörung der öffentlichen Ordnung und (oder) der öffentlichen Sicherheit oder die Gefahr der Schaffung oder Beeinträchtigung des ordnungsgemäßen Betriebs wichtiger Elemente von Verkehr oder sozialer Infrastruktur, Kreditinstituten, Energieeinrichtungen, Industrie oder

2198 Vor allem das Bundesgesetz vom 18.03.2019 Nr. 30-FZ und das Bundesgesetz vom 18.03.2019 Nr. 31-FZ über Änderungen von Artikel 15-3 des Bundesgesetzes über Information, Informationstechnologien und Informationsschutz.

2199 Zum Ganzen betreffend die russische Gesetzgebung *Himmelreich* WiRO 2019, 372, 372 f. und *Lishchuk* ZD-Aktuell 2019, 06615.

2200 Bundesgesetz vom 18.03.2019 Nr. 30-FZ; vgl. *Lishchuk* ZD-Aktuell 2019, 06615.

2201 Bundesgesetz vom 18.03.2019 Nr. 28-FZ; vgl. *Himmelreich* WiRO 2019, 372, 373.

2202 Bundesgesetz vom 18.03.2019 Nr. 31-FZ; vgl. *Lishchuk* ZD-Aktuell 2019, 06615.

Kommunikation darstellen." Die Redakteure der Online-Publikationen können auf Verlangen der Staatsanwaltschaft aufgefordert werden, die gegenständlichen Informationen unverzüglich zu löschen und Daten (Uhrzeit und Datum) in ein Informationssystem einzutragen. Kommen sie dem nicht nach, wird der Dienstleister zur Zugangssperrung bzgl. der betreffenden Onlinequelle aufgefordert, wobei eine Verpflichtung zur Limitierung des Zugangs seitens der Provider besteht. Des Weiteren wurde eine Ordnungswidrigkeit für die Verbreitung falscher Nachrichten eingefügt, die nur gilt, sofern die Handlung nicht mit Strafe bedroht ist. Die Höhe der Buße hängt dabei von der Schwere der eingetretenen Folgen ab.[2203]

Das Gesetz war aufgrund seiner tatbestandlichen Weite erheblicher Kritik ausgesetzt. Es ermögliche die willkürliche Verfolgung von Bürgern und Organisationen, insbesondere kann auch Satire dem Anwendungsbereich unterfallen. Das deutsche NetzDG als Modellgesetz wird hinsichtlich des Anwendungsbereichs in mehreren Gesichtspunkten im Umfang übertroffen, da nicht – wie im deutschen Gesetz vorgesehen – bereits vorhandene Normen und damit klar beschriebene Inhalte zum Gegenstand der Löschpflichten gemacht werden, sondern diese (in vager Form) von der jeweiligen Sanktionsnorm selbst formuliert werden. Ebenso werden Online-Zeitungen adressiert. Schließlich ist eine gerichtliche Intervention nicht vorgesehen und werden im Gegensatz zum NetzDG Sanktionen für Individuen vorgesehen.[2204]

Im Zuge der Eskalation des Russisch-Ukrainischen Kriegs wurde zudem ein § 207-3 ins russische Strafgesetzbuch aufgenommen, der das öffentliche Verbreiten von Unwahrheiten über den Einsatz der russischen Streitkräfte unter Strafe stellt.[2205] Später wurde diese Kriminalisierung noch auf Unwahrheiten über im Ausland tätige russische Staatsorgane expandiert.[2206]

2203 Bundesgesetz vom 18.03.2019 Nr. 27-FZ; vgl. *Himmelreich* WiRO 2019, 372, 373.

2204 Zur Kritik zusammenfassend *Lishchuk* ZD-Aktuell 2019, 06615.

2205 Vgl. die Pressemitteilung der staatsnahen russischen Nachrichtenagentur TASS v. 05.03.2022, abrufbar unter https://tass.com/society/1417281 (23.03.2022).

2206 Siehe die Darstellung bei *Jack* Politico v. 22.03.2022, abrufbar unter https://www.politico.eu/article/russia-expand-laws-criminalize-fake-news/ (23.03.2022).

2207 Im nachfolgend dargestellten Common Law-Rechtskreis unterbleibt eine weitergehende Unterteilung in eine englische Rechtsfamilie und US-amerikanisches Recht.

D. Common Law-Rechtskreis[2207]

I. Irischer Gesetzesentwurf zur Einführung eines Straftatbestandes betreffend das Verbreiten von Fake News

Ein irisches Gesetzesvorhaben sah vor, dass jede Person, die einen automatisierten Bot – der 25 oder mehr Social-Media-Accounts oder Profile online betreibt – wissentlich so nutzt, dass mehrere Online-Profile politisch handeln, sich einer Straftat schuldig macht.[2208] Für weniger schwere Verstöße ist hierbei eine Geldstrafe von 500 Euro bis zu sechs Monaten Freiheitsstrafe vorgesehen. Schwere Verstöße werden mit 10.000 Euro Geldstrafe bis zu fünf Jahren Freiheitsstrafe bedroht.[2209] Der Gesetzesentwurf konnte in einer Abstimmung indes nicht die erforderliche Mehrheit auf sich vereinen, die Verabschiedung ist daher unwahrscheinlich.[2210]

II. Großbritannien

1. *Rechtslage de lege lata*

In Großbritannien existiert seit 2013 ein Verleumdungsgesetz („*Defamation Act*"), das erweislich falsche Aussagen als diffamierend klassifiziert, wenn ihre Veröffentlichung schwerwiegende Schäden für den Ruf einer Einzelperson oder eines Unternehmens verursacht hat oder dies mutmaßlich tun wird.[2211] Ohne die Feststellung eines solchen schwerwiegenden Reputationsschadens gelten Aussagen demnach nicht als diffamierend. Im Falle von Unternehmen kommt ohnedies das Erfordernis zumindest drohender schwerwiegender finanzieller Verluste hinzu.[2212] Schutz wird also nur vor diffamierenden Desinformationen gewährt.[2213] Das Gesetz statuiert eine subsidiäre Verantwortlichkeit der Plattformen für beleidigende Äußerungen

2208 The Irish News v. 05.12.2017, abrufbar unter http://www.irishnews.com/news/2017/12/05/news/new-laws-propose-five-years-in-prison-for-spreading-fake-news-1202749/ (22.03.2022).

2209 The Irish News (Fn. 2209).

2210 *O'Halloran* The Irish Times 14.12.2017, abrufbar unter https://www.irishtimes.com/news/politics/oireachtas/government-defeated-on-online-advertising-and-social-media-bill-1.3327979 (22.03.2022).

2211 §§ 1, 2 (1) des Defamation Act 2013, abrufbar unter http://www.legislation.gov.uk/ukpga/2013/26/contents/enacted (22.03.2022); vgl. zum Inhalt auch *Matsa* Kingsle y Napley v. 14.08.2017, abrufbar unter https://www.kingsleynapley.co.uk/insights/blogs/criminal-law-blog/fake-news-are-current-uk-laws-sufficient (22.03.2022).

2212 § 1(2) Defamation Act 2013 (Fn. 2212).

2213 *Matsa* (Fn. 2212).

in diesem Sinne, sofern der Äußernde nicht identifiziert werden kann[2214] und wählt insofern eine dem NetzDG vergleichbare Lösung. Der Defamation Act sieht zudem eine Privilegierung für Veröffentlichungen in wissenschaftlichen oder akademischen Zeitungen vor.[2215]

Das Kommunikationsgesetz („*Communications Act*“) führte ein Vergehen mit einem Strafrahmen von Geldstrafe und/oder Freiheitsstrafe bis zu sechs Monaten für das Versenden einer Nachricht über ein öffentliches elektronisches Kommunikationsnetz ein, wenn diese Nachricht grob beleidigend bzw. anstößiger, obszöner oder bedrohlicher Natur ist. Gleiches gilt für denjenigen, der die Versendung bewirkt.[2216] Ebenso mit Strafe bedroht ist das Versenden oder Bewirken der Versendung einer Nachricht in ein öffentliches elektronisches Kommunikationsnetz zum Zwecke der Verursachung von Verärgerung, Belästigung oder unnötiger Angst bei einer anderen Person.[2217] Das Gesetz bietet jedoch nur sehr peripheren Schutz gegenüber der Verbreitung von Fake News, die nämlich nur dann dem Anwendungsbereich unterfallen, wenn eine „grob beleidigende“ Information enthalten ist. Schlichte Unwahrheiten werden unabhängig bestimmter, mit ihnen verfolgter Intentionen gerade nicht erfasst.[2218]

Daneben existiert mit § 106(1) des Gesetzes über die Repräsentation des Volkes (*„Representation of the People Act“*)[2219] ein Gesetz, dass Jedermann die Verbreitung von Falschinformationen über den persönlichen Charakter eines Kandidaten vor und während eines Wahlkampfs verbietet und in der Rechtsfolge eine Mischung aus strafrechtlichen (Geldstrafe und drei Jahre geltendes Verbot, sich für die Wahl zum Parlament aufstellen zu lassen oder ein Wahlamt auszuüben), zivilrechtlichen (Verbot der Aussage per einstweiliger Verfügung) und wahlrechtlichen (Antrag auf Aufhebung der Wahl) Sanktionen vorsieht. In der Vergangenheit wurde der Tatbestand beispielsweise durch das Aushändigen von Flugblättern mit entsprechendem Inhalt verwirklicht.[2220] Die weite Formulierung des Tatbestands, die selbst Fahrlässigkeit erfasst, wird indes von Seiten der Literatur kritisiert.[2221]

2214 § 10(1) Defamation Act 2013 (Fn. 2212); vgl. auch *House of Commons* (Fn. 116), S. 67 Nr. 22, der Anfang 2019 finalisierte Report ist abrufbar unter https://publications.parliament.uk/pa/cm201719/cmselect/cmcumeds/1791/1791.pdf (22.03.2022).

2215 § 6 Defamation Act 2013 (Fn. 2212).

2216 § 127(1) Communications Act 2003, abrufbar unter http://www.legislation.gov.uk/ukpga/2003/21/section/127 (22.03.2022).

2217 § 127(2) Communications Act 2013 (Fn. 2217).

2218 *Matsa* (Fn. 2212).

2219 § 106(1) Representation of the People Act 1983, abrufbar unter http://www.legislation.gov.uk/ukpga/1983/2 (22.03.2022).

2220 *Rowbottom* Oxford Journal of Legal Studies 32 (2012), 507, 508 f.

2221 *Rowbottom* Oxford Journal of Legal Studies 32 (2012), 507, 529 ff.

2. Weitere Vorhaben

Im Juli 2018 veröffentliche das britische House of Commons einen Bericht zu Desinformationen, der im Wesentlichen für die Abschaffung des Begriffs, für die weitergehenden Verpflichtung der sozialen Netzwerke und für die Schaffung einer Arbeitsgruppe zur Erforschung der Verbreitung von Desinformationen optierte.[2222] Im April 2019 präsentierten zwei Minister gegenüber dem Parlament ein Papier, das sich mit der Schaffung eines neuen Rechtsrahmens zum Schutz der Online-Sicherheit auseinandersetzte.[2223] Das Papier sieht eine Sorgfaltspflicht der sozialen Netzwerke in Bezug auf verschiedene Inhaltekategorien wie Desinformationen und Hate Speech vor, die von einer kompetenten Regulierungsbehörde – u.a. mittels empfindlicher Geldbußen – durchgesetzt werden soll.[2224] Die genaue Art der Verpflichtungen soll in Verhaltenskodizes festgelegt werden. Dieses Papier mündete letztlich in den Entwurf eines Gesetzes zur Online-Sicherheit („*Draft Online Safety Bill*"[2225]), bzgl. dessen aber noch im Jahr 2022 Änderungen angekündigt wurden[2226] und der bislang ohnehin nicht unmittelbar auf die Bekämpfung von Desinformationen abzielt.[2227]

Im weiteren Verlauf rief das britische Innenministerium zudem noch Gesetzgebung zur Abwehr staatlicher Bedrohungen, u.a. durch Störungen des öffentlichen Prozesses, auf den Plan – namentlich durch ein System zur Registrierung ausländischer Einflüsse.[2228] Großbritannien verfolgt also, in Anlehnung an das deutsche

2222 *House of Commons* (Fn. 116), S. 64 ff.

2223 *Secretary of State for Digital, Culture, Media & Sport and the Secretary of State for the Home Department* Online Harms, White Paper, April 2019, abrufbar unter https://assets.publishing.service.gov.uk/government/uploads/system/uploads/attachment_data/file/793360/Online_Harms_White_Paper.pdf (22.03.2022).

2224 *Secretary of State for Digital, Culture, Media & Sport and the Secretary of State for the Home Department* (Fn. 2224), S. 41 ff.

2225 Draft Online Safety Bill, abrufbar unter https://assets.publishing.service.gov.uk/government/uploads/system/uploads/attachment_data/file/985033/Draft_Online_Safety_Bill_Bookmarked.pdf (24.09.2022). Siehe auch den überarbeiteten Entwurf aus Juni 2022, abrufbar unter https://publications.parliament.uk/pa/bills/cbill/58-03/0121/220121.pdf (24.09.2022).

2226 *House of Commons* Library, Research Briefing, Regulating online harms, 15.03.2022, abrufbar unter https://commonslibrary.parliament.uk/research-briefings/cbp-8743/ (27.03.2022).

2227 Siehe nur die Definition der illegalen Inhalte bzw. relevanten Straftatbestände in § 41 des Draft Online Safety Bill – bzw. § 51 in der Entwurfsfassung aus Juni 2022 (Fn. 2226). Siehe auch die Analyse von George Insights, The Online Safety Bill, Oxford Internet Institute, 28.02.2022, abrufbar unter https://www.oii.ox.ac.uk/news-events/news/insights-the-online-safety-bill/ (27.03.2022).

2228 Siehe die zwischenzeitlich geschlossene Konsultation *Home Office* Consultation document, legislation to counter state threats, 22.11.2021, abrufbar unter https://

NetzDG,[2229] einen diesem vergleichbaren Ansatz, der inhaltsgleiche Defizite offenbart. Daneben wird vorwiegend mittels Diffammierungsgesetzen interveniert, sodass die ebenso im deutschen Recht de lege lata vorhandenen Rechtsschutzlücken existieren.

III. Fake News im US-amerikanischen Strafrecht

1. *Ermittlungen gegen ausländische Desinformationskampagnen*

In den USA unternehmen die Strafverfolgungsbehörden nach dem ersten Manipulationsverdacht anlässlich der Präsidentschaftswahl im Jahr 2016 und den zuletzt abgehaltenen Wahlbeeinflussungsversuchen anlässlich der *„Midterm-Elections"* erhebliche Anstrengungen zur strafrechtlichen Ahndung der Manipulationsversuche, die nach ihren Ermittlungen primär von ausländischen Individuen ausgehen.[2230] Nach der Anklageerhebung gegen eine weitere russische Privatperson am 28.09.2018[2231] kam es insofern bis Oktober 2018 zu insgesamt 27 Anklagen.[2232]

Strafrechtlicher Anknüpfungspunkt der Anklagen ist die Verletzung von Titel 18, United States Code, § 371. Hiernach macht sich wegen Verschwörung strafbar, wer sich mit mindestens einer weiteren Person verschwört, eine Straftat gegen die Vereinigten Staaten zu begehen oder die Vereinigten Staaten oder eine ihrer Behörden zu betrügen und wenn eine oder mehrere dieser Personen eine Handlung unternehmen, um den Zweck der Verschwörung zu erreichen. Die Norm wird als Betrugsklausel bezeichnet, welche Verschwörungen zum Betrug der Vereinigten Staaten verbietet.[2233] Unter dem Gesetz über die Registrierung ausländischer Agenten (*„Foreign Agent Registration Act"*), Titel 22, United States Code, § 611 besteht ein Registrierungserfordernis für ausländische Agenten, damit die US-amerikanische Regierung und die Bürger über die Person und die Quelle informiert sind, die Versuchen, die öffentliche Meinung zu beeinflussen, wobei dem Gesetz unterfallende Personen Registrierungsunterlagen über ihre Aktivitäten

---

www.gov.uk/government/consultations/legislation-to-counter-state-threats/consultation-document-legislation-to-counter-state-threats-accessible-version (27.03.2022).

2229 Auf dieses nimmt der Bericht des *House of Commons* (Fn. 116), S. 17 Nr. 54 indes auch Bezug.

2230 *Polantz* CNN v. 19.10.2018, abrufbar unter https://edition.cnn.com/2018/10/19/politics/elena-alekseevna-khusyaynova-russia-charged/index.html (23.03.2022).

2231 Strafanzeige abrufbar unter https://edition.cnn.com/2018/10/19/politics/criminal-complaint-elena-alekseevna-khusyaynova-russia/index.html (23.03.2022).

2232 *Polantz* (Fn. 2231).

2233 Department of Justice, Criminal Resource Manual 923, 18 U.S.C. § 37 – Conspiracy to defraud the United States, abrufbar unter https://www.justice.gov/jm/criminal-resource-manual-923-18-usc-371-conspiracy-defraud-us (23.03.2022).

einreichen müssen.[2234] Unter dem Bundeswahlkampfgesetz („*Federal Election Campaign Act*“) der *Federal Election Commission* sind selbst unabhängige Ausgaben innerhalb von Bundeswahlen der Kommission zu melden.

Angezeigt ist der Sachverhaltskomplex um die russische Bewegung „Projekt Lakhta“, die laut dem FBI Wahlinterventionen in und außerhalb Russlands betrieb. Der Strafanzeige folgend, verbreitete die Organisation ab 2014 über soziale Netzwerke, dort betriebene Fake-Accounts sowie Internetseiten Beiträge über US-politische oder soziale Themen mit dem Ziel der Wahlbeeinflussung. Bereits zuvor war der vermeintliche Drahtzieher der Organisation angeklagt worden.[2235]

2. *Weitere Gesetzgebung und Vorhaben*

Daneben kündigte der Kongress bereits im Oktober 2017 einen Gesetzesentwurf an, mit dem Online-Plattformen wie Facebook und Google verpflichtet werden, Kopien von Anzeigen aufzubewahren, sie öffentlich zu machen und nachzuverfolgen, wer diese finanziert und wieviel dafür aufgewendet wird.[2236] Diese Gesetzgebung versucht, die Medienregularien auf soziale Medien auszudehnen.[2237]

Kalifornien verabschiedete zudem ein Gesetz zur Förderung der Medienkompetenz an Schulen, welches das Bildungsministerium verpflichtet, Lehrmaterialien und Ressourcen zur Evaluierung vertrauenswürdiger Inhalte aufzulisten.[2238] Inspiration hierfür waren die Beobachtungen eines US-amerikanischen Studenten, nach denen die meisten Studenten nicht zwischen gesponserten Inhalten und Nachrichten unterscheiden können.[2239] Dagegen legte der kalifornische Gouverneur sein Veto bzgl. eines Gesetzesentwurfs[2240] ein, nach welchem der Generalstaatsanwalt zur Überwachung der Verbreitung von Desinformationen in den sozialen Medien eine Beratergruppe einsetzen sollte, wobei die Gruppe diesbezüglich mit der Ausarbeitung strategischer Vorschläge betraut werden sollte.[2241] Der Gouverneur

---

2234 So die Anklage, abrufbar unter https://edition.cnn.com/2018/10/19/politics/criminal-complaint-elena-alekseevna-khusyaynova-russia/index.html (23.03.2022).

2235 *Polantz* (Fn. 2231).

2236 *Funke/Flamini* Poynter v. 13.08.2019, abrufbar unter https://www.poynter.org/fact-checking/2019/a-guide-to-anti-misinformation-actions-around-the-world/ (23.03.2022).

2237 *Funke/Flamini* (Fn. 2237).

2238 Senate Bill No. 830, abrufbar unter http://leginfo.legislature.ca.gov/faces/billNavClient.xhtml?bill_id=201720180SB830 (23.03.2022).

2239 *Funke/Flamini* (Fn. 2237). Dieser Versuch zur Stärkung der Medienkompetenz steht inmitten vergleichbarer früherer oder vergangener Maßnahmen in mindestens 24 Staaten.

2240 Senate Bill 1424, abrufbar unter https://leginfo.legislature.ca.gov/faces/billTextClient.xhtml?bill_id=201720180SB1424 (23.03.2022).

2241 Vgl. auch *Funke/Flamini* (Fn. 2237).

begründete sein Veto mit der fehlenden Notwendigkeit zur Einrichtung einer beratenden Gruppierung, was zahlreiche Studien akademischer und politischer Gruppierungen über die Verbreitung falscher Informationen zeigen würden.[2242]

In Kalifornien wurde die erste Anhörung eines weiteren Gesetzesentwurfs[2243] auf Antrag eines Versammlungsmitglieds abgesagt, der es für illegal erklärt hätte, falsche oder irreführende Aussagen über einen politischen Kandidaten oder einen Befürworter oder Gegner einer Wahlmaßnahme im Internet zu veröffentlichen, sofern hierbei gleichzeitig über die Identität des Kommunikators getäuscht wird. Demnach sollte es in der beabsichtigten geänderten Passage des Wahlgesetzes, in der der verbotene Akt der Begehung des Cyberbetrugs in der Absicht, irrezuführen, zu täuschen oder zu betrügen legaldefiniert wird, wörtlich übersetzt wie folgt lauten: „Politischer Cyberbetrug bezeichnet *eine wissende und vorsätzliche Handlung in Bezug auf eine politische Internetseite*, die mit der Absicht begangen wird, einer Person den Zugang zu einer politischen Internetseite zu verweigern, einer Person die Möglichkeit zu verweigern, einen Domainnamen für eine politische Internetseite zu registrieren, *oder eine Person vernünftigerweise dazu zu verleiten, zu glauben, dass eine politische Internetseite von einer anderen Person als der Person, welche die Internetseite veröffentlicht hat, gepostet wurde, und die eine vernünftige Person nach dem Lesen der Internetseite veranlassen würde, zu glauben, dass die Internetseite tatsächlich die Ansichten des Befürworters oder Gegners einer Wahlmaßnahme oder eines Kandidaten für ein öffentliches Amt repräsentiert.*“[2244] [Hervorhebungen durch den Verfasser].

Der Entwurf war auf teilweise heftige Kritik wegen der zur besorgenden Begrenzung der freien Rede gestoßen, da politische Akteure beim geringsten Hinweis auf eine übertriebene oder unbedeutende falsche Äußerung Beschwerde einreichen und die Strafverfolgungsbehörden politisch motivierte Ermittlungen einleiten könnten.[2245] Zudem sei der Anwendungsbereich zu extensiv, da selbst Journalisten und Blogger im Falle des Zitierens entsprechender Aussagen dem

---

2242 CBS Sacramento v. 27.09.2018, abrufbar unter https://sacramento.cbslocal.com/2018/09/27/california-fake-news-bill-veto/ (23.03.2022). Dieser Entwurf hätte an die Unternehmen hinter den sozialen Plattformen wie auch an private Interessenvereinigungen, auf dem Gebiet des 1. Zusatzartikels forschende Professoren sowie mindestens an ein Mitglied des Justizministeriums die Bitte gerichtet, ihre diesbezüglichen Ergebnisse bis Ende 2019 vorzustellen, dazu *Funke/Flamini* (Fn. 2237).

2243 The California Political Cyberfraud Abatement Act, California Legislative Information, Assembly Bill 1104, abrufbar unter https://leginfo.legislature.ca.gov/faces/billNavClient.xhtml?bill_id=201720180AB1104 (23.03.2022).

2244 The California Political Cyberfraud Abatement Act (Fn. 2245).

2245 *Blake* The Washington Times v. 29.03.2017, abrufbar unter https://www.washingtontimes.com/news/2017/mar/29/california-fake-news-bill-falters-amid-free-speech/ (23.03.2022).

Anwendungsbereich unterfielen – ebenso wie Satireinhalte und das Teilen ungenauer Äußerungen Dritter.[2246] Tatsächlich handelte es sich bei dem Entwurf also um eine Maßnahme, die Falschinformationen im Internet und nicht nur in den sozialen Medien hinsichtlich vermeintlicher Ansichten von Protagonisten einer Wahlmaßnahme oder eines politischen Kandidaten dann verboten hätten, wenn gleichzeitig über die Identität des Publizierers der Internetseite getäuscht wird. Dagegen ist die Formulierung „Ansichten" kaum zielführend, da doch eigentlich beabsichtigt sein sollte, Tatsachen zum alleinigen Bezugspunkt zu machen. Die Definition birgt insofern Risikopotential hinsichtlich der unmittelbaren Beschränkung legitimer Meinungsäußerungen. Auffallend ist zudem der gegenüber der französischen Gesetzgebung gewählte weitergehende Anwendungsbereich, da keine weitergehende zeitliche Nähe zu politischen Entscheidungen erforderlich ist. Dagegen könnte der Anwendungsbereich durch das implementierte Täuschungselement bzgl. des Kommunikators der Internetseite ungebührlich eingeengt worden sein, da Fallgestaltungen denkbar sind, in denen nur über die Urheberschaft eines bestimmten Zitats getäuscht oder sogar nur dessen Inhalt als nach Aussage eines der genannten Protagonisten richtig dargestellt wird.

3. Gesetzgebung betreffend Desinformationskampagnen im politischen Bereich und die diesbezügliche Rechtsprechung

a) Bestehende Regelungen

Im Jahr 2020 existierten in 29 Bundesstaaten Regelungen, die falsche politische Äußerungen verbieten.[2247] Die Definitionen von politischen Äußerungen und

2246 *Blake* (Fn. 2246).

2247 Die in diesem Abschnitt und den nachfolgenden Fußnoten erfolgte Darstellung und Systematisierung der Gesetze in den USA geht auf die Beiträge von *Vojak* California Western International Law Journal 48 (2018), 123, 147 f. und *Zenor* Campbell L. Rev. 38 (2016), 41, 49 f. zurück, wobei beide allerdings seinerzeit nur Regelungen in 19 Bundesstaaten feststellt haben. Alabama Code § 17-5-16 (a) (2017); Alaska Stat. § 15.13.095 (2018); Az Rev. Stat. § 19-119 (A) (2017); Cal. Elec. Code §§ 20440, 18350 (2016); Colo. Rev. Stat. § 1-13-109 (2017); Fla. Stat. § 104.271 (2018); Hi Rev. Stat. § 19-3 (12) (2017); IC § 3-9-3-5 (2017); 10 Ill. Comp. Stat. 5/29-4 (2014); LA. Stat. Ann. § 18:1463 (2017); Mass. Gen. Laws ch. 56, § 42 (2014); Mich. Comp. Laws § 168.931 (2017); Minn. Stat. § 211b.06 (2018); Miss. Code Ann. § 23-15-875 (2015); Mont. Code Ann. § 13-37-131 (2015); N.C. Gen. Stat. § 163-274(A)(7)-(8) (2015); N.D. Cent. Code § 16.1-10-04 (2015); NH Rev. Stat. Ann. § 666.6 (2017); N.J. Rev. Stat. 19:34-66 (2014); Ohio Rev. Code Ann. §§ 3517.21, 3517.22 (LexisNexis 2013); Or. Rev. Stat. § 260.532 (2013); S.D. Codified Laws § 12-13-16 (2004); Tenn. Code Ann. § 2-19-142 (2014); Texas Elec. Cod 255.004-5 (2017); Utah Code Ann. § 20a-11-1103 (LexisNexis

damit die Anwendungsbereiche der Gesetze unterscheiden sich hierbei von Staat zu Staat: Beispielsweise verbieten einige der Gesetze falsche Aussagen über einen Kandidaten,[2248] wobei sich ein Gesetz hierbei auf einen konkurrierenden Kandidaten als tauglichen Täter beschränkt,[2249] während andere Gesetze Äußerungen über die moralische Integrität eines Kandidaten einschränken.[2250] Solche Gesetze haben beispielsweise den folgenden Wortlaut:

> *„Keine Person darf eine falsche Aussage in Bezug auf einen Kandidaten für die Ernennung oder Wahl zum öffentlichen Amt machen, veröffentlichen oder veranlassen, die dazu bestimmt ist oder dazu tendiert, diesen Kandidaten zu unterstützen oder zu verletzen oder zu besiegen.*
> *Niemand darf in einem Brief, Rundschreiben, einer Anzeige, einem Plakat oder in einem anderen Schreiben eine falsche Aussage in Bezug auf eine an die Wähler gerichtete Frage veröffentlichen oder veröffentlichen lassen, welche die Abstimmung über diese Frage beeinflussen soll.*"[2251] [Hervorhebungen durch den Verfasser].

Regelungen in anderen Staaten knüpfen (wörtlich) an die Voraussetzung der sog. „*Actual Malice*" bei Verleumdungen an und beschränken wissentlich falsche Äußerungen.[2252] *Actual Malice* ist der vom Obersten Gerichtshof für Verleumdungsfälle festgelegte rechtliche Standard, um festzustellen, wann Beamten oder Persönlichkeiten des öffentlichen Lebens in Klagen gegen die Medien Schadenersatz zuerkannt werden kann – dasselbe gilt für journalistische Berichterstattungen über Belange von öffentlichem Interesse, selbst ohne die Beteiligung von

---

2010); Va. Code Ann. § 24.2-1005.1(A) (2011); Wash. Rev. Code § 42.17a.335 (2014); W. Va. Code § 3-8-11 (2013); Wis. Stat. § 12.05 (2011).

2248 Systematisierung und Auflistung nach *Zenor* Campbell L. Rev. 38 (2016), 41, 50. Beispielsweise Alaska Stat. § 15.56.014(a)(3)(A-C) (2018); Colo. Rev. Stat. § 1-13-109 (2015); Fla. Sta. § 104.271 (2018); LA. Stat. Ann. § 18:1463 (2017); Mass. Gen. Laws ch. 56, § 42 (2014); Mich. Comp. Laws § 168.931 (2017); Mont. Code Ann. § 13-37-131 (2015); N.C. Gen. Stat. § 163-274 (2015); Ohio Rev. Code Ann. § 3517.21 (LexisNexis 2013); Tenn. Code Ann. § 2-19-142 (2014); Utah Code Ann. § 20A-11-1103 (LexisNexis 2010); W. Va. Code § 3-8-11(c) (2013); Wis. Stat. § 12.05 (2004).

2249 Fla. Stat. § 104.271 (2018).

2250 Z.B. Miss. Code Ann. § 23-15-875 (2015). Darstellung nach *Zenor* Campbell L. Rev. 38 (2016), 41,50.

2251 Mass. Gen. Laws ch. 56, § 42 (2014).

2252 Vgl. nur Colo. Rev. Stat. § 1-13-109(1)-(3) (2015), wobei hier bereits Leichtfertigkeit („*Recklessly*") ausreicht; Minn. Stat. § 211B.06 (2018); N.D. Cent. Code § 16.1-10-04 (2015); Ohio Rev. Code Ann. §§ 3517.21, 3517.22 (LexisNexis 2013); Or. Rev. Stat. § 260.532 (2013), das nur zivilrechtliche Klagerechte statuiert; vgl. auch Wash. Rev. Code § 42.17a.335 (2014). Darstellung nach *Zenor* Campbell L. Rev. 38 (2016), 41,50.

Personen des öffentlichen Lebens.[2253] Voraussetzung soll demnach sein, dass die Aussagen mit dem Wissen, dass diese falsch waren oder unter grob fahrlässiger Unkenntnis der Unwahrheit getätigt wurden.[2254] Während diese Gesetze mit der Anknüpfung an Actual Malice mit leichtfertiger („*Reckless*") Unkenntnis bereits eine Form von Fahrlässigkeit genügen lassen, knüpfen andere Gesetze ihre Strafandrohungen lediglich an wissentlich falsche Aussagen.[2255] Einige der den Actual Malice-Standard aufgreifenden Gesetze erfordern aber tatbestandlich weiterhin eine Verleumdung oder Diffamierung,[2256] sodass letztlich – verglichen mit dem deutschen Recht – nicht über den Bereich des Ehrschutzes hinaus Schutz gewährt wird. Im Ergebnis wird ohnehin festgestellt, dass die geltenden Gesetze in der Praxis weitgehend nicht durchgesetzt würden.[2257]

aa) Falsche Kampagnen- oder Werbeinhalte

(1) Beispiel Minnesota

Eine Person ist hiernach eines groben Vergehens schuldig, die vorsätzlich an der Vorbereitung, Verbreitung oder Ausstrahlung von bezahltem politischem Werbe- oder Kampagnenmaterial in Bezug auf den persönlichen oder politischen Charakter oder die Handlungen eines Kandidaten oder in Bezug auf die Wirkung einer Wahlfrage beteiligt ist, die dazu bestimmt ist oder dazu dient, einen Kandidaten für die Ernennung oder Wahl in ein öffentliches Amt zu wählen, zu verletzen, zu fördern oder zu besiegen oder eine Wahlfrage zu fördern oder zu besiegen, die falsch ist und von der die Person weiß, dass sie falsch ist, oder die sie anderen mit leichtfertiger Missachtung der Frage, ob sie falsch ist, mitteilt.[2258] Diese Regelung gilt wiederum nicht für solche Personen oder Unternehmen, deren einziges relevantes Handeln im Rahmen ihrer normalen Geschäftstätigkeit das Drucken, Herstellen oder Verbreiten der falschen Informationen ist.[2259] Für jeden Verstoß

2253 *Hönig* Das Recht am eigenen Bild, S. 100; *Wermiel* Actual Malice, The First Amendment Encyclopedia, abrufbar unter https://www.mtsu.edu/first-amendment/article/889/actual-malice (23.03.2022); *Hönig* Das Recht am eigenen Bild, S. 100.

2254 *Wermiel* (Fn. 2254). In den benannten Gesetzen wurden diese inhaltlichen Voraussetzungen teilweise inhaltlich aufgenommen, vgl. Minn. Stat. § 211B.06 (2014) und N.D. Cent. Code § 16.1-10-04 (2015). Andere Gesetze benennen die Actual Malice als Voraussetzung wortwörtlich Fla. Stat. § 104.271 (2) (2018).

2255 Mass. Ann. Laws ch. 56, § 42; Miss. Code Ann. § 23-15-875; Tenn. Code Ann. § 2-19-142; Utah Code Ann. § 20A-11-1103; W. Va. Code Ann. § 3-8-11(c); Wis. Stat. Ann. § 12.05.

2256 Wash. Rev. Code § 42.17a.335 (2014).

2257 *Sellers* Oklahoma L. Rev. 71 (2018), 149.

2258 Minn. Stat. § 211B.06 Subdivision 1 (a), (b) (2018). Darstellung nach *Zenor* Campbell L. Rev. 38 (2016), 41, 511.

2259 Minn. Stat. § 211B.06 Subdivision 2 (2018).

kann eine Geldstrafe von bis zu 3.000 USD oder Freiheitstrafe bis zu einem Jahr verhängt werden.[2260] Die Beweislast liegt beim Beschwerdeführer, wobei inhaltlich bei einem Verstoß gegen § 211B.06, der sich auf falsche Aussagen in bezahlter politischer Werbung oder Kampagnenmaterial bezieht, ein klarer und überzeugender Beweis notwendig ist, wohingegen bei anderen Verletzungen des Kapitels bereits ein Übergewicht der Beweise genügt.[2261]

(2) Beispiel Oregon

Andere Gesetze verbieten das Veranlassen des Schreibens, Druckens, Veröffentlichens, Postens, Kommunizierens oder Verbreitens von Veröffentlichungen oder das Platzieren einer Werbung oder das alleinverantwortliche oder gemeinsame Finanzieren einer Werbung in Kenntnis oder leichtfertiger Unkenntnis, dass diese eine falsche Angabe wesentlicher Tatsachen in Bezug auf einen Kandidaten, ein politisches Komitee oder eine Maßnahme enthält.[2262] Ausgenommen sind hier wiederum die Ausstrahlung einer Werbung durch einen Radio- oder Fernsehsender oder eine Kabelfernsehgesellschaft – sofern die Werbung nicht intendiert ist für die Kandidatur des Eigentümers, Lizenznehmers oder Betreibers der Station oder des Unternehmens oder eine Stimmzettelmaßnahme, bei der ein Hauptantragsteller der Eigentümer, Lizenznehmer oder Betreiber der Station oder des Unternehmens ist.[2263] Ein Kandidat, der eine Veröffentlichung oder Werbung kennt und mit ihr einverstanden ist, haftet im Falle von Kenntnis oder leichtfertiger Unkenntnis im Hinblick auf darin enthaltene falschen Tatsachen unabhängig von seiner Beteiligung an der Veröffentlichung.[2264] Eine Kenntnis und ein Einverständnis in diesem Sinne wird für Kampagnen eines politischen Komitees widerlegbar vermutet, in denen der Kandidat die Leitung oder Kontrolle hat.[2265] Für den Fall der Verletzung hat jeder Kandidat oder jedes politische Komitee, das durch einen Verstoß gegen diesen Abschnitt geschädigt wird, ein Klagerecht gegen die Person, die den Verstoß begangen hat, wobei hierbei materieller und immaterieller Schaden oder, wenn dies mehr ist, ein Betrag von 2.500 USD geltend gemacht werden kann.[2266]

2260 Minn. Stat. § 211B.35 Subdivision 2 (d) (2018).
2261 Minn. Stat. § 211B.32 Subdivision 4 (2018).
2262 Or. Rev. Stat. § 260.532 Subdivision 1 (2013).
2263 Or. Rev. Stat. § 260.532 Subdivision 2 (2013).
2264 Or. Rev. Stat. § 260.532 Subdivision 3 (2013).
2265 Or. Rev. Stat. § 260.532 Subdivision 4 (2013).
2266 Or. Rev. Stat. § 260.532 Subdivision 5, 6 (2013).

bb) Weitere strafrechtlich regulierte Bereiche

Wiederum andere Gesetze verbieten Falschaussagen in Bezug auf das öffentliche Abstimmungsverhalten („*Voting Record*"[2267]) eines Kandidaten.[2268] Einige Gesetze knüpfen ihre Strafandrohung an die Verbreitung von Falschinformationen in spezifischen Veröffentlichungsformen, wie zum Beispiel politischer Werbung und Kampagnenmaterialien[2269] oder solche im Rahmen von Telefonumfragen.[2270] Einige Gesetze verbieten das Verbreiten von Falschinformationen über Referenden,[2271] ein anderes Gesetz verlangt die Qualifikation der Falschinformation als wesentlicher Fakt.[2272]

Daneben bestehen Gesetze, die Täuschungen in Bezug auf die Identität des Äußernden[2273] oder über den vermeintlichen Rücktritt eines Kandidaten verbieten.[2274] Weitere Gesetze verbieten das Verbreiten falscher Informationen, welche die Ausübung des Wahlrechts verhindern würden – so Informationen über Ort, Datum und Uhrzeit der Wahl.[2275] Auch existieren Gesetze, nach denen sich die Kandidaten *deklaratorisch*[2276] oder *fakultativ*[2277] Kodizes unterwerfen, gemäß

2267 Das Abstimmungsverhalten von Personen, die ein politisches Amt bekleiden oder bekleidet haben, also beispielsweise für und gegen welches Gesetz diese gestimmt haben, wird in den USA historisch erfasst und ist öffentlich einsehbar, siehe *USA Gov* Who to Vote For, abrufbar unter https://www.usa.gov/voter-resea rch (24.03.2022).

2268 Ohio Rev. Code Ann. § 3517.21 (LexisNexis 2013); Mont. Code Ann. § 13-37-131(1) (2015).

2269 Minn. Stat. § 211B.06 (2014); N.D. Cent. Code § 16.1-10-04 (2015); Or. Rev. Stat. § 260.532(1) (2013); Tenn. Code Ann. § 2-19-142. Darstellung in Anknüpfung an *Zenor* Campbell L. Rev. 38 (2016), 41, 50.

2270 Alaska Stat. § 15.13.095. Darstellung nach *Zenor* Campbell L. Rev. 38 (2016), 41, 50.

2271 Colo. Rev. Stat. § 1-13-109; Mass. Ann. Laws ch. 56, § 42; Minn. Stat. § 211B.06; N.D. Cent. Code § 16.1-10-04; Ohio Rev. Code Ann. § 3517.22; Or. Rev. Stat. Ann. § 260.532; S.D. Codified Laws § 12-13-16; Utah Code Ann. § 20A-11-1103; Wis. Stat. Ann. § 12.05. Darstellung nach *Vojak* California Western International Law Journal 48 (2018), 123, 148.

2272 Or. Rev. Stat. Ann. § 260.532(1).

2273 Hinsichtlich der Identität offizieller Stellen Az Rev. Stat. § 19-119 (A) (2017); hinsichtlich der Amtsträger- und Beamteneigenschaft Cal. Elec. Code §18350 (2016), IC § 3-9-3-5 (2017); allgemein zur Täuschung über die Identität NH Rev. Stat. Ann. § 666.6; N.J. Rev. Stat. 19:34-66; Texas Election Code 255.004-5.

2274 Hi Rev. Stat. § 19-3 (12) (2017).

2275 Va. Code Ann. § 24.2-1005.1(A) (2011). Systematisierung nach *Zenor* Campbell L. Rev. 38 (2016), 41, 50.

2276 Beispielsweise Ark. Stat. Ann. § 7-6-102

2277 Cal. Elec. Code § 20440; 10 ILCS 5/29B-10; MRSA tit. 21-A, § 1101, Minn. Stat. Ann. § 211B; Nev. Rev Stat. § 294A.290; Texas Elec. Code 255.004-06.

denen sie ihre Kampagnen fair und ehrlich durchführen. Eines dieser Gesetze stuft Verstöße gegen die Verpflichtung als Vergehen ein.[2278]

Zuletzt erließ Kalifornien ein Strafgesetz, das das leichtfertige Verbreiten irreführender audio-visueller Medien über einen Kandidaten in der Absicht, einen Kandidaten zu schädigen oder einen Wähler zur Stimmabgabe für oder gegen einen Kandidaten zu bewegen, innerhalb von 60 Tagen vor der Wahl verbietet.[2279] Verschiedene Privilegierungen nehmen Anbieter interaktiver Dienste, klassischer Medien und von Internetnachrichtenangeboten, die über die Offenlegungen hinsichtlich der Unrichtigkeit berichten, sowie Satire und Parodie vom Anwendungsbereich aus. Das Gesetz tritt zum 01.01.2023 automatisch außer Kraft.[2280] Es handelt sich, soweit ersichtlich, um die erste Regelung gegen Deepfakes.

b) Verfassungsrechtliche Bedenken und Anfechtungen von Gesetzen, die Aussagen bzgl. bestimmter Themen verbieten

Allerdings wurden bzgl. dieser Gesetze teilweise Verstöße gegen den 1. Zusatzartikel festgestellt.[2281] Nach dieser Verfassungsnorm darf der Kongress kein Gesetz erlassen, welches die „Rede- und Pressefreiheit (...) einschränkt." Die Gerichte stellten sich insofern auf den Standpunkt, dass hinsichtlich politischer Desinformationskampagnen das Prinzip von Rede und Gegenrede die Antwort sein müsse.[2282] Sie gehen davon aus, dass Medienwächter oder politische Gegner aus Überlebensinteresse Desinformationskampagnen erkennen und entsprechend reagieren.[2283]

aa) Gerichtliche Anfechtungen

So sah zum Beispiel der Washington Supreme Court einen Verstoß gegen den 1. Zusatzartikel durch ein Gesetz, das den Sponsor jeder politischen Werbung bestraft, sofern die Werbung die falsche Äußerungen über eine materielle Tatsache und mit Actual Malice veröffentlicht wurde.[2284] Das Gericht stellte fest, dass diese Regelung irrig voraussetze, dass dem Staat ein autonomes Recht zur Bestimmung

---

2278 Ark. Stat. Ann. § 7-6-102.

2279 Cal. Elec. Code § 20010(a).

2280 Cal. Elec. Code § 20010(d).

2281 Die nachfolgende Darstellung der gerichtlichen Überprüfungen der Verfassungsmäßigkeit einiger der vorge-nannten Gesetze geht auf die Darstellungen von *Sellers* Oklahoma L. Rev. 71 (2018), 146 ff.; *Vojak* California Western International Law Journal 48 (2018), 123, 148 ff. und *Zenor* Campbell L. Rev. 38 (2016), 41, 50 ff.

2282 Citizens United v. FEC, 558 U.S. 310, 354 (2010); Abrams v. United States, 250 U.S. 616, 630 (1919) (Holmes, J., dissenting).

2283 Rickert v. Wash. Pub. Disclosure Comm'n, 168 P.3d 826, 829 (Wash. 2007).

2284 Siehe die Darstellung bei *Vojak* California Western International Law Journal 48 (2018), 123, 147.

der Wahrheit in der politischen Debatte zustünde und dass die Regulierung nicht den anzustellenden Prüfungsanforderungen gerecht werde, da seitens der Regierung *kein zwingendes staatliches Interesse bestünde*, derartige Aussagen zu verbieten.[2285] Ebenso hielt die in der Folge seitens des Gesetzgebers vorgenommene Beschränkung des Gesetzes auf Aussagen betreffend einen bestimmten Kandidaten für ein öffentliches Amt der gerichtlichen Überprüfung nicht stand, da das Gesetz kein zwingendes staatliches Interesse am Schutz der Integrität von Wahlen verfolge. Kritisiert wurde, dass auch nicht diffamierende Äußerungen inkriminiert werden. Selbst wenn ein Interesse vorläge, wäre das Gesetz nach Ansicht des Gerichts aber verfassungswidrig, als es für viele Aussagen nicht gelte, die das angebliche Interesse des Staates am Schutz von Wahlen gleichermaßen gefährden: Insbesondere nahm Gesetz nämlich alle Aussagen aus, die ein Kandidat oder seine Anhänger über sich selbst machen. Tatsächlich sei daher der Schutz des Kandidaten und nicht derjenige des Wahlprozesses intendiert.[2286]

Eine ebensolche Verletzung des 1. Zusatzartikels wurde für den Fall eines Gesetzes in Minnesota festgestellt, das falsche Äußerungen in Gestalt von politischer Werbung oder Kampagnenmaterialien verbot, sofern diese zumindest leichtfertig verbreitet werden, nachdem bereits die vorherige, noch ohne den Actual Malice-Standard ausbuchstabierte Gesetzesfassung die Verfassungswidrigkeit bescheinigt bekommen hatte.[2287] Das Gericht judizierte, dass falsche Äußerungen im Rahmen von Kampagnen kein mit dem eines Verleumdungsgesetzes vergleichbares Interesse implizieren würden, da dort neben der Unrichtigkeit der Informationen die Verletzung einer Privatperson den Schuldvorwurf legitimiere.[2288] Gegenstand der Kritik war zudem, dass unter dem Gesetz jeder eine Beschwerde einreichen könne und an die Einreichung keine Anforderung gestellt werde, dass diese ordnungsgemäß genutzt werden muss oder eine Verpflichtung der Einhaltung bestimmter ethischer Richtlinien bestünde – sodass die Instrumentalisierung durch politische Gegner drohe und letztlich jeder, der sich zu einer Wahlfrage äußere, zu einem potentiellen Ziel werde.[2289] Des Weiteren trete der eigentliche Schaden bereits mit der Einreichung der Beschwerde ein, ohne dass es auf das Ergebnis der in der Folge eingeleiteten Ermittlungen ankomme, deren Abschluss oftmals ohnedies erst nach der Wahl zu erwarten sei.[2290] Die Verletzung werde nach den richterlichen Feststellungen vom Subjekt der falschen Äußerung getragen, nicht aber von denen,

---

2285 State ex rel. Pub. Disclosure Comm'n v. 119 Vote No! Comm., 957 P.2d 691, 695–699 (Wash. 1998), zitiert nach *Zenor* Campbell L. Rev. 38 (2016) 41, 50.

2286 Vgl. die Darstellung bei *Zenor* Campbell L. Rev. 38 (2016), 41, 50.

2287 Siehe die Darstellung bei *Vojak* California Western International Law Journal 48 (2018), 123, 147, sowie bei *Zenor* Campbell L. Rev. 38 (2016), 41, 51 f.

2288 281 Care Committee v. Arneson, 638 F.3d 621, 634 (8th Cir. 2011).

2289 281 Care Committee v. Arneson, 638 F.3d 621, 634 (8th Cir. 2011).

2290 281 Care Committee v. Arneson, 638 F.3d 621, 634 (8th Cir. 2011).

deren Meinung anhand der Äußerung gebildet wird.[2291] Interessant ist des Weiteren, dass das Gericht ausdrücklich feststellte, dass falsche Äußerungen im Rahmen von Kampagnen sich nicht außerhalb des 1. Zusatzartikels bewegen würden,[2292] eine Würdigung, die – was bewusst falsche Tatsachenbehauptungen anbelangt – so nicht für Art. 5 GG erfolgen könnte.

Ergebnisgleich urteilte schließlich ein Gericht in Ohio hinsichtlich eines Gesetzes, das falsche Wahlkampfäußerungen verbot und es zu einem Verbrechen machte, *„eine falsche Äußerung über einem Kandidaten zu posten, zu verbreiten, zu verteilen oder anderweitig zu veröffentlichen, entweder in dem Wissen, dass diese falsch ist oder unter leichtfertiger Missachtung der Frage, ob sie falsch war oder nicht, wenn die Aussage dazu bestimmt ist, die Wahl, Ernennung oder Niederlage eines Kandidaten zu fördern.“*[2293] [Hervorhebungen durch den Verfasser].

Gegenständlich war ein Plakat, das wiedergab, dass ein Kandidat für steuerfinanzierte Abtreibung gestimmt habe. Dem zugrunde lag die Stimme des Kandidaten für das Gesetz über Patientenschutz und erschwingliche Pflege (*„Patient Protection and Affordable Care Act“*). Der Betroffene beanstandete daraufhin eine Verletzung des betreffenden Gesetzes bei der Wahlkommission.[2294] Insgesamt sind die genannten, aus verfassungsrechtlichen Gründen angefochtenen Gesetze allesamt an der angewendeten Prüfungsdichte der sog. strikten Prüfung (*„Strict Scrutiny“*)[2295] gescheitert. Dieser Begriff kennzeichnet einen rechtlichen Prüfungsstandard, der bei der Beschränkung von verfassungsrechtlich geschützter Redefreiheit angewendet wird. Der Standard der Strict Scrutiny wird bei der Beschränkung eines bestimmten Standpunkts oder bestimmter Inhalte angewendet, wohingegen im Falle inhalteneutraler Regulierungen nur eine sog. mittlere Überprüfung (*„Intermediate Review“*) erfolgt.[2296] *Intermediate Review* erfordert den Nachweis der Regierung, dass die Regelung wichtige Regierungsziele fördert (1.),

---

2291 281 Care Committee v. Arneson, 638 F.3d 621, 634 (8th Cir. 2011).

2292 281 Care Committee v. Arneson, 638 F.3d 621, 636 (8th Cir. 2011). Zum Ganzen auch *Zenor* Campbell L. Rev. 38 (2016), 41, 52.

2293 Susan B. Anthony List v. Ohio Elections Comm'n, 45 f. Supp. 3d 765 (S.D. Ohio 2014) betreffend Ohio Rev. Code Ann. § 3517.21(B)(10) (LexisNexis 2013). Vgl. auch die Darstellung bei *Zenor* Campbell L. Rev. 38 (2016), 41, 52.

2294 *Zenor* Campbell L. Rev. 38 (2016), 41, 52 f.

2295 *Zenor* Campbell L. Rev. 38 (2016), 41, 51 ff.

2296 *Kelso* Elon Law Review 8 (2016), 291, 295. Für den Fall derartiger Äußerungen abseits eines öffentlichen Forums oder bei nur beschränktem verfassungsrechtlichem Schutz der gegenständlichen Aussage kann dagegen der noch geringere Standard des „Resonableness Balacing“ oder sogar keine weitergehende Überprüfung anhand des verfassungsrechtlichen Schutzes der Meinungsfreiheit gelten. Diese Konstellationen sind für den hiesigen Untersuchungsgegenstand mangels Öffentlichkeitswirksamkeit allerdings nicht von weiterer Relevanz.

diese im Wesentlichen mit dem Erreichen dieser Ziele zusammenhängt (2.) und die Regelung nicht mehr belastet, als dies zur Zielerreichung nötig ist (3.).[2297] *Strict Scrutiny* verlangt vom Gesetz dagegen, dass es zwingende oder übergeordnete Regierungsziele fördert (1.), direkt verbunden ist mit der Erreichung dieser Ziele (2.) und dass es das am wenigsten einschränkende, wirksame Mittel ist (3.).[2298] Während ursprünglich zur Zusammenfassung der beiden letztgenannten Punkte beim Strict Scrutiny-Standard die Begriffe „*Precisely Tailored*" oder „*Necessary*" verwendet wurden, findet heute der ursprünglich für die beiden letztgenannten Punkte des erstgenannten Standards entwickelte Begriff „*Narrowly Drawn*" zusammenfassend Anwendung.[2299] Angesichts des Präzedenzfalles wird auch hinsichtlich der anderen, bislang nicht angefochtenen Regelungen die Auffassung vertreten, dass die Gesetze, die falsche Wahlkampf- oder Wahlreden verbieten, offensichtlich verfassungswidrig seien, da die von drohenden Abschreckungseffekten ausgehende Gefahr für Verfassungspositionen zu virulent sei.[2300]

bb) Schutzumfang des 1. Zusatzartikels: Sind falsche Aussagen erfasst?

Falsche Äußerungen werden zwar in der Rechtsprechung nicht ausdrücklich vom Anwendungsbereich des Rechts auf freie Rede ausgenommen, gleichwohl haben die Gerichte die besondere Wertlosigkeit solcher Äußerungen betont.[2301] Herausgebildet haben sich dabei Formen falscher Rede, bei denen der verfassungsrechtliche Schutz verneint wurde – so wie im Falle der staatlichen Betrugsgesetze, welchen so lange die verfassungsmäßige Legitimität attestiert wird, wie diese aufgrund des erforderlichen Beweisstandards „Raum zum Atmen" für die geschützten Formen der Rede lassen.[2302] Daneben wurden Gesetze bzgl. Verleumdungen und Diffamierungen sowie Meineidsgesetze und Gesetze, die es verbieten, über die Amtsträgereigenschaft als Bundesbeamter zu lügen, für legitim erachtet.[2303]

(1) Anti-Korruptionsgesetz in Kentucky

In einem anderen Fall betreffend ein Wahlversprechen eines politischen Kandidaten, der sein eigenes Gehalt unter das gesetzlich vorgesehene Maß zu senken versprach, gab das Gericht dem Antrag auf Annullierung nicht statt. Der letztlich siegreiche Kandidat nahm das Versprechen unmittelbar nach dem Feststellen des

2297 *Kelso* Elon Law Review 8 (2016), 291, 293.
2298 *Kelso* Elon Law Review 8 (2016), 291, 294.
2299 *Kelso* Elon Law Review 8 (2016), 291, 294 f.
2300 *Sellers* Oklahoma L. Rev. 71 (2018), 140, 153; vgl. auch *Lieffring* Minnesota L. Rev. 97 (2013), 1047, 1063.
2301 *Zenor* Campbell L. Rev. 38 (2016), 41, 57.
2302 *Zenor* Campbell L. Rev. 38 (2016), 41, 57 f.
2303 *Zenor* Campbell L. Rev. 38 (2016), 41, 58 ff.

Verstoßes gegen ein Gesetz wieder zurück, das es Kandidaten verbot, Wählern materielle Vorteile für ihre Stimme anzubieten.[2304] Die amtierenden Richter stellten zunächst fest, dass die Staaten ein berechtigtes Interesse an der Bewahrung der Integrität von Wahlen hätten, der 1. Zusatzartikel aber nicht nur ein legitimes, sondern ein zwingendes Interesse erfordere und dass die Beschränkung keine unnötige Einschränkung der geschützten Position hervorrufen dürfe.[2305] Es bestehe keine verfassungsrechtliche Grundlage, mithilfe derer die gegenständliche Ankündigung der Gehaltsminimierung mit dem unmittelbaren Bezahlen für die Stimmabgabe „aus eigener Tasche" gleichgestellt werden könne.[2306] Das Gericht judizierte, dass Wahlversprechen nicht außerhalb des vom 1. Zusatzartikel begründeten Schutzes stünden und die meisten Versprechungen unverzichtbar für die Demokratie und sogar zur Rechenschaftsablegung in der Wahlpolitik förderlich seien.[2307] Politische Rede könne seitens der Regierung nicht mit der Argumentation verboten werden, dass sich die Entscheidung des Wählers als unvernünftig darstellen könnte und der Staat könne nicht mittelbar darüber befinden, welche Themen es wert seien, öffentlich ausdiskutiert zu werden.[2308] Daneben habe es keinen Beweis gegeben, dass die gegenständliche Aussage ohne guten Glauben oder unter leichtfertiger Missachtung der Unrichtigkeit getätigt wurde.[2309]

(2) Gesetz betreffend unwahre Tatsachenbehauptungen über den Erhalt der Ehrenmedaille

Gleichwohl wurde Falschinformation in weiten Teilen verfassungsrechtlicher Schutz gegenüber beschränkenden Gesetzen zuerkannt – beispielsweise bzgl. eines Gesetzes, dass das Lügen in Bezug auf den Erhalt der Ehrenmedaille verbot. Die Mehrheit der Richter votierte für den Schutz falscher Rede durch den 1. Zusatzartikel, während dies nur anders sei, wenn aus den (falschen) Informationen erkennbar Schäden resultieren.[2310] Während ein staatliches Interesse zum Schutz der Integrität der Ehrenmedaille bestehe, seien die gesetzlichen

---

2304 Brown v. Hartlage, 456 U.S. 45 (1982). Bei dem Gesetz handelte es sich um den Kentucky Corrupt Practices Act (§ 121.055). Darstellung nach *Hasen* Mont. L. Rev. 74 (2013), 52, 58 f.

2305 Brown v. Hartlage, 456 U.S. 45, 52 ff. (1982).

2306 Brown v. Hartlage, 456 U.S. 45, 52 ff. (1982).

2307 Brown v. Hartlage, 456 U.S. 45, 58 f. (1982).

2308 Brown v. Hartlage, 456 U.S. 45, 60 (1982).

2309 Brown v. Hartlage, 456 U.S. 45, 61 (1982); zum Ganzen auch jeweils *Zenor* Campbell L. Rev. 38 (2016), 41, 54 f.

2310 United States v. Alvarez, 132 S. Ct. 2537, 2545 f. (2012). Bei dem betroffenen Gesetz handelte es sich um den Stolen Valor Act of 2005. 18 U.S.C. § 704. Darstellung nach *Hasen* Mont. L. Rev. 74 (2013), 52, 64 ff.; *Sellers* Oklahoma L. Rev. 71 (2018), 140, 146 ff. und *Zenor* Campbell L. Rev. 38 (2016), 41, 60 ff.

Restriktionen nicht eng genug gehalten, um diesen Interessen zu dienen und darüber hinaus seien keine negativen Beeinträchtigungen der öffentlichen Wahrnehmung zu erkennen.[2311] Das Gericht verwies schließlich auf die staatsbürgerliche Pflicht, sich an einem offenen, dynamischen und rationalen Diskurs zu beteiligen, gegenüber der derartige Regulierungen kontraproduktiv seien und bezeichnete im Rahmen des Marktes freier Ideen richtige Gegenrede als Heilmittel.[2312] Mehrheitlich entschieden die Richter, dass nur im Falle von Diffamierungen und dann, wenn unmittelbarer Schaden aus der Lüge resultiert, diese nicht dem verfassungsrechtlichen Schutz der Meinungsfreiheit unterfallen würde.[2313] Einer der Richter führte dagegen in Übereinstimmung mit einem weiteren sich anschließenden Richter in einem im Ergebnis übereinstimmenden Votum aus, dass nur die Grundsätze der *Intermediate Scrutiny* Anwendung finden sollten, wenn eine Regulierung weder eine quasi-automatische Ablehnung unter dem *Strict Scrutiny*-Standard noch eine quasi-automatische Genehmigung unter dem Standard der *Rational Basis* rechtfertigt. Dagegen sollen Aussagen über Philosophie, Religion, Geschichte, Sozialwissenschaften und Kunst der strikten Kontrolle unterliegen – was bei der gegenständlichen Äußerung aber nicht der Fall sei.[2314] Es habe sich vielmehr um Falschinformationen bzgl. einfach zu verifizierender Tatsachen gehandelt. Auch wenn das Gericht in der Vergangenheit andere Gesetze wegen *Chilling Effects* aufgehoben habe, biete der innere Tatbestand ausreichenden Freiraum.[2315] Gleichwohl sei nach Ansicht der beiden Richter unter dem anzuwendenden *Intermediate Review*-Standard das Gesetz aufzuheben, da kein Schaden nachweisbar gewesen und der Regierung ein nicht hinzunehmender Entscheidungsspielraum zugekommen sei, wen sie strafrechtlich verfolge.[2316] Ein anderer Richter argumentierte, dass falsche Tatsachenaussagen keinen expliziten Schutz des 1. Zusatzartikels verdienen würden und dass das Gericht durch rechtliche Maßstäbe wie *Actual Malice* etwaig wertvollen Aussagen Entfaltung gewährt habe. Es könne insofern keine Sorge vor *Chilling Effects* geben, als das Gesetz nur wissentliche und absichtliche Falschinformationen verboten habe.[2317]

In einer weiteren abweichenden Meinung brachte einer der erkennenden Richter mit Zustimmung zweier weiterer Richter zum Ausdruck, dass das Gesetz

---

2311 United States v. Alvarez, 132 S. Ct. 2537, 2548 ff. (2012). Vgl. auch die Darstellung bei *Zenor* Cambell L. Rev. 38 (2016), 41, 61.

2312 United States v. Alvarez, 132 S. Ct. 2537, 2550 f. (2012); *Zenor* Campbell L. Rev. 38 (2016), 41, 61.

2313 United States v. Alvarez, 132 S. Ct. 2537, 2547 f. (2012).

2314 United States v. Alvarez, 132 S. Ct. 2537, 2552 (2012).

2315 United States v. Alvarez, 132 S. Ct. 2537, 2552 f. (2012).

2316 United States v. Alvarez, 132 S. Ct. 2537, 2553 (2012).

2317 United States v. Alvarez, 132 S. Ct. 2537, 2563 ff. (2012). Zum Ganzen *Zenor* Campbell L. Rev. 38 (2016), 41, 62 f.

einen hinreichend restriktiven Anwendungsbereich aufweise und insofern die Meinungsfreiheit nicht bedrohe, da es nur Aussagen, die nach dem direkten persönlichen Wissen des Aussagenden falsch sind, erfasse.[2318] Falschen Tatsachenäußerungen seien vom Gericht in anderen Fällen wiederholt kein eigenständiger Wert unter dem 1. Zusatzartikel zuerkannt worden, sodass Falschinformationen nur zur Vermeidung von *Chilling Effects* hinsichtlich geschützter Meinungen dem Anwendungsbereich unterfallen würden. Er sei hinsichtlich solcher Gefahren bzgl. des angefochtenen Gesetzes nicht überzeugt, weswegen er letztlich die Verfassungsmäßigkeit des Gesetzes aufrechterhalten hätte.[2319]

cc) Auffassungen zur Judikatur in der Wissenschaft

(1) Darstellung der Auffassungen im Einzelnen

Allerdings stößt diese Rechtsprechung nicht nur auf Zuspruch seitens der Literaten. Diese sprechen sich vielmehr teilweise auch für die Pönalisierung von falschen Äußerungen anlässlich politischer Kampagnen aus, da falsche Äußerungen die wahrheitssuchende Funktion des Marktes der freien Ideen stören und einen Schaden verursachen können, der nicht durch Gegenrede restituiert werden könne. Weiterhin vermöge die Wahrheit nicht eine bereits zuvor geäußerte Lüge einzuholen.[2320] Die Rechtsprechung verstehen einige Literaten als Schützengraben für diejenigen, die wissentlich Falschinformationen als effektives Werkzeug im politischen Schlagabtausch einsetzen. Plädiert wird dafür, dass Falschinformationen in der „politischen Arena“ nicht das höchste Maß an Schutz durch die Meinungsfreiheit genießen sollen.[2321]

[i] Die extensive Auffassung von Zenor

Zenor[2322] knüpft daran an, dass der United States Supreme Court zwar zur Förderung eines freien Meinungsmarktes einige Falschinformationen geschützt habe,[2323] dies später aber im Zuge der Implementierung des Actual Malice-Standards relativiert habe. Das Gericht hat insoweit ausgeführt, dass ehrliche Rede – selbst im Falle ihrer Unrichtigkeit – zwar der Betätigung der Meinungsäußerungsfreiheit förderlich sein könne. Daraus folge aber nicht, dass wissentlich veröffentlichte Desinformationen über einen öffentlichen Vertreter dem Schutz unterfielen. Auch wenn die bewusste Lüge als politisches Handlungsinstrumentarium bereits bei der Verabschiedung des 1. Zusatzartikels existiert habe, unterfalle sie nicht dem

---

2318 United States v. Alvarez, 132 S. Ct. 2537, 2356 f. (2012).

2319 United States v. Alvarez, 132 S. Ct. 2537, 2357, 2563, 2565 (2012).

2320 Gertz v. Robert Welch Inc., 418 U.S. 323, 344 n. 9.

2321 Zum Ganzen *Zenor* Campbell L. Rev. 38 (2016) 41, 51 f., 63.

2322 *Zenor* Campbell L. Rev. 38 (2016) 41, 51 f., 64 ff.

2323 New York Times Co. v. Sullivan, 376 U.S. 254, 270 (1964).

Schutzschild der Verfassung, da sich die bewusste Lüge als absichtlich eingesetztes Mittel zugleich als im Widerspruch zu den Prädispositionen einer demokratischen Regierung und der Art und Weise, wie politische, soziale oder wirtschaftliche Veränderungen herbeigeführt werden sollen, erweise.[2324] Insofern erweise sie sich nur als geringwertige Äußerung auf dem Weg zur Wahrheit, deren Nutzen eindeutig durch das gesellschaftliche Interesse an Ordnung und Moral aufgewogen werde.[2325] Bewusst gestreute Desinformationen würden die Grundidee einer offen geführten Debatte konterkarieren und politische Apathie und Misstrauen schüren.[2326]

Zenor macht sich beispielsweise für eine Analogie zur Rechtslage bei der Verleumdung im Falle falscher Wahlkampfäußerungen stark, da bewusste Lügen von Politikern anlässlich ihrer Kampagnen sich nicht als funktionales Äquivalent zu einer neutralen Berichterstattung oder einfacher Sorgfaltsverstöße bei der Berichterstattung über besonders aktuelle Themen erweisen würden. Zenor spricht insofern die für *„Commercial Speech,“*[2327] insbesondere falsche Werbung, geltende Rechtslage an, die wegen der von ihnen drohenden Schäden unter dem für diese Art von Äußerungen entwickelten *„Central Hudson Test“* nie geschützt werden – dagegen unterliegt wahrheitsgemäße Werbung der *Intermediate Review.*[2328] Zenor will eine verfassungsmäßig haltbare Einschränkung gewährleisten, indem er politische Meinungsäußerungen aus dem Anwendungsbereich der Gesetze gegen falsche Kampagnenäußerungen herausnehmen will und die verbleibenden Kampagnenäußerungen, die Tatsachen enthalten, nur einer *Intermediate Review* unterstellen will. Er will diese also einem Standard unter demjenigen der *Strict Scrutiny* bei politischen Meinungsäußerungen, aber über demjenigen bei weitestgehend schutzlosen Werbungen unterstellen. Gegen einen höheren Prüfungsstandard spreche der von falschen politischen Reden drohende Schaden für das politische System[2329] sowie die erheblichen negativen Folgen für die Integrität von Wahlvorgängen. Bewusste Irreführung könne die Sensibilität der Rezipienten gegenüber relevanten Standpunkten verringern und die Bereitschaft zur Partizipation am demokratischen Prozess schlechthin unterminieren.[2330] Die Integrität von Wahlen

---

2324 New York Times Co. v. Sullivan, 376 U.S. 254, 270 (1964).

2325 *Zenor* Campbell L. Rev. 38 (2016) 41, 53 zitiert insofern von Chaplinsky v. New Hampshire, 315 U. S. 568, 572.

2326 *Zenor* Campbell L. Rev. 38 (2016) 41, 64.

2327 „Commercial Speech“ wird definiert als Äußerung, die eine kommerzielle Angelegenheit zum Inhalt hat, Central Hudson Gas & Elec. Corp. v. Public Serv. Comm'n, 447 U.S. 557, 562 (1980).

2328 *Zenor* Campbell L. Rev. 38 (2016) 41, 66 zitiert insoweit Cent. Hudson Gas & Elec. Corp. v. Pub. Serv. Comm'n of N.Y., 447 U.S. 557, 563, 566 (1980).

2329 *Zenor* Campbell L. Rev. 38 (2016) 41, 67 verweist insofern auf die Entscheidung McIntyre v. Ohio Elections Comm'n, 514 U.S. 334, 349 (1995).

2330 *Zenor* Campbell L. Rev. 38 (2016) 41, 72 zitiert insoweit Citizens United v. FEC, 558 U.S. 310, 472 (2010).

zu schützen und das Vertrauen der Bürger in die Wahlen zu wahren, erscheine vor diesem Hintergrund als schützenswertes Gut. Die Anwendung der *Intermediate Review* führe letztlich zur Analyse der Kohärenz zwischen den gesetzlichen Zielen und Mitteln durch die Examinierung von Schäden, Rechtfertigungen und möglichen Alternativen, wodurch weder eine quasi-automatische Verurteilung wie im Falle der *Strict Scrutiny*, noch eine quasi-automatische Genehmigung wie bei der *Rational Basis* erfolgt.

Für ein eigenständiges Gesetz spreche, dass Klagen wegen Verleumdungen kaum erfolgversprechend sind, zeitlich oft erst nach der Wahl erfolgreich erhoben werden und Schäden in der Praxis oft nicht nachgewiesen werden können. Klagen von Amtsträgern seien kaum zu gewinnen und würden daher oftmals nicht erhoben. Gesetze gegen falsche Wahlkampfreden würden dagegen unter Verfolgung des öffentlichen Interesses an fairen Wahlen durchgesetzt und sollten von einer unabhängigen und unparteiischen Regierungsbehörde verfolgt werden. Die Behörde müsse anhand klarer, überzeugender Beweise nachweisen, dass die angefochtene Aussage falsch und substantiell sei sowie fahrlässig getätigt wurde. Alle an einer Kampagne beteiligten Personen oder Personengruppen sollten erfasst sein und als Strafe solle zumindest die Rücknahme der Erklärung vorgesehen sein.[2331] Nachgewiesen werden müsse bei einem solchen Gesetz, dass die Rede eine Tatsachenaussage ist (was die meisten politischen Ideen nicht seien) (1.), die Aussage falsch war (2.) und zumindest leichtfertig erfolgte (3.). Hiermit bestünde ausreichender Spielraum seitens der Politiker für Äußerungen im Rahmen von Kampagnen.[2332]

Chilling Effects stünden ebenfalls nicht zu erwarten, da ein Großteil politischer Äußerungen als Meinungsäußerungen dem Gesetz nicht unterfallen und der Nachweis der Unrichtigkeit und des Vorsatzes der Regierung obliege. Daneben sei, wie im Falle der Werbetreibenden, die trotz des geringeren verfassungsrechtlichen Schutzes weiter Werbungen schalteten, mit der Verhinderung von Wahlkampfreden wegen des engen Anwendungsbereichs des Gesetzes nicht zu rechnen. Derzeit liege es nicht nur im Interesse der Politiker, durch bewusste Irreführung mit falschen Tatsachen ihre Position zu verbessern. Dies sei ihnen sogar rechtlich möglich, ohne strafrechtliche Verfolgung fürchten zu müssen.[2333] Der für falsche Kampagnenäußerungen geltende Präzedenzfall ignoriere eine Vielzahl von Gerichtsentscheidungen, welche falschen Tatsachenaussagen den verfassungsrechtlichen Schutz verweigert hätten. Gerade weil die Wahlkampfausgaben größer als je zuvor seien, müssten Desinformationskampagnen vom Gesetz als intolerabel deklariert werden.[2334]

2331 *Zenor* Campbell L. Rev. 38 (2016) 41, 69 f.

2332 *Zenor* Campbell L. Rev. 38 (2016) 41, 70 zitiert insoweit Milkovich v. Lorain Journal Co., 497 U.S. 1, 14–16 (1990).

2333 *Zenor* Campbell L. Rev. 38 (2016) 41, 71.

2334 *Zenor* Campbell L. Rev. 38 (2016) 41, 72.

[ii] Striktere Auffassung von Sellers

Andere Auffassungen[2335] sehen den möglichen Regelungsbereich unter Berücksichtigung der Verfassungsdogmatik als begrenzter. *Sellers*[2336] sieht insofern nur drei regulierbare Sachverhaltskonstellationen, nämlich wenn Ausländer während eines Wahlkampfes oder einer Wahl falsche Rede abhalten und sich hierbei ausdrücklich für oder gegen die Wahl eines Kandidaten äußern (1.), wenn solche falsche Reden abgehalten werden, um die Wahlverwaltung zu untergraben, wie im Falle von Falschinformationen über Wahlorte oder Funktionen von Wahlautomaten (2.) oder wenn eine Kampagne oder externe Gruppe im Rahmen einer Offenlegungspflicht bewusst deren Inhalte verfälscht, wie beispielsweise Inhalte betreffend die Wahlkampffinanzierung (3.).

Zu Punkt 1. bringt er Rechtsprechung zu einem Bundesgesetz[2337] vor, das Ausländern das Spenden von Geld oder anderen Dingen von Wert an politische Kandidaten oder Parteien verbietet. Dieses Gesetz wurde vom Gericht nicht als generelle Einschränkung der Rederechte von Ausländern interpretiert, sondern als scharf umrissenes Verbot einer spezifischen Expressionsform, die eng mit dem Abstimmungsprozess in Verbindung steht und den ausdrücklichen Einsatz für und gegen einen Kandidaten ermöglicht, sodass das Gesetz letztlich aufrecht erhalten wurde.[2338] Das Gericht argumentierte mit anderen verfassungsmäßigen Ausnahmen hinsichtlich der generell mit denjenigen der Staatsbürger gleichen Verfassungsrechte von Ausländern. Ausnahmen seien zulässig bei Rechten, die eng mit dem Prozess der demokratischen Selbstverwaltung kohärieren – wie dem Recht, an öffentlichen Schulen zu unterrichten sowie dem Recht, als Polizeibeamter, Bewährungshelfer oder Geschworener tätig zu sein.[2339] Das Gesetz sei in seinem Anwendungsbereich nicht etwa zu kurzgreifend, weil es nur für Personalwahlen, nicht aber für Sachwahlen gelte, da die Einschätzung eines bzgl. Personalwahlen bestehenden höheren Risikos ausländischer Beeinflussung nicht zu beanstanden sei.[2340] Nach Sellers lasse die Entscheidung insbesondere aufgrund des grundsätzlich bestehenden verfassungsrechtlichen Schutzes von Geldspenden und Aufwendungen („*Contributions and Expenditures*") den Rückschluss zu, dass demnach eine äquivalente Regulierung der Rechte von Ausländern auf vorsätzlich falsche Redebeiträge, die sich für oder gegen die Wahl eines Kandidaten aussprechen, verfassungskonform erfolgen könne. Spenden würden sich nämlich letztlich als Form der Äußerung darstellen, was das Gericht in anderen Entscheidungen

2335 *Hasen* Mont. L. Rev. 74 (2013), 52, 71; *Sellers* Oklahoma L. Rev. 71 (2018), 140, 144 f.

2336 *Sellers* Oklahoma L. Rev. 71 (2018), 140, 144 ff.

2337 52 U.S.C. §§ 30121 (a) (1) (A)–(B) (2012).

2338 800 f. Supp. 2d 281, 290 (D.D.C. 2011).

2339 800 f. Supp. 2d 281, 287 ff. (D.D.C. 2011).

2340 800 f. Supp. 2d 281, 291 (D.D.C. 2011).

ebenso beurteilt habe.[2341] Auch wenn Sellers selbst einen entscheidenden Einfluss eines solchen Gesetzes auf die Politik mit ziemlicher Sicherheit nicht erwartet, verteidigt er mögliche Folgen aufgrund der beobachteten virulenten Interferenzen zur Beseitigung ausländischer Einflussnahme auf Wahlen – insbesondere durch das Internet.

Punkt 2. soll verschiedenste Wahlverwaltungsangelegenheiten betreffen, wie die Effektivität von Wahlautomaten, die Registrierung von Wählern und die Anforderungen bei der Identifikation von Wählern und soll diesbezüglich Falschinformationen zur Bewahrung der Integrität der Wahlen verbieten.[2342] Verhindert werden sollen so beispielsweise fehlleitende Informationen zur Bedienung von Wahlautomaten oder über die Stimmberechtigung von Wählern.[2343] Während die kategorische inhaltliche Regulierung desjenigen, was die Menschen zu hören bekommen, paternalistisch und per se verdächtig sei, seien derartige Desinformationen simpler zu verifizieren, sodass die vorgeschlagenen Gesetze einfacher verfassungsrechtlich zu legitimieren seien.[2344]

Punkt 3. soll schließlich die von Offenlegungspflichten verfolgten Regelungsinteressen bewahren, nämlich das Informationsinteresse, das Interesse an der Prävention von Korruption sowie dasjenige an der Überwachung der Einhaltung der existierenden Spenden- und Aufwendungsgrenzen.[2345] Hinsichtlich der verfassungsrechtlichen Legitimität einer solchen Regelung führt Sellers die von einem Richter geäußerte Entscheidung zur Legitimität eines Bundesgesetzes an, das eine falsche Äußerung gegenüber einem Regierungsbeamten verbot – wobei das Gesetz unzweifelhaft die Aufnahme von bewussten Falschinformationen auf einem Offenlegungsformular verbot.[2346]

[iii] Strikte Auffassung von Hasen: Pönalisierung von Election Speech

Hasen[2347] dagegen will insbesondere die Inhalte von Punkt 2. aufgreifen und sieht Gesetze als verfassungsrechtlich legitim an, die falsche Aussagen in Bezug auf die Regeln und den Ablauf von Wahlen („*Election Speech*") verbieten, welche auf die

---

2341 *Sellers* Oklahoma L. Rev. 71 (2018), 140, 157 unter Verweis auf Buckley v. Valeo, 424 U.S. 1, 16 (1976).

2342 *Sellers* Oklahoma L. Rev. 71 (2018), 140, 157 ff.; vgl. auch *Hasen* Mont. L. Rev. 74 (2013), 52, 71.

2343 *Sellers* Oklahoma L. Rev. 71 (2018), 140, 158 f.

2344 Hinsichtlich des Paternalismus und des grundsätzlichen Verdachts bei umfassenden gesetzlichen Regelungen *Sellers* Oklahoma L. Rev. 71 (2018), 140, 161 unter Verweis auf Eu v. S.F. Cty. Democratic Ctr. Comm., 489 U.S. 214, 228 (1989).

2345 *Sellers* Oklahoma L. Rev. 71 (2018), 140, 157 ff.

2346 Die Entscheidung des Richters ist zu finden unter United States v. Alvarez, 567 U.S. 709, 720 (2012).

2347 *Hasen* Mont. L. Rev. 74 (2013), 52, 71 ff.

Entmachtung bzw. Entrechtung der Wähler abzielen. In Bezug genommen wird der bereits eingangs erwähnte und vom damaligen Senator Obama unterstützte Gesetzesentwurf gegen Täuschungspraktiken und Wählereinschüchterung („Deceptive Practices and Voter Intimidation Prevention Act“[2348]), der sich mit Desinformation bezogen auf den Wahlablauf (z.B. Zeitpunkt, Ort oder Art und Weise einer Wahl) und die Regeln (z.B. die Voraussetzungen oder Einschränkungen der Wählerberechtigung für eine solche Wahl) beschäftigte. Der Entwurf hätte es zu einer Straftat gemacht, die Menschen zu verängstigen oder irrezuführen, um ihre Stimmabgabe zu ändern oder sie zur Nichtwahl zu bewegen, wobei der Anwendungsbereich bei der erneuten Einbringung im Jahr 2007 auf 60 Tage vor der Wahl eingeschränkt wurde. Beispielsweise die bei einer vergangenen Wahl aufgetauchte Desinformation, dass „Republikaner am Dienstag, Demokraten am Mittwoch“ wählen, sei insofern unter dem Regelungsziel des Schutzes des Wahlrechts der Bürger zu verbieten, da neben der einfachen Verifikationsmöglichkeit das Risiko einer selektiven, interessensgesteuerten Strafverfolgung relativ gering sei. Weiterhin sollen auch Täuschungen über die Identität zu dem Zweck, Spenden vermeintlich im Namen eines Kandidaten zu sammeln, im Falle der Zweckwidrigkeit erfasst werden.

Ungleich schwieriger verfassungsrechtlich zu legitimieren sollen dagegen – aufgrund der Unbestimmtheit der Begrifflichkeiten und der daraus resultierenden gesteigerten Gefahr von *Chilling Effects* – Gesetze sein, die auf täuschende oder irreführende Wahlreden abzielen. Gemeint sind damit Aussagen wie die Erforderlichkeit der Mitnahme eines Ausweisdokuments zur Wahl in Staaten, die eine Wählerregistrierung nicht vorsehen. Eine solche Aussage kann Wählern fälschlicherweise die Erforderlichkeit der Registrierung suggerieren und so Wähler ohne Ausweisdokument abschrecken. Die Vagheit der Formulierung eröffnet den Strafverfolgungsbehörden einen großen Spielraum und ermöglicht politisch gezielte Strafverfolgung. Als Beispiel führt Hasen einen Flyer an, der unter der Aufschrift „Wähle am Wahlort deiner Wahl“ verschiedene Wahlorte aufzählte, wobei die Wahl am falschen Wahlort aber zur Ungültigkeit der Stimme führte. Während man vertreten könne, die Aussage sei falsch, da man nicht wählen könne, wenn die

---

2348 Sen. 453, 110th Cong., 1st session, 31.01.2007, abrufbar unter https://www.congress.gov/bill/110th-congress/senate-bill/453/text (23.03.2022).; Sen. 1975, 109th Cong., 1st session, 08.11.2005, abrufbar unter https://www.congress.gov/bill/109th-congress/senate-bill/1975/text (23.03.2022). Entsprechende Entwürfe wurden im Jahr 2018 Sen. 3279, 115th Cong., 2nd session, 26.07.2018, abrufbar unter https://www.congress.gov/bill/115th-congress/senate-bill/3279/text (23.03.2022) und im Jahr 2019 Sen. 1834, 116th Cong., 1st session, 13.06.2019, abrufbar unter https://www.congress.gov/bill/116th-congress/senate-bill/1834/text (23.03.2022) erneut eingebracht.

Stimme ungültig ist, könne man sie auch als lediglich irreführend interpretieren, werden die Folgen der Wahl an einem beliebigen Ort doch nicht dargetan.

Weiterhin möglich seien Gesetze, die es der Regierung erlauben, falsche Äußerungen im Rahmen von Kampagnen in offiziellen Wahlmaterialien des Staates abzulehnen, um so die Authentizität der von der Regierung weitergegebenen Informationen zu schützen. Um Risiken einer Vorzensur und politischer Manipulation entgegenzuwirken, könne eine gerichtliche Prüfung vor den Wahlen – wie es in Kalifornien bei Rechtsstreitigkeiten um die Richtigkeit von eingereichten Wahlzettelmaterialien vorgesehen ist – und somit die letztverbindliche Entscheidung eines Richters vorgesehen werden.

[iv] Libertäre Auffassungen zu Diffamierungsgesetzen im politischen Kontext

Schließlich wirft *Hasen*[2349] die Frage auf, ob trotz der grundsätzlich attestierten Verfassungsmäßigkeit von Diffamierungsgesetzen dies für derartige Gesetze im Kontext politischer Kampagnen gelte, was mutmaßlich, keineswegs aber sicher der Fall sei. Zwar hätten Wahlkandidaten – wie jeder andere – ein Recht auf ihren Ruf, der nicht durch diffamierende Lügen beschädigt werden dürfe. Allerdings könnten etwaige Abschreckungseffekte die stattfindende rohe Debatte gefährden, sodass die Gerichte – angesichts des sehenden Inkaufnehmens des Risikos seitens des Kandidaten – möglicherweise noch weiter gehen und auch Verleumdungsklagen im Kampagnenkontext verhindern könnten. Verfassungsrechtlich am kritischsten seien schließlich Gesetze, die nicht diffamierende, falsche öffentliche Äußerungen über Kandidaten oder Wahlmaßnahmen verbieten, selbst wenn sie den Standard der *Actual Malice* beachten.

Soweit *Volokh*[2350] solche Gesetze mit der Argumentation rechtfertigt, dass die Kandidaten die Aussagen für finanziellen oder materiellen Gewinn tätigen, insofern die diesbezüglichen Gesetze als solche zur Vermeidung von Falschaussagen zwecks Generierung finanziellen Gewinns interpretiert und so der strengen, oben beschriebenen Rechtsprechung entgeht, wird dem nicht zugestimmt, da Kandidaten oftmals primär von politischen Interessen motiviert würden. Darüber hinaus wird hiergegen vorgebracht, dass mit den finanziellen Interessen nur die Kandidaten selbst erfasst würden, nicht aber die weiteren mit der Kampagne verbundenen Personen. Es wäre insoweit zu kurzgreifend, als hierbei Aussagen unabhängiger Gruppen nicht erfasst würden und eine Umgehung drohe, indem Kandidaten die Aussagen zwecks Veröffentlichung an unabhängige Personen oder Gruppen weiterleiten könnten.[2351]

2349 *Hasen* Mont. L. Rev. 74 (2013), 52, 71 ff.

2350 *Volokh* Freedom of Speech and Knowing Falsehoods, The Volokh Conspiracy, 28.06.2012, abrufbar unter https://volokh.com/2012/06/28/freedom-of-speech-and-knowing-falsehoods/ (23.03.2022).

2351 In diese Richtung *Lieffring* Minnesota L. Rev. 97 (2013), 1047, 1069.

Aber selbst unter Berücksichtigung der finanziellen und materiellen Anreize eines Kandidaten könnten die verfassungsrechtlichen Anforderungen nach *Hasen*[2352] nicht eingehalten sein, da die grundsätzlich unter dem Schutz der Verfassung stehende politische Rede besonders gefährdet sei, zum Gegenstand politisch motivierter selektiver Strafverfolgung und politischer Manipulation gemacht zu werden. Auch der denkbare Ausweg einer Beschränkung auf leicht überprüfbare Aussagen sei kein Allheilmittel, da hiermit zugleich die Notwendigkeit der staatlichen Intervention herabsinke. Das Mittel müsse für den Gegner des lügenden Kandidaten die glaubwürdige Bezeichnung als Lügner sein. Leicht verifizierbar soll beispielsweise die Selbstbezeichnung eines Kandidaten als Amtsinhaber sein. Aber selbst bei leicht überprüfbaren Tatsachen bleibe die Abgrenzung schwierig – so wenn ein früher als Richter tätiger Kandidat sein Richteramt als noch fortbestehend darstellt. Unschärfere Aussagen wie die Frage, ob ein Kandidat Steuererhöhungen unterstützt, müssten vor diesem Hintergrund außen vor bleiben. Als möglicher Ausweg werden Regierungserklärungen von einer Wahrheitserklärungskommission diskutiert, die – ohne entsprechende Aussagen zu blockieren oder den Äußernden zu bestrafen – über von Kandidaten ausgesprochene Falschinformationen aufklärt. Dies birge allerdings weiterhin das Risiko selektiver Wahrnehmungen. Schließlich könne die Involvierung der Regierung in die Wahl schlimmer sein als das zu bekämpfende Übel, selbst wenn von der Verfassungskonformität einer solchen Einrichtung auszugehen sei.

[v] Auffassungen zur (weitestgehenden) Aufrechterhaltung des status quo

Andere ziehen den Rahmen möglicher verfassungsmäßiger Gesetzgebung in diesem Bereich weitaus enger und fordern spezielle, stärkere Schäden durch die diesbezügliche Handlung, was beispielsweise für den Bereich von Nachahmungen gegenüber Trägern hoheitlicher Gewalt der Fall sein soll. Als Beispiel genannt wird die Täuschung eines ehemaligen Polizeibeamten bei einer Verkehrskontrolle, der das Fortbestehen seiner Tätigkeit als Polizeibeamter behauptet, um so einem Bußgeld zu entgehen.[2353] Teilweise wird, in Anknüpfung an den Präzedenzfall, von einem verfassungsmäßigen Recht zur Lüge gesprochen, das nur Platz lasse für verleumderische Desinformationen sowie falsche Werbungen.[2354]

Vorgeschlagen wird zudem die Einhaltung bestimmter Voraussetzungen in Anknüpfung an die verfassungsrechtlichen Anforderungen der Rechtsprechung,

---

2352 *Hasen* Mont. L. Rev. 74 (2013), 52, 75 f.

2353 *Turner* The Right to Lie, How the First Amendment Protects Knowingly False Speech, 31.08.2015, SSRN Working Paper (2654052), S. 35 ff., abrufbar unter https://ssrn.com/abstract=2654052 (23.03.2022).

2354 *Chemerinsky* The First Amendment and the Right to Lie, ABA Journal, 05.09.2012, abrufbar unter http://www.abajournal.com/news/article/the_first_amendment_and_the_right_to_lie (23.03.2022).

so die Anpassung der bestehenden Gesetze an den *Actual Malice Standard* unter Außenvorlassung einfacher Fahrlässigkeit sowie eine Begrenzung auf solche Tatsachen, die wesentliche oder erkennbare Auswirkungen auf die Wahlchancen eines Kandidaten haben.[2355] Die daneben existierenden Vorschläge, die Regelungen mit der Implementierung einer überschießenden Innentendenz wie einer Störungsabsicht zu versehen oder eine Begrenzung auf Kandidaten oder politische Parteien, bestimmte Publikationsformen oder den Zeitraum kurz vor der Wahl vorzunehmen, werden wegen einer hierdurch drohenden verfassungsrechtlich illegitimen Verletzung des Untermaßverbotes eher kritisch gesehen. Bzgl. des letztgenannten Punktes wird zudem die mangelnde Erforderlichkeit einer derartigen Einschränkung eingewandt – die meisten Werbungen erscheinen automatisch zeitnah zur Wahl. Skizziert wird insofern ein Straftatbestand, der das vorsätzliche Vorbereiten oder Verteilen von bezahlter politischer Werbung oder bezahltem Wahlkampfmaterial unter den Voraussetzungen der Actual Malice sanktioniert, welches für die Wahl eines Kandidaten in ein öffentliches Amt bestimmt ist, sofern dieses Material objektiv unrichtige und wesentliche diffamierende Tatsachen enthält.

[vi] Auffassungen zur Regulierung abseits des Strafrechts

Angesichts der engen verfassungsrechtlichen Grenzen werden auch Regulierungsmechanismen abseits des Strafrechts angedacht, so die Einführung von Klagen wegen Verleumdung einer Wahlkampagne. Eine solche von einem Gericht festgestellte Falschinformation könne in ein öffentliches Register eingetragen werden, sodass eine Feststellung von Actual Malice hiermit nicht verbunden wäre, es sei denn die Aussage würde nach der entsprechenden Feststellung wiederholt.[2356] Aber auch dies könne seitens Kandidaten zur Diskreditierung Anderer verwendet werden. Daneben würden die Klagemöglichkeiten angesichts zu erwartender langer Verfahrensdauern bei nur kurzweiligen Kampagnen in der Praxis wohl nicht angenommen, letztlich würden hierbei auch drohende *Chilling Effects* nicht vermieden. Zur Unterminierung der Problematik eines Ermessensspielraums der Strafverfolgungsbehörden werden zudem zivilrechtliche Klagemöglichkeiten wie bei Verleumdungen angedacht.[2357]

(2) Zusammenfassung und gesellschaftliche Verankerung der liberalen Interpretation der Meinungsfreiheit

Die restriktive Rechtsprechung ist mit dem äußerst liberalen Verständnis der Meinungsäußerungsfreiheit in den Vereinigten Staaten zu erklären, die auch dazu führt, dass die Gesetze in den USA – anders als diejenigen der allermeisten

2355 *Lieffring* Minnesota L. Rev. 97 (2013), 1047, 1071 ff.
2356 *Lieffring* Minnesota L. Rev. 97 (2013), 1047, 1070 f.
2357 *Lieffring* Minnesota L. Rev. 97 (2013), 1047, 1070 f.

westlichen Länder der Welt – eine Strafbarkeit des Leugnens des Holocaust nicht vorsehen, da auch solche Gesetze – selbst im Falle hoher Anforderungen an die subjektive Tatseite – für den Gesetzesadressaten auch bei lediglich unvorsätzlichem Leugnen Strafverfolgung als möglich erscheinen lassen würden und so womöglich politische Äußerungen unterminieren könnten.[2358] Schließlich bestehe kein hinreichend bestimmter Schaden, weil die Verletzung allein den Schaden an Überlebenden und deren Angehöriger sowie einen generellen Schaden der Gesellschaft durch das Leugnen verhindern will, sodass der erzielte Schutz gegenüber den drohenden negativen Folgen unterliege.[2359]

Auf weitreichende Zustimmung hinsichtlich der Verfassungsmäßigkeit stoßen unter den Literaten zusammenfassend vor allem Gesetze, welche Lügen über den Ablauf und die Regeln bestimmter Wahlen und Wahlverwaltungsangelegenheiten verbieten.[2360] Daneben werden teilweise Gesetze, welche Falschinformationen im Rahmen von Offenlegungspflichten verbieten und solche bzgl. verleumderischen Kampagnen- und Werbematerialien – im Falle der Knüpfung der Strafandrohung an Vorsatz oder Leichtfertigkeit hinsichtlich der Unrichtigkeit – für legitim gehalten, teilweise unter Eröffnung parallel bestehender zivilrechtlicher Klagerechte. Allerdings stoßen auch solche Gesetze aufgrund drohender Chilling Effects wegen des aufgezeigten Präzedenzfalles seitens der Literaten auf Bedenken. Unter dem Präzedenzfall besteht zudem breiter Konsens, dass jedenfalls Gesetze, die ihre Strafandrohung an die Mitwirkung bzw. Verbreitung nicht verleumderischer, falscher Informationen stützen, den Boden der Verfassung verlassen. Nur Einzelne befinden diese Gesetze aufgrund der angeblichen Verfolgung finanzieller Motive als verfassungsrechtlich legitim, was allerdings von den Gegnern als konstruiert und nicht haltbar bewertet wird.

4. *Legislative Maßnahmen zur Inanspruchnahme der Plattformen*

Nachdem Twitter kurz vor der US-Präsidentschaftswahl 2021 einen Tweet von Donald Trump, gemäß dem Briefwahlen Wahlbetrug in einem größeren Umfang erlauben würden, mit einem Hinweis auf einen Artikel ergänzte, das keine Hinweise auf Wahlbetrug durch Briefwahlen in den USA existieren,[2361] erließ *Trump*

2358 *Turner* (Fn. 2354), S. 21 ff.

2359 *Turner* (Fn. 2354), S. 21 ff.

2360 *Lieffring* Minnesota L. Rev. 97 (2013), 1047, 1078.

2361 *Dörner* t3n v. 29.05.2020, abrufbar unter: https://t3n.de/news/trump-twitter-1285906/ (23.03.2022). Dass die Beiträge von Trump seitens des sozialen Netzwerks nicht gelöscht wurden, kritisierten *L. Murphy/Cacace* Facebook's Civil Rights Audit, Final Report, 08.07.2020, S. 37, abrufbar unter https://about.fb.com/wp-content/uploads/2020/07/Civil-Rights-Audit-Final-Report.pdf (23.03.2022) als Rückschritt im Bereich der Bürgerrechte. Daneben würden kritische Inhalte nicht rechtzeitig erkannt und so deren Reichweite durch den Algorithmus noch gesteigert.

ein Dekret („*Executive Order*“[2362]). Dass Dekret rief das Wirtschaftsministerium und die Telekommunikationsaufsicht („*Federal Communications Commission* – „*FCC*“) dazu auf, die Haftungsfreistellung der Anbieter interaktiver Computerdienste („*Interactive Computer Service*“) für Inhalte anderer Informationsanbieter nach § 230(c) des Gesetzes über die Sittlichkeit in der Kommunikation („*Communications Decency Act*“ – „*CDA*“[2363]) zu überprüfen.

a) Regelungsgegenstand von § 230(c) Communications Decency Act

§ 230(c)(1) CDA regelt, dass die Anbieter interaktiver Computerdienste nicht als Herausgeber oder Redakteur für die Bereitstellung von Inhalten dritter Informationsanbieter zu qualifizieren sind und statuiert insofern ein Providerprivileg. Das Dekret stützt sich nunmehr auf die Regelung in § 230(c)(2)(A) CDA, nach der ein Anbieter interaktiver Computerdienste zivilrechtlich nicht haftbar gemacht werden kann, „weil er in gutem Glauben“ entschieden hat, „den Zugang zu Inhalten zu beschränken“, die er für „obszön, unzüchtig, lüstern, schmutzig, übermäßig gewalttätig, belästigend oder anderweitig anstößig“ hält. § 230(c)(2)(A) CDA erlaubt es interaktiven Kommunikationsdiensten also, gegen spezifische Inhalte und/oder Nutzer vorzugehen.

b) Vorgaben des Dekrets von Trump

Nach dem Dekret stelle die Zensur von Inhalten, die dem Anbieter des Online-Dienstes missfallen, allerdings kein solches Handeln in gutem Glauben dar, sodass die Voraussetzungen der Haftungsfreizeichnung nicht vorliegen würden. Der Anbieter werde vielmehr redaktionell tätig und könne daher haftbar gemacht werden. Dementsprechend sollen Exekutivorgane und Behörden sicherstellen, dass ihre Rechtsanwendungspraxis den engen Zweck dieser Haftungsfreizeichnung einhält.

Darüber hinaus musste der Wirtschaftsminister innerhalb von 60 Tagen nach dem Datum der Anordnung, in Absprache mit dem Generalstaatsanwalt und handelnd durch die nationale Telekommunikations- und Informationsverwaltungsbehörde („*National Telecommunications and Information Administration*“), bei der FCC einen Antrag auf Erlass von Vorschriften einreichen mit der Bitte, dass die FCC zügig klarstellende Regelung vorschlägt. Klarstellungen werden hinsichtlich des Verhältnisses von § 230(c)(1) und § 230(c)(2) CDA und der Bedingungen gefordert, unter denen eine Handlung, die den Zugang zu oder die Verfügbarkeit von Material beschränkt, nicht „in gutem Glauben“ im Sinne von § 230(c)(2)

2362 Executive Order 13925 of May 28, 2020, Preventing Online Censorship, abrufbar unter https://www.govinfo.gov/content/pkg/FR-2020-06-02/pdf/2020-12030.pdf (23.03.2022).

2363 Abrufbar unter https://www.law.cornell.edu/uscode/text/47/230 (23.03.2022).

(A) CDA vorgenommen wird. Insbesondere stelle sich die Frage, ob Handlungen „in gutem Glauben" vorgenommen seien, die „täuschend sind, nur zum Vorwand dienen oder mit den Dienstleistungsbedingungen eines Anbieters unvereinbar sind" oder die getroffen wurden, ohne den Betroffenen zuvor die Gelegenheit zur Stellungnahme zu geben. Vorgesehen ist zudem die Verpflichtung der Bundesbehörden, ihre Werbe- und Marketingausgaben bzgl. sozialer Medien zu überprüfen. Schließlich soll die für den Verbraucherschutz zuständige Bundeshandelsaufsicht („*Federal Trade Commission*") mit der Prüfung von Nutzerbeschwerden wegen der Zensur bestimmter politischer Ansichten betraut werden.

c) *Bewertung*

Wenig überraschend zentrierte Trump seine Vorgaben auf die unberechtigte Sperrung von Inhalten, nicht aber auf das unterlassene Löschen von rechtswidrigen Inhalten. Damit mag für seine eigene Kampagne viel gewonnen sein, allerdings wird für die Desinformationsproblematik kein nennenswerter Beitrag geleistet, weil Löschungspflichten nicht implementiert werden. Vielmehr werden selbst die seitens der Anbieter sozialer Netzwerke erzielten Erfolge in Gestalt der Faktenprüfung revidiert und offenbar versucht, die Plattformbetreiber zur Untätigkeit zu konditionieren. Das verfolgte Vorhaben konterkariert insofern jeglichen Versuch zur Gewährleistung eines unbeeinflussten Meinungsbildungsprozesses durch die Regulierung von Inhalten. Es bleibt daher zu hoffen, dass der Gesetzgeber dem Ansinnen nicht nachkommt.

d) *Gesetzesentwurf des US-amerikanischen Justizministeriums*

Im September 2019 leitete das US-amerikanische Justizministerium dem Kongress schließlich einen an das Dekret anknüpfenden Gesetzesentwurf zu.[2364]

aa) *Aufhebung des Haftungsprivilegs im Falle unterlassener Löschung von rechtswidrigen Inhalten*

Der Gesetzesentwurf[2365] sieht eine Ausnahme von der Freizeichnung der zivilrechtlichen Haftung der Anbieter von interaktiven Computerdiensten für Fälle vor, in denen der Anbieter Inhalte zulässt, hinsichtlich derer er wusste oder Grund zur Annahme hatte, dass diese gegen Bundesstrafrecht verstoßen. § 230(c)(1)(C), (d)(1). § 230(d)(2) formuliert eine Ausnahme vom Providerprivileg – sowohl für zivil- als auch für strafrechtliche Verfahren – für den Fall, dass die Anbieter

2364 *Department of Justice* Press Release 20-986, 23.09.2020, abrufbar unter https://www.justice.gov/opa/pr/justice-department-unveils-proposed-section-230-legislation (23.03.2022).

2365 Ramseyer Draft Legislative Reforms to Section 230 of the Communications Decency Act, abrufbar unter https://www.justice.gov/file/1319331/download (24.03.2022).

von interaktiven Computerdiensten solches im Falle der vorsätzlichen Verbreitung Bundesstrafgesetze berührendes Material nicht löschen bzw. den Zugang zu dem Material nicht sperren, obgleich sie von der Präsenz des Materials sowie seiner Rechtswidrigkeit Kenntnis hatten. Das Haftungsprivileg entfällt aber nicht nur im Falle der unterbliebenen Löschung, sondern auch dann, wenn die Strafverfolgungsbehörden von den Materialien nicht in Kenntnis gesetzt wurden, sofern dies gesetzlich vorgeschrieben oder anderweitig notwendig war oder sofern die Provider die Beweise nicht zumindest ein Jahr gesichert haben. Das Haftungsprivileg gilt zudem nach § 230(d)(3) in zivil- und strafrechtlichen Verfahren nicht, sofern die Inhalte nicht gelöscht bzw. der Zugang zu den Inhalten nicht gesperrt wurde, obgleich ein Gericht solche Inhalte für unzulässig erklärt hat. Die Anbieter von interaktiven Computerdiensten müssen weiterhin nach § 230(d)(4) ein System bereitstellen, mithilfe dessen rechtswidrige Inhalte gemeldet werden können. Noch weitergehend wird ein Notice-and-Takedown-Verfahren für Material zu Terrorismus, Kindesmissbrauch, Cyberstalking und Wettbewerbsrecht geregelt, § 230(f) (6–9). Diese Änderungen schaffen also Löschpflichten und die Pflicht zu Vorhaltung eines Meldeverfahrens für soziale Netzwerke. Die Regelungen ähneln insoweit denjenigen des NetzDG.

bb) Haftung für die (unrechtmäßige) Entfernung von Inhalten

Nach § 203(g)(5) handeln Anbieter von interaktiven Computerdiensten bei Löschungen oder Zugangsbeschränkungen in gutem Glauben und können sich daher auf das Haftungsprivileg berufen, wenn sie in ihren öffentlich zugänglichen Nutzungsbedingungen die Kriterien zur Moderation von Inhalten klar angeben, die Maßnahme auf Basis der Nutzungsregeln oder öffentlicher Darstellungen und nicht aus täuschenden oder vortäuschenden Gründen erfolgt, keine Ungleichbehandlung mit anderem für zulässig befundenen Material vorliegt und der Kommunikator über die Maßnahme informiert und ihm Gelegenheit zur Stellungnahme gegeben wird. Von der Benachrichtigung kann abgesehen werden, wenn eine Strafverfolgungsbehörde darum bittet, dass Material sich auf Terrorismus oder andere kriminelle Aktivitäten bezieht oder die Benachrichtigung die Gefahr eines Schadens für andere birgt.

Diese letztgenannten Regelungen gehen auf das Trump'sche Dekret zurück. Von Interesse ist die Einschränkung der Privatautonomie der Netzwerke unter Forderung klarer Nutzungsregeln hinsichtlich der Beitragsmoderation. Dies könnte auch in Deutschland aufgrund der Drittwirkung der Grundrechte angesichts der steigenden Relevanz einzelner Anbieter zukünftig zumindest zu eruieren sein.

e) Weitere Gesetzesentwürfe zur Änderung von § 230(c) Communications Decency Act

In diesem Zusammenhang wurden im Jahr 2020 über 20 Gesetzesentwürfe zur Änderung von § 230(c) Communications Decency Act in den Kongress eingebracht, die jedenfalls ein breiter Konsens hinsichtlich der derzeit zu restriktiv ausgestalteten Haftung der Internetintermediäre eint. Dabei lassen sich drei Kategorien von Entwürfen erkennen[2366]:

Die **erste Kategorie** der Entwürfe beschränken den von § 230(c)(1) Communications Decency Act gewährten Haftungsschutz und formulieren so Anreize für die Netzwerke, ihre Aufgaben bei der Moderation von in ihrem Hoheitsbereich zirkulierten Informationen ordnungsgemäß wahrzunehmen.[2367] Einige der so kategorisierten Entwürfe bedingen den Haftungsschutz auf die Einhaltung bestimmter regulatorischer Anforderungen – beispielsweise die Implementierung eines Notice-and-Takedown-Verfahrens, Beschwerdeverfahren, Berichtsmechanismen gegenüber der Strafverfolgung oder die Erstattung von Transparenzberichten.[2368] Andere Entwürfe dieser Kategorie heben die Privilegierung für bestimmte Deliktsbereiche bzw. Inhalte vollständig auf – beispielsweise im Falle gegen Terrorismusgesetze verstoßender oder sexuellen Kindesmissbrauch betreffender Inhalte.[2369] Eine weitere Unterkategorie bilden Entwürfe, die den Haftungsschutz für bestimmte Arten der Informationsvermittlung einschränken, so beispielsweise für algorithmisch empfohlenes Material. Hierfür besteht wiederum eine Rückausnahme, wenn die Algorithmen offenkundig, transparent und verständlich für die Nutzer sind oder wenn der Nutzer explizit nach Informationen zu solchen Inhalten gesucht hat.[2370]

Die **zweite Kategorie** verhält sich diametral hierzu, indem die Regulierungsvorhaben die Plattformen zur Neutralität an- und von übermäßiger Moderation der zirkulierten Inhalte abhalten.[2371] Die Entwürfe heben den Haftungsschutz insoweit

2366 Zum Nachfolgenden ausführlich – auch im Hinblick auf die Kategorisierung der verschiedentlichen Entwürfe – *Lehmann* Medium v. 08.02.2021, abrufbar unter https://medium.com/cr-digital-lab/crs-section-230-2020-legislative-round-up-4683c309fcb3 (21.03.2022). Tabellarische Übersicht der in den 116th Congress eingebrachten Entwürfe einsehbar bei *CR* 2020 Section 230 Bill Tracker https://airtable.com/shrcIAt9izBEzfIbu (21.03.2022).

2367 *Lehmann* (Fn. 2367).

2368 Vgl. zur Implementierung eines Notice-and-Takedown-Verfahrens S. 4066 – PACT Act sowie zu vorgesehenen Meldepflichten S. 4758 – *See Something, Say Something Online Act of 2020.*

2369 Hinsichtlich Gesetzes entwürfen zu Inhalten bzgl. sexuellem Kindesmissbrauch H.R. 8454 – EARN IT Act of 2020, wobei ein entsprechender Entwurf im Januar 2022 in den 117th Congress unter S. 3538 – EARN IT Act of 2022 eingebracht wurde, abrufbar unter https://www.congress.gov/bill/117th-congress/senate-bill/3538/text (23.02.2022).

2370 Vgl. beispielhaft H.R. 8636 – Protecting Americans from Dangerous Algorithms Act.

2371 Kategorisierung nach *Lehmann* (Fn. 2367), bei der sich auch eine Tabelle mit den einzelnen kategorisierten Entwürfen findet.

für verschiedene Präsentationen von Inhalten auf bzw. machen die Privilegierung von einer neutralen Durchsetzung abhängig.[2372]

Als **dritte Kategorie** lassen sich sodann diejenigen Entwürfe erfassen, welche die Haftungsprivilegierung vollständig aufheben würden oder das Privileg von bestimmten strukturellen Änderungen des Angebots der Intermediäre abhängig machen.[2373] Die geforderten strukturellen Änderungen betreffen dabei beispielsweise die Sammlung von Nutzerdaten und die auf dieser Grundlage erfolgte (automatisierte) Personalisierung des Angebots, die zum Verlust der Privilegierung führen würde.[2374]

Angesichts der Liberalität des bisherigen Haftungsregimes, der Vielzahl der unterschiedlichen Entwürfe sowie der Herkunft der großen Internetintermediäre in den USA und daher zu erwartender starker Lobby dürfte die Reformierung des Haftungsprivilegs noch einige Zeit in Anspruch nehmen. Die Liberalität findet ihren Ausdruck in der zweiten Kategorie der Entwürfe – eine regulatorische Option, welche die Netzwerke zur vollständigen Nichtintervention anhält.

5. Zusammenfassung und Evaluation der Maßnahmen in den USAs

Die USA bekämpfen also zunächst von außerhalb der Landesgrenzen herrührende Fake News-Kampagnen, was sich an einer entsprechenden Praxis der Verfolgungsbehörden zeigt. Darüber hinaus bestehen – wenn auch nicht auf Bundesebene – Strafgesetze, die einen sehr unterschiedlichen Anwendungsbereich aufweisen.

Die **erste Säule** der vorhandenen Gesetzgebung betrifft insofern Aussagen anlässlich Kampagnen („*Campaign Speech*"), welche inhaltliche Themen über Kandidaten oder Kampagnen betreffen. Einige Gesetze verbieten die Verbreitung falscher Informationen über einen Kandidaten oder ein Abstimmungsthema, wobei manche Gesetze einen verleumderischen Charakter der betreffenden Desinformationen fordern. Andere Gesetze verbieten wiederum Desinformationen über die moralische Integrität eines Kandidaten. Teilweise sind falsche Aussagen in Bezug auf einen Kandidaten nur seitens eines anderen Kandidaten strafbar. Ein großer Teil der existierenden Gesetze knüpft seine Strafandrohung an Vorsatz oder Leichtfertigkeit hinsichtlich der Unrichtigkeit der Informationen. Gegenstand der Gesetzgebung sind daneben Falschinformationen über das öffentlich einsehbare

---

2372 Siehe hierzu H.R. 8596 – Limiting Section 230 Immunity to Good Samaritans Act.

2373 Kategorisierung nach *Lehmann* (Fn. 2367). Beispielhaft für die vollständige Aufhebung des Haftungsprivilegs S. 5085 – A bill to amend the Internal Revenue Code of 1986 to increase the additional 2020 recovery rebates, to repeal section 230 of the Communications Act of 1934, and for other purposes.

2374 H. R. 8515 – Don't Push My Buttons Act. Aufhebung des Haftungsprivilegs für einen Zeitraum von 30 Tagen nach der Anzeige verhaltensbasierter Werbung gegenüber einem Nutzer nach S. 4337 – Behavioral Advertising Decisions Are Downgrading Services (BAD ADS) Act.

Abstimmungsverhalten eines Kandidaten, genauso wie Täuschungen über die Identität des Äußernden und Falschinformationen in Bezug auf den vermeintlichen Rücktritt eines Kandidaten. Einige Gesetze knüpfen an spezifische Veröffentlichungsformen wie politisches Kampagnenmaterial oder bezahlte Werbung, andere an bestimmte Foren wie Telefonumfragen.

Daneben existieren als **zweite Säule** in den USA Gesetze, die Desinformationen in Bezug auf *Election Speech* und somit nicht die inhaltliche Ausübung des Wahlrechts oder den Schutz von aktiven Wahlteilnehmern betreffen, sondern die sich der Wahrnehmung des Wahlrechts höchstselbst widmen und dieses zu bewahren intendieren. Während die letztgenannten Gesetze unter den Literaten auf breiten Konsens hinsichtlich ihrer Verfassungsmäßigkeit stoßen, sehen sich die Gesetze auf der ersten Säule jedoch einer restriktiven verfassungsrechtlichen Rechtsprechung gegenüber, die in drei Fällen bereits zur gerichtlichen Bescheinigung der Verfassungswidrigkeit führte und aufgrund derer das Schrifttum von der Verfassungswidrigkeit weiterer Gesetze ausgeht. Des Weiteren wird die praktische Nichtverfolgung und Nichtdurchsetzung der vorhandenen Regularien beobachtet. Daneben bestehen noch Gesetze, die hinsichtlich der Wahlkampffinanzierung Transparenz schaffen und welche teilweise diesbezüglich Desinformationen verbieten.

Das amerikanische Recht kennt dagegen keine Strafgesetze, die bereits das schlichte Verbreiten von Fake News sanktionieren, ohne weitere inhaltliche Voraussetzungen wie eine Verleumdung oder den unmittelbaren Bezug zu einem bestimmten Kandidaten bzw. einer Abstimmungsfrage aufzustellen. Fake News-Kampagnen inländischer Protagonisten, wie etwa nationalkonservativer Kräfte zur Festigung oder zur Erweiterung ihrer Machtstellung, sind daher – sofern diese sich nicht vergleichbarer ausländischer Kräfte bedienen und die Inhalte sich nicht auf eine Wahlkampagne oder ein Referendum beziehen – nach derzeitiger Rechtslage nicht pönalisiert. Es besteht also kein strafrechtlicher Schutz gegen Desinformation, die ein inhaltliches Thema zum Gegenstand haben, ohne aber unmittelbaren Bezug zu einem Kandidaten oder Referendum aufzuweisen. So könnten ohne laufende politische Kampagnen die Diskursteilnehmer bzgl. polarisierender Themen desinformiert werden, indem beispielsweise in Bezug auf Flüchtlinge mittels erfundener Zahlen Stimmung gemacht würde. Tatsächlich können sich aber sogar derartige Desinformationen zum Nachteil von politischen Parteien auswirken, was um so mehr bei dem Spektrum aus vorwiegend zwei die absolute Mehrheit unter sich ausmachenden Parteien in den USA gelten muss. Zudem existiert ohnedies eine Tendenz der Rechtsprechung, die bestehenden Gesetze in diesem Bereich als verfassungswidrig zu deklarieren, sodass im Anwendungsbereich des de lege lata vorhandenen Strafrechts noch weitgehender Straffreiheit antizipiert werden kann.

Dies zeigt, dass der Gesetzgeber und die Gerichte in den USA gegenwärtig zuvorderst von außerhalb der Landesgrenzen stammende systematische und organisierte Fake News-Kampagnen als Problem begreifen (**dritte Säule**), das nach dortiger Einschätzung derart virulent ist, dass hiergegen mit dem Strafrecht interveniert wird. Obgleich sicherlich auch rein innerstaatliche Akteure zur Verbreitung von Fake News beitragen, wird dagegen die hiervon ausgehende Beeinträchtigung – jedenfalls außerhalb des politischen Kontexts – nicht als strafrechtswürdig angesehen. Dies scheint vor allem im Ausmaß des Agierens ausländischer Akteure begründet: Die von ihnen ausgehenden systematischen Kampagnen haben für die US-Präsidentschaftswahl 2016 nachgewiesene, mit den Kampagnen in anderen Staaten nicht vergleichbare Reichweite und eine zumindest indiziell dargetane Wirkung erzielt. Das offensichtliche Fehlen von Überlegungen zur Kriminalisierung von Fake News auf höchster politischer Ebene unter dem 45. Präsidenten der USA Donald Trump, lässt sich neben dem sehr liberalen Verständnis von *Redefreiheit* ergänzend damit begründen, dass gegenüber den politischen Akteuren selbst die Instrumentalisierung und Streuung von Fake News nachgewiesen wurde,[2375]

2375 Verwiesen sei insoweit nur auf einen Tweet Donald Trumps bzgl. vermeintlich ansteigender Kriminalitätszahlen seit erhöhter Aufnahmezahlen von Flüchtlingen. Vgl. dazu die Darstellung bei *Sängerlaub* Kurzanalyse zu Trumps Crime-Tweet in Deutschland, Viel Aufmerksamkeit, wenig Unterstützung, abrufbar unter https://www.stiftung-nv.de/de/publikation/kurzanalyse-zu-trumps-crime-tweet-deutschland-viel-aufmerksamkeit-wenig-unterstuetzung (21.03.2022). *Schellhoss* NK 2019, 163, 163 ff. legt demgegenüber die fehlende Vergleichsmöglichkeit hinsichtlich der Kriminalitätsraten von in Deutschland lebenden Ausländern im Vergleich zu Deutschen dar. Hingewiesen werden soll insofern exemplarisch auf Straftatbestände, die nur von Asylsuchenden begangen werden können – sowie die Dunkelziffer der amtlich nicht erfassten, in Deutschland lebenden Ausländer. Tatsächlich verringere sich laut dem vom *BKA* veröffentlichten Bundeslagebilder Kriminalität im Kontext von Zuwanderung der Jahre 2015–2017, jeweils S. 7, abrufbar unter https://www.bka.de/DE/AktuelleInformationen/StatistikenLagebilder/Lagebilder/KriminalitaetImKontextVonZuwanderung/KriminalitaetImKontextVonZuwanderung_node.html (21.03.2022) von 2017 zu 2018 die Zahl der tatverdächtigen Zuwanderer ebenso wie die gleiche Zahl von 2017 zu 2016, wohingegen die Anzahl der Delikte, bei denen mindestens ein Zuwanderer als Tatverdächtiger geführt wurde, von 2014 zu 2015 um 79 Prozent stieg. Die Zahl dieser Delikte stieg von 2015 zu 2016 um 42 Prozent. Im Lagebild 2018 S. 59 resümiert das BKA wie folgt: „*Die Entwicklung der vergangenen vier Jahre (insgesamt rund 1,52 Millionen Asylsuchende) wirkte sich auch im Jahr 2018 auf die Kriminalitätslage, sowohl im Bereich der Allgemeinkriminalität als auch im Bereich der politisch motivierten Kriminalität, aus. Weiterhin gilt jedoch, dass der überwiegende Teil der nach Deutschland gekommenen Asylsuchenden keine Straftaten begeht.*" [Hervorhebungen durch den Verfasser]. Die AfD tat demgegenüber in ihrem Papier mit dem Titel „*Wie es wirklich um Deutschland steht, Fakten statt Fake News*", S. 101, abrufbar unter https://www.presseportal.de/pm/110332/4443197 (21.03.2022) kund, die Zahl der von Zuwanderern an Deutschern begangenen Tötungsdelikte habe sich um 685 Prozent gesteigert, was insofern irreführend ist, als im Lagebild 2018 aufgrund der Erfassungssystematik auch die 75 Verletzten eines tödlichen Terroraktes als vollendetes Tötungsdelikt

sodass denklogisch seinerzeit keine Bestrebungen zur Verhinderung diesen Verhaltens unternommen wurden. Insofern darf die Amtszeit des 46. Präsidenten der USA Joe Biden auch weiterhin mit Spannung beobachtet werden – wobei er in einer Rede Kongress im September 2022 bereits sein Bestreben zur Aufhebung der Immunität der Plattformen signalisierte.[2376]

Die erste Säule im Kampf gegen Fake News in Gestalt der Regelungen zu politischen Äußerungen erscheint zudem schon historisch begründbar, da bereits im 19. Jahrhundert Fake News-Kampagnen betreffend Thomas Jefferson eingesetzt wurden.[2377] Populär wurde zudem eine von George H. W. Bush's Kampagne in Jahr 1988 ausgestrahlte Werbung, welche die Verantwortlichkeit des Präsidentschaftskandidaten Dukakis für den Urlaub eines Strafhäftlings andeute, währenddessen dieser Häftling eine Vergewaltigung beging.[2378] Auch daher dürften in den USA Gesetze in Bezug auf gezielte Desinformationen betreffend politische Kandidaten existieren.

Zuletzt befasste sich der Gesetzgeber vor allem mit der Modifikation der Haftungsprivilegierung der Internetintermediäre, sodass in absehbarer Zeit zwar in diesem Bereich mit weiterer Gesetzgebung als dann **vierter Säule** zu rechnen sein dürfte, andererseits aber Strafgesetze betreffend die Verbreitung von Desinformationen zunächst nicht in den Fokus rücken dürften.

IV. Fake News im kanadischen Strafrecht

Im Vorfeld der Wahlen zum Unterhaus wurden in Kanada Bestrebungen bekannt, Wahlbeeinflussungen zu verhindern.[2379] Bereits 2018 wurde das kanadische Wahlgesetz[2380] durch ein Änderungsgesetz[2381] geändert und wurden Berichtspflichten über die Wahlkampfaktivitäten (beispielsweise Wahlkampfwerbung und

---

aufgeführt wurden, dazu *Gensing/Reisin* Tagesschau v. 18.11.2019, abrufbar unter https://www.tagesschau.de/faktenfinder/afd-studie-101.html (21.03.2022).

2376 Vgl. die Wiedergabe der Redeinhalte von Biden bei *Nelson* New York Post v. 15.09.2022, abrufbar unter https://nypost.com/2022/09/15/biden-announces-push-to-end-big-tech-immunity-2-years-after-trump-attempt/ (24.09.2022).

2377 Zu historischen Beispielen *Zenor* Campbell L. Rev. 38 (2016), 41, 44 f.

2378 Vgl. die Nachweise *Zenor* Campbell L. Rev. 38 (2016), 41, 44 f.

2379 Zum Ganzen *WD* Initiativen gegen die Beeinflussung der Meinungsbildung durch ausländische Medien, Az. WD 10-3000-27/19, S. 8.

2380 Canada Elections Act („*Loi électorale du Canada*"), Stand 23.02.2021 mit letzter Änderung vom 29.06.2021, abrufbar unter https://laws.justice.gc.ca/PDF/E-2.01.pdf (21.03.2022). Einschlägig sind die §§ 359, 360 des Gesetzes betreffen die vorstehenden Inhalte.

2381 Bill C-76, Elections Modernization Act, 13.12.2018, abrufbar unter https://www.elections.ca/content.aspx?section=med&dir=c76&document=index&lang=e (21.03.2022).

Transparenz bei der Nutzung von Finanzmitteln) eingeführt. Daneben betrifft das Gesetz die Veröffentlichung falscher oder irreführender Angaben und Erklärungen. Im Jahr 2020 führte Kanada schließlich eine Steuergutschrift für das Abonnement digitaler Nachrichten („*Digital News Subscription Tax Credit*")[2382] ein, die offensichtlich der Stärkung des Qualitätsjournalismus dienen soll.

§ 181 des kanadischen Strafgesetzbuches[2383] bedrohte denjenigen mit Freiheitsstrafe bis zu zwei Jahren, der vorsätzlich eine Erklärung, eine Geschichte oder Nachricht veröffentlicht, von der er weiß, dass diese falsch ist und dass sie eine Verletzung oder einen Schaden für ein öffentliches Interesse verursacht oder wahrscheinlich verursacht. Diese Regelung hielt der verfassungsrechtlichen Überprüfung durch den Obersten Gerichtshof von Kanada (*Supreme Court of Canada*") in einem Fall nicht stand, indem der Verurteilte (ein nach dem Zweiten Weltkrieg immigrierter Deutscher) mittels einer Broschüre nahegelegt hatte, dass die Ermordung von sechs Mio. Juden sowie der Holocaust schlechthin nicht erwiesen seien.[2384] Die knappe Stimmenmehrheit (4 zu 3) des Gerichts führte aus, dass selbst diejenigen, die bewusst Unwahrheiten veröffentlichen, sich auf die Meinungsfreiheit berufen können, da auch falsche Aussagen von Wert sein könnten und es schwierig sei, totale Unrichtigkeit zu bestimmen. Die Stimmenmehrheit arbeitete heraus, dass der Straftatbestand ursprünglich die Verleumdung Adliger verhindern sollte, um die politische Harmonie im Staat zu wahren und dass dieser Zweck nicht einfach in die Bekämpfung von Hasspropaganda oder Rassismus umgewidmet werden könne. Kritisiert wurden seitens der Stimmenmehrheit des Gerichts die wenigen Anwendungsfälle, die Ausweis der fehlenden Notwendigkeit der Strafnorm seien – ebenso wie das Fehlen einer derartigen Strafnorm in anderen Rechtssystemen. Der Anknüpfungspunkt „Aussage, Geschichte oder Nachricht" sei zu weitgehend, da hierunter nicht nur Tatsachen fielen und daneben der Begriff des öffentlichen Interesses zu vage sei.

Demgegenüber argumentierten die abweichend votierenden Richter, dass der Zweck in der Förderung rassischer, religiöser und sozialer Toleranz bestehe.[2385] Insofern nehme der Tatbestand eine wichtige Rolle beim Minderheitenschutz vor

---

2382 *Government of Canada* Digital news subscription tax credit, abrufbar unter: https://www.canada.ca/en/revenue-agency/programs/about-canada-revenue-agency-cra/federal-government-budgets/budget-2019-investing-middle-class/canadian-journalism/digital-subscriptions.html (23.03.2022).

2383 Kanadisches Strafgesetzbuch („*Criminal Code*" bzw. „*Code criminel*"), Stand 23.02.2022 mit letzter Änderung vom 16.01.2021, abrufbar unter https://laws-lois.justice.gc.ca/PDF/C-46.pdf (21.03.2022).

2384 R. v. Zundel, [1992] 2 S.C.R. 731. Dies übersieht offensichtlich *WD* Initiativen gegen die Beeinflussung der Meinungsbildung durch ausländische Medien, Az. WD 10-3000-27/19, S. 8.

2385 R. v. Zundel, [1992] 2 S.C.R. 731.

der Zufügung von Schäden durch vorsätzliche Lügen, die aber als Ergebnis authentischer Recherche getarnt werden, ein. Zudem würden in anderen Ländern durchaus vergleichbare Bestimmungen existieren und hiermit die Ziele der Förderung der Gleichheit und des Multikulturismus durch die Strafnorm avisiert. Die von der Strafnorm erfassten und für die Rechtspraxis von Meinungsäußerungen unterscheidbaren Tatsachen würden allein dazu dienen, die demokratische Debatte zu verhindern und seien daher verfassungsrechtlich legitimierbar. § 181 des kanadischen Strafgesetzbuchs wurde schließlich mit Änderungsgesetz vom 21.06.2019 aufgehoben.[2386]

Die Einordnung der Entscheidung darf nicht den historischen Kontext aus dem Blick lassen. Argumentiert wurde vor allem mit den wenigen aus der Rechtspraxis bekannten Fällen, was heutzutage angesichts der zahlreichen, im Internet auftretenden Verbreitungsfälle so wohl nicht mehr vorgebracht werden könnte. Zudem hat das Gewicht von Desinformationen aufgrund der einfacheren Verbreitungsmöglichkeiten zwischenzeitlich erheblich zugenommen. Dies verschiebt das Kräfteverhältnis der in Ausgleich zu bringenden Verfassungsgüter erheblich und wäre womöglich geeignet, die schon damals nur knappe Entscheidung einem abweichenden Mehrheitsvotum des Spruchkörpers zuzuführen. Ebenso könnte mittlerweile nicht unberücksichtigt bleiben, dass sich im internationalen Kontext die existierenden Gesetze oder Gesetzesinitiativen im Kampf gegen Desinformationen mehren, sodass ein weiteres entscheidungstragendes Argument erheblich an Gewicht verloren hat.

Gleichwohl ist anzumerken, dass der Superior Court of Justice im Jahr 2021 ein weiteres für den Untersuchungsgegenstand relevantes Gesetz aufhob: § 91(1) des kanadischen Wahlgesetzes verbot bestimmte Tatsachenaussagen im Hinblick auf politische Kandidaten – sofern diese in der Intention getätigt worden sind, das Wahlergebnis zu beeinflussen. Durch das bereits angesprochene Änderungsgesetz[2387] war dabei u.a. das Wort „knowingly" aus der Norm gestrichen worden, sodass nunmehr – allein aufgrund des Wortlauts – der Delinquent keine Kenntnis von der Unrichtigkeit haben musste.[2388] Das Gericht stützte seine Entscheidung ausschließlich auf die im Ergebnis verneinte Frage, ob eine solche Kenntnis gleichwohl im Wege der Auslegung als erforderlich auszumachen sei. Diese

2386 Bill C-75, An Act to amend the Criminal Code, the Youth Criminal Justice Act and other Acts and to make consequential amendments to other Acts, 21.06.2019, abrufbar unter https://www.canlii.org/en/ca/laws/astat/sc-2019-c-25/latest/sc-2019-c-25.html (21.03.2022).

2387 Bill C-76 (Fn. 2382).

2388 Canadian Constitution Foundation v. Canada (Attorney General), 2021 ONSC 1224, abrufbar unter https://theccf.ca/wp-content/uploads/Canadian-Constitution-Foundation-v.-Canada-Attorney-General-final-reasons-for-judgment-2021-02-19-at-5h55.pdf (27.03.2022).

Entscheidung steht der im vorangegangenen Absatz eingenommenen Argumentation mithin nicht entgegen, weil § 91(1) des kanadischen Wahlgesetzes infolge der weitreichenden Haftung für Fahrlässigkeit erheblich zu weitreichend ausgestaltet gewesen ist.[2389]

V. Singapur

In Singapur sorgte bereits der Entwurf eines Gesetzes zum Schutz vor Online-Falschmeldungen und Manipulation 2019 („*Protection from Online-Falsehoods and Manipulation Act 2019*" – „*POFMA*")[2390] für erhebliche Kontroversen.[2391] Das Gesetz trat schließlich am 02.10.2019 in Kraft. Da Südostasien die Region ist, in der in legislativer Hinsicht zuletzt am meisten Aktivitäten entfaltet wurden,[2392] liegt die Einbeziehung eines dieser Region entstammenden Gesetzes besonders nah.

I. Inhalt des Gesetzes

a) Legaldefinitionen

Das Gesetz legaldefiniert in § 2(2)(a) Tatsachenbehauptungen als Behauptungen, die eine vernünftige Person als Repräsentation von Tatsachen erachten würde, wenn sie diese sehen, hören oder anderweitig wahrnehmen würde. Nach § 2(2)(b) POFMA ist eine solche Aussage falsch, wenn sie entweder ganz oder teilweise falsch oder irreführend ist, unabhängig davon, ob die Behauptung bereits alleine oder erst im Kontext diese Eigenschaften erlangt. Eine so verstandene Tatsachenbehauptung wird schließlich nach § 3(1) POFMA für andere Vorschriften als diejenigen in Teil 2 des Gesetzes in Singapur kommuniziert, wenn sie mindestens einem Endnutzer in Singapur zugänglich gemacht oder über das Internet kommuniziert wird. § 3(2) POFMA definiert das Kommunizieren in Singapur für Teil 2 des Gesetzes als Zugänglichmachen gegenüber einem Endnutzer in Singapur oder kommunizieren durch das Internet (a) oder via MMS oder SMS (b).

2389 Selbst für den Fall der Wiedereinführung des Vorsatzerfordernisses kritisch äußert sich aber *Gaumond* Lawfare v. 16.03.2021, abrufbar unter https://www.lawfareblog.com/why-canadian-law-prohibiting-false-statements-run-election-was-found-unconstitutional (27.03.2022).

2390 Act No. 18/2019, abrufbar unter https://sso.agc.gov.sg/Acts-Supp/18-2019/Published/20190625?DocDate=20190625 (23.03.2022).

2391 Vgl. nur *Reichmann* Academe Blog v. 15.04.2019, abrufbar unter https://academeblog.org/2019/04/15/singapore-fake-news-law-may-threaten-academic-freedom/ (23.03.2022).

2392 *Schuldt* Verfassungsblog v. 20.04.2019, abrufbar unter https://verfassungsblog.de/a-ministry-of-truth-in-singapore-reflections-on-the-anti-fake-news-bill/ (23.03.2022).

Das Gesetz knüpft zudem seine Rechtsfolge bisweilen daran, dass es „im öffentlichen Interesse" liegt, etwas zu tun. Dies ist nach § 4 POFMA dann der Fall, wenn dieses Tun notwendig und zweckmäßig ist für das Interesse der Sicherheit Singapurs oder eines Teiles davon (a), zum Schutz der öffentlichen Gesundheit, der öffentlichen Finanzen, zur Sicherung der öffentlichen Sicherheit oder öffentlichen Friedlichkeit (b), für das Interesse freundschaftlicher Beziehungen Singapurs zu anderen Ländern (c), zur Verhinderung jeden Einflusses auf den Ausgang einer Wahl (d), um die Anstiftung zu feindseligen, hasserfüllten oder hetzerischen Gefühlen zu verhindern (e) oder um eine Beeinträchtigung des Vertrauens der Öffentlichkeit in die Pflichtenerfüllung oder Funktionen von näher spezifizierten staatlichen Organen oder Institutionen wie Teilen der Regierung zu verhindern (f).

Als Gesetzeszweck bezeichnet § 5 die Verhinderung der Übermittlung falscher Tatsachenbehauptungen in Singapur und die Ermöglichung von Maßnahmen zur Gegensteuerung gegen die Effekte derartiger Kommunikation (a), die Finanzierung, Förderung und sonstige Unterstützung von Onlineplätzen zu verhindern, die wiederholt falsche Tatsachenbehauptungen kommunizieren (b), Maßnahmen zur Erkennung, Kontrolle und zum Schutz gegen koordiniertes unauthentisches Verhalten und anderen Missbrauch von Onlinekonten und Bots (c) sowie Maßnahmen betreffend die Offenlegung bezahlter politischer Inhalte zu ermöglichen (d). Als kompetente Behörde kann der Minister gem. § 6(1) POFMA ein gesetzliches Organ oder den Inhaber eines Amtes im Dienst der Regierung oder eines anderen Amtes ernennen, wobei diese den Weisungen des Ministers Geltung verschaffen müssen (2).

b) Verbot der Verbreitung falscher Tatsachenbehauptungen

§ 7(1) POFMA verbietet schließlich Handlungen in oder außerhalb Singapurs, um in Singapur falsche Tatsachenbehauptungen zu verbreiten, deren Unrichtigkeit der Handelnde kennt oder an deren Richtigkeit er Anlass zu Zweifeln hat (a), sofern die Verbreitung in Singapur wahrscheinlich (b) die Sicherheit Singapurs oder eines Teils davon beeinträchtigen kann (i), der öffentlichen Gesundheit, den öffentlichen Finanzen, der öffentlichen Sicherheit oder öffentlichen Friedlichkeit (ii) oder den freundschaftlichen Beziehungen Singapurs zu anderen Ländern schaden kann (iii), näher spezifizierte öffentliche Wahlen oder Referenden beeinflussen kann (iv), Gefühle von Feindseligkeit, Hass oder Hetze zwischen verschiedenen Personengruppen hervorrufen kann (v) oder das Vertrauen der Öffentlichkeit in die Pflichtenerfüllung oder Funktionen von näher spezifizierten staatlichen Organen oder Institutionen wie Teilen der Regierung verringern kann (vi).

Für die Verletzung des Verbots sieht (2) für natürliche Personen Geldstrafe von bis zu 50.000 SGD oder Freiheitsstrafe bis zu 5 Jahren oder beides vor (a), bei anderen Fällen eine Geldstrafe bis zu 500.000 SGD (b). Sofern ein unauthentischer Account oder Bot genutzt wird (3), um eine Information im Sinne von (1) zu verbreiten (a) und wenn hierdurch eine solche Verbreitung beschleunigt werden soll (b), beträgt die Strafandrohung für eine natürliche Person bis zu 100.000 SGD

Geldstrafe oder Freiheitsstrafe bis zu 10 Jahren oder beides (c) und in den anderen Fällen Geldstrafe bis zu 1 Mio. SGD (d). Das Gesetz nimmt schließlich gem. (4) Handlungen vom Verbot aus, die als Haupt- oder Nebenzweck die Bereitstellung eines Internet-Vermittlerdienstes (a), eines Telekommunikationsdienstes (b), eines Dienstes, der der Öffentlichkeit den Zugang zum Internet ermöglicht (c) oder einen Computerressourcendienst beinhalten (d).

§ 8(1) POFMA verbietet es innerhalb und außerhalb Singapurs, einen Bot zu erstellen oder zu ändern, um durch den Bot eine falsche Tatsachenbehauptung in Singapur zu verbreiten (a) oder um dies einer anderen Person mittels des Bots zu ermöglichen (b), wobei der Strafrahmen für natürliche Personen hierfür bis zu 30.000 SGD Geldstrafe oder Freiheitsstrafe bis zu drei Jahren oder beides (2)(a) und in den anderen Fällen Geldstrafe bis zu 500.000 SGD beträgt (2)(b). Diese Strafandrohung wird noch erhöht (3), sofern die Übermittlung der betreffenden Tatsache geeignet ist, die zur Definition des öffentlichen Interesses herangezogenen Merkmale zu beeinträchtigen. § 9 POFMA inkriminiert das Erbringen von Dienstleistungen zur Verbreitung falscher Tatsachen in Kenntnis der Unrichtigkeit (1) gegen finanziellen oder sonstigen materiellen Nutzen und sieht äquivalente Strafrahmen (2) und eine ebensolche Qualifikation (3) sowie eine Privilegierung vor (4). Daneben ist die Rückzahlung eines etwaig erhaltenen Vorteils anzuordnen (5).

c) Berichtigungs- und Löschungsverlangen

aa) Gegenüber den Kommunikatoren

In § 10 POFMA wird jedem Minister eine (1) Direktionsbefugnis bzgl. der zuständigen Behörde eingeräumt, sofern eine falsche Tatsachenbehauptung in Singapur verbreitet wird (a) und der Erlass der Weisung nach Einschätzung des Ministers im öffentlichen Interesse liegt (b).

Schließlich sieht § 11(1) POFMA eine Anweisung zur Veröffentlichung eines Berichtigungshinweises mit vorgegebenem Inhalt gegenüber dem Verbreiter einer falschen Tatsachenbehauptung vor, die auf die Veröffentlichung in einer Zeitung oder einer anderen gedruckten Veröffentlichung erstreckt werden kann (3)(b) und die unabhängig von Vorsatz oder Fahrlässigkeit hinsichtlich der Unrichtigkeit erfolgen kann (4). Auch hier ist eine inhaltsgleiche Privilegierung vorhanden (5)(b). Vom Adressaten kann also verlangt werden, seinen Beitrag als falsch auszuzeichnen und daneben die von der Behörde vorgegebenen Fakten in seinen Beitrag zu inkludieren.[2393]

Daneben eröffnet § 12 POFMA die Möglichkeit, dem Kommunikator aufzugeben, die Verbreitung der betreffenden Tatsache in der festzulegenden Zeit zu stoppen (1), wobei die Pflicht auf inhaltsgleiche Äußerungen erstreckt (2) und daneben die Verbreitung einer Berichtigung in spezifizierter Form verlangt werden kann

2393 *Schuldt* (Fn. 2393).

(3). Diese Maßnahme erfordert weder Vorsatz noch Fahrlässigkeit (4). Sie ist von der zuständigen Behörde unverzüglich im Amtsblatt („*Gazette*") zu veröffentlichen (5). § 13 POFMA regelt, dass die Maßnahmen in Teil 3 an Personen außerhalb Singapurs ergehen können (1) und selbst Handlungen außerhalb Singapurs auferlegt werden können (2). Der Verstoß wird in § 15 POFMA mit strafrechtlichen Sanktionen geahndet. § 16 POFMA sieht an die Provider gerichtete Zugangsblockierungen gegenüber Endnutzern vor und sanktioniert die Provider im Falle des Unterlassens.

§ 17 POFMA eröffnet schließlich dem Adressaten von Direktionen nach Teil 3 die Beschwerde an das Oberste Gericht (1), sofern der Minister dem vorherigen Antrag auf Aufhebung oder Änderung nicht entsprochen hat (2). Das Gericht besitzt die Aufhebungsmöglichkeit für den Fall (5), dass die Person die gegenständliche Behauptung nicht verbreitet hat (a), die betreffende Aussage keine Tatsachenbehauptung oder wahr ist (b) oder es technisch nicht möglich ist, die Direktion einzuhalten (c). Der Rechtsbehelf entfaltet nach (6) keine aufschiebende Wirkung. Für den Fall der technisch nicht möglichen Befolgung der Direktion kann das Gericht bei entsprechender Glaubhaftmachung die Direktion bis zur Entscheidung über die Berufung aussetzen (7). Gegen die gerichtliche Entscheidung ist ein weiteres Rechtsmittel statthaft (8).

bb) An die Internetintermediäre

Anweisungen zu Berichtigungshinweisen können nach § 21 POFMA sogar an die Intermediäre ergehen und erfordern eine solche an alle Endnutzer, die Zugang zu dem Material hatten (2). § 22 POFMA sieht Anweisungen an die Internetintermediäre vor, den Zugang zu den gegenständlichen Inhalten zu sperren. § 23 sieht eine Anweisung zu einem generellen Berichtigungshinweis mit spezifiziertem Inhalt an verschiedene privilegierte Adressaten wie die Internetintermediäre (1)(a) sowie an die Presse (1)(b) vor. § 24 POFMA statuiert inhaltliche Anforderungen an den Berichtigungshinweis wie die einfache Erreichbarkeit und Verständlichkeit. Auch hier wird in § 25 POFMA eine Geltung gegenüber Adressaten außerhalb Singapurs formuliert (1) und die Möglichkeit der Auferlegung einer Handlungspflicht über die Landesgrenzen hinaus geschaffen (2). Strafvorschriften für die Verletzung sind in § 27 POFMA geregelt. Die Anweisung der Sperrung des Zugangs bestimmter Endnutzer an die Internetintermediäre sieht § 28 POFMA mitsamt entsprechender Strafbewehrung vor. § 29 POFMA regelt die gerichtliche Beschwerdemöglichkeit.

d) Kennzeichnung von Onlineplätzen, auf denen direktionswidrige Inhalte verbreitet wurden

Der Minister kann zudem nach §§ 32 ff. POFMA Onlineplätze, auf denen drei oder mehr Behauptungen binnen sechs Monaten erstmalig verbreitet wurden, die Gegenstand der vorgenannten Anweisungen waren, durch eine entsprechende bis zu zwei Jahre gültige Deklaration und darauffolgende Anweisungen an die

Provider sperren. Per Erklärung der Behörde kann dem Betreiber oder Eigentümer aufgegeben werden, mit vorgegebenem Inhalt gegenüber ihren Endnutzern zu kommunizieren, dass gegen sie eine solche Erklärung erging, § 32(3)(f) POFMA.

Während das Gesetz hierdurch theoretisch die Möglichkeit eröffnet, ganze soziale Netzwerke so zu kennzeichnen, wird eher erwartet, dass einzelne Subseiten hiervon betroffen würden.[2394] Die Beschwerdemöglichkeit eröffnet § 35 POFMA für den Betreiber und Eigentümer des Onlineplatzes sowie für jede Person mit redaktioneller Kontrolle. Das Erhalten, Sich-Bereiterklären oder Verlangen eines materiellen Vorteils für den Betrieb eines solchen gekennzeichneten Onlineplatzes bestraft schließlich § 36 POFMA. Auch die §§ 33, 34 und 37 POFMA sollen den Entzug der finanziellen Mittel auf Seiten des deklarierten Onlineplatzes bewirken.[2395] § 38 POFMA inkriminiert die finanzielle Unterstützung solcher Onlineplätze, sofern der Finanzier weiß oder aufgrund der Umstände annehmen muss, dass hierdurch die Verbreitung von falschen Tatsachenbehauptungen gefördert wird.

e) Verschiedentliche weitere Verpflichtungen

In Teil 6 des Gesetzes werden schließlich Anweisungen gegen die Intermediäre ermöglicht, um dem Nutzen (organisierter) unauthentischer Accounts vorzubeugen. Die betreffenden Accounts können von der Kommunikation in Singapur durch entsprechende Beschränkungen gem. § 40 POFMA ausgeschlossen werden. Für die Verletzung der Pflichten seitens der Intermediäre sind strafrechtliche Sanktionen in § 42 POFMA vorgesehen. Rechtsschutz eröffnet § 44 POFMA. Nach § 47 POFMA müssen Intermediäre den Zugang zu solchem bezahlten Material sperren, das einem Onlineplatz, der Gegenstand von Weisungen nach Teil 3 und 4 ist, Publizität gewährt. Die zuständige Behörde soll zudem nach § 48 POFMA an die Intermediäre gerichtete Verhaltenskodizes aufstellen, die Offenlegungspflichten bzgl. bezahltem Material statuieren und die Maßnahmen gegen unauthentische Accountnutzung vorsehen. Von Interesse ist zuletzt noch § 61 POFMA, der es dem Minister überlässt, per Veröffentlichung in der Gazette bestimmte Personen oder Personengruppen vom Anwendungsbereich des Gesetzes bzw. einzelner Bestimmungen auszunehmen. Für die Internetintermediäre Facebook, Google, Twitter, WeChat und Baidu wurde eine entsprechende (zeitweilige) Ausnahme angeordnet.[2396] § 62 POFMA erlaubt es dem Minister, Vorschriften zu erlassen, die zur Durchführung oder effektiven Umsetzung des Gesetzes notwendig sind.

2394 *Schuldt* (Fn. 2393).

2395 *Schuldt* (Fn. 2393).

2396 Protection from Online Falsehoods and Manipulation (Exemption from Sections 21(2)(a) and (b) and 22(2)(a)) Order 2019, abrufbar unter https://sso.agc.gov.sg/SL-Supp/S663-2019/Published/20191001?DocDate=20191001 (23.03.2022).

1. *Kritik an dem Gesetzesentwurf*

Der Gesetzesentwurf stieß auf erhebliche Kritik. Ein Konglomerat von in- und ausländischen Wissenschaftlern wandte sich in einem Brief an den Bildungsminister, um ihren Bedenken Ausdruck zu verleihen. Viele als „Tatsache" akzeptierte Daten könnten durch die Forschung bestätigt oder aber verneint werden und würden fortwährend neu evaluiert, insbesondere wenn durch den Fortschritt neue Daten und/oder Analyseprozesse verfügbar werden.[2397] Ein Politikwissenschaftler kritisierte den weiten Spielraum für Minister bei der Feststellung von Handlungen, die das Vertrauen der Öffentlichkeit in staatliche Institutionen schwächen, wie beispielsweise in § 4(f) POFMA erwähnt.[2398] Vorgebracht wird, dass dies die öffentliche Berichterstattung über Gebühr erschweren könne – wofür das Beispiel eines Gefängnisausbruchs eines vermeintlichen Terroristen angebracht wird, bzgl. dessen nicht mehr über zu geringe Sicherheitsmaßnahmen als Ausbruchsursache berichtet werden könne.[2399] Kritisch gewürdigt wurde die Ausnahme durch § 61 POFMA, nach der ein Minister eine Person oder Personengruppe von den Bestimmungen des Gesetzes ausnehmen kann, was Missbrauchsmöglichkeiten eröffnet und wodurch Regierungsbeamte womöglich im Falle der Verbreitung von Unwahrheiten letztlich ungestraft bleiben würden.[2400] Insgesamt wurde dem Gesetz als mittelbare Folge die Einführung eines Wahrheitsministeriums bescheinigt.[2401] Die Argumentation der Regierung, dass der Rechtsweg Betroffenen freistehe und daher letztlich nicht die Regierung, sondern die Gerichte über die Wahrheit befinden, wird zurückgewiesen. Die meisten Bürger hätten nicht die Zeit, das Geld oder den Willen, die gerichtliche Anfechtung zu betreiben.[2402] Überdies besitzt die gerichtliche Anfechtung keinen Suspensiveffekt.[2403]

Des Weiteren würde das Gesetz letztlich eine Eigenzensur der Endnutzer bewirken.[2404] Das Gesetz wurde als Instrument der Regierung gewertet, um anlässlich der erwarteten Wahlen die Informationshoheit einzunehmen.[2405] Dieses Argument

---

2397 *Reichmann* (Fn. 2392).

2398 *Chong* zitiert nach *Vaswani* BBC v. 04.04.2019, abrufbar unter https://www.bbc.com/news/business-47782470 (23.03.2022).

2399 *Vaswani* (Fn. 2399).

2400 *Chong* zitiert nach *Vaswani* (Fn. 2399).

2401 *Bastard* zitiert nach Reporters Without Borders v. 08.04.2019, abrufbar unter https://rsf.org/en/news/rsf-explains-why-singapores-anti-fake-news-bill-terrible (23.03.2022).

2402 *Thum/Han* New Naratif v. 09.04.2019, abrufbar unter https://newnaratif.com/research/singapores-fake-news-bill-the-faq/share/xuna/e4f26beeb0ae24b92ffd355f5e9c5fda/ (23.03.2022).

2403 *Schuldt* (Fn. 2393).

2404 *Vadaketh* zitiert nach *Vaswani* (Fn. 2399).

2405 *P. Robertson* zitiert nach *HRW* v. 03.04.2019, abrufbar unter https://www.hrw.org/news/2019/04/03/singapore-reject-sweeping-fake-news-bill (23.03.2022).

wird durch die Einschätzung der Regierungspartei bzgl. eines Berichts der Human Rights Watch verstärkt, der als absichtlich unwahr bewertet wurde.[2406] Die Organisation äußerte bereits die Befürchtung, im Falle des Inkrafttretens des Gesetzes würde ihnen die Verfolgung drohen.[2407] Das Gesetz wurde als weitreichendste legislative Maßnahme ihrer Art bewertet.[2408] Schon kurz nach dem Inkrafttreten wurden Fälle bekannt, in denen Korrekturanweisungen gegen Regierungskritiker bzw. Oppositionsparteien und – infolge von deren Untätigkeit – teilweise an die Intermediäre ergingen.[2409]

Allerdings äußerten sich einige Juraprofessoren positiv, weil das Gesetz Klarheit in die öffentliche Debatte bringen könne und daneben die Version der Fakten der Regierung in der Öffentlichkeit hörbar gemacht würde.[2410] Mehrere Parlamentarier[2411] hatten Änderungen vorgeschlagen – wie eine Regelung, die Schlüsselprinzipien zur Ausübung der Interventionsmöglichkeiten festlegt, beispielsweise die Kodifizierung des Ziels der Gesetzgebung, wesentlich falsche Aussagen zu

---

2406 PAP Policy Forum (PPF) Written Representation 107, 05.03.2018, S. 1, abrufbar unter https://www.parliament.gov.sg/docs/default-source/sconlinefalsehoods/written-representation-107.pdf (23.03.2022).

2407 *P. Robertson* zitiert nach *Griffiths* CNN v. 03.04.2019, abrufbar unter https://edition.cnn.com/2019/04/02/asia/singapore-fake-news-intl/index.html (21.03.2022).

2408 *Paine* Statement from the Asia Internet Coalition (AIC) on Singapore Protection from Online Falsehoods and Manipulation Bill, 01.04.2019, abrufbar unter https://www.aicasia.org/wp-content/uploads/2019/04/AIC-statement-Singapore-Protection-from-Online-Falsehoods-and-Manipulation-Bill-1-April-2019-1.pdf (21.03.2022).

2409 Zunächst erging eine Anweisung an einen regierungskritischen und bereits emigrierten Nutzer wegen eines Beitrags, laut dem ein Whisteblower, der einen angeblichen Wahlbetrug habe aufdecken wollen, festgenommen worden sei. Dazu t3n v. 01.12.2019, abrufbar unter https://t3n.de/news/singapur-wendet-erstmalig-gegen-1228943/ (21.03.2022). Die Korrektur von Facebook lautete wie folgt: „Facebook ist gesetzlich verpflichtet, Ihnen mitzuteilen, dass dieser Post laut der Regierung von Singapur Falschinformationen enthält." Später erging eine Korrekturanweisung an eine Oppositionspartei, deren Artikel von ansteigenden Arbeitsplatzverlusten lokaler Fachkräfte, Manager, Führungskräfte und Techniker berichtete. Dazu Bangkok Post v. 14.12.2019, abrufbar unter https://www.bangkokpost.com/world/1816009/singapore-invokes-fake-news-law-again (21.03.2022).

2410 *Tan* zitiert nach *Vaswani* (Fn. 2399).

2411 Es handelte sich um mehrere Nominated Member of Parliament (NMP), vom Präsidenten ernannte Parlamentarier ohne Parteizugehörigkeit. Zu dieser Position *Singapore Government* v. 12.08.2014, abrufbar unter https://www.gov.sg/factually/content/what-exactly-does-a-nominated-member-of-parliament-do (21.03.2022).

unterbinden und nicht etwa Meinungen, Kritiken und Satire.[2412] Weiterhin schlugen sie die Bildung eines unabhängigen Ausschusses vor, der die Einhaltung des Rechtsrahmens bei der Ausübung der weitreichenden Exekutivbefugnisse überwachen soll.[2413] Das Berufungsgericht von Singapur ordnete das Gesetz in einer wegweisenden Entscheidung auf die Anfechtung seitens der Singapore Democratic Party und einer gesellschaftspolitischen Organisation – die jeweils Adressaten von Berichtigungshinweisen waren – als verfassungsgemäß an, weil die Äußerung weiterhin getätigt werden könne – wenn auch mit der Berichtigung.[2414]

Zwischenzeitlich wurde zudem noch ein Gesetz [„Foreign Interference (Countermeasures) Act 2021"] verabschiedet, welches das öffentliche Interesse vor ausländischer Einflussnahme durch die Kriminalisierung und spezifische Gegenmaßnahmen schützen soll und deutliche Anleihen am POFMA nimmt.[2415] Im World Press Freedom Index 2019[2416] belegt der Staat – ebenso wie im vorherigen Bericht – nur den 151. Rang, wobei sich die Punktzahl zuletzt erhöhte.

2. *Eigene Bewertung*

Für den Rechtsvergleich von Bedeutung können – angesichts der vorgesehenen drakonischen Strafen – nur die Verhaltensnormen selbst sein. Die Strafnormen des Gesetzes wären im Falle der Übertragung auf die deutsche Strafrechtsdogmatik als abstrakte Gefährdungsdelikte ausgestaltet und knüpfen hinsichtlich der Gefährdung primär an öffentliche Interessen an. Mit dem Schutz der öffentlichen Sicherheit und Friedlichkeit sowie des Hervorrufens von Hass unter Personengruppen sind zuvorderst Volksverhetzungselemente adressiert. Soweit das Vertrauen in staatliche Institutionen gesichert werden soll, werden primär die Institutionen selbst geschützt. Zudem sind die Begrifflichkeiten in hohem Maße auslegungsbedürftig

---

2412 *Yu* ZDNet v. 08.05.2019, abufbar unter: https://www.zdnet.com/article/singapore-parliament-passes-bill-against-online-falsehoods-amidst-heated-debate/ (21.03.2022). *Thirteenth Parliament of Singapore* Second Session, Order Paper Supplement, Sup. No. 20, Notice of amendments to bill, In Committee, 08.05.2019, Clause 44 New Clause A, abrufbar unter https://www.parliament.gov.sg/docs/default-source/default-document-library/ops-8may19.pdf (21.03.2022).

2413 *Thirteenth Parliament of Singapore* (Fn. 2413), Part 10.

2414 [2021] SGCA 96, abrufbar unter https://www.elitigation.sg/gd/gd/2021_SGCA_96/pdf (23.03.2022).

2415 Act No. 28/2021, abrufbar unter https://sso.agc.gov.sg/Acts-Supp/28-2021/Published/20211125?DocDate=20211125 (24.09.2022). Zum seinerzeitigen Entwurf Bill No. 24/2021, Foreign Interference (Countermeasures) Bill, abrufbar unter https://sso.agc.gov.sg/Bills-Supp/24-2021/Published/20210913?DocDate=20210913 (23.03.2022).

2416 World Press Freedom Index 2019, abrufbar unter https://rsf.org/en/ranking/2019 (21.03.2022).

und angesichts der verwendeten Begriffe „Vertrauen der Bevölkerung“ kaum in judiziell kontrollierbarer Form bestimmbar.[2417] Bestimmtheitsbedenken bestehen schon gegenüber der Legaldefinition der falschen Tatsachenbehauptungen. Vor allem unvollständige und dekontextualisierte Tatsachen können weitgehend dem Anwendungsbereich unterfallen.[2418] Der Anwendungsbereich ist ferner zeitlich so offen gestaltet, dass schon vor Inkrafttreten des Gesetzes zirkulierte Informationen dem Anwendungsbereich unterfallen.[2419]

Das Element des Schutzes von Wahlen – verstanden als mittelbarer individueller Schutz indirekter demokratischer Betätigung – ist innerhalb des Rechtsvergleichs bereits in anderen Vergleichsrechtsordnungen aufgetaucht.[2420] Ein darüber noch hinausgehendes und grundsätzlich zu befürwortendes Element ist der Schutz der zwischenstaatlichen Beziehungen. Positiv zu evaluieren ist auch der vorgesehene Verhaltenskodex mit den avisierten Sorgfaltspflichten.[2421]

Kritisch zu würdigen sind vor allem die weitgehenden Befugnisse der Minister. Insbesondere weil diese Einzelne vom Anwendungsbereich ausnehmen können, besteht erhebliches Missbrauchspotential und erscheint die Gefahr einer durch das Gesetz statuierten Informationshoheit der Regierung naheliegend. Der Rechtsschutz der Kommunikatoren scheint ebenfalls nicht ausreichend gewährleistet, da vor der Entscheidung eines Gerichts keine Prüfung durch Experten – wie beim NetzDG durch die Plattformbetreiber selbst – erfolgt und das Kostenrisiko der vorgesehenen Rechtsschutzmöglichkeiten deren Nutzen faktisch schmälert. Die hohen Strafandrohungen an Intermediäre gem. § 34 lassen Overblocking-Risiken als graduell hoch erscheinen.[2422] Rechtlich problematisch erscheint auch die von § 12 statuierte Verpflichtung des Kommunikators, dafür zu sorgen, dass die Verbreitung der gegenständlichen Behauptung gestoppt wird. Dies schafft eine Verpflichtung, die wegen der Hoheit anderer auf den Plattformen das faktisch und rechtlich Unmögliche zu fordern scheint.[2423]

Auch der Anwendungsbereich der deklarierten Onlineplätze dürfte angesichts des beträchtlichen Umfangs im Internet zirkulierter Informationen deutlich zu weit gezogen sein, da hierfür lediglich drei verschiedene Falschmeldungen Gegenstand von Weisungen sein müssen.[2424] Zwar verkennen die Kritiker teilweise, dass

---

2417 Zur Vagheit der verwendeten Begriffe *Chong* zitiert nach *Vaswani* (Fn. 2399).

2418 *Schuldt* (Fn. 2393).

2419 *Schuldt* (Fn. 2393).

2420 Vgl. für Frankreich oben unten § 10 B. II. 1. und für die USA oben unter § 10 D. III. 3.

2421 *Schuldt* (Fn. 2393).

2422 *Bastard* zitiert nach Reporters Without Borders (Fn. 2402).
Thum/Han (Fn. 2403).

2423 *Schuldt* (Fn. 2393).

2424 *Schuldt* (Fn. 2393).

die Falschmeldungen Gegenstand von Weisungen nach Teil 3 und 4 des Gesetzes sein müssen und so eine Warnfunktion durch die Publizität der Weisungen bereits hergestellt worden wäre. Jedoch können drei verschiedene Meldungen zu Zeiten anstehender Wahlen schnell Gegenstand von Weisungen sein. Daneben resultieren aus der verwendeten Terminologie „verschiedener Falschmeldungen“ im Falle inhaltlich gleicher oder zumindest verwandter Thematiken erhebliche Abgrenzungsprobleme.

E. Zusammenfassung der rechtlichen Steuerungsmodelle

Nachfolgend sollen – nach dem Blick über den Tellerrand in andere Rechtssysteme und dort diskutierte Gesetze bzw. Gesetzgebungsvorhaben zur Adressierung des sozialen Konflikts – die wesentlichen Gestaltungsmöglichkeiten gesetzgeberischer Intervention skizziert werden. Im Wesentlichen lassen sich zunächst sechs Grundkategorien gesetzgeberischer Interventionsmöglichkeiten benennen, wovon wiederum drei Regulierungsoptionen (nämlich die **zweite, dritte und sechste)** strafrechtlicher Natur sind:

Zunächst besteht die Möglichkeit, die *Haftung der Plattformbetreiber* zu regeln, wie es der deutsche Gesetzgeber mit der Einführung des NetzDG getan hat und der Gesetzesentwurf in Italien es neben weitergehenden strafrechtlichen Vorschriften vorsieht (**erste Regulierungsoption**). Hierbei ist sogar eine strafrechtliche Haftung der Plattformbetreiber vorgesehen, die in Deutschland mangels eines Unternehmensstrafrechts bislang nicht möglich ist. Auch der Gesetzgeber in Großbritannien erwägt derartige Regelungen, die der Gesetzgeber in Singapur – neben der umfassenden Inkriminierung der Verbreitung von Desinformationen – bereits eingeführt hat.

Darüber hinaus können vor allem *politische Desinformationskampagnen mit Vorhaben adressiert werden, welche die Verwendung von Social Bots zur Verbreitung von Fake News zum Gegenstand eines Straftatbestandes machen* (**zweite Regulierungsoption**). Vor allem der irische Gesetzesentwurf greift diese Möglichkeit auf. Auch der in Frankreich implementierte Tatbestand greift mit dem massiven Verbreiten die automatisierte Verbreitung auf.

Daneben kann *gegen von außerhalb der Landesgrenzen herrührende organisierte Desinformationskampagnen vorgegangen werden, indem die Partizipation von ausländischen Kräften, die fremden Regierungen oder staatsnahen Einrichtungen zugehörig sind, durch gezieltes Verbreiten von Fake News zur Erzielung politischer Interferenzen unter Strafe gestellt wird* (**dritte Regulierungsoption**). Einen solchen Ansatz verfolgen die USA neben weiteren Regulierungsmöglichkeiten. Dieser Ansatz dürfte jedoch zumindest auch vor dem Hintergrund der Hegemonie der USA in der westlichen Welt zu sehen sein, da sie dadurch besonders stark zum Fokus solcher Desinformationskampagnen ausländischen Ursprungs werden.

Schließlich können *Parteien oder politische Akteure zur Transparenz über Wahlkampfaktivitäten oder ihre Finanzierung verpflichtet werden*, wie dies jüngst seitens des kanadischen Gesetzgebers erfolgt ist. Zugleich können die Parteien oder Politiker zur Zeichnung von Verhaltenskodizes (mit Strafbewehrung) verpflichtet oder angehalten werden, wie dies teilweise in den USA der Fall ist (**vierte Regulierungsoption**). Weiterhin kann die *Rechtsdurchsetzung im Zivilrecht* gesucht werden, wie dies in den USA bisweilen der Fall ist (**fünfte Regulierungsoption**).

Zuletzt kann *bereits die Handlungsform der Verbreitung von Falschnachrichten in manipulativer Absicht inkriminiert werden* und so, unabhängig von der Verbreitungsform, eine weitgehende Strafbarkeit erzielt werden (**sechste Regulierungsoption**). Vor allem der italienische Gesetzesentwurf verfolgt einen derartig weitgehenden Ansatz, wobei er sogar noch darüber hinaus geht, indem bereits tendenziöse oder übertriebene Nachrichten erfasst werden, sofern sie inhaltsgleiche Effekte erzielen. Auch der für verfassungswidrig erklärte Straftatbestand in Kanada bewirkte eine solche weitgehende Kriminalisierung.

Hierbei kann der Regelungsinhalt eines solchen Delikts weiter begrenzt werden, indem nur bestimmte Nachrichten – wie beispielsweise Inhalte politischer Natur – erfasst werden, die Handlungen sich in zeitlicher Nähe von Wahlen oder Abstimmungen bewegen oder bestimmte Intentionen, wie eine politische Beeinflussung, verfolgt werden müssen. Des Weiteren können die inkriminierten Inhalte auf Falschinformationen über politische Kandidaten, Kampagneninhalte oder Referenden beschränkt werden. Aber auch die tauglichen unrichtigen Informationen über Kandidaten können noch weiter begrenzt werden, so auf spezifische Informationen wie einen angeblichen Rücktritt oder durch die notwendige Qualifikation als wesentliche Information. Schließlich können lediglich Wahlverwaltungsangelegenheiten zum Gegenstand der Inkriminierung gemacht werden. Möglich sind zudem Privilegierungen – beispielsweise für die klassischen Medien, wie dies in den USA z.B. in North Dakota der Fall ist. Die Gesetze auf Bundesstaatenebene in den USA zeigen insofern verschiedentliche Regulierungsmöglichkeiten auf.

F. Einordnung der deutschen Lösung des sozialen Konflikts

Der deutsche Gesetzgeber verfolgt mit dem NetzDG einen Ansatz, den beispielsweise der französische Gesetzgeber aufgegriffen hat und der im US-amerikanischen Kongress derzeit diskutiert wird. Gleichwohl besteht in den insofern einschlägigen Vergleichsrechtsordnungen zumindest ein Straftatbestand, der über den derzeitigen Schutzumfang deutschen Strafrechts hinausgeht. Selbst die Gesetzeslage in den USA, wo die *freie Rede* einen in der dortigen Leseart der Verfassung besonders extensiven und libertären Schutzumfang genießt, verfügt mit Normen hinsichtlich der Verbreitung falscher Informationen über politische Kandidaten oder Kampagneninhalte über weitergehende Strafgesetze. Frankreich inkriminierte unlängst die automatisierte Desinformationsverbreitung und stärkte diese Maßnahme zudem mit Mechanismen zur Rechtsdurchsetzung. Auch in Großbritannien besteht zumindest ein Gesetz, das falsche Äußerungen über den persönlichen Charakter eines Kandidaten verbietet und damit immerhin über den Bereich deutscher Ehrschutzdelikte hinausgeht. Das deutsche Recht muss daher de lege lata im rechtsvergleichenden Kontext als zu kurzgreifend bewertet werden.

Allerdings deutet die erfolgreiche gerichtliche Anfechtung eines weitreichenden Tatbestands in Kanada die komplexe verfassungsrechtliche Gemengelage an. In dieser Gemengelage ist ein Desinformationstatbestand mit weitgehenden materiellen und/oder prozessualen Einschränkungen zu versehen, wenn er vor der Verfassung bestand haben soll. Diese gerichtliche Anfechtung und die teilweise erfolgreichen Anfechtungen bestimmter Gesetze in den USA und Kanada sind jedoch durchaus vor dem Hintergrund des dortigen weitgehenden Verständnisses der freien Rede als nationale bzw. rechtskreisdeterminierte Besonderheiten zu sehen. Schon die verwendete Terminologie der freien Rede verglichen mit dem Begriff der Meinungsfreiheit verleitet semantisch zur extensiven Auslegung. Schlussendlich lässt sich zudem erahnen, dass infolge der zu weitreichenden Formulierung[2425] des betreffenden Tatbestands in Österreich die dortige Abschaffung mangels hinreichender Verurteilungszahlen nicht als Argument gegen die Kriminalisierung herangezogen werden kann, da das beschriebene gesetzgeberische Defizit hierbei eine entscheidende Rolle gespielt haben dürfte.

2425 *Schünemann* GA 2019, 620, 622 spricht von einem ungreifbar anmutenden Schutz der Bevölkerung gegen Beunruhigung. Gleichwohl findet sich a.a.O., S. 639 in seinem Diskussionsvorschlag eine vergleichbare Formulierung wieder.

§ 11 Rechtspolitische Aspekte: Inkriminierung zur Vermeidung politischer Propaganda?

Eine Arbeit, die sich selbst die Analyse einer möglichen Gesetzesgenese zur Aufgabe gesetzt hat, kommt ferner nicht umhin, rechtspolitische Gesichtspunkte durch die Betrachtung der sozio-kulturellen und politischen Wirklichkeit einzubeziehen, was im Rahmen des hiesigen Abschnitts erfolgen soll.

A. Latente Gefährdung des öffentlichen Diskurses im politischen Bereich

I. Auswirkungen desinformativer Interferenzen in der politischen Landschaft

Vorgebracht wird, dass politische Desinformationskampagnen die Art und Weise der Wahrnehmung des politischen Systems seitens der Bürger nachhaltig und negativ beeinflusst haben.[2426] Schließlich verringern Desinformationen die Qualität des politischen Diskurses, da sich die Wahlkampfteams nunmehr auf die Aufdeckung und Reaktion auf Desinformationselemente der politischen Gegner fokussieren müssen und so eine ungünstige Ressourcenverschiebung eintritt.[2427] Die Frustration der Bürger aus den oben genannten Beobachtungen führt schließlich bis zu deren vollständigem Rückzug aus dem politischen Prozess und der Überlassung des Spielfeldes an diejenigen, die sich ihre Machtstellung mit den größten finanziellen Investitionen sichern.[2428] Folge ist wiederum, dass extrem parteiische Politiker Desinformationen zugunsten sehr eingeschränkter privater Interessen nutzen.[2429] Eine große Anzahl der Politiker scheint bereit, dem Erfolg der eigenen Kampagnen auch die Aufklärung der Bürger und die Wahrheitssuche unterzuordnen.[2430]

2426 *Zenor* Campbell L. Rev. 38 (2016), 41, 47. *Jaster/Lanius* in Hohlfeld/Harnischmacher/ Heinke/Lehner/Sengl (Hrsg.), S. 245, 258 ff. unterscheiden drei Faktoren der Destabiliserung der politischen Ordnung durch Fake News: Das Hervorrufen von Angst und Verunsicherung, die *„Schwächung der seriösen Institutionen der Erkenntnisbeschaffung“* und *„Normverschiebungen des politisch Sagbaren“*.

2427 *Iyengar/McGrady* Media Politics, S. 150, 168.

2428 *Zenor* Campbell L. Rev. 38 (2016), 41, 47 unter Benennung der seit dem Jahr 2000 gefallenen Wahlbeteiligung bei den US-Präsidentschaftswahlen.

2429 *Zenor* Campbell L. Rev. 38 (2016), 41, 47.

2430 In diese Richtung *Zenor* Campbell L. Rev. 38 (2016), 41, 47.

Eine solche Störung des politischen Informationsmarktes kann nachhaltige Auswirkungen auf das Ergebnis von Wahlen und Abstimmungen und die aus ihnen hervorgehenden politischen Entscheidungsträger haben.[2431] Nach den Ergebnissen einer Umfrage in den USA bestehen starke Anhaltspunkte, dass die Wähler bei den Midterm Elections 2010 über eine Vielzahl von wahlkampfrelevanten Themen wie das Gesundheitsreformgesetz, den Klimawandel und die Wirtschaft im Wesentlichen falsch informiert waren.[2432]

Des Weiteren werden das Konzept des freien Ideenmarktes und die Annahme, dass mehr Äußerungen besser sind, durch die exorbitanten Werbegelder konterkariert. Mit diesen finanziellen Mitteln beeinflussen Unternehmen und andere Akteure den Meinungsmarkt und das Gewicht einzelner Aussagen gezielt, was zu einer entmutigenden Situation auf Seiten der Bürger führt.[2433] Dies muss erst recht gelten, da aufgrund des interferierenden Meinungsangebots das Differenzieren zwischen wahr und falsch besonders im politischen Markt für die Bürger zur Sisyphusaufgabe wird.[2434] Das durch Desinformationen hervorgerufene Stimmenwirrwarr kann zudem dazu führen, dass die Öffentlichkeit ihr Vertrauen in den Wahlprozess verliert.[2435] Beispielsweise gaben in einer Umfrage in den USA im Jahr 2006 70 Prozent der Befragten an, wenig bis nichts davon zu glauben, was sie in politischen Anzeigen sehen.[2436]

Durch die inflationäre Streuung von Desinformationen können korrumpierte Kommunikationskanäle entstehen, die das Vertrauen der Wähler in die Politik und die Medien im Allgemeinen weiter schwächen. Dies kann zu einer geringeren Wahlbeteiligung und folglich zu einer unterrepräsentierten Wählerschaft führen.[2437] Bei letzten Bundestagswahlen im Jahr 2021, 2017 sowie derjenigen 2013 ist die Wahlbeteiligung zwar im Vergleich zu 70,8 Prozent 2009 jeweils gestiegen auf 71,5 (2013), 76,2 (2017) und 76,6 (2021) Prozent. Gleichwohl ist die Wahlbeteiligung damit weit entfernt von Werten um die 90 Prozent zwischen 1953 und 1983.[2438]

2431 *Zenor* Campbell L. Rev. 38 (2016), 41, 47.

2432 *Ramsay/Kull/Lewis/Subias* Misinformation of the 2010 Election, A Study of the US Electorate, Worldpublicopinion.de v. 10.12.2010, S. 4, abrufbar unter https://pdfs.semanticscholar.org/844b/d9dc0d296562e17b5ad6356531f20e4ae838.pdf?_ga=2.3756400.1175155525.1580156965-1521395437.1580156965 (23.03.2022).

2433 *Ramsay/Kull/Lewis/Subias* (Fn. 2433).

2434 *Ramsay/Kull/Lewis/Subias* (Fn. 2433).

2435 *Zenor* Campbell L. Rev. Vol 38 (2016) 41, 49.

2436 *Page* USA Today v. 02.11.2006, abrufbar unter http://perma.cc/K4NN-LAA4 (23.03.2022).

2437 *Zenor* Campbell L. Rev. 38 (2016), 41, 48.

2438 *Statista* Wahlbeteiligung bei den Bundestagswahlen in Deutschland von 1949 bis 2021, abrufbar unter https://de.statista.com/statistik/daten/studie/2274/umfrage/entwicklung-der-wahlbeteiligung-bei-bundestagswahlen-seit-1949/ (24.09.2022).

Für die USA ergibt sich ein noch gravierenderes Bild: Hier schrumpfte die Wahlbeteiligung bei den US-Präsidentschaftswahlen beispielsweise von 62,3 Prozent 2008 zu 57,5 Prozent in 2012. Sie betrug im Jahr 2000 nur 54,2 Prozent und siedelte sich in den Jahren 1972–2000 durchschnittlich bei etwa 50 Prozent und in der Zeit zwischen 1952–1968 jeweils bei über 60 Prozent an.[2439] Bei der US-Präsidentschaftswahl 2016 und 2020 ergab sich letztlich eine Wahlbeteiligung von 59,2 (2016) bzw. sogar 66,4 Prozent (2020).[2440] Bei den Midterm Elections 2018 konnte mit über 50 Prozent ein Rekordwert innerhalb eines Jahrhunderts festgestellt werden.[2441] Die Zahlen scheinen also die Befürchtung nicht zu belegen. Trotz der öffentlichkeitswirksam geführten Debatten um Beeinflussungen durch politische Desinformationskampagnen, gerade um das Jahr 2016 herum, schrumpfte die Wahlbeteiligung nicht, sondern stieg an. Später wurde bei den Midterm Elections ein neuer Höchstwert erreicht – wobei sich dieser Trend bei der US-Präsidentschaftswahl 2020 bestätigte.

Doch widerlegt dies die in den Raum gestellte These? Der letztgenannte Zuwachs an Wahlbeteiligung dürfte insbesondere mit der polarisierenden Wirkung Donald Trumps zu erklären sein, der sowohl bei Befürwortern, als auch bei Gegnern das Bedürfnis weckt, Stellung zu beziehen.[2442] Insofern wird allgemein eine wählermobilisierende Wirkung rechtspopulistischer Parteien diskutiert, letztlich aber als wissenschaftlich derzeit nicht gesichert reflektiert.[2443] Weiterhin existiert in Anknüpfung an Untersuchungen die Annahme, dass rechtspopulistische Parteien ob ihrer Polarisierung sogar Gegner mobilisieren und so eine erhöhte Wahlbeteiligung bewirken, die aber nicht zu einer Verschiebung des Verhältnisses zu Gunsten der polarisierenden Partei führen muss.[2444] Ein solcher Zusammenhang der politischen Polarisierung mit der Zunahme der Wahlbeteiligung, ohne

---

2439 *Gans* Bipartisan Policy Center v. 08.11.2012, abrufbar unter https://bipartisanpolicy.org/download/?file=/wp-content/uploads/2019/03/2012-Voter-Turnout-Full-Report.pdf (23.03.2022).

2440 *Statista* Wahlbeteiligung bei US-Präsidentschaftswahlen von 1980 bis 2020, abrufbar unter https://de.statista.com/statistik/daten/studie/2184/umfrage/wahlbeteiligung-bei-us-praesidentschaftswahlen/ (24.09.2022). Ebendort weist Statista bzgl. der US-Präsidentschaftswahlen 2012 und 2008 aber leicht abweichende Zahlen im Vergleich zu den in der Quelle in Fn. 2440 erwähnten Zahlen aus.

2441 *Rojanasakul/Lin/Leatherby/McCartney/Pogkas/Ingold Bloomberg* v. 20.12.2018, abrufbar unter https://www.bloomberg.com/graphics/2018-midterm-election-turnout-shifts/ (23.03.2022).

2442 *Rojanasakul/Lin/Leatherby/McCartney/Pogkas/Ingold Bloomberg* (Fn. 2442) wird dafür *McDonald* zitiert.

2443 *Immerzeel/Pickup* Electoral Studies 40 (2015), 347, 347 ff.

2444 *Immerzeel/Pickup* Electoral Studies 40 (2015), 347, 349.

dass die Partei selbst davon profitieren würde, wurde für Deutschland am Fall der AfD ansatzweise aufgezeigt.[2445]

Auch für Deutschland scheint sich die Befürchtung abflachender Wahlbeteiligung zahlenmäßig nicht zu bestätigen, wo ebenfalls in jüngerer Zeit eine ansteigende Wahlbeteiligung festzustellen ist, auch wenn diese im Verlauf des letzten Jahrhunderts zuvor erheblich gesunken war. Desinformationen im Netz scheinen daher keinen nennenswerten Faktor darzustellen. Allerdings muss diese Aussage, was Deutschland betrifft, insofern relativiert werden, da Desinformationskampagnen politischer Lager hier wohl bislang nicht das gleiche Ausmaß erreicht haben wie in den USA und deshalb weitere Auswirkungen im Falle der Exponierung noch zu befürchten sein könnten. Des Weiteren ist in Deutschland die Wahlbeteiligung immer noch deutlich höher als in den USA, was ebenfalls gegen eine gesetzgeberische Intervention sprechen könnte.

Dennoch haben die Bundesstaaten der USA, wie schon aufgezeigt, teilweise bereits reagiert und vielerorts Regulierungen geschaffen. Im Rahmen des gesetzgeberischen Einschätzungsspielraums ist die Annahme der Gefahr einer abnehmenden Wahlbeteiligung durch eine noch größere Präsenz von Desinformationskampagnen naheliegend. Die Annahme einer solchen Gefahr wäre daher nicht vom Bundesverfassungsgericht zu beanstanden. Eine weitere Abnahme der Wahlbeteiligung ist zur Sicherstellung eines hinreichenden Maßes an demokratischer Legitimation der politischen Entscheidungsträger in einer parlamentarischen Demokratie unbedingt zu wahren.[2446] Darüber hinaus besteht eine direkte Auswirkung von Desinformationen darin, dass im Falle der Irreführung der Wählerschaft die Wahlergebnisse nicht den wirklichen unbeeinflussten Willen des Volkes widerspiegeln.[2447] Weiterhin beeinträchtigen derartige Desinformationen die Fähigkeit der Bürger, bewusst eine eigene Richtung zu wählen.[2448]

II. Unabdingbarkeit der Regulierung aufgrund interdisziplinärer Erkenntnisse: Entfremdung der Meinungslager und Ineffektivität von Löschungs- und Richtigstellungsmechanismen

Desinformationen sind geeignet, Misstrauen zwischen Vertretern disparater Meinungsbilder zu schüren und so Skepsis zu verursachen.[2449] Das Problem besteht

---

2445 *Haußner/Leininger* ZPArl 49 (2018), 69, 90.

2446 Vgl. *Schäfer* Der Verlust politischer Gleichheit, S. 11 ff.

2447 *Varat* UCLA L. Rev. 53 (2006), 1107, 1108.

2448 *Zenor* Campbell L. Rev. 38 (2016) 41, 48.

2449 So *Lewandowsky* in einem Interview mit *Simmank Spiegel* v. 24.05.2019, abrufbar unter https://www.zeit.de/digital/internet/2019-05/desinformation-fake-news-europawahl-stephan-lewandowsky-psychologie (23.03.2022). Er begründet dies damit, dass russische Trollfabriken auf beiden Seiten im Impfstreit in den USA aktiv

nicht abstrakt in dem Austausch von Wahrheit und Unwahrheit, sondern darin, dass die menschliche Orientierungs- und Unterscheidungsfähigkeit aufgrund dieses Vertauschens der Bezugspunkte zerstört wird.[2450] Der sachliche öffentliche Diskurs wird durch das gezielte Schüren von Zweifeln an der Authentizität der Faktenbasis der Gegenseite manipuliert, indem die Entfremdung zwischen den unterschiedlichen Meinungslagern vertieft wird. Zudem wird die Glaubwürdigkeit von Politik, Justiz und Presse angegriffen.[2451] Sofern Desinformationen gezielt vor Wahlen platziert werden, ist zu befürchten, dass diese den Ausgang der Wahlen und damit die innen- und außenpolitische Ausrichtung des Staates nachhaltig beeinflussen können.[2452]

B. Diskurstheoretische Überlegungen

I. Verändertes Konsumverhalten: Nachrichtenkonsum durch soziale Netzwerke und andere moderne Medien

Eine Studie der Universität Oxford aus dem Jahr 2016 brachte hervor, dass 28 Prozent und damit fast ein Drittel der jungen Menschen in der Altersgruppe zwischen 18 und 24 Jahren Nachrichten primär über News Feeds in sozialen Netzwerken konsumieren.[2453] Der demografische Wandel dürfte das Konsumverhalten in den kommenden Jahren zwangsläufig im Verhältnis noch stärker beeinflussen und damit noch weiterreichende Konsequenzen herbeiführen, weil die „Generation Internet" prozentual immer mehr Bevölkerungsanteile einnimmt und die älteren Nutzer klassischer Medien prozentual immer weniger werden.

Auch wenn Nutzer mehrheitlich personalisierte Nachrichtenempfehlungen bevorzugen,[2454] bereiten diese aufgrund der damit einhergehenden Filterblasen aus Neutralitätsgesichtspunkten im Hinblick auf die Gewährleistung eines

---

würden, weshalb das Ziel offensichtlich sei, Spaltungen in der Gesellschaft hervorzurufen. Vgl. *Drexl* ZUM 2017, 529, 542 und *Jaursch* (Fn. 11), S. 8.

2450 *Mafi-Gudarzi* ZRP 2019, 65, 68 zitiert insoweit *Arendt* Wahrheit und Politik, S. 83. Vgl. auch *Pörksen* Deutschlandfunk v. 15.01.2020, abrufbar unter https://www.deutschlandfunkkultur.de/trolle-social-bots-deep-fakes-wie-fake-news-unser-gefuehl.1005.de.html?dram:article_id=467854 (23.03.2022).

2451 *Hoven* Forschung und Lehre 10 (2019), 906, 907. *Hohlfeld* in Hohlfeld/Harnischmacher/Heinke/ Lehner/Sengl (Hrsg.), S. 43, 51 spricht von einer „Okkupation des Meinungswettstreits" und einem „Unterhöhlen des rationalen Diskurses".

2452 *Hoven* Forschung und Lehre 10 (2019), 906, 907.

2453 *Newman/Fletcher/Levy/Nielsen* Reuters Institute Digital News Report 2016, 16.03.2017, S. 7, abrufbar unter https://reutersinstitute.politics.ox.ac.uk/sites/default/files/research/files/Digital%2520News%2520Report%25202016.pdf (23.03.2022).

2454 *Newman/Fletcher/Levy/Nielsen* (Fn. 2454), S. 111.

unbeeinflussten Meinungsprozesses erhebliche Bedenken. Selbst Nutzer, die sich ihrer Partizipation in einer Filterblase bewusst sind, gaben an, nicht aus dieser austreten wollen um diese periphere Sichtweise zu verlassen.[2455] Aufgrund der bereits[2456] beschriebenen, im Rahmen heuristischer Informationsrezeption eintretenden Einflüsse erscheint ein gewisser Paternalismus im Hinblick auf die Gewährleistung der Richtigkeit von Informationen in den bestehenden Filterblasen und Echokammern unumgänglich.

Zu berücksichtigen ist aber nicht nur das veränderte Konsumverhalten in den sozialen Medien schlechthin, da von einer dort versuchten Indoktrinierung immerhin noch nicht die Bürger betroffen wären, die anhand der klassischen Medien Informationen konsumieren und die anknüpfend an oben genannte Studie noch die weitaus größere Bevölkerungsgruppe ausmachen. Eine weitere Gefahr wird allerdings dann geschaffen, wenn solche Desinformationen von den klassischen Medien aufgegriffen und publiziert werden, da diese redaktionell arbeitenden Medien von den allermeisten Bürgern als glaubwürdiger angesehen werden und die klassischen Medien über eine erhebliche Reichweite verfügen.[2457] Dass diese Befürchtung sich nicht lediglich als eine ins Land der Fabeln zu verweisende Utopie erweist, wird dann offensichtlich, wenn man berücksichtigt, dass die sozialen Medien heute vielfach als Impulsgeber für die Inhalte der klassischen Medien dienen.[2458] Die klassischen Medien – die ihre Berichterstattung nach den Informationsinteressen ihrer Kosumenten ausrichten – bemessen dieses Informationsinteresse insofern also teilweise anhand der in den sozialen Netzwerken vielfach rezipierten Informationen.

Eingewendet wird gegen eine strafrechtliche Pönalisierung zudem, dass – wenn auch mit weitaus primitiveren Instrumenten – der demokratische Diskurs seit geraumer Zeit zu beeinflussen versucht wird.[2459] Diese Argumentation verkennt allerdings, dass die Überzeugungskraft der Beeinflussungsversuche durch die Verbreitung von Desinformationen über das World Wide Web nun selbst über die Landesgrenzen hinaus ein Leichtes ist und durch die täuschend echte Schaffung audiovisueller Fakes die Bedrohung für die Meinungsbildung in qualitativer Hinsicht erheblich gestiegen ist.[2460]

2455 So die Ergebnisse einer Studie von *Glöß* Das Informationsverhalten in der Filterblase, S. 79 ff.; 84, die insofern Studenten der Informationswissenschaften befragte.

2456 Vgl. oben unter § 2 B. V. ff.

2457 *Grimme* WWU Münster v. 27.02.2018, abrufbar unter https://www.uni-muenster.de/news/view.php?cmdid=9396 (23.03.2022).

2458 *Grimme* (Fn. 2458).

2459 So hinsichtlich Vorabsperrungen betreffend nicht persönlichkeitsrechtsverletzender Deepfakes *Lantwin* MMR 2019, 574, 578. In diese Richtung argumentiert zudem *Rostalski* RW 2017, 436, 445 ff.

2460 Eine gänzlich neue Qualität der Gefährdung durch Deepfakes sieht auch *Lantwin* MMR 2019, 574, 578.

II. Die *Krise des Qualitätsjournalismus* und der klassischen Medien – Notwendige Bedingung einer Desinformationsökonomie[2461]

„Was wir über unsere Gesellschaft, ja über die Welt, in der wir leben, wissen, wissen wir durch die Massenmedien. [...]
Andererseits wissen wir so viel über die Massenmedien, daß wir diesen Quellen nicht trauen können."

Der Soziologe Niklas Luhmann[2462]

Sofern für den Fall von Fake News keine weitergehende, effektive Regelung getroffen wird, droht ebenso eine Abkehr von den traditionellen Medien, die durch die jüngsten Skandale ebenfalls an Glaubwürdigkeit auf Seiten der Bevölkerung eingebüßt haben könnten.[2463]

1. *Studien über die US-amerikanische Bevölkerung*

Eine *repräsentative Umfrage zur Glaubwürdigkeit des traditionellen Journalismus* ergab für die Bevölkerung der USA einen Abfall von 53 Prozent der Umfrageteilnehmer im Jahr 1997, die angaben, *„sehr viel"* oder *„ziemlich viel"* Vertrauen zu

2461 Vom Verlust des Vertrauens bzgl. der klassischen Medien als *conditio sine qua non* einer Desinformationsökonomie spricht *Russ-Mohl* Die informierte Gesellschaft und ihre Feinde, S. 45.

2462 *Luhmann* Die Realität der Massenmedien, S. 5. Hinsichtlich der oftmals verzerrten Wiedergabe des Zitats durch das Unterschlagen des zweiten Satzes *Russ-Mohl* Die informierte Gesellschaft und ihre Feinde, S. 44 f.

2463 Ein Qualitätsproblem der Printmedien aufgrund des geringeren Marktes sieht *Starr* The New Republic v. 04.03.2019, abrufbar unter https://newrepublic.com/article/64252/goodbye-the-age-newspapers-hello-new-era-corruption (23.03.2022). Gleichzeitig wird eine statistische Zunahme der sog. *„News-Deprivierten"* (alternativ: *„News Avoiders"*) angenommen, also solcher Bürger, die in weit unterdurchschnittlichem Umfang Nachrichten konsumieren, für die Schweiz *Forschungsinstitut Öffentlichkeit und Gesellschaft* Jubiläumsausgabe Jahrbuch 2019, Qualität der Medien, S. 10 f., 27 ff.; abrufbar unter https://4a1cdf30-082d-4cd5-bb93-f7b4404b53ba.filesusr.com/ugd/5d43b7_3087e78fb17643f29f5c080031938f10.pdf (23.03.2022). Die Untersuchung machte 36 Prozent (2009 noch 21 Prozent) als Medien-Deprivierte aus. Daneben stellte man fest, dass die newsaffinen „Global Surfer" nur unzureichend regionalen und nationalen Newsangeboten ausgesetzt sind. Auch *Russ-Mohl* Die informierte Gesellschaft und ihre Feinde, S. 66 ff. beobachtet ein seit 1970 im Abwärtstrend befindliches Medienvertrauen in Deutschland.

haben, zu 32 Prozent im Jahr 2016.[2464] Im Jahr 2018 stieg der Wert zwar wieder auf 45 Prozent und damit auf einen Höchstwert seit 2009, er liegt jedoch immer noch unter den Werten in den 1990er und frühen 2000er Jahren.[2465]

Darüber hinaus unterscheiden sich die Werte bei einer Aufteilung nach politischen Gruppierungen: Während im Jahr 2018 76 Prozent der Demokraten den Medien vertrauten, lag dieser Wert bei politisch Unabhängigen bei 42 Prozent. Bei Republikanern dagegen lag der Wert bei nur 21 Prozent (2016 noch 14 Prozent).[2466] Hinsichtlich des Medienvertrauens besteht also eine beachtliche Differenz von über 50 Prozent zwischen Demokraten und Republikanern. Dass diese Tendenz auch durch den zum Umfragezeitpunkt amtierenden republikanischen US-Präsidenten und dessen Fake News-Vorwürfe gegenüber traditionellen Medien bedingt sein könnte, liegt zwar nah. Jedoch könnte diese These erst durch einen Anstieg des Medienvertrauens seitens republikanischer Wähler im Falle der Wahl eines demokratischen Präsidenten erwiesen werden, was die hiesige Arbeit rein tatsächlich nicht mehr untersuchen konnte.

Seit 2007 ist zudem eine weitere Entwicklung empirisch aufzeigbar: Während der Mittelwert des Medienvertrauens über alle politischen Lager hinweg bei der Altersgruppe 65 oder älter bei 53 Prozent lag, lag dieser Wert bei Personen unter 30 Jahren bei nur 33 Prozent und war damit signifikant geringer.[2467] In den Studien wird aber ferner festgestellt, dass die Umfrageteilnehmer den Medien immer noch eine entscheidende Rolle in der Demokratie zusprechen und dass selbst diejenigen Umfrageteilnehmer, die nach eigenen Angaben das Medienvertrauen verloren hätten, dieses für wiederherstellbar hielten.[2468]

2. Studien über die deutsche Bevölkerung

Auch für Deutschland lässt sich nach einer *Studie der Universität Mainz* seit dem Tiefpunkt zu Beginn der Flüchtlingskrise 2015, zu der 28 Prozent angaben, den Medien eher/voll und ganz zu vertrauen, ein Anstieg zu 42 Prozent im Jahr 2017 beobachten.[2469] Demgegenüber wird von anderen Forschern – in deren Beiträgen

---

2464 *Swift* Gallup v. 14.09.2016, abrufbar unter https://news.gallup.com/poll/195542/americans-trust-mass-media-sinks-new-low.aspx (23.03.2022).

2465 *Jones* Gallup v. 12.10.2018, abrufbar unter https://news.gallup.com/poll/243665/media-trust-continues-recover-2016-low.aspx (23.03.2022).

2466 *Jones* (Fn. 2466).

2467 *Jones* (Fn. 2466).

2468 *Jones/Ritter* Accuracy, Unbiasedness, Transparency Foster Media Trust, 11.09.2018, abrufbar unter https://news.gallup.com/opinion/gallup/242066/accuracy-unbiasedness-transparency-foster-media-trust.aspx (23.03.2022).

2469 *Schemer/Jackob/Quiring/Schultz/Ziegele/Granow* Medienvertrauen in Deutschland 2017, Erste Befunde der Langzeitstudie, abrufbar unter http://www.uni-mainz.de/downloads_presse/02_publizistik_medienvertrauen_grafiken.pdf (23.03.2022).

Empirie keine Anwendung findet – überwiegend ein solcher Vertrauensverlust in die Politik und die Zeitschriften vermutet, der zur Hinwendung zu Informationen in sozialen Netzwerken führt – insbesondere zu in den Mainstreammedien unterrepräsentierten Themen.[2470] Die Zunahme an Medienvertrauen wird mit der gestiegenen Sensibilisierung für die Thematik infolge des öffentlichkeitswirksamen Diskurses erklärt. Den Bürgern werde bewusst, wie sehr sie den Medien doch vertrauen – beispielsweise im Hinblick auf die unauthentischere Medienlandschaft anderer Staaten. Gleichwohl sei aber eine Polarisierung indiziell festzustellen.[2471] Trotz der teilweise positiv zu bewertenden Befunde wurde festgestellt, dass die Prozentzahl derjenigen Bürger erheblich zunahm, die bei wichtigen Themen den Medien „eher nicht" oder „überhaupt nicht" vertrauten (9 Prozent in 2008 und 24 Prozent in 2016).[2472]

Eine *Studie des Instituts für Demoskopie* zeigte zudem auf, dass das Medienvertrauen themenspezifisch stark variiert. Während 74 Prozent die Berichterstattung zu regionalen Themen für glaubwürdig erachteten, sank dieser Wert auf 48 Prozent im Falle von Berichterstattung über die AfD. Hinsichtlich der Folgen des Brexits und der wirtschaftlichen Lage der Eurozone sank der Wert auf 39 und 38 Prozent bzw. auf 30 bzw. 23 Prozent im Falle von Berichterstattung über die Zahl der nach Deutschland kommenden Flüchtlinge bzw. die Kriminalität von Flüchtlingen.[2473]

3. Der Fall Relotius als Katalysator für einen Vertrauensverlust

Das Problem Fake News ist zuletzt selbst in den traditionellen Medien Deutschlands durch die Enthüllungen der von einem Reporter erfundenen preisträchtigen Geschichten und dem Versagen der internen Kontrollmechanismen angekommen. Jedenfalls die großen Wellen, die der Fall Relotius für die Medienlandschaft

---

2470 *Schnöller* in *Fabijanić/Spahr/Zlateva* (Hrsg.), S. 174, 176, abrufbar unter http://library.kas.de/GetObject.ashx?GUID=71a970f2-d9b3-e711-ae66-005056b96343 (23.03.2022).

2471 *Jackob/Quiring/Schemer/Schultz/Ziegele* European Journalism Observatory v. 28.01.2017, abrufbar unter https://de.ejo-online.eu/qualitaet-ethik/17587 (23.03.2022). *Harrendorf/Müller/Mischler* ZIS 2020, 411, 418 identifizierten in ihrer Analyse digitaler Kommunikation deren Entgrenzung sowie einen digitalen Extremismus.

2472 *Jackob/Quiring/Schemer/Schultz/Ziegele* (Fn. 2472), Bild 1.

2473 *Institut für Demoskopie Allensbach* Interessen schlagen Fakten, Eine Dokumentation des Beitrags von Prof. Dr. Renate Köcher in der Frankfurter Allgemeinen Zeitung Nr. 45 vom 22. Februar 2017, Schaubild 4, abrufbar unter https://www.ifd-allensbach.de/fileadmin/kurzberichte_dokumentationen/FAZ_Februar2017_Fakten.pdf (23.03.2022). Teilweise wird gerade bei diesen Themen aber eine besonders einseitige Berichterstattung beobachtet, vgl. dazu *Russ-Mohl* Die informierte Gesellschaft und ihre Feinde, S. 73 f. m.w.N.

geschlagen hat, lassen einen in zukünftigen Studien nachweisbaren weiteren Vertrauensverlust als naheliegend erscheinen.

4. *Vertrauensverlust als latente Gefahr*

Zwar ist nach den dargestellten empirischen Beobachtungen das Vertrauen der Bevölkerung in die klassische Medienlandschaft weiterhin insgesamt als in Takt zu bezeichnen und eine nachhaltige „Vertrauenserosion" nahezu wiederlegt. Allerdings können die Daten doch als Indiz für eine Abkehr einzelner Bevölkerungsteile von der klassischen Medienlandschaft gewertet werden.[2474] Mitunter zeigt sich gerade bei polarisierenden Themen ein deutlich geringeres Medienvertrauen als dies themenübergreifend der Fall ist, was angesichts vorwiegend politischer Desinformationen größere Bedenken begründet. Geht man zudem von der These der Entfremdung und Extremisierung der Bevölkerung durch Fake News aus, ist zumindest die latente Gefahr eines weitergehenden Vertrauensverlustes festzustellen.

5. *Konsequenzen eines möglichen Vertrauensverlusts*

Die Gefahr defizitärer Regelungen ist nun vor allem, dass durch die Flut an Desinformationen letztlich auch den richtigen Informationen nicht mehr über den Weg getraut wird und so eine weitergehende Abkehr von Traditionsmedien erfolgt, die den Diskurs endgültig verrohen lässt und zu einem weiteren Abwandern von Rezipienten hin zu alternativen Medien führen könnte. Ähnlich dem für den Fall des Schwangerschaftsabbruchs aufgezeigten Risiko des Anstiegs von Eingriffen durch „Kurpfuscher" drohen demnach Intermediäre und Plattformen, die keinen medienrechtlichen Regularien unterliegen, die Informationshoheit zu gewinnen. Dies führt angesichts eines Desiderats an Sorgfalts- und Recherchepflichten der privaten Content-Provider zwangsläufig zu einem Anstieg unsorgfältig recherchierter Informationen und mangels ausreichendem Gate-Keeping zur noch weitergehenden Rezeption von Desinformationen. Die Krise der traditionellen Medien bedingt daher erhebliche Gefahren für die demokratische Willensbildung.[2475]

2474 *M. Appel* Forschung und Lehre 10 (2019), 908. Auch die *BReg* Antwort auf die Kleine Anfrage von Abgeordneten der FDP Fraktion, BT-DS. 19/17073, S. 2 geht von einer bestehenden nachhaltigen Gefahr aufgrund des denkbaren Vertrauensverlusts in staatliche Stellen, die Unabhängigkeit der Medien bzw. demokratische Prozesse aus.

2475 Gegen die Möglichkeit der Herstellung des Vertrauens durch strafrechtliche Normen aber *Rostalski* RW 2017, 436, 452, die aber vollends Überlegungen dazu vermissen lässt, dass jedenfalls ein höhere Dichte von zutreffenden Fakten in der Informationslandschaft als Folgewirkung der Kriminalisierung zur Wiederherstellung von Vertrauen führen kann.

III. Verspätete Regulierung sozialer Netzwerke macht es unmöglich, nunmehr allein diese in die Verantwortung zu nehmen

Problematisch zeigte sich bei der Umsetzung des NetzDG, dass die bis dato weitgehend von Regulierung verschont gebliebenen Betreiber sozialer Netzwerke[2476] durch die Inpflichtnahme sich einem überdimensionalen Aufwand ausgesetzt sehen, der im Rahmen normalen organischen Wachstums wohl kaum mehr bewältigt werden kann. Die gesetzgeberische Inpflichtnahme erfolgt von jetzt auf gleich, sodass die Unternehmen plötzlich erhebliche Ressourcen sachlicher und personeller Art bereitstellen müssen. Die ersten Schritte naheliegender Regulierung wurden schlichtweg viel zu spät unternommen, sodass eine schonende Integration der Prozesse jetzt allein keine zeitnahe befriedigende Lösung verspricht. Überdies belasten die unterschiedlichen Gesetzgebungsansätze in den verschiedenen Staaten die wirksame Regulierung des sozialen Problems angesichts der Entgrenzung des Internets. An dieser Stelle soll nur an die offen kommunizierten Schwierigkeiten von Twitter erinnert werden, die Vorgaben des französischen Gesetzgebers umzusetzen. Auch die Implementierung der Prozesse ist deswegen als Mammutaufgabe zu werten.

C. Notwendigkeit vor dem Hintergrund des *Idealtypus einer aufgeklärten Gesellschaft*: Staatlicher Paternalismus durch die Kriminalisierung?

Gegen eine Regulierung wird bisweilen vorgebracht, dass man hiermit die Bürger aufgrund des paternalistischen Ansatzes als ungebildete Individuen begreifen würde.[2477] Paternalismus, also der Schutz vor Selbstschädigungen entgegen des Selbstbestimmungsrechts aus Art. 2 Abs. 2 GG – im vorliegenden Fall durch eine (unbemerkt) beeinflusste Wahrnehmung grundrechtlich verbürgter Rechte – kann

---

2476 Ausweis dessen ist die Forderung des Facebook-CEO *Zuckerberg* nach einer aktiveren Rolle der Gesetzgeber. Vgl. hierzu auch *Zuckerberg* Facebook Newsroom v. 30.03.2019, abrufbar unter https://newsroom.fb.com/news/2019/03/four-ideas-regulate-internet/ (23.03.2022). Er fordert neue Regelungen für die Bereiche schädliche Inhalte, Wahlintegrität, Datenschutz und Datenübertragbarkeit.

2477 Vgl. für Warnhinweise insoweit *Ullrich/Diefenbach* Es war doch gut gemeint, S. 235. In eine vergleichbare Richtung argumentiert *W. Schünemann* in einem Gespräch mit *Sterz* Deutschlandfunk v. 14.05.2020, abrufbar unter https://www.deutschlandfunk.de/kampf-gegen-corona-fakes-soziale-netzwerke-noch-mehr-in-der.2907.de.html?dram:article_id=476566 (23.03.2022), der eine libertär interpretierte Informationsfreiheit plakativ als Schutzimpfung gegen Fake News begreift, aufgrund derer die Menschen Antikörper bilden könnten.

aber zur Autonomiesicherung und zum Schutz von Rechten Dritter selbstverständlich angebracht sein.[2478] Vorliegend hat die beeinflusste Ausübung der Grundrechtsposition auch Auswirkungen auf die Allgemeinheit, indem die öffentliche Meinung verzerrt wird und diese so nicht mehr als Ausweis mehrheitsfähiger Positionen fungieren kann.

Zudem ist gleichzeitig die Autonomie des Einzelnen zu sichern, dem der Beeinflussungsversuch oftmals verborgen bleibt. Die Beeinflussung der öffentlichen Meinung kann dabei wiederum die Willensbildung und Willensbetätigung des Einzelnen beeinflussen, der sich an der verzerrten Mehrheitsmeinung orientieren mag. Sofern darüber hinaus mithilfe belastbarer empirischer Daten der Ruf des Volkes nach einer Regulierung und Kriminalisierung nachweisbar ist, dürften diese Vorbehalte sich als letztlich nicht durchgreifend erweisen. Zudem dürfte angesichts der heuristischen Nachrichtenrezeption mit der Regulierung auch nicht zwingend ein pejoratives Urteil über das Bildungsniveau und die Medienkompetenz der Bürger verbunden sein.

I. Forschungsprojekt der TU Darmstadt

In einer von Forschern der Technischen Universität Darmstadt durchgeführten Online-Umfrage qualifizierten 84 Prozent von insgesamt 1023 Partizipanten Desinformationen als gefährlich, da sie Meinungsbilder manipulieren könnten. 68 Prozent der Partizipanten erklärten, dass Fake News der Demokratie schaden würden.[2479] 82 Prozent sahen die sozialen Netzwerke hinsichtlich der Prävention in der Pflicht. Dagegen sahen nur 70 Prozent den Staat in der Pflicht.[2480] 62 Prozent erblickten eine etwaige staatliche Zensur als Bedrohung und 41 Prozent verstanden den Begriff nur als Vorwand zum Zwecke der Unterbindung systemkritischer Stimmen. Zur vorigen Frage antworteten 34 Prozent als unentschlossen und widersprachen 25 Prozent.[2481]

Weiterhin ergab die Umfrage hinsichtlich der erwünschten Reaktionen, dass 81 Prozent der Umfrageteilnehmer sich schnellere Reaktionen der zuständigen Behörden in Bezug auf Desinformationen wünschten. Insgesamt bewegte sich die Zustimmung hinsichtlich der einzeln vorgeschlagenen Interventionsmöglichkeiten im Bereich zwischen 72 und den bereits genannten 81 Prozent.[2482] Ebenfalls auf breite Zustimmung stießen Regulierungsvorschläge, wie die *Verpflichtung der*

2478 Vgl. zu diesen Voraussetzungen *Fateh-Moghadam* Die Einwilligung in die Lebendorganspende, S. 264; *Kaspar* Verhältnismäßigkeit und Grundrechtsschutz im Präventionsstrafrecht, S. 495 f.

2479 *C. Reuter/Hartwig/Kirchner/N. Schlegel* in Ludwig/Pipek (Hrsg.), S. 1067, 1073 ff.

2480 *C. Reuter/Hartwig/Kirchner/N. Schlegel* in Ludwig/Pipek (Hrsg.), S. 1067, 1075.

2481 *C. Reuter/Hartwig/Kirchner/N. Schlegel* in Ludwig/Pipek (Hrsg.), S. 1067, 1075.

2482 *C. Reuter/Hartwig/Kirchner/N. Schlegel* in Ludwig/Pipek (Hrsg.), S. 1067, 1078. Vgl. auch *C. Reuter* Science Policy Paper 5 (2019), 15, 16.

Betreiber zur Entfernung bzw. zur Markierung der Inhalte als Fake (jeweils 81 Prozent), die *Verschärfung der Strafvorschriften* (78 Prozent) oder das *Einrichten staatlicher IT-Abwehrzentren* (72 Prozent).[2483]

Während 48 Prozent angaben, Fake News wahrgenommen zu haben, gaben nur 2 Prozent an, solche generiert zu haben (eine ähnlich niedrige Prozentzahl lag für das Teilen vor). Der Großteil gab dagegen an, nicht auf eine der dort angegebenen Arten wie Löschen bzw. Melden (23 Prozent bejahend), Kommentieren (13 Prozent) oder Liken/Disliken (8 Prozent) in Bezug auf Fake News interagiert zu haben.[2484] Diese geringen empirischen Befunde zu konkreten Erfahrungen mit Fake News werden aber selbst von einem Autor der Studie als möglicherweise verzerrt begriffen, da die negative Konnotation von Fake News zur sozialen Unerwünschtheit führe.[2485] Zwar sahen 62 Prozent Zensurrisiken, *allerdings befürwortete doch eine größere Prozentzahl (78 Prozent) den Erlass weiterer Strafvorschriften.*[2486]

Auch wenn es sich um eine freiwillige Online-Umfrage handelte, womit ein Desiderat an Repräsentativität durch potentiell fasche Angaben und einem Überhang technikaffiner Teilnehmer vorgezeichnet ist,[2487] gewähren die Ergebnisse doch wichtige Eindrücke hinsichtlich des Standpunktes der Bürger zur weiteren gesetzgeberischen Intervention. Die an der Umfrage teilnehmenden Bürger empören sich also gerade nicht mehrheitlich ob der Idee weiterer (u.a. strafrechtlicher) Regulierungen. Vielmehr befürworten die Bürger generell weitere gesetzgeberische Steuerung, die sie demnach also nicht als bevormundend und unnötig empfinden.

II. Von PwC durchgeführte Bevölkerungsumfrage anlässlich der Europawahlen 2019

Zu vergleichbaren Ergebnissen gelangte eine von PwC durchgeführte Bevölkerungsumfrage von 1000 Personen[2488] anlässlich der Europawahlen 2019. Während mehr als die Hälfte der Umfrageteilnehmer sich als in der Thematik gut aufgeklärt empfanden, konnten über 25 Prozent nicht sicher sagen, ob sie schon einmal auf

2483 *C. Reuter/Hartwig/Kirchner/N. Schlegel* in Ludwig/Pipek (Hrsg.), S. 1078.

2484 *C. Reuter/Hartwig/Kirchner/N. Schlegel* in Ludwig/Pipek (Hrsg.), S. 1067, 1077.

2485 *C. Reuter* Science Policy Paper 5 (2019), 15, 16.

2486 *C. Reuter/Hartwig/Kirchner/N. Schlegel* in Ludwig/Pipek (Hrsg.), S. 1067, 1075, 1077.

2487 Dies gestehen die Forscher auch selbst ein, *C. Reuter/Hartwig/Kirchner/N. Schlegel* in Ludwig/Pipek (Hrsg.), S. 1067, 1080.

2488 *PricewaterhouseCoopers GmbH Wirtschaftsprüfungsgesellschaft* „Fake News", Ergebnisse einer Bevölkerungsbefragung, S. 5 ff., 04.2018, abrufbar unter http://docs.dpaq.de/14853-pwc_berichtsband_fake_news.pdf (23.03.2022). Vgl. auch die Darstellung bei *Lammich* Fake News als Herausforderung des deutschen Strafrechts, S. 93 f.

Fake News gestoßen sind. Dagegen habe ein Drittel der Umfrageteilnehmer bereits Falschnachrichten wahrgenommen. Immerhin 70 Prozent betrachteten Fake News als große Gefahr im Vorfeld der Europawahlen, weil 44 Prozent der Teilnehmer es als wahrscheinlich ansahen, diese nicht zu erkennen und demzufolge in ihrer Wahlentscheidung beeinflusst zu werden.

Als geeignete Reaktionsmechanismen sahen 68 Prozent Aufklärung und 69 Prozent die Löschpflicht der Plattformbetreiber an. 61 Prozent hielten eine Verpflichtung der Medien zur Identifizierung und Richtigstellung für angebracht und knapp unter 60 Prozent die Identifizierung und Löschung von Scheinkonten und Bots. 50 Prozent hielten Transparenz bei der Werbung für geeignet. Lediglich zwei Prozent hielten die Sammelkategorie „Sonstiges" für geeignet: Hierunter fiel wohl auch die mögliche strafrechtliche Verhaltenssteuerung. Vier Prozent sahen keine Maßnahmen als geeignet (und damit wohl als nicht erforderlich) an. Die Zahl dürfte jedoch mitbeeinflusst von der nebulösen Betitelung unter einer Sammelkategorie sein – die anderen Antwortmöglichkeiten waren dezidiert vorgegeben. Während 71 Prozent sich die Durchsetzung von Gegenmaßnahmen seitens der Plattformbetreiber wünschten, sahen 49 Prozent Bundes- oder Landesregierung und nur 40 Prozent die EU in der Pflicht.

III. Deloitte Cyber Security Report 2019

Ausweislich des von Deloitte erstellten Cyber Security Report 2019[2489] schätzten die befragten Führungskräfte aus Wirtschaft und Politik *erstmals die Verbreitung von Desinformationen als größtes Problem für die Cyber Security*: 74 Prozent der etwa 500 Umfrageteilnehmer sahen diese unlautere Beeinflussung der öffentlichen Meinung als eine große Bedrohung für die Bevölkerung an.

IV. Forsa Umfragen

Im Auftrag der Landesanstalt für Medien führte die Forsa[2490] zudem zuletzt 2017 und 2019 Onlinebefragungen von 1000 Nutzern zum Thema Fake News im Internet durch, wobei im Vergleich zu 2019 in mehreren Kategorien ein Anstieg des Gefährdungspotentials zu verzeichnen war:[2491] So erhöhte sich die Prozentzahl der Personen, die laut eigenen Angaben Fake News im Internet ausgesetzt waren (von 59 auf

---

2489 Deloitte Touche Tohmatsu Ltd. Cyber Security Report 2019, abrufbar unter https://www2.deloitte.com/de/de/pages/risk/articles/cyber-security-report.html (23.03.2022).

2490 Forsa. Gesellschaft für Sozialforschung und statistische Analysen mbH.

2491 *Landesanstalt für Medien NRW* Ergebnisbericht, forsa-Befragung zu: Fake News, S. 2 ff., abrufbar unter https://www.medienanstalt-nrw.de/fileadmin/user_upload/lfm-nrw/Service/Pressemitteilungen/Dokumente/2019/forsa_LFMNRW_FakeNews2019_Ergebnisbericht_final.pdf (23.03.2022).

72 Prozent), unter der jüngsten Gruppe der 14–24 Jährigen waren es 90 Prozent. Dagegen stieg der Anteil derjenigen, die durch die Überprüfung auf Fake News aufmerksam wurden (von 45 auf 51 Prozent), während der Anteil der durch die Medien auf die Unrichtigkeit aufmerksam gewordenen Personen sank (von 48 auf 40 Prozent). Sowohl die Impressums-/Autorenüberprüfung (von 14 auf 21 Prozent), die Nachfrage bei Freunden (von 13 auf 19 Prozent), als auch die URL/Linküberprüfung als Ursache (von 12 auf 16 Prozent) stiegen jeweils an.

Gleichsam stieg die Zahl derjenigen, die auf die Unrichtigkeit durch eine entsprechende Kennzeichnung aufmerksam wurden (von sieben auf 10 Prozent). Des Weiteren sanken mit zunehmendem Alter nahezu bei jeder der dortigen Kategorien die schon einmal vorgenommenen Verifizierungsmaßnahmen nahezu linear, womit sich die vorne erwähnte geringere Medienkompetenz älterer Menschen zumindest im Ansatz darlegen lassen dürfte. *62 Prozent sahen Fake News als Gefährdung für die Demokratie an*, während sich nur 40 Prozent mit deren Identifizierung überfordert fühlen. 84 Prozent befürworteten leichtere Kennzeichnungsmöglichkeiten für Fake News (2017 noch 86 Prozent), während nach Meinung von 76 Prozent neue Gesetze erforderlich sind, um die Löschungen durch die sozialen Netzwerke zu beschleunigen. Nur 35 Prozent verstanden die Aufregung um die Thematik nicht: Schließlich habe es Falschnachrichten schon immer gegeben. Lediglich neun Prozent der Umfrageteilnehmer interpretierten Fake News als freie Meinungsäußerung.

Die Zahlen sind nur schwer zu interpretieren. Insbesondere könnte das große mediale Echo die Problematik ins Bewusstsein der Bürger gebracht und so zu weitergehenden Verifizierungsmechanismen und einer generell erhöhten Aufmerksamkeit geführt haben. Der Direktor der Landesanstalt interpretierte die Ergebnisse der Studie in Verbindung mit denjenigen einer Studie zum Thema Hassrede – die ebenfalls einen Anstieg aufzeigte – im Sinne einer Progression aggressiver Diskussionskultur im Internet und erkannte eine hierneben steigende Sensibilisierung der Individuen.[2492]

V. Eurobarometer-Umfrage

In einer *von der Europäischen Kommission initiierten Eurobarometer-Umfrage*[2493] wurden 26.576 Einwohner der verschiedenen Mitgliedstaaten zum Thema Fake News befragt. Immerhin 85 Prozent der Umfrageteilnehmer machten dabei Fake News als Problem in ihrem Land aus. 83 Prozent der Teilnehmer sahen das Phänomen allgemein als gefährlich für die Demokratie an.[2494] Die Verantwortung

2492 *Schmid* zitiert nach Mimikama.at v. 13.06.2019, abrufbar unter https://www.mimikama.at/aktuelle-zahlen-hassrede/ (17.04.2022).

2493 *Europäische Kommission* Flash Eurobarometer 464, Fake News and Disinformation Online, S. 4, abrufbar unter http://ec.europa.eu/commfrontoffice/publicopinion/index.cfm/survey/getsurveydetail/instruments/flash/surveyky/2183 (23.03.2022).

2494 *Europäische Kommission* (Fn. 2494).

für die Bekämpfung von Desinformationen sahen 45 Prozent bei den Journalisten, 39 Prozent bei den nationalen Behörden und 36 Prozent beim Presse- und Rundfunkmanagement.[2495] Während 37 Prozent angaben, jeden oder nahezu jeden Tag mit Fake News konfrontiert zu werden, gaben 71 Prozent an, sich sicher zu fühlen, Fake News als solche identifizieren zu können.[2496]

VI. Studie der Nichtregierungsorganisation Avaaz

Konträr zu der in anderen Untersuchungen ausgemachten untergeordneten Präsenz von Fake News verhalten sich die Untersuchungsergebnisse der Nichtregierungsorganisation Avaaz, die in ihrer Untersuchung in sechs europäischen Ländern Desinformationsnetzwerke identifizierte.[2497] Hierunter fasste die Organisation Nutzer, welche als Administratoren mehrerer Gruppierungen identische rassistische Beiträge oder Falschinformationen verbreiten. Daneben erfasste Avaaz hierunter Gruppierungen, die auf Facebook gesperrte Nutzer (beispielsweise wegen rechtsradikaler Äußerungen) unterstützen sowie Nutzer, die offenbar gefälschte Konten oder schlichtweg mehrere Konten betreiben – um so zielgerichtet Inhalten mehr Reichweite zu verschaffen.[2498] Bestimmte Administratoren lancierten in ihren Gruppen erst unverfängliche Musikinhalte, um so zunächst eine gewisse Reichweite zu generieren, die dann später für politische Themen missbraucht wurde.

Die Organisation identifizierte in der Folge über 550 Seiten und Gruppen und 328 Profile und meldete die Ergebnisse an Facebook. Dies führte letztlich zu 77 gelöschten Seiten und Gruppen und 230 gelöschten Profilen. Damit stellte das Unternehmen etwa 20 Prozent der Interaktionen insgesamt ab. Die von der Organisation vorgenommene Berechnung gelangte zu dem Ergebnis, dass die von der Löschung betroffenen Gruppierungen und Seiten insgesamt fast sechs Mio. Fans hatten – damit fast das Dreifache der weit rechten und EU-kritischen Parteien. Für Deutschland benannte die Organisation beispielhaft zwei AfD-Politiker, zu denen mehrere Profile existierten, sowie die AfD unterstützende Gruppierungen, hinter denen trotz der Namensverschiedenheit nur ein Administrator zu verorten gewesen sei. Gegenüber dieser Studie wird vor allem vorgebracht, dass die Anknüpfung an Mehrfach-Profile und Multi-Administration kaum als Begriffsdefinition eines Desinformationsnetzwerks dienen kann.[2499]

2495 *Europäische Kommission* (Fn. 2494).

2496 *Europäische Kommission* (Fn. 2494).

2497 *Avaaz* v. 22.05.2019, S. 8 ff.; abrufbar unter https://avaazimages.avaaz.org/Avaaz%20Report%20Network%20Deception%2020190522.pdf (23.03.2022).

2498 Z.B. instrumentalisierten Akteure insoweit einen aus dem Zusammenhang gerissenen Screenshot aus einem Film, um vermeintliche Vergewaltigungen durch Migranten zu belegen.

2499 *Kuhn* SZ v. 22.05.2019, abrufbar unter https://www.sueddeutsche.de/digital/europawahl-desinformation-social-media-avaaz-oxford-1.4459048 (23.03.2022).

VII. Studie zu den Auswirkungen von COVID-19

In einer *Studie des Meinungsforschungsinstituts Kantar* gaben etwa 51 Prozent der deutschen Befragten an, die Unterscheidung zwischen Nachrichten und bewussten Falschmeldungen mit Bezug zu COVID-19 als schwer zu empfinden. Etwa 36 Prozent der an der Studie teilnehmenden Deutschen glaubten, dass die herkömmlichen Medien auf Druck der Regierung Tatsachen über COVID-19 verschweigen. 70 Prozent der befragten Deutschen fanden, dass bewusste Falschmeldungen über COVID-19 die Glaubwürdigkeit von Politikern und Ärzten untergraben.[2500]

VIII. Zusammenfassung

Zusammengefasst lässt sich feststellen, dass ausweislich der geschilderten Studien das Selbstbewusstsein der Bevölkerung zu schwinden scheint, zwischen authentischen Inhalten und Desinformationen zu unterschieden. Dies scheint zu einem gesteigerten Regulierungsbedürfnis im Hinblick auf Desinformationen zu führen. Besonders das plakativ als Infodemie bezeichnete Ausmaß an Desinformationen zu COVID-19 scheint die Nachfrage nach gesetzgeberischer Intervention auf Seiten der Bevölkerung noch einmal exponentiell gesteigert zu haben. Insoweit dürften regulatorische Ansätze zur Gewährleistung authentischer Informationen gerade nicht seitens der mehrheitlichen Bevölkerung als paternalistisch empfunden und daher nicht akzeptiert werden.[2501] Vielmehr würde der Staat hierdurch lediglich eine von der Bevölkerungsmehrheit gerade erwünschte Ordnungsfunktion in Bezug auf den öffentlichen Diskurs wahrnehmen, ohne die Informationsversorgung illegitim proaktiv zu steuern.

D. Unabdingbarkeit der Straffreiheit in einer freiheitlichen Demokratie?

I. Philosophische Hintergründe

Viele Personen vertreten indes, dass in einer freiheitlichen Demokratie die Straffreiheit der Verbreitung von Unwahrheiten notwendig sei: Der Kampf um die Wahrheit müsse von vornherein dem öffentlichen Diskurs vorbehalten bleiben.[2502]

2500 *Kantar* Globale Studie im Auftrag der Friedrich-Naumann-Stiftung für die Freiheit, abrufbar unter https://www.freiheit.org/sites/default/files/2020-07/umfrage_des information_naumann-stiftung.pdf (23.03.2022).

2501 *Schimmele* Staatliche Verantwortung für diskursive Integrität in öffentlichen Räumen, S. 267 sprach insofern zuletzt unzutreffend von der staatlichen Gewährleistung diskursiver Integrität als Allegorie unerwünschten staatlichen Paternalismus – die der Bevölkerungsmehrheit „schlaflose Nächte" bereite.

2502 *Ladeur* PhiN Beiheft 12/2017, S. 4, 8. *Ders.* epd medien Nr. 4 (2017), S. 5 schreibt insofern trefflich: *„Die Frage nach der Wahrheit muss in einer liberalen Öffentlichkeit*

So wurde in einem im Juni 2018 an der Goethe-Universität Frankfurt am Main abgehaltenen Doktoranden-Workshop, an dem auch der Verfasser teilnahm, von einer Teilnehmerin ganz vehement in einer allgemeinen Diskussion die Ansicht vertreten, dass eine Kriminalisierung der Verbreitung von Fake News der Abkehr vom Rechtsstaat gleichkäme. Die strafrechtliche Pönalisierung der dem Phänomen zugrunde liegenden Handlungsweisen assoziierte die Teilnehmerin mit totalitären Rechts- und Staatssystemen. Freilich nicht überraschend entstammte der Einwand einer Studentin der Philosophie – einer Wissenschaftsdisziplin, die sich bereits seit ihrer dokumentierten Entstehung mit dem Wahrheitsbegriff auseinandersetzt.

Der von der Teilnehmerin eingenommene Standpunkt gibt Anlass zur Prüfung, ob der in der Philosophie vertretene Wahrheitsbegriff tauglicher Bezugspunkt von Strafvorschriften sein kann. Um den letzten Gedankengang nachvollziehbar zu machen, ist zunächst die Beziehung der Begrifflichkeiten Tatsache und Wahrheit aufzuzeigen: Wie die bereits thematisierte Definition von Tatsachen[2503] aufgezeigt hat, stehen Tatsachen unter der Wahrheitsbedingung der in ihnen enthaltenen Informationen.[2504]

1. *Einführung: Die Wahrheit in der Philosophie*

Die Definition des Begriffs Wahrheit ist eine der umstrittensten Fragestellungen der Ontologie,[2505] die zu verschiedenen Wahrheitstheorien geführt hat.[2506] Gerade die für Fehler anfällige Wahrnehmung des Menschen zogen Philosophen teilweise als Argument heran, um an einer einzigen, allgemein verbindlichen Wahrheit zu zweifeln. Im deutschen Idealismus beispielsweise sahen die Philosophen unter dem Gesichtspunkt der Intersubjektivität Wahrheit selbst als relativ an. Sie werde nicht etwa gefunden, sondern von Menschenhand bestimmt.[2507] Auch *Nietzsche* bereitete

---

grundsätzlich an die Öffentlichkeit zurückverwiesen werden.“ [Hervorhebungen durch den Verfasser]. Gegen die strafrechtliche Pönalisierung allgemein *Feltes* NK 2019, 3, 10; *Russ-Mohl* Die informierte Gesellschaft und ihre Feinde, S. 244 ff. *Ullrich/Diefenbach* Es war doch gut gemeint, S. 265 ff. resümieren (dystopisch), dass „Political Correctness“ in einen PC-Überwachungsstaat führen könne, die letztlich zur Diskurskontrolle und darin eingeschlossen der Regulierung von Fake News führen könne. Kritisch auch *Brodnig* Lügen im Netz, Kap. 15, die für den Fall der strafrechtlichen Pönalisierung Medien und Satire für „dem Tode geweiht“ erklärt, allerdings insoweit die Möglichkeit von Bereichsausnahmen zu verkennen scheint.

2503 Oben unter § 2 A. II. 2.

2504 *Rühl* Tatsachen S. 199.

2505 *Gloy* Wahrheitstheorien, S. 1 ff.; vgl. auch *Hilgendorf* Tatsachen und Tatsachenaussagen im Strafrecht, S. 115.

2506 Umfassend unter Analyse von Fake News Beispielen *Zimmer/Scheibe/Schmoly/Dreisiebner* in Büttner (Hrsg.), S. 211, 216 ff.

2507 *Schlegel* zitiert in Behler (Hrsg.), Kritische Friedrich-Schlegel-Ausgabe Bd. 18, Philosophische Lehrjahre, Kap. V S. 417 Nr. 1149.

den Weg für Skepsis gegenüber einer einzigen Wahrheit, an deren Stelle bei ihm verschiedene Sichtweisen aufgrund (kultureller) Prädispositionen treten.[2508]

In der postmodernen Philosophie wird gar eine einzige Wahrheit als Mythos zurückgewiesen.[2509] Wahrheit wird in den vorherrschenden Strömungen unter den modernen Philosophen beispielsweise als Kohärenz von Überzeugungen, als legitime Behauptung von Aussagen bzw. als im Verfahren der Rechtfertigung erzielter Konsens im Sinne eines pragmatischen Wahrheitsbegriffs begriffen.[2510] Nachfolgend soll auf die einzelnen Wahrheitstheorien und deren Tauglichkeit für die Bestimmung von Fake News eingegangen werden. Sofern sich die Bestimmung von Wahrheit derweil tatsächlich als relativ erweist, dürfte ein durchgreifendes Argument gegen die strafrechtliche Pönalisierung bestehen.

2. Wahrheitstheorien im Einzelnen[2511]

Da die der vorliegenden Arbeit zugrunde liegende Definition von Desinformationen komplexe Tatsachen nicht von vornherein vom Untersuchungsgegenstand ausnimmt, sollen nachfolgend die einzelnen Erkenntnistheorien dargestellt werden – sollten man Fake News nur in Form einfacher Tatsachen für möglich erachten, würden die Theorien demgegenüber für die Untersuchung immens an Bedeutung verlieren.[2512]

a) Korrespondenztheorie

aa) Russell'sche Wahrheitstheorie

Nach *Russell*, einem der prominentesten Vertreter der *Korrespondenztheorie*, existiert Wahrheit dann, *wenn es hinsichtlich einer Überzeugung einen korrespondierenden Fakt gibt.*[2513] Eine Verifikation der behaupteten Tatsachen mit einem korrespondierenden Faktum ist insbesondere bei der Darstellung behaupteter eigener Erlebnisse schon tatsächlich ausgeschlossen, da man nicht mehr rückblickend anwesend sein kann. Die Theorie versagt daher im Hinblick auf Fake News, die eigene Erlebnisse beinhalten.[2514] *Brentano* kritisierte an dem Modell zutreffend,

---

2508 *Nietzsche* Über Wahrheit und Lüge im außermoralischen Sinne, S. 6 ff.

2509 *Foucault* in Deufert/Ewald (Hrsg), S. 705 f.

2510 *L. Krüger* Deutsch. Z. PhiloS. 43 (1995), 916, 920.

2511 Aufbau und Systematisierung nach *Gloy* Wahrheitstheorien, S. 67 ff.

2512 So maß *M. Schreiber* Strafbarkeit politischer Fake News, S. 41 f. den Wahrheitstheorien für den Untersuchungsgegenstand unlängst keine Bedeutung bei, weil Fake News lediglich in Form einfacher Tatsachen denkbar seien.

2513 *Russell* The Problems of Philosophy, Kap. 12.

2514 *Zimmer/Scheibe/Schmoly/Dreisiebner* in Büttner (Hrsg.), S. 211, 216 ff.

dass der korrespondierende Gegenstand für die Funktionsfähigkeit der Theorie bereits erkannt sein müsse, sodass ein nicht endender Regresskreisel entstehe.[2515]

bb) Widerspiegelungstheorie

Auf einer praktischen Interpretation der Wahrheit beruht schließlich die *Widerspiegelungstheorie*, nach welcher *praktische Erkenntnis auf Basis der Widerspiegelung objektiver Realität stattfindet.* Relative Wahrheit liegt bei Übereinstimmung der Widerspiegelung mit dem dargestellten Sachverhalt vor, sodass die so erkannte Wahrheit aber stets perspektivisch ist.[2516] Diese Sichtweise dürfte insoweit zu erkenntnistheoretischen Problemen führen, als ein Dritter die tatsächlich angelegte Perspektive des Äußernden denklogisch nicht einnehmen kann.[2517] Die Theorie wird für die Bestimmung von Fake News oft Probleme bereiten, weil im Falle von einseitig oder selektiert dargestellten Informationen diese Darstellung als (perspektivische) Wahrnehmung des Äußernden anerkannt werden müsste.

b) Subjektimmanente Wahrheitstheorien

aa) Kohärenztheorie

Wahrheit bestimmt sich nach der *Kohärenztheorie* hingegen danach, *ob eine Aussage sich in ein bereits existentes System widerspruchsfrei einfügt.*[2518] Dieses Modell könnte vor allem fruchtbar gemacht werden, um bei der eigeninitiativen Faktenprüfung Fake News zu erkennen. Wenn unter Rückgriff auf die Kohärenztheorie die Informationen mit bereits vorhandenem Wissen nicht kohärent sind, bestünde Anlass zu Zweifeln. Gut funktionieren mag die Theorie bei Fake News, die bestimmten Politikern oder Parteien tatsächlich nicht vertretene Standpunkte in den Mund legen. In diesen Fällen vermag die Theorie Widersprüche mit dem bereits existenten politischen Konzept des oder der Betroffenen aufzuzeigen.

2515 *Brentano* Wahrheit und Evidenz, S. 137. Allgemein zur Selbstbezüglichkeit der Wahrheitstheorien *Gloy* Wahrheitstheorien, S. 227 ff.

2516 *Holz* Widerspiegelung, ab Fn. 116.

2517 Ausführlich zum Problem der Subjektivität *O. Böhmer* Philosophisches Jahrbuch 84 (1977), 367, 367 ff. Ablehnend für das Ergründen von Fake News aufgrund der unmöglichen Berücksichtigung aller praktisch existenten Fakten *Zimmer/Scheibe/Schmoly/Dreisiebner* in Büttner (Hrsg.), S. 211, 216 ff.

2518 *Rescher* The coherence theory of truth, S. 23 ff. Moderne Anhänger der Kohärenztheorie machen die so beschriebene Konsistenz aber nur zur Grundvoraussetzung über diese noch hinausgehender Kohärenz, welche zugleich einen Kausalzusammenhang erfordert, vgl. die Darstellung a.a.O., S. 43 ff.

Zimmer/Scheibe/Schmoly/Dreisiebner[2519] bringen allerdings Beispiele der medialen Berichterstattung, in denen einzelne Fake News in einem nur diese selbst betreffenden System kohärent sind: Auch hier müsste nach der Theorie infolge der Kohärenz der Informationen das Prädikat Wahrheit verliehen werden. Genannt wird insofern der Fall des angeblich vor dem Berliner LAGeSo erfrorenen Flüchtlings, der zu großem *in sich kohärentem medialen Echo* führte.[2520] Ebenso zeigt sich ihre Unfähigkeit als umfassend Geltung beanspruchende Erkenntnistheorie, wenn die Vertreter dieser Strömung – um neue Erkenntnisse nicht grundsätzlich vor dem Prädikat Wahrheit zu verschließen – das System unter Implementierung des neuen Begriffs anpassen wollen, sofern sich die zu überprüfende Tatsache als wahr erweist.[2521] Die Theorie vermag aber nicht mittels eigener Kriterien festzulegen, welcher der Inhalte nun wahr ist.[2522] Zudem erscheint die Annahme, dass nur eine Gesamtheit in sich kohärenter Inhalte existieren kann, unbegründet.[2523]

bb) Pragmatismus

Der US-amerikanische Philosoph *William James*[2524] vertrat im 20. Jahrhundert ein später als *„pragmatischer Wahrheitsbegriff"* bekannt gewordenes Konzept. Dieses Konzept kann letztlich darauf runter gebrochen werden, dass *Wahrheit ist, was praktisch funktioniert, nämlich was verifiziert werden kann – wobei diese Verifikation in einer Eruierung der Nützlichkeit besteht.* Eine solche erkenntnistheoretische Interpretation versperrt das Prädikat aber zahllosen erwiesenen Wahrheiten, die keine nützliche Folgen haben. Bei einer evolutionsprozessualen Interpretation würde man dagegen nur relative Wahrheit bestimmen.[2525] Das Entstehen von Echokammern als unnützes Phänomen wäre daher *a priori* unwahr, was die vollkommene Unzulänglichkeit der Theorie für das hiesige Phänomen aufzeigt.

2519 *Zimmer/Scheibe/Schmoly/Dreisiebner* in Büttner (Hrsg.), S. 211, 220 f. Dieses Problem könnte man dergestalt entschärfen, dass man das Bezugssystem vergrößert und argumentiert, dass bei einer solch engen Formulierung des Bezugssystems der Sinngehalt der Kohärenztheorie entleert würde, da bei der erstmaligen Verbreitung der Fake News ein solches System und damit ein Bezugssystem nicht existieren würde.

2520 *Zimmer/Scheibe/Schmoly/Dreisiebner* in Büttner (Hrsg.), S. 211, 220 f.

2521 Mit dieser notwendigen Anpassung des Systems *Rescher* The coherence theory of truth, S. 25 ff. Vgl. auch die Darstellung bei *Zimmer/Scheibe/Schmoly/Dreisiebner* in Büttner (Hrsg.), S. 211, 219 f. m.w.N.

2522 *Russell* The Problems of Philosophy, Kap. 12.

2523 *Russell* The Problems of Philosophy, Kap. 12.

2524 *James* in Skirbekk (Hrsg.), S. 38.

2525 *Gloy* Wahrheitstheorien, S. 225 f.

c) Konsenstheorie als sprachpragmatische Wahrheitstheorie

Nach der auf *Habermas* zurückgehenden *Konsenstheorie* ist Wahrheit *dasjenige, was dauerhaft berechtigt einen Geltungsanspruch erheben kann und demnach konsensfähig ist.* Die Wahrheit bemisst sich also vordergründig danach, was alle Repräsentanten einer Gruppe für wahr ansehen.[2526] Dies ist schon deswegen durchgreifenden Bedenken ausgesetzt, weil nicht nachvollziehbar ist, warum man dem Urteil anderer mehr trauen soll als dem eigenen und warum sich eine große Personengruppe nicht irren können soll.[2527] Zudem offenbaren die Entwicklungen in den sozialen Medien die Begründungsschwächen der Theorie: Hier würde sich in thematisch geprägten Echokammern ohne Weiteres ein solcher Konsens aufgrund der Befürwortung innerhalb der Gruppe ergeben.[2528]

Schließlich vermag ein universeller Konsens nur bzgl. statischer, nicht aber hinsichtlich dynamischer, sich fortentwickelnder Prozesse als sinnvoll anwendbares Kriterium dienen.[2529] Fake News in sozialen Medien betreffen aber dynamische Sachverhalte, in denen das Prädikat Wahrheit demnach mutmaßlich alternierend verteilt würde. Die Definition von wahren Fakten dem öffentlichen Diskurs zu überlassen, begegnet zudem vor dem Hintergrund Bedenken, dass die Herausbildung dieser Fakten mithilfe der Rhetorik verzerrt werden kann,[2530] sodass letztlich diejenige Wahrheit als vorherrschend zementiert werden könnte, die nur die talentiertesten Rhetoriker als Anhänger fand. Insofern wäre entscheidend, ob die Rhetorik als ein Mittel zur Überwindung der Gegenposition, oder als ein Mittel der Erkenntniskunst verstanden und interpretiert würde.[2531]

d) Evidenztheorie

Nach *Brentano* besteht Wahrheit eines Urteils dagegen in *Evidenz, die diesem entweder unmittelbar selbst oder durch den Beweis mittels verbundener evidenter Urteile zu Teil wird.*[2532] Er unterschied „affirmativ evidente Tatsachen-Urteile" und „Vernunft-Wahrheiten": Hinsichtlich der *affirmativ evidenten Tatsachen-Urteile* sind

---

2526 *Habermas* in Fahrenbach (Hrsg.), S. 211 ff., 219 ff.; vgl. auch *Apel* Diskurs und Verantwortung, S. 46, 47.

2527 Vgl. *Freundlieb* Zeitschrift für allgemeine Wissenschaftstheorie 6 (1975), 82, 92 ff.

2528 *Zimmer/Scheibe/Schmoly/Dreisiebner* in Büttner (Hrsg.), S. 211, 222.

2529 *Gloy* Wahrheitstheorien, S. 219 f.

2530 So *Uhlmann* Forschung und Lehre 10 (2019), S. 902, 902 ff.

2531 Zu diesen beiden Interpretationsmöglichkeiten *Uhlmann* Forschung und Lehre 10 (2019), S. 902, 902 ff. Zudem veranschaulicht *dies.* Rhetorik und Wahrheit, S. 146 ff. diese Interpretationsmöglichkeiten an Beispielen der jeweiligen Vertreter, z.B. des Aristoteles (hier als Erkenntnismittel, S. 146 ff.) und Cicero (Überwindung der Gegenposition, S. 188 ff.).

2532 *Brentano* Evidenz und Wahrheit, S. 137 ff., 148 ff.

nur auf innerer Wahrheit beruhende Tatsachen in diesem Sinne evident. *Vernunft-Wahrheiten* sind dagegen logische Präsumtionen, die sich einem Urteil von vornherein entziehen.[2533] Eine solche Evidenz beruht allerdings auf einem eigenen normativen Bewertungsvorgang des Einzelnen, dessen Kriterien nicht benannt werden. Fehlerhafte Überzeugungen können insoweit selbst in Konspirationstheorien einmünden, da Evidenz durch Emotionalität erzeugt werden könnte.[2534]

e) Schlussfolgerungen

Auch wenn in der modernen Philosophie die Vorstellung von der Übereinstimmung des Denkens mit der Wahrheit als Utopie verworfen wird, wird von den Philosophen damit nicht etwa die Existenz einer einzigen Wahrheit schlechthin angezweifelt, sondern nur konstatiert, dass die Wahrnehmung dieser rein objektiven Wahrheit nur einem allwissenden transzendentalen Wesen möglich wäre.[2535] In der realen Welt wahrnehmbar sind dagegen tatsächlich nur unterschiedliche Sichtweisen von Menschen.[2536]

Die Rechtswissenschaft muss derart theoretische Erklärungsversuche der Wahrheit als akademisches Glasperlenspiel entlarven und entschieden zurückweisen. Die Jurisprudenz muss sich von solchen *Aporien* befreien, da die so geführte philosophische Debatte über die verschiedenen Wahrheitsbegriffe endlos erscheint und mutmaßlich nie zu einem einzigen allgemeinverbindlichen Ergebnis gelangen wird.[2537] Dies führt zur Zugrundelegung eines zur Funktionsfähigkeit des Rechtsstaates unabdingbaren *prozeduralen bzw. formellem Wahrheitsverständnisses*, das gleichwohl die vorgenannten philosophischen Debatten nicht verstummen lassen will, denn diese besitzen eine Daseinsberechtigung zur Optimierung der angewandten Verfahrensweisen zwecks Erkenntnis dieser verfahrensmäßigen Wahrheit.[2538]

Für den Rechtswissenschaftler handelt es sich bei dem Wahrheitsbegriff letztlich um einen feststehenden Begriff, der sich einem wissenschaftlichen Austarieren im Rahmen verschiedener Deutungen ob diesem Verständnis bereits im Grundsatz entzieht. Schon anfangs des juristischen Studiums lernt jeder Rechtswissenschaftler die grundlegende Unterscheidung zwischen Meinungen und Tatsachen, die der hiesigen Ausarbeitung zugrunde liegt. Tatsachen zeichnen sich, wie bereits

---

2533 *Brentano* Evidenz und Wahrheit, S. 137 ff., 148 ff.

2534 Nach *Zimmer/Scheibe/Schmoly/Dreisiebner* in Büttner (Hrsg.), S. 211, 223 f. führt Evidenz bei Trump dazu, dass dieser der von ihm empfundenen Evidenz widersprechende Aussagen als fehlerhaft deklariert.

2535 *Rühl* Tatsachen, S. 261.

2536 *Putnam* in Putnam (Hrsg.), S. 156.

2537 *Rühl* Tatsachen, S. 266.

2538 *Häberle* Wahrheitsprobleme im Verfassungsstaat, S. 86. Vgl. sowie *Schimmele* Staatliche Verantwortung für diskursive Integrität in öffentlichen Räumen, S. 30 f.

dargestellt, dadurch aus, dass sie dem Wahrheitsbeweis zugänglich sind. Während die Rechtswissenschaftler nahezu über jede Begrifflichkeit streiten und diverse Diskussionen philosophischen Hintergrunds daher bis in die heutige Zeit in der Rechtslehre fortgeführt werden – zu nennen sind etwa die Handlungslehren, die unter Strafrechtslehrern zum Streit um den Aufbau des vorsätzlichen Begehungsdelikts geführt haben[2539] – ist dem Verfasser aus jüngerer Zeit nicht eine Diskussion um den Wahrheitsbegriff schlechthin bekannt.[2540] Schon das terminologische Element des *Wahrheitsbeweises* in der Definition weist einen rein deskriptiven Charakter auf: Etwas wird bewiesen, weil keine unterschiedlichen Deutungen möglich sind. Die Frage der Wahrheit bzw. Richtigkeit von Tatsachen stellt sich für den Rechtswissenschaftler also letztlich als eine rein scholastische Frage. Sie stellt daher eine praktische und nicht etwa als eine theoretische Problematik dar.[2541]

Einzig überzeugend ist demnach die Korrespondenztheorie, die jedwede subjektive Interpretation ausschließt, gleichwohl aber eine allgemeinverbindliche Beurteilung der Wahrheit dann erlaubt, wenn der Gegenstand (bereits) feststellbar ist.[2542] An der Maßgeblichkeit einer derartigen Interpretation vermögen selbst die Verifikationsschwierigkeiten bei hohem Aktualitätsbezug der Tatsachen nichts zu ändern. Die Begrifflichkeiten *Tatsache* und *Fakt* weisen ohnedies bereits einen historischen Ursprung im Bereich der Rechtswissenschaften auf. Das Wort *Fakt* entstammt dem lateinischen Wort *„factum"*, das die Subjektivierung des mit *tun* zu übersetzenden Verbs *„facere"* darstellt.[2543] Das als Synonym verstandene Wort *Tatsache* enthält bereits die Silbe *„Tat"*,[2544] sodass das Auftauchen des Begriffs als Tatbestandsmerkmal des Betruges vor diesem Hintergrund nicht zu überraschen vermag. Die historische Verankerung in der Rechtswissenschaft mag auch die Unterscheidung *de facto* und *de jure* untermauern.[2545] Der Eingang des Begriffs

---

2539 Instruktiv dazu *Gropp* Strafrecht AT § 2 Rn. 64 ff.

2540 *Hilgendorf* Tatsachen und Tatsachenaussagen im Strafrecht, S. 115 hält die Fruchtbarkeit der Wahrheitstheorien für die Rechtswissenschaften für zweifelhaft. Auch *Engisch* Wahrheit und Richtigkeit im juristischen Denken, S. 4 klammerte bei seiner Forschungsarbeit zum Unterschied zwischen Wahrheit und Richtigkeit im juristischen Denken philosophische Wahrheitstheorien aus. *Engisch* kommt ebendort zum Ergebnis, dass der Topos der Richtigkeit – im Gegensatz zu demjenigen der Wahrheit – eigene Bewertungselemente zulasse.

2541 Vgl. dazu *K. Marx* zitiert nach *Lubica* Karl Marx, Thesen über Feuerbach, S. 12.

2542 Vgl. *Zimmer/Scheibe/Schmoly/Dreisiebner* in Büttner (Hrsg.), S. 211, 225. So für die Rechtswissenschaft *Hilgendorf* Tatsachen und Tatsachenaussagen im Strafrecht, S. 115. Für den Untersuchungsgegenstand Fake News so zuletzt auch *M. Schreiber* Strafbarkeit politischer Fake News, S. 37.

2543 *Könnecker* Fakt oder Fake?, S. 5.

2544 So auch *Könnecker* Fakt oder Fake?, S. 5.

2545 Philosophie Magazin, Ausgabe Nr. 3/17, abrufbar unter https://philomag.de/welchen-fakten-koennen-wir-trauen/ (23.03.2022).

Fakten in die Naturphilosophie wird mancherorts Francis Bacon im frühen 17. Jahrhundert zugeschrieben, der eine Reform der Naturphilosophie anstrebte, wobei er selbst Jurist war.[2546]

Wahrheit kann nach alledem in einer rechtswissenschaftlichen Arbeit immer nur in einem scholastischen Sinne verstanden werden. Wahrheit ist die Übereinstimmung eines Bezugsgegenstands mit der Realität, die empirisch beweisbar ist. Die verschiedenen Rechtsordnungen arbeiten seit jeher mit einem prozessual geprägten Wahrheitsbegriff. Wahrheit ist letztlich die im Rahmen der jeweiligen Prozessordnung ermittelbare Wahrheit, sodass philosophische Begründungsansätze schon im Ansatz nicht weiterführen können. Der Rechtsstaat muss einer ideellen Wahrheitsermittlung um jeden Preis und mit gutem Recht Einhalt gebieten. Insoweit muss sich der Rechtswissenschaftler pragmatisch mit der Erkenntnis einer prozessualen bzw. relativen Wahrheit begnügen. Da die Erkenntnis von wahrhaftigen Tatsachen rechtspraktisch möglich ist, stellt auch der in der Philosophie herrschende Streit um den Wahrheitsbegriff kein Argument gegen die Kriminalisierung dar. Im Ergebnis kann daher letztlich nicht der Einordnung von *Schreiber*[2547] gefolgt werden, der Fake News *a priori* auf einfache Tatsachen beschränkte und den Erkenntnistheorien insofern eine tiefergehende Bedeutung für den Untersuchungsgegenstand verweigerte. Vielmehr können selbst komplexere Tatsachen – beispielsweise unter Berücksichtigung wissenschaftlich beweisbarer zugrunde liegender (Kausal-)Zusammenhänge – im Einzelfall anhand eines prozeduralen Wahrheitsverständnis als Desinformation eingeordnet werden.

II. Analyse des Schutzes der Meinungsfreiheit in der verfassungsrechtlichen Werteordnung

> „Ein demokratischer Staat kann nicht ohne freie und möglichst gut informierte öffentliche Meinung bestehen. [...]
> Das Grundrecht der Informationsfreiheit ist wie das Grundrecht der freien Meinungsäußerung eine der wichtigsten Voraussetzungen der freiheitlichen Demokratie (vgl. BVerfGE 7, 198 [208]).
> Erst mit seiner Hilfe wird der Bürger in den Stand gesetzt, sich selbst die notwendigen Voraussetzungen zur Ausübung seiner persönlichen und politischen Aufgaben zu verschaffen, um im demokratischen Sinne verantwortlich handeln zu können."
>
> Das deutsche Bundesverfassungsgericht[2548]

2546 Philosophie Magazin (Fn. 2546).

2547 *M. Schreiber* Strafbarkeit politischer Fake News, S. 39 ff. unterschied jüngst in einfache und komplexe Tatsachen und maß einem prozeduralen Wahrheitsbegriff nur Bedeutung für die Einordnung komplexer Tatsachen bei.

2548 BVerfG Beschl. v. 03.10.1969 – 1 BvR 46/6, BVerfGE 27, 71, 81 f. zur Informationsfreiheit im Sachverhaltskomplex „Leipziger Volkszeitung".

1. *Grundlegende Bedeutung der Meinungsfreiheit für die Demokratie*

Seit der Aufklärung ist die grundlegende Bedeutung der Meinungsfreiheit für den demokratischen Staat weitgehend anerkannt. Dagegen sind Versuche zur Unterdrückung unerwünschter Ansichten Verhaltensmuster, die oft in totalitären Regimen vorzufinden sind.[2549] Doch geht mit einer Gesetzgebung betreffend die Unterminimierung der Verbreitung von Fake News tatsächlich in jedem Fall eine Beschränkung der freien Kommunikation einher? Können solche Gesetze im Falle ihrer effizienten Ausarbeitung und Implementierung nicht sogar der Gewährleistung der freien Rede schlechthin dienlich sein, indem sie das von den Autoren der Desinformationen bezweckte Übergewicht bestimmter Meinungen verhindern? Wird nicht dadurch die Wahrnehmung persönlicher Freiheiten erst ermöglicht, indem hierdurch dem Einzelnen ein offenes Informationsspektrum geboten und die (aus eigener Perspektive) gefahrlose Äußerung auch oppositioneller Meinungsbilder ermöglicht wird?

Das höchste Gut in modernen hochtechnisierten Gesellschaften ist die Information, sodass bisweilen von der Informationsgesellschaft gesprochen wird.[2550] Voraussetzung der nicht nur auf dem Blatt bestehenden Legitimation repräsentativer Demokratien ist ein unbegrenzter Zugang zu allen für die Wahl der Repräsentanten relevanten Informationen. Erst dies ermöglicht eine Entscheidung für bestimmte Repräsentanten auf wohlinformierter Basis.[2551] In modernen Gesellschaften bestehen für den Rechtsstaat verfassungsrechtliche Herausforderungen ausgelöst durch Akteure, die unter dem Deckmantel der Kommunikationsfreiheiten diese pervertieren.[2552] Diese Praktiken erschüttern die Grundpfeiler der grundrechtlichen Gewährleistungen, sodass die zu erhaltende Liberalität der Demokratie nur durch die Verteidigung dieser Grundpfeiler gewährleistet werden kann. Die Demokratie muss sich wehrhaft in Bezug auf die Bewahrung ihrer Grundbedingungen für die liberale Infrastruktur zeigen.

2549 *Mafi-Gudarzi* ZRP 2019, 65, 67.

2550 *Schünemann* GA 2019, 620 führt als Beispiel für den höheren Wert verglichen mit materiellen Gütern die höhere Marktkapitalisierung von Facebook und Google (Alphabet) im Vergleich zu Exxon Mobile an. Er vernachlässigt dabei aber, dass die beiden Unternehmen sich faktisch einer Monopolstellung annähern, wohingegen in der Peer Group von Exxon Mobile mit BP, Chevron, Royal Dutch Shell, Total eine Vielzahl von Wettbewerbern existieren und mit Saudi Aramco gar die größte Ölfördergesellschaft der Welt erst im Dezember 2019 den Weg in die Börsennotierung wagte, sodass die von ihm verglichenen Zahlen wenig aussagekräftig sind.

2551 *Schünemann* GA 2019, 620, 620 f.

2552 *Mafi-Gudarzi* ZRP 2019, 65, 67.

Hiermit sind die für den freiheitlichen Diskurs grundlegenden Fakten angesprochen, da eine Selbstregulierung des Meinungsmarktes ohne die Sicherung der Fakten kaum mehr möglich erscheint.[2553] Diese Folgen aus dem Charakter als einer „streitbaren Demokratie“[2554] sind selbst vom Bundesverfassungsgericht anerkannt. Insofern darf selbst die Ausübung von Meinungsfreiheit unter hohen Voraussetzungen dann von Rechts wegen beschränkt werden, sofern anderweitig grundlegende, für ein friedliches und gedeihliches Miteinander unabdingbare Werte aufs Spiel gesetzt würden. Unantastbare Grundwerte existieren also gerade auch im Rahmen des Prozesses demokratischer Willensbildung.[2555] Die Verbreiter von bewussten Unwahrheiten können sich insoweit auf kein schützenswertes Interesse berufen, sodass die strafrechtliche Pönalisierung wegen der Verkörperung besonderer Sozialschädlichkeit grundsätzlich möglich erscheint.[2556]

Auch das Bundesverfassungsgericht betont, wenn es das Grundrecht auf freie Meinungsäußerung als *„eines der vornehmsten Menschenrechte überhaupt“* bezeichnet, dass sein für die liberal-demokratische Staatsverfassung konstituierender Wert aus der Ermöglichung der steten *„geistigen Auseinandersetzung“* – einem *„Kampf der Meinungen“* [Hervorhebungen durch den Verfasser] folgt.[2557] Der primäre Zweck aus verfassungstheoretischer Sicht besteht also in der Ermöglichung der Stellungnahme. Tatsachen werden notwendigerweise als Voraussetzung solcher Stellungnahmen geschützt. Unrichtige Tatsachen vermögen hingegen keinerlei Mehrwert für eine freie Meinungsbildung zu liefern. Damit werden als unwertig empfundene Meinungen nicht unterdrückt. Diese können vielmehr weiterhin ohne Strafbarkeitsrisiken geäußert werden, dürfen jedoch nicht in manipulativer Absicht mit unrichtigen Fakten untermauert werden.

Die *Selbstbehauptung* der wehrhaften Demokratie durch die Bekämpfung unwahrer, das Gesellschaftsgefüge bedrohender Tatsachenbehauptungen vermag insoweit nicht nur *in concreto* keine Beschränkung der freien Rede auszulösen,

---

2553 *Mafi-Gudarzi* ZRP 2019, 65, 67.

2554 Kritisch zur Bemühung der Bestimmungen einer streitbaren Demokratie aber zuletzt *Schimmele* Staatliche Verantwortung für diskursive Integrität in öffentlichen Räumen, S. 187 ff., 265. Weder handele es beim integren Diskurs nämlich um einen Teil des unabänderlichen Minimums nach Art. 79 Abs. 3 GG, noch um einen Bestandteil der freiheitlichen demokratischen Grundordnung. Diese Einschätzung beruht allerdings auf einer zu restriktiven Interpretation der demokratischen Grundordnung.

2555 Für das NPD-Verbotsverfahren BVerfG Urt. v. 17.01.2017 – 2 BvB 1/13, NJW 2017, 611, 617 Rn. 517; *Dürig/Klein* in Maunz/Dürig, Art. 18 GG Rn. 10.

2556 *Mafi-Gudarzi* ZRP 2019, 65, 68.

2557 BVerfG Urt. v. 15.01.1958 – 1 BvR 400/51, NJW 1958, 257; vgl. auch schon BVerfG Urt. v. 17.08.1956 – 1 BvB 2/51, BVerfGE 5, 85, 205.

sondern letztlich sogar deren effektiven Schutz bewirken.[2558] Korrekte Informationen erweisen sich aber als *ratio crescendi* der Meinungsäußerung sowie der politischen Beteiligung des Einzelnen,[2559] weshalb Desinformationen die Demokratie in ihren Grundvoraussetzungen bedrohen. Soweit *Wohlers*[2560] und *Kim*[2561] in anderem Zusammenhang – nämlich der angeblichen Undifferenzierbarkeit zwischen Individual- und Kollektivrechtsgütern – darauf hinweisen, dass neben der Gewährleistung eines gewissen Güterbestandes als *status negativus* auch die Grundvoraussetzungen personaler Freiheit als *status positivus* Teil personaler Freiheitssphäre seien, kann dieser Argumentationstopos übertragen werden: Dieser im Hinblick auf die Legitimität von Universalrechtsgütern formulierte Hinweis spricht *für die Gewährleistung eines Gutes* (Meinungsfreiheit) *durch den Schutz eines anderen Gutes* (unbeeinflusster Meinungsbildungsprozess), *sofern dieses zugleich eine Ausübungsbedingung des erstgenannten Gutes ist.*[2562] Die steigende Bedeutung von Fake News in den sozialen Medien hat bereits einen Verlust der Bedeutung von Wahrheit hervorgerufen,[2563] der in dem Bereich, in dem diese für die Demokratie unerlässlich (vor allem für die politische Betätigung) sind, nur durch die Intervention mittels des Rechts wiederzuerlangen ist.[2564]

2558 *Mafi-Gudarzi* ZRP 2019, 65, 68. Auch die Staatsministerin für Digitalisierung *Bär* sprach im Rahmen der am 30.06.2020 an der Universität Würzburg abgehaltenen Podiumsdiskussion „Fake News – Desinformation und digitale Aufklärung in der Corona-Krise" davon, dass die wehrhafte Demokratie dem Phänomen Fake News entgegenwirken müsse. Sie hielt zumindest die Implementierung eines Ordnungswidrigkeitentatbestands für möglich, welcher die Verbreitung von Desinformationen mit bis zu 1.000 Euro Bußgeld bedrohen könne. Die Wehrhaftigkeit der Demokratie wirkt dabei dem von *Hohlfeld* in Hohlfeld/Harnischmacher/Heinke/Lehner/Sengl (Hrsg.), S. 43, 50 ff. beschriebenen Demokratie-Paradoxon entgegen, gemäß dem die Stärken von Demokratien – nämlich die Freiheitsrechte – zugleich ihre Schwächen darstellen. Die Wehrhaftigkeit der Demokratie als Schutzmechanismus gegenüber zunehmendem Extremismus bemühte zuletzt auch *Picker* RdA 2020, 317, 323.

2559 Vgl. *Zimmer/Scheibe/Schmoly/Dreisiebner* in Büttner (Hrsg.), S. 211, 213.

2560 *Wohlers* Deliktstypen des Präventionsstrafrechts, S. 222.

2561 *Kim* Umweltstrafrecht in der Risikogesellschaft, S. 124.

2562 Instruktiv spricht beispielsweise *Schimmele* Staatliche Verantwortung für diskursive Integrität in öffentlichen Räumen, S. 54 von der Einhaltung gewisser Diskursstandards als *Funktionsbedingung* des öffentlichen Diskurses, auch wenn sie eine weitergehende Regulierung aus anderen Gründen ablehnt (dazu sogleich auch Fn. 2565).

2563 *Zimmer/Scheibe/Schmoly/Dreisiebner* in Büttner (Hrsg.), S. 211, 213.

2564 Anders dagegen *Schimmele* Staatliche Verantwortung für diskursive Integrität in öffentlichen Räumen, S. 259, gem. der nur ein „äußerstes verfassungsrechtliches Gebot" für die staatliche Gewährleistung diskursiver Integrität bestehe – weil

Indem man in der Bundesrepublik Deutschland bereits den Anfängen wehrt, kann womöglich eine weitere Extremisierung einer der essentiellsten europäischen Demokratien verhindert werden[2565] – eine Notwendigkeit für das Fortbestehen der durch den Brexit und einen „Rechtsruck" belasteten EU. Nach alledem spricht die Bedeutung der Meinungsfreiheit in einem liberalen Rechtsstaat im Grundsatz nicht etwa – wie oftmals vorschnell angenommen – gegen die strafrechtliche Pönalisierung von Desinformationen, sondern der besonderen Bedeutung wird vielmehr gerade erst durch die Inkriminierung Geltung verschafft.[2566] Interessant für die Wahrheitsorientierung sind zudem die systemeigenen Wertungen der Rechtsordnung: Obgleich im Zivilprozess der Beibringungsgrundsatz gilt und die Parteien demnach den Sachverhalt selbst darlegen, setzt das Recht dieser weitgehenden Parteiherrschaft in Gestalt der Wahrheitspflicht des § 138 ZPO Grenzen. Auch an dieser Stelle also begreift das Recht selbst die Erkenntnis von Wahrheit als verbindliches Ziel.

2. *Analyse der Wechselbezüglichkeit von Tatsachen und Meinungen*

Ein starkes Argument für das Vorliegen inkriminierungswürdigen Unrechts beim Verbreiten von Fake News lässt sich schließlich aus der Beziehung zwischen Tatsachen und Meinungen im politischen Diskurs herleiten: Tatsachen sind Bezugsgegenstand von Meinungen und als solche unabdingbare Voraussetzung für den Meinungsbildungsprozess schlechthin.[2567] Meinungen wiederum können jeweils zwar stark voneinander abweichen und doch alle ihrerseits legitim sein und daher friedlich koexistieren, sofern sie jeweils die Integrität der ihnen zugrunde liegenden Tatumstände respektieren.[2568] Meinungsfreiheit verkommt allerdings dann zur Farce, wenn die bei ihrer Bildung zugrunde liegenden Tatsachen nicht garantiert bzw. verifiziert sind.[2569]

Tatsachen inspirieren also das Denken und gebieten letztlich haltlosen Spekulationen Einhalt.[2570] Selbst wenn bisweilen auch Tatsachen einer gewissen Interpretation durch den Berichterstatter zugänglich sind, die Menschen Tatsachen meist aus der eigenen Perspektive erzählen und mit eigenen Empfindungen bzw.

Art. 5 Abs. 1 S. 1 Hs. 1 GG eine liberale Haltung hinsichtlich des Diskurses statuiere. Auf S. 264 spricht sie sodann sogar von einem staatlichen Handlungsverbot, weil es dem Staat verwehrt sei, in die innersten Bedingungen des diskursiven Miteinander einzugreifen.

2565 In diese Richtung auch *Schimmele* Staatliche Verantwortung für diskursive Integrität in öffentlichen Räumen, S. 259.

2566 *Hoven* ZStW 129 (2017), 718, 738.

2567 *Arendt* Wahrheit und Politik, S. 57 f.

2568 *Arendt* Wahrheit und Politik, S. 57 f.

2569 *Arendt* Wahrheit und Politik, S. 57 f.

2570 *Arendt* Wahrheit und Politik, S. 57 f.

normativen Wertungen versehen, so existiert doch ein Tatsachenkern, der selbst unangetastet bleiben muss[2571]: *Arendt* nennt das Beispiel der Kriegsschuldfrage betreffend den ersten Weltkrieg, wo als Tatsachenkern bzw. als elementare Tatsache selbst von glühenden Nationalisten die Tatsache des Überschreitens der belgischen Grenze durch deutsche Soldaten nicht zur Debatte stehen könne.[2572]

Soweit Arendt herleitet, dass solche evidente Tatsachen betreffend aktuelle Geschehnisse nicht bestehen, da diese sich in der historischen Rückschau gerade als nicht kontingent erweisen,[2573] vermag dies das vorgefundene Argument aber nicht dergestalt zu erschüttern, dass gerade deswegen die Auffindung der Wahrheit dem öffentlichen Diskurs überlassen bleiben muss und sich daher ein Gesetz verbietet, dass das Verbreiten von unwahren Tatsachen verbietet. Denn gerade aufgrund dieser Kontingenz von auf aktuellen Handlungssträngen beruhenden Tatsachen wächst die besondere Gefährlichkeit aus Sicht unbedarfter Rezipienten, die Unwahrheit nicht selbst zu erkennen und so zum Objekt von Desinformationsprojekten instrumentalisiert zu werden. Besonders die aus Sicht des Adressaten erscheinende Fungibilität der Wahrheit der Nachricht begründet doch eine gewisse Unbedarftheit, die seitens des Urhebers einkalkuliert und bewusst ausgenutzt wird. Der Eigenwert einer Tatsachenmitteilung besteht aber darin, als deren Voraussetzung Material sowie dadurch gleichzeitig Dreh- und Angelpunkt der Meinungsbildung zu sein.[2574]

Die Meinungsäußerungsfreiheit würde aber dann ausgehöhlt, wenn durch eine staatlich gelenkte Informationsversorgung essentielle Informationen verschwiegen oder unrichtige propagandistische Informationen verbreitet würden.[2575] Diese Sichtweise muss allerdings nicht allein auf die staatliche Informationspolitik beschränkt, sondern kann auf Desinformationsverbreitungen anderer Intermediäre übertragen werden. Gerade Desinformationen spezifischer politischer Lager oder von Akteuren, die von anderen Staaten eingesetzt oder kontrolliert werden, bedeuten eine Gefahr mindestens gleichen Ausmaßes. Selbst das von einem einzelnen Akteur betriebene Desinformationsprojekt *gefährdet die Meinungsäußerungsfreiheit dergestalt, dass die für sie unabdingbare Informationsbasis bereits zeitlich vor der Meinungsbildung eine fehlerhafte Verformung erfährt.*

2571 *Arendt* Wahrheit und Politik, S. 58 f.; *Hohlfeld* in Hohlfeld/Harnischmacher/Heinke/Lehner/Sengl (Hrsg.), S. 43, 46 spricht anschaulich davon, dass man nicht uneins mit Fakten sein kann, sondern allenfalls mit ihrem Geltungsanspruch. Für die Aufgabe der dualen Interpretation des Schutzbereichs der Meinungsfreiheit dagegen zuletzt *Schimmele* Staatliche Verantwortung für diskursive Integrität in öffentlichen Räumen, S. 94 ff., 259 f.

2572 *Arendt* Wahrheit und Politik, S. 58.

2573 *Arendt* Wahrheit und Politik, S. 64 f.

2574 *Rühl* Tatsachen, S. 268.

2575 *Arendt* Wahrheit und Politik S. 65.

Das Bereitstellen der Informationsbasis stellt sich aber als notwendiges Durchgangsstadium eines Meinungsbildungsprozesses dar, das notwendigerweise staatlich geschützt werden muss, um die Meinungsfreiheit schlechthin zu gewährleisten.[2576] Auch wenn dies nicht für eine Verstaatlichung der Medien in letzter Konsequenz spricht, weil der Staat die Medieninhalte nicht regulieren können sollte, streitet dies doch für eine gewisse staatliche Aufsicht über die Versorgung mit veritablen Informationen, welche die Möglichkeit gesetzgeberischer Intervention durch die strafrechtliche Pönalisierung zum Schutz vor Desinformationskampagnen ermöglicht.

3. Libertäre Interpretation der Meinungsfreiheit auch in anderen Äußerungsbereichen

Dass die Inkriminierung nicht grundsätzlich der freien Rede zuwiderlaufen muss, zeigt ferner die parallel in der Wissenschaft geführte Debatte zur Überbetonung der Meinungsfreiheit bei den Ehrschutzdelikten. Die vom Bundesverfassungsgericht beim Ehrschutz erzielten Abwägungsergebnisse werden nämlich von weiten Teilen der Wissenschaft zu Recht kritisiert, weil im Ergebnis eine Überbewertung der Meinungsfreiheit gegenüber dem Ehrschutz erfolgt.[2577] Trotz grundsätzlich geeigneter Abwägungskriterien erfolge durch die Anwendung unter Anerkennung eines Rechts auf Gegenschlag sowie die berücksichtigte heutige Reizüberflutung aller Art eine bis ins unermessliche potenzierte Verrohung der Sprache.[2578] Diese weitgehende Auslegung entspreche aber gerade einer freiheitlichen Ordnung in einem liberalen Sinne nicht, sondern laufe ihr im ganz Gegenteil zuwider.[2579]

Diese Argumentation kann auch auf die Inkriminierungswürdigkeit von Fake News übertragen werden. Unzulässigerweise wird in der Diskussion um Desinformationen die freiheitsverkürzende Wirkung einer Kriminalisierung angeprangert. Gleichzeitig bleibt aber eine *mittelbare Freiheitsbeschränkung im Falle des Absehens der Kriminalisierung* durch die von Fake News ausgehenden Einflüsse

---

2576 *Schimmele* Staatliche Verantwortung für diskursive Integrität in öffentlichen Räumen, S. 1 ff., 258 widmet ihre Ausarbeitung zwar „diskursiver Integrität" als gewünschter Maxime des Diskurses, steht stattlicher Intervention in diesem Bereich jedoch kritisch gegenüber. Nach ihr soll nur die erforderliche Verantwortungswahrnahme der einzelnen Nutzer durch den Staat rehabilitiert werden können, a.a.O., S. 265.

2577 *Kiesel* NVwZ 1992, 1129, 1135; *Kriele* NJW 1994, 1897; *Sendler* ZRP 1994, 343, 349; *Schmitt Glaeser* NJW 1996, 873, 874; *Hillgruber/Schemmer* JZ 1992, 946, 950; *Tettinger* JuS 1997, 769, 771; *Tröndle* § 193, Rn. 14c ff. (48. Aufl.).

2578 *Kriele* NJW 1994, 1897, 1899 f.; *Tettinger* JuS 1997, 769, 775.

2579 Tröndle § 193 StGB Rn. 14d (48. Aufl.).

unbeachtet oder zumindest unerwähnt.[2580] Denn in der oben dargestellten geführten Diskussion unterfallen die Äußerungen immerhin dem Schutzbereich der grundrechtlich verbürgten Meinungsfreiheit, wohingegen die Kommunikation von Fake News als falsche Tatsachenbehauptungen keinem verfassungsrechtlichen Schutz durch die Kommunikationsgrundrechte unterliegt. Erst recht aber müssen solche Äußerungen, welche die Bildung und Äußerung von Meinungen erst ermöglichen, gleichbehandelt werden, als diese im Falle ihrer bewussten Unrichtigkeit den öffentlichen Diskurs gefährden.

Fake News sind ein Angriff auf die Grundpfeiler einer rationalen Entscheidungsfindung im demokratischen Rechtsstaat.[2581] Eine gleichberechtigte Gesellschaft setzt zur unbeeinflussten Interaktion ihrer Mitglieder voraus, dass sich der Einzelne auf Basis sorgfältig recherchierter und verifizierter Informationen ein unvoreingenommenes und präjudizfreies Bild von der Welt macht und auf dieser Basis seine Entscheidungen trifft.[2582] Die Informationsinfrastruktur und somit auch die Medien sind notwendige Voraussetzung für die Funktionsfähigkeit dieses Urteilsfindungsprozesses anhand korrekter Informationen. Sie sind nach alledem das entscheidende Scharnier im gesellschaftlichen Mechanismus demokratischer Mitbestimmung.[2583]

Die Verbreitung von Fake News stellt vor diesen Hintergründen einen Angriff auf demokratische und rechtsstaatliche Essentiale dar.[2584] Nach der Stufenleiter *Baccarias*[2585] zur Bestimmung des Maßes an Sozialschaden beginnt die Schadensskala mit dem virulentesten Sozialschaden der Zerstörung der Gesellschaft und endet mit dem geringsten Unrecht, welches dem Einzelnen zugefügt wird. Das bewusste Streuen und Verbreiten von Fake News zielt aber auf die Zerstörung der liberalen Gesellschaft von innen heraus ab, da durch die Schaffung einer fehlerhaften Faktenbasis ein ungestörter Willensbildungsprozess nicht stattfinden kann und eine darauffolgende vollständig selbstbestimmte demokratische Willensbetätigung nicht erfolgen kann bzw. letztlich nur als inhaltsleere Worthülse erscheint.[2586]

2580 *Wohlers* in von Hirsch/Seelmann/Wohlers (Hrsg.), S. 54, 60 wies insofern auf diese unvollkommene Betrachtung bei der Anwendung des Prinzips in dubio pro libertate hin. Vgl. auch *Appel* Verfassung und Strafe, S. 412 ff. und *Stächelin* Strafgesetzgebung im Verfassungsstaat, S. 194 f.

2581 *Dummer* (Fn. 1211).

2582 *Dummer* (Fn. 1211).

2583 *Dummer* (Fn. 1211).

2584 *Dummer* (Fn. 1211).

2585 *Beccaria* Verbrechen und Strafen, S. 86 ff.

2586 In diese Richtung auch *Jaursch* (Fn. 11), S. 8. Von illegitimer Beeinflussung der freien Meinungsbildung und des politischen Willensbildungsprozesses spricht auch die *BReg* Antwort auf die Kleine Anfrage von Abgeordneten der FDP Fraktion, BT-DS. 19/17073, S. 2.

III. *Wertvergleichende* Rechtsvergleichung: Regulierung von Fake News in ausgewählten autoritären Staaten

Vor dem Hintergrund der geschilderten Kritik gegenüber der Inkriminierung von Fake News liegt es nahe, im Rahmen *wertvergleichender Rechtsvergleichung* gerade autoritäre Staaten auf deren Gesetzgebung betreffend Fake News zu untersuchen. Dabei soll nur eine deskriptive Darstellung vorhandener Regelung erfolgen, um diese im Rahmen der rechtspolitischen Diskussion argumentativ folgendermaßen verwerten zu können: Sollten gerade solche autoritären Rechtssysteme mit dem Strafrecht auf die neu angeheizte Diskussion reagieren, könnte dies als Indiz für die Notwendigkeit der Straffreiheit in einer freiheitlichen Demokratie dienen. Denn wenn in solchen Staaten derartige Gesetzgebung ergriffen wurde, läge der Schluss nahe, dass die Gesetzgebung hier als Mittel verwendet wurde, um regimekritische Meinungsbilder zu unterdrücken bzw. von vornherein gar nicht aufkommen zu lassen. Es bestünde insofern zumindest der erste Anschein, dass die Gesetzgebung in solchen Staaten allein dem Zweck dient, politische Gegner zu denunzieren. Totalitäre Staaten kennzeichnet die Unterminierung und Bekämpfung der Meinungsfreiheit.[2587] Methodisch handelt es sich hierbei letztlich um wertvergleichende Rechtsvergleichung, bei der das Recht autoritärer Staaten als Spiegel möglicher Fehlentwicklungen benutzt und so eine Warnfunktion hergestellt wird.[2588]

1. *Common Law-Rechtskreis (Commonwealth)*

a) Indien

Auch in Indien hat die Verwendung der Verbreitung von Fake News im politischen Schlagaustausch eine lange und bis heute fortdauernde Historie.[2589] Als eines der bevölkerungsreichsten Länder der Erde verfügte Indien 2019 über mehr als 313 Mio. Facebook Nutzer,[2590] während sich im Jahr 2019 bereits mehr als 400 Mio. Menschen des Instant-Messengers WhatsApp bedienten.[2591] Dies macht

2587 *Ludyga* ZUM 2019, 793, 795; *Mafi-Gudarzi* ZRP 2019, 65, 67.

2588 Ähnlich in Bezug auf eine Kontroll- und Warnfunktion hinsichtlich möglicher Fehlentwicklungen *Eser* in Freund/Murmann/Bloy/Perron (Hrsg.), S. 1441, 1455 f.; vgl. auch *Burchard* in Beck/Burchard/Fateh-Moghadam (Hrsg.), S. 275, 290, 298.

2589 *Ahuja The Diplomat* v. 02.06.2018, abrufbar unter https://thediplomat.com/2018/06/fake-news-and-indias-democracy/ (23.03.2022). Zum Desinformationsbild in Indien auch *Gensing* Fakten gegen Fake News, S. 152.

2590 *Statista* Number of Facebook users India 2015–2023, abrufbar unter https://www.statista.com/statistics/304827/number-of-facebook-users-in-india/ (23.03.2022).

2591 *Hutchinson* Social Media Today v. 26.07.2019, abrufbar unter: https://www.socialmediatoday.com/news/whatsapp-now-has-400-million-users-in-india-expanding-facebooks-reach/559664/ (23.03.2022).

Indien zum Land mit dem größten Nutzerbestand der beiden Plattformen weltweit. Anders als beispielsweise in den USA, sind in Indien aber weniger ausländische, sondern innerstaatliche Desinformationsaktivitäten ein Problem, an denen reichweitenstarke politische Parteien und Cyber Troops beteiligt sind.[2592]

aa) Gesetzliche Regelungen

(1) Aufgehobener § 66-A des Information Technology Act

Bereits 2015 hob der Oberste Gerichtshof Indiens („*Supreme Court of India*") eine Bestimmung des Informationstechnologiegesetzes („*Information Technology Act*") aufgrund ihrer Verfassungswidrigkeit auf, die das Verbreiten von Informationen mittels einer Computerressource oder eines Kommunikationsgeräts, von denen eine Person weiß, dass sie falsch sind, zum Zweck der Verursachung von Ärger, Unannehmlichkeiten, Gefahren, Behinderungen, Beleidigungen, Verletzungen, krimineller Einschüchterung, Feindschaft, Hass oder Böswilligkeit verbot.[2593] Das Gericht begründete seine Entscheidung damit, dass es im Anwendungsbereich des Gesetzes an einem triftigen Grund für die Befürchtung fehle, dass ernsthaftes Übel entstünde, sofern die erfassten Äußerungen nicht verboten würden. Insbesondere fehle es an Gründen für die Annahme einer ernsthaften und gegenwärtigen Gefahr für infolge der verbotenen Äußerungen von Dritten vorgenommene Gewalthandlungen. Auch nach der Aufhebung wurden über 22 Menschen aufgrund der Vorschrift verurteilt, was Gegenstand eines weiteren Verfahrens unter Involvierung der Zentralregierung vor dem Gerichtshof war.[2594]

In dem Gesetz erfolgte allerdings keine qualitative Beschränkung der erfassten Inhalte, sodass die Formulierung als zu weitgehend bewertet werden muss. Indien bekleidet im World Press Freedom Index 2019 ebenso wie 2018 den 140. Rang von insgesamt 180 Rängen und ist damit im Vergleich zu 2017 um zwei Ränge gefallen.[2595]

2592 *Library of Congress* Government Responses to Disinformation on Social Media Platforms, India, abrufbar unter https://www.loc.gov/law/help/social-media-disinformation/india.php (23.03.2022).

2593 Shreya Singhal v. Union of India (2015), WP (Criminal) No. 167 of 2012, abrufbar unter https://indiankanoon.org/doc/110813550/ (23.03.2022). In der Entscheidung ist der Wortlaut der erfolgreich angefochtenen Bestimmung zitiert.

2594 Vgl. Software Freedom Law Center v. 01.08.2019, abrufbar unter https://sflc.in/supreme-court-issues-notice-centre-continued-use-section-66a-it-act-2000 (23.03.2022).

2595 World Press Freedom Index 2019 (Fn. 2417).

(2) Geplante regulatorische Intervention – Akkreditierungsentzug von Journalisten

Nur einen Tag nach dem das Ministerium für Information und Rundfunk die Richtlinien für die Akkreditierung von Journalisten geändert hat,[2596] um diese für die Verbreitung von Fake News „bestrafen“ zu können, wurde die Ankündigung auf erheblichen Widerstand der Presse hin zurückgezogen.[2597] Vorgesehen war, im Falle eines einmaligen Verstoßes dem Journalisten die Akkreditierung für sechs Monate zu entziehen, bei einem zweiten Verstoß für ein Jahr und im Falle eines dritten Verstoßes permanent. Weiterhin vorgesehen war die Aussetzung der Akkreditierung ab der Registrierung einer Klage bis zum Abschluss des Verfahrens.

Eine Akkreditierung wird zwar formal für die Ausübung der Berufstätigkeit in Indien nicht vorausgesetzt, gilt jedoch oftmals als faktische Voraussetzung zum Beruf, da nur akkreditierte Journalisten Privilegien wie geringere Sicherheitsfreigaben beim Besuch von Regierungsbüros und subventionierte Zugfahrten genießen.[2598] Das Gesetz galt ferner nicht für unabhängige oder parteiische digitale Medien, die nicht den beiden ausdrücklich genannten Regulierungsbehörden unterfallen und die daneben als Hauptverteiler für Fake News betrachtet werden.[2599] Das Gesetz enthielt keine genauere Definition von Fake News. Auch deswegen wurde von Seiten einiger Journalisten vermutet, dass das Gesetz instrumentalisiert werden sollte, um regierungskritische Stimmen anlässlich der ein Jahr nach dem Erlass des Gesetzes stattfindenden Wahlen zu verhindern.[2600] Überdies

---

2596 Die zwischenzeitlich gelöschte Erstveröffentlichung des *Government of India, Ministry of Information & Broadcasting* Guidelines for Accreditation of Journalists Amended to Regulate Fake News, Press release v. 02.04.2018 ist fotografisch erfasst in einem Nachrichtenartikel von The Wire v. 14.07.2020, abrufbar unter https://thewire.in/media/fake-news-smriti-irani (21.03.2022).

2597 Die Pressemitteilung über die Zurücknahme der Änderungen ist dagegen weiterhin einsehbar, Press release v. 03.04.2019, abrufbar unter https://pib.gov.in/PressReleaseIframePage.aspx?PRID=1527401 (21.03.2022). *Government of India, Ministry of Information & Broadcasting* Guidelines for Accreditation of Journalists Amended to Regulate Fake News, Press release v. 02.04.2018, abrufbar unter https://pib.gov.in/newsite/PrintRelease.aspx?relid=178306 (21.03.2022). Zum Widerstand der Medien *Mangaldas* (Fn. 1191).

2598 *Schultz/Raj* The New York Times v. 03.04.2018, abrufbar unter https://www.nytimes.com/2018/04/03/world/asia/india-fake-news.html (21.03.2022); Handelsblatt v. 03.04.2018, abrufbar unter https://www.handelsblatt.com/politik/international/informationsministerium-indische-regierung-zieht-regelung-gegen-fake-news-zurueck/21135990.html?ticket=ST-1670238-Sqin1K6f3MlUdEu9uPtn-ap3 (21.03.2022).

2599 *Schultz/Raj* (Fn. 2599).

2600 *Schultz/Raj* (Fn. 2599).

wurde von Seiten einiger Journalisten vermutet, dass die ursprüngliche Ankündigung die Toleranz der Nachrichtenmedien für mehr Beschränkungen testen sollte.[2601]

Im Jahr 2021 ist zudem die Haftung der Internetintermediäre für auf ihren Plattformen zirkulierte Inhalte ausgeweitet worden: U.a. bestehen mit einer kurzen Fristenregelung versehene Löschungspflichten bzgl. näher spezifizierter Inhalte, die durch einen Gerichtsbeschluss oder eine Benachrichtigung durch das zuständige Ministerium oder ihre Behörden ausgelöst werden.[2602]

(3) Weitere für Fake News relevante Tatbestände im indischen Strafrecht

Im indischen Strafrecht existieren weitere Tatbestände, welche die Verbreiter von Fake News verwirklichen können. Neben Ehrschutzdelikten existiert mit § 124-A („*Aufruhr*") des indischen Strafgesetzbuches[2603] („*indStGB*") eine Vorschrift, die u.a. das (versuchte) Hervorrufen von Hass oder Verachtung oder von Unzufriedenheit gegenüber der indischen Regierung bestraft. § 153-A indStGB verbietet die Förderung von Feindschaft zwischen verschiedenen Gruppen aufgrund von Religion, Rasse, Geburtsort, Wohnort, Sprache usw. und Handlungen, die der

---

2601 *Schultz/Raj* (Fn. 2599).

2602 Siehe Rule 3(1)(d) der Information Technology (Intermediary Guidelines and Digital Media Ethics Code) Rules, 2021, abrufbar unter https://web.archive.org/web/20210226232352/http:/egazette.nic.in/WriteReadData/2021/225464.pdf (27.03.2022). Kritisch zum seinerseitigen Entwurf der *Internet Freedom Foundation* v. 25.02.2021, abrufbar unter https://internetfreedom.in/latest-draft-intermediary-rules-fixing-big-tech-by-breaking-our-digital-rights/ (27.03.2022). Zur zwischenzeitlichen verfassungsrechtlichen Anfechtung *Mendiratta* Information Technology (Intermediary Guidelines and Digital Media Ethics Code) Rules, 2021, abrufbar unter https://wilmap.stanford.edu/entries/information-technology-intermediary-guidelines-and-digital-media-ethics-code-rules-2021 (27.03.2022) sowie *Jhingan/Kumar* Mondaq v. 07.10.2021, abrufbar unter https://www.mondaq.com/india/media-entertainment-law/1118278/code-of-ethics-under-the-information-technology-rules-2021-stay-orders-by-the-high-courts-of-bombay-and-madras (27.03.2022).

2603 Das indische Strafgesetzbuch ist auf englischer Sprache auf dem Internetauftritt der *Indian Kanoon Legal Research* einsehbar, abrufbar unter: https://indiankanoon.org/doc/1569253/?__cf_chl_jschl_tk__=f95efbbc1d05aa92185ff87f7fe59b1b3663c5b9-1594815084-0-AW-YmGc_dKobwFRTEHz5L4fq9m_I-CoIOvNI9M9cGMAu-LUVPsX4ysaGqyEmWULKcS5arAyJXEUy4x2GhMA_xyPXmgsHd4Eh28gb8ji-ipnS4H6TvLmWup_EzHkfZ3wejNIxFUcEyTcyUnrXbLvb7CeTgRQqEgBJktd9MQBrvVVqAwrWkdAoYK7KtPSu07-1U0vZ2eHGlrlDLyWHnQX3LhrWjAVDgd-gXXTacCJE3isDGvgPPMTAvlpRBH2bdNPIYqt9sPG5thVjFktlYIlyJ903J291xMkyYzaNwb_WviFfL0B6d-i5qTuTZcVNJUzZjI2irLO8Yj3fEts8wRhMrr3ONdtCYOGkoFzwXQ4bocHEanJ (21.03.2022).

Aufrechterhaltung der Harmonie abträglich sind. Beide Vorschriften können nach dem Wortlaut durch die Verbreitung von Desinformationen begangen werden.

Die erstgenannte Vorschrift wäre im deutschen Rechtssystem verfassungsrechtlich nicht haltbar, da diese vor allem auf die Verhinderung regierungskritischer Äußerungen abzuzielen scheint. Die letztgenannte Vorschrift dürfte zwar vor dem Hintergrund gruppenfeindlicher Fake News in Indien von hoher Relevanz sein – gleichwohl ist sie für die hiesige Untersuchung mangels vergleichbarer soziokultureller Bedingungen nicht weiter von Bedeutung.

bb) Sozio-kulturelle Besonderheiten des Vergleichssystems

(1) Reaktionen der sozialen Medien auf durch Fake News ausgelöste Gewalttaten

In Indien wurden zuletzt einige öffentliche Tötungsdelikte als Rachedelikte in Reaktion auf Desinformationen über Kindesentführungen begangen.[2604] Das von der Verbreitung betroffene WhatsApp verkündete anlässlich der tragischen Zwischenfälle auf Aufforderung der Regierung, Schritte zur Bekämpfung dieser Desinformationskampagnen zu unternehmen. Die Ankündigung umfasste die Vergabe von Preisen für die Forschung.[2605] Das Unternehmen testete daneben weitere Maßnahmen wie die Kennzeichnung einer Nachricht als weitergeleitete Nachricht, um durch diese Information die Nutzer zum Hinterfragen des Wahrheitsgehaltes zu bewegen.[2606] Seit Juli 2018 werden nunmehr weitergeleitete Nachrichten gekennzeichnet und ist das Weiterleiten von Nachrichten nur an eine beschränkte Empfängeranzahl möglich.[2607]

2604 The Telegraph v. 04.07.2018, abrufbar unter https://www.telegraph.co.uk/news/2018/07/04/india-calls-whatsapp-help-end-spate-lynchings-sparked-rumours/ (21.03.2022). Zu durch die Verbreitung von Fake News zusätzlich belasteten zwischenstaatlichen Konflikten zwischen Indien und Pakistan hinsichtlich des Status der Provinz Kaschmir *Gensing* Fakten gegen Fake News, S. 151.

2605 The Telegraph v. 04.07.2018 (Fn. 2605).

2606 India v. 05.07.2018, abrufbar unter http://www.india.com/news/india/whatsapp-readies-plans-to-curb-fake-news-differentiate-forwards-from-genuine-messages-3148790/ (23.03.2022).

2607 Zunächst erfolgte eine Beschränkung auf 20 Empfänger, dazu Meedia v. 20.07.2018, abrufbar unter https://meedia.de/2018/07/20/um-falschmeldungen-einzudaemmen-whatsapp-beschraenkt-das-weiterleiten-von-nachrichten/ (23.03.2022). Später erfolgte die Einschränkung der Weiterleitungsfunktion auf fünf Kontakte, welche zudem auch auf Deutschland erstreckt wurde. Dazu Spiegel v. 21.01.2019, abrufbar unter https://www.spiegel.de/netzwelt/web/whatsapp-weiterleiten-nur-noch-an-fuenf-kontakte-auf-einmal-moeglich-a-1249094.html (23.03.2022). Später wurde in Kooperation mit der *dpa* eine Funktionalität zur Faktenprüfung unter Nutzung eines Chat-Bots eingeführt, vgl. dpa dpa-Faktencheck auf WhatsApp,

Bereits zuvor schaltete das Unternehmen in indischen Zeitungen ganzseitige Anzeigen, die den Nutzern als Leitfaden für die Wahrheitsverifikation von Informationen in sozialen Netzwerken dienen sollten.[2608] Später wurden Pläne bekannt, weitere Transparenz bei der Weiterleitung herzustellen: So soll in Zukunft für die Nutzer weltweit visibel gemacht werden, wie oft ein Beitrag weitergeleitet wurde – dies allerdings nur für denjenigen, der eine Nachricht selbst gesendet hat. Wenn man die Funktion einsehen will, muss man die Nachricht daher selbst weiterleiten.[2609] In Indien wurde zudem seitens WhatsApp anlässlich der Wahlen im Jahr 2019 ein Faktenprüfungsservice in Form einer Telefonnummer eingerichtet, an die Nutzer zwecks Verifikation Inhalte senden können und die sie dann über das Ergebnis informiert.[2610] Als die Nachrichtenagentur Reuters zu Testzwecken eine Nachricht an diese Telefonnummer sandte, erhielt sie aber nur eine Eingangsbestätigung und die Ankündigung einer Rückmeldung, allerdings keine Klassifizierung bis zum Ablauf von zwei Stunden.[2611]

(2) Medienkompetenz der indischen Bevölkerung

In den ländlichen Regionen Indiens, die im Jahr 2017 insgesamt über 906 Mio. Einwohner umfassten, nutzten im Jahr 2017 nur 17 Prozent das Internet. Bei der

---

abrufbar unter https://www.dpa.com/de/unternehmen/faktencheck/whatsapp-faktencheck#whatsapp-faktencheck (24.03.2022).

2608 Empfohlen wurden u.a. eine Rechtschreibprüfung bei verdächtigen Beiträgen sowie die Suche nach der Information in anderen Nachrichtenquellen. Meedia v. 20.07.2018, abrufbar unter https://meedia.de/2018/07/20/um-falschmeldungen-einzudaemmen-whatsapp-beschraenkt-das-weiterleiten-von-nachrichten/ (23.03.2022). Eine federführend von einer Polizistin durchgeführte Aufklärungskampagne in einer ländlichen Region wird weitgehend positiv bewertet, da es in dieser Zeit in den in ihrer Zuständigkeit stehenden 400 Gemeinden – anders als in der Zeit zuvor – nicht zu einem durch Fake News ausgelösten Tötungsdelikt kam, The Economic Times v. 21.06.2018, abrufbar unter https://economictimes.indiatimes.com/news/politics-and-nation/one-cops-fight-against-fake-news-is-saving-lives-in-india/articleshow/64677209.cms (23.03.2022).

2609 WABetaInfo v. 21.03.2019, abrufbar unter https://wabetainfo.com/whatsapp-beta-for-android-2-19-80-whats-new/ (23.03.2022).

2610 BBC v. 03.04.2019, abrufbar unter https://www.bbc.com/news/world-asia-india-47114401 (23.03.2022).

2611 *Ravikumar* Reuters v. 02.04.2019, abrufbar unter https://uk.reuters.com/article/uk-facebook-whatsapp/whatsapp-launches-india-tip-line-to-curb-fake-news-during-polls-idUKKCN1RE0HA?il=0 (23.03.2022); *Goshal* The Next Web v. 02.04.2019, abrufbar unter https://thenextweb.com/apps/2019/04/02/whatsapp-launches-a-tip-line-in-india-to-battle-fake-news-ahead-of-national-elections/ (23.03.2022) erhielt binnen einer halben Stunde auf mehrere Tests hin keine Klassifizierungen.

gesamten Bevölkerung waren es immerhin etwa 31 Prozent.[2612] In Deutschland beispielsweise nutzten im Jahr 2017 62 Mio. Einwohner und damit 81 Prozent der Gesamtbevölkerung das Internet. Im Jahr 2019 waren es sogar knapp 69 Mio. Menschen.[2613] Die stetig steigende Alphabetisierungsrate selbst in den ländlichen Gegenden Indiens führt zu einem wachsenden Bedarf an Nachrichten und Informationen, was auch eine erhöhte Nachfrage hinsichtlich der Nutzung sozialer Medien zur Folge hat.

Die bislang nicht vollends entwickelte digitale Infrastruktur bedingt also gerade in ländlichen Gegenden eine rasant wachsende Zahl an neuen Nutzern der sozialen Netzwerke, die über keine bis wenig Medienkompetenz verfügen und die Phänomene wie die inflationäre Verbreitung von Fake News weniger kennen als bereits in der Internetnutzung versierte Nutzer, sodass letztgenannte Phänomene weniger wahrscheinlich von ihnen erkannt werden. Die erst in den letzten Jahren geschehene Verbreitung günstiger Smartphones führt diese in die Hände von an das Klima der Internetkommunikation und das fehlende Gate-Keeping nicht gewöhnte Menschen. Die in Teilen Indiens vorhandene Alphabetisierungsrate von 50 Prozent bringt Smartphones, WhatsApp und Facebook bisweilen in die Hände von Analphabeten, die bloß Bilder und Videos teilen können.[2614] Diese Nutzer können auf eine Vielzahl der Verifikationsindizien wie reißerische Überschriften oder gehäufte orthographische Fehler schlicht nicht zurückgreifen. Auch das stete organische wirtschaftliche Wachstum als Emerging Market, die erst unlängst vollzogene Entwicklung hin zum Schwellenland sowie der zunehmende Digitalisierungsgrad sind Indizien für die noch hinterherhinkende Medienkompetenz der Bevölkerung. Die oben (Fn. 2609) erwähnte Aufklärungskampagne und deren Erfolg in einem Gebiet mit einer solch niedrigen Alphabetisierungsrate sind Ausweis der gegenüber den wirtschaftlichen Entwicklungen hinterherhinkenden Medienaufklärung und Kompetenz von großen Teilen der indischen Bevölkerung.

Bei einer prognostischen Beurteilung möglicher Aufklärungserfolge muss nach alledem die Alphabetisierungsrate in Indien besonders berücksichtigt werden, sodass in näherer Zukunft von größeren Aufklärungserfolgen bzgl. der Bekämpfung von Fake News im Vergleich zu Deutschland ausgegangen werden kann. Die entstandene Lynchjustiz ist als Besonderheit bedingt durch das spezifische soziokulturellen Umfelds in Indien zu werten, wodurch sich die Rechtsordnung Indiens insoweit als nahezu inkomparabel mit Vergleichsordnungen in der europäischen Hemisphäre erweist.

2612 *Mangaldas* (Fn. 1191).

2613 *Statista* Anteil der Internetnutzer in Deutschland in den Jahren 1997 bis 2019, abrufbar unter https://de.statista.com/statistik/daten/studie/36146/umfrage/anzahl-der-internetnutzer-in-deutschland-seit-1997/ (23.03.2022).

2614 *Mangaldas* (Fn. 1191).

b) Malaysia

aa) Inhalt des Gesetzes

In Malaysia wurde am im April 2018 zunächst ein Anti Fake News Gesetz („*Anti-Fake News Act*“ – „*AFNA*“*)* verabschiedet.[2615] Nach § 4 AFNA war die Verbreitung jeglicher Nachrichten, Informationen, Daten oder Berichte, die ganz oder teilweise falsch sind – sei es in Form von Merkmalen, Bildern oder Tonaufnahmen oder in irgendeiner anderen Form, welche bestimmte Inhalte oder Ideen suggeriert (so die Legaldefinition von Fake News in § 2 AFNA) – mit bis zu sechs Jahren Freiheitsstrafe strafbar. Nach dem Gesetz war nicht nur der Urheber der Falschnachricht strafbar, sondern jeder Andere, der diese bösgläubig verbreitet. § 6 AFNA verpflichtete danach jede Person strafbewehrt, die „in ihrem Besitz, Gewahrsam oder unter ihrer Kontrolle eine Veröffentlichung mit gefälschten Nachrichten hat“, diese Veröffentlichung unverzüglich zu entfernen. Demnach wurden selbst die Internetintermediäre strafbewehrt zur Löschung erfasster Inhalte verpflichtet.

Nach § 7(1) AFNA konnte jede Person, die von einer Veröffentlichung mit Fake News betroffen war, beim Gericht eine Anordnung zur Entfernung dieser Veröffentlichung beantragen. Gem. § 7(6) AFNA war auch das Nichtbefolgen einer etwaigen gerichtlichen Anordnung mit Strafe bedroht. Im Falle eines Effekts auf Malaysia oder seiner Bürger konnten auch wegen abseits der Staatsgrenzen generierte Fake News angeklagt werden (§ 3 Abs. 1 AFNA).[2616] Zumindest ein Mitglied der Regierung kündigte umgehend an, dass jegliche nicht von der Regierung anerkannten Informationen bzgl. eines medienwirksamen Skandals über eine Unterschlagung durch den zur Zeit der Verabschiedung des Gesetzes amtierenden Premierminister *Razakals* als Fake News angesehen und in Anwendung des Gesetzes verfolgt würden.[2617]

bb) Kritik an der Regelung

Die Schnelligkeit der Verabschiedung des Gesetzes zu einem Zeitpunkt kurz vor einer Wahl führte zu Kritik, gemäß welcher der wahre Gesetzeszweck in der Einschüchterung von Regierungskritikern gelegen habe.[2618] Weiterhin beanstandet

---

2615 Anti Fake News Gesetz („*Anti-Fake News Act 2018*“), abrufbar unter https://perma.cc/Y5H3-D6G8 (23.03.2022). Vgl. auch The Verge v. 02.04.2018, abrufbar unter https://www.theverge.com/2018/4/2/17189542/fake-news-malaysia-illegal-punishable-jail (23.03.2022).

2616 *Beech* The New York Times v. 02.04.2018, abrufbar unter https://www.nytimes.com/2018/04/02/world/asia/malaysia-fake-news-law.html?action=click&module=RelatedCoverage&pgtype=Article&region=Footer (21.03.2022).

2617 *Ahuja The Diplomat* v. 02.06.2018, abrufbar unter https://thediplomat.com/2018/06/fake-news-and-indias-democracy/ (21.03.2022).

2618 *Ahuja* (Fn. 2618).

wurde, dass es an einer hinreichenden Definition von Fake News fehle, sodass ein weiter Entscheidungsspielraum hinsichtlich der Frage bestünde, was strafbar sei.[2619] Malaysia bekleidet im World Press Freedom Index 2019 den 123. Rang, aufgestiegen vom 146. Rang in 2017 und 2018.[2620]

Bereits weniger als einen Monat nach dem Inkrafttreten des Gesetzes wurde ein erster Angeklagter zu einer Geldstrafe von umgerechnet etwa 2.500 USD verurteilt, wobei eine Ersatzfreiheitsstrafe vollstreckt wurde.[2621] Der Verurteilte hatte auf Youtube ein Video veröffentlicht, in welchem behauptet wird, die malaysische Polizei habe nach der Erschießung des palästinensischen Dozenten und Hamas-Mitglieds *al-Batsh* im April 2018 50 Minuten gebraucht, um auf Notrufe in Kuala Lumpur zu reagieren. Nach Angaben eines Polizisten betrug die Reaktionszeit tatsächlich nur acht Minuten.[2622]

cc) Aufhebung des Gesetzes

Nur Monate nach Inkrafttreten des Gesetzes hob das Parlament Malaysias mit den Stimmen der neu gebildeten Regierungsmehrheit das Gesetz auf.[2623] Der vormalige Premierminister musste sich zudem wegen der Korruptions- und Geldwäschevorwürfen vor Gericht verantworten.[2624] Auch gegen den aus der Wahl hervorgegangenen Regierungschef *Mohamad* war zuvor noch wegen Fake News-Vorwürfen unter dem umstrittenen Gesetz ermittelt worden: Er hatte behauptet, Mitarbeiter der Regierung seien für eine Flugzeug-Sabotage verantwortlich, mit welcher seine Registrierung als Wahlkandidat beinahe verhindert worden sei.[2625] Menschenrechtsaktivisten begrüßten das parlamentarische Handeln im Hinblick auf das Gesetz, das ihrer Auffassung nach Kritiker der staatlichen Akteure und die

2619 *Beech* The New York Times v. 02.04.2018 (Fn. 2617).

2620 World Press Freedom Index 2019 (Fn. 2417). Allerdings erhöhte sich die Wertungspunktzahl von 2017 auf 2018, was eine Verschlechterung der Pressefreiheit aufzeigt, wohingegen die Wertungspuntzahl 2019 drastisch geringer wurde.

2621 *Deahl* The Verge v. 30.04.2018, abrufbar unter https://www.theverge.com/2018/4/30/17302954/malaysia-anti-fake-news-act-youtube (21.03.2022).

2622 *Deahl* (Fn. 2622).

2623 Anti Fake News (Aufhebungs-) Gesetz („*Anti-Fake News (Repeal) Act 2019*"), abrufbar unter https://perma.cc/VMT7-GAN4 (21.03.2022). Im Zuge der COVID-19-Pandemie wurde sodann aber zum Jahresende 2020 die Wiedereinführung des AFNA diskutiert, The Straits Times v. 16.11.2020, abrufbar unter https://www.straitstimes.com/asia/se-asia/malaysia-to-discuss-the-revival-of-anti-fake-news-act-at-parliament (21.03.2022).

2624 becklink 136213.

2625 *Ellis-Peterson* The Guardian v. 17.08.2018, abrufbar unter https://www.theguardian.com/world/2018/aug/17/malaysia-scraps-fake-news-law-used-to-stifle-free-speech (23.03.2022).

öffentliche Debatte schlechthin zum Verstummen bringen sollte.[2626] Im Zuge der COVID-19-Pandemie und des in diesem Zusammenhang ausgerufenen Notstands erging aber ohne parlamentarische Zustimmung eine Verordnung („*Emergency (Essential Powers) (No. 2) Ordinance 2021*“[2627]), welche die für die hiesige Untersuchung relevanten Regelungen des aufgehobenen Gesetzes nahezu unverändert aufgriff.[2628]

1. *Afrikanischer Rechtskreis*

a) *Kenia*

Zu ähnlichen Vorfällen und politischen Desinformationen im Vorfeld von Wahlen kam es in Kenia. Der ostafrikanische Staat erließ daraufhin ein Computermissbrauchs- und Cyberkriminalitätsgesetz („*Computer Misuse and Cybercrime Act 2018*“).[2629] Dieses Gesetz beschränkt seine Strafandrohungen nicht nur auf Internetbetrug und Interneterpressung. Vielmehr bedroht § 22 („*False publications*“) des Gesetzes das vorsätzliche Veröffentlichen falscher, irreführender oder fiktiver Daten oder Misinformationen in der Absicht, dass die Daten als authentisch angesehen werden, mit Freiheitsstrafe bis zu zwei Jahren. § 23 („*Publication of false information*“) des Gesetzes inkriminiert das wissentliche Verbreiten von Falschinformationen in Druck oder Rundfunk sowie über ein Computersystem, sofern die Falschinformationen dazu führen oder darauf abzielen, Panik, Chaos oder Gewalt unter den Bürgern auszulösen oder sofern die Falschinformationen geeignet sind, den Ruf einer Person diskreditieren, mit bis zu 10 Jahren Freiheitsstrafe.[2630]

2626 *Ellis-Peterson* (Fn. 2626).

2627 Emergency (Essential Powers) (No. 2) Ordinance 2021, abrufbar unter https://drive.google.com/file/d/1ZOWsLPsqNL-fuIcS3w7LRsmYnqeRWk__/view (27.03.2022).

2628 *Schuldt* Verfassungsblog v. 13.04.2021, abrufbar unter https://verfassungsblog.de/malaysia-fake-news/ (27.03.2022). Kritische Betrachtung bei *Article 19* Malaysia: Emergency (Essential Powers) (No. 2) Ordinance 2021 (Fake News Ordinance), abrufbar unter https://www.article19.org/wp-content/uploads/2021/06/ARTICLE-19-Analysis-Malaysia-Emergency-Fake-News-Ordinance.pdf (27.03.2022).

2629 Computermissbrauchs- und Cyberkriminalitätsgesetz 2018 („*Computer Misuse and Cybercrime Act 2018*“), abrufbar unter http://kenyalaw.org/kl/fileadmin/pdfdownloads/Acts/ComputerMisuseandCybercrimesActNo5of2018.pdf (23.03.2022).

2630 Computermissbrauchs- und Cyberkriminalitätsgesetz 2018 (Fn. 2630). In Tansania bestraft § 16 des Gesetzes gegen Computerkriminalität („*The Cybercrimes Act 2015*“) abrufbar unter: https://rsf.org/sites/default/files/the_cyber_crime_act_2015.pdf (23.03.2022) das wissentliche Veröffentlichen falscher, irreführender, trügerischer oder ungenauer Informationen, sofern dies mit der Absicht erfolgt, die Öffentlichkeit zu diffamieren, zu gefährden, zu missbrauchen, zu beleidigen

Das Gesetz stieß auf Kritik von Journalisten und Regierungskritikern, die das Abschrecken politischer Gegner als Intention der Regierung vermuteten. Weiterhin in Frage gestellt wurde die praktische Durchsetzungsmöglichkeit angesichts bereits bestehender Gesetze betreffend Hate Speech, die sich allerdings angesichts überlanger Verfahrensdauern von bis zu fünf Jahren und teilweise aussageunwilliger Zeugen bei machtvollen Angeklagten als ineffektiv erwiesen.[2631] Einen Tag vor dem Inkrafttreten am 30.05.2018 setzte der Oberste Gerichtshof von Kenia („*High Court of Kenya*") das Inkrafttreten bestimmter Vorschriften des Gesetzes – darunter die zwei oben dargestellten Vorschriften – bis zur Entscheidung über die angefochtene Verfassungsmäßigkeit des Gesetzes aus.[2632] Beinahe zwei Jahre später entschied der Gerichtshof schließlich, dass das Gesetz verfassungskonform sei.[2633] Noch im gleichen Jahr erklärte der Oberste Gerichtshof sodann mehrere Gesetze – darunter auch das Computermissbrauchs- und Cyberkriminalitätsgesetz – wegen Fehlern im Gesetzgebungsverfahren für verfassungswidrig – wobei die Gesetze für einen Zeitraum von neun Monaten ab dem Tag der Entscheidung weiter anwendbar blieben.[2634] In dieser Sache bleibt also weiterhin die letztverbindliche Entscheidung im Hinblick auf die von Nationalversammlung eingelegte Berufung[2635] sowie eine etwaige Behebung der Mängel durch den Gesetzgeber abzuwarten.

---

oder anderweitig zu betrügen oder zu täuschen. Da wörtlich bereits ungenaue und irreführende Informationen erfasst werden, ist das Gesetz außerordentlich weit formuliert.

2631 *Muendo* The Conversation v. 29.05.2020, abrufbar unter https://theconversation.com/kenyas-new-cybercrime-law-opens-the-door-to-privacy-violations-censorship-97271 (23.03.2022).

2632 *Walubengo/Mutemi* The African Journal of Information and Communication Issue 21 (2018), 1, 14.

2633 Vgl. *Acharya/Oriko* ENSafrica, Lexology v. 21.02.2020, abrufbar unter https://www.lexology.com/library/detail.aspx?g=ed5937e1-b7e3-42bb-baa9-2cef53cced5a (21.03.2022).

2634 Decision of the High Court (29.10.2020) in Constitutional Petition No.284 of 2019, abrufbar unter http://kenyalaw.org/caselaw/cases/view/202549/ (21.03.2022).

2635 Vgl. *Parliament of Kenya*, abrufbar unter http://www.parliament.go.ke/national-assembly-appeal-high-court-ruling-constitutional-petition (21.03.2022). Zwischenzeitlich ist auch der Entwurf eines Computer Misuse and Cybercrime Act 2021 in die Nationalversammlung von Kenia eingebracht worden, abrufbar unter http://www.kenyalaw.org/kl/fileadmin/pdfdownloads/bills/2021/TheComputerMisuseandCybercrimes_Amendment_Bill_2021.pdf (27.03.2022), der die für Fake News unmittelbar relevanten Regelungen des im Jahr 2018 erlassenen Gesetzes unverändert lässt.

Im Jahr 2017 gab die kenianische Kommunikationsbehörde („*Communications Authority of Kenya – CA*") zudem Richtlinien heraus, welche die Autoren politischer Inhalte verpflichteten, die Richtigkeit der von ihnen veröffentlichten Inhalte sicherzustellen.[2636] Darüber nehmen sie die Betreiber von sozialen Medien in die Pflicht, u.a. unerwünschte Inhalte zu moderieren und zu kontrollieren.[2637] Ähnlich der deutschen Lösung erfolgte also auch hier eine Inpflichtnahme der Betreiber der sozialen Netzwerke.

b) Von weiteren tödlichen Fake News in Nigeria

Zu ähnlichen Vorkommnissen wie in Indien kam es zudem in Nigeria, wobei die Gewaltausschreitungen durch Aufnahmen von Opfern vorgeblicher Übergriffe unterschiedlicher inländischer Volksgruppen ausgelöst wurden, die zudem mit Aufrufen zu Gewalt gegenüber der konkurrierenden Bevölkerungsgruppe verbunden wurden.[2638] In Nigeria existierte insofern der kritisch[2639] aufgenommene Entwurf eines Gesetzes zum Schutz vor Falschmeldungen im Internet und Manipulation und andere damit verbundene Angelegenheiten 2019 („*Protection from Internet Falsehoods and Manipulation and other related Matters Bill 2019*"),[2640] der im Wesentlichen mit dem in Singapur verabschiedeten Gesetz übereinstimmt. Der prägnanteste Unterschied ist das Fehlen einer Legaldefinition von falschen Tatsachenbehauptungen im nigerianischen Entwurf. Dieser ist später, auf erheblichen

---

2636 *Communications Authority of Kenya* Guidelines for the Prevention of Dissemination of Undesirable Bulk Political SMS and Social Media Content via Electronic Communications Networks, Juni 2017, Part II, 1.2., abrufbar unter http://www.knchr.org/Portals/0/DOC-20170630-WA0061.pdf?ver=2017-06-30-225539-533 (21.03.2022).

2637 *Communications Authority of Kenya* (Fn. 2637), Part II 2. 3.

2638 BBC v 13.11.2018, abrufbar unter https://www.bbc.co.uk/news/resources/idt-sh/nigeria_fake_news (21.03.2022). Facebook adressiert das Problem dort mit exponierter Faktenprüfung und mit der Stärkung der Medienkompetenz durch Veranstaltungen in Schulen. Nach *Gensing* Fakten statt Fake News, S. 150 verbreiten in Nigeria auch etablierte Medien Fake News.

2639 Vgl. nur die Darstellung bei *Paquette* The Washington Post v. 25.11.2019, abrufbar unter https://www.washingtonpost.com/world/africa/nigerias-fake-news-bill-could-jail-people-for-lying-on-social-media-critics-call-it-censorship/2019/11/25/ccf33c54-0f81-11ea-a533-90a7becf7713_story.html (21.03.2022).

2640 Protection from Internet Falsehoods and Manipulation and other related Matters Bill 2019, abrufbar unter https://r6a8n4n6.stackpathcdn.com/wp-content/uploads/2019/11/Protection-from-Internet-Falsehood-and-Manipulation-Bill-2019.pdf (21.03.2022). Zur Geschichte des Entwurfs *Freedom House* Freedom on the Net 2020, Nigeria, Abschnitt C., abrufbar unter https://freedomhouse.org/country/nigeria/freedom-net/2020#footnote2_75or2y0 (21.03.2022).

Widerstand der Zivilgesellschaft, zurückgezogen worden. Im Zuge im Zusammenhang mit der COVID-19-Pandemie ausgelöster Proteste wurden jedoch erneut Forderungen zur Regulierung der sozialen Netzwerke laut.[2641]

Bereits seit 2015 ist in Nigeria das Gesetz gegen Cyberkriminalität („*Cybercrimes Act 2015*")[2642] in Kraft, das nach seinem § 24(1b) das vorsätzliche Verbreiten oder Verursachen der Versendung von Nachrichten oder anderen Inhalten über ein Computersystem oder Netzwerk, von denen die Person weiß, dass sie falsch sind, um Ärger, Unannehmlichkeiten, Gefahren, Behinderungen, Beleidigungen, Verletzungen, kriminelle Einschüchterungen, Feindseligkeit, Hass, bösen Willen oder unnötige Angst vor anderen zu verursachen, untersagt. Auch hier beobachtet die rechtswissenschaftliche Literatur die Instrumentalisierung des Gesetzes gegen regierungskritische Stimmen.[2643]

1. Fernöstlicher Rechtskreis

In jüngerer Zeit haben einige Länder vor allem in Südostasien spezielle Gesetze in Kraft gesetzt, um die Verbreitung von Desinformationen zu regeln.[2644] Deshalb sollen nachfolgend einige Vergleichsordnungen des fernöstlichen Rechtskreises betrachtet werden, in denen solche Gesetzesgenesen umgesetzt bzw. zumindest diskutiert wurden.

a) Thailand

Zunächst besteht in Thailand ein Gesetz, nach welchem die Verbreitung von Falschinformationen mit bis zu fünf Jahren Freiheitsstrafe geahndet werden kann. Die Bestrafung erfolgt dabei aber nicht etwa aufgrund eines zur Bekämpfung von Fake News eigens geschaffenen Gesetzes, sondern aufgrund des Gesetzes zur

2641 ICNL – Nigeria v. 09.05.2021, abrufbar unter https://www.icnl.org/resources/civic-freedom-monitor/nigeria (21.03.2022).

2642 Das Gesetz gegen Cyberkriminalität („*Cybercrimes Act 2015*") ist einsehbar auf der Internetpräsenz des *Nigeria Computer Emergency Response Teams*, abrufbar unter https://www.cert.gov.ng/ngcert/resources/CyberCrime__Prohibition_Prevention_etc__Act__2015.pdf (21.03.2022).

2643 *Adibe/Ike/Udeogu* Africa Spectrum 52 (2017), 117, 123. Vgl. auch *Freedom House* (Fn. 2641), insbesondere auch zum Entwurf eines Gesetzes gegen Hate Speech.

2644 Ausführlich zu aktuellen gesetzlichen Änderungen betreffend die Regulierung von Äußerungen im Internet sowie Desinformationen im Speziellen in Südostasien *International Commission of Jurists (ICJ)* Dictating the Internet, Curtailing Free Expression, Opinion and Information Online in Southeast Asia, Dezember 2019, S. 116 ff. abrufbar unter https://www.icj.org/wp-content/uploads/2019/12/Southeast-Asia-Dictating-the-Internet-Publications-Reports-Thematic-reports-2019-ENG.pdf (21.03.2022).

Bekämpfung von Computerkriminalität („*Computer Crime Act*“ – „*CCA*“)[2645], dessen für Fake News maßgebliche Bestimmungen im Jahr 2017 überarbeitet worden sind.[2646] § 14 CCA bestraft nunmehr das Importieren ganz oder teilweise entstellter oder falscher Computerdaten in ein Computersystem, sofern dies geeignet ist, die Gesellschaft, oder die nationale (wirtschaftliche) Sicherheit zu schädigen oder Panik in der Öffentlichkeit zu bewirken. Ebenfalls strafbar ist das Veröffentlichen oder Weiterleiten ebensolcher Daten in Kenntnis der Tatsache, dass es sich um Daten im Sinne der vorstehenden Absätze handelt.

Im Jahr 2019 führte Thailand zudem ein Anti-Fake Center ein und stärkte so die gouvernementale Kontrolle, wobei in der Begriffsdefinition des Ministers für digitale Wirtschaft und Gesellschaft das Wort Fakt schlichtweg nicht auftaucht.[2647] Gleichwohl betonte der Minister, dass das Center nicht in Prozesse über Verstöße durch Nachrichtenquellen involviert werden soll, sondern sich auf das Kommunizieren sachlicher Informationen und Klarstellungen fokussieren wird.[2648]

b) Myanmar

In Myanmar existieren ebenfalls mehrere Gesetze, deren weite Fassung das Subsumieren jedweder Berichterstattung unter ihnen zulässt, die eine Gefährdung für den Staat oder die Gesellschaft darstellen.[2649] So verbietet § 66(d) des Telekommunikationsgesetzes („*The Telecommunications Law*“) sanktionsbewehrt u.a. Störungen durch das Nutzen eines Kommunikationsnetzes.[2650] Daneben ermöglicht § 124A des Strafgesetzbuchs von Myanmar die Bestrafung desjenigen, der Inhalte verbreitet, die zu Hass, Verachtung oder Unzufriedenheit gegenüber der Regierung anregen können. Dieser Tatbestand wurde zudem zuletzt auf Kommentare in

---

2645 Computer Crime Act B.E 2550 2007, abrufbar unter https://advox.globalvoices.org/wp-content/downloads/Act_on_Computer_Crime_2550%282007%29.pdf (21.03.2022).

2646 Computer Crime Act B.E 2560 2017, nichtamtliche Übersetzung von thainetizen, abrufbar unter https://thainetizen.org/docs/cybercrime-act-2017/ (21.03.2022). Vgl. auch *Smith/Perry* Athens Journal of Law 6 (2020), 243, 247 ff.

2647 Reuters v. 01.11.2019, abrufbar unter https://www.reuters.com/article/us-thailand-fakenews/thailand-unveils-anti-fake-news-center-to-police-the-internet-idUSKBN1XB48O (21.03.2022).

2648 *O'Connor* Thai Examiner v. 14.10.2019, abrufbar unter https://www.thaiexaminer.com/thai-news-foreigners/2019/10/14/fake-news-centre-minister-public-section-26-computer-crime-act-security-crime-police/ (21.03.2022).

2649 Zur Anstachelung des Militärs zur „ethnischen Säuberung“ von den Rohingya in Myanmar *Gensing* Fakten statt Fake News, S. 152 f.

2650 Telekommunikationsgesetz („*The Telecommunications Law, The Pyidaungsu Hluttaw Law No. 31, 2013*“), abrufbar unter http://www.burmalibrary.org/docs23/2013-10-08-Telecommunications_Law-en.pdf (21.03.2022).

Bezug auf das Militär und dessen Personal erweitert.[2651] Im Jahr 2021 wurde ein § 38C ins Gesetz über elektronische Transaktionen („Electronic Transaction Law") eingefügt, der das Verbreiten von Des- bzw. Fehlinformationen mit dem Ziel, die Öffentlichkeit in Aufruhr zu versetzen, das Vertrauen der Öffentlichkeit zu schädigen, sie zu verleumden oder eine Vereinigung aufzulösen, kriminalisiert.[2652]

Nach Medienberichten werden diese Gesetze jedoch instrumentalisiert, um Journalisten zu verhaften und regierungskritische Stimmen verstummen zu lassen. Selbst die Existenz derart weitreichender Gesetze verhinderte in der Vergangenheit nicht das häufige Aufkommen von Hate Speech in sozialen Netzwerken, welche eine antimuslimische Haltung im Land nährte. Diese Phänomene beschränkten sich nicht einfach auf Hassreden, bisweilen zirkulieren Falschinformationen wie Fotos, die von Muslimen gegen buddhistische Opfer begangene Straftaten suggerieren. Gegenüber der seinerzeitigen Regierung wurde dabei nicht nur der Vorwurf erhoben, diese verhindere die Verbreitung nicht im Rahmen der ihr zustehenden Möglichkeiten, sie scheine die Verbreitung in diesen Fällen teilweise sogar noch zu befördern.[2653]

2. *Hybride Rechtssysteme: Philippinen sowie weitere Gesetzesvorhaben in Südostasien*[2654]

Neben Singapur, Malaysia und Myanmar wurden in weiteren Ländern Südostasiens wie den Philippinen Gesetze betreffend Fake News verabschiedet oder existieren zumindest entsprechende Gesetzesvorhaben, wobei auch hier die Gefahr der Unterdrückung der Redefreiheit vor allem regierungskritischer Stimmen befürchtet

2651 Strafgesetzbuch von Mayanmar, abrufbar unter http://hrlibrary.umn.edu/research/myanmar/Annex%20K%20-%20Myanmar%20Penal%20Code.pdf (21.03.2022). Zu den jüngsten Änderungen *Human Rights Watch* v. 02.03.2021, abrufbar unter https://www.hrw.org/news/2021/03/02/myanmar-post-coup-legal-changes-erode-human-rights (21.03.2022).

2652 The State Administration Council Law No. (7/2021), The Law Amending the Electronic Transaction Law The 4th Waxing of Tabodwe, 1382 M.E., 15th February, 2021, Nichtamtliche Übersetzung abrufbar unter https://www.myanmar-law-library.org/IMG/pdf/law_amending_the_electronic_transaction_law_no._7_2021_.pdf (27.03.2022). Vgl. auch die Darstellung bei Ruan VDB Loi v. 25.02.2021, abrufbar unter https://www.vdb-loi.com/mm_publications/the-amended-electronic-transaction-law-focuses-on-use-of-personal-data-fake-news-and-cyberattacks/ (27.03.2022).

2653 Zum Ganzen *Head* BBC v. 04.04.2018, abrufbar unter https://www.bbc.com/news/world-asia-43637744 (21.03.2022).

2654 Bei den nachfolgend angesprochenen weiteren Gesetzen bzw. Gesetzgebungsvorhaben unterbleibt eine rechtskreistechnische Kategorisierung.

wird.[2655] So wurde zum Beispiel § 154 Nr. 1 ins philippinische Strafgesetzbuch eingefügt, der jede Person, die durch Druck, Lithographie oder andere Publikationsmittel falsche Nachrichten veröffentlicht oder veröffentlichen lässt, welche die öffentliche Ordnung gefährden oder die Interessen oder den Kredit des Staates beeinträchtigen können, mit Bußgeld oder Arrest von einem bis zu sechs Monaten bedroht.[2656] Interessant ist, dass der vormalige philippinische Präsident *Duterte* – der den Begriff in einem demjenigen von Trump vergleichbaren Wortverständnis nutzt und selbst Vorwürfen der Verbreitung von Fake News ausgesetzt ist – ein solches Gesetz per se abgelehnt hat.[2657] § 6 des Internetkriminalitätspräventionsgesetzes von 2012 („*Cybercrime Prevention Act of 2012*") erhöht den Strafrahmen derweil noch für solche Taten im Sinne des philippinischen Strafgesetzbuchs, die mittels und unter Verwendung von Informations- und Kommunikationstechnologien begangen werden.[2658] Im Zuge der COVID-19 Krise wurde mit Art. 6(f) des Republic Act No. 11469 noch eine Strafvorschrift geschaffen, die das Verbreiten von falschen Nachrichten mit Bezug zu COVID-19 in den sozialen Medien oder auf anderen Plattformen in der Intention, Panik, Angst, Anarchie oder Verwirrung zu verbreiten, pönalisiert.[2659]

2655 *Henley* The Guardian v. 24.04.2018, abrufbar unter https://www.theguardian.com/media/2018/apr/24/global-crackdown-on-fake-news-raises-censorship-concerns (21.03.2022). Mit weiteren Beispielen auch *Schuldt* (Fn. 2393).

2656 Der Tatbestand wurde eingefügt durch den Republic Act No. 0951, 29.08.2017, abrufbar unter http://laws.chanrobles.com/republicacts/110_republicacts.php?id=10742 (21.03.2022). Die nachfolgend genannten Strafrahmen sind § 27 zu entnehmen. Das Gesetz zur Verhütung von Computerkriminalität („*Cybercrime Prevention Act*") kriminalisierte in § 4(c)(4) verleumderische Handlungen, indem es die nach § 355 des philippinischen Strafgesetzesbuchs pönalisierte Verleumdung auf Handlungen ausweitete, „die durch ein Computersystem oder andere ähnliche Mittel, die in Zukunft entwickelt werden können, begangen werden" und verschärfte insoweit auch die Strafandrohung. Zudem kriminalisierte schon das Presidential Decree No. 90, abrufbar unter https://www.officialgazette.gov.ph/1973/01/06/presidential-decree-no-90-s-1973/ (21.03.2022) das Verbreiten von Gerüchten oder falschen Nachrichten, die Panik verursachen oder Misstrauen gegenüber Behörden oder der Regierung befördern. Ausführlich zur Rechtslage auf den Philippinen *Jeruta* Lexology v. 25.08.2020, abrufbar unter https://www.lexology.com/library/detail.aspx?g=fef828b7-cdfa-4462-8ca9-4512bc28358b (21.03.2022).

2657 Vgl. die Ausführungen bei *Funke/Flamini* (Fn. 2237).

2658 Republic Act No. 10175, abrufbar unter https://www.officialgazette.gov.ph/2012/09/12/republic-act-no-10175/ (21.03.2022).

2659 Republic Act No. 11469, abrufbar unter http://legacy.senate.gov.ph/Bayanihan-to-Heal-as-One-Act-RA-11469.pdf (21.03.2022).

Auf den Philippinen wurde zudem ein Gesetzesentwurf[2660] vorgestellt, der den Verhaltens- und Ethikstandardkodex für Amtsträger und Mitarbeiter des öffentlichen Dienstes („*Code of Conduct and Ethical Standards for Public Officials and Employees*")[2661] ändert und den Adressaten explizit die Veröffentlichung oder Verbreitung falscher „Nachrichten oder Informationen" untersagt, sofern diese das Vertrauen der Bevölkerung in die Regierung schwächen. Da allerdings der vorstehend erwähnte Straftatbestand noch weiter geht, wird davon abgesehen, die weitere Historie dieses Gesetzesentwurfs darzustellen. Relevant ist an dieser Stelle nur die gesetzestechnische Möglichkeit, Verhaltensstandards für Amtspersonen zu formulieren.

Der Entwurf eines Gesetzes zur Bekämpfung falscher Inhalte („*Anti-False Content Act*")[2662] sieht in § 5 Anweisungen an Nutzer und Social Media Plattformen zur Korrektur, zum Löschen oder zur Zugangssperrung für bestimmte, in dem Entwurf vorgesehene Straftaten vor: § 4 des Entwurfs bedroht das Erstellen oder Veröffentlichen von Inhalten in einem persönlichen Online-Konto mit Freiheitsstrafe bis zu sechs Jahren, sofern diese Inhalte falsch oder geeignet sind, die Öffentlichkeit irrezuführen. Auf subjektiver Tatseite ist weiterhin erforderlich, dass der Nutzer die Unrichtigkeit der Informationen kennt oder diesbezüglich eine begründete Annahme hegt (a) bzw. hierzu einen Fake-Account oder eine Fake-Internetseite betreibt (b). Das Finanzieren solcher Aktivitäten (d) oder der Verstoß gegen Anweisungen im Sinne von § 5(e) des Entwurfs wird mit bis zu 20 Jahren Freiheitsstrafe (!) bestraft. Eine weitergehende Legaldefinition falscher Inhalte enthält das Gesetz nicht, was bisweilen zum Gegenstand von Kritik gemacht wurde.[2663] Die Philippinen verschlechterten sich derweil im World Press Freedom Index von 2017 um sieben Ränge auf den 134. Rang 2019.

2660 Senate Bill 1680, eingebracht in den 17. Kongress der Republik der Philippinen, abrufbar unter https://legacy.senate.gov.ph/lisdata/2726723504!.pdf (21.03.2022). Ein neuerlicher inhaltsgleicher Entwurf wurde im Mai 2020 als Senate Bill No. 1479 in den 18. Kongress eingebracht, abrufbar unter https://www.senate.gov.ph/lisdata/3266929538!.pdf (21.03.2022).

2661 Republic Act No. 6713, abrufbar unter http://www.csc.gov.ph/phocadownload/GovtIssuances/Rules_RA6713.pdf (21.03.2022).

2662 Senate Bill No. 9, abrufbar unter https://senate.gov.ph/lisdata/3022527054!.pdf (27.03.2022). Bemerkenswerterweise zwischenzeitlich nicht mehr abrufbar auf der Internetseite des philippinischen Senats, vgl. nur https://legacy.senate.gov.ph/lis/bill_res.aspx?congress=18&q=SBN-9 (21.03.2022). *Babele* Medianama v. 14.08.2019, abrufbar unter https://www.medianama.com/2019/08/223-the-lowdown-the-anti-false-content-act-to-address-fake-news-that-was-introduced-in-the-philippines/ (21.03.2022).

2663 *Mchangama/Fiss* (Fn. 938).

3. *Schlussfolgerungen aus der wertvergleichenden Rechtsvergleichung*

Die vorstehende Analyse regulatorischer Bestrebungen zu Fake News in Südostasien zeigt einige Gesetze, die unter den Voraussetzungen deutschen Verfassungsrechts fraglos nichtig wären. Die meisten der Gesetze inkriminieren über eine sehr extensive Definition der erfassten Inhalte potentiell sogar Meinungsäußerungen: Beispielsweise spricht die Definition in Malaysia von „Ideen", was definitorisch nur als Meinung verstanden werden kann.[2664] Andere Gesetze bestrafen das Verbreiten von Fake News unabhängig von den jeweiligen Inhalten, an die also beispielsweise in Kenia, in qualitativer Hinsicht keine weitergehenden Anforderungen gestellt werden. Einige der Gesetze scheinen zudem bewusst den Journalismus zu adressieren, wie die kurzzeitige Regelung in Indien zum Akkreditierungsentzug.

Die Gesetze zeichnen sich darüber hinaus durch ihre unbestimmte Formulierung und die dadurch weitgehend mögliche „politische Strafverfolgung" aus. Insoweit mag beispielhaft auf die unbestimmte Regelung im Telekommunikationsgesetz von Myanmar Bezug genommen werden. Daneben befinden sich die dargestellten Staaten zumindest teilweise in einer politischen Situation, in der die Unterdrückung oppositioneller Stimmen bereits seit Längerem gängige Praxis ist und in der daher solche Gesetze den Missbrauch durch staatliche Akteure nahe legen – ein normatives Umfeld, das bislang in Deutschland in dieser Form nicht vorzufinden ist. Dies mag es in diesen Staaten erforderlich machen, von einer solchen Gesetzgebung zur Erziehung staatlicher Akteure Abstand zu nehmen, wohingegen in intakten rechtstaatlichen Systemen eine libertäre Handhabung nicht notwendig ist.[2665] Die Situation auf den Philippinen zeigt zudem, dass ein Ablehnen der Pönalisierung von Fake News nicht nur verfassungsschützende Zwecke verfolgen muss, sondern gerade die Aufrechterhaltung eigener Desinformationspolitik ureigene Triebfeder dieser Haltung sein kann.

2664 In diese Richtung hinsichtlich der Interpretation der Fake News Definition in dem Gesetz in Malaysia auch *Mchangama/Fiss* (Fn. 938). Gleiches gilt im Übrigen auch für die Definition in der gesetzlichen Regelung in Singapur.

2665 Beispielsweise implementierte die Türkei im Zuge der Teiladaption deutschen Strafprozessrechts die dem anglo-amerikanischen Rechtskreis entspringende, dem deutschen Strafrecht aber fremde „Fruit of the Poisonous Tree" Doktrin, was zur Erziehung der mit Foltervorwürfen konfrontierten Strafverfolgungsbehörden, anders als in Deutschland, für erforderlich gehalten wurde, vgl. dazu *Öztürk/Wörner* in Gropp/Öztürk/Sözüer/Wörner (Hrsg), S. 109, 109 ff. Dieser Begründungsansatz, der dort für eine unmittelbar Grundrechtsfreiräume schaffende Regelung angewandt wurde, ist übertragbar auf die vorliegende konträre Situation, in der die Rechtsvergleichung mit autoritären Vergleichsrechtsordnungen im Hinblick auf die verfassungsrechtliche Überprüfung der Heimatrechtsordnung angewandt wird.

Daneben darf aber gleichwohl nicht vergessen werden, dass in fragilen Gesellschaften – die mit Konflikten ethnischer oder religiöser Natur belastet sind – soziale Netzwerke als Katalysator zur Dramatisierung der Konfliktlage führen,[2666] sodass andererseits das normative Umfeld eher zur Annahme der Erforderlichkeit von Desinformationsstraftatbeständen führt, an die gleichwohl hohe inhaltliche Anforderungen zu stellen sind. Insgesamt handelt es sich bei den betrachteten Gesetzen aber um sehr weitgehende Regulierungen mit teils drakonischen Strafrahmen, die weit über eine restriktive Pönalisierung besonders diskursgefährdender Desinformationen hinausgehen. Im Hinblick auf die gesetzgeberischen Aktivitäten in autoritären Staaten kann daher im Umkehrschluss nicht argumentiert werden, dass sich im liberalen Rechtsstaat die Pönalisierung *a priori* verbietet, vielmehr können die grundrechtlichen Gewährleistungen durch die Statuierung materieller Lösungen zur Eingrenzung des Anwendungsbereichs womöglich schonend in Ausgleich gebracht werden.

E. Positive und negative Nebeneffekte einer Kriminalisierung

Neben dem klassischerweise mit der Kriminalisierung verfolgten Zweck der Generalprävention im Hinblick auf die konkret inkriminierten Handlungen wären zudem positive Effekte dadurch naheliegend, dass die Problematik noch weiter ins Blickfeld der Öffentlichkeit geriete.[2667] Dies könnte ferner zur Stärkung der Normtreue hinsichtlich bereits de lege lata inkriminierter Erscheinungsformen der Desinformationszirkulation beitragen. Für solche bereits inkriminierten Handlungen könnte zudem faktisch der Opferschutz gestärkt werden, indem seitens der staatlichen Organe Maßnahmen ergriffen bzw. zumindest unmissverständlich kommuniziert würde, dass gegen bösgläubiges Äußerungsverhalten im Internet entschieden vorgegangen wird. Dadurch würden Opfer von Straftaten möglicherweise öfter ihre Rechte wahrnehmen und so beispielsweise vermehrt Sachverhalte zur Strafanzeige bringen.[2668] Als Nebeneffekt würde demgegenüber ein Verlust an Glaubwürdigkeit für den Fall drohen, dass die Strafverfolgungsbehörden das materielle Recht nicht ausreichend durchsetzen.[2669] Dieser Gefahr könnte aber durch eine Aufstockung der Ressourcen der Strafverfolgung und die Schaffung von Spezialzuständigkeiten entscheidend minimiert werden.

2666 *Wefing* (Fn. 11).

2667 Einen solchen Effekt für die Neuregelung der Internetbeleidigung beschreibt schon *Su. Beck* MMR 2009, 736, 739.

2668 Vgl. *Su. Beck* MMR 2009, 736, 739 für die von ihr eruierte Erweiterung des Ehrschutzes.

2669 Vgl. allgemein *Su. Beck* MMR 2009, 736, 739.

F. Vergleich mit der rechtlichen Gewährleistung der Authentizität journalistischer Inhalte

Während die Authentizität von Informationen bei herkömmlichen Presseerzeugnissen im Wege der Inpflichtnahme der Redaktionen durch die Auferlegung von Recherchepflichten geschieht, existieren solche Steuerungsmodelle im Hinblick auf die Gewährleistung der Authentizität von Informationen in sozialen Netzwerken nicht. Wie gesehen, wäre die rechtstechnisch vergleichbare Inpflichtnahme der sozialen Netzwerke infolge ihrer schlichten Distributoreneigenschaft nicht sachgerecht. Demnach muss die Authentizitätsgewährleistung auch unter Inpflichtnahme der Nutzer erfolgen, die über die Inhalte und deren Reichweite über ihre Interaktionen als maßgeblicher Beeinflussungsfaktor der algorithmusgesteuerten Rankingprozesse mitbestimmen. Die veränderte Position der Bürger, die stärker (unmittelbar) über die Relevanz von Inhalten mitbestimmen, lässt deren Inpflichtnahme – neben derjenigen der Netzwerke – als effiziente und ihrer veränderten Stellung gerecht werdende Lösung erscheinen.

G. Erforderlichkeit im internationalen Kontext: Beeinflussung durch fremde Rechtssysteme und den sog. „*Clash of Cultures*"

Nach Ansicht der Bundesregierung versuchen ausländische staatliche Akteure[2670] mittels Desinformationskampagnen gesellschaftliche Diskurse zu beeinflussen, das Medienvertrauen der Bevölkerung und deren Vertrauen in öffentliche Einrichtungen zu minimieren sowie Wahlen und den demokratischen Prozess zu destabilisieren.[2671]

2670 Für staatliche Akteure und Akteure, die politischen Parteien angehören und zugleich mit der Aufgabe betraut sind, die öffentliche Meinung im Internet zu beeinflussen, hat sich die Terminologie Internet-Truppen („*Cyber Troops*") etabliert, vgl. *Bradshaw/Howard* (Fn. 251), S. 1.

2671 Zuletzt im Hinblick auf die Bundestagswahl 2021 *BReg* Antwort auf die Kleine Anfrage von Abgeordneten der FDP Fraktion, BT-DS. 19/20908, S. 5 sowie für die europäische Ebene *dies.* EU-Aktionsplan, Gut geschützt gegen Desinformationen, 18.04.2019, abrufbar unter https://www.bundesregierung.de/breg-de/themen/digitalisierung/gut-geschuetzt-gegen-desinformationen-1601226 (24.03.2022). Vgl. zur Informationslage während der COVID-19-Pandemie auch *BReg* Antwort auf die Kleine Anfrage von Abgeordneten der FDP Fraktion BT-DS. 19/19709, S. 2 f. *Mafia-Gudarzi* ZRP 2019, 65 identifiziert vom Ausland gesteuerte systematische Desinformationskampagnen. Auch *Streinz* in Uhle (Hrsg.), S. 200, 226 f. spricht von ausländischer Einflussnahme, die aber nicht nur in der Beeinflussung von Wahlen

I. Empirie: Entwicklung staatlicher Desinformationstätigkeit

Einem Bericht der internationalen Nichtregierungsorganisation *Freedom House* aus dem Jahr 2017 zufolge, setzten staatliche Akteure in 30 der 65 betrachteten Länder Fake News ein, um politische Beeinflussung auch außerhalb ihres Hoheitsgebietes zu bewirken.[2672] In dem Bericht derselben Organisation aus dem Jahr 2019 wurden bereits 38 Länder als Desinformationsakteure identifiziert.[2673] Laut einem ebenfalls im Jahr 2019 veröffentlichten Bericht des *Computanional Propaganda Research Project* („*CPRP*") setzten Akteure in 52 von 70 examinierten Ländern Desinformationen als Propagandainstrument ein, während in 45 Prozent der untersuchten Länder staatliche Akteure auf Computerpropaganda setzten.[2674] Die beiden Berichte zeigen eine Zunahme staatlicher bzw. staatsnaher Desinformationstätigkeit weltweit auf.

Daneben zeigt der letztgenannte Bericht aber den Anstieg organisierter Desinformationstätigkeit schlechthin auf: Im Jahr 2019 identifizierten die Forscher des CPRP organisierte Manipulationskampagnen in sozialen Medien in jedem der 70 examinierten Ländern. Im Jahr 2017 bzw. 2018 hatte der Wert noch bei 28 bzw. 48 Ländern gelegen, sodass ein erheblicher Anstieg zu verzeichnen war.[2675] Auch wenn die Zahlen aufgrund des gestiegenen Problembewusstseins verzerrt sein könnten, kann der drastische Anstieg wohl nicht allein auf diesen Umstand zurückgeführt werden, sodass von einer erheblichen Zunahme von Desinformationstätigkeit auszugehen ist.

II. Desinformationsaktivitäten staatsnaher russischer Medien

Der Vorwurf der propagandistischen Verbreitung von Fake News wird im internationalen Kontext vor allem gegenüber staatsnahen russischen Medien erhoben.[2676]

---

bestehe, sondern auch in der Unterstützung von begrüßenswerten Gruppen durch staatsnahe Akteure.

2672 *Freedom House* Freedom on the Net 2017, https://freedomhouse.org/sites/default/files/2020-02/FOTN_2017_Final_compressed.pdf (21.03.2022).

2673 *Freedom House* Freedom on the Net 2019, https://freedomhouse.org/sites/default/files/2019-11/11042019_Report_FH_FOTN_2019_final_Public_Download.pdf (21.03.2022).

2674 *Bradshaw/Howard* (Fn. 251), S. 9, 15. Die Autoren definieren Computerpropaganda („*Computational Propaganda*") a.a.O., S. [i] als Popaganda unter Verwendung von Algorithmen, Automatisierung und Massendaten zur Beeinflussung des öffentlichen Lebens.

2675 *Bradshaw/Howard* (Fn. 251), S. 2.

2676 Eine ausführliche Analyse russischer Desinformationskampagnen ausgehend von einer „Trollfabrik" in St. Petersburg findet sich im Bericht von Sonderermittler

Sonderermittler Mueller sprach in Rahmen einer mündlichen Anhörung zu seinem umstrittenen Sonderbericht vor dem US-amerikanischen Senat davon, dass Russland sich in „eklatanter und systematischer“ Weise in die 58. US-Präsidentschaftswahl eingemischt habe.[2677] Nach mehrjähriger Ermittlung verkündete der US-amerikanische Senat im Jahr 2019, dass die angenommenen Wahlbeeinflussungen durch ein kollusives Zusammenwirken der Trump-Kampagne mit russischen

---

Mueller Report On The Investigation Into Russian Interference In The 2016 Presidential Election, DOJ, 03.2019, abrufbar unter https://www.justice.gov/storage/report.pdf (23.03.2022). Nach Vol. I, S. 9 des Reports kann trotz zahlreicher Verbindungen ein kollusives Zusammenwirken mit Personen mit Verbindung zur Trump-Kampagne allerdings nicht nachgewiesen werden. Auch die Europäische Kommission sieht es als erwiesen an, dass ausländische Akteure gezielte Desinformationskampagnen einsetzen, um so die demokratische Entscheidungsbildung zu beeinflussen. Sie verweist zudem auf die Meldungen von aus russischen Quellen herrührenden Desinformationen anlässlich von Wahlen und Referenden in der EU, *Europäische Kommission* Aktionsplan gegen Desinformationen (Fn. 1058). Im Jahr 2019 registrierte die EU 998 Fälle von Desinformationen russischen Ursprungs gegenüber 434 Fällen im Jahr 2018 und untermauerte damit Regulierungsbedarf hinsichtlich ausländischer Beeinflussungsversuche auf Wahlen, *Europäisches Parlament* Pressemitteilung v. 10.10.2019, abrufbar unter https://www.europarl.europa.eu/news/de/press-room/20191007IPR63550/fake-news-und-auslandische-einmischung-in-wahlen-in-europa (23.03.2022). Russische Desinformationstätigkeit in den Mitgliedstaaten der EU untersuchte zuletzt auch der *EAD* (Fn. 3166), wobei er ein besonders gravierendes Ausmaß für Deutschland registrierte. Daneben beobachtet das britische *House of Commons* (Fn. 107), S. 43 ff. derartige Interventionen. Facebook führt in seinen Berichten unter gelöschten Accounts aufgrund koordiniertem unauthentischen Verhalten diverse von Russland aus operierende Akteure neben Akteuren aus Mazedonien und dem Kosovo zahlenmäßig gesondert auf, vgl. nur *Facebook* (Fn. 1061). Umfassend zu russischer Informationspolitik auch *Brodnig* Lügen im Netz, Kap. 9, die *„RT“* und *„Sputnik“* aber nicht als Fake News-Akteure betrachtet, sondern vordergründig eine zur russischen Politik kongruente Informationsvermittlung beobachtet. Vgl. auch *M. Appel/Doser* in M. Appel (Hrsg.), Kap. 2.2. *Gensing* Fakten gegen Fake News, S. 140 ff. zeigt auf, dass russische Troll-Profile Desinformationen mit deutschen Protagonisten erheblich verbreiteten. Die *BReg* Antwort auf die Kleine Anfrage von Abgeordneten der Fraktion Die Linke, BT-DS. 18/11543, S. 1 ff. hielt bedauerlicherweise einen mutmaßlich vom Bundeskanzleramt im Jahr 2016 in Auftrag gegebenen Geheimdienstbericht zu russischen Geheimdiensttätigkeiten im Bereich Desinformationen unter Verschluss.

2677 *Herrmann* Der Standard v. 24.07.2019, abrufbar unter https://www.derstandard.de/story/2000106656635/robert-mueller-vor-dem-us-kongress-der-staatsdiener-im-kreuzverhoer (23.03.2022).

Akteuren bzgl. der 58. US-amerikanischen Präsidentschaftswahl nicht nachgewiesen werden konnten.[2678] Schließlich wies ein Bundesrichter im Juli 2019 die Klage des Demokratischen Nationalkomitees ab, das die Trump-Kampagne, Russland und WikiLeaks beschuldigt hatte, sich illegal verschworen zu haben, um Hillary Clinton's Präsidentschaftskampagne zu schädigen.[2679] Nach den Feststellungen des Gerichts sei die russische Regierung hauptverantwortlich für die Veröffentlichungen gewesen.[2680]

Bei der Präsidentschaftswahl Frankreichs im Jahr 2017 wurde der später gewählte Präsident Macron Opfer der Verbreitung von Fake News, wobei als deren Urheber russische Kräfte ausgemacht wurden.[2681] Macron erhob in der Folge auf einer Pressekonferenz in Anwesenheit vom russischen Staatspräsidenten Putin den Vorwurf gegenüber den russischen Medien *Sputnik* und *Russia Today* („*RT*"), diese würden betrügerische Propaganda betreiben, wobei in der Folgezeit ein französischsprachiger Kanal von RT aufgelegt wurde.[2682]

Diese vorerwähnten Sender gehen zurück auf eine Initiative Russlands, das mit der Gründung des Senders RT ein positives Bild von Russland in der Welt verbreiten wollte.[2683] Putin formulierte ausdrücklich die Beeinflussung der öffentlichen Meinung im Ausland als Ziel der russischen außenpolitischen Konzeption.[2684] Die seinerzeitige Chefredakteurin des Auslandsfernsehens bei RT bezeichnete

2678 *Dilanian* CNBC-News v. 12.02.2019, abrufbar unter https://www.nbcnews.com/politics/congress/senate-has-%20uncovered-no-direct-evidence-conspiracy-between-trump-campaign-n970536 (23.03.2022).

2679 *LaFraniere* The New York Times v. 30.07.2019, abrufbar unter https://www.nytimes.com/2019/07/30/us/politics/dnc-trump-russia-lawsuit-dismissed.html?rref=collection%2Fnewseventcollection%2Frussian-election-hacking&action=click&contentCollection=politics&region=stream&module=stream_unit&version=latest&contentPlacement=1&pgtype=collection (23.03.2022).

2680 *LaFraniere* (Fn. 2680).

2681 Bloomberg v. 14.02.2018, abrufbar unter https://www.bloomberg.com/view/articles/2018-02-14/fake-news-france-s-proposed-law-won-t-work (23.03.2022). Zu den verschiedenen gegen Macron eingesetzten Desinformationspraktiken mit Beispielen *Brodnig* Lügen im Netz, Kap. 11.

2682 BBC v. 03.01.2018, abrufbar unter https://www.bbc.com/news/world-europe-42560688 (23.03.2022). An dieser Stelle sei darauf hingewiesen, dass beispielsweise auch Deutschland mit dem Rundfunksender *Deutsche Welle* und Großbritannien mit *BBC World* über Auslandsrundfunk verfügen. Dazu *WD* Vergleich der Sender CNN, Deutsche Welle, BBC und CCTV, Az. WD 10-3000-012/14, S. 7 ff.

2683 *S. Spahn* (Fn. 314), S. 5.

2684 Konzeption der Außenpolitik der Russischen Föderation vom 12.02.2013, zitiert nach *S. Spahn* (Fn. 314), S. 5.

ihr Medium als „Verteidigungsministerium" und als eine Waffe unter Vielen.[2685] Neben der Kontrolle der Medien im Inland werden gezielt Interferenzen in liberalen Gesellschaften wie derjenigen in Deutschland verursacht, um über die Medien politische Ziele zu erreichen.[2686] Ebenso wie eine Einflussnahme in den USA, beobachten Wissenschaftler eine solche auf deren politische Bündnispartner – und daher insbesondere auch auf die Bundesrepublik Deutschland. Dies deshalb, weil Verbündete auf westeuropäischem Raum gesucht werden, um Spannungen im Verhältnis zwischen den USA und Europa hervorzurufen. Vor der Bundestagswahl 2017 wurde so auch die Bundeskanzlerin Merkel zum Opfer solcher Aktivitäten.[2687]

Im Vorfeld der US-Kongresswahlen 2018 sorgten Meldungen von Facebook über die Löschung zahlreicher verdächtiger Seiten und Profile für Aufsehen, die gezielt als unechte Identitäten zur Beeinflussung des politischen Meinungsbildes eingesetzt worden seien. Hierbei bestünden Verbindungen zur in Russland ansässigen IRA.[2688] Eine der gefälschten Seiten wurde von immerhin 290.000 Nutzern abonniert. In der weiteren Folge teilten selbst ansonsten unauffällige Seiten die desinformativen Inhalte.[2689]

Teilweise wird angesichts der vorgenannten Aktivitäten regierungsnaher russischer Medien, die auf fremde politische Systeme abzielen, bereits von einem Informationskrieg oder einem neuen kalten Krieg in den Medien gesprochen.[2690] Die russische Informationspolitik ist dabei nicht nur auf die Rechtfertigung der eigenen Politik Russlands ausgerichtet, sondern soll vor allem Misstrauen gegenüber den Regierungen in anderen Staaten und dem liberal-demokratischen Konsens

---

2685 *Simonjan* Der Kreml auf allen Kanälen, Wie der russische Staat das Fernsehen lenkt, Reporter ohne Grenzen, S. 35, abrufbar unter https://www.reporter-ohne-grenzen.de/fileadmin/images/Kampagnen/Sotschi/ROG-Russland-Bericht-2013_web.pdf (23.03.2022).

2686 Die Thematik wurde auch auf Sicherheitskonferenz in München 2015 adressiert, *Müller von Blumencron FAZ* v. 08.02.2015, abrufbar unter http://www.faz.net/aktuell/politik/sicherheitskonferenz-2015/der-ungleiche-kampf-um-die-deutungshoheit-13417093.html (23.03.2022). Ausführliche Analyse bei *Jaster/Lanius* Die Wahrheit schafft sich ab, Kap. 4.

2687 *S. Spahn* (Fn. 314), S. 6.

2688 Berliner Zeitung v. 01.08.2018, abrufbar unter https://www.berliner-zeitung.de/politik/vor-kongresswahlen-facebook-meldet-neuen-manipulationsversuch-mit-fake-accounts-31044388 (23.12.2022).

2689 Berliner Zeitung (Fn. 2689).

2690 *Stegherr* Der neue Kalte Krieg in den Medien, S. 283; *Tworek* Internationale Politik 2, März-April 2019, 122 spricht von einem Informationskrieg. *Brodnig* Lügen im Netz, Kap. 8 stellt daneben die Verwendung dieser Begrifflichkeit zum Untergraben des Vertrauens in die klassischen Medien seitens rechter Akteure dar. Brodnig äußert sich zudem kritisch zu einem bestehenden Informationskrieg.

schlechthin bewirken.[2691] Bedauernswerter Höhepunkt der russischen Desinformationstätigkeit war dann die Schaffung von Vorwänden im Vorfeld des Einmarschs in der Ukraine im Jahr 2022.[2692] Jedenfalls wecken diese Medienberichte und die nachweisbaren Medienaktivitäten in anderen Staaten unweigerlich Erinnerungen an frühere Informationskriege.[2693] Die schon im Ersten Weltkrieg gegründete und im Dritten Reich vom deutschen Reichspropagandaministerium beherrschte Auslandsnachrichtenagentur *Transozean* verbreitete ihre Informationen nahezu weltweit und versuchte so, eine hegemoniale Machtstellung zu erreichen.[2694]

III. Desinformationsaktivitäten aus der Volksrepublik China: Der Einstieg des „*schlafenden Riesen*" in die moderne Propagandapolitik

Unterdessen registrierten Forscher im Jahr 2019 erstmals auch zielgerichtete chinesische Desinformationskampagnen über die Landesgrenzen hinaus. Während sich Desinformationsaktivitäten zuvor vorwiegend auf nationalen Plattformen abspielten, begann die chinesische Regierung anlässlich der Proteste in Hongkong, soziale Medien mit globalem Verbreitungskreis zu nutzen, um Hongkongs Demokratiestreiter als gewalttätige Radikale ohne große Popularität darzustellen.[2695]

2691 *Shekhovtsov* "Bringing the Rebels" European Far Right Soldiers of Russian Propaganda, Legatum Institute, September 2015, S. 6, abrufbar unter https://lif.blob.core.windows.net/lif/docs/default-source/publications/bringing-the-rebels-by-anton-shekhovtsov-september-2015-pdf.pdf (23.03.2022). Diesen zitiert auch *Brodnig* Lügen im Netz, Kap. 9 mit dieser Aussage.

2692 So *Europäischer Auswärtiger Dienst* (EAD) Das Regelbuch des Kemls, Schaffung von Vorwänden für den Einmarsch in die Ukraine, 19.02.2022, https://euvsdisinfo.eu/de/das-regelbuch-des-kremls-schaffung-von-vorwaenden-fuer-den-einmarsch-in-die-ukraine-mehr-mythen/ (23.03.2022).

2693 Nach *Tworek* Internationale Politik 2, März-April 2019, 122 existiert ein „Information Warfare" schon lange, wobei seit dem Anbeginn die „Kommunikationsinfrastruktur und Nachrichtenplattformen" eine transzendente und komplexe Rolle einnehme. *Tworek* geht a.a.O., S. 129 daneben davon aus, dass die Plattformen nicht derartig von den Trollarmeen überrascht worden wären, wenn sie sich dieser Historie bewusst gewesen wären.

2694 *Tworek* Internationale Politik 2, März-April 2019, S. 127; *dies.* News from Germany, S. 186.

2695 *Bradshaw/Howard* (Fn. 251), S. 2, *Myers/Mozur* The New York Times v. 03.09.2019, abrufbar unter https://www.nytimes.com/2019/08/13/world/asia/hong-kong-protests-china.html (23.03.2022). Chinesische Desinformationskampagnen werden allerdings als bislang primitiver verglichen mit Kampagnen russischen Ursprungs bezeichnet. Zudem werden chinesische Desinformationskampagnen eher auf die Beeinflussung der Meinung über den chinesischen Staat im Ausland ausgerichtet

Facebook und Twitter gaben derweil jeweils an, Maßnahmen gegen Cyber Troops mit grenzüberschreitendem Wirkungskreis in China, Indien, Iran, Pakistan, Russland, Saudi-Arabien und Venezuela ergriffen zu haben.[2696]

Im Jahr 2020 betrieben chinesische Nachrichtendienste laut Informationen des Bundesamts für Verfassungsschutz (BfV) anlässlich der COVID-19-Pandemie eine „intensivierte Informationspolitik und Propagandapolitik", im Rahmen der China u.a. versucht habe, seine Rolle als Ursprungsland des Virus in Zweifel zu ziehen und seine Hilfeleistungen gegenüber westlichen Ländern zu betonen, „um die Volksrepublik als verlässlichen Partner und besonnenen Krisenbewältiger darzustellen."[2697] Das wachsende Interesse an der Durchführung desinformativer Aktivitäten über global verbreitete soziale Netzwerke seitens China bedeutet Gefahren für Demokratien weltweit.[2698] Laut einem Bericht des *EAD*[2699] nutzen

begriffen, wohingegen Russland ausländische Ereignisse zu beeinflussen versuche. Dazu *H. Huang* zitiert nach *E. Huang* Quartz v. 19.09.2019, abrufbar unter https://qz.com/1699144/why-chinas-social-media-propaganda-isnt-as-*good*-as-russias/ (23.03.2022). Auf weitere Staaten, in denen politische Machtinhaber laut Medienberichten verantwortlich für Desinformationsaktivitäten sind, soll nachfolgend nicht eingegangen werden. Zu nennen wäre z.B. der brasilianische Staatspräsident Bolsonaro, dessen Wahlkampagne u.a. gesetzeswidrige Spenden zur Verbreitung von Fake News erhalten haben soll. Facebook und Instagram löschten im Juli 2020 zahlreiche Seiten und Accounts wegen der Verbreitung von Falschnachrichten, wobei der Kopf des Netzwerks der Medienassistent von Bolsonara gewesen sein soll, dazu MDR Aktuell v. 09.07.2020, abrufbar unter https://www.mdr.de/nachrichten/panorama/bolsonaro-facebook-netzwerk-fakenews-100.html (23.03.2022).

2696 *Bradshaw/Howard* (Fn. 251), S. 2.

2697 BT-DS. 19/19709, S. 2.

2698 *Bradshaw/Howard* (Fn. 251), S. [i].

2699 *Europäischer Auswärtiger Dienst* (EAD) Sonderbericht, Kurzbewertung der Narrative und Desinformation zur COVID-19-Pandemie (Aktualisierung 20.-27. März 2020), abrufbar unter https://euvsdisinfo.eu/de/ead-sonderbericht-update-kurzbewertung-der-narrative-und-desinformation-zur-covid-19-pandemie/ (23.03.2022). *Rebello/Schwieter/Schliebs/Joynes-Burgess/Elswah/Bright/Howard* Covid-19 News and Information from State-Backed Outlets Targeting French, German and Spanish-Speaking Social Media Users, Understanding Chinese, Iranian, Russian and Turkish Outlets, Oxford Internet Institute, 29.06.2020, S. 1 ff., abrufbar unter https://comprop.oii.ox.ac.uk/wp-content/uploads/sites/93/2020/06/Covid-19-Misinfo-Targeting-French-German-and-Spanish-Social-Media-Users-Final.pdf (23.03.2022) stellen bei ihrer Analyse von Nachrichten mit Bezug zu COVID-19 seitens staatlich kontrollierter russischer, chinesischer, iranischer und türkischer Medien in deutscher, französischer und spanischer Sprache fest, dass diese durchschnittlich mehr Rezipienten erreichen als die Artikel prominenter inländischer Medien wie „Der Spiegel".

einzelne Staaten die durch COVID-19 ausgelöste Krise zur Verfolgung geopolitischer Interessen. So würden insbesondere Russland und China die Glaubwürdigkeit der EU und ihrer Partner hinterfragen. Zudem werde die Handlungsfähigkeit der EU hinterfragt, die namentlich „kurz vor dem Zusammenbruch“ stehen solle. Die COVID-19-Pandemie wirkte somit letztlich als Katalysator hinsichtlich staatlicher Desinformationstätigkeit.

IV. Fazit: Reale Gefährdung durch ausländische Desinformationskampagnen

Fake News betreffend bestimmte Verhaltensweisen, Meinungen oder angekündigter Kurse ausländischer Regierungen oder Entscheidungsträger können zwischenstaatliche Beziehungen nachhaltig belasten und so zu ernsthaften wirtschaftlichen oder außenpolitischen Verwicklungen führen.[2700] Sie sind daher geeignet, zur langfristigen Destabilisierung der Weltpolitik zu führen. Desinformationen stellen ein Problem dar, vor dem auch der Gesetzgeber nicht die Augen verschließen darf. Ein Hinterherhinken im modernen Informationskrieg infolge defizitärer rechtlicher Sanktionsmechanismen kann zu erheblichen außenpolitischen Spannungen führen. *De lege lata* bestehen in Deutschland keine Sanktionsnormen, die von außen herrührende Desinformationskampagnen durch ihre Drohwirkung wirksam unterbinden können. Angesichts des ansteigenden Ausmaßes solcher Desinformationskampagnen besteht in rechtlicher Hinsicht Handlungsbedarf. Im Rahmen der rechtspolitischen Analyse konnte nach alledem also aufgezeigt werden, dass durchaus zureichende Argumente für die strafrechtliche Pönalisierung der Verbreitung von Desinformationen sprechen.

2700 *Hoven* ZStW 129 (2017), 718, 737 f. Welches Gefährdungspotential für den Weltfrieden dabei besteht, beweist ein Fall, in dem der Verteidigungsminister von Pakistan, der Fake News betreffend eines israelischen Atomwaffenangriffs glauben schenkte, in der Folge selbst einen Atomschlag auf Israel ankündigte. Dazu *Jaster/Lanius* Die Wahrheit schafft sich ab, Kap. 1.

§ 12 Rechtsgüterschutz als negativer Begrenzungsfaktor der Gesetzgebung

Zu beleuchten gilt es ferner, ob die möglicherweise als notwendig anzusehende weitere Inkriminierung im deutschen Strafrechtssystem überhaupt umsetzbar ist. In der Rechtslehre herrscht weitgehender Konsens, dass dem deutschen Strafrecht das Prinzip des Rechtsgüterschutzes immanent ist,[2701] was die aufgezeigten Strafbarkeitslücken in rechtsdogmatischer Hinsicht möglicherweise bedingt. Zu untersuchen ist daher die Möglichkeit der Konkretisierung eines Rechtsgutes[2702], dessen Schutz etwaige Neuregelungen zu dienen vermögen. Sollte ein Rechtsgut nämlich nicht konkretisierbar sein, weil kein real existierendes und daher verletzbares Gut ersichtlich ist,[2703] wären die aufgezeigten Strafbarkeitslücken möglicherweise schon strafrechtsdogmatisch unumgänglich.

A. Historische Entwicklung

Zur umfassenden Analyse des Inhalts und der Fähigkeiten des Rechtsgutsbegriffs ist zunächst die Analyse der historischen Entwicklung dieser Lehre unter Einschluss des damals herrschenden gesellschaftlichen Klimas unabdingbar.

I. Aufklärerische Erklärungsversuche

Vorausgegangen sind der Begründung der Rechtsgutslehre strafrechtstheoretische aufklärerische Erklärungsversuche für die Bestrafung kriminellen Verhaltens auf Basis eines Gesellschaftsvertrages, der zur Sicherung der Freiheit des Einzelnen die Freiheiten der Anderen beschützt.[2704] Auf Basis dieses aufklärerischen Konzepts kristallisierte sich – auch durch die Arbeiten *Feuerbachs* – die sog. *Rechtsverletzungstheorie* heraus, die einen Versuch zur dezidierten Definition

---

2701 *Gropp* Strafrecht AT, § 1 Rn. 149 f.; *B. Heinrich* Strafrecht AT, Einl. Rn. 3; *Frister* Strafrecht AT, 3. Kap. Rn. 20; so auch BVerfG Urt. v. 21.06.1977 – 1 BvL 14/76, BVerfGE 45, 187,253 f.

2702 *von Liszt* Deutsches Strafrecht, § 12 Anm. I.1 begriff ein Rechtsgut als rechtlich geschütztes Interesse.

2703 Zu diesen Konkretisierungsvoraussetzungen für ein Rechtsgut *Mölders* Bestechung und Bestechlichkeit im internationalen geschäftlichen Verkehr, S. 80.

2704 *Wendrich* ZJS 2013, 238. Zur geschichtlichen Entwicklung *Hassemer* Theorie und Soziologie des Verbrechens, S. 27 ff.

des *sozialschädlichen Verhaltens* darstellte:[2705] „Wer die durch den Staatsvertrag verbürgte und durch Strafgesetze gesicherte Freyheit verletzt, begeht ein Verbrechen."[2706] Neu war diesem Erklärungsversuch seine Loslösung von der Zentrierung auf die aus dem Recht folgende Unterlassungs- bzw. Handlungspflicht des Rechtsunterworfenen, hin zu deren inhaltlicher Begründung durch die Freiheitsrechte anderer und deren Durchsetzung.[2707] Dem Zeitgeist der Aufklärung und deren Überzeugung von mündigen Bürgern entsprechend, konnte die Handlungsfreiheit des Individuums nur durch die kollidierenden Freiheitsrechte der anderen begrenzt werden.[2708]

Obgleich mit diesem Perspektivwechsel und der Wendung zur Systemkritik bereits die ersten Grundsteine für die spätere Rechtsgutslehre gelegt wurden, konnte mit der Verbrechenstheorie Feuerbachs keinerlei Definition oder Konkretisierung der eine Kriminalisierung legitimierenden Rechte anderer erfolgen,[2709] sodass letztlich auf dieser Grundlage keine Begrenzung der gesetzgeberischen Rechtssetzungsmacht erfolgen könnte. Trotz des grundlegend gesetzgebungskritischen Gehalts der Lehre Feuerbachs wurde die Inkonsequenz kritisiert, dass trotz der Unvereinbarkeit mit dem gesellschaftsvertraglichen Legitimationsmodell seitens Feuerbach keine Beschränkung der Rechtssetzungsmacht des Gesetzgebers auf die Verletzung subjektiver Rechte erfolgte – sondern Sittlichkeitsdelikte weiterhin für legitim befunden wurden, was wohl als ein Zugeständnis aufgrund des Zeitgeistes so gehandhabt worden sein dürfte.[2710]

II. Erstmalige Erwähnung bei *Birnbaum*

Den Kerngehalt der Rechtsgutslehre begründete später *Birnbaum*, wenn auch noch unter dem Begriffs des „Gutes".[2711] Der Rechtsgutsbegriff ist historisch als Produkt liberaler Strafrechtswissenschaft einzuordnen, dessen Gehalt strafbarkeitsbegrenzend wirken sollte.[2712] Im Rahmen seiner umfassenden Analyse arbeitete Birnbaum erstmalig heraus, dass der *eigentliche Gegenstand krimineller Verletzung das Gut selbst* und nicht, wie von den Vertreten der damals noch vorherrschenden

2705 *Wendrich* ZJS 2013, 238; *Hassemer* Theorie und Soziologie des Verbrechens, S. 34 f.

2706 *von Feuerbach* Lehrbuch des gemeinen in Deutschland gültigen peinlichen Rechts, § 21.

2707 *Hassemer* Theorie und Soziologie des Verbrechens, S. 35.

2708 *Hassemer* Theorie und Soziologie des Verbrechens, S. 34.

2709 *Hassemer* Theorie und Soziologie des Verbrechens, S. 36.

2710 *Swoboda* ZStW 122 (2010), 23, 26 f.

2711 *Birnbaum* Neues Archiv des Criminalrechts 15 (1834), 149. Vgl. auch die Darstellung bei *Mölders* Bestechung und Bestechlichkeit im internationalen geschäftlichen Verkehr, S. 71.

2712 *Amelung* Rechtsgüterschutz, S. 5. Kritisch zur Bedeutung im Zeitpunkt der Entstehung *Roxin* Strafrecht AT II, § 2 Rn. 6.

Rechtsverletzungstheorie vertreten, das subjektive Recht höchstselbst sei.[2713] Der so verstandene Gegenstand des Verbrechens erlaubte nach Birnbaum eine Unterscheidung zwischen Gefährdung und eigentlicher Verletzung sowie zwischen gegen Individual- und gegen Gemeingüter gerichteter Verbrechen.[2714] Birnbaum hielt weiter eine Bestrafung unsittlicher und irreligiöser Handlungen unter dem Gesichtspunkt eines „*Gemeinguts*" für möglich,[2715] was trotz des grundlegend vorpositiven Ansatzes jegliches kritisches Potential seines Begriffes ausschloss.[2716] So treffend er damit bereits den heutigen Gegenstand der Strafnormen herausarbeitete, die Kategorisierung von Rechtsgütern begründete und damit als Wegbereiter gelten kann, so blieb er gleichwohl eine präzise Definition des Rechtsguts schuldig.[2717]

III. Manifestation der Rechtsgutslehre bei *Jhering, Binding* und *von Liszt*

Der Begriff ging in der Folge aufgrund des Emporstiegs der hegelianischen Strafrechtslehre und dem dort als Verbrechensobjekt ausgemachten allgemeinen Willen, gegen den sich der Delinquent auflehnt,[2718] nach seiner erstmaligen Erwähnung zunächst unter. Zu seiner heutigen Prominenz verhalfen dem Begriff schließlich die Rechtshonoratioren *Jhering, Binding* und *von Liszt*.[2719] Wegbereiter dieses personellen Dreiklangs war zunächst *Jhering*, der mit seiner *Theorie des objektiven Unrechts* den wissenschaftlichen Fokus immer mehr auf den Erfolg des kriminellen Verhaltens legte[2720] und so die Basis für eine diesen in den Blick nehmende Rechtslehre schuf. *Binding* und *von Liszt* – als meistbeachtete Rechtshonoratioren des Bismarckreichs – sorgten schließlich auf der Basis der bereits geänderten Vorzeichen für den endgültigen Durchbruch der Theorie vom Rechtsgut, indem sie das Rechtsgut zu einem elementaren Bestandteil ihrer jeweiligen Strafrechtssysteme machten.[2721]

2713 *Birnbaum* Neues Archiv des Criminalrechts 15 (1834), 171 f.

2714 *Birnbaum* Neues Archiv des Criminalrechts 15 (1834), 178.

2715 *Birnbaum* Neues Archiv des Criminalrechts 15 (1834), 178 f.

2716 *Swoboda* ZStW 122 (2010), 23, 26; zum mangelnden kritischen Potential auch *Günther* in Albrecht/ Hassemer/Jäger/Kargl/Lüderssen/Naucke/Neumann/Wolff (Hrsg.), S. 445, 451.

2717 So *Amelung* Rechtsgüterschutz, S. 45; *Swoboda* ZStW 122 (2010), 23, 27.

2718 Vgl. hierzu die Darstellung bei *Amelung* Rechtsgüterschutz, S. 52 f.

2719 *Amelung* Rechtsgüterschutz, S. 45; *Roxin* Strafrecht AT II, § 2 Rn. 47.

2720 *Amelung* Rechtsgüterschutz, S. 52.

2721 *Sina* Die Dogmengeschichte, S. 40.

1. *Gesetzespositivistischer Ansatz von* Binding

Binding begriff Rechtsgüter als „alles, was in den Augen des Gesetzgebers als Bedingung gesunden Lebens der Gemeinschaft für dieses von Wert ist, an dessen unveränderter und ungestörter Erhaltung sie nach seiner Ansicht ein Interesse hat und das er deshalb durch seine Normen vor unerwünschter Verletzung oder Gefährdung zu sichern bestrebt ist."[2722] Erst die Rechtsnorm konstituiere einen Gegenstand dabei zum Rechtsgut.[2723] In der Folgezeit wurde der Begriff des Rechtsguts zu einem der Kernelemente der Verbrechenslehren des Rechtspositivismus.[2724] Aufgrund des originär gesetzespositivistischen Vorgehens *Bindings* konnte der Ansatz jedoch keine legitimen Grenzen für die Kriminalpolitik aufzeigen, vielmehr konnte sich der Gesetzgeber in letzter Konsequenz die (legitimen) Grenzen selbst ziehen,[2725] sodass eine strafbarkeitsbeschränkende Wirkung damit nicht hergestellt werden konnte. Somit beschränkte sich der Gewinn dieser Lehre lediglich auf Deskription.[2726]

2. *Theorie des objektiven Unrechts bei* Jhering – Zweckgedanke im Recht

Diese dem Rechtspositivismus denknotwendig immanenten Grenzen letztlich zu überwinden gelang *Jhering*, der mit der Ausrichtung seiner Lehre auf den *Zweck* als übergeordnetes Prinzip diese selbstgezogenen Fesseln ablegte.[2727] Er begriff allein den übergeordneten Zweck als Rechtsschöpfer,[2728] wobei er sich hierbei ausgehend vom Gesetz in erheblichem Maße soziologisch orientierte.[2729]

3. *Transjuristische Fortentwicklung bei* von Liszt

Der Zweckgedanke *Jherings* veranlasste schließlich *von Liszt*, den gesetzesorientierten Ansatz zu verlassen und Elemente des transjuristischen Bereichs in seiner *Theorie von der Interessensverletzung* aufzugreifen.[2730] Meilenstein in der Lehre Jherings ist vor allem, herausgearbeitet bzw. klargestellt zu haben, dass praktische

---

2722 *Binding* Die Normen und ihre Übertretung I, S. 353.
2723 *Binding* Die Normen und ihre Übertretung I, S. 189.
2724 *Sina* Die Dogmengeschichte, S. 39.
2725 *Windsberger* Bankrottstrafrecht, S. 30.
2726 *Windsberger* Bankrottstrafrecht, S. 30.
2727 In diese Richtung auch *Windsberger* Bankrottstrafrecht, S. 31.
2728 *Jhering* Der Zweck im Recht, S. 339.
2729 Vgl. nur die Überschrift „Der Zweck im Recht – die Lebensbedingungen der Gesellschaft" bei *Jhering* Der Zweck im Recht, S. 339; vgl. auch *Amelung* Rechtsgüterschutz, S. 62 ff., 82.
2730 So *Amelung* Rechtsgüterschutz, S. 82; vgl. auch *Swoboda* ZStW 122 (2010), 23, 30 f.

Bedürfnisse dem Recht vorgehen,[2731] da *von Liszt* dies aufgriff und die aus diesen Bedürfnissen resultierenden Interessen zum Gegenstand seines Rechtsgutbegriffs machte.[2732] Dabei ist der Unterschied zu *Jhering* primär die Loslösung vom Gesetzeswortlaut, denn Jhering ermittelt die Interessen, denen das Recht dient, stets aus dem vorgefundenen Normenkanon.[2733] Alles Recht sei um der Menschen willen da, um ihre Interessen und diejenigen der Gesamtheit zu schützen.[2734]

Von Liszt bezeichnet den Rechtsgutsbegriff selbst als „Grenzbegriff der abstrahierenden juristischen Logik", der als ein solcher Grenzbegriff zwischen der Rechtswissenschaft und den Sozialwissenschaften kommuniziert, als Einfallstor des Zweckgedankens den Rechtswissenschaftler vor drohendem Formalismus bewahrt und eine Hinwendung der Rechtswissenschaft zur teleologischen Betrachtung begründet.[2735] Rechtsgüter waren für ihn menschliche Interessen, die nicht erst von der Rechtsordnung, sondern vom Leben erzeugt würden.[2736] Er unterschied daneben bereits zwischen Rechtsgut und Handlungsobjekt, da es sich bei dem Rechtsgut lediglich um einen Begriff handele.[2737]

Der Verdienst *von Listzs* ist es gewissermaßen, die Lehre vom Rechtsgut auf die Ebene eines *systemtranszendenten Konzepts* gehoben und damit eine Hinwendung zur Systemkritik vollzogen zu haben, wobei sich der Ertrag der Konzeption von der schlichten Katalogisierung bereits existenter Verbrechensobjekte hin zur Reformierung der Strafrechtspraxis wandelte.[2738] Doch auch bei von Liszt ist das kritische Potential noch limitiert, da er das von Jhering vertretene gleichberechtigte Nebeneinander von Individual- und Kollektivrechtsgütern durch die Übernahme des Zweckgedankens rezipierte, ohne hierbei Ausführungen zu inhaltlichen Kriterien zur Vorrangbestimmung im Konfliktsfall zu tätigen, sodass dem Strafgesetzgeber im Ergebnis keine Grenzen bei der Ausübung seiner Rechtssetzungsmacht gesetzt werden können.[2739]

IV. Entwicklung im Nationalsozialismus

Die Anhänger der *Kieler Schule* sahen – im Kontrast zur Rechtsgüterlehre – die Aufgabe des Strafrechts in der Verhinderung von Pflichtverletzungen.[2740] Gegen diese Theorien wurde neben ihrer Instrumentalisierung im Nationalsozialismus

2731 Vgl. nur *Jhering* Der Kampf ums Recht, S. 202.
2732 Vgl. *Amelung* Rechtsgüterschutz, S. 87.
2733 Vgl. *Amelung* Rechtsgüterschutz, S. 82, 87.
2734 *von Liszt* ZStW 6 (1986), 663, 673.
2735 *von Liszt* ZStW 6 (1986), 663, 672 f.
2736 *Amelung* Rechtsgüterschutz, S. 67.
2737 *von Liszt* ZStW 6 (1986), 663, 675 ff.
2738 *Hassemer* Theorie und Soziologie des Verbrechens, S. 37.
2739 *Swoboda* ZStW 122 (2010), 23, 31 f.
2740 *Dahm* ZStW 57 (1938), 225, 233 ff.

aber zutreffend ihr fehlender materieller Gehalt für eine Begrenzung staatlichen Strafens eingewandt.[2741]

V. Streit um die Berechtigung eines systemkritischen Rechtsgutsbegriffs ab den 70er Jahren des 20. Jahrhunderts

In den siebziger Jahren des 20. Jahrhunderts entbrannte eine Diskussion um die Berechtigung eines systemkritischen Rechtsgutsbegriffs, die der kontrovers diskutierte *Inzest-Beschluss* des Bundesverfassungsgerichts Anfang des 21. Jahrhunderts erneut befeuerte.[2742]

1. *Personaler Rechtsgutsbegriff bei* Marx *und* Hassemer

Das Meritum des von *Marx*[2743] und *Hassemer*[2744] entwickelten und als *personaler Rechtsgutsbegriff* bekannt gewordenen Konstrukts besteht darin, die Voraussetzungen der Berechtigung von Universalrechtsgütern durch den mittelbaren Schutz von Individualinteressen herausgearbeitet zu haben. Diese Konzeption wird als *monistisch-personaler Rechtsgutsbegriff* bezeichnet.[2745] Nach dieser Konzeption können Universalrechtsgüter nur dann strafrechtlich geschützt werden, wenn sich die Schutzwürdigkeit auf Individualinteressen zurückführen lässt. Kollektive, rein soziale Interessen reichen demgegenüber nicht aus.[2746] Problematisch gestaltet sich bei dieser stringenten Konstruktion, dass Tatbestände modernen Präventionsstrafrechts – wie bestimmte Delikte des Wirtschaftsstrafrechts – nicht auf solche Individualinteressen zurückgeführt werden können,[2747] obgleich deren Daseinsberechtigung teilweise nicht einmal von den Vertretern selbst angezweifelt wird.[2748] Andere Vertreter monistischer Herleitungen wie *Honig*[2749] vertreten diameträr hierzu, dass alle Rechtsgüter letztlich auf die Allgemeinheit bezogen seien,

2741 *Pragal* Die Korruption innerhalb des privaten Sektors, S. 91.
2742 Zur historischen Entwicklung SK-StGB/*Jäger* Vor § 1 StGB Rn. 8.
2743 *M. Marx* Zur Definition des Begriffs „Rechtsgut", S. 62 ff.
2744 *Hassemer* Theorie und Soziologie des Verbrechens, S. 76 ff.
2745 *Kim* Umweltstrafrecht in der Risikogesellschaft, S. 124. Auch *Wörner* in Kuhli/Asholt (Hrsg.), S. 95, 114 f., vertrat jüngst eine monistische Interpretation.
2746 Vgl. die Darstellung bei *Swoboda* ZStW 122 (2010), 23, 33 f.
2747 *Prittwitz* in Prittwitz/Neumann (Hrsg.), S. 97, 101 ff.; *Swoboda* ZStW 122 (2010), 23, 34.
2748 Dies wird angesichts des Versuchs zur Schließung der dadurch entstehenden Strafbarkeitslücken mit einem nicht-strafrechtlichen Interventionsrecht offensichtlich. Dazu *Hassemer* ZRP 1992, 378, 383.
2749 *Honig* Einwilligung, S. 115.

sodass selbst als höchstpersönlich erscheinende Interessen wie die körperliche Gesundheit von ihnen aus (übergeordneten) gesellschaftlichen Funktionen deduziert werden.

Daran anknüpfend haben andere prominente Autoren wie *Roxin* ebenfalls den Menschen zum Ausgangspunkt der juristischen Erörterung gemacht, den Begriff jedoch teilweise weiter begrenzt, indem sie auf die Grenzen einer freiheitlichen Gesellschaft hingewiesen haben,[2750] teilweise aber auch erweitert, indem sie – durch die Loslösung von rein individuellen Interessen – eine flexiblere Erfassung von Universalrechtsgütern ermöglicht haben.[2751]

2. Dualistische Konzeption bei Tiedemann

Tiedemann[2752] beispielsweise steht dagegen für ein *dualistisches Konzept*, das Individual- und Universalrechtsgüter als gleichberechtigt nebeneinanderstehend begreift. Diese dualistische Konzeption bringt gegenüber dem monistischen Verständnis vor, dass die von ihren Vertretern postulierte Abhängigkeit der Universalrechtsgüter von Individualinteressen nicht begründbar sei, denn auch der Einzelne habe – neben seinen eigenen Rechtsgütern – ein Interesse an der Wahrung der Grundbedingungen für die Betätigung personaler Freiheit.[2753] *Hefendehl*[2754] sprach sich ebenfalls für eine systemkritische Konzeption aus, wobei er allerdings das Konzept durch den *Rückgriff auf weitere strafverfassungsrechtliche Prinzipien* wie den *Verhältnismäßigkeitsgrundsatz* und die *Subsidiarität des Strafrechts* erweiterte.[2755] Kollektive Rechtsgüter finden als *Vertrauensrechtsgüter* ihre kriminalpolitische Legitimation, ohne dass deren Legitimität von dahinterstehenden Individualinteressen abhängig gemacht würde.[2756]

3. Theorie der Sozialschädlichkeit bei Amelung

Amelung[2757] stellte dagegen mit seiner *Theorie der Sozialschädlichkeit* ein Gegenkonzept zur Rechtsgutslehre auf, dessen Vorteil er in der Beachtung der Bedingungen menschlichen Zusammenlebens ausmachte.

2750 Auch *Wendrich* ZJS 2013, 238, 240 begreift Roxin auf diese Art und Weise.

2751 So *Roxin* Strafrecht AT II, § 2 Rn. 7.

2752 *Tiedemann* Tatbestandsfunktionen im Nebenstrafrecht, S. 113 f.

2753 *Wohlers* Deliktstypen des Präventionsstrafrechts, S. 222, vgl. auch *Kim* Umweltstrafrecht in der Risikogesellschaft, S. 124.

2754 *Hefendehl* Kollektive Rechtsgüter, S. 124 f.

2755 *Hefendehl* GA 2007, 1, 6.

2756 *Hefendehl* in Hefendehl/von Hirsch/Wohlers (Hrsg.), S. 119, 132.

2757 *Amelung* Rechtsgüterschutz, S. 330 ff., 393.

4. Sozialschädlichkeit bei Jakobs

Dabei ist es *Jakobs*, der gegen das Konzept des Rechtsguts als Anknüpfungspunkt der Legitimation strafrechtlicher Intervention den Einwand erhob, dass tagtäglich allerlei Rechtsgüter vernichtet würden, ohne dass dies strafrechtlich relevant würde.[2758] Gerade die Rechtsgutstheorie ermögliche eine grenzenlose Vorverlagerung des Einsatzes von Strafrecht.[2759]

Anknüpfungspunkt des Unrechts sei daher nicht das Rechtsgut, sondern das „unerlaubt riskante Verhalten“[2760] bzw. der *Normwiderspruch*.[2761] Die Rechtsgüterlehre könne neben reiner Deskription nicht erklären, woraus die Notwendigkeit des strafrechtlichen Schutzes überhaupt folge bzw. könne diesbezüglich jedenfalls keine tauglichen Kriterien aufstellen: Hierzu bedürfe es zusätzlich des Filters der Sozialschädlichkeit.[2762] Jakobs führt insofern an, dass die Wahrheit einer Information für den Informierten immer ein Gut sei, allerdings nur in vereinzelten Fällen als Rechtsgut anerkannt sei.[2763] Nach ihm sind daneben zahlreiche Normen mangels Rechtsgutsbezugs nicht zu erklären, ebenso wie für die eigentliche Rechtsgutsverletzung irrelevante Tatmodalitäten. Als Beispiele nennt er Delikte mit Sonderpflichten und Delikte zum Schutz des öffentlichen Friedens.[2764] Daneben sei der vom Strafrecht für alle Rechtsgüter bloß gewährte relative Schutz kaum zu erklären, da Rechtsgüter nur gegen solche Risiken geschützt werden können, die nicht logische Folge erlaubten sozialen Kontakts sind.[2765] Darüber hinaus werde die vom Strafrecht zu schützende Ordnung nicht allein durch Rechtsgüter gekennzeichnet.[2766]

Die Kritik von Jakobs *korreliert mit seinem Verständnis von den Aufgaben des Strafrechts*, welches die *konstante und uneingeschränkte Geltung des Normenkanons* – trotz der Normverletzung im Einzelfall – sichern soll. Hierdurch soll ein angstfreies Miteinander vor Enttäuschungen der für ein gedeihliches Zusammenleben unabdingbaren normativen Erwartungen gewährleistet werden.[2767] Dies sieht Jakobs als Grundbedingung gesellschaftlicher Interaktion an, da bei sozialen Kontakten normbestätigte Erwartungen existieren, die den Individuen soziale Interaktionen ohne „unkalkulierbare Risiken“ ermöglichen.[2768] Aber auch Jakobs

---

2758 *Jakobs* ZStW 104 (1992), 82,83.
2759 *Jakobs* ZStW 97 (1985), 751,753.
2760 *Jakobs* ZStW 97 (1985), 751,753.
2761 *Jakobs* AT 2. Abschn. Rn. 2.
2762 *Jakobs* AT 2. Abschn. Rn. 22.
2763 *Jakobs* AT 2. Abschn. Rn. 2.
2764 *Jakobs* AT 2. Abschn. Rn. 16.
2765 *Jakobs* AT 2. Abschn. Rn. 23.
2766 *Jakobs* AT 2. Abschn. Rn. 22.
2767 *Jakobs* Strafrecht AT, 2. Absch. Rn. 2.
2768 *Jakobs* Strafrecht AT, 1. Absch. Rn. 4.

spricht sich nicht etwa für eine umfassende Aufgabe des Rechtsgutsparadigmas aus, sondern sieht dessen Funktion in der Vermittlung zwischen der Sozialschädlichkeit und dem Delikt, ohne die sich bei jeder einzelnen Verletzung des Guts die Frage nach der konkreten Sozialschädlichkeit stelle und die Wichtigkeit vom Delinquenten bestritten werden könnte.[2769]

Die Kritik von Jakobs kann zunächst nicht einfach mit dem Hinweis abgetan werden, dass die von ihm vertretene absolute Straftheorie entsprechend der heute vorherrschenden dualistischen Modelle abgelehnt werden müsse.[2770] Eine solche Argumentation beruht zunächst auf der missverstandenen Lehre Jakobs. Dessen Strafzwecktheorie sollte besser als „normorientierte expressive Straftheorie" eingeordnet werden, da auch in dieser Theorie Bestrafung nicht zweckfrei ist.[2771] Seine Straftheorie zeichnete sich tatsächlich vordergründig durch Elemente positiver Spezialprävention aus, wobei er selbst allein eine Kombination mit untergeordneten Elementen der Spezialprävention für einen gangbaren Weg hielt.[2772] Der Strafzweck war für ihn die Einübung in Normanerkennung (Rechtstreue und Normvertrauen), die er als *allgemeine* und *nicht nur positive Generalprävention* bezeichnete.[2773]

Maßgeblicher Kritikpunkt gegen die Konzeption von Jakobs ist letztlich aber seine fast schon lebensfremde *Abstraktheit*, die eine Orientierung an menschlichen Interessen nahezu vollumfänglich vermissen lässt.[2774] Der noch anzusprechende Zweckgedanke des Rechts der Schule Jherings und von Liszts wird daher nahezu vollständig vernachlässigt. Die weitere durchgreifende Kritik bezieht sich vor allem auf die *Vernachlässigung spezialpräventiver Elemente*. Diese umfassen auch die Wiedereingliederung des Täters in die Gesellschaft, wobei für die Wiedereingliederung die Unrechtseinsichtsfähigkeit des Täters unabdingbar ist.[2775] Der mit seinen Strafzwecken korrespondierende und als funktional bezeichnete Schuldbegriff von Jakobs begründet Strafe jedoch nur aufgrund irgendeines Verstoßes,[2776] ohne die Vorwerfbarkeit auf bestimmte normbezogene Merkmale zu beziehen.[2777] Dieser Schuldbegriff bestimmt sich von den Schuldzwecken der Strafe her: Schuldhaftes Verhalten wird danach bestimmt, ob Bestrafung für die Normerhaltung

---

2769 *Jakobs* AT 2. Abschn. Rn. 24.

2770 *Wendrich* ZJS 2013, 238, 239.

2771 *Hörnle* Straftheorien, S. 31 f.

2772 *Jakobs* Strafrecht AT, 1. Abschn. Rn. 50.

2773 *Jakobs* Strafrecht AT, 1. Abschn. Rn. 15.

2774 *Hörnle* Straftheorien, S. 31 f.; *Jakobs* Strafrecht AT, 2. Absch. Rn. 24 gesteht dies insofern zu, als dass er die Grenze der Sozialschädlichkeit für *„unscharf bestimmbar"* tituliert.

2775 *Wendrich* ZJS 2013, 238, 239.

2776 *Jakobs* Strafrecht AT, 17. und 18. Abschn.

2777 *Wendrich* ZJS 2013, 238, 239.

notwendig ist.[2778] Hiermit wird dann aber der Schuldhaftigkeit jeglicher eigenständiger Bedeutungsgehalt genommen, da der materielle Gehalt schlichtweg nicht erfasst wird.[2779] Der materielle Gehalt erfordert allerdings die Kenntnis der Norm und das Wissen, gegen welchen Normbefehl man verstoßen hat.[2780] Der Rechtsgutsbegriff ist unentbehrlich als Beschreibung des von der Rechtsnorm geschützten Interesses, um so spezialpräventiven Strafzweckgesichtspunkten hinreichende Geltung verschaffen zu können.[2781] Darüber hinaus *verkommt in dem Konstrukt von Jakobs der Schutz der Normgeltung zum Selbstzweck.* Eine Vorselektion derjenigen Interessen, bei deren Verletzung die Pönalisierung notwendig ist, kann hierüber nicht geleistet werden. Daher kann bei der Rechtsschöpfung kein kritischer Beitrag geleistet werden.[2782]

Ebenso verkennt Jakobs bei seiner Argumentation, nach der die Rechtsgüterlehre den nicht absoluten Schutz ihrer Gegenstände nicht erklären könne, dass die Rechtsgutslehre nicht alleiniger verfassungsrechtlicher Maßstab ist. Weitergehende strafverfassungsrechtliche Anforderungen bedingen insoweit den nicht absoluten Schutz. Die vermeintlich fehlenden inhaltlichen Kriterien einer Strafbarkeitsbegrenzung lassen sich umgehen, indem man die Lehre als Einfallstor strafverfassungsrechtlicher Grundprinzipien begreift und den Schutzumfang im Lichte dieser Prinzipien limitiert. Der Rechtsgutsbegriff selbst stellt dabei als strafverfassungsrechtliche Legitimitätsgrundlage einer jeden Gesetzgebung Mindestanforderungen auf, die den weiteren strafverfassungsrechtlichen Erwägungen bei der verfassungsrechtlichen Rechtfertigung der Norm als Grundgerüst dienen. Der Leitlinienkatalog von Roxin hat weitergehende Anforderungen an Rechtsgüter aus wiederum übergeordneten Grundprinzipien dezidiert dargelegt und ist daher bei konsequenter Anwendung geeignet, die fundamentale Kritik Jakobs an der Konzeption zu widerlegen.

5. Rückbesinnung auf eine subjektive Rechtsverletzung bei Hörnle

Hörnle orientiert sich mit ihrem Konzept des Strafrechts als *Verletzung subjektiver Rechte* stark an der Idee Feuerbachs,[2783] wobei bei ihr der Begriff der Rechte zum Einfallstor normativer Erwägungen wird – sodass in der Folge eine wissenschaftlich fundierte Legitimationsgrundlage für die Rechtssetzungsmacht angezweifelt werden darf.[2784]

2778 Vgl. die Darstellung bei *Wessels/Beulke/Satzger* Strafrecht AT Rn. 620.

2779 *Wessels/Beulke/Satzger* Strafrecht AT Rn. 621.

2780 *Wendrich* ZJS 2013, 238, 239.

2781 *Wendrich* ZJS 2013, 238, 239.

2782 SK-StGB/*Jäger* Vor § 1 Rn. 5.

2783 *Hörnle* Grob anstößiges Verhalten, S. 70 f.

2784 So *Swoboda* ZStW 122 (2010), 23, 41.

B. Umstrittenes Verständnis des Begriffs des Rechtsguts

Der Begriff des Rechtsguts ist seit seiner Entstehung umstritten und hat in der Vergangenheit eine teilweise sehr differierende Bestimmung erfahren, ohne dass diese Inhaltsbestimmungen eine dezidierte Begründung für ihren Inhalt erfahren hätten.[2785] Prominente Begriffsbestimmungen entstammen der Feder von *Jeschek/ Weigend*[2786] („rechtlich geschützter abstrakter Wert der Sozialordnung") und derjenigen von *Rudolphi*[2787] („Funktionseinheiten, ohne die unsere staatliche Gesellschaft in ihrer konkreten Ausprägung nicht lebensfähig wäre"). Weitere Begriffsbestimmungen zeichnen sich durch eine schier uferlose Weite ihres Anwendungsbereichs aus, indem „verletzbare, schützbare Zustände"[2788], ein „rechtlich zumindest schutzwürdiges Gut"[2789] oder eine „werthafte Funktionseinheit"[2790] zum Inhalt der Definitionen gemacht werden. *Hefendehl* hat die auch von ihm beobachteten oftmals unbefriedigenden Definitionsversuche mit der Relationalität des Rechtsgutsbegriffs zu gesellschaftlichen und politischen Entwicklungen begründet, die einen Spagat bedeute zwischen einem diesen dynamischen Entwicklungen gerecht werdenden aber vagen Rechtsgutsbegriff und einem selektiven Begriff, der nach einhelliger Überzeugung legitime Interessen nicht mehr erfasse.[2791]

I. Begriffsverständnis in der *Lehre Hassemers*

Nach *Hassemer* kann der Staat Handlungen mit Strafe bedrohen, welche ein „strafrechtlich schutzbedürftiges menschliches Interesse" verletzen.[2792] Hassemer bindet den Rechtsgutsbegriff an konkrete Interessen des Menschen und lässt damit soziale Belange und Wertvorstellungen außen vor.[2793] Die personale Rechtsgutslehre setzt konzeptionell eine Trennung zwischen dem Rechtsgut und dem Handlungsobjekt voraus. Diese wird offensichtlich bei modernen Delikten vor allem des

2785 *Roxin* Strafrecht AT II, § 2 Rn. 3; zu den Rechtsgutsbegriffen ausführlich SK-StGB/ *Jäger* Vor § 1 Rn. 6 ff.

2786 *Jeschek/Weigend* Strafrecht AT, S. 257.

2787 *Rudolphi* in Barth (Hrsg.), 151, 163.

2788 *Köhler* Strafrecht AT, S. 24, der allerdings auf der darauffolgenden Seite die Rechtsgutstheorie zugunsten einer Unterscheidung zwischen „freiheitsgesetzlicher Rechtsform" und „materialen Maximeninhalten" aufgeben will.

2789 MüKo-StGB/*Freund* vor § 13 StGB Rn. 46.

2790 SK-StGB/*Jäger* Vor § 1 Rn. 16 m.w.N. *Wörner* in Kuhli/Asholt (Hrsg.), S. 95, 114 spricht von einem werthaften Zustand.

2791 *Hefendehl* Kollektive Rechtsgüter, S. 21; in diese Richtung auch *Wendrich* ZJS 2013, 238, 240.

2792 *W. Hassemer/Neumann* in Kindhäuser/Neumann/Paeffgen, Vor §1 Rn. 144.

2793 *Neumann* in Neumann/Prittwitz (Hrsg.), 85, 86.

Wirtschaftsstrafrechts, wo diese beiden Begriffe ohne Weiteres auseinanderfallen können und das Handlungsobjekts des Straftatbestandes zum Repräsentanten des Rechtsguts wird.[2794]

II. Leitlinien bei Roxin

Auch *Roxin* hat sich derartig kurzgreifenden und rein terminologischen Klärungen entgegengestellt und in seiner Konzeption eines *systemkritischen Rechtsgutsbegriffs* den Schutz verfassungsrechtlicher Grund- und Freiheitsrechte unter Ableitung der geschützten Güter auf gesellschaftsvertraglicher Grundlage herausgearbeitet.[2795] Zum zentralen Ausgangspunkt seiner Konzeption macht er die Aufgabe des Strafrechts, die seiner Auffassung nach in der Sicherung eines liberalen und friedlichen Zusammenlebens unter umfassender Gewährleistung der verfassungsrechtlich zuerkannten Grundrechte besteht. Die Aufgabe des Rechtsgüterschutzes verwendet er synonym dazu.

Auf dieser Basis begreift er Rechtsgüter als alle Gegebenheiten oder Zwecksetzungen, „die für die freie Entfaltung des Einzelnen, die Verwirklichung seiner Grundrechte und das Funktionieren eines auf dieser Zielvorstellung aufbauenden staatlichen Systems notwendig sind." Da er mit der Formulierung der „Gegebenheiten" allein auf vorstrafrechtliche Umstände abstellt, fügt Roxin zusätzlich das Begriffsmerkmal Zwecksetzungen hinzu, um so vom Recht originär geschaffene Normbefolgungspflichten, wie den Steueranspruch, begrifflich erfassen zu können. Der von ihm entwickelten Konzeption verleiht er weitergehende Tiefe, indem er auf ihrer Basis zur Einschränkung des gesetzgeberischen Bestrafungsrechts kriminalpolitische Leitlinien formuliert. Diese stellen letztlich negative Begriffsdefinitionen dar, da in diesen Fällen ein vom Strafrecht zu schützendes Gut gerade nicht bestehen soll. Auf diese Leitlinien soll zur Vermeidung weiterer, für die rechtsschöpferischen Elemente der hiesigen Ausarbeitung irrelevanter Abstraktion nachfolgend eingegangen werden.

1. *Willkürliche, ideologische oder grundrechtswidrige Strafgesetze*

Ausgeschlossen werden zunächst willkürliche, ideologische oder grundrechtswidrige Strafgesetze.

2. *Abgrenzung zwischen* Rechtsgut *und* Regelungsziel

Des Weiteren erfolgt eine deutliche Unterscheidung von gesetzlichen Zielvorstellungen und dem tatbestandslegitimierenden Rechtsgut, die der Gesetzgeber beispielsweise missachtet, wenn er das mit der Pönalisierung avisierte Ziel als

---

2794 *Pragal* ZIS 2006, 63, 64; *Wendrich* ZJS 2013, 238, 239 f.
2795 Zum Ganzen *Roxin* AT I, § 2 Rn. 7 ff.

Rechtsgut beschreibt: So geschehen bei Erwerb und Besitz von Haschisch gem. § 29 BtMG mit der „Existenz einer drogenfreien Gesellschaft."

3. *Moral- oder Sittenwidrigkeit*

Schließlich soll moralische, sittliche und sonstige Verwerflichkeit, ohne das Hinzutreten einer Beeinträchtigung der Voraussetzungen friedlichen Zusammenlebens, nicht genügen. Insoweit verweist Roxin auf die frühere Pönalisierung von Homosexualität. Allein das Berufen auf ethische Grundsätze, wie mit dem Transplantationsgesetz teilweise geschehen, könne daher kein strafrechtlich schützenswertes Rechtsgut hervorbringen. Diesen Gesichtspunkt griff der Gesetzgeber augenscheinlich bei seinen Reformen des Sexualstrafrechts beginnend mit dem 4. StRG auf und beschränkte den Schutz auf die sexuelle Selbstbestimmung und den Jugendschutz.[2796]

4. *Verstoß gegen die (eigene) Menschenwürde*

Daran anknüpfend könne weder ein Verstoß gegen die eigene Menschenwürde noch gegen die Würde der Menschheit die strafrechtliche Konstituierung eines Rechtsguts legitimieren, da aus diesen Gesichtspunkten keinerlei Beeinträchtigungen von Sicherheit oder Freiheit resultieren würden. Vor diesem Hintergrund sei die Strafbewehrung des Handels mit Organen, welche Heilbehandlungen zu dienen bestimmt sind, gem. § 18 Transplantationsgesetz (TPG) abzulehnen. Diese habe der Gesetzgeber maßgeblich auf ethische Verstöße und die Menschenwürde gestützt. Der Gesetzgeber argumentierte dabei tatsächlich neben der Menschenwürde mit dem Pietätsgefühl der Allgemeinheit.[2797] Roxin sieht dies vor allem für Fälle kritisch, in denen eine Person eine postmortale Organspende von einer finanziellen Entschädigung abhängig macht. Diese Rechtslage mache es unmöglich, Leben zu retten, indem Anreize finanzieller Art unterminiert werden, was jedenfalls im Falle eines gesetzlich festzusetzenden, von der Krankenkasse zu leistenden Behandlungsentgelts unproblematisch sei.

5. *Schutz von Emotionen nur im Falle der Beeinträchtigung des Sicherheitsgefühls*

Schließlich könne der Schutz von Emotionen nur im Sonderfall der Beeinträchtigung des Sicherheitsgefühls des Einzelnen dem Schutz unterworfen werden. So soll der Schutz vor exhibitionistischen Handlungen nach § 183 StGB nur dann durch das Strafrecht erfolgen können, sofern die Handlungen Angst vor sexuellen Übergriffen bei Frauen schüren. Die Erregung öffentlichen Ärgernisses gem.

2796 BT-DS. VI/3521 S. 1.
2797 BT-DS. 13/4355, S. 29.

§ 183a StGB schütze dagegen mangels durch die Handlungen hervorrufbarer Angst vor Handlungen, deren Unterbindung besser dem Polizei- und Ordnungswidrigkeitenrecht zu überlassen sei.

6. *Selbstschädigung*

Allein die Verhinderung von Selbstschädigungen sowie die diesbezügliche Ermöglichung bzw. Unterstützung durch Dritte legitimiere ebenfalls nicht die gesetzgeberische Intervention mit den Mitteln des Strafrechts, sofern nicht Autonomiedefizite seitens des Verzichtenden bestehen. Die Strafbewehrung des Erwerbs und Besitzes leichter Drogen sei daher vor strafverfassungsrechtlichen Hintergründen zu hinterfragen.

7. *Wert- und Moralvorstellungen: Symbolisches Strafrecht*

Überwiegend der Bewusstseinsbildung und Achtung bzw. der Vermittlung von Werten in der Gesellschaft dienende zum Rechtsgut erhobene Werte (die oftmals aus politischen Aktionismus heraus zur Besänftigung der Wähler unter Strafe gestellt werden, so bezeichnet als „symbolisches Strafrecht“) sollen weitgehend tatsächlich nicht schützenswert sein, sofern neben diesen Intentionen ihr strafrechtlicher Schutz nicht eine tatsächliche Notwendigkeit für das gedeihliche Zusammenleben begründet. Dies verneint Roxin für die Strafbarkeit der Auschwitzlüge gem. § 130 Abs. 3 StGB.

8. *Gesellschaftliche Tabus*

Die Pönalisierung lediglich gesellschaftlicher Tabus soll ebenfalls nicht ausreichen, da allein dies keine irgendwie geartete Schädigung eines Rechtsubjekts bedeute. Roxin führt hierfür die Strafbarkeit des Inzests als plakatives Beispiel an.[2798] Während dieses Paradigma von einigen Autoren umfassend vertreten wird, wollen andere ausnahmsweise ausschließlich gesellschaftliche Wertvorstellungen schützende Tatbestände, wie die Beschimpfung des religiösen Bekenntnisses gem. § 166 StGB oder das Erregen öffentlichen Ärgernisses gem. § 183a StGB, legitimieren, obgleich diese selbst nicht unmittelbar soziale Funktionen stören.[2799]

Gleichwohl wird die Existenz dieser und hinsichtlich ihrer Daseinsberechtigung vergleichbar umstrittener Tatbestände letztlich legitimiert, da *aufgrund der bestehenden tief verwurzelten gesellschaftlichen Wertvorstellungen bzgl. der pönalisierten Verhaltensweisen ohne die Existenz dieser Tatbestände letztlich unkontrollierbare*

2798 Gegen den Schutz bloßer moralischer Wertvorstellungen auch SK/*Jäger* Vor § 1 Rn. 19.

2799 *Amelung* Rechtsgüterschutz, S. 345 ff., 371 ff.; *Hassemer* Theorie und Soziologie des Verbrechens, S. 177 ff.; SK/*Jäger* Vor § 1 Rn. 20.

Selbsthilfe drohe und somit die durch die Abschaffung der fraglichen Tatbestände zu befürchtenden gesellschaftlichen Reaktionen auf das auch nach der Entkriminalisierung als unakzeptabel empfundene Verhalten soziale Funktionen beeinträchtige.[2800] Gleichzeitig aber wird die Schwierigkeit der Legitimation derartiger Tatbestände durchaus offen angesprochen und wohl teilweise deshalb postuliert, dass dies eng begrenzte Ausnahme für den Fall der Unabweisbarkeit gesetzgeberischer Intervention bleiben müsse.[2801] Anderweitig überschreite der Gesetzgeber die ihm zustehenden Kompetenzen und betreibe ihm nicht obliegende moralische Erziehung.[2802]

Wie genau aber diese Grenze der Unabweisbarkeit definiert werden soll, wird nicht dargelegt. Vielmehr wird dies an weiteren Beispielen – wie der Ausschwitzlüge gem. § 130 Abs. 3 StGB – ausgeführt. Die dort pönalisierten Verhaltensweisen seien *geeignet, zu öffentlichen Unruhen* zu führen.[2803] Mit diesem empirischen Postulat wird dann die Motivation eines öffentlichen Friedensschutzes für diesen Deliktsbereich als Legitimationskriterium benannt, die so wohl eine Abgrenzung zu nicht legitimierbarem Gefühlsschutz gewährleisten soll.[2804] Die Tauglichkeit der vorgefundenen Argumentationsmuster wird dann des Weiteren mit der ebenfalls als problematisch evaluierten Vorschrift des § 173 StGB untermauert, da hier nur der nicht mit dem gesellschaftlichen Frieden gleichzusetzende familiäre Frieden Schutz erfahre und es sich mithin ausschließlich um Moralschutz handele.[2805]

Diese Legitimation der offenbar selbst als kritisch empfundenen Tatbestände durch die Hintertür mit *bloß vermuteten gesellschaftlichen Interaktionen* kann kaum überzeugen, wird doch die durch die Abgrenzung zum Schutz bloßer Moralvorstellungen gezogene klare Trennlinie auf diesem Wege revidiert. Der vermeintlich verbesserte Schutz des Funktionierens der Gesellschaft geht zu Lasten kaum auflösbarer Abgrenzungsschwierigkeiten. Unerklärlich bliebe, warum die vorgebrachten Argumente bzgl. zwischenzeitlich abgeschaffter bestimmter Normen des Sexualstrafrechts bzw. des mehrheitlich als illegitim betrachteten Inzesttatbestands nicht durchzugreifen vermochten und warum derartige gesellschaftliche Reaktionen dort nicht zu erwarten standen.

Hinsichtlich des Inzesttatbestands argumentiert *Jäger* mit einer angeblichen *Unterscheidung zwischen familiärem und gesellschaftlichem Frieden*, welcher jedoch – angesichts der moralischen Weltanschauungen bei gedachten mehrmaligen Zuwiderhandlungen – ebenso wie andere moralische Tatbestände zu

2800 *Amelung* Rechtsgüterschutz, S. 346; SK/*Jäger* Vor § 1 Rn. 20.
2801 LK-*Weigend* Einl. Rn. 4 f.
2802 SK/*Jäger* Vor § 1 Rn. 20.
2803 SK/*Jäger* Vor § 1 Rn. 20.
2804 SK/*Jäger* Vor § 1 Rn. 20. Eine gesellschaftliche Entrüstung könne indes allein als Gradmesser herangezogen werden.
2805 SK/*Jäger* Vor § 1 Rn. 20.

gesellschaftlichen Unruhen führen könnte. Soweit also Jäger mit dem rein in der Familie bleibenden Konflikt durch das Verhalten argumentiert, verkennt er, dass die drohenden Reaktionen, die nach Ansicht des Verfassers die Strafbarkeit legitimieren, ebenso wie in anderen Fällen von außerhalb der Gruppe erfolgen und damit das rein familiäre Verhältnis doch eigentlich überschritten sein müsste. Taugliche Abgrenzungskriterien sind für diese Unterscheidung allerdings kaum denkbar, wären derartige Kenntnisse doch nur unter Rückgriff auf empirische Wissenschaftsdisziplinen möglich, welche allerdings bzgl. der zu antizipierenden Reaktionen ebenso ungenaue Prognosen treffen müssten.

Die Legitimation wird darüber hinaus mit dem schlichten *Postulat zu erwartender gesellschaftlicher Selbsthilfemaßnahmen* im Falle der Entkriminalisierung getroffen, ohne dieses Postulat zumindest empirisch unterlegt oder eine mögliche Abgrenzung innerhalb der Tatbestände zum Schutz von Wertvorstellungen argumentativ dargelegt zu haben. Das vorgeschlagene Unterfangen würde demnach zu kaum begründbaren Wertentscheidungen führen, die dem Anliegen der Rechtsgutslehre – der Begrenzung der Befugnisse des Strafgesetzgebers – erkennbar zuwiderlaufen. Die inhaltlichen Defizite bei der aufgezeigten Abgrenzung werden zudem offensichtlich, wenn man die Argumentation zur Überprüfung von Gesetzgebungsvorhaben in diesem Grenzbereich fruchtbar machen will, da solche tief verwurzelten Wertvorstellungen bei neuartigen Phänomenen kaum existieren bzw. jedenfalls nicht unmittelbar empirisch nachweisbar wären. In der Folge wären solche Vorhaben nicht legitimierbar, obgleich doch faktisch kaum ein Unterschied zu existierenden Tatbeständen besteht. Dieser Legitimationsversuch ist nach alledem mangels dezidierter dogmatischer Begründung abzulehnen. Der Schutz bloßer Wertvorstellungen verbleibt damit kein tauglicher Gegenstand des Strafrechts.

Hassemer hat in seinem *abweichenden Votum* zum Inzest-Beschluss des Bundesverfassungsgerichts[2806] umfassend herausgearbeitet, dass *ein strafrechtlich zu schützendes Rechtsgut bei dem damaligen Tatbestand nicht existiert,* da *weder eugenische Gesichtspunkte, noch* aufgrund der konkreten Ausgestaltung *ein irgendwie gearteter Schutz der Familie oder der sexuellen Selbstbestimmung die Norm legitimieren könne.* Sein abweichendes Votum kritisierte daneben die Begründung kulturhistorischer gesellschaftlicher Überzeugung der Senatsmehrheit. Hassemer führte weiterhin aus, dass der „Aufbau oder der Erhalt eines gesellschaftlichen Konsenses über Wertsetzungen“ nicht unmittelbares Ziel gesetzgeberischer strafrechtlicher Eingriffe, sondern allenfalls mittelbar erzieltes Ergebnis gerechter Kriminalpolitik

---

2806 BVerfG Beschl. v. 26.02.2008 – 2 BvR 392/07, Rn. 73 ff. (Sondervotum Hassemer). Ein Verdienst von *Hassemer* ist es, herausgearbeitet zu haben, dass bei der Umformulierung des Rechtsguts sich auch die Faktoren innerhalb der verfassungsrechtlichen Abwägung verändern, sodass das Ergebnis der Abwägung und die Legitimität der Norm anders ausfallen können.

sein dürfe. Hassemers Lehre ist diesbezüglich mit derjenigen von Roxin kohärent, da beide das Rechtsgut zur Vermeidung der Pönalisierung bestimmter, den Moralvorstellungen der Gesellschaft zuwiderlaufender Handlungen eng formulieren und dem Rechtsgutspostulat so echte strafrechtsbegrenzende Wirkung verleihen – als eine Art strafverfassungsrechtliche *ratio crescendi.*

9. Postulat hinreichender Konkretheit

Schlussendlich soll eine derartige Leitlinie nach Roxin in dem Postulat hinreichend konkreter Schutzgüter liegen. So soll der Schutz eines vagen Universalinteresses („Volksgesundheit") – obgleich doch eigentlich nur der dahinter stehende Individualschutz gewährleistet werden soll – unzulässig sein, da anderweitig die gesetzesimmanenten Leitprinzipien des Individualschutzes wie die Dispositionsfähigkeit bei straffreier Selbstgefährdung umgangen würden.[2807] Er bewertet auch das Gut des öffentlichen Friedens kritisch, da nur ein mittelbarer Schutz durch das Erfassen einer Vielzahl von Individualinteressen erfolge und jedes andere konkretere Rechtsgut diesen bereits beinhalte. Diesbezüglich soll für das Aufregen einiger weniger über bestimmte, letztlich grundrechtsgetragene Aussagen kein Schutz gewährt werden können.

C. Rechtstheoretische Konzeption: *Funktionen* der Lehre vom Rechtsgut

I. Systemimmanentes vs. systemtranszendentes Konzept

Die Funktionen der verschiedenen Rechtsgutskonzepte werden unterschieden in *systemimmanente*[2808] und *systemtranszendente*[2809] *Konzepte.*[2810] Systemimmanente Konzepte fokussieren sich dabei auf das vorgefundene positive Recht und können als Interpretationsvehikel teleologischer Normauslegung nutzbar gemacht werden, ohne aber zur Kritik der gesetzgeberischen Entscheidung zum strafrechtlichen Schutz des jeweiligen Rechtsguts fähig zu sein.[2811] Die auf die Zweckinterpretation von Liszts zurückzuführende *systemtranszendente Konzeption* geht hierüber hinaus, indem sie das Konzept zur Systemkritik zu befähigen und auf diesem Wege

2807 *Roxin* AT I, § 2 Rn. 46.

2808 Diese Konzepte werden auch als methodische oder hermeneutische Rechtsgutsbegriffe bezeichnet, vgl. *Pragal* ZIS 2006, 63, 64 Fn. 14.

2809 Die so verstandenen Konzepte werden auch als liberale, kriminalpolitische oder systemkritische Rechtsgutsbegriffe bezeichnet, vgl. *Pragal* ZIS 2006, 63, 64 Fn. 20.

2810 Diese Unterscheidung geht zurück auf *Hassemer* Theorie und Soziologie des Verbrechens, S. 19 ff.

2811 *Wendrich* ZJS 2013, 238, 239; vgl. auch schon *Hassemer* Theorie und Soziologie des Verbrechens, S. 19.

der Rechtssetzungsmacht des Gesetzgebers Grenzen zu setzen versucht. Hierbei muss sich an die strafverfassungsrechtliche Zielbestimmung des Schutzes vor sozialschädlichem Verhalten gehalten werden.[2812] Die Ansicht, die im Rahmen eines *methodischen* oder *hermeneutischen Rechtsgutsbegriffs* dessen Bedeutung auf die teleologische Auslegungsmethode begrenzt, bei der dann das Rechtsgut zum Ausgangspunkt dieser Auslegungsmethodik gemacht wird,[2813] wird heute kaum noch vertreten und ist zugunsten eines bedeutungsvolleren systemtranszendenten Rechtsgutsbegriffs gewichen.[2814]

1. Kritik an einem systemimmanenten Rechtsgutsbegriff

Gegenüber dem systemimmanenten Rechtsgutsbegriff ist die Kritik erhoben worden, dass dessen Leistungsfähigkeit bei der Auslegung überschätzt werde, da die Auslegung immer auch unter Berücksichtigung der *Angriffsweisen* erfolgen müsse – sei doch der Zweck der meisten Normen komplex und könne dieser daher nicht mit einem einzelnen Element wie einem Rechtsgut aufgefasst werden. Ein *entscheidender Anwendungsfall* sei aber die *teleologische Reduktion in Fällen, in denen – trotz wortwörtlicher Tatbestandsverwirklichung – das Rechtsgut nicht tangiert werde.*[2815] Gerade dieser Anwendungsfall aber entspringt der aufklärerischen Idee strafrechtsbegrenzender Wirkung und verschafft dem fragmentarischen Charakter des Strafrechts bei der Rechtsanwendung Geltung, sodass selbst bei quantitativ wenigen Anwendungsfällen die Wirkung kaum überschätzt werden kann. Gegen den systemkritischen Begriff ist zudem die Kritik geäußert worden, dass inhaltliche Maßstäbe nicht – wie von der Rechtsgutstheorie aber vorgegeben – aus dieser selbst heraus entwickelt werden können, sondern diese Maßstäbe von außerhalb entnommen werden müssen.[2816]

Darüber noch hinausgehend wurden die denkbaren von außen hineinzutransponierenden Maßstäbe hinsichtlich ihrer Leistungsfähigkeit und Durchschlagskraft in Zweifel gezogen.[2817] Die *erste Möglichkeit der Orientierung an einer vor- und naturrechtlichen Werteordnung* bereite angesichts des typischerweise

---

2812 *Wendrich* ZJS 2013, 238, 239.

2813 Vgl. noch *Grünhut* in Hegler (Hrsg.), 1, 8; in diese Richtung auch *Baumann/Weber/Mitsch/Eisele* Strafrecht AT § 2 Rn. 13.

2814 *Pragal* ZIS 2006, 63, 65. *Burchard* in Kuhli/Asholt (Hrsg.), S. 23, 41 hält demgegenüber den Verhältnismäßigkeitsgrundsatz für wissenschaftlich überlegen, da dieser nicht über die ihm immanenten rechtspolitischen Momente, wie sie beispielsweise in der Zerkennung einer Einschätzungsprärogative zum Ausdruck kommen, hinwegtäusche.

2815 *Pragal* ZIS 2006, 63, 64 f.

2816 *Hörnle* Grob anstößiges Verhalten, S. 70 f.; in diese Richtung auch *Wörner* in Kuhli/Asholt (Hrsg.), S. 95, 113 f.

2817 *Swoboda* ZStW 122 (2010), 23, 35 ff.

uneinheitlichen Wertekanons moderner pluralistischer Gesellschaften und der kaum überzeugend zu beantwortenden Frage nach dem Inhaber der Definitionsmacht durchgreifende Bedenken.[2818] Auch die *zweite Möglichkeit der Orientierung an den jeweils geltenden sozialen Ordnungen* zur Bestimmung der Rechtsgütersysteme könne trotz der damit einhergehenden Dynamik und der Möglichkeit zur Anpassung an Veränderungen den systemkritischen Gedanken nicht effektiv verfolgen, da bereits die Orientierung an der jeweils geltenden Ordnung derartigem Potential vom Ansatzpunkt her widerspreche.[2819] Schließlich könne *die dritte Möglichkeit der Orientierung an den Wertvorgaben der Verfassung* angesichts der generalklauselartigen Formulierung und der nicht ableitbaren Rangordnung der Normen inhaltlich nicht überzeugen, da dies zu einer extensiven Legitimation von zuvor als schutzwürdig erachteten Werten durch die Einfallstore dieser weitgehenden Formulierungen führen und daher letztendlich Missbrauch Vorschub leisten könnte.[2820]

Auch das Bundesverfassungsgericht sprach sich im Inzest-Beschluss mehrheitlich gegen die Anerkennung eines strafrechtsbegrenzenden Rechtsgüterkonzepts aus, das aus vorpositiven Erwägungen weitere Anforderungen an den Gesetzgeber hinsichtlich möglicher legitimer Zwecke richtet. Dies konterkariere die grundgesetzlich vorgesehene Rechtssetzungsmacht des demokratisch legitimierten Gesetzgebers, die allein im Falle der Verfolgung verfassungswidriger Zwecke eingeschränkt werden könne.[2821] Die Senatsmehrheit zweifelte den Beitrag, den

2818 *Swoboda* ZStW 122 (2010), 23, 35.

2819 *Swoboda* ZStW 122 (2010), 23, 35 f. *Frisch* in Küper/Welp (Hrsg.), S. 69, 72 ff. führt weiterhin aus, dass eine Entpönalisierung daher nur dort möglich sei, wo Wertvorstellungen bereits erodiert sind.

2820 *Swoboda* ZStW 122 (2010), 23, 36 f.; *I. Appel* Verfassung und Strafe, S. 381 ff. führt dieses Argument weiterhin aus, in dem er die von den Vertretern einer solchen Theorie proklamierte Stufung der in Bezug genommenen materialen Werte als unmöglich erklärt. Dies sei sowohl bei einer vorpositiven als auch einer an der Verfassung orientierten Auslegung der Fall, weil die Freiheiten nur unter spezifischen Voraussetzungen im Einzelfall zu weichen hätten. Diese Argumentation dürfte indes nur im Falle der ausschließlichen strafverfassungsrechtlichen Begrenzung durch die Rechtsgüterlehre zutreffen. Die Lehre ist aber vielmehr als grundlegende Voraussetzung für die Kriminalisierung neben weiteren strafrechtverfassungsrechtlichen Anforderungen – wie dem Verhältnismäßigkeitsgrundsatz – zu begreifen, indem sie eine Vorauswahl legitimer Strafrechtszwecke trifft. Zu strafrechtsexpandierenden Tendenzen, die strafrechtslimitierenden Argumentationsstrukturen inhärent sind *Burchard* in Kuhli/Asholt (Hrsg.), S. 23, 33.

2821 BVerfG Beschl. v. 26.02.2008 – 2 BvR 392/07, Rn. 39. Kritisch hinsichtlich der negierten Definitionsmacht des Gesetzgebers auch *I. Appel* Verfassung und Strafe, S. 387 ff.

das Konzept des Rechtsgüterschutzes für Rechtspolitik und Strafrechtsdogmatik leisten könne, angesichts des umstrittenen Begriffs und der Desiderata an inhaltlichen Maßstäben aus der Rechtsgutstheorie selbst heraus an. Letztlich ließ das Gericht die Frage, welchen Beitrag die Rechtsgutstheorie für Strafrechtsdogmatik und Rechtspolitik leisten könne, aber offen.[2822] Von Seiten der Wissenschaft wird zudem argumentiert, dass angesichts der bisher fehlgeschlagenen Einigung der Wissenschaft auf eine einheitliche Begriffsbestimmung ein solcher strafrechtsbegrenzender Rechtsgutsbegriff tatsächlich nicht habe geschaffen werden können.[2823]

2. Weitere Ansätze als Reaktion auf die Kritik

Aus dieser Kritik sind *weitere Ansätze erwachsen, die insbesondere versuchen, einer modernen Kriminalpolitik die notwendige Flexibilität zu ermöglichen*, um den dynamischen Veränderungen moderner Erscheinungsformen von grenzüberschreitendem sozialschädlichen Verhalten durch die Errungenschaften neuartiger Technik gerecht zu werden.[2824] Manche versuchen insoweit, der Kritik der fehlenden hauseigenen Maßstäbe zu begegnen und kombinieren den Rechtsgutsbegriff mit weiteren normativen Kriterien ethisch-rechtlicher Natur, um die Aussagekraft des Rechtsgutsbegriffs zu erhöhen.[2825] Die Versuche reichen insofern davon, der Rechtsgutslehre weitere inhaltliche Reichweite durch die Kontextualisierung mit weiteren straf-(verfassungs-)rechtlichen Legitimationskriterien[2826] zu verleihen, bis zur Erhaltung des Rechtsgutsbegriffs als weitgehend konturenlosem Gebilde, welchem mit hinter dem Begriff stehenden Wertungsgesichtspunkten inhaltliche Tiefe verliehen wird[2827] und der insofern, wie schon *Hassemer* und *Hefendehl* es bezweckten, von unten materialisiert[2828] wird.

2822 BVerfG Beschl. v. 26.02.2008 – 2 BvR 392/07, Rn. 39.

2823 *Wendrich* ZJS 2013, 238, 239; vgl. auch *M. Schreiber* Strafbarkeit politischer Fake News, S. 265, der gleichwohl ein gewisses gesetzgebungskritisches Potential anerkennt. Weiterer Kritikpunkt ist die (vermeintliche) Schutzdimensionsverwechslung. Strafbarkeitsbegrenzend müsse die abwehrrechtliche Dimension bemüht werden, die Rechtsgutstheorie greife aber fälschlicherweise auf die objektive Wertqualität zurück. Dazu *I. Appel* Verfassung und Strafe, S. 386 f. Dies überzeugt schon vor dem Hintergrund nicht, das *objektive Wertqualität* und *abwehrrechtliche Dimension* insofern kongruent sind.

2824 *Swoboda* ZStW 122 (2010), 23, 36 f.

2825 Für Wertungen aus dem US-amerikanischen „Harm Principle“ *von Hirsch* in Hefendehl/von Hirsch/Wohlers (Hrsg.), S. 13, 18 ff.; unter Zuhilfenahme sog. „Mediating Principles“ *Hefendehl* GA 2007, 2, 6 ff.; *Swoboda* ZStW 122 (2010), 23, 33.

2826 *von Hirsch* in Hefendehl/von Hirsch/Wohlers (Hrsg.), S. 13, 13 ff.

2827 *Hörnle* Grob anstößiges Verhalten, S. 18 f.

2828 *W.* Hassemer/Neumann in Kindhäuser/Neumann/Paeffgen, Vorbem. zu § 1 Rn. 145; *Hefendehl* Kollektive Rechtsgüter, S. 22 ff., 42 ff.

Einige dieser Ansätze sehen sich ebenfalls der Kritik weitgehender Inhaltslosigkeit aus ihnen selbst heraus ausgesetzt, da beispielsweise bei einer Orientierung an *Harm Principles* die Definition der sog. lebenswichtigen Interessen („*Welfare Interests*") als Voraussetzung der Kriminalisierung[2829] aus dem Ansatz selbst heraus nicht möglich ist.[2830] Auch der bereits dargestellte, sich an subjektiven Rechtsverletzungen orientierende Ansatz von *Hörnle* kann diese Kritik letztlich nicht überwinden, weil dieser Ansatz ebenso nicht ohne normativen Wertungen zugängliche weite Begrifflichkeiten auskommt.[2831] Einen Etikettenschwindel scheint schließlich der Ansatz der Ergänzung mit sog. Begrenzungsprinzipien („*Mediating Principles*") zu umgehen, der – ohne eine Abkehr vom Rechtsgüterschutzgedanken zu vollziehen – dessen Gehalt durch eine Erweiterung mit weiteren strafrechtsbegrenzenden Prinzipien näher konkretisiert.[2832] Angedacht werden insoweit das Verhältnismäßigkeitsprinzip bzw. das Prinzip der Subsidiarität des Strafrechts[2833], Deliktsstrukturanalysen[2834] sowie Zurechnungskriterien zur Abschichtung von Verantwortungsbereichen.[2835] Weiterhin sollen die Prinzipien der Toleranz und des Selbstschutzes hierfür heranzuziehen sein.[2836]

3. *Theorie der Sozialschädlichkeit von Amelung*

Nur im Ansatzpunkt ist dagegen der Ansatz von *Amelung* vergleichbar, der zwar eine Materialisierung des Rechtsgutsbegriff unternimmt, dies aber im Gegensatz zu den vorgenannten Ansätzen nicht durch den Rückgriff auf rechtliche Prinzipien erreichen will, sondern die Funktion als *Grenzbegriff zwischen Strafrechtsdogmatik und Kriminalpolitik* bemüht und *auf außerstrafrechtliche Gesichtspunkte zurückgreift*.[2837] Sein Ausgangspunkt ist zunächst die Sicherung der Bedingungen zur Verfolgung verschiedentlicher Interessen in der Gesellschaft als Aufgabe des Strafrechts. Empirisch nachweisbar sozialschädliches Verhalten von Menschen solle mit seiner Hilfe unterminiert werden.[2838] Daran anknüpfend, begreift er den Verstoß gegen das Recht als Infragestellung des sozialen Systems, wobei das Strafrecht als Werkzeug der gesellschaftlich-faktischen Geltung von Verhaltensnormen

2829 *Feinberg* The Moral Limits of the Criminal Law Vol. 1, S. 37 f., 55 ff.

2830 *Swoboda* ZStW 122 (2010), 23, 39.

2831 *Swoboda* ZStW 122 (2010), 23, 41.

2832 *Hefendehl* GA 2007, 6. *Wörner* in Kuhli/Asholt (Hrsg.), S. 95, 114 konstatiert, dass alle Gegenkonzepte, die das Rechtsgut nur durch andere (gesellschaftsgeprägte) Schutzkonzepte ersetzen, die gleichen Kritikpunkte teilen.

2833 *Roxin* Strafrecht AT I, § 2 Rn. 97 ff.

2834 *Wohlers* Deliktstypen und Präventionsstrafrechts, S. 281 ff.

2835 *von Hirsch/Wohlers* in Hefendehl/von Hirsch/Wohlers (Hrsg.), S. 196, 197 ff.

2836 *Swoboda* ZStW 122 (2010), 23, 40.

2837 *Amelung* Rechtsgüterschutz, S. 350 ff., 361.

2838 *Amelung* Rechtsgüterschutz, S. 180.

sowie als solches zur Wiederherstellung verletzter Systemstrukturen dienen soll.[2839] Daher soll sich die Qualität der Sozialschädlichkeit an der dysfunktionalen Wirkung für das Sozialsystem der Gesellschaft bemessen. Mangels virulenter Effekte in einer monumentalen Gesamtgesellschaft soll Bezugspunkt der Gesamtschädlichkeit nicht eine einzelne Handlung, sondern eine unkontrollierte Häufung dysfunktionaler Verhaltensweisen und deren theoretische Auswirkungen sein.[2840] Insofern findet also ein Perspektivwechsel statt, als das Letztziel nicht der Schutz des Individuums, sondern die Aufrechterhaltung der gesellschaftlichen Struktur ist.[2841] Aber auch Amelung versteht seinen Ansatz nicht dahingehend, dass er die Rechtsgutslehre insgesamt überflüssig machen würde, sondern er sieht diese als hilfreich zur Deduktion der Vorstellungen des gesetzgeberischen Zwecks an.[2842]

Seine Untersuchung der Sozialschädlichkeit diene dagegen der Analyse der *nicht mit dem Zweck identischen Funktion einer Strafrechtsnorm* für die zu schützende Gesamtgesellschaft.[2843] Er erhebt gegen die Rechtsgutslehre den empirisch unter Beweis gestellten Vorwurf, dass diese dem emporsteigenden Nationalsozialismus und den im Dritten Reich erfolgten menschenrechtswidrigen Strafrechtsänderungen nichts zu entgegnen gehabt habe.[2844] *Pragal*[2845] griff später Elemente *Amelungs*[2846] auf, um die empirisch analysierte Sozialschädlichkeit für das gesamtgesellschaftliche System als Grundbaustein der normativen Bestimmung von Rechtsgütern heranzuziehen. Seiner Ansicht nach *könne dies der Rechtsgutslehre bei der Konstituierung der vorstrafrechtlichen Interessen zum Rechtsgut dogmatische Struktur verleihen.*

Da dieser Ansatz isoliert nur zur Erklärung eines bereits existenten Systems dienen kann, er aber selbst keine inhaltlichen Legitimationskriterien bereitzustellen vermag, bedient sich letztlich auch Amelung normativer Kriterien. Das Legitimitätskriterium bestehe insofern darin, „Normen und Institutionen einer freiheitlichen verfassten Gesellschaft“ zu schützen.[2847] Insoweit wird eine kritische Funktion durch die Rückbeziehung auf die grundgesetzliche Werteverfassung erzielt.[2848] Die Konzeption bewegt sich allerdings ebenfalls auf einer sehr

---

2839 *Amelung* Rechtsgüterschutz, S. 181 f.

2840 *Amelung* Rechtsgüterschutz, S. 361, 387 f.; vgl. auch die Darstellung bei *Pragal* Die Korruption innerhalb des privaten Seltors, S. 92.

2841 *Amelung* Rechtsgüterschutz, S. 188.

2842 *Amelung* Rechtsgüterschutz, S. 393 ff.; vgl. auch die Darstellung bei *Pragal* Die Korruption innerhalb des privaten Seltors, S. 92.

2843 *Amelung* Rechtsgüterschutz, S. 361, 394; vgl. auch die Darstellung bei *Pragal* Die Korruption innerhalb des privaten Seltors, S. 92.

2844 *Amelung* Rechtsgüterschutz, S. 216 ff.

2845 *Pragal* Die Korruption innerhalb des privaten Seltors, S. 92.

2846 *Amelung* Rechtsgüterschutz, S. 394.

2847 *Amelung* Rechtsgüterschutz, S. 181.

2848 *Swoboda* ZStW 122 (2010), 23, 43.

abstrakten dogmatischen Ebene, sodass dezidiertere Kriterien für die Bestimmung sozialschädlichen Verhaltens letztlich nicht bestimmt werden können.[2849] Auch *Appel*[2850] erhebt Kritik gegenüber der Theorie der Sozialschädlichkeit, die gegenüber dem Rechtsgutsmodell keine weitergehende strafrechtslimitierende Funktion erreichen könne. Die Theorie könne allenfalls neben der Rechtsgutstheorie und in Verbindung mit einer ausgereiften Gesellschaftstheorie angewendet die bezweckte kritische Funktion erfüllen. Letztlich würden dies aber die gängigen Gesellschaftstheorien angesichts des notwendigen Rückgriffs auf ein normatives Element zur Limitierung der Strafrechtssetzungsmacht nicht leisten.

4. Begrenzung der Strafgesetzgebung allein anhand verfassungsrechtlicher Prinzipien?

Andere Stimmen in der Wissenschaft sehen im Rechtsgutsbegriff ebenfalls keine geeigneten Kriterien für die Begrenzung der Strafgesetzgebung und wollen die *Legitimität von Strafgesetzen daher allein anhand verfassungsrechtlicher Prinzipien wie dem Verhältnismäßigkeitsgrundsatz überprüfen.*[2851] Von den Vertretern dieser Strömung wird ebenfalls der vom Bundesverfassungsgericht erhobene Einwand der Umgehung der gesetzgeberischen Definitionshoheit des demokratisch legitimierten Gesetzgebers vorgebracht.[2852] Der Rechtsgutsbegriff eigne sich aber auch deshalb nicht zur Ableitung von Legitimitätsanforderungen aus seinen allgemeinen Aussagen, da es sich weder um einen strafrechtlichen Begriff, noch überhaupt um einen Rechtsbegriff handele. Aus ihm könnten allein politisch-moralische Argumente unklaren Bezugsgegenstandes im Wege deduktiven Vorgehens gewonnen werden.[2853] Argumentiert wird ferner mit der durch das Grundgesetz aufgestellten positiven Werteordnung, die den Rückgriff auf vorpositive Prinzipien zur Begrenzung der Strafrechtssetzungsmacht verbiete.[2854] Zwar wird die historische Berechtigung teilweise nicht abgestritten. Jedoch sei in einem modernen Verfassungsstaat, mitsamt in der Verfassung selbst verankerter Grundrechte und

---

2849 *Swoboda* ZStW 122 (2010), 23, 43. Vgl. auch *I. Appel* Verfassung und Strafe, S. 393 f.

2850 *I. Appel* Verfassung und Strafe, S. 393 f.

2851 *Appel* Verfassung und Strafe, S. 357 ff. 389; *Stuckenberg* GA 2011, 653, 661 f.; BVerfG Beschl. v. 26.02.2008 – 2 BvR 392/07, Rn. 39 sowie zuletzt in einer Arbeit zum hiesigen Untersuchungsgegenstand auch *M. Schreiber* Strafbarkeit politischer Fake News, S. 264 ff. Für den Rückgriff auf den Verhältnismäßigkeitsgrundsatz auch LK-*Weigend* Einl. Rn. 7. Im Ergebnis so wohl auch *Hilgendorf* NK 2010, 125, 128 ff.

2852 BVerfG Beschl. v. 26.02.2008 – 2 BvR 392/07, Rn. 39; *I. Appel* Verfassung und Strafe, S. 385 ff.

2853 LK-*Weigend* Einl. Rn. 7.

2854 *Lagodny* Strafrecht vor den Schranken der Grundrechte, S. 162; *I. Appel* Verfassung und Strafe, S. 330 ff.

Rechtsstaatsprinzipien von strafbarkeitsbegrenzender Wirkung, neben der negativen Abwehrfunktion als Schranken kein Raum für weitere nicht systemimmanente Schranken. Zu berücksichtigen sein sollen die rechtsstaatlichen Garantien als Schranken-Schranken.[2855]

Neben diesen theoretischen Erwägungen wurde der geringe praktische Ertrag der Theorie vorgebracht. Die „Erfolgsbilanz“ der Theorie beinhalte allein die Abschaffung einiger Delikte, welche nicht dem Schutz bestimmter Rechtsgüter dienen würden, sondern deren Zweck allein in der Verhinderung bestimmter, spezifischen Moral- oder Wertvorstellungen zuwiderlaufender Verhaltensweisen bestehe. Genannt werden insoweit einige Tatbestände des Sexualstrafrechts – wie die Strafbarkeit der Homosexualität und der Sodomie.[2856] Gerade diese Erfolgsbilanz sei aber doch erst zu einer Zeit erzielt worden, zu der die zugrunde liegenden Wertvorstellungen sich bereits gewandelt hätten und zu der demzufolge kein gesellschaftliches Bedürfnis für die Durchsetzung dieser Wertvorstellungen bestanden habe. Dagegen habe die Lehre vom Rechtsgut, trotz nicht existentem Rechtsgut, vor der Wandelung der Vorstellungen nichts ausrichten können.[2857]

Hervorgebracht wird schlussendlich, dass jede Gesellschaft verschiedentliche kulturell bedingte Verhaltensnormen kenne und benötige, bei denen allerdings greifbare „Güter“ nicht vorhanden seien.[2858] *Engländer*[2859] sieht in dem Rechtsgutsbegriff lediglich eine Folgerung aus dem Verfassungsrecht, welche schlagwortartig verfassungsrechtliche Forderungen zusammenfassen könne. Der Fokus auf den Rechtsgutsbegriff beschwöre die latente Gefahr herauf, Wandelungen des Verfassungsrechts zu übersehen. In der letzten Konsequenz einer rein verfassungsrechtlichen Legitimitätsprüfung wird daher der „Ausweg“ teilweise in der Entwicklung von Beiträgen zum kriminalpolitischen Diskurs und der Bildung einer strafrechtsspezifischen Grundrechtsdogmatik gesehen.[2860]

5. Eigene Stellungnahme: Argumente für einen systemtranszendenten Rechtsbegriff

Alle Ansätze, welche die strafverfassungsrechtliche Prüfung allein anhand originär verfassungsrechtlicher Gesichtspunkte vornehmen und daher eine Systemtranszendenz des Rechtsgutsbegriffes ablehnen, vernachlässigen die Grenzstellung des Rechtsgutsbegriffs und die aus dieser Stellung im Wege der Deduktion ableitbaren Bezüge und Inhalte. Auch wenn aus der Definition des Rechtsgutsbegriffs

2855 *Lagodny* Strafrecht vor den Schranken der Grundrechte, S. 50, 147, 162.
2856 *Frisch* in Küper/Welp (Hrsg.), S. 69, 72.
2857 *Frisch* in Küper/Welp (Hrsg.), S. 69, 72. f.
2858 *Stratenwerth/Kuhlen* § 2 Rn. 8.
2859 *Engländer* ZStW 127, 626, 633.
2860 *Stuckenberg* GA 2011, 653, 661 f.

selbst nur in geringem Umfang inhaltliche Maßstäbe für die Begrenzung gesetzgeberischer Rechtssetzungsmacht abgeleitet werden können, so kann doch schon die „Grenzfunktion" dieser Lehre fruchtbar gemacht werden, um (sozial und rechtlich) legitime Schutzinteressen dezidierter auszudifferenzieren als dies allein auf Grundlage des Erfordernisses eines legitimen Zwecks im Sinne des Verfassungsrechts möglich ist. Die Entscheidung des Gesetzgebers zur Kriminalisierung bestimmter Verhaltensweisen soll nach Ansicht des Bundesverfassungsgerichts nämlich nur dann zu beanstanden sein, wenn sich der Gesetzgeber eindeutig verfassungswidrige Ziele setzt oder aber wenn mit dem Vorhaben, über die absolute Untergrenze der Strafwürdigkeit hinaus, eine Ausdehnung in den Bagatellbereich stattfinden würde.[2861] Beispielhaft genannt werden für die erstgenannte Limitierung der Menschenwürde zuwiderlaufende Ziele.[2862]

Der Begriff des Rechtsguts kann zudem die veränderlichen gesellschaftlichen Vorstellungen zu ihren Schutzinteressen, unter Berücksichtigung sozialnaturalistischer Gesichtspunkte, ins Recht transponieren und beugt so einer peripheren und rein juristisch orientierten Interpretation vor. Er bildet aber gleichzeitig das Vehikel für strafverfassungsrechtliche Anforderungen an etwaig zu schützende Interessen, sodass über die herkömmliche Interpretation des Verhältnismäßigkeitsprinzips hinausgehende inhaltliche Anforderungen bereits auf der Ebene des legitimen Zwecks gestellt werden und damit eine frühzeitige Filterfunktion gewährleistet wird, die ein Einfinden illegitimer Zwecke in die nachfolgenden Filter der Geeignetheit, Erforderlichkeit und Angemessenheit verhindert.

a) Anderweitig inhaltslose Prüfung eines legitimen Zwecks

Darüber hinaus wären aber einige Gesichtspunkte, die im Rahmen des hiesigen Konzepts bereits hinsichtlich des Vorhandenseins eines Rechtsguts zu prüfen wären, auf den nachfolgenden Ebenen wohl nicht in gleicher Weise zu berücksichtigen. Beispielhaft ist die hinreichende Konkretheit eines Rechtsguts zu nennen, die anderweitig allenfalls in der Angemessenheit Berücksichtigung finden könnte. Gegen eine derartige Lösung spricht indes bereits die jeweilige Wortbedeutung: So würde man insofern semantisch doch bereits keinen legitimen Zweck ausmachen, dagegen wäre der Schutz nicht erst unangemessen. Das anderweitig erzielte Resultat wäre zudem als Etikettenschwindel zu bezeichnen, da ein Prüfungsmaßstab für die *Legitimität* des verfolgten Zwecks tatsächlich gar nicht bestünde. Überdies würde man den nach diesseitiger Auffassung zu berücksichtigenden Gesichtspunkten auf der Ebene des legitimen Zwecks durch eine Verschiebung in die Angemessenheitsprüfung zunächst die Abwägung eröffnen. Diese ist nach

2861 *Swoboda* ZStW 122 (2010), 23, 45 unter Verweis auf BVerfG Beschl. v. 16.07.1969 – 2 BvL 2/69, BVerfGE 27, 18, 29.

2862 BVerfG Beschl. v. 09.03.1994 – 2 BvL 43, 51, 63, 64, 70, 80/92, 2 BvR 2031/92, BVerfGE 90, 145, 175.

hiesiger Konzeption nicht vorgesehen, sodass diese Herangehensweise weitergehende *strafrechtsbegrenzende Wirkung* entfaltet.

Die rein verfassungsrechtliche Prüfung des Bundesverfassungsgerichts führt dagegen nur bei völlig untragbaren bzw. zur Erreichung der verfolgten Zwecke völlig untauglichen Gesetzen zu einer Strafbarkeitsbegrenzung.[2863] Zudem kann die Geeignetheit und Erforderlichkeit ohne den konkret durch das Rechtsgut bestimmten Bezugsgegenstand nicht hinreichend analysiert werden. Das Rechtsgut markiert zudem die Trennlinie zum reinen Moralschutz, der im liberalen Strafrecht keinerlei Existenzberechtigung besitzt.[2864] Ein systemtranszendent verstandener Rechtsgutsbegriff drängt sich daher auf, um inhaltliche Voraussetzungen an einen strafverfassungsrechtlich legitimen Zweck zu stellen.[2865] Letztlich stellt schon die Erinnerung an die einzuhaltenden übergeordneten Maßstäbe, die das Rechtsgutskonzept liefern kann, einen Mehrwert für ein strafverfassungsrechtlich legitimes liberales Strafrecht dar.[2866]

b) Die Rechtsgutslehre als Argumentationstopos zur Kritik an vorgefundenen Normen

Die dargestellte Argumentation der Kritiker, bestimmte Sexualdelikte seien erst durch veränderte Moralvorstellungen überwunden worden, zeugt von mangelndem Verständnis des Beitrags, den eine Rechtsgutslehre zu leisten vermag. Diese kann *denknotwendig nur als Argumentationstopos zur Kritik an vorgefundenen Normen des positiven Rechts* dienen. Gleichwohl muss diese als Topoi erst einmal überhaupt bemüht werden. Dies wird oftmals dann unterbleiben, wenn entgegenstehende Wertvorstellungen erst noch der gesellschaftlichen Durchsetzung bedürfen.[2867] Die Argumentation erweist sich zudem als zynisch, da sich weder das Bundesverfassungsgericht als alleiniger Inhaber der Normverwerfungskompetenz, noch der Gesetzgeber eindeutig zu einer systemtranszendenten Konzeption bekannt haben.[2868] Mit der Wirkungslosigkeit des Rechtsgutsdogmas gegen den aufkeimenden Nationalsozialismus und dessen menschenrechtswidrigen Strafrechtsänderungen zu argumentieren, kann angesichts der Funktion als kritisches

---

2863 *Swoboda* ZStW 122 (2010), 23, 49.

2864 SK-StGB/*Jäger* Vor § 1 StGB Rn. 12; *Hefendehl* Kollektive Rechtsgüter, S. 124 f.

2865 SK-StGB/*Jäger* Vor § 1 StGB Rn. 12; *Schünemann* in Hefendehl/von Hirsch/Wohlers (Hrsg.), S. 133, 144.

2866 *Swoboda* ZStW 122 (2010), 23, 50.

2867 Vgl. *W. Hassemer/Neumann* Kindhäuser/Neumann/Paeffgen, Vorbem. zu § 1 Rn. 146.

2868 BVerfG Beschl. v. 26.02.2008 – 2 BvR 392/07, Rn. 39. Nach *Hefendehl* GA 2007, 1, 9 geht aus den Gesetzesbegründungen hervor, dass die Benennung eines Rechtsguts mit „Erfindungsreichtum" gemeistert und dabei als lästige Pflichtaufgabe behandelt wird.

Argumentationsmuster und der gleichen Hilflosigkeit anderer rechtsstaatlicher Gewährleistungen, wie der unabhängigen Gerichte und der Verfassungswerte, nicht überzeugen.[2869]

Soweit für eine eigene strafrechtsspezifische Grundrechtsdogmatik plädiert wird, wird ebenfalls der Wert der Implementierung der Rechtsgutslehre in die Grundrechtsdogmatik auf der Ebene des legitimen Zwecks verkannt. Diese betont die Wechselwirkungen der eigenen strafverfassungsrechtlichen Anforderungen an das Rechtsgut – wie der *hinreichenden Konkretheit eines Rechtsguts als strafrechtsspezifische Dogmatik* und der *aufgrund dieses Bezugspunkts erfolgenden Prüfung der weiteren verfassungsrechtlichen Anforderungen.* Hierbei handelt es sich um grundlegende Verfassungsdogmatik, die den besonderen strafverfassungsrechtlichen Anforderungen hinreichende Geltung verschafft. Darüberhinausgehende „Autonomiebestrebungen" einer eigenen strafrechtsspezifischen Verfassungsdogmatik stehen diametral zur Einheit der Rechtsordnung und dem damit verbundenen Konformitätszwang. Solche Bestrebungen birgen darüber hinaus die Gefahr, verfassungsfremde Anforderungen aufzustellen und dergestalt die Rechtssetzungsmacht des demokratisch legitimierten Gesetzgebers unzulässig zu beschränken.

Weiterhin wird, wie bereits gesehen, gegen die damit verbundenen Vorgaben der Rechtsgutslehre verfassungstheoretisch mit einer vermeintlichen Verletzung der Normenhierarchie argumentiert, nach der doch gerade umgekehrt die Verfassung Anforderungen an die Rechtsgutslehre stellen müsse. Dies verkennt jedoch, dass auch andere Grundprinzipien nicht erst durch ihre verfassungsrechtliche Verankerung Wirkung entfalten, sondern dadurch lediglich verfassungsrechtlich „geweiht" werden. Genannt werden darf insofern die Privatautonomie. Dieser Grundsatz selbst ist dagegen älter das Grundgesetz und kann seit langem in seinen einfachgesetzlichen Ausprägungen nachgewiesen werden.[2870]

c) Abstraktion der Rechtsgutslehre als unabdingbares Resultat ihrer Funktion

Soweit hiergegen wiederum mit der Umstrittenheit der Rechtsgutslehre schlechthin sowie derjenigen ihrer Inhalte argumentiert wird, vermag dies nicht entscheidend den Weg für die Rechtsgutslehre versperren. Weitere grundlegende Lehren der strafrechtlichen Dogmatik sind keineswegs unumstritten und vermögen ebenso wenig unproblematisch die Ergebnisse für Einzelfälle im Wege der Deduktion zu liefern wie die Rechtsgutslehre. Als Beispiel nennt *Kudlich*[2871] hierfür die Tatherrschaftslehre. Genauso wie die Tatherrschaftslehre, mag die Rechtsgutslehre aber den Boden für eine tragfähige Diskussionsgrundlage bereiten und die tauglichen

2869 *Kudlich* ZStW 127 (2015), 635, 641.
2870 *Kudlich* ZStW 127 (2015), 635, 650 f.
2871 *Kudlich* ZStW 127 (2015), 635, 651.

Argumente in einem übergeordneten Rahmen einzugrenzen, ohne dass sie für jeden Fall nur ein bestimmtes Ergebnis als richtig determinieren würde.[2872]

Auch wenn die Tatherrschaftslehre sich nicht auf einer derartig abstrakten Ebene befindet wie das Rechtsgutsdogma, trifft dieses Argument ins Schwarze. Die Kritiker der Lehre *verkennen die Notwendigkeit der Abstraktion des Rechtsgutsdogmas als übergeordnetes Leitprinzip*, aus dem man als solches denknotwendig erst im Wege dezidierter Argumentation konkrete Inhalte herausdestillieren kann. Dass aber zwei verschiedene Ansichten bzgl. eines spezifischen Gesetzesvorhabens selbst bei den Vertretern der Rechtsgutslehre existieren, vermag aufzuzeigen, dass ein kritischer Fall vorliegt und man die verfassungsrechtliche Legitimität des Vorhabens besonders kritisch beäugen muss.[2873] Die Umstrittenheit des Begriffs vermag ferner deshalb kein durchgreifendes Argument darzustellen, weil selbst bei der Gesetzesauslegung, aufgrund der abstrakten Formulierung der Gesetze, oftmals zunächst kein eindeutiges Ergebnis erzielt werden kann, sondern der Inhalt mit der Gesetzesdogmatik argumentativ zu entwickeln ist. Dies muss denknotwendig auf der noch abstrakteren Ebene der Leitprinzipien, aus denen letztlich im Wege der Deduktion die Tatbestände entwickelt werden, erst recht gelten.[2874]

Entscheidend für den systemtranszendenten Rechtsgutsbegriff sprechen dagegen sein kritisches Potential und seine grundsätzliche Eignung zur Begrenzung der Rechtssetzungsmacht des Gesetzgebers.[2875] Dem Prinzip des Rechtsgüterschutzes kommt daher nach wohl überwiegender Auffassung ein negativ strafrechtsbegrenzender Charakter für die Strafgesetzgebung zu.[2876] Die Kriminalisierung verbietet sich demzufolge, wenn ein Rechtsgut nicht formuliert werden kann. Die Rechtsgutslehre sendet daher letztlich einen Appell an den Rechtsschöpfer und Rechtsanwender hinsichtlich des verfassungsrechtlichen Prüfungskanons, insbesondere wie die Verhältnismäßigkeitsprüfung für den Bereich des Strafrechts vorzunehmen ist.[2877]

2872 *Kudlich* ZStW 127 (2015), 635, 651.

2873 *Kudlich* ZStW 127 (2015), 635, 651.

2874 *Kudlich* ZStW 127 (2015), 635, 652.

2875 *Pragal* ZIS 2006, 63, 65.

2876 *Hassemer* Theorie und Soziologie des Verbrechens, S. 213 ff.; *Hohmann* GA 1992, 76, 78; *Kaspar* Verhältnismäßigkeit und Grundrechtsschutz im Präventionsstrafrecht, S. 205 ff.; *Kudlich* ZStW 127 (2015), 435, 652 f.; *Pragal* ZIS 2006, 63, 65; *Roxin* Strafrecht AT II, § 2 Rn. 5; *Volk* ZStW 83 (1971), 405, 423 f.
Hassemer Theorie und Soziologie des Verbrechens, S. 211 ff.

2877 *Kudlich* ZStW 127 (2015), 635, 650. *Greco* ZIS 2008, 234, 237 f. reduziert die Funktion der Rechtsgutslehre vollends hierauf und versucht, die notwendige Liberalität durch die Autonomie des Einzelnen (die diametral zu einem Moralschutz stünde) und das Abstellen auf den unantastbaren Kernbereich privater Lebensgestaltung zu erreichen.

d) *Koexistenz von systemimmanentem und systemtranszendentem Rechtsgutsbegriff*

Teilweise wurde aus der gesetzespositivistischen Ausrichtung des systemimmanenten Ansatzes und dem hierzu konträren vorpositiven Ansatz des systemtranszendenten Begriffs geschlossen, dass diese sich gegenseitig ausschließen. Ein gesetzespositivistischer Ansatz könne denklogisch kein kritisches Potential besitzen und ein vorpositivistischer Ansatz könne aufgrund seines Ansatzpunktes bei der Gesetzesauslegung nur begrenzt nutzbar gemacht werden, da dieser an das vorstrafrechtliche Interesse anknüpft und daher hinsichtlich des Telos nicht den eigentlichen vom Gesetzgeber verliehenen Zweck wiederspiegeln könne.[2878] Dieses Argument beruht wohl auf einer Überbetonung des Ursprungs der jeweiligen Theorien. So dürfte die vorpositivistische Theorie wohl von Liszts Schule und die gesetzespositivistische Theorie derjenigen Bindings zuzuordnen sein. Vernachlässigt wird darüber hinaus, dass die rein vorpositivistische Orientierung kaum durchzuhalten ist, als man sich zumindest von Deliktskategorien leiten lassen wird. Darüber hinaus bestehen aber ohnehin Wechselwirkungen zwischen den beiden Begriffen.[2879]

Die vorpositivistische Anknüpfung kann neben der Transponierung des vorstrafrechtlichen Interesses und der hierbei als Anknüpfungspunkt dienenden gesetzespositivistischen Orientierung bei der Auslegung zur gesetzeskritischen Analyse bereits existierender oder erst neu zu schaffender Tatbestände fruchtbar gemacht werden.[2880] Diese beiden Ansätze schließen sich nicht etwa aus, da selbst die Anhänger des positiven Ansatzes durchaus zuerkennen müssen, dass das konstituierte Rechtsgut ein vorstrafrechtliches Interesse verkörpert, welches bestimmte Kriterien erfüllen muss, um legitim zum Rechtsgut konstituiert werden zu können. Bei den beiden Ansätzen handelt es sich gewissermaßen lediglich um zwei verschiedene Zeitpunkte bei Deduktion eines Rechtsguts. Je nach Zielrichtung rücken die verschiedenen Zeitpunkte in den Vordergrund, sodass die differierenden Dimensionen insoweit für unterschiedliche Zwecke fruchtbar gemacht werden können.

II. *Strafrechtsbegrenzende Funktionen im Einzelnen*

Der negativ strafrechtsbegrenzende Charakter erfüllt zunächst einmal eine abstrakt-generelle Funktion in dem Sinne, dass eine Strafnorm jedenfalls dann illegitim ist, wenn sich aus ihr nicht einmal die Absicht des Gesetzgebers ableiten

2878 Vgl. nur die Darstellung bei *Pragal* Die Korruption innerhalb des privaten Sektors, S. 94 f. m.w.N.

2879 *M. Krüger* Entmaterialisierungstendenz, S. 75; *Pragal* Die Korruption innerhalb des privaten Sektors, S. 94 f.

2880 *Pragal* Die Korruption innerhalb des privaten Sektors, S. 95.

lässt, ein Rechtsgut schützen zu wollen.[2881] Ist ein derartiges Rechtsgut bestimmbar, ist darüber hinaus erforderlich, dass die Norm die beabsichtigte Schutzfunktion tatsächlich gewährleistet.[2882] Es besteht also keine dahingehende deduktive Begründungsmöglichkeit, dass allein die Existenz eines schützenswerten vorstrafrechtlichen Interesses bereits die Konstituierung einer entsprechenden Strafrechtsnorm legitimiert.[2883] Die negative Begrenzungsfunktion ist daher zu erweitern um die Frage, ob der Schutz dieses gesellschaftlich begründeten vorstrafrechtlichen Interesses unter Berücksichtigung schutztechnischer Erwägungen gerechtfertigt ist.[2884] Erschöpft sich die Argumentation also, wie in der Praxis oft beobachtet, in dem Nachweis der Gefährdung oder Verletzung eines schützenswerten Guts, so ist damit allein die Pönalisierung noch nicht zu begründen. Nach dieser Feststellung ist nämlich noch eine *Zweck- und Wertentscheidung hinsichtlich des Ob und der Art und Weise der Umsetzung dieses Schutzes seitens des Gesetzgebers* zu treffen.[2885] Das Vorhandensein eines Rechtsguts ist also notwendige, nicht aber hinreichende Bedingung einer Kriminalisierung.

Darüber hinaus besteht die Begrenzungsfunktion in den qualitativen Anforderungen bzw. den notwendigen Charakteristika eines solchen Rechtsguts. Hierbei besteht zunächst die Möglichkeit, sich allein an normativ-juristischen Kategorien – wie beispielsweise staats- und rechtstheoretischen Konzepten – zu orientieren. Dies ließe allerdings notwendigerweise Zweifel an der Umfänglichkeit einer solchen theoretischen Konzeption aufkommen.[2886] Die Rechtsgutsinterpretation ist dabei relational im Kontext des historischen Klimas und der Werterfahrung auszulegen. Gerade dieser Gesichtspunkt ist aber gleichzeitig aufgrund eines „Geschichtlichkeitsverdachts" kritisch zu hinterfragen. Nach *Hassemer* sind die *Rechtsgüter deshalb selbst ebenfalls relational, da sie dem kulturhistorischen Kontext der Gesellschaft nicht widersprechen dürfen.* Auch die gesellschaftliche Auffassung über die Schutzwürdigkeit des Schutzobjekts ist dem vorgelagert als ein vorstrafrechtliches[2887] Interesse.[2888] *Roxin*[2889] konstatiert insoweit, dass es sich nicht um einen statischen Begriff handelt: Dieser sei vielmehr wandelbar ist und müsse – unter Rückgriff auf empirische Wissenschaften – geänderte Wertüberzeugungen berücksichtigen.[2890]

2881 *Hassemer* Theorie und Soziologie des Verbrechens, S. 120.
2882 *Hassemer* Theorie und Soziologie des Verbrechens, S. 214.
2883 *Hassemer* Theorie und Soziologie des Verbrechens, S. 215.
2884 *Volk* ZStW 83 (1971), 405, 423 f.
2885 *Hassemer* Theorie und Soziologie des Verbrechens, S. 215.
2886 *Hassemer* Theorie und Soziologie des Verbrechens, S. 122.
2887 Zu diesem Begriff auch *Hassemer* Theorie und Soziologie des Verbrechens, S. 211.
2888 *Hassemer* Theorie und Soziologie des Verbrechens, S. 127.
2889 *Roxin* Strafrecht AT II, § 2 Rn. 63.
2890 In diese Richtung auch SK/*Jäger* Vor § 1 Rn. 15 f.

Die eigentlich zunächst zu beantwortende Frage betrifft also zuvorderst die Existenz eines vorstrafrechtlichen Interesses, das weiterhin die Grundanforderungen an ein anerkennenswertes Rechtsgut erfüllen muss. Die Frage der Kriminalisierung dieses Interesse gefährdender oder verletzender Handlungen ist dann an den weiteren verfassungsrechtlichen Wertentscheidungen zu messen. Dieses vorstrafrechtliche Interesse wird dagegen erst durch Rechtschöpfung seitens des Gesetzgebers zum Rechtsgut erhoben. Dieser Vorgang erschöpft sich daher nicht in der bloßen Transponierung des außerstrafrechtlichen Interesses in das Strafrecht, vielmehr besitzt dieser Vorgang *konstitutiven Charakter*.[2891] Die Konstitution wird ihrerseits begrenzt durch die strafrechtliche Schutztechnik, welche Leitprinzipien aus strafverfassungsrechtlichen Prädispositionen formuliert.[2892]

Im Sinne einer gesetzschöpferischen Funktion soll die Existenz eines Rechtsgutes daneben zumindest ein Argument für die Kriminalisierung bestimmter sozialschädlicher Angriffe sein. Vorhaben der Strafrechtsgenese sollen hiernach aber der weitergehenden strafverfassungsrechtlichen Prüfung bedürfen.[2893] Richtig hieran ist, dass eine sorgsam ausgearbeitete Rechtsgutslehre – trotz ihres liberalen Ursprungs – durchaus für die Rechtsschöpfung fruchtbar gemacht werden kann, da die Nichtexistenz strafrechtlichen Schutzes hinsichtlich bestimmbarer Rechtsgüter Schutzlücken aufzeigen kann. Allerdings ist diesem Einsatz denklogisch eine entsprechende rechtsschöpferische Idee kriminalpolitischen Ursprungs vorgelagert. Dies deshalb, weil die Rechtsgutslehre bei der Rechtsschöpfung niemals zur Erweiterung entsprechender Vorhaben, sondern lediglich zur Begrenzung der zumindest eine logische Sekunde zuvorgekommenen Idee dienen kann. Auch in diesen Fällen übt die Lehre vom Rechtsgut also allein eine negativ strafrechtsbegrenzende Funktion durch sein kritisches Potential aus. Terminologisch muss daher, schon um den grundsätzlich systemkritischen Charakter zu betonen, auf jedwede strafbarkeitserweiternde Funktion verzichtet werden, da die Sprache insoweit das Denken verführen[2894] und zu einem systemwidrigen Einsatz als Argument für eine Kriminalisierung verleiten könnte. Der Einsatz der Rechtsgutslehre im Rahmen der Rechtsschöpfung verfolgt demgegenüber allein eine strafrechtsbegrenzende Funktion, indem die Lehre als eine Art Kontrollfrage zur Legitimation von Vorhaben der Strafrechtsgenese dient.

2891 *Hassemer* Theorie und Soziologie des Verbrechens, S. 212.

2892 *Hassemer* Theorie und Soziologie des Verbrechens, S. 212.

2893 *Pragal* ZIS 2006, 63, 65; *ders.* Die Korruption innerhalb des privaten Sektors, S. 96; *Suhr* JA 1990, 303, 304.

2894 Zur Notwendigkeit einer terminologischen Stringenz *Gropp* in Paeffgen/Kindhäuser/Stübinger/Verrell/ Zaczyk (Hrsg.), 483, 483 ff.

D. Deduktion der inhaltlichen Anforderungen

Hassemer konstatiert, dass die Rechtsgutslehre nicht dabei stehen bleiben dürfe, die aufgestellten Rechtsgüter aus normativen Gesichtspunkten – wie anthropologischen, rechts-, staats-, und verfassungstheoretischen Voraussetzungen – abzuleiten und damit allein im Sinne einer monistischen Theorie die Legitimität zu begründen.[2895] Darüber hinaus müsse die Bedeutung dieser so ableitbaren Rechtsgüter durch eine Kontextualisierung mit den sozialen Erscheinungsformen, für welche sie Geltung beanspruchen sollen, herausgearbeitet werden. Insofern müsse also der *Weg aus der normativen Abstraktion, hin zur Verbindung mit gesellschaftlichen rechtsgutrelevanten Faktoren* beschritten werden.[2896] Dieser soziale Kontext dürfe nicht allein zum Regelungsgegenstand verkommen, sondern müsse als Informationsobjekt genutzt werden. So müsse u.a. die „Häufigkeit, Bedarfsintensität, Bedrohung, normative gesellschaftliche Verständigung" des sozialen Phänomens Berücksichtigung finden.[2897] Die Lehre von den Rechtsgütern, als strafrechtsbegrenzendes Element der Rechtsdogmatik, müsse sich daher nach der Feststellung der notwendigen normativen Begründungselemente der Empirie zuwenden.[2898]

Die Frage der Kriminalisierung ist nach alledem unter Berücksichtigung soziologischer Erkenntnisse zu beantworten. Beispielsweise die gesellschaftlich praktizierte Häufigkeit eines Verhaltens kann Regelverstöße bei der Ausübung dieses Verhaltens strafrechtswürdig machen. Dagegen kann eine allgemeine gesellschaftliche Toleranz gerade hiergegen sprechen, da sie auf ein nur geringeres Maß an empfundener Bedrohung durch das delinquente Verhalten hindeutet.[2899]

Die gesellschaftliche Bestimmung der Kriminalisierung erfährt aber, in Anknüpfung an die Rechtsgutslehre, eine weitere Begrenzung durch die dem Strafrecht immanente „formalisierte Konfliktverarbeitung." Diese kommuniziert u.a. strafverfassungsrechtliche Implikationen an die möglichen Konfliktlösungen und begrenzt daher die Art und den Inhalt der möglichen Intervention. Namentlich handelt es sich hierbei um Grundprinzipien – wie die Gleichbehandlung, die Schuldstrafe, die Verhältnismäßigkeit und insbesondere die Erforderlichkeit strafrechtlicher Intervention sowie den Grundsatz *in dubio pro libertate*.[2900] Der Schutz des Rechtsgutes darf nach dem letztgenannten Grundsatz also nicht durch weniger

2895 *Hassemer* Theorie und Soziologie des Verbrechens, S. 192.
2896 *Hassemer* Theorie und Soziologie des Verbrechens, S. 192 f.
2897 *Hassemer* Theorie und Soziologie des Verbrechens, S. 193.
2898 *Hassemer* Theorie und Soziologie des Verbrechens, S. 193. Für einen Rückgriff auf die Geisteswissenschaften auch schon *Amelung* Rechtsgüterschutz, 330 ff., vgl. auch SK/*Jäger* Vor § 1 Rn. 15.
2899 *Hassemer* Theorie und Soziologie des Verbrechens, S. 149, 157.
2900 *Hassemer* Theorie und Soziologie des Verbrechens, S. 195 f.; vgl. auch *Kaspar* Verhältnismäßigkeit und Grundrechtsschutz im Präventionsstrafrecht, S. 152. Kritisch zum Element in dubio pro libertate *Müller-Dietz* Strafe und Staat, S. 46 ff.

einschneidende Mittel ebenso gut möglich sein. Auch darf der durch den Rechtsgüterschutz zu erwartende Schaden verglichen mit dem Interesse an der Bewahrung dieses Rechtsguts nicht unverhältnismäßig hoch sein.[2901] Diese Kontrollprüfung hinsichtlich der Zweckmäßigkeit und der Konformität mit übergeordneten Rechtsprinzipien betrifft hierbei nicht nur die generelle Frage der Kriminalisierung, sondern ebenso die konkrete Form dieser Ausgestaltung. Sie betrifft also dogmatische Regelungskonstruktionen wie die Fahrlässigkeits- und Versuchsstrafbarkeit, gleichzeitig aber ebenso die Rechtsfolgenseite – zusammengefasst also das „wie" der konkreten Ausgestaltung.[2902] Betrachtet werden muss dabei ferner der Schutz des gegenständlichen Rechtsguts im öffentlichen Recht und im Zivilrecht – um zu hinterfragen, ob neben dem bereits vorhandenen Schutz die gesetzgeberische Intervention mit den Mitteln des Strafrechts noch zweckdienlich und verhältnismäßig ist.[2903]

E. Prüfungsvoraussetzungen im Einzelnen

Nunmehr soll der aus der Rechtsgutslehre destillierbare Prüfungskanon im Einzelnen dargestellt werden.

I. Strafverfassungsrechtliche Begrenzung durch das Rechtsgutdogma als Zielbestimmung

Bei dem Rechtsgut handelt es sich um eine Verfassungsanforderung in der Form eines ungeschriebenen Verfassungsgrundsatzes, die eine Strafnorm erfüllen muss, um legitim zu sein.[2904] Das aus dem Gesellschaftsvertrag abzuleitende Rechtsgüterprinzip erweist sich nach alledem also als eigenständiger Teil der Verfassung, der auf den Grundsatz der Verhältnismäßigkeit ausstrahlt und seine Voraussetzungen teilweise konkretisiert.[2905] Soweit *Engländer*[2906] gegen das Gesellschaftsvertragsmodell einen Identifizierungs-, Beruhens- und Neutralitätseinwand geäußert hat, da ein Nachweis für ein solches Modell in der Verfassung ebenso wenig möglich sei wie ein Nachweis tatsächlicher Beeinflussung, steht dem schon entgegen, dass trotz unklarer Motive ein Wertekanon im Sinne eines Gesellschaftsvertrages dem

---

2901 *Hassemer* Theorie und Soziologie des Verbrechens, S. 200.

2902 *Hassemer* Theorie und Soziologie des Verbrechens, S. 199.

2903 *Hassemer* Theorie und Soziologie des Verbrechens, S. 198.

2904 *Roxin* in Herzog/Neumann (Hrsg.), S. 577 f.; *Schünemann* in Hefendehl/von Hirsch/Wohlers (Hrsg.), S. 122, 143. Für eine Voraussetzung legitimer Strafgesetzgebung *Kudlich* ZStW 127 (2015), 635, 650 und unlängst in unmittelbarer Anknüpfung an ihn *M. Schreiber* Strafbarkeit politischer Fake News, S. 267.

2905 SK-StGB/*Jäger* Vor § 1 Rn. 11.

2906 *Engländer* ZStW 127 (2015), 626, 628 ff.

Verfassungsmodell erkennbar zugrunde liegt.[2907] Das Herauskristallisieren des aus der Verfassung nur unscharf ableitbaren Inhalts muss als Aufgabe von der Strafrechtslehre bewältigt werden, die sich hierzu, neben den Freiheitsrechten, der allgemeinen Zurechnungslehre, der Gesamtrechtsordnung sowie der Neutralitätspflicht bedienen muss.[2908] Nicht zu folgen ist demgegenüber Auffassungen, die den Begriff lediglich als Folgerung aus dem (positiven) Verfassungsrecht ableiten,[2909] da man damit den bereits angesprochenen Mehrwert eliminiert. Insofern könnte bloß die Wiedergabe der verfassungsrechtlichen Anforderungen geleistet werden.[2910] Zudem bliebe die Stellung als Grenzbegriff vollends unberücksichtigt.

Die Frage nach der Existenz eines Rechtsguts bildet hierbei die Suche nach einem legitimen Zweck in der (straf-)verfassungsrechtlichen Verhältnismäßigkeitsprüfung als deren Bezugspunkt und zugleich *ratio crescendi.*[2911] Nur hierdurch wird einer bezugslosen Prüfung und einer uferlosen Ausweitung der legitimen Zwecke Vorschub geleistet. Dies erscheint angesichts des ultima ratio-Grundsatzes bzw. des fragmentarischen Charakters des Strafrechts unabdingbar.[2912]

Das als Aufgabe des Strafrechts vielzitierte Rechtsgutsdogma stellt spezifische Anforderungen an existente Tatbestände wie Gesetzesvorhaben, indem es eine konkrete Zielbestimmung erfordert und gleichsam als generelle Frage nach dem „Ob" der Pönalisierung fungiert, es stellt also eine erste Begrenzung auf.[2913] Zur Einhaltung der strafverfassungsrechtlichen Anforderungen ist es aber nicht allein ausreichend, wenn ein Tatbestand dem Schutz eines Rechtsguts allgemein dienen

---

2907 SK-StGB/*Jäger* Vor § 1 Rn. 11.

2908 SK-StGB/*Jäger* Vor § 1 Rn. 11.

2909 *Hörnle* Grob anstößiges Verhalten, S. 21.

2910 Zu dieser denklogischen Schlussfolgerung *Engländer* ZStW 127 (2015), 616, 626.

2911 Ähnlich *M. Schreiber* Strafbarkeit politischer Fake News, S. 268, der von der „äußersten negativen Grenze" der ersten Ebene des Verhältnißmäßigkeitsgrundsatzes spricht.

2912 *W. Hassemer/Neumann* in Kindhäuser/Neumann/Paeffgen, Vor § 1 Rn. 119d; SK-StGB/*Jäger* Vor § 1 Rn. 11; *Noltenius* ZJS 2009, 15, 21; dagegen *Engländer* ZStW 127 (2015), 616, 627. Trefflich lediglich als Gedächtnisstütze für die Anforderungen der Erforderlichkeit und Angemessenheit bewertet *Kaspar* Verhältnismäßigkeit und Grundrechtsschutz im Präventionsstrafrecht, S. 244 ff. den ultima ratio-Grundsatz. Den fragmentarischen Charakter qualifiziert er auf S. 253 f. als kriminalpolitisches Postulat. Für eine autonome Bedeutung des ultima ratio-Grundsatzes plädierte dagegen, unter Bezugnahme auf *Jahn/Brodowski* JZ 2016, 969, 973, zuletzt *M. Schreiber* Strafbarkeit politischer Fake News, S. 273 ff., der insoweit auch auf die von *Frisch* NStZ 2016, 16, 19 ff. formulierte „sozialethische Verwerflichkeit" bzw. die von Walter JZ 2019, 649, 653 ff. vertretene „Vergeltungsidee" als strafverfassungsrechtliche Schranke der Pönalisierung abstellen will.

2913 In diese Richtung auch SK/*Jäger* Vor § 1 Rn. 19 ff.

soll. Darüber hinaus müssen die in diesem Tatbestand beschriebenen Verhaltensweisen dieses Rechtsgut verletzen oder zumindest gefährden, womit letztlich die Vorverlagerungsproblematik angesprochen ist.[2914] Eine deutlich vorverlagerte Anknüpfung der Strafbarkeit im Vorbereitungsstadium kann jedoch zum Schutz von Rechtsgütern von sehr hohem Rang gerechtfertigt sein.[2915]

II. Zur Erforderlichkeit einer mehrgeteilten Prüfung

Die zur Verfassungsdogmatik existierende Literatur und die ständige Rechtsprechung des Bundesverfassungsgerichts zeichnet sich hinsichtlich des konkreten Prüfungskanons zunächst durch eine *Zweiteilung in die Verhaltens- und die Sanktionsnorm* aus, wobei letztgenannte Prüfungsebene noch einmal in den Ausspruch des sozialethischen Tadels und die konkrete Sanktion heruntergebrochen wird.[2916] Die Verhaltensnorm wird sodann am konkret tangierten Grundrecht bzw. am Auffanggrundrecht der allgemeinen Handlungsfreiheit nach Art. 2 Abs. 1 GG geprüft, der Ausspruch des Schuldvorwurfs am allgemeinen Persönlichkeitsrecht nach Art. 2 Abs. 1 i.V.m. Art. 1 Abs. 1 GG und die konkrete Sanktion im Falle einer Freiheitsstrafe an der Freiheit der Person nach Art. 2 Abs. 2 GG und bei einer Geldstrafe an der (wirtschaftlichen) Handlungsfreiheit des Art. 2 Abs. 1 GG.[2917] Bei der Prüfung der Verhaltensnorm kann daher insbesondere die Legitimität von Verhaltensanforderungen im Vorfeld von Gefährdungen relevant werden, was insbesondere bei abstrakten Gefährdungsdelikten relevant werden soll.[2918] Gleichwohl sollen dann die Anforderungen des strafrechtsspezifischen Art. 103 Abs. 2 GG auf die Verhaltensnorm durchschlagen,[2919] womit doch die faktisch unmögliche strikte Trennung dieser Ebenen offensichtlich wird. Letztlich wird auch die Entscheidung über die Strafverfolgung einer Verhältnismäßigkeitsprüfung unterzogen.[2920]

Dieses dogmatisch feinziselierte Vorgehen erweist sich für den Bereich des Strafrechts nur auf den ersten Blick als überzeugend: Die Verhaltensnorm droht,

2914 SK/*Jäger* Vor § 1 Rn. 21.

2915 SK/*Jäger* Vor § 1 Rn. 21.

2916 Vgl. *I. Appel* Verfassung und Strafe, S. 559 ff. A.a.O, S. 167 f. finden sich dezidierte Nachweise zur Rechtsprechung des BVerfG und auf S. 172 f. zu dessen erst auf Ebene der Verhältnismäßigkeit im engeren Sinne sauber differenzierender Prüfung. *Lagodny* Das Strafrecht vor den Schranken der Grundrechte, S. 6, 72 ff.; *Staechelin* Strafgesetzgebung im Verfassungsstaat, 1998, S. 111 ff.; BVerfG Beschl. v. 26.02.2008 – 2 BvR 392/07, Rn. 40 ff.

2917 *I. Appel* Verfassung und Strafe, S. 574 ff., 590 f.; *Stächelin* Strafgesetzgebung im Verfassungsstaat, S. 112, 114.

2918 *I. Appel* Verfassung und Strafe, S. 570, der insoweit eine Verquickung mit der Prüfung der Strafbewehrung bei den Literaten beobachtet.

2919 *I. Appel* Verfassung und Strafe, S. 181.

2920 Vgl. auch *I. Appel* Verfassung und Strafe, S. 172.

durch das Loskoppeln von der appellativen Sanktionsnorm im Raster der oftmals lediglich auf Grundlage von Art. 2 Abs. 1 GG geprüften Verhältnismäßigkeit nur mit Samthandschuhen angefasst zu werden. Ohne die empfindlichen Folgen, erscheint die Vorgabe bestimmter Verhaltensweisen deutlich einfacher legitimierbar.[2921] Eine Strafnorm muss daher hinsichtlich der verfassungsrechtlichen Prüfung als Einheit untersucht werden. Anderweitig droht die Frage, ob eine konkrete Verhaltensnorm so wichtig ist, dass es ihrer Bewahrung mit empfindlichen strafrechtlichen Sanktionen bedarf,[2922] in einer hochdogmatisierten Prüfung ein Schattendasein zu fristen und innerhalb der einzelnen Prüfungsschritte vernachlässigt zu werden.[2923]

2921 *Kudlich* ZStW 127 (2015), 635, 648.
2922 *Kudlich* ZStW 127 (2015), 635, 648.
2923 In diese Richtung auch *Hefendehl* Kollektive Rechtsgüter, S. 380.

§ 13 Definition eines Rechtsguts als Anknüpfungspunkt der Gesetzgebung

Die vorstehenden abstrakten Erwägungen zu den Anforderungen an ein Rechtsgut sollen nachfolgend auf einen denkbaren Straftatbestand, der das Verbreiten (weiter qualifizierter) Desinformationen verbietet, angewandt und dergestalt ein mögliches Rechtsgut herausgearbeitet werden. Die Konkretisierung eines Rechtsguts ist insofern allerdings nur dann möglich, wenn es sich um ein *real existierendes und demzufolge verletzbares Gut* handelt.[2924]

Der technische Fortschritt macht derweil vor dem von Haus aus statischen Strafrecht keinen Halt und verändert die Bedingungen des gesellschaftlichen Zusammenlebens derart, dass sich neuartige vorstrafrechtliche Interessen herausbilden und diese – aufgrund der Aufgaben des Strafrechts – letztlich zu neuen Straftatbeständen führen.[2925] Zu beachten ist hierbei aber die Verpflichtung des Gesetzgebers, ein Schutzgut möglichst konkret und individuell zu bestimmen.[2926] Die Konkretisierung eines Individualrechtsguts wäre vor diesem strafverfassungsrechtlichen Hintergrund weitaus einfacher als diejenige eines Universalrechtsgutes. Ein Universalrechtsgut ist nach vorzugswürdiger Auffassung überhaupt nur dann legitim, wenn in diesem verkörperte Individualinteressen zumindest mittelbar geschützt werden.[2927] Dies muss bei dem im Folgenden zu unternehmenden Versuch der Bestimmung eines Rechtsguts ebenso beachtet werden wie die Wahrung eines hinreichenden Konkretisierungsgrades, um dem Vorwurf einer nicht mehr greifbaren Abstraktheit des formulierten Interesses zu entgehen.

Soweit die Gegner von derart weit gefassten Rechtsgütern erwidern, dass diese Bestimmung eines Schutzguts dem mit der Rechtsgutslehre verfolgten Ansatz einer systematischen Begrenzung zum Schutz des Individuums vor staatlicher Willkür zuwiderläuft,[2928] so wird die Rechtswirklichkeit verkannt. Diese hat sich

---

2924 Vgl. zu diesen Legitimitätsanforderungen *Mölders* Bestechung und Bestechlichkeit im internationalen geschäftlichen Verkehr, S. 80.

2925 Vgl. auch *Roxin* Strafrecht AT II, § 2 Rn. 64.

2926 *Ostendorf* in Kindhäuser/Neumann/Paeffgen, § 130 StGB Rn. 4.

2927 MüKo-StGB/*Freund* vor § 13 StGB Rn. 47; *Hefendehl* Kollektive Rechtsgüter, S. 60. Nach *Hassemer* Strafen im Rechtsstaat, S. 166 müssen Universalrechtsgüter auch dem Einzelnen dienen, indem sich hierin vermittelte Individualinteressen nachweisen lassen.

2928 Kritisch hinsichtlich der Tendenzen des modernen Strafrechts äußern sich *Albrecht* StV 1994, 265, 265 ff. und *Hassemer* ZRP 1992, 378, 378 ff.

hin zu einem handlungsleitenden Strafrecht entwickelt, das neben Individualinteressen auch Interessen der Allgemeinheit und des gesellschaftlichen Systems in den Blick nimmt.[2929] Bei Universalrechtsgütern wie dem öffentlichen Frieden wird daher ein bereits vollzogener Wandel hin zu einer funktionalen Erweiterung des Schutzgutbegriffs ersichtlich.[2930] Hierbei handelt es sich um eine Erweiterung der Rechtsgutslehre in funktioneller Hinsicht, wobei dieser Wandel schlichtweg irreversibel ist.[2931] Diejenigen, die mangels der Möglichkeit der individuell-konkreten Zuordnung eine Rechtsgutsqualität bezweifeln würden,[2932] verkennen weiterhin, dass bereits die Anerkennung von Universalrechtsgütern notwendigerweise zur Mazeration einer derartigen Zuordnung führt.[2933] Die Vertreter solcher kritischen Stimmen verkennen weiterhin, dass ein der Technisierung und Fortschrittlichkeit der Gesellschaft gerecht werdendes *modernes Strafrecht* nicht umhin kommt, seinen Regelungsbereich über den Bereich des traditionell verstandenen Rechtsgüterschutzes auszudehnen und so den hieraus erwachsenden neuen Aufgaben gerecht zu werden.[2934]

Darüber hinaus wird teilweise die Forderung gestellt, die Verletzung oder Gefährdung der von einem Tatbestand geschützten Rechtsgüter müsse empirisch nachweisbar sein sowie auf dem pönalisierten Verhalten beruhen.[2935] Auf Basis dieser Forderungen wird sodann insbesondere Kritik an abstrakten und abstrakt-generellen Gefährdungsdelikten geübt.[2936] Dies verkennt allerdings Notwendigkeiten modernen Präventionsstrafrechts, da es – beispielsweise für den Bereich des Umweltstrafrechts – legitim sein muss, bereits vermutete Gefährdungen für eine Kriminalisierung ausreichen zu lassen, wo die drohenden Schäden schwer und irreversibel sind.[2937] Dies ist eine schlichte Notwendigkeit für eine humane Gesellschaft bei drohenden schweren Schäden, die aufgrund eines (naturwissenschaftlichen) Desiderats an Erkenntnissen zu „Ursache-Wirkungs-Beziehungen" zum Zeitpunkt der jeweiligen Vorhaben hinsichtlich ihrer Auswirkungen noch nicht beweisbar sind. Diese Entwicklung ist daher zur effektiven Wahrnehmung der Schutzfunktion zwangsläufig.[2938]

2929 *Foerstner* Kollektivbeleidigung, Volksverhetzung und „lex Tocholsky", S. 160.

2930 *Foerstner* Kollektivbeleidigung, Volksverhetzung und „lex Tocholsky", S. 160. Vgl. auch schon *Jakobs* ZStW 107 (1995), 843, 856.

2931 *Jakobs* ZStW 107 (1995), 843, 856.

2932 So für das Rechtsgut des öffentlichen Friedens *Fischer* § 130 StGB Rn. 2a.

2933 *Foerstner* Kollektivbeleidigung, Volksverhetzung und „lex Tocholsky", S. 161.

2934 So im Ausgangspunkt für die Technisierung auch *Roxin* Strafrecht AT II, § 2 Rn. 51.

2935 *Kindhäuser* Sicherheitsstrafrecht, S. 227, 230.

2936 Zur allgemeinen Kritik der Implementierung von abstrakten Gefährdungsdelikten *Graul* Abstrakte Gefährdungsdelikte, S. 232 ff.; *Jakobs* ZStW 97 (1985), 751, 751 ff.

2937 *I. Appel* Verfassung und Strafe, S. 572.

2938 *I. Appel* Verfassung und Strafe, S. 573.

A. Unbeeinflusster Meinungsbildungsprozess des Individuums als zu schützendes Rechtsgut

> „Ohne gemeinsame Sachinformationen ist ein rationaler Meinungsbildungsprozess unmöglich. In einer postfaktischen Demokratie können die Bürger die Leistungen und Fehler von Politik nicht mehr objektiv beurteilen. Umso leichter haben es die Populisten, mit ihren Falschinformationen durchzudringen und den demokratischen Diskurs zu unterminieren."
>
> Carsten Schneider, seinerzeit Erster Parlamentarischer Geschäftsführer der SPD-Bundestagsfraktion[2939]

Nunmehr ist zu hinterfragen, ob ein Delikt, dass die Verbreitung von Fake News unter Strafe stellt, ein den vorgenannten Anforderungen gerecht werdendes *real existierendes Gut* schützen würde. Zunächst müsste also ein vorstrafrechtliches Interesse bestehen, aus dem nach juristisch-normativen Gesichtspunkten ein derartiges Rechtsgut abgeleitet werden kann. Sollte sich auf dieser Basis ein Rechtsgut herleiten lassen, so muss anhand der gesellschaftlichen Realität die Notwendigkeit und Gebotenheit des strafrechtlichen Schutzes untersucht werden. Hierdurch kann die Frage beantwortet werden, ob sich die Kriminalisierung im verfassungsrechtlich vorgegebenen Rahmen bewegt.

I. Veränderter Informationsmarkt in der *„Networked Information Economy"*[2940]

Aufgrund der monistisch-personal interpretierten Rechtsgutslehre ist also zunächst nach einem vorstrafrechtlichen Individualinteresse zu suchen. Ausgangspunkt eines zu schützenden Rechtsguts ist der real vorgefundene Informationsmarkt. Eine „netzbasierte öffentliche Kommunikationsplattform" stellt nicht nur eine Gefahr für den Prozess demokratischer Willensbildung dar, sondern ist primär eine wichtige Ergänzung zu den klassischen Massenmedien, indem dieses Forum eine Watchdog-Funktion ausübt.[2941] Die Aufdeckung der Plagiatsaffäre um den Politiker zu Guttenberg erfolgte beispielsweise durch insoweit nicht von materiellen Bestrebungen getriebene Privatpersonen,[2942] deren Rechercheergebnisse dann hinsichtlich ihrer Breitenwirkung durch das Aufgreifen seitens der klassischen

---

2939 *Schneider* Tagesspiegel v. 31.03.2019, abrufbar unter https://www.tagesspiegel.de/politik/parteien-auf-waehlersuche-im-nahkampf-mit-dem-zweifel/24164446.html (22.03.2022).

2940 Den Begriff verwendete *Benkler* The wealth of networks, S. 35. Nachfolgende Darstellung gibt im Wesentlichen die Analyse von *Hindelang* Freiheit und Kommunikation, S. 96 ff. wieder.

2941 *Hindelang* Freiheit und Kommunikation, S. 96.

2942 *Reimer/Ruppert* Medien Journal 2011, 4, 6.

Massenmedien verstärkt wurden.[2943] Die Koexistenz von klassischer massenmedialer und netzbasierter Kommunikation führt zu einer Effizienzsteigerung bei der Kontrollaufgabe und minimiert mögliche Manipulationsrisiken.[2944] Gleichzeitig wird hierbei ein gegenseitiges Kontrollsystem hergestellt: *„Checks and Ballances"* mittels der zwei unterschiedlichen Formen von Kommunikation.

Durch den Wandel weg von hierarchisch organisierten und vom Streben nach Publikumsmaximierung getriebenen professionellen Akteuren hin zur autonomen Partizipation der Einzelnen, wird eine breitere Informationsbasis erzielt. So werden ferner weitergehende Anknüpfungspunkte für den öffentlichen Diskurs zur Verfügung gestellt, wodurch Vielfalt ermöglicht, selbst Randthemen Raum eingeräumt und so Chancengleichheit hergestellt wird. Die „Filterungs-, Verdichtungs- und Syntheseprozesse" können sodann an erstveröffentlichtes Rohmaterial im Rahmen eines *„Peer-Review-Verfahrens"* durch die breite Öffentlichkeit anknüpfen. Oftmals wird das Rohmaterial dann noch der Aufarbeitung von Experten in laienverständlicher Form bedürfen, damit die *„Peer-Group"* die Auswirkungen der Informationen ausreichend nachvollziehen kann. Querreferenzen durch Links führen sodann nicht nur zur leichteren Auffindbarkeit von Inhalten, sondern tragen sogar zur Relevanzzuschreibung bzgl. der verlinkten Informationen im öffentlichen Meinungsbildungsprozess bei (sog. „dezentrale Relevanzzuschreibung").[2945]

Diese Filterungs- und Syntheseprozesse sollen von nicht materiell, sondern ideell oder anderweitig motivierten Privaten unter Wahrung der Authentizität der Inhalte erfüllt werden.[2946] Dies sehnt allerdings eine Utopie herbei und vernachlässigt die weitergehenden Interessen bewusst desinformativ handelnder Akteure, die als Private bisweilen den Anschein der Neutralität für sich einnehmen. Die diesbezüglichen Bedenken können schließlich nicht durch einige positive Beispiele – wie den Fall zu Guttenberg – ausgeräumt werden.[2947] Dies ließe in Gänze die Fälle außer Acht, in denen fehlgeleitete Individuen gezielt die Syntheseprozesse maximieren bzw. manipulieren. Die Relevanzzuschreibung kann dabei u.a. durch den Einsatz von Social Bots empfindlich manipuliert werden. Auch wenn nachhaltige Auswirkungen bislang in quantitativer und qualitativer Hinsicht nicht nachgewiesen werden konnte,[2948] ist die Eignung dieser Mittel aufgrund der fortwährenden

---

2943 *Hindelang* Freiheit und Kommunikation, S. 96.

2944 *Hindelang* Freiheit und Kommunikation, S. 392.

2945 *Hindelang* Freiheit und Kommunikation, S. 74 ff.

2946 *Hindelang* Freiheit und Kommunikation, S. 76.

2947 So aber *Hindelang* Freiheit und Kommunikation, S. 76.

2948 So aber *Hindelang* Freiheit und Kommunikation, S. 78 f. Zu den bislang empirisch nicht (vollends) nachweisbaren von Fake News ausgehenden Gefahren auch *A. Hammer/B. Hammer* Telepolis v. 07.02.2019, abrufbar unter https://www.heise.de/tp/features/Fuer-die-beschworene-Gefahr-durch-Fake-News-fehlt-es-selbst-an-Fakten-3618585.html?seite=all (22.03.2022) sowie *WD* Fake News, Definition und Rechtslage, Az. WD 10-3000-003/17, S. 4. Zu den Schwierigkeiten bei der

medialen Berichterstattung über gelöschte botgesteuerte Accounts doch nicht aus der Welt zu räumen und nicht mit dem einfachen Verweis auf fehlende Nachweise abzutun. Soweit die Veränderungen eine erhöhte Selbstvalidierung ermöglichen, welche die Vertrauenskomponente in die Wahrung der Recherchepflichten bei Massenmedien zumindest teilweise ersetzt,[2949] ist dies jedenfalls nicht durchweg positiv zu beurteilen, da nicht jeder der gestiegenen Autonomieanforderungen gerecht zu werden vermag.

Die geänderte Rolle der Bürger, die durch den Wandel zu einer „Networked Information Economy" nicht mehr nur passiver Rezipient, sondern aktiver Kommunikator sind, macht es erforderlich, diese nicht nur vor massenmedialer kommunikativer Macht in der Hand einer kleinen Elite zu schützen. Daneben bedarf es der Ermöglichung einer möglichst selbstbestimmten Partizipation am öffentlichen Diskurs in der Onlinewelt.[2950] Die Störerhaftung für Host-Provider bürdet diesem die Entscheidung auf, sowohl über die Kommunikationsfreiheit desjenigen zu entscheiden, der einen beanstandeten Beitrag eingestellt hat, als auch über die Informationsfreiheit des Publikums. Hierbei ist das Kostenrisiko im Falle der (unberechtigten) Löschung eines Betrages geringer als im Falle des (unberechtigten) Nichtlöschens. Überzogene Prüf- und Vorsorgepflichten potenzieren Overblocking-Risiken, da die Provider keine eigenen Kommunikationsgrundrechte wahrnehmen, sondern nur die Wahrnehmung von Kommunikationsgrundrechten seitens ihrer Nutzer ermöglichen. Daher besteht eine – im Vergleich von derjenigen der klassischen Massenmedien – abweichende Interessenlage. Zur Wahrung der selbstbestimmten Kommunikation im Netz kann die gesetzliche Störerhaftung zudem nur so weit reichen, wie der Störer noch mit verhältnismäßigem Aufwand ermittelbar ist und belangt werden kann.[2951]

Der Nutzer kann seine durch Overblocking unterwanderte Selbstbestimmung zwar theoretisch durch einen Wechsel hin zu einem anderen sozialen Netzwerk oder in ein anderes Forum wiederherstellen. Dies wäre aber mit erheblichen „sozialen Kosten" verbunden, sodass die Nutzer sich wohl eher mit den Beschränkungen abfinden würden.[2952] Daneben steht zu befürchten, dass andere *de lege lata* noch nicht vom NetzDG erfasste Netzwerke in Zukunft ebenfalls vom Gesetzgeber

---

Identifikation von Social Bots *M. Reuter* Relevanz und Regulierung von Social Bots, Bundeszentrale für politische Bildung, Dossier Digitale Desinformation, abrufbar unter https://www.bpb.de/gesellschaft/digitales/digitale-desinformation/290568/relevanz-und-regulierung-von-social-bots (22.03.2022).

2949 *Hindelang* Freiheit und Kommunikation, S. 79.

2950 *Hindelang* Freiheit und Kommunikation, S. 158, 394.

2951 *Hindelang* Freiheit und Kommunikation, S. 400 f.

2952 *Hindelang* Freiheit und Kommunikation, S. 399. Dies vernachlässigt bisweilen *Schimmele* Staatliche Verantwortung für diskursive Integrität in öffentlichen Räumen, S. 266 f.

ins Visier genommen werden. Die Selbstbestimmung des Einzelnen hinsichtlich der Wahrnehmung seiner Kommunikationsgrundrechte kann daher im Ergebnis am schonendsten geschützt werden, indem der Einzelne, nicht aber die Intermediäre weiter verpflichtet werden. Diesen ist nicht am schonenden Ausgleich der multipolaren Interessen, sondern nur an der hinsichtlich der Kostenrisiken effizientesten Erfüllung der auferlegten gesetzlichen Pflichten gelegen.

II. Das Schutzgut der *„öffentlichen Willensbildung“*[2953] – *Mutatis Mutandis* eines gewandelten Kommunikationsforums

1. *Deduktion des* Schutzguts öffentlicher Willensbildung *aus dem Demokratieprinzip*

Neben der kommunikativen Selbstbestimmung lassen manche ein objektivrechtliches und maßgeblich durch das Demokratieprinzip geformtes *Schutzgut der öffentlichen Willensbildung* im Rahmen der sog. „Lehre von der Kommunikationsverfassung“ hinzutreten.[2954] Auch das Bundesverfassungsgericht hat sich einer demokratisch-funktionalen Interpretation[2955] bedient, in dem es entschied, dass die „Freiheit der Bildung der öffentlichen Meinung“ zur Sicherung „der Freiheit der Meinungs- und Willensbildung des Volkes“[2956] von Art. 5 GG mitgarantiert sei.[2957]

a) *Kritik der Literaten an einem Schutzgut der öffentlichen Willensbildung*

Dem wird bisweilen aber entgegnet, dass die damit vorgenommene Verbindung der Freiheit des Einzelnen mit dem Demokratieprinzip schon den Schutzbereich der Selbstbestimmung verkürze, als dieses Merkmal zum Einfallstor

---

2953 Äquivalente Verwendung findet nachfolgend der Begriff der öffentlichen Willens- oder Meinungsbildung.

2954 Vgl. die Darstellung bei *Jestaedt* in Merten/Papier (Hrsg.), § 102 Rn. 11; *Hoffmann-Riem* in AK-GG, Art. 5 Abs. 1, 2 Rn. 40 ff.; *Schulze/Fielitz* in Dreier (Hrsg.), Art. 5 I, II Rn. 42 ff. Ähnlich aus strafrechtlicher Warte zuletzt *M. Schreiber* Strafbarkeit politischer Fake News, S. 101 (vgl. sogleich Fn. 2980).

2955 *Jestaedt* in Merten/Papier (Hrsg.), § 102 Rn. 11, Rn. 14.

2956 BVerfG Urt. v. 19.07.1966 – 2 BvF 1/65, BVerfGE 20, 56, 98. Das Gericht führte im Leitsatz aus: „Der Grundgesetzgeber hat sich, indem er die freiheitliche demokratische Grundordnung geschaffen hat, für einen freien und offenen Prozeß der Meinungs- und Willensbildung des Volkes entschieden. Dieser Prozeß muß sich vom Volk zu den Staatsorganen, nicht umgekehrt von den Staatsorganen zum Volk hin, vollziehen. Den Staatsorganen ist es grundsätzlich verwehrt, sich in Bezug auf diesen Prozeß zu betätigen (Art. 20 Abs. 2, 21 GG)“.

2957 So ausdrücklich BVerfG Urt. 30.07.1958 – 2 BvF 3, 6/58, BVerfGE 8, 104, 104, 112.

außerverfassungsrechtlicher Erwägungen verkomme, nur um (vermeintlich) einen funktionierenden öffentlichen Diskurs zu gewährleisten. Die von den Vertretern der Lehre von der Kommunikationsverfassung beabsichtigte Herstellung gleicher politischer Freiheit im Willensbildungsprozess des Volkes sei der früheren Situation geschuldet gewesen, dass nicht für alle Grundrechtsträger gleichermaßen Zugang zu den klassischen Massenmedien bestand und so zumindest eine Teilhabe am Willensbildungsprozess durch *repräsentierte Gruppeninteressen* ermöglicht werden sollte.[2958] Diese Zugangsbeschränkung zum Willensbildungsprozess sei aber durch die veränderten Kommunikationsmöglichkeiten überholt, da nunmehr für jeden die Möglichkeit zur aktiven und selbstbestimmten Teilnahme am Willensbildungsprozess bestehe.[2959]

Daneben merkt *Jestaedt* an, dass die seitens der Vertreter der Lehre von der Kommunikationsverfassung fruchtbar gemachte Argumentation die öffentliche Meinungsbildung nicht zum Schutzgut erhebe, sondern bloß den Charakter als Schutzzweck bzw. als ratio legis belege. Zudem könne *keine Zuordnung der öffentlichen Meinungsbildung zu einem Rechtsträger* erfolgen, sodass sich ein solches Schutzgut nicht ohne Widersprüche in das System der Schutzgüter einfügen lasse. Da die öffentliche Meinungsbildung diametral zur individuellen Meinungsbildung stehe, könne insofern keine gegenseitige Stützung und Verstärkung erfolgen, sondern nur ein Ausgleich. Damit würde die Verhältnisbestimmung der beiden Güter zum Problem und werde in letzter Konsequenz ein verminderter Schutz der individuellen Selbstbestimmung bewirkt. Nicht gelten lassen wollen die Kritiker dieser Lehre zudem die Argumentation, dass die real veränderten Kommunikationsbedingungen einen Wandel der normativen Strukturen der Kommunikationsfreiheiten bewirkt hätten. Die Gewährleistungsstrukturen und Gewährleistungsinhalte würden ein Äquivalent zur positivrechtlichen Verfassungsänderung darstellen und seien damit allein Sache des verfassungsändernden Gesetzgebers. Zwar werden die geänderten Kommunikationsbedingungen nicht bestritten. Gleichwohl sei aber nicht bewiesen worden, dass diesen geänderten Vorzeichen nicht im Rahmen der herkömmlichen Grundrechtsdogmatik begegnet werden könne.[2960]

b) Eigene Bewertung

Besonders die zuletzt genannten Argumente überzeugen nicht. Das dem Grundgesetz zugrunde liegende Modell einer demokratischen und pluralistischen Gesellschaft lässt es als notwendig erscheinen, bei der Interpretation der unveränderten Gesetzestexte, auf der Ebene der Konkretisierung dieser Texte, den jeweils vorherrschenden gesellschaftlichen Werten Geltung zu verschaffen und nicht starr auf einer historisch herausgebildeten herrschenden Auffassung zu beharren. Solange

---

2958 *Hindelang* Freiheit und Kommunikation, S. 159.

2959 *Hindelang* Freiheit und Kommunikation, S. 159.

2960 *Jestaedt* in Merten/Papier (Hrsg.), § 102 Rn. 11 ff.

hierbei der normative Gehalt der zu interpretierenden Norm nicht verlassen wird, ist hiermit indes keine Verfassungsänderung verbunden.[2961] *Bryde* arbeitete insofern zum Verfassungswandel[2962] hinaus, dass auch eine Anpassung des Wortsinns durch dynamische Prozesse möglich ist, dass also die *gestiegene gesellschaftliche Bedeutung eines Schutzguts zu einem grundlegenden Wandel des Norminhalts führen kann.*[2963]

Nicht nur die Verhältnismäßigkeit kann hierbei ein Vehikel für den geänderten Wertekanon der Gesellschaft darstellen, ebenso muss auf Ebene des Schutzbereichs bzw. des jeweiligen Schutzgutes virulenten Veränderungen Geltung verschafft werden, sofern diese dem im Wortlaut verkörperten Wille des Gesetzgebers entsprechen.[2964] Beispielhaft sei insofern nur die Gleichstellung der Lebenspartnerschaft mit der Ehe durch das Bundesverfassungsgericht im Jahr 2009 genannt.[2965] Daneben kann mit dem inzwischen vom Bundesverfassungsgericht[2966] kreierten Recht auf informationelle Selbstbestimmung argumentiert werden, das teilweise als eigenständiges Grundrecht bezeichnet worden ist.[2967] Auch wenn dieses

---

2961 *de la Vega* Verfassungswandel als Dynamische Verfassungsinterpretation, S. 28. Gleichwohl lehnt *de la Vega* a.a.O, S. 28 f. einen Verfassungswandel als Instrument ab, da er das Rechtssystem als offen dynamisch transkribiere und somit aufgrund der darauf resultierenden Interpretationsoffenheit ein Verfassungswandel obsolet sei. Vgl. auch *Voßkuhle* Der Staat 43, 450, 457 ff., der eine Veränderung bei der Konkretisierung bis zum normativen Gehalt der jeweiligen Norm für möglich befindet, den Begriff des Verfassungswandels jedoch nur als (noch) inhaltslosen Chiffre verschiedener grundsätzlicher Fragen der Fortentwicklungsmöglichkeiten einer „offenen Verfassung" betrachtet. Siehe auch *Herdegen* in Maunz/Dürig, Art. 79 GG Rn. 33. Zu den Grenzen *Hesse* in Ehmke/Kaiser/ Kewenig/Meessen/ Rüfner (Hrsg.), S. 123, 138 ff., gemäß dem das „Normprogramm" konstant bleiben müsse und nur der „Normbereich" Wandlungen unterliegen soll. *Jestaedt* in Depenheuer/Heintzen/Jestaedt/Axer (Hrsg.), S. 183, 197 spricht einer Lehre vom Verfassungswandel einen heuristischen Wert zu.

2962 Dieser Begriff funktioniert als Chiffre für „Änderungen des Verfassungsinhalts ohne Änderung des Verfassungstextes," *Jestaedt* in Depenheuer/Heintzen/Jestaedt/Axer (Hrsg.), S. 183, 194.

2963 *Bryde* Verfassungsentwicklung, S. 286 f.

2964 Mit dem Abstellen auf den verkörperten Willen wird dem Ansatz objektiver Auslegung entsprochen. Mit den Worten des BVerfG: „Das Gesetz kann eben klüger sein als die Väter des Gesetzes", BVerfG Beschl. v. 29.01.1974 – 2 BvN 1/69, BVerfGE 36, 342, 362.

2965 BVerfG Beschl. v. 07.07.2009 – 1 BvR 1164/07, NJW 2010, 1439.

2966 BVerfG Urt. v. 15.12.1983 – 1 BvR 209/83, NJW 1984, 4.

2967 Vgl. die Darstellung bei in *Busch/Jakobi* in Hönnige/Kneip/Lorenz (Hrsg.), S. 297, 303 ff. Dort auf S. 308 f. werden die Landesverfassungen aufgezählt, die ein solches eigenständiges Grundrecht aufgenommen haben.

Recht – selbst nach der Judikatur des Bundesverfassungsgerichts – nur als Ausprägung des allgemeinen Persönlichkeitsrechts verstanden wird, ist aufgrund der allgemeinen Anerkennung[2968] doch zu konstatieren, dass damit dem allgemeinen Persönlichkeitsrecht unter dem Wandel des gesellschaftlichen Wertekanons eine weitere Ausprägung und damit ein weiteres Element des Schutzbereichs zuerkannt worden ist. Genau dies muss daher im Hinblick auf den objektiv-rechtlichen Schutzgehalt der Sicherung der öffentlichen Meinungsbildung geschehen.

Die Beispiele zeigen, dass immer nur die Grenzen einer Anpassung des verfassungsrechtlichen Schutzumfanges zu diskutieren sind, in einem demokratischen Rechtsstaat dagegen auch eine Anpassung des Umfangs des Schutzbereichs an geänderte Bedingungen und einen veränderten gesellschaftlichen Wertekanon grundsätzlich unumgänglich ist. *Hindelang* verkennt diese Notwendigkeit, wenn er außer Betracht lässt, dass trotz des nunmehr für Jedermann bestehenden Zugangs zum Meinungsmarkt die Gewichtung durch die Verfolgung wirtschaftlicher Interessen auf Seiten professioneller Akteure verschoben wird und der Einzelne daher ebenfalls droht, nicht gehört zu werden.

Dies gilt auch, wenn der Meinungsmarkt durch die gezielte Visibilitätssteigerung von Desinformation manipulativ in eine bestimmte Richtung gelenkt und so die Sichtbarkeit der Beiträge des Einzelnen auf diesem Weg unterminiert wird. Gleiches gilt für die Informationsfreiheit des Einzelnen, da auch insofern die Wahrnehmung des gesamten Meinungsspektrums zu Sicherung eines äquivalenten Diskurses hergestellt werden muss. Insofern verhalten sich die *öffentliche Meinungsbildung* und der *Individualschutz also nicht nur diametral*, sondern der *Schutz der demokratischen Meinungsbildung wird zur Grundvoraussetzung der Wahrnehmung der Individualgarantie.*[2969] Die vollends liberale Gestaltung des Diskurses entspricht dagegen aufgrund des Aufkommens gezielter Desinformationen nicht mehr dem gesellschaftlichen Wertekanon.

Jestaedt ist schließlich zuzugestehen, dass sich die Zuordnung der demokratischen Willensbildung zu einem Rechtsgutsträger als unmöglich erweist, da das so beschriebene Interesse sich lediglich als Grundbedingung der Ausübung individueller Freiheit und gerade nicht als eine *Zusammenfassung einer Vielzahl unbestimmter Kollektivinteressen* darstellt. Dies schließt es jedoch nicht aus, den Schutzbereich der individuellen Meinungsfreiheit auch *kollektivistisch* zu interpretieren und somit letztlich den *Schutz der öffentlichen Meinungsbildung als Grundbedingung der individuellen Freiheit zu garantieren.* Selbt das Bundesverfassungsgericht hat

2968 *Durner* in Maunz/Dürig, Art. 10 GG Rn. 54; *Epping* Grundrechte, Kap. 13 Rn. 628 ff.; *Eun* Schutz personenbezogener Daten im Internet, S. 18; *Schmidt-Bleibtreu/Hofmann/Henneke* Grundgesetz, Art. 2 GG Rn. 16.

2969 *M. Schreiber* Strafbarkeit politischer Fake News, S. 101 hat insofern zu Recht unlängst darauf hingewiesen, dass die öffentliche Meinung neben dem eigentlichen Wahlakt ebenfalls ein Element der Volkssouveränität ist.

insoweit, wie bereits gesehen, seit jeher die objektiv-rechtliche Schutzdimension anerkannt. Soweit in den diesbezüglichen Urteilen ausdrücklich davon die Rede ist, dass seitens des Staates nicht lenkend in den *Meinungsmarkt* eingegriffen werden dürfe, ist diese Aussage angesichts des tatsächlichen Wandels zu relativieren. Ohne einen Eingriff in den *Tatsachenmarkt* wird der Gewährleistungsbereich der Grundrechte tatsächlich ausgehöhlt. Dass dieser zu beschreitende Weg die Gefahr birgt, außerverfassungsrechtliche Interessen einzubeziehen und so Grundrechte unzulässig zu beschränken, steht dem Schutz letztlich ebenfalls nicht entscheidend entgegen. Das Merkmal der *öffentlichen Willensbildung* ist nämlich nach sorgfältiger Abwägung der betroffenen Verfassungsgüter nur dort zu schützen, wo es sich um für die Wahrnehmung individueller Freiheiten besonders essentielle Inhalte handelt.[2970]

Das Merkmal der öffentlichen Willensbildung ist daneben selbst als essentieller Ausfluss des Demokratieprinzips zu konstituieren, sodass auf diesem Weg ein übergeordneter Verfassungsbezug gewahrt wird. Schließlich findet mit dem vorgeschlagenen Weg tatsächlich nur eine Verschiebung der Gewichtung bei der Abwägung zwischen individueller Gewährleistung und objektiv-rechtlichem Schutzgehalt statt. Der in den Vordergrund gerückte objektiv-rechtliche Schutz dient dabei letztendlich nur der umfassenderen Gewährleistung des Individualgrundrechtes durch die Herstellung „gleichgewichtiger Vielfalt" und zur Verhinderung einer manipulativ erzielten nur vermeintlich vorherrschenden Meinungsmacht.[2971] Dem sozialen Wandel wird also letztlich nur durch eine veränderte Gewichtung der einzelnen Schutzgehalte Rechnung getragen.

Soweit eine Wahrheitspflicht bei Tatsachenbehauptungen als kontraproduktiv für den Pluralismus angesehen und gefordert wird, der Staat müsse sich jeder qualitativen Bewertung enthalten – und die Gefahr des Versagens des Meinungsmarktes als in der neuartigen Gesellschaft geringer angesehen wird, da falsche Tatsachen einfacher kontrastiert und ergänzt werden können,[2972] ist dem in der Sache nicht vollumfänglich zuzustimmen. Indem eine rein objektive Unterscheidung anhand des Wahrheitskriteriums vorgenommen wird, erfolgt keine qualitative Gewichtung nach eigens aufgestellten Kriterien. Von einer Selbstregulierung auszugehen und die Gefahr eines *Tatsachenmarktversagens*[2973] demnach als geringfügig

---

2970 *Schimmele* Staatliche Verantwortung für diskursive Integrität in öffentlichen Räumen, S. 125 ff., 262 befindet eine staatliche Interventionsmöglichkeit ebenfalls nur hinsichtlich solcher Desinformationen für möglich, die zu objektiv messbaren Folgen für Rechtsgüter führen – sodass diese ein nicht mehr hinnehmbares Risiko begründen.

2971 Zu diesen seitens der Lehre von der Kommunikationsverfassung verfolgten Zielen *Hindelang* Freiheit und Kommunikation, S. 159.

2972 *Hindelang* Freiheit und Kommunikation, S. 160.

2973 Das Paradoxon eines Tatsachenmarktes wird an dieser Stelle bewusst verwendet, um aufzuzeigen, dass es einen funktionierenden Tatsachenmarkt nicht geben kann,

zu bewerten, erscheint vor dem Hintergrund der bereits oben unter § 2 B. III. ff. aufgezeigten kognitiven Verzerrungen bei der Informationsrezeption schlichtweg infantil. Eine solche unorganisierte Selbstregulierung[2974] erfolgt daneben oftmals zu spät, sodass Prävention nunmehr anderweitig erreicht werden muss.

Ein Recht des Bürgers, zutreffend über bestimmte Geschehnisse informiert zu werden, verneint dagegen *Rostalski*[2975], die insoweit vor allem die notwendige Eigenständigkeit des Bürgers und ein Recht der Medien zur tendenziösen Berichterstattung anführt. Auch diese Arbeit setzt sich aber über jedwede empirischen Feststellungen hinweg, gemäß denen die in den sozialen Medien vorherrschenden heuristischen Rezeptionsmodi dazu führen, dass ein beträchtlicher Teil der Bürger der hierfür erforderlichen Verantwortungsübernahme nicht entsprechen kann und will.

2. *Konstituierung für den* demokratischen Meinungsbildungsprozess *gedeihlicher Tatsachenbehauptungen zum öffentlichen Gut infolge der Publikation*

a) Gesellschaftspolitische Bedeutung authentischer Informationen

Betrachtet man Informationen aus einer gesellschaftlichen Perspektive und fokussiert den Blick auf deren Funktion als Instrument der Kritikermöglichung an den vorherrschenden Regierungs- und Amtspersonen, liegt der Schluss nah, dass es sich bei einmal veröffentlichten Informationen letztlich auch um ein *quasi-öffentliches Gut* handelt.[2976] Da die Massenmedien aufgrund ihrer verlorenen Marktanteile diese Kritikermöglichung nicht mehr garantieren können, muss die Qualität der durch neue Informationsintermediäre vermittelten Informationen anderweitig garantiert werden. Die Verantwortung zur Gewährleistung einer kontrollierenden Kraft reißt durch die Veränderungen indes nicht ab.[2977] Die durch die Digitalisierung ermöglichte Echtzeitwieder- und -weitergabe von Informationen hat diese mehr denn je in die Richtung eines öffentlichen Gutes gerückt.[2978] Der *öffentliche Meinungsbildungsprozess als Kollektivinteresse* ist insofern einerseits stets vom Individualschutz als *ratio crescendi* der (personalen) Rechtsgutsdogmatik

---

da die Behauptung von Tatsachen schon *a priori* Gegenrede ausschließt – sich also per se als marktfeindlich erweist.

2974 *Hindelang* Freiheit und Kommunikation, S. 164.

2975 *Rostalski* RW 2017, 436, 445 ff. In diese Richtung auch *Schimmele* Staatliche Verantwortung für diskursive Integrität in öffentlichen Räumen, S. 266.

2976 In diese Richtung auch *Starr* The New Republic v. 04.03.2019, abrufbar unter https://newrepublic.com/article/64252/goodbye-the-age-newspapers-hello-new-era-corruption (24.03.2022).

2977 Ähnlich *Starr* (Fn. 2977).

2978 So ausdrücklich *Starr* (Fn. 2977).

abhängig. Anderseits bedingt das Kollektivinteresse zugleich den Individualschutz, als die erstmalige öffentliche Publikation das Kollektivinteresse amplifiziert. Das ab der Publikation zugleich proportional mitsteigende Individualschutzinteresse ist dabei gerade auf die gestiegene Wertigkeit für das Kollektiv zurückzuführen.[2979] Das Kollektivinteresse an der (Authentizität der) spezifischen Tatsache ist daher zwar *keine hinreichende, aber notwendige Bedingung* des Individualschutzes in diesem Bereich.

b) Unbeeinflusster demokratischer Meinungsbildungsprozess *als* Quasi-Rechtsgut

Dies erscheint zunächst als Widerspruch zur hier vertretenen personalen Rechtsgüterlehre Hassemers, welche doch eigentlich den umgekehrten Wirkmechanismus nahelegt: Insofern müsste eigentlich ein grassierendes Individualinteresse ebenfalls zu einem steigenden Kollektivinteresse führen und zudem auch der Bedingungszusammenhang gleichgerichtet verlaufen. Dagegen wird vorliegend der Bedingungszusammenhang konzeptionell gerade diametral begründet.

Dieser vermeintliche Widerspruch lässt sich nur auflösen, indem man eine Gesamtbetrachtung der scheinbaren Widersprüche unternimmt. Gesehen wurde, dass der öffentliche Meinungsbildungsprozess als verfassungsrechtliches Schutzgut dem Einwand ausgesetzt ist, keine Zuordnung zu einem Rechtssubjekt zu ermöglichen und damit dogmatische Schwierigkeiten aufweist. Ebenjene Kritik ist entsprechend auf die strafrechtliche Rechtsgüterlehre zu übertragen. Gleichwohl darf aber der oben beschriebene Wirkungsmechanismus nicht verkannt werden, da die graduelle Zunahme der Schutzbedürftigkeit der Öffentlichkeit hinsichtlich publizierter Informationen zu spezifischen Themen wiederum als Argumentationsmuster für die verfassungsrechtliche Legitimation der Kriminalisierung herangezogen werden und so ein greifbares Legitimationsmuster bieten kann.

Da ein umfassendes strafrechtliches Verbot der Verbreitung von Desinformationen aus zwingenden verfassungsrechtlichen Gründen zu weitgehend wäre, können aus dieser Beobachtung wertvolle Rückschlüsse gezogen werden. Der demokratische Meinungsbildungsprozess ist insofern als vergeistigtes *Quasi-Rechtsgut*[2980] und als notwendige Bedingung für den Schutz des Individualrechtsguts des

2979 *Schünemann* GA 2019, 620, 627 geht dagegen von einem Kollektiv- (Informationswahrheit) und einem Individualrechtsgut (Infomations- respektive Äußerungsfreiheit) aus. Ähnlich *M. Schreiber* Strafbarkeit politischer Fake News, S. 100, der als „demokratiegefährdende Komponenten" eine Beeinflussung des staatlichen Willensbildungsprozesses durch die Beeinflussung der individuellen Meinung eines Wählers sowie eine Beeinträchtigung bei der Bildung der öffentlichen Meinung ausmacht.

2980 Die hier gefundene Konstruktion bedient sich starker Anleihen beim Begriff des „vergeistigten Zwischenrechtsguts" bei *Schünemann* JA 1975, 787, 798. Da das hier

unbeeinflussten Meinungsbildungsprozesses des Einzelnen auszugestalten. Der strafrechtliche Schutz des unmittelbar geschützten, *unbeeinflussten Meinungsbildungsprozesses*[2981] *des Einzelnen* wird also vom Grad der drohenden Beeinträchtigung des *Quasi-Rechtsguts des unbeeinflussten öffentlichen Meinungsbildungsprozesses* bestimmt. Beispielsweise das vermeintliche Zitat von Künast zielt doch eigentlich darauf ab, die Rezipienten zur Kritik der Flüchtlingspolitik der etablierten Parteien zu bewegen und so das öffentliche Meinungsbildung und die Mehrheitsverhältnisse in der Parteienlandschaft latent zu beeinflussen. Anders als bei normativer Betrachtung für den öffentlichen Meinungsbildungsprozess irrelevante Informationen, begründet diese Desinformation daher eine erhöhte Schutzbedürftigkeit des individuellen Kommunikationsteilnehmers.

c) Vom Mär variabler Angriffsrichtung

Die derartige Formulierung eines Quasi-Rechtsguts wird zudem der variablen Angriffsrichtung[2982] der unmittelbar betroffenen Interessen gerecht. Im Falle von Desinformationen ist das Rechtsgut, dass mit der geäußerten Tatsache unmittelbar angegriffen wird, nur Mittel zum Zweck, um letztlich die öffentliche Meinungsbildung zu beeinflussen. Das eigentliche Ziel sind also ohnedies nicht die unmittelbar von den falschen Fakten Betroffenen, sondern das Kollektiv. Bei einem derartigen Verständnis erweist sich die Angriffsrichtung also gerade nicht als variabel, als zwar der unmittelbare Angriff (beispielsweise auf die persönliche Ehre) variabel ist, nicht aber das eigentlich mit dem Angriff verfolgte Ziel.

d) Impersonale Interpretation der Kommunikationsgrundrechte bei Vesting

Mit einem solchen, zumindest auch impersonalen Verständnis der Kommunikationsfreiheiten steht der Verfasser zudem nicht allein auf weiter Flure. In der Lehre ist eine beachtliche Strömung von Literaten zu beobachten, welche die Grundrechtsdogmatik einer kollektivistischen Interpretation unterzieht.[2983] *Vesting* sieht – ausgehend vom kulturell assimilierten Individuum im Rahmen der von den modernen Massenmedien zu Tage geförderten dynamischen Vernetzungen – gerade dass durch diese Vernetzungen bestimmte Schutzsubjekt als Träger der

---

geschützte Rechtsgut des unbeeinflussten Meinungsbildungsprozesses des Einzelnen aber kein Rechtsgut kollektiver Natur ist, wurde hierbei bewusst nur auf die Grundidee zurückgegriffen.

2981 Vgl. *Hoven* ZStW 129 (2017), 718, 737 ff.

2982 *Lammich* Die Strafbarkeit der Verbreitung sogenannter „Fake News“, S. 29 verneint infolge der variablen Angriffsrichtung die Möglichkeit, eine gänzlich neue Strafnorm zu schaffen.

2983 *Schuppert* in Duve/Ruppert (Hrsg.), S. 182, 206 m.w.N.

Kommunikationsfreiheiten an. Das Ziel der Meinungsfreiheit müsse daher darin bestehen, den Wertvorstellungen und Überzeugungen der gesamtgesellschaftlich wesentlichen politischen und sozialen Gruppierungen Gehör zu verschaffen.[2984] Geschützt wird von der Meinungsfreiheit bei einem derartigen Verständnis *nicht mehr das einschränkungslos interpretierte Äußern einer Meinung aus der Perspektive der Freiheitssphäre des Individuums, sondern Offenheit, Pluralismus und Professionalität der gesamtgesellschaftlich signifikanten Medien als Voraussetzungen der Meinungsfreiheit des Einzelnen.*[2985] Der Wert der Meinungsfreiheit wird insofern hin zu einem Beitrag für die öffentliche Debatte verschoben. Das Erfordernis eines Beitrags für die öffentlich Debatte statuiert demnach Mindestanforderungen und akzentuiert zugleich die rechtlichen Grenzen, da ein solcher Beitrag zugleich hedonistische und diskursfeindliche Äußerungen aus dem Blickfeld nimmt.[2986]

Die hier vertretene Konzeption bedient sich hierbei starker Anleihen von einer solchen kollektivistischen Grundrechtsinterpretation, ohne diese vollständig nachzuzeichnen. Die kollektivistische Interpretation wird vielmehr durch das Quasi-Rechtsguts als Legitimationsbedingung inzident integriert, ohne dabei den maßgeblichen Individualbezug, der im liberal-rechtsstaatlichen Strafrecht nicht aufgegeben werden darf, grundsätzlich abzuschütteln. Bei Vorliegen der Legitimationsbedingungen des Quasi-Rechtsguts verschieben sich dabei die Äußerungsbefugnisse des Individuums, da diesem – für den besonders sensiblen Bereich gesamtgesellschaftlich besonders relevanter Äußerungen – höhere Sorgfaltsanforderungen abverlangt werden können. Eine rein kollektivistische Interpretation liefe derweil Gefahr, den Schutz des Kollektivs zum Selbstzweck zu erheben und würde daneben bereits im Ausgangspunkt Gefahren einer überbordenden und minderheitsfeindlichen Kriminalpolitik begründen.

e) Begrenzungsfunktion des Quasi-Rechtsguts

Dort, wo dieses Quasi-Rechtsgut als *ratio crescendi* des Individualschutzes nicht schützenswert erscheint, verbietet sich von vornherein die strafrechtliche Pönalisierung. Beispielsweise steht weiterhin außer Frage, dass das bewusste Verbreiten von Falschinformationen in für die Öffentlichkeit belanglosen Thematiken straflos bleiben muss. Gleiches gilt für belanglose „Nebeninformationen" zu relevanten „Hauptinformationen."

Infolge dieses aufgezeigten Bedingungszusammenhangs stellt sich aber die Frage, ob allein durch die Kopplung an das Quasi-Rechtsgut eine ausreichende Restriktion durch eine schutzgutorientierende Auslegung – insbesondere einer etwaigen teleologischen Reduktion im Einzelfall – erzielt wird oder ob es weiterer tatbestandlicher Einschränkungen bedarf. Der rechtsvergleichende Teil der Arbeit

---

2984 *Vesting* in Vesting/Korioth/I. Augsberg (Hrsg.), S. 57, 73 ff.

2985 *Vesting* in Vesting/Korioth/I. Augsberg (Hrsg.), S. 57, 73 ff.

2986 *Ladeur* PhiN Beiheft 12/2017, S. 4, 6 f.

hat insofern naheliegende weitere Restriktionen auf Tatbestandsebene aufgezeigt. So wurden in den USA u.a. wahl(kampf)bezogene Informationen inkriminiert. Andere Staaten schränkten den Anwendungsbereich bzgl. der erfassten Inhalte durch materielle Eignungsklauseln oder Ähnliches ein. Der Mehrwert solcher Einschränkungen auf Tatbestandsebene gegenüber einer bloßen Berücksichtigung des gestiegenen Kollektivschutzinteresses im Rahmen einer schutzgutorientierten Auslegung liegt dabei in dem damit verbundenen unmissverständlichen Fingerzeig an den Gesetzgeber, sich stets des unabwendbaren öffentlichen Bedürfnisses zur Inkriminierung zu vergewissern

Gleichwohl erübrigt sich aufgrund der Notwendigkeit weiterer Restriktionen auf Tatbestandsebene nicht die hier skizzierte Konstruktion, als mit dieser den besonderen Wirkzusammenhängen Rechnung getragen wird, indem die Abhängigkeit des Individualschutzes von besonderen Kollektivinteressen rechtsdogmatisch berücksichtigt wird. Daneben wird dem Rechtsanwender ein praktisch verwertbares Auslegungskriterium an die Hand gelegt, da die (hypothetische) Beeinträchtigung des Quasi-Rechtsguts unabdingbare Grundvoraussetzung der Pönalisierung ist. Ohne die Erfüllung dieses Kriteriums, wäre die tatbestandliche Fassung – bezogen auf den Einzelfall – zu weit geraten und bedürfte es folgerichtig einer teleologischen Reduktion. Die hiesige Konstruktion erfüllt damit eine systemkritische Funktion.

Zudem wird die notwendige Liberalität in diesem sensiblen Grundrechtsbereich hergestellt, indem trotz der Loslösung von einer konkreten Gefährdung Fälle ausgeschlossen werden, in denen eine Gefährdung von vornherein ausgeschlossen erscheint. Die Themenbereiche für eine mögliche Pönalisierung sind daher von vorherein eng gesteckt: Möglich erscheint ein Verbot im Falle von Inhalten, die geeignet sind, politische Wahlen zu beeinflussen, die Gesundheit der Bürger oder die auswärtigen Beziehungen zu anderen Staaten zu gefährden oder im Falle von Desinformationen, die wirtschaftlichen Schaden anrichten können.

B. Evaluation weiterer greifbarer vorstrafrechtlicher Anknüpfungspunkte

Im Sinne einer negativen Abgrenzung ist, zwecks Bestätigung des vorgefundenen Rechtsguts, nachfolgend zu erörtern, ob nicht andere vorstrafrechtliche Interessen als Basis einer Kriminalisierung dienen könnten.

I. *Öffentlicher Meinungsbildungsprozess* bzw. Informationswahrheit nach Schünemann

Nachdem die Bedingungszusammenhänge zwischen den vorstrafrechtlichen Interessen des individuellen und öffentlichen Meinungsbildungsprozesses analysiert wurden, ist zunächst zur Überprüfung des Konzepts zu erörtern, ob nicht doch etwa der öffentliche Meinungsbildungsprozess als unmittelbar geschütztes

Rechtsgut eines Desinformationstatbestandes fungieren könnte. Bei der Unterscheidung zwischen individuellen und kollektiven Rechtsgütern bzw. Rechten kommt es nach überwiegender Auffassung darauf an, dass letztere potentiell von jedem Gesellschaftsmitglied genutzt werden können,[2987] sodass weder das Gut selbst noch ein Teil davon einem Individuum zugeordnet werden kann.[2988] Zusammengefasst werden die begriffsprägenden Definitionsmerkmale als „Nicht-Ausschließbarkeit von der Nutzung, der Nicht-Rivalität des Konsums und der Nicht-Distributivität."[2989] Diese kollektiven Rechtsgüter kategorisiert Hefendehl weiterhin in Rechtsgüter, die Freiheit für Individuen schaffen (Vertrauensrechtsgüter) – und solche zum Schutz staatlicher Rahmenbedingungen.[2990] Anhand dieser Kategorisierung wurden „Zwitterkonstruktionen" wie die Volksgesundheit im Rahmen des Betäubungsmittelstrafrechts verortet, deren vermeintliche kollektive Rechtsgutsstrukturen zur Überprüfung der Legitimationsvoraussetzungen des diesbezüglichen Individualschutzes aufgelöst werden sollen.[2991]

Vorliegend würde das Abstellen auf den öffentlichen Meinungsbildungsprozess dazu führen, dass unmittelbar eine Vielzahl von Individualinteressen geschützt würden. Der Begriff würde daher letztlich nur als Sammelbegriff dienen, sodass dieser kein kollektives Rechtsgut beschreibt. Hiermit würde einer Abstrahierung des tatsächlichen Schutzgutes Vorschub geleistet und es würden die Legitimationsanforderungen verwischt, indem von der Verantwortlichkeit des Einzelnen abgelenkt wird. Inhaltsgleiche Bedenken bestehen im Übrigen im Hinblick auf das von *Schünemann*[2992] formulierte kollektive Rechtsgut der Informationswahrheit.

II. Vertrauen in die Authentizität des öffentlichen Diskurses

Die gleichen Bedenken sind gegen die Formulierung eines kollektiven Vertrauensgutes der *Authentizität des öffentlichen Diskurses* vorzubringen. Hierzu müsste ein hinreichend bestimmter Vertrauensgegenstand greifbar sein, der für Individuen handlungsleitend ist und der sich auf durch Institutionen gewährleistete Rahmenbedingungen konzentriert.[2993] Dies ist indes beim öffentlichen Diskurs nicht der Fall, da hierbei keine derartigen durch Institutionen gewährleisteten Rahmenbedingungen geschützt werden. Die legitimen Vertrauensrechtsgüter zeichnen sich dagegen regelmäßig dadurch aus, dass im Falle des Vertrauensverlusts dessen

2987 *Hefendehl* Kollektive Rechtsgüter, S. 111 ff.
2988 *García* Die Funktionseinheitsstörung als Grundstein des Insiderstrafrechts, S. 61.
2989 *Hefendehl* ZIS 2012, 506, 507.
2990 *Hefendehl* Kollektive Rechtsgüter, S. 382.
2991 *Hefendehl* Kollektive Rechtsgüter, S. 383.
2992 *Schünemann* GA 2019, 620, 627.
2993 *Hefendehl* Kollektive Rechtsgüter, S. 387.

Bezugsgegenstand nicht mehr gewährleistet werden kann – so die staatliche Verwaltung bei den §§ 331 ff. StGB oder die Funktion des Geldes in der Realwirtschaft bei den Geldfälschungsdelikten.[2994] Darüber hinaus ist das Vertrauen dort nicht derart konstituierend für das Schutzgut, weil der öffentliche Diskurs – wohl auch in letzter Konsequenz – nicht endgültig zusammenbrechen, sondern lediglich entgrenzt und verschoben würde. Ferner lässt der vage Vertrauensgesichtspunkt es als kaum begründbar erscheinen, warum ein bestehendes Vertrauen gerade durch die inkriminierten Handlungen in gesellschaftliches Misstrauen umschwenken soll.[2995]

Schließlich sprechen die empirischen Gegebenheiten gegen die Implementierbarkeit eines Vertrauensrechtsguts in diesem Bereich: Verstöße Einzelner gegen etwaige Sanktionen würden nicht etwa das Vertrauen in die dann geschützte Institution eines vertrauensvollen öffentlichen Diskurses schwächen, sondern nur das Geschehenlassen von Verstößen durch die insoweit zur Strafverfolgung berufenen Institutionen. Der Einzelne kann durch einen Regelverstoß ein solches Systemvertrauen also gar nicht erschüttern.[2996] Das Systemvertrauen kann insoweit nur dann erschüttert werden, wenn das System insgesamt als versagend empfunden wird. Dies wäre im Falle des Fehlens von Sanktionen der Fall.[2997] Ein Systemvertrauen kann daher nicht Rechtsgut eines zu schaffenden Tatbestandes sein.[2998]

Die Konstruktion eines Vertrauensrechtsguts im Besonderen und eines kollektiven Rechtsguts im Allgemeinen wäre schließlich tatsächlich in höchstem Maße mit staatlichem Paternalismus verbunden. Hierbei würde die Integrität des Diskurses als Primat der Pönalisierung ausgemacht, wenngleich doch im liberalen Strafrecht nur der Schutz der unbeeinflussten Entscheidung des Einzelnen gegenständlich sein kann. Eine derart paternalistische Intervention wird vermieden, wenn die – wenngleich in ihrer Anzahl unbestimmt bleibenden – Rechtsgüter einer Vielzahl Einzelner zum Primat des Schutzes gemacht werden, da dann im Falle einer nicht denkbaren Gefährdung der einzelnen Güter kein Bedarf für eine Pönalisierung besteht.

2994 *Teixeira* Das Unrecht der privaten Korruption, S. 130.

2995 Für den Versicherungsmissbrauch (§ 265 StGB) und den Kreditbetrug (§ 265b StGB) *Hefendehl* Kollektive Rechtsgüter, S. 387.

2996 *Beckemper* ZIS 2011, 318, 322 f.

2997 *Beckemper* ZIS 2011, 318, 322 f.

2998 *Beckemper* ZIS 2011, 318, 322 f. zum Rechtsgut des Vertrauens in die Funktionsfähigkeit der Märkte.

III. Extensiverer Ehrbegriff bzw. anderweitig erweiterter Individualschutz für die Protagonisten von Desinformationen

Weiterhin wäre es möglich, den Ehrbegriff extensiver zu interpretieren und so weitere Desinformationen den Ehrschutzdelikten zu unterstellen. Eine solche Lösung wäre allerdings ebenso durchgreifenden Bedenken ausgesetzt. Bezweckt ist nicht der Schutz der unmittelbar betroffenen Individuen vor aus Desinformationen resultierenden Gefahren, vielmehr sollen die Auswirkungen von Desinformationen auf die Entscheidungen Dritter verhindert werden. Gegenständlich ist also offensichtlich ein anderes Schutzgut. Zudem stünde es den Betroffenen frei, falsche Tatsachen jeglicher Art über sich selbst zu behaupten, da insofern der Schutzzweck nicht greifen würde und daher zumindest eine teleologische Reduktion eines etwaigen Tatbestands angezeigt wäre.

IV. Schutz der Integrität von Wahlen

Will man die Integrität von Wahlen zum Rechtsgut erheben, ergäben sich unauflösbare Widersprüche, wenn die Beeinflussungsversuche des einen Lagers sich im Wahlergebnis mit denen des anderen Lagers ausgleichen würden: Denkbar ist nämlich, dass zwar Wähler beeinflusst werden, gleichzeitig aber eine identische Stimmenzahl gerade konträr beeinflusst wird, sodass das Wahlergebnis letztendlich gar nicht verfälscht wird.[2999] Der Schutz der Integrität von Wahlen verkäme in diesen Fällen zum Selbstzweck und der Tatbestand dürfte auf diesen Fall bei einer schutzgutorientierten Interpretation nicht angewendet werden, obgleich der Fall doch als inkriminierungswürdig zu erachten wäre. Dies zeigt, dass der Schutz insofern an die Gewährleistung der unbeeinflussten Meinungsbildung des Einzelnen zu knüpfen ist.

V. Schutz des freien Wahlrechts

Ein Schutz der freien Wahl nach Art. 38 GG als Anknüpfungspunkt erscheint im Ergebnis ebenso nicht sachgerecht, als die zu verhindernden Beeinflussungsversuche sich im Vorfeld der Entschließungsfreiheit des Wählers bewegen. Nach der Rechtsprechung des Bundesverfassungsgerichts erfordert der Grundsatz freier Wahl zwar nicht nur, „dass der Akt der Stimmabgabe frei von Zwang und unzulässigem Druck bleibt [...], sondern ebenso sehr, dass die Wähler ihr Urteil in einem freien, offenen Prozess der Meinungsbildung gewinnen und fällen können".[3000] Gleichwohl zeigen die in anderen Bereichen – wie der Wirtschaft und

2999 *Rowbottom* Oxford Journal of Legal Studies 32 (2012), 507, 516. Zwar ist dieser Fall infolge der bislang stärkeren Partizipation rechter Akteure in naher Zukunft eher unwahrscheinlich, gleichwohl muss er rechtstechnisch Berücksichtigung finden.
3000 BVerfG Urt. v. 02.03.1977 – 2 BvE 1/76, BVerfGE 44, 125, 139.

dem Gesundheitswesen – gesehenen Probleme, dass es sich um ein abstrakteres Rechtsgut handelt, das *unabhängig von der unmittelbaren demokratischen Teilhabe* durch die Betätigung des Willens die *Meinungsformung in gesellschaftlich relevanten Bereichen* betrifft.

C. Negative Abgrenzung nach den Vorgaben Roxins

Nachdem im Sinne einer negativen Überprüfung analysiert wurde, dass jedenfalls ein anderes für den vorliegenden Untersuchungsbereich bemühbares Rechtsgut als der unbeeinflusste Meinungsbildungsprozess des Individuums nicht existiert, soll eine weitere Überprüfung anhand der Leitlinien von Roxin stattfinden.

I. Unproblematische Anforderungen

Weder liegt ein offensichtlich grundrechtswidriger Zweck vor, noch ein Verstoß gegen die eigene Menschenwürde. Auch wird zutreffend zwischen Rechtsgut und Regelungsziel unterschieden: Das Regelungsziel ist, in Abgrenzung dazu, die Integrität bzw. Authentizität des öffentlichen Dialogs. Einen Schutz von Emotionen mag man zunächst infolge der von Desinformationen oftmals hervorgerufenen negativen Gefühle vermuten. Hierauf zielt jedoch nicht das vorgefundene Rechtsgut ab, sodass die Beeinträchtigung des Sicherheitsgefühls als Legitimationsvoraussetzung nicht relevant wird. Auch ein Schutz vor Selbstschädigungen wird allenfalls mittelbar vermittelt, da mit der Ausübung der Meinungsfreiheit oder von Wahlrechten in eine bestimmte Richtung nicht unmittelbar eine Selbstschädigung verbunden ist.

Schließlich liegt auch unsittliches und unmoralischen Verhalten – welches nach Roxin lediglich im Falle der Bedrohung des friedlichen Zusammenlebens die Kriminalisierung rechtfertigen kann – nicht vor, da nicht spezifische moralisch konnotierte Inhalte, sondern lediglich spezifische Handlungsweisen, unabhängig von ihrer ethisch-moralischen Bewertung, adressiert werden. Insoweit kommt es daher auch nicht auf die in der Rechtsgutsdiskussion seit langem geführte Debatte an, inwieweit die Kriminalisierung von Handlungsweisen, die sich in der Verletzung gesellschaftlicher Wert- und Moralvorstellungen erschöpfen, möglich ist.[3001] Aus

3001 Vgl. zur Diskussion nur *Hefendehl* Kollektive Rechtsgüter, S. 380 und *Frisch* in Küper/Welp (Hrsg.), S. 69, 72 ff. Auch wenn – mangels eines Erfolges im eigentlichen Sinne – der Legitimation derartiger Verhaltensdelikte enge Grenzen gesetzt sind, so spricht doch ohnehin für die Verfassungsmäßigkeit solcher Delikte, dass es nicht – wie von den aufgeführten kritischen Stimmen behauptet – um staatlichen Paternalismus geht, sondern in den jeweiligen Vorschriften nur bereits vorhandene homogene Überzeugungen reflektiert werden. So ausdrücklich *Hefendehl* Kollektive Rechtsgüter, S. 380. Anders dagegen *Kaspar* Verhältnismäßigkeit und Grundrechtsschutz im Präventionsstrafrecht, S. 440 ff., für den solche Strafvorschriften als

den gleichen Gründen verkörpert das formulierte Rechtsgut auch nicht lediglich gesellschaftliche Tabus. Das Rechtsgut ist schließlich auch hinreichend konkret gefasst, da – wie von Roxin gefordert – das vermeintliche Universalrechtsgut in die vielzähligen Individualrechtsgüter aufgelöst und so systemwidrige Abstraktion vermieden wurde.

Der unbeeinflusste Meinungsbildungsprozess stellt sich demzufolge als ein persönlichkeitskonstituierendes[3002] Individualrechtsgut dar. Insoweit sind Anknüpfungspunkt des Schutzes eine Vielzahl noch unbestimmter Rechtsgüter Einzelner („*Schutz kumulierter Individualrechtsgüter*") – eine solche Schutzkonstruktion existiert *de lege lata* zum Beispiel bei der Trunkenheitsfahrt nach § 316 StGB.[3003]

II. Symbolisches Strafrecht

Relevant wird aber der Gesichtspunkt symbolischen Strafrechts, unter dem bekanntlich allein symbolisch wirkende Normen verstanden werden. Dieses Negativkriterium soll daher nachfolgend ausführlich beleuchtet werden.

1. Verhaltenslenkender Einsatz des Strafrechts

Das Strafrecht ist Kraft seiner Natur als *retrospektives gesetzgeberisches Instrumentarium* darauf beschränkt, den Bestand der vorgefundenen realen Gesellschaft sowie ihre existierenden Entwicklungsmöglichkeiten zu sichern. Das Strafrecht stellt demgegenüber kein Mittel zur aktiven Umgestaltung gesellschaftlicher Verhältnisse dar.[3004] Plakativ gesprochen besteht seine Aufgabe in der Bewahrung

---

unangemessen zu qualifizieren sind. Ein entsprechendes Gesetzesvorhaben würde nach hiesiger Auffassung also nur bereits vorhandene Wertvorstellungen aufgreifen und insofern dem Wandel der Technisierung gerecht werden, der die Durchsetzung der dahinterstehenden Wertvorstellungen mittels der Pönalisierung nach der gewandelten gesellschaftlichen Überzeugung nunmehr unabdingbar macht.

3002 *Hefendehl* ZIS 2012, 506, 507 unterscheidet die Individualrechtsgüter in diejenigen der Vermögensdelikte, solche zum Schutz der körperlichen Integrität und ebenjene persönlichkeitskonstituierende Rechtsgüter.

3003 Diese strafrechtstheoretische Unterscheidung nimmt *Hefendehl* ZIS 2012, 506, 507 vor. Auch SK/*Wolters*, § 316 StGB Rn. 2 macht bei § 316 StGB Individualrechtsgüter aus. Daneben sind auch die Ausführungen des BVerfG Beschl. v. 04.12.2007 – 2 BvR 38/06, DAR 2008, 586 Rn. 42 in diese Richtung zu deuten. Die überwiegende Anzahl der Literaten macht dagegen (unreflektiert) die Sicherheit des Verkehrs und damit ein Kollektivinteresse als Schutzobjekt von § 316 StGB aus, so Lackner/Kühl/*Heger*, § 316 StGB Rn. 1; *Zieschang* in Kindhäuser/Neumann/Paeffgen, § 316 StGB Rn. 11. Nach MüKo-StGB/*Pegel* § 316 StGB Rn. 1 fehlt es zur Annahme eines Individualrechtsgutes an hinreichenden Anknüpfungspunkten im Gesetz.

3004 SK/*Jäger* Vor § 1 Rn. 13. In diese Richtung auch *Frisch* NStZ 2016, 16, 20 f.

unbeschädigter Werte – die Verbesserung bereits geschädigter Werte ist dagegen Verwaltungsaufgabe.[3005] Der so eingeschränkte Kreis möglicher legitimer Strafrechtsgüter verbietet es dem Strafgesetzgeber jedoch nicht, als erster Teilbereich der Rechtsordnung den Schutz eines Guts anzuerkennen und hierdurch eine Vorreiterstellung einzunehmen.[3006] Eine solche Vorreiterrolle ist in zeitlicher Hinsicht als prospektiv einzuordnen, da hierin ein Appell an den Gesetzgeber und die Rechtsunterworfenen hinsichtlich der weiteren Gesetzgebung in anderen Rechtsbereichen liegt und dergestalt eine spezifische Steuerungsfunktion hinsichtlich des gegenständlichen Verhaltens wahrgenommen wird.

Dagegen bestreiten einige[3007], dass das rechtsstaatlich-liberale Strafrecht die hier vorausgesetzte Steuerungs- und Problemlösungskompetenz innerhalb von Problemlagen besitzt. Die retrospektive Orientierung und die mangelnde Flexibilität aufgrund des in Art. 103 Abs. 2 GG verankerten Bestimmtheitsgebots beschränken demnach die Wirkungsmöglichkeiten des Strafrechts erheblich. Insofern würde die reaktionäre Befriedigung von der Gesellschaft empfundenen Handlungsbedarfs nach *Hassemer* teilweise erreicht, indem zur Steuerung der eigentlich adressierten Probleme ungeeignete, strafrechtliche Sanktionsnormen seitens des Gesetzgebers geschaffen würden. Dies beschreibt Hassemer anschaulich mit dem Begriff des *symbolischen Strafrechts*. Diese Befriedigung des politischen Handlungsbedarfs hinsichtlich akuter Problemlagen beschreibt Hassemer als Krisenphänomen moderner folgenorientierter Kriminalpolitik. Dies gehe einher mit dem Verständnis von einer Risikogesellschaft und dem steten Bedürfnis bzw. dem Postulat der Abwehrnotwendigkeit neuartiger Bedrohungen der Gesellschaft. Dieses Vorgehen könne aber letztlich die legitimen Aufgaben der Kriminalpolitik nicht erfüllen und erschüttere daher letztlich das Vertrauen der Rechtsunterworfenen in die Strafrechtspflege.[3008]

3005 Kritisch für eine derartige Strafbarkeitslegitimation bei kollektiven Rechtsgütern *Frisch* NStZ 2016, 16, 20 f.

3006 *Frisch* NStZ 2016, 16, 20 f.; *Jakobs* Strafrecht AT, 2. Absch. Rn. 14; *Kunz* Das strafrechtliche Bagatellprinzip, S. 136 ff. A.A. dagegen SK/*Jäger* Vor § 1 Rn. 5.

3007 *Hassemer* NStZ 1999, 553, 558 f. Kritisch zur Problemlösungskompetenz gesellschaftlicher Systemkonflikte *Albrecht* KritV 1988, 182, 192. Kritisch äußert sich unter dem Begriff des „Großsteuerungsstrafrechts" auch *Prittwitz* Strafrecht und Risiko, S. 244 ff. Ausführliche Darstellung bei *Hong* Flexibilisierungstendenzen des modernen Strafrechts, S. 74 ff. Für ein risikoorientiertes Präventionsstrafrecht dagegen *Kim* Umweltstrafrecht in der Risikogesellschaft, S. 44. Eine übersichtliche Darstellung der Kritik der sog. Frankfurter Schule sowie eine Untersuchung der Verhaltenssteuerung durch das Zivilrecht findet sich bei *Wagner* AcP 206 (2006), 352, 355 ff.

3008 *Hassemer* NStZ 1999, 553, 558 f. Den kritischen Gedanken des symbolischen Strafrechts griff für den hiesigen Untersuchungsgegenstand zuletzt auch *M. Schreiber* Strafbarkeit politischer Fake News, S. 250 ff. auf.

So zutreffend diese Kritik an der Neigung des Gesetzgebers zur vorschnellen Intervention mit den Mitteln des Strafrechts zur (vermeintlichen) Problemlösung akuter gesellschaftlicher Phänomene im Kern ist, sprechen die von *Hassemer* selbst genannten Gesichtspunkte doch im Ergebnis gegen das universale Erheben dieser Kritik gegen Gesetzesvorhaben, die zeitgeschichtlich aktuelle gesellschaftliche Delinquenzerscheinungen betreffen. Die Häufigkeit und Bedeutung bestimmter Handlungsweisen kann nach Hassemer den strafrechtlichen Schutz des betroffenen Rechtsguts geradezu notwendig machen. Bezogen auf den hiesigen Untersuchungsgegenstand ist das gesellschaftliche Verhalten – die Verbreitung und Rezeption von Desinformationen im Internet – von immenser Häufigkeit. Wie bereits aufgezeigt,[3009] konsumiert ein erheblicher Teil der Bevölkerung Informationen vordergründig auf diesem Weg. Verstöße bei der Ausübung dieses Verhaltens – hier die in Täuschungsabsicht erfolgte Informationsvermittlung falscher Fakten zur Erreichung bestimmter Ziele – sind daher von immenser Bedeutung für die gesellschaftliche Interaktion. Die gesellschaftliche Toleranz gegenüber dem von der Norm abweichendem Verhalten ist dabei nur sehr gering ausgeprägt. Fast einhellig wird die Bekämpfung von Fake News nämlich als wichtige Aufgabe des digitalen Zeitalters ausgemacht. Der zeitgeschichtliche Kontext lässt vor diesen Hintergründen den Schutz des betroffenen Interesses als eine wichtige Aufgabe erscheinen. Die geänderten „Vorzeichen“ bei der gesellschaftlichen Interaktion vermögen daher womöglich erstmals ein Verbot der Lüge dann zu legitimieren, wenn diese in modernen Kommunikationsmitteln verbreitet und instrumentalisiert wird, um mit ihr kommerzielle oder politische Ziele erreichen zu können.

Fraglich für den hiesigen Untersuchungsgegenstand ist demnach die Relevanz der akademischen Debatte über die Frage, ob das Strafrecht überhaupt wertebildend eingesetzt werden kann – oder ob dieses nur bestehende Wertüberzeugungen zu bestärken vermag.[3010] Die dargestellten Bevölkerungsumfragen[3011] konnten bereits aufzeigen, dass es sich bereits um mehrheitsfähige Wertvorstellungen handelt, sodass allein deren Bestärkung das Ziel einer Pönalisierung wäre. Gerade die Eignung des Strafrechts zur Verdeutlichung und Stärkung bereits existierender Wertvorstellungen, wird aber zumeist als naheliegend evaluiert.[3012] Ein entsprechendes Gesetzesvorhaben würde also nur bereits vorhandene Wertvorstellungen aufgreifen und insofern dem Wandel des Informationsmarktes gerecht werden. Dieser Wandel macht die Durchsetzung der dahinterstehenden Wertvorstellungen

3009 Siehe dazu die Darstellung empirischer Daten zum Nachrichtenkonsum in sozialen Medien oben unter § 2 B. II.

3010 Vgl. nur die Erörterungen bei *Baurmann* GA 1994, 368 388 ff. und *Schumann* Positive Generalprävention, S. 35 ff.

3011 Vgl. dazu auch die Darstellung von Bevölkerungsumfragen oben unter § 11 C.

3012 *Kaspar* Verhältnismäßigkeit und Gundrechtsschutz im Präventionsstrafrecht, S. 402; *Wohlers* Deliktstypen des Präventionsstrafrechts, S. 58.

mittels der Pönalisierung nach der gesellschaftlichen Überzeugung nunmehr unabdingbar. Die in der Wissenschaft bisweilen vorzufindenden kritischen Stimmen scheinen sich also in der Auffassung der Bevölkerung nicht mehrheitlich wiederzufinden: Vielmehr scheint das Volk gerade weitergreifende Regelungen zu begehren.[3013] Im Falle der Existenz derart homogener Überzeugungen ist ein Überhandnehmen solcher Straftatbestände zudem nicht zu befürchten. Insofern wurde nämlich ein *gesellschaftlicher Wandel von einer Vielzahl homogener Grundwerte zu multiplen Positionen* vollzogen, sodass die Pönalisierung von vornherein – aufgrund dieser empirisch messbaren gesellschaftlichen Entwicklung – faktisch begrenzt ist.[3014]

2. *Rechtssoziologischer Ansatz: Die These von der kulturellen Verspätung des Rechts*

Relevant wird zudem in einem rechtssoziologischen Ansatz die These von der kulturellen Verspätung des Rechts. Die Theorie besagt, dass durch die fortwährende Entwicklung der Gesellschaft das Recht *prima facie* hinter den gesellschaftlichen Entwicklungen zurückbleibt.[3015] De facto bleibt das Recht zeitlich als reaktionäres Instrument neben den gesellschaftlichen und wirtschaftlichen Entwicklungen zurück und kann insoweit keine Vorreiterrolle proklamieren.[3016] Beispielhaft seien nur die Herausforderungen des Strafrechts an das autonome Fahren genannt.[3017] Erst durch die neuerlichen Entwicklungen des medialen Umfelds und die im Zuge der Digitalisierung geschaffenen weitreichenden Verbreitungsmöglichkeiten besteht eine derart virulente Gefahr für den Meinungsbildungsprozess.[3018] Vor

3013 Nur scheinbar diametral hierzu verhält sich der große Aufschrei der Bevölkerung nach einer Aussage der Politikerin Kramp-Karrenbauer, die als Forderung zur Regulierung von Meinungen im Netz gedeutet wurde. Anlass war ein Boykottaufruf eines YouTubers bzgl. der CDU, die vor gesellschaftlichen Entwicklungen die Augen verschließe. Dem negativen Echo in der Bevölkerung lag aber eine Interpretation ihrer Aussage zugrunde, gemäß der sie Meinungsäußerungen regulieren wolle. Tatsächlich beabsichtigte sie jedoch lediglich, Regelungen für den Wahlkampf im Internet zu thematisieren. Dazu becklink 2013248. Zur Illegitimität der aufgekommenen Forderung nach der Regulierung von „Meinungsmache im Internet" auch *Schmid/Braam/Mischke* MMR 2020, 19, 22.

3014 Vgl. *Hefendehl* Kollektive Rechtsgüter, S. 380.

3015 *Röhl* Rechtssoziologie, § 59 S. 570.

3016 Vgl. dazu *Schumann* in Kuhli/Asholt (Hrsg.), 59 sowie *Wörner* in Kuhli/Asholt (Hrsg.), S. 95, 118.

3017 Instruktiv dazu *Wörner* ZIS 2019, 41, 41 ff.

3018 *Pille* Meinungsmacht sozialer Netzwerke, S. 345 differenziert insoweit zwei Gefahrenherde für die Liberalität und Pluralität der Kommunikation in sozialen

diesem Hintergrund steht nicht die Neuschaffung oder verhaltenslenkende Funktion des Strafrechts zur Debatte, vielmehr handelt es sich um *ein Problem, das in dieser Form erst neuerdings existiert.* Die bis dato nur marginale Gefährdung des öffentlichen Diskurses durch die Verbreitung von Fake News per herkömmlicher Printmedien legitimierte lediglich bis heute nicht die Ahndung durch das Strafrecht. Diese Bewertung hat sich jedoch durch die medialen Veränderungen und die gestiegene Bedeutung des Phänomens gewandelt.

D. Zusammenfassung

Im *unbeeinflussten Meinungsbildungsprozess*[3019] besteht nach alledem also ein Individualrechtsgut, das zugleich Funktionsvoraussetzung eines demokratischen und paritätischen Rechtsstaates ist. Dieses erfährt durch die Rückkopplung an den *öffentlichen Meinungsbildungsprozess* als dessen notwendige Strafbarkeitsbedingung – rechtsdogmatisch verstanden als Quasi-Rechtsgut – zugleich strafrechtseinschränkende Wirkung.[3020]

Netzwerken: Neben unmittelbaren Eingriffen der Plattformbetreiber in den Kommunikationsprozess spricht er von einer generellen Manipulationsanfälligkeit.

3019 *Hoven* ZStW 129 (2017), 718, 737 spricht vom „freien Meinungsbildungsprozess".

3020 Die besondere Interdependenz zwischen Rechtsgut und Quasi-Rechtsgut zeigt, dass es sich auch insoweit um eine Besonderheit des in der Entwicklung befindlichen Kommunikationsstrafrechts handelt. Zur Entwicklung eines Kommunikationsstrafrechts wegen erforderlicher Anpassungen des Straf- und Strafprozessrechts infolge der Digitalisierung *Stefanopoulou* ZJS 2020, S. 398, 398 ff.

§ 14 (Straf-)Verfassungsrechtliche Implikationen – Von der Pönalisierbarkeit der Verbreitung von Desinformationen

A. Prüfungsimplikationen im Einzelnen

I. Rechtsgutsdogma als legitimer (Strafrechts-)Zweck[3021]

Deduziert wurde also das Rechtsgut, dessen Schutz Ausgangspunkt der Kriminalisierung ist. Zudem bestehen jedoch aus strafverfassungsrechtlicher Perspektive weitere einzuhaltende Maßstäbe, sodass nicht bereits die Existenz eines Rechtguts allein die Pönalisierung zu rechtfertigen vermag. Hierbei tritt also zur vorgenannten Begrenzung durch die originär strafrechtliche Zielsetzung eine Beschränkung derjenigen Mittel hinzu, die der Gesetzgeber zum Schutz der Rechtsgüter einsetzen darf.[3022] Neben der vorwiegend mit der Möglichkeit der Konstituierung eines Rechtsguts zu beantwortenden Frage nach einem legitimen Zweck, müssen im Folgenden die „Richtigkeit und Vernünftigkeit" des Mittels hinzukommen. Verhaltensnorm und angeordneter Sanktionsrahmen müssen also verhältnismäßig sein.[3023] Tatsächlich überprüfbar sein soll – nach Auffassung des Bundesverfassungsgerichts – die grundlegende Frage der Kriminalisierung von Verhaltensweisen im Hinblick auf mögliche andere Schutzsysteme, insbesondere legislativer Natur – wie zivil- oder öffentlich-rechtlicher Rechtsschutz, außerstrafrechtliche Sanktionsformen oder Formen (freiwilliger) Selbstregulierung wie Verhaltenskodizes.[3024] Allerdings wird dem Gesetzgeber hinsichtlich des Ordnungswidrigkeitenrechts ein Beurteilungsspielraum dergestalt zuerkannt, dass er die Demarkationslinie im Grenzbereich zwischen Straf- und Ordnungswidrigkeitenrecht festlegen darf.[3025]

3021 Die nachfolgende (straf-)verfassungsrechtliche Prüfung bezieht sich terminologisch auf die von *Wörner* in Kuhli/Asholt (Hrsg.), S. 95, 95 ff. unternommene Kategorisierung strafrechtsgenetischer Argumentationstopoi.

3022 SK/*Jäger* Vor § 1 Rn. 22; zur Anwendung des Verhältnismäßigkeitsgrundsatzes dezidiert *Kaspar* Verfassungsmäßigkeit und Grundrechtsschutz im Präventionsstrafrecht, S. 351 ff.

3023 SK/*Jäger* Vor § 1, Rn. 22; *W. Hassemer/Neumann* in Kindhäuser/Neumann/Paeffgen, Vor § 1 Rn. 73.

3024 BVerfG Beschl. v. 09.03.1994 – 2 BvL 43/92 u. a., NJW 1994, 1577, 1581; *I. Appel* Verfassung und Strafe, S. 173 ff. bezeichnet diese Frage als schwerlich justiziabel.

3025 Für einen erheblichen Spielraum eigenverantwortlicher Bewertung BVerfG Beschl. v. 27.08.1999 – 1 BvL 7/9, BVerfGE 80, 182, 184; BVerfG Beschl. v. 06.06.1989 – 2

II. Geeignetheit respektive Schutzfähigkeit und Strafrechtstauglichkeit

Der Maßstab der Geeignetheit fordert, dass die Strafnormen hinsichtlich ihrer konkreten Gestaltung und damit auch der angedrohten Sanktionen rechtspraktisch umsetzbar sind, also prognostisch durch das Strafprozessrecht durchgesetzt werden können und dass der unternommene Weg hinsichtlich der angestrebten Zielsetzung möglichst effektiv ist.[3026] *Schutzfähig* sind Verhaltensgebote dann nicht, wenn diese nicht oder nur begrenzt rechtspraktisch durchgesetzt werden können, beispielsweise weil bestimmte, für die Tatbestandsverwirklichung notwendige Umstände nicht beweisfähig sind. In diesen Fällen ist der Schutz ausgeschlossen oder auf den durchsetzbaren Teil begrenzt.[3027] *Strafrechtstauglich* sind demgegenüber Verhaltensweisen, bei denen die Normdurchsetzung erfolgreich gestaltet werden kann, indem die Normbefolgung gerade Regel und Normübertretungen die Ausnahme bleiben.[3028] Die prognostische Entscheidung eröffnet dem Gesetzgeber einen nicht überprüfbaren Beurteilungsspielraum.[3029] Dieser Spielraum soll

---

BvL 6/89, NStZ 1989, 478, vgl. auch die Darstellung bei *I. Appel* Verfassung und Strafe, S. 195 f.

3026 *I. Appel* Verfassung und Strafe, S. 574 ff.; *Hassemer* Theorie und Soziologie des Verbrechens, S. 196 ff.

3027 *Wörner* in Kuhli/Asholt (Hrsg.), S. 95, 119. *Wörner* spricht a.a.O., S. 103 f. hinsichtlich der Eignungselemente der „Schutzfähigkeit" und der „Strafrechtstauglichkeit" vom „Können" einer Strafrechtsgenese. Die Erforderlichkeits- und Angemessenheitselemente der „Strafrechtsbedürftigkeit" und „Strafrechtswürdigkeit" stellen dagegen nach *Wörner* Sollenskategorien dar. Auch *Frisch* in Küper/Welp (Hrsg.), S. 69, 69 f. sprach indes schon von der Strafbedürftigkeit als Erforderlichkeit im verfassungsrechtlichen Sinne. *Kaspar* Verhältnismäßigkeit und Grundrechtsschutz im Präventionsstrafrecht, S. 256 ff. sprach daneben von der Strafwürdigkeit als Kriterium der Angemessenheit, die allerdings als Subkategorie verzichtbar sei. Zudem sprach *Kaspar* a.a.O. auf S. 396 von der (zumindest in einem gewissen Umfang) notwendigen Realisierung der Androhung zur Erzielung einer generalpräventiven Wirkung. *Graßhof* ordnete in ihrem Sondervotum in der Cannabis-Entscheidung unter BVerfG Beschl. v. 09.03.2019 – 2 BvL 43/92 u.a., NJW 1994, 1577, 1586 f. die Strafwürdigkeit als Element der Erforderlichkeit ein, nahm inhaltlich aber eine Güterabwägung im Sinne einer Angemessenheitsprüfung vor. Zu dieser Einschätzung auch *Kaspar* Verhältnismäßigkeit und Grundrechtsschutz im Präventionsstrafrecht, S. 428.

3028 *Wörner* in Kuhli/Asholt (Hrsg.), S. 95, 119 f.

3029 BVerfG Beschl. v. 09.03.1994 – 2 BvL 43/92, NJW 1994, 1577, 1579; BVerfG Beschl. v. 15.05.1995 – 2 BvL 19/91, 2 BvR 1206, 1584/91 und 2601/93, BVerfGE 92, 277, 327; *Vogel* StV 1996, 110, 112.

letztlich erst bei „(evident) ungeeigneten, letzten Endes vollkommen wirkungslosen Strafgesetzen überschritten“ sein. Dies soll zudem – angesichts der oftmals fehlenden empirischen Erkenntnisse zur Wirkungsweise von bestimmten Strafgesetzen – praktisch kaum nachweisbar sein.[3030] Dieser Maßstab führt letztlich dazu, dass selbst aus geringsten Verfolgungs- bzw. Verurteilungszahlen sowie einer hohen Dunkelziffer keine durchgreifenden Rückschlüsse gezogen werden können. Ebenso kann ein Erfolg der Norm aufgrund der zuerkannten generalpräventiven Wirkung nicht unzweifelhaft ausgeschlossen werden.[3031]

Anders gewendet: Dem Gesetzgeber obliegt nicht der Beweis der Schädlichkeit des in der Verhaltensnorm spezifizierten Verhaltens. Allerdings ist der Gesetzgeber zur nachträglichen Verifikation seiner Prognoseentscheidung verpflichtet.[3032] Beobachtet wird zudem eine Offenheit des Bundesverfassungsgerichts für Argumentationsmuster, welche die Geeignetheit aufgrund nachteiliger Folgewirkungen und der damit entfallenden generalpräventiven Wirkung ausschließen will. Solche Folgewirkungen werden zum Beispiel in der Unzulänglichkeit des Gesetzesadressaten für die Intervention durch Dritte in die als höchstpersönlich empfundene Entscheidung des Schwangerschaftsabbruchs oder in der Schaffung des Reizes des Verbotenen bei der Betäubungsmittelkriminalität gesehen.[3033]

3030 *I. Appel* Verfassung und Strafe, S. 175. Kritisch hinsichtlich des konkreten Umfangs des Beurteilungsspielraums *Kaspar* Verhältnismäßigkeit und Grundrechtsschutz im Präventionsstrafrecht, S. 152, der dem Gesetzgeber die Benennung konkreter Ziele abverlangt, um so eine empirische Überprüfung der Eignung und Erforderlichkeit zu ermöglichen. Beispielsweise wurde die Verfassungsfeindliche Befürwortung von Straftaten gem. § 88a StGB a.F. aus vergleichbaren Erwägungen aufgehoben, dazu BT-DS. 9/135, S. 3.

3031 *I. Appel* Verfassung und Strafe, S. 176; *Vogel* StV 1996, 110, 113.

3032 *Wörner* in Kuhli/Asholt (Hrsg.), S. 95, 118. Nach *Kaspar* Verhältnismäßigkeit und Grundrechtsschutz im Präventionsstrafrecht, S. 163 f. obliegt dem Gesetzgeber dagegen im Rahmen der Erforderlichkeit die Beweislast hinsichtlich der Frage, welches Mittel das mildere ist. *Frisch* NStZ 2016, 16, 24 spricht von einer Beweislast bzgl. der Frage, ob das Verhalten die Sanktionierung verdient. Zu weitgehend dagegen das BVerfG Urt. v. 21.06.1977 – 1 BvL 14/76, BVerfGE 45, 187, 252, welches im Gegenteil den vollen Beweis fehlender Wirkung hinsichtlich der fehlenden Eignung für erforderlich erachtet. Kritisch zur Auffassung des BVerfG auch *Kaspar* Verhältnismäßigkeit und Grundrechtsschutz im Präventionsstrafrecht, S. 412.

3033 *I. Appel* Verfassung und Strafe, S. 176 f. Zum Schwangerschaftsabbruch BVerfG Urt. v. 28.05.1993 – 2 BvF 2/90, 2 BvF 4/92, 2 BvF 5/92, NJW 1993, 1751, 1756. Zum Reiz des Verbotenen bei der Betäubungsmittelkriminalität BVerfG Beschl. v. 09.03.1994 – 2 BvL 43/92 u. a., NJW 1994, 1577, 1581.

III. Erforderlichkeit respektive *Strafrechtsbedürftigkeit*

Die Erforderlichkeit bzw. Strafrechtsbedürftigkeit, die dem Gesetzgeber aufgibt, unter mehreren geeigneten Mitteln das relativ mildeste zu wählen, statuiert den Grundsatz der Subsidiarität des Strafrechts. Hiernach darf auf das Instrumentarium des Strafrechts nur dann zurückgegriffen werden, wenn anderweitig der Schutz der Gesellschaft nicht garantiert werden kann.[3034] Sofern also der Schutz der Gesellschaft bereits durch weniger belastende Mittel des Zivil- oder öffentliches Rechts – insbesondere des Ordnungsrechts – in gleich effektiver Weise erzielt werden kann, verbietet sich der Einsatz des Strafrechts.[3035] Daneben ist Rechtsschutz durch das Strafrecht aber auch dann nicht erforderlich, wenn neben etwaigem Schutz durch das Privatrecht und/oder das öffentliche Recht bereits ein anderweitiger Schutz durch strafrechtliche Normen besteht.[3036]

Strafrecht ist nicht in jedem Fall das eingriffsintensivste Mittel, im Einzelfall können zivil- oder öffentlich-rechtliche Folgen weitreichender sein.[3037] Mangels eigener Kognitionskompetenz des Gerichts wird die Überprüfung der vom Gesetzgeber vorgetragenen Argumente als nur schwerlich zu bewältigen evaluiert. Der Rückgriff auf Daten, Analysen und Einschätzungen anderer Organe transformiere die Prüfung zu einer Evidenzkontrolle, für die sich oftmals keine Anhaltspunkte ergeben würden und für die ein Desiderat an auf die Kompetenzen des Gerichts zugeschnittenen rechtlichen Maßstäben bestünde. Die praktisch allein möglichen kriminalpolitischen Erwägungen stehen dem Bundesverfassungsgericht dagegen gerade nicht zu.[3038]

3034 *I. Appel* Verfassung und Strafe, S. 539 f.; *Hefendehl* JA 2011, 401; SK/*Jäger* Vor § 1 Rn. 24; *Roxin* JuS 1966, 377, 377 ff. sowie *Jahn/Brodowski* JZ 2016, 969, 973, die insoweit einen „Offensichtlichkeitsmaßstab" anlegen wollen. Vgl. auch *Kaspar* Verhältnismäßigkeit und Grundrechtsschutz im Präventionsstrafrecht, S. 155. Zur Strafrechtsbedürftigkeit als Begründungstopos der Strafrechtsgenese und Ausfluss des ultima ratio-Gedankens *Wörner* in Kuhli/Asholt (Hrsg.), S. 95, 108 ff.

3035 BVerfG Beschl. v. 09.03.1994 – 2 BvL 43/92 u.a., NJW 1994, 1577, 1579; *Roxin* JuS 1966, 377, 382; *Vogel* StV 1996, 110, 113 f.

3036 SK/*Jäger* Vor § 1 Rn. 24 benennt diesbezüglich beispielhaft für den Bereich der Gesetzesauslegung die Entscheidung BGH Beschl. v. 01.06.2016 – 2 StR 335/15, NStZ 2016, 596, in der das erkennende Gericht den Einsatz des Vermögensstrafrechts auf Betäubungsmittelkriminalität u.a. mit den bereits eingreifenden Normen § 29 BtMG, §§ 240, 261 StGB abgelehnt hatte.

3037 *Wörner* in Kuhli/Asholt (Hrsg.), S. 95, 111.

3038 *I. Appel* Verfassung und Strafe, S. 178. Die Schwierigkeit des Effektivitätsvergleichs zwischen verschiedenen Regulierungsformen merkt auch *M. Schreiber* Strafbarkeit politischer Fake News, S. 276 an.

IV. Verhältnismäßigkeit im engeren Sinne als notwendige Bedingung der Strafrechtswürdigkeit

Schließlich ist im Rahmen der Angemessenheit als Verhältnismäßigkeit im engeren Sinne zu hinterfragen, ob die Strafandrohung nach dem Prinzip des überwiegenden Interesses angesichts ihrer weitreichenden Folgen noch legitimiert werden kann.[3039] Dies bedeutet die Illegitimität von Strafandrohungen, deren Auswirkungen – gleich ob unmittelbarer und mittelbarer Natur – durch den erreichbaren Schutz von Rechtsgütern nicht konsumiert werden,[3040] wobei die Illegitimität auch aus erzielten Nebenwirkungen resultieren kann.[3041] Die Angemessenheitsanforderung wird allerdings größtenteils nur im Sinne einer Prüfung der „äußersten Grenze" verstanden, ohne dass ein Optimierungsauftrag an den Gesetzgeber hinsichtlich der jeweils betroffenen grundrechtlich geschützten Positionen gerichtet würde.[3042]

Besondere Bedeutung hat hierbei das Übermaßverbot und die hierin verkörperte Grenze der Zumutbarkeit. Das Übermaßverbot verbietet die Kriminalisierung, wenn die aus der Norm folgenden Beeinträchtigungen der Grundrechte der Delinquenten nicht durch den erzielten Mehrwert an Rechtsgüterschutz überwogen werden.[3043] Bei einer Gesamtabwägung zwischen der Schwere des Eingriffs und seinem Gewicht und der Dringlichkeit der den Eingriff rechtfertigenden Gründe muss hierfür die Grenze der Zumutbarkeit für den Betroffenen gewahrt sein.[3044] Während hinsichtlich der Geeignetheit und Erforderlichkeit ein gesetzgeberischer Beurteilungsspielraum zuerkannt wird, der nur beschränkt überprüfbar sein soll, ist nach der Rechtsprechung des Bundesverfassungsgerichts die *Angemessenheit vollumfänglich überprüfbar.*[3045]

3039 SK/*Jäger* Vor § 1 Rn. 2; *Vogel* StV 1996, 110, 114.

3040 *Müller-Emmert* GA 1976, 291, 301 f.

3041 *Rudolphi* ZStW 83 (1971), 105, 116 unter Hinweis auf *Blei* Strafrecht BT 1, §§ 105-107, Rn. 25 ff., der für den Fall einer besonders schweren Strafe eines Arztes für die Durchführung eines Schwangerschaftsabbruchs den zahlenmäßigen Anstieg von durch „Kurpfuscher" durchgeführten Eingriffen heraufbeschwor.

3042 *Kaspar* Verhältnismäßigkeit und Grundrechtsschutz im Präventionsstrafrecht, S. 170. Mit dem Postulat von Grundrechten als Prinzipien zumindest im Ergebnis im Sinne eines Optimierungsgebots *Alexy* Theorie der Grundrechte, S. 71 ff.

3043 SK/*Jäger* Vor § 1 Rn. 25; *Vogel* StV 1996, 110, 114. Das BVerfG betont in seiner Prüfung oftmals das Übermaßverbot, vgl. BVerfG Beschl. v. 09.03.1994 – 2 BvL 43/92 u. a., NJW 1994, 1577, 1579.

3044 *I. Appel* Verfassung und Strafe, S. 172; BVerfG Beschl. v. 09.03.1994 – 2 BvL 43/92 u. a., NJW 1994, 1577, 1579.

3045 BVerfG Beschl. v. 09.03.1994 – 2 BvL 43/92 u. a., NJW 1994, 1577, 1579; vgl. auch die Darstellung bei *I. Appel* Verfassung und Strafe S. 172.

Dem Übermaßverbot kann zunächst im Sinne einer materiell-rechtlichen Lösung genüge getan werden, indem die Pönalisierung aufgehoben oder der Anwendungsbereich eingeschränkt wird.[3046] Dem Übermaßverbot kann auch dadurch genüge getan werden, dass für Fälle niedrigen Unrechtsgehaltes den Strafverfolgungsbehörden Möglichkeiten zur verfahrensrechtlichen Berücksichtigung dieser Bewertung eröffnet werden.[3047] Im Falle von generalpräventiven Gesichtspunkten sollen erst Gefahren von einem äußerst geringen Ausmaß das Übermaßverbot tangieren.[3048] Dagegen soll im Falle spezialpräventiver Aspekte die Kriminalisierung bereits im Falle unangemessener und eher nachteiliger Ergebnissen illegitim werden. Dies müsse aber offensichtlich sein und auf gesicherten Erkenntnissen beruhen.[3049] Sofern spezial- und generalpräventive Gründe nicht von großem Ausmaß sind und die Gefährdung des geschützten Rechtsguts damit gering ist, soll durch eine prozessrechtliche Lösung die Eingriffsintensität entscheidend gemindert und demnach das Gewicht entscheidend verschoben werden können.[3050]

V. Bewertung der besonderen Bedeutung des Verhältnismäßigkeitsprinzips

Während das Bundesverfassungsgericht[3051] selbst den besonderen Wert der Verhältnismäßigkeitsprüfung für den Bereich des Strafrechts betont, wird von anderer Seite[3052] nur eine geringe Bedeutung dieses Prinzips in der verfassungsrechtlichen Rechtsprechung ausgemacht. Verantwortlich gemacht wird hierfür zunächst hinsichtlich der generellen Frage der Strafbewehrung die Natur des Strafrechts als hinsichtlich seiner Effektivität besonders schwierig prognostizierbares Regelungsregime.[3053] Der Einschätzungs- und Beurteilungsspielraum des Gesetzgebers führe

---

3046 BVerfG Beschl. v. 09.03.1994 – 2 BvL 43/92 u. a., NJW 1994, 1577, 1583.

3047 BVerfG Beschl. v. 09.03.1994 – 2 BvL 43/92 u. a., NJW 1994, 1577, 1583.

3048 BVerfG Beschl. v. 09.03.1994 – 2 BvL 43/92 u. a., NJW 1994, 1577, 1581 hinsichtlich des Besitzes geringer Mengen Betäubungsmittel.

3049 BVerfG Beschl. v. 09.03.1994 – 2 BvL 43/92 u. a., NJW 1994, 1577, 1582 f. Zum letztgenannten Aspekt auch *I. Appel* Verfassung und Strafe, S. 180 f.

3050 Vgl. hierzu für den Besitz niedriger Mengen Betäubungsmittel BVerfG Beschl. v. 09.03.1994 – 2 BvL 43/92 u. a., NJW 1994, 1577, 1583.

3051 BVerfG Beschl. v. 09.03.1994 – 2 BvL 43/92 u. a., NJW 1994, 1577, 1578. Die besondere Bedeutung des Verhältnismäßigkeitsgrundsatzes betonten daneben bereits *Ellscheid/Hassemer* in Lüderssen/Sack (Hrsg.), 266, 284 sowie *Kaspar* Verhältnismäßigkeit und Grundrechtsschutz im Präventionsstrafrecht, S. 329 ff. Kritisch dagegen *Hefendehl* in Kollektive Rechtsgüter, S. 83 ff. und *Neumann* in von Hirsch/Seelmann/Wohlers (Hrsg.), S. 128, 130 ff.

3052 *I. Appel* Verfassung und Strafe, S. 181 ff.

3053 *I. Appel* Verfassung und Strafe, S. 181 f.

dazu, dass die Frage nach der zweckmäßigsten, vernünftigsten und gerechtesten Lösung[3054] seitens des Gerichts nicht gestellt würde. Die Betonung der Generalprävention – welche empirisch kaum nachweisbar sei – verfolge ein kaum evaluierbares Ziel und erweitere somit faktisch den Bewertungsspielraum.[3055]

Auf schwerwiegende Kritik stößt ferner die Legitimation mit prozessualen Lösungen als „salvatorischer Klausel", womit die symbolische Strafgesetzgebung auf die nächste Ebene befördert werde, indem der einkalkulierte Nichtvollzug einer Norm als verfassungsrechtliche Legitimationsbasis diene.[3056] Schließlich wird bemängelt, dass auf der Ebene der Verhältnismäßigkeit im engeren Sinne die relevanten Faktoren nicht transparent gemacht würden und die Frage der Strafbewehrung auf der Ebene der Angemessenheit unangetastet bleibe.[3057] Allerdings dürfte hierbei gerade der kritische Mehrwert, den eine Kombination aus der monistischen Rechtsgutslehre als Klaviatur zur Bestimmung zulässiger Strafrechtszwecke mit der verfassungsrechtlichen Werteordnung und Dogmatik als Strafrechtswürdigkeitserwägungen erzielen kann, übersehen. Daneben entspricht die zuerkannte Einschätzungsprärogative der Kompetenz des Bundesverfassungsgerichts, das gerade nicht zur umfassenden Kontrolle gesetzgeberischer Entscheidungen berufen ist.[3058]

VI. Für die Untersuchung besonders relevante Verhältnismäßigkeitsprädispositionen

Nachfolgend sollen bereits vorab die Fragen skizziert werden, die für die hier angedachte Formulierung einer Strafrechtsgenese von überragender Bedeutung sind. Auf der Ebene der Geeignetheit wird zunächst zu erörtern sein, ob die Normbefolgung möglicherweise gar nicht mehr erreichbar ist, etwa weil die Nichtbefolgung ohnehin bereits die Regel und der erhoffte Prozess daher von vornherein zum Scheitern verurteilt ist.[3059] Insofern wird der dem strafprozessualen Revisionsrecht entstammende Anspruch an eine rationale und widerspruchsfreie soziale Wirklichkeitserfassung zum Postulat an den Gesetzgeber gemacht.[3060] Dies solle eine Beliebigkeit bei der Annahme empirischer Prämissen seitens des Gesetzgebers verhindern. Weitergehend sollen genauere Maßstäbe an die Schlüssigkeit und

3054 BVerfG Beschl. v. 09.03.1994 – 2 BvL 43/92 u. a., NJW 1994, 1577, 1578.
3055 *I. Appel* Verfassung und Strafe, S. 182 ff.
3056 *I. Appel* Verfassung und Strafe, S. 185 f.
3057 *I. Appel* Verfassung und Strafe, S. 186.
3058 *Wörner* in Kuhli/Asholt (Hrsg.), S. 95, 116 f.
3059 Zu dieser Argumentation *I. Appel* Verfassung und Strafe, S. 579 sowie *Wörner* in Kuhli/Asholt (Hrsg.), S. 95, 119 f.
3060 Siehe *I. Appel* Verfassung und Strafe, S. 579 unter Verweis auf *Böllinger* KJ 1994, 405, 409.

Stringenz der vom Gesetzgeber angestellten Annahmen oder der diesen zugrunde liegenden Daten aufgestellt werden.[3061] Da sich eine Vielzahl von unterschiedlich agierenden Akteuren an der Zirkulation von Desinformationen beteiligt, muss diese Frage besonders hervorgehoben werden.

Besonders relevant wird darüber hinaus der Maßstab der Erforderlichkeit, der hinsichtlich der Strafbewehrung auf dogmatisch nur schwerlich zu überwindende Probleme bei der Anwendung auf Strafnormen trifft. Die strafrechtliche Sanktion erweist sich mit anderen Möglichkeiten gesetzgeberischer Intervention wie einem Präventivsystem als nicht komparabel, da andere Grundrechte betroffen wären und ein einheitlicher Bewertungsmaßstab hinsichtlich der Intensität nicht besteht. Während beispielsweise im Hinblick auf das allgemeine Persönlichkeitsrecht Präventivsysteme milder als Kriminalstrafen wären, würden diese Präventivsysteme im Vergleich zu strafrechtlichen Normen in spezielle Freiheitsrechte oder die allgemeine Handlungsfreiheit stärker eingreifen.[3062] Gleichwohl wird man *regelmäßig* von einem *intensiveren Eingriff des Strafrechts* ausgehen können.

Ein Ausweg an die mangelnde Komparabilität verschiedener Systeme kann in rechtsvergleichenden Untersuchungen gesucht werden. Bei dieser Prüfung können nach dem Entwicklungsstand vergleichbare Länder hinsichtlich funktional vergleichbarer Regelungen untersucht und die Kriminalstatistik zur Erforschung der dortigen Effektivität zu Rate gezogen werden. Neben der Frage der Geeignetheit kann also mit der rechtsvergleichenden Methodik die Frage nach weniger freiheitsbeschneidenden Alternativen auf Ebene der Erforderlichkeit erhellt werden, wobei die so gefundenen Argumente unter dem Bewusstsein nationaler Besonderheiten als nicht schematisch zwingend begriffen werden müssen. Diese Untersuchung dient also zunächst als eine Art Gegenüberprüfung der eigenen in Betracht gezogenen Alternativen im Wege des „Blickes über den Tellerrand“ – ob also liberalere, freiheitsschonendere Möglichkeiten existieren. Darüber hinaus kann aber das Fehlen von Regelungen in einem anderen Rechtssystem bei vorherigem Ausschluss relevanter Besonderheiten dieses Systems ein durchgreifendes Argument gegen die Erforderlichkeit eines bestimmten Gesetzesvorhabens darstellen.[3063]

3061 *I. Appel* Verfassung und Strafe, S. 579 f.

3062 *I. Appel* Verfassung und Strafe, S. 579 ff. Nach *I. Appel* führt dies letztlich zur abstrakten Überprüfung des Verzichts auf die strafrechtliche Intervention und – wenn diese Frage verneint wird – zur stringenten Inkorporierung der Norm in das gesetzgeberische Gesamtkonzept. Kritisch zur Inkomparabilität dagegen *Kaspar* Verhältnismäßigkeit und Grundrechtsschutz im Präventionsstrafrecht, S. 414 ff., der insoweit Komparabilität über die Loslösung der Perspektive von der Eingriffsintensität hin zur „gleichen Eignung“ herzustellen versucht. Hiermit findet aber nur eine begriffliche Auswechslung ohne inhaltlichen Mehrwert statt.

3063 *I. Appel* Verfassung und Strafe, S. 583 ff.

Das Bundesverfassungsgericht[3064] stellte hinsichtlich milderer Regelungsalternativen ebenso rechtsvergleichende Überlegungen an wie der Europäische Gerichtshof.[3065] Die vorgenannten Gesichtspunkte, welche die rechtsvergleichende Methode aufzuzeigen vermag, sind angesichts des inhaltsgleichen Problems von Desinformationen in anderen Rechtssystemen von immenser Wichtigkeit, um die später etwaig vorzuschlagende strafrechtliche Neuregelung einer verfassungsrechtlich tragfähigen Prüfung zu unterziehen. Erst der Rechtsvergleich vermag daher das Desiderat an Maßstäben zur Beurteilung anderer gedachter Grundrechtseingriffe überwinden, indem durch die Analyse bestehender Alternativen als milderes Mittel eine gehaltvollere Verhältnismäßigkeitsprüfung auf empirisch nachweisbarer Grundlage ermöglicht und so den Anforderungen rechtsstaatlich-liberalen Strafrechts entsprochen wird.

Weiterhin vorgeschlagen wurde eine Überprüfung auf die Stringenz im Gesamtkonzept staatlichen Strafrechts, was zwar nicht eine schematische Gleichheit erfordert, aber zumindest eine stringente Unterscheidung auf Grundlage haltbarer Begründung.[3066] Die erforderliche Stringenz wird insofern offensichtlich verlassen, wenn Argumente für die Kriminalisierung herangezogen werden, die an anderer Stelle bereits für die Ablehnung einer Kriminalisierung Verwendung fanden.[3067] Inkonsistent ist es weiterhin, wenn ein Kriminalisierungsvorhaben ein Verhalten zum Gegenstand hat, welches hinsichtlich seiner Gefährlichkeit hinter vergleichbaren, aber nicht regulierten Verhaltensweisen zurückbleiben.[3068] Dieser Appell an den Gesetzgeber endet jedoch nicht mit der Verabschiedung eines Gesetzes, sondern resultiert in fortlaufenden Überprüfungspflichten, sodass mit voranschreitender Zeit einst verhältnismäßige Gesetze dieses Prädikat verlieren können.[3069] Allerdings ist es nach Ansicht des Bundesverfassungsgerichts zu vermeiden, verfassungsrechtlich legitime Gesetze mit der Argumentation einem vermeintlichen Verfassungswiderspruch zuzuführen, dass andere vergleichbare Verhaltensweisen nicht pönalisiert sind,[3070] als dies schlicht auf Versäumnissen des Gesetzgebers in

3064 BVerfG Urt. v. 11.06.1958 – 1 BvR 596/56, BVerfGE 7, 377, 415 ff.; vgl. auch BVerfG Urt. v. 25.02.1975 – 1 BvF 1, 2, 3, 4, 5, 6/74, BVerfGE 39, 1, 1 ff.

3065 EGMR Urt. v. 22.10.1981 – 7525/76, EuGRZ 1983, 488, 493 ff.

3066 *I. Appel* Verfassung und Strafe, S. 585.

3067 *I. Appel* Verfassung und Strafe, S. 586 ff.

3068 *I. Appel* Verfassung und Strafe, S. 588

3069 *I. Appel* Verfassung und Strafe, S. 586 ff.; *Kaspar* Verhältnismäßigkeit und Grundrechtsschutz im Präventionsstrafrecht, S. 129 f. *Wörner* in Kuhli/Asholt (Hrsg.), S. 95, 119 f. macht für den Fall fehlender *Strafrechtstauglichkeit* hinsichtlich der Möglichkeiten des Gesetzgebers das Beispiel, dass dieser entweder die bloß symbolische Strafgesetzgebung in Kauf nehmen, den Normbefehl durch die Erhöhung der angedrohten Strafe erhöhen oder die Norm aufheben und somit die Lösung des sozialen Konflikts der Gesellschaft überlassen könne.

3070 BVerfG Beschl. v. 07.12.1983 – 2 BvR 282/80, BVerfGE 65, 377, 382 ff.

anderen Bereichen beruhen kann. Gleichwohl sollen Unstimmigkeiten des Gesamtgefüges im Ergebnis zu einem Verstoß gegen den Gleichheitssatz führen können, wenn spezifische Sanktionen – trotz gleichwertiger Folgen und Konsequenzen – ohne zureichenden Grund anders bewertet werden.[3071]

Diese beschriebene Stringenzanforderung ist schließlich ebenso zu beachten, soweit es um die flankierenden prozessualen Regelungen geht, die dem Übermaßverbot hinsichtlich der Bagatellkriminalität Gehör verschaffen und so die aus verfassungsrechtlicher Sicht notwendigen Beschränkungsmöglichkeiten strafrechtlicher Intervention schaffen.[3072] Ein weitgehender systematischer Nichtvollzug würde dagegen die grundlegende gesetzgeberische Entscheidung zur Kriminalisierung dieses Bereichs konterkarieren, sodass ein bezwecktes Leerlaufen in weitreichenden Fallgestaltungen nicht mehr von dem verfassungsrechtlichen Rahmen getragen wäre.[3073] Dieser Maßstab ist für den Untersuchungsgegenstand von besonderer Bedeutung, da hinsichtlich politisch aktiver, aber unorganisierter privater Akteure grundsätzlich eine Vielzahl von Fällen in Betracht kämen, die dem Bagatellbereich zuzurechnen wären und daher jedenfalls alternative Verfahrenserledigungen großflächig in Betracht zu ziehen sind. Diese müssen womöglich zur Wahrung des Übermaßverbots vom Gesetzgeber von vornherein eingeplant werden.

B. Verfassungsrechtliche Prüfung der Strafbewehrung der Verhaltensnorm[3074]

Nachfolgend soll die Kongruenz des strafrechtsgenetischen Vorhabens mit den zuvor abstrakt dargestellten strafverfassungsrechtlichen Anforderungen überprüft werden. Ein Desinformationstatbestand führt derweil zumindest aufgrund drohender Abschreckungseffekte bei Privaten zu einem (mittelbaren) Eingriff in die Meinungsfreiheit, als dadurch – zumindest teilweise – grundrechtsrelevante Verhaltensweisen im Grenzbereich zwischen Tatsachen und Meinungsäußerungen unterbleiben könnten. Daneben liegt ein klassischer Eingriff in die allgemeine

3071 BVerfG Beschl. v. 07.12.1983 – 2 BvR 282/80, BVerfGE 65, 377, 382 ff.

3072 *I. Appel* Verfassung und Strafe, S. 589 f.

3073 *I. Appel* Verfassung und Strafe, S. 590.

3074 Mangels positivrechtlicher Existenz einer Verhaltensnorm, die das Verbreiten von (qualifizierten) Desinformationen verbietet, wird die Verhaltensnorm – ebenso wie deren Strafbewehrung – erst in dem zu schaffenden Deliktstatbestand geregelt, sie ergibt sich aus der Auslegung des dortigen Regelungsgehalts. Vgl. hinsichtlich dieser Zusammenfassung von Verhaltens- und Verbotsnorm in einem Deliktstatbestand *I. Appel* Verfassung und Strafe, S. 433. Die Verfassungsmäßigkeit der Verhaltensnorm wird nachfolgend in Gestalt der Geeignetheit zur Unterminierung tatsächlich bestehender Gefährdungen thematisiert.

Handlungsfreiheit vor, soweit das wissentliche Verbreiten unwahrer Tatsachen pönalisiert und damit eine im Schutzbereich des Grundrechts befindliche Handlung verboten wird.[3075]

Von besonderer Bedeutung ist indes der qualifizierte Schrankenvorbehalt der allgemeinen Gesetze, der es von vornherein verbietet, bestimmte Meinungen zu verbieten. Trotz der virulenten Desinformationstätigkeit vor allem rechter Akteure sind deshalb politische Desinformationsformen beispielsweise über das gesamte Spektrum zu erfassen, um insofern den Anforderungen an die Formulierung eines allgemeinen Gesetzes gerecht zu werden. Ein solches Gesetz wäre zudem als formelles Gesetz Teil der verfassungsmäßigen Ordnung und damit taugliche Eingriffsgrundlage.[3076] Von besonderer Bedeutung für die Rechtfertigung eines solchen Gesetzesvorhabens ist indes auf der Ebene der Schranken-Schranken der Verhältnismäßigkeitsgrundsatz, der nachfolgend umfassend geprüft werden soll. Das Bestimmtheitsgebot gewinnt derweil besonders bei der Formulierung des Tatbestands an Bedeutung.[3077]

I. Legitimer (Strafrechts-)Zweck

Der erforderliche legitime Zweck der Verhaltensnorm sowie der deren Durchsetzung dienender Strafbewehrung besteht demnach im Rechtsgüterschutz[3078] Die Stärkung moralischer Vorstellungen darf dabei mittelbare Folge des intendierten Rechtsgüterschutzes sein.[3079] Vorgelagert zur hiesigen Prüfung findet sich daher die Frage der Deduzierbarkeit eines Rechtsguts.[3080] Vorliegend geht es primär um die Ermöglichung eines unbeeinflussten Meinungsbildungsprozesses auf Seiten der Rezipienten und nicht um die Stärkung von Moralvorstellungen. Zudem sind diese Moralvorstellungen, wie die empirische Untersuchung des Willens der Bürger gezeigt hat, ohnedies bereits hinreichend ausgeprägt. Ein verfassungsrechtlich legitimer Zweck ist daher vorzufinden.

3075 Statt aller hinsichtlich des Eingriffs eines strafbewehrten Verbots zumindest in Art. 2 Abs. 1 GG *Di Fabio* in Maunz/Dürig, Art. 2 Abs. 1 GG Rn. 48 m.w.N. Einen Eingriff schon durch die Strafbewehrung der Verhaltensnorm infolge einer antizipierten Freiheitsbeeinträchtigung sieht *Kaspar* Verhältnismäßigkeit und Grundrechtsschutz im Präventionsstrafrecht, S. 370.

3076 *Di Fabio* in Maunz/Dürig, Art. 2 Abs. 1 GG Rn. 39.

3077 Vgl. zur konkreten Ausgestaltung des Delikts ausführlich unten unter § 15.

3078 *I. Appel* Verfassung und Strafe, S. 190.

3079 BVerfG Beschl. v. 26.02.2008- 2 BvR 392/07, Rn. 100 (Sondervotum Hassemer).

3080 Vgl. zur Konkretisierung des Rechtsguts oben unter § 14.

II. Geeignetheitsbedenken[3081]

Eine bisher nur rudimentär thematisierte Anforderung besteht in der Eignung zur Zweckerreichung. Nachfolgend werden daher die prognostizierbaren Wirkungen der Kriminalisierung thematisiert.

1. *Fehlende Nachweismöglichkeiten bzgl. negativer Wirkungen – Von der Eignung der Verhaltensnorm*

Für die verfassungsrechtliche Rechtfertigung der Verhaltensnorm stellt sich zunächst die Frage, *ob von dem Verhalten ein das Verhaltensverbot rechtfertigender Schaden droht.*[3082] Ein solcher Schaden ist – wie die obigen Ausführungen unter § 2 Abschnitt B. belegen – nur in sehr begrenztem Umfang beweisbar: Indiziell konnte aber unter Berücksichtigung psychowissenschaftlicher Erkenntnisse zumindest eine (latente) Gefährdungslage dargetan werden. Sofern der Nachweis durch spezifische Handlungen verursachter sozialschädlicher Wirkungen nach dem Forschungsstand der Naturwissenschaften nur nicht ausgeschlossen werden kann, soll aber ohnehin der Deliktstypus des Risikodelikts in Frage kommen.[3083] Die zum jetzigen Forschungsstand möglicherweise nur indiziell beweisbare Schädlichkeit steht der Kriminalisierung daher nicht entgegen. Erforderlich sind nämlich keine gesicherten Erkenntnisse über die Wirkung, sondern lediglich

---

3081 Die nachfolgende strafverfassungsrechtliche Prüfung der möglichen Kriminalisierung von Desinformationen beschränkt sich auf die abstrakte Möglichkeit der Kriminalisierung. Detailfragen der Formulierung respektive einer notwendigen inhaltlichen oder thematischen Begrenzung eines Straftatbestandes aufgrund verfassungsrechtlicher Anforderungen sollen der Ausarbeitung des konkreten Deliktsvorschlags unter § 15 unten vorbehalten bleiben. *Kaspar* Verhältnismäßigkeit und Grundrechtsschutz im Präventionsstrafrecht, S. 219 f. betont zu Recht, dass das mit der Norm befolgte Interesse nicht nur legitim, sondern die Zuwiderhandlung gerade schädlich für das Rechtsgut sein muss. Dem wird vorliegend mit der Formulierung des Schutzes des spezifischen Rechtsguts als legitimer Strafrechtszweck Rechnung getragen.

3082 *I. Appel* Verfassung und Strafe, S. 572 ordnet diese Frage ebenso als relevant für die Rechtfertigung der Verhaltensnorm ein wie *Kaspar* Verhältnismäßigkeit und Gundrechtsschutz im Präventionsstrafrecht, S. 412.

3083 *Hefendehl* Kollektive Rechtsgüter, S. 383. In diese Richtung auch *I. Appel* Verfassung und Strafe, S. 572 f., der daneben ein Anknüpfen an einen bloßen Verdacht für möglich erachtet. Nach BVerfG Beschl. v. 09.03.2019 – 2 BvL 43/92 u.a., NJW 1994, 1577, 1589 (Sondervotum Sommer) können Zeit- und Problemdruck sowie eine unsichere Gefahrenlage Strafnormen rechtfertigen.

ein „wissenschaftlich fundiertes Wahrscheinlichkeitsurteil."[3084] Ein solches Wahrscheinlichkeitsurteil konnte im Rahmen der empirischen Untersuchung eingangs der Arbeit aufgezeigt werden. Erst wenn beispielsweise durch neue Forschungsergebnisse zu den Auswirkungen von Desinformationen für den Kommunikationsprozess die Wahrscheinlichkeit der Schädlichkeit virulent sinkt, sodass in einer Abwägung – bereits auf der Stufe der Eignung – der prognostische Zugewinn an Rechtsgüterschutz den Grundrechtseingriff nicht mehr zu rechtfertigen vermag,[3085] stünden dem Gesetzesvorhaben durchgreifende Bedenken entgegen.

Neben den vorgenannten Argumenten streitet der das Recht beherrschende *Effizienzgrundsatz* für die Legitimität der Kriminalisierung. Nach diesem Grundsatz muss das Strafrecht seinen Appell bereits an Verhaltensweisen richten dürfen, welche einen Herrschaftsverlust begründen, wie es beispielsweise bei abstrakten Gefährdungsdelikten und generell der Vorverlagerungsproblematik der Fall ist.[3086] Auch wenn Verhaltensweisen, bei denen die Gefährdung eines spezifischen Rechtsgutes wissenschaftlich noch nicht nachweisbar ist, nicht in jedem Fall strafrechtlich pönalisiert werden können, muss dies jedenfalls dann möglich sein, wenn ausnahmsweise das diesbezügliche Risiko so stark oder das mutmaßlich bedrohte Rechtsgut von derartiger Wichtigkeit ist, dass die in Rede stehenden Verhaltensweisen nicht mehr hingenommen werden können.[3087]

2. *Allgemeine Bedenken gegenüber der Strafbewehrung*

Gegenüber der strafrechtlichen Pönalisierung wird teilweise die fehlende Geeignetheit zur Problemlösung aus einer weiteren Warte eingewendet. Eine solche Regelung könne sich letztlich nachteilig auswirken, in dem sie die Motivation von Betreibern und Nutzenden von Online-Plattformen minimieren könne, eigenverantwortlich und freiwillig Maßnahmen zum Kampf gegen Desinformation zu

---

3084 *H. Jäger* in Albrecht/Ehlers/Lamott/Pfeiffer/Schwind/Walter (Hrsg.), S. 229, 234; *Kaspar* Verhältnismäßigkeit und Grundrechtsschutz im Präventionsstrafrecht, S. 151. *Kaspar* fordert a.a.O, S. 130 ff. insoweit gleichwohl eine rationale Begründung anhand empirisch überprüfbarer Fakten, für die der Gesetzgeber die Begründungslast trage. Eine rein metaphysische und nicht überprüfbare Argumentation soll demgegenüber nicht ausreichen. Dieses Verständnis von *Kaspar* entspricht auch der Leseart von *Valerius* ZStW 127 (2015), 428, 430, der auf die Unzulänglichkeit dieser Unterscheidung hinweist. Diese ermögliche selbst keine trennscharfe Unterscheidung und negiere den Einschätzungs- und Beurteilungsspielraum bei empirisch beweisbaren Wirkungen in unzulässiger Art und Weise.

3085 Vgl. zu dieser Lösung des Problems nicht nachweisbarer Ursachenzusammenhänge *Kaspar* Verhältnismäßigkeit und Grundrechtsschutz im Präventionsstrafrecht, S. 412.

3086 Zu diesem Gesichtspunkt allgemein SK/*Jäger* Vor § 1 Rn. 21.

3087 SK/*Jäger* Vor § 1 Rn. 21.

ergreifen.[3088] Allerdings erscheint es zynisch, ohne eine solche Pönalisierung auf eigeninitiative und effektive Maßnahmen der Unternehmen zu hoffen. Die Nutzer erscheinen zudem als mit dem Informationsmarkt und dessen Bedingungen in sozialen Netzwerken derart überfordert, dass wirklich zielführende Maßnahmen in naher Zukunft kaum zu erwarten sind. Durch die Kooperation mit den sozialen Netzwerken und den maßgeblich durch das NetzDG geprägten bereits existenten regulatorischen Rahmen kann die strafprozessuale Durchsetzung eines Straftatbestands effektiv gestaltet werden. Damit wird letztlich dem ohnehin existierenden Prognosespielraum bzgl. einer Kosten-Nutzen-Analyse entsprochen.

3. *Mangelnde* Schutzfähigkeit *durch die Strafbewehrung? – Rückschlüsse aus dem rechtsvergleichenden Teil zur Aufhebung vergleichbarer Tatbestände*

Weiterhin wird eingewendet, dass ein derartiger Straftatbestand in der Praxis wenig wirksam sein würde und nur symbolische Bedeutung besitzen könne.[3089] Ein solcher Straftatbestand erweise sich daher als in der Praxis nicht durchsetzbar und daher ungeeignet. Hiermit ist zunächst die Schutzfähigkeit angesprochen, nämlich die Frage der rechtspraktischen Durchsetzungsmöglichkeit. Zum einen kann die Durchsetzung eines solchen Delikts in *quantitativer Hinsicht* bedenklich sein, als die erheblichen Fallzahlen die Strafjustiz überfordern könnten. Daneben könnten Bedenken in *qualitativer Hinsicht* bestehen, da die Verifikation im Einzelfall nahezu unmöglich sein kann. Den Strafverfolgern könnte insofern – infolge des Legalitätsprinzips – Ermittlungen in nicht mehr leistbaren Umfang abverlangt werden.[3090]

In *qualitativer Hinsicht* spricht für die Undurchsetzbarkeit auf den ersten Blick, dass ein kanadischer Straftatbestand mit eben dieser Argumentation aus verfassungsrechtlichen Gründen aufgehoben wurde. Ferner ist in Österreich ein Tatbestand mangels jeglicher Verurteilungen aufgehoben worden. Jedoch konnte bereits im rechtsvergleichenden Teil zu Kanada aufgezeigt werden, dass es sich dort um ein äußert knappes Mehrheitsvotum des Gerichts zu einer Zeit handelte, zu der die Phänomenologie nicht derart weitreichende Ausmaße besaß wie zur heutigen Zeit. Daneben ließen sich die vom Gericht getroffenen Feststellungen zur Nichtexistenz

---

3088 *Bader/Jansen/Johannes/Krämer/Kreutzer/Löber/Rinsdorf/Rösner/Roßnagel* Desinformation aufdecken und bekämpfen, S. 10, abrufbar unter https://www.forum-privatheit.de/wp-content/uploads/Policy-Paper-DORIAN-Desinformation-aufdecken-und-bekaempfen-1.pdf (22.03.2022).

3089 *Bader/Jansen/Johannes/Krämer/Kreutzer/Löber/Rinsdorf/Rösner/Roßnagel* (Fn. 3089).

3090 *Schünemann* GA 2019, 620, 631 ff. spricht daneben in qualitativer Hinsicht noch von Problemen bei der Subsumption des Wahrheitsbegriffs, sofern es um die selektive Mitteilung von Wirklichkeit gehe.

vergleichbarer Tatbestände in anderen Rechtsordnungen – die sich im Übrigen ohnedies schon für die Zeit der Entscheidung als fehlerhaft erweist – angesichts der vielerorts implementierten oder angedachten Gesetzgebungsvorhaben so nicht mehr treffen. Die Aktualisierung der Erwägungen zur rechtspraktischen Durchsetzung eines solchen Tatbestands sowie die rechtsvergleichende Systematik würden insofern zwischenzeitlich womöglich ein abweichendes Votum rechtfertigen. Zudem darf die extensive Formulierung des kanadischen Tatbestands nicht vergessen werden: Schon dies begründet durchgreifende Zweifel am schonenden Ausgleich der betroffenen Verfassungsgüter hinsichtlich der dortigen Strafnorm.

Dieses Defizit könnte aber in einem strafrechtsgenetischen Vorhaben durch eine entsprechend restriktiv formulierte Verhaltensnorm verhindert werden, indem nur für den öffentlichen Diskurs besonders relevante Bereiche erfasst würden. Der österreichische Straftatbestand erfasste mit der Anknüpfung der Strafbewehrung an die Verbreitung von „Gerüchten" in Einzelfällen auch Meinungen, sodass die mangelnde Rechtsdurchsetzung (zumindest teilweise) auf einer übervorsichtigen Rechtsdurchsetzung seitens der Strafverfolgungsbehörden beruhen könnte. Gerade politische Kräfte würden sich im Falle des Initiierens von Strafverfolgung aufgrund der tatbestandlichen Weite umgehend Zensurvorwürfen ausgesetzt sehen bzw. einen Gegenschlag der politischen Gegner befürchten müssen, dem aufgrund der bedenklichen Weite nicht von vornherein die Erfolgseignung versagt wäre.

In *quantitativer Hinsicht* spricht die Möglichkeit einer Effizienzsteigerung der Rechtsdurchsetzung mittels einer Verquickung mit dem NetzDG für die Bewältigungsmöglichkeit etwaig erheblicher Fallzahlen. Die Schutzfähigkeit kann zudem gestärkt werden, indem Meldepflichten der sozialen Netzwerke an Strafverfolgungsbehörden geschaffen und zu deren Gunsten die Eingriffsermächtigung geschaffen wird, die IP-Adressen der Verletzer bei den Betreibern sozialen Netzwerke anzufragen. Weiterhin würden Spezialzuständigkeiten bei den Strafverfolgern die Bearbeitung selbst hoher Fallzahlen ermöglichen.

4. *Strafrechtstauglichkeit*

An der Strafrechtstauglichkeit dürfte vor dem Hintergrund der geschilderten Meinungsumfragen kaum gezweifelt werden. Da die Bürger laut Umfragen mehrheitlich die Kriminalisierung gerade befürworteten, kann von der mehrheitlichen Normbefolgung ausgegangen werden. Dies gilt schon deshalb, weil das Verhaltensgebot mit den mehrheitlichen Wertvorstellungen kongruent zu sein scheint. Die bezweckte Normrehabilitierung dürfte daher realisierbar sein.

Folgewirkungen der Strafbewehrung, die an der generalpräventiven Wirkung zweifeln lassen

Gegen die strafrechtliche Pönalisierung der Verbreitung von Desinformationen ist ferner vorgebracht worden, dass das Ziel, das Vertrauen der Bürger in die Echtheit von im digitalen Angebot zirkulierenden Informationen zu stärken, konterkariert werde: Zu weitgehende Sperrungen könnte nämlich ein „allgemeines

Misstrauen" aufgrund der staatlichen Intervention in den Informationsmarkt wecken.[3091] Sollte dies der Fall sein, wäre dem Vorhaben die Bewertung als geeignet versagt, sofern aufgrund dieser nachteiligen Folgewirkungen an der generalpräventiven Wirkung schlechthin zu Zweifeln wäre.

Strafbarkeitseinschränkend kann zur Überprüfung ein faktisches Wirksamkeitserfordernis der Kongruenz formuliert werden: Das aus der Pönalisierung resultierende Unwerturteil muss mit den in der Gesellschaft herrschenden Wertvorstellungen kongruent sein. Dies führt zu einer erhöhten Wahrscheinlichkeit der Normakzeptanz auf Seiten der Bürger, sodass auf diesem Wege die Zweckerreichung antizipiert werden kann („*Strafrechtstauglichkeit*").[3092] Ein Großteil der Bevölkerung sieht Desinformationen aber wie bereits aufgezeigt als präsente Gefahr und stünde einem Inkriminierungsvorhaben nach empirischen Untersuchungen gerade positiv gegenüber.[3093] Aufgrund dieses feststellbaren Willens der Bürger kann nicht an der generalpräventiven Wirkung aufgrund einer drohenden Selbstzensur in Folge einer unklaren Rechtslage gezweifelt werden.

Zwar kann nicht bestritten werden, dass mit der wegen der Verquickung mit dem NetzDG vorgesehenen Löschung desinformativer Beiträge ein gewisser Paternalismus verbunden ist. Jedoch ist ein Verlassen der heuristischen Informationsverarbeitungsmodi seitens der Nutzer sozialer Netzwerke weder realistisch noch von diesen gewünscht. Die Bürger bevorzugen es insoweit, durch einen regulatorischen Rahmen ein Mindestmaß an Authentizität vorzufinden. Auch Studien, nach denen nur ein geringer sehr aktiver Teil der Nutzer viele Interaktionen im Hinblick auf Desinformationen tätigen, bezeugen, dass die strafrechtlichen Pönalisierung vor allem dem mutmaßlichen Willen einiger weniger „Überzeugungstäter" widerspricht und dass nicht etwa die Bevölkerungsmehrheit Fake News als schützenswert erachtet.

Sofern zudem die Rechtsdurchsetzung eines noch zu schaffenden Tatbestands durch die Implementierung in den Straftatenkatalog des NetzDG gesucht würde, müssten aber im NetzDG ausreichende Rechtsschutzmöglichkeiten des Kommunikators vorgesehen werden. Diese beugen einem drohenden Vertrauensverlust infolge übermäßiger Sperrungen vor.

5. *Zusammenhang zwischen inkriminierter Handlung und Rechtsgutsgefährdung:* reale Verletzungskausalität *und deren Äquivalente*

Darüber hinaus bedarf es eines Zusammenhangs zwischen der tatbestandlichen Handlung und dem Rechtsgut. Die Handlung muss das Rechtsgut beeinträchtigen

3091 *Lantwin* MMR 2019, 574, 578.

3092 Vgl. *Wörner* in Kuhli/Asholt (Hrsg.), S. 95, 118.

3093 Vgl. dazu oben unter § 11 C.

können („*reale Verletzungskausalität*").[3094] Im Rahmen der Geeignetheit ist insofern zu klären, ob die zu inkriminierende Handlung das Schutzgut überhaupt beeinträchtigen kann. Ansonsten erweist sich die Handlung als ungeeignet hinsichtlich der Erreichung des angestrebten Zwecks.[3095] Abstrakte Gefährdungsdelikte sind dabei in besonderer Art und Weise legitimationsbedürftig, da mit ihnen eine weitgehende Vorverlagerung der Strafbarkeit einhergeht.[3096] Auch wenn es sich hier nicht um ein besonders legitimationsbedürftiges kollektives Rechtsgut[3097] handelt, sind aufgrund des kollektiven Charakters des Quasi-Rechtsguts die diesbezüglichen Legitimationsbedingungen entsprechend heranzuziehen.

Obgleich es sich daher vorliegend um Individualrechtsgüter handelt, sind einige vor allem bei kollektiven Rechtsgütern beobachtete Besonderheiten ebenfalls ersichtlich: Beispielsweise der gegenüber dem Erfolgsunwert gesteigerte Handlungsunwert.[3098] Dies wird wegen des weiterhin erforderlichen Nachweises eines Eignungszusammenhangs bei diesen Delikten teilweise mit der Schaffung eines Zwischenrechtsguts[3099] zu lösen versucht. *Schünemann* unterschied so die abstrakten Gefährdungsdelikte in verschiedene Deliktskategorien. Er klassifizierte die Bestechungs- und Falschaussagedelikte als Delikte mit einem vergeistigten Zwischenrechtsgut, wobei bereits die Verletzung des Zwischenrechtsguts den strafrechtlichen Unwert begründe und nur bei Minimalverstößen eine einschränkende Auslegung möglich sei.[3100]

Dies wird freilich von anderen eher als fokussierte Beschreibung des Objekts der beschriebenen Handlung begriffen. Darüber hinaus wird dies inhaltlich mit der Begründung angegriffen, dass damit letztlich eine grenzenlose Vorverlagerung des Schutzes seitens der Politik erreicht werden könne, obgleich die Theorie dies doch eigentlich gerade verhindern wolle.[3101] Auch wenn der Begriff zum derzeitigen

---

3094 *Stächelin* Strafgesetzgebung im Verfassungsstaat, S. 56, 59 f. *Kaspar* Verhältnismäßigkeit und Grundrechtsschutz im Präventionsstrafrecht, S. 403 und im Anschluss hieran *M. Schreiber* Strafbarkeit politischer Fake News, S. 282 bezeichnen dies als „strukturelle Präventionseignung".

3095 *Teixeira* Das Unrecht der privaten Korruption, S. 121.

3096 *Teixeira* Das Unrecht der privaten Korruption, S. 122.

3097 *Teixeira* Das Unrecht der privaten Korruption, S. 121.

3098 *Tiedemann* Tatbestandsfunktionen im Nebenstrafrecht, S. 169 hält insofern allein den Aktunwert für denkbar. Aufgrund der damit verbundenen Loslösung vom Rechtsgüterschutzprinzip und der korrellierenden umfassenden Strafbarkeitslegitimierung ist dieser Ansatz aber zurückzuweisen. Vgl. *Teixeira* Das Unrecht der privaten Korruption, S, 798.

3099 *Schünemann* JA 1975, 787, 798.

3100 *Schünemann* JA 1975, 787, 798.

3101 *Amelung* in Hefendehl/von Hirsch/Wohlers (Hrsg.), S. 155, 176; *Hefendehl* Kollektive Rechtsgüter, S. 176, 383 f.

Forschungsstand als noch zu abstrakt eingestuft wird, ist mit ihm doch bei kollektiven Gütern nicht nur die abstrakte Gefährdung nachzuweisen, sondern eine *konkrete Verletzbarkeit der geschützten Werte.* Somit erfolgt eine Rückbindung an den Rechtsgüterschutz als Aufgabe legitimer Strafgesetzgebung, sodass die reale Verletzungskausalität einen strafbarkeitslegitimierenden Mehrwert begründet.[3102]

Die hier vertretene Konzeption eines kollektiv ausgerichteten Quasi-Rechtsgutes der öffentlichen Meinungsbildung trägt der fehlenden Nachweisbarkeit der Beeinflussung des Meinungsbildungsprozesses des Einzelnen Rechnung, da die Gefahr der Verzerrung des öffentlichen Diskurses durch Desinformationen empirisch bislang nur in Ansätzen aufgezeigt werden konnte. Daneben statuiert diese Konstruktion zugleich eine *Wesentlichkeitsgrenze* als Regulierungsvoraussetzung, da eine *Verzerrung des öffentlichen Diskurses* zumeist faktisch *nur bzgl. wesentlicher Informationen* möglich ist. Mit Belanglosigkeiten wird ein derartiges Echo nicht erzielt. Jedenfalls aber könnte die Verbreitung von solchen belanglosen Desinformationen aus verfassungsrechtlichen Gründen nicht kriminalisiert werden.

Als adäquates Äquivalent für die fehlende Verletzungsqualität zwischen Tathandlung und Rechtsgut wurde in anderem Zusammenhang der legitimationsrechtlich im Umweltstrafrecht herangezogene Kumulationsgedanke[3103] für anführbar befunden. Hierbei werden mehrere Einzelhandlungen zusammen betrachtet, da diese – ohne das Verbot der Einzelhandlungen –vermehrt vorgenommen würden und es daher zu nachhaltigen Funktionsstörungen kommen würde.[3104] Durch eine Begrenzung der kumuliert hinzugedachten Handlungen auf solche, deren Zusammentreffen realistisch ist, unter gleichzeitigem Ausschluss von Bagatellfällen, soll den erhobenen Einwänden Einhalt geboten werden.[3105] Dagegen wurde vorgebracht, dass selbst bei evident rechtmäßigem Verhalten solche Kumulationsgefahren denkbar seien: So wäre eine Reduktion von Arbeitskraft und Steueraufkommen unweigerliche Folge einer niedrigeren Geburtenrate, wenn die Mehrheit der Bevölkerung homosexuelle Beziehungen führen würde.[3106]

Da das Konzept durch das alleinige Reüssieren auf die Empirie bei der Bestimmung der Wahrscheinlichkeit gewissermaßen beliebig ist und sich dem normativen Unwahrscheinlichkeitseinwand entzieht, wurde das *argumentum ad absurdum* vorgebracht, dass bei stetig steigender Prozentzahl homosexueller Beziehungen eine Kriminalisierung über das Kumulationskriterium erfolgen könne.[3107] Besonders das letztgenannte Beispiel überzeugt aber vor den maßgeblichen Wertungen des Grundgesetzes nicht. Diese Anwendung des Kumulationsgedankens liefe

3102 In diese Richtung auch *Teixeira* Das Unrecht der privaten Korruption, S. 126.

3103 *Kuhlen* ZStW 105 (1993), 697, 715.

3104 *Hefendehl* Kollektive Rechtsgüter, S. 384.

3105 *Hefendehl* Kollektive Rechtsgüter, S. 384.

3106 *Teixeira* Das Unrecht der privaten Korruption, S. 129 f.

3107 *Teixeira* Das Unrecht der privaten Korruption, S. 130.

in concrecto dem Schutz gleichgeschlechtlicher Ehen infolge der Loslösung vom Reproduktionsgedanken[3108] zuwider und verstieße damit zumindest gegen die Wertungen der Gesamtrechtsordnung.[3109] Empirisch mögliche Kumulationseffekte, die den Wertungen der Verfassung entschieden zuwiderlaufen, können aber nicht zur Legitimation einer Pönalisierung führen. Insofern müssen der Begründungsfigur normative Grenzen gesetzt werden – ohne dass dies grundlegend gegen die Bemühung des Kumulationsgedankens sprechen würde.

Da die Handlungen anderer nur auf der Legitimationsebene herangezogenen werden, erfolgt zudem nicht, wie teilweise behauptet, eine Haftungsbegründung *ex iniuria tertii.*[3110] Vielmehr soll für die Legitimation der generellen Pönalisierung streiten, dass diese aus einer moralistischen Perspektive naheliegend ist. Sofern das Verhalten einer Vielzahl von Adressaten das Rechtsgut verletze, soll sich der Einzelne nicht unter Hinweis auf die Irrelevanz seiner Einzelhandlung und deren Auswirkungen entlasten können.[3111] Diese Prognoseentscheidung soll dabei unter Rückgriff auf empirische Erkenntnisse erfolgen, wobei hierbei ebenfalls eine Einschätzungsprärogative des Gesetzgebers bestehen soll.[3112] Diese Legitimationsfigur wollte *Hefendehl* auf die von ihm kategorisierten Vertrauensgüter ausweiten, da das gegenüber objektiven Rechtsgutskomponenten sensibler ausgestaltete Vertrauen die Eignungsprüfung besonders komplex gestalte.[3113] Der Gedanke muss auf die hier vorgefundene Konstellation übertragen werden: Aufgrund der besonderen Rückkopplung und gegenseitigen Abhängigkeit mit dem öffentlichen Meinungsbildungsprozess als Quasi-Rechtsgut müssen Einzelhandlungen als mit Resonanzhandlungen zusammentreffend antizipiert werden, die sodann eine auf der Hand liegende Verzerrungsgefahr begründen vermögen.

Zudem kann der Verlust der Beherrschungsmöglichkeit strafbarkeitslegitimierend herangezogen werden, da dieses Risiko bei der Verbreitung von Desinformationen im digitalen Forum schon für sich betrachtet eine Verletzung des zu schützenden Rechtsguts darstellt.[3114] Gerade in der Verbreitung von

---

3108 Dazu schon *Brosius-Gersdorf* NJW 2015, 3557, 3559.

3109 Dies muss infolge der Ausweitung des Schutzniveaus durch das Gesetz zur Einführung des Rechts auf Eheschließung für Personen des gleichen Geschlechts vom 20.07.2017 gelten. Ob Art. 6 GG für gleichgeschlechtliche Ehen Schutz gewährt, soll hier nicht weiter besprochen werden. Vgl. dazu *Wapler* Die Frage der Verfassungsmäßigkeit der Öffnung der Ehe für gleichgeschlechtliche Paare, S. 15 ff.

3110 *Hefendehl* Kollektive Rechtsgüter, S. 384.

3111 *Hefendehl* Kollektive Rechtsgüter, S. 384.

3112 *Hefendehl* Kollektive Rechtsgüter, S. 184 ff.; *Wohlers* Deliktstypen des Präventionsstrafrechts, S. 322 ff.

3113 *Hefendehl* Kollektive Rechtsgüter, S. 385.

3114 Mit diesem Erfordernis *Hefendehl* Kollektive Rechtsgüter, S. 385.

Desinformationen zu populistischen Themen im Internet besteht eine Missbrauchsmöglichkeit, die qualitativ nicht mit herkömmlichen Nachahmereffekten bei analog vermittelten Delikten vergleichbar ist. Die ungleich virulenteren Echoeffekte des Diskurses im Internet begründen ein drastisch erhöhtes Risiko, dass sich die vorhandene latente Missbrauchsgefahr verwirklicht.[3115]

III. Erforderlichkeitsbedenken

Auf der Ebene der Erforderlichkeit ist die Analyse auf denkbare adäquate Steuerungsmodelle in anderen Rechtsgebieten und außerrechtliche Modelle auszudehnen. Besonders Lösungsmechanismen im Zivilrecht oder ein denkbares neuartiges Interventionsrecht werden oftmals überpositiv bewertet, versprechen in der Realität allerdings nur in Kumulation mit dem Strafrecht eine adäquate Problemlösung.[3116] Gleichwohl besteht aber die Möglichkeit, dass zusätzliche Maßnahmen Präventionseffekte hervorrufen, welche die strafrechtliche Intervention effektiv ergänzen oder sie sogar obsolet machen.[3117] Die Regelungsalternativen sind dabei unter Analyse des Strafzwecks zu beleuchten, wobei besonderes Augenmerk auf die Präventionszwecke zu richten ist.[3118]

Entscheidend ist sodann die Bestimmung des jeweiligen Rechtsgutsträgers im Rahmen der Prävention durch Verantwortungsübernahme. Bei kollektiven Rechtsgütern ist dagegen eine Verantwortungsübernahme durch Dritte nur selten denkbar.[3119] Anders als das Bundesverfassungsgericht vorzugehen pflegt,[3120] soll im einzunehmenden Vergleichsmodus daher die feststellbare oder zumindest antizipierbare präventive Wirkung solcher alternativer Steuerungsmodelle beleuchtet werden. Die Eignung zur Zweckerreichung respektive die Effektivität anderweitiger Lösungsmöglichkeiten des sozialen Konflikts wurde derweil bereits im Abschnitt „Strafrecht als ultima ratio“ (vgl. oben unter § 3 F.) bei der Analyse des jeweiligen Instrumentariums thematisiert, sodass die nachfolgende Darstellung an die bereits herausgearbeiteten Erkenntnisse anknüpft.

3115 Anders zu kollektiven Rechstgütern *Hefendehl* Kollektive Rechtsgüter, S. 385.
3116 *Hefendehl* Kollektive Rechtsgüter, S. 385 f.
3117 *Hefendehl* Kollektive Rechtsgüter, S. 386.
3118 *Hefendehl* Kollektive Rechtsgüter, S. 386.
3119 *Hefendehl* Kollektive Rechtsgüter, S. 386.
3120 *I. Appel* Verfassung und Strafe, S. 178.

1. Prävention durch Modifikation des normativen Umfelds *mittels* flankierender Maßnahmen – *Das NetzDG als Rechtsdurchsetzungsmechanismus im Rahmen der Kriminalisierung*

Zunächst ist der Gedanke der Prävention durch Modifikationen des faktischen bzw. normativen Umfelds per flankierender Maßnahmen auf die vorliegende Konstruktion zu übertragen. *Hefendehl* befindet dies allgemein bzgl. Vertrauensrechtsgütern oder im Wirtschaftsverkehr für möglich.[3121] Flankierende Maßnahmen bestehen insoweit in der Inanspruchnahme der Intermediäre durch das NetzDG, was das faktische und normative Umfeld umgestaltet. Gleichwohl wurde gesehen, dass dieser Schutz aufgrund der Overblocking-Risiken und der weitgehenden Strafbarkeitslücken für Desinformationen nur von untergeordneter Bedeutung und daher als alleiniges Instrumentarium unzureichend ist.

Entscheidend gegen die alleinige Intervention mittels der rechtlichen Inanspruchnahme der Informationsintermediäre spricht fernerhin, dass solche Verpflichtungen aus zwingenden verfassungsrechtlichen Gründen nur gegenüber größeren Plattformen möglich sind. In diese Richtung deutet die im NetzDG vorgesehene Mindestschwelle an Nutzern für die Geltung seiner Verpflichtungen. Für kleinere Plattformen wäre die Implementierung von Meldesystemen mit unverhältnismäßigem Aufwand verbunden, wobei dieser Eingriff in die Berufsfreiheit des Intermediärs mangels hinreichender Bedeutung des Netzwerks für die private wie öffentliche Kommunikation nicht zu rechtfertigen wäre.

Damit würden aber elitekritische Nutzer, die sich zumindest teilweise in solchen vom NetzDG nicht regulierten kleineren Netzwerken bewegen, kaum adressiert. Auch wenn das NetzDG bekanntlich nicht selbst Straftatbestände enthält, sondern nur die effizientere Löschung von Beiträgen betrifft bzw. die Verfolgung ebenso in solchen abgelegeneren Kommunikationsräumen geltender Straftatbestände des Kernstrafrechts gewährleisten soll, würden solche abseitigere digitalen Räume letztlich zu faktisch rechtsfreien Räumen verkommen und dort ein – im Vergleich zu demjenigen auf den großen Plattformen – endlos entgrenzter und unauthentischer Diskurs ermöglicht. Dies könnte in einer ohnehin zunehmend polarisierten Gesellschaft zu einer gesellschaftlichen Entzweiung führen, die jeglichen Diskurs zwischen Anhängern unterschiedlicher politischer Meinungen und Weltanschauungen erschweren würde. Die alleinige Intervention mittels des NetzDG könnte sich daher letztlich als diskursfeindlich im Hinblick auf den Dialog mit elitekritischen Bürgern erweisen.

2. Generalpräventive Wirkung anderer Steuerungsmodelle

Die Komplexität der Phänomenologie macht es indes unerlässlich, die Effektivität von geplanten Neuregelungen in der Gesamtrechtsordnung unter Heranziehung

3121 *Hefendehl* Kollektive Rechtsgüter, S. 386.

von Gesetzen bzw. Regulierungsmöglichkeiten aus anderen Rechtsbereichen, die ebenfalls die Lösung dieser Problematik bezwecken, zu betrachten.

a) Außerregulatorische Steuerungsmodelle: Verantwortungsübernahme durch den jeweiligen Diskursteilnehmer bzw. durch Dritte

Als außerregulatorische Steuerungsmodelle kommen vor allem die Unterstützung der Nutzer bei der Verifikation von Informationen durch Faktenprüfung und Medienaufklärung unter dem Gesichtspunkt des *Selbstschutzes*[3122] seitens der potentiellen Opfer in Betracht. Da ein neu zu konstruierendes Delikt strukturell auf einen Tatbestand zum Individualschutz hinausläuft, stellt sich die Frage, inwieweit Prävention durch Verantwortungsübernahme seitens der jeweiligen Diskursteilnehmer hergestellt werden kann. Aufgezeigt wurde jedoch bereits ausführlich die Schwierigkeit, die betreffenden Desinformationen im Einzelfall zu überprüfen. Darüber hinaus lassen die das Informationsverarbeitungsverhalten des Nutzers mitbestimmenden Heuristiken eine (bewusste) Verantwortungsübernahme als nahezu unmöglich erscheinen. Eine *effektive Verantwortungsübernahme durch Dritte ist zudem schon tatsächlich kaum denkbar.* Aufgrund der Sonderstruktur des kollektiv bestimmten Quasi-Rechtsguts nähert sich die Bewertung zudem ohnehin derjenigen im Falle eines kollektiven Rechtsguts an: Kollektivinteressen können aber nur unzureichend von Einzelnen wahrgenommen werden.

Außerrechtliche Steuerungsmodelle erweisen sich zudem als in absehbarer Zeit wenig wirkungsvoll. Aufklärung und Faktenprüfung erreichen oftmals schon nicht alle relevanten Akteure und erweisen sich angesichts kognitiver Verzerrungen als nicht gleich effektives Mittel verglichen mit der unmittelbaren Sperrung. Richtigstellungen können durch das Hervorrufen von Reaktanz kontraproduktiv bei besonders aktiven Nutzern sein. Auch wenn eine solche Reaktanz bisher nicht letztverbindlich nachgewiesen werden konnte, erscheint diese bei lebensnaher Betrachtung durchaus einleuchtend. Gerade gegenüber der bloßen Medienkompetenzvermittlung bestehen angesichts der heuristischen Informationsverarbeitungsmodi erhebliche Bedenken bzgl. der hinreichenden Effektivität. Inhaltsgleichen Bedenken sind darüber hinaus Labellingansätze ausgesetzt. Insgesamt würde mit einer Eigenverifikation jedes einzelnen Beitrages *stete Abwehrbereitschaft und*

3122 Nach *Hörnle* in von Hirsch/Seelmann/Wohlers (Hrsg.), S. 36, 37 ff. kann möglicher Selbstschutz insoweit gegen eine Kriminalisierung sprechen. *Hörnle* a.a.O, S. 43 führt überzeugend aus, dass „ständige Abwehrbereitschaft und optimale Abwehrmaßnahmen“ nicht gefordert werden können. Verlangt werden könnten nur zumutbare Selbstschutzmaßnahmen, die kein stetes Misstrauen erfordern. A.a.O., S. 44 eruiert Hörnle die Strafausschließung durch eine an eine Obliegenheitsverletzung des Opfers anknüpfende Vorschrift im allgemeinen Teil des StGB. Zum Selbstschutz auch *Kaspar* Verhältnismäßigkeit und Grundrechtsschutz im Präventionsstrafrecht, S. 419 ff.

damit ein unzumutbares, den real vorherrschenden Informationsverarbeitungsprozessen widersprechendes Verhalten gefordert. Kaum ein Bürger wird beispielsweise bei der Nachrichtenrezeption auf sozialen Netzwerken über das Smartphone auf dem Weg zur Arbeit in öffentlichen Verkehrsmitteln dezidierte eigene Recherchen anstellen, sondern allenfalls noch die Authentizität der Quellen evaluieren.[3123] Medienkompetenzvermittlung kann zudem noch effektiver als flankierende Maßnahme ausgestaltet werden, wenn die in Täuschungsabsicht erfolgende Verbreitung von Desinformationen kriminalisiert ist.

Daneben machte der rechtsvergleichende Teil als Steuerungsmöglichkeit die (freiwillige) Zeichnung von Verhaltenskodizes seitens politischer Parteien oder politischer Kandidaten aus. Diese kann freilich schon angesichts ausländischer Interventionen sowie fehlender Sanktions- und Rechtsdurchsetzungsmodelle kaum als umfassendes Lösungsmodell qualifiziert werden. Andererseits können Selbstregulierungsbestrebungen aber das erforderliche Maß übersteigen. Dies zeigt u.a. die seitens des Unternehmens abgelehnte Schaltung politischer Werbung auf Twitter. Nimmt man vollständig von Regulierung Abstand, bliebe unweigerlich die Wirkung und Verbreitung von Desinformationen in „bestimmten Milieus" medienkritischer Subkulturen unangetastet.[3124] Insofern könnten politische Extremisten und Verschwörungstheoretiker weitere, bis dato noch nicht vollständig unbelehrbare Individuen in diese Kommunikationsräume ziehen, was eine Fragmentierung der Gesellschaft[3125] unweigerlich dramatisieren würde. Bestimmte Bevölkerungsgruppen vollends ungeschützt zu lassen und insofern faktisch rechtsfreie Räume zu schaffen, erscheint aber ohnehin nicht als eine adäquate Lösung.

b) Regulatorische Steuerungsmodelle

aa) Zivilrecht

Auch regulatorische Maßnahmen abseits des Strafrechts erweisen sich nicht als gleich effektiv. Beispielsweise ist zivilrechtlicher einstweiliger Rechtsschutz stets von der Durchsetzungspraxis der Gerichte und dem Rechtsverfolgungswillen der betroffenen Nutzer abhängig, was die Nutzer – aufgrund der oftmaligen Unkenntnis der Rechtslage und der (wirtschaftlichen) Prozessrisiken – zumeist zum

3123 Auch nach *Schimmele* Staatliche Verantwortung für diskursive Integrität in öffentlichen Räumen, S. 359 vermag die Schnelligkeit der Kommunikation zu einem Qualitätsverlust führen.

3124 Dies will *Gensing* Fakten gegen Fake News, S. 162 offenbar sehenden Auges als Kollateralschaden in Kauf nehmen.

3125 *Kubiciel* ZStW 131 (2019), 1115, 1120 ff. beobachtet ebenfalls eine zunehmende gesellschaftliche Fragmentierung, welche Rufe nach „integrierenden Verhaltensnormen" laut werden lasse. Dazu auch *M. Schreiber* Strafbarkeit politischer Fake News, S. 61 f.

Untätigbleiben verführen wird.[3126] Bei Betroffenen des politischen Lebens mag zudem im Einzelfall die gewünschte Außendarstellung von der Rechtsdurchsetzung abbringen. Gegenüber betroffenen Politikern könnte im Falle der zivilrechtlichen Rechtsdurchsetzung der Vorwurf erhoben werden, dass diese versuchen, die Opposition bzw. ihre politischen Gegner mundtot zu machen.[3127] Daneben existiert ohnedies eine Vielzahl diskursgefährdender Desinformationen, bei denen solche privatrechtlichen Ansprüche mangels einer Beeinträchtigung individueller Rechtspositionen nicht bestehen. In diesen Bereichen liefe die Implementierung eines effektiven einstweiligen Rechtsschutzes von vornherein leer und verblieben notwendigerweise Rechtsschutzlücken.[3128]

Auch eine Erweiterung der zivilrechtlichen Individualrechte bzw. Individualansprüche erscheint nicht sachgerecht, weil die vorgenannten Kritikpunkte – insbesondere die Ungewissheit privater Rechtsdurchsetzung – weiterhin bestünden. Zudem könnte das über das Individualrechtsgut vermittelte kollektive Interesse eines faktenbasierten Diskurses nur in systemwidriger Weise dem Zivilrecht unterstellt werden. Wie die vorangegangene Analyse eines greifbaren Rechtsguts gezeigt hat, bleiben den letztlich zu schützenden Individuen die Beeinflussungsversuche oftmals verborgen. Diese Grundrechtsträger würden demzufolge zwangsläufig nicht gerichtlich die Rechtsverfolgung betreiben. Ferner spricht die kollektiv interpretierte Voraussetzung eines Quasi-Rechtsguts hiergegen. Infolge der zu antizipierenden nur rudimentären privaten Rechtsdurchsetzung muss an der generalpräventiven Wirkung derartiger Maßnahmen gezweifelt werden.[3129] Gleichwohl sollte die Stärkung des zivilrechtlichen Eilrechtsschutzes sowie die

3126 Vgl. zu weiteren und näher spezifizierten Eigenschaften des Zivilrechts, die gegen die gleiche Eignung sprechen *Kaspar* Verhältnismäßigkeit und Grundrechtsschutz im Präventionsstrafrecht, S. 416 ff. Als Beispiel nennt er die möglicherweise erfolglose Zwangsvollstreckung infolge von Vermögenslosigkeit, die zur Abstandnahme von zivilrechtlichem Rechtsschutz führen kann.

3127 Zu drohenden Abschreckungseffekten durch zivilrechtliche Klagen von Politikern gegen Medienunternehmen am Beispiel von Berlusconi *Mastroianni* Southwestern Journal of International Law 25 (2019), 42, 55.

3128 *Kaspar* Verhältnismäßigkeit und Grundrechtsschutz im Präventionsstrafrecht, S. 417 spricht daneben von „opferlosen" Delikten.

3129 Vgl. *Kaspar* Verhältnismäßigkeit und Grundrechtsschutz im Präventionsstrafrecht, S. 222, der von einem „präventiven Überschuss" und insofern einer regelmäßig besseren Eignung von Strafgesetzen ausgeht. Vgl. zur empirisch beweisbaren generalpräventiven Wirkung im Zusammenhang mit der Entdeckungswahrscheinlichkeit einer Sanktion *Streng* in Lösel/Albrecht/Bender/Jehle (Hrsg.), S. 65, 79. *Schünemann* in von Hirsch/Seelmann/Wohlers (Hrsg.), S. 18, 23 f. verneint eine Subsidiarität des Strafrechts gegenüber dem Zivilrecht infolge der diesem fehlenden repressiven Funktion. Dies führe regelmäßig zu weniger Prävention.

Stärkung der Strafverfolgung durch digitalisierte Verfahren und Spezialzuständigkeiten als effizienzsteigernde flankierende Maßnahmen in Erwägung gezogen werden.

bb) Medien- und Wettbewerbsrecht

(1) Haftungserweiterung der sozialen Medien

Eine weitergehende Inpflichtnahme der Plattformbetreiber – beispielsweise über das Medienrecht – ist zwar fraglos wünschenswert. Allerdings dürfte deren alleinige Verpflichtung ohne die (rechtliche) Sensibilisierung der Rezipienten aufgrund des Fortbestehens der Amplifizierungsmuster in den Informationskanälen (beispielsweise den News Feeds) kaum effektiv sein. Desinformative Beiträge könnten so immer wieder zunächst eine erhebliche Reichweite erlangen, sofern sie nicht vor der Erstveröffentlichung erkannt würden. Mit dem NetzDG wurde zudem ein Weg beschritten, der den Spagat zwischen der Inpflichtnahme der sozialen Netzwerke aufgrund ihrer Diskursrelevanz auf der einen Seite und der Berücksichtigung von deren Funktion als reine Vermittler sowie die hieraus resultierenden Unterschiede zu herkömmlichen Medienunternehmen auf der anderen Seite im Grundsatz überzeugend meistert. Eine weitergehende Inpflichtnahme läuft demgegenüber Gefahr, die Funktion als reine Informationsvermittler zu vernachlässigen und deren Berufsfreiheit in verfassungsrechtlich nicht mehr zu legitimierender Weise zu beeinträchtigen. Fernerhin dürfte die Auferlegung noch weitergehender Pflichten – auch in Anbetracht der zuletzt mittels des Medienstaatsvertrages erfolgten weiteren Inanspruchnahme der Intermediäre – zunächst nicht angezeigt sein.

(2) Lizenzaussetzungen

Auch eine Aussetzung der Lizenzen ausländischer Medien – rechtsvergleichend beobachtet in Frankreich – bewirkt vor dem Hintergrund der vermehrten Aktivität aus dem Inland heraus operierender privater Akteure kaum ein der Kriminalisierung aller Akteure gleicheffektives Unterbinden der Desinformationszirkulation. Daher würden Gesetze, die allein ausländische Interventionen adressieren, schlichtweg zu kurz greifen.

(3) Wettbewerbsrechtliche Regulierung

Richtet man den Blick auf wettbewerbsrechtliche Regularien als Problemlösungsmechanismus, wird zunächst deutlich, dass gerade durch die Unterminierung weitreichender Datensammlungen seitens der Unternehmen und die Regulierung der Werbung im Internet eine Stärkung des Wettbewerbs im Bereich der von der Funktionsweise bereits auf eine Mono- bzw. Oligopolbildung ausgerichteten sozialen Netzwerke und damit gewisse positive Effekte erzielt werden können. Die Stärkung kleinerer bzw. neuer Marktteilnehmer dämmt aber nicht zwangsläufig den sozialen Konflikt ein, sondern verlagert diesen womöglich bloß in andere virtuelle

Räume.[3130] Es wäre noch nicht einmal sicher, ob die Nutzer überhaupt den Anbieter wechseln würden.[3131] Solange die anderen Nutzer noch den marktbeherrschenden Unternehmen treu blieben, bedürfte es insofern wohl gravierender Anreize. Diese könnten vor dem Hintergrund des ohnedies bereits kostenlosen Angebots nur durch geringere Datensammlungsaktivitäten oder ähnliche Vorteile erzielt werden. Gerade der erstgenannte Anreiz dürfte aber die Wirtschaftlichkeit des Geschäftsmodells erheblich dezimieren und daher Zweifel an der wirtschaftlichen Tragfähigkeit eines solchen Unternehmens begründen.

Zielführender erscheint demgegenüber die weitergehende datenschutzrechtliche Intervention. Dies könnte die ausufernde Datensammlung und so die kognitiven Verzerrungen zumindest in einem gewissen Umfang minimieren. Gleichzeitig vermag dies aber angesichts des nur marginalen Verbesserungspotentials an der Erforderlichkeit nichts zu ändern: Schließlich würde hierdurch allenfalls auf die Priorisierung beziehungsweise Visibilität von unauthentischen Inhalten, nicht aber auf deren Erstveröffentlichung eingewirkt. Auch diese Interventionsmöglichkeit besitzt daher lediglich als flankierende Maßnahme effizienzsteigernde Bedeutung.

(4) Regulierung der Algorithmen – Von der bloß regelmäßigen Geltung des ultima ratio-Postulats

Eruiert man die Regulierung der Selektions- und Ranking-Algorithmen, stellt sich zunächst die Frage, ob das Strafrecht insoweit überhaupt als *ultima ratio* zu betrachten ist, dieses sich also tatsächlich als eingriffsintensiver darstellt. Gerade gegenüber verwaltungsrechtlichen Anmelde-, Bewilligungs- und Kontrollpflichten wird teilweise – insbesondere für den Bereich des Wirtschaftsstrafrechts – eine geringere Eingriffsintensität des Strafrechts angenommen, da der Einzelne durch die schlichte Normbefolgung den Eingriff verhindern könne.[3132] Die umfassende

3130 *Reporter ohne Grenzen* (Fn. 136), S. 28 f.

3131 *Reporter ohne Grenzen* (Fn. 136), S. 28 f.

3132 *I. Appel* Verfassung und Strafe, S. 402 f.; *Tiedemann* in Eser/Kaiser/Weigend (Hrsg.), S. 461, 463 f. In diese Richtung auch *Möstl* Die staatliche Garantie für die öffentliche Sicherheit und Ordnung, S. 150 und *Frisch* NStZ 2016, 16, 18, 23, der dies bereits im Falle der Inpflichtnahme vieler Personen für eruierbar hält. Auch *Schünemann* in von Hirsch/Seelmann/Wohlers (Hrsg.), S. 18, 22 verneint die Subsidiarität des Strafrechts gegenüber verwaltungsrechtlicher Regulierung. *M. Schreiber* Strafbarkeit politischer Fake News, S. 257 qualifiziert das Strafrecht als milder im Vergleich zu umfassenden präventiven Überwachungssystemen. Kritisch zum Argument der Umgehung des Verbots mittels Normbefolgung dagegen *Kaspar* Verhältnismäßigkeit und Grundrechtsschutz im Präventionsstrafrecht, S. 162, nach dem das Verbot wie ein „Damoklesschwert" über allen Verhaltensnormadressaten schwebt und anderweitig die Perspektive unzulässig nur auf das Abwenden der Sanktion verschoben werde. Zwar priorisiert die Argumentation tatsächlich das Umgehen

Regulierung der Algorithmen oder gar die Implementierung eines Gemeinwohl-Algorithmus greift erheblich in das Erlebnis aller Nutzer ein – und zwar selbst bei denjenigen, die der Verhaltensnorm ohnehin entsprechen. Daher ist die Regulierung der Algorithmen in Anbetracht der Beeinträchtigungen auch normkonformer Nutzer eingriffsintensiver angelegt, als dies die strafrechtliche Pönalisierung des Verhaltens ist.[3133]

Zwar liegt die Annahme geringerer Eingriffsintensität gegenüber verwaltungsrechtlichen Verfahren auf den ersten Blick sogar noch näher. Wendet man jedoch den Blick auf die Bedeutung der Informationsversorgung für die Informationsfreiheit, wird die Tragweite des Eingriffs deutlich. Zudem stellt sich die Frage, ob Algorithmen Meinungen und Tatsachen zielsicher differenzieren können oder ob demzufolge beispielsweise von einem *Deranking* auch Meinungsäußerungen betroffen würden, was zu erheblichen Einschnitten in die Meinungsfreiheit führen würde. Nach alledem ist von einer höheren Eingriffsintensität derartiger Regulierungsvorhaben auszugehen. Da zudem die Unternehmen aufgrund der Qualifikation als Geschäftsgeheimnisse wohl nicht zur Preisgabe der Funktionsweise ihrer Algorithmen verpflichtet werden können, wären die Folgen von solchen gesetzlichen Regelungen weder *ex ante* absehbar noch *ex post* bewertbar.

cc) Transparenz bzgl. Wahlkampfmaßnahmen oder der Finanzierung von Parteien

Die unternommene Rechtsvergleichung zeigte zudem Gesetze, die Desinformationen über Transparenzpflichten der Parteien und/oder Politiker über ihre Wahlkampfmaßnahmen und/oder Finanzierung mittelbar zu bekämpfen versuchen. Dies ist allerdings aufgrund der empirisch aufgezeigten erheblichen Aktivität privater Desinformationsakteure kaum gleicher- maßen erfolgsgeeignet. Soweit solche Aktivitäten zwar letztlich der Feder der Parteien bzw. Kampagnen entspringen, diese allerdings technisch und personell ausgelagert würden, wären Beweisschwierigkeiten unumgängliche Konsequenz. Dies liefe daher der Notwendigkeit schnellstmöglicher Rechtsdurchsetzung unter Einbeziehung der

---

der Sanktion, jedoch wird die Befolgung der Verhaltensnorm bisweilen auch ohne die positivrechtliche Normierung als sittlich verbindlich empfunden, sodass *unmittelbar Handlungspflichten begründende Präventivmaßnahmen* als *einschneidender* empfunden werden.

3133 Für einen erheblichen ungerechtfertigten Eingriff durch die Regulierung der Personalisierung auch *Schweiger/Weber/Prochazka/Brückner* Algorithmisch personalisierte Nachrichtenkanäle, S. 122. „Der Gesetzgeber darf also weder Bürgern oder Medieninstitutionen vorschreiben oder verbieten, was und wie sie sich öffentlich äußern, solange sie sich an Gesetze halten. Und er darf sie auch nicht in ihrer freien Auswahl und Rezeption von Nachrichtenquellen und (legalen) Inhalten einschränken".

Durchsetzungsmechanismen des NetzDG zuwider. Zudem wäre die Eingriffsintensität größer im Falle der Kriminalisierung, sofern man isoliert auf die Parteien als potentielle Adressaten abstellt.

dd) Ordnungs- und Ordnungswidrigkeitenrecht als potentiell mildere Mittel – Von der Notwendigkeit eines sozialethischen Tadels

Daneben ist aber zu erwägen, ob es tatsächlich des sozialethischen Tadels einer Strafe bedarf oder ob durch die Intervention mit dem Ordnungs- und Ordnungswidrigkeitenrecht ausreichend Prävention erreicht werden kann. Aufgrund der höheren generalpräventiven Effizienz kann jedoch oftmals konstatiert werden, dass eine ausreichende Sozialkontrolle erst durch die Strafbewehrung erzielt werden kann.[3134] Die in der hiesigen Ausarbeitung betrachteten und bislang nicht pönalisierten Desinformationen bewegen sich oftmals nur knapp unter der Schwelle zur Strafbarkeit – so beispielsweise wegen des fehlenden Gruppenbezugs beim Volksverhetzungstatbestand). Die vorliegend betrachteten Verhaltensweisen stehen deswegen im Hinblick auf den verwirklichten Unwert dem Kernstrafrecht deutlich näher als dem Ordnungswidrigkeitenrecht. Da es sich bei den Straftatbeständen, zu denen eine Vergleichbarkeit herzustellen ist (insbesondere die §§ 126, 130, 145d, 164, 186, 187 StGB), jeweils um wesentliche Kernbereiche des Strafrechts handelt, zielt die Strafrechtsgenese nicht bloß auf ein minimal über der Schwelle zur Rechtswidrigkeit anzusiedelndes, sondern ein sozial unerträgliches und verwerfliches Verhalten ab. Dieses Verhalten gefährdet die Minimalvoraussetzungen

---

3134 Die Schwere der Reaktion mittels des Strafrechts sowie deren sozialpsychologische Bedeutung führen insoweit nach *Kaspar* Verhältnismäßigkeit und Grundrechtsschutz im Präventionsstrafrecht, S. 421 f. zu einem *„präventiven Überschuss"*. Kritisch hinsichtlich des Unterscheidungsmerkmals eines sozialethischen Tadels *I. Appel* Verfassung und Strafe, S. 91 f. Kritisch zur geringeren Eingriffsintensität *Wohlers* in von Hirsch/Seelmann/Wohlers (Hrsg.), S. 54, 63 f., der darauf verweist, dass die milderen Sanktionen mit weniger prozessualen Rechten einhergehen. Gerade angesichts des *de lege lata* unter der Ägide des NetzDG problematischen Rechtsschutzes der Kommunikatoren würde die Bemühung des Ordnungswidrigkeitenrechts daher weitergehende Probleme aufwerfen. Auf ein erst neu zu schaffendes *Interventionsrecht* als milderes Mittel soll im Rahmen der Ausarbeitung dagegen nicht eingegangen werden. Dieses wäre nach *Kaspar* Verhältnismäßigkeit und Grundrechtsschutz im Präventionsstrafrecht, S. 422 f. aufgrund der Verortung zwischen Ordnungswidrigkeiten- und Strafrecht als weniger virulente Sanktion ebenfalls von geringerer präventiver Bedeutung und oftmals nicht gleich geeignet. Während *Appel* Verfassung und Strafe, S. 596 ein solches Interventionsrecht zur Vermeidung einer strafrechtsähnlichen Grauzone ablehnt, zieht auch *Stächelin* Strafgesetzgebung im Verfassungsstaat, S. 156 ein solches in Betracht.

des Gemeinschaftslebens mündiger Bürger im demokratischen Rechtsstaat und bedarf daher der Kriminalstrafe.[3135]

ee) Anderweitige weniger empfindliche strafrechtliche Regulierungsmöglichkeiten als ein Allgemeindelikt[3136]

Zu hinterfragen ist ferner, ob weniger weitreichende Regulierungsmöglichkeiten bestehen als die Kriminalisierung von Jedermann, der bestimmte (weiter qualifizierte) Desinformationen verbreitet. Bestünden insofern gleich effektive Mittel – zum Beispiel durch die Schaffung eines Sonderdelikts oder die Eingrenzung eines Delikts auf ein organsiertes Zusammenwirken einer Vielzahl von Personen –, würde dies unweigerlich zur Verfassungswidrigkeit der avisierten Kriminalisierung führen.

(1) Adressierung besonders reichweitestarker Handlungen: Vorgehen gegen Social Bots bzw. gegen organisiertes Zusammenwirken von Nutzern

Nachfolgend soll zunächst die mögliche Kriminalisierung der Verwendung von Social Bots und anderer Formen organisierter Desinformationstätigkeit als alternatives Steuerungsmodell betrachtet werden. Das alleinige Kriminalisieren der systematischen beziehungsweise automatisierten Verbreitung von Desinformationen würde aber ebenfalls verkennen, dass ein signifikanter Teil der Amplifizierung desinformativer Inhalte gerade von unorganisierten Nutzern ausgeht. Von derartigen Vorhaben würde also eine Vielzahl der relevanten Akteure schlichtweg nicht adressiert. Automatisierte Verbreitungskampagnen werden zudem des Öfteren vom Ausland aus operieren, sodass jedenfalls die Rechtsdurchsetzung vor erheblichen praktischen Schwierigkeiten steht. Diese Einwände sind insbesondere im Hinblick auf (strafbewehrte) Transparenzpflichten in Bezug auf Social Bots zu erheben, die gleichwohl für das Nutzererlebnis und den Informationsverarbeitungsprozess schlechthin als wünschenswert erscheinen. *Schünemann*[3137] schlägt demgegenüber vor, neben der Verbreitung via Social Bots das abgestimmte Verhalten einer Vielzahl von Nutzern zur Schaffung eines Systems von Unwahrheiten zu kriminalisieren. Eine solche Kriminalisierung würde jedoch den Nachweis eines

---

3135 Abstrakt zu diesen Legitimationsanforderungen *Frisch* NStZ 2016, 16, 24.

3136 Die Frage der konkreten Ausgestaltung des Desinformationsverbreitungstatbestands ist dagegen aus Gründen der Anschaulichkeit der Ausarbeitung unten unter § 15 vorbehalten. Hierbei handelt es sich in strafrechtsdogmatischer Hinsicht um eine Frage der Erforderlichkeit. Mit dieser dogmatischen Einordnung auch *Lagodny* Das Strafrecht vor den Schranken der Grundrechte, S. 187.

3137 *Schünemann* GA 2019, 620, 630. Er spricht insofern von einem planmäßigen Missbrauchen des Internets. In seinem konkreten Normvorschlag a.a.O., S. 639 finden sich diese Anforderungen bzgl. der erfassten Handlungen dagegen nicht wieder.

bewussten Zusammenwirkens voraussetzen und wäre demnach kaum für die zeitnahe Rechtsdurchsetzung mittels des NetzDG geeignet. Dies begründet Zweifel an der Geeignetheit sowie der praktischen Umsetzbarkeit der strafrechtsgenetischen Idee Schünemanns.

Dass das Intervenieren gegen den Einsatz von Social Bots/reichweitesteigernder Programme bzw. gegen ein abgestimmtes Verhalten einer Vielzahl von Nutzern zudem *Zweifel an der Schutzfähigkeit aus strafanwendungsrechtlicher Perspektive* aufwirft, ist bereits oben unter § 9 B. III. aufgezeigt worden. Da eine Vielzahl derartiger Verhaltensweisen ausweislich empirisch begründeter Vermutungen aus dem Ausland heraus erfolgen und sich ein inländischer Erfolgsort bei einem abstrakten Gefährdungsdelikt nicht begründen ließe, würden derartige Straftatbestände faktisch wohl über kaum einen Anwendungsbereich verfügen. Dieser Kritik müssen sich daher gleichermaßen die Ideen der Strafrechtsgenese von *Schünemann*[3138] und *Schreiber*[3139] stellen.

(2) Sonderdelikt: Pönalisierung von Garantiepersonen bzw. politischen Akteuren und Kampagneninhalten

Schließlich ist die jüngst vorgeschlagene Beschränkung eines Gesetzgebungsvorhabens in Gestalt eines Sonderdelikts auf *Garantiepersonen*[3140] bzw. *politische Akteure als Träger besonderer Glaubwürdigkeit* (als taugliche Täter oder Ziele von Desinformationskampagnen) oder *Inhalte politischer Kampagnen* durchgreifenden Effektivitätsproblemen ausgesetzt. Hiermit würde eine Amplifizierung durch nichtpolitische Akteure ebenso nicht adressiert wie auch die oftmals kampagnenfernen subtilen Fake News. Diese subtilen Fake News verschaffen lediglich bestimmten politischen Akteuren abseits der Kampagnen aufgrund ihres politischen Programms Vorteile. Als Beispiel seien abermals Fremdenfeindlichkeit begünstigende Inhalte genannt, die rechtspopulistische Parteien bevorteilen könnten. Daneben würde dies die Schwierigkeit begründen, die eigentlichen Urheber

---

3138 Siehe die ausführliche Darstellung unten in Fn. 3213.

3139 Siehe die ausführliche Darstellung unten in Fn. 3211.

3140 *Schünemann* GA 2019, 620, 630 f., 638 spricht von wahrheitsverpflichteten Garantiepersonen, denen die Gesellschaft ein besonderes Vertrauen entgegenbringt. Er erwähnt insoweit Amtsträger (vor allem die Regierung) und Angehörige der öffentlich-rechtlichen Medien und verweist auf eine Potenzierung von oppositionsfeindlichen Effekten im Falle des Zusammenwirkens von verschiedenen Garantiepersonen. *Schünemann* will dergestalt auch den Wahrheitsnachweis vereinfachen, als bei Wahrheitsverpflichteten schon der Nachweis genüge, dass die Wahrheit im Veröffentlichungszeitpunkt nicht eindeutig geklärt gewesen sei, aber als eindeutig geklärt dargestellt würde. Hiermit wäre aber nur der Nachweis fahrlässigen Verhaltens (wie der Verletzung von Recherchepflichten) geführt, sodass dies schon mit der hiesigen Definition von Desinformationen inkompatibel wäre.

hinter Desinformationsaktivitäten zu identifizieren. Dies erschiene rechtspraktisch – insbesondere bei der Verquickung einer Strafnorm mit den Löschpflichten des NetzDG – erlahmend, da entsprechende Nachweismöglichkeiten den Plattformbetreibern nicht zur Verfügung stehen. Zudem ist, aufgrund der geänderten Informationsinfrastuktur ohne professionelles Gatekeeping, gerade eine Inpflichtnahme des Einzelnen angezeigt, was der Entwurf verkennt. Schließlich wäre ein solches Gesetz nach hiesiger Auffassung aufgrund zu vermutender Wirkungslosigkeit verfassungsrechtlich zumindest bedenklich, weil diese Personen allenfalls für einen geschwindet geringen Anteil der Problematik verantwortlich sind – eine die Regel bestätigende Ausnahme mag insofern der „Fall Relotius" bilden.[3141] Nach alledem besteht in der Idee von Schünemann kein gleich effektiver Regulationsmechanismus.

3. (Negative) Generalprävention als Zweck der strafbewehrten Verhaltensnorm[3142]: Erreichbare Veränderungen bei den Informationsverarbeitungsmechanismen

Indem man mit einem Straftatbestand – neben den bösgläubigen Desinformationsakteuren – die gröblich sorgfaltswidrig agierenden Nutzer adressiert, kann aus dem Streben zur Einhaltung des Verbots ein systematischer Rezeptionsmodus befördert werden, in welchem die Nutzer nicht derartig empfänglich für Desinformationen sind.[3143] Auf der ***ersten Säule der beabsichtigten Wirkung*** steht zuvorderst die intendierte positive Generalprävention beim Rezipienten. Diese sind – vor allem aufgrund der heuristischen Informationsrezeption und der kognitiven Verzerrungen – potentielle Weiterverbreiter und damit als potentielle Störer Teil des sozialen Problems.[3144] Gerade diese Ebene stellt eine Wirkung her, die

---

3141 Ausführlich zur Idee von Schünemann *M. Schreiber* Strafbarkeit politischer Fake News, S. 302 ff., der trefflich mit einer ähnlichen Argumentation und dem genannten Fallbeispiel mit Ausnahmecharakter die strukturelle Präventionseignung verneint.

3142 Nach *Kaspar* Verhältnismäßigkeit und Grundrechtsschutz im Präventionsstrafrecht, S. 390 ff. besteht der Zweck der strafbewehrten Verhaltensnorm allein in der Generalprävention, da die anderen Zwecke erst mithilfe der unmittelbaren Sanktionierung umgesetzt werden. Neben der negativen Generalprävention treten insoweit Aspekte positiver Generalprävention durch die Beeinflussung von Wertvorstellungen.

3143 Kritisch zur Rechtfertigung von Straftatbeständen mithilfe positiver Generalprävention wegen der mangelnden empirischen Abstützung *I. Appel* Verfassung und Strafe, S. 183 ff. m.w.N.

3144 Auch die seinerzeitige arbeitsmarktpolitische Sprecherin der CDU-Bürgerschaftsfraktion in Hamburg ordnete diejenigen, die Fake News gutgläubig

alternative Maßnahmen schlichtweg nicht zu leisten im Stande sind. Weiterhin dient die Strafbewehrung insofern der Förderung ohnehin mehrheitsfähiger Wertvorstellungen als Element positiver Generalprävention.[3145]

Durch die Aufnahme eines Desinformationstatbestandes in den Straftatenkatalog des NetzDG würde zudem die sachgerechte bußgeldbewährte Lösch- bzw. Sperrverpflichtung der Netzwerkbetreiber bzgl. solcher Inhalte erzielt. Dies dient als flankierende Maßnahme der effektiven Rechtsdurchsetzung. Hiermit wird die ***zweite Säule des beabsichtigten Wirkungskreises*** beschritten. Aufgrund der empfindlichen Bußgelder und des großen personellen Aufwands von Faktenprüfungen würden die Technologieunternehmen womöglich dazu bewegt, erhebliche Mittel in die Erforschung automatisierter Detektionsmöglichkeiten als zukünftig ressourcenschonende Maßnahmen zur Bewältigung der Sperrverpflichtung zu investieren. Damit könnte in der Zukunft möglicherweise schon die Erstveröffentlichung verhindert werden, was gleichzeitig die effektivste Interventionsmöglichkeit darstellen würde. Auch hinsichtlich der Anreizschaffung für die Unternehmen zur Bekämpfung von Desinformationen auf ihren Plattformen dürfte sich die aufgezeigte Kriminalisierung – in Verbindung mit der Erweiterung des NetzDG – daher letztlich als effektivstes Mittel erweisen.

Ein Tatbestand muss derweil nicht notwendigerweise erst bei tatsächlichen Einwirkungen auf das Schutzobjekt eingreifen, sondern kann – um aufgrund der Verknüpfung mit dem NetzDG eine schnellstmögliche Löschung vor der weitreichenden Verbreitung zu ermöglichen – bereits das Hervorrufen einer abstrakten Gefahr unter Strafe stellen. Anderweitig wird die virale Verbreitung einer Desinformation oft nicht mehr zu verhindern sein. Besonders für der hochentwickelten Industriegesellschaft immanente, multiple Ursachenzusammenhänge, bei denen der unmittelbare menschliche Kontakt durch anonymisierte und standardisierte Verhaltensformen ersetzt wird, wurden abstrakte Gefährdungsdelikte für verfassungsrechtlich legitimierbar eruiert.[3146] Um solchen multiplen Ursachenzusammenhang

---

weiterverbreiten, als an der „Spaltung der Gesellschaft" unbewusst Beteiligte ein, zitiert nach SZ v. 09.02.2020 (Fn. 1197).

3145 Nach *Kaspar* Verhältnismäßigkeit und Grundrechtsschutz im Präventionsstrafrecht, S. 394 f. treten als mit der strafbewehrten Verhaltensnorm verfolgte Zwecke neben die negative Generalprävention Aspekte positiver Generalprävention durch die Beeinflussung von Wertvorstellungen. Zur Bestärkung von Wertvorstellungen durch die Pönalisierung auch BVerfG Urt. v. 25.02.1975 – 1 BvF 6/74, BVerfGE 39, 1, 59.

3146 *Schünemann* GA 1995, 201, 211. *Teixeira* Das Unrecht der privaten Korruption, S.123 sieht diesen Punkt primär bei individuellen Rechtsgütern als maßgeblich an. Zuletzt legitimierte *Liang* Abstrakte Gefährdungsdelikte und ihre Anwendung in der gegenwärtigen Risikogesellschaft, S. 98 diese aufgrund der Besonderheiten einer Risikogesellschaft (gesteigertes Risiko führt zu gesteigertem Risiko- und Sicherheitsbewusstsein). *Kaspar* Verhältnismäßigkeit und Gundrechtsschutz im

handelt es sich vorliegend, wie bereits im Rahmen der empirischen Analyse der Auswirkungen von Desinformationen aufgezeigt worden ist.

Die fehlenden Nachweismöglichkeiten generalpräventiver Wirkung[3147] durch die Strafbewehrung von Verhaltensnormen vermögen derweil, auch aufgrund des gesetzgeberischen Spielraums, nicht entscheidend gegen das Vorhaben zu streiten. Insbesondere spricht für einen möglichen Zuwachs an Normbewährung der vorliegend gegenständliche Bereich bloß leichterer Delinquenz, in welchem zumindest bei den *hinsichtlich des Normappells empfangsbereiten und empfangsfähigen Normadressaten* – vor allem den rezipierenden Nutzern – von einer *möglichen Steuerbarkeit* auszugehen ist.[3148] Durch flankierende Medienkompetenzvermittlung kann zudem die Empfänglichkeit für den Appell erhöht werden, indem über kognitive Verzerrungsmöglichkeiten aufgeklärt und so ein Übergang von heuristischer zu systematischer Informationsverarbeitung befördert wird. Nach alledem stellt sich also die (qualifizierte) Kriminalisierung der Verbreitung von Desinformationen in der Effizienzbilanz als mildestes Mittel im Sinne des Verfassungsrechts dar.

IV. Angemessenheitsbedenken

Im Rahmen der Verhältnismäßigkeit im engeren Sinne liefert die Rechtsgutstheorie – unter Rückgriff auf die Verfassung – Anhaltspunkte für die Wertigkeit des Rechtsguts. Daneben ist das Gewicht des dem Rechtsgut drohenden Schadens durch das kriminalisierte Verhalten entscheidend für die Antwort auf die Frage, ob der Schutz so wichtig ist, dass sogar der Einsatz des besonders eingriffsintensiven Strafrechts legitimierbar ist.[3149]

Präventionsstrafrecht, S. 403, 409 formuliert ein Erfordernis struktureller Präventionseignung auf Ebene der Geeignetheit, das er im Falle abstrakter Gefährdungsdelikte weitgehend als gegeben erachtet.

3147 Zur empirischen Unwiderlegbarkeit positiver Generalprävention *Dubber* ZStW 117 (2005), 485, 492 ff. sowie *Funcke-Auffermann* Symbolische Gesetzgebung im Lichte der positiven Generalprävention, S. 83.

3148 Vgl. für die Steuerbarkeit bei nur leichter Delinquenz *Funcke-Auffermann* Symbolische Gesetzgebung im Lichte der positiven Generalprävention, S. 84.

3149 *Kaspar* Verhältnismäßigkeit und Grundrechtsschutz im Präventionsstrafrecht, S. 229 ff.

1. Abwägungsrelevante Faktoren[3150]

a) Strafwürdigkeitsbegründende *Faktoren*

Die *Wertigkeit des Grundrechts* ist angesichts der Stellung als notwendige Bedingung für die Betätigung von Meinungsfreiheit und Wahlrechten besonders hoch.[3151] Zudem ist die *Schädlichkeit* – also das potentielle Ausmaß der Rechtsgutsbeeinträchtigung[3152] – aufgrund der oft nicht wahrnehmbaren und zumeist nicht revidierbaren Beeinflussung des Einzelnen und der aufgrund dieser Beeinflussung fremddiktierten Betätigung von verfassungsrechtlich verbürgten Freiheiten besonders ausgeprägt. Der *Grad der Schädlichkeit* wird daneben, aus einer *kollektiven Perspektive* betrachtet, durch ein *drohendes Pluralismusdefizit* maßgeblich geprägt. Indem der Kommunikator in Täuschungsabsicht unwahre Tatsachen verbreitet, konterkariert er die kollektivistische Idee eines fairen geistigen Meinungskampfs, sodass sich sein Beitrag letztlich diskursschädlich verhält und dem Schutzzweck der Meinungsfreiheit zuwiderläuft – Grundrechts*gebrauch* schwingt insoweit in Grundrechts*missbrauch* um.[3153]

Die *Gefährlichkeit* – also die Wahrscheinlichkeit der Realisierung der Rechtsgutsbeeinträchtigung[3154] – ist dagegen, wie bereits aufgezeigt, aufgrund der zur Priorisierung einstellungskonsistenter Informationen führenden kognitiven Verzerrungen nicht ebenso intensiv ausgeprägt, da insoweit primär die Bestärkung bereits bestehender Auffassungen naheliegend erscheint. Gleichwohl ist ein

3150 Nachfolgende Systematisierung der abwägungsrelevanten Faktoren geht auf die Einordnung *Kaspar* Verhältnismäßigkeit und Grundrechtsschutz im Präventionsstrafrecht, S. 431 ff. zurück.

3151 Diese Bewertung wird zudem gestützt durch die Forderung von *Kim* Umweltstrafrecht in der Risikogesellschaft, S. 120 f., gem. dem Rechtsgüter als Teil eines Gesamtsystems und als Mittel zur Persönlichkeitsentfaltung begriffen werden müssen. Den Schutz der Autonomie bzw. die Voraussetzungen für die Ausübung eines Grundrechts bewirkt derweil auch § 216 StGB. Dazu *Kaspar* Verhältnismäßigkeit und Grundrechtsschutz im Präventionsstrafrecht, S. 474 ff., der für Fälle gesicherter Autonomie die Möglichkeit des Absehens von Strafe bzw. zumindest eine Liberalisierung des Strafrahmens fordert. Diese Forderungen können aber vorliegend – angesichts der Vielzahl erfasster Rechtspositionen Einzelner – nicht auf einen Desinformationstatbestand angewendet werden. Sie liefen auch dem Charakter als abstraktes Gefährdungsdelikt zuwider.

3152 *Kaspar* Verhältnismäßigkeit und Grundrechtsschutz im Präventionsstrafrecht, S. 431.

3153 Vgl. zu diesem Argument *Schimmele* Staatliche Verantwortung für diskursive Integrität in öffentlichen Räumen, S. 123.

3154 *Kaspar* Verhältnismäßigkeit und Grundrechtsschutz im Präventionsstrafrecht, S. 431.

latentes Gefahrverwirklichungspotential spürbar vorhanden. Ausweis dessen könnten Beeinflussungen hinsichtlich bestimmter Themen noch unentschlossener Individuen sein.

b) Eingriffsintensitätsbestimmende Faktoren

Demgegenüber sind die nachfolgend dargestellten drohenden negativen Effekte für die Grundrechtsposition aller Rechtsunterworfenen zu betrachten, welche die Intensität des aus der Kriminalisierung folgenden Eingriffs ausmachen:

aa) Abschreckungseffekte

Auf der Ebene der Angemessenheit bestehen vor allem im Hinblick auf drohende Abschreckungseffekte die bereits bei der Analyse des NetzDG dargestellten Bedenken. Diese könnten eine Grundrechtsbeeinträchtigung darstellen, die nicht vom erzielbaren Zugewinn an Rechtsgüterschutz konsumiert wird. Bei der Diskussion wird jedoch bisweilen außer Acht gelassen, dass das Recht aus einer rechtsphilosophischen Perspektive die Kenntnis seiner Verhaltensnormen per se voraussetzt. Insoweit ist also entscheidend, ob die Unterscheidung zwischen Tatsachenbehauptungen – diese werden im Falle ihrer (bewussten) Unwahrheit unter Strafe gestellt – und stets zulässigen Meinungsäußerungen vom Adressaten zu leisten ist. In diesem Fall wäre die Gefahr einer Selbstzensur dann ohnehin gering.

Tatsächlich ist mit der Rückkopplung an ein Faktum eine Grenzlinie gezogen, die selbst für den rechtsunkundigen Laien ohne Weiteres den Rahmen zulässiger Äußerungen erkennen lässt.[3155] Meinungsäußerungen bleiben weiterhin in gleichem Maße zulässig. Diese dürfen dabei *lediglich nicht mit wissentlich falschen Tatsachen gestützt werden.* Diese letztgenannte Grenze dürfte die Gefahren einer solchen Selbstzensur drastisch reduzieren. Die Meinungsfreiheit der einzelnen Kommunikatoren umfasst derweil ohnehin nur das Recht, die eigene Meinung zu äußern, nicht aber auch, dieser *durch fehlerhafte Fakten einen ungebührlichen Vorteil im Meinungsmarkt zu verschaffen.* Meinungsäußerungen als Ausdruck von Individualität sind daher diskurstheoretisch weitgehend legitim, wohingegen andere Äußerungen dann das Prädikat der Unzulässigkeit verdienen, sofern sie geeignet sind, die andere Bürger in der Bildung und Ausübung ihrer Individualität zu behindern. Die durchaus zu erwartende Kritik in der Wissenschaft im Hinblick auf die vorgeschlagene Kriminalisierung – mutmaßlich zuvorderst aus

---

3155 Anders dagegen zuletzt *Schimmele* Staatliche Verantwortung für diskursive Integrität in öffentlichen Räumen, S. 94 ff., 259 f., die ein Wahrheitspostulat ablehnt, weil jedwede Äußerung einen subjektiven Filter durchlaufe, sodass Tatsachenbehauptungen und Werturteile zu einem untrennbaren Gemenge verschmelzen würden.

(rechts-) philosophischer Perspektive – ist also tatsächlich in großem Umfang Ausweis missverstandener diskursiver Libertät.

bb) Strafbarkeitsbegrenzungen durch materiell-rechtliche und prozessuale Lösungen

Umso extensiver und offener ein Tatbestand formuliert ist und damit mit dem Bestimmtheitsgebot konfligiert, desto eher besteht die Gefahr, dass bestimmte, gemäß der Regelung erlaubte Verhaltensweisen vom Bürger irrig als verboten eingestuft und daher unterlassen werden, was zur Unangemessenheit führt.[3156] Daher sind an die Formulierung der Anforderungen an die pönalisierten Desinformationen und an die Implementierung von tatbestandlichen Ausnahmen hohe Anforderungen zu stellen.

(1) Gutgläubiges Verbreiten: Materiell-rechtliche Lösung[3157]

Drohende Abschreckungseffekte können zunächst durch eine angemessene sachliche Beschränkung der Verantwortlichkeit minimiert werden. Sofern die abstrakt durch die Normbewehrung herstellbare Normstabilität den bewirkten Grundrechtsbeeinträchtigungen im Einzelfall nachsteht, kann die Verhältnismäßigkeit der Norm nämlich durch materiell-rechtliche oder prozessuale Limitierungen hergestellt werden.[3158] Im Falle der Kriminalisierung der Verbreitung von Desinformationen, bei denen der Verbreiter die Unwahrheit fahrlässig verkennt, bestünde die Gefahr, bzgl. aktueller Themen, bei denen verifizierte Informationen zwecks eigeninitiativer Authentizitätskontrolle noch gar nicht vorhanden oder äußerst rar sind, jedwedes Interagieren im Hinblick auf einen solchen Beitrag zu verbieten. Insoweit würde den Nutzern also letztlich Untätigkeit bis zur bestehenden Verifikationsmöglichkeit abverlangt und so der Diskurs schlechthin hinsichtlich des noch legitimen Bereichs tatsächlich erlahmt. Indem man die Strafandrohung demgegenüber allenfalls an Leichtfertigkeit knüpft, verhindert man weitgehend eine mögliche Selbstzensur – indem eine Strafandrohung nur an Verletzungen von Sorgfaltspflichten geknüpft wird, die in der jeweiligen Konstellation jedem

---

3156 *Kaspar* Verhältnismäßigkeit und Grundrechtsschutz im Präventionsstrafrecht, S. 368.

3157 Weitergehende materiell-rechtliche Limitierungen sind der Ausarbeitung unter § 15 unten ebenso vorbehalten wie die strafrechtsdogmatischen Lösungen der Haftung für das gutgläubige Verbreiten, da diese treffender bei der konkreten Entwicklung eines Desinformationsdelikts dargestellt werden können. Die inhaltliche Ausarbeitung der Tatbestandsfassung erweist sich insofern als ein aufgrund der Eigenart einer strafrechtsgenetischen Arbeit „ausgelagerter Teil" der Verhältnismäßigkeitsprüfung.

3158 *I. Appel* Verfassung und Strafe, S. 582.

eingeleuchtet hätten. Der Umfang der Sorgfaltspflichten kann zudem graduell unter Berücksichtigung der Besonderheiten der Echtzeitkommunikation im Internet bestimmt werden, was ebenfalls eine adäquate Begrenzung der Verantwortlichkeit bewirkt.

(2) Weitere Fälle geringen Schuldgehalts

Trotzdem stellt sich weiterhin das Problem, dass durchaus Fälle denkbar sind, in denen der Unrechtsgehalt derart gering ist, dass eine Bestrafung mit dem Erfordernis schuldangemessenen Strafens nicht mehr vereinbar wäre: Auch im Falle einer potentiellen Gefährdung des Quasi-Rechtsguts ist die Strafrechtswürdigkeit demnach lediglich *cum grano salis* zu verstehen. Insofern kann die Verfassungsmäßigkeit aber durch materielle und prozessuale Lösungen hergestellt werden, die Fälle geringen Unrechtsgehalts aus dem Anwendungsbereich ausscheiden. Indem im Rahmen einer materiellen Lösung zunächst nur an bestimmte Thematiken – nämlich für den öffentlichen Diskurs essentielle Informationen aus den Bereichen Wirtschaft, Politik, Gesundheit und Gesundheitswesen – angeknüpft wird, wird dem fehlenden Unrechtsgehalt in Fällen entsprochen, in denen keine Auswirkungen für die Öffentlichkeit berührende Belange denkbar sind.

Hiermit würden aber weiterhin Fälle erfasst, in denen zwar solche Belange gegenständlich sind, allerdings aufgrund des Inhalts der Information ein kaum mehr sanktionsbedürftiger Schuldgehalt auszumachen ist. Zu denken ist beispielsweise an politische Randfragen, welche die öffentliche Meinung kaum beeinflussen können. Hierauf kam mit einer Kombination materieller und prozessualer Lösungen reagiert werden: Über eine implizite Wesentlichkeitsgrenze werden nur besonders wichtige und daher besonders unwertverwirklichende Maßnahmen erfasst. Über die Eröffnung strafprozessualer Möglichkeiten alternativer Verfahrensbeendigung infolge der Ausgestaltung als Vergehen wird zudem – innerhalb eigentlich wesentlicher Thematiken – die Möglichkeit der Straffreiheit oder lediglich geringfügiger Sanktionen im Falle nur geringen Handlungsunwerts eröffnet. Die Möglichkeit der Straffreiheit lässt zudem aufgrund der bereits de lege lata vorhandenen Möglichkeiten alternativer Verfahrensbeendigung im vergleichbaren Bereich geringerer Delinquenz noch keinen systematischen Nichtvollzug befürchten.[3159] Aufgrund des ohnedies anzusetzenden geringen Mindestmaßes des Strafrahmens bedarf es daher keines (vertypten) minder schweren Falles.[3160]

3159 Durch die Einführung eines Strafrahmens im lediglich unteren Deliktsbereich verbleibt auf der Sanktionsseite die Anwendung der §§ 46a, 59, 60 StGB möglich. Als alternative Verfahrenserledigungen kommen insbesondere §§ 153, 153a StPO in Betracht.

3160 Anders dagegen wohl *Schünemann* GA 2019, 620, 639.

cc) Schädliche Nebenfolgen

Die Eingriffsintensität wesentlich bestimmen können zudem Nebenfolgen der Kriminalisierung wie „gefährliche Umgehungsstrategien".[3161] Insofern wäre zwar denkbar, dass die Desinformationsakteure in Grenzbereiche nicht strafbarer Tatsachen- oder Meinungsäußerungen ausweichen und so den Diskurs zu beeinflussen versuchen. Hiermit würde aber der Meinungsbildungsprozess in weitaus geringerem Umfang beeinträchtigt als durch die Verbreitung von Desinformationen – auch weil mit Desinformationen gleichzeitig ein als nicht anfechtbar dargestellter Wahrheitsanspruch erhoben wird.

Schließlich wäre denkbar, dass Diskurse in weniger visible Nischen verlagert werden und so eine Fragmentierung befördert wird, welche die dargestellten Vorteile digitalisierter Massenkommunikation für den öffentlichen Diskurs revidieren könnten.[3162] Ein Rückzug in diese Räume könnte die Regelungen des NetzDG unterwandern und das Risiko von Strafverfolgung minimieren. Allerdings dürften derartige Umgehungsmaßnahmen nicht von authentisch agierenden Diskursteilnehmern, sondern gerade von bösgläubigen Akteuren zu erwarten sein, sodass die Risiken sich insofern als Kollateralschäden darstellen.

Schließlich wurde zuletzt vorgebracht, dass ein Desinformationstatbestand sich sogar nachteilig auf die Motivation der Plattformbetreiber und Nutzer auswirken könnte, eigeninitiativ Maßnahmen zum Schutz gegen Desinformationen zu ergreifen.[3163]

dd) Bloß marginaler Zugewinn an Generalprävention?

Zudem will *Kaspar* auf Ebene der Angemessenheit das bis zu dieser Prüfungsstufe weitreichende Postulat präventiven Überschusses des Strafrechts berücksichtigen, indem er im Einzelfall bei nur geringem Mehrertrag – messbar anhand graduell untergeordneter empirischer Belege – ein gewichtiges Argument für die Unverhältnismäßigkeit ausmacht.[3164] Gezeigt wurden vorliegend jedoch empirische Studien, die gewisse Einflüsse bereits messbar substantiieren konnten. Die fehlende Darlegbarkeit konkreter Beeinflussung der Meinungsbetätigung liegt dagegen zumindest teilweise in der Natur der Sache. Gerade der rechtsvergleichende Teil

---

3161 *Kaspar* Verhältnismäßigkeit und Grundrechtsschutz im Präventionsstrafrecht, S. 432.

3162 *E. Meyer* Politik Digital v. 26.01.2020, abrufbar unter https://politik-digital.de/news/dark-social-dehate-interview-mit-miro-dittrich-156052/ (21.03.2022) betont insofern die Bedeutung von Räumen des „Dark Social" für das Phänomen.

3163 *Jansen/Johannes/Krämer/Kreutzer/Löber/Rinsdorf/Roßnagel/*Schaewitz in Steinebach/Bader/Rinsdorf/Krämer/Roßnagel (Hrsg.), S. 195, 207.

3164 *Kaspar* Verhältnismäßigkeit und Grundrechtsschutz im Präventionsstrafrecht, S. 432.

deutete zudem darauf hin, dass in anderen Staaten wie Frankreich ebenfalls weiterer Präventionsbedarf ausgemacht wurde, der mittels des Strafrechts befriedigt wird. Relevant wird hierbei zudem, dass ein aktueller Bericht des *EAD*[3165] zum Ergebnis gelangt ist, dass Deutschland seit Ende 2015 der mit Abstand am häufigsten von russischer Desinformationstätigkeit betroffene Mitgliedstaat ist – sodass Deutschland offenbar öfter zum Ziel ausländischer Desinformationstätigkeit als andere Mitgliedstaaten wird und demzufolge hierorts ein stärker ausgeprägter Präventionsbedarf existiert.

2. Abwägung der relevanten Faktoren: Austarieren des Gewinns an Rechtsgüterschutz mit den Grundrechtsbeeinträchtigungen

Stellt man *einen Vergleich der dem geschützten Rechtsgut drohenden Gefahr* und des durch die Strafbewehrung erzielbaren Zuwachses an Rechtsgüterschutz *mit den korrespondierenden Grundrechtsbeeinträchtigungen Betroffener an*, ist zunächst an die „nur" nachgewiesene erzielbare Bestärkung ohnedies bestehender Auffassungen zu erinnern, die für einen nur geringen Zuwachs an Rechtsgüterschutz und damit womöglich für eine übermäßige Grundrechtsbeeinträchtigung sprechen könnte. Jedoch konnte gleichzeitig aufgezeigt werden, dass weitergehende Beeinflussungsmöglichkeiten naheliegen. Solche Beeinflussungen dürften schließlich mit zunehmender Zeit – infolge der fortwährenden Verzerrung des Informationsangebots – immer wahrscheinlicher werden.

Zudem besteht im politischen Bereich gerade im Vertrauensverlust in Parteien des Mittespektrums und der Verleitung zur Nichtwahl eine erhebliche und durchaus naheliegende Verzerrungsmöglichkeit der politischen Machtverhältnisse, die besonders extremen Auffassungen zum Durchmarsch verhelfen mögen. In einer repräsentativen Demokratie wiegt die Beeinflussung des politischen Meinungsbildungs- und Betätigungsprozesses besonders schwer, als die Bürger hiermit einen Großteil ihrer politischen Einflussnahme ausüben und bei einer Verzerrung die politische Legitimation der parlamentarischen Volksvertreter in Zweifel gezogen werden könnte. Der erzielbare Rechtsgüterschutz besteht also im Bereich für die Demokratie besonders essentieller Grundvoraussetzungen. Die Verstöße können daher als äußerst gravierend bewertet werden. Zudem sind Beeinflussungen besonders naheliegend und umfangmäßig dramatisch, sofern die Desinformationen, wie zuletzt während der COVID-19-Pandemie gesehen, empfindliche Krankheiten oder die diesbezügliche Gesundheitslage der Bevölkerung betreffen und so unmittelbar die Gesundheit der Bürger bedrohen.

Der dargestellte Zuwachs an Rechtsgüterschutz wiegt vorliegend die Grundrechtsbeeinträchtigungen Dritter auf, denen infolge des Unwahrheitserfordernisses

---

3165 *EAD* Vilifyng Germany, wooing Germany, 09.03.2021, abrufbar unter https://euvsdisinfo.eu/vilifying-germany-wooing-germany2/ (21.03.2022).

ohnehin keine Meinungsäußerung verboten werden und die vordergründig lediglich in ihrer allgemeinen Handlungsfreiheit aus Art. 2 Abs. 1 GG betroffen werden. Schließlich unterliegt die demnach beschränkte allgemeine Handlungsfreiheit in der Abwägung mit der zu schützenden Ermöglichung einer von unrichtigen Vorstellungen unbeeinflussten Meinungsbildung und Meinungsbetätigung, da die so verstandene selbstbestimmte Betätigung der Meinungsfreiheit der Einzelnen von unschätzbaren demokratischen Wert ist. Trotz der Empfindlichkeit des Mittels Kriminalstrafe überwiegt demnach schlussendlich der mittels der Pönalisierung erzielbare Mehrertrag an Rechtsgüterschutz – aufgrund der Wertigkeit des geschützten Rechtsguts für den demokratischen Diskurs.[3166] Von einer negativen Beeinflussung der Motivation der Plattformbetreiber durch die Kriminalisierung zu sprechen, erscheint demgegenüber angesichts deren libertärer Tendenzen zynisch. Letztlich erweist sich die Kriminalisierung der Verbreitung von Desinformationen, bei entsprechend bedächtiger Formulierung des Tatbestands, als angemessen und daher verhältnismäßig.

C. Zwang zur Pönalisierung? – vom Schutzauftrag der Grundrechte

Weiterhin gilt es zu beleuchten, ob eine gesetzgeberische Strafpflicht besteht, oder ob es sich lediglich um eine von vielen Interventionsmöglichkeiten handelt, deren Wahl dem Gesetzgeber freisteht. Neben der klassischen Funktion als Abwehrrechte wird mittlerweile – in Anknüpfung an den bereits von *Jellinek* erwähnten *status positivus* – in Form von Schutz-, Teilhabe-, Leistungs- und Verfahrensrechten weitgehend eine *Schutzfunktion der Grundrechte vertreten*,[3167] die dem Bürger einen Anspruch auf Schutz vor Beeinträchtigungen durch den Staat verleiht („*Untermaßverbot*"). Dieser Schutz bezieht sich auf von Privaten ausgehende Gefährdungen und kann letztlich in eine Pflicht zur Verabschiedung strafrechtlicher Verbote münden.[3168] Bereits früh in der wissenschaftlichen Diskussion wurde insofern

---

3166 Zu diesen verfassungsrechtlichen Anforderungen schon *Frisch* in Küper/Welp (Hrsg.), S. 69, 78.

3167 *Fischinger* in Münchener Handbuch zum Arbeitsrecht, § 7 Rn. 13; *Isensee* in Isensee/Kirchhoff (Hrsg.), § 191 Rn. 177 ff.; *Kaspar* Verhältnismäßigkeit und Grundrechtsschutz im Präventionsstrafrecht, S. 73 ff.; *Manssen* Grundrechte, § 3 Rn. 50 ff.; *Michael/Morlok* Grundrechte, Rn. 511; *Möstl* Die staatliche Garantie für die öffentliche Sicherheit und Ordnung, S. 25. Kritisch dagegen hinsichtlich der Ableitung subjektiver Schutzrechte *Ipsen* Grundrechte, § 2 Rn. 109 bzw. hinsichtlich der Ausdehnung über den ausdrücklich geregelten Bereich hinaus *Hufen* Grundrechte, § 5 Rn. 5.

3168 *Kaspar* Verhältnismäßigkeit und Grundrechtsschutz im Präventionsstrafrecht, S. 55 f., 59.

eingewandt, dass die nur rudimentäre ausdrückliche Regelung von Schutzpflichten im Grundgesetz im Umkehrschluss nicht die Nichtexistenz weiterer Schutzpflichten bedeute.[3169] Solche Schutzpflichten seien vielmehr historisch bei Erlass des Grundgesetzes gerade vorausgesetzt worden.[3170] Das Bundesverfassungsgericht hat die Konstruktion von Schutzpflichten in mehreren Entscheidungen[3171] anerkannt und später auch ausdrücklich über den ursprünglichen Anwendungsbereich überragend wertiger Grundrechte hinaus ausgedehnt.[3172]

I. Voraussetzungen für eine Schutzpflicht in der Rechtsprechung des BVerfG

Nach dem Bundesverfassungsgericht soll eine Schutzpflicht primär dann bestehen, wenn die drohende Verletzung der grundrechtlich geschützten Güter (wie im Falle der Betroffenheit des Lebens) irreparabel ist oder wenn zumindest nach Art und Rang als gewichtig einzustufende Grundrechte betroffen sind, wenn die drohende Entwicklung der Bedrohung unvorhersehbar ist und wenn die Betroffenen dies nicht autonom regulieren können.[3173] Trotz der nicht vorgesehenen Beschränkung auf spezifische Grundrechte, führen die hohen Voraussetzungen rechtspraktisch zur (nahezu ausschließlichen) Relevanz bei besonders wertigen und klar konturierten Grundrechten.[3174] Das Bundesverfassungsgericht fordert zudem hinsichtlich der Bedrohungsintensität ein gewisses Mindestmaß. Die Wahrscheinlichkeit des Schadenseintritts und das Gewicht des gefährdeten Interesses müssen dafür ein „ausreichendes Maß“ erreichen. Die anderweitig nur bestehenden allgemeinen Lebensrisiken seien von den Bürgern zu tragen.[3175]

3169 *Dietlein* Schutzpflichten, S. 26.

3170 *Götz* in Isensee/Kirchhof (Hrsg.), § 85 Rn. 18; zur historischen Entstehung *Kaspar* Verhältnismäßigkeit und Grundrechtsschutz im Präventionsstrafrecht, S. 60.

3171 BVerfG Urt. v. 25.02.1975 – 1 BvF 1, 2, 3, 4, 5, 6/74, BVerfGE 39, 1; BVerfG Urt. v. 28.02.1993 – 2 BvF 2/90 und 4, 5/92, BVerfGE 88, 203; BVerfG Beschl. 20.12.1979 – 1 BvR 385/77, BVerfGE 53, 30, 53.

3172 BVerfG Urt. v. 29.05.1973 – 1 BvR 424/71 und 325/72, BVerfGE 35, 79, 114. Ähnlich *Kaspar* Verhältnismäßigkeit und Grundrechtsschutz im Präventionsstrafrecht, S. 79, der Strafpflichten nur im Bereich des „absoluten Kernstrafrechts“ anerkennen will.

3173 *Kingreen/Poscher* Grundrechte, § 4 Rn. 114.

3174 *Kaspar* Verhältnismäßigkeit und Grundrechtsschutz im Präventionsstrafrecht, S. 63.

3175 BVerfG Beschl. v. 08.08.1978 – 2 BvL 8/77, BVerfGE 49, 89, 143. Vgl. auch die Darstellung bei *Kaspar* Verhältnismäßigkeit und Strafe, S. 63. Andere Ansätze dagegen greifen diese Aspekte unter genereller Annahme einer Schutzpflicht erst in einer Abwägung mit gegenläufigen Interessen im Rahmen der Einzelfallprüfung auf. Dazu *Dietlein* Schutzpflichten, S. 108; *Möstl* Die staatliche Garantie für die öffentliche Sicherheit und Ordnung, S. 97.

Von besonderer Bedeutung für den hiesigen Untersuchungsgegenstand ist die Frage, wie sich das Desiderat an sicheren wissenschaftlichen Erkenntnisse über die Auswirkungen bestimmter Probleme auf die Schutzpflichten auswirken und – daraus resultierend – die Frage, ob dem Gesetzgeber auch in diesen Fällen das Instrument strafrechtlicher Pönalisierung zur Verfügung steht. Generell soll insoweit zur Gewährleistung effektiven Grundrechtsschutzes die Interventionsmöglichkeit bestehen,[3176] wobei sich das Ausmaß der noch tragbaren Unsicherheiten an der Wertigkeit der bedrohten Rechtsgüter orientieren soll.[3177] Gleichwohl muss der Verdacht einer Gefahr auf Tatsachen und einer hinreichenden Informationsbasis beruhen sowie rational begründbar und überprüfbar sein.[3178]

Aber selbst wenn diese Hürden genommen sind, erkennt das Bundesverfassungsgericht einen großen Spielraum des Gesetzgebers hinsichtlich der inhaltlichen Wahrnehmung der Schutzpflichten an.[3179] Hierbei sind die Intensität der drohenden Gefahr sowie die Nähe zur Schadensrealisierung, die Wertigkeit von bedrohtem und widerstreitendem Interesse sowie etwaig schon existierende Regulierungen und ergriffene Maßnahmen in die Bewertung einzustellen.[3180] Eine *Verletzung der Schutzpflicht* wird erst dann angenommen, *wenn der Staat keinerlei Maßnahmen zur Gewährleistung von Schutz ergriffen hat oder aber diese vollkommen ungeeignet oder viel zu kurz greifend sind.*[3181] Anerkannt ist insofern also nur das Vorliegen einer generellen gesetzgeberischen Handlungspflicht, welche sich aber in Ausnahmen auf eine Pflicht zur Ergreifung spezifischer Interventionsoptionen – gleichsam einer *Ermessensreduktion auf null* – verengen können soll.[3182] In Ausnahmefällen kann die gesetzliche Strafandrohung das einzige effektive und demzufolge verfassungsrechtlich gebotene Mittel darstellen.[3183]

Das Subsidiaritätsprinzip lässt Schutzpflichten aber im Falle bestehender Selbsthilfemöglichkeiten auf Seiten des Betroffenen entfallen, also wenn der Betroffene

---

3176 *Hermes* Das Grundrecht auf Schutz von Leben und Gesundheit, S. 245.

3177 *Kaspar* Verhältnismäßigkeit und Strafe, S. 64.

3178 *Möstl* Die staatliche Garantie für die öffentliche Sicherheit und Ordnung, S. 98. Vgl. auch BVerfG Beschl. v. 16.02.1983 – 2 BvR 1160, 1565, 1714/83, BVerfGE 66, 39, 58 f.

3179 BVerfG Urt. v. 15.02.2006 -1 BvR 357/05, BVerfGE 115, 118, 159 f.

3180 BVerfG Beschl. v. 14.01.1981 – 1 BvR 612/72, BVerfGE 56, 54, 78.

3181 BVerfG Beschl. v. 29.10.1987 – 2 BvR 624, 1080, 2029/83, BVerfGE 77, 170, 214 f.; BVerfG Urt. v. 10.01.1995 – 1 BvF 1/90, 1 BvR 342, 348/90, BVerfGE 92, 26, 46.

3182 BVerfG Urt. v. 05.02.1975 – 1 BvF 1, 2, 3, 4, 5, 6/74, BVerfGE 39, 1, 44 ff.; *Kaspar* Verhältnismäßigkeit und Strafe, S. 65.

3183 *Isensee* in Isensee/Kirchhoff (Hrsg.), § 191 Rn. 151; BVerfG Urt. v. 05.02.1975 – 1 BvF 1, 2, 3, 4, 5, 6/74, BVerfGE 39, 1, 53 ff.; zurückhaltender aber BVerfG Urt. v. 28.02.1993 – 2 BvF 2/90 und 4, 5/92, BVerfGE 88, 203, 258 ff.

die Beeinträchtigung selbst abwehren oder sich ihr zumindest entziehen kann.[3184] Beispielhaft hierfür wird der Gesundheitsschutz von Verbrauchern genannt, für den bei nur geringen Gesundheitsrisiken eine gesetzliche Verpflichtung zur Information der Verbraucher über etwaige Risiken genügen soll.[3185] Das zumutbare Maß an Eigenverantwortlichkeit und Selbsthilfe ist für jeden Bereich sozialer Konflikte eigens zu bestimmen.[3186] Weiterhin stehen Schutzpflichten unter dem Vorbehalt faktischer und rechtlicher Möglichkeit, da absolute Sicherheit weder realisierbar noch aufgrund korrespondierender Freiheitsbeschneidungen anzustreben ist.[3187]

II. Perspektivwechsel und verfassungsrechtliche Anforderungen

Verbunden ist mit der nachfolgenden Untersuchung also ein Perspektivwechsel: Während die vorangegangene abwehrrechtliche Prüfung sich auf die Konformität eines für diesen Zweck als existent unterstellten Straftatbestandes mit strafverfassungsrechtlichen Anforderungen bezog, betrifft die nachfolgende Untersuchung die Frage, ob hierüber hinausgehend sogar eine gesetzgeberische Pflicht besteht, mithilfe eines Straftatbestands zu intervenieren, wobei hierfür denklogisch der Zustand vor Erlass der Strafnorm maßgeblich ist. Zu untersuchen sind also nicht nur die vom Gesetzgeber ergriffenen Maßnahmen, beispielsweise in Gestalt des NetzDG. Gegenstand der Prüfung ist vielmehr das gesetzgeberische Unterlassen.[3188]

Folgeproblem dieses Perspektivwechsels ist die Bezuglosigkeit der Prüfung der Geeignetheit und Erforderlichkeit aufgrund der mehrheitlich unbekannten mit der Untätigkeit verfolgten Ziele des Gesetzgebers – besonders dann, wenn das Untätigbleiben gerade nicht auf einer Willensbildung beruht. Hierdurch erschöpft sich

---

3184 *Hermes* Das Grundrecht auf Schutz von Leben und Gesundheit, S. 245; vgl. auch *R. Hassemer* Schutzbedürftigkeit des Opfers und und Strafrechtsdogmatik, S. 29 ff. und *Isensee* in Isensee/Kirchhoff (Hrsg.), § 191 Rn. 271 f.

3185 *Hermes* Das Grundrecht auf Schutz von Leben und Gesundheit, S. 245.

3186 *Hermes* Das Grundrecht auf Schutz von Leben und Gesundheit, S. 245.

3187 *Isensee* in Isensee/Kirchhoff (Hrsg.), § 191 Rn. 274 ff. Sofern mit den Selbsthilfemaßnahmen Eingriffe in Rechte Dritter verbunden sind, muss der Gesetzgeber alles Wesentliche selbst regeln, *Hermes* Das Grundrecht auf Schutz von Leben und Gesundheit, S. 206 ff. Dies ist beim Erlass strafrechtlicher Normen stets der Fall und beansprucht auch für andere Teilbereiche, unabhängig von der umstrittenen Ableitung von Eingriffstiteln aus der Verfassung, umfassend Geltung. Dazu *Kaspar* Verhältnismäßigkeit und Strafe, S. 65.

3188 Zu dieser Perspektive bei der Anwendung des Verhältnismäßigkeitsgrundsatzes *Kaspar* Verhältnismäßigkeit und Strafe, S. 75. In diese Richtung auch *Möstl* Die staatliche Garantie für die öffentliche Sicherheit und Ordnung, S. 103 ff.

die Prüfung letztlich in einer Interessensabwägung auf Stufe der Angemessenheit.[3189] Aufgrund des Beurteilungsspielraums, sind beide Prüfungen nicht inhaltlich kongruent, da der Gesetzgeber das aus dem Untermaßverbot resultierende Mindestmaß bei Vorliegen gewichtiger Gründe überschreiten kann.[3190]

Nichtsdestotrotz kann deswegen – wegen der Gewaltenteilung und demzufolge zur Vermeidung von Kompetenzüberschreitungen – dem Rechtsanwender nicht die selbstständige Ermittlung der zur Wahrnehmung der Schutzpflicht zu ergreifenden Maßnahmen aufgegeben werden. Ebenso wie bei der abwehrrechtlichen Prüfung kann diesem nur die Überprüfung konkret gegebener Maßnahmen anhand der Wertmaßstäbe des Grundgesetzes auferlegt werden.[3191] Daraus folgt, dass in Fällen begehrter spezifischer Schutzmaßnahmen ein Anspruch hierauf nur begründet ist, sofern nicht nur alle anderen bereits ergriffenen Schutzmaßnahmen das Untermaßverbot verletzen, sondern auch alle daneben denkbaren Schutzalternativen.[3192] Praxisrelevanz soll daher nur in einfach gelagerten Fällen oder von vornherein anzahlmäßig beschränkter Handlungsalternativen bestehen.[3193]

Der Schutzauftrag kann regelmäßig gerade nicht nur durch ein einziges rechtliches Instrumentarium wahrgenommen werden. Vielmehr werden zur Problemlösung *zumeist verschiedene rechtliche Regelungsinstrumentarien kumuliert angewandt*, durch deren Kohärenz der Gesetzgeber seinem Schutzauftrag letztlich genügt.[3194] An der Ineffektivität einer einzigen isoliert betrachteten Schutzmaßnahme soll eine Schutzpflichtverletzung daher nicht ausgemacht werden können, sondern erst an der Unzulänglichkeit der Gesamtheit der ergriffenen Maßnahmen.[3195] Während der gesetzgeberische Gestaltungsspielraum für die Art und Weise der Intervention weiter ist, besteht bzgl. des ob ein strengerer Bewertungsmaßstab.[3196]

3189 *Kaspar* Verhältnismäßigkeit und Strafe, S. 76.

3190 *Kaspar* Verhältnismäßigkeit und Strafe, S. 76 f. Für die Kongruenz dagegen *Unruh* Zur Dogmatik der grundrechtlichen Schutzpflichten, S. 88.

3191 *Möstl* Die staatliche Garantie für die öffentliche Sicherheit und Ordnung, S. 105.

3192 *Möstl* Die staatliche Garantie für die öffentliche Sicherheit und Ordnung, S. 106 f.

3193 *Möstl* Die staatliche Garantie für die öffentliche Sicherheit und Ordnung, S. 107. In die Richtung regelmäßig bestehender Gestaltungsfreiheit auch bei eingreifender Schutzpflicht BVerfG Beschl. v. 29.10.1987 – 2 BvR 624, 1080, 2029/83, BVerfGE 77, 170, 215.

3194 *Canaris* Grundrechte und Privatrecht, S. 82.

3195 *Möstl* DÖV 1998, 1029, 1032.

3196 *Hermes* Das Grundrecht auf Schutz von Leben und Freiheit, S. 70; *Isensee* Das Grundrecht auf Sicherheit, S. 53. Nicht ganz widerspruchslos wird von vielen Literaten dagegen eine Reduktion der gesetzgeberischen Gestaltungsalternativen auf null für möglich gehalten. Hiernach kann die jeweilige Schutzpflicht im Falle des Fehlens denkbarer Gestaltungsalternativen den Einsatz des Strafrechts notwendig

Der Perspektivwechsel gegenüber der rein abwehrrechtlichen Prüfung spiegelt sich überdies darin wieder, dass bei der erstgenannten Prüfung nur ein *isoliert betrachtetes Mittel* als Gegenstand der Untersuchung *an mehreren Zwecken* gemessen wird. Bei der nun vorzunehmenden Prüfung werden dagegen *an nur einem Zweck verschiedene Mittel* gemessen.[3197] Bei der Prüfung ist aber nicht nur eine Abwägung mit den rechtlichen Interessen des vom Eingriff Betroffenen angezeigt. Daneben sind öffentliche, gegen die Verdichtung des Schutzes sprechende Interessen in die Abwägung einzustellen.[3198]

Das Untermaßverbot erfährt insofern eine Unterteilung in die *Geeignetheit, Effektivität und Zumutbarkeit,* wobei die Geeignetheit lediglich eine generelle Dienlichkeit ohne jedweden Optimierungsmaßstab verlangt und damit nur im Falle gänzlichen Untätigbleibens fehlt. Die Anforderung der *Effektivität stellt das Spiegelbild der Erforderlichkeitsprüfung dar* und unternimmt ebenso einen Wirksamkeitsvergleich mit Alternativmaßnahmen. Jedoch wandelt sich die Fragestellung von derjenigen nach einem milderen, gleich guten Mittel zu derjenigen *nach einem besseren, ebenso milden Vorgehen.* Zuletzt ist unter dem Mantel der *Zumutbarkeit* zu fragen, ob das *Mittel hinsichtlich des damit erreichten Zugewinns an Schutz zumutbar ist.* Auch hier wird die Perspektive also gegenüber derjenigen des Eingriffs bei der Abwehrprüfung umgekehrt. Zu beantworten ist hier, ob das vorhandene Desiderat an Schutzmechanismen gegenüber den gegen eine Ausweitung des Schutzes sprechenden Gesichtspunkten der Rechte Dritter und anderweitiger Belange zumutbar ist. Letztlich soll hier faustformelartig herangezogen werden, dass die gesetzgeberische Schutzpflicht desto weiterreiche und desto früher einsetze, je bedeutender das bedrohte Rechtsgut ist und je höher das Schadensrisiko liegt. Ein optimierter Ausgleich der widerstreitenden Interessen im Sinne eines einzig gangbaren Weges muss allerdings nicht realisiert werden. Vielmehr verbleibt ein *Spielraum des Gesetzgebers – zwischen dem noch zumutbaren Risiko und der noch zumutbaren Freiheitsbeschränkung.*[3199]

---

machen. Vgl. dazu *Hermes* Das Grundrecht auf Schutz von Leben und Freiheit, S. 70; *Isensee* Das Grundrecht auf Sicherheit, S. 40.

3197 *Möstl* Die staatliche Garantie für die öffentliche Sicherheit und Ordnung, S. 108.

3198 *Möstl* Die staatliche Garantie für die öffentliche Sicherheit und Ordnung, S. 108 f.; *Hermes* Das Grundrecht auf Schutz von Leben und Gesundheit, S. 249 ff. Die einzustellenden Interessen müssen ob der Begründungslast des Bürgers auch nicht notwendigerweise von Verfassungsrang sein, so *Möstl* Die staatliche Garantie für die öffentliche Sicherheit und Ordnung, S. 109. Kritisch hierzu wohl *Isensee* in Isensee/Kirchhoff (Hrsg.), § 191 Rn. 151.

3199 Zum Ganzen *Möstl* Die staatliche Garantie für die öffentliche Sicherheit und Ordnung, S. 109 ff.; zur Faustformel auch *Canaris* Grundrechte und Privatrecht, S. 80. Teilweise wird auch von Toleranz als Grenze der Schutzpflichten gesprochen. Nicht jede als lästig oder störend empfundene Grundrechtsausübung beeinträchtige Dritte hinreichend. In Fällen positiver Grundrechtsausübung Dritter

Um nicht in den Bereich Rechtsschöpfung überzugreifen und dergestalt den vorgesteckten Rahmen der Gewaltenteilung zu verlassen, muss die richterliche Kontrolldichte – wie auch bei den Abwehrrechten – auf eine Evidenz- und Vertretbarkeitskontrolle beschränkt werden.[3200] Die weitergehende Kritik[3201] gegen das Konstrukt der Schutzpflichten soll hier nicht aufgegriffen und analysiert werden.[3202] Es handelt sich bei den erhobenen Einwänden jedoch zumeist um solche, welche die Verfassungsauslegung bzw. Verfassungsdogmatik im Allgemeinen betreffen.[3203]

III. Führt die Schutzdimension der Grundrechte *in concreto* zu einer Pflicht des Gesetzgebers zur strafrechtlichen Intervention?

Zwar sprechen vorliegend für eine Schutzpflicht die Wertigkeit des betroffenen Rechtsguts und der drohende und für den Rechtsgutsträger oftmals nicht einmal erkennbare Schaden. Jedoch können die umfassenden Regulierungsmöglichkeiten – zumindest in ihrer Kumulation – im Rahmen der Einschätzungsprärogative des Gesetzgebers möglicherweise ein der Kriminalisierung vergleichbares Schutzniveau erreichen. Jedenfalls kann diese Prognose nicht mit Sicherheit widerlegt werden. Ferner spricht die nur schemenhafte Gestalt des Rechtsguts gegen eine diesbezügliche Schutzpflicht. Dies führt nicht zu Unstimmigkeiten hinsichtlich der Prüfung der Kriminalisierungs*möglichkeit.* Das insoweit scheinbar divergierende Ergebnis ist Ausweis des beschränkten Prüfungsumfangs und des Perspektivwechsels. Während zuvor gefragt wurde, ob der Gesetzgeber die Verbreitung

---

bestünde – ohne das Hinzutreten weitergehender Beeinträchtigungen – kein korrelierendes negatives Schutzinteresse, so *Michael/Morlok* Grundrechte, Rn. 511.

3200 *Möstl* Die staatliche Garantie für die öffentliche Sicherheit und Ordnung, S. 114 f.; *ders.* DÖV 1998, 1029.

3201 Zur mutmaßlichen Schwächung der Abwehrrechte *Müller-Dietz* in Jeschek/Lüttger (Hrsg.), S. 97, 104 f.; zur Abkehr zum „Jurisdiktionsstaat“ *Böckenpförde* Der Staat 29 (1990), 1, 24 ff.

3202 Zur Relativierung dieser Kritik instruktiv *Möstl* Die staatliche Garantie für die öffentliche Sicherheit und Ordnung, S. 114 f. Vgl. auch *Kaspar* Verhältnismäßigkeit und Grundrechtsschutz im Präventionsstaat, S. 69 ff.

3203 Zur Konturenlosigkeit dieser Argumentation *Kaspar* Verhältnismäßigkeit und Grundrechtsschutz im Präventionsstaat, S. 71. Beispielsweise die richterliche Kontrolldichte als Problem und Lösung des zu verhindernden Jurisdiktionsstaates betrifft insbesondere auch die abwehrrechtliche Prüfung. Allenfalls die graduellen Ausmaße der Problematik mögen angesichts der konträren Prüfperspektive gravierender sein. Dazu *Möstl* Die staatliche Garantie für die öffentliche Sicherheit und Ordnung, S. 115.

von Desinformationen unter qualifizierten Voraussetzungen unter Strafe stellen *darf*, geht es vorliegend um die Frage, ob er dies sogar *muss*. Ausgemacht werden kann – aufgrund der bislang wissenschaftlich unsicheren Wirkzusammenhänge – allenfalls die Pflicht gesetzgeberischen Tätigwerdens im Hinblick auf das Phänomen, nicht aber eine solche Pflicht zur Verabschiedung einer Strafvorschrift.[3204] Die kriminalpolitische Entscheidung über das Ob und Wie ist insofern eine allein vom Gesetzgeber zu treffende Entscheidung und kann nicht durch verfassungsrechtliche Ableitungen ersetzt werden.[3205]

3204 Generell gegen die Annahme einer Handlungspflicht zuletzt aber *Schimmele* Staatliche Verantwortung für diskursive Integrität in öffentlichen Räumen, S. 117 ff., 261, gem. der der Gesetzgeber aber auch über das verfassungsrechtlich verbürgte Mindestmaß an Schutz hinausgehen darf.

3205 *I. Appel* Verfassung und Strafe, S. 597.

§ 15 *Strafrechtsgenetische Regelungsalternativen*: Erweiterung bestehender oder Formulierung neuartiger Normen

Da gemäß der oben in § 11 unternommenen rechtspolitischen Analyse die weitere Inkriminierung von Fake News ratsam erscheint, sind im letzten Teil der analytischen Betrachtung die verschiedenen Kodifizierungsmöglichkeiten zu thematisieren. Ein Auftakt zeigt zunächst die gesetzestechnischen Möglichkeiten einer solchen Strafrechtsgenese abstrakt auf. Angesichts der bereits vorhandenen Delikte, die zumindest einen Teilbereich des sozialen Problems erfassen, muss zunächst die *Möglichkeit der Ergänzung bereits bestehender Tatbestände* beleuchtet werden, bevor die *Schaffung neuartiger Tatbestände als Steuerungsmodell* betrachtet wird. Im Rahmen einer rechtstheoretischen und rechtsdogmatischen Analyse werden sodann die Vor- und Nachteile beider Kriminalisierungsmöglichkeiten behandelt. So könnte eine möglichst schonende Umsetzung durch eine Erweiterung bereits bestehender Normen erreicht werden. Demgegenüber dient das gegenüber demjenigen der bestehenden Normen andersartige Rechtsgut als Plädoyer für die Schaffung einer eigenständigen Norm. Zudem muss der bereits erwähnte Entwurf des Bundesrates betreffend Social Bots betrachtet werden. Dessen Inhalt wird, aufgrund der teilweise unbestimmten Formulierung und des weiten Anwendungsbereichs, kritisch zu bewerten sein.[3206] Als dogmatisch fragwürdig wird schon die systematische Stellung des Entwurfes[3207] zu evaluieren sein.

In der Folge wird der Versuch unternommen, einen Desinformationsverbreitungstatbestand unter besonderer Berücksichtigung der verfassungsrechtlichen Erforderlichkeit auszugestalten. Insofern ist zu erörtern, welche konkreten Anforderungen an die Kriminalisierung des Verbreitens von Fake News zu stellen sind. Insbesondere *Lammich*[3208], *Hoven*[3209],

3206 *Schultze* MMR-Aktuell 2017, 385445.

3207 Der Entwurf sieht die Neuschaffung eines § 202e StGB-E im Fünfzehnten Abschnitt (Verletzung des persönlichen Lebens- und Geheimbereichs) vor.

3208 *Lammich* Fake News als Herausforderung des deutschen Strafrechts, S. 229 ff. schlägt eine Kriminalisierung der Schaffung kompromittierender Sachlagen im Falle ehrenrühriger Inhalte sowie den Schutz der Willensbildungsfreiheit im Vorfeld von Wahlen vor.

3209 *Hoven* ZStW 129 (2017), 718, 738 ff. erwägt ebenso insbesondere eine Erweiterung des Wahlstrafrechts zum Schutz der Willensbildungsfreiheit.

Schreiber[3210], *Rostalski*[3211] und *Schünemann*[3212] haben dabei jüngst ausdrücklich zumindest fragmentarischen Regulierungsbedarf für bestimmte Inhalte ausgemacht, welchen Schreiber mit dem eingangs seiner Arbeit zu findenden Plädoyer[3213] für Informationswahrheit als Basis eines demokratischen Diskurses auf Grundlage empirischer Daten zur tatsächlichen Gefährdung tragfähig begründet hat. Bemerkenswert ist insoweit auch, dass von den soeben genannten strafrechtlichen Literaten, die sich dezidiert mit dem Untersuchungsgegenstand auseinandergesetzt haben, alle die Pönalisierung jedenfalls in einem gewissen Rahmen als strafverfassungsrechtlich legitimierbar bewertet haben. Dabei hat insbesondere Schreiber die strafverfassungsrechtlich problematischen Gesichtspunkte und den restriktiven Rahmen durchaus analytisch reflektiert.[3214] Lediglich *Valerius*[3215] hat für den von ihm untersuchten Bereich des Wahlstrafrechts eine Kriminalisierung im Hinblick auf Fake News grundsätzlich abgelehnt. Grundlegende Bedenken gegen die gesetzgeberische Intervention mittels des Strafrechts hat also bislang nur ein quantitativ untergeordneter Teil der strafrechtlichen Literaten angemeldet.

Nachfolgend ist also nunmehr zu fragen, ob die strafverfassungsrechtlichen Implikationen eine bedingungslose Kriminalisierung des Verbreitens von Desinformationen erforderlich machen oder ob weitere Anforderungen an das strafrechtswürdige Verhaltens – wie das Erfordernis der Verfolgung politischer oder wirtschaftlicher Zwecke – zu formulieren sind.[3216] Dabei rückt – neben der Umgrenzung der erfassten Desinformationen (werden lediglich irreführende Informationen erfasst?) – auch das Ausbuchstabieren der Tathandlung in den Vordergrund (werden nur Massenkommunikationsmittel oder die Verbreitung über das Internet erfasst; wird zwischen dem Verbreiten und dem Generieren der Desinformationen unterschieden?). Daneben wird die subjektive Tatseite

---

3210 *M. Schreiber* Strafbarkeit politischer Fake News, S. 292 ff. stellt einen Straftatbestand mit dem Titel „Politische Einflussnahme durch Falschinformationen" in den Raum, der die Verbreitung zur Beeinflussung individueller Wahlentscheidungen geeigneter Falschinformationen im Falle der Nutzung eines reichweitevergrößernden Computerprogramms pönalisiert, sofern dies wider besseres Wissen geschieht.

3211 *Rostalski* RW 2017, 436, 444 ff. hält zumindest Regulierung im Hinblick auf die Gefährdung der inneren Sicherheit für denkbar.

3212 *Schünemann* GA 2019, 620, 631, 639 hält insbesondere die Kommunikation von Fake News im Falle der Nutzung besonders sozialschädlicher Verbreitungsarten sowie die Verbreitung durch bestimmte Autoritäten für inkriminierungswürdig.

3213 *M. Schreiber* Strafbarkeit politischer Fake News, S. 57 ff.

3214 *M. Schreiber* Strafbarkeit politischer Fake News, S. 246 ff.

3215 *Valerius* in Böse/Schuhmann/Toepel, (Hrsg.), 827, 837. Ebenfalls kritisch hat sich im Hinblick auf die Erweiterung des Wahlstrafrechts *Rostalski* RW 2017, 436, 444 ff. geäußert.

3216 *Hoven* ZStW 129 (2017), 718, 738.

relevant – hierbei insbesondere die Frage nach der Kriminalisierung lediglich fahrlässiger Gefährdungen.

A. Auftakt: Möglichkeiten der Strafrechtsgenese

I. Option der Ergänzung bestehender Tatbestände

Zunächst besteht die Möglichkeit, bereits existente Normen, die zum Teil inkriminierungswürdige Sachverhalte nicht erfassen, punktuell zu ergänzen. *Hoven*[3217] hält insofern eine Anknüpfung an § 130 StGB für möglich. Insoweit könnten neutral formulierte Äußerungen klarstellend dem Anwendungsbereich unterstellt werden, indem beispielsweise das Aufstacheln zum Hass als Intention formuliert wird. Darüber hinaus läge eine Ausgestaltung als *Eignungsdelikt* nahe, indem bereits die Eignung zum Hervorrufen feindlicher Einstellungen vom Tatbestand erfasst würde.[3218]

Fernerhin könnten Handlungsweisen, die nicht gegen eine bereits *de lege lata* erfasste Personengruppe gerichtet sind, kriminalisiert werden, indem eine *tatbestandliche Alternative der Friedensstörung* aufgenommen wird. Dadurch würde der Tatbestand, unabhängig von einem Angriff gegen eine bestimmbare, dem Tatbestand unterfallende Personengruppe, verwirklicht werden. Hoven verweist insofern auf Art. 656 iStGB, der die Störung der öffentlichen Ordnung durch die Veröffentlichung falscher Informationen strafrechtlich sanktioniert. Hoven rekurriert weiterhin auf den bereits im Rahmen der Rechtsvergleichung erwähnten § 276 öStGB a.F., der einen vergleichbaren Regelungsgehalt aufgewiesen hat. In Anknüpfung daran, könnte bereits die Verbreitung von Fake News ohne weitere Handlungsvoraussetzungen unter Strafe gestellt werden, soweit sie die Eignung aufweisen, den öffentlichen Frieden zu gefährden. Dies deklariert Hoven selbst aber als schwer zu bestimmende Schwelle.[3219] Diese graduell schwer auszutarierende Grenzlinie würde in der Praxis allerdings wohl zu zahlreichen Verfahrenseinstellungen führen. Die Verfolgungsbehörden würden zur Erhaltung ihrer eigenen Funktionstüchtigkeit wohl nicht jeden grenzwertigen Fall zur Anklage bringen. Zur Stärkung könnten aber Spezialzuständigkeiten – wie eine auf Cyber-Crime spezialisierten Staatsanwaltschaft – geschaffen werden.

Gleichwohl aber wirft diese Lage unweigerlich die Frage auf, ob nicht die Addition weiterer, leichter zu bestimmender Handlungsvoraussetzungen den praktischen Bedürfnissen eher Rechnung tragen würde und damit Fake News effektiver bekämpfen könnte. Auch die bereits bei den §§ 185 ff. StGB erwähnte und bei der Bestimmung des Umfangs der Meinungsfreiheit zu beachtende Reizüberflutung aller Art dürfte hierbei zu berücksichtigen sein. Diese dürfte die Beunruhigung

3217 *Hoven* ZStW 129 (2017), 718, 742.

3218 *Hoven* ZStW 129 (2017), 718, 742.

3219 *Hoven* ZStW 129 (2017), 718, 742.

der Bürger in Bezug auf Fake News, jedenfalls in Deutschland, über die Jahre hinweg minimiert haben und könnte so dazu führen, dass eine Friedensgefährdung bei vielen Sachverhalten nicht anzunehmen ist. Gleichwohl können solche Fake News das öffentliche Meinungsspektrum beispielsweise zu Gunsten rechtspopulistischer Parteien verschieben und somit faktisch die Meinungsfreiheit der Bürger beschneiden, die – enttäuscht von den regierenden Volksparteien – ins dortige politische Lager abwandern oder aber sich zur Nichtwahl entschließen könnten.

Aufgrund der sachlichen Nähe zum Ehrschutz besteht weiterhin die Möglichkeit, den extendierten Schutz vor Fake News durch eine *Erweiterung des sachlichen Anwendungsbereichs der §§ 185, 186 StGB um die politische Reputation* zu ergänzen.[3220] Das Aufkommen und die Verbreitung derartiger Fake News zu verhindern, ist deshalb von besonderer Wichtigkeit, weil diese sich nicht in dem Schüren von Missgunst gegenüber dem Betroffenen erschöpfen, sondern diese darüber hinaus die freie unbeeinflusste Wahl schlechthin in Frage stellen, wenn durch das Schaffen einer falschen Faktenbasis das Wählerverhalten beeinflusst wird.[3221] *Hoven* schlägt die Kriminalisierung eines solchen Verhaltens durch die Beifügung der Formulierung „(...) dessen Kredit oder dessen Reputation zu gefährden geeignet ist“ vor. Sie schlägt also offensichtlich eine Erweiterung von § 187 StGB vor. Die angedachte Variante soll dabei unmittelbar nach der tatbestandlichen Alternative der Kreditgefährdung eingefügt werden, sodass ein Verächtlichmachen und damit eine Ehrenrührigkeit nicht erforderlich wäre. Neben dem Vermögensdelikt der Kreditgefährdung und dem Ehrschutzdelikt wäre damit also das neugeschaffene Delikt verortet, welches eine Art Meinungsbeeinflussungsdelikt und eine Subkategorie eines Deliktes gegen die Freiheit darstellen würde.

Interessant an dem Vorschlag von Hoven ist, dass sie im Vorfeld ihres just genannten konkreten Gesetzgebungsvorschlags immer von der Beeinträchtigung des Wählerverhaltens spricht, dann aber beim Vorschlag terminologisch die *Reputation* aufgreift. Diese nimmt schon sprachlich Bezug auf das gegenständliche Individuum des Beitrags, nicht aber auf die zugleich gefährdete öffentliche Meinung. Diese Perspektivverlagerung auf eine Eigenschaft eines Individuums läuft Gefahr, auch bei für den öffentlichen Diskurs unwesentlichen Informationen einzugreifen und wirft daher verfassungsrechtliche Bedenken auf. Zugleich wird aufgrund dieser Kritik offensichtlich, dass eine vollständige Loskoppelung von kollektiven Interessen sachwidrig erscheint.

Des Weiteren ist bereits die Terminologie „Reputation“ begrifflich mit dem Ruf oder dem Ansehen verbunden. Die Terminologie beinhaltet also eindeutig ehrrelevante Bestandteile. Auf diese soll es nach dem Ansinnen von Hoven doch aber eigentlich gar nicht ankommen. Vorzugswürdig wäre bereits deshalb eine Formulierung wie „(...) dessen Kredit zu gefährden oder dass die öffentliche Meinung bei

---

3220 *Hoven* ZStW 129 (2017), 718, 742 f.
3221 *Hoven* ZStW 129 (2017), 718, 742 f.

politisch, wirtschaftlich oder für die Volksgesundheit relevanten Fragen zu beeinflussen geeignet ist". Eine solche Formulierung macht deutlich, dass ein ehrverletzender Charakter nicht erforderlich ist. Daneben wird hierdurch klargestellt, dass als ratio crescendi der Strafandrohung die unbeeinflusste Meinungsbildung der Bevölkerung angegriffen werden muss und rein private Interessen demgegenüber nicht auszureichen vermögen.

Schließlich erwägen *Löber und Roßnagel* durch eine Erweiterung der §§ 108 ff. StGB die Integrität der Wahlen zu schützen: Sie wollen das Verbreiten von solchen Desinformationen unter Strafe stellen, die geeignet sind, den Wählerwillen zu beeinflussen.[3222] Allerdings bleibt bei diesem Vorschlag unklar, wieso Integrität bzw. Authentizität nur in Bezug auf politische, nicht aber in Bezug auf wirtschaftliche oder für die Volksgesundheit relevante Informationen gewährleistet werden soll. Die im Zuge der COVID-19-Pandemie offensichtlich gewordenen rechtlichen Desiderata bzgl. solcher Desinformationen blieben also vollkommen unberücksichtigt.

Andere wollen einen über die §§ 185 StGB hinausgehenden Cybermobbingtatbestand einführen, um dem besonderen Unrecht bei der Tatbegehung im Internet gerecht zu werden. Ferner soll ein Anspruch auf einen Opferanwalt sowie auf eine psychosoziale Prozessbegleitung bestehen.[3223] Auch dies vermag allerdings als durchgreifendes Instrumentarium zur Bekämpfung von Fake News kaum zu überzeugen. Dies lässt nämlich erneut Fälle außen vor, die keinen solchen Ehrbezug aufweisen. Bereits aus dieser Analyse wird aber deutlich, dass die Erweiterung bestehender Tatbestände angesichts des oben beschriebenen Quasi-Rechtsguts kaum konsequent ist und zudem der eigenständige Charakter der vorzubeugenden Verletzungen verloren geht.

II. Implementierung neuartiger Tatbestände

1. *Umfassende Inkriminierung*

Sodann gilt es – als denkbar extensivste Lösungsmöglichkeit – die einschränkungslose Inkriminierung der Verbreitung von Desinformationen näher zu betrachten. Bereits dargestellt wurde insoweit ein italienischer Gesetzentwurf, der eine weitgehende Sanktionierung falscher, übertriebener oder tendenziöser Postings vorsah, sofern diese sich auf offenkundig unbegründete oder unwahre Fakten bezogen haben.

Folge der derartigen Regelung eines weitreichenden Tatbestandes, der Fake News ohne die Anknüpfung an eine bestimmte mit der Verbreitung verfolgte Intention erfasst, ist ein „allgemeiner Wahrheitsschutz" als Gesetzeszweck.

3222 *Löber/Roßnagel* in Steinebach/Bader/Rinsdorf/Krämer/Roßnagel (Hrsg.), S. 149, 181.
3223 *Heckmann/Paschke* DRiZ 2018, 144, 145.

Damit ginge ein umfassendes „Verbot der Lüge" einher.[3224] Hierfür ließen sich – in Anknüpfung an Hoven – zumindest einige Stimmen des deutschen Idealismus vorbringen:[3225] Nach *Fichte*[3226] beispielsweise liege in der Natur kein Trieb zur Lüge, die *sittliche Denkart kenne die Lüge nicht.* Fichte ging gar so weit, selbst in Ausnahmefällen die Berechtigung einer Notlüge nicht anzuerkennen.[3227] Es bestehe für den Einzelnen ein Gebot, richtige Einsicht bei anderen zu fördern, indem der Einzelne die ihm bekannte Wahrheit mitteilt.[3228]

Jedoch ist ein Verbot der Lüge allein aus ethisch-moralischen Gründen in einem liberalen Rechtsstaat kaum begründbar.[3229] Dies würde einen Versuch der moralischen Sozialisation der Gesellschaft darstellen. Das Gesetz würde allein der Verwirklichung eines Wahrheitsanspruchs aus sittlicher Sphäre dienen.[3230] Erforderlich wäre zur Legitimation der Intervention mittels des Strafrechts als des Rechts schneidigstem Schwert[3231] aber die Verletzung eines Rechtsgutes. Dafür reicht die Verletzung eines praktisch kaum erreichbaren idealtypischen moralisch-sittlichen Menschseins allein nicht aus.[3232]

Auch *Kant*[3233] sprach sich bekanntermaßen für ein generelles und rigoroses rechtliches Verbot der Lüge aus. Das Unrecht liege insoweit bereits in der Unwahrheit der Äußerung. Begründet sah er dies darin, dass Aussagen anderweitig keinen Glauben finden würden und demnach auch auf Verträge begründete Rechte wegfallen und ihre Kraft verlieren würden. Dies stelle wiederum ein Unrecht gegenüber der Menschheit dar. Dem entgegnet Hoven, die sich im Hinblick auf das analysierte soziale Phänomen mit der Moralphilosophie Kants auseinandersetzt, dass das von Kant beschriebene Unrecht gegenüber „der Menschheit überhaupt"

3224 *Hoven* ZStW 129 (2017), 718, 739. Vgl. zur rechtshistorischen Entwicklung der Strafbarkeit der Lüge im (deutschen) Recht *Schünemann* GA 2019, 620,621.

3225 *Hoven* ZStW 129 (2017), 718,739.

3226 *Fichte* Das System der Sittenlehre nach den Principien der Wissenschaft, S. 387.

3227 *Fichte* Das System der Sittenlehre nach den Principien der Wissenschaft, S. 387 ff.

3228 *Fichte* Das System der Sittenlehre nach den Principien der Wissenschaft, S. 389.

3229 *Hoven* ZStW 129 (2017), 718,739.

3230 *Hoven* ZStW 129 (2017), 718,739.

3231 Oftmals wird das Strafrecht auch als „schärfste Waffe des Staates" bezeichnet, BVerfG, Beschl. v. 19.20.1971 – 1 BvR 387/65, BVerfGE 32, 98, 109. Zum Begriff des „schärfsten Schwerts" *Prittwitz* in: Albrecht/Hassemer/Jäger/Kargl/Lüderssen/Naucke/Neumann/Wolff (Hrsg.), S. 387, 402. Den Begriff des „schneidigsten Schwerts" hat dabei maßgeblich *Roxin* Kriminalpolitik und Strafrechtssystem, S. 23 geprägt, der auch von der „fragmentarischen Natur" des Strafrechts sprach.

3232 *Hoven* ZStW 129 (2017), 718,739.

3233 *Kant* in Vorländer (Hrsg.), S. 202. Nach *Schünemann* GA 2019, 620, 621 bestehen bereits aus intrasystematischer Perspektive durchgreifende Bedenken gegen diese Konzeption.

eine extreme Anwendung des von Kant begründeten kategorischen Imperativs voraussetze. Das Unrecht der Lüge könne seine „unheilvolle Wirkung" nur dann entfalten, wenn zugleich jedermann die gegenständliche Maxime für sein Handeln übernehme.[3234] Dies entsprechende jedoch nicht den Gegebenheiten der Realität. Die von Kant aufgezeigte Gefahr sei hinsichtlich ihrer Qualität von ihm überzeichnet worden.[3235]

Auch wenn Hoven im Ergebnis beizupflichten ist, ist der Gedankengang doch nicht immer vollends überzeugend begründet. Wenn sie davon spricht, dass eine Lüge nur dann ihre unheilvolle Wirkung entfalte, wenn die zugrundeliegende Maxime vom Empfänger übernommen werde, mag dies zwar im Ausgangspunkt durchaus zutreffend sein. Vergessen wird aber hierbei, dass schon die Gefahr, dass die Maxime übernommen werde, selbst zum Anknüpfungspunkt des Unrechts gemacht werden und insoweit ein abstraktes- oder abstrakt-konkretes Gefährdungsdelikt formuliert werden könnte, wie dies beispielsweise bei der Abfassung des Vortäuschens einer Straftat in § 145d StGB erfolgt ist.

Zutreffend erweist sich allerdings, dass Kant insoweit eine möglicherweise rechtspolitisch nicht inkriminierungswürdige Gefährdung mit der Verletzung gleichgesetzt und damit das Unrecht qualitativ überzeichnet dargestellt hat. Auch Hoven wird aber nicht etwa ein Delikt formulieren wollen, bei dem nachgewiesen werden muss, dass Rezipienten der Lüge im Einzelfall Glauben geschenkt haben. Ihre Stellungnahme bleibt daher zumindest ungenau. Zutreffend erweist sich allerdings die Argumentation, dass durch eine rigorose Kriminalisierung zahlreiche nicht inkriminierungswürdige Sachverhalte mit Strafe bedroht würden, was mit verfassungsrechtlichen Grundsätzen nicht in Einklang zu bringen wäre. Hoven verweist insofern auf eine falsche Nachricht bzgl. gelber Kleidung der Bundeskanzlerin bei einem Ball oder der Täuschung einer Privatperson über ihren eigenen emotionalen Zustand: Bei beiden Nachrichten stünden keine nennenswerten nachteiligen Auswirkungen für die Protagonisten der Nachricht oder aber die Gesellschaft zu befürchten.[3236]

2. *Inkriminierung unter qualifizierten Voraussetzungen*

Anknüpfungspunkt eines neuen Gesetzgebungsvorhabens kann die jetzige Gesetzeslage sein, nach der ein Verbot der Lüge nur unter qualifizierten Anforderungen existiert. Aufgezeigt wurde insoweit, dass das Vortäuschen einer Straftat gem. § 145d StGB, die falsche Verdächtigung gem. § 164 StGB, die Volksverhetzung gem. § 130 StGB, die Ehrschutzdelikte der §§ 185 ff. StGB, die Störung des öffentlichen Friedens durch Androhung von Straftaten gem. § 126 StGB sowie Betrugstaten gem. §§ 263 ff. Lügen jeweils unter qualifizierten Voraussetzungen sanktionieren.

3234 *Hoven* ZStW 129 (2017), 718, 740.
3235 *Hoven* ZStW 129 (2017), 718, 740.
3236 *Hoven* ZStW 129 (2017), 718, 740.

Die Lüge wird daher vom Gesetzgeber nicht in einem der *de lege lata* geregelten Fälle „um ihrer selbst willen" bestraft, sondern weil die Lüge als Mittel zur Verletzung individueller oder kollektiver Rechtsgüter dient.[3237] Die falsche Verdächtigung gem. § 164 StGB und das Vortäuschen einer Straftat gem. § 145d StGB bezwecken den Schutz der Strafrechtspflege, wohingegen bei § 126 StGB und der Volksverhetzung gem. § 130 StGB der (hinsichtlich des Rechtsgutscharakters umstrittene) öffentliche Friede geschützt wird. Aber auch Individualrechtsgüter sind verschiedentlich vor Lügen geschützt, so beispielsweise die Ehre bei §§ 185 ff. StGB oder das Vermögen bei § 263 StGB. Dabei kann ein und dieselbe Lüge im Falle einer bestimmten Intention irrelevant, bei Verfolgung anderweitiger Intentionen dagegen relevant werden: Während die gegenüber der eigenen Familie verwendete Fälschung eines Abschlusszeugnisses zur Erzielung von Anerkennung trotz aller moralischer Bedenken nicht von einer Strafnorm erfasst ist, wird dieselbe Fälschung im Falle der Fälschung oder Verwendung zur Täuschung im Rahmen eines Bewerbungsverfahrens aufgrund der dann vorliegenden Nachteilszufügungsabsicht relevant.[3238] Ebenso werden Täuschungen gegenüber Mitmenschen unter § 263 StGB dann relevant, wenn mit ihnen eine Bereicherungsabsicht verfolgt wird.[3239] *Hoven* hat insofern bereits herausgearbeitet, dass nicht etwa ein „Intimdelikt der Lüge" bestraft wird, sondern die soziale Entäußerung derselbigen, also die gesellschaftliche Relevanz der Lüge.[3240]

a) Kriminalisierung des Verbreitens von Fake News zur Beeinflussung von Wahlen

Die weitere Weichenstellung muss also notwendigerweise die gegenüber den bereits *de lege lata* verbotenen hinausgehenden verwerflichen und daher inkriminierungswürdigen Zwecke zum Gegenstand der Untersuchung machen. Da die Diskussion um eine Bekämpfung von Fake News mit den Mitteln des Rechts im Vorfeld von Wahlen aufkeimten und dies vielerorts zum Gegenstand von Gesetzgebungsvorhaben gemacht wurde, kommt zunächst die Verwendung von Fake News zur Beeinflussung von Wahlen als Ausgangspunkt einer Kriminalisierung in Betracht. Modell könnten dabei der bereits erwähnte § 264 öStGB sowie die in den verschiedenen US-Bundestaaten vorhandenen Regelungen stehen.

3237 *W. Becker* Der Tatbestand der Lüge, S. 49.

3238 Dieses Beispiel nennt auch *Hoven* ZStW 129 (2017), 718, 741.

3239 *Hoven* ZStW 129 (2017), 718, 741.In diese Richtung auch *Schünemann* GA 2019, 620, 639.

3240 *Hoven* ZStW 129 (2017), 718, 741.

aa) Ergänzung von § 108a StGB

Hoven[3241] und im Anschluss auch *Lammich*[3242] thematisierten insofern die Möglichkeit, eine derartige Sanktionierung in Ergänzung von § 108a StGB vorzunehmen, der denjenigen bestraft, der durch Täuschung bewirkt, dass ein Wähler bei der Stimmabgabe über den Inhalt seiner Erklärung irrt oder gegen seinen Willen nicht oder ungültig wählt. *De lege lata* ist im Rahmen von § 108a StGB in der ersten Tatbestandsalternative des Hervorrufens eines Erklärungsirrtums gerade nicht der Fall erfasst, dass der Wahlberechtigte – beispielsweise durch täuschende Fake News – dazu verleitet wird, in einem bestimmten, vom Kommunikator bezweckten Sinn oder beispielsweise aus Protest gar nicht zu wählen.[3243] Geschützt wird demnach nur die *Entscheidungsfreiheit* schlechthin. Die *Willensbildungsfreiheit* unterfällt dagegen nicht dem Schutz der Norm.[3244]

Eine derartige Erweiterung wäre also im jetzigen Normgefüge unabdingbar, wollte man die genannten Verhaltensweisen für (rechtspolitisch) strafwürdig erachten. Die Norm setzt in ihrer jetzigen Fassung bei der ersten Variante zudem das Erregen eines Irrtums und damit einen tatbestandlichen Erfolg voraus.[3245] Damit sind, trotz der Versuchsstrafbarkeit in Abs. 2, hohe Hürden aufgestellt. Geschützt ist nach der herrschenden Meinung unter den Literaten nicht nur das Interesse des Individuums an der irrtumsfreien Betätigung seines Willens bei den Wahlen, sondern darüber hinaus das *Kollektivinteresse der Verhinderung eines verfälschten Wahlergebnisses.*[3246] Trotzdem würde der jetzige § 108a StGB wohl kaum den von der Verbreitung von Fake News ausgehenden Gefahren gerecht, die in der *potentiellen* Beeinflussung der Stimmabgabe der Wähler besteht. Dies deshalb, weil Desinformationen – unabhängig von einem tatsächlich eingetretenen Irrtum – die Demokratie als solche latent gefährden und in jenem Zeitpunkt, in dem ein solcher Irrtum bei einem ersten Rezipienten eingetreten ist, die Desinformation in den Weiten des World Wide Web kaum mehr zu kontrollieren ist. Rechtsdogmatisch müsste deshalb *nicht erst die Entscheidungsfreiheit* geschützt werden, sondern

---

3241 *Hoven* ZStW 129 (2017), 718, 741. Vgl. auch *Rostalski* RW 2017, 436, 459, die eine Ergänzung von § 108 StGB um Täuschungen über für die Wahlentscheidung relevante Informationen eruiert.

3242 *Lammich* Fake News als Herausforderung des deutschen Strafrechts, S. 231 ff.

3243 Vgl. *Kargl* in Kindhäuser/Neumann/Paeffgen, § 108 StGB Rn. 2; MüKo-StGB/*E. Müller* § 108a StGB Rn. 6; SK-StGB/*Sinn* § 108a StGB Rn. 2.

3244 BeckOK StGB/*von Heintschel-Heinegg* § 108a StGB Rn. 1. Mit dieser Bewertung zuletzt auch *Lammich* Fake News als Herausforderung des deutschen Strafrechts, S. 189, der hierfür auch BGH, Urt. v. 05.07.1956 – 3 StR 183/56, BGHSt 9, 338, 340 anführt. Vgl. auch *M. Schreiber* Strafbarkeit politischer Fake News, S. 187 ff. und *Valerius* in Böse/Schuhmann/Toepel, (Hrsg.), 827, 834.

3245 *Kargl* in Kindhäuser/Neumann/Paeffgen, § 108 StGB Rn. 2.

3246 *Kargl* in Kindhäuser/Neumann/Paeffgen, § 108 StGB Rn. 1.

bereits der Vorgang der Willensbildungsfreiheit, da ohne die Gewährleistung der letztgenannten Freiheit die Entscheidungsfreiheit ausgehöhlt wird und letztlich nur auf dem Papier besteht.

Valerius[3247] hat bei seiner Untersuchung des Wahlstrafrechts eine strafrechtliche Regulierung im Hinblick auf Fake News zuletzt abgelehnt – und dies mit der seiner Ansicht nach bisweilen schwierigen Abgrenzung zwischen Tatsachen und Meinungen, einer in der Folge drohenden Lähmung des öffentlichen Diskurses sowie der auch den Wertungen des Wahlstrafrechts zu entnehmenden gesetzgeberischen Anerkennung der Eigenverantwortung der Wähler begründet. Gefolgt werden kann dieser Argumentation dabei schon infolge der *scheinbaren Neutralität* von Fake News nicht, sodass der von ihm angesprochene Grenzbereich kaum einmal betroffen sein wird. Fernerhin verkennt das Anbringen der Eigenverantwortung die tatsächlichen Gegebenheiten – findet eine Beeinflussung doch schon unterbewusst statt und ist der Einzelne dabei aufgrund psychowissenschaftlich beweisbarer Heuristiken beim Konsum von Informationen teils nicht hinreichend kompetent zur Verantwortungsübernahme. Er verkennt insofern ferner die Bedeutung einer authentischen Tatsachenbasis als Grundlage eines funktionsfähigen öffentlichen Diskurses.

bb) Erweiterung von § 107a StGB

Daneben wäre die Erweiterung der in § 107a StGB kriminalisierten Wahlfälschung denkbar, indem an das Herbeiführen eines unrichtigen Wahlergebnisses in Abs. 1 Alt. 1 aufgrund der unzulässigen Beeinflussung eines Wahlberechtigten[3248] angeknüpft wird. Allerdings dürfte das erforderliche veränderte Stimmenverhältnis[3249] rechtspraktisch ebenso wenig nachweisbar sein wie eine unzulässige Beeinflussung von einiger Erheblichkeit.[3250] Der Schutz des manipulationsfreien Ablaufs der demokratischen Willensbildung durch die Wahrung der Integrität des Wahlvorgangs[3251] könnte zudem kaum die Kriminalisierung von zeitlich erheblich vor

---

3247 *Valerius* in Böse/Schuhmann/Toepel, (Hrsg.), 827, 837 f. Regulierungsbedarf im Kontext des Schutzes unbeeinflusster Wahlbetätigung verneint unter Gesichtspunkten der Eigenverantwortung auch *Rostalski* RW 2017, 436, 445 ff.

3248 *Kargl* in Kindhäuser/Neumann/Paeffgen, § 107a StGB Rn. 3. Vgl. auch die umfassende Analyse von § 107a StGB bei *Lammich* Fake News als Herausforderung des deutschen Strafrechts, S. 190 ff., der ebenfalls Schutzlücken im Hinblick auf Vorfeldbeeinflussungen erkennt.

3249 BeckOK StGB/*Weidemann* § 107a StGB Rn. 9. Vgl. auch *Lammich* Fake News als Herausforderung des deutschen Strafrechts, S. 194.

3250 *Gensing* Fakten gegen Fake News, S. 18 ff. nennt einen Beitrag, gemäß dem bei den Landtagswahlen fehlende Briefwahlstimmen als Stimme für die Grünen gezählt und somit bei Wahrunterstellung Wahlfälschung nach § 107 StGB [sic!] verwirklicht würde.

3251 *Kargl* in Kindhäuser/Neumann/Paeffgen, § 107a StGB Rn. 1.

den Wahlen stattfindenden Desinformationsaktivitäten rechtfertigen, sodass diesbezüglich Schutzlücken unvermeidbar wären. Diese Schutzlücken könnten nur durch eine weitere Strafvorschrift beseitigt werden. Damit wäre aber die Ergänzung bestehender Vorschriften als rechtsdogmatische Möglichkeit einer Strafrechtsgenese wenig sinnhaft: Es entstünden dann quer durch das StGB verstreute Ergänzungen, die jeweils inhaltlich eng miteinander verwandte Verhaltensweisen pönalisieren. Folge wäre also die Dissipation zusammengehörender Kriminalisierungen, was für die Rechtspraxis unweigerlich zu Problemen führen würde. Man mag insofern nur an die Durchsetzungspraxis der Plattformbetreiber durch das NetzDG denken, für welche die Erweiterung von § 1 Abs. 3 NetzDG um nur eine weitere Strafvorschrift selbstverständlich einfacher zu händeln wäre.

cc) Keine Bereichsausnahme für Fälle geboten, in denen eine Gegendarstellung noch möglich ist

Ferner hält *Hoven*[3252] die Übernahme des Passus von § 264 öStGB „zu einer Zeit verbreitet, zu der eine Gegenäußerung nicht mehr wirksam verbreitet werden kann" für nicht empfehlenswert, da sich Gegendarstellungen ohnehin als wenig wirksam erweisen würden und die Voraussetzung überdies unbestimmt sei. *Lammich*[3253] hat dagegen unlängst einen neuen § 108a Abs. 2 vorgeschlagen und dabei nicht nur rein zeitlich daran angeknüpft, dass eine Gegendarstellung nicht mehr möglich ist, sondern schlicht an eine spezifische Art und Weise, die eine Gegendarstellung unmöglich macht – womit er etwaig fehlenden technischen Umsetzungsoptionen gerecht zu werden gedenkt.

Die Kritik von Hoven ist dahingehend zu erweitern, dass dieser Passus einer Zeit entstammt, in der digitale Kommunikation schlicht noch nicht existierte. Durch die veränderte Informationsinfrastruktur in der digitalen Welt – insbesondere die durch die neuen Informationsintermediäre beförderte Echtzeitkommunikation – kann eine Gegenäußerung faktisch gar nicht mehr gleichzeitig und damit noch rechtzeitig entäußert werden, sodass diese Voraussetzung leerliefe und sich daher verbietet. Auch deshalb wird die von Lammich gefundene Regelung als zu feinziseliert und kaum praktikabel empfunden.

Da ein tatsächlicher Einfluss auf das Ergebnis von Wahlen oder Abstimmungen kaum nachweisbar ist, allerdings bereits die Beeinflussung des Meinungsspektrums im Vorfeld die spätere Beeinflussung der Wahlen vermuten lässt, wäre es jedenfalls naheliegend, bereits an dieses Vorfeld anzuknüpfen. Daher läge eine

---

3252 *Hoven* ZStW 129 (2017), 718, 741. Gegen diese Anforderung sprach sich unlängst auch *M. Schreiber* Strafbarkeit politischer Fake News, S. 292 aus.

3253 *Lammich* Fake News als Herausforderung des deutschen Strafrechts, S. 231 ff.

tatbestandliche Ausgestaltung als abstraktes Gefährdungsdelikt nahe, ähnlich wie es der österreichische Gesetzgeber mit der dortigen Norm geregelt hat.[3254]

b) *Erweiterung der Ehrschutzdelikte um die Schaffung kompromittierender Sachlagen bzw. der Friedensschutzdelikte*

Lammich[3255] hat zuletzt eine Strafbarkeitslücke für die Schaffung kompromittierender Sachlagen ausgemacht – namentlich für Fälle, in welchen – beispielsweise über ein gefälschtes Benutzerkonto – ehrenrührige Aussagen verbreitet werden, die nur scheinbar vom Betroffenen selbst stammen. Diese Verhaltensweisen einer Identitätstäuschung hält er indes für besonders diskursgefährdend, weil hierdurch eine besondere „Glaubwürdigkeit des Geschehens" suggeriert werde.[3256] Bei einem derartigen Handeln werde, ausgehend vom Wortlaut von §§ 187 f. StGB, schon keine Aussage über *einen anderen* getroffen, sodass der Bundesgerichtshof[3257] in einer von Lammich analysierten Entscheidung die Handlung nicht für unter diesen Paragraphen tatbestandsmäßig hielt. Ob insoweit allerdings überhaupt eine Strafbarkeitslücke besteht, mag lebhaft bestritten werden.[3258] Es erschiene zudem denkbar, eine solche Äußerung unter Rückgriff auf die Methodik bei der Bestimmung der Echtheit einer Urkunde als Äußerung über einen anderen zu qualifizieren. Dergestalt wäre auch eine dogmatische Einordnung als „Zuschreibungsdelikt" nicht zwingende Folge.[3259]

Die vermeintliche Strafbarkeitslücke mag aber letztlich dahinstehen, als auch durch die auch normative Interpretation des Ehrbegriffs Strafbarkeitslücken des Ehrschutzes im Bereich von Desinformationen herausgearbeitet worden sind,[3260] sodass eine weitergehende Kriminalisierung ohnedies breiter angelegt sein müsste und zugleich die von Lammich behauptete Strafbarkeitslücke spezieller als die Ehrschutzdelikte regeln könnte. Auch weil Lammich es verabsäumt hat, überhaupt nur greifbare Rechtsgüter für eine weitergehende Kriminalisierung analysiert zu haben, gelangt er insofern zur Fehlannahme, dass ein solches Delikt allein dem Wahrheitsschutz dienen würde.[3261]

3254 Vgl. auch die Erwägungen von *M. Schreiber* Strafbarkeit politischer Fake News, S. 290 ff., der ein abstrakt-konkretes bzw. potentielles Gefährdungsdelikt eruiert.

3255 *Lammich* Fake News als Herausforderung des deutschen Strafrechts, S. 168 ff.

3256 *Lammich* Fake News als Herausforderung des deutschen Strafrechts, S. 186.

3257 BGH Urt. v. 03.11.1983 – 1 StR 515/83, NStZ 1984, 216.

3258 So schon *Streng* GA 1985, 214, 222 ff., den auch *Lammich* Fake News als Herausforderung des deutschen Strafrechts, S. 169 für die Gegenauffassung anführt.

3259 So aber *Lammich* Fake News als Herausforderung des deutschen Strafrechts, S. 170.

3260 So zuletzt auch *Preuß* Fake News, S. 179, die daher eine Erweiterung von § 187 StGB um die politische Reputation vorschlägt.

3261 Vgl. zur dargestellten Annahme *Lammich* Fake News als Herausforderung des deutschen Strafrechts, S. 207.

Hinsichtlich des von *Lammich*[3262] vorgeschlagenen Tatbestands ist zudem die deutliche Anlehnung des Wortlauts an § 187 StGB auffallend, die es selbst unter Zugrundelegung seiner Rechtsauffassung als naheliegender erscheinen ließe, unmittelbar in § 187 StGB eine tatbestandliche Erweiterung vorzunehmen. Angesichts des von ihm vertretenen primär normativen Ehrverständnisses bleibt eine effektive Problemlösung durch seinen Vorschlag aber ohnehin fraglich.

Soweit *Preuß*[3263] unlängst neben einer Erweiterung von § 187 StGB einen neuen § 126a StGB vorgeschlagen hat, der schon die Verbreitung friedensgefährdender Tatsachen inkriminieren soll, dürften auch insoweit Rechtsschutzlücken verbleiben – weil nicht alle inkriminierungswürdigen Sachverhalte abstrakt friedensgefährdend sein oder die politische Reputation betreffen müssen. Man denke nur an die Desinformation, die sich sogar reputationssteigernd für den Betroffenen auswirken können – erinnert sei insoweit an die vermeintliche Wahlempfehlung von Papst Franziskus zugunsten von Trump.

c) *Zeitliche Einschränkung der gesetzlichen Änderungen*

Daneben ist zu analysieren, ob eine zeitliche Beschränkung des Anwendungsbereichs auf einen bestimmten Zeitraum vor den Wahlen als milderes Mittel gegenüber der zeitlich einschränkungslosen Pönalisierung zu erfolgen hat. Hierfür streitet die Erwartung, dass besonders in unmittelbarer zeitlicher Nähe zu Wahlen die meisten Desinformationen gestreut werden. Entschieden dagegen spricht jedoch die Tatsache, dass Desinformationskampagnen ununterbrochen[3264] stattfinden, sodass ein Interesse an der Sicherung der Authentizität der Informationsbasis stetig als graduell hoch einzustufen ist.[3265] Ein hinsichtlich des zeitlichen Anwendungsbereichs beschränkter Straftatbestand könnte sich daher sogar als verfassungswidrig erweisen, da durch die zeitliche Einschränkung die Effektivität erheblich geschmälert werden dürfte. Das Gesetz könnte sich nämlich aufgrund der in der straflosen Zeit zirkulierten Desinformationen letztlich als wirkungslos und damit ungeeignet erweisen. Ist aber eine zeitliche Eingrenzung der zu pönalisierenden Handlungen auf einen spezifischen Zeitrahmen vor Wahlen nicht angezeigt, lässt schon dies reflexartig den Blick von einer Erweiterung des Wahlstrafrechts hin zu einem allgemeiner formulierten Desinformationstatbestand wandern – weil Diskursintegrität im Hinblick auf die Gewährleistung eines unbeeinflussten Meinungsbildungsprozesses über politische Wahlen hinaus zu schützen ist.

3262 *Lammich* Fake News als Herausforderung des deutschen Strafrechts, S. 230 f.

3263 *Preuß* Fake News, S. 177 ff.

3264 So insbesondere auch *Zuckerberg* Facebook Newsroom v. 30.03.2019, abrufbar unter https://newsroom.fb.com/news/2019/03/four-ideas-regulate-internet/ (21.03.2022).

3265 In diese Richtung zuletzt auch *M. Schreiber* Strafbarkeit politischer Fake News, S. 285 ff.

d) Tatbestandliche Beschränkung auf wesentliche Informationen

Schließlich können wertvolle Anleihen aus der Rechtsvergleichung[3266] in Gestalt des Erfordernisses der Wesentlichkeit der jeweiligen Information [siehe das Beispiel eines Gesetzes in Oregon oben unter § 10 D. III. 3. a) aa) (2)] genommen werden, da anderweitig im Einzelfall sogar belanglose Informationen erfasst würden. Dies würde nicht bereits durch eine thematische Begrenzung beispielsweise auf politische oder wirtschaftliche Desinformationen obsolet, weil hiermit nicht schon semantisch eine derartige Wesentlichkeitsgrenze verbunden wäre. Die ausdrückliche Begrenzung auf wesentliche Informationen gewährleistet demgegenüber auch eine restriktive Rechtsanwendung durch die Strafverfolgungsbehörden.

Anderweitig bestünde die Möglichkeit, aufgrund der Ausgestaltung als abstraktes Gefährdungsdelikt auf eine teleologische Reduktion zu vertrauen, sofern eine Gefährdung des Rechtsguts im Einzelfall ausgeschlossen ist.[3267] Dieser Lösung ist aber der bekannte Einwand der Umformulierung des Deliktstypus zu entgegnen.[3268] Schließlich erscheint eine Wesentlichkeitsgrenze gegenüber einem Absehen von Strafe (wie in § 29 Abs. 5 BtMG vorgesehen) oder einem Absehen von Strafverfolgung (z.B. nach § 31a BtMG) als materielle Lösung grundrechtsschonender und damit vorzugswürdig, da hiermit den Rechtsanwendern verbindliche Vorgaben gemacht werden und nicht bloß auf deren verfassungskonforme Durchsetzungspraxis vertraut wird. Eine rein prozessuale Lösung dieser Konstellationen unwesentlicher Informationen würde zudem wohl den Wesentlichkeitsgrundsatz verletzen – und zwar aufgrund der zahlreichen denkbaren Fälle niedrigen Schuldgehalts.[3269]

3266 Auch *Schünemann* GA 2019, 620, 639 bediente sich zuletzt bei seinem Vorschlag eines Straftatbestands der „Gefährdung der Demokratie und des Friedens durch Falschnachrichten" der Rechtsvergleichung, indem er Elemente von §§ 130, 94 StGB mit solchen des österreichischen und italienischen Straftatbestands bzw. Entwurfs kombinierte. Sein Vorschlag lässt derweil bereits eine Definition von Fake News vermissen. Schünemann knüpft vielmehr an schlichte Falschinformationen an. Auch unter Bestimmtheitsaspekten erweist sich diese Lösung als problematisch. Siehe insoweit nur den Wortlaut „unter besonderen Zurüstungen" sowie „einen größeren Personenkreis beunruhigen".

3267 Zu dieser rechtsdogmatischen Lösung abstrakt *Schünemann* in von Hirsch/Seelmann/Wohlers (Hrsg.), S. 18, 28.

3268 Vgl. dazu die umfassende Darstellung bei *Graul* Abstrakte Gefährdungsdelikte und Präsumtionen im Strafrecht, S. 358 ff., die selbst im Falle abstrakter Gefährdungsdelikte nur einen Strafausschließungsgrund für begründbar erachtet.

3269 Vgl. insoweit BVerfG Beschl. v. 09.03.2019 – 2 BvL 43/92 u.a., NJW 1994, 1577, 1590 (Sondervotum Sommer).

e) *Strafbarkeit der Verbreitung von Fake News, die geeignet sind, internationale Beziehungen zu gefährden*

Daneben hält *Hoven*[3270] eine Strafbarkeit im Falle der Verbreitung von Fake News für eruierbar, welche die Eignung besitzen, internationale Beziehungen zu gefährden. Davon sollen Fake News erfasst werden, welche „eine Beeinträchtigung diplomatischer Beziehungen oder des zwischenstaatlichen Friedens" bewirken.[3271] *Hoven*[3272] hält insofern die Integration in den 3. Abschnitt des StGB für einen gangbaren Weg, da die dort verorteten Delikte zugleich dem Schutz funktionierender Beziehungen zu ausländischen Staaten zu dienen bestimmt sind. Der den Beginn dieses Abschnitts markierende § 102 StGB – Angriff gegen Organe und Vertreter ausländischer Staaten – bezweckt den Schutz des Staates und nicht etwa den Schutz des jeweils von der Tathandlung betroffenen Individuums. Dies ergibt sich sowohl aus dem Zusatz „in amtlicher Eigenschaft" als auch aus dem Erfordernis des Strafverlangens der „ausländischen Regierung".[3273] Die §§ 102 ff. StGB schützen nach überwiegender Auffassung sowohl die betroffenen ausländischen Staaten mitsamt ihrer Einrichtungen und Organe als auch die Interessen der Bundesrepublik Deutschland an ungestörten Beziehungen zu ausländischen Staaten.[3274]

aa) *Die Causa „Böhmermann" – abolitionistische Tendenzen in diesem Deliktsbereich*

Der Vorschlag überrascht vor dem Hintergrund, dass der besagte Deliktsbereich im internationalen Vergleich von den Gesetzgebern tendenziell abolitionistisch behandelt wird. So wurden entsprechende Straftatbestände in Schweden, Finnland und Frankreich abgeschafft.[3275] Auch der deutsche Gesetzgeber zeigte in Reaktion auf die Causa „Böhmermann" – ein gleichnamiger Satiriker hatte das seinerzeitige türkische Staatsoberhaupt zum Aufzeigen der Grenzen zulässiger Satire in einem „Schmähgedicht"[3276] affrontiert – derartige abolitionistische Tendenzen, als er den

---

3270 *Hoven* ZStW 129 (2017), 718, 741. Die von derartigen Falschinformationen ausgehende Gefahr erkennen auch *Roozenbeek/van der Linden* Palgrave Communications 5 (2019), 1, 2 ff. *Rostalski* RW 2017, 436, 449 ff. erwog dagegen Ergänzungen zum Schutz der inneren Sicherheit – beispielsweise im Falle von Fake News über einen bevorstehenden Atomangriff seitens einer fremden Macht oder über einen bevorstehenden Terroranschlag.

3271 *Hoven* ZStW 129 (2017), 718, 741.

3272 *Hoven* ZStW 129 (2017), 718, 742. So vor allem auch *Schünemann* GA 2019, 620, 639.

3273 MüKo-StGB/*Kreß* § 102 StGB Rn. 1.

3274 *Eser* in Schönke/Schröder Vorbem. zu §§ 102 bis 104a, Rn. 2.

3275 MüKo-StGB/*Kreß* Vorbem. zu § 102 StGB Rn. 20.

3276 Im Wortlaut nachzulesen bei *Gavric/Hörster/Podjaski* „Was jetzt kommt, das darf man nicht machen" – Der Böhmermann-Skandal aus soziologischer Perspektive,

den Ehrschutz ausländischer Staatsoberhäupter bezweckenden § 103 StGB mit Wirkung zum 01.01.2018 aufhob. Zwei seinerzeitige Bundesminister verkündeten in einer gemeinsamen Erklärung anlässlich der parlamentarischen Diskussion in der Causa „Böhmermann“, den ganzen Abschnitt abschaffen zu wollen.[3277] Dies ist allerdings bislang nicht geschehen.

Aufgrund der Sensibilität des Bereichs und der jüngsten Diskussion in der Bevölkerung und der Politik zur Causa Böhmermann, müsste hinsichtlich eines solchen Vorhabens also sichergestellt werden, dass keine zu extensive Kriminalisierung erfolgt. Anderweitig wäre das Vorhaben illegitim. Allein die Eignung zur Gefährdung internationaler Beziehungen mag vor diesem Hintergrund – auch angesichts der in diesem Deliktsbereich *de lege lata* erhöhten Strafandrohungen – womöglich nicht dem Verhältnismäßigkeitserfordernis gerecht zu werden. Der Tatbestand könnte einerseits zu restriktiv geraten, indem Vorsatz hinsichtlich der Eignung zur Störung internationaler Beziehungen nachzuweisen wäre. Andererseits könnte der Tatbestand zu extensiv formuliert werden, indem weitgehend auch Äußerungen mit Strafe bedroht würden, die der Kommunikator in gutem Glauben hinsichtlich der Unrichtigkeit der Information getätigt hat. Aus Verhältnismäßigkeitserwägungen darf aber jedenfalls nicht bereits einfache Fahrlässigkeit hinsichtlich der Unwahrheit der Information bestraft werden. Nur wenn der Kommunikator jedermann einleuchtende Sorgfaltspflichten verletzt, erscheint eine Strafbarkeit verfassungsrechtlich legitimierbar. Insofern müsste also die Pönalisierung jedenfalls auf Leichtfertigkeit hinsichtlich der Unwahrheit der Information bzw. der Gefährdung der internationalen Beziehungen beschränkt werden.

bb) Gefährdung internationaler Beziehungen als objektive Bedingung der Strafbarkeit

Um Nachweisprobleme hinsichtlich des Vorsatzes betreffend die Eignung zur Störung des öffentlichen Friedens zu vermeiden, könnte die Gefährdung internationaler Beziehungen als objektive Bedingung der Strafbarkeit konstruiert werden. Letztlich würde dies allerdings keine effektive Lösung des Problems bedeuten. Innerhalb dieser Konstruktion wäre eine tatsächliche Gefährdung nachzuweisen. Auch wenn die Gefährdung nicht vom Vorsatz umfasst sein müsste, wäre dieser Nachweis kaum zu leisten. Allein an die entsprechende Eignung im Rahmen einer objektiven Strafbarkeitsbedingung anzuknüpfen, könnte demgegenüber zu einer zu weitreichenden Vorverlagerung führen.

S. 20, abrufbar unter https://www.uni-kassel.de/upress/online/OpenAccess/978-3-7376-5057-1.OpenAccess.pdf (24.03.2022).

3277 Gemeinsame Erklärung von *Maas* und *Steinmeier* zum Fall Böhmermann v. 15.04.2016, abrufbar unter https://www.spd.de/aktuelles/detail/news/gemeinsame-erklaerung-von-maas-und-steinmeier/15/04/2016/ (24.03.2022).

cc) Konstruktion als Delikt mit überschießender Innentendenz

Zuletzt bestünde allerdings noch die Möglichkeit, das Vorhaben als Delikt mit überschießender Innentendenz auszugestalten, also – ähnlich der Absicht rechtswidriger Zueignung beim Diebstahl – die Gefährdung internationaler Beziehungen als tatbestandliche Absicht auszugestalten. Die Folge einer derartigen dogmatischen Lösung wäre, dass der Eintritt einer dahingehenden tatsächlichen Gefährdung nicht nachgewiesen werden müsste. Dies würde faktische Beweisschwierigkeiten und eine zu weitreichende Haftung verhindern, weil der Nachweis der Absicht ein zur Restriktion führendes Strafbarkeitserfordernis aufstellen würde.

Gleichzeitig könnte allerdings die Schwäche einer derartigen Ausgestaltung in den hohen Hürden des im Rahmen des Konstrukts erforderlichen Nachweises liegen: Subjektive Voraussetzungen sind faktisch kaum anders als durch objektive Indizien nachzuweisen, sodass diesbezügliche Beweisschwierigkeiten unweigerliche Konsequenz wären. Wie bereits aufgezeigt, ist ein Gesetz, das in der Praxis nicht durchsetzbar ist, aus verfassungsrechtlicher Perspektive schon nicht geeignet. Die faktische Nichterweislichkeit dieser sehr spezifischen Intention könnte daher zur Verfassungswidrigkeit führen, weil Intentionen bei Äußerungen im Internet noch schwieriger nachzuweisen sind als bei der unmittelbaren zwischenmenschlichen Interaktion. Allerdings wird es sich oftmals um frequentiert aktive Desinformationsakteure handelt, die beispielsweise in anderen Fällen (z.B. auf für solche Falschmeldungen bekannte Foren) bereits Nachrichten mit ähnlichem Verdacht verbreitet haben werden, sodass eine derartige Absicht im Falle der erweislichen Unwahrheit durchaus in einigen Fällen nachweisbar sein könnte.

Darüber hinaus wird man damit aber nur eine Haftung des Urhebers und der bösgläubigen Mittelsmänner bewirken, da eine derartige Absicht regelmäßig bei lediglich unbedarft agierenden Nutzern fehlen wird. Man würde insofern also an der Quelle des Problems ansetzen, ohne allerdings die Symptome weitergehend zu bekämpfen.

dd) Kriminalisieren des leichtfertigen Verkennens der Unrichtigkeit

Zu präferieren sein könnte daher aus zwingenden verfassungsrechtlichen Erwägungen, im Rahmen eines *allgemeinen Desinformationstatbestands – der also inhaltlich nicht nur Desinformationen erfasst, die Beziehungen zu ausländischen Staaten gefährden – zumindest Leichtfertigkeit hinsichtlich der Unrichtigkeit* zu fordern und die *abstrakte Eignung zur Gefährdung internationaler Beziehungen als Qualifikation* zu formulieren. Indem auch Leichtfertigkeit bestraft würde und sich der Vorsatz nur allgemein auf die Unwahrheit und nicht auf eine weitaus spezifischere Intention beziehen müsste, würden Beweisprobleme weitgehend umgangen und so die rechtspraktische Durchsetzung der Norm ermöglicht.

III. Der subjektive Tatbestand des neu zu konstruierendem Delikt

Zuletzt stellt sich die Frage, wie die Ausgestaltung des subjektiven Tatbestands eines solchen Delikts zu erfolgen hat. Hierbei sind die geänderten Bedingungen der auf Schnelligkeit ausgelegten Kommunikation im Internet zu berücksichtigen. Der Gesetzgeber darf sich diesem gesellschaftlichen Wandel nicht verschließen und exorbitante, *de facto* nicht erfüllbare Forderungen an die Normadressaten stellen.

1. *Allgemeine kriminalpolitische Erwägungen hinsichtlich der Konstruktion des subjektiven Tatbestands*

Einerseits sprechen die Realbedingungen der Internetkommunikation zwar in der Tat für verhältnismäßig hohe Anforderungen an die subjektive Tatseite. Da Meldungen im Internet im Allgemeinen und in sozialen Medien im Besonderen oftmals kurzerhand ohne größeren kognitiven Aufwand geteilt werden, könnte man insofern – zur Vermeidung einer ausufernden Strafbarkeit – Vorsatz fordern. Andererseits spricht diese in der Gesellschaft entstandene Sorglosigkeit bei der Kommunikation von Fakten doch gerade unter verhaltenslenkenden Gesichtspunkten für eine besondere Strafwürdigkeit. Laut einer bereits zitierten Studie der Organisation Avaaz waren gerade Individuen die aktivste Quelle für Desinformationen (39 Prozent), gefolgt von inoffiziellen politischen Seiten (35 Prozent).[3278] Darunter dürfte ein erheblicher Anteil an vorsatzlosen Nutzer zu finden sein, was allerdings am Ausmaß der durch ihre Handlungen hervorgerufenen Gefahr nichts zu ändern vermag. Die Verlagerung der Wahrheitsfrage in eine objektive Bedingung der Strafbarkeit, würde demnach nicht nur unsäglichen Beweisschwierigkeiten hinsichtlich des Vorsatzes in der Praxis entgehen, sondern weiterhin die sorglosen Nutzer für die Thematik sensibilisieren und sie zur Wahrnehmung von Verifikationsprozessen anhalten.[3279]

2. *Keine objektive Strafbarkeitsbedingung*

Der rechtsschöpferische Prozess muss allerdings den Spagat zwischen Voraussetzungen auf der Handlungsseite und den subjektiven Anforderungen an die Wahrheitsfrage meistern. Umso restriktiver der Anwendungsbereich des objektiven Tatbestands formuliert wird, desto weniger Anforderungen sind auf der subjektiven Tatseite hinsichtlich der Richtigkeit der Fakten zu stellen, da die Auferlegung einer Prüfpflicht für den Kommunikator im Falle schwerwiegenderer Gefährdungen einfacher zu legitimieren ist.[3280] Gerade die genannte Alternative

3278 *Avaaz* (Fn. 1136), S. 8.
3279 *Hoven* ZStW 129 (2017), 718, 743.
3280 *Hoven* ZStW 129 (2017), 718, 743.

der Inkriminierung von Beiträgen, welche geeignet sind, die Meinungsbildung bei politisch relevanten Beiträgen zu beeinflussen, erfasst verschiedenste Handlungsweisen und stellt objektiv verhältnismäßig wenig Anforderungen auf. Eine Haftung auch für Fahrlässigkeit durch die Formulierung der Wahrheitsfrage als objektive Strafbarkeitsbedingung ist daher aus Verhältnismäßigkeitserwägungen nicht legitimierbar.[3281]

3. Tatbestandliche Anknüpfung an Eventualvorsatz

Zur Wahrung der Eignung des Gesetzes ist allerdings auch Eventualvorsatz hinsichtlich der Unrichtigkeit der Information zu erfassen, da anderweitig ein Großteil der zur massiven Verbreitung wesentlich beitragenden Verhaltensweisen kaum adressiert würde.[3282] Gleichwohl ist bereits die Legaldefinition der Desinformation an eine Täuschungsabsicht zu knüpfen, um nicht vom Urheber bloß versehentlich lancierte Falschmeldungen zu erfassen. Demnach ist die Legaldefinition der Desinformation an die *Täuschungsabsicht des Urhebers der Desinformation* zu knüpfen. Der *unmittelbare Kommunikator muss derweil keine Täuschungsabsicht besitzen*: Der weiterverbreitende Dritte würde also schon dann haften, wenn er Eventualvorsatz hinsichtlich der Desinformation besitzt. Dieser muss es also – anders als der ursprüngliche Verfasser – lediglich für möglich halten, dass es sich bei der weiterverbreiteten Information um eine in Täuschungsabsicht verbreitete bewusst unrichtige Information handelt.

4. Einführung eines im Strafmaß angepassten Leichtfertigkeitstatbestands

Darüber hinaus wäre dann aber die Einführung eines im Strafmaß angepassten *Leichtfertigkeitstatbestands* denkbar, der das Verbreiten bereits im Falle der offensichtlichen Unwahrheit und der möglichen Täuschung der Rezipienten mit Strafe bedroht.[3283] Ein solcher Tatbestand könnte vor allem eine gewisse Leitfunktion im Umgang mit sozialen Netzwerken bilden. Eine solche Kriminalisierung ist kriminalpolitisch durchaus erstrebenswert, um – unabhängig von der Strafbarkeit des Urhebers – die oftmals zu einfältig agierenden Rezipienten auf angemessene Weise für die Auswirkungen ihrer leichtfertigen Handlung verantwortlich zu machen und so die Weiterverbreitung unabhängig von der Erstveröffentlichung effektiv

3281 *Hoven* ZStW 129 (2017), 718, 743.

3282 Anders dagegen *M. Schreiber* Strafbarkeit politischer Fake News, S. 296, der in seinem Entwurf ein Handeln wieder besserem Wissen fordert und hierfür die Unterscheidungsschwierigkeit zwischen bewusster Fahrlässigkeit und Eventualvorsatz anführt.

3283 *Hoven* ZStW 129 (2017), 718, 743.

zu unterbinden.[3284] Indem nur besonders grobe Verletzungen von Prüfpflichten sanktioniert werden, würde zudem ein schonender Ausgleich zwischen generalpräventiver Wirkung und einer möglichst geringen Beeinträchtigung von verfassungsrechtlich verbürgten Freiheitsrechten erreicht.

Schon aufgrund der strafverfassungsrechtlichen Implikationen kommen insofern von vornherein nur Sachverhalte in Betracht, in denen schon infolge des außerordentlichen Inhalts *einerseits* im Einzelfall besondere Prüfpflichten ausgelöst werden und *andererseits* bereits einfachste Faktenprüfungen wie bloßes Googeln zur Feststellung der Unrichtigkeit geführt hätten.[3285] Dies würde letztlich auch die rechtspraktische Durchsetzung stützen: Man mag nur an einen Anhänger pluralismusfeindlicher politischer Strömungen denken, dessen Einlassung, dass er aufgrund der Kongruenz mit seinen Überzeugungen an die Richtigkeit geglaubt habe, bisweilen nicht zu widerlegen sein wird und dem daher mitunter nur Leichtfertigkeit nachzuweisen sein wird. Die Einführung eines im Strafmaß herabgesetzten Leichtfertigkeitstatbestands ist dabei allerdings primär als Grundlage weiterer Diskussionen einzuordnen – angesichts der strafverfassungsrechtlichen Gemengelage und des mit einer derartigen Pönalisierung verbundenen Paternalismus kann dies sicherlich unter Anknüpfung an die trefflich moderne Expansionsbestrebungen in der Strafgesetzgebung kritisierenden Literaten[3286] differenzierend diskutiert werden.

IV. Rechtsdogmatische Analyse der Regelungsalternativen

Nunmehr ist zu klären, ob ein solcher eigenständiger Desinformationstatbestand rechtstechnisch gegenüber den zuvor eruierten punktuellen Ergänzungen vorzugswürdig ist.

3284 Hierfür sprechen die jüngsten Ergebnisse einer Studie von Forschern des MIT, nach welcher etwa die Hälfte der Nutzer politische Fake News unabsichtlich verbreitet haben. *Pennycook/Epstein/Mohsen/Arechar/ Eckles/Rand* Shifting attention to accuracy can reduce misinformation online, Nature (2021), abrufbar unter https://doi.org/10.1038/s41586-021-03344-2 (21.03.2022). Die Forscher schlussfolgerten allerdings, dass das Anzeigen von Warnhinweisen die Verbreitung verhindern könne.

3285 Diese Anforderungen an die Leichtfertigkeit könnten derweil auch klarstellend geregelt werden. Hierauf wurde aber im Rahmen des untenstehenden Entwurfs zur Formulierung einer möglichst abstrakt-generellen und nicht übermäßig verklausulierten Regelung verzichtet.

3286 Vgl. *Jahn/Brodowski* JZ 2016, 969, 969 f.; *Roxin* AT I, § 2 Rn. 7 ff.; *Wörner* in Kuhli/ Asholt (Hrsg.), S. 95, 108 ff. sowie die Darstellung oben unter § 13 C. II.

1. *Schonende Umsetzung durch die punktuelle Ergänzung bereits bestehender Normen?*

Für die Umsetzung des gebotenen Schutzniveaus durch die Ergänzung bestehender Normen wie § 130 StGB ist zunächst anzuführen, dass dieser beispielsweise vom Straftatenkatalog in § 1 Abs. 3 NetzDG erfasst ist und insofern eine Erweiterung der mittels dieses Gesetzes geschaffenen Pflichten auf diesen Bereich erfolgen würde, ohne dass es einer Änderung des NetzDG bedürfte. Insofern bliebe die Absicht des Gesetzgebers, mit dem NetzDG Fake News zu bekämpfen,[3287] nicht mehr nur ein Lippenbekenntnis.[3288] Die Schaffung eines neuen Tatbestands wäre dagegen mit der Notwendigkeit verbunden, dass NetzDG hierauf zu erweitern, wenn man die gleichen Durchsetzungsoptionen bereithalten möchte. Ebenso spricht für die punktuelle Erweiterung bestehender Normen, dass die tatbestandlichen Voraussetzungen *de lege lata* vorhandener Normen in den untersuchten Konstellationen teilweise nur knapp verfehlt werden, sodass eine gewisse Sachnähe nicht grundlegend in Abrede gestellt werden kann. Insofern könnte die faktische Nähe zu bereits existenten Straftatbeständen für eine schonende Umsetzung im Wege punktueller Ergänzungen sprechen.

2. *Formulierung eines neuartigen Rechtsguts als Plädoyer für eine eigenständige Neuregelung*

Indes spricht die unternommene Konkretisierung eines neuartigen Rechtsguts mitsamt der Vermittlung durch ein Quasi-Rechtsgut entschieden für die Formulierung neuartiger Normen.[3289] Eine reine Erweiterung wäre angesichts der verschiedenartigen Rechtsgüter der bereits existenten Tatbestände nicht widerspruchsfrei möglich. Da die den *de lege lata* vorhandenen Straftatbeständen zugrunde liegenden Rechtsgüter von den zu pönalisierenden Verhaltensweisen teilweise nicht berührt werden, müsste das vorgefundene Rechtsgut in den Normen jeweils ergänzt werden, womit aber schon die Verortung des Rechtsschutzes bzw. die amtliche Überschrift unrichtig würde. Gegen eine reine Erweiterung bestehender Delikte spricht daher entscheidend deren Systemwidrigkeit.

Zudem müssten, ohne einen eigenständigen Desinformationsstraftatbestand, zahlreiche Tatbestände erweitert werden, sodass die zur Lösung des sozialen Konflikts vorhandenen Regelungen wahllos über das StGB verteilt würden. Schließlich erscheint es für die Rechtsanwendung auch mittels des NetzDG effizienter, die Lösung des sozialen Konflikts primär unter einer einzigen Norm vorzufinden. Nach alledem erscheint es vorzugswürdig, einen eigenständigen

3287 BT-DS. 18/12356, 11.

3288 *Mafi-Gudarzi* ZRP 2019, 65, 68.

3289 Im Ergebnis für einen eigenständigen Tatbestand plädiert auch *M. Schreiber* Strafbarkeit politischer Fake News, S. 310 f.

Desinformationsstraftatbestand zu schaffen – und nicht nur verschiedene Normen punktuell um weitere Regelungsbereiche zu erweitern.

B. Entwurf eines Strafrechtsänderungsgesetzes – Strafbarkeit der unbefugten Benutzung informationstechnischer Systeme

Die in diesem Abschnitt analysierten Gesetzgebungsvarianten verbindet eine Gemeinsamkeit: Sie zielen primär auf eine strafrechtliche Sanktionierung der Verbreiter von Fake News ab, ohne dabei unmittelbar die spezifischen modernen Verbreitungswege zu adressieren, die erst zur erhöhten Relevanz des Problems in der modernen digitalen Gesellschaft geführt haben.

In Reaktion auf das später im NetzDG realisierte Gesetzgebungsvorhaben wurden Stimmen in der Politik laut, dass zusätzlich gegen die Verbreitungswege von Fake News – vor allem die Verwendung von Social Bots – vorgegangen werden müsse. Dies gewährleiste eine effektive Unterminierung der kaskadenartigen Verbreitung, die mittels Löschpflichten der Plattformbetreiber, trotz kurzgefasster Fristen, nicht realisiert werden könne. Mittels der Verwendung einer Vielzahl von „Fake Accounts" könne mit einem Klick ein „Tsunami von Falschnachrichten, Hassbotschaften und Meinungsäußerungen" ausgelöst werden, sodass die Desinformationen zum Zeitpunkt der Befolgung der Löschpflichten bereits an einen größeren Rezipientenkreis zirkuliert worden sein könnten. Hieraus entstand die Idee, den Einsatz von Social Bots zu bestrafen, sofern dieser entgegen der Geschäftsbedingungen sozialer Netzwerke erfolgt: Ein Gesetzesentwurf definierte dies als *unbefugtes In-Gang-Setzen eines informationstechnischen Ablaufs auf einem informationstechnischen System.*[3290] Ursprünglich richtete sich das Vorhaben gegen kriminelle Initiatoren von Botnetzen, welche diese zum Beispiel für „DDoS-Attacken" verwenden. Handlungsbedarf wurde zudem für das *de lege lata* straflose Erkaufen des Zugangs zu infiltrierten informationstechnischen Systemen gesehen. Der Bundestag erklärte dagegen, nicht mit rechtsschöpferischen Mitteln gegen Social Bots vorgehen zu wollen.[3291] Da diese Äußerung angesichts entsprechender Gesetzesvorhaben im Ausland zukünftig überholt sein könnte, soll der Entwurf nachfolgend evaluiert werden.

3290 BR-DS. 338/16, S. 5.

3291 Wirtschaftswoche v. 22.03.2017, abrufbar unter https://www.wiwo.de/politik/deutschland/social-bots-kampf-gegen-die-meinungsroboter/19554196.html (24.03.2022).

I. Rechtslage zu Social Bots de lege lata

Um das Gesetzesvorhaben hinsichtlich der Verbreitung von Fake News mittels Social Bots überhaupt evaluieren zu können, ist zunächst in einem ersten Schritt zu prüfen, ob deren Einsatz *de lege lata* bereits bestimmten Straftatbeständen unterfällt und welche Verwendungsmöglichkeiten von der Strafbarkeit gerade nicht betroffen sind.[3292]

Die Sicherheit informationstechnischer Systeme schützt das deutsche Kernstrafrecht in den §§ 202a, 303a, 303b StGB. Bzgl. des Einsatzes von Social Bots ist aber nur die Verwirklichung der letzten beiden Strafvorschriften denkbar. Daneben können bestimmte Straftatbestände, abhängig vom Inhalt der Desinformation, verwirklicht sein. So können im Einzelfall gegen die Ehrschutzdelikte verstoßende Inhalte gegenständlich sein. Insoweit darf auf die bereits unabhängig von dieser Verbreitungsform analysierten Tatbestände hingewiesen werden.

1. Datenveränderung – § 303a Abs. 1 StGB

Nach § 303a Abs. 1 StGB wird strafrechtlich sanktioniert, wer rechtswidrig Daten löscht, unterdrückt, unbrauchbar macht oder verändert. Die Norm schützt das Nutzungsrecht an Daten vor Beeinträchtigungen durch Eingriffe in die tatsächlichen Nutzungsmöglichkeiten.[3293] Schon dem Wortlaut nach kann die Verbreitung per Social Bots allenfalls als *Verändern von Daten* Relevanz besitzen, da lediglich Informationen lanciert und keine anderen Inhalte gelöscht werden.[3294] Ein (mittelbares) Unterdrücken durch das Bewirken einer Depriorisierung liegt mangels Entziehung der Verfügungsbefugnis des Berechtigten dagegen nicht vor.[3295]

Verändert werden Daten durch Handlungen, welche ihnen einen anderen Informationsgehalt verleihen, sodass der ursprüngliche Verwendungszweck beeinträchtigt wird.[3296] Dies kann Geschehen durch das Löschen von Bestandteilen, ein inhaltliches Umgestalten der gespeicherten Daten oder das Hinzufügen sowie die Verknüpfung mit weiteren Daten.[3297] Das bloße Hinzufügen von Daten stellt ein Verändern dar, wenn hierdurch der Bedeutungsgehalt bereits gespeicherter Daten geändert wird.[3298]

3292 Nach Ansicht dem Urheber des Gesetzesentwurfs, BR-DS. 338/16, S. 5, bestehen Schutzlücken bzgl. der Integrität und Vertraulichkeit von informationstechnischen Systemen im Kernstrafrecht, deren Aufdeckung die nachfolgende Analyse sich daher verschreiben muss.

3293 BT-DS. 10/5058, S. 34; SK-StGB/*Hoyer* §v 303a StGB Rn. 2.

3294 *Libertus* ZUM 2018, 20, 23.

3295 Vgl. MüKo-StGB/Wieck-Nodt § 303a StGB Rn. 13.

3296 *Hecker* in Schönke/Schröder, § 303a StGB Rn. 8 unter Verweis auf BT-DS. 10/5058, S. 35.

3297 *Hecker* in Schönke/Schröder, § 303a StGB Rn. 8.

3298 *Libertus* ZUM 2018, 20, 23 unter Verweis auf *Fischer* § 303a StGB Rn. 12.

Hierfür ließe sich bei der Verwendung von Social Bots argumentieren, dass beispielsweise ein „Hashtag“[3299] nicht nur einen Inhalt kommuniziert, sondern dessen „oberer Rang“ innerhalb einer Mehrheit von Hashtags eine gesellschaftliche Bedeutung des Inhalts aufzeigt. Die diesbezügliche Einflussnahme mittels eines Bots könnte daher eine inhaltliche Umgestaltung dieser Information bedeuten, sofern die gegenständliche Plattform den Einsatz von Bots untersagt, sodass die Nutzer von einer Erzeugung des Echos bestimmter Hashtags durch menschliche Wesen ausgehen müssen.[3300]

Zu entgegnen wäre einer derartigen Auslegung aber, dass nicht unmittelbar die inhaltliche Bedeutung des betrachteten Bezugsgegenstands geändert, sondern bloß über die Bedeutung des Beitrags in der Außenwelt getäuscht wird, sodass das eigentliche Datum gar nicht beeinträchtigt wird. Anders ausgedrückt: Dadurch, dass ein Examenskandidat alle fremden Zeugnisse negativ verfälscht, wird zwar faktisch der Wert seines eigenen Abschlusses erhöht, gleichwohl nimmt er aber nicht unmittelbar auf sein eigenes Zeugnis Einfluss. Tatobjekt eine Urkundenstraftat kann aber nur das jeweils manipulierte Objekt höchstselbst sein.

a) *Kontextveränderung*

Nach den Literaten sollen ferner solche Manipulationen tatbestandsmäßig sein, welche die Daten zwar inhaltlich unverändert lassen, allerdings den Kontext der Daten verändern.[3301] Dem Willen des Gesetzgebers zur Gewährleistung eines möglichst lückenlosen Schutzes gegen Datenmanipulationen soll es insofern entsprechen, alle denkbaren Möglichkeiten zu erfassen.[3302] Allerdings soll beispielsweise das Verschieben einer Datei in ein anderes Datenverzeichnis irrelevant sein, da die damit verbundene Modifikation der „Verwaltungsdaten“ im Rahmen einer rechtsgutsbezogenen Betrachtung eine irrelevante Handlung sei.[3303] Eine lediglich formal veränderte Darstellung der Daten soll nämlich keine Veränderung der

---

3299 Mithilfe eines Hashtags – geschrieben mit dem Symbol # – werden Inhalte bzw. Themen kategorisiert. Wenn auf Twitter in einem Beträge Hashtags angeklickt werden, werden andere Beträge mit den gleichen Hashtags angezeigt. Dazu *Twitter* Hilfe-Center, So verwendest du Hashtags, abrufbar unter https://help.twitter.com/de/using-twitter/how-to-use-hashtags (24.03.2022).

3300 *Libertus* ZUM 2018, 20, 23. Der nachfolgenden Betrachtung wird der Einsatz von Social Bots auf Twitter und dort das Fluten von Hashtags zur Erstickung oppositioneller Gegenmeinungen als eine Handlungsvariante beispielhaft zugrunde gelegt. Vgl. zur besonderen Relevanz auf Twitter und den diesbezüglichen Verwendungsvarianten *TAB* (Fn. 289), S. 5 ff.

3301 *Hilgendorf* JuS 1996, 890, 891; LK-*Wolff* § 303a StGB Rn. 27.

3302 *Hilgendorf* JuS 1996, 890, 891.

3303 *Hilgendorf* JuS 1996, 890, 891.

Daten selbst bewirken.[3304] Erforderlich – aber auch ausreichend – ist, dass durch den Austausch der ursprünglichen gegen neue Daten eine Bedeutungsverschiebung „innerhalb des datenförmig Ausgedrückten" bewirkt wird.[3305]

Begrüßenswert an diesem Ansatz der Restriktion durch das Postulat der lediglich formal veränderten Darstellung ist, dass eine derartige Auslegung eine zu ausufernde Haftung für den Datensatz tatsächlich nicht beeinträchtigende Handlungen vermeidet. Allerdings wird der Anwendungsbereich der Kontextveränderung im Ergebnis sehr weitgehend eingeschränkt, da eine solche Kontextveränderung zumeist nur die letztlich irrelevanten „Verwaltungsdaten" verändern wird. Allein das Inbezugsetzen von Daten durch die inflationäre Verbreitung bezugnehmender Inhalte per Social Bots dürfte daher letztlich nur die „Verwaltungsdaten" schlechthin verändern, sodass eine Strafbarkeit de lege lata nicht angenommen werden kann.

Der Gesetzgeber selbst wollte mit der angesprochenen Tathandlung der Veränderung Funktionsbeeinträchtigungen wie das in § 2 Abs. 1 BDSG genannte inhaltliche Umgestalten erfassen, durch welches der Informationsgehalt bzw. Aussagewert von Daten geändert wird.[3306] Der Gesetzgeber hatte also allein inhaltliche Veränderungen des betroffenen Datensatzes vor Augen, gerade aber *nicht die veränderte Signifikanz des Datensatzes aufgrund von anderweitigen Veränderungen in der Außenwelt.* Der Ursprungsbeitrag, dessen Inhalt sich die Bots bedienen, dürfte deshalb kein tauglicher Anhaltspunkt der Datenveränderung sein. Schließlich wird auch in den Datensatz des sozialen Netzwerks, der die Signifikanz von bestimmten Beiträgen gewichtet und entsprechend wiederspiegelt, nicht eingegriffen. Dieser Datensatz bringt durch die kaskadenartige Hinzufügung weiterer Daten lediglich ein (quasi) fehlerhaftes Ergebnis hervor: So wird die durch den Algorithmus vorgenommene Gewichtung durch die vorgetäuschte Relevanz einer Thematik mithilfe der Quantitätsmanipulation eines Themas letztlich fehlerhaft.

Zwar wird die Sammlung der Daten schlechthin durch die Quantitätsmanipulation eines Themas hinsichtlich ihrer Gewichtung verändert. Gleichwohl bewirkt dies keine Verschiebung des Bedeutungsgehalts im dargestellten Sinne. *Innerhalb des einzelnen datenförmig Ausgedrückten* erfolgt, *jeweils für sich betrachtet,* keine Veränderung des Bedeutungsgehalts. Eine Nutzungsberechtigung und damit ein Schutzgut im Sinne der Norm wird daher nicht beeinträchtigt. Social Bots greifen – anders als Hackerangriffe – weder Hard- noch Software an, sondern nehmen den Menschen in den Fokus.[3307] Sie bleiben also extern und werden nicht auf die Software des Plattform-Betreibers eingespielt. Auf diese wird lediglich von außen

3304 SK-StGB/*Hoyer* § 303a StGB Rn. 11.

3305 SK-StGB/*Hoyer* § 303a StGB Rn. 11.

3306 BT-DS. 10/5058, S. 35.

3307 *TAB* (Fn. 289), S. 5.

zugegriffen und entgegen der Nutzerbestimmungen automatisiert interagiert. Eine Datenveränderung kann dann aber nicht angenommen werden.

b) Wechsels des Bezugsgegenstands

Bislang blieb jedoch in der Analyse außen vor, dass hinsichtlich der erfassten Tathandlungen nur das konkret von der Tat betroffene Datum entscheidend ist.[3308] Diskutiert wird im Schrifttum insoweit die Problematik der Tathandlung, ohne zuvor das konkrete Bezugsobjekt isoliert zu haben. Die Reichweite bestimmter Hashtags wird durch das automatische Verbreiten der Nachrichten nur mittelbar beeinträchtigt, da der letztgenannte Vorgang isoliert bei den Plattformbetreibern – ebenfalls keine von Menschenhand initiierte Folgehandlung, sondern ein automatisierter Mechanismus – aufgrund der Tathandlung erfolgt. Der geteilte Datensatz ist nicht identisch mit demjenigen, an dem letztendlich eine Veränderung bewirkt wird.

Problematisch erscheint daher der Zurechnungszusammenhang. Für die Tatbestandsmäßigkeit des Verhaltens könnte indes sprechen, dass nicht nur die unmittelbare Manipulation der Daten erfasst ist, sondern auch das Migrieren von Computervieren darunterfallen soll.[3309] Hierbei handelt es sich um eine Handlung, die – ähnlich der hiesigen Konstellation – auf den ersten Blick nur mittelbar zu einer Veränderung führt. Dies ist jedoch insofern unrichtig, als bereits die Migration des Virus eine Beeinträchtigung bewirkt, die sich eben erst später „weiterfrisst" und dergestalt die bereits eingetretene Beeinträchtigung weiter vertieft. Dies gilt sowohl in denjenigen Fällen, in denen der Virus bei der Installation Daten überschreibt, als auch wenn er in das Zielprogramm kopiert wird, ohne unmittelbar zu einer Funktionsbeeinträchtigung zu führen.[3310] In der hiesigen Konstellation „frisst" sich das Verbreiten bzw. Kopieren eines Datensatzes jedoch in einen völlig anderen Datensatz weiter. Zudem wird in den Algorithmus selbst nicht eingegriffen: Lediglich dessen Ergebnis wird durch das inflationäre Hinzufügen weiterer Daten verändert. Dieses Ergebnis war jedoch im Zeitpunkt der Handlung noch gar nicht existent. Ein noch gar nicht existenter Datensatz kann aber nicht bereits im Voraus verändert werden. Bereits der Bedeutungsgehalt der Deliktsbezeichnung „Datenveränderung" spricht daher dagegen, dass der Gesetzgeber diese Situation erfassen wollte.

3308 Zum letztgenannten Punkt *Hecker* in Schönke/Schröder, § 303a StGB Rn. 4.

3309 LK-*Wolff* § 303a StGB Rn. 30 differenziert zwischen der unterschiedlichen Funktionsweise der Viren.

3310 Zur Tatbestandsmäßigkeit dieser beiden Formen der Infiltration mit Viren LK-*Wolff* § 303a StGB Rn. 30.

c) Zu antizipierende Rechtsdurchsetzungsdefizite

Jedenfalls aber der Charakter als unechtes Antragsdelikt (vgl. § 303c StGB) ist als problematisch zu evaluieren: Nach dem oben Gesagten wären die Verletzten wohl die Plattformbetreiber, welche die Priorisierungen in den Feeds durch eigene Rechenleistungen hervorbringen. Diese würden wohl kaum einen Strafantrag stellen, da sie anderweitig Gefahr liefen, etwaige Verletzungen ihrer NetzDG-Verpflichtungen gegenüber den Strafverfolgungsbehörden zu kommunizieren und so mittelbare Selbstanzeigen zu erstatten.[3311] Wollte man dagegen alle aufgezeigten rechtsdogmatischen Einwände zurückweisen, so könnte eine Strafbarkeit nicht erst für den konkreten Einsatz, sondern bereits für die Beauftragung der Programmierung bzw. Erstellung des Social Bots als mittelbare Täterschaft angenommen werden. Nach Abs. 3 der Vorschrift gilt § 202c Abs. 1 StGB nämlich entsprechend. Dieser erfasst in seiner Nr. 1 bereits die Herstellung oder das Verschaffen eines Computerprogramms.[3312]

2. Computersabotage – § 303b Abs. 1 und 2 StGB

Sofern eine in Gang befindliche Datenverarbeitung, die für ein fremdes Unternehmen von wesentlicher Bedeutung ist, erheblich gestört wird, kommt aber eine Strafbarkeit wegen Computersabotage nach § 303b Abs. 1 und Abs. 2 StGB in Betracht. Der Begriff der Datenverarbeitung wird weit ausgelegt und erfasst nicht nur den einzelnen Vorgang, sondern auch den weiteren Umgang mit Daten sowie deren Verwendung.[3313] Erfasst wird die Gesamtheit aller elektronischen Rechenvorgänge.[3314] Dass der Ausscheidung von Bagatellfällen dienende Kriterium der wesentlichen Bedeutung des Vorgangs für einen anderen ist erfüllt, sofern der Verarbeitungsvorgang so diffizil ist, dass von einem gewissen Mindestmaß an störungsfreiem Ablauf die Funktionsfähigkeit der Einrichtung insgesamt abhängig ist. Hierfür ist vordergründig die Perspektive des Betriebs, gegebenenfalls auch diejenige des Auftraggebers entscheidend.[3315]

Vertreten wird, dass das Gewichten und Vorsortieren solcher Hashtags und Inhalte einen derartigen Vorgang darstellt. Zwar werde der Rechengang selbst – als dessen Resultat ein Hashtag als prominent bewertet wird – entsprechend dem bereits zu § 303a StGB Gesagten nicht gestört. Jedoch werde im Ergebnis ein spezifischer Rechenvorgang dadurch beeinträchtigt, dass ein Bot bestimmte

---

3311 Diese Argumentation setzt selbstredend voraus, dass der per Social Bot verbreitete Inhalt einer in § 1 Abs. 3 NetzDG benannten Strafvorschrift unterfällt.

3312 *Libertus* ZUM 2018, 20, 23.

3313 MüKo-StGB/*Wieck-Noodt* § 303b StGB Rn. 8.

3314 *Fischer* § 303b StGB Rn. 4, in diese Richtung auch Lackner/Kühl/*Heger* § 303b StGB Rn. 2.

3315 Lackner/Kühl/*Heger* § 303b StGB Rn. 2.

Handlungen zahlreicher vermeintlich natürlicher Personen suggeriert. Darüber hinaus sei das Wiedergeben bestimmter Meinungen (hiermit sind wohl auch Tatsachen gemeint) aufgrund automatisierter Echomechanismen Kernaufgabe des bei den Plattformen stattfindenden Verarbeitungsvorgangs, sodass die Wesentlichkeitsgrenze überschritten sei.[3316]

Diese Charakterisierung als Datenverarbeitungsvorgang von wesentlicher Bedeutung wird dem Geschäftsmodell des Unternehmens gerecht, als dieses über die Gewichtung von Trends in Nachrichten zur Informationsfilterung und Informationspriorisierung beiträgt und so den öffentlichen Diskurs mitgestaltet. Der Vorgang ist ferner insofern wesentlich, als bei einer derartigen Beeinträchtigung das Vertrauen der Nutzer in das Geschäftsmodell erschüttert würde, da die Integrität dieser Kernfunktion der Informationspriorisierung nicht gewährleistet wäre. Insofern würden der Rückzug von Nutzern und damit erhebliche Einnahmeverluste drohen.

Neben der Handlungsalternative des § 303b Abs. 1 Nr. 1 StGB, der § 303a StGB unter den vorgenannten Voraussetzungen qualifiziert, kommt als Tathandlung ein Eingeben oder Übermitteln von Daten in Nachteilszufügungsabsicht in Betracht. Hiermit wollte der Gesetzgeber eigentlich sozialadäquat erscheinende Handlungsmodalitäten erfassen, welche durch das Hinzutreten der Nachteilszufügungabsicht als illegitim qualifiziert werden. Zu nennen sind beispielsweise technische Angriffe auf Rechner durch Überlastungen („DDoS-Attacken“)[3317] und sog. Online-Demonstrationen.[3318] Insoweit wird neuerdings eine Parallele zum Verwenden von Social Bots gezogen, da die eigentlich neutrale und sozialadäquate Verwendung durch die hinzutretende Manipulationsintention illegitim werde und so die Schwelle zur Sozialinadäquanz überschritten werde. Ergebnis der Handlung muss zudem der Eintritt einer Störung sein, also „eine nicht unerhebliche Beeinträchtigung des reibungslosen Ablaufs der Datenverarbeitung.“[3319] Eine Störung der betroffenen Einrichtung in Gänze ist dagegen nicht erforderlich.[3320] Es genügt bereits, wenn ein einziger konkreter Verarbeitungsvorgang durch die Handlung nicht in der bis dato erfolgten Form vollzogen werden kann.[3321] Der Einsatz von Social Bots kann also jedenfalls nach § 303b StGB strafbar sein.

3316 *Libertus* ZUM 2018, 20, 23.
3317 BT-DS. 16/3656, S. 13.
3318 BT-DS. 16/5449, S. 6.
3319 BT-DS. 16/3656, S. 36.
3320 BT-DS. 16/3656, S. 36.
3321 MüKo-StGB/*Wieck-Noodt* § 303b StGB Rn. 50.

3. Unerlaubte Verwertung urheberrechtlich geschützter Werke – §§ 16, 106 UrhG

Zudem kommt eine Strafbarkeit gem. § 106 Abs. 1 und Abs. 2 UrhG durch einen Verstoß gegen das Vervielfältigungsrecht des § 16 UrhG in Betracht. Hiernach wird bestraft, wer außerhalb der gesetzlich zugelassenen Fälle ohne Einwilligung des Berechtigten ein Werk, eine Bearbeitung oder Umgestaltung eines Werkes vervielfältigt, verbreitet oder öffentlich wiedergibt. Soziale Netzwerke können schöpferische Datenbanken im Sinne von § 4 UrhG sein, sofern sie eine ausreichende schöpferische Leistung beinhalten.[3322] Zudem unterstehen Computerprogramme bzw. der in ihnen enthaltene Quellcode dem urheberrechtlichen Schutz.[3323] Die Vervielfältigung dieses Codes bedarf daher gem. § 16 UrhG der Zustimmung des Rechteinhabers, in diesem Fall des Programmierers.

Die sozialen Netzwerke können darüber hinaus Nutzungsbedingungen aufstellen, wovon diese Gebrauch gemacht haben.[3324] Zwar wird in diesen Nutzungsbedingungen der Einsatz von Social Bots nicht per se untersagt. Jedoch finden sich verschiedentliche Anknüpfungspunkte in den jeweiligen Nutzungsbedingungen, die deren Verwendung im Falle des Einsatzes zur Täuschung unzulässig machen.[3325] Der Einsatz von Social Bots wird jedenfalls dann gegen diese Merkmale verstoßen und daher auch ohne Zustimmung des Rechteinhabers erfolgen, wenn die Nutzung nicht in gutartiger Intention zur Vereinfachung der eigenen Kommunikations- und Vermarktungswege, sondern in Täuschungsabsicht erfolgt.

3322 Wandtke/Bullinger/*Bullinger* UrhG § 2 Rn. 159.

3323 *Gulden* Social Bots & Recht, Was ist bei dem Einsatz von Bots zu beachten?, abrufbar unter https://ggr-law.com/internetrecht/faq/social-bots-recht-was-ist-bei-dem-einsatz-von-bots-zu-beachten/ (24.03.2022).

3324 Befürwortend zur Frage, ob die Netzwerke in ihren Nutzungsbedingungen nach Art. 5 GG geschützte Meinungsäußerungen über das gesetzliche Maß hinaus verbieten dürfen *Lüdemann* MMR 2019, 279.

3325 *Lüdemann* MMR 2019, 279. In den Nutzungsbedingungen von Facebook ist geregelt, dass der Nutzer nicht mittels automatisierter Methoden auf Daten der Produkte von Facebook zugreifen oder solche Daten erheben darf, sofern nicht eine vorherige Erlaubnis vorliegt. *Facebook* Nutzungsbedingungen Abschnitt 3 2. 3. (Deine Verpflichtungen gegenüber Facebook und unserer Gemeinschaft), abrufbar unter https://de-de.facebook.com/legal/terms/ (24.03.2022). Nach den Twitter-Regeln ist es untersagt, sich als eine andere Person auszugeben. Schließlich findet sich die nachfolgende Regelung: „Du darfst die Dienste von Twitter nicht auf eine Art und Weise nutzen, die dazu dient, Informationen künstlich hervorzuheben oder zu unterdrücken, oder dich so verhalten, dass die Nutzung von Twitter für andere Personen beeinträchtigt oder gestört wird.". *Twitter* Die Twitter Regeln, abrufbar unter https://help.twitter.com/de/rules-and-policies/twitter-rules (24.03.202222).

In diesen Fällen ist daher ein Urheberrechtsverstoß anzunehmen. Vertreten worden ist daher, dass ein Verstoß gegen das Vervielfältigungsrecht aus § 16 UrhG durch den Einsatz von Social Bots vorliege und mithin eine Strafbarkeit gem. § 106 UrhG vorliegen könne.[3326]

Zwar handelt es sich um ein relatives Antragsdelikt, jedoch wird in den vielbeachteten Fällen eines täuschenden Eingriffs im Rahmen von Wahlkämpfen das öffentliche Interesse an der Strafverfolgung ohne Weiteres zu bejahen sein.[3327] Gleichwohl könnte ein ausreichender Schutzgehalt noch mit der Begründung angezweifelt werden, dass § 106 UrhG lediglich Schutz durch das Nebenstrafrecht gewährt, das von den Strafverfolgungsbehörden angesichts der womöglich unbekannteren Materie mutmaßlich nicht gleich intensiv verfolgt wird.

II. Inkriminierungsvorhaben des Gesetzesentwurfs

Wurde mit der vorstehenden Ausarbeitung die bereits de lege lata mögliche Strafbarkeit des Einsatzes von Social Bots betrachtet, sollen nunmehr die im Gesetzesentwurf vorgesehenen Änderungen betrachtet werden. Der Wortlaut des Entwurfs eines Strafrechtsänderungsgesetzes betreffend die Strafbarkeit der unbefugten Benutzung informationstechnischer Systeme (Gesetz gegen den digitalen Hausfriedensbruch)[3328] wurde nämlich im Zuge der gesellschaftlichen Debatte auf Social Bots ausgedehnt. Bestraft werden sollte nach § 202e Abs. 1 S. 1 Nr. 3 StGB-E, wer unbefugt einen Datenverarbeitungsvorgang oder einen informationstechnischen Ablauf auf einem informationstechnischen System beeinflusst oder in Gang setzt, sofern die Tat nicht in anderen Vorschriften mit schwererer Strafe bedroht ist. Nach § 202e Abs. 1 S. 2 StGB-E sollte die Tat nach Abs. 1 nur strafbar sein, wenn sie geeignet ist, erhebliche Interessen eines anderen zu beeinträchtigen. Die weiteren Absätze von § 202e StGB-E enthalten Strafschärfungen (Abs. 2–4), Legaldefinitionen (Abs. 6), die Eröffnung der Versuchsstrafbarkeit (Abs. 5) und ein Angehörigenprivileg (Abs. 7). Von den Strafschärfungen ist primär Abs. 3 Nr. 2 des Entwurfs von Relevanz, der – vereinfacht gesprochen – bei einer Vielzahl von angegriffenen Systemen greifen würde.

Das Vorgehen gegen Social Bots erfuhr teils erhebliche Kritik, weil deren Einsatz in weiten Teilbereichen – sofern der Einsetzende keine Täuschungsabsicht besitzt – zur Vereinfachung der Kommunikationswege begrüßenswert sei. Demgegenüber solle erst gegen Täuschungen vorgegangen werden. Daher müsse insofern weitergehende Transparenz hinsichtlich der Boteigenschaft hergestellt werden.[3329] Auf erhebliche Kritik stieß die Bagatellklausel in § 202e Abs. 1 S. 2

3326 *Gulden* (Fn. 3324).

3327 *Gulden* (Fn. 3324).

3328 BT-DS. 19/1716.

3329 So der Experte *Hegelich*, zitiert nach *Neuer* Wirtschaftswoche v. 22.03.2017, abrufbar unter https://www.wiwo.de/politik/deutschland/soc

StGB-E, welche die intendierte Freistellung von nicht inkriminierungswürdigen Sachverhalten im Ergebnis nicht zu leisten vermöge, da dem erhebliche Bestimmtheitsbedenken entgegenstünden. Während die vergleichbare Regelung in § 201 Abs. 2 StGB dazu diene, die Tatmodalität des § 201 Abs. 2 S. 1 Nr. 2 StGB qualitativ den anderen Modalitäten des § 201 Abs. 1 und Abs. 2 StGB gleichzustellen, sei eine entsprechende „Richtschnur" in dem Gesetzesentwurf nicht vorhanden, sodass die Strafbarkeit schon hinsichtlich des unteren Delinquenzbereichs nicht hinreichend festgelegt sei.[3330] Kurz vor Jahresende 2018 nahm die Politik die Debatte angesichts anstehender Wahlen erneut auf und forderte eine bußgeldbewährte Kennzeichnungspflicht für Social Bots im Netz, die sich auf einzelne, von diesen abgesetzte Meldungen erstrecken sollte.[3331]

III. Eigene Bewertung

Eine Bewertung des Vorhabens muss erneut an der *de lege lata* geltenden Rechtslage ansetzen und Stellung zu vermeintlichen Strafbarkeitslücken nehmen. Zunächst ist festzustellen, dass die Annahme von Strafbarkeitslücken für den täuschenden Einsatz von Social Bots nicht der geltenden Rechtslage entspricht. Der Einsatz von Social Bots kann bereits gegenwärtig bei den Erfordernissen der digitalisierten Welt gerecht werdender Auslegung des Kernstrafrechts jedenfalls nach § 303b StGB strafrechtlich verfolgt werden. Daneben besteht strafrechtlicher Schutz durch das Urheberrecht.

Das bestehende Desiderat an gerichtlichen Entscheidungen zur Thematik lässt zwar eine zurückhaltende Verfolgungspraxis der Strafverfolgungsbehörden vermuten. Dies allein vermag aber nicht die Schaffung eines eigens auf derartige Verhaltensweisen zugeschnittenen Tatbestandes zu rechtfertigen. Der Gesetzesentwurf verfolgt neben der Kriminalisierung von Social Bots – was eher ein Beiwerk des Vorhabens ist – durchaus legitime Interessen, weil abseits des hiesigen Untersuchungsgegenstands durchaus Strafbarkeitslücken für das Erkaufen des

ial-bots-kampf-gegen-die-meinungsroboter/19554196.html (24.03.2022). Für die Herstellung von Transparenz auch *Libertus* Zum 2018, 20, 26.

3330 *Mavany* ZRP 2016, 221, 223.

3331 *Gutschker/Haupt* FAZ v. 16.12.2018, abrufbar unter https://www.faz.net/aktuell/politik/inland/bundestag-gegen-bots-keine-debatte-mit-robotern-15943490.html (24.03.2022). Mögliche Änderungen betreffen dabei den Rundfunkstaatsvertrag zwischen den Ländern, dass TMG und europäisches Recht. Nach einem Hackerangriff in Hessen kritisierte die seinerzeitige hessische Justizministerin Kühne-Hörmann, dass der hessische Gesetzentwurf nicht vom Bundesjustizministerium aufgegriffen worden sei. Zitiert nach *Hetrodt* FAZ v. 08.01.2019, abrufbar unter https://www.faz.net/aktuell/rhein-main/massiver-datenklau-gegen-digitalen-hausfriedensbruch-15978759.html (24.03.2022).

Zugangs zu informationstechnischen Systemen bestehen, die im Rahmen der hiesigen Bearbeitung aber nicht weiter zu erörtern sind.

Die letzte Entwurfsfassung vermag jedoch die zu Recht erhobenen Bestimmtheitsbedenken vor allem hinsichtlich der Bagatellklausel letztlich nicht von der Hand zu weisen. Im Gegensatz zu den derzeit mit derartigen Klauseln versehenen Tatbeständen, fehlt jegliche graduelle Richtschnur für den Rechtsanwender. Folge wäre eine extensive Inkriminierung von zu begrüßendem mithilfe von Social Bots gestütztem Kommunikationsverhalten von Personen des öffentlichen Lebens bzw. dem begrüßenswerten Einsatz im Dienstleistungsbereich, wo die dadurch ermöglichte Schnelligkeit der Kommunikation wünschenswert erscheint. Die vage Hoffnung auf eine besonnene Rechtsanwendung durch eine die Defizite kompensierende Einstellungspraxis der Verfolgungsbehörden kann diese erheblichen Bedenken nicht ausräumen. Jedenfalls aber steht damit fest, dass ein Vorgehen gegen Social Bots keinen Mehrgewinn hinsichtlich des effektiven Vorgehens gegen Fake News bringt.

C. Ausgestaltung des Desinformationsverbreitungsstraftatbestands unter besonderer Berücksichtigung der Verhältnismäßigkeitsanforderungen

Zur abschließenden Beantwortung der aufgeworfenen Forschungsfrage soll daher nunmehr der Fokus auf die konkrete Ausgestaltung eines (allgemeinen) Desinformationsverbreitungsstraftatbestands gerichtet werden, der gegenüber bloß punktuellen Ergänzungen einzelner Straftatbestände – insbesondere der Ehrschutzdelikte, der Delikte gegen die öffentliche Ordnung (§§ 120, 145d StGB) sowie der falschen Verdächtigung – vorzugswürdig und strafverfassungsrechtlich legitimierbar ist. Insoweit sind hinsichtlich der strafverfassungsrechtlichen Anforderungen bereits wertvolle Vorarbeiten geleistet worden (siehe schon oben unter § 14), an die nunmehr ausdrücklich angeknüpft wird.

I. Inhaltliche Anforderungen an Desinformationen – Legitimer Anwendungsbereich eines Desinformationsverbreitungsstraftatbestands im Hinblick auf die erfassten Inhalte

Stellt man sich die Frage, inwieweit das Tatmittel Desinformation mit Einschränkungen zu versehen ist, ist man zunächst gewillt, diverse Einschränkungen zu platzieren, um den verfassungsrechtlichen Anforderungen gerecht zu werden. Nachfolgend sollen daher die insoweit denkbaren Anknüpfungspunkte betrachtet und bewertet werden.

1. *Von legitimen Fake News*

Deduziert wurde bereits, dass die Meinungsfreiheit als statisch entscheidender Grundpfeiler einer Demokratie kein Argument gegen eine Kriminalisierung darstellt, sondern aufgrund des sozio-kulturellen Umfelds und der geänderten Kommunikationsinfrastruktur gerade deren Gebotenheit begründet (vgl. dazu oben § 11 D. II.). Gleichwohl erfordert diese besonders existenzielle Bedeutung der Meinungsfreiheit die bedächtige Formulierung der konkret zu pönalisierenden Verhaltensweisen, um die kollidierenden grundrechtlich geschützten Positionen einem schonenden Ausgleich zuzuführen:[3332] Bestraft werden kann nicht bereits die Verbreitung jeglicher Desinformationen. Besonders im historischen Bereich kann die Verbreitung von Desinformationen durch Wissenschaftler möglicherweise legitime Interessen befriedigen.

Paganini[3333] arbeitete insoweit unlängst heraus, dass schon in der Bibel mit zahlreichen Desinformationen gearbeitet wurde. Nach heutigen wissenschaftlichen Erkenntnissen dürfe die Entwicklung der Menschheit nämlich nicht auf ein einziges Paar zurückzuführen sein und könne wohl kaum eine Schlange zu diesem Paar gesprochen haben.[3334] Während die erstgenannte Desinformation seitens des Theologen damit legitimiert wird, dass die Autoren hieran gerade geglaubt hätten und somit eine *Täuschungsabsicht fehle*, sei mit der letztgenannten Desinformation ebenfalls keine Täuschungsabsicht verfolgt worden. Vielmehr habe der Autor das Irreale bewusst als Stilmittel genutzt.[3335] Die erstgenannte Information dürfte allerdings gleichwohl mit dolus eventualis hinsichtlich einer Täuschung der Rezipienten erfolgt sein, als die Information zum Zeitpunkt der Äußerung nicht beweisbar war und deren Infragestellung daher auf der Hand lag. Gleichwohl zeigt die Problematik die Notwendigkeit und Legitimität in bislang nicht beweisbaren Informationsfeldern, in denen vor allem die Wissenschaften Tatsachen interpretieren dürfen müssen, sofern sie die Unwahrheit nicht positiv kennen. Daher ist – in dogmatischer Hinsicht – eine Privilegierung notwendig, um wissenschaftliches Arbeiten, vor allem in neuartigen Forschungsfeldern, nicht illegitim zu erschweren.

3332 Vgl. *Hoven* ZStW 129 (2017), 718, 738.

3333 *Paganini* Von Evas Apfel bis Noahs Stechmücken, S. 14 ff.

3334 *Paganini* Von Evas Apfel bis Noahs Stechmücken, S. 14 ff.

3335 *Paganini* Von Evas Apfel bis Noahs Stechmücken, S. 8 ff. Die erstgenannte Informationen qualifiziert er als irreale Fake News, während er des Weiteren noch echte Fake News (z.B. die Angaben über die Autoren der Bibel), absichtliche Fake News (beispielsweise Monotheismus als seit der Welterschaffung vorgegeben), echte, unbeabsichtigte Fake News (z.B. von Abraham domestizierte Kamele) und unechte Fake News (beispielsweise die Abstammung von nur einem Paar) als Kategorien anerkennt.

2. *Inhaltliche Anforderungen: Besondere Bedeutung für den öffentlichen Diskurs*

Gewährleistet werden muss, neben der Authentizität von Informationen, auch Meinungsvielfalt, sodass sich von Verfassungs wegen Ambivalenz verbietet – wie dies der Fall wäre durch die Regulierung nur bestimmter Inhalte.[3336] Selbst wenn beispielsweise besonders von Rechtspopulisten Desinformationen verbreitet werden, muss sichergestellt werden, dass Desinformationen vollkommen unabhängig von einem spezifischen politischen Spektrum unterminiert werden.[3337] Eine Begrenzung der erfassten Inhalte ist vor diesem verfassungsrechtlichen Hintergrund nur in Gestalt der *wesentlichen Bedeutung für einen wichtigen öffentlichen Belang möglich.*[3338]

Von Verfassungs wegen ist eine umfassende Wahrheitspflicht allerdings nicht begründbar, weil hierfür allein moralisch-ethische Gründe angeführt werden könnten. Die Pönalisierung der Verbreitung von Fake News ist daher nur dann legitim, wenn hierdurch die Ausübung von Drittrechten berührt wird.[3339] Sofern der Kommunikator dagegen lediglich Desinformationen verbreitet, welche die Ausübung anerkannter Drittrechte nicht nachhaltig beeinflussen, ist dies nicht strafrechtswürdig. Auch wenn die intuitive Bestrebung zur möglichst restriktiven Formulierung des Tatbestands daher durchaus legitim ist, ist zunächst zu beleuchten, ob im Hinblick auf die in der hiesigen Ausarbeitung gefundene Definition von Desinformationen überhaupt ein Bedürfnis für weitere inhaltliche Einschränkungen der erfassten Inhalte besteht.

Gegen eine umfassende Strafbarkeit des Verbreitens von Desinformationen sprach sich zuletzt insbesondere *Schreiber*[3340] aus, der eine eingehende Kriminalisierung als „allgemeines Lügendelikt" bewertet und schon die Begründung einer Verhaltensnorm für nicht möglich erachtet hat. Er argumentiert diesbezüglich, dass Fake News zwar nicht von der grundrechtlich verbürgten Meinungsfreiheit gedeckt seien, dies im Umkehrschluss aber nicht bedeute, dass diese verboten seien. Es seien unzählige Konstellationen denkbar, denen kein Schadenspotential

---

3336 Insoweit kann auch auf die Anforderung eines allgemeinen Gesetzes in Art. 5 Abs. 2 GG verwiesen werden.

3337 Vgl. zur anderweitig drohenden Gefahr einer „organischen Gleichschaltung" *Ullrich/Diefenbach* Es war doch gut gemeint, S. 245.

3338 Auch *Schimmele* Staatliche Verantwortung für diskursive Integrität in öffentlichen Räumen, S. 125 ff., 262 befindet staatliche Maßnahmen zur Gewährleistung von Diskursintegrität nur im Falle objektiv messbarer Folgen für Rechtsgüter für möglich und begrenzt mit diesem Postulat die tauglichen Desinformationsgegenstände.

3339 Mit dieser Abwägungsdirektive auch *Schimmele* Staatliche Verantwortung für diskursive Integrität in öffentlichen Räumen, S. 121.

3340 *M. Schreiber* Strafbarkeit politischer Fake News, S. 285 ff.

immanent sei. Schreiber erkennt insofern infolge seiner profunden strafverfassungsrechtlichen Analyse in seinem Entwurf eines Straftatbestandes[3341] die regelungstechnische Möglichkeit, *weitere qualitative Anforderungen an die erfassten Inhalte zu stellen* – womit zwar grundsätzlich möglichst weite Themenfelder an Desinformationen erfasst werden können, gleichzeitig aber sichergestellt werden kann, dass schadenindifferente Inhalte nicht pönalisiert werden. Letztlich schlägt er – trotz seiner vorerwähnten Kritik – eine objektive tatbestandliche Anknüpfung an „unwahre Tatsachenbehauptungen mit Wahrheitsanspruch" vor, welche die Eignung aufweisen müssen, „Wahlberechtigte bei der Ausübung ihres Wahlrechts in einem bestimmten Sinn zu beeinflussen".[3342] Er erfasst damit zunächst weitgehend alle (nach seiner Konstruktion auf einfachen Tatsachen beruhenden) Desinformationen, grenzt diese allerdings durch das (leider allein auf Wahlbeeinflussung bezogen) formulierte Eignungskriterium qualitativ weiter ein. Seine Konzeption fußt dabei auf den von ihm formulierten „demokratiegefährdenden Komponenten" der Manipulation des staatlichen Willensbildungsprozesses durch die Beeinflussung der individuellen Meinung der Wähler sowie der Beeinträchtigung bei der Bildung der öffentlichen Meinung (vgl. schon oben Fn. 2980). Der Vollständigkeit halber sei erwähnt, dass diese Interessen ebenso für das grundsätzliche Erfassen jeglicher Inhalte sprechen, die *demokratierelevante öffentliche Diskurse* zu beeinflussen vermögen – so insbesondere politische, wirtschaftliche und potentiell gesundheitsgefährdende Inhalte. Dies veranschaulicht die notwendige Perspektivverschiebung zu einer qualitativen Einschränkung der Inhalte abseits reiner Wahlbeeinflussung, deren Versuch nunmehr unternommen werden soll.

Begriffsprägend für die oben gefundene Definition war die *Absicht zur Täuschung der Rezipienten* mittels der unrichtigen Informationen – und dass die Desinformation ein *rechtlich geschütztes Interesse von wesentlicher Bedeutung für die Öffentlichkeit*[3343] schädigen können. Bestreben dieser Definition ist es, die Authentizitätsgewährleistung auf *Informationen mit besonderer gesellschaftlicher Relevanz* zu beschränken.[3344] Mit der abstrakten Gefährdung eines rechtlich geschützten Interesses, das von wesentlicher Bedeutung für die Öffentlichkeit ist, ist indes zwar eine wesentliche inhaltliche Einschränkung verbunden, da hiermit insbesondere reine Privatinteressen herausfallen, welche das gefundene Rechtsgut nicht

3341 *M. Schreiber* Strafbarkeit politischer Fake News, S. 293.

3342 *M. Schreiber* Strafbarkeit politischer Fake News, S. 293 ff.

3343 Das BVerfG Beschl. 15.01.1958 – 1 BvR 400/51, BVerfGE 7, 192, 212 misst Inhalten, die einen Beitrag zum Meinungskampf in einer die Allgemeinheit berührende Frage begründen, besondere Bedeutung bei. Hierzu und zu Äußerungen mit gesellschaftlicher Anstoßfunktion *Schimmele* Staatliche Verantwortung für diskursive Integrität in öffentlichen Räumen, S. 123 ff.

3344 Vgl. zur Berücksichtigung dieser Abwägungskriteriums *Schimmele* Staatliche Verantwortung für diskursive Integrität in öffentlichen Räumen, S. 123 ff.

signifikant schädigen können. Denkbare Angriffe in diesem Bereich sind allein geeignet, die Ehre der betroffenen Person zu schädigen, sodass insoweit die Ehrschutzdelikte betroffen sein können. Gleichwohl ist diese begriffstypologisch notwendigerweise abstrakte Definition weit gefasst – und könnte demnach grundsätzlich auch rein triviale Gegenstände umfassen, deren Schutz verfassungsrechtlich kaum geboten erscheint.

Einen Sonderfall bilden Informationen, die zwar nicht die persönliche Ehre einer Person des politischen Lebens oder einer Partei tangieren, die allerdings gleichwohl die Gunst der Wähler beeinträchtigen können.[3345] Im Rahmen eines neu zu schaffendem Tatbestand – oben wurde die Erweiterung von §§ 186, 187 StGB um eine solche Handlungsvariante betrachtet – verschiebt dieses Merkmal jedoch unzweckmäßigerweise den Schutz auf den Protagonisten der Äußerung als Betroffenen der Desinformation. Schutzzweck ist doch aber, die Rezipienten in ihrer Willensbildung zu schützen und so mittelbar deren freie (demokratische) Willensbetätigung zu gewährleisten, was das letztverbindliche Ziel des Vorhabens ist. Geschützt würden diese Inhalte daher *aufgrund ihrer politischen Relevanz*. Im Falle von Ehrverletzungen blieben weiterhin die Ehrschutzdelikte anwendbar. Anzuknüpfen ist bei dem hier zu formulierenden Delikt demnach aber abstrakt an das kollektivistisch interpretierte Merkmal *wesentlicher* Informationen. Dies mag im Einzelfall Gesichtspunkte erfassen, die zwar nicht ehrverletzend sind, jedoch das Bild politischer Personen nachhaltig beeinträchtigten. In diesem Sinne dürfte auch der Vorschlag von Hoven zur Inkriminierung von Desinformationen zu verstehen sein, welche die politische Reputation betreffen.[3346]

Wie die obenstehende Ausarbeitung nachgewiesen hat, besteht ein rechtspolitisches Bedürfnis für die Pönalisierung vorwiegend im *Bereich politischer, wirtschaftlicher und gesundheitsgefährdender Desinformationen*. Neben dem bereits gegenständlichen Einsatz von Desinformationskampagnen in politischen Bereich werden solche Kampagnen von Stimmen aus der Wirtschaft bereits in geringerem Umfang beobachtet und für die Zukunft in noch größerem Umfang prognostiziert.[3347] Ebenso zu erfassen sind *Desinformationen zur Beeinflussung der Kapitalmärkte*[3348] – und zwar trotz der bereits de lege lata vorgesehenen Kriminalisierung

3345 *Hoven* ZStW 129 (2017), 718, 742 f.

3346 *Hoven* ZStW 129 (2017), 718, 742 f.; *Schünemann* GA 2019, 620, 630 will Trivialitäten im Sinne der Boulevardpresse ausblenden.

3347 *Wolter/Grothe/Heim* #Desinformation, Lage, Prognose und Abwehr, Sicherheitsstudie zu Desinformationsangriffen auf Unternehmen, 09.2019, S. 2 ff., 36 f., abrufbar unter https://asw-bundesverband.de/fileadmin/user_upload/dokumente/Studien_etc/studie_desinformation.pdf (24.03.2022).

3348 Zu Beeinträchtigung des makroökonomischen Interesses an der Funktionsfähigkeit des Kapitalmarkts durch Fake News unlängst *Lammich* Fake News als Herausforderung des deutschen Strafrechts, S. 136 ff., der allerdings auch insofern keine Kriminalisierung befürwortet.

im WpHG, auch weil diese den grauen Kapitalmarkt nicht erfasst. Hierdurch kann zudem eine schonendere Einbeziehung in die den sozialen Netzwerken durch das NetzDG auferlegten Pflichten erfolgen als durch die Einbeziehung von Straftatbeständen des Nebenstrafrechts, die zudem nicht dem Schutz der unbeeinflussten Betätigung individueller Meinungsfreiheit dienen.

Daneben besteht ein unabweisbares Bedürfnis für die Kriminalisierung hinsichtlich *Desinformationen, die zu gesundheitlichen Schäden oder negativen Auswirkungen auf das Gesundheitssystem* führen können. Dies haben insbesondere virale Fake News in Bezug auf Verbreitungswege und mögliche Heilmittel während der COVID-19-Pandemie aufgezeigt.[3349] Die Wichtigkeit authentischer Informationen für den öffentlichen Meinungsbildungsprozess im politischen, wirtschaftlichen, sozialen und gesundheitlichen Bereich macht es daher notwendig, diese von der Strafnorm zu erfassen.

Da Desinformationen im Internet allerdings ein aktuelles Phänomen sind und die Entwicklung insoweit noch nicht abgeschlossen ist, sollte der Straftatbestand in Bezug auf die erfassten Inhalte *dynamisch verfasst* werden – was gerade die plötzliche Relevanz gesundheitsgefährdender Desinformationen im Zuge der COVID-19-Pandemie beweist. Hierdurch könnten neuartige Entwicklungen ohne Gesetzesänderungen erfasst und so der Dynamik öffentlich geführter Debatten Rechnung getragen werden. Solange eine normative Einschränkung in Gestalt des rechtlich geschützten Interesses von wesentlicher Bedeutung für die Öffentlichkeit besteht, droht insofern keine zu weitreichende Pönalisierung.

Um einen schonenden Ausgleich der grundrechtlich verbürgten Rechtspositionen zu gewährleisten, sollte diese abstrakte Definition daher zwar Gesetz werden. In einem weiteren Absatz sollten aber *politische, soziale, wirtschaftliche und gesundheitliche Thematiken als regelmäßig erfasste Interessen legaldefiniert* werden, um ein Mindestmaß an Rechtssicherheit im Hinblick auf für den öffentlichen Diskurs regelmäßig besonders essentielle Informationen zu gewährleisten. Zudem sollte klargestellt werden, dass ein *solches Interesse auch im Einzelfall wesentlich sein muss.* Dadurch wird sichergestellt, dass beispielsweise Desinformationen, die im Einzelfall lediglich private Interessen berühren oder allein infantile Gegenstände

---

3349 Anders dagegen *Lammich* Fake News als Herausforderung des deutschen Strafrechts, S. 222 ff., der insoweit keine weitergehende strafrechtliche Pönalisierung für erforderlich erachtet – wobei seine knappe Begründung kaum mit der ebendort auf S. 102 f. erfolgten Untersuchung empirischer Erkenntnisse zu Gesundheitsratschlägen in pandemischen Zeiten in Einklang zu bringen ist. *Lammich* untersucht ebendort zudem eine Strafbarkeit nach § 14 HWG im Kontext von Fake News zu vermeintlichen COVID-19 Heilmitteln wie Kochsalzlösung, verneint diese aber mangels Absatzförderungsabsicht der Täter. Er negiert in diesem Zusammenhang zudem eine Strafbarkeit wegen Körperverletzung infolge der bloßen Teilnahme der Kommunikatoren an einer straflosen Selbstschädigung.

betreffen, außen vor bleiben. Damit würden also *nur für den öffentlichen Diskurs relevante Informationen erfasst werden*[3350] und so den zwingenden verfassungsrechtlichen Grenzen entsprochen.

Schreiber[3351] hat zuletzt die Schwierigkeit angesprochen, in concreto potentiell wahlbeeinflussende Informationen zu bestimmen, was grundsätzlich gegen den obigen Regelungsvorschlag sprechen könnte. Jedoch hielt auch er die Bestimmung für den Rechtsanwender für gangbar. Es dürfte in der Praxis nach hiesiger Rechtsauffassung überhaupt nur in Einzelfällen diffizil sein, die sanktionswürdigen Inhalte zu bestimmen – handelt es sich doch beim Rechtsanwender ebenfalls um einen Wähler, der sich eine entsprechende Kontrollfrage zur potentiellen Beeinflussung wegen der eigenen Rezipientenstellung selbst beantworten können wird.

Daneben könnten zur Klarstellung wie im kalifornischen Straftatbestand Satire, Parodie, Hoaxes und vergleichbare Inhalte ausdrücklich vom Anwendungsbereich ausgenommen werden. Da die Definition von Desinformationen insoweit jedoch eindeutig sein dürfte, fehlt es an Klarstellungsbedarf – sodass hiervon abzusehen ist.

3. Nur unwahre oder auch irreführende Informationen

Schließlich stellt sich die Frage, ob nur nachweislich falsche Informationen oder auch bereits irreführende Informationen inkriminiert werden sollen.[3352] So unabweisbar das rechtspolitische Bedürfnis ist, auch irreführend formulierte Informationen vom Schutzbereich der zu schaffenden Norm zu erfassen, so weitgehend wären die hieraus resultierenden Gefahren: Jeder Mensch fasst bei der Wiedergabe von Informationen die wesentlichen Inhalte zusammen, was anhand unterbewusster Selektions- und Filterungsmechanismen basierend auf eigenen Präferenzen sowie der peripheren eigenen Wahrnehmung erfolgt. Hieraus resultierende Auslassungen können bei Rezipienten den Eindruck der Irreführung ebenso erwecken wie subjektive Schilderungen von Informationen. Aus der Kriminalisierung irreführender Informationen würde also das Risiko einer sehr weitreichenden strafrechtlichen Haftung erwachsen, sodass eine drohende Eigenzensur wegen der Strafandrohung zu befürchten stünde. Eine graduelle Entscheidung über die Unrichtigkeit anhand des Ausmaßes der jeweiligen Irreführung (beispielsweise über eine Wesentlichkeitsschranke) scheint weder für die Strafverfolgungsbehörden noch für den Normadressaten leistbar, da die Grenzen sich hier weitaus konturenloser darstellen als hinsichtlich der Wesentlichkeit der Information für den öffentlichen Diskurs.

3350 Der Begriff der wesentlichen Bedeutung taucht beispielsweise in § 303b Abs. 2 StGB auf. Dies belegt die mögliche Ermittlung des Begriffsinhalts im Wege der Auslegung.

3351 *M. Schreiber* Strafbarkeit politischer Fake News, S. 295 f.

3352 *Mafi-Gudarzi* ZRP 2019, 65, 68.

Aus zwingenden strafverfassungsrechtlichen Gründen sind daher nur unrichtige Informationen pönalisierbar. Unbelassen bleibt es aber, die Wiedergabe von verzerrten oder unvollständigen Tatsachen dann als Desinformation zu qualifizieren, wenn die außen vorgelassene oder unverzerrte Information das Wiedergegebene in ein gänzlich anderes Licht rücken würde. Hierbei handelt es sich jedoch um eine Entscheidung im Einzelfall, deren Beantwortung der Rechtspraxis vorbehalten bleiben muss. Sind rein irreführende Angaben irrelevant, muss der Maßstab für die Unwahrheit derweil ein objektiver sein und müssen demnach Vorstellungen einzelner Adressatenkreise irrelevant sein. Die Unrichtigkeit bemisst sich daher allein anhand objektiver Umstände.

Der Schutz gegenüber irreführenden, aber wahren Informationen ist derweil durch andere Steuerungsmodelle zu gewährleisten und nicht durch das Strafrecht. Insofern muss auf die grundsätzliche vom Gesetzgeber beim Betrugstatbestand getroffene Wertung zurückgegriffen werden:[3353] Das listige Darstellen korrekter Informationen muss zulässig verbleiben. Es bliebe danach weiterhin sanktionsfrei, geschickt Informationen so darzustellen, dass sie den Rezipienten – insbesondere bei alleiniger Wahrnehmung einer Überschrift oder Bildunterschrift – hinsichtlich der wiedergegebenen Tatsachen irreführen. Da die Verbreitung irreführender bzw. fehlleitender Informationen daher von Rechts wegen nicht strafrechtlich sanktioniert werden kann, sind diese vom Straftatbestand auszunehmen.

4. *Erkenntnistheoretisch im Zeitpunkt der Äußerung nicht verifizierbare (Des-)Informationen als notwendige Strafbarkeitslücke*

Der Verfasser möchte im Hinblick auf die zu erfassenden Inhalte zugleich klarstellen, dass zum Zeitpunkt der jeweiligen Äußerungen nicht erweislich wahre Tatsachen, die sich erst später als unrichtig darstellen, dann nicht Gegenstand der Kriminalisierung werden sollen, wenn die Unrichtigkeit im Zeitpunkt der Äußerung mit den zu Verfügung stehenden erkenntnistheoretischen Mitteln aus tatsächlichen Gründen nicht feststellbar war. An die Verbreitung erkenntnistheoretisch nicht verifizierbarer Informationen darf und soll insoweit keine Strafandrohung geknüpft werden, weil ansonsten der freie Kommunikationsprozess ungebührlich gestört würde. Zwar würde ein sehr sorgfältiger Kommunikator in diesen Fällen einen Hinweis anbringen, dass die Wahrheitsfrage noch nicht final geklärt werden konnte. Allerdings kann selbst dann, wenn ein solcher Hinweis fehlt, kein Strafvorwurf an das Verhalten geknüpft werden, weil dies zu nicht hinnehmbaren Chilling Effects führen und zugleich der Prozess der Wahrheitsfindung im Wege nutzerseitiger Verifikationsprozesse verlangsamt würde. Dies muss auch schon wegen der Rechtsprechung des Bundesverfassungsgerichts gelten, gem. welcher lediglich

3353 Vgl. für diese gesetzgeberische Wertung bei § 16 UWG im Verhältnis zu §§ 3, 5 UWG Erbs/Kohlhaas/*Diemer* § 16 UWG Rn. 16.

nicht erweislich wahre Tatsachenbehauptungen selbst dann, wenn sie sich später als falsch herausstellen, vom Schutzbereich der Meinungsfreiheit erfasst sein müssen – weil anderweitig der freie Kommunikationsprozess in nicht hinnehmbarer Weise gestört würde, wenn lediglich unumstößliche Wahrheiten geäußert werden dürften.[3354] Da die im hiesigen Absatz diskutierten Desinformationen daher dem Schutzbereich der Meinungsfreiheit unterfielen, fiele die Abwägung im Rahmen der (straf-)verfassungsrechtlichen Prüfung zugunsten des Kommunikators aus.

5. *In wesentlichen Punkten unvollständige Information als unrichtig*

Eine Sonderkonstellation betrifft wiederum die Frage, ob unvollständige Informationen als unrichtige Informationen und damit im Falle einer Täuschungsabsicht als Desinformationen bewertet werden können. Auch hier empfiehlt es sich, Anleihen bei den de lege lata existierenden Tatbeständen zu nehmen, die das Verbreiten bestimmter falscher Informationen verbieten. Die Thematik ist deshalb von so großer Brisanz für den zu schaffenden Tatbestand, weil damit korrespondierend zwischen einer konkludenten Tathandlung, die dogmatisch ohne Garantenpflicht begehbar ist und einer nur im Falle einer bestehenden Garantenpflicht möglichen Begehung durch Unterlassen unterschieden wird. Will man bei Weglassungen indes die Möglichkeit konkludenter Erklärungen bejahen, kann man für diese Fälle die zugrunde liegenden Informationen als unwahr qualifizieren. Da für die hier relevanten über das Internet vermittelten Handlungen nur selten eine Garantenpflicht begründet werden kann, ist diese Unterscheidung von immenser Bedeutung für die Effektivität der angedachten Norm.

Bei § 16 UWG wird insofern lebhaft darüber diskutiert, inwieweit unvollständige Informationen eine konkludente Täuschung darzustellen vermögen.[3355] Die Rechtsprechung hat insofern in Einzelfällen entschieden, dass das Weglassen wesentlicher Informationen ein (konkludentes) Tätigen unwahrer Angaben darstellen könne.[3356] Unter den Literaten mehren sich Stimmen, die ein derartiges Weglassen wesentlicher Informationen als konkludente Täuschung bewerten und Weglassungen daher für die Qualifikation als unrichtige Informationen ausreichen lassen wollen.[3357] Insofern soll der Bedeutungsgehalt einer Werbung ganzheitlich betrachtet werden, sodass eine Information aufgrund wesentlicher Weglassungen als unrichtig qualifiziert werden soll.[3358] Demgegenüber vertritt *Tiedemann*, dass

---

3354 Vgl. die Nachweise in Fn. 1623 oben.

3355 Vgl. dazu die Darstellung bei Fezer/Büscher/Obergfell/*Rengier* § 16 UWG Rn. 68 ff.

3356 KG Urt. v. 01.03.1973 – (2) Ss 286/72 (105/72), GRUR 1973, 601.

3357 Erbs/Kohlhaas/*Diemer* § 16 UWG Rn. 19; Ohly/Sosnitza/*Sosnitza* § 16 UWG Rn. 7 sowie anschaulich unter dem Begriff der Lückenpresse *Rostalski* RW 2017, 436, 439 f. Im Einzelfall hinsichtlich des Erklärungsgehaltes vermittelnd Fezer/Büscher/Obergfell/*Rengier* § 16 UWG Rn. 70 f.

3358 MüKo-StGB/*Janssen/Maluga* § 16 UWG Rn. 29.

in diesen Fällen allenfalls ein Unterlassen gegenständlich sein könne, da die Werbung keinen Anspruch auf Vollständigkeit erhebe. Tiedemann gelangt allerdings aufgrund der Annahme einer Garantenpflicht ebendort zum gleichen Ergebnis.[3359]

Die Sichtweise der vorherrschenden Auffassung dürfte auf die Problematik von Desinformationen zu übertragen sein. Auch hier dürfte eine Gesamtbetrachtung der Information geboten sein: Werden Kernpunkte, die einer *Gesamtinformation die maßgebliche Prägung verleihen, weggelassen, so muss die Information schon nach dem Empfängerhorizont als unrichtig eingestuft werden.* Wollte man dies anders beurteilen, würde man sprachlich begabten Akteuren einen weiten Spielraum eröffnen, in dem diese mit geschickten Außenvorlassungen der Kernpunkte dem Erklärungsempfänger die gleiche Botschaft vermitteln könnten wie Akteure, die Informationen expressis verbis falsch darstellen. Aussagegehalt und Wirkung wären indes in beiden Fällen identisch. Ein Beispiel wäre die fiktive Meldung, dass eine Kriminalitätszunahme seit der Flüchtlingswelle zu beobachten sei, sofern dies nur in totalen Zahlen ausgedrückt würde und daher nur an der zwischenzeitlichen Bevölkerungszunahme liegt, tatsächlich also kein prozentualer Anstieg zu verzeichnen wäre.

II. Ausgestaltung als Gefährdungsdelikt

Hinsichtlich der deliktsstrukturellen Ausgestaltung ist erneut die verfassungsrechtliche Erforderlichkeit von besonderer Bedeutung, sodass infolge geringerer Eingriffsintensität das Verletzungsdelikt dem Gefährdungsdelikt ebenso vorzuziehen ist wie das konkrete dem abstrakten Gefährdungsdelikt.[3360] Jedoch sind hier Effizienzgedanken zu berücksichtigen. Aufgrund der Vielzahl der denkbaren Fälle wird die Rechtsdurchsetzung über die Erstreckung des NetzDG auf einer ersten Stufe zum Teil durch die sozialen Netzwerke geleistet, sodass die Strafnorm infolge der kurzen Löschfristen eine rechtspraktisch umgehende Überprüfung der Rechtslage ermöglichen muss. Müssten die Netzwerke erst noch den Eintritt einer Verletzung oder einer konkreten Gefahr überprüfen, wäre ein beträchtliches Ausmaß der zwischenzeitlich eingetretenen Rechtsgutsbeeinträchtigung kaum noch zu verhindern. Zudem belegen die Wiederholungseffekte und die nur begrenzte Wirkung von Richtigstellungen die Notwendigkeit umgehender Löschung. Daher wird allein ein abstraktes Gefährdungsdelikt den modernen Rechtsdurchsetzungsmechanismen gerecht. Diese Deliktskonstruktion ist insofern aufgrund der vorgesehenen Rechtsdurchsetzung unter Zuhilfenahme privater Akteure und der Schnelligkeit digitaler Kommunikation unumgänglich.[3361]

3359 *Tiedemann* JR 1973, 429, 430.

3360 *Kaspar* Verhältnismäßigkeit und Grundrechtsschutz im Präventionsstrafrecht, S. 423, der aber auch insoweit einen präventiven Überschuss des schärferen Mittels annimmt.

3361 Die Legitimation eines abstrakten Gefährdungsdelikts scheitert zudem nicht etwa daran, dass solche bisweilen vorwiegend für überindividuelle Rechtsgüter „als

III. Voraussetzungen *auf* Ebene der Tathandlung

1. *Beschränkung auf spezifische Kommunikationsformen*

Zudem bleibt zu eruieren, ob eine Beschränkung der strafrechtlichen Pönalisierung auf bestimmte Verbreitungsformen zu erfolgen hat. Erst die Bedingungen der modernen Massenkommunikation haben die Gefahren qualitativ auf eine neue Ebene befördert. Zwar gehen auch von analoger Kommunikation Gefahren durch die Weiterverbreitung von Desinformationen aus. Deren Realisierung ist jedoch wesentlich unwahrscheinlicher und mit einer weitaus größeren zeitlichen Verzögerung zu erwarten. Zudem erscheint die Möglichkeit einer Richtigstellung oder Aufklärung als weitaus wirksamer als bei moderner Massenkommunikation.

Gerade in einseitigen und indirekten Kommunikationsformen werden heuristische Informationsverarbeitungsmodi nämlich besonders befördert. Gleichwohl sind *auch analoge Massenkommunikationsmittel zu erfassen*, um so den unlängst im Fall Relotius in die Schlagzeilen geratenen professionellen Journalismus angesichts seiner Bedeutung für die öffentliche Meinungsbildung zu erfassen und zu disziplinieren. Eine Pönalisierung ist daher aus verfassungsrechtlichen Gründen insgesamt auf Massenkommunikationsmittel zu beschränken, nicht aber auf solche im Internet.[3362] Abseits solcher Kommunikationsformen mit besonderer Reichweite ist eine Kriminalisierung dagegen unangemessen.

2. *Reine Verbreitung oder geistige Urheberschaft*

Die Strafandrohung muss derweil hinsichtlich der Tathandlung angesichts der Praxis rechtspopulistischer Kräfte, bewusst auf überzeugungskongruente *Dritt*informationen zurückzugreifen, an das schlichte Verbreiten geknüpft werden, sodass

---

elementare Werte des Gemeinschaftslebens" für legitimierbar befunden wurden. Dazu BVerfG Beschl. v. 09.03.2019 – 2 BvL 43/92 u.a., NJW 1994, 1577, 1586 (Sondervotum Graßhof). Aufgrund der Legitimationsbedingungen des Quasi-Rechtsguts ist der Tatbestand nämlich von einem elementaren Gemeinschaftswert abhängig, obgleich der Schutz über ein Individualrechtsgut vermittelt wird.

3362 Bei dem Begriff der Massenkommunikationsmittel bezieht sich der Verfasser auf die Definition von *Maletzke* Psychologie der Massenkommunikation, S. 32, nach der es sich um eine Kommunikationsform handelt, „*bei der Aussagen öffentlich* (also ohne begrenzte und personell definierte Empfängerschaft) *durch technische Verbreitungsmittel* (Medien) *indirekt* (also bei räumlicher oder zeitlicher oder raumzeitlicher Distanz der Kommunikationspartner) *und einseitig* (also ohne Rollenwechsel zwischen Aussagenden und Aufnehmenden) *an ein disperses Publikum* [...] *vermittelt werden.*" [Hervorhebungen durch den Verfasser]. Eine instruktive Darstellung dieser und weiterer Theorien sowie der diesbezüglichen Kritik findet sich bei *Jäckel* Medienwirkungen, S. 69 ff.

nicht nur der Urheber der jeweiligen Desinformation erfasst würde. Anderweitig würde der mit dieser Praxis beabsichtigten Verteidigungsstrategie zum Durchgriff verholfen. Zugleich würden rein weiterverbreitende Dritte nicht adressiert, die – wie bereits aufgezeigt – aber erheblich zur Symptomatik des Problems beitragen. In der Folge wäre schon die Eignung eines derartig formulierten Gesetzes zu verneinen, da ein Großteil des zur Gefahr beitragenden Verhaltens gar nicht verhindert werden könnte.

3. Aggressive Informationspraxis als Verhaltenselement – Ideen des Europäischen Parlaments

Anderen halten ein Rekurrieren auf eine „aggressive Informationspraxis" als Anknüpfungspunkt eines Straftatbestandes für effektiver, da Desinformation nicht immer nur durch falsche, sondern auch durch irreführende Informationen formuliert werden könnten.[3363] Eine Kriminalisierung müsse daher an den Methoden ausgerichtet werden und dürfe nicht bloß auf einem spezifischen Inhalt basieren. Erfasst werden solle die (anders als in dieser Arbeit definierte) öffentliche Verbreitung oder Veranlassung der Verbreitung von falschen, verfälschten oder irreführenden Inhalten oder das „Aufstacheln zu Meinungsäußerungen" in der Absicht, die Gesellschaft oder einen wesentlichen Teil davon irrezuführen, zu polarisieren oder zu destabilisieren, wenn mit der Verbreitung direkt oder indirekt der Zweck verfolgt wird, politische Macht oder materielle Gewinne zu erlangen. Strafbarkeitsbegründend soll es ferner sein, wenn die Informationen von verschleierten Quellen oder Identitäten stammen oder wenn mithilfe technischer Visibilitätssteigerungsmechanismen (beispielsweise Micro-Targeting oder KI) versucht wird, die Wahrnehmung von Beiträgen zu erhöhen. Die Handlungen sollen dann strafbar sein, wenn sie negative Auswirkungen auf den sozialen Zusammenhalt, die öffentliche Ordnung oder den Frieden haben können. Erhöhte Strafandrohungen werden für die organisierte Begehung oder den Erfolgseintritt angedacht. Auch *Schreiber*[3364] hat vorgeschlagen, die Nutzung reichweitevergrößender Programme als objektives Tatbestandsmerkmal zu formulieren – daneben aber wiederum eine Rückausnahme von diesem Tatbestandsmerkmal für bestimmte Garantiepersonen in Anknüpfung an die bereits erwähnte Idee von Schünemann (vgl. schon oben Fn. 3141) erwogen.

3363 *Europäisches Parlament* Disinformation and propaganda – impact on the functioning of the rule of law in the EU and its Member States, Februar 2019, S. 139, abrufbar unter http://www.europarl.europa.eu/RegData/etudes/STUD/2019/608864/IPOL_STU(2019)608864_EN.pdf (21.03.2022).

3364 *M. Schreiber* Strafbarkeit politischer Fake News, S. 292. Seine Überlegungen zur Rückausnahme für Garantiepersonen finden sich ebendort auf S. 302 f.

Die extensive Definition der Inhalte seitens des Europäischen Parlaments ist – wie in Ansätzen bereits erfolgt – kritisch zu bewerten. Insbesondere das Erfassen lediglich irreführender Informationen erscheint aus zwingenden verfassungsrechtlichen Gründen zu weitreichend. Ergebnisgleich ist das Anknüpfen an ein *„Aufstacheln zu Meinungsäußerungen"* zu bewerten. Eine solche extensive strafrechtliche Pönalisierung erscheint unverhältnismäßig. Die Reichweite der erfassten Inhalte würde nämlich unweigerlich Abschreckungseffekte auslösen. Die gesetzliche Regelung wäre daher nicht geeignet, einen verfassungsrechtlich haltbaren Ausgleich der widerstreitenden Interessen herzustellen. Während die erfassten Inhalte also zu weit formuliert sind, stellen die formulierten Anforderungen an die aggressive Informationspraxis hohe Hürden, die Zweifel an der Eignung des Gesetzes aufkommen lassen. Die Betonung der Methoden führt notwendigerweise zu Strafbarkeitslücken bei der Verbreitung von Desinformationen, die ohne technische Verstärkungskomponenten verbreitet werden bzw. nicht von verschleierten Quellen oder Identitäten stammen – oder bei denen ein entsprechender Vorsatz praktisch nicht nachweisbar ist.

Zudem adressiert dies nicht unabhängig vom Erstverbreiter operierende bösgläubige Dritte, die selbst die entsprechenden Praktiken nicht einsetzen, sondern lediglich die so lancierten Inhalte weiter zirkulieren. Wolle man den Erstverbreiter dagegen ebenso für die von nachfolgenden Nutzern eingesetzten Verstärkungstechnologien (bzw. weiterverbreitende Dritte für die zuvor eingesetzten Techniken) haften lassen, wäre der Vorschrift zweifelsohne die Verfassungswidrigkeit zu attestieren. Schließlich überbetont diese Lösung die vom Äußernden verfolgte Intention der Erlangung politischer Macht oder finanzieller Gewinne, was zwangsläufig zu Beweisschwierigkeiten führt. Die hier gefundene Lösung beinhaltet politische und wirtschaftliche Motive über die Wesentlichkeit für den öffentlichen Diskurs und umgeht infolge der diesbezüglichen objektiven Bestimmung solche Beweisprobleme.

4. Kommunikationsintention als maßgeblich unwertbestimmender Faktor

Indem nur die *Intention zur Täuschung der Rezipienten über die Richtigkeit*[3365] als Tatbestandsvoraussetzung formuliert wird, muss eine entsprechende Intention zudem nicht für jede einzelne Person in der Verbreitungskette autonom bestimmt

3365 *Schimmele* Staatliche Verantwortung für diskursive Integrität in öffentlichen Räumen, S. 121 ff., 261 sieht bei der verfassungsrechtlichen Bewertung die Kommunikationsintention des Äußernden als besonders relevant an. Kritisch zur Berücksichtigung der Intention des Kommunikators im Rahmen des Abwägungsvorgangs dagegen *Lenski* Personenbezogene Massenkommunikation als verfassungsrechtliches Problem, S. 235.

werden. Diese Absicht bezieht sich vielmehr gerade auf die Information schlechthin, sodass sie nur bei demjenigen vorliegen muss, der die Information erstmalig in „böser Absicht“ verbreitet: Dies wird regelmäßig der Urheber sein. Ferner kann dies auf eine bösgläubige Person zutreffen, die eine Falschinformation zur Desinformation „umwidmet“.

Zudem eröffnet die hier vertretene Lösung eine effektivere Anwendung des NetzDG: Indem der Anwendungsbereich des NetzDG auf den vorgeschlagenen Tatbestand erweitert wird, bedarf der Tatbestand der simplen und innerhalb der kurzen Löschfristen möglichen Subsumption durch die sozialen Netzwerke. In der Kürze der für die Entscheidung über die Löschung zur Verfügung stehenden Zeit sind umfassende Ermittlungen hinsichtlich der technischen Verbreitungsformen und der verfolgten Intention kaum möglich. Insofern lässt sich ein an der verhältnismäßig einfach zu verifizierenden Richtigkeit und Wesentlichkeit der Information sowie anhand der von dieser ausgehenden abstrakten Gefahr formulierter Tatbestand harmonischer in das NetzDG und das dort gewählte Notice-and-Takedown-Verfahren einfügen als dies für komplexe, nachweisintensivere Konstruktionen der Fall wäre.

Festzuhalten bleibt aber, dass das Europäische Parlament die (dem hiesigen Unterverfangen inhaltlich vergleichbare) Kriminalisierung – neben anderen Instrumenten wie der Medienaufklärung – ausdrücklich für möglich erachtet, auch wenn das Parlament vor drohenden Abschreckungseffekten und vor dem Missbrauchspotential zum Nachteil der Opposition in autoritären Staaten warnt.[3366] Jedenfalls weist das Europäische Parlament ausdrücklich auf eine Strafbarkeitslücke bzgl. der Akteure von Desinformationskampagnen hin.[3367]

IV. Qualifikationen bzw. Regelbeispiele

Schließlich sind erhöhte Strafandrohungen für Fälle gesteigerten Unwerts zu erwägen – wobei die nachstehenden Vorschläge insbesondere als Diskussionsgrundlage zu verstehen sind. Angesichts der verhältnismäßigen Weite des oben vorgeschlagenen Grundtatbestands und der Ausgestaltung als Gefährdungsdelikt wird man weitere Strafschärfungen aus strafverfassungsrechtlicher Warte durchaus kritisch diskutieren können.

1. Gewerbsmäßigkeit und bandenmäßige Begehung

Dem erhöhten Handlungsunwert im Falle gewerbsmäßiger oder bandenmäßig begangener Taten ist Rechnung zu tragen. Dies zeigt die insoweit jeweils

---

3366 *Schimmele* Staatliche Verantwortung für diskursive Integrität in öffentlichen Räumen, S. 121 ff., 261.

3367 *Schimmele* Staatliche Verantwortung für diskursive Integrität in öffentlichen Räumen, S. 121 ff., 261.

vorgesehene erhöhte Strafandrohung in vielen anderen Deliktskategorien. Da dieser regelmäßig erhöhte Handlungsunwert aber in Bagatellfällen kaum zum Tragen kommt, erscheint es empfehlenswert, insofern auf die Regelbeispielstechnik zurückzugreifen.

2. *Audiovisuelle Desinformationen (insbesondere Deepfakes) – sowie technische Visibilitätssteigerungstechnologien*

Daneben erschiene eine qualifizierte Strafandrohung für Deepfakes oder die Nutzung automatisierter Erstellungs- oder Visibilitätssteigerungsmethoden erachtenswert. Für Deepfakes wurde auch von anderer Seite das Implementieren weiterer Strafvorschriften erwogen, namentlich das Unterstrafestellen von in Schädigungsabsicht erfolgter Nachahmung in Bild bzw. Videomaterial.[3368] Verwiesen wurde insoweit auf bereits bestehende Gesetze in den USA, nach denen es mit Strafe bedroht ist, eine andere Person wissentlich und mit der Absicht glaubhaft zu imitieren, diese zu schädigen, einzuschüchtern, zu bedrohen oder zu betrügen.[3369] Allerdings dienen diese Delikte – anders als die hier gefundene Konzeption – nicht dem Schutz des Meinungsbildungsprozesses, sondern bilden ebenfalls unmittelbaren Persönlichkeitsschutz der von Deepfakes Betroffenen ab.

Zuzustimmen ist aber trotzdem, dass das Verbreiten von Deepfakes – die nicht schon unmittelbar den Tatbestand des § 201a StGB verwirklichen – aus kriminalpolitischen Gründen unter den gleichen für textliche Desinformationen herausgearbeiteten Voraussetzungen strafrechtlich pönalisiert werden sollte. Gleichwohl sollte hierbei erst an das Verbreiten und nicht bereits an das Erstellen angeknüpft werden, da die reine Erstellung noch keine unmittelbare Bedrohung des gefundenen Rechtsguts darstellt. Die inkriminierten Inhalte sind – ebenso wie im Falle des Verbreitens rein textlicher Desinformationen – notwendigerweise einzuschränken. Da sich indes auch Deepfakes als Desinformation begreifen lassen und audiovisuelle Desinformationen nach dem bereits oben unter § 2 A. IX. Gesagten weitergehende Gefahren begründen, ist die Regelung einer erhöhten Strafandrohung im Rahmen eines Regelbeispiels naheliegend.

Hinsichtlich Deepfakes würde ein erhöhter Handlungs- und Erfolgsunwert möglicherweise jedoch maßgeblich durch die Benutzung einer fremden Identität

---

3368 *Lantwin* MMR 2019, 574, 578.

3369 Cal. Penal Code § 528.5; N.Y. Penal Code § 190.25; Miss. Code Ann § 97-45-33; Haw. Rev. Stat. Ann. § 711-1106.6; LA. Rev. Stat. § 14:73.10; R.I. Gen. Laws § 11-52-7.1; Tex. Penal Code § 33.07. Andere Staaten knüpfen dagegen die Strafandrohungen an Deepfakes, in denen das Gesicht von Personen in pornografischen Videos gezeigt wird und haben demnach einen engeren Anwendungsbereich. Zum Ganzen *Chesney/Citron* California Law Review 107 (2019), 1753, 1802, die auch auf die Möglichkeit einer Strafbarkeit wegen Verleumdung in einigen Bundesstaaten verweisen.

ausgelöst. Für diese Handlungsweisen kommen auf Seiten des Betroffenen privatrechtliche Ansprüche und daneben Straftatbestände mit anderen geschützten Rechtsgütern[3370] in Betracht. Da allerdings gleichzeitig das Risiko einer Rechtsgutsverletzung hinsichtlich des oben gefundenen Rechtsguts durch die vermeintlich höhere Glaubwürdigkeit erhöht wird, ist das Verwenden der Deepfake-Technologie mit einer erhöhten Strafandrohung zu versehen.

Gleiches soll im Übrigen für den Rückgriff auf technische Verstärkungstechnologien zur Erzeugung größerer Visibilität gelten, da hier ebenso das graduelle Risiko einer Rechtsgutsverletzung erheblich steigt. Eine Strafschärfung ist insoweit also für die Nutzung von technischen Visibilitätssteigerungsmechanismen und teilautonomen Kommunikatoren vorzusehen. Da diese Strafschärfungen jedoch in Einzelfällen ausnahmsweise den Handlungs- bzw. Erfolgsunwert nicht signifikant erhöhen können – beispielsweise beim Verbreiten besonders unausgereifter Deepfakes – wird hier ebenfalls auf die Regelbeispielstechnik rekurriert.

Daneben könnte – in Anknüpfung an die Ideen des europäischen Parlaments – das Verbreiten von Desinformationen aus versteckten oder getarnten Quellen oder Identitäten mit erhöhter Strafandrohung pönalisiert werden. Dies allein erscheint jedoch nicht derart unwertsteigernd, da in diesen Fällen bisweilen sogar Zweifel an der Authentizität beim Rezipienten geweckt werden dürften. Das Verwenden von KI und von Mikro-Targeting kann im Einzelfall als automatisierte Erstellungs- oder Visibilitätssteigerungstechnologie bereits vom oben gefundenen Regelbeispiel erfasst werden, sodass hier kein weiterer Regulierungsbedarf besteht.

3. *Straferhöhung für jegliches Bildmaterial?*

Auch darüber hinaus wird jedoch bisweilen generell eine größere Durchschlagskraft von Bildmaterial festgestellt. So würden Rezipienten jeglichem Bildmaterial grundsätzlich größeres Vertrauen entgegnen als textlichen Darstellungen.[3371] Daraus könnte man folgern, jegliche bildliche Stützung von Fake News – man denke nur an aus dem Kontext gerissene Gewalttaten zur Schau stellende Fotos über angebliche Flüchtlingskriminalität in Deutschland – mit einer qualifizierten Strafandrohung zu versehen. Zu berücksichtigen ist jedoch, dass sich hiermit im Einzelfall lediglich graduell die Überzeugungskraft erhöhen mag, dies jedoch nicht, wie im Fall von Deepfakes, mit einen erheblich gesteigerten objektiven Tatunwert durch eine Manipulation des Bildmaterials selbst einhergeht. Der im Vergleich zu textlichen Fake News erhöhten Glaubwürdigkeit kann daher nach hiesigem Dafürhalten durch das volle Ausschöpfen des Strafrahmens seitens der Judikative ausreichend Geltung verschafft werden.

3370 Vor allem der bereits erwähnte § 33 KUG sowie §§ 186, 187 StGB.
3371 *Brodnig* Lügen im Netz, Kap. 13.

4. Gefährdung außenpolitischer Beziehungen

Ein weiteres Regelbeispiel sollte zudem für das Verbreiten solcher Desinformationen vorgesehen werden, welche die äußere Sicherheit oder außenpolitische Beziehungen der Bundesrepublik zu anderen Staaten gefährden. Insoweit darf noch einmal auf die Brisanz des Falles Lisa (vgl. oben unter § 2 A. I. 3.) und vergleichbarer Fälle verwiesen werden. Die Formulierung dieses Regelbeispiels hat dabei in Anlehnung an § 100a Abs. 1 StGB zu erfolgen.

V. Privilegierungen

1. Für Wissenschaft und professionellen Journalismus

Zudem erscheint es denkbar, in den Gesetzesentwurf eine Privilegierung für die Wissenschaft und/oder den professionellen Journalismus zu integrieren, um legitime Forschungstätigkeit nicht ungebührlich zu beeinträchtigen. Anderweitig könnten unbewusst fehlerhafte Forschungsergebnisse zu strafrechtlichen Ermittlungsverfahren und in der Folge zu Reputationsschäden für die jeweiligen Forscher führen. Zudem könnte der professionelle Journalismus anderweitig dem Echtzeitinformationsbedarf der Bevölkerung kaum mehr bedienen und müsste selbst hochaktuelle Informationen von als seriös bekannten Quellen ausführlichst überprüfen, um das Risiko strafrechtlicher Ermittlungen zu minimieren.[3372]

Die genannten Erwägungen legitimieren in teleologischer Hinsicht jedoch nur eine Privilegierung für die angedachte Strafbarkeit des leichtfertigen oder mit dolus eventualis erfolgenden Verbreitens. Die auch für diese Berufsgruppen geltende Strafbarkeit für direkten Vorsatz muss dagegen zumindest im Falle sicheren Wissens aufrecht erhalten bleiben, um ein allzu leichtes Unterwandern der Norm durch die Verschiebung entsprechender Aktivitäten auf privilegierte Personengruppen zu vermeiden. Aufgrund der besonderen Bedeutung des professionellen Journalismus und der Wissenschaft für den öffentlichen Diskurs reicht eine Privilegierung hinsichtlich der leichtfertigen Tatbegehung nicht aus, da im Bereich des Online-Journalismus durch die notwendige Echtzeitberichterstattung weitreichende, Abschreckungseffekte begründende Gefahren bestünden. Die Schwelle zu Eventualvorsatz kann unter Zeitdruck gerade bei brisanten Themen schnell erreicht sein.

Zwar könnte man meinen, eine Privilegierung wäre nicht erforderlich, weil die Begriffsdefinition bereits eine Täuschungsabsicht beim Verfassen vorsieht und insofern die Strafbarkeit begrenzt. Da Wissenschaftler nicht als Weiterverbreiter,

3372 Der rechtsvergleichende Teil der Arbeit zeigte oben unter § 10 D. II. f. entsprechende Privilegierungen für wissenschaftliche Veröffentlichungen in § 6 des britischen Defamation Act 2013 und eine solche für bestimmte klassische Medien im Strafrecht von North Dakota auf.

sondern als Verfasser von Desinformationen auftreten würden, wären sie nach der Definition erst im Falle bewusster Unrichtigkeit strafbar. Dolus eventualis wäre insoweit also nicht ausreichend. Mit Mark Twain: „Tatsachen muss man kennen, bevor man sie verdrehen kann.“[3373] Da sich die Absicht allerdings nur auf das Verfassen der Information beziehen muss, blieben Fälle denkbar, in denen Wissenschaftler Forschung zu Inhalten betreiben, die bereits Gegenstand von Desinformationskampagnen sind. In diesem Falle bliebe eine Haftung für Eventualvorsatz möglich.

Daneben wäre ohne eine Privilegierung aufgrund der bisweilen bloß *ad interim* Geltung beanspruchenden wissenschaftlichen Erkenntnisse bei neuen und aktualisierten Einsichten eine Unterlassungsstrafbarkeit der vormalig gutgläubigen Wissenschaftler und Journalisten denkbar, die bei diesen zur Selbstzensur führen könnte. Daher erscheint eine Privilegierung weiterhin erforderlich. Diese muss freilich spätestens dort enden, wo die Privilegierten sichere Kenntnis von der Unrichtigkeit der Information bzw. sogar Täuschungsabsicht besitzen. Hinsichtlich dieser normativen Erwägung darf auf die Gegenausnahme im Falle einer bestehenden Täuschungsabsicht bei Art. 21 lit. b MAR hingewiesen werden.[3374]

2. *Für Aufklärungsmaßnahmen*

Ein weiteres Problem stellt sich im Falle von Aufklärungsmaßnahmen, in deren Rahmen die Desinformation aufgegriffen wird.[3375] Allerdings werden bei Aufklärungsmaßnahmen die Desinformationen nicht mit Täuschungsabsicht dargestellt. Vielmehr werden diese als Beispiele für Falschnachrichten im Rahmen des übergeordneten Zwecks präsentiert. Insofern könnten aber dogmatische Begründungsmöglichkeiten für die Straffreiheit in Betracht kommen, sodass eine Privilegierung obsolet sein könnte. Ebenso wie für einsatzbedingte Straftaten von verdeckten Ermittlern in der Eigentums- und Betäubungsmittelkriminalität, könnte insofern Straffreiheit hergestellt werden.[3376] Denkbar wäre die Straffreiheit zudem unter dem Gesichtspunkt der Risikoverringerung, wobei aber selbst Aufklärungsmaßnahmen falsch verstanden werden können.

Allerdings ist – auch angesichts des vorgesehenen Leichtfertigkeitstatbestands – nicht blind auf eine adäquate Lösung seitens der Judikative zu vertrauen. Vielmehr sind – in Anlehnung an den kalifornischen Straftatbestand zu Social Bots – Privilegierungen für Richtigstellungen und Aufklärungsmaßnahmen zu formulieren,

3373 Zitiert nach *Keil* Forschung und Lehre 10 (2019), 894, 895.

3374 Sofern – wie in Art. 21 lit. a MAR als Ausnahme geregelt – die Privilegierten oder ihnen nahestehende Personen einen Vorteil erlangen, dürfte ohnedies eine Täuschungsabsicht vorliegen, sodass es hierfür keiner Privilegierung bedarf.

3375 Vgl. auch das bereits erwähnte Computerspiel zur Aufklärung über Fake News.

3376 Vgl. für verdeckte Ermittler insoweit *Schwarzburg* NStZ 1995, 469. Jedenfalls könnte von einem erlaubten Risiko ausgegangen werden.

in deren Rahmen die Desinformation wiederholt oder durch die Bezugnahme die Verbreitung anderweitig gefördert wird.[3377] Die möglichst schonende Integration gebietet es derweil, die Formulierung an diejenige von § 86 Abs. 3 StGB anzulehnen. Hierdurch würde zudem die Übertragbarkeit der dort in der Rechtspraxis entwickelten Maßstäbe verdeutlicht.[3378]

VI. Sanktionsgestaltung

Die verfassungsrechtliche Prüfung der abstrakten Strafandrohung bereitet schließlich aufgrund der Vielzahl der erfassten Fallgestaltungen Probleme. Die abstrakte Prüfung führt dazu, dass nur die „durchschnittliche Schädlichkeit des pönalisierten Verhaltens" zum Bezugsgegenstand erhoben wird. Denkbare atypische Einzelfälle sind dagegen nur bei der Prüfung dieser Einzelfallmaßnahmen von Interesse.[3379] Aufgrund des auch für die Strafmaßbestimmung verfassungsgerichtlich anerkannten Beurteilungsspielraums[3380] ist ein im Hinblick auf Verschulden und Tatschwere legitimer Strafrahmen vordergründig anhand der Kohärenz im Gesamtstrafsystem zu bestimmen. Daher hat eine Orientierung an vergleichbaren Unwertvertypungen zu erfolgen.

Zur Bewahrung eines kohärenten Gesamtstrafsystems ist eine Orientierung an dem dem unterem Deliktsbereich zuzuordnenden Strafrahmen der Verleumdung empfehlenswert. Ein wesentliches Unterschreiten dieses Strafrahmens ist schon deshalb nicht angezeigt, da von dem Vorhaben Sachverhalte erfasst werden, die

---

3377 Es ließe sich allenfalls argumentieren, dass für private Aufklärungsakteure die Schaffung einer ausdrücklichen Befugnisnorm nicht wünschenswert wäre und man insoweit vorrangig eine Rechtfertigung nach den allgemeinen Grundsätzen, wie z.B. dem rechtfertigenden Notstand gem. § 34 StGB, in Betracht ziehen sollte. Dies erscheint jedoch zur Animation privater Aufklärungsakteure als ein nicht hinreichend rechtssicheres Vorgehen.

3378 So soll § 130 Abs. 7 StGB bei Medienberichten keine Straffreiheit begründen, sofern sich für den Rezipienten eine schlichte „Sprachrohrfunktion" für strafrechtliche Inhalte aufdrängt. Die grundsätzlich ebenfalls erfasste Strafverteidigung soll dagegen bei verteidigungsfremdem Verhalten nicht erfasst werden, MüKo-StGB/*Schäfer* § 130 StGB Rn. 107 f.

3379 Vgl. zu diesen Maßstäben *Kaspar* Verhältnismäßigkeit und Grundrechtsschutz im Präventionsstrafrecht, S. 372. Dieser führt unter S. 374 ff. aus, dass die Strafrahmenobergrenze aufgrund der Möglichkeit nicht voller Ausschöpfung wenig problematisch sei. Dagegen könne das Untermaß zu hoch bestimmt sein, wenn nicht mehr nur individualpräventive Gesichtspunkte die Strafe zu begründen vermögen, sondern nur noch generalpräventive Aspekte. Gleichwohl sei, gerade im Falle von Vergehen, durch alternative Erledigungsmöglichkeiten eine Entsprechung mit der individuellen Schuld möglich.

3380 BVerfG Beschl. v. 16.01.1979 – 2 BvL 4/77, BVerfGE 50, 125, 140.

beispielsweise nur mangels Gruppenbezug keine Volksverhetzung darstellen und die dort mit einem weitaus größeren Höchstmaß (in § 130 Abs. 1 bis zu 5 Jahre Freiheitsstrafe!) bedroht würden.[3381] Eine weitere Orientierung kann aber der unlängst in Kraft getretene § 192a StGB bilden, der verhetzende Inhalte erfassen soll, die gerade an die betreffende Minderheit adressiert werden und die deshalb weder nach § 130 StGB noch nach § 185 StGB strafbar sind.[3382]

Die oftmals fehlenden Voraussetzungen der jeweiligen bereits dargestellten Tatbestände sprechen ebenso für einen geringeren Strafrahmen wie eine Enthemmung beim vornehmlich erfassten Verbreiten über das Internet. Dagegen spricht aber der höhere Unrechtsgehalt durch eine gesteigerte Gefahr infolge des potentiell größeren Rezipientenforums für eine virulentere Strafandrohung. Etwaigen Strafrahmendivergenzen im Vergleich zu anderen Delikten könnte ohnehin auf Konkurrenzebene bzw. nötigenfalls durch eine Übertragung des Strafrahmens im Rahmen einer Sperrwirkung begegnet werden. Insofern dürfte sich ein hieraus abzuleitender Kompromiss von Geldstrafe bis zu zwei Jahren Freiheitsstrafe empfehlen. Die Regelbeispiele könnten mit drei Monaten bis zu drei Jahren Freiheitsstrafe bedroht werden.

VII. Systematische Verortung

Schließlich ist noch die Frage zu beantworten, wo der so skizzierte Tatbestand im Kernstrafrecht eingefügt werden soll. Naheliegend erscheint insofern eine Verortung im Regelungsgefüge der Ehrschutzdelikte im vierzehnten Abschnitt, weil die §§ 186, 187 StGB ebenso an das Verbreiten unrichtiger Tatsachen anknüpfen.[3383] Ebenso schiene die Verortung im siebenten Abschnitt (Straftaten gegen die öffentliche Ordnung) um § 130 StGB herum denkbar – vor allem aufgrund des Quasi-Rechtsguts des *öffentliche Willensbildungsprozess*. Infolge der jüngsten gesetzgeberischen Entscheidung zur Implementierung von § 192a StGB – der verhetzenden Beleidigung –, die ebenso Elemente der öffentlichen Ordnung aufgreift, erscheint letztlich aber eine Verortung eines Desinformationsverbreitungstatbestands in dessen Umfeld zur besonders schonenden Integration vorzugswürdig – namentlich im direkten Anschluss als neuer § 192b StGB.

D. Prozessual notwendige Folgeänderungen

Schünemann[3384] zeigte zuletzt das Problem der Weisungsbefugnis des Justizministers als Teil der Exekutive gegenüber den Strafverfolgern auf, was besonders in

3381 Auch weitere bereits beleuchtete Delikte entspringen einem schwerwiegenderen Deliktsbereich, die Volksverhetzung wird hier nur exemplarisch aufgegriffen.

3382 BT-Ds. 10/31115, 14 f.

3383 *Lammich* Fake News als Herausforderung des deutschen Strafrechts, S. 230.

3384 *Schünemann* GA 2019, 620, 638 ff.

(bereits vom hiesigen Untersuchungsgegenstand indizierten) politischen Verfahren Konflikte vermuten lasse. Er plädierte insofern dafür, eine von der Regierung autonome Staatsanwaltschaft für Staatsschutzverfahren wie solcher wegen der Verwirklichung des von ihm vorgeschlagenen Straftatbestands einzuführen, da die Strafverfolger anderweitig ihren Dienstherren kontrollieren müssten. Während sich diese Forderung bei dem von Schünemann formulierten Staatsschutzdelikt nahezu aufdrängt, wiegen diese Probleme beim zu präfierenden Allgemeindelikt nicht gleich schwer, sodass auf eine Erörterung im Rahmen der hiesigen Ausarbeitung verzichtet werden kann.

Allerdings könnten in der StPO noch weitergehende Vorschriften zum Absehen von der Verfolgung und in der RiStBV Leitlinien zur Strafverfolgung (u.a. auch zur Vereinheitlichung der Einstellungspraxis) verschriftlicht werden.

§ 16 Schlussbetrachtung

„Jeder hat das Recht auf eine eigene Meinung, aber niemand hat das Recht auf eigene Fakten."

Der Soziologe und ehemalige US-Senator Daniel Patrick Moynihan[3385]

A. Unbeeinflusster Meinungsbildungsprozess als Grundvoraussetzung der Demokratie – Schwächung des öffentlichen Diskurses

Im Sinne einer Schlussbetrachtung darf noch einmal in generischer Form zusammengefasst werden, welche Gesichtspunkte die strafrechtliche Pönalisierung des Verbreitens von Desinformationen in spezifischen Bereichen unabdingbar machen: Ohne eine strafrechtliche Regulierung würde die Authentizität und damit auch die Effizienz des öffentlichen Diskurses weiterhin nachhaltig gestört. Zudem müssen die betroffenen Akteure, besonders im politischen Bereich, ohne die von einer solchen Strafvorschrift ausgehende generalpräventive Wirkung erhebliche Ressourcen für Richtigstellungen aufbringen. Insofern könnte die eigentliche thematische Debatte nicht im gleichen Maße vorangebracht werden, wie dies bei einer faktenbasierten geistigen Auseinandersetzung der Fall wäre.[3386] Unweigerlich einher ginge damit eine gewisse Banalisierung und eine Trägheit der öffentlichen Debatte, die für die Demokratie nicht förderlich ist.

3385 Der US-Senator *Moynihan* zitiert nach *Lobo* Spiegel v. 06.11.2012, abrufbar unter https://www.spiegel.de/netzwelt/web/post-truth-politics-sascha-lobo-ueber-die-luege-in-der-politik-a-865523.html (21.03.2022). Mit diesem Zitat ohne Angabe des Zitierten auch *Brodnig* Lügen im Netz, Kap. 18.

3386 *Rowbottom* Oxford Journal of Legal Studies 32 (2012), 507, 516 f.

B. Erforderlichkeit der strafrechtlichen Ahndung zur Wahrung eines unbeeinflussten Meinungsbildungsprozesses

„Das ist keine Verteidigung der Meinungsfreiheit, Mark, das ist ein Angriff auf die Wahrheit."

Der Drehbuchautor des Films über Facebook „The Social Network" Aaron Sorkin in einem offenen Brief an Mark Zuckerberg[3387]

Einst setzte die Menschheit große Hoffnungen in die Etablierung des Internets als Wahrheitsfindungsinstrument. Durch die Informationsvermittlung in Echtzeit dachte man, bewusst gestreuten Falschinformationen und Gerüchten jeder Art den Nährboden entziehen zu können.[3388] Letztlich hat sich jedoch ein konträres Szenario bewahrheitet:[3389] Das Internet dient als Katalysator für Fehlinformationen jeder Art. Der große Empfängerkreis öffnet dabei einer schnellen und weitreichenden Verbreitung Tür und Tor und macht eine Richtigstellung durch Faktenprüfer, staatliche Stellen oder andere Akteure nahezu unmöglich.[3390] Die im Internet durch Suchmaschinen und soziale Netzwerke entstehenden Filterblasen machen das Erreichen von Empfängern, bei denen die Fake News auf positive Resonanz stoßen – sei es um politische Gegner oder Personen mit anderen Weltanschauen zu diskreditieren – weitaus schneller und einfacher als in früheren Zeiten. Anders als andere Autoren behaupten,[3391] bestehen erhebliche Strafbarkeitslücken für das Verbreiten einer Vielzahl von desinformativen Inhalten, die jeweils geeignet sind, das gesamtgesellschaftliche und politische Klima zu beeinflussen und damit die Demokratie in ihren Grundfesten zu erschüttern. Die Kriminalisierung bewusst gestreuter Fake News zur Beeinflussung des öffentlichen Diskurses im politischen, wirtschaftlichen oder das Gesundheitsweisen betreffenden Bereich ist vor diesem Hintergrund erstrebenswert. Dies bedeutet nicht etwa eine Abkehr vom liberalen Rechtsstaat durch eine unzulässige Beschränkung der freien Rede, sondern eine bewusste Entscheidung zur Wahrung einer Grundvoraussetzung der demokratischen Mitbestimmung der Bürger.

Das Ziel, eine weltoffene Gesellschaft zu fördern und zu wahren, vermag demgegenüber nur auf den ersten Blick gegen die Kriminalisierung des Verbreitens von Fake News zu sprechen. Bewusst unwahre und in Täuschungsabsicht verbreitete Tatsachen zu verbieten, kommt nämlich gerade nicht einer Zensur gleich.

3387 *Sorkin* New York Times v. 31.10.2019, abrufbar unter https://www.nytimes.com/2019/10/31/opinion/aaron-sorkin-mark-zuckerberg-facebook.html (22.03.2022).

3388 So *Fahl* Jura 2016, 735, 738.

3389 So auch So *Fahl* Jura 2016, 735, 738.

3390 So *Fahl* Jura 2016, 735, 738.

3391 So *Fahl* Jura 2016, 735, 738.

Bereits die dargestellte verfassungsrechtliche Diskussion zum Umfang der Meinungsfreiheit zeugt hiervon, weil in ihrem Rahmen bewusst unwahre Tatsachenbehauptungen vom Schutzbereich ausgenommen werden. Unliebsame Meinungen würden mit einem entsprechenden Gesetzesentwurf gerade nicht unterdrückt, da nur verboten würde, diese Auffassungen anhand bewusst unwahrer Fakten (in böswilliger Absicht) zu untermauern.[3392]

Die Meinungsfreiheit als hohes Verfassungsgut kann demgegenüber nur hinreichend gewährleistet werden, wenn die Basis für ihre Ausübung gestärkt wird. Die freie Rede im engeren Sinne, nämlich als Synonym für die Meinungsfreiheit,[3393] würde deshalb, entgegen der oftmals anderslautenden Stimmen in den Medien, gerade nicht tangiert. Wie in so vielen Bereichen aktueller gesellschaftlicher Diskussionen, ist mittlerweile jedwede Begrenzung von Äußerungsbefugnissen (im Internet) tabuisiert. Dies lässt sich angesichts der Tatsache, das (wissentlich) unrichtige Tatsachen keinen werthaltigen Beitrag zum öffentlichen Diskurs leisten können, nur als Ausdruck eines „nomadisierenden Individualbezugs" erklären, auf dessen Basis ohne jedwede argumentative Auseinandersetzung reflexartig eine Regulierung der Äußerungsbefugnisse *a priori* abgelehnt wird.[3394] Diese missverstandene Libertät bereitet zudem aus einer moralisch-ethischen Perspektive erstzunehmende Bedenken: Ist die Instrumentalisierung der Lüge im öffentlichen Diskurs tatsächlich mehrheitsfähig geworden, während ein faktenbasierter Diskurs nicht als schützenswert erachtet wird?[3395]

3392 Der Comedian *Cohen* merkte insofern zutreffend an: „Freedom of speech is not freedom of reach." Zitiert nach Spiegel v. 23.11.2019, abrufbar unter https://www.spiegel.de/netzwelt/netzpolitik/sacha-baron-cohen-rechnet-mit-tech-firmen-wie-facebook-ab-a-1297927.html (22.03.2022).

3393 Duden Wörterbuch, abrufbar unter https://www.duden.de/rechtschreibung/Redefreiheit (22.03.2022).

3394 Vgl. *Ladeur* PhiN Beiheft 12/2017, S. 4, 10. *Ullrich/Diefenbach* Es war doch gemeint, S. 226 schildern die graduell geringere Kritik der Bürger betreffend das NetzDG im Vergleich zur 2008 geplanten Regelung von Sperrungsmöglichkeiten im Internet bei kinderpornografischen Inhalten. Insofern scheinen die Bürger eine Regulierung von Äußerungen im Netz nicht mehr prinzipiell abzulehnen. *Schmitz* Demokratie Dialog 1 (2017), 10, 11 f. spricht von libertärer Meinungsfreiheit als Folge der Privatisierung der Öffentlichkeit, die selbst Verletzungen demokratischer Grundvoraussetzungen hinnimmt. *Wefing* (Fn. 11) klassifiziert Zuckerberg als einen Anhänger „technolibertärer Ideologie", welche der Rolle und Verantwortung sozialer Netzwerke nicht gerecht werde. Vgl. auch *Gensing* Fakten gegen Fake News, S. 92 f., der auf Denkmuster verweist, die jegliche Intervention als Vorboten von Diktaturen werten.

3395 Nach *Gensing* in einem Interview mit Inforadio v. 11.11.2019, abrufbar unter https://www.inforadio.de/dossier/2019/zukunft-bildung/373150.html (22.03.2022) haben sich Teile der Öffentlichkeit bereits vom faktenbasierten Diskurs abgewandt.

Die Einwände gegenüber einem entsprechenden Vorhaben erweisen sich also letztlich als in weiten Teilen zu kurz gedacht, da die von den Kritikern angeführte illegitime Beschneidung von Freiheitsrechten tatsächlich nicht stattfindet. Vielmehr spricht im Gegenteil der verfassungsrechtliche Schutzauftrag zur Gewährleistung der Ausübung essentieller Freiheitsrechte vor dem Hintergrund moderner Versuche zur gezielten Manipulation der Ausübung dieser Rechte für die Intervention mit des Rechts schneidigstem Schwert. Aufgezeigt wurde im Rahmen der Arbeit die *Möglichkeit* der Kriminalisierung des Verbreitens von Desinformationen. Diese geht allerdings, wie gesehen (vgl. oben unter § 14 C.), nicht mit einer Pflicht des Gesetzgebers zur Verabschiedung eines entsprechenden Tatbestands einher. Die Schutzpflicht des Gesetzgebers beschränkt sich vorliegend auf ein allgemeines Tätigwerden in Bezug auf den sozialen Konflikt. Dass ein entsprechender Straftatbestand rechtspolitisch als friedensstiftendes Angebot zur Konfliktlösung begrüßenswert erschiene, konnte im Rahmen der Arbeit dezidiert dargelegt werden.

Abschließend sei daher, neben der thesenförmigen Zusammenfassung der Erkenntnisse, ein konkreter Formulierungsvorschlag für einen Desinformationsverbeitungstatbestand angeführt, der sich ausdrücklich an den Gesetzgeber richtet und der als Basis weiterer wissenschaftlicher Diskussion dienen soll. In diesem Sinne hofft der Verfasser auf jegliche diskursfördernde kritische Meinungsäußerung in Reaktion auf diesen Beitrag, bittet aber ausdrücklich um das Außenvorlassen von Desinformationen – der Meinungsfreiheit zuliebe.

C. Zusammenfassung der Erkenntnisse in Thesen

Die Digitalisierung stellt die Rechtswissenschaft immer wieder vor Problemerscheinungen, denen das Recht aufgrund seines statischen Charakters nur begrenzt gewachsen ist. Dies gilt auch für den hiesigen Untersuchungsgegenstand der digitalen Kommunikationsinfrastruktur. Die revolutionierte Informationskommunikation in der Gesellschaft hat die dominanten Rollen auf Seiten der Intermediäre nachhaltig verändert und eine Oligopolstellung einiger Unternehmen in der digitalen Welt bewirkt, die dieser Verantwortung nur bedingt gerecht werden.

Zivilrechtlicher Rechtsschutz besteht für den Bereich von Desinformationen nur rudimentär. Allerdings ist zivilrechtlicher Rechtsschutz aufgrund der für Individuen bestehenden Rechtsdurchsetzungsrisiken ohnehin nur bedingt geeignet und daher kein empfehlenswerter Anknüpfungspunkt für weitere gesetzgeberische Intervention. Eine weitergehende medienrechtliche Verpflichtung der sozialen Netzwerke erscheint aufgrund von deren Rolle als reine Distributoren ebenso ungeeignet wie eine wettbewerbsrechtliche Kontrolle von deren Marktmacht, die prognostisch nur zur Verlagerung des Problems in andere Kommunikationskanäle führt.

Die Verpflichtung der Betreiber sozialer Netzwerke mittels des NetzDG wird deren Verantwortung für die Informationsvermittlung und den öffentlichen Diskurs sowie deren Inhaberschaft über die digitale Souveränität gerecht. Das NetzDG ist daher als bedeutender und wegweisender Schritt bei der zukünftigen Regulierung sozialer Netzwerke zu begreifen. Gleichwohl ist es für den hiesigen Untersuchungsgegenstand nur von untergeordneter Bedeutung, da Desinformationen nur in wenigen Fällen die im NetzDG benannten Straftatbestände verwirklichen.

Desinformationen verbreiten sich im Falle geschickter Formulierung und Platzierung in überaus schneller Form (insbesondere durch sog. Viral Seeding). Die Distributions- und Verbreitungswege werden durch verschiedene psychologische Faktoren weiter verstärkt. Der Mensch tendiert so zum Beispiel zur Rezeption von einstellungskongruenten Informationen (sog. *ideologische Kongruenz*). Fernerhin tendieren Menschen dazu, häufig verbreiteten Informationen Glauben zu schenken (sog. *Sleeper Effect* und *Illusory Truth Effect*). Gleichzeitig lassen diese Faktoren eine Regulierung der Selektions- und Filterungsprozesse bzw. der ihnen zugrunde liegenden Algorithmen als nur bedingt erfolgsgeeignet erscheinen. Solche Regelungen würden aufgrund der inhaltlichen Verschiebung der Wahrnehmung bestimmter Inhalte sogar besonders gravierende Grundrechtseingriffe bedeuten. Das Übermaßverbot verbietet daher derartige Vorhaben der Gesetzesgenese.

Medienkompetenzvermittlung erscheint aufgrund dieser psychologischen Determinanten bei der Informationsverarbeitung als nur begrenzt wirksames Instrumentarium zur Intervention. Mit bloßen Aufklärungsansätzen können die *unbewussten* psychologischen Determinanten nicht wirksam unterminiert werden. Die angesprochenen Heuristiken bei der Informationsverarbeitung würden das Rezeptionsverhalten auch weiterhin mitbestimmen – sodass Aufklärung und Medienkompetenzvermittlung nur begrüßenswerte flankierende Maßnahmen darstellen. Daneben zeigen Defizite selbst im professionellen Journalismus – insbesondere in der „Causa Relotius" – die tatsächlichen Grenzen von Faktenprüfung und die oftmals fehlende Problemlösungskompetenz der Rezipienten auf. Als problematisch erweist sich insofern, dass das tatsächliche Rezeptionsverhalten laut Bevölkerungsumfragen eigeninitiative Faktenprüfungen schlichtweg nicht vorsieht, die Rezipienten die Funktion des Gatekeeping – vormals wahrgenommen von den tradierten Medien – also nicht zu übernehmen gewillt sind.

Entgegen der medialen Wahrnehmung werden in der deutschen Informationslandschaft viele Desinformationskampagnen gerade aus dem Inland heraus gesteuert. Die oftmals angesprochenen russischen Beeinflussungsversuche sind dagegen, jedenfalls was die Europawahl 2019 anbelangt, von eher untergeordneter Bedeutung. Gleichwohl erscheint ein gesetzgeberisches Tätigwerden gerade auch im Hinblick auf ausländische Desinformationskampagnen geboten.

Die Beeinflussung der Meinungen einzelner durch Desinformationen ist zum gegenwärtigen Stand der Forschung nicht im naturwissenschaftlichen Sinne nachweisbar. Gleichwohl erscheinen die teilweise mit empirischen Daten greifbaren Auswirkungen wie eine allgemeine Verunsicherung, die zu einer geringeren Wahlbeteiligung und/oder einer Polarisierung der Gesellschaft führen kann, als naheliegend und indiziell darlegbar. Dabei sind die so aufgezeigten Gefahren in einer parlamentarischen Demokratie von derart immensem Gewicht, dass ein legislatives Einschreiten geboten erscheint.

Aufgrund der sensiblen Behandlung datenschutzrechtlicher Themen in einer vielfach digitalen Gesellschaft existieren diverse Hürden auf dem Weg, die Forschung über die Auswirkungen der Verbreitung von Desinformationen in sozialen Netzwerken effektiv voranzutreiben. Eine Verpflichtung zum Bereitstellen der Daten ist vor diesem Hintergrund kaum ausreichend, als sich bis zur Erlangung der notwendigen Forschungsdaten – welche mutmaßlich von den Unternehmen erschwert werden wird – präsente Risiken weiter manifestieren können. Insbesondere erscheint eine (weitere) Polarisierung und Spaltung der Gesellschaft möglich.

Die strafrechtliche Haftung des Einzelnen für das Verbreiten von Desinformationen stellt gegenüber der direkten Regulierung des sichtbaren Meinungsmarktes (beispielsweise über die Regulierung der Algorithmen) ein milderes Mittel dar. Insbesondere würden von den zuletzt benannten außerstrafrechtlichen Regulierungen zugleich die ohnehin normtreuen Bürger betroffen, sodass es sich letztlich nicht um ein milderes Mittel handelt. Gleichzeitig kann durch die Strafrechtsgenese die Rechtsdurchsetzung im Wege des regulierten Selbstregulierungsansatzes des NetzDG weiter verbessert werden, indem eine solche noch zu formulierende Strafvorschrift in den Katalog des § 1 Abs. 3 des NetzDG aufgenommen wird. So kann ferner eine sachgerechte Formulierung von Verantwortungssphären erzielt werden, indem nämlich die Betreiber sozialer Netzwerke als Inhaber der Gefahrenquelle in die Rechtsdurchsetzung miteinbezogen werden. Hiermit würde ferner der Etikettenschwindel des NetzDG behoben. Dieses wäre aufgrund dieser Erweiterung tatsächlich als legislatives Mittel gegen Desinformationen zu begreifen und würde somit aus seinem Dornröschenschlaf erweckt. Gleichzeitig ist aber die Rechtsstellung der von Löschungen Betroffenen weiter auszubauen, um die vom NetzDG berührten verfassungsrechtlichen Positionen einem angemessenen Ausgleich zuzuführen.

Auch andere Mitgliedstaaten der EU setzen auf die strafrechtliche Pönalisierung des vorsätzlichen Verbreitens von Desinformationen zur Gewährleistung der Integrität von Wahlen. Zugleich sind auch im über die Grenzen der EU hinausreichenden internationalen Kontext vergleichbare Gesetze oder Bestrebungen ersichtlich. Beispielsweise existieren selbst in den USA Strafgesetze – einem Rechtssystem, das als besonders libertär hinsichtlich der Gewährleistung von Äußerungsbefugnissen gilt. Der oftmals unisynchron beanstandete totalitäre Charakter der Pönalisierung des Verbreitens von Desinformationen ist insofern im internationalen Kontext nicht haltbar, auch wenn durchaus auch in totalitären Regimen derartige Gesetze oder Gesetzesvorhaben bestehen. Die diesbezüglichen Gesetze bzw. Gesetzesvorhaben unterscheiden sich von dem untenstehenden Vorschlag allerdings zumeist schon durch eine zu weitreichende Formulierung des Verbreitungsgegenstands, die auch Meinungen erfassen könnte. Weiterhin fehlen ebendort weitere objektive Begrenzungen des Anwendungsbereichs, die erst zur verfassungsrechtlichen Unhaltbarkeit führen.

Die Argumente gegen die angedachte Kriminalisierung beruhen auf oftmals missverstandenen libertären Äußerungsbefugnissen. Dieses Verständnis hat im deutschen Strafrecht bereits seinen Niederschlag in einer im Bereich des Ehrschutzes *contra legem* erfolgten Verkürzung der Rechtspositionen politischer Personen geführt. Auch die Plattformbetreiber bedienen sich bisweilen einem technolibertären Verständnis zulässiger Beitragsmoderation, welches teils in deren US-amerikanischen Ursprung begründet sein dürfte.

Meinungsfreiheit verkommt zur Farce, wenn die Authentizität der Informationsversorgung der Bevölkerung nicht gewährleistet ist. Die Wehrhaftigkeit der Verfassung gebietet es, bewusst unwahre Tatsachenbehauptungen in Massenkommunikationsmitteln, welche die Ausübung der Meinungsfreiheit bei Rezipienten empfindlich verkürzen, zu unterminieren. Anderweitig würde die parlamentarische Demokratie durch die Aushöhlung der Voraussetzungen für die unbeeinflusste Betätigung des freien Willens in ihren Grundfesten erschüttert. Authentische Fakten erweisen sich als *ratio crescendi* einer liberalen demokratischen Grundordnung und besitzen eine besondere Bedeutung bei der Wahrnehmung der Kommunikationsfreiheiten und Wahlrechte.

Will man bei dem neu zu formulierenden Tatbestand einen Etikettenschwindel vermeiden, so bietet sich die Anknüpfung an das Individualrechtsgut des unbeeinflussten Meinungsbildungsprozesses an. Aus diesem Individualrechtsgut ist sodann der *unbeeinflusste öffentliche Willensbildungsprozess* herauszudestillieren, der als Quasi-Rechtsgut notwendige Bedingung für die Pönalisierung ist. Dort, wo die Desinformationen nicht von wesentlicher Bedeutung für den demokratischen Willensbildungsprozess sind, verbietet sich die Kriminalisierung. Dieser Ableitungsmechanismus stellt also ein *strafbarkeitsbegrenzendes Element* dar und entspricht damit dem ursprünglich mit der Rechtsgutslehre verfolgten liberalen Gedanken.

Fernerhin zeigte sich zuletzt im wirtschaftlichen Bereich und anlässlich der COVID-19-Pandemie im Bereich des Gesundheitswesens das unbestreitbare Bedürfnis für die Gewährleistung authentischer Informationen. Neben Informationen politischer Natur – welche die Partizipationsweise des Individuums in der parlamentarischen Demokratie beeinflussen können – erscheint es weiterhin erforderlich, die Authentizität der in Umlauf befindlichen Tatsachen, die von Bedeutung für die Wirtschaft sind, zu gewährleisten. Vielfach verlassen sich Unternehmen und Individuen auf Fakten wie in Umlauf befindliche Kennzahlen bzgl. der Wirtschaft und/oder über Unternehmen. Auf solchen Informationen beruhen beispielsweise oftmals weitreichende Entscheidungen des Einzelnen – wie beispielsweise Investitionsentscheidungen. Weiterhin zu nennen sind Entscheidungen über Geschäftsabschlüsse, die oft von öffentlich zugänglichen Informationen über den potentiellen Geschäftspartner mitbeeinflusst sein werden. Angesichts der zuletzt beobachteten Auswirkungen einer mit der COVID-19-Pandemie einhergehenden Infodemie, welche die hohen Infektionszahlen jedenfalls in einem gewissen Umfang noch verstärkt haben dürfte, ist ein Bedürfnis für weitere Regelungen zur Gewährleistung authentischer Informationen im gesundheitlichen Kontext ebenso nicht abweisbar.

Das ultima ratio-Prinzip erfordert angesichts der Gemengelage betroffener Grundrechtspositionen weitreichende Einschränkungen des Anwendungsbereichs eines Desinformationsverbreitungstatbestands. Die Anknüpfung an das Verbreiten mittels eines Massenkommunikationsmittels stellt sicher, dass Handlungen, die nur eine geringere Reichweite erzielen und somit eine kaum messbare Gefahr begründen, nicht pönalisiert werden. *Indem zudem nur Leichtfertigkeit (weiterhin mit geringerer Strafandrohung gegenüber der Vorsatzstrafbarkeit) und nicht schon einfache Fahrlässigkeit mit Strafe bedroht wird, begegnet man drohenden Abschreckungseffekten,* die ohnehin aufgrund der Unterscheidbarkeit von Tatsachen und Werturteilen überzeichnet werden. *Durch weitergehende materiell-rechtliche Lösungen (Wesentlichkeitsgrenze sowie Privilegierungen für Wissenschaft und professionellen Journalismus) sowie die Einkleidung in bestehende strafprozessuale Möglichkeiten alternativer Verfahrensbeendigung* werden die betroffenen Grundrechte angemessen ausgeglichen und wird so die Verhältnismäßigkeit hergestellt. Eine Rückausnahme der Privilegierung für dolus directus ersten und zweiten Grades unterminimiert Missbrauchspotential durch privilegierte Akteure.

Im Hinblick auf den *gesteigerten Unwert* im Falle der *Nutzung von Verbreitungsformen, die auf eine besonders starke Visibilität abzielen oder der Verbreitung von Inhalten, die entweder einen besonders ausgeprägten Authentizitätsschein auslösen oder* außenpolitische Beziehungen gefährden, könnten zudem Regelbeispiele für die nachfolgenden Fallgestaltungen formuliert werden – was im nachfolgenden Normvorschlag explizit erfolgt ist:

Gewerbsmäßiges und bandenmäßiges Verbreiten,
Verbreiten von Deepfakes,
Rückgriff auf teilautonome Erstellungs- oder Visibilitätssteigerungstechnologien,
Gefährdung außenpolitischer Beziehungen.

Der nachstehende Entwurf ist dabei insbesondere hinsichtlich des im Strafmaß herabgesetzten Leichtfertigkeitstatbestands und der mit erhöhter Strafandrohung versehenen Regelbeispiele primär als Anstoß für weitere Diskussionen einzuordnen – ohne dass dies von hiesiger Seite als zwingender Teil der vorgeschlagenen Strafrechtsgenese eingeordnet wird. Dass dies angesichts der strafverfassungsrechtlichen Gemengelage und des mit der derartigen Kriminalisierung verbundenen Paternalismus unter Bezugnahme auf die moderne Expansionsbestrebungen in der Strafgesetzgebung kritisierenden Stimmen durchaus differenziert gesehen werden kann, ist bereits oben unter § 15 A. III. 4. aufgezeigt worden. Gesteigertem Handlungsunwert könnten die Gerichte bisweilen auch durch die bloße Ausschöpfung des Strafrahmens gerecht werden. Da bislang aber kein anderer Literat einen derartigen Desinformationsverbreitungstatbestand vorgeschlagen hat, wollte es der Verfasser nicht verabsäumen, auch diese Ideen in die Diskussion einzubringen.

D. An den Gesetzgeber gerichtete Empfehlung einer Neuregelung

§ 192b StGB Verbreiten von Desinformationen in Massenkommunikationsmitteln

(1) Mit Geldstrafe oder Freiheitsstrafe bis zu zwei Jahren wird bestraft, wer eine beweisbar unrichtige Information, die in der Absicht zur Täuschung der Adressaten verfasst wurde und die geeignet ist, einen Schaden für ein rechtlich geschütztes Interesse von wesentlicher Bedeutung für die Öffentlichkeit hervorzurufen (Desinformation), über ein Massenkommunikationsmittel verbreitet.

(2) [1]In besonders schweren Fällen ist die Strafe Freiheitsstrafe von drei Monaten bis zu drei Jahren. [2]Ein besonders schwerer Fall liegt in den Fällen des Absatzes 1 in der Regel vor, wenn der Täter
1. gewerbsmäßig oder als Mitglied einer Bande handelt, die sich zur fortgesetzten Verbreitung von Desinformationen durch Massenkommunikationsmittel verbunden hat;
2. bei der Information audiovisuelle Technologien verwendet, die über die Identität des angeblichen Protagonisten einer Desinformation täuschen (Deepfakes) oder unter Rückgriff auf Technologien zur automatisierten Generierung von Inhalten wesentliche Teile der Desinformation erstellt,
3. beim Verbreiten teilautonome Kommunikatoren oder Technologien zur Visibilitätssteigerung verwendet;
4. durch die beabsichtigte Täuschung die Gefahr eines schweren Nachteils für die äußere Sicherheit oder die Beziehungen der Bundesrepublik Deutschland zu einer fremden Macht herbeiführt.

(3) Wer im Fall des Absatzes 1 leichtfertig nicht erkennt, dass die Information unrichtig ist und eine Täuschung der Adressaten bewirken kann, wird mit Freiheitsstrafe bis zu einem Jahr oder mit Geldstrafe bestraft.

(4) Massenkommunikationsmittel im Sinne der vorigen Absätze sind alle Kommunikationsmittel, bei denen Informationen öffentlich, indirekt und einseitig durch technische Verbreitungsmittel an ein disperses Publikum übermittelt werden.

(5) [1]Die Absätze 1 und 2 gelten nicht, wenn die Desinformation oder die Handlung der staatsbürgerlichen Aufklärung, der Abwehr desinformativer Bestrebungen, der Kunst oder der Wissenschaft, der Forschung oder der Lehre, der Berichterstattung über Vorgänge des Zeitgeschehens oder der Geschichte oder ähnlichen Zwecken dient. [2]Diese Privilegierungen gelten nicht, sofern dem Täter die Unrichtigkeit der Information positiv bekannt ist oder er eine Schädigung des öffentlichen Meinungsbildungsprozesses beabsichtigt.

(6) [1]Wesentliche Bedeutung für die Öffentlichkeit haben insbesondere politische, soziale, wirtschaftliche und volksgesundheitliche Interessen. [2]Die erfassten Interessen müssen auch im Einzelfall von wesentlicher Bedeutung für die Öffentlichkeit sein.

Literaturverzeichnis

Adamic, Lada A./Glance, Natalie: The political blogosphere and the 2004 U.S. election, divided they blog, in: Adibi, Jafar/Grobelnik, Marko/Mladenic, Dunja/Pantel, Patrick (Hrsg.), Proceedings of the 3rd international workshop on Link discovery, New York 2005, S. 36–43.

Adibe, Raymond/Ike, Cyril Chinedu/Udeogu, Celestine Uchechukwu: Press Freedom and Nigeria's Cybercrime Act of 2015, An Assessment, in: Africa Spectrum 52 (2017), S. 117–127.

Ahlberg, Hartwig/Götting, Horst-Peter: Beck'scher Online-Kommentar, Urheberrecht, 21. Edition, Stand: 04.06.2018.

Albrecht, Peter Alexis: Das Strafrecht auf dem Weg vom liberalen Rechtsstaat zum sozialen Interventionsstaat, Entwicklungstendenzen des materiellen Strafrechts, in: KritV 1988, S. 182–209.

ders.: Das Strafrecht im Zugriff populistischer Politik, in: StV 1994, S. 265–273.

Alex, Robert: Theorie der Grundrechte, 2. Aufl., Frankfurt am Main 1994.

Allcott, Hunt/Gentzkow, Matthew: Social Media and Fake News in the 2016 Election, in: Journal of Economic Perspective 31 (2017), S. 211–236.

Amelung, Knut: Die Ehre als Kommunikationsvoraussetzung, Studien zum Wirklichkeitsbezug des Ehrbegriffs und seiner Bedeutung im Strafrecht, Baden-Baden 2002.

ders.: Der Begriff des Rechtsguts in der Lehre vom strafrechtlichen Rechtsgüterschutz, in: Hefendehl, Roland/von Hirsch, Andrew/Wohlers, Wolfgang (Hrsg.), Die Rechtsgutstheorie, Legitimationsbasis des Strafrechts oder dogmatisches Glasperlenspiel? Baden-Baden 2013, S. 155–182.

ders.: Rechtsgüterschutz und Schutz der Gesellschaft, Frankfurt am Main 1972.

Apel, Karl Otto: Diskurs und Verantwortung, Das Problem des Übergangs zur postkonventionellen Moral, Frankfurt am Main 1992.

Appel, Ivo: Verfassung und Strafe, Zu den verfassungsrechtlichen Grenzen staatlichen Strafens,Berlin 1998.

Appel, Markus: Fake News sind falsch, aber bequem, Warum verbreiten sich Desinformationen? Wer ist besonders empfänglich für Fake News? Eine Einordnung aus psychologischer Perspektive, in: Forschung und Lehre 10 (2019), S. 908–909.

ders.: Wie lässt sich das Postfaktische Eindämmen?, in: Appel, Markus (Hrsg.), Die Psychologie des Postfaktischen, Über Fake News, „Lügenpresse", Clickbait & Co., Berlin 2019, Kap. 18 (E-Book).

ders./Doser, Nicole: Fake News, in: Appel, Markus (Hrsg.), Die Psychologie des Postfaktischen, Über Fake News, „Lügenpresse“, Clickbait & Co., Berlin 2019, Kap. 2 (E-Book).

Arendt, Hannah: Wahrheit und Politik, in: dies. (Hrsg.), Wahrheit und Lüge in der Politik, Zwei Essays, 2. Aufl., München 1987, S. 44–92.

Arzt, Gunther/Weber, Ulrich/Heinrich, Bernd/Hilgendorf, Eric: Strafrecht, Besonderer Teil, 3. Aufl., Bielefeld 2015.

Bader, Katarina: Einleitung, in: Steinebach, Martin/Katarina Bader, Katarina/Rinsdorf, Lars /Krämer, Nicole/Alexander Roßnagel, Alexander (Hrsg.), Desinformationen aufdecken und bekämpfen, Baden-Baden 2020, S. 15–32.

Bader, Katarina/Jansen, Carolin/Rinsdorf, Lars: Jenseits der Fakten, Deutschsprachige Fake News aus Sicht der Journalistik, in: Steinebach, Martin/Katarina Bader, Katarina/Rinsdorf, Lars/Krämer, Nicole/Alexander Roßnagel, Alexander (Hrsg.), Desinformationen aufdecken und bekämpfen, Baden-Baden 2020, S. 15–32

Bail, Christopher A./Argyle, Lisa P./Brown, Taylor W./Bumpus, John P./Chen, Haohan/Hunzaker, M. B. Fallin/Lee, Jaemin/Mann, Marcus/Merhout, Friedolin/Volfovsky, Alexander: Exposure to Opposing Views on Social Media Can Increase Political Polarization, in: PNAS 115 (2018), S. 9216–9221.

Bakshy, Eytan/Messing, Solomon/Adamic, Lada M.: Exposure to ideologically diverse news and opinion on Facebook, in: Science 348 (2015), S. 1130–1133.

Bamberger, Heinz Georg/Roth, Herbert: Kommentar zum Bürgerlichen Gesetzbuch, Band 1: §§ 1–610, 4. Aufl., München 2018.

Bamberger, Heinz Georg/Roth, Herbert/Hau, Wolfgang/Poseck, Roman: Beck'scher OnlineKommentar, BGB, 57. Edition, Stand: 01.02.2021.

Baranowski, Anne/von Halen, Suntka/Kornmeier, Udo: Reputationsschutz durch Kommunikation und Recht, in: BB 2019, S. 2690–2697.

Barberá, Pablo/Jost, John T/Nagler, Jonathan/Tucker, Joshua A./Bonneau, Richard: Tweeting From Left to Right: Is Online Political Communication More Than an Echo Chamber?, Psychological Science 26 (2015), S. 1531–1542.

Bauer, Christian Alexander: User Generated Content, Urheberrechtliche Zulässigkeit nutzergenerierter Medieninhalte, Berlin Heidelberg 2011.

Bauer, Jobst-Hubertus/Günther, Jens: Kündigung wegen beleidigender Äußerungen auf Facebook, Vertrauliche Kommunikation unter Freunden?, in: NZA 2013, S. 67–73.

Baumann, Jürgen/Weber, Ulrich/Mitsch, Wolfgang/Eisele, Jörg: Strafrecht, Allgemeiner Teil, 12. Aufl., Bielefeld 2016.

Baurmann, Michael: Vorüberlegungen zu einer empirischen Theorie der positiven Generalprävention, in: GA 1994, S. 368–384.

Beccaria, Caesar: Verbrechen und Strafen, Übersetzt von Julius Glaser, 2. Aufl., Wien 1876.

Beck, Simon Markus: Lehrermobbing durch Videos im Internet – ein Fall für die Staatsanwaltschaft?, in: MMR 2008, S. 77–82.

Beck, Susanne: Internetbeleidigung de lege lata und de lege ferenda, Strafrechtliche Aspekte des „spickmich" Urteils, in: MMR 2009, S. 736–740.

Beck, Wolfgang: Freundschaft im Dienst sozialer Netzwerke, in: ZRP 2019, S. 112–115.

Beck, Volker/Tometten, Christoph: „Glühende Antisemiten" und „arabische Jugendliche", Zum unzureichenden Umgang des Rechts mit gruppenbezogener Menschenfeindlichkeit, in: ZRP 2017, S. 244–246.

Beckemper, Katharina: Das Rechtsgut „Vertrauen in die Funktionsfähigkeit der Märkte", in: ZIS 2011, S. 318–323.

dies.: Strafbare Beihilfe durch alltägliche Geschäftsvorgänge, in: Jura 2001, S. 163–169.

Becker, Christian: Praxiskommentar zu BGH Urteil vom 19.08.2014 – 3 StR 88/14, in: NStZ 2015, S. 83–84.

Becker, Walter Gustav: Der Tatbestand der Lüge, Tübingen 1948.

Bemmann, Günter: Was bedeutet die Bestimmung „wenn nicht diese Tatsache erweislich wahr ist" im § 186 StGB, in: MDR 1956, S. 387–390.

Benkler, Yochai: The wealth of networks, how social production transforms markets and freedom, New Haven 2006.

Berberich, Matthias/Seip, Fabian: Der Entwurf des Digital Services Act, in: GRUR-Prax 2021, S. 4–7.

Bernhard, Uli/Dohle, Marco/Vowe, Gerhard: Wie werden Medien zur politischen Information genutzt und wahrgenommen?, in: Media Perspektiven, (3/2014), S. 159–168.

Bierhoff, Hans-Werner: Sozialpsychologie, Ein Lehrbuch, Stuttgart 2006.

Bierling, Stephan: Zurück zu den Wurzeln!, Politikwissenschaft als Demokratiewissenschaft, in: Die Politische Meinung Nr. 543 (März/April 2017), S. 46–50.

Binder, Reinhart/Vesting, Thomas (Hrsg.): Beck'scher Kommentar zum Rundfunkrecht, 4. Aufl., München 2018.

Binding, Karl: Die Normen und ihre Übertretung, eine Untersuchung über die rechtmäßige Handlung und die Arten des Delikts, Band 1, Normen und Strafgesetze, Neudruck der 4. Aufl., Leipzig 1922, Aalen 1965.

ders.: Lehrbuch des gemeinen deutschen Strafrechts, Besonderer Teil I, 2. Aufl., Leipzig 1902.

Birkner, Sabrina: Der Einwirkungserfolg bei der Marktmanipulation im Kontext nationalen und europäischen Rechts, Beiträge zum Transnationalen Wirtschaftsrecht, 155 (2009), S. 1–46.

Birnbaum, Johann Michael Franz: Über das Erfordernis einer Rechtsverletzung zum Begriffe des Verbrechens, in: Neues Archiv des Criminalrechts 15 (1834), S. 149–194.

Blei, Herman: Strafrecht BT, 1. Halbband, Straftaten gegen die Person, gegen die Sittenordnung und gegen das Vermögen, 10. Aufl., München 1996.

Bock, Dennis: Strafrecht AT, 1. Aufl., Heidelberg 2018.

Bonfadelli, Heinz/Friemel, Thomas N.: Medienwirkungsforschung, 6. Aufl., Konstanz 2017.

Bosch, Nikolaus: Die Ausweitung des Schutzes des höchstpersönlichen Lebensbereichs vor einer Verletzung durch Bildaufnahmen (§ 201a StGB), in: Jura 2016, S. 1380–1388.

ders.: Hassbotschaften und Hetze im Internet als Aufforderung zu Straftaten?, in: Jura 2016, S. 381–389.

Bouvet, Alexandre/Makse, Hernán A.: Influence of fake news in Twitter during the 2016 US-presidential election, in: Nature Communications 10 (2019), S. 1–14.

Böckenpförde, Ernst Wolfgang: Grundrechte als Grundsatznormen, Zur gegenwärtigen Lage der Grundrechtsdogmatik, in: Der Staat 29 (1990), S. 1–31.

Böllinger, Lorenz: Grenzenloses symbolisches Strafrecht, in: KJ 1994, S. 405–420.

Böhmer, Otto A.: Das Problem der Subjektivität, Anmerkungen zum Diskussionsstand der marxistisch-leninistischen Widerspiegelungstheorie, in: Philosophisches Jahrbuch 84 (1977), S. 367–380.

Brand, Oliver: Grundfragen der Rechtsvergleichung – Ein Leitfaden für die Wahlfachprüfung, in: JuS 2003, S. 1082–1091.

Brehm, Jack W.: A Theory of Psychological Reactance, New York 1966.

Brennen, J. Scott/Simon, Felix M./Nielsen, Kleis: Beyond (Mis)Representation: Visuals in COVID-19 Misinformation, The International Journal of Press/Politics 26 (2021), S. 277–299.

Brodnig, Ingrid: Lügen im Netz, Wie Fake News, Populisten und unkontrollierte Technik unsmanipulieren, 2. Aufl., Wien 2018 (E-Book).

Brosius, Hans-Bernd: Alltagsrationalität in der Nachrichtenrezeption, Ein Modell zur Wahrnehmung und Verarbeitung von Nachrichteninhalten, Opladen 1995.

Brosius-Gersdorf, Frauke: Die Ehe für alle durch Änderung des BGB, Zur Verfassungsmäßigkeit der Ehe für gleichgeschlechtliche Paare, in: NJW 2015, S. 3557–3561.

Bruns, Axel: Vom Gatekeeping zum Gatewatching, in: Neuberger, Christoph/ Nuernbergk, Christian/Rischke, Melanie (Hrsg.), Journalismus im Internet, Profession – Partizipation – Technisierung, 1. Aufl., Wiesbaden 2009, S. 107–128.

Bryde, Brun-Otto: Verfassungsentwicklung, Stabilität und Dynamik im Verfassungsrecht der Bundesrepublik Deutschland, Baden-Baden 1982.

Buchheim, Johannes: Anfängerhausarbeit – Öffentliches Recht: Grundrechte – Zensor wider Willen?, in: JuS 2018, S. 548–556.

Burchard, Christoph: Die Europäische Ennittlungsanordnung („European Investigation Order"), Exekutorische Strafrechtsvergleichung und das Prinzip der gegenseitigen Anerkennung, in: Beck, Susanne/Burchard, Christoph/Fateh-Moghadam, Bijan (Hrsg.), Strafrechtsvergleichung als Problem und Lösung, Baden-Baden 2011, S. 275–306.

ders.: Strafrechtslimitation als Motor der Strafrechtsexpansion, Wissenschaftsethische Vorüberlegungen zu „Dual Use Research of Concern" aus dem Bereich der Strafrechtswissenschaften*, in: Kuhli, Milan/Asholt, Martin (Hrsg.), 1. Aufl., Baden-Baden 2017, S. 23–43.

ders.: Strafverfassungsrecht, Vorüberlegungen zu einem Schlüsselbegriff, in: Tiedemann, Klaus/Sieber, Ulrich/Satzger, Helmut/Burchard, Christoph/Brodowski, Dominik (Hrsg.), Die Verfassung moderner Strafrechtspflege, Erinnerung an Joachim Vogel, Baden-Baden 2016, S. 27–62.

Busch, Andreas/Jakobi, Tabias: Die Erfindung eines neuen Grundrechts. Zu Konzept und Auswirkungen der „informationellen Selbstbestimmung", in: Hönnige, Christoph/Kneip, Sascha/Lorenz, Astrid (Hrsg.), Verfassungswandel im Mehrebenensystem, Berlin 2011, S. 297–320.

Busch, Ralf: Strafrechtlicher Schutz gegen Kinderpornographie und Missbrauch, in: NJW 2015, S. 977–981.

Buscher, Dominik: Neuere Entwicklung der straf- und ehrenschutzrechtlichen Schranken der Meinungsfreiheit und der Kunstfreiheit, in: NVwZ 1997, S. 1057–1067.

Busching, Michael: Der Begehungsort von Äußerungsdelikten im Internet, Grenzüberschreitende Sachverhalte und Zuständigkeitsprobleme, in: MMR 2015, S. 295–299.

Canaris, Claus-Wilhelm: Grundrechte und Privatrecht, eine Zwischenbilanz, stark erweiterte Fassung des Vortrags gehalten vor der Juristischen Gesellschaft zu Berlin am 10. Juni 1998, Berlin 1999.

Chakrabarti, Soumen/Joshi, Mukul M./Punera, Kanal/Pennock, David M.: The Structure of Broad Topics on the Web, in: WWW2002, Proceedings of the 11th international conference on World Wide Web, S. 251–262.

Chesney, Robert/Citron, Danielle Keats: Deep Fakes: A Looming Challenge for Privacy, Democracy, and National Security, in: California Law Review 107 (2019), S. 1753–1820.

Ceffinato, Tobias: Die strafrechtliche Verantwortlichkeit von Internetplattformbetreibern, in: JuS 2017, S. 403–408.

ders.: Vollendungsumkehr und Wiedergutmachung, Tübingen 2017.

ders.: Zur Regulierung des Internet durch Strafrecht bei Hass und Hetze auf Onlineplattformen, in: ZStW 132 (2020), S. 544–563.

Collardin, Marcus: Straftaten im Internet, in: CR 1995, S. 618–622.

Conradi, Ulrich/Schlömmer, Uwe: Die Strafbarkeit der Internet-Provider – 1. Teil –, in: NStZ 1996, S. 366–369.

Constantinesco, Léontin-Jean: Über den Stil der „Stiltheorie" in der Rechtsvergleichung, in: ZVglRWiss 78 (1979), S. 157–172.

Cornils, Karin: Der Begehungsort von Äußerungsdelikten im Internet, in: JZ 1999, S. 394–398.

Dahm, Georg: Der Methodenstreit in der heutigen Strafrechtswissenschaft, in: ZStW 57 (1938), S. 225–294.

Dathe, Ingmar: Privatrechtliche Grenzen kommunikativer Entfaltung in sozialen Netzwerken, eine Untersuchung der Kommunikationsstandards sozialer Netzwerke, Hamburg 2018.

Datta, Amit/Tschantz, Michael Carl/Datta, Anupam: Automated Experiments on Ad Privacy Settings, A Tale of Opacity, Choice, and Discrimination, in: Proceedings on Privacy Enhancing Technologies 1 (2015), S. 92–112.

David, René/Jauffret-Spinosi, Camille: Les grands systèmes de droit contemporains, Paris 2002.

de la Vega, Geraldina González: Verfassungswandel als Dynamische Verfassungsinterpretation, in: Paper series, Series A, Methodology, logics, hermeneutics, linguistics, law and finance/World Congress of Philosophy of Law and Social Philosophy, no. 008/2012, Frankfurt am Main 2012.

Dechêne, Alice/Stahl, Christoph/Hansen, Joachim/Wänke, Michaela: The Truth About the Truth, A Meta Analytic Review of the Truth Effect, in. Personality and Social Psychology Review 14 (2010), S. 238–257.

Detlefsen, Sonja: Die strafrechtliche Verantwortlichkeit für das Setzen von Hyperlinks nach deutschem Recht, Augsburg 2007.

Diederichsen, Angela: Der deliktsrechtliche Schutz des Persönlichkeitsrechts, in: Jura 2008, S. 1–8.

Dietlein, Johannes: Die Lehre von den grundrechtlichen Schutzpflichten, Berlin 1992.

Dreger, Britta: Diagnose, Confirmation bias. Wie die anfängliche Überzeugtheit von einer klinisch psychologischen Prüfhypothese, die Berufserfahrung und das Fachwissen die Validität klinischer Diagnosen beeinflussen, Kiel 2012.

Dreier, Horst (Hrsg.): Grundgesetz, Kommentar, Bd. I, 3. Aufl., Tübingen 2013.

Dreier, Thomas/Schulze, Gernot: Urheberrechtsgesetz, Kommentar, 5. Aufl., München 2015.

Drexl, Josef: Bedrohung der Meinungsvielfalt durch Algorithmen, in: ZUM 2017, S. 529–543.

Dubber, Markus Dirk: Positive Generalprävention und Rechtsgutstheorie: Zwei zentrale Errungenschaften der deutschen Strafrechtswissenschaft aus amerikanischer Sicht, in: ZStW 117 (2005), S. 485–518.

Eckel, Philipp/Rottmeier, Christian: „Liken als Haten", Strafverfolgung von Hatespeech in Sozialen Netzwerken, in: NStZ 2021, S. 1–11.

Ecker, Ullrich K.H./Hogan, Joshua L./Lewandowsky, Stephan: Reminders and Repetition of Misinformation, Helping or Hindering Its Retraction?, in: Journal of Applied Research in Memory and Cognition 6 (2017), S. 185–192.

Effron, Daniel A./Raj, Medha: Misinformation and Morality, Encountering Fake News Headlines Makes Them Seem Less Unethical to Publish and Share, in: Psychological Science 31 (2020), S. 75–87.

Eifert, Martin: Rechenschaftspflichten für soziale Netzwerke und Suchmaschinen, Zur Veränderung des Umgangs von Recht und Politik mit dem Internet, in: NJW 2017, S. 1450–1453.

Eisele, Jörg/Sieber, Johann: Notwendige Begrenzungen des § 201a StGB nach dem 49. StÄG, in: StV 2015, S. 312–319.

Ellscheid, Günter/Hassemer, Winfried: Strafe ohne Vorwurf, in: Lüderssen/Sack (Hrsg.), Abweichendes Verhalten II, Die gesellschaftliche Reaktion auf Kriminalität 1, Frankfurt am Main 1975, S. 266–293.

Engisch, Karl: Bemerkungen über Normativität und Faktizität im Ehrbegriff, in: Warda, Günter/Waider, Heribert/von Hippel, Reinhard/Meurer, Dieter (Hrsg.), Festschrift für Richard Lange zum 70. Geburtstag, Berlin 1976, S. 401–417.

ders.: Wahrheit und Richtigkeit im juristischen Denken, Münchener Universitätsreden, Neue Folge, Bd. 35., München 1963.

Engländer, Armin: Revitalisierung der materiellen Rechtsgutslehre durch das Verfassungsrecht?, in: ZStW 127 (2015), S. 616–634.

Eun, John Joon Yong: Schutz personenbezogener Daten im Internet – Eine verfassungsrechtliche Untersuchung, Tübingen 2014.

Epping, Volker: Grundrechte, 8. Aufl., Berlin 2019.

Epping, Volker/Hillgruber, Christian: Beck'scher Online-Kommentar Grundgesetz, 46. Edition, Stand: 1502.2021.

Eppner, Dirk/Hahn, Antje: Allgemeine Fragen der Beleidigungsdelikte, Die Tatbestände derBeleidigungsdelikte, in: JA 2006, S. 702–707, 860–863.

Erbs, Georg/Kohlhaas, Max: Strafrechtliche Nebengesetze, Beck'sche Kurzkommentare, Band I, 220. EL, Stand: Juli 2018.

Erhardt, Elmar: Kunstfreiheit und Strafrecht, Zur Problematik satirischer Ehrverletzungen, Heidelberg 1989.

Ermann, Walter (Hrsg.): Bürgerliches Gesetzbuch, Handkommentar, Band 1: §§ 1–758, 16. Aufl., Köln 2020.

Eser, Albin: Evaluativ-kompetitive Strafrechtsvergleichung, in: Freund, Georg/Murmann, Uwe/Bloy, René/Perron, Walter (Hrsg.), Grundlagen und Dogmatik des gesamten Strafrechtssystems, Festschrift für Wolfgang Frisch zum 70. Geburtstag, Berlin 2013, S. 1441–1466.

ders.: Funktionen, Methoden und Grenzen der Strafrechtsvergleichung, in: Albrecht, Hans-Jörg/Dünkel, Frieder/Kerner, Hans-Jürgen/Kürzinger, Josef/Schöch, Heinz/Sessar, Klaus/Villmor, Bernhard (Hrsg.), Internationale Perspektiven in Kriminologie und Strafrecht, Festschrift für Günther Kaiser zum 70. Geburtstag, Zweiter Teilband, Berlin 1998, S. 1499–1529.

Esser, Robert/Rübenstahl, Markus/Saliger, Frank/Tsambikakis, Michael (Hrsg): Wirtschaftsstrafrecht, Kommentar mit Steuerstrafrecht und Verfahrensrecht, 1. Aufl., Köln 2017.

Etteldorf, Christia: EU-Kommission, Entwurf eines Verhaltenskodex gegen Online-Desinformation, MMR Aktuell, 408323.

Fahl, Christian: Zur Strafbarkeit der Falschmeldung im Internet über den Tod eines Asylsuchenden, in: Jura 2016, S. 735–738.

Fateh-Moghadam, Bijan: Die Einwilligung in die Lebendorganspende, Die Entfaltung des Paternalismusproblems im Horizont differenter Rechtsordnungen am Beispiel Deutschlands und Englands, München 2008.

ders.: Operativer Funktionalismus in der Strafrechtsvergleichung, in: Beck, Susanne/Burchard, Christoph/Fateh-Moghadam, Bijan (Hrsg.), Strafrechtsvergleichung als Problem und Lösung, Baden-Baden 2011, S. 43–64.

Fechner, Frank: Fake News und Hate Speech als Gefahr für die demokratische Willensbildung, Staatliche Gewährleistung kommunikativer Wahrheit?, in: Uhle, Arnd (Hrsg.), Information und Einflussnahme, Gefährdung der Offenheit des demokratischen Prozesses, Berlin 2018, S. 157–199.

ders.: Medienrecht, 19. Aufl., Tübingen 2018.

Feinberg, Joel: The Moral Limits of the Criminal Law Vol. 1, Harm to Others, New York 1984.

Feltes, Thomas: Die „German Angst". Woher kommt sie, wohin führt sie? Innere vs. Gefühlte Sicherheit, Der Verlust an Vertrauen in Staat und Demokratie, in: NK 2019, S. 3–10.

Festinger, Leon: Theorie der kognitiven Dissonanz, Bern 1978.

von Feuerbach, Paul Johann Anselm Ritter: Lehrbuch des gemeinen, in Deutschland gültigen peinlichen Rechts, 7. Aufl., Giessen 1820.

Fezer, Karl-Heinz/Büscher, Wolfgang/Obergfell, Eva Inés: Lauterkeitsrecht, UWG, 3. Aufl., München 2016.

Fichte, Johann Gottlieb: Das System der Sittenlehre nach den Principien der Wissenschaft, Jena 1798.

Fischer, Thomas: Die Eignung, den öffentlichen Frieden zu stören, Zur Beseitigung eines „restriktiven" Phantoms, in: NStZ 1988, S. 159–165.

ders.: Praxiskommentar zu OLG Düsseldorf Beschluss vom 24.09.2018 – 5 Ss 83/16, in: NStZ 2019, S. 348–350.

ders.: Strafgesetzbuch mit Nebengesetzen, 67. Aufl., München 2020.

Flaxman, Seth/Goel, Sharad/Rao, Justin M.: Filter Bubbles, Echo Chambers, and Online News Consumption, in: Public Opinion Quarterly 80 (2016), S. 298–320.

Fleischer, Holger/Bueren, Eckhart: Die Libor-Manipulation zwischen Kapital markrecht und Kartellrecht, in: DB 2012, S. 2561–2568.

Flint, Jessica: Fake News im Wahlkampf, Eine Untersuchung der rechtlichen Problemstellung der Desinformation in sozialen Netzwerken am Beispiel von Facebook, Baden-Baden 2021.

Foerstner, Georg: Kollektivbeleidigung, Volksverhetzung und „lex Tucholsky", eine Untersuchung zu Äußerungsdelikten und Meinungsfreiheit, Berlin 2002.

Freundlieb, Dieter: Zur Problematik einer Diskurstheorie der Wahrheit, in: Zeitschrift für allgemeine Wissenschaftstheorie 6 (1975), S. 82–107.

Friehe, Matthias: Löschen und Sperren in sozialen Netzwerken, in: NJW 2020, S. 1697–1702.

Frisch, Wolfgang: An den Grenzen des Strafrechts, in: Küper, Wilfried/Welp, Jürgen (Hrsg.), Beiträge zur Rechtswissenschaft, Festschrift für Walter Stree und Johannes Wessels zum 70. Geburtstag, S. 68–106.

ders.: Wesentliche Strafbarkeitsvoraussetzungen einer modernen Strafgesetzgebung in: Eser, Albin/Kaiser, Günther/Weigend, Ewa (Hrsg.), Von totalitärem zu rechtsstaatlichem Strafrecht, Kriminalpolitische Reformtendenzen im Strafrecht osteuropäischer Länder, Freiburg 1993, S. 201–254.

ders.: Voraussetzungen und Grenzen staatlichen Strafens, in: NStZ 2016, S. 16–25.

Frister, Helmut: Strafrecht, Allgemeiner Teil, 8. Aufl., München 2018.

Foucault, Michael: Die Wahrheit und die juristischen Formen, in: Deufert/Ewald (Hrsg), Michael Foucault, Schriften in vier Bänden, Dits et Ecrits, Bd. II, S. 669–792.

Fuchs, Karl: Beitrag zur Lehre vom periculum bei Obligationen, in: Archiv für die civilistische Praxis 34 (1851), S. 106–120.

Funcke-Auffermann, Niklas: Symbolische Gesetzgebung im Lichte der positiven Generalprävention, Berlin 2007.

Gallas, Wilhelm: Der Schutz der Persönlichkeit im Entwurf eines Strafgesetzbuches (E 1962), in: ZStW 75 (1963), S. 16–42.

García Palominos, Gonzalo: Die Funktionseinheitsstörung als Grundstein des Insiderstrafrechts, Zurechnungsstruktur und Unrechtsbegründung bei Informationsdelikten im deutschen und chilenischen Kapitalmarktrecht, Freiburg 2014.

Garrett, R. Kelly/Poulsen, Shannon: Flagging Facebook Falsehoods, Self-Identified Humor Warnings Outperform Fact Checker and Peer Warnings, in: Journal of Computer-Mediated Communication 24 (2019), S. 240–258.

Gehrmann, Sebastian/Strobelt, Hendrik/Rush, Alexander M.: GLTR, Statistical Detection and Visualization of Generated Text, in: Proceedings of the 57th Annual Meeting of the Association for Computational Linguistics, in: System Demonstrations (2019), S. 111–116.

Geilen, Gerd: Repetitorium Strafrecht, Grundfragen der falschen Verdächtigung (§ 164 StGB), in: Jura 1984, S. 251–258, 300–307.

ders.: Zur Problematik des volksverhetzenden Leserbriefs, in: NJW 1976, S. 279–281.

Geiring, Sonja: Risiken von Social Media und User Generated Content, Social Media Stalking und Mobbing sowie datenschutzrechtliche Fragestellungen, Frankfurt 2017.

Gensing, Patrick: Überprüft!, Wie arbeitet eine Faktenfinder-Redaktion, Im Gespräch mit Ina Lohaus, in: Forschung und Lehre 10 (2019), S. 901.

Gelfert, Axel: Fake News, A Definition, in: Informal Logic 38 (2018), S. 84–117.

Gerdemann, Simon/Spindler, Gerald: Das Gesetz über digitale Dienste (Digital Services Act) (Teil 1), Grundlegende Strukturen und Regelungen für Vermittlungsdienste und Host-Provider, in: GRUR 2023, S. 3–11.

Gersdorf, Hubertus: Hate Speech in sozialen Netzwerken, Verfassungswidrigkeit des NetzDG-Entwurfs und grundrechtliche Einordnung der Anbieter sozialer Netzwerke, in: MMR 2017, S. 439–447.

ders./Paal, Boris P. (Hrsg.): Beck'scher Online-Kommentar Informations- und Medienrecht, 30. Edition, Stand: 01.11.2020.

Gloy, Karen: Wahrheitstheorien, Tübingen 2004.

Glöß, Frederike: Das Informationsverhalten in der Filterblase, Eine explorative Untersuchung zum Informationsverhalten im Internet, Potsdam 2015.

Goldsmith, Jack/Wu, Tim: Who Controls the Internet, Illusions of a Borderless World, Oxford 2006.

Golz, Robert: Social Bots, „Fake News" und „Hate Speech" – Eine Gefahr für den Meinungs bildungsprozess in den sozialen Netzwerken? in: K&R 2017, Heft 07–08, Beilage, S. 30–31.

Götz, Volkmar: Innere Sicherheit, in: Isensee, Josef/Kirchhof, Paul (Hrsg.), Handbuch des Staatsrechts der Bundesrepublik Deutschland, Band IV, Das Handeln des Staates, 3. Aufl., Heidelberg 2006.

Götze, Michael Jan Werner: Aktuelle Fragen der strafrechtlichen Providerhaftung insbesondere zur Haftung des Access-Providers, Würzburg 2018.

Graul, Eva: Abstrakte Gefährdungsdelikte und Präsumtionen im Strafrecht, Berlin 1991.

Gray, Andrew P./Greif, Chen/Lau, Tracy: An inner, outer stationary iteration for computing PageRank, 2007.

Gräfe, Hans-Christian/Kehl, Jonas: KI-Systeme zur automatischen Texterstellung, Urheber- und medienrechtliche Einordnung von Textgeneratoren in Journalismus und E-Commerce, in: MMR 2021, S. 121–126.

Greco, Luís: Was lässt das Bundesverfassungsgericht von der Rechtsgutslehre übrig? Gedanken anlässlich der Inzestentscheidung des Bundesverfassungsgerichts, ZIS 2008, S. 234–238.

Grimm, Dieter: Die Meinungsfreiheit in der Rechtsprechung des Bundesverfassungsgerichts, in: NJW 1995, S. 1697–1705.

Grinberg, Nir/Joseph, Kenneth/Friedland, Lisa/Swire-Thompson, Briony/Lazer, David: Fake news on Twitter during the 2016 U.S. presidential election, in: Science 363 (2019), S. 374–378.

Gropp, Walter: Schuldhaftigkeit und Schuld – „allzu leicht verführt die Sprache das Denken", in: Gropp in: Paeffgen, Hans-Ullrich/Kindhäuser, Urs/Stübinger, Stephan/Verrell, Torsten/Zaczyk, Rainer (Hrsg.), Strafrechtswissenschaft als Analyse und Konstruktion, Festschrift für Ingeborg Puppe zum 70. Geburtstag, Berlin 2011, S. 483–496.

ders.: Strafrecht, Allgemeiner Teil, 4. Aufl., Berlin 2015.

Großfeld, Bernhard: Kernfragen der Rechtsvergleichung, Tübingen 1996.

Grünhut, Max: Methodische Grundlagen der heutigen Strafrechtswissenschaft, in: Hegler, August (Hrsg.), Festgabe für Reinhard von Frank zum 70. Geburtstag, Bd.1, Tübingen 1930, S. 1–31.

Guess, Andrew M./Nagler, Jonathan/Tucker, Joshua: Less than you think, Prevalence and predictors of fake news dissemination on Facebook, in: Sci. Adv. 5, eaau4586 (2019).

Guess, Andrew M./Lerner, Michael/Lyons, Benjamin/Montgomery, Jacob M./Nyhan, Brendan/Reifler, Jason/Sircar Neelanjan: A digital media literacy intervention increases discernment between mainstream and false news in the United States and India, in: PNAS 117 (2020), S. 15536–15545.

Guggenberger, Nikolaus: Das Netzwerkdurchsetzungsgesetz – schön gedacht, schlecht gemacht, in: ZRP 2017, S. 98–101.

ders.: Das Netzwerkdurchsetzungsgesetz in der Anwendung, in: NJW 2017, S. 2577–2581.

Günther, Klaus: Von der Rechts- zur Pflichtverletzung, Ein Paradigmenwechsel im Strafrecht?, in: Albrecht, Peter-Alexis/Hassemer, Winfried/Jäger, Herbert/Kargl, Walter/Lüderssen, Klaus/Naucke, Wolfgang/Neumann, Ulfrid/Wolff, Ernst Amadeus (Hrsg.), Frankfurter Kriminalwissenschaftliche Studien, Band 50, Vom unmöglichen Zustand des Strafrechts, Frankfurt am Main 1995, S. 445–459.

Haas, Hannes: Fiktion, Fakt & Fake?, Geschichte, Merkmale und Protagonisten des New Journalism in den USA, in: Bleicher, Joan Kristin/Pörksen, Bernhard (Hrsg.), Grenzgänger, Formen des New Journalism, Wiesbaden 2004, S. 43–73.

Habermas, Jürgen: Wahrheitstheorien, in: Fahrenbach, Helmut (Hrsg.), Wirklichkeit und Reflexion. Walter Schulz zum 60. Geburtstag. Neske, Pfullingen 1973, S. 211–265.

Halvani, Oren/von Zuydtwyck, Wendy Freifrau Heereman/Herfert, Michael/Kreutzer, Michael/Liu, Huajin/Simo Fhom, Hervais-Clemence/Steinebach, Martin/Vogel, Inna/Wolf, Ruben/Yannikos, York/Zmudzinsk, Sascha: Automatisierte Erkennung von Desinformationen, in: Steinebach, Martin/Katarina Bader, Katarina/Rinsdorf, Lars/Krämer, Nicole/Roßnagel, Alexander (Hrsg.), Desinformationen aufdecken und bekämpfen, Baden-Baden 2020, S. 101–148.

Hartung, Fritz: Die Beleidigungsdelikte im Entwurf 1959, in: ZStW 71 (1959), S. 385–408.

Harrendorf, Stefan/Müller, Pia/Mischler, Antonia: Das Zeitalter des digitalen Extremismus?, Einige Befunde zu politisch extremer Kommunikation in Social Media, in: ZIS 2020, S. 411–420.

Hasen, Richard L.: A Constitutional Right to Lie in Campaigns and Elections, in: Mont. L. Rev. 74 (2013), S. 52–77.

Hassemer, Raimund: Schutzbedürftigkeit des Opfers und Strafrechtsdogmatik, Zugleich ein Beitrag zur Auslegung des Irrtumsmerkmals in § 263 StGB, Berlin 1981.

Hassemer, Winfried: Kennzeichen und Krisen des modernen Strafrechts, in: ZRP 1992, S. 378–383.

ders.: Strafen im Rechtsstaat, Baden-Baden 2002.

ders.: Symbolisches Strafrecht und Rechtsgüterschutz, in: NStZ 1989, S. 553–559.

ders.: Theorie und Soziologie des Verbrechens, Frankfurt 1973.

Haußner, Stefan/Leininger, Arndt: Die Erfolge der AfD und die Wahlbeteiligung: Gibt es einen Zusammenhang?, in: ZParl 49 (2018), S. 69–90.

Häberle, Peter: Wahrheitsprobleme im Verfassungsstaat, 1. Aufl., Baden-Baden 1995.

Hecker, Bernd/Zöller, Mark A.: Fallsammlung zum Europäischen und Internationalen Strafrecht, 2. Aufl., Berlin 2017.

Heckmann, Dirk/Paschke, Anne: Persönlichkeitsrechtsschutz im Internet, in: DRiZ 2018, S. 144–147.

Hefendehl, Roland: Das Rechtsgut als materialer Angelpunkt einer Strafnorm, in: Hefendehl, Roland/von Hirsch, Andrew/Wohlers, Wolfgang (Hrsg.), Die Rechtsgutstheorie, Legitimationsbasis des Strafrechts oder dogmatisches Glasperlenspiel? Baden-Baden 2013, S. 119–132.

ders.: Der fragmentarische Charakter des Strafrechts, in: JA 2011, S. 401–416.

ders.: Die Rechtsgutslehre und der Besondere Teil des Strafrechts, Ein dogmatisch-empirischer Vergleich von Chile, Deutschland und Spanien, in: ZIS 2012, S. 506–512.

ders.: Kollektive Rechtsgüter im Strafrecht Köln, Berlin, Bonn, München 2002.

ders.: Mit langem Atem, Der Begriff des Rechtsguts – Oder: Was seit dem Erscheinen des Sammelbandes mit der Rechtsgutstheorie geschah, in: GA 2007, S. 2–14.

Hege, Hans/Flecken, Eva: Debattenbeitrag: Gibt es ein öffentliches Interesse an einer alternativen Suchmachine?, in: Stark, Birgit/Dörr, Dieter/Aufenanger, Stefan (Hrsg.), Die Googleisierung der Informationssuche, Berlin 2014, S. 224–244.

Hegelich, Simon: Invasion der Meinungs-Roboter, in: Analysen & Argumente, September 2017.

ders.: Social Bots, Trolle, Fake News, in: Die Politische Meinung Nr. 543 (März/April 2017), S. 32–36.

Heinbach, Dominique/Ziegele, Marc/Quiring, Oliver: Sleeper effect from below, Long-term effects of source credibility and user comments on the persuasiveness of news articles, in: New Media & Society 20 (2018), S. 1–33.

Heinrich, Bernd: Der Erfolgsort beim abstrakten Gefährdungsdelikt, in: Der Erfolgsort beim abstrakten Gefährdungsdelikt, in: GA 1999, S. 72–84.

ders.: Strafrecht, Allgemeiner Teil, 6. Aufl., Stuttgart 2019.

Heinrich, Manfred: Die Delikte gegen den öffentlichen Frieden und die öffentliche Ordnung im Lichte des Medienstrafrechts – Teil 2: §§ 130 und 130a StGB, Beiträge zum Medienstrafrecht, Teil 12, in: ZJS 2017, S. 625–640.

Heinze, Alexander: London, Kairo–Berlin? Der Einfluss des Internets auf die Beteiligung am und die Teilnahme zum Landfriedensbruch, in: ZStW 126 (2014), S. 866–901.

Heldrich, Andreas: Persönlichkeitsschutz und Pressefreiheit nach der europäischen Menschenrechtskonvention, in: NJW 2004, S. 2634–2636.

Hennemann, Moritz: Personalisierte Medienangebote im Datenschutz- und Vertragsrecht, in: ZUM 2017, S. 544–552.

Herberger, Maximilian/Martinek, Michael/Rüßmann, Helmut/Weth, Stephan/Würdinger, Markus: juris Praxiskommentar BGB, 8. Aufl., Saarbrücken 2017.

Hermes, Georg: Das Grundrecht auf Schutz von Leben und Gesundheit, Schutzpflicht u. Schutzanspruch aus Art. 2 Abs. 2 Satz 1 GG, Heidelberg 1987.

Herzer, Regina/Vogt, Thomas: „Mitarbeit" von Banken an Steuerhinterziehungen: Ein Problem der Beihilfekausalität, StraFo 2000, S. 39–48.

Heselhaus, Sebastian: Neue Entwicklungen bei der Bestimmung des Schutzbereichs der Meinungsfreiheit, in: NVwZ 1992, S. 740–743.

Hesse, Konrad: Grenzen der Verfassungswandlung, in: Ehmke, Horst/Kaiser, Joseph H./Kewenig, Wilhelm A./Meessen, Karl Matthias/Rüfner, Wolfgang (Hrsg.), Festschrift für Ulrich Scheuner zum 70. Geburtstag, Berlin 1973, S. 123–142.

Hilgendorf, Eric: Die Neuen Medien und das Strafrecht, in: ZStW 113 (2001), S. 650–670.

ders.: Ehrenkränkungen („flaming") im Web 2.0, Ein Problemaufriss de lege lata und de lege ferenda, in: ZIS 2010, S. 208–215.

ders.: Grundfälle zum Computerstrafrecht, in: JuS 1996, S. 890–894.

ders.: Punitivität und Rechtsgutslehre – Skeptische Anmerkungen zu einigen Leitbegriffen der heutigen Strafrechtstheorie, in: NK 2010, S. 125–131.

ders.: Strafrecht, Allgemeiner Teil, 2. Aufl., München 2018.

ders.: Tatsachen und Tatsachenaussagen im Strafrecht, Berlin 1998.

ders.: Überlegungen zur strafrechtlichen Interpretation des Ubiquitätsprinzips im Zeit alter des Internet, in: NJW 1997, S. 1873–1878.

ders.: Zur Einführung: Globalisierung und Recht, in: Beck, Susanne/Burchard, Christoph/Fateh-Moghadam, Bijan (Hrsg.), Strafrechtsvergleichung als Problem und Lösung, Baden-Baden 2011, S. 11–25.

Hilgendorf, Eric/Valerius, Brian: Computer- und Internetstrafrecht, 2. Aufl., Heidelberg 2012.

Himmelreich, Antje: Russische Föderation, in: WiRO 2019, S. 372–374.

Hindelang, Steffen: Zur verfassungsrechtlichen Sicherung kommunikativer Selbstbestimmung in einer vernetzten Gesellschaft, Berlin 2019.

Hillgruber, Christian/Schemmer, Franz: Darf Satire wirklich alles? Zum Beschluß des Ersten Senats des BVerfG v. 25.03.1992 – BvR 514/90, in: JZ 1992, S. 946–951.

Hirsch, Joachim: Ehre und Beleidigung, Karlsruhe 1967.

ders.: Grundfragen von Ehre und Beleidigung, in: Zaczyk, Rainer/Köhler, Michael/Kahlo, Michael (Hrsg.), Festschrift für E. A. Wolff zum 70. Geburtstag, Berlin 1998, S. 125–151.

Hoeren, Thomas: Beleidigung im Internet – Eine Erwiderung, in: EWR 19 (2008), S. 424–425.

ders./Sieber, Ulrich/Holznagel, Bernd (Hrsg.): Handbuch Multimedia-Recht, Rechtsfragen des elektronischen Geschäftsverkehrs, 54. EL, München Juli 2017.

Hofmann, Ruben/Fries, Peter: Der äußerungsrechtliche im digitalen Zeitalter, in: NJW 2017, S. 2369–2374.

Hoffmann-Riem, Wolfgang: Innovation und Recht – Recht und Innovation, Recht im Ensemble seiner Kontexte, Tübingen 2016.

Hoffmanns, Sebastian: Die „Lufthansa-Blockade" 2001 – eine (strafbare) Online-Demonstration?, in: ZIS 2012, S. 409–414.

Hohlfeld, Ralf: Die Post-Truth-Ära: Kommunikation im Zeitalter von gefühlten Wahrheiten und Alternativen Fakten, in: Hohlfeld, Ralf/Harnischmacher, Michael/Heinke, Elfi/Lehner, Lea/Sengl, Michael (Hrsg.), Fake News und Desinformation, Herausforderungen für die vernetzte Gesellschaft und die empirische Forschung, S. 43–60.

ders.: Wahr oder falsch? Eine empirische Untersuchung zur Wahrnehmung von „Fake News" und echten Nachrichten in der politischen Kommunikation, in: Hohlfeld, Ralf/Harnischmacher, Michael/Heinke, Elfi/Lehner, Lea/Sengl, Michael (Hrsg.), Fake News und Desinformation, Herausforderungen für die vernetzte Gesellschaft und die empirische Forschung, S. 179–202.

Hohmann, Olaf: Von den Konsequenzen einer personalen Rechtsgutsbestimmung im Umweltstrafrecht, in: GA 1992, S. 76–87.

Holtz, Peter/Kimmerle, Joachim: „Lügenpresse" und der Hostile-Media-Effekt, in: Appel, Markus (Hrsg.), Die Psychologie des Postfaktischen, Über Fake News, „Lügenpresse", Clickbait & Co., Berlin 2019, Kap. 3 (E-Book).

Holz, Hans Heinz: Wiederspiegelung, Bielefeld 2003 (E-Book).

Holzer, Stefanie/Sengl, Michael: Quelle gut, alles gut? Glaubwürdigkeitsbeurteilung im digitalen Raum, in: Hohlfeld, Ralf/Harnischmacher, Michael/Heinke, Elfi/Lehner, Lea/Sengl, Michael (Hrsg.), Fake News und Desinformation, Herausforderungen für die vernetzte Gesellschaft und die empirische Forschung, S. 157–178.

Holznagel, Bernd: Phänomen „Fake News", Was ist zu tun? Ausmaß und Durchschlagskraft von Desinformationskampagnen, in: MMR 2018, S. 18–22.

Holznagel, Daniel: Put-back-Ansprüche gegen soziale Netzwerke: Quo Vadis?, Bestandsaufnahme nach BVerfG v. 22.05.2019 zu „Der III. Weg" (1 BvQ 42/19) und vor dem Hintergrund aktueller rechtspolitischer Forderungen, in: CR 2019, S. 518–526.

Hong, Seung-He: Flexibilisierungstendenzendes modernen Strafrechts und das Computerstrafrecht, Kostanz 2002.

Hoven, Elisa: Deutsches Strafrecht bei „Fake News" oft unfähig zu handeln, in: Forschung und Lehre 2019 (10), S. 906–907.

dies.: Zur Strafbarkeit von Fake News, de lege lata und de lege ferenda, in: ZStW 129 (2017), S. 718–744.

Hoven, Elisa/Krause, Melena: Die Strafbarkeit der Verbreitung von „Fake News," in: JuS 2017, S. 1167–1170.

Hoyer, Andreas: Die Verletzung des höchstpersönlichen Lebensbereichs bei § 201a StGB, in: ZStW 2006, S. 1–6.

Höfinger, Frank Michael: Access-Provider haften weiterhin als Störer auf Sperrung von Informationen – Anmerkung zu LG München I, Urteil vom 01.02.2018 – 7 O 17752/17, in: ZUM 2018, S. 382–386.

Högden, Birte/Krämer, Nicole/Meinert, Judith/Schaewitz, Leonie: Wirkung und Bekämpfung von Desinformation aus medienpsychologischer Sicht, in: Steinebach, Martin/Katarina Bader, Katarina/Rinsdorf, Lars/Krämer, Nicole/Alexander Roßnagel, Alexander (Hrsg.), Desinformationen aufdecken und bekämpfen, Baden-Baden 2020, S. 77–100.

Hörnle, Tatjana: Aktuelle Probleme aus dem materiellen Strafrecht bei rechtsextremistischen Delikten, in: NStZ 2002, S. 113–118.

dies.: Grob anstößiges Verhalten, strafrechtlicher Schutz von Moral, Gefühlen und Tabus, Frankfurt am Main 2005.

dies.: Pornographische Schriften im Internet, Die Verbotsnormen im deutschen Strafrecht und ihre Reichweite, in: NJW 2002, S. 1008–1013.

dies.: Straftheorien, Tübingen 2011.

dies.: Subsidiarität als Begrenzungsprinzip – Selbstschutz, in: von Hirsch, Andrew/Seelmann, Kurt/Wohlers, Wolfgang (Hrsg.), Mediating Principles, Begrenzungsprinzipien bei der Strafbegründung, Baden-Baden 2006, S. 36–47.

Höning, Nina: Das Recht am eigenen Bild und der Schutz prominenter Persönlichkeiten im deutschen und US amerikanischen Recht, Hamburg 2012.

Hufen, Friedhelm: Staatsrecht II, Grundrechte, 7. Aufl., München 2018.

Hunt, Andrew P.: The Passive Acquisition of Misinformation from Social Media, Tenesse 2016.

Huntington, Samuel P.: Kampf der Kulturen, Die Neugestaltung der Weltpolitik im 21. Jahrhundert, München 1996.

ders.: The Clash of Civilizations, in: Foreign Affairs 72 (1993), S. 22–49.

Huster, Stefan: Das Verbot der „Auschwitzlüge", die Meinungsfreiheit und das Bundesverfassungsgericht, in: NJW 1996, S. 487–491.

Immerzeel, Tim /Pickup, Mark: Populist Radical Right Parties Mobilizing "the People"? The Role of Populist Radical Right Success in Voter Turnout, in: Electoral Studies 40 (2015), S. 347–360.

Ipsen, Jörn: Grundrechte, 21. Aufl., München 2018.

Isensee, Josef: § 191, Das Grundrecht als Abwehrrecht, in: Isensee, Josef/Kirchhoff, Paul (Hrsg.), Handbuch des Staatsrechts, Band IX, 3. Aufl., Heidelberg 2011.

ders.: Das Grundrecht auf Sicherheit, Zu den Schutzpflichten des freiheitlichen Verfassungsstaates, Berlin 1983.

Iyengar, Shanto/McGrady, Jennifer A.: Media Politics. A Citizen's Guide, 1. Aufl., New York 2007.

Islam, Md. Saiful/Sarkar, Tonmoy/Khan, Sazzad Hossain/Kamal, Abu Hena Mostofa/Hasan, S. M. Murshid/Kabir, Alamgir/Yeasmin, Dalia/Islam, Mohammad Ariful/Chowdhury, Kamal Ibne Amin/Anwar, Kazi Selim/Chughtai, Abrar Ahmad/Seale, Holly: COVID-19-Related Infodemic and Its Impact on Public Health: A Global Social Media Analysis, in: Am. J. Trop. Med. Hyg. 103 (2020), S. 1621–1629.

Jacobi, Knut: Das Ziel des Rechtsgüterschutzes bei der Volksverhetzung, Köln 2010.

Jahn, Matthias: Strafverfassungsrecht: Das Grundgesetz als Herausforderung für die Dogmatik des Straf- und Strafverfahrensrechts, in: Tiedemann, Klaus/Sieber, Ulrich/Satzger, Helmut/Burchard, Christoph/Brodowski, Dominik (Hrsg.), Die Verfassung moderner Strafrechtspflege, Erinnerung an Joachim Vogel, S. 63–86.

Jahn, Matthias/Brodowski, Dominik: Das Ultima Ratio-Prinzip als strafverfassungsrechtliche Vorgabe zur Frage der Entbehrlichkeit von Straftatbeständen, in: ZStW 129 (2017), S. 363–381.

Jakobs, Günther: Das Strafrecht zwischen Funktionalismus und „alteuropäischem" Prinzipiendenken, in: ZStW 107 (1995), S. 843–876.

ders.: Die Aufgabe des strafrechtlichen Ehrschutzes, in: Vogler, Theo/Herrmann, Joachim/Krümpelmann, Justus/Moos, Reinhard/Triffterer, Otto/Leibinger, Rudolf/Schaffmeister, Dieter/Meyer, Jürgen/Hünerfeld, Peter/Behrendt, Hans-Joachim (Hrsg.), Erster Halbband, Festschrift für Hans-Heinrich Jeschek zum 70. Geburtstag, S. 627–643.

ders.: Kriminalisierung im Vorfeld einer Rechtsgutsverletzung, in: ZStW 97 (1985), S. 751–785.

ders.: Strafrecht, Allgemeiner Teil, 2. Aufl. Berlin 1991.

ders.: Rücktritt als Tatänderung versus allgemeines Nachtatverhalten, in: ZStW 104 (1992), S. 82–104.

James, William: Der Wahrheitsbegriff des Pragmatismus, in: Skirbekk, Gunnar (Hrsg.), Wahrheitstheorien, Frankfurt am Main 1977, S. 35–58.

Jansen, Carolin/Johannes, Paul Christopher/Krämer, Nicole/Kreutzer, Michael/Löber, Lena Isabell/Rinsdorf, Lars/Roßnagel, Alexander/Schaewitz, Leonie: Handlungsempfehlungen, in: Steinebach, Martin/Bader, Katarina/Rinsdorf, Lars/Krämer, Nicole/Roßnagel, Alexander (Hrsg.), Desinformationen aufdecken und bekämpfen, Baden-Baden 2020, S. 195–213.

Jaster, Romy/Lanius, David: Die Wahrheit schafft sich ab, Wie Fake News Politik machen, 2. Aufl., Stuttgart 2019 (E-Book).

dies.: Schlechte Nachrichten, „Fake News" in Politik und Öffentlichkeit, in: Hohlfeld, Ralf/Harnischmacher, Michael/Heinke, Elfi/Lehner, Lea/Sengl, Michael

(Hrsg.), Fake News und Desinformation, Herausforderungen für die vernetzte Gesellschaft und die empirische Forschung, S. 245–268.

Jayme, Erik: Rechtsvergleichung und kulturelle Identität – zugleich ein Blick in das italienische Risorgimento, Tübingen 2012.

Jäckel, Michael: Medienwirkungen, Ein Studienbuch zur Einführung, 5. Aufl., Wiesbaden 2011.

Jäger, Herbert: Irrationale Kriminalpolitik, in: Albrecht, Peter Alexis/Ehlers, Alexander P./Lamott, Franziska/Pfeiffer, Christian/Schwind, Hans D./Walter, Michael (Hrsg.), Festschrift für Horst Schüler-Springorum zum 65. Geburtstag, Köln 1993, S. 229–244.

Jeschek, Hans-Heinrich: Entwicklung, Aufgaben und Methoden der Strafrechtsvergleichung, Antrittsrede, Tübingen 1955.

Jeschek, Hans-Heinrich/Weigend, Thomas: Lehrbuch des Strafrechts, Allgemeiner Teil, 5. Aufl., Berlin 1996.

Jestaedt, Matthias: Verfassungsgerichtspositivismus, Die Ohnmacht des Verfassungsgesetzgebers im verfassungsgerichtlichen Jurisdiktionsstaat, in: Deppenheuer, Otto/Heintzen, Markus/Jestaedt, Matthias/Axer, Peter (Hrsg.), Nomos und Ethos, Hommage an Josef Isensee zum 65. Geburtstag von seinen Schülern, S. 183–228.

von Jhering, Rudolf: Der Zweck im Recht, Erster Band, Reprografischer Nachdruck der 4. Aufl., Leipzig 1904.

Jochims, Inke: Das Dreieck der Verleugnung, Norderstedt 2020.

Joecks, Wolfgang/Miebach, Klaus (Hrsg.): Münchener Kommentar zum Strafgesetzbuch, Band 4, §§ 185–262 StGB, 3. Aufl., München 2017.

Kant, Immanuel: Über ein vermeintes Recht aus Menschenliebe zu Lügen, in Vorländer, Karl (Hrsg.), Kleinere Schriften zur Geschichtsphilosophie, Ethik und Politik, Hamburg 1973, S. 199–206.

Kaplan, Andreas M./Haenlein, Michael: Users of the world, unite! The challenges and opportunities of Social Media, in: Business Horizons 53 (2010), Nr. 1, S. 59–68.

Kargl, Walter: Rechtsgüterschutz durch Rechtsschutz. Über den begrenzenden Zusammenhang von Rechtsgütern, Schaden und Strafe, in: Albrecht, Peter-Alexis/Hassemer, Winfried/Jäger, Herbert/Kargl, Walter/Lüderssen, Klaus/Naucke, Wolfgang/Neumann, Ulfrid/Wolff, Ernst Amadeus (Hrsg.), Frankfurter Kriminalwissenschaftliche Studien, Band 50, Vom unmöglichen Zustand des Strafrechts, Frankfurt am Main 1995, S. 53–64.

Kaspar, Johannes: Verhältnismäßigkeit und Grundrechtsschutz im Präventionsstrafrecht, Baden-Baden 2014.

Kaufmann, Arthur: Zur Frage der Beleidigung von Kollektivpersönlichkeiten, in: ZStW 72 (1960), S. 418–445.

Kälin, Walter/Lienhard, Andreas/Tschannen, Pierre/Tschentscher, Axel: Die staatsrechtliche Rechtsprechung des Bundesgerichts in den Jahren 2008 und 2009, in: ZBJV 2009, S. 719–753.

Keil, Geert: Über Tatsachen, An die Gebildeten unter ihren Verächtern, in: Forschung und Lehre 10 (2019), S. 894–897.

Kelso, R. Randall: The Structure of Modern Free Speech Doctrine: Strict Scrutiny, Intermediate Review, and "Reasonableness" Balancing, in: Elon Law Review 8 (2016), S. 291–406.

Kersting, Norbert/Mehl, Max: Echokammern im deutschen Bundestagswahlkampf 2017, Die ambivalente Rolle der Prominenz, in: ZParl 49 (2018), S. 586–602.

Kiehl, Heinrich/Lunk, Stefan/Oetker, Hartmut (Hrsg.): Münchener Handbuch zum Arbeitsrecht, 4. Aufl., München 2018.

Kienle, Michael: Internationales Strafrecht und Straftaten im Internet, Zum Erfordernis der Einschränkung des Ubiquitätsprinzips des § 9 Abs. 1 Var. 3 StGB, Konstanz 1998.

Kiesel, Manfred: Die Liquidierung des Ehrenschutzes durch das BVerfG, in: NVwZ 1992, S. 1129–1137.

Kim, Jae-Yoon: Umweltstrafrecht in der Risikogesellschaft, ein Beitrag zum Umgang mit abstrakten Gefährdungsdelikten, Göttingen 2004.

Kindhäuser, Urs: Strafrecht, Besonderer Teil I, 9. Aufl., Baden-Baden 2019.

Kindhäuser, Urs/Neumann, Ulfried/Paeffgen, Hans-Ulrich: Strafgesetzbuch Kommentar, 5. Aufl., Baden-Baden 2017.

Kirkpatrick, David: Der Facebook-Effekt, Hinter den Kulissen des Internet-Giganten, München 2010.

Kischel, Uwe: Rechtsvergleichung, München 2015.

Klaas, Arne: Demokratieprinzip im Spannungsfeld mit künstlicher Intelligenz, in: MMR 2019, S. 84–90.

Klass, Nadine: Satire im Spannungsfeld von Kunstfreiheitsgarantie und Persönlichkeitsrechtsschutz, in: AfP 2016, S. 477–490.

Klein, David O./Wuellerr, Joshua R.: Fake News, A Legal Perspective, in: Journal of Internet Law, Volume 20, Number 10 (2017), S. 5–12.

Klesczewski, Diethelm: Strafrecht, Besonderer Teil, Tübingen 2016.

Klickermann, Paul H.: Influencer-Marketing im Fokus des Kennzeichnungsgebots, in: MMR 2020, S. 150–155.

Knittel, Eberhard: Ansehen und Geltungsbewußtsein: Grundlagen der strafrechtlichen Beleidigungstatbestände, Essays zur Rechtslehre, Heft 2, Kassel 1985.

Koch, Arndt: Die „fahrlässige Falschanzeige" – oder: Strafrechtliche Risiken der Anzeigeerstattung, in: NJW 2005, S. 943–945.

ders.: Strafrechtlicher Schutz vor unbefugten Bildaufnahmen, Zur Einführung von § 201a StGB, in: GA 2005, S. 589–605.

Koch, Thomas/Zerback, Thomas: Helpful or harmful? How frequent repetition affects perceived statement credibility, in: Journal of Communication 63 (2013), S. 993–1010.

Kolany-Raiser, Barbara/Werner, Lucas: Fake News und Hate Speech, in: ABIDA-Dossier, Juni 2018, S. 1–10.

Koreng, Ansgar: Entwurf eines Netzwerkdurchsetzungsgesetzes, Neue Wege im Kampf gegen „Hate Speech"?, in: GRUR-Prax 2017, S. 203–205.

Koring, Matthias/Zimmermann, Fabian: Fake News" als aktuelle Desinformation. Systematische Bestimmung eines heterogenen Begriffs in: Medien & Kommunikationswissenschaft 66 (2018), S. 526–541.

Korte, Benjamin: Praxis des Presserechts, München 2014.

Kottmann, Jan: Intermediäre im Fokus der Rundfunkregulierung – Stellungnahme zum Entwurf des „Medienstaatsvertrags" aus Sicht der Praxis (Google), in: ZUM 2019, S. 119–121.

Kovacs, Andrea: Die Haftung der Host-Provider für persönlichkeitsverletzende Internetäußerungen, Baden-Baden 2018.

Kozyreva, Anastasia/Lewandowsky, Stephan/Hertwig, Ralph: Citizens versus the Internet, Confronting digital challenges with cognitive tools, in: Psychological Science in the Public Interest 21 (2020), S. 103–156.

Köbler, Ralf: Fake News, Hassbotschaft und Co. – ein zivilprozessualer Gegenvorschlag zum NetzDG, in: AfP 2017, S. 282–284.

Köhler, Michael: Strafrecht, Allgemeiner Teil, Berlin 1997.

Könnecker, Carsten: Fake oder Fakt?, Wissenschaft, Wahrheit und Vertrauen, Berlin Heidelberg 2018.

Kötz, Hein: Abschied von der Rechtskreislehre?, in: ZEuP 1998, S. 493–505.

Krafft, Tobias D./Gamer, Michael/Zweig, Katharina A.: Wer sieht was?, Personalisierung, Regionalisierung und die Frage nach der Filterblase in Googles Suchmaschine, Abschlussbericht zum Forschungsprojekt #Datenspende: Google und die Bundestagswahl 2017, Juni 2018.

Kriele, Martin: Ehrenschutz und Meinungsfreiheit, in: NJW 1994, S. 1897–1905.

Krischker, Sven: „Gefällt mir", „Geteilt", „Beleidigt"? – Die Internetbeleidigung in sozialen Netzwerken, in: JA 2013, S. 488–493.

Kroener, Bernhard R.: Militär, Staat und Gesellschaft im 20. Jahrhundert (1890–1990), München 2011.

Krüger, Lorenz: Wahrheit als Korrespondenz, eine Idee in der Krise?, in: Deutsche Zeitschrift für Philosophie 43 (1995), S. 916–936.

Krüger, Matthias: Die Entmaterialisierungstendenz beim Rechtsgutsbegriff, Berlin 2000.

Kubiciel, Michael: Hate-Speech und Äußerungsstrafrecht (Teil 1), Der Regierungsentwurf zur Hasskriminalität, in: jurisPR-StrafR 5/2020 Anm. 1.

ders.: Entgrenzungen des Strafrechts, in: ZStW 131 (2019), S. 1115–1125.

ders.: Hate-Speech und Äußerungsstrafrecht (Teil 2), Der Bayerische Diskussionsentwurf zur Modernisierung des Beleidigungsstrafrechts, in: jurisPR-StrafR 6/2020 Anm. 1.

ders.: Neuartige Sanktionen für soziale Netzwerke?, Der Regierungsentwurf zur Verbesserung der Rechtsdurchsetzung in sozialen Netzwerken in: jurisPR-StrafR 7/2017 Anm. 1.

Kudlich, Hans: Die Neuregelung der strafrechtlichen Verantwortung von Internetprovidern, in: JA 2002, S. 798–803.

ders.: Die Relevanz der Rechtsgutstheorie im modernen Verfassungsstaat, in: ZStW 127 (2015), S. 635–652.

ders.: Die Unterstützung fremder Straftaten durch berufsbedingtes Verhalten, Berlin 2004.

Kuhlen, Lothar: Umweltstrafrecht, Auf der Suche nach einer neuen Dogmatik, in: ZStW 105 (1997), S 697–726.

Kumkale, G. Tarcan/Albarracín, Dolores: The Sleeper Effect in Persuasion, A Meta-Analytic Review, in: Psychological Bulletin 130 (2004), S. 143–172.

Kunz, Karl-Ludwig: Das strafrechtliche Bagatellprinzip, eine strafrechtsdogmatische und kriminalpolitische Untersuchung, Berlin 1984.

Kübler, Friedrich: Ehrenschutz, Selbstbestimmung und Demokratie, in: NJW 1999, S. 1281–1287.

Kühl, Kristian: Strafrecht Allgemeiner Teil, 8. Aufl., München 2017.

ders.: Zur Strafbarkeit unbefugter Bildaufnahmen Druckfassung des Vortrages, der auf der 95. Tagung des Studienkreises für Presserecht und Pressefreiheit am 21. und 22.05.2004 in Duisburg gehalten wurde, in: AfP 2004, S. 190–197.

Künast, Renate: Regeln für Wahlkämpfe im digitalen Zeitalter, Echte Transparenz im Netz herstellen, in: ZRP 2019, S. 62–65.

Küpper, Georg: Grundprobleme der Beleidigungsdelikte, §§ 185ff StGB, in: JA 1985, S. 453–463.

Labica, Georges: Karl Marx – Thesen über Feuerbach, 1. Aufl., Hamburg 1998.

Lackner, Karl (Begr.)/*Kühl, Kristian*: Strafgesetzbuch, Kommentar, 29. Aufl., München 2018.

Ladeur, Karl-Heinz: Die Medienfreiheit im Netzwerk der Netzwerke, Neue Institutionen für neue Medien; in: PhiN Beiheft 12/2017, S. 4–25.

ders.: Die Meinungsfreiheit und ihre Schranken in Zeiten der politischen Polarisierung – Anmerkung zu LG Berlin, Urteil vom 13.12.2018 – 27 O 227/18, in: ZUM 2019, S. 359–360.

ders.: Meinungsfreiheit, Ehrenschutz und die Veränderung der Öffentlichkeit in der Massendemokratie, in: AfP 1993, S. 531–536.

ders.: Neue soziale Regeln, Zum Umgang mit Fake News im Internet, in: epd medien Nr. 4 (2017), S. 5.

Ladeur, Karl-Heinz/Gostomzyk, Tobias: Das Netzwerkdurchsetzungsgesetz und die Logik der Meinungsfreiheit, in: K&R 2017, S. 390–394.

Lagodny, Otto: Strafrecht vor den Schranken der Grundrechte, die Ermächtigung zum strafrechtlichen Vorwurf im Lichte der Grundrechtsdogmatik dargestellt am Beispiel der Vorfeldkriminalisierung, Tübingen 1996.

Lammich, Theodor S.: Die Strafbarkeit der Verbreitung sogenannter „Fake News", München 2017 (E-Book).

ders.: Fake News als Herausforderung des deutschen Strafrechts, Berlin 2022.

Langer, Winrich: Aktuelle Probleme der falschen Verdächtigung, in: GA 1987, S. 289–306.

Lantwin, Tobias: Deep Fakes, Düstere Zeiten für den Persönlichkeitsschutz?, Rechtliche Herausforderungen und Lösungsansätze, in: MMR 2019, S. 574–578.

Laufhuette, Heinrich: Das Vierzehnte Strafrechtsänderungsgesetz, in: MDR 1976, S. 441–447.

Laufhütte, Heinrich Wilhelm/Rissing-van Saan, Ruth/Tiedemann, Klaus (Hrsg.): Leipziger Kommentar, Strafgesetzbuch, Sechster Band, §§ 146–210, 12. Aufl., Berlin 2010.

Lazer, David M. J./Baum, Matthew A./Benkler, Yochai/Berinsky, Adam J./Greenhill, Kelly M./Menczer, Filippo/Metzger, Miriam J./Nyhan, Brendan/Pennycook, Gordon/Rothschild, David/Schudson, Michael/Sloman, Steven A./Sunstein, Cass R./Thorson, Emily A./Watts, Duncan J./Zittrain, Jonathan L.: The science of fake news, in: Science 359 (2018) S. 1094–1096.

Lazarsfeld, Paul F./Berelson, Bernard/Gaudet, Hazel: Wahlen und Wähler, Soziologie de Wahlverhaltens, Neuwied 1969.

Leffler, Ricarda: Der strafrechtliche Schutz des Rechts am eigenen Bild vor dem neuen Phänomen des Cyber-Bullying, Eine Untersuchung der Normanwendungs- und Auslegungsprobleme der strafrechtlichen Bildnisschutzvorschriften bei deren Verletzung im Rahmen von Internetdelikten, Frankfurt am Main 2012.

Lenski, Sophie-Charlotte: Personenbezogene Massenkommunikation als verfassungsrechtliches Problem, Berlin 2007.

Lesch, Heiko: Beihilfe durch „rollenadäquates" Verhalten?, in: Lüderssen, Klaus/Volk, Klaus /Wahle Eberhard (Hrsg.), Festschrift für Wolf Schiller, Baden-Baden 2014, S. 448–473.

Lewandowsky, Stephan/Ecker, Ulrich K. H./Seifert, Colleen M./Schwarz, Norbert/Cook, John: Misinformation and Its Correction: Continued Influence and Successful Debiasing, in:Psychological Science in the Public Interest 13 (2012), S. 106–131.

Liang, Fengzhuang: Abstrakte Gefährdungsdelikte und ihre Anwendung in der gegenwärtigen Risikogesellschaft, Berlin 2018.

Libertus, Michael: Rechtliche Aspekte des Einsatzes von Social Bots de lege lata und de lege ferenda, in: ZUM 2018, S. 20–26.

Lichtnecker, Florian: Neues aus dem Social Media-Marketing, Aktuelle wettbewerbs-, urheber- und markenrechtliche Problemstellungen, in: MMR 2018, S. 512–517.

Lieffring, Staci: First Amendment and the Right to Lie, Regulating Knowingly False Campaign Speech After United States v. Alvarez, in: Minessota L. Rev. Volume 97 (2013) S. 1047–1078.

Liesching, Marc: Anmerkung zu OLG Stuttgart Urteil vom 24.04.2006 – 1 Ss 449/05, in: MMR 2006, S. 390–392.

ders.: Die Durchsetzung von Verfassungs- und Europarecht gegen das NetzDG, Überblick über die wesentlichen Kritikpunkte, in: MMR 2018, S. 26–30.

ders.: Netzwerkdurchsetzungsgesetz, Kommentar, 1. Aufl., Baden-Baden 2018.

Lishchuk, Iryna: The Newly Enacted Anti-Fake News Laws at stake with Constitutional Values and the Freedom of Speech, in: ZD-Aktuell 2019, 06615.

Loftus, Elizabeth F.: Planting misinformation in the human mind: A 30-year investigation of the malleability of memory in: Learning & Memory 12 (2005), S. 361–366.

Lohmeier, Fritz: Bisoziative Ideenfindung, Erforschung und Technisierung kreativer Prozesse, Frankfurt am Main 1985.

Lohse, Volker: „Türken ist der Zutritt verboten“, Volksverhetzung durch Zugangsverweigerung, in: NJW 1985, S. 1677–1681.

Löber, Lena Alexander/Roßnagel, Alexander: Das Netzwerkdurchsetzungsgesetz in der Umsetzung, in: MMR 2019, S. 71–76.

dies.: Desinformationen aus er Perspektive des Rechts, in: Steinebach, Martin/ Katarina Bader, Katarina/Rinsdorf, Lars/Krämer, Nicole/Roßnagel, Alexander (Hrsg.), Desinformationen aufdecken und bekämpfen, Baden-Baden 2020, S. 149–194.

Löffler, Martin (Begr.): Presserecht, Kommentar, 6. Aufl., München 2015.

Luch, Anika D./Schulz, Sönke E.: Die digitale Dimension der Grundrechte, Die Bedeutung der speziellen Grundrechte im Internet, in: MMR 2013, S. 88–93.

Ludyga, Hannes: Falsches Zitat und Verletzung des allgemeinen Persönlichkeitsrechts, in: ZUM 2019, S. 793–797.

Luhmann, Niklas: Die Realität der Massenmedien, 1. Aufl., Wiesbaden 1995.

Lüdemann, Jörn: Grundrechtliche Vorgaben für die Löschung von Beiträgen in sozialen Netzwerken, Private Ordnung digitaler Kommunikation unter dem Grundgesetz, in: MMR 2019, S. 279–284.

Maas, Heiko: Modernes Recht für eine moderne Gesellschaft, Eine rechtspolitische Bilanz der 18. Legislaturperiode, in: ZRP 2017, S. 130–134.

ders.: Strategien gegen Hass, Lügen und Manipulationen im Netz, in: K&R 4 (2017), Editorial.

Mafia-Gudarzi, Nima: Herausforderungen für die wehrhafte Demokratie, in: ZRP 2019, S. 65–68.

Maibauer, Jörg: Hassrede – von der Sprache zur Politik, in: Maibauer, Jörg (Hrsg.), Hassrede, hate speech, Interdisziplinäre Beiträge zu einer aktuellen Diskussion, Giessen 2013.

Malek, Klaus/Popp, Andreas: Strafsachen im Internet, 2. Aufl., Heidelberg 2015.

Maletzke, Gerhard: Psychologie der Massenkommunikation, Hamburg 1963.

Manssen, Gerritt: Staatsrecht II, Grundrechte, 15. Aufl., München 2018.

Mantz, Reto: Urteilsanmerkung zu BGH, Urteil vom 12.05.2010 – I ZR 121/08, in: MMR 2010, S. 568–570.

Marbeth-Kubicki, Annette: Computer- und Internetstrafrecht, 2. Aufl., München 2010.

Marwick, Alice E.: Why Do People Share Fake News? A Sociotechnical Model of MediaEffects, in: Geo. L. Tech. Rev. 474 (2018), S. 474–512.

Marx, Michael: Zur Definition des Begriffs „Rechtsgut“, Köln 1972.

Mastroianni, Roberto: Fake News, Free Speech And Democracy, A (Bad) Lesson From Italy?, in: Southwestern Journal of International Law 25 (2019), S. 42–74.

Matt, Holger/Renzikowski, Joachim: Strafgesetzbuch, Kommentar, 1. Aufl., München 2013.

Maunz, Theodor/Dürig, Günter (Begr.): Grundgesetz, Kommentar, Loseblattausgabe, 92. Aufl., München 2020.

Maurach, Reinhart: Deutsches Strafrecht, Besonderer Teil, 3. Aufl., Karlsruhe 1959.

Maurach, Reinhart/Schroeder, Friedrich-Christian/Maiwald, Manfred: Strafrecht, Besonderer Teil, Teilband 1, Straftaten gegen Persönlichkeit- und Vermögenswerte, 10. Aufl., Heidelberg 2009.

dies.: Strafrecht, Besonderer Teil, Teilband 2, Straftaten gegen Gemeinschaftswerte, 10. Aufl., Heidelberg 2012.

Mavany, Markus: Digitaler Hausfriedensbruch – Allheilmittel oder bittere Pille?, in: ZRP 2016, S. 221–223.

ders.: Zum Bedeutungsgehalt der Merkmale Hilflosigkeit, Zurschaustellen und Ansehensgefährdungim neuen § 201a Abs. 1 Nr. 2 und Abs. 2 StGB, in: AfP 2017, S. 478–482.

Merten, Detlef/Papier, Hans-Jürgen (Hrsg.): Handbuch der Grundrechte in Deutschland und Europa, Bd. IV, Heidelberg 2011.

Messingschlager, Tanja/Holtz, Peter: Filter Bubbles und Echo Chambers, in: Appel, Markus (Hrsg.), Die Psychologie des Postfaktischen, Über Fake News, „Lügenpresse", Clickbait & Co., Berlin 2019, Kap. 9 (E-Book).

Michael, Lothar/Morlock, Martin: Grundrechte, 6. Aufl., Baden-Baden 2017.

Michaels, Ralf: The Functional Method of Comparative Law, in: Reimann, Mathias/Zimmermann, Reinhard (Hrsg.), The Oxford Handbook of Comparative Law, Oxford 2008, S. 339–382.

Miehe, Olaf: Der praktische Fall – Strafrecht, Ein Ausbruch, der nichts einbrachte, in: JuS 1996, S. 1000–1009.

Miller, David/Robinson, Piers: Propaganda, Politics and Deception, in Docan-Morgan, Tony (Hrsg.), The Palgrave Handbook of Deceptive Communication, Cham 2019, S. 969–988.

Mosbacher, Andreas: Anmerkung zu OLG Karlsruhe, Urt. v. 25.11.2004 – 3 Ss 81/04, NStZ 2005, S. 575–577.

Mölders, Simone: Bestechung und Bestechlichkeit im internationalen geschäftlichen Verkehr, Zur Anwendbarkeit des § 299 StGB auf Sachverhalte mit Auslandsbezug, Frankfurt am Main 2009.

Möstl, Markus: Die staatliche Garantie für die öffentliche Sicherheit und Ordnung, Tübingen 2002.

ders.: Probleme der verfassungsprozessualen Geltendmachung gesetzgeberischer Schutzpflichten, Die Verfassungsbeschwerde gegen legislatives Unterlassen, in: DÖV 1998, S. 1029–1039.

ders./Mühl, Lothar (Hrsg.): Beck'scher Online Kommentar Polizei- und Ordnungsrecht Hessen, 11. Edition, München 2018.

Muhle, Florian/Ackland, Robert/Graham, Timothy: Socialbots in politischen Online-Konversationen. Eine (überschätzte) Gefahr für demokratische Willensbildung im Internet?, in: ZParl 49 (2018), S. 618–638.

Müller-Emmert, Adolf: Sozialschädlichkeit und Strafbarkeit, in: GA 1976, S. 291–302.

Müller, Philipp/Denner, Nora: Was tun gegen „Fake News"?, Eine Analyse anhand der Entstehungsbedingungen und Wirkweisen gezielter Falschmeldungen im Internet, Kurz-gutachten im Auftrag der Friedrich-Naumann-Stiftung für die Freiheit. Potsdam-Babelsberg, 2. Aufl., Potsdam-Babelsberg 2019.

Müller, Philipp/Schemer, Christian/Wettstein, Martin/Schulz, Anne/Wirz, Dominique S./Engesser, Sven/Wirth, Werner: The polarizing impact of news coverage on populist attitudes in the public, Evidence from a panel study in four European democracies, in: Journal of Communication 67 (2017), S. 968–992

Müller, Wilhelm: Die unmittelbare Inanspruchnahme des Access-Providers, Aktuelle Voraussetzungen einer Internetsperre bei Urheberrechtsverletzungen, in: MMR 2019, S. 426–431.

Müller-Dietz, Heinz: Strafe und Staat, Thomas Würtenberger zum 65. Geburtstag, Frankfurt am Main 1973.

ders.: Zur Problematik verfassungsrechtlicher Pönalisierungsgebote, in: Jeschek, Hans-Heinrich/Lüttger, Hans (Hrsg.), Festschrift für Eduard Dreher zum 70. Geburtstag am 29. April 1977, Berlin 1977, S. 97–116.

Murphy, Gillian /Loftus, Elizabeth F./Grady, Rebecca Hofstein/Levine, Linda J./ Greene, Ciara M.: False Memories for Fake News During Ireland's Abortion Referendum, in: Psychological Science 30 (2019), S. 1449–1459.

Neiman, Susan: Wie Fake News unser Vertrauen in die Welt untergraben, in: Rootselaar, Florentijn (Hrsg.), Leben in schwierigen Zeiten, 15 Philosophen über Klimawandel, Fake News und andere Dinge, die uns den Schlaf rauben, S. 57–62.

Neis, Martina/Mara, Martina: Social Bots, Meinungsroboter im Netz, in: Appel, Markus (Hrsg.), Die Psychologie des Postfaktischen, Über Fake News, „Lügenpresse", Click-bait & Co., Berlin 2019, Kap. 17 (E-Book).

Neuberger, Christoph/Lobigs, Frank: Die Bedeutung des Internets im Rahmen der Vielfaltssicherung, Gutachten im Auftrag der Kommission zur Ermittlung der Konzentrationim Medienbereich (KEK), Berlin 2016.

Neudert, Lisa-Maria/Kollanyi, Bence/Howard Philip N.: Junk News and Bots during the German Parliamentary Election, What are German Voters Sharing over Twitter?, Oxford Internet Institute, 19.09.2017.

Neumann, Ulfried: „Alternativen: keine", Zur neueren Kritik an der personalen Rechtsgutslehre, in: Neumann, Ulfried/Prittwitz, Cornelius (Hrsg.), „Personale Rechtsgutslehre" und „Opferorientierung im Strafrecht", Frankfurt 2007, S. 85–96.

ders.: Das Verhältnismäßigkeitsprinzip als strafbegrenzendes Prinzip, in: von Hirsch, Andrew/Seelmann, Kurt/Wohlers, Wolfgang (Hrsg.), Mediating Principles, Begren-zungsprinzipien bei der Strafbegründung, Baden-Baden 2006, S. 128–137.

Nietzsche, Friedrich: Über Wahrheit und Lüge im außermoralischen Sinne, in: Nietzsches Werke, Klassiker-Ausgabe, Zweiter Band, Über Wahrheit und Lüge im außermoralischen Sinne, Unzeitgemäße Betrachtungen, Stuttgart 1921, S. 1–21.

Noelle-Neumann, Elisabeth: Die Schweigespirale, Öffentliche Meinung, unsere soziale Haut, München 1980.

Nolte, Georg: Hate-Speech, Fake News, das Netzwerkdurchsetzungsgesetz und Vielfaltsicherung durch Suchmaschinen, in: ZUM 2017, S. 552–565.

Noltenius, Bettina: Grenzenloser Spielraum des Gesetzesgebers im Strafrecht?, Kritische Bemerkungen zur Inzestentscheidung des Bundesverfassungsgerichts vom 26. Februar 2008, in: ZJS 2009, S. 15–21.

Nomos Bundesrecht Erläuterungen NetzDG: 1. Aufl., Stand 2/2018.

Nölscher, Patrick: Das Netzwerkdurchsetzungsgesetz und seine Vereinbarkeit mit dem Unionsrecht, in: ZUM 2020, S. 301–312.

Ohly, Ansgar/Sosnitza, Olaf: Gesetz gegen den unlauteren Wettbewerb, 7. Aufl., München 2016.

Otto, Harro: *Persönlichkeitsschutz durch strafrechtlichen Schutz der Ehre,* in: Evers, Hans Ulrich/Friauf, Karl Heinrich/Hanack, Ernst Walter/Reinhard, Rudolf (Hrsg.), Persönlichkeit in der Demokratie, Festschrift für Erich Schwinge zum 70. Geburtstag, Köln–Bonn 1973, S. 71–88.

ders.: Der strafrechtliche Schutz vor ehrverletzenden Meinungsäußerungen, in: NJW 2006, S. 575–578.

ders.: Ehrenschutz in der politischen Auseinandersetzung, in: JR 1983, S. 1–11.

Öztürk, Bahri/Wörner, Liane: Das Fernwirkungsverbot als Beweisverbot im deutschen und im türkischen Strafverfahren, strafrechtsvergleichend mit Bahri Öztürk, in: Gropp, Walter/Öztürk, Bahri/Sözüer, Adem/Wörner, Liane (Hrsg.), Die Entwicklung von Rechtssystemen in ihrer gesellschaftlichen Verankerung, Forschungsband der AvH-Institutspartnerschaft, Baden-Baden 2014, S. 109–152.

Paal, Boris/Hennemann, Moritz: Meinungsvielfalt im Internet, Regulierungsoptionen in Ansehung von Algorithmen, Fake News und Social Bots, in: ZRP 2017, S. 76–79.

dies.: Regulierungsoptionen in Ansehung von Algorithmen, Fake News und Social Bots, in: ZRP 2017, S. 76–79.

Paganini, Simone: Von Evas Apfel bis Noahs Stechmücken, Fake News in der Bibel, Freiburg im Breisgau 2019.

Palandt, Otto (Begr.): Bürgerliches Gesetzbuch, Kommentar, 80. Aufl., München 2021.

Papier, Hans-Jürgen: Rechtsstaatlichkeit und Grundrechtsschutz in der digitalen Gesellschaft, in: NJW 2017, S. 3025–3031.

Pariser, Eli: Filter Bubble, Wie wir im Internet entmündigt werden, Aus dem Amerikanischen von Ursula Held, München 2012, New York 2011.

Park, Tido: Kapitalmarktstrafrecht, 5. Aufl., Heidelberg 2019.

Paschke, Marian/Berlit, Wolfgang/Meyer, Claus (Hrsg.): Hamburger Kommentar Gesamtes Medienrecht, 3. Aufl., Baden-Baden 2016.

Pennycook, Gordon/Cannon, Tyrone D./Rand, David G.: Prior Exposure Increases Perceived Accuracy of Fake News, in: Journal of Experimental Psychology: General 147 (2018), S. 1865–1880.

Perron, Walter: Operativ-funktionalistische oder kulturbezogene Strafrechtsvergleichung?, in: Beck, Susanne/Burchard, Christoph/Fateh-Moghadam, Bijan (Hrsg.), Strafrechtsvergleichung als Problem und Lösung, Baden-Baden 2011, S. 121–129.

Peukert, Alexander: Gewährleistung der Meinungs- und Informationsfreiheit in sozialen Netzwerken, Vorschlag für eine Ergänzung des NetzDG um sog. Putback-Verfahren, in: MMR 2018, S. 571–578.

Picker, Christian: Politischer Extremismus als Herausforderung für Gesamtrechtsordnung und Arbeitsrecht – Teil I, in: RdA 2020, S. 317–331.

Pieroth, Bodo/Schlink, Bernhard/Kingreen, Thorsten/Poscher, Ralf: Grundrechte. Staatsrecht II, 34. Aufl., Heidelberg 2018.

Pille, Jens-Ullrich: Meinungsmacht sozialer Netzwerke, Baden-Baden 2016.

Podszun, Rupprecht/Bongartz, Philipp/Kirk, Alexander: Digital Markets Act, Neue Regeln für Fairness in der Plattformökonomie, in: NJW 2022, S. 3249–3254.

Polage, Danielle C.: Making up history: False memories of fake news stories, in: Europe's Journal of Psychology 8 (2012), S. 245–250.

Popp, Andreas: Strafbarer Bezug von kinder- und jugendpornographischen „Schriften" Zeit für einen Paradigmenwechsel im Jugendschutzstrafrecht?, in: ZIS 2013, S. 193–204.

ders.: Strafbare Äußerungen und Neue Medien, Deterritorialisierende Effekte und die Wiederkehr der Grenze, in: Duttge, Gunnar/Ünver, Yener (Hrsg.), Strafrecht und Moderne Technologien = Ceza Hukuku ve Modern Teknolojiler, Ankara 2018, S. 49–62.

Pörzgen, Gemma: Informationskrieg in Deutschland? Zur Gefahr russischer Desinformation im Bundestagswahljahr, in: APuZ 67 (2017), 21–22, S. 16–21.

Pragal, Oliver: § 299 StGB – keine Straftat gegen den Wettbewerb!, in: ZIS 2006, S. 63–81.

Preuß, Tamina: Fake News, Eine phänomenologische, kriminologische und strafrechtliche Untersuchung, Baden-Baden 2021.

Prietzel, Fabian: Big Data is watching you, Persönlichkeitsanalyse und Microtargeting auf Social Media, in: Appel, Markus (Hrsg.), Die Psychologie des Postfaktischen, Über Fake News, „Lügenpresse", Clickbait & Co., Berlin 2019, Kap. 8 (E-Book).

Prinz, Matthias/Peters, Butz: Medienrecht, Die zivilrechtlichen Ansprüche, 1. Aufl., München 1999.

Prittwitz, Cornelius: Das deutsche Strafrecht: Fragmentarisch? Subsidiär? Ultima ratio?, in: Albrecht, Peter-Alexis/Hassemer, Winfried/Jäger, Herbert/Kargl, Walter/Lüderssen, Klaus/Naucke, Wolfgang/Neumann, Ulfrid/Wolff, Ernst Amadeus (Hrsg.), Vom unmöglichen Zustand des Strafrechts, S. 387–405.

ders.: Personale Rechtsgutslehre und die „Opfer von morgen", in: Neumann, Ulfried/Prittwitz, Cornelius (Hrsg.), „Personale Rechtsgutslehre" und „Opferorientierung im Strafrecht", Frankfurt 2007, S. 97–112.

ders.: Strafrecht und Risiko, Untersuchungen zur Krise von Strafrecht und Kriminalpolitik in der Risikogesellschaft, Frankfurt am Main 1993.

Prütting, Hans/Wegen, Gerhard/Weinreich, Gerd: BGB, Kommentar, 14. Aufl., Köln 2019.

Puppe, Ingeborg: Kleine Schule des juristischen Denkens, 3. Aufl., Göttingen 2014.

Putnam, Hilary: Wie man zugleich interner Realist und transzendentaler Idealist sein kann, in: ders. (Hrsg.), Von meinem realistischen Standpunkt, Schriften zur Sprache und Wirklichkeit, Reinbeck bei Hamburg 1993, S. 156–173.

Pürer, Heinz: Kommunikationswissenschaft als Sozialwissenschaft, Konstanz 2015.

Quattrociocchi, Walter: Internet, „Fake News" in sozialen Medien, in: Spektrum der Wissenschaft 11/2017, S. 58–60.

Raue, Benjamin: Meinungsfreiheit in sozialen Netzwerken, Ansprüche von Nutzern sozialer Netzwerke gegen die Löschung ihrer Beiträge, in: JZ 2018, S. 961–970.

ders./Heesen, Hendrik: Der Digital Services Act, in: NJW 2022, S. 3537–3542.

Redeker, Helmut: IT-Recht, 6. Aufl., München 2017.

Rengier, Rudolf: Strafrecht Allgemeiner Teil, 11. Aufl., München 2019.

Rescher, Nicholas: The coherence theory of truth, Lanham 1982.

Retzbach, Joachim: Die Filterblase im Kopf, in: Spektrum Gehirn und Geist 12 (2018), S. 20–25.

Reus, Gunter: Mit doppelter Zunge, Tom Kummer und der New Journalism, in: Bleicher, Joan Kristin/Pörksen, Bernhard (Hrsg.), Grenzgänger, Formen des New Journalism, Wiesbaden 2004, S. 249–266.

Reuter, Christian/Hartwig, Kathrin/Kirchner, Jan/Schlegel, Noah: Fake News Perception in Germany, A Representative Study of People's Attitudes and Approaches to Counteract Disinformation, in: Ludwig, Thomas/Pipek, Volkmar (Hrsg.), Tagungsband der Internationalen Tagung Wirtschaftsinformatik 2019, Human Practice, Digital Ecologies, Our Future, Internationale Tagung Wirtschaftsinformatik (WI-2019) February 24–27, Siegen 2019, S. 1069–1083.

Reuter, Christian: Fake News und manipulierte Meinungsbildung, in: Science Policy Paper 5 (2019), S. 15–19.

Rheinstein, Max: Einführung in die Rechtsvergleichung, 2. Aufl., München 1987.

Richter, Philipp: Das NetzDG – Wunderwaffe gegen „Hate Speech" und „Fake News" oder ein neues Zensurmittel?, in: ZD-Aktuell 2017, 05623.

Rixecker, Roland/Säcker, Franz Jürgen/Oetker, Hartmut/Limperg, Martina (Hrsg.): Münchener Kommentar zum Bürgerlichen Gesetzbuch, Band 1, 8. Aufl., München 2018.

Roozenbeek, Jon/van der Linden, Sander: Fake news game confers psychological resistance against online misinformation, in: Palgrave Communications 5 (2019), S. 1–15.

Rostalski, Frauke: „Fake News" und die „Lügenpresse" – ein (neuer) Fall für das Straf- und Ordnungswidrigkeitenrecht?, in: RW 2017, S. 436–460.

Rowbottom, Jakob: Lies, Manipulation and Elections, Controlling False Campaign Statements, in: Oxford Journal of Legal Studies 32 (2012), S. 507–535.

Roxin, Claus: Kriminalpolitik und Strafrechtssystem, Vortrag am 13. Mai 1970, Berlin 1970.

ders.: Sinn und Grenzen staatlichen Strafens, in: JuS 1966, S. 377–387.

ders.: Strafrecht, Allgemeiner Teil, Band I, 4. Aufl., München 2006.

ders.: Strafrecht, Allgemeiner Teil, Band II, München 2003.

ders.: Zur neueren Entwicklung der Rechtsgutsdebatte, in: Herzog, Felix/Neumann, Ulfried (Hrsg.), Festschrift für Winfried Hassemer, Heidelberg 2010, S. 573–598.

Rödiger, Jana: Identifikation und Klassifikation von Fake News, Köln 2017.

Röhl, Klaus F.: Rechtssoziologie, ein Lehrbuch, Köln 1987.

Rönnau, Thomas/Wegner, Kilian: Grundwissen – Strafrecht: Beihilfe und „neutrales" Verhalten, in: JuS 2019, S. 527–531.

Rudolphi, Hans-Joachim: Die verschiedenen Aspekte des Rechtsgutsbegriffs, in: Barth, Eberhard (Hrsg.), Festschrift für Richard M. Honig, Göttingen 1970, S. 151–168.

ders.: Straftaten gegen das werdende Leben, in: ZStW 83 (1971), S. 105–139.

Rusch, Arnold F.: Methoden und Ziele der Rechtsvergleichung, in: Jusletter 13. Februar 2006.

Russell, Bertrand: The Problems of Philosophy, 2. Aufl., Oxford 2014 (E-Book).

ders.: Die Philosophie des logischen Atomismus, in: Sinnreich, Johannes (Hrsg.), Die Philosophie des logischen Atomismus, Aufsätze zur Logik und Erkenntnistheorie 1908–1918, München 1976.

Russ-Mohl, Stephan: Die informierte Gesellschaft und ihre Feinde, Warum die Digitalisierung unsere Demokratie gefährdet, Bonn 2018.

Ruths, Derek: The misinformation machine, in: Science 363 (2019), S. 348.

Rühl, Ulli F.: Tatsachen – Interpretationen – Wertungen, 1. Aufl., Baden-Baden 1998.

Saal, Martin: Das Vortäuschen einer Straftat (§ 145d StGB) als abstraktes Gefährdungsdelikt, Berlin 1997.

Sacco, Rodolfo: Einführung in die Rechtsvergleichung, 2. Aufl., Baden-Baden 2011.

Safferling, Christoph: Internationales Strafrecht, Strafanwendungsrecht – Völkerstrafrecht –Europäisches Strafrecht, Berlin 2011.

Sahl, Christian/Bielzer, Niels: NetzDG 2.0 – Ein Update für weniger Hass im Netz, in: ZRP 2020, S. 2–5.

Satzger, Helmut: Die Anwendung des deutschen Strafrechts auf grenzüberschreitende Gefährdungsdelikte, in: NStZ 1998, S. 112–117.

ders.: Strafrechtliche Providerhaftung, in: Heermann, Peter W./Ohly, Ansgar (Hrsg.),Verantwortlichkeit im Internet, Wer haftet wofür?, Stuttgart 2003, S. 161–180.

ders.: Strafrechtliche Verantwortlichkeit von Zugangsvermittlern, in: CR 2001, S. 109–117.

Satzger, Helmut/Schluckebier, Wilhelm/Widmaier, Gunter: Strafgesetzbuch, Kommentar, 4. Aufl., Köln 2018.

Schafheutle, Josef: Das Sechste Strafrechtsänderungsgesetz, in: JZ 1960, S. 470–474.

Sängerlaub, Alexander: Fakten versus Fakes, Was Fact-Checking als Maßnahme gegen Desinformation leisten kann und was nicht, in: Hohlfeld, Ralf/Harnischmacher, Michael/Heinke, Elfi/Lehner, Lea/Sengl, Michael (Hrsg.), Fake News und Desinformation, Herausforderungen für die vernetzte Gesellschaft und die empirische Forschung, S. 311–325.

ders./Meier, Miriam/Rühlin, Wolf-Dieter: „Islamische Grabschparty in Schorndorf!": Die Bundestagswahl 2017 und das Phänomen „Fake News", in: Hohlfeld, Ralf/Harnischmacher, Michael/Heinke, Elfi/Lehner, Lea/Sengl, Michael (Hrsg.), Fake News und Desinformation, Herausforderungen für die vernetzte Gesellschaft und die empirische Forschung, S. 221–244.

Schäfer, Armin: Der Verlust politischer Gleichheit, Warum die sinkende Wahlbeteiligung der Demokratie schadet, Schriften des Max-Planck-Instituts für Gesellschaftsforschung, Frankfurt am Main 2015.

Schellhoss, Hartmut: Sind die Ausländer generell krimineller?, in: NK 2019, S. 163–168.

Schiemann, Anja: Änderungen im Strafgesetzbuch durch das Gesetz zur Bekämpfung desRechtsextremismus und der Hasskriminalität, in: KriPoZ 5 (2020), S. 269–276.

dies.: Volksverhetzende Inhalte im Internet – Ausweitung der Strafbarkeit auf Handlungen im Ausland zur Bekämpfung des sog. Propagandatourismus, in: KriPoZ 3 (2018), S. 152–155.

Schiff, Alexander: Meinungsfreiheit in mediatisierten digitalen Räumen, Das NetzDG auf dem Prüfstand des Verfassungsrechts, in: MMR 2018, S. 366–371.

Schimmele, Tanja: Staatliche Verantwortung für diskursive Integrität in öffentlichen Räumen, Berlin 2020.

Schkade, David/Sunstein, Cass R./Hastie, Reid: What Happened on Deliberation Day?, in: California Law Review 95 (2014), S. 915–940.

Schlegel, Friedrich: Philosophische Fragmente, Zweite Epoche, II, in: Behler, Ernst (Hrsg.), Kritische Friedrich-Schlegel-Ausgabe, Achtzehnter Band, Philosophische Lehrjahre, Erster Teil, München 1963, S. 323–422.

Schliesky, Utz: Digitalisierung – Herausforderung für den demokratischen Verfassungsstaat, Ein Beitrag zur Zukunftsfähigkeit des Grundgesetzes am Vorabend des 70. Geburtstags, in: NVwZ 2019, S. 693–701.

Schmid, Tobias/Braam, Laura/Mischke, Julia: Gegen Meinungsmacht, Reformbedürfnisse aus Sicht eines Regulierers, Herausforderungen für die Sicherung der Meinungs- und Medienvielfalt, in: MMR 2020, S. 19–23.

Schmidt, Karsten: Integritätsschutz von Unternehmen nach §823 BGB, Zum „Recht am eingerichteten und ausgeübten Gewerbebetrieb", in: JuS 1993, S. 985–992.

Schmidt-Bleibtreu, Bruno/Hofmann, Hans/Henneke, Hans-Günther: Kommentar zum Grundgesetz, 14. Aufl., Köln 2017.

Schmidt-Jortzig, Edzard: Parlamentarismus im Zeitalter der Neuen Medien – oder: Digitalisierter Parlamentarismus, in: ZParl 49 (2018), S. 793–798.

Schmitt Glaeser, Walter: Meinungsfreiheit und Ehrenschutz, um Beschluß des BVerfG vom 22. Juni 1982 – 1 BvR 1376/79, in: JZ 1983, S. 95–100.

ders.: Meinungsfreiheit, Ehrenschutz und Toleranzgebot, in: NJW 1996, S. 873–579.

Schmitz, Christopher: Wahlkampf in sozialen Netzwerken oder Hate Speech jenseits politischer Extreme, in: Demokratie Dialog, 1 (2017), S. 10–14.

Schnöller, Juri: The battlefield in your pocket: how to run successful digital campaigns, in: Fabijanić, Darija/Spahr, Christian/Zlateva, Manuela (Hrsg.), Reconnecting with citizens, From values to big data, KAS, 2017, S. 174–180.

Schönke, Adolf/Schröder, Horst (Begr.): Strafgesetzbuch, 30. Aufl., München 2019.

Schreiber, Markus: Strafbarkeit politischer Fake News, Zugleich eine Untersuchung zum materiell-rechtlichen Umgang mit der Informationswahrheit in Zeiten demokratiegefährdender Postfaktizität, Berlin 2022.

Schricker, Gerhard (Begr.)/*Loewenheim, Ulrich* (Hrsg.): Urheberrecht, Kommentar, München 2010.

Schroeder, Friedrich-Christian: Die Straftaten gegen das Strafrecht, Vortrag gehalten vor der Juristischen Gesellschaft zu Berlin am 28. November 1984, 1. Aufl., Berlin 1985.

Schubert, Tobias: (Keine) unmittelbare Grundrechtsbindung von Facebook? – Anmerkung zu BVerfG, Beschluss vom 22.05.2019 – 1 BvQ 42/19, in: ZUM-RD 2019, S. 431–433.

Schulte, Philipp/Kanz, Kristina-Maria: Daumen hoch?! – Die Like-Funktion im sozialenNetzwerk Facebook aus strafrechtlicher Perspektive, in: ZJS 2013, S. 24–35.

Schultze, Lisa: Gesetzesinitiative zur Bekämpfung von Fake News und Social Bots, in: MMR-Aktuell 2017, S. 385–445.

Schumann, Antje: Technischer Fortschritt als Strafausdehnungsgrund?* – Gesetzesbindung, Wortlautgrenze und Analogieverbot im Strafrecht –, in: Kuhli, Milan/Asholt, Martin (Hrsg.), 1. Aufl., Baden-Baden 2017, S. 59–74.

Schumann, Karl: Positive Generalprävention, Ergebnisse und Chancen der Forschung, Baden-Baden 1989.

Schuppert, Gunnar Folke: Umdenken im Hause des Rechts – das Beispiel des öffentlichen Rechts in der Berliner Republik, in: Duve, Thomas/Ruppert, Stefan (Hrsg.), Rechtswissenschaft in der Berliner Republik, S. 182–211.

Schünemann, Bernd: Das Rechtsgüterprinzip als Fluchtpunkt der verfassungsrechtlichen Grenzen der Straftatbestände und ihrer Legitimation, in: Hefendehl, Roland/von Hirsch, Andrew/Wohlers, Wolfgang (Hrsg.), Die Rechtsgutstheorie, Legitimations basis des Strafrechts oder dogmatisches Glasperlenspiel?, Baden-Baden 2003, S. 133–154.

ders.: Gefährden Fake News die Demokratie, wächst aber im Strafrecht das Rettende auch?, in: GA 2019, S. 620–640.

ders.: Kritische Anmerkungen zur geistigen Situation der deutschen Strafrechtswissenschaft, in: GA 1995, S. 201–229.

ders.: Moderne Tendenzen in der Dogmatik der Fahrlässigkeits- und Gefährdungsdelikte, in: JA 1975, S. 435–444, 511–516, 575–584, 647–656, 715–724, 787–798.

ders.: Rechtsgüterschutz, ultima ratio und Viktimodogmatik – von den unverrückbaren Grenzen des Strafrechts in einem liberalen Rechtsstaat, in: von Hirsch, Andrew/Seelmann, Kurt/Wohlers, Wolfgang (Hrsg.), Mediating Principles, Begrenzungsprinzipien bei der Strafbegründung, Baden-Baden 2006, S. 18–35.

Schwartmann, Rolf/Hermann, Maximilian/Mühlenbeck, Robin L.: Eine Medienordnung für Intermediäre, Das Zwei-Säulen-Modell zur Sicherung der Vielfalt im Netz, in: MMR 2019, S. 498–503.

Schwarzburg, Peter: Einsatzbedingte Straftaten Verdeckter Ermittler, NStZ 1995, S. 469–474.

Schweiger, Wolfgang: Der (des)informierte Bürger im Netz, Wie soziale Medien die Meinungsbildung verändern, Springer 2017.

Schweiger, Wolfgang/Weber, Patrick/Prochazka, Fabian/Brückner, Lara: Algorithmisch personalisierte Nachrichtenkanäle, Begriffe, Nutzung, Wirkung, Wiesbaden 2019.

Sellers, Jushua S.: Symposium, Falsehoods, Fake News, and the First Amendment, Legislating Against Lying in Campaigns and Elections, in: Oklahoma Law Review, Volume 71, No. 1 (2018), S. 141–165.

Sendler, Horst: Kann man Liberalität übertreiben?, in: ZRP 1994, S. 343–351

ders.: Liberalität oder Libertinage?, in: NJW 1993, S. 2157–2158.

Setz, Tahireh: EU, Überarbeiteter Verhaltenskodex gegen Desinformationen, in: MMR-Aktuell 2022, S. 449–701.

Sieber, Ulrich: Grenzen des Strafrechts. Grundlagen und Herausforderungen des neuen strafrechtlichen Forschungsprogramms am Max-Planck-Institut für ausländisches und internationales Strafrecht, in: ZStW 119 (2007), S. 1–68.

ders.: Internationales Strafrecht im Internet*, Das Territorialitätsprinzip der §§ 3, 9 StGB im globalen Cyberspace, in: NJW 1999, S. 2065–2073.

ders.: Strafrechtsvergleichung im Wandel – Aufgaben, Methoden und Theorieansätze der vergleichenden Strafrechtswissenschaft, in: Sieber, Ulrich/Albrecht, Hans-Jörg (Hrsg.), Strafrecht und Kriminologie unter einem Dach, Berlin 2006, S. 78–151.

Siems, Mathias: Comparative Law, Cambridge 2014.

Sina, Peter: Die Dogmengeschichte des strafrechtlichen Begriffs „Rechtsgut", Basel 1962.

Skudlared, Jan: Wahrheit und Verschwörung, Wie wir erkennen, was echt und wirklich ist, Ditzingen 2019.

Smith, Robert/Perry, Mark: "Fake News" Legislation in Thailand, The Good, the Bad and the Ugly, in: Athens Journal of Law 6 (2020), S. 243–264.

Spindler, Gerald: Datenschutz- und Persönlichkeitsrechte im Internet, Der Rahmen für Forschungsaufgaben und Reformbedarf, GRUR-Beilage 2014, S. 101–108.

ders.: Der Regierungsentwurf zum Netzwerkdurchsetzungsgesetz – europarechtswidrig?, in: ZUM 2017, S. 473–487.

ders.: Der Vorschlag für ein neues Haftungsregime für Internetprovider – der EU-Digital Services Act (Teil 1), in: GRUR 2021, S. 545–553.

ders.: Dogmatische Strukturen der Verantwortlichkeit der Diensteanbieter nach TDG und MDStV, in: MMR1998, S. 639–643.

ders.: Rechtsdurchsetzung von Persönlichkeitsrechten, Bußgelder gegen Provider als Enforcement, in: GRUR 2018, S. 365–373.

ders.: Störerhaftung für Access-Provider reloaded, in: GRUR 2018, S. 1012–1016.

ders./Schuster, Fabian (Hrsg.): Recht der elektronischen Medien, Kommentar, 4. Aufl., München 2019.

ders./Schmitz, Peter: Telemediengesetz, Kommentar, 2. Aufl., München 2018.

Spohr, Dominik: Fake news and ideological polarization, Filter bubbles and selective exposure on social media, in: Business Information Review 34 (2017), S. 150–160.

Sponholz, Liriam: Hate Speech in den Massenmedien, Theoretische Grundlagen und empirische Umsetzung, Wiesbaden 2018.

Staffler, Lukas: Gesetzesinitiative gegen Fake News made in Italy, in: MMR-Aktuell 2017, 387090.

ders./Jany, Oliver: Künstliche Intelligenz und Strafrechtspflege – eine Orientierung, in: ZJS 2020, S. 164–177.

Starr, Paul: Goodbye to the Age of Newspapers (Hello to a New Era of Corruption), in: The New Republic, 04.03.2019.

Stefanopoulou, Georgia: Grundzüge eines Kommunikationsstrafrechts, Materie, Prozess, in dubio pro reo, in: ZJS 2020, S. 398–403.

Stegbauer, Andreas: Rechtsextremistische Propaganda im Lichte des Strafrechts, München 2000.

Stegherr, Marc: Der neue Kalte Krieg der Medien, Die Medien Osteuropas und der neue Ost-West-Konflikt, Wiesbaden 2018.

Stein, Ekkehart/Schneider, Hans-Peter/Denninger, Erhard/Hoffmann-Riem, Wolfgang (Hrsg.): Kommentar zum Grundgesetz für die Bundesrepublik Deutschland, 3. Aufl., Neuwied 2001.

Stein, Jan-Philipp/Sehic, Sana/Appel, Markus: Machtvolle Bilder und Bildmanipulationen, in: Appel, Markus (Hrsg.), Die Psychologie des Postfaktischen, Über Fake News, „Lügenpresse", Clickbait & Co., Berlin 2019, Kap. 16.2 (E-Book).

Steinbach, Armin: Social Bots im Wahlkampf, in: ZRP 2017, S. 101–105.

Steiner, Tobias: Metadaten und OER: Geschichte einer Beziehung, in: Synergie: Fachmagazin für Digitalisierung in der Lehre 4 (2017), S. 51–55

Stratenwerth, Günther/Kuhlen, Lothar: Strafrecht, Allgemeiner Teil, Die Straftat, 6. Aufl., München 2011.

Stree, Walter: Strafrechtsschutz im Vorfeld von Gewalttaten, in: NJW 1976, S. 1177–1182.

Streinz, Rudolf: Informationsfluss und Recht, Wikileaks, Whistleblower und die Einflussnahme auswärtiger Staaten auf die demokratische Willensbildung, in: Uhle, Arnd (Hrsg.), Information und Einflussnahme, Gefährdungen der Offenheit des demokratischen Willensbildungsprozesses, Berlin 2018, S. 200–240.

Streng, Franz: Die Wirksamkeit strafrechtlicher Sanktionen, Zur Tragfähigkeit der Austauschbarkeitsthese, in: Lösel, Friedrich/Albrecht, Hans-Jörg/Bender, Doris/Jehle, Jörg-Martin (Hrsg.), Kriminologie und wissensbasierte Kriminalpolitik, Entwicklungs- und Evaluationsforschung, S. 65–92.

ders.: Verleumdung durch Tatsachenmanipulation?, in: GA 1985, S. 214–230.

Stuckenberg, Carl-Friedrich: Grundrechtsdogmatik statt Rechtsgutslehre, Bemerkungen zum Verhältnis von Strafe und Staat, in: GA 2011, S. 653–661.

Sturm, Richard: Zum Vierzehnten Strafrechtsänderungsgesetz (Gewaltbekämpfung) vom 22.04.1976, in: JZ 1976, S. 347–352.

Stächelin, Gregor: Strafgesetzgebung im Verfassungsstaat, Normative und empirische materielle und prozedurale Aspekte der Legitimation unter Berücksichtigung neuerer Strafgesetzgebungspraxis, Frankfurt am Main 1998.

Stürner, Rolf: Die verlorene Ehre des Bundesbürgers. Bessere Spielregeln für die öffentliche Meinungsbildung?, in: JZ 1994, S. 865–877.

Suhr, Christian: Zur Begriffsbestimmung von Rechtsgut und Tatobjekt im Strafrecht JA 1990, S. 303–308.

Sunstein, Cass Robert: Infotopia, How many minds produce knowledge, New York 2006.

ders.: republic.com, Princeton 2002.

ders.: #republic, Divided democracy in the age of social media, Oxford 2017.

Swoboda, Sabine: Die Lehre vom Rechtsgut und ihre Alternativen, in: ZStW 122 (2010), S. 23–50.

Systematischer Kommentar zum Strafgesetzbuch: Band III, Besonderer Teil (§§ 123–211), 8. Aufl., Stand: 148. Lieferung, Dezember 2014.

Teixeira, Adriano: Das Unrecht der privaten Korruption im geschäftlichen Verkehr, Baden-Baden 2018.

Tettinger, Peter: Das Recht der persönlichen Ehre in der Wertordnung des GG, in: Jus 1997, S. 769–776.

ders.: Der Schutz der persönlichen Ehre im freien Meinungskampf, in: JZ 1983, S. 317–325.

ders.: Die Ehre – ein ungeschütztes Rechtsgut?, Köln 1995.

Tiedemann, Klaus: Strafrecht in der Marktwirtschaft, in: Eser, Albin/Kaiser, Günther/Weigend, Ewa (Hrsg.), Von totalitärem zu rechtsstaatlichem Strafrecht, Kriminalpolitische Reformtendenzen im Strafrecht osteuropäischer Länder, Freiburg 1993, S. 461–476.

ders.: Tatbestandsfunktionen im Nebenstrafrecht, Untersuchungen zu einem staatlichen Tatbestandsbegriff, entwickelt am Problem des Wirtschaftsstrafrechts, Tübingen 1969.

ders.: Urteilsanmerkung zu KG, Urteil vom 01.03.1973 – 2 Ss 286/72, in: JR 1973, S. 429–430.

ders.: Verfassungsrecht und Strafrecht, Heidelberg 1991.

Tröndle, Herbert: Strafgesetzbuch und Nebengesetze, 48. Aufl., München 1997

Tröndle, Herbert/Fischer, Thomas: Strafgesetzbuch und Nebengesetze, 52. Aufl., München 2004.

Tschorr, Sophie: Soziale Netzwerke als Akteure für ein „besseres“ Internet?, Verfassungsrechtliche Überlegungen zur Praxis, in: MMR 2021, S. 204–208.

Tworek, Heidi: Informationskriege, in: Internationale Politik 2, März–April 2019, S. 122–129.

dies.: News from Germany: The Competition to Control World Communications, 1900–1945, Cambridge 2019.

Uhlmann, Gyburg: Rhetorik und Fakten, in: Forschung und Lehre 10 (2019), S. 902–904.

dies.: Rhetorik und Wahrheit, Ein prekäres Verhältnis von Sokrates bis Trump, Stuttgart 2019.

Ullrich, Daniel/Diefenbach, Sarah: Es war doch gut gemeint, Wie Political Correctness unsere freiheitliche Gesellschaft zerstört, München 2017.

Unruh, Peter: Zur Dogmatik der grundrechtlichen Schutzpflichten, Berlin 1996.

Van Bavel, Jay J./Pereira, Andrea: The Partisan Brain, An Identity-Based Model of Political Belief, in: Trends in Cognitive Science 22 (2018), S. 213–224.

Van Duyn, Emily/Collier, Jessica: Priming and Fake News, The Effects of Elite Discourse on Evaluations of News Media, in: Mass Communication and Society 22 (2019), S. 29–48.

von der Decken, Georg: Meinungsäußerungsfreiheit und Recht der persönlichen Ehre, in: NJW 1983, S. 1400–1403.

Valerius, Brian: Anwendbarkeit des deutschen Strafrechts bei Verwenden von Kennzeichen verfassungswidriger Organisationen im Internet, Anmerkung zu BGH 3 StR 88/14 (Urteil vom 19.08.2014) = HRRS 2014 Nr. 1113, in: HRRS 2016, S. 186–189.

ders.: Das globale Unrechtsbewusstsein, Oder: zum Gewissen im Internet, in: NStZ 2003, S. 341–346.

ders.: Johannes Kaspar, Verhältnismäßigkeit und Grundrechtsschutz im Präventionsstrafrecht, in. ZStW 127 (2015), S. 428–442.

ders.: Wahlstrafrecht und soziale Medien Eine Betrachtung de lege lata wie de lege ferenda, in: Böse, Martin/Schuhmann, Kay H./Toepel, Friedrich (Hrsg.), Festschrift zum 70. Geburtstag von Professor Dr. Dr. h.c. mult. Urs Kindhäuser, Baden-Baden 2019, S. 827–839.

Varat, Jonathan D.: Deception and the First Amendment, A Central, Complex, and Somewhat Curious Relationship, in: UCLA L. Rev. 53 (2006), S. 1107–1142.

Vassilaki, Irini E.: Strafrechtliche Verantwortlichkeit der Diensteanbieter nach dem TDG,Eine Untersuchung unter besonderer Berücksichtigung der Einordnung des § 5 TDG im Strafrechtssystem, MMR 1998, S. 630–638.

Vesting, Thomas: Nachbarschaft, Grundrechte und Grundrechtstheorie in der Kultur der Netzwerke, in: Vesting, Thomas/Korioth, Stefan/Augsberg, Ino (Hrsg.), Grundrechte als Phänomene kollektiver Ordnung, Zur Wiedergewinnung des Gesellschaftlichen in der Grundrechtstheorie und Grundrechtsdogmatik, Tübingen 2014, S. 57–84.

Vogel, Joachim: Strafrechtsgüterschutz und Rechtsgüterschutz durch Strafrecht im Spiegel der Rechtsprechung des Bundesverfassungsgerichts, in: StV 1996, S. 110–125.

Vojak, Brittany: Fake News: The Commoditization of Internet Speech, in: California Western International Law Journal 48 (2018), S. 123–158.

Volk, Klaus: Der Begriff der Strafe in der Rechtsprechung des Bundesverfassungsgerichts, in: ZStW 83 (1971), S. 405–434.

Volkmann, Viktor: Hate Speech durch Social Bots, Strafrechtliche Zurechnung von Volksverhetzungen gem. § 130 Abs. 1 StGB, in: MMR 2018, S. 58–63.

Vosoughi, Soroush/Roy, Deb/Aral, Sinan: The spread of true and false news online, in: Science, Volume 359, Issue 6380 (2018), S. 1146–1151.

von Heintschel-Heinegg, Bernd: Beck'scher Online-Kommentar StGB, 39. Edition, Stand: 01.08.2018.

von Hirsch, Andrew: Der Rechtsgutsbegriff und das „Harm Principle", in: Hefendehl, Roland/von Hirsch, Andrew/Wohlers, Wolfgang (Hrsg.), Die Rechtsgutstheorie, Legitimationsbasis des Strafrechts oder dogmatisches Glasperlenspiel?, Baden-Baden 2003, S. 13–25.

ders./Wohlers, Wolfgang: Rechtsgutstheorie und Deliktsstruktur – zu den Kriterien fairer Zurechnung, in: Hefendehl, Roland/von Hirsch, Andrew/Wohlers, Wolfgang (Hrsg.), Die Rechtsgutstheorie, Legitimationsbasis des Strafrechts oder dogmatisches Glasperlenspiel?, Baden-Baden 2003, S. 196–214.

von Liszt, Franz: Lehrbuch des deutschen Strafrechts 25. Aufl., Berlin, Leipzig 1927.

ders.: Rechtsgut und Handlungsbegriff im Bingingschen Handbuche, Ein kritischer Beitrag zur juristischen Methodenlehre, in: ZStW 6 (1886), S. 663–698.

von Westphalen, Friedrich Graf: Das erschöpfte liberale Recht, Unentgeltliche Nutzung von Daten – Manipulation vs. Fiktion der Vertragsfreiheit, in: IWRZ 2019, S. 61–65.

Voßkuhle, Andreas: Gibt es und wozu nutzt eine Lehre vom Verfassungswandel?, in: Der Staat 43 (2004), S. 450–459.

Wagner, Gerhard: Prävention und Verhaltenssteuerung durch Privatrecht, Anmaßung oder legitime Aufgabe?, in: AcP 206 (2006), S. 352–476.

Wahlheim, Christopher N./Alexander, Timothy R. /Peske, Carson D.: Reminders of Everyday Misinformation Statements Can Enhance Memory for and Beliefs in Corrections of Those Statements in the Short Term, in: Psychological Science 31 (2020), S. 1325–1339.

Walter, Tonio: Die Vergeltungsidee als Grenze des Strafrechts, in: JZ 2019, S. 649–656.

Walubengo, John/Mutemi, Mercy: Treatment of Kenya's Internet Intermediaries under the Computer Misuse and Cybercrimes Act, 2018, in: The African Journal of Information and Communication 21 (2018), S. 1–19.

Wandtke, Artur-Axel/Ohst, Claudia: Praxishandbuch Medienrecht, Band 4, 3. Aufl., Berlin 2014.

ders./Bullinger, Winfried: Praxiskommentar Urheberrecht, 4. Aufl., München 2014.

ders./Ostendorff, Saskia: Grenzen der Meinungsfreiheit bei Hassreden aus straf- und persönlichkeitsrechtlicher Sicht, in: ZUM 2021, S. 26–35.

Wapler, Friederike: Die Frage der Verfassungsmäßigkeit der Öffnung der Ehe, Gutachten für die Friedrich-Ebert-Stiftung, 2015.

Warg, Gunter: Meinungsfreiheit zwischen Zensur und Selbstzensur, in: DÖV 2018, S. 473–482.

Weber, Silvana/Knorr, Elena: Kognitive Verzerrungen und die Irrationalität des Denkens, in: Appel, Markus (Hrsg.), Die Psychologie des Postfaktischen, Über Fake News, „Lügenpresse", Clickbait & Co., Berlin 2019, Kap. 10 (E-Book).

Weberling, Johannes: Journalismus als ein Schlachtfeld – Fake News und Propaganda, in: NJ 2017, S. 407–409.

Wehling, Elisabeth: Politisches Framing, Wie eine Nation sich ihr Denken einredet – und daraus Politik macht, Köln 2016.

Weidemann, Matthias: Die Strafbarkeit falscher Bombendrohungen und falscher Milzbrand-Briefe, in: JA 2002, S. 43–47.

Weigend, Thomas: Grenzen strafbarer Beihilfe, in: Eser, Albin (Hrsg.), Festschrift für Haruo Nishihara zum 70. Geburtstag, Baden-Baden 1998.

Wendrich, Lisa: Anlegervertrauen in die Funktionsfähigkeit der Kapitalmärkte als geschütztesRechtsgut des Kapitalmarktstrafrechtes, in: ZJS 3/2013, S. 238–248.

Wenske, Rilana: Die Rolle der Internet Service Provider im deutschen und US-amerikanischen Recht, Verantwortlichkeit und Privilegierung für Urheberrechtsverletzungen im Internet, Köln 2016.

Wessels, Johannes/Beulke, Werner/Satzger, Helmut: Strafrecht, Allgemeiner Teil, 48. Aufl., Heidelberg 2018.

ders./Hettinger, Michael/Engländer, Armin: Strafrecht, Besonderer Teil 1, 43. Aufl., Heidelberg 2018.

Wieduwilt, Hendrik: Verbot „bloßstellender Bilder" – das Ende der Straßenfotografie?**, in: K&R 2014, S. 627–632.

Wimmers, Jörg/Heymann, Britta: Zum Referentenentwurf eines Netzwerkdurchsetzungsgesetzes (NetzDG) – eine kritische Stellungnahme, in: AfP 2017, S. 93–102.

Windsberger, Alexandra: Über den „tatsächlichen Zusammenhang" im Bankrottstrafrecht, zugleich ein Beitrag zur Dogmatik des sog. bedingten Gefährdungsdelikts, Heidelberg 2017.

Wirth, Werner/Kühne, Rinaldo: Grundlagen der Persuasionsforschung, Konzepte, Theorien und zentrale Einflussfaktoren, in: Schweiger, Wolfgang/Fahr, Andreas (Hrsg.), Handbuch Medienwirkungsforschung, Wiesbaden 2013, S. 313–332.

Wohlers, Wolfgang: Deliktstypen des Präventionsstrafrechts – zur Dogmatik „moderner" Gefährdungsdelikte, Berlin 2000.

ders.: Strafrecht als ultima ratio – tragender Grundsatz eines rechtsstaatlichen Strafrechts oder Prinzip ohne eigenen Aussagegehalt, in: von Hirsch, Andrew/Seelmann, Kurt/Wohlers, Wolfgang (Hrsg.), Mediating Principles, Begrenzungsprinzipien bei der Strafbegründung, Baden-Baden 2006, S. 54–69.

Wolfangel, Eva: Fake News, Können Algorithmen Falschmeldungen entlarven?, in: Spektrum Die Woche 03 (2017), S. 35–39.

Wörner, Liane: Der Weichensteller 4.0, Zur strafrechtlichen Verantwortlichkeit des Programmierers im Notstand für Vorgaben an autonome Fahrzeuge, in: ZIS 2019, S. 41–48.

dies.: Einseitiges Strafanwendungsrecht und entgrenztes Internet?, in: ZIS 2012, S. 458–465.

dies.: Straf(rechts)würdigkeit, -bedürftigkeit, -tauglichkeit und Schutzfähigkeit – zur Ordnung eines „phänomenalen“ Argumentationsstraußes –, in: Kuhli, Milan/Asholt, Martin (Hrsg.), Strafbegründung und Strafeinschränkung als Argumentationsmuster, 1. Aufl., Baden-Baden 2017, S. 95–122.

Zenor, Jason: A Reckless Disregard for the Truth? The Constitutional Right to Lie in Politics, in: Campbell Law Review 38 (2016), S. 41–72.

Ziegler, Katharina: Urheberrechtsverletzungen durch Social Sharing, Urheber- und haftungsrechtliche Aspekte sozialer Netzwerke am Beispiel der Plattform Facebook,Tübingen 2016.

Zillmann, Dolf/Bryant, Jennings: Selective exposure to communication, Hilsdale 1985.

Zimmer, Franziska/Scheibe, Katrin/Schmoly, Lorenz/Dreisiebner, Stefan: Fake News im Zeitalter der Social Media, in: Büttner, Stephan (Hrsg.), Die digitale Transformation in Institutionen des kulturellen Gedächtnisses, Antworten aus der Informationswissenschaft, Berlin 2019.

Zweigert, Konrad/Kötz, Hein: Einführung in die Rechtsvergleichung auf dem Gebiete des Privatrechts, Tübingen 1996.

www.ingramcontent.com/pod-product-compliance
Ingram Content Group UK Ltd.
Pitfield, Milton Keynes, MK11 3LW, UK
UKHW021129041026
8980IPUK00034B/1415

9 783631 893623